Table des matières

Examen des Politiques Commerciales – Pays membres de l'UEMOA 2017

L'Examen des Politiques Commerciales des Pays membres de l'UEMOA a eu lieu les 25 et 27 octobre 2017.

Introduction

Le Mécanisme d'examen des politiques commerciales (MEPC) a été établi à titre expérimental par les parties contractantes du GATT en avril 1989. Il est devenu un élément permanent de l'Organisation mondiale du commerce en vertu de l'Accord de Marrakech qui a institué cette organisation en janvier 1995.

Les objectifs du MEPC sont de contribuer à ce que tous les Membres de l'OMC respectent davantage les règles, disciplines et engagements prévus dans les Accords commerciaux multilatéraux et, le cas échéant, dans les Accords commerciaux plurilatéraux, et donc à faciliter le fonctionnement du système commercial multilatéral, en permettant une transparence accrue et une meilleure compréhension des politiques et pratiques commerciales des Membres. En conséquence, le mécanisme d'examen permet d'apprécier et d'évaluer collectivement, d'une manière régulière, toute la gamme des politiques et pratiques commerciales des divers Membres et leur incidence sur le fonctionnement du système commercial multilatéral. Il n'est toutefois pas destiné à servir de base pour assurer le respect d'obligations spécifiques contractées dans le cadre des Accords ni pour des procédures de règlement des différends, ni à imposer aux Membres de nouveaux engagements en matière de politique.

L'évaluation à laquelle il est procédé dans le cadre du MEPC s'inscrit, pour autant que cela est pertinent, dans le contexte des besoins, des politiques et des objectifs généraux du Membre concerné dans le domaine de l'économie et du développement, ainsi que dans le contexte de son environnement extérieur. Toutefois, ce mécanisme a pour fonction d'examiner l'incidence de la politique et des pratiques commerciales d'un Membre sur le système commercial multilatéral.

Dans le cadre du MEPC, les politiques commerciales de tous les Membres font l'objet d'un examen périodique. Les quatre entités commerçantes les plus importantes en termes de parts du marché mondial, l'Union européenne étant comptée pour une, sont soumises à examen tous les deux ans; les 16 suivantes par ordre d'importance font l'objet d'un examen tous les quatre ans, et les autres tous les six ans, un intervalle plus long pouvant être fixé pour les pays les moins avancés.

Les examens sont effectués par l'Organe d'examen des politiques commerciales (OEPC) sur la base de deux documents: une déclaration de politique générale présentée par le Membre soumis à examen et un rapport complet établi par le Secrétariat de l'OMC sous sa propre responsabilité.

Principales données sur le commerce

Moyenne des taux de droits NPF appliqués, par chapitre du SH, 2011 et 2016

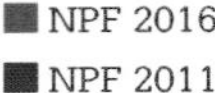

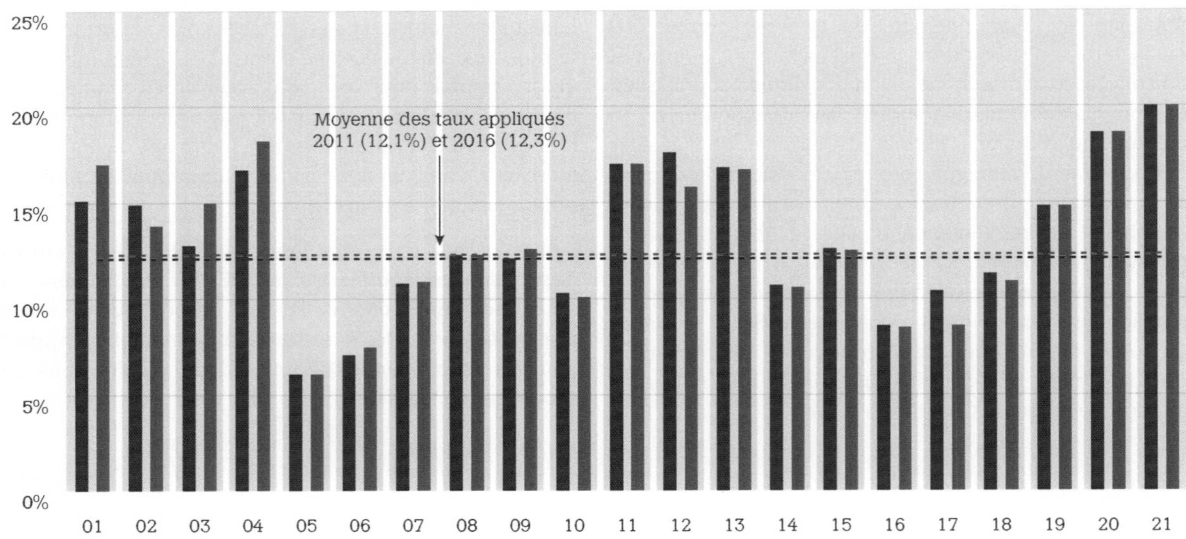

01 Animaux vivants et produits du règne animal
02 Produits du règne végétal
03 Graisses et huiles
04 Produits des industries alimentaires, etc.
05 Produits minéraux
06 Produits des industries chimiques
07 Matières plastiques et caoutchouc
08 Peaux et cuirs
09 Bois et ouvrages en bois
10 Pâtes de bois, papiers, etc.
11 Matières textiles et ouvrages en ces matières
12 Chaussures, coiffures
13 Ouvrages en pierre
14 Pierres gemmes, etc.
15 Métaux communs et ouvrages en ces métaux
16 Machines
17 Matériel de transport
18 Instruments de précision
19 Armes et munitions
20 Produits divers
21 Objets d'art, etc.

Points forts

Les huit États membres de l'Union économique et monétaire ouest-africaine (UEMOA) ont un PIB d'environ 97 milliards d'euros. Le secteur informel représente entre un tiers et deux tiers du PIB réel selon l'État membre. l'UEMOA a enregistré une croissance économique annuelle de l'ordre de 5% en moyenne durant 2009-2015, tirée par la Côte d'Ivoire qui représente plus du tiers du PIB de l'Union. Répartie sur un territoire immense de 3,5 millions de km^2 en grande partie désertique, la population totale de 119 millions d'habitants en 2017 croît en moyenne de 3,1% par an.

Les États membres disposent d'importantes ressources naturelles, y compris minières, et d'immenses potentialités pour l'agriculture. Aussi, l'or est-il extrait au Burkina Faso et au Mali pour lesquels il constitue actuellement un important poste à l'exportation. Le Niger est l'un des principaux producteurs et exportateurs mondiaux d'uranium. Il en est de même du Togo pour les phosphates. La stratégie agricole de la Côte d'Ivoire lui a permis de diversifier sa production et de se positionner parmi les premiers producteurs et exportateurs de plusieurs produits agricoles dont le cacao, le café, et l'anacarde. Le coton constitue un important poste à l'exportation pour le Bénin, le Burkina Faso et le Mali; les poissons et crustacés le sont pour le Sénégal, tandis que la Guinée-Bissau dépend des exportations de noix de cajou.

Outre les hydrocarbures, les produits animaux et les céréales, surtout le riz et le blé, figurent parmi les principaux produits importés et leur part dans les importations n'a pas baissé. Les autres principales importations incluent les produits chimiques et le matériel de transport.

Entre 2009 et 2016, la part du commerce total (intra- et extra-communautaire) de biens et services dans le PIB de l'UEMOA a augmenté de sept points de pourcentage à 70,4%. Plus de 90% des échanges de marchandises de l'Union (soit 22 milliards d'euros d'importations et 20 milliards d'euros d'exportations) sont extra communautaires, avec l'Union européenne (UE), la Suisse, la Chine et l'Inde comme principaux partenaires.

Parmi les documents pas encore harmonisés entre les États de l'Union figurent des formulaires de déclaration préalable ou anticipée, d'attestation d'inspection et d'autorisation de change; les déclarations d'exportation du pays d'origine (obligatoires en Côte d'Ivoire et au Niger); et le bordereau de suivi des cargaisons (BSC) délivré par des sociétés privées mandatées par les gouvernements qui l'imposent. Le BSC fournit des informations qui sont généralement disponibles déjà dans les documents douaniers.

La taxation des échanges constitue toujours une source importante de recettes publiques pour les États membres (d'environ 15% au Burkina Faso à plus de 38% en Côte d'Ivoire, avec une moyenne de 24% pour l'UEMOA dans son ensemble).

La protection des droits de propriété intellectuelle (DPI) demeure un défi, bien que tous les États membres de l'UEMOA soient signataires de l'Accord de Bangui, et qu'ils aient créé un office commun, à savoir l'Organisation africaine de la propriété intellectuelle (OAPI). En 2013, l'OAPI a enregistré ses premières indications géographiques protégées.

la production alimentaire par habitant n'a pas significativement augmenté dans les États membres (excepté le Bénin) durant 2010-2016, et a même baissé dans certains d'entre eux. Toutefois, des hausses de prix aux producteurs des différentes denrées agricoles depuis 2010 ont contribué à des augmentations de production dans plusieurs États.

Une énergie sûre, propre et bon marché continue de représenter le principal frein à l'industrialisation et à la diversification des économies de l'UEMOA. L'énergie électrique au sein de l'Union est surtout d'origine thermique même si la production d'hydrocarbures au sein de l'Union reste très limitée. Seuls la Côte d'Ivoire et, depuis 2011 le Niger, ont une production de pétrole brut.

Les services occupent progressivement une place prépondérante dans les économies des États membres de l'UEMOA. Les domaines ayant enregistré de bonnes performances comprennent les services financiers mobiles, les télécommunications et les services aux entreprises, suite notamment au déploiement de la fibre optique.

Partie A

Remarques Finales Formulées par le Président de l'Organe d'Examen des Politiques Commerciales, S.E. M. Juan Carlos González de Colombie lors de l'Examen des Politiques Commerciales des Pays membres de l'Union économique et monétaire ouest-africaine (UEMOA) les 25 et 27 octobre 2017.

Remarques Finales du Président

Le premier examen conjoint des politiques commerciales des huit pays membres de l'Union économique et monétaire ouest-africaine (UEMOA) nous a permis de mieux comprendre les régimes économiques et commerciaux régionaux et nationaux, ainsi que leur évolution depuis 2011. Nous remercions le Secrétariat et les Membres faisant l'objet de l'examen, à savoir le Bénin, le Burkina Faso, la Côte d'Ivoire, la Guinée-Bissau, le Mali, le Niger, le Sénégal et le Togo, ainsi que la Commission de l'UEMOA, pour les rapports complets qu'ils ont élaborés en vue de cet examen. Je souhaiterais aussi remercier notre présentateur, M. l'Ambassadeur Didier Chambovey (Suisse), et les 28 délégations qui ont pris la parole pour leurs précieuses contributions à cet examen.

Les Membres ont félicité les pays de l'UEMOA pour les résultats macroéconomiques obtenus malgré le climat économique mondial tendu et les difficultés posées par les sécheresses de plus en plus fréquentes et, dans certains cas, par des problèmes de sécurité. Tous les pays de l'UEMOA sont parvenus à maintenir des taux d'inflation bas et à augmenter le revenu par habitant, qui reste cependant encore faible. Les pays de l'UEMOA se sont généralement abstenus d'adopter des mesures protectionnistes et sont restés ouverts au commerce international et à l'investissement en provenance de pays tiers. Les Membres ont en outre salué les nombreuses réformes récemment engagées pour améliorer les conditions de l'activité des entreprises dans le cadre de l'Organisation pour l'harmonisation en Afrique du droit des affaires (OHADA), et plusieurs d'entre eux ont mis en avant les conventions fiscales bilatérales et les accords bilatéraux d'investissement.

Les Membres ont relevé que les exportations de marchandises des pays de l'UEMOA étaient très concentrées, tant en termes de produits que de marchés, et ils ont encouragé leur diversification. Le secteur agricole ivoirien a été évoqué pour illustrer une diversification réussie. Les participants étaient d'avis que de nouvelles améliorations des infrastructures de transport ainsi qu'une augmentation de l'approvisionnement en électricité devraient contribuer aux efforts de diversification, principalement en faveur de l'industrialisation. Les Membres ont exhorté les pays de l'UEMOA à établir des régimes SPS conformes aux règles de l'OMC, sur la base de démarches modernes de gestion des risques afin, notamment, d'éviter les interdictions pures et simples d'importer des produits tels que la viande et la volaille. De nombreux Membres se sont félicités de la participation des pays de l'UEMOA aux négociations menées dans le cadre de l'OMC portant, entre autres choses, sur les subventions à la pêche. Plusieurs Membres ont prôné une distorsion moindre des échanges sur le marché international du coton, car cela affecte les pays producteurs de l'UEMOA.

Les Membres ont félicité les pays de l'UEMOA pour les efforts constants qu'ils ont déployés pour améliorer leur environnement commercial international, en particulier au moyen de l'application de l'Accord sur la facilitation des échanges (AFE), et ils ont encouragé les pays qui n'avaient pas encore ratifié l'Accord à le faire. Les Membres ont en outre rappelé aux pays de l'UEMOA de présenter leurs notifications au titre des catégories A, B et C de l'AFE et de poursuivre leurs efforts visant à simplifier et à automatiser les procédures commerciales.

Les Membres ont noté que la mise en œuvre, en 2015, du TEC de la CEDEAO, avec une cinquième bande à 35% visant quelque 130 lignes tarifaires, avait augmenté la protection nominale et effective. Elle avait aussi permis d'accroître le nombre de lignes tarifaires pour lesquelles les taux appliqués dépassaient les niveaux consolidés pour tous les pays, à l'exception de la Guinée-Bissau et du Togo. On a observé que les flexibilités offertes par le nouveau régime tarifaire au cours de la période de transition de cinq ans avaient donné des résultats différents selon les pays. En outre, bon nombre de Membres ont évoqué les nombreux autres droits et impositions qui compliquaient davantage le régime douanier et ils ont demandé aux pays de les rationnaliser

afin d'assurer le plein respect des engagements contractés dans le cadre de l'OMC. Certains Membres étaient d'avis que l'adoption d'un régime d'entrée unique (libre pratique) améliorerait le bon fonctionnement de l'Union douanière.

Certains Membres ont encouragé les pays de l'UEMOA à accéder à l'Accord sur les marchés publics. Ils ont félicité ceux qui avaient accepté le Protocole d'amendement de l'Accord sur les ADPIC et ont encouragé les autres pays Membres à faire de même. En outre, certains Membres ont demandé aux pays de l'UEMOA de renforcer leur régime de propriété intellectuelle et ont noté que seul un d'entre eux avait ratifié la révision de 2015 de l'Accord de Bangui.

Notant que tous les pays de l'UEMOA étaient également membres de la CEDEAO, les Membres ont préconisé une harmonisation totale des régimes commerciaux des deux communautés et ont souhaité en savoir plus sur les avantages que la zone de libre-échange continentale en cours de négociation pourrait apporter. Parmi les autres domaines dans lesquels les pays de l'UEMOA pouvaient encore mieux faire, les Membres ont mis l'accent sur le respect des obligations de notification dans le cadre de l'OMC et les statistiques commerciales.

Les pays de l'UEMOA ont répondu à la quasi-totalité des 245 questions posées par les Membres. Nous attendons avec intérêt de recevoir, dans un délai d'un mois, les réponses aux questions demeurées en suspens, étape après laquelle l'examen sera achevé.

En conclusion, les Membres ont salué l'engagement pris par les pays de l'UEMOA de maintenir des régimes de commerce et d'investissement ouverts tout en faisant avancer l'intégration régionale. Je suis convaincu que les pays de l'UEMOA tiendront compte des résultats de cet examen dans leurs futures réformes commerciales afin de renforcer leur intégration régionale et leur participation au système commercial multilatéral.

Partie B

Rapport du Secrétariat de l'OMC

Le présent rapport a été établi par M. Jacques Degbelo, Mme Catherine Hennis-Pierre, M. Arne Klau, M. Michael Kolie, M. Rosen Marinov, M. Nelnan Koumtingue, et Melle Marie-Bel Martinez-Hommel.

Willy Alfaro

Directeur

Division de l'examen des politiques commerciales

Rapport commun

Résumé

À l'exception de la Côte d'Ivoire qui est un pays en développement, les sept autres États membres de l'Union économique et monétaire ouest-africaine (UEMOA), à savoir le Bénin, le Burkina Faso, la Guinée-Bissau, le Mali, le Niger, le Sénégal et le Togo, sont des pays moins avancés (PMA). Ensemble les huit États membres ont un PIB d'environ 97 milliards d'euros. Le secteur informel représente entre un tiers et deux tiers du PIB réel selon l'État membre. Répartie sur un territoire immense de 3,5 millions de km^2 en grande partie désertique, la population totale de 119 millions d'habitants en 2017 croît en moyenne de 3,1% par an.

Les États membres disposent d'importantes ressources naturelles, y compris minières, et d'immenses potentialités pour l'agriculture. Aussi, l'or est-il extrait au Burkina Faso et au Mali pour lesquels il constitue actuellement un important poste à l'exportation. Le Niger est l'un des principaux producteurs et exportateurs mondiaux d'uranium. Il en est de même du Togo pour les phosphates. Les autres pays de l'UEMOA produisent et exportent des ressources minières en quantités limitées. Par contre, la Côte d'Ivoire est celui des États membres qui a le mieux exploité ses potentialités agricoles. En effet, la stratégie agricole de la Côte d'Ivoire lui a permis de diversifier sa production et de se positionner parmi les premiers producteurs et exportateurs de plusieurs produits agricoles dont le cacao, le café, et l'anacarde. Le coton constitue un important poste à l'exportation pour le Bénin, le Burkina Faso et le Mali; les poissons et crustacés le sont pour le Sénégal, tandis que la Guinée-Bissau dépend des exportations de noix de cajou.

Dans la plupart des pays où elles sont exploitées, les ressources minières ont jusqu'ici peu profité aux économies nationales et aux populations. Aussi, dans les huit pays, la majeure partie des populations est-elle essentiellement occupée à des activités agricoles, y compris d'élevage. Cependant, outre les hydrocarbures, les produits animaux et les céréales, surtout le riz et le blé, figurent parmi les principaux produits importés et leur part dans les importations n'a pas baissé. Les autres principales importations incluent les produits chimiques et le matériel de transport.

Dans l'ensemble, la croissance économique de l'UEMOA a été inférieure à celle du groupe des PMA africains, probablement en raison des problèmes sociopolitiques qu'a connus la région. En effet, l'UEMOA a enregistré une croissance économique annuelle de l'ordre de 5% en moyenne durant 2009-2015, tirée par la Côte d'Ivoire qui représente plus du tiers du PIB de l'Union. Par ailleurs, la stabilité macroéconomique de l'UEMOA, réalisée grâce à la discipline monétaire et, dans une certaine mesure, budgétaire imposée par l'appartenance à une telle union, lui a permis d'amortir les chocs causés par les fortes variations des cours mondiaux des matières premières exportées.

Entre 2009 et 2016, la part du commerce total (intra- et extra-communautaire) de biens et services dans le PIB de l'UEMOA a augmenté de sept points de pourcentage à 70,4%. Cette part varie de moins de 60% en Guinée-Bissau et dans les pays sahéliens (Burkina Faso, Mali, Niger) à plus de 100% au Togo, 75% au Sénégal, 73% en Côte d'Ivoire et 70% au Bénin. Plus de 90% des échanges de marchandises de l'Union (soit 22 milliards d'euros d'importations et 20 milliards d'euros d'exportations) sont extra-communautaires, avec l'Union européenne (UE), la Suisse, la Chine et l'Inde comme principaux partenaires. Les échanges intra-UEMOA ont augmenté en valeur moins vite que le commerce extra-communautaire, et se sont établis à autour de 10% de la valeur totale des échanges des États membres en 2015, en baisse par rapport à 13% en 2010. Il convient de préciser que, du fait de l'ampleur du commerce informel, les statistiques sur les échanges intra-communautaires sont certainement sous-estimées.

L'investissement dans l'Union bénéficie du cadre juridique du droit des affaires harmonisé par la mise en application des neuf Actes uniformes de l'OHADA. Les Codes d'investissements des États membres de l'UEMOA sont en général libéraux, sans restrictions importantes à la présence étrangère, et offrent les garanties usuelles aux investisseurs étrangers. Cependant, ces codes, qui n'ont toujours pas fait l'objet d'une harmonisation au niveau communautaire, comportent de multiples exemptions et exonérations rendues nécessaires par une fiscalité des sociétés qui demeure relativement élevée, entre 25% et 30% des bénéfices comme le prévoient les dispositions communautaires. Par ailleurs, le difficile accès à l'électricité, à des prix élevés, constitue l'un des principaux freins à l'investissement au sein de l'Union.

À l'exception de la Guinée-Bissau qui n'a pas une Mission permanente à Genève, tous les États membres de l'UEMOA participent aux activités de l'OMC à travers leurs représentations. Les huit États membres étudient la possibilité d'utiliser la Délégation de l'UEMOA à Genève pour mieux s'organiser afin de remplir leurs obligations en matière de notification et coordonner leur participation à l'OMC en général. Ils bénéficient tous des activités d'assistance technique de l'OMC, exceptés la Guinée-Bissau et le Niger ces dernières années du fait d'arriérés de paiements de leurs contributions. Avant le présent premier Examen conjoint des politiques commerciales de tous les huit États membres de l'UEMOA, ces pays avaient été examinés d'abord individuellement pour certains, puis ensuite par groupes de deux ou trois. La mise en place, en 2013, d'une revue annuelle des réformes, politiques, programmes et projets

communautaires par la Commission de l'UEMOA, répond également à un souci de transparence; cela a aussi permis d'améliorer la transposition et l'application des actes communautaires par les États membres. Cependant, la coexistence de l'UEMOA et de la CEDEAO, avec chacune sa Commission, fait perdurer les chevauchements, multiplie les charges (pour les pays de l'UEMOA qui sont tous membres de la CEDEAO), et freine la dynamique d'intégration, beaucoup plus forte au sein de l'UEMOA que de la CEDEAO. Par ailleurs, la Côte d'Ivoire a ratifié en août 2016 l'Accord de partenariat économique intérimaire signé avec l'UE en novembre 2008, mais n'avait pas, jusqu'en juillet 2017, commencé le démantèlement tarifaire qu'il prévoit.

Parmi les nombreux documents requis à l'importation et qui ne sont pas encore harmonisés entre les États de l'Union figurent des formulaires de déclaration préalable ou anticipée, d'attestation d'inspection et d'autorisation de change; les déclarations d'exportation du pays d'origine (obligatoires en Côte d'Ivoire et au Niger); et le bordereau de suivi des cargaisons (BSC) délivré par des sociétés privées mandatées par les gouvernements qui l'imposent. Le BSC fournit des informations qui sont généralement disponibles déjà dans les documents douaniers. Des plateformes électroniques d'échange de documents, connectées aux guichets électroniques des Douanes, sont en place au Bénin, en Côte d'Ivoire, au Sénégal et au Togo. Jusqu'en mai 2017, tous les États membres de l'UEMOA, à l'exception du Bénin, du Burkina Faso et de la Guinée-Bissau, ont ratifié l'Accord de l'OMC sur la Facilitation des échanges.

Plusieurs institutions interviennent dans le processus d'importation et d'exportation en plus des administrations douanières. Il s'agit entre autres des commissionnaires en douane obligatoires (également à l'exportation); des agents des différents ministères qui vérifient la présence des différentes approbations préalables requises, y compris ceux des Directions générales du trésor qui délivrent les engagements de change et des banques agréées qui les signent; des organisations de producteurs ou d'exportateurs qui enregistrent les exportations et les taxent parfois; des Chambres de commerce, actives dans les cautions de transport de marchandises en transit et dans leur pesage; et des sociétés d'inspection. En effet, hormis le Niger qui n'a pas renouvelé en 2017 le contrat de la société fournissant les services d'inspection avant expédition mais qui continue tout de même à percevoir la redevance de 1% de la valeur c.a.f. des marchandises prévue à cet effet, et la Guinée-Bissau qui a suspendu ces services depuis novembre 2016, tous les États membres de l'UEMOA y ont toujours recours, avec parfois l'intervention de plusieurs sociétés comme au Bénin. Pour toutes ces raisons, la simplification du processus d'exportation et d'importation est perçue par tous les opérateurs comme une priorité. En outre, la poursuite des efforts accomplis par les États membres en termes de respect des dispositions multilatérales en matière d'évaluation en douane pourrait rendre inutiles les recours à des sociétés privées en matière d'évaluation en douane.

En dépit de la volonté de transition fiscale déclarée au niveau régional, la taxation des échanges constitue toujours une source importante de recettes publiques pour les États membres (d'environ 15% au Burkina Faso à plus de 38% en Côte d'Ivoire, avec une moyenne de 24% pour l'UEMOA dans son ensemble), ce qui freine toute initiative visant sa réduction. En effet, en vigueur dans tous les États membres depuis janvier 2015, sauf en Guinée-Bissau qui l'applique depuis octobre 2016, le tarif extérieur commun (TEC) de la CEDEAO à cinq bandes (zéro, 5%, 10%, 20% et 35%) a remplacé celui de l'UEMOA qui était en vigueur depuis 2004. Le TEC de la CEDEAO est identique à celui de l'UEMOA sur 90% de ses lignes tarifaires. Toutefois, en plus des quatre bandes du TEC de l'UEMOA, celui de la CEDEAO comporte une cinquième bande de 35% couvrant 130 lignes tarifaires. La moyenne des taux du TEC de la CEDEAO est de 12,3%, contre 12,1% avec le TEC de l'UEMOA. En outre, un dispositif complémentaire facultatif, d'application nationale, est censé permettre aux États membres de s'ajuster, au besoin, pendant une période transitoire de cinq ans jusqu'au 1er janvier 2020.

Le dispositif complémentaire comprend une taxe d'ajustement à l'importation qui permet d'augmenter ou de réduire la protection tarifaire selon le besoin national, et une taxe complémentaire de protection (TCP). La TCP présente certaines caractéristiques d'une taxe de sauvegarde et elle est censée se substituer au dispositif similaire introduit par l'UEMOA, *à savoir la* taxe conjoncturelle à l'importation, toujours en vigueur dans certains États membres (Côte d'Ivoire, Mali et Sénégal). Avec ses mesures d'accompagnement, le TEC de la CEDEAO est donc plus complexe et comporte plus de risques de divergences dans son application par les États membres que celui de l'UEMOA.

Les taux du TEC de la CEDEAO dépassent les consolidations à l'OMC de tous les États membres sauf la Guinée-Bissau et le Togo. Par ailleurs, *de facto* consolidés à zéro, les nombreux autres droits et impositions perçus par les États membres et décrits ci-après, posent un problème de cohérence par rapport aux lignes tarifaires consolidées. En effet, outre le TEC et les deux nouvelles taxes à l'importation *décrites ci*-dessus, les États membres de l'UEMOA appliquent également la myriade d'autres droits et impositions déjà présente dans le système tarifaire de l'UEMOA, à savoir: le prélèvement communautaire de solidarité de 1%, perçu par les États membres de l'UEMOA sur les importations en provenance de pays tiers à la CEDEAO; le prélèvement communautaire de la CEDEAO de 0,5%; et la redevance statistique de 1%. Au besoin, les États membres opèrent individuellement des prélèvements sur certains produits comme le sucre, sous forme de droits "spéciaux", "compensatoires" ou variables. Pour remédier à l'incohérence entre leurs systèmes de taxation et leurs engagements multilatéraux, tous les

États membres de l'UEMOA, sauf la Guinée Bissau, ont réservé le droit de renégocier leurs tarifs consolidés en vertu de l'article XXVIII du GATT pendant le cycle de 2015 à 2017. Cependant, le processus de renégociation n'a pas encore démarré.

Au sein de la CEDEAO comme de l'UEMOA, les produits du cru sont en principe en franchise des droits et taxes d'importation. Les préférences tarifaires en faveur des biens transformés requièrent, outre le certificat d'origine, un double agrément préalable (du produit et du fabriquant) visant à garantir l'origine du produit et la nationalité de l'entreprise l'ayant fabriqué. Cependant, la libre circulation des marchandises communautaires (d'origine ou après la mise en consommation dans un État membre) et en transit rencontre maintes difficultés liées entre autres aux besoins de recettes pour chaque État membre ou aux manœuvres frauduleuses. Par ailleurs, du fait de l'insuffisance de la caution de 0,5% de la valeur c.a.f. requise sur les marchandises en transit – la Guinée-Bissau impose plutôt une taxe de 2% - et des déversements illicites desdites marchandises sur les marchés des États membres traversés, une seconde caution correspondant au moins au montant total des droits et taxes d'entrée suspendus est exigée par certains États membres, dont la Côte d'Ivoire, et restituée sur preuve de la sortie du territoire douanier national. Bien que moins répandue actuellement, l'escorte douanière est maintenue sur certains axes routiers comme entre le Mali et le Sénégal. Des projets-pilotes d'interconnexion des douanes étaient en cours en mai 2017 entre le Burkina Faso et le Togo; et entre la Côte d'Ivoire, le Burkina Faso, le Mali et le Sénégal.

Tous les États membres de l'UEMOA appliquent des taxes intérieures dont les régimes, mais non les taux, ont été harmonisés. Il s'agit de la TVA – la Guinée-Bissau applique en lieu et place un impôt général sur les ventes (IGV) -, des droits d'accise (y compris la taxe spécifique unique sur les produits pétroliers), et l'acompte d'impôt sur les bénéfices (AIB); des fourchettes sont fixées pour leurs taux. À l'exception du Niger qui applique des droits d'accise exclusivement à l'importation, tous les États membres respectent le principe du traitement national dans l'application de la TVA ou de l'IGV, et des droits d'accise. En général, l'AIB est exclusivement perçu sur les importations. Par ailleurs, les États membres ne respectent pas toujours les régimes harmonisés (au niveau communautaire) des exonérations de taxes, surtout intérieures.

Le régime des exportations est encore moins harmonisé que celui des importations. En effet, les exportations sont soumises à diverses taxes qui ne sont pas harmonisées au niveau communautaire, tandis que leur compétitivité est déjà négativement affectée par la fiscalité élevée à l'importation d'intrants, la réglementation de change et divers autres facteurs qui affectent l'environnement des affaires, y compris le coût et l'accès à l'énergie et au financement. Par ailleurs, le Bénin, la Côte d'Ivoire, le Mali, le Sénégal et le Togo maintiennent des zones franches industrielles d'exportation permettant, aux entreprises justifiant de la réalisation d'au moins 65-80% de leurs chiffres d'affaires à l'exportation, de bénéficier de divers avantages. Ces derniers constituent des charges pour les États que les gains issus du régime de zone franche ne semblent pas avoir couvertes.

Depuis 2010, la Commission de l'UEMOA encadre le mécanisme d'adoption de règlementations techniques au sein de l'Union, en liaison avec l'Organisme régional de normalisation, de certification et de promotion de la qualité (NORMCERQ), sur la base des normes et règlements techniques internationaux, y compris ceux du Codex Alimentarius et de l'Organisation internationale de normalisation dont les États de l'Union sont tous membres sauf le Niger, qui est membre correspondant, la Guinée-Bissau et le Togo. L'objectif visé est une meilleure qualité des produits locaux ou importés. Cependant, des progrès restent à faire pour élever les régimes nationaux en la matière au niveau minimum international. Révisé en 2010, le Système ouest-africain d'accréditation (SOAC) n'était toujours pas fonctionnel en mai 2017.

Un processus d'harmonisation des textes législatifs nationaux, et des mesures et pratiques en matière sanitaire et phytosanitaire (SPS) est en cours au sein de l'UEMOA depuis une dizaine d'années. Des difficultés de mise en application effective des législations nationales, obsolètes dans la plupart des pays, sont à signaler, notamment l'absence ou la faiblesse des capacités de contrôle SPS. Dans les pays où ils existent, les comités nationaux SPS ne disposent pas de moyens pour fonctionner correctement. Une meilleure coordination entre les structures compétentes en matière de contrôle sanitaire et phytosanitaire, et l'introduction des approches modernes de gestion des risques se révèlent nécessaires.

Une règlementation portant sur la prévention des risques biotechnologiques a été validée en février 2015 par l'UEMOA, conjointement avec la CEDEAO et le CILSS. Elle s'appliquera à toute utilisation d'organismes vivants modifiés et de produits dérivés, qui pourraient avoir des effets défavorables sur l'environnement, et en particulier sur la diversité biologique ou la santé humaine et animale, à l'exception des produits pharmaceutiques. Un règlement était en cours d'adoption par l'UEMOA pour interdire les sachets en plastique et leurs composants; des mesures nationales similaires sont en place. Par ailleurs, des initiatives nationales d'interdiction d'importation de certains produits (carnés en particulier) sont à mentionner au sein de l'Union, notamment au Sénégal pour la volaille, au Mali pour la viande de bœuf et la volaille, au Togo pour la viande de bœuf congelée, entre autres.

La protection des droits de propriété intellectuelle (DPI) demeure un défi, bien que tous les États membres de l'UEMOA soient signataires de l'Accord de Bangui, et qu'ils aient créé un office commun, à savoir l'Organisation africaine de la propriété intellectuelle (OAPI). En 2013,

l'OAPI a enregistré ses premières indications géographiques protégées. Une révision en décembre 2015 de l'Accord de Bangui permet désormais aux douanes de retenir d'office les marchandises qu'elles soupçonnent d'être contrefaites. Jusqu'en mai 2017, la Côte d'Ivoire, la Guinée-Bissau et le Niger n'avaient toujours pas accepté le Protocole d'amendement de l'Accord sur les ADPIC, ratifié le 23 janvier 2017, et visant à faciliter l'accès à des médicaments essentiels.

L'agriculture occupe toujours une part importante des populations actives des États de l'Union. Cependant, l'insécurité alimentaire demeure permanente dans plusieurs d'entre eux, aggravée par la difficulté des échanges commerciaux dans les régions touchées par les attaques terroristes depuis 2010. Malgré l'objectif déclaré, la production alimentaire par habitant n'a pas significativement augmenté dans les États membres (excepté le Bénin) durant 2010-2016, et a même baissé dans certains d'entre eux. Toutefois, des hausses de prix aux producteurs des différentes denrées agricoles depuis 2010 ont contribué à des augmentations de production dans plusieurs États, confirmant ainsi que la production agricole répond de manière dynamique aux variations des prix. Les multiples taxes perçues par certains États membres sur des produits agricoles n'encouragent pas les producteurs.

Dans l'ensemble, les États membres de l'UEMOA n'ont généralement pas recouru aux restrictions quantitatives à l'importation de produits agricoles durant la période sous revue. Cependant, en plus de la protection tarifaire maximale, la filière sucrière demeure protégée par de nombreuses barrières commerciales telles que les droits variables comme en Côte d'Ivoire; des mesures de "prise en charge" du sucre local au Burkina Faso et au Mali; et des restrictions quantitatives à l'importation en Côte d'Ivoire, au Bénin, et au Sénégal. L'élevage est une filière prioritaire d'intensification du commerce entre les États membres de l'UEMOA, en tant que principale activité informelle d'autosuffisance, notamment au Burkina Faso, au Mali et au Niger, mais également comme fournisseur de produits laitiers, de viande, et de peaux pour l'exportation. L'importance des exportations informelles serait en partie liée à la multitude de taxes et autres prélèvements lors du passage des frontières, malgré le libre-échange en principe en vigueur entre les États membres.

La filière halieutique occupe une place importante dans l'économie de tous les États membres au regard à la fois des revenus et de la sécurité alimentaire, même si elle est plus importante dans des pays comme le Sénégal et la Guinée-Bissau. En général, les pêcheries ne semblent pas recevoir de soutien des États. Ces derniers engrangent d'importants revenus au titre des ventes de droits de pêche mais sans obligation de débarquement ou de valorisation locale des captures. De plus, des problèmes de conformité aux réglementations sanitaires des principaux marchés d'exportation ont été observés. Deux directives, traitant aussi de la surpêche maritime (légale ou illégale) affectant la plupart des espèces, ont été prises par la Commission en 2014. Leur mise en œuvre rencontre d'importantes difficultés.

Exception faite de la Côte d'Ivoire qui est relativement plus industrialisée, les autres États membres de l'UEMOA possèdent un secteur manufacturier peu développé avec quelques industries légères. En effet, l'accès à une énergie sûre, propre et bon marché continue de représenter le principal frein à l'industrialisation et à la diversification des économies de l'UEMOA. Moins de 6% des habitants en zone rurale ont accès à l'électricité au Burkina Faso, en Guinée-Bissau et au Niger; et seuls le Sénégal et le Togo ont substantiellement augmenté l'accès de leurs populations rurales à l'électricité, à 28% et 33% respectivement, soit un niveau proche de celui de la Côte d'Ivoire. Il n'existe pas de législation communautaire en matière d'énergie électrique, et les législations nationales en la matière sont disparates. Des monopoles peu efficients de transport et de distribution d'électricité, combinés à des mécanismes de fixation des prix, subsistent dans la plupart des pays et découragent l'investissement. Peu de mesures sont en place pour encourager les énergies renouvelables. Des initiatives d'interconnexion de réseaux électriques (non encore achevées) sont à signaler entre le Sénégal et la Guinée-Bissau; et entre le Bénin, le Burkina Faso, le Mali, et le Togo. Celle entre la Côte d'Ivoire et le Mali est opérationnelle depuis 2011. Le Niger n'a que quelques liaisons avec le Nigeria.

L'énergie électrique au sein de l'Union est surtout d'origine thermique même si la production d'hydrocarbures au sein de l'Union reste très limitée. Seuls la Côte d'Ivoire et, depuis 2011 le Niger, ont une production de pétrole brut. Une simplification et une harmonisation au niveau communautaire de la réglementation affectant le commerce des produits pétroliers sont en cours pour réduire les coûts financiers, environnementaux et les risques de fraude y afférents. En particulier, les systèmes de taxation des importations de produits pétroliers répondent à plusieurs objectifs distincts et parfois incompatibles de maximisation de recettes fiscales et de maintien de prix abordables pour les populations et les industries sur les territoires nationaux. Le sous-secteur des hydrocarbures reste soumis à diverses mesures commerciales, y compris les taxes généralement harmonisées au niveau communautaire, des subventions à la consommation, des monopoles privés ou publics et des restrictions quantitatives à l'importation dans les États membres tels que le Niger qui produisent du brut ou le raffinent.

Dans le secteur minier, la mise en conformité de tous les États membres (sauf la Guinée-Bissau) à l'Initiative pour la transparence dans les industries extractives (ITIE) témoigne de leur volonté d'œuvrer à plus de gouvernance dans le secteur. Cependant, les petites exploitations minières et l'orpaillage en particulier échappent à ce contrôle, bien qu'elles constituent une part non négligeable desdites activités. Le droit à une participation gratuite de l'État de 10% au capital des sociétés d'exploitation minière fait désormais partie des traditionnelles royalties minières. Toutefois, l'importance des exonérations de divers impôts, droits et taxes offertes aux investisseurs miniers entame sérieusement les gains nets pour ces États, à telle enseigne que certains, comme le Niger, ont entrepris un examen des dispositions fiscales minières.

Les services occupent progressivement une place prépondérante dans les économies des États membres de l'UEMOA. Les domaines ayant enregistré de bonnes performances comprennent les services financiers mobiles, les télécommunications et les services aux entreprises, suite notamment au déploiement de la fibre optique. Une politique commerciale libérale vis-à-vis des fournisseurs de services étrangers y a contribué, favorisant la concurrence et des partenariats dans plusieurs États membres. Cependant, l'accès aux infrastructures de fibre optique pâtit d'un manque de concurrence, ce qui a amené plusieurs régulateurs de l'Union à intervenir, notamment en plafonnant certains tarifs. Les récents fusions et rachats dans le domaine des télécommunications pourraient, en renforçant la concentration, ralentir la performance du sous-secteur.

Dans le domaine du transport aérien, la Décision de Yamoussoukro en 2000, et les dispositions communautaires de 2002 ont ouvert les marchés aux compagnies régionales. Cependant, les prix tardent à baisser du fait de l'offre limitée. Dans les États membres à façade maritime, les services de transport maritime sont essentiellement assurés par les principaux groupes mondiaux d'armateurs, les pays ne disposant généralement pas de flotte. Parmi les nombreuses taxes et surcharges imposées surtout au niveau des ports, la *Terminal Handling Charge,* introduite en mars 2016 au profit des armateurs, a été supprimée en janvier 2017 en Côte d'Ivoire, mais demeure en vigueur dans certains autres ports de l'Union et grève les coûts des produits importés. Concernant le transport ferroviaire, la rénovation et l'extension de deux voies ferrées, entre Niamey et Cotonou, et entre Abidjan et Ouagadougou, pourraient stimuler la concurrence sur le marché des transports terrestres. Par ailleurs, le Programme régional de facilitation des transports, lancé en 2009 par la Commission de l'UEMOA, devrait aider à mettre fin à la concurrence anarchique caractérisant le transport routier, encourager l'arrivée de nouveaux opérateurs, et permettre ainsi une baisse des coûts et une amélioration de la sécurité et de la fiabilité de ces services.

Les activités bancaires et d'assurance des États membres sont ouvertes à la présence étrangère, qui y est importante. Elles sont régies par la réglementation de l'Union monétaire ouest-africaine (UMOA) pour les services bancaires, et le Code de la Conférence interafricaine des marchés d'assurance (CIMA) pour les services d'assurance. Seuls le Bénin, la Côte d'Ivoire et le Sénégal ont pris des engagements spécifiques en matière de services financiers (hors assurance) sous l'AGCS en 1994. Parmi les développements récents figure la transposition simultanée des dispositions réglementaires de "Bâle 2" et "Bâle 3" en 2016. Par ailleurs, depuis 2016, toute cession en réassurance à l'étranger portant sur plus de 50% (75% avant 2016) d'un risque est soumise à autorisation. De plus, respectivement 15% et 5% des montants réassurés doivent être cédés en priorité à la CICA-RE et à Africa-Re, deux entreprises de réassurance multilatérales.

Bien que les personnes exerçant la plupart des métiers de services professionnels doivent être ressortissantes d'un État membre de l'UEMOA, ces services ont fait l'objet de plusieurs règlementations dans le but d'établir la libre circulation et l'établissement des professionnels agréés ressortissants de l'UEMOA au sein de l'espace communautaire. Dans le cadre de l'AGCS, seuls la Côte d'Ivoire et le Sénégal ont pris quelques engagements en matière de services professionnels. Concernant les services de comptabilité, le Système comptable ouest-africain (SYSCOA) permet de fournir une information financière sur les sociétés; il intègre depuis 2013 les Normes internationales d'information financière (IFRS). Afin d'aider les entreprises du secteur informel à se formaliser, des professionnels opérant dans des Centres de gestion agréés (CGA) aident les entrepreneurs lors de la création des Petites et moyennes entreprises et à tenir leurs comptes selon le SYSCOA. Des réductions d'impôt en faveur des adhérents aux CGA sont prévues par certains États membres.

Environnement économique

PRINCIPALES CARACTÉRISTIQUES

L'Union économique et monétaire ouest-africaine (UEMOA) regroupe huit États, dont sept font partie du groupe des pays moins avancés (PMA), à savoir le Bénin, le Burkina Faso, la Guinée-Bissau, le Mali, le Niger, le Sénégal, et le Togo et un seul en développement (la Côte d'Ivoire), qui compte pour plus du tiers du PIB de l'Union. L'UEMOA s'étend sur 3,5 millions de km^2 et compte plus de 110 millions d'habitants avec un taux de croissance démographique d'environ 3% par an. Malgré leurs disparités (graphique 1.1), les économies des huit pays sont dominées par la production et l'exportation de matières premières, ainsi que décrit dans leurs annexes-pays respectives; l'économie ivoirienne est cependant plus diversifiée.

Les États membres de l'UEMOA ont une longue histoire commune en matière d'intégration, d'abord monétaire au sein de la Zone Franc avec une monnaie commune – le Franc de la Communauté financière africaine (FCFA) - puis économique, y compris commerciale. L'intégration monétaire date de l'époque coloniale et est présentement régie par un Accord de coopération monétaire entre la France et les pays africains concernés, à savoir ceux de l'Afrique occidentale regroupés au sein de l'Union monétaire ouest-africaine (UMOA)[1]; de l'Afrique centrale au sein de l'Union monétaire d'Afrique centrale (UMAC)[2]; et les Comores.[3] Quatre principes fondamentaux gouvernent la zone franc: la garantie de la convertibilité illimitée du FCFA par le Trésor français; la parité de change fixe par rapport à l'euro (historiquement le franc français); la liberté de transfert au sein de la zone (UMOA dans le cas des pays de l'UEMOA); et la mise en commun des réserves de change par les pays de l'Union monétaire. En contrepartie de la garantie de convertibilité et de change, la Banque centrale des États d'Afrique de l'ouest (BCEAO), la Banque des États de l'Afrique centrale (BEAC) et la Banque centrale des Comores sont tenues de déposer une partie de leurs réserves de change sur leurs comptes d'opérations respectifs ouverts auprès du Trésor français. La part des avoirs extérieurs que la BCEAO doit déposer sur le compte d'opérations est de 50%.

En tant qu'institut d'émission, la BCEAO a le pouvoir exclusif d'émettre le Franc CFA sur le territoire des États membres de l'UMOA, et a comme objectif principal, dans le cadre de sa politique monétaire, d'assurer la stabilité des prix. Elle est chargée de: définir et mettre en œuvre la politique monétaire commune au sein de l'UMOA; veiller à la stabilité du système bancaire et financier (avec une réglementation bancaire commune, voir p. 88); promouvoir le bon fonctionnement et assurer la supervision et la sécurité des systèmes de paiement; mettre en œuvre la politique de change commune définie par le Conseil des ministres; et gérer les réserves officielles de change des États membres.[4] Un Comité de politique monétaire de la BCEAO est chargé de la définition de la politique monétaire.

Graphique 1.1 PIB par habitant, 2010-2016

(PIB par habitant, prix courants en euros)

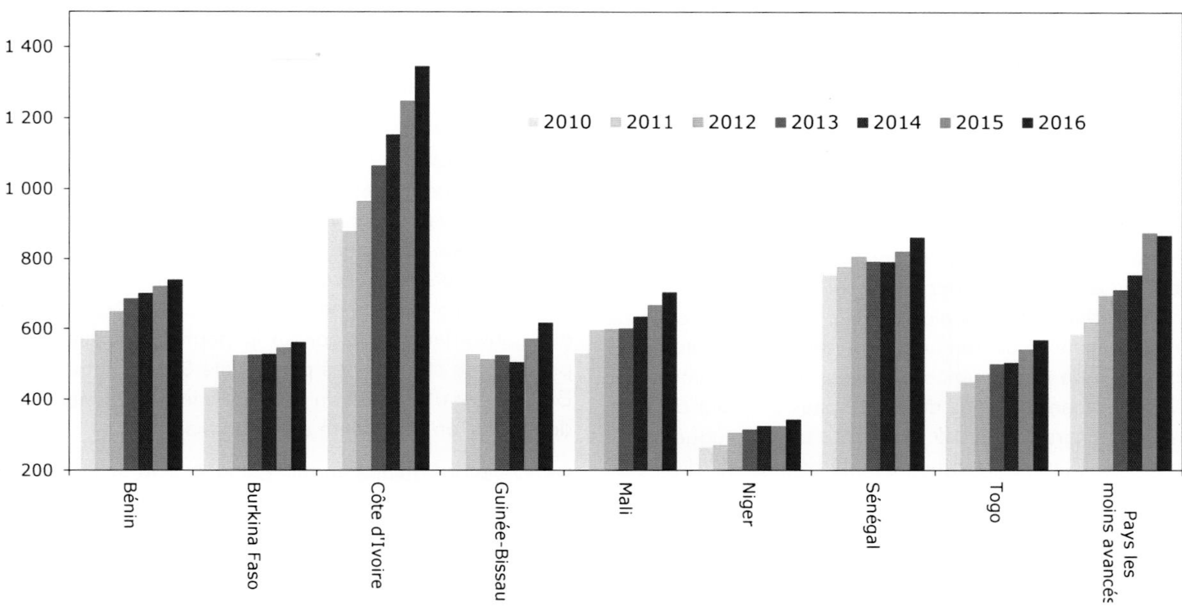

(PIB par habitant, prix courants en euros)

Source: Banque centrale des États de l'Afrique de l'ouest; et Banque mondiale, Indicateurs du développement dans le monde. Adresse consultée: http://databank.worldbank.org/data/home.aspx.

Tous les États membres ont accepté l'article VIII des statuts du Fonds monétaire international (FMI).[5] Les paiements courants à destination des pays tiers sont autorisés en général; l'intermédiaire concerné est censé exiger des documents justificatifs pour les transferts d'un montant égal ou supérieur à 500 000 FCFA (762 euros). Tous les échanges commerciaux (exportations et importations) entre l'UEMOA et un pays tiers à l'UEMOA (même si ce dernier fait partie de la zone franc) doivent faire l'objet d'une domiciliation auprès d'une banque (intermédiaire agréé) si leur valeur excède le seuil réglementé; ce seuil a été relevé de 5 à 10 millions de FCFA (environ 15 000 euros) en 2010.[6] Une taxe de change de 0,6% est perçue sur les transferts hors UEMOA au bénéfice des trésors nationaux respectifs. Le besoin de simplifier les procédures de domiciliation est reconnu par les autorités (p. 52).

Conformément à la réglementation des changes commune, tous les mouvements de capitaux effectués en FCFA entre les États membres sont libres et sans restrictions, ce qui simplifie considérablement les échanges. Les entrées de capitaux en provenance des pays tiers (non-membres de l'UEMOA) sont en principe libres, sauf l'importation d'or. Les sorties de capitaux de l'espace communautaire font l'objet de contrôles: les investissements effectués par un résident à destination d'un pays tiers (non-État membre) sont subordonnés à une autorisation préalable du Ministre chargé des finances et doivent être financés à hauteur d'au moins 75% par des emprunts à l'extérieur de l'UEMOA; leur liquidation donne lieu au rapatriement du produit dans le pays d'origine, à défaut d'une autorisation préalable de réinvestissement.[7]

Les États membres disposent d'une politique commerciale commune au sein de leur zone de libre-échange. Celle-ci est décrite dans les pp. 50, 76.

ÉVOLUTION ÉCONOMIQUE RÉCENTE

Depuis 2010, les États membres de l'UEMOA ont connu une croissance économique en moyenne assez modeste, bien moindre que celle enregistrée par le groupe des PMA dont ils font tous partie, à l'exception de la Côte d'Ivoire. La croissance économique de l'Union a été tirée par celle – très dynamique - de l'économie ivoirienne, elle-même bénéficiant du développement et de la diversification des productions agricoles, et des nombreux projets de restauration et de renforcement des infrastructures de base. Cette performance a eu lieu dans un contexte de fléchissement des prix des principaux produits de base exportés (graphique 1.2 et p. 38), ce qui suggère que certains États membres commencent à se diversifier suffisamment pour réduire leur dépendance à l'égard des exportations d'un panier restreint de matières premières.

Depuis 1999, les États membres ont œuvré à renforcer la convergence entre leurs économies. Afin de renforcer la surveillance multilatérale des politiques macroéconomiques, la Conférence des chefs d'États et de gouvernements de l'UEMOA a adopté en janvier 2015 un Acte additionnel portant Pacte de convergence, de stabilité, de croissance et de solidarité entre les États membres de l'Union. Ce Pacte définit trois critères de convergence de premier rang et deux de second rang:

- le déficit budgétaire global, dons compris, ne doit pas dépasser 3% du PIB;
- l'inflation doit être maintenue à 3% par an au maximum;
- l'encours de la dette intérieure et extérieure ne doit pas excéder 70% du PIB;
- la masse salariale ne doit pas excéder 35% des recettes fiscales; et
- les recettes fiscales doivent être supérieures ou égales à 20% du PIB nominal (taux de pression fiscale).

Néanmoins, les déficits publics se sont maintenus à des niveaux élevés, notamment en raison des programmes d'investissement dans les infrastructures en cours dans la plupart des États membres, et en raison de la relative stagnation des recettes fiscales. Comme le suggère le tableau 1.1, excepté le Togo, tous les autres États membres n'ont pas respecté le critère relatif à la pression fiscale qui est demeurée en-dessous de la norme communautaire.

En 2009, les États membres adoptèrent une décision comportant des critères additionnels d'évaluation de la transition fiscale[8], dont un est d'intérêt pour la politique commerciale: le ratio des impôts et taxes perçus au cordon douanier doit être inférieur ou égal à 45% des recettes fiscales totales. En pratique, même si elle n'atteint plus ce niveau de 45%, la dépendance des États membres des recettes prélevées au cordon douanier, c'est-à-dire soit sur les importations soit sur les exportations, demeure relativement élevée (tableau 1.2). Les différentes réformes mises en œuvre devraient être accélérées afin que l'évolution des recettes fiscales devienne substantiellement dépendante de la fiscalité intérieure, et moins de la taxation du commerce international.

L'inflation est restée faible en moyenne dans l'Union (moins de 3% depuis 2009 – voir les annexes-pays), bénéficiant de la politique monétaire prudente de la BCEAO, de la chute des cours mondiaux des produits alimentaires et énergétiques, ainsi que du bon approvisionnement des marchés locaux en produits céréaliers et de grande consommation.[9] L'indépendance de la BCEAO à l'égard des gouvernements nationaux lui permet de maintenir sa politique de stabilité des prix (article 8 des Statuts de la BCEAO) et d'intégrité du système bancaire et monétaire de l'Union, en conformité avec son mandat.

Le niveau de liquidité fournie par la BCEAO a augmenté durant la période pour s'établir à 25% du PIB de l'Union en 2015. Ceci reflète le fait que certaines banques de l'Union ont fortement augmenté leurs recours à la BCEAO durant la période depuis 2010, ayant des difficultés à se refinancer sur le marché interbancaire.[10] Globalement, le traditionnel excédent de liquidité en FCFA des banques commerciales de l'Union, persistant

Graphique 1.2 Prix des produits de base, 2000-2016

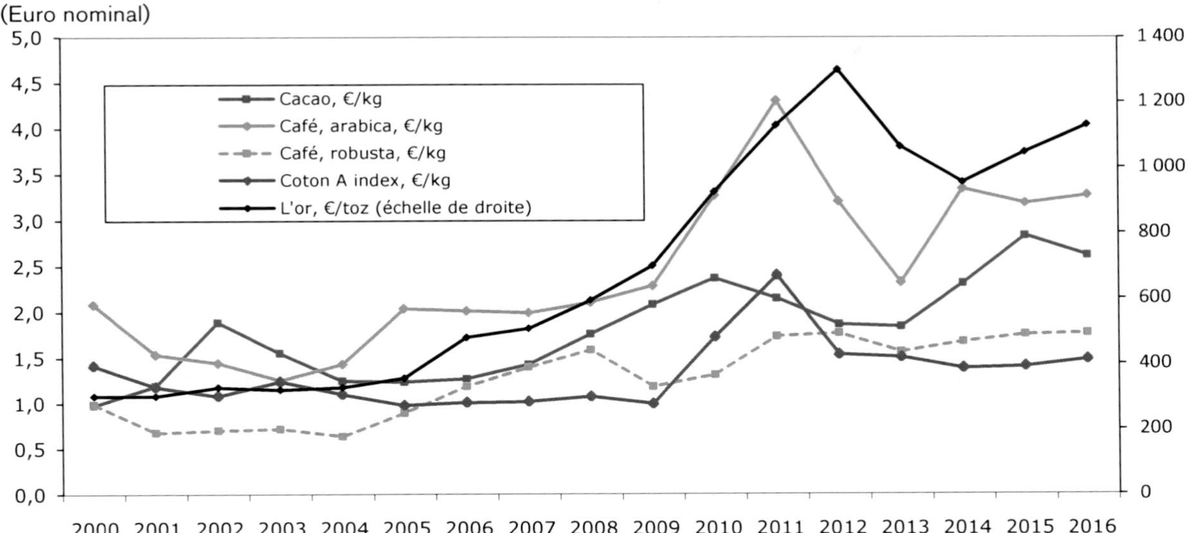

Source: Banque mondiale, Global Economic Monitor (GEM) Commodities. Adresse consultée: http://databank.worldbank.org/data/reports.aspx?source=global-economic-monitor-(gem)-commodities.

Tableau 1.1 Recettes fiscales et solde budgétaire en pourcentage du PIB, 2011-2016

États membres	Norme UEMOA	2011	2012	2013	2014	2015	2016
1. Recettes fiscales (pourcentage du PIB)							
Bénin	20	15,5	14,4	14,8	14,7	14,3	14,1
Burkina	20	14,5	15,6	16,6	15,2	14,7	16,5
Côte d'Ivoire	20	13,1	16	15,6	15,2	15,7	16,7
Guinée-Bissau	20	7,8	7,7	6,8	8,5	10,1	10,0
Mali	20	14,6	14,5	14,9	15,0	13,8	14,8
Niger	20	13,4	14,3	15,2	15,5	16,1	13,6
Sénégal	20	18,9	18,6	18,2	19,2	19,8	20,4
Togo	20	16,4	16,5	20,0	20,7	21,4	22,0
UEMOA	**20**	**15,2**	**15,8**	**16**	**16,2**	**16,0**	**16,7**
2. Déficit budgétaire (pourcentage du PIB, dons compris)							
Bénin	-3	-1,7	-0,4	-1,7	-1,9	-7,9	-3,9
Burkina	-3	-2,3	-3,1	-3,6	-1,9	-2,1	-3,3
Côte d'Ivoire	-3	-4,0	-3,2	-2,2	-2,2	-2,9	-4,0
Guinée-Bissau	-3	-1,9	-2,0	-0,5	-2,3	-2,6	-3,4
Mali	-3	-3,5	-0,9	-2,3	-2,8	-2,1	-4,3
Niger	-3	-2,8	1,8	-2,1	-8,0	-9,1	-5,5
Sénégal	-3	-6,7	-5,8	-5,5	-5,2	-4,8	-4,3
Togo	-3	-1,1	-5,8	-4,6	-3,4	-6,3	-2,2
UEMOA	**-3**	**-3,6**	**-2,9**	**-3,0**	**-3,2**	**-4,1**	**-4,2**

Source: Commission de l'UEMOA.

Tableau 1.2 Impôts et taxes perçus au cordon douanier, 2010-2015

(% des recettes fiscales totales)

État membre	2010	2011	2012	2013	2014	2015
Bénin	19,4	22,4	25,8	26,6	21,2	..
Burkina Faso	17,1	16,1	16,7	16,9	15,3	15,4
Côte d'Ivoire	29,5	29,6	30,4	31,7	34,7	38,6
Guinée-Bissau	27,2	17,2	15,9	15,4	21,7	28,0
Mali	17,5	18,9	16,4	16,4	16,6	14,4
Niger	37,3	40,1	24,9	25,4	24,2	27,5
Sénégal	15,2	15,8	14,4	16,2	14,9	..
Togo	24,2	20,9	22,6	19,9	18,2	19,7
UEMOA	22,9	22,8	22,6	23,6	23,5	..

.. Non disponible.

Note: Somme des droits et taxes d'importation, d'exportation, et impôts intérieurs (TVA, accises).

Source: Commission de l'UEMOA.

depuis la fin des années 90, a cédé la place en 2011 à un déficit. La BCEAO a indiqué qu'entre 2009 et 2015 les banques ont fortement eu recours au concours de l'Institut d'émission (appel d'offres et guichets de prêt marginal), période pendant laquelle les crédits de la Banque centrale aux banques ont été décuplés.

Cette situation résulte de: a) la forte augmentation des importations de biens et services, payés en devises[11], qui reflète les importants investissements en infrastructure en cours dans certains États membres, et financés par un recours au marché financier régional; et b) l'accentuation des déséquilibres budgétaires et extérieurs des États membres, les banques empruntant à la BCEAO pour prêter aux États, qui sont ainsi devenus tributaires des injections de liquidités de la BCEAO pour financer leurs déficits, les concours directs de la BCEAO aux gouvernements n'étant plus possibles. En effet, depuis décembre 2010, les refinancements pouvant être consentis aux établissements de crédit au moyen d'un nantissement de titres publics sont plafonnés: le montant des concours consentis par la BCEAO aux établissements de crédit, adossés à des effets et valeurs émis ou garantis par le Trésor public, les collectivités locales ou tout autre organisme public d'un État membre, de même que la valeur totale de ces effets et valeurs détenus par la BCEAO pour son propre compte, ne peut au total dépasser 35% des recettes fiscales de cet état, constatées au cours de l'avant-dernier exercice fiscal. À fin décembre 2015, ce taux était de 32,6%.[12] Les encours résiduels des anciennes avances statutaires de la BCEAO aux États ont fait l'objet de conventions de consolidation entre la BCEAO et les différents ministères des finances concernés. L'amortissement des encours consolidés est prévu sur une période de dix ans, à un taux d'intérêt de 3%. En 2014, l'apurement de ces encours était néanmoins toujours en cours.

Reflet de ce déficit de liquidité, depuis 2013, la position extérieure nette des banques commerciales est devenue débitrice *vis-à-vis* du reste du monde. La qualité du portefeuille de crédit des banques ainsi que leurs ratios de solvabilité se sont également dégradés. Dans ce contexte, le Conseil des ministres de l'UMOA a décidé, au cours du premier semestre 2015, d'accroître les exigences en termes de capital minimum. Le FMI appelle également les États membres à accélérer la mise en œuvre des normes de Bâle II et III (p. 88).

Par ailleurs, l'essentiel de la dette externe contractée auprès de créanciers privés ne concerne que quelques pays, notamment ceux qui ont émis des obligations sur les marchés internationaux (la Côte d'Ivoire et le Sénégal). Dans l'ensemble, l'endettement des États membres demeure bas, et bien inférieur aux normes fixées par les critères de convergence (voir les annexes-pays).

Les taux d'intérêt directeurs et le coefficient des réserves obligatoires demeurent les principaux instruments de la politique monétaire commune. Le taux de réserves obligatoires fut fixé à 7% des soldes des comptes des établissements de crédit dans les livres de la BCEAO le 16 décembre 2010, avant de baisser à 5% le 16 mars 2012, niveau auquel il est resté jusqu'à sa baisse à 3% en mars 2017. Les taux directeurs sont mis en œuvre dans le cadre des opérations de refinancement sur l'open market (achats ou ventes de titres gouvernementaux) et sur le guichet de prêt marginal (ancien taux d'escompte du guichet des pensions). Ces taux étaient à des niveaux relativement bas en 2016; ainsi le taux minimum des appels d'offres, qui est le principal taux directeur de la BCEAO, se situait à 2,5% en décembre 2016. Les banques peuvent également se refinancer au taux du guichet de prêt marginal, à 4,5% à fin 2016, pour des durées de un à sept jours.

Cependant, les taux des prêts des banques à la clientèle privée, surtout les petites et moyennes entreprises et les microentreprises, demeurent très élevés, et peuvent atteindre 24% par an.[13] À cet égard, les nouveaux Bureaux d'information sur le crédit ont pour but de favoriser un meilleur accès au crédit à un coût moindre, et des exigences de garantie moins contraignantes.

Les données de la balance des paiements consolidée des États membres font ressortir un déficit du compte courant équivalent à 5,5% du PIB ou davantage pour la majorité des années étudiées (tableau 1.3). Cette performance résulte des déficits importants des balances de marchandises et de services respectivement, du fait en partie des investissements importants réalisés par les États membres durant la période (et donc des importations y afférentes) et de la baisse de l'euro par rapport au dollar durant la période 2013-2016. À fin 2016, les réserves de change représentaient quatre mois d'importations de biens et services, contre cinq mois en 2012.

RÉSULTATS COMMERCIAUX

Il ressort des données disponibles (graphique 1.3), qu'en dépit du ralentissement de l'économie mondiale, les échanges commerciaux des États de l'Union ont enregistré une forte hausse au cours de la période 2010-2015. En 2015, les États membres ont échangé avec le reste du monde des marchandises d'une valeur totale de 40 milliards d'euros, en forte hausse par rapport à 2010; les exportations extra-communautaires ont représenté environ 87% du total des exportations de l'Union.

L'Union européenne (UE) demeure le premier partenaire commercial de l'UEMOA, à l'exportation comme à l'importation, et sa part dans les échanges de l'UEMOA a crû durant la période. Cependant, par pays pris individuellement, les exportations extracommunautaires de l'UEMOA sont expédiées principalement vers l'Afrique du Sud, suivie de la Suisse (qui a importé plus de la moitié des exportations du Burkina Faso en 2014), la France, les Pays-Bas et les États-Unis d'Amérique. La part des États-Unis dans les exportations de l'Union n'a pas augmenté malgré la mise en œuvre de l'AGOA. Selon la Commission, ceci serait dû à la faible capacité d'offre des entreprises locales, l'absence d'un cadre juridique et institutionnel adéquat (par exemple visa pour

Tableau 1.3 Balance des paiements, 2010-2016

(Millions d'euros)

	2010	2011	2012	2013	2014	2015	2016[a]
Balance des transactions courantes	-2 556	-1 241	-3 315	-4 622	-3 883	-3 324	-3 978
Balance commerciale	-3 633	-2 381	-4 379	-6 628	-6 122	-5 568	-6 052
Balance des biens	-730	693	-868	-2 139	-1 570	-933	-1 607
Exportations f.o.b.	13 346	14 235	19 511	19 363	20 337	20 672	20 208
Importations f.o.b.	-14 077	-13 543	-20 379	-21 502	-21 907	-21 605	-21 815
Balance des services	-2 903	-3 074	-3 512	-4 489	-4 552	-4 635	-4 446
Crédit	..	..	3 083	3 295	3 337	3 405	3 500
dont voyage	..	..	895	1 004	1 010	1 000	1 038
Débit	..	..	-6 594	-7 785	-7 890	-8 040	-7 945
dont fret et assurances	..	..	-3 529	-3 818	-3 703	-3 649	-3 682
Revenus primaires	-1 306	-1 327	-1 547	-1 568	-1 627	-1 773	-1 891
dont intérêts de la dette	-327	-371	-412	-347	-357	-517	-574
Revenus secondaires	2 383	2 467	2 611	3 574	3 866	4 017	3 965
Administrations publiques	928	714	711	1 559	1 666	1 717	1 559
Autres secteurs	1 455	1 753	1 900	2 015	2 200	2 300	2 406
dont envois de fonds des travailleurs	1 613	1 363	2 311	2 558	2 524	2 813	2 923
Compte de capital	3 490	1 160	7 503	1 813	1 773	1 653	1 954
Compte financier	148	211	4 336	-2 984	-3 061	-2 613	-2 119
Investissements directs	-1 655	-1 446	-1 528	-1 938	-1 560	-1 495	-1 296
Investissements de portefeuille	-22	-425	-406	-90	-1 128	-1 208	-804
Dérivés financiers	0	0	0	0	0	0	0
Autres investissements	1 824	2 083	6 270	-956	-374	89	-19
Indicateurs (%)							
Balance courante/PIB (%)	-4,7	-2,1	-5,0	-6,6	-5,2	-4,1	-4,5
Balance courante hors dons/PIB (%)	-5,9	-3,1	-5,9	-74	-6,0	-5,0	-5,1

.. Non disponible.

a Projections pour 2016.

Source: Banque centrale des États de l'Afrique de l'ouest.

les exportations de textiles) et les difficultés à satisfaire les conditions exigées.[14]

En 2015, 92% des importations totales de l'Union (soit 22 milliards d'euros) furent extra-communautaires (graphique 1.3), contre 89% en 2010. La composition des principaux partenaires commerciaux demeure stable. Toutefois, les parts du Nigéria, dont la devise s'est dépréciée fortement *vis-à-vis* du franc CFA, de la Chine (11% des importations extracommunautaires) et de l'Inde sont devenues de plus en plus importantes. Malgré une forte baisse, l'Union européenne reste un partenaire important de l'UEMOA avec cinq des États membres de l'UE présents parmi les dix premiers fournisseurs de l'Union; ces cinq pays livrent près de 25% des importations extracommunautaires.

À l'exception du Sénégal, tous les États membres ont vu leurs exportations à destination de la zone UEMOA augmenter durant la période 2010-2015, ce qui pourrait avoir résulté des efforts soutenus afin de réduire les barrières au commerce. En particulier, le Togo exporta en 2015 près de la moitié de ses exportations totales vers d'autres pays de la zone, surtout du ciment et du clinker. Les exportations intracommunautaires du Niger s'améliorent également, en raison de l'offre de produits tels que le pétrole, et pourraient croître davantage grâce à la mise en place du rail (voir l'annexe sur le Niger). Le Sénégal et le Togo sont les deux seuls États membres à exporter plus de 25% de leurs exportations vers le marché régional; pour le Bénin, le Burkina Faso, la Côte d'Ivoire, la Guinée-Bissau et le Mali, ce pourcentage demeure modeste mais en nette augmentation (p. 44).

Pour ce qui est du commerce avec les pays de la CEDEAO (hors UEMOA), le Bénin a fortement réduit ses exportations vers le Nigéria, notamment de riz et de viande, suite aux prohibitions qu'il a imposées.[15] Ces exportations vers la CEDEAO ont également baissé dans le cas de la Côte d'Ivoire et du Sénégal. La Côte d'Ivoire a aussi fortement réduit la part de ses importations en provenance de la zone CEDEAO.

Autant les importations de la zone UEMOA sont diversifiées, autant ses exportations sont concentrées sur les matières premières, dont la part dans les échanges globaux de l'Union a augmenté durant la période 2010-2015, au détriment des produits manufacturés (graphique 1.4).

Le commerce de l'Union demeure très concentré, surtout à l'exportation. Plus des trois quarts de la valeur des produits échangés portent sur une quinzaine de produits: des combustibles minéraux; du ciment; des produits agricoles; des graisses et huiles végétales; des engrais; des préparations alimentaires; des produits halieutiques; du bétail; des cigarettes; du savon; du fer et des produits en fer. Le premier produit exporté par l'Union est le cacao et ses préparations, soit 25% des exportations totales en 2015. Le second groupe de produits exporté est l'or (voir les annexes–pays).

Les principaux produits importés par les États membres hors de l'espace communautaire sont les produits pétroliers (15-20%), les céréales et notamment le riz, des machines (voitures, équipements maritimes, machines et matériels électriques), des produits pharmaceutiques (4%), du fer et des ouvrages en fer. Pour les céréales,

Graphique 1.3 Direction du commerce des marchandises, 2010 et 2015

(a) Exportations hors UEMOA

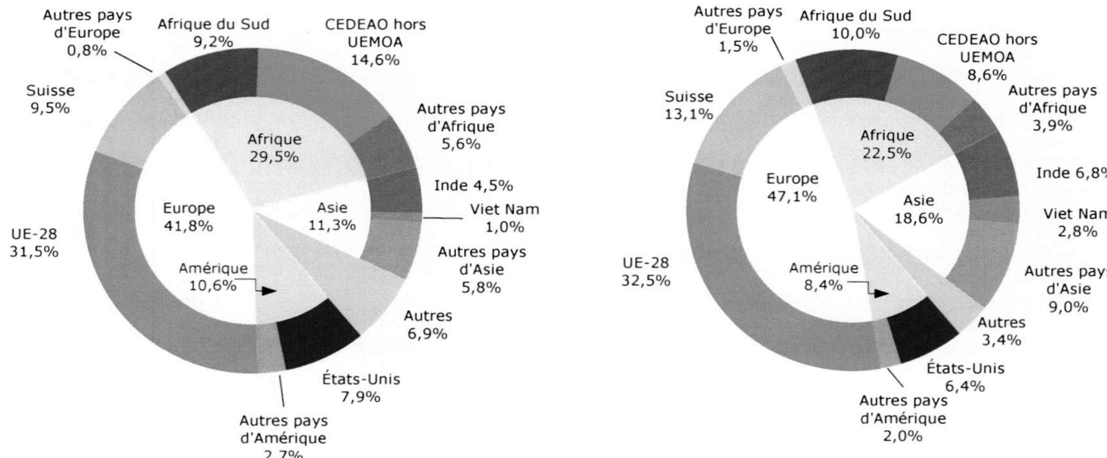

(b) Importations hors UEMOA

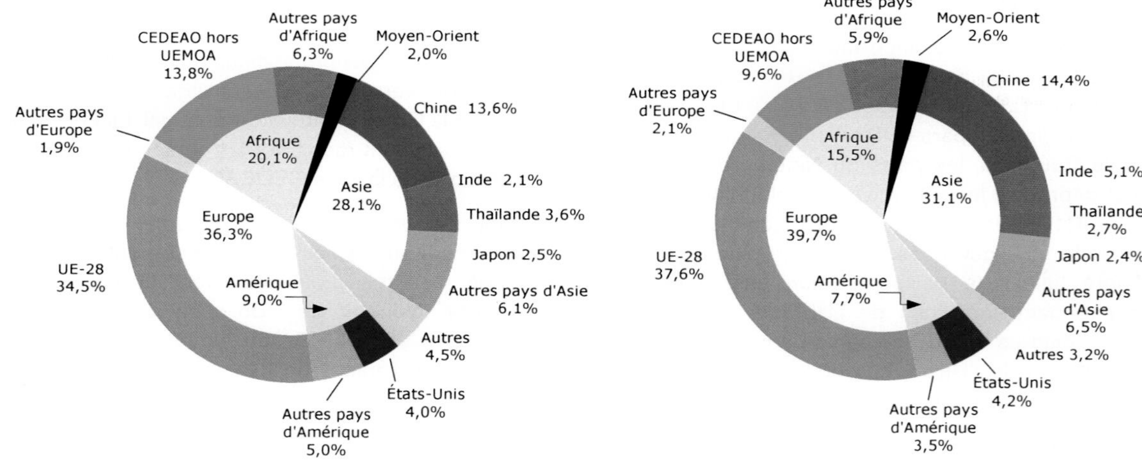

Source: Estimations du Secrétariat de l'OMC, basées sur les données issues de la base de données Comtrade de la DSNU et informations statistiques fournies par les autorités. Pour la Guinée-Bissau, calculs du Secrétariat de l'OMC basés sur les données extraites de Comtrade, statistiques miroir, DSNU.

Graphique 1.4 Structure du commerce des marchandises, 2010 et 2015

2010 | **2015**

(a) Exportations hors UEMOA

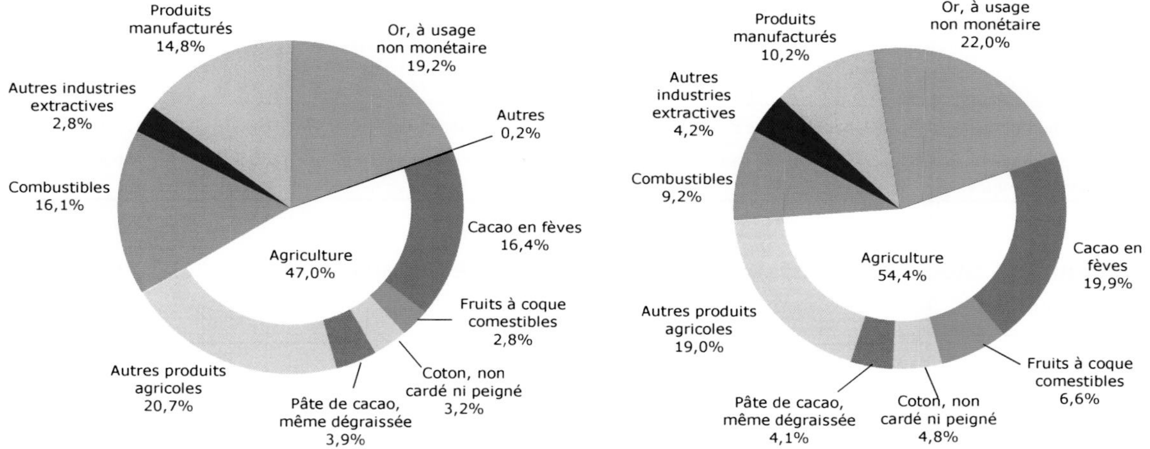

Total: 11,7 milliards d'€ | **Total: 17,0 milliards d'€**

(b) Importations hors UEMOA

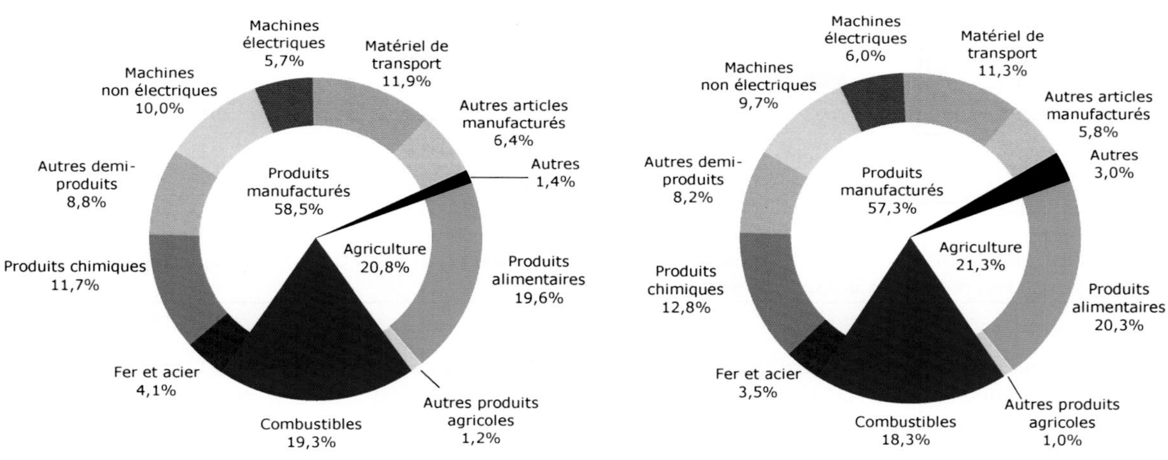

Total: 16,4 milliards d'€ | **Total: 23,8 milliards d'€**

Note: Pour la Guinée-Bissau, calculs du Secrétariat de l'OMC, basés sur les données extraites du Comtrade, statistiques miroir, DSNU. En raison d'un manque d'informations pour le Mali, les données commerciales pour 2015 ont été estimées et méritent d'être vérifiées.

Source: Estimations du Secrétariat de l'OMC, basées sur les données issues de la base de données Comtrade de la DSNU et informations statistiques fournies par les autorités.

Tableau 1.4 Commerce intracommunautaire, 2010 et 2015

	2015		UEMOA				CEDEAO hors UEMOA			
	Importations totales	Exportations totales	Part (%) du total des importations		Part (%) du total des exportations		Part (%) du total des importations		Part (%) du total des exportations	
	millions d'€		2010	2015	2010	2015	2010	2015	2010	2015
Bénin	2 231	564	11	11	10	14	5	4	46	8
Burkina Faso	2 687	1 963	23	15	6	9	4	4	3	3
Côte d'Ivoire	8 595	10 680	1	2	9	13	27	16	16	9
Guinée-Bissau[a]	265	257	23	24	10	6	1	0	1	0
Mali	3 602	2 858	29,2	33,1	9,1	12,0	1,6	1,7	0,5	1,5
Niger	2 217	712	6	8	3	9	5	6	12	13
Sénégal	5 045	2 355	3	2	34	29	11	9	11	9
Togo	1 561	640	7	5	17	48	4	4	6	9

a Calculs du Secrétariat de l'OMC, basés sur les données extraites de Comtrade, statistiques miroir, DSNU.

Source: Calculs du Secrétariat de l'OMC, basés sur les données issues de la base de données Comtrade de la DSNU et informations statistiques fournies par les autorités.

Graphique 1.5 Stock d'investissement étranger direct reçu dans l'UEMOA, 2006-2015

(Millions d'euros)

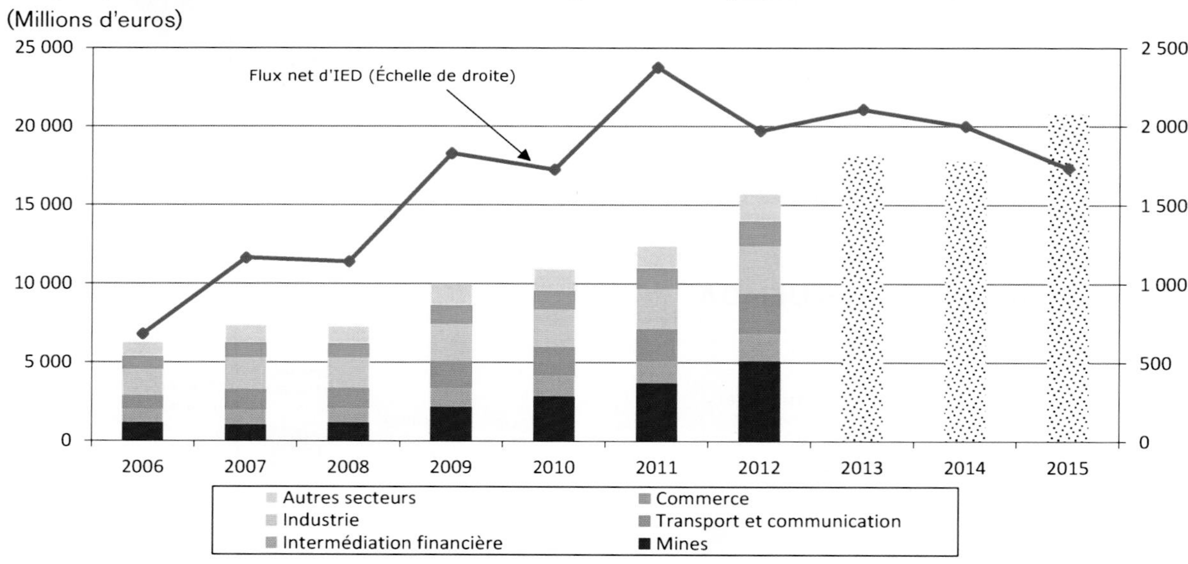

Source: UNCTADstat. Adresse consultée: http://unctadstat.unctad.org/FR/index.html, et BCEAO, "Évolution des investissements directs étrangers dans les pays de l'UEMOA au cours de la période 2000-2011".

la part reste quasi-stable depuis deux décennies, malgré les efforts de renforcement de la production locale dans les différents États membres.

Depuis 2010, le commerce intracommunautaire a crû pour la plupart des États membres, surtout au Togo dont près de la moitié des exportations totales sont destinées à la zone UEMOA (voir l'annexe sur le Togo). En comparaison, seulement 13% des exportations de la Côte d'Ivoire sont destinées à la zone UEMOA, et 6% dans le cas de la Guinée-Bissau. Par contre, cette dernière dépend de l'UEMOA (principalement du Sénégal et du Mali) pour 24% de ses importations de marchandises (tableau 1.4).

Le commerce des services dans l'UEMOA souffre d'un déficit de statistiques, qui est de nature à limiter fortement les prises de décision quant à la formulation de politique et à son évaluation. Selon les données de la Balance des paiements, l'essentiel du commerce des services est constitué de services de transport, notamment de fret. Le déficit de la balance des paiements pour ce dernier poste est important reflétant la forte présence étrangère dans le secteur des transports maritimes (p. 85 et annexes-pays) (tableau 1.3).

INVESTISSEMENT ÉTRANGER DIRECT (IED)

Selon les statistiques compilées par la CNUCED, les flux d'IED nets à destination des pays de l'UEMOA ont crû fortement de 2005 à leur pic en 2011, avant d'accuser une nette baisse sur la période 2011-2015 (graphique 1.5). Pour l'année 2015, ces flux sont estimés à moins de 2 milliards d'euros, leur niveau le plus bas depuis 2008. À ces niveaux, ils ne représentent qu'une part modeste des flux financiers entrant dans ces pays, derrière les créances bancaires ou les flux d'aide au développement (voir ci-dessus).

De manière générale, la baisse des cours des matières premières a largement contribué à ce ralentissement des flux entrants d'IED. Par ailleurs, plusieurs États membres ont connu des problèmes sécuritaires majeurs, et ont vu leurs flux entrants d'IED se tarir significativement, comme les investissements dans l'activité touristique qui ont totalement disparu dans plusieurs États membres.

La Côte d'Ivoire, à elle seule, accueille un tiers du stock d'IED; le Niger 22%, le Mali et le Sénégal entre 13% et 12% respectivement. Comparativement, les autres pays ont reçu peu d'IED. Ceci reflète en partie l'accroissement des investissements miniers de 19% du total en 2006 à 33% en 2012; investissements qui ont été concentrés au Niger et en Côte d'Ivoire. La part des IED dans tous les autres secteurs a baissé, à l'exception du secteur des transports et des communications.

Notes de fin

1 Le Traité de l'UMOA est complété par le Traité de l'UEMOA, lequel prévoit la fusion des deux accords "en temps opportun" dans un nouveau traité. Cette fusion n'a pas encore eu lieu.

2 L'UMAC comprend le Cameroun, le Congo, le Gabon, la Guinée équatoriale, la République centrafricaine, et le Tchad.

3 La zone franc comprend les États membres de l'UMOA, de l'UMAC, les Comores, la France et Monaco.

4 BCEAO (2010), "Statuts de la Banque centrale des États de l'Afrique de l'ouest". Adresse consultée: http://www.bceao.int/IMG/pdf/StatutsBCEAO2010.pdf.

5 Information en ligne. Adresse consultée: http://www.imf.org.

6 Règlement n° 09/2010/CM/UEMOA du 1er octobre 2010. BCEAO (2011), "Règlement relatif aux relations financières extérieures des États membres de l'Union économique et monétaire ouest-africaine (UEMOA) et textes d'application". Adresse consultée: http://www.bceao.int. Les listes des importations et des exportations dispensées de formalités de domiciliation figurent dans l'annexe au Règlement n° 09/2010/CM/UEMOA. Adresse consultée: http://www.uemoa.int/Documents/Actes/CM30112010/Annexe_Regl_09_2010_CM_UEMOA.pdf/IMG/pdf/reglement-relatif-aux-relations-financieres-exterieures-des-etats-de-uemoa-textes-application.pdf.

7 Toutefois, les achats de valeurs mobilières étrangères, dont l'émission ou la mise en vente dans les États membres a été autorisée par le Conseil régional de l'épargne publique et des marchés financiers (p. 88), ne sont pas soumis à cette obligation.

8 Décision n° 34/2009/CM/UEMOA portant adoption des critères et indicateurs de la transition fiscale au sein de l'UEMOA.

9 Banque de France (2015), Rapport annuel de la zone franc. Adresse consultée: https://www.banque-france.fr/fileadmin/user_upload/banque_de_france/Eurosysteme_et_international/zonefr/2015/0_ZF2015_RAPPORT-GLOBAL.pdf.

10 Information en ligne. Adresse consultée: https://www.banque-france.fr/fileadmin/user_upload/banque_de_france/Eurosysteme_et_international/zonefr/2014/1-la-politique-et-les-agregats-monetaires-dans-l-uemoa.pdf.

11 Fonds monétaire international (2016), "Union économique et monétaire ouest-africaine (UEMOA) -Rapport des services du FMI sur les politiques communes des États membres", communiqué de presse et déclaration de l'administrateur. Adresse consultée: https://www.imf.org/external/french/pubs/ft/SCR/2016/cr1696f.pdf.

12 Décision n° 397/12/2010 portant règles, instruments et procédures de mise en œuvre de la politique de la monnaie et du crédit de la BCEAO.

13 Au sein de l'Union le taux (maximum) d'usure a été fixé en janvier 2014 à 15% pour les banques et à 24% pour les systèmes financiers décentralisés. Décision n° CM/UMOA/011/06/2013 du 28 juin 2013.

14 UEMOA (2015), "Rapport sur la surveillance commerciale". Adresse consultée: http://www.uemoa.int/sites/default/files/bibliotheque/rapport_2015_de_la_surveillance_commerciale_final_06-05-16_0.pdf.

15 Douane du Nigéria. Adresse consultée: https://www.customs.gov.ng/ProhibitionList/import.php.

Régimes de commerce et d'investissement

RELATIONS AVEC L'OMC

Anciennes parties contractantes du GATT de 1947, le Bénin, le Burkina Faso, la Côte d'Ivoire, la Guinée-Bissau, le Mali, le Niger, le Sénégal et le Togo sont tous devenus Membres originels de l'OMC en 1995 ou en 1996. À l'exception de la Côte d'Ivoire, tous bénéficient du statut de "pays moins avancé" (PMA) au sein de l'OMC. Les huit pays ne sont membres d'aucun des accords plurilatéraux conclus sous l'égide de l'OMC. Ils accordent au moins le traitement NPF à tous leurs partenaires commerciaux, et n'ont été partie prenante dans aucun différend sous l'OMC en tant que plaignant ou défendeur. Les huit pays ont consolidé de manière individuelle leurs droits de douane et leurs autres droits et impositions (p. 64), mais ont une politique commerciale commune en tant qu'États membres de l'Union économique et monétaire ouest-africaine (UEMOA). Les huit États membres sont tous membres de la Communauté économique des États de l'Afrique de l'ouest (CEDEAO).

Les États membres n'ont depuis 2010 signé ni l'Accord sur les technologies de l'information[1] ni le Mémorandum d'accord sur les produits pharmaceutiques.[2] Le Bénin, le Mali, le Sénégal et le Togo ont ratifié le Protocole relatif aux licences obligatoires et portant amendement à l'Accord sur les ADPIC (p. 69).[3] Certains États membres ont ratifié l'Accord sur la facilitation des échanges et le processus était toujours en cours en avril 2017 pour les autres (p. 64). Dans l'ensemble, les États membres ont accusé des retards en matière de notifications (voir les annexes-pays).

Les politiques commerciales des États membres ont été examinées trois fois par l'Organe d'examen des politiques commerciales de l'OMC, sauf la Côte d'Ivoire et le Niger (examinés deux fois chacun), et la Guinée-Bissau (examinée une fois). Le dernier examen fut celui de la Côte d'Ivoire conjointement avec la Guinée-Bissau et le Togo, en 2012.

Une représentation de l'UEMOA a été établie en janvier 2011 à Genève en vue d'améliorer la coordination des positions des États membres à l'OMC.[4] Cependant, les huit pays continuaient en mai 2017 de participer de façon individuelle aux travaux de l'OMC, y compris pour ce qui est des notifications à l'OMC portant sur les sujets qui leur sont communs. Les huit pays soutiennent généralement les positions du Groupe africain, des pays ACP et des pays en développement sur les questions relatives aux obligations multilatérales, ainsi qu'au renforcement des activités de coopération technique (graphique 2.1). Cependant, dans l'ensemble, le manque de ressources humaines et financières entrave leur participation accrue aux activités de l'OMC.

En juin 2017, la Guinée-Bissau et le Niger faisaient partie des Membres de l'OMC considérés comme "inactifs", c'est-à-dire dont les contributions à l'OMC demeurent impayées depuis au moins trois années complètes.

Graphique 2.1 Assistance de l'OMC à l'UEMOA, par domaine d'activité, 2009-2015

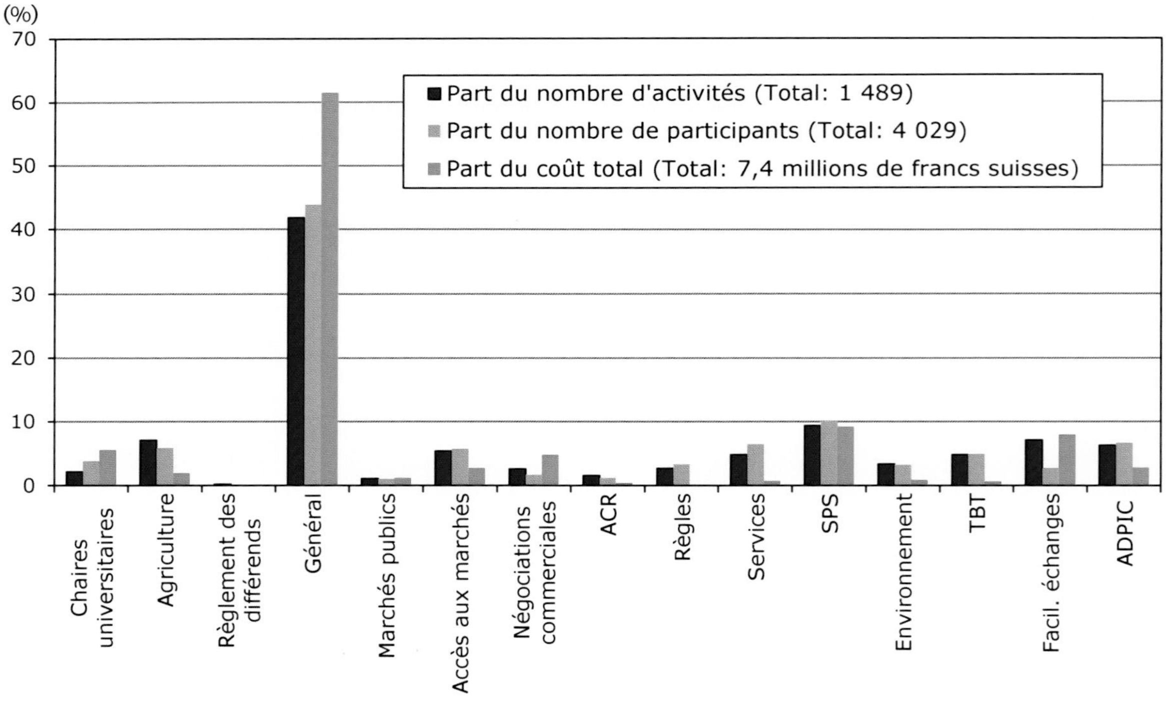

(%)

Part du nombre d'activités (Total: 1 489)
Part du nombre de participants (Total: 4 029)
Part du coût total (Total: 7,4 millions de francs suisses)

Chaires universitaires, Agriculture, Règlement des différends, Général, Marchés publics, Accès aux marchés, Négociations commerciales, ACR, Règles, Services, SPS, Environnement, TBT, Facil. échanges, ADPIC

Source: Secrétariat de l'OMC.

Les arrangements administratifs de l'OMC exigent que ces Membres soient invités instamment à liquider leurs arriérés. Les Membres inactifs se voient refuser l'accès à la formation ou à l'assistance technique, à l'exception des activités nécessaires à la mise en œuvre de leurs obligations en vertu de l'Accord sur l'OMC.

ACCORDS COMMERCIAUX RÉGIONAUX

Union africaine[5]

Les États membres sont tous membres fondateurs de l'Union africaine (UA), successeur de l'Organisation de l'unité africaine (OUA).[6] Instituée par le Traité d'Abuja, la Communauté économique africaine (CEA), créée en 1994 par l'OUA, prévoit l'établissement d'une union douanière, avec une zone de libre-échange continentale (ZLEC), et une union monétaire et économique à l'échelle continentale à l'horizon 2034.[7] Ce processus prévoit tout d'abord la consolidation des principales Communautés économiques régionales (CER)[8], et ensuite leur intégration entre elles. Pour l'Afrique de l'ouest, la CER retenue est la CEDEAO dont le rythme d'intégration assez lent diffère substantiellement de celle de l'UEMOA. En effet, l'Union douanière de l'UEMOA, dont tous les États sont également membres de la CEDEAO, est bien plus avancée que celle de cette dernière. Par ailleurs, contrairement à la CEDEAO, l'UEMOA est déjà une union monétaire avec une monnaie commune.

Le Nouveau partenariat pour le développement de l'Afrique (NEPAD), adopté en 2001, est un programme de l'UA. Le NEPAD vise un nouveau partenariat entre l'Afrique et la communauté internationale.[9] Le commerce, y compris l'accès aux marchés, constitue un objectif prioritaire déclaré du NEPAD. Lors de la Déclaration de Maputo en 2003, l'UA a demandé à tous ses États membres d'accroître leurs investissements dans le secteur de l'agriculture, à hauteur au moins de 10% de leurs budgets nationaux avant 2008, ce qui a fourni un cadre pour évaluer les dépenses publiques effectuées dans le secteur agricole (voir p. 78 et les annexes-pays).

Union économique et monétaire ouest-africaine (UEMOA)

L'Union économique et monétaire ouest-africaine (UEMOA) complète, par un volet économique, l'Union monétaire ouest-africaine (UMOA) (p. 36). Le traité de l'UEMOA fut signé le 11 janvier 1994 par tous les États membres sauf la République de Guinée-Bissau qui adhéra le 5 mars 1997; et révisé en 2003.[10] Le cadre institutionnel de l'UEMOA comprend notamment: la Conférence des chefs d'États et de gouvernements, qui prend les actes additionnels au Traité de l'Union; le Conseil des ministres, l'instance décisionnelle de l'UEMOA; et la Commission de l'UEMOA, qui est l'organe de suivi et de mise en œuvre. Les institutions spécialisées sont la Cour de justice; la Cour des comptes; le Parlement de l'Union; la Banque ouest-africaine de développement; la BCEAO (p. 35) et le Conseil régional de l'épargne publique et des marchés financiers (CREPMF, p. 88). Le Traité créant le Parlement a été adopté en 2003[11], et il est entré en vigueur après sa ratification par la Côte d'Ivoire en février 2014. Cependant, les Actes additionnels relatifs à son fonctionnement n'étaient pas encore adoptés en mai 2017. Pour financer les activités de l'UEMOA, chacun des États membres applique sur les importations en provenance des pays tiers le prélèvement communautaire de solidarité (PCS) de 1% (p. 64 et tableau A3.1).

Le Conseil des ministres de l'UEMOA édicte les règlements, les directives et les décisions: les règlements sont contraignants et directement applicables dans chaque État membre; les directives doivent être transposées dans le droit et la pratique des États membres; les décisions sont contraignantes pour les personnes ou États membres auxquels elles s'adressent.

L'UEMOA a harmonisé les régimes en matière de taxation au cordon douanier (p. 50), et développe également une approche régionale à la normalisation, l'accréditation et la certification. Des directives communautaires ont été prises dans plusieurs secteurs d'activités économiques, y compris l'agriculture, la pêche, l'énergie, les mines, le transport aérien, les télécommunications, les services financiers et les services professionnels (p. 76). La transposition au niveau national des dispositions communautaires a progressé depuis 2010, mais leur application demeure néanmoins un défi. Toutefois, depuis l'adoption en 2013 d'un Acte additionnel créant une revue annuelle des réformes, politiques, programmes et projets communautaires, la Commission a observé une forte progression dans la transposition et l'application des actes communautaires par les États membres. Cette revue annuelle, placée sous l'autorité directe des Premiers Ministres comprend une évaluation par les services techniques de la Commission et des départements ministériels concernés, la publication d'un rapport sur la surveillance commerciale (RSC) et un volet politique par lequel le Président de la Commission accompagné du Ministre de l'économie et des finances du pays membre présente les résultats de l'évaluation au Premier ministre.

Une cause persistante de la faiblesse des échanges intracommunautaires réside dans les nombreuses entraves au commerce au sein de la zone. En effet, l'absence d'un système de marché unique (libre pratique) donne lieu à des taxations multiples et prive l'Union du système d'entrée unique des marchandises, l'un des atouts d'un territoire douanier communautaire.

Depuis 2005, la Commission et les États membres poursuivent leurs efforts, avec l'aide du West Africa Trade Hub, pour identifier les entraves au commerce intra-UEMOA en vue de les éliminer: les taxations abusives ou illicites, les tentatives de réarmement tarifaire sur certains produits originaires de l'Union, les obstacles techniques ou administratifs imposés aux produits communautaires, les formalités d'inspection abusives, l'imposition de quantités minimales à importer pour bénéficier de la franchise, la subordination de l'importation de produits originaires à l'achat de produits nationaux, l'exigence de certificats d'origine pour les produits du cru, la rétention des déclarations préalables d'importation; et les mesures visant à percevoir des "pots de vin" sur les grands axes routiers ("corridors") de l'Union.[12] Depuis 2005, l'Observatoire des pratiques anormales (OPA) permet à la Commission de suivre les efforts des États membres à réduire les points de barrages sur les axes routiers inter-États, et par là réduire les prélèvements illicites sur le commerce. Le 26ème rapport de l'OPA est disponible depuis mai 2017. Face à ces problèmes, des initiatives ont été entreprises par l'Union, notamment la construction de 11 postes de contrôles juxtaposés aux frontières, dont quatre sont fonctionnels (p. 54).[13]

Au regard du rôle central des infrastructures dans la création d'un véritable marché commun et dans le développement des échanges commerciaux intracommunautaires, le Programme économique régional de l'UEMOA (PER) vise la modernisation et la réhabilitation des infrastructures économiques de l'Union. Le premier PER élaboré en 2004 pour la période 2006-2010, avait comme objectif la création d'un véritable "marché commun", et a englobé 63 projets et mobilisé 3 500 milliards de FCFA (5,3 milliards d'euros). Le second PER s'est déroulé sur la période 2012-2016 et a engrangé 102 projets intégrateurs d'un coût de financement de 6 000 milliards de FCFA (9,1 milliards d'euros). La troisième phase du PER était en cours d'élaboration en mai 2017 et devrait couvrir la période 2017-2021.

Les États membres avaient doté la Commission de l'UEMOA (ci-après "la Commission") de la compétence exclusive en matière de politique commerciale commune *vis-à-vis* des États tiers. Cependant, du fait de la coexistence de l'UEMOA et de la CEDEAO, cette compétence est de plus en plus partagée entre les Commissions de ces deux communautés, tel qu'en témoigne le tarif extérieur commun (TEC) de la CEDEAO qui remplaça le TEC de l'UEMOA en janvier 2015. Le fait que l'intégration commerciale au sein de la CEDEAO reste considérablement moins avancée qu'au sein de l'UEMOA a contribué à ralentir les efforts d'intégration de cette dernière; par exemple, la révision du Code des douanes de l'UEMOA débutée en 2014 se trouvait en 2017 toujours en débat au sein de la CEDEAO.

Communauté économique des États de l'Afrique de l'ouest (CEDEAO)

Tous les États membres sont également membres de la CEDEAO, créée le 28 mai 1975 avec l'objectif de promouvoir la coopération et l'intégration dans la perspective d'une Union économique de l'Afrique de l'ouest. Selon le Traité révisé de juillet 1993, la CEDEAO sera à terme la seule communauté économique de la région aux fins de l'intégration économique et de la réalisation des objectifs de la CEA (p. 45).[14] Le cadre institutionnel de la CEDEAO est composé de la Conférence des Chefs d'État et de gouvernement, qui est son autorité décisionnelle; de la Commission; du Parlement; de la Cour de justice; de la Banque d'investissement et de développement de l'Afrique de l'ouest, de l'Organisation ouest-africaine de la santé et du Groupe intergouvernemental d'action contre le blanchiment d'argent. La CEDEAO s'exerce activement à soutenir la stabilité politique et l'état de droit dans la sous-région. Pour financer les activités de la CEDEAO, chacun des pays membres applique aux importations provenant des pays tiers un prélèvement communautaire (PC, voir p. 64 et tableau A3.1).

Le protocole de la CEDEAO de 1979 sur la libre circulation, le droit de résidence et le droit d'établissement a entrainé, entre autres, la suppression de l'obligation de visa entre États membres pour les citoyens de la Communauté.[15] Dans ce sillage, la CEDEAO a mis en service le passeport CEDEAO, puis adopté en décembre 2014 la Carte d'identité biométrique qui a entrainé la suppression de la carte de résident. En outre, la CEDEAO a mis en place un régime régional d'assurance automobile responsabilité civile dénommé "Carte brune" (p. 86); et lancé un Programme de coopération monétaire qui vise la création d'une monnaie unique en 2020.

En décembre 2001, une décision de la Conférence des chefs d'États et de gouvernements de la CEDEAO donna mandat au Secrétariat (aujourd'hui Commission) de la CEDEAO, en collaboration avec la Commission de l'UEMOA, pour mener les négociations avec l'Union européenne (UE) en vue de la conclusion d'un Accord de partenariat économique (APE, voir ci-dessous p. 46). le TEC de janvier 2015 constitue l'étape préalable à la conclusion d'un tel APE.[16]

Une autre initiative importante de la CEDEAO est le West African Power Pool (WAPP, p. 80)[17], qui vise l'augmentation des échanges en électricité entre ses 15 pays membres (l'énergie figurant parmi les premières contraintes à l'offre de la sous-région), à travers, entre autres, la coordination des projets d'investissement soumis aux bailleurs de fonds.

AUTRES RELATIONS PRÉFÉRENTIELLES

Relations avec l'Union européenne

Les États membres de l'UEMOA font partie des 79 pays ACP avec lesquels l'Union européenne a conclu l'Accord signé le 23 juin 2000 à Cotonou (Bénin)[18], en remplacement de la Convention de Lomé. L'Accord de Cotonou couvre la période allant jusqu'à 2020. Les dispositions commerciales constituaient l'un des mécanismes de coopération entre les pays ACP et l'UE. Cette dernière avait admis en franchise les produits non agricoles et la plupart des produits agricoles transformés originaires de 78 pays ACP (à l'exclusion de l'Afrique du Sud), sur une base non réciproque, jusqu'au 31 décembre 2007.[19] L'aide au développement

est fournie par le Fonds européen de développement (FED), en complément aux initiatives bilatérales des pays membres de l'UE. Le montant total d'assistance pour la période 2014-2020 est de 31,5 milliards d'euros, dont 29 milliards au titre du 11ème FED, en augmentation de 30% par rapport au 10ème FED.

L'Accord de Cotonou prévoit la négociation d'Accords de partenariat économique (APE) régionaux devant prendre la relève de ses dispositions commerciales à partir du 1er janvier 2008; les États membres de l'UEMOA font partie du groupement "Afrique de l'ouest", qui englobe la CEDEAO et la Mauritanie. En juin 2014, un tel APE fut signé par les États de l'Afrique de l'ouest (à l'exception de la Gambie, de la Mauritanie et du Nigéria), les Commissions de la CEDEAO et de l'UEMOA, d'une part, et la Commission de l'Union européenne et ses États membres, d'autre part.[20] Pour entrer en vigueur, l'APE doit être signé par les 16 États ouest-africains, et par les trois commissions (CEDEAO, UE et UEMOA), et par tous les États membres de l'UE. Il doit être ratifié par deux tiers des États membres de l'Afrique de l'ouest. Aucun État membre ne l'avait ratifié en novembre 2016. Les négociations sur l'APE avec l'Afrique de l'ouest se poursuivent sur certains sujets.[21] Par ailleurs, en août 2016, la Côte d'Ivoire ratifia l'APE intérimaire qu'elle avait signé avec l'UE en novembre 2008. La Côte d'Ivoire n'avait pas procédé au démantèlement tarifaire sous l'APE intérimaire mais ce dernier lui avait permis de continuer à avoir accès en franchise pour ses produits aux marchés de l'UE (voir l'annexe sur la Côte d'Ivoire).

Tous les États membres (sauf la Côte d'Ivoire) sont des pays moins avancés (PMA) et à ce titre bénéficient de l'initiative "Tout sauf les armes" (TSA) de l'UE. Cette initiative permet l'admission en franchise de droits de douane de tous les produits à l'exception des armes et munitions, d'origine PMA. En général, les bénéfices tirés du régime TSA sont relativement marginaux car l'essentiel des exportations des PMA vers l'UE porte sur des produits qui sont déjà admis en franchise sur le territoire de l'UE en vertu du régime NPF. Par contraste, la Côte d'Ivoire exporte vers l'Union européenne certains produits, notamment agroalimentaires, pour lesquels les droits de douane NPF ne sont pas nuls.

Relations avec les États-Unis d'Amérique

Sont éligibles aux préférences des États-Unis sous la Loi sur la croissance et les possibilités économiques en Afrique (AGOA) d'octobre 2000, les pays qui ont établi, ou progressé dans l'un ou plusieurs des domaines suivants: l'établissement d'économies de marché; le respect de l'état de droit et du pluralisme politique; l'élimination des barrières au commerce et à l'investissement américain; la protection des droits de propriété intellectuelle; des efforts pour combattre la corruption; la protection des droits humains et des droits des travailleurs; et l'élimination de certaines formes de travail des enfants. Lorsque ces principes sont considérés comme n'étant pas respectés, le pays peut être déclaré inéligible. C'est ainsi que la Guinée-Bissau figurait parmi les 34 pays initialement déclarés éligibles sous la Loi, mais en fut déclarée inéligible en décembre 2012, puis réadmise en décembre 2014. La Côte d'Ivoire y fut réadmise en octobre 2011. Le Niger est à nouveau éligible depuis octobre 2011. Le Mali est de nouveau éligible depuis janvier 2014, alors qu'il avait été déclaré inéligible en décembre 2012.

Les pays éligibles bénéficient d'un accès au marché des États-Unis en franchise de droits et de contingents pour différents biens, y compris certains produits agricoles et textiles, sauf les vêtements. Pour ces derniers, il existe une disposition spéciale relative à l'incorporation des tissus de pays tiers dans les vêtements, ainsi qu'une disposition sur les produits faits à la main (dits de la "Catégorie 9"), et une autre disposition sur les articles faits de tissus ethniques. Le Bénin, le Burkina Faso, la Côte d'Ivoire, le Niger (depuis 2011) et le Sénégal sont éligibles à ces dispositions.[22] Dans l'ensemble, les dispositions de l'AGOA ne sont pas exploitées intensément par les opérateurs économiques nationaux des huit pays. Seuls la Côte d'Ivoire, le Sénégal et le Togo ont utilisé les dispositions de l'AGOA pour des flux de commerce annuels supérieurs à 1 million de dollars, mais pas de façon régulière.

RÉGIME D'INVESTISSEMENT

Un projet de code des investissements communautaire est en discussion depuis 1997 au sein de l'UEMOA. En attendant, chacun des États membres a établi sa propre législation, présentée dans leurs annexes respectives. Les États membres sont chacun membres de l'Agence multilatérale de garantie des investissements (AMGI) de la Banque mondiale. Ceci permet aux entreprises étrangères éligibles de recevoir une garantie de l'AMGI pour leurs investissements dans le pays membres. La garantie est variable, mais couvre en général les risques de restrictions de change, d'expropriation, de violation de contrat, de pertes causées par des conflits (y compris le terrorisme). Le statut de membre permet d'obtenir de l'assistance technique de l'AMGI, de manière à attirer les investissements étrangers.[23] Les États membres sont également individuellement signataires de la convention du Centre international pour le règlement des différends pour les investissements (CIRDI), mais la Guinée-Bissau n'y a pas encore déposé les instruments de ratification.[24]

ORGANISATION POUR L'HARMONISATION EN AFRIQUE DU DROIT DES AFFAIRES (OHADA)

Les pays de l'UEMOA font tous partie des 17 États membres de l'Organisation pour l'harmonisation en Afrique du droit des affaires (OHADA) sise à Yaoundé.[25] Depuis 2002, leur cadre juridique régissant la vie des entreprises et les activités commerciales est harmonisé par la mise en application des neuf Actes uniformes de l'OHADA (tableau 2.1). Le Traité de l'OHADA vise à harmoniser le droit des affaires dans les 17 pays membres à travers: l'élaboration et l'adoption de règles

Tableau 2.1 Actes uniformes de l'OHADA, 2017

Acte uniforme	Entrée en vigueur/ Dernière modification	Site Internet
Acte uniforme relatif au Droit commercial général (AUDCG)	1998/2010	http://www.ohada.org/index.php/fr/actes-uniformes-droit-commercial-general-presentation/audcg-presentation-et-innovations
Droit des sociétés commerciales et du Groupement d'intérêt économique (AUSCGIE)	1998/2014	http://www.ohada.org/index.php/fr/auscgie-droit-des-societes-commerciales-et-du-gie/auscgie-presentation-et-innovations
Acte uniforme portant organisation des sûretés (AUS)	2011	http://www.ohada.org/index.php/fr/aus-organisation-des-suretes/auds-presentation-et-innovations
Organisation des procédures simplifiées de recouvrement et des voies d'exécution (AUVE)	10/07/1998	http://www.ohada.org/index.php/fr/auve-organisation-des-procedures-simplifiees-de-recouvrement-et-des-voies-d-execution/auve-presentation-et-innovations
Organisation des procédures collectives d'apurement du passif (AUPC)	2015	http://www.ohada.org/index.php/fr/aupc-acte-uniforme-portant-organisation-des-procedures-collectives-d-apurement-du-passif/aupc-presentation-et-innovations
Droit de l'arbitrage	11/06/1999	http://www.ohada.org/index.php/fr/aua-droit-de-l-arbitrage/aua-presentation-et-innovations
Organisation et harmonisation des comptabilités des entreprises	2001/2002	http://www.ohada.org/index.php/fr/auohce-organisation-et-harmonisation-de-la-comptabilite-des-entreprises/auohce-presentation-et-innovations
Contrats de transport de marchandises par route	01/01/2004	http://www.ohada.org/index.php/fr/auctmr-contrats-de-transport-de-marchandises-par-route/auctmr-presentation-et-innovations
Droit des sociétés coopératives	2011	http://www.ohada.org/index.php/fr/auscoop-droit-des-societes-cooperatives/auscoop-presentation-et-innovations

Source: Renseignements en ligne de l'OHADA. Adresse consultée: http://www.ohada.org.

communes simples, modernes et adaptées à la situation des économies concernées, la mise en œuvre des procédures judiciaires appropriées, et la promotion du recours à l'arbitrage comme moyen de règlement des différends contractuels.

Les dispositions du droit commercial général de l'OHADA définissent le statut des commerçants et intermédiaires tels que commissionnaires et courtiers, et fournissent des règles communes pour les ventes commerciales. Le droit des sociétés est également harmonisé, avec des conséquences en termes de présence commerciale. Ainsi les sociétés étrangères désirant opérer dans des États membres sont tenues d'y domicilier leur siège et d'y tenir leur comptabilité. Cependant, selon les dispositions de l'OHADA, ces entreprises peuvent dans un premier temps y installer des succursales, dont la durée de vie ne saurait excéder deux ans à l'issue desquels elles doivent être rattachées à une société de l'un des États membres de l'OHADA. Un Acte uniforme s'applique notamment aux contrats de transport de marchandises par route impliquant le territoire d'un État partie à l'OHADA. De plus, le droit OHADA s'accompagne d'un référentiel comptable SYSCOA, obligatoire dans les États membres (p. 90).

La législation commerciale commune concerne également les sûretés et l'arbitrage. Ceci a permis de promouvoir l'Arbitrage comme moyen juridictionnel de règlement des litiges commerciaux et, dans certains pays, de créer un centre d'arbitrage au sein de la Chambre de commerce.

Tous les actes uniformes s'appliquent directement. La Cour commune de justice et d'arbitrage (CCJA) est le tribunal de cassation pour tous les différends relatifs au droit uniforme et peut être saisie par voie de recours en cassation des arrêts d'appel des juridictions nationales.

Le champ d'intervention de l'OHADA est assez proche de celui de la Commission des Nations unies pour le droit commercial international (CNUDCI), organe des Nations unies spécialisé dans la réforme du droit commercial à travers la modernisation et l'harmonisation des règles du commerce international. Un accord a été signé par les deux organisations en 2016 afin de promouvoir la coopération sur des sujets d'intérêt commun, l'échange d'informations et la conduite d'actions communes, le tout dans la perspective de stimuler les échanges commerciaux internationaux.

Notes de fin

1 Information en ligne. Adresse consultée: https://www.wto.org/french/tratop_f/inftec_f/inftec_f.htm.

2 Documentdel'OMCG/MA/W/102du2août2010.Adresseconsultée: https://docs.wto.org/dol2fe/Pages/SS/directdoc.aspx?filename=U:/G/MA/W102.doc.

3 Information en ligne. Adresse consultée: https://www.wto.org/french/tratop_f/trips_f/amendment_f.htm.

4 Décision n° 009/2011/PCOM/UEMOA du 14 janvier 2011.

5 Renseignements en ligne de l'Union africaine. Adresse consultée: http://www.africa-union.org.

6 La Charte instituant l'OUA a été signée le 25 mai 1963. L'Acte constitutif de l'Union africaine a été adopté au sommet tenu en juillet 2000 à Lomé (Togo). L'Union africaine a été proclamée le 11 juillet 2001 à Lusaka, en Zambie, après la ratification de l'Acte constitutif par plus de 44 des 53 États membres de l'OUA. Le Sommet de Durban du 9 juillet 2002 a lancé l'Union africaine.

7 Déclaration d'Accra. Adresse consultée: http://www.africa-union.org.

8 Communauté des États sahélo-sahariens (CEN-SAD), Marché commun de l'Afrique orientale et australe (COMESA), Communauté de l'Afrique de l'Est (CAE), Communauté économique des États d'Afrique centrale (CEEAC), Communauté économique des États de l'Afrique de l'ouest (CEDEAO), Autorité intergouvernementale pour le développement (IGAD), Communauté de développement de l'Afrique australe (SADC), et Union du Maghreb arabe (UMA).

9 Renseignements en ligne du NEPAD. Adresse consultée: http://www.nepad.org/.

10 Renseignements en ligne de l'UEMOA. Adresse consultée: http://www.uemoa.int/fr/system/files/fichier_article/traitreviseuemoa.pdf.

11 Traité portant création du Parlement de l'Union économique et monétaire de l'Afrique de l'ouest. Adresse consultée: http://www.uemoa.int/actes/2003/TraitParlement.pdf.

12 Voir notamment les rapports de l'Observatoire des pratiques anormales, créé par la Commission de l'UEMOA avec l'aide du West-Africa Trade Hub. Adresse consultée: https://www.watradehub.com/en/.

13 Décision n° 08/2001/CM/UEMOA du 26 novembre 2001 portant adoption et modalités de financement d'un programme communautaire de postes de contrôles juxtaposés aux frontières entre les États membres de l'Union.

14 Les membres de la CEDEAO sont les pays suivants: Bénin, Burkina Faso, Cabo Verde, Côte d'Ivoire, Gambie, Ghana, Guinée, Guinée-Bissau, Libéria, Mali, Niger, Nigéria, Sénégal, Sierra Leone et Togo.

15 Information en ligne. Adresse consultée: https://www.ilo.org/dyn/natlex/docs/ELECTRONIC/39769/114931/F1913314371/ORG-39769.pdf.

16 Décision n° A/DEC.17/01/06 du 12 janvier 2016 modifiée portant adoption du TEC CEDEAO.

17 Renseignements en ligne de la CEDEAO. Adresse consultée: http://www.ecowas.int.

18 Accord de Cotonou. Adresse consultée: http://europa.eu/legislation_summaries/development/african_caribbean_pacific_states/r12101_fr.htm.

19 Les Membres de l'OMC avaient accordé une dérogation aux obligations de l'UE au titre de l'article I:1 du GATT de 1994 (sur le traitement NPF) pour la période allant du 1er mars 2000 au 31 décembre 2007 (document de l'OMC WT/MIN(01)/15 du 14 novembre 2001).

20 Information en ligne. Adresse consultée: http://eur-lex.europa.eu/resource.html?uri=cellar:9107bcf3-9cca-4b93-9818-685e373b4926.0003.02/DOC_1&format=PDF.

21 Information en ligne. Adresse consultée: http://ec.europa.eu/trade/wider-agenda/development/economic-partnerships/.

22 Renseignements en ligne de l'AGOA. Adresse consultée: https://agoa.info/about-agoa/country-eligibility.html.

23 Informationenligne.Adresseconsultée:http://www.miga.org/projects/advsearchresults.cfm?srch=s&hctry=90c&hcountrycode=GW.

24 Information en ligne. Adresse consultée: https://pca-cpa.org/wp-content/uploads/sites/175/2016/01/ICSID-Convention-1965-FR.pdf.

25 Il s'agit des pays suivants: Bénin, Burkina Faso, Cameroun, Comores, Congo, Côte d'Ivoire, Gabon, Guinée, Guinée-Bissau, Guinée équatoriale, Mali, Niger, République centrafricaine, République démocratique du Congo, Sénégal, Tchad, et Togo.

Politique et pratiques commerciales - analyse par mesure

MESURES AGISSANT DIRECTEMENT SUR LES IMPORTATIONS

Procédures

Les États membres de l'UEMOA ont entrepris il y a une quinzaine d'années, avec le concours de la Commission de l'UEMOA (ci-après la Commission), la mise en place de leur union douanière. Ils ont ainsi développé une réglementation douanière commune qui doit, à terme, conduire à l'harmonisation des structures, procédures et régimes douaniers au sein de l'Union.

L'un des défis majeurs de cette politique commune est de trouver le juste équilibre entre la lutte contre la fraude qui pénalise fortement l'économie des États membres, et la nécessité de faciliter les échanges pour stimuler leur développement économique. Un renforcement de la gouvernance douanière est indispensable au rétablissement d'une concurrence plus équitable entre production locale et importations.[1] Les fausses déclarations en douane et la contrebande restent endémiques aujourd'hui encore.[2]

En mai 2017, cinq des huit États membres avaient ratifié l'Accord de l'OMC sur la facilitation des échanges (tableau 3.1); et trois pays avaient notifié leurs mesures de catégorie A. La Commission a mis en place un programme régional de facilitation des échanges; elle a également fourni une assistance aux États membres dans le cadre de l'auto-évaluation de leurs besoins et du renforcement des capacités en matière de facilitation des échanges.

Tableau 3.1 Statut de l'Accord sur la facilitation des échanges, mai 2017

	Bénin	Burkina Faso	Côte d'Ivoire	Guinée-Bissau	Mali	Niger	Sénégal	Togo
Ratification	Non	Non	Oui	Non	Oui	Oui	Oui	Oui
Cat. A Notification (nombre de mesures notifiées)	Non	Oui (10)	Oui (15)	Non	Non	Non	Oui (19)	Non
Cat. B Notification	Non	Non	Non	Non	Non	Non	Non	Non
Cat. C Notification	Non	Non	Non	Non	Non	Non	Non	Non
Séminaires d'auto-évaluation des besoins	2008, 2014	2008, 2014	2008, 2013	Non	2008, 2013	2010, 2014	2009	2009, 2013

Source: Secrétariat de l'OMC sur la base des renseignements fournis par les États membres.

Graphique 3.1 Coût des procédures de commerce transfrontalier, 2016

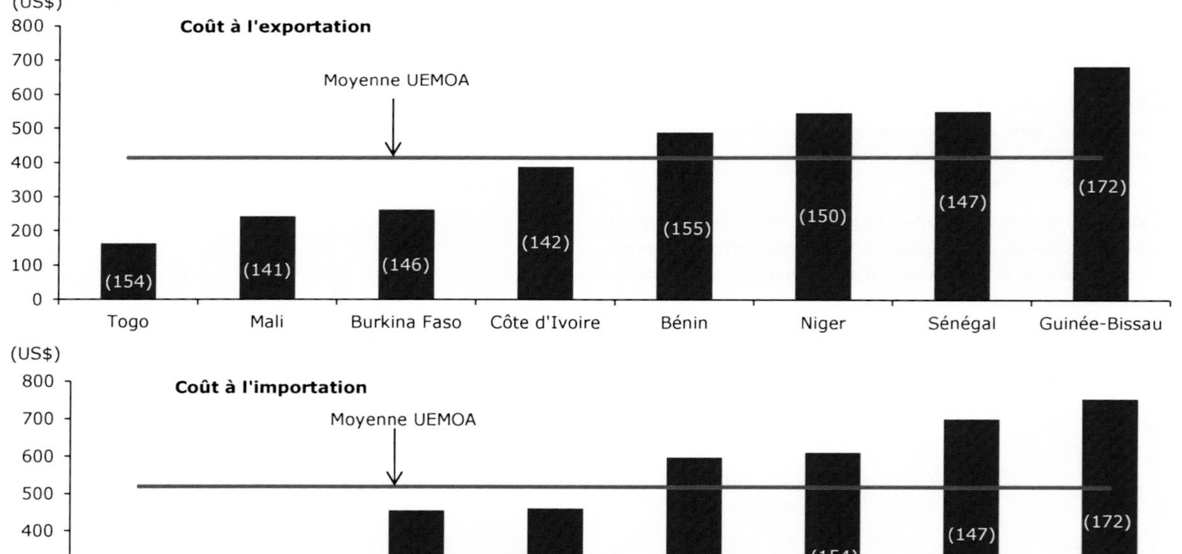

Note: Score de l'UEMOA basé sur la moyenne simple de chaque membre. Les nombres dans chaque barre correspondent au classement de la Facilité de faire des Affaires (total des pays: 190).

Source: Banque mondiale, Doing Business 2017. Adresse consultée: http://francais.doingbusiness.org/reports/global-reports/doing-business-2017.

Dans l'ensemble, les procédures commerciales dans les États membres ne sont pas encore harmonisées, et restent assez coûteuses et variables d'un État à l'autre, d'où le bas classement de certains États membres selon le rapport *Doing Business 2017* de la Banque mondiale (graphique 3.1).

Renseignements douaniers

Le Code communautaire des douanes (CCD) de l'UEMOA est en vigueur dans tous les États membres depuis son adoption en 2001 sous la forme d'un règlement directement applicable sur le territoire des États membres.[3] Le CCD décrit l'ensemble des procédures applicables à toutes les marchandises, y compris celles d'origine communautaire échangées entre les États membres.

La principale législation douanière dans les États membres est formée par les Codes des douanes nationaux, complétés par des textes d'application, et qui doivent prendre en compte les orientations du CCD. Le CCD contient les grands principes communs à tous les États membres. Les Codes nationaux donnent des précisions sur les conditions administratives de leur respect.

Les changements nécessaires au CCD au regard de l'AFE concernent notamment la fourniture sur demande de décision anticipée sur la classification tarifaire, l'origine ou le régime douanier des marchandises avant leur importation; l'acceptation des copies des documents requis à l'importation et à l'exportation; la publication des renseignements, la coopération entre les entités présentes aux frontières, le droit de recours, et les opérateurs économiques agréés. Le CCD était en cours de révision en mai 2017.

Le CCD étant silencieux sur ces points, seuls certains codes nationaux contiennent des dispositions requérant la publication de renseignements douaniers, et en particulier des renseignements tarifaires contraignants (par exemple Sénégal). Toutefois, la plupart des administrations douanières des États membres disposent d'un site Internet où certains renseignements relatifs à l'importation et à l'exportation sont disponibles (tableau 3.2). Par ailleurs, un point focal régional d'information sur les questions douanières, y compris la facilitation des échanges, serait en cours de mise en place dans le cadre d'un portail d'informations commerciales de l'UEMOA.

La participation du secteur privé aux débats de politique économique concernant les questions douanières varie beaucoup d'un État membre à l'autre. Certains États membres décrivent un partenariat fort entre la Douane et le secteur privé (par exemple Sénégal, Côte d'Ivoire); en général cependant, ce partenariat demeure ad hoc, et n'est pas formalisé juridiquement.

Commissionnaires en douane et crédits d'enlèvement

Au sein de l'UEMOA, les conditions d'agrément des commissionnaires en douane sont harmonisées

Tableau 3.2 Réglementation commerciale dans le cadre de l'AFE

Entité (pays) Principaux textes douaniers	Point d'information[a]	Site Internet	Couverture
Commission de l'UEMOA **Code communautaire des douanes**	..	..	..
Bénin Loi n° 2014-20 du 27 juin 2014 portant Code des douanes en République du Bénin	Service aux usagers de la douane	http://www.douanes-benin.net/	Code des douanes, décrets, arrêtés, décisions, notes de services, circulaires
Burkina Faso Loi n° 03/92/ADP du 3 décembre 1992 portant révision du Code des douanes	..	http://www.douanes.bf/	..
Côte d'Ivoire Loi n° 64--291 du 1er août 1964, modifiée en 1988	..	http://www.douanes.ci/	Code des douanes, décrets, arrêtés, décisions, notes de services, circulaires
Guinée-Bissau **Code communautaire des douanes**	..	..	..
Mali Loi n° 01-075 du 18 juillet 2001	Direction nationale du commerce et de la concurrence	http://douanes.gouv.ml/	Code des douanes, tarifs douaniers (non lisibles), avis, circulaires, arrêtés. Prohibitions à l'importation et à l'exportation
Niger Codes des douanes du Niger de 1961	..	Pas de site fonctionnel	..
Sénégal Loi n° 2014-10 du 28 février 2014 portant Code des douanes du Sénégal	Ministère du commerce	http://www.douanes.sn/	Code des douanes, décrets, arrêtés, décisions, circulaires, notes de services et avis
Togo Loi n° 2014-033 du 28 avril 2014	..	https://www.otr.tg/index.php/fr/	..

.. Non disponible.

a L'article 3.1 de l'AFE prévoit que chaque Membre établira des points d'information pour répondre aux demandes en matière de renseignements, documents, etc.

Source: Secrétariat de l'OMC sur la base des renseignements fournis par les autorités.

depuis 2008.[4] Le recours à un commissionnaire en douane agréé (CAD) demeure obligatoire pour les opérations de dédouanement pour autrui, que ce soit à l'importation ou à l'exportation. Les honoraires des CAD sont, en principe, plafonnés; en pratique, les CAD fixent leurs honoraires dans un environnement très concurrentiel où les opérateurs informels seraient nombreux.

Les CAD doivent être agréés dans chaque État membre et pour chaque bureau de douane où ils désirent accomplir les formalités de douane pour autrui, ce qui est susceptible d'augmenter leurs coûts de fonctionnement en réduisant les possibilités d'économies d'échelle; par contraste, au Togo un seul agrément couvre tous les bureaux de douane. Les CAD doivent se conformer au seuil minimum (25%) de participation des ressortissants de l'Union au capital social, qui doit être entièrement libéré auprès d'une banque ou d'un notaire établis dans l'État membre où la société compte s'installer; s'engager à souscrire une garantie générale (au minimum 25 millions de FCFA, soit environ 18 000 euros) auprès d'une banque agréée; et disposer d'un bâtiment comportant des installations convenables pour chaque bureau pour lequel l'agrément est accordé. Un projet de directive sur la libre circulation et le droit d'établissement des CAD était en attente d'adoption par les autorités de l'Union en mai 2017.

Comme l'a souligné la Commission, un dédouanement efficace des marchandises implique que les CAD, dès lors qu'ils sont les seuls autorisés à déclarer pour autrui, soient tenus de se doter de moyens modernes d'élaboration de la déclaration, et que leur connexion au système de dédouanement informatisé soit obligatoire et fonctionnelle, ce qui n'est toujours pas le cas en pratique.[5] Dans certains États membres (par exemple Bénin, Côte d'Ivoire, Sénégal), la connexion informatique est fonctionnelle entre l'Administration des douanes, les services du Trésor public, et l'ensemble des CAD, ce qui permet de mieux recouvrer les droits et taxes dus.

Par ailleurs, il est obligatoire pour un CAD d'être détenteur d'un crédit d'enlèvement auprès d'un organisme de crédit, dans le but d'accélérer l'enlèvement des marchandises (article 96 du CCD). L'article 7.3 de l'AFE prévoit en effet la possibilité de la mainlevée accélérée des marchandises avant l'acquittement final des droits et taxes dus, au moyen d'une garantie financière si nécessaire.[6] Dans les États membres où la dématérialisation a progressé, seuls les CAD enregistrés auprès de l'administration fiscale et disposant de la surface financière nécessaire pour renouveler leurs crédits sont habilités à opérer.

Domiciliation bancaire et paiement électronique

La législation applicable par les États membres en matière de transferts financiers liés aux échanges commerciaux entre l'UEMOA et les pays tiers (p. 35) prévoit une domiciliation de la facture commerciale auprès d'une banque intermédiaire agréée si leur valeur excède 10 millions de FCFA (soit environ 15 250 euros).[7] Dans certains États membres (Côte d'Ivoire, Sénégal), ces procédures qui demeurent relativement lourdes ont été informatisées et simplifiées, notamment à travers la création de plateformes électroniques de collecte des documents préalables au dédouanement des marchandises.

Dans les pays où les procédures n'ont pas encore été informatisées et dématérialisées, l'importateur doit soumettre à l'intermédiaire agréé deux copies papier certifiées conformes de la facture établie par son fournisseur étranger ou du contrat commercial conclu avec ce dernier, ceci pour chaque importation. La banque ouvre ensuite le dossier de domiciliation, avec un numéro d'ordre, sur la base de la facture. L'importation effective des marchandises est constatée par une attestation ou tout autre titre d'importation délivré par la Direction des douanes et établi en six exemplaires au moins. Le Bureau des douanes remet à l'importateur deux exemplaires du titre d'importation et transmet, dans les huit jours suivant la réalisation de l'opération, un exemplaire respectivement à la Direction chargée des finances extérieures et à la BCEAO. L'importateur conserve l'une des copies du titre d'importation et transmet l'autre à la banque domiciliataire. Le règlement de l'importation de marchandises, effectué par l'entremise d'un intermédiaire agréé, donne lieu à l'établissement d'un "Formulaire de change", soumis par délégation au visa de l'intermédiaire chargé du règlement.

Le paiement électronique des droits et taxes, redevances et impositions n'est toujours pas possible dans la plupart des États membres, à l'exception du Sénégal.

Documents requis pour le dédouanement

Bien que l'UEMOA et la CEDEAO eurent adopté en 1999 une déclaration en douane unique (DDU), avec des formulaires communautaires harmonisés, celle-ci n'était effectivement appliquée que par quelques États membres en mai 2017 (par exemple Mali).[8] Pourtant, la DDU est assortie d'une liste standard de documents à présenter lors du dédouanement, ce qui permet une simplification des procédures. Le tableau 3.3 indique bien une absence d'harmonisation. La déclaration en détail est obligatoire dans tous les États membres; de nombreux documents doivent être présentés à cette fin, et divergent d'un État membre à l'autre. Leurs originaux sont souvent requis. Les dispositions communautaires ne semblent pas encore harmoniser les procédures de déclaration anticipée même si cette dernière est permise par plusieurs États membres. Il en est de même de la déclaration simplifiée. Certains pays ont déjà mis en place des plateformes électroniques de collecte des documents préalables au dédouanement des marchandises (par exemple le Sénégal avec ORBUS).

Systèmes informatiques de dédouanement et gestion des risques

Les systèmes informatiques de dédouanement actuellement utilisés dans l'UEMOA sont disparates

Tableau 3.3 Documentation requise pour le dédouanement

Documents	Bénin	Burkina Faso	Côte d'Ivoire	Guinée-Bissau	Mali	Niger	Sénégal	Togo
Facture commerciale originale	E	O	E	O	E	O	E	E
Facture fret originale / Carnet TRIE	E	..	O		E	O	..	
Certificat d'assurance des marchandises	E	O	O	O	E	O	E	
Certificat d'inspection / Attestation de vérification	E	O	O	O	E	O		O
Manifeste original	E				O	O		
Document de transport original (connaissement, LTA)	E	O	O	O	E		E	
Attestation de règlement financier / Avis de règlement bancaire	E	O	O		O			
Attestation d'importation	E				E			O
Demande d'avant-dépôt manifeste, ADM			O		O			
Déclaration anticipée d'importation, DAI	E			O	O			O
Déclaration préalable d'importation DPI/intention d'importation/Fiche d'enregistrement statistique	E	O (P)			E	O	E	O
Bordereau de suivi des cargaisons	E	O	O	O	O	O	E	O
Autres								
Autorisation spéciale d'importation		O (P)			O			
Fiche d'enregistrement statistique					O	O		
Déclaration des éléments de la valeur					O		E	
Certificat national de conformité		O			O			

.. Non disponible.

E Exemplaire électronique accepté.

O Exemplaire papier original requis.

P Partiellement dématérialisé.

Note: Un espace blanc signifie que le document n'est pas requis selon l'information disponible.

Source: Secrétariat de l'OMC sur la base des informations fournies par les autorités.

(voir les annexes-pays). En effet, la plupart des États membres ont opté pour l'informatisation des procédures de dédouanement sur la base du Système douanier automatisé (SYDONIA), et sont à différents stades dans l'utilisation de ce système. Cependant, la Côte d'Ivoire utilise le Système de dédouanement automatique des marchandises (SYDAM), alors que le Sénégal utilise le Système de gestion automatisée des informations douanières et économiques (GAINDE). L'objectif des États membres est de parvenir à l'interconnexion de ces systèmes informatiques douaniers (p. 54).

Les conséquences de la non-harmonisation des systèmes informatiques sont multiples. Par exemple, selon la Commission, l'introduction du manifeste dans les systèmes informatiques douaniers est prétéritée par la non-concordance entre les données qui y figurent et celles requises par l'administration des douanes. L'introduction d'une obligation de soumettre les données sur la base d'un modèle commun, tel que celui de l'EDIFACT de l'ONU (Échange de données informatisées pour l'Administration, le commerce et le transport) et de la Formule-cadre des Nations Unies, pourrait contribuer à faciliter les procédures de dédouanement.[9]

Par ailleurs, le CCD est silencieux en matière de gestion des risques, même si la plupart des États membres ont mis en place chacun son propre système de gestion des risques (voir les annexes-pays).

Bordereau de suivi des cargaisons et autres taxes portuaires

Tous les États membres (sauf la Guinée-Bissau en mai 2017) exigent la présentation d'un "bordereau de suivi des cargaisons" (BSC) pour les flux d'importation passant par leurs ports maritimes. Le BSC ne relève pas d'une réglementation communautaire; en général, il est instauré par le Ministère en charge des transports dans chaque pays. Les frais (élevés) d'émission de ce document varient d'un pays à l'autre, selon la nature des marchandises et le type de cargaison, et peuvent donner lieu à un traitement discriminatoire selon le point d'embarquement des marchandises importées.

Aux fins des procédures de dédouanement, l'utilité du BSC paraît assez limitée, du fait que la plupart des renseignements qu'il apporte sont déjà présents dans le manifeste: un BSC doit être émis pour chaque connaissement. Les justificatifs à joindre électroniquement incluent: la facture commerciale détaillée; la déclaration en douane d'exportation; le connaissement; la liste de colisage; la note de fret; le certificat d'assurance; et, le cas échéant, une copie de la DAI ou son numéro; et le certificat d'origine (voir les annexes-pays).

Inspection avant expédition ou à destination

L'inspection des marchandises, par des entités privées autres que la douane, qu'elle soit avant expédition ou à destination, demeure obligatoire dans tous les États membres (voir les annexes-pays). Elle n'a pas fait l'objet d'une réglementation communautaire, bien que la Commission relève régulièrement des entraves administratives imposées au commerce des produits communautaires en raison des formalités à accomplir à cet effet. Ainsi, les sociétés d'inspection, les procédures et les commissions y afférentes ne sont toujours pas harmonisées et diffèrent d'un État membre à l'autre. Aucun des États membres n'a fait de notification à l'OMC en la matière depuis leurs derniers examens de politique commerciale respectifs.

Transit douanier et coopération entre les organismes présents aux frontières

Dans la perspective de l'introduction d'un système d'entrée unique au sein de l'UEMOA (libre pratique[10]) avec libre circulation des marchandises une fois les droits et taxes payés au premier point d'entrée du marché communautaire, la Commission œuvre à aider les États membres dans l'harmonisation et l'informatisation des procédures de transit. Le CCD prévoit deux types de transit: le transit ordinaire pour les marchandises arrivant aux frontières d'un État membre de l'UEMOA et mises en transit à destination d'un autre État membre (articles 111 à 114), et le transit international à travers d'autres pays, généralement ceux de la CEDEAO (article 118). En pratique, le transit au sein de l'UEMOA est rendu onéreux en temps et en argent par toute une cascade de taxes diverses et d'obstacles causant des ruptures de charge à chaque passage d'une frontière intérieure de l'UEMOA, même si ces marchandises sont couvertes par des documents de transit en bonne et due forme. Par conséquent, le transit dans la région est caractérisé par des déversements illicites de marchandises dans les territoires des États membres traversés, qu'ils soient à façade maritime ou sans littoral.

Depuis 30 ans, les États membres essayent d'activer la Convention de Lomé n° A/P4/5/82 relative au transit routier inter-États des marchandises (TRIE); et la Convention additionnelle n° A/SP/1/5/90 portant institution d'un mécanisme de garantie des opérations de transit routier inter-États des marchandises. Tous les États membres ont ratifié la première Convention, mais la Côte d'Ivoire et le Niger n'ont pas ratifié la Convention additionnelle. Le Carnet TRIE CEDEAO permettrait de transporter par route d'un bureau de douane d'un État membre donné à un bureau de douane d'un autre État membre, des marchandises en suspension des droits, taxes et prohibitions, suivant un itinéraire prescrit. Toute l'opération s'effectuerait sous la couverture d'un document douanier unique et sans ruptures de charge; les véhicules devraient être agréés suivant des critères définis, d'inviolabilité et de scellement.

Bien que des progrès aient été faits depuis 2009 dans l'application du TRIE par les États membres (tableau 3.4), le TRIE n'est toujours pas fonctionnel pour plusieurs raisons dont la non-effectivité de la caution nationale et l'inexistence de moyens de transport agréés. Actuellement, les véhicules transportant des marchandises en transit circulent dans le cadre d'une déclaration de transit qui ne couvre que le territoire national; et qui doit être refaite dans chacun des pays traversés avant d'arriver au pays de destination finale; les dispositions du transit divergent apparemment dans chaque pays, et des divergences existent au sein même des pays entre les régimes de transit routier et aérien.[11]

Dans le cadre du système de transit prévu par le CCD et par le TRIE, les cautions sont versées dans des fonds de garantie gérés par les Chambres de commerce nationales, qui prennent en charge les droits de porte exigibles si les marchandises ne quittent pas le territoire douanier lors du transit. L'une des principales faiblesses du système est que la caution est largement inférieure à la valeur des droits et taxes dus dans tous les États membres sauf la Côte d'Ivoire, d'où les nombreux déversements illicites.

Tableau 3.4 Divergences dans l'application du TRIE par les États membres, 2017

Régime	Application (Date)	Couverture	Caution	Taux caution (%)	Commentaires
Bénin	..	Corridor Abidjan-Lagos	CCI	0,25	Escorte + géolocalisation
Burkina Faso	2004	Tous les corridors	CCI	Garantie unique (0,50%, avec Côte d'Ivoire). 0,25% (autres pays)	Escorte. Suivi électronique
Côte d'Ivoire	2012	Seulement certains corridors	CCI	0,5	Paiement de tous les droits et taxes dus avant mise en transit
Mali	2013	Seulement avec Sénégal	CCIM	0,25	Escorte pour marchandises sensibles
Guinée-Bissau	..	Avec Sénégal	Trésor	2	Escorte
Niger	..	..	CCIN	..	Escorte
Sénégal	..	Non opérationnel	..	..	..
Togo	2012	Seulement corridor vers Burkina Faso, et seulement conteneurs et citernes	CCIT	0,25	Suivi électronique DS

.. Non disponible.

Note: DS: déclaration simplifiée.

Source: Secrétariat de l'OMC.

Afin de minimiser les déversements de marchandises en transit, l'escorte des convois demeure obligatoire par la plupart des États membres, moyennant finance (tableau 3.4). Cependant, elle n'est pas réglementée au niveau communautaire.

Afin de renforcer la coopération et la coordination entre les organismes aux frontières terrestres communes, onze postes de contrôles conjoints ont été créés.[12] Leur objectif est de regrouper les services de police et des douanes, d'éliminer certaines barrières aux échanges, surtout de produits originaires de l'UEMOA, et de faciliter le transit des marchandises. Des projets-pilotes d'interconnexion des douanes étaient en cours en mai 2017 entre le Burkina Faso et le Togo; et entre la Côte d'Ivoire, le Burkina Faso, le Mali et le Sénégal. Le projet d'interconnexion des systèmes informatiques douaniers de la CEDEAO (ALISA) s'inscrivait dans le cadre des normes SAFE de l'Organisation mondiale des douanes, et visait, entre autres, l'amélioration des performances douanières en matière de transit. Ce projet n'a pas connu d'évolution notable, et a été remplacé par le Programme d'appui au commerce et à l'intégration régionale (PACIR), qui serait en recherche de financement. Sous le Programme régional de facilitation des échanges, la Commission a un projet de plate-forme d'information régionale visant l'interconnexion des douanes des États membres et des autres instances impliquées dans le commerce international. Ce dernier projet est soutenu par la Banque mondiale, mais aurait également besoin de plus de financements.

L'absence de systèmes fiables et robustes de communication et d'échange de données sécurisées entre les douanes, les administrations fiscales, et les banques des États membres est l'une des causes principales des retards dans la mise en place d'un système de transit moderne. Les conséquences principales sont la lenteur dans l'acheminement des marchandises et l'ampleur des déclarations frauduleuses. Pourtant, une Directive de 2012 requiert la modernisation et l'harmonisation des systèmes d'échange d'information entre les administrations douanières et fiscales des États membres.[13] Cette Directive n'a pas été transposée en droit national dans certains États membres, notamment le Bénin.

Contentieux, recours et sanctions

Le droit de recours est prévu par l'article 87 du CCD. Dans le cas où les autorités douanières contestent l'espèce, l'origine ou la valeur déclarée et où le déclarant n'accepte pas l'appréciation des douanes, la contestation est portée au niveau national devant l'autorité chargée de trancher les litiges douaniers. Selon la Commission de l'UEMOA. Les comités de recours en cas de litige sont opérationnels en Côte d'Ivoire et au Sénégal mais les ressources restent insuffisantes pour un fonctionnement adéquat.[14] Toutes les décisions de classement sont soumises à la Commission pour examen et le cas échéant pour diffusion dans les États membres. En cas de désaccord, l'une des parties peut saisir la Commission pour arbitrage. Les litiges portant sur l'origine des marchandises sont traités bilatéralement entre les pays de destination et d'origine.

Évaluation en douane

Le cadre communautaire de l'UEMOA régissant l'évaluation en douane n'a pas changé depuis 2010[15]; il reprend intégralement les dispositions de l'Accord de l'OMC en la matière.[16] La réglementation communautaire reprend en substance la "Décision sur les cas où l'administration des douanes a des raisons de douter de la véracité ou de l'exactitude de la valeur déclarée".

Des dispositions communautaires (de l'UEMOA)[17] relatives au système de valeurs de référence, d'application nationale facultative, ont été, selon la Commission, abrogées. Néanmoins, plusieurs États membres (par exemple Côte d'Ivoire, Niger) appliquent leurs propres listes de valeurs de référence à l'importation (voir les annexes-pays), y compris à des produits entrant dans le trafic transfrontalier ou contenus dans les bagages des voyageurs (voir les annexes-pays).

Règles d'origine

Les règles d'origine préférentielles régissant les échanges intra-UEMOA continuent d'obéir à un régime datant de 1996 et révisé en 2001[18], qui maintient les droits de douane NPF sur le commerce intracommunautaire sauf dans certains cas et pour les produits suivants, considérés comme originaires de l'UEMOA:

- les produits du cru agricoles, d'élevage et forestiers;
- les produits de l'artisanat traditionnel faits à la main; et
- les produits industriels ou manufacturés ayant fait l'objet d'une ouvraison ou d'une transformation suffisante pour être agréés comme originaires du pays où a lieu ladite transformation ou ouvraison, le respect de ce critère devant être attesté au moyen d'un certificat d'origine de format communautaire.

Ces règles requièrent non seulement l'agrément de l'entreprise comme produisant les biens en question dans l'un des États membres (éligibilité de l'entreprise); mais également l'agrément du produit par rapport aux critères d'origine (admissibilité du produit), soit un double agrément. Lorsque les produits sont obtenus à partir de matières premières partiellement ou entièrement originaires de pays non communautaires, le statut originaire (la transformation ou l'ouvraison suffisante) requiert soit un changement de position tarifaire à quatre (premiers) chiffres du SH, ou une valeur ajoutée communautaire supérieure ou égale à 30% du prix de revient ex-usine hors taxes desdits produits.

La qualité de produit industriel originaire ne peut être conférée aux marchandises transformées dans le cadre des régimes particuliers entraînant la suspension ou l'exonération partielle ou totale des droits d'entrée sur les intrants (par exemple zones franches), à moins que ne soient acquittés les droits et taxes NPF exigibles sur ces derniers. Au 31 décembre 2015, 4 491 produits industriels ou manufacturés émanant de 952 entreprises de l'UEMOA bénéficiaient de l'admission au régime préférentiel des échanges intracommunautaires (tableau 3.5). Leur nombre n'a pas cru de manière significative, probablement en raison des différentes crises qui ont affecté l'environnement des affaires dans la sous-région durant la période considérée et des difficultés liées au système de double agrément.

Les procédures d'agrément aux schémas préférentiels de l'UEMOA et de la CEDEAO, et d'obtention des certificats/préférences sont complexes[19]:

- les procédures font intervenir jusqu'à cinq institutions nationales, qui diffèrent dans certains cas selon les certificats UEMOA ou CEDEAO (tableau 3.6);
- une seule destination est spécifiée par certificat (il n'est valable que pour un seul pays d'exportation);
- chaque certificat ne couvre qu'un seul type de produit;
- le certificat est sous forme papier, ce qui est source de rejet, de retard et de pertes économiques; il existe un projet de certificat d'origine électronique en phase test, sous l'égide de l'UEMOA, entre le Sénégal et la Côte d'Ivoire qui en sont les pays pilotes.

Tableau 3.5 Évolution des agréments préférentiels communautaires, 2009-2015

État membre	Type	Total 2009	Total 2015	Évolution totale (%)	Évolution annuelle (%)
Bénin	Entreprises	58	55	-5	-1
	Produits	328	381	16	3
Burkina Faso	Entreprises	59	59	0	0
	Produits	311	224	-28	-5
Côte d'Ivoire	Entreprises	317	382	21	3
	Produits	1 533	1 983	29	5
Guinée-Bissau	Entreprises	..	1[a]	..	..
	Produits	..	10[a]	..	..
Mali	Entreprises	49	77	57	10
	Produits	207	298	44	7
Niger	Entreprises	21	29	38	6
	Produits	73	84	15	3
Sénégal	Entreprises	194	307	58	10
	Produits	886	1 286	45	8
Togo	Entreprises	37	51	38	6
	Produits	279	439	57	10
Total UEMOA	**Entreprises**	**735**	**962**	**30**	**5**
	Produits	**3 617**	**4 688**	**26**	**4**

.. Non disponible

a 2016.

Source: Secrétariat de l'OMC sur la base des statistiques fournies par la Commission de l'UEMOA.

Tableau 3.6 Entités responsables de la délivrance du certificat d'origine

Pays	Entités délivrant les certificats UEMOA et CEDEAO
Bénin	1. Chambre de commerce et d'industrie du Bénin 2. Direction du commerce extérieur, Ministère du commerce 3. Ministère de l'économie et des finances, Direction de l'intégration régionale (certificat CEDEAO)
Burkina Faso	1. Ministère du commerce, de la promotion de l'entreprise et de l'artisanat 2. Centre des guichets uniques (CGU) 3. Direction générale du développement industriel (certificat CEDEAO) 4. Chambre de commerce et d'industrie
Côte d'Ivoire	1. Chambre de commerce et d'industrie de Côte d'Ivoire 2. Direction des activités industrielles, Ministère de l'industrie 3. Ministère de l'intégration africaine (certificat CEDEAO) 4. Direction générale des douanes
Guinée-Bissau	Direction générale de l'industrie (certificat CEDEAO)
Mali	1. Direction nationale du commerce et de la concurrence/Ministère du commerce (certificat chinois SGP) 2. Ministère des maliens de l'extérieur et de l'intégration africaine (certificat CEDEAO) 3. Direction nationale de l'artisanat pour les produits artisanaux 4. Direction nationale de l'industrie (certificat d'origine UEMOA et CEDEAO), Direction générale des douanes (Pour visa) 5. Agence nationale pour la promotion des exportations (SGP Indien)
Niger	1. Département de la promotion des échanges à la Chambre de commerce 2. Ministère du développement industriel, artisanat et tourisme (certificat CEDEAO)
Sénégal	1. Direction du redéploiement industriel (Ministère de l'industrie et des mines) 2. Agence sénégalaise de promotion des exportations
Togo	1. Ministère de l'industrie (certificat CEDEAO)

Source: Secrétariat de l'OMC, basé sur: https://www.giz.de/en/downloads/giz2012-fr-cedeao-pour-commercants.pdf. Voir aussi Commission de la CEDEAO, "Le commerce dans la zone de libre-échange de la CEDEAO: les règles du schéma de libéralisation des échanges de la CEDEAO pour les commerçants".

Cette initiative devrait être généralisée aux autres pays de l'Union;

- la durée de validité des certificats est limitée (6 mois pour la CEDEAO et 18 mois pour l'UEMOA); et
- les certificats peuvent coûter cher (entre 300 et 600 FCFA par imprimé).

En principe, le certificat attestant de l'origine communautaire ne devrait pas être requis pour les produits du cru et de l'artisanat, selon les règles énoncées ci-dessus; ceci afin de promouvoir le libre-échange de ces produits en franchise de tous droits et taxes et permettre à tous les citoyens d'avoir plus facilement accès à la nourriture lorsque celle-ci est disponible de l'autre côté de la frontière. Or les négociants de denrées alimentaires de base à l'intérieur de l'UEMOA se voient parfois requis de produire un certificat d'origine et certains pays tels que le Togo exigent ces certificats à l'exportation. Au Bénin, les autorités utiliseraient le certificat d'origine pour imposer des restrictions quantitatives aux exportations.[20] Au Niger, les négociants en oignons disent devoir payer 130 000 FCFA (environ 200 €) par camion pour un certificat d'origine.[21] La Commission de l'UEMOA a exhorté les États membres à supprimer toutes ces restrictions sur les exportations de produits agricoles en provenance d'autres États membres.[22]

Une recherche empirique récente[23] suggère notamment que les contrôles abusifs et la corruption concernant entre autres les certificats d'origine, de même que leur complexité et leur coût d'obtention pourraient être l'une des causes principales de la persistance du commerce informel.[24] Dans le but de pallier ces problèmes, la Commission de l'UEMOA a mis en place en 2015 un projet de plate-forme d'échange de certificat électronique dans l'espace UEMOA.[25] La phase pilote de la gestion électronique des certificats d'origine a été entamée entre le Sénégal et la Côte d'Ivoire. L'objectif est la dématérialisation dudit document dans tous les États membres et la vérification facilitée de l'authenticité des certificats d'origine, ceci en accord avec l'objectif fixé par l'UEMOA d'alléger la procédure de reconnaissance des produits communautaires afin de renforcer leur compétitivité ainsi que les échanges intracommunautaires.[26]

Droits de douane

Entériné par la Conférence extraordinaire des chefs d'État et de gouvernement tenue à Dakar le 25 octobre 2013, le tarif extérieur commun (TEC) de la CEDEAO s'est substitué à celui de l'UEMOA qui était en vigueur depuis 2000.[27] Tous les États membres appliquent le TEC de la CEDEAO depuis son entrée en vigueur le 1er janvier 2015, à l'exception de la Guinée-Bissau qui l'applique depuis le 30 septembre 2016.

Le TEC apporte un certain nombre d'innovations, dont l'avènement d'une cinquième bande de 35% (130 lignes tarifaires); le taux maximum du TEC de l'UEMOA était de 20%. En plus du TEC, un dispositif complémentaire, facultatif, transitoire, et d'application nationale, est prévu par les textes communautaires et augmente le nombre de prélèvements sur les importations, dans le but de permettre aux États de s'ajuster, au besoin, durant les premières années suivant la mise en œuvre du TEC. Ces autres prélèvements sur les importations, décrits à la p. 58 ci-dessous, comprennent une nouvelle taxe d'ajustement à l'importation (TAI) et une nouvelle taxe complémentaire de protection (TCP); elles sont censées se substituer au dispositif similaire, et encore en vigueur dans certains États membres, et constitué de la TCI (taxe conjoncturelle à l'importation), alors que la taxe dégressive de protection (TDP) aurait été définitivement éliminée dans tous les États membres.

Le niveau total de protection tarifaire nominale (la somme des taux du TEC, de la TAI et de la TCP) ainsi offert à un produit ne peut dépasser 70%.[28] L'application de ce dispositif complémentaire ne peut concerner qu'au plus 3% de toutes les lignes tarifaires. L'attribution des lignes tarifaires à chacune des cinq bandes du TEC peut être révisée, sur proposition d'un État membre adressée au Comité de gestion du TEC de la CEDEAO. Les propositions sont analysées semestriellement et, en cas d'avis favorable, validées par le Comité de gestion conjoint du TEC de l'UEMOA/CEDEAO, lequel les transmet au Conseil des ministres de la CEDEAO, qui les adopte par voie de règlement applicable immédiatement.

Le TEC de la CEDEAO est basé sur la version 2012 du Système harmonisé (SH) de désignation et de codification des marchandises; il est *ad valorem* sur toutes ses lignes. Les taux du TEC de la CEDEAO sont, sur environ 90% des lignes tarifaires, égaux à ceux du TEC de l'UEMOA que celui-ci a remplacé. Le TEC comprend désormais cinq bandes au lieu de quatre précédemment: zéro, 5%, 10%, 20% et la nouvelle bande de 35%. Les 5 899 lignes tarifaires sont réparties de la manière suivante:

- 85 lignes tarifaires au taux de 0% au titre de la catégorie zéro relative aux biens sociaux essentiels;
- 2 146 lignes tarifaires au taux de 5% au titre de la catégorie 1 destinée aux matières premières de base et aux biens d'équipement;
- 1 373 lignes tarifaires au taux de 10% se rapportant aux produits intermédiaires;
- 2 165 lignes tarifaires au taux de 20% réservé aux biens de consommation finale; et
- 130 lignes tarifaires au taux de 35% sur les "biens spécifiques pour le développement économique".

Avec le passage au TEC de la CEDEAO, le taux moyen est passé à 12,3%, légèrement supérieur à celui du TEC de l'UEMOA qui était de 12,1% (tableaux 3.7 et 3.8). La protection tarifaire moyenne des produits agricoles (définition OMC) a été davantage renforcée que celle accordée aux autres produits. Les taux tarifaires ont baissé en moyenne de près de deux points de pourcentage sur le matériel de transport, ainsi que sur les boissons et tabacs; et de près de trois points de pourcentage sur le café et le thé. La protection tarifaire moyenne a augmenté de plus de cinq points de pourcentage sur les produits d'origine animale, et d'environ un point sur les sucres et confiseries, et sur les produits de la pêche.

La dispersion des taux a été évidemment aggravée, avec un coefficient de variation qui a crû de 0,57 avec le TEC de l'UEMOA à 0,61 avec le TEC de la CEDEAO. Cependant, la part des crêtes tarifaires internationales a baissé de 40,6% du nombre total des lignes sous le TEC de l'UEMOA à 38,9% sous le TEC de la CEDEAO, témoignant de la re-catégorisation de certains produits sous des taux plus bas. Ceci a légèrement renforcé la progressivité tarifaire globale en abaissant le taux moyen sur les matières premières et en l'augmentant sur les autres stades d'ouvraison. En d'autres termes, le TEC de la CEDEAO a renforcé globalement la protection nominale et également la protection effective. La taxation des intrants sous le TEC a figuré parmi les préoccupations exprimées par certaines industries.

Consolidations tarifaires à l'OMC

Les États membres de la CEDEAO (y compris les États membres de l'UEMOA) avaient consolidé individuellement leurs tarifs à l'OMC, certains avant la création de ces deux communautés économiques régionales. La mise en place successive des TEC n'a pas été accompagnée d'une harmonisation des listes nationales de consolidations tarifaires de ces États à l'OMC. Cependant, des discussions sont en cours entre les États membres de la CEDEAO à ce sujet.

Jusqu'à présent, les consolidations diffèrent considérablement en termes de couverture des lignes tarifaires et de niveaux de taux consolidés (tableau 3.9). À l'exception de la Guinée-Bissau et du Togo, des taux du TEC de la CEDEAO dépassent les consolidations sur plusieurs lignes. Les listes de concessions des États membres ont été transposées dans la version 2007 du système harmonisé (SH) et certifiées entre octobre 2013 et août 2015 dans le cadre de l'exercice de transposition effectué par le Secrétariat de l'OMC.

Préférences tarifaires

Au sein de l'UEMOA/CEDEAO, l'exonération totale des droits et taxes d'entrée est en principe accordée aux produits de l'espace CEDEAO[29], lorsqu'ils sont considérés comme originaires, mais la mise en œuvre de cette disposition connaît des problèmes qui en limitent considérablement la portée (p. 55). Par ailleurs, des préférences tarifaires sont prévues par l'Accord de partenariat économique "intérimaire" entre la Côte d'Ivoire et l'Union européenne (voir l'annexe sur la Côte d'Ivoire) mais n'étaient pas appliquées en mai 2017.

Autres droits et impositions (ODI) perçus exclusivement à l'importation

Comme indiqué ci-dessus, outre le TEC, d'autres droits et impositions frappent les marchandises (ou leurs moyens de transport) exclusivement à l'importation. La section ci-dessous détaille un total de six ODI prévus par la réglementation en vigueur en mai 2017, dont deux nouveaux depuis le dernier examen de politique commerciale. Certains de ces prélèvements sont institués par des règlements communautaires; d'autres sont nationaux. La Commission de l'UEMOA, dans son Rapport sur la surveillance commerciale de 2015, a recommandé de "réduire voire supprimer les prélèvements et autres taxes qui ne relèvent pas du TEC".[30]

Le processus de consolidation tarifaire à l'OMC porte sur l'ensemble de la ligne tarifaire, qui comprend à la fois le droit de douane (DD) et ces "autres droits et impositions" (ODI). Par exemple comme le montre le tableau A3.1, la consolidation des ODI effectuée par la Guinée-Bissau lui permet de maintenir ces ODI tout en restant en conformité avec ses obligations. Le Togo a également des ODI spécifiés pour toutes ses lignes consolidées, bien que ne dépassant pas un taux spécifié de 4%. La situation est différente pour les autres États membres. En effet, lorsque aucun ODI n'est spécifié pour une ligne consolidée donnée, il est alors considéré comme consolidé à zéro (tableaux 3.9 et A3.1), ce qui pose problème en présence d'ODI non nuls.

Prélèvements communautaires de la CEDEAO et de l'UEMOA

Le prélèvement communautaire (PC) de 0,5% (sauf le Niger, qui applique un taux de 1%, voir l'annexe sur le Niger) est perçu sur toutes les importations de pays tiers à la CEDEAO et ses recettes sont destinées au financement de la CEDEAO.

De plus, chacun des États membres de l'UEMOA (mais pas ceux de la CEDEAO) continue à appliquer, en principe pendant une période transitoire de cinq ans à compter du 1er janvier 2015, le prélèvement communautaire de solidarité (PCS) de 1% sur toutes les importations (sauf les produits pétroliers) en provenance des pays non-membres de la CEDEAO, dont les recettes sont destinées au financement de l'UEMOA. Ce taux devait baisser à 0,8% en juillet 2017; puis à 0,5% en 2019[31]; à cette date cependant, les États membres de la CEDEAO n'appliqueront toujours pas tous le même prélèvement sur les importations, les autres membres de la CEDEAO (non UEMOA) n'appliquant pas le PCS.

Redevance statistique (RS)

La redevance statistique (RS) de 1% s'applique à tous les produits, même ceux importés en régime d'exonération des droits de douane. Ses recettes sont destinées à la modernisation de l'outil informatique des douanes nationales.[32] Au Bénin, une "taxe statistique" additionnelle de 5% est perçue sur les marchandises en réexportation (voir l'annexe-Bénin).

Taxe d'ajustement à l'importation (TAI)

La taxe d'ajustement à l'importation (TAI), qui peut augmenter ou réduire la protection tarifaire est l'une

Tableau 3.7 Structure du TEC, 2011 et 2016

	2011 TEC UEMOA	2016 TEC CEDEAO
1. Moyenne simple des taux NPF appliqués	12,1	12,3
Produits agricoles (définition OMC)	14,6	15,5
Produits non agricoles (définition OMC)	11,6	11,7
Agriculture, chasse, foresterie et pêche (CITI 1)	13,1	11,9
Industries extractives (CITI 2)	5,0	5,1
Industries manufacturières (CITI 3)	12,1	12,4
2. Lignes tarifaires en franchise de droits (% de toutes les lignes tarifaires)	1,5	1,4
3. Moyenne simple des taux (lignes passibles de droits)	12,3	12,4
4. Droits non *ad valorem* (% de toutes les lignes tarifaires)	0,0	0,0
5. Contingents tarifaires (% de toutes les lignes tarifaires)	0,0	0,0
6. Crêtes tarifaires nationales (% de toutes les lignes tarifaires)[a]	0,0	0,0
7. Crêtes tarifaires internationales (% de toutes les lignes tarifaires)[b]	40,6	38,9
8. Écart type global des taux appliqués	6,9	7,5
9. Taux appliqués de "nuisance" (% de toutes les lignes tarifaires)[c]	0,0	0,0

a Les crêtes tarifaires nationales sont les droits dont le taux dépasse le triple de la moyenne simple de l'ensemble des taux appliqués.

b Les crêtes tarifaires internationales sont les droits supérieurs à 15%.

c Les droits de nuisance sont ceux dont le taux n'est pas nul mais inférieur ou égal à 2%.

Note: Le tarif 2011 est composé de 5 550 lignes tarifaires (à dix chiffres, selon la nomenclature SH07).

Le tarif 2015 est composé de 5 899 lignes tarifaires (à dix chiffres, selon la nomenclature SH12).

Les calculs sont basés sur le niveau national de ligne tarifaire (10 chiffres).

Source: Calculs du Secrétariat de l'OMC, sur la base de données TAO OMC.

Tableau 3.8 Analyse succincte des TEC, 2011 et 2016

	2011 TEC UEMOA		2016 TEC CEDEAO	
	Moyenne simple des taux (%)	Fourchette des taux (%)	Moyenne simple des taux (%)	Fourchette des taux (%)
Total	**12,1**	**0 - 20**	**12,3**	**0 - 35**
Système harmonisé (SH)				
Chapitres 1 à 24	15,3	5 - 20	16,1	5 - 35
Chapitres 25 à 97	11,5	0 - 20	11,4	0 - 35
Par catégorie selon les définitions de l'OMC				
Agriculture	**14,6**	**5 - 20**	**15,5**	**5 - 35**
Produits d'origine animale	18,8	5 - 20	24,1	5 - 35
Produits laitiers	14,2	5 - 20	16,0	5 - 35
Fruits, légumes, plantes	17,3	5 - 20	17,6	5 - 35
Café, thé	17,1	5 - 20	14,2	5 - 35
Céréales et autres préparations	13,3	5 - 20	13,6	5 - 35
Oléagineux, graisses & huiles	10,7	5 - 20	11,8	5 - 35
Sucres et confiseries	12,2	5 - 20	13,5	5 - 35
Boissons et tabacs	18,7	5 - 20	17,0	5 - 35
Coton	5,0	5	5,0	5
Autres produits agricoles	9,0	5 - 20	9,5	5 - 20
Produits non agricoles	**11,6**	**0 - 20**	**11,7**	**0 - 35**
Pêche et produits de la pêche	14,4	5 - 20	15,4	5 - 20
Métaux & minéraux	11,8	0 - 20	11,7	0 - 20
Produits chimiques	7,6	0 - 20	8,0	0 - 35
Bois, papier, etc.	11,3	0 - 20	11,5	0 - 20
Textiles	16,4	0 - 20	16,3	0 - 35
Vêtements	20,0	20	20,0	20
Cuirs, chaussures, etc.	13,1	0 - 20	12,8	0 - 20
Machines non électriques	7,3	5 - 20	7,1	5 - 20
Machines électriques	11,2	0 - 20	11,2	0 - 20
Matériel de transport	10,4	0 - 20	8,6	0 - 20
Autres articles manufacturés n.d.a.	14,3	0 - 20	14,2	0 - 20
Pétrole	7,8	0 - 10	7,9	0 - 10
Par secteur CITI[a]				
Agriculture, chasse, foresterie et pêche	13,1	5 - 20	11,9	5 - 35
Industries extractives	5,0	0 - 10	5,1	0 - 10
Industries manufacturières	12,1	0 - 20	12,4	0 - 35
Par degré d'ouvraison				
Matières premières	10,6	0 - 20	10,4	0 - 35
Produits semi-finis	10,0	0 - 20	10,1	0 - 35
Produits finis	13,6	0 - 20	13,9	0 - 35

a Classification internationale type, par industrie, de toutes les branches d'activité économique (Rev.2), électricité, gaz et eau exclus (une ligne tarifaire).

Source: Calculs du Secrétariat de l'OMC, sur la base de données TAO OMC.

Tableau 3.9 Consolidations tarifaires par les États membres de l'UEMOA, 2016

	Bénin	Burkina Faso	Côte d'Ivoire	Guinée-Bissau	Mali	Niger	Sénégal	Togo
Lignes tarifaires consolidées (% du total des lignes)[a]	39,6	39,7	34,0	97,7	40,6	96,6	100,0	13,9
Moyenne simple des taux consolidés[a]	27,7	41,0	10,9	48,7	27,9	44,2	30,0	80,0
Fourchette des taux consolidés (%)[a]	0-100	0-100	0-64	40-50	0-75	0-200	15-30	80,0
Nombre de lignes pour lesquelles les droits de douane appliqués dépassent les consolidations[b] dont:	**623**	**620**	**883**	**0**	**621**	**616**	**115**	**0**
OMC Agriculture	15	15	421	0	15	15	94	0
Produits d'origine animale	0	0	77	0	0	0	60	0
Produits laitiers	9	9	20	0	9	9	4	0
Fruits, légumes, plantes	0	0	175	0	0	0	7	0
Café, thé	0	0	12	0	0	0	6	0
Céréales et préparations	2	2	38	0	2	2	8	0
Oléagineux, graisses & huiles	3	3	23	0	3	3	4	0
Sucres et confiseries	0	0	6	0	0	0	2	0
Boissons et tabacs	1	1	37	0	1	1	3	0
Coton	0	0	0	0	0	0	0	0
Autres produits agricoles	0	0	33	0	0	0	0	0
OMC Produits non agricoles	608	605	462	0	606	601	21	0
Pêche et produits de la pêche	23	23	22	0	23	23	0	0
Métaux & minéraux	47	47	43	0	47	47	0	0
Produits chimiques	10	10	9	0	9	9	9	0
Bois, papier, etc.	2	2	2	0	2	2	0	0
Textiles	53	53	12	0	53	53	12	0
Vêtements	154	154	96	0	154	154	0	0
Cuirs, chaussures, etc.	22	22	37	0	22	22	0	0
Machines non électriques	120	117	94	0	119	116	0	0
Machines électriques	145	145	121	0	145	145	0	0
Matériel de transport	20	20	16	0	20	18	0	0
Autres articles manufacturés	8	8	6	0	8	8	0	0
Pétrole	4	4	4	0	4	4	0	0

a Les calculs sont basés sur le niveau national de ligne tarifaire (SH2007).

b Les droits consolidés transposés ont été comparés au TEC de la CEDEAO (en SH2012) au niveau de la sous-position SH (codes du SH à 6 chiffres).

Source: Calculs du Secrétariat de l'OMC, à partir de sa base de données sur les listes tarifaires codifiées (LTC).

des deux mesures temporaires complémentaires, facultatives et d'application nationale, censées permettre aux États membres de s'ajuster progressivement à l'impact du TEC de la CEDEAO. En effet, pendant une période transitoire de cinq ans (jusqu'au 1er janvier 2020), la TAI peut être appliquée par n'importe quel État membre qui le souhaite, aux marchandises originaires des pays tiers à la CEDEAO. Somme toute, la TAI ne peut pas couvrir plus de 3% des lignes tarifaires d'un État membre de la CEDEAO. Actuellement la Côte d'Ivoire, le Mali, et le Sénégal appliquent la TAI (voir les annexes-pays).

La TAI peut être utilisée pour renforcer le niveau de protection du TEC si un État membre le juge insuffisant. Dans ce cas, la TAI permet à l'État membre concerné d'assurer le niveau désiré de protection à ses produits en question. Le taux maximum de la TAI correspond au différentiel entre le taux tarifaire appliqué précédemment (celui du TEC de l'UEMOA pour ses États membres) et le nouveau taux du TEC de la CEDEAO sur le produit en question.

Par contre, si un État membre juge exagérée la protection offerte par le TEC à un produit, alors il peut continuer à appliquer le taux tarifaire qui était en vigueur avant le TEC de la CEDEAO (en général, le taux du TEC de l'UEMOA pour ce qui concerne ses membres).

Taxe complémentaire de protection (TCP)

La taxe complémentaire de protection (TCP) est conçue pour protéger un produit local en cas d'augmentation d'au moins 25% de la moyenne (au cours des trois dernières années pour lesquelles les données sont disponibles) des importations dudit produit sur le territoire douanier d'un État membre. La TCP peut également être appliquée si, au cours d'un mois donné, la moyenne du prix c.a.f. (en monnaie nationale) d'importation d'un produit tombe en dessous de 80% de la moyenne du prix c.a.f. à l'importation dudit bien sur les trois dernières années pour lesquelles les données sont disponibles.[33] La taxe peut être imposée pour une période maximale d'un an ou deux selon le cas. Aucun État membre n'appliquait la TCP en mai 2017.

Taxe conjoncturelle à l'importation (TCI)

En attendant la mise en œuvre effective de ces mesures complémentaires de protection, les États membres de l'UEMOA ont décidé de maintenir l'application de la TCI "à titre transitoire, jusqu'à l'entrée en vigueur effective des mesures de sauvegarde et des Mesures complémentaires de protection, bien que celle-ci soit très similaire à la TAI (voir ci-dessus).[34] Par conséquent, la TCI reste en vigueur en Côte d'Ivoire, au Mali et au Sénégal (voir les annexes-pays). Toutefois, aucune requête n'a été adressée à la Commission de l'UEMOA

pour demander la révision des prix de déclenchement, qui semblent avoir été révisés à la hausse sur un bon nombre de produits.

Taxes intérieures

Taxe sur la valeur ajoutée (TVA)

La réglementation communautaire sur la TVA n'a pas évolué de manière significative depuis 2012.[35] Elle précise pour l'ensemble des États membres le champ d'application de la TVA, sa base d'imposition, le seuil d'imposition, et le régime des déductions. Le seuil d'assujettissement à la TVA est défini au niveau national et devrait se situer, conformément aux dispositions communautaires, entre 30 et 100 millions de FCFA de chiffre d'affaires pour les opérations de livraison de biens, et entre 15 et 50 millions de FCFA pour les prestations de services. La TVA s'applique aux produits fabriqués localement lors de leur première vente ou de leur mise à la consommation. Dans ce cas, la base d'imposition est le prix de vente augmenté du droit d'accises, le cas échéant. Le taux est le même en principe sur les produits locaux et les importations pour lesquelles la base d'imposition est la valeur en douane augmentée des droits de porte et du droit d'accise.

Conformément à la réglementation communautaire, le taux de TVA doit être compris entre 15% et 20%; sur les huit États membres de l'UEMOA, six appliquent un taux général de 18%. Le Niger applique un taux de 19% et la Guinée-Bissau, 15%. Les États membres ont la possibilité d'appliquer un taux réduit compris entre 5% et 10% à un nombre maximum de dix biens et services (tableau 3.10).

Les taux réduits et les exonérations sont appliqués par tous les États membres, mais de manière divergente. En réalité, ils sont décidés au niveau national et comportent fréquemment des produits ne figurant pas sur la liste communautaire (Bénin, Burkina Faso, Côte d'Ivoire, Guinée-Bissau et Sénégal notamment). Dans la perspective de la mise en place d'un grand marché unique (libre pratique), les autorités des États membres réfléchissent actuellement à la mise en place d'un régime unique de TVA dans l'UEMOA, afin de faciliter les transactions.

Comme le montre le tableau 3.10, une part importante de l'agriculture est exclue du champ d'application de la TVA. Toutefois, les modalités de cette exclusion restent à définir, et chaque État membre peut administrer un régime autonome de la TVA dans ce secteur. Un État membre peut décider de soumettre l'agriculture à la TVA.

Les États membres s'engagent à ne pas accorder des exonérations ou des exemptions de la TVA pour inciter à la création d'entreprise et à l'investissement; des mesures ou dispositions visant des secteurs particuliers; ou des conventions particulières.[36] En pratique, ces exemptions de TVA pour inciter l'investissement direct étranger font légion, notamment en phase d'investissement et sous les régimes nationaux de zones franches (voir les annexes-pays). Les dispositions communautaires n'excluent pas l'application de régimes douaniers nationaux qui diffèrent ou suspendent la TVA sur les activités minière, pétrolière et forestière (voir les annexes-pays).

L'un des principaux problèmes liés à la TVA dans l'UEMOA réside dans les retards de remboursements des crédits y afférents.[37] Les exportations sont, en principe, soumises au régime du taux zéro, ce qui permet aux exportateurs d'obtenir le remboursement de la TVA payée sur leurs intrants et leurs équipements. Les retards de remboursement de ces crédits de TVA par les États membres peuvent aggraver les problèmes de trésorerie des entreprises qui ont des difficultés d'accès à des facilités de découvert.

Droits d'accise

L'UEMOA a également adopté un cadre communautaire régissant les droits d'accise qui, à l'instar de celui de la TVA, devrait concourir à la convergence de la base d'imposition et des taux. Le cadre communautaire établit les limites dans lesquelles les États membres peuvent fixer les taux d'imposition nationaux.[38]

Certains produits sont soumis obligatoirement à un droit d'accises: les boissons non alcoolisées (0%-20%), sauf l'eau; les boissons alcoolisées (15%-50%); et les tabacs (15%-45%). De plus, chaque État membre a le choix d'imposer au maximum six biens de la liste établie par l'UEMOA ci-après[39]: café (1%-12%), noix de cola (10%-30%), farine de blé (1%-5%), huiles et corps gras alimentaires (1%-15%), thé (1%-12%), armes et munitions (15%-40%), produits de parfumerie et cosmétiques (5%-15%), sachets en matière plastique (5%-10%), marbres (5%-15%), lingots d'or (3%-15%), pierres précieuses (3%-15%), et véhicules de tourisme dont la puissance est supérieure ou égale à 13 chevaux (5%-10%).

La base d'imposition des importations est la valeur c.a.f. augmentée des droits et taxes de toute nature, à l'exception de la TVA. Les droits d'accise doivent s'appliquer de la même manière aux importations et aux produits identiques fabriqués localement, qui sont taxés lors de leur première vente ou de leur mise à la consommation. La base d'imposition des produits locaux est alors le prix de vente sortie-usine, hors TVA. En 2015, des efforts ont été faits par les États membres pour se conformer à ces dispositions. Cependant, ces dispositions communautaires ne sont pas toujours respectées (voir les annexes-pays).

Taxe spécifique unique sur les produits pétroliers

Sur les produits pétroliers, les droits d'accise sont dénommés "taxe spécifique unique" car non *ad valorem* et en principe unique. La taxe est perçue sur les importations et sur les ventes locales de produits pétroliers; son taux varie selon les États membres, et selon les produits au sein de chaque État membre. Sont exemptés les carburants

Tableau 3.10 Exonérations, et autres exceptions au régime normal de la TVA

Liste communautaire des biens et services exonérés de TVA
Prestations d'hospitalisation, y compris le transport des blessés et malades, et prestations de soins à la personne réalisées par les centres hospitaliers publics, centres de soins, ou par des organismes assimilés, et prestations de soins rendues par les membres du corps médical et paramédical
Livraisons de médicaments et produits pharmaceutiques, ainsi que des matériels et produits spécialisés pour les activités médicales conformément à la Directive n° 06/2002/CM/UEMOA du 19 septembre 2002 portant détermination de la liste commune des médicaments
Biens alimentaires non transformés exonérés de TVA: 1 Maïs, mil, millet, sorgho, fonio, blé, riz à l'exception du riz de luxe et autres céréales 2 Manioc, patate, igname, pomme de terre, tarot et autres tubercules et racines 3 Haricot, soja, sésame, arachide; petit pois et autres légumineuses 4 Oignons, tomate, aubergine, gombo, piment et autres légumes et produits maraîchers 5 Œufs en coquille 6 Viande à l'état frais 7 Poisson non transformé (frais, fumé, salé ou congelé) 8 Lait non transformé
Prestations de services réalisées dans le domaine de l'enseignement scolaire ou universitaire par les établissements publics et privés ou par des organismes assimilés
Tranche sociale de consommation des livraisons d'eau et d'électricité, définie individuellement par les États membres
Opérations bancaires et les prestations d'assurance et de réassurance, qui sont soumises à une taxation spécifique
Mutations d'immeubles, de droits réels immobiliers et les mutations de fonds de commerce imposées aux droits d'enregistrement ou à une imposition équivalente
Livraisons, à leur valeur faciale, de timbres-poste pour affranchissement, de timbres fiscaux et d'autres valeurs similaires
Ventes de livres
Ventes de journaux et publications périodiques d'information, à l'exception des recettes de publicités
Ventes, par leur auteur, d'œuvres d'art originales
Locations d'immeubles nus à usage d'habitation
Gaz à usage domestique
Produits pour lesquels un taux réduit de 5-10% peut être appliqué
Huiles alimentaires
Lait manufacturé
Pâtes alimentaires
Aliments pour bétail et pour volaille
Poussins d'un jour
Farine de maïs, de mil, de millet, de sorgho, de riz, de blé et de fonio
Matériel agricole
Matériel informatique
Matériel de production de l'énergie solaire
Prestations d'hébergement et de restauration fournies par les hôtels, les restaurants et organismes assimilés agréés et prestations réalisées par les organisateurs de circuits touristiques agréés
Location de matériel agricole
Réparation de matériel agricole
Prestations réalisées par les entreprises dans le cadre des activités de pompes funèbres

Source: Directive n° 06/2002/CM/UEMOA, son annexe, Adresse consultée: http://www.uemoa.int/sites/default/files/bibliotheque/pages_-_directive_06_2002_cm.pdf; et annexe http://www.uemoa.int/sites/default/files/annexe/annexelistemedicaments.pdf; et Directive n° 02/2009/CM/UEMOA. Adresse consultée: http://www.uemoa.int/sites/default/files/bibliotheque/directive_02_2009_cm_uemoa.pdf.

destinés aux activités de pêche, de remorquage et de sauvetage en mer. Le carburéacteur et l'essence pour aérodynes sont également exonérés.

Les États membres en fixent librement les niveaux; cependant ils sont tenus par la réglementation communautaire de réduire progressivement les écarts de taux entre l'essence et le gasoil.[40] L'objectif de l'UEMOA demeure d'harmoniser les prix à la pompe, d'arriver à une cohérence des systèmes internes de taxation des produits pétroliers, et d'éliminer les distorsions de prix résultant de taxes différentes pour chaque produit entre les pays de l'Union, et entre les différents produits dans chacun des pays. Dans les faits, la taxation des produits pétroliers diverge fortement d'un État membre à l'autre malgré les dispositions communautaires (voir les annexes-pays).

Acompte d'impôt sur les bénéfices (AIB)

Dans tous les États membres, un acompte (ou précompte) est prélevé sur toutes les opérations douanières dont la valeur est égale ou supérieure à 2 millions de FCFA que ce soit à l'importation, à l'exportation ou à la réexportation, y compris des produits originaires ou à destination de l'UEMOA, au titre de l'impôt sur les bénéfices, en vertu de législations nationales qui divergent substantiellement d'un pays à l'autre.

Depuis 2001, un cadre communautaire établit pourtant un taux maximal de 3% pour tous les importateurs, ainsi que l'option d'appliquer un taux plus élevé (5% au maximum) aux entreprises ne disposant pas de numéro d'identification fiscal (NIF).[41] En 2015, la Commission de l'UEMOA a confirmé la recommandation de plafonner l'AIB à 5%.[42] Le Niger s'est mis en conformité en 2015.

L'AIB est payable en cas de mise à la consommation des marchandises ou de régime suspensif; la base d'imposition est la valeur en douane, majorée des droits et taxes d'entrée et des droits d'accise et, dans certains États membres, de la TVA. L'objectif de l'AIB est de

garantir le paiement d'au moins un minimum par tous les contribuables afin de maximiser les recettes fiscales des États et de lutter contre la fraude fiscale. Cependant, l'AIB a également pour effet de fortement renchérir les importations. À cet égard, la Directive de 2001 en son article 2 exige que les États membres assurent la neutralité de son application tant aux importations qu'aux transactions internes. Cependant, plusieurs États membres (par exemple Niger, Sénégal) ne l'appliquent pas aux transactions intérieures.

La Directive UEMOA a exclu les prestations de services, les ventes d'eau et d'électricité du champ d'application de l'AIB. Les États membres peuvent également en dispenser les entreprises exonérées de l'impôt sur les bénéfices dans le cadre des Codes minier, pétrolier, forestier et des investissements. Dans les faits, ce champ varie fortement d'un État à l'autre. À l'importation, de fortes divergences existent entre les États membres dans l'application de l'AIB, ce qui est susceptible de fausser les conditions de concurrence. Dans certains États membres par exemple (Bénin), l'AIB n'est pas prélevé sur les importations effectuées par des contribuables ayant satisfait à leurs obligations fiscales pendant l'année précédente; ou aux importations réalisées lors de la première année d'activité des entreprises nouvellement créées.

Les prélèvements au titre de l'AIB sont en principe déductibles des impôts sur les bénéfices; mais en pratique cet avantage est accordé uniquement aux contribuables qui relèvent d'un régime d'imposition réel, et enregistrent des profits. Pour les autres importateurs l'AIB constitue une taxe non remboursable à l'importation.

Exemptions et concessions de droits et taxes

Conformément aux dispositions communautaires, les exonérations et exemptions de droits et taxes de porte devraient être décidées au niveau communautaire et appliquées de manière uniforme par les États membres. Cependant, ce n'est généralement pas le cas en pratique, bien que ces mesures soient en principe notifiées *ex post* à la Commission de l'UEMOA. En l'absence d'harmonisation des exonérations des droits d'entrée et des autres droits et taxes appliqués par les États membres, les niveaux de protection tarifaire effectivement accordés peuvent varier considérablement d'un État membre à un autre.

Prohibitions, restrictions et licences à l'importation

Le Traité de l'UEMOA prévoit l'élimination progressive des restrictions quantitatives frappant les échanges intracommunautaires, mais il n'existe aucun texte d'application à cet effet. De même, il n'existe pas encore de cadre régissant l'application de restrictions de ce genre sur le commerce avec des pays tiers. Par conséquent, les États membres continuent de restreindre, chacun individuellement, certaines importations, parfois en contradiction avec le Traité (voir les annexes-pays).

Le CCD interdit l'importation de tout produit étranger qui porte une marque ou une indication d'origine fausse (p. 69). Les autres prohibitions communautaires actuellement en vigueur concernent les marchandises exclues du transit[43] et celles interdites à titre permanent des entrepôts de stockage.[44] Sont également harmonisés, en principe, les régimes d'importation des substances appauvrissant la couche d'ozone, des médicaments vétérinaires, et des produits pharmaceutiques à usage humain (p. 65).

La liste des marchandises exclues du transit comprend notamment des armes et produits à double usage tels que les poudres et substances explosives; les articles de pyrotechnie (pétards, amorces paraffinées, fusées, paragrêles et similaires); les armes de guerre, pièces d'armes et munitions de guerre; les armes blanches (sabres, épées, baïonnettes), leurs pièces détachées et leurs fourreaux; les projectiles, les mines et leurs parties et pièces détachées; les revolvers et pistolets; les fusils de chasse, carabines de chasse ou de tir et leurs munitions; les stupéfiants et les substances psychotropes. Font également partie de l'exclusion les écrits, imprimés, dessins, affiches, gravures, peintures, photographies, clichés, matrices, reproductions pornographiques et tous objets contraires aux bonnes mœurs ou de nature à troubler l'ordre public; les produits avariés; les marchandises contrefaites ou piratées. Toutefois, les autorités compétentes des États membres peuvent accorder des autorisations exceptionnelles de transit.

L'interdiction permanente des entrepôts de stockage concerne les produits avariés et les marchandises contrefaites, piratées ou portant des indications d'origine fausses, ainsi que les marchandises dont la mise à la consommation ou l'exportation est prohibée à titre absolu pour des raisons de: santé, sécurité, ordre et moralité, préservation de l'environnement; protection des trésors nationaux; protection de la propriété intellectuelle; et défense des consommateurs.

Depuis juillet 2005, un règlement de l'UEMOA interdit l'importation et la production sur le territoire de l'UEMOA des substances susceptibles d'appauvrir la couche d'ozone.[45] Les importations de telles substances sont toutefois possibles sous autorisation du Ministre chargé du commerce de l'État de destination finale, après avis préalable du Ministre chargé de l'environnement. L'établissement des quotas y afférents et leur répartition entre les importateurs sont du ressort des États membres. Ce règlement n'est cependant pas appliqué par tous les États membres. De plus, le cadre communautaire prévoit l'enregistrement des importateurs et distributeurs des substances appauvrissant la couche d'ozone par des bureaux nationaux, ainsi que la création d'un Comité communautaire ozone (CCO) chargé d'accompagner la mise en œuvre du Protocole de Montréal relatif aux dites substances, mais qui a tardé à être mis en place.

Mesures antidumping, compensatoires ou de sauvegarde

Depuis 2009, aucune notification n'a été reçue des États membres indiquant que des mesures avaient été prises en matière de droits antidumping, compensatoires ou de sauvegarde. Toutefois, dans les faits, la taxe conjoncturelle à l'importation et la taxe complémentaire de protection s'apparentent bien à des mesures de sauvegarde même si elles ne sont pas désignées ou mises en œuvre comme telles (p. 58).

Le Code antidumping de l'UEMOA du 1er juillet 2004[46] reprend intégralement les dispositions de l'Accord de l'OMC en la matière, et ne s'applique qu'aux importations provenant de pays tiers. Le Burkina Faso, la Côte d'Ivoire et le Mali ont notifié l'absence d'autorité compétente pour ouvrir et mener une enquête au sens de l'article 16.5 de l'Accord, et par conséquent l'absence d'actions antidumping au sens de l'article 16.4 de l'Accord. Le Burkina Faso (en 2011), et le Mali (en 2010), la Côte d'Ivoire et le Sénégal (en 2014) ont notifié l'OMC qu'ils n'ont aucune législation sur les enquêtes en vue de mesures compensatoires; et qu'aucune autorité compétente n'a été établie pour mener une enquête au sens de l'article 25.12 de l'Accord sur les subventions et les mesures compensatoires, et qu'en conséquence aucune mesure n'a été prise en la matière.

En 2009, le Burkina Faso notifia au Comité des sauvegardes de l'OMC qu'aucune loi, réglementation ou procédure administrative relatives aux mesures de sauvegarde n'avait été prise. Les modalités suivant lesquelles les États membres sont autorisés à prendre une mesure de sauvegarde, en dérogation à la politique commerciale commune, datent de 1998.[47] Une telle mesure ne peut être prise que sur autorisation de la Commission, suite à une demande déposée par l'État membre; la Commission "veillera à la conformité des mesures de sauvegarde arrêtées aux principes généraux des règles pertinentes de l'Organisation mondiale du commerce" (article 7).

Un État membre confronté à des difficultés graves d'ordre économique ne peut déroger aux règles de l'UEMOA que sur décision de la Commission; celle-ci approuve également la nature et la durée d'application (ne dépassant pas six mois, sauf prorogation) des mesures proposées. La décision de la Commission peut faire l'objet d'un recours auprès du Conseil des ministres. La Commission peut également autoriser la prise de mesures provisoires, justifiées par des circonstances exceptionnelles, d'une durée maximale de 90 jours déductible de la période de dérogation. Les mesures autorisées sont mises en œuvre exclusivement sur le territoire douanier de l'État membre concerné.

MESURES AGISSANT DIRECTEMENT SUR LES EXPORTATIONS

Procédures

Les États membres disposent d'abondantes ressources naturelles diverses (pétrole, minerais, produits agricoles et forestiers, diamants, etc.), et possèdent de fait un avantage comparatif dans l'exportation de ces ressources. Cependant, la lourdeur des procédures d'exportation limite ces exportations. En effet, toutes les formalités d'enregistrement de documentation et d'inspection des importations de marchandises à des fins commerciales (p. 50) valent également pour les exportations. Eu égard à l'effet négatif de ces procédures sur la compétitivité des produits exportés, plusieurs États membres (par exemple Sénégal) ont mis en place des programmes dédiés spécifiquement à la facilitation des exportations.

Les procédures de domiciliation bancaire constituent l'un des exemples de ces entraves, outre le fait que les exportations de marchandises font l'objet d'une obligation de rapatriement et de conversion totale des recettes en FCFA.[48] Les exportateurs doivent remettre à la banque domiciliataire un engagement de change établi en quatre exemplaires, plus une copie (généralement sous forme papier sauf en Côte d'Ivoire et au Sénégal) certifiée conforme du contrat commercial ou tout autre document en tenant lieu. Les exportateurs établissent ensuite et également en quatre exemplaires, un titre d'exportation pour chacune des expéditions effectuées. Ces titres, après avoir été soumis à la banque domiciliataire pour la création d'un dossier de domiciliation, sont ensuite présentés par l'exportateur au Service des Douanes en même temps que les marchandises exportées. Le Bureau des Douanes remet un exemplaire du titre d'exportation, à l'exportateur, à la banque domiciliataire, à la BCEAO et à la Direction chargée des finances extérieures.

Taxes à l'exportation

Les nombreuses taxes à l'exportation prélevées par les États membres (tableau 3.11) ne sont pas harmonisées au niveau communautaire (voir les annexes-pays). Leurs objectifs sont généralement liés à la maximisation des recettes fiscales, à sécurité alimentaire (dans le cas des produits vivriers comme les céréales), ou à la préservation et développement de l'industrie locale (coton), ou encore à la protection de l'environnement (par exemple ressources forestières). Aucune plainte dénonçant de telles pratiques n'a été déposée auprès de l'OMC. Ces taxes réduisent, dans de nombreux cas, la compétitivité des produits sur les marchés internationaux.

Prohibitions, restrictions quantitatives, contrôles et licences à l'exportation

Les articles 77 et 78 du Traité de l'UEMOA recommandent aux États membres de s'abstenir d'introduire entre eux de nouvelles restrictions quantitatives à l'exportation, ainsi que de rendre plus restrictifs les contingents, normes et toutes autres dispositions d'effet équivalent.[49] Pourtant, des restrictions à l'exportation, notamment saisonnières, continuent d'être documentées dans le commerce intra et extracommunautaire.[50]

Tableau 3.11 Principales taxes à l'exportation dans les États membres de l'UEMOA, 2017

EM	Type de taxe ou prélèvement à l'exportation
Bénin	Taxe fiscale de sortie de 3% de la valeur f.a.b. sur le cacao en fève, le pétrole brut et les métaux précieux; taxe de voirie:0,5% Redevance informatique sur les exportations et les réexportations
Burkina Faso	Contribution au secteur de l'élevage Redevance informatique: 5 000 FCFA/déclaration, majoré de 1 000 FCFA/article supplémentaire et 2 000 FCFA pour les autres types de déclaration
Côte d'Ivoire	Droit "unique" *ad valorem* de sortie (DUS): - Cacao brut 220 FCFA /kg - Beurre de cacao ou cacao non transformé: 50 ou 210 FCFA/kg - Noix de cajou: 10 FCFA/kg - Noix de cola: 14% *ad valorem* - Fèves de cacao et les produits dérivés du cacao: 14,6% ou 6,95% de la valeur - Café: 10% *ad valorem* - Bois en grumes et certains produits ligneux: 1%, 2%, 3%, 10%, 15% ou 49% selon l'espèce Taxe du Conseil café-cacao Taxes finançant le Fonds d'investissement en milieu rural, le Fonds d'investissement agricole, et la "sacherie brousse" Taxe d'enregistrement sur les ventes à l'exportation du café, du cacao, des produits dérivés, du café, du coton, de l'anacarde, du karité et de la noix de kola Taxe sur les exportations de ferraille
Guinée-Bissau	Noix de cajou: 6% Autres produits de l'agriculture et élevage: 0,5-2% (*contribuição predial rústica*)
Mali	Exportations d'or et de coton: 3% *ad valorem* au titre de l'impôt spécial sur certains produits
Niger	Redevance statistique à l'exportation: 3% sur tous produits sauf substances minières Redevance minière calculée selon la part du chiffre d'affaires dans les exportations (5,5-12%) Taxe spéciale de réexportation
Sénégal	Or: 3% de la valeur ajoutée exportée
Togo	Taxe de voirie: 0,85% Taxe de réexportation 4-8% des marchandises réexportées Frais d'exportation sur diamants et autres substances minérales (100 FCFA/gramme) Redevance informatique: 5 000 FCFA/déclaration Péage: 200 FCFA/tonne

Source: Secrétariat de l'OMC, basé sur le RSC2016 et sur les informations fournies par les autorités.

Il n'existe pas de prohibitions communautaires explicites à l'exportation ou à la réexportation, ou de politique communautaire en la matière comme c'est le cas concernant les prohibitions et licences à l'importation. Seules les exportations de l'or, de diamants et de tous autres métaux précieux sont soumises à l'approbation préalable du Ministre des finances en vertu de la réglementation communautaire BCEAO (p. 35), sauf s'il s'agit d'objets contenant une faible quantité de ces métaux, d'objets dont le poids est inférieur à 500 grammes, ou de dix pièces d'or au plus. Tous les États membres ont individuellement adhéré à la CITES (p. 69).

Subventions et autres aides à l'exportation

En général, le manque de ressources financières des États membres limite fortement toute possibilité d'octroi d'aides financières à l'exportation. En 2010, des notifications ont été reçues du Burkina Faso, de la Côte d'Ivoire, du Mali, du Sénégal, et du Togo, portant sur l'année 2009, et indiquant l'absence de subvention, y compris de soutien des revenus ou des prix. Cependant, des avantages fiscaux sont accordés par certains États membres aux entreprises qui exportent leur production, principalement dans le cadre des législations portant, respectivement, sur les zones franches ou les investissements (voir par exemple l'annexe sur le Sénégal). Certaines dispositions du régime de la concurrence communautaire encadrent ces subventions (p. 70).

MESURES TOUCHANT LA PRODUCTION ET LE COMMERCE

Mesures sanitaires et phytosanitaires (SPS)

Réglementation

Un processus d'harmonisation des textes législatifs nationaux, des réglementations, des mesures et des pratiques en matière SPS est en cours dans l'espace UEMOA depuis une dizaine d'années, mais les États membres ont besoin d'assistance pour que davantage de mesures concrètes en résultent. En particulier, une assistance pour la formalisation des comités nationaux SPS dans les pays où ils n'existent pas encore, notamment le Mali et la Guinée-Bissau, et pour améliorer leur fonctionnement dans les États membres où ils existent (par exemple Sénégal) permettrait de faciliter la formulation des politiques SPS et de mieux remplir leurs obligations de notification.

Le cadre règlementaire et législatif de l'UEMOA relatif à la sécurité sanitaire des végétaux, des animaux et des aliments date de 2007.[51] Son objectif est de créer des mécanismes de coopération, d'harmoniser les textes juridiques relatifs aux questions SPS et d'instaurer la reconnaissance mutuelle des contrôles entre les États membres, "tout en prenant en compte l'application du principe de précaution". Les normes internationales sont explicitement reconnues comme base de l'élaboration des textes communautaires et nationaux sur les mesures

SPS afin que les végétaux et produits végétaux, les animaux et produits d'origine animale, les denrées alimentaires et les aliments pour animaux, y compris les produits issus des biotechnologies modernes, circulent librement sur le territoire de l'Union, qu'ils soient communautaires ou importés de pays tiers. Ce Règlement était en cours de révision en concertation avec la CEDEAO en mai 2017.

En 2009, la Commission a adopté deux textes d'application de ce Règlement relatifs à la sécurité sanitaire des animaux, puis en 2013, deux autres textes d'application relatifs aux mécanismes de coordination et de coopération (p. 68), dans le cadre de la mise en œuvre de la Politique agricole de l'Union (PAU) et dans le but d'organiser au niveau régional une stratégie conforme aux exigences internationales, notamment l'Accord de l'OMC sur l'application des mesures sanitaires et phytosanitaires (Accord SPS).[52] La Commission et les États membres s'engagent également, en vertu du Règlement de 2007, à élaborer les textes communautaires et nationaux sur la base des normes du Codex Alimentarius, de la Convention internationale pour la protection des végétaux (CIPV), de l'Organisation mondiale de la santé animale (OIE), ainsi que celles établies par le Protocole de Carthagène sur la prévention des risques biotechnologiques.

Les textes d'application du Règlement de 2007 ainsi que les dispositions administratives prises par les États membres pour son application mériteraient d'être publiés dans un recueil commun; dans le cadre du Portail d'informations commerciales de l'UEMOA, en cours d'élaboration, il était prévu de consacrer un domaine aux mesures SPS.

En pratique, l'harmonisation dans les domaines SPS en est encore à ses débuts. Le régime vétérinaire notamment concernant la santé animale est harmonisé en partie, tandis que celui de la sécurité sanitaire des aliments, et celui à la protection des végétaux ne sont pas encore bien harmonisés au sein des États membres. Le Référentiel d'harmonisation de la gestion de l'hygiène alimentaire en Afrique développé dans le cadre du programme "Better Training for Safer Food" de l'UE pour l'Afrique a été vulgarisé par la Commission. Son application est laissée aux opérateurs à titre volontaire au même titre que les autres Guides de bonnes pratiques d'hygiène.

Sécurité sanitaire des aliments

Un Comité régional de sécurité sanitaire des végétaux, des animaux et des aliments dans l'UEMOA est en train d'être établi. La Commission de l'UEMOA a comme objectifs déclarés de mettre en place des dispositifs nationaux d'évaluation des risques de sécurité sanitaire des aliments et de fourniture d'avis scientifiques, afin d'aider les États membres à adapter leurs mesures sanitaires aux normes internationales; d'harmoniser les règles d'hygiène et de sécurité sanitaire des denrées alimentaires et des aliments pour animaux; d'harmoniser les règles spécifiques d'hygiène et de sécurité sanitaire des denrées alimentaires d'origine animale y compris les produits de la pêche; et d'harmoniser les contrôles officiels et les critères microbiologiques et physico-chimiques d'appréciation de la qualité sanitaire des denrées alimentaires. La Côte d'Ivoire a indiqué être en train de mettre en place une structure unique de gestion des risques relatifs à la securité sanitaire des aliments.

Actuellement dans chaque État membre, les importations de denrées alimentaires en provenance des autres États membres sont soumises aux mêmes mesures de contrôle que celles provenant des pays tiers. Pour importer des produits animaux d'un État membre à l'autre, une autorisation préalable du service vétérinaire est requise, de même qu'un certificat zoo-sanitaire du pays de provenance. Les contrôles vétérinaires sur les produits d'origine animale demeurent entre les États membres malgré l'existence d'un Comité vétérinaire fonctionnel depuis 2006.[53] En l'absence d'harmonisation totale des textes, de reconnaissance mutuelle des contrôles et d'une coordination effective au niveau régional, un produit alimentaire donné, une fois admis dans un État membre, ne peut être revendu dans un autre État membre sans que les mêmes contrôles s'appliquent à nouveau (voir les annexes-pays).

Santé animale

Dans l'ensemble, les prescriptions vétérinaires notamment celles relatives à la santé des animaux sont alignées en partie entre États membres pour ce qui concerne l'importation, le transit et la réexportation d'animaux sur pied. Tous les importateurs d'animaux sur pied et de produits animaux doivent en principe être enregistrés auprès des autorités nationales vétérinaires. Un contrôle est effectué par les services vétérinaires à la frontière, moyennant une taxe de visite sanitaire. Dans la pratique, de nombreux animaux passent les frontières de l'Union en dehors des postes prévus et échappent au contrôle.

Les règlements de 2009 susmentionnés exigent une notification immédiate à la Commission et à l'OIE en cas d'apparition de maladies à déclaration obligatoire.[54] Parallèlement à la législation communautaire, certaines dispositions des législations nationales demeurent en vigueur également. Des projets initiés par la Commission visent le contrôle de la maladie de Newcastle chez la volaille, du charbon bactérien et de la Péripneumonie contagieuse bovine par l'amélioration des campagnes de vaccination, en vue d'instaurer un territoire sanitaire commun facilitant ainsi les échanges commerciaux. Ils visent aussi le renforcement des capacités des services vétérinaires, notamment dans le contexte de réapparition de la grippe aviaire.

En 2014, la Commission a appuyé, à travers une convention, l'Union des organisations de la filière avicole (UOFA), pour l'amélioration du transport des poussins d'un jour afin de faciliter l'approvisionnement des éleveurs; la création d'un site web pour la visibilité des

activités de l'UOFA; la certification sanitaire des couvoirs identifiés dans l'Union, notamment en Côte d'Ivoire, au Mali et au Sénégal; et le plaidoyer dans les États membres pour la libre circulation des produits avicoles.

Mesures phytosanitaires

Les importations de végétaux et produits végétaux sont soumises à un permis de l'État membre de destination, plus un certificat phytosanitaire délivré par le pays exportateur, et des bulletins de vérification dans certains États membres (voir l'annexe sur le Burkina Faso); et ce quel que soit le pays d'origine, y compris au sein de la Communauté. Le permis est valable pour un importateur spécifié, pour le produit concerné uniquement, et pour une période donnée et relativement courte. Il n'est pas valable dans un autre État membre. Par conséquent, lorsqu'une cargaison mise à la consommation dans un premier État membre est ensuite exportée vers un autre État membre, un deuxième permis d'importation est requis par ce dernier. Une harmonisation des permis et certificats phytosanitaires, une reconnaissance mutuelle des contrôles et une meilleure coordination régionale permettraient de lever ces entraves. Ceci nécessiterait cependant une assistance pour évaluer l'état phytosanitaire de chacun des États membres et établir un statut phytosanitaire commun sur la base duquel il serait possible d'effectuer une analyse de risque commune à tous les États membres permettant d'harmoniser les exigences phytosanitaires à l'importation des pays tiers.

Mesures affectant le commerce des intrants agricoles

Le commerce des semences certifiées, des pesticides et des médicaments vétérinaires est soumis à des réglementations techniques harmonisées au sein de l'UEMOA, basées sur l'obligation de certification ou d'homologation desdits produits, ce qui a considérablement facilité la production et les échanges agroalimentaires. Les réglementations concernant les semences et les pesticides sont mises en œuvre conjointement par la Commission, la CEDEAO et le Comité permanent inter-États de lutte contre la sécheresse dans le Sahel (CILSS), dont tous les États membres sont membres. Les interventions touchant le commerce des autres intrants agricoles, notamment l'approvisionnement des engrais lors des campagnes, sont décidées au niveau national sans coordination au niveau communautaire.

Pesticides

Un règlement de 2009 vise à assurer la libre circulation des pesticides homologués.[55] Selon son article 5, "Afin de garantir l'organisation d'un marché régional dans le cadre de la mise en œuvre de la politique agricole régionale, les pesticides circulent librement sur le territoire des États membres en fonction des zones agro-écologiques, dès lors qu'ils sont homologués et déclarés conformes aux normes de qualité prévues par les textes en vigueur dans l'Union". Depuis avril 2013, les Commissions de la CEDEAO et de l'UEMOA ont donné mandat au CILSS pour la mise en œuvre harmonisée des textes règlementaires, et pour mettre en place et à animer le Comité ouest-africain d'homologation des pesticides et les comités nationaux de gestion des pesticides (CNGP).

Les États membres sont tous membres du CILSS et participent aux activités d'homologation du Comité sahélien des pesticides (CSP). Les pesticides et autres produits phytosanitaires bénéficient d'un dispositif d'homologation mis en place par le CILSS, y compris une réglementation commune sur l'importation, l'exportation, la fabrication et la distribution des produits phytosanitaires, qui constitue un exemple unique d'harmonisation régionale pour les pesticides. Bien qu'il n'y ait pas d'agrément régional qui permette à un importateur d'exercer dans tous les pays de l'UEMOA, les pesticides homologués par le CSP circulent librement sur le territoire des pays signataires de la Règlementation Commune du CILSS. Le CNGP est chargé d'appliquer les décisions du CSP.

En outre, ce cadre communautaire invite les États membres à ratifier les principales conventions internationales en la matière, à baser leurs réglementations nationales sur lesdites dispositions, et à harmoniser les conditions et critères d'homologation, y compris en matière d'étiquetage, d'emballage et de stockage des pesticides homologués. Cinq listes sont à établir à cette fin: les pesticides homologués ou en autorisation provisoire de vente; ceux qui sont interdits; ceux sous toxicovigilance; ceux "sévèrement réglementés"; et ceux retenus comme homologués dans chaque État membre. Par ailleurs, les États membres ont ratifié les conventions de Rotterdam, de Stockholm, de Bâle et de Bamako (p. 69). Cependant, dans la mise en œuvre de ces conventions les États membres sont confrontés principalement à l'insuffisance de moyens humains, matériels et financiers.

Médicaments et autres produits vétérinaires

L'UEMOA s'est engagée dans un processus d'harmonisation des législations pharmaceutiques vétérinaires au sein de son espace. Ce processus a) établit les principes généraux permettant d'assurer la gestion centralisée des autorisations de mise sur le marché, b) institue les structures nécessaires en matière de contrôle de qualité des médicaments vétérinaires et c) assure une distribution contrôlée de ces derniers. Plusieurs textes règlementaires datent de mars 2006.[56] Ces textes prévoient le libre-échange des produits vétérinaires homologués au sein de l'Union et contribuent au renforcement d'un territoire sanitaire communautaire commun. La Directive n° 7/2006/CM/UEMOA prévoit en particulier le contrôle à l'importation et réglemente la circulation des médicaments vétérinaires à l'intérieur de l'Union; leur mise sur le marché; le contrôle des conditions d'ouverture et de fonctionnement des établissements de fabrication, de détention à des fins commerciales, d'importation et de distribution en détail et gros. Cette Directive n'est pas encore effectivement appliquée par tous les États membres; néanmoins les médicaments faisant l'objet d'une Autorisation de mise sur le marché (AMM) communautaire et d'une autorisation d'importation d'un des États membres délivrée par les services vétérinaires circulent librement sur le territoire de l'Union accompagnés de l'AMM.

Semences végétales et plants

Depuis 2009, un cadre juridique harmonise le contrôle de la qualité, la certification et la commercialisation des semences végétales et des plants dans les États membres.[57] Il prévoit la mise en place d'un Catalogue régional des espèces et variétés végétales de l'Union (CREVU) en vue de consolider celles homologuées au niveau national. Les semences végétales et les plans certifiés et enregistrés dans le CREVU sont librement échangés dans l'espace UEMOA. Les États membres s'engagent pour "la reconnaissance mutuelle des certifications fondées sur des prescriptions techniques et normes communautaires en matière de semences végétales et plants ainsi que des procédures de contrôle et d'homologation en vigueur dans l'Union, en les reconnaissant comme équivalentes" (article 6). Le cadre définit également les métiers connexes à la commercialisation des semences végétales et des plants. Dans le cadre d'un accord entre la Commission, la CEDEAO et le Conseil ouest et centre africain pour la recherche et le développement agricoles (CORAF) et avec l'appui de l'USAID, des efforts sont en cours pour faciliter les échanges de semences végétales et de plants.

Le catalogue CREVU prévoit la possibilité d'homologuer des variétés génétiquement modifiées (OGM). Cependant, la réglementation sur les produits agricoles issus des biotechnologies, notamment l'utilisation des organismes génétiquement modifiés pour l'alimentation humaine et l'alimentation animale, n'est pas harmonisée, bien qu'un projet de règlementation communautaire existe. Dans certains pays, la commercialisation et la culture de produits génétiquement modifiés, de même que l'importation de produits issus d'OGM requièrent une autorisation des autorités compétentes (voir les annexes-pays). Des Comités nationaux des semences ont été mis en place, notamment au Sénégal en 1997, au Burkina Faso en 2012, et en Côte d'Ivoire en 2013.

Engrais

La Commission n'a pas légiféré en matière de contrôle de qualité des engrais, la CEDEAO l'ayant déjà fait. Néanmoins, elle est membre observateur au sein du Comité régional mis en place au niveau de la CEDEAO. L'arsenal juridique y relatif est adopté et des sessions de renforcement de capacité en matière de contrôle des engrais ont démarré en 2017 avec l'appui de l'USAID. L'objectif est la libre circulation des engrais homologués.

Normes, réglementations techniques et procédures d'accréditation

Les autorités des États membres ont chacune déclaré que leur objectif est de baser les normes et règlements techniques nationaux sur des normes internationales, y compris celles de l'Organisation internationale de normalisation (ISO dont tous les États membres sont membres sauf le Niger, qui est membre correspondant, la Guinée-Bissau et le Togo)[58]; du Codex Alimentarius pour les produits alimentaires; de l'Organisme régional de normalisation, de certification et de promotion de la qualité (NORMCERQ); ainsi que des normes européennes, notamment celles transposées par l'Association française de normalisation (AFNOR), qui dispose d'un site Internet dédié à l'Afrique de l'ouest.[59] De plus, les instituts nationaux de normalisation de tous les États membres (sauf le Mali) sont également membres de l'Organisation africaine de normalisation (ORAN-ARSO). Tous les États membres sauf la Guinée-Bissau ont accepté le Code de bonne pratique de l'OMC pour l'élaboration, l'adoption et l'application des normes.

Financé depuis 2001 par l'Union européenne, un processus d'harmonisation couvre des activités d'accréditation, de certification, de normalisation et de métrologie, autour de trois volets techniques: la mise à niveau des laboratoires de référence en vue de leur accréditation internationale; le renforcement des cadres réglementaires et des capacités techniques aux niveaux national et régional; et l'accompagnement des entreprises à la démarche qualité (certification ISO9001, décernement de prix pour la qualité, l'établissement de centres d'appui technique, etc.). L'un des résultats du programme "qualité" est le Schéma d'harmonisation des activités d'accréditation, de certification, de normalisation et de métrologie dans l'UEMOA.[60] Ce règlement de 2005, mis à jour en 2010, a comme objectif la libre circulation des produits et des services dans l'Union et une meilleure participation au commerce international. Il repose sur le principe de reconnaissance mutuelle entre États membres intervenant à trois niveaux: la reconnaissance des règlements techniques, des normes nationales et des spécifications; la reconnaissance des procédures d'évaluation de la conformité, et de leurs résultats.

Il impose aux États membres l'obligation de notifier à la Commission de l'UEMOA leurs régimes respectifs en matière d'obstacles techniques liés au commerce et d'éliminer toute entrave non justifiée à la libre circulation des produits et services. La mise en cohérence des régimes nationaux est appuyée par trois structures techniques: le Système ouest-africain d'accréditation (SOAC); l'Organisme régional de normalisation, de certification et de promotion de la qualité (NORMCERQ); et le Système ouest-africain de métrologie (SOAMET). La coordination de leurs activités est assurée par un Comité régional de la qualité (CREQ).

Les normes communautaires, d'application volontaire, sont élaborées et adoptées par NORMCERQ, et doivent être homologuées par la Commission; une enquête publique, d'au maximum trois mois, est prévue dans la procédure d'élaboration.[61] Des Comités techniques

régionaux de normalisation, composés de deux représentants par État membre, sont créés pour aborder des domaines spécifiques et élaborer des avant-projets de normes UEMOA. En mai 2017, 42 normes et 4 guides de bonne pratique de production d'aliments avaient été homologués par la Commission. La révision du Règlement en 2010 a précisé le mécanisme d'adoption de règlementations techniques au sein de l'Union; ces dernières doivent être instituées par le Conseil des ministres sur la base des normes communautaires, ainsi que des normes édictées par des organisations internationales de normalisation, après avis du Conseil de NORMCERQ.

Selon le SOAC révisé en 2010, la conformité des produits importés aux règlements techniques doit être certifiée par un laboratoire accrédité, un certificat ou une marque de conformité devant faire foi. La mise en place du SOAC vise à doter les États membres d'un organisme unique d'accréditation des organismes d'évaluation de la conformité (laboratoires, organismes d'inspection et organismes de certification), pour une reconnaissance internationale de leurs compétences techniques et à des coûts incitatifs. Cependant, le SOAC en mai 2017 n'était pas encore fonctionnel. Une Assemblée générale constitutive s'est tenue à Abidjan en décembre 2015 et un Conseil d'administration a été installé. La Côte d'Ivoire a été retenue pour abriter son siège.

En matière de métrologie, le Règlement n° 08/2014/CM/UEMOA institue un système harmonisé de métrologie dans les États membres. Ainsi, trois États membres (Bénin, Burkina Faso, Mali) ont déjà mis en place des Agences autonomes de métrologie.

Bien que le cadre communautaire soit en vigueur depuis janvier 2006, la reconnaissance mutuelle n'a pas encore été opérationnalisée au sein de l'UEMOA. Les recours à des normes nationales jugées scientifiquement infondées ont été traités par la Commission comme des infractions au régime communautaire de la concurrence. L'Union n'a pas conclu d'accords de reconnaissance mutuelle avec des pays tiers. Les initiatives en la matière demeurent nationales (voir les annexes-pays).

Mesures pour la protection de l'environnement

Après avoir adopté en 2005 un règlement harmonisant les règlementations relatives à la protection de la couche d'ozone[62], depuis 2008, l'UEMOA s'est dotée d'une Politique commune d'amélioration de l'environnement (PCAE).[63] Outre ses dispositions en matière de gestion durable des ressources naturelles et de gestion des problèmes environnementaux, ce texte entérine l'engagement des États membres à harmoniser et à standardiser leurs règlementations techniques en matière environnementale. La PCAE prévoit également la mise en œuvre de modes appropriés de production, de consommation et d'économie des ressources naturelles, notamment par la promotion des énergies renouvelables (p. 80). Les États membres ont tous ratifié les principales conventions en matière de protection de l'environnement ayant trait au commerce[64]:

- Convention de Stockholm sur les polluants organiques persistants;
- Convention de Rotterdam sur la procédure de consentement préalable en connaissance de cause applicable à certains produits chimiques et pesticides dangereux qui font l'objet d'un commerce international;
- Convention de Bâle sur le contrôle des mouvements transfrontières de déchets dangereux et leur élimination;
- Convention-cadre sur les changements climatiques et son protocole; et
- Convention de Vienne pour la protection de la couche d'ozone et son Protocole de Montréal relatif à des substances qui appauvrissent la couche d'ozone.

Tous les États membres de l'UEMOA ont individuellement adhéré à la Convention de Washington sur le commerce international des espèces des faunes et des flores sauvages menacées d'extinction (CITES). Le Niger et le Togo l'ont ratifiée, et le Sénégal et la Côte d'Ivoire mettent en œuvre les obligations y afférentes (voir les annexes-pays).[65]

Dans le cadre de la mise en œuvre du Programme régional de biosécurité de l'UEMOA, une règlementation portant sur la prévention des risques biotechnologiques a été validée en février 2015, conjointement avec la CEDEAO et le CILSS. Le Règlement s'appliquerait à toute utilisation, au commerce, au transit, et à la manipulation d'organismes vivants modifiés et/ou produits dérivés qui pourraient avoir des effets défavorables sur l'environnement, et en particulier sur la conservation et l'utilisation durable de la diversité biologique, sur la santé humaine et animale, à l'exception des produits pharmaceutiques.

Aux fins d'harmoniser la gestion des risques environnementaux et sanitaires liés aux déchets plastiques, un règlement était en cours d'adoption par l'UEMOA pour interdire la production, le commerce et l'utilisation des sachets en plastique, et des matières ou produits en plastique les composant. Des mesures similaires sont en place au niveau national (voir les annexes-pays).

Protection des droits de propriété intellectuelle

La protection des droits de propriété intellectuelle (DPI) dans les États membres demeure un défi, mais d'importants efforts ont été engrangés depuis 2010 pour moderniser les structures, et renforcer la mise en œuvre de la législation, surtout en matière d'indications géographiques.[66] Tous les pays de l'UEMOA sont signataires de l'Accord de Bangui (1977) instaurant des règles uniformes et créant un office de propriété industrielle commun, l'Organisation africaine de la propriété intellectuelle (OAPI).[67] Les différentes matières de propriété intellectuelle couvertes par l'Accord de Bangui sont régies par des annexes qui ont valeur de loi nationale pour chacun des États membres.

L'Accord de Bangui révisé (1999), en vigueur depuis 2002, porte sur: les brevets d'invention (annexe I), les modèles d'utilité (annexe II), les marques de produits ou de services (annexe III), les dessins et modèles industriels (annexe IV), les noms commerciaux (annexe V), les indications géographiques (IG, annexe VI), la propriété littéraire et artistique (annexe VII), la protection contre la concurrence déloyale (annexe VIII), les schémas de configuration (topographies) des circuits intégrés (annexe IX), la protection des obtentions végétales (annexe X), le folklore (annexe XI), les savoirs traditionnels (annexe XII), et les ressources génétiques (annexe XIII). Il fut notifié à l'OMC et fit l'objet d'un examen par le Conseil de l'OMC sur les aspects des droits de propriété intellectuelle qui touchent au commerce (ADPIC) en 2001.[68] Les durées de protection établies par cet accord sont celles établies dans l'Accord sur les ADPIC.

L'OAPI tient lieu pour chacun des États membres de service national de la propriété industrielle et assure un système commun de procédures administratives pour l'enregistrement des droits y afférents. Pour un déposant résidant dans un État membre, la procédure de l'obtention d'un titre commence par le dépôt d'une demande auprès de la structure nationale de liaison (tableau 3.12), accompagnée de pièces justificatives. La délivrance d'un titre par l'OAPI (à la suite d'une demande par un déposant domicilié dans l'un de ses pays membres, ou par voie internationale par accord ou traité) donne automatiquement naissance à des droits valables dans l'ensemble des États membres. L'Accord de Bangui a mis en place un régime d'épuisement régional des droits de propriété intellectuelle. Il n'existe pas de tribunaux spécialisés en matière de propriété intellectuelle dans les États membres ou au niveau communautaire; ce sont en général les tribunaux de commerce, ou à défaut les tribunaux de première instance qui tranchent les différends en la matière.

La première révision de l'Accord de Bangui en 2002 introduisit notamment la protection des indications géographiques protégées (IGP), et la mise en conformité de ses dispositions avec celles de l'Accord sur les ADPIC, qui reconnaît les IG et impose aux Membres de l'OMC de disposer des moyens juridiques pour les protéger.[69] Les missions d'identification de produits candidats à l'IGP, d'accompagnement des filières dans la démarche, de contrôle externe du respect des cahiers des charges des IGP enregistrées, ainsi que de lutte contre la fraude et la contrefaçon sur les marchés, sont de la compétence des États membres, tandis que l'enregistrement et la reconnaissance des IGP incombent à l'OAPI.[70] En 2013, l'OAPI a pu enregistrer ses premières IGP, en partie grâce à l'assistance du Projet d'appui à la mise en place d'indications géographiques (PAMPIG - 2008-2014)[71] qui vise à augmenter le nombre de producteurs, à améliorer la qualité des produits, à favoriser la majoration du prix de vente, et à faciliter l'accès à de nouveaux marchés à l'export et aux financements. Le succès des premières IGP africaines (poivre blanc de Penja (Cameroun), miel d'Oku (Cameroun) et du café Ziama-Macenta (Guinée)), et le travail de sensibilisation réalisé par l'OAPI, se sont traduits par un engouement grandissant auprès des États membres. L'expérience a cependant révélé un besoin d'assistance technique pour le renforcement des capacités nationales en matière d'identification, de validation et d'accompagnement des démarches IGP.

Une nouvelle révision de l'Accord de Bangui a été motivée par des insuffisances dans plusieurs domaines, notamment en matière de réglementation de l'épuisement des droits de propriété intellectuelle, l'absence d'une réglementation sur le transfert de technologie et des moyens offerts aux États pour en tirer profit, et de l'absence de dispositions permettant aux États membres de bénéficier des flexibilités offertes par des textes internationaux (par exemple l'accès aux médicaments et au développement technologique). En décembre 2015, le Conseil d'administration de l'OAPI a adopté un projet de texte portant révision de l'Accord de Bangui (tableau 3.12).[72] Concernant les mesures à la frontière, par résultat de cette révision, depuis décembre 2016 la douane peut retenir d'office la marchandise qu'elle soupçonne d'être contrefaite. En mai 2017, aucun État membre n'avait ratifié l'Accord de Bangui révisé.

En 2017, les États membres de l'OAPI réfléchissaient à une stratégie formalisée en matière de développement des IG. Cinq États membres de l'UEMOA (Bénin, Burkina Faso, Côte d'Ivoire, Guinée-Bissau et Niger) ont créé des Comités nationaux interministériels "IG" au sein du Ministère en charge de l'agriculture de leurs pays respectifs.

Finalement, en mai 2017 la Côte d'Ivoire, la Guinée-Bissau et le Niger n'avaient toujours pas accepté le Protocole d'amendement de l'Accord sur les ADPIC, ratifié le 23 janvier 2017, et visant à faciliter l'accès à des médicaments essentiels, en facilitant l'accès aux nouvelles molécules même si ces dernières font l'objet d'un DPI. [73]

Régime de la concurrence et contrôle des prix

Il n'existe pas de contrôle des prix au niveau communautaire. La législation communautaire de la concurrence interdit tout accord et pratique concertée entre entreprises, y compris les décisions des associations d'entreprises, ayant pour objet ou pour effet de restreindre ou de fausser le jeu de la concurrence à l'intérieur de l'Union.[74] Ces dispositions s'appliquent également aux entreprises publiques et à celles auxquelles les États membres de l'UEMOA concèdent des droits spéciaux et exclusifs.

La réglementation et le traitement des pratiques susceptibles de fausser la concurrence s'opèrent

Tableau 3.12 Signature de l'Accord de Bangui révisé, mai 2017

État membre	Signature	Structures nationales de liaison	Autres entités concernées
Bénin	Janvier 2016	Agence nationale de la propriété industrielle (ANAPI)	Bureau béninois du droit d'auteur (BUBEDRA); Commission nationale de lutte contre la piraterie des œuvres littéraires et artistiques
Burkina Faso	Décembre 2015	Direction nationale de la propriété industrielle (DNPI)	Bureau burkinabé du droit d'auteur (BBDA); Comité national de lutte contre la piraterie des œuvres littéraires et artistiques (CNLPOLA)
Côte d'Ivoire	Décembre 2015	Office ivoirien de la propriété intellectuelle	Bureau ivoirien du droit d'auteur (BURIDA)
Guinée-Bissau	Décembre 2015	Direction générale de la propriété industrielle	Société guinéenne du droit d'auteur (SGA)
Mali	Décembre 2015	Centre malien de promotion de la propriété industrielle (CEMAPI)	Bureau malien du droit d'auteur (BUMDA)
Niger	Décembre 2015	Direction du développement industriel (DDI)	Bureau national de droit d'auteur (BNDA); Comité national de coordination et de développement de la propriété intellectuelle
Sénégal	Décembre 2015	Agence sénégalaise pour la propriété industrielle et l'innovation technologique	Société de gestion du droits d'auteurs et droits voisins (SODAV); Brigade nationale de lutte contre la piraterie et la contrefaçon
Togo	Décembre 2015	Institut national de la propriété industrielle et de la technologie (INPIT)	Bureau togolais du droit d'auteur; Conseil national de la propriété intellectuelle; Centre d'appui à la technologie et à l'innovation

Source: Secrétariat de l'OMC, sur la base d'informations fournies par les autorités des États membres.

à deux niveaux, communautaire et national. Le droit communautaire régit les domaines suivants: les ententes anticoncurrentielles; l'abus de position dominante; les aides d'État; et les pratiques imputables aux États membres. Dans la détermination d'une position dominante, la Commission tient compte de critères structurels (parts de marchés; barrières à l'entrée telles qu'obstacles législatifs et réglementaires, obstacles liés au fonctionnement du marché, obstacles résultant du comportement de l'entreprise; puissance financière); et de critères de comportement. La compétence législative des autorités nationales est limitée aux domaines non réglementés au niveau de l'Union, tels que les pratiques unilatérales des entreprises non dominantes et la protection du consommateur. La mise en cohérence des régimes de concurrence nationaux et communautaire a connu des retards. La transposition de la Directive portant définition des compétences des structures nationales est toujours en cours dans certains États membres, dont la Côte d'Ivoire, et la Guinée-Bissau.

La Commission détient la compétence exclusive pour traiter des pratiques anticoncurrentielles susceptibles d'avoir un effet sur les échanges entre États membres, ainsi que de celles imputables aux États membres, et des aides publiques. Elle peut accorder des exemptions individuelles (et conditionnelles) si la pratique anticoncurrentielle contribue à améliorer la production ou la distribution des produits ou à promouvoir le progrès technique ou économique; elle peut également définir des exemptions par catégorie pour des accords de spécialisation, les accords de recherche et de développement et les accords de transfert de technologie. En mai 2017, la Commission n'avait pas encore légiféré par rapport aux exemptions par catégorie; des demandes d'exemption individuelle ont été faites.

Sur le plan procédural, le régime communautaire de la concurrence confère à la Commission, outre la responsabilité de juger en première instance, un rôle actif dans les enquêtes et par conséquent, en grande partie, la charge de la preuve. Les structures nationales de concurrence assurent une mission générale d'enquête, sur initiative nationale ou sur mandat express de la Commission.[75] Les procédures d'instruction de certaines affaires contentieuses suivent leurs cours après avoir été soumises au Comité consultatif de la concurrence. Il s'agit essentiellement de: Celtel Niger contre l'État du Niger dans le secteur des infrastructures de télécommunications au Niger; et de Africa Steel contre SOTACI dans le secteur de la production et de la distribution du fer à béton en Côte d'Ivoire.[76] En général, les interventions de la Commission demeurent peu nombreuses. Par ailleurs, l'interface des compétences de la Commission et celles des régulateurs sectoriels nationaux reste à définir.

Depuis 2003, la politique en matière d'aides publiques à l'intérieur de l'UEMOA est régie par l'article 88 (c) du Traité et un règlement d'application.[77] Une "aide publique" est définie comme toute mesure qui: "a) entraîne un coût direct ou indirect, ou une diminution des recettes, pour l'État, ses démembrements ou pour tout organisme public ou privé que l'État institue ou désigne en vue de gérer l'aide; et b) confère ainsi un avantage sur certaines entreprises ou certaines productions. Sont interdites "les aides publiques susceptibles de fausser la concurrence en favorisant certaines entreprises ou certaines productions". En principe, l'interdiction d'un programme d'aide publique est établie uniquement après examen par la Commission. Certains programmes d'aide publique sont toutefois interdits d'office. Il s'agit, par exemple, des aides subordonnées aux résultats à l'exportation vers les autres États membres, ou subordonnées à l'utilisation de produits nationaux de préférence à des produits importés des autres États membres.

Les États membres sont tenus de notifier tout nouveau programme d'aide publique à la Commission afin d'en permettre l'examen; la Commission peut également se saisir d'office lorsqu'elle a en sa possession des informations concernant une aide prétendue illégale. Si un examen aboutit à une constatation d'illégalité, le programme d'aide publique interdit doit être éliminé. Par ailleurs, afin d'assurer le respect de l'obligation de notification, la Commission a décidé de procéder à un recensement annuel des aides publiques; celles-ci deviennent illégales si non notifiées. Il n'a pas été possible d'obtenir une liste desdites aides publiques dans le cadre de ce rapport. Par ailleurs, depuis 2009, la Commission de l'UEMOA participe à la réunion annuelle du réseau international de la concurrence (International Competition Network). Une convention de coopération a été signée avec la CNUCED pour le renforcement des capacités de la Commission et des États membres.

Marchés publics et partenariats public-privé

Parmi les États membres, seules les autorités de Côte d'Ivoire envisagent actuellement de souscrire le statut d'observateur à l'Accord sur les marchés publics de l'OMC (voir l'annexe sur la Côte d'Ivoire).

Le Code de transparence dans la gestion des finances publiques, adopté en 2000 au moyen d'une Directive, définit les principes fondamentaux de passation, d'exécution et de règlement des marchés publics, et la passation des délégations de service public, dans l'espace UEMOA.[78] Deux Directives de 2005 visent l'harmonisation des régimes nationaux et leur ouverture à la concurrence communautaire.[79] Selon les dispositions du Code, les États membres doivent assurer l'exécution des marchés publics "dans de bonnes conditions d'économie, de transparence et d'efficacité"; garantir un accès libre à tous les candidats répondant aux critères de sélection; et encourager la participation des ressortissants de l'Union. Le Code impose une obligation de notification des appels d'offres à la Commission de l'UEMOA afin d'en assurer la publicité au niveau régional; la publication des résultats de toutes les adjudications, ainsi que le suivi de l'exécution des contrats.

Les marchés sur financement extérieur sont soumis aux dispositions communautaires dans la mesure où elles ne sont pas contraires aux dispositions des accords de financement. Les marchés passés par les États pour les besoins de la sécurité nationale n'y sont pas soumis. Les seuils nationaux de passation des marchés peuvent être différents des seuils communautaires pour la publication des avis d'appel d'offres.

Toute discrimination à l'encontre des ressortissants des États membres de l'UEMOA est interdite. Une préférence ne dépassant pas 15% du montant de l'offre, en faveur de toute offre présentée par une entreprise communautaire, est instaurée en remplacement des préférences pour les nationaux. Le titulaire d'un marché public, au bénéfice de préférence, n'est pas autorisé à sous-traiter plus de 40% de sa valeur globale par une entreprise non communautaire. Toutefois, les candidats s'engageant à sous-traiter au moins 30% de la valeur globale du marché par une entreprise nationale peuvent bénéficier d'une marge de préférence supplémentaire de 5% au maximum.

En 2017, tous les États membres avaient transposé ces dispositions communautaires dans leurs Codes nationaux respectifs. Au niveau régional, l'Observatoire régional des marchés publics (ORMP) a été mis en place en vue du suivi et de l'évaluation de la qualité et de la performance des systèmes nationaux.[80]

Parmi les efforts d'harmonisation des procédures de passation des marchés publics depuis 2010, figure la publication par la Commission de l'UEMOA en 2012 d'une série de dossiers standards régionaux d'acquisitions. Ces dossiers fixent les règles en matière d'achats publics par les personnes morales à utiliser pour la passation des Conventions de délégation de service public. En 2012 également, une Directive relative à l'éthique et à la déontologie dans le domaine des marchés publics et des délégations de service public a été adoptée par le Conseil des ministres. En 2014, une décision relative au Plan d'actions des réformes des marchés publics et des délégations de service public et une Directive relative à la règlementation de la maîtrise d'ouvrage public ont été adoptées.

Depuis fin 2014, la Commission travaille également à l'élaboration d'un cadre institutionnel et juridique de promotion des partenariats public-privé (PPP) dans l'UEMOA. Cette étude vise l'harmonisation des dispositions régissant les PPP au travers d'une réglementation sécurisante permettant d'offrir plus de garanties aux investisseurs privés et d'assurer un meilleur ancrage des politiques nationales en matière de PPP.

Notes de fin

1 UNIDO (2014), "Étude relative à l'Évaluation de la phase pilote du programme de restructuration et de mise à niveau de l'industrie des États membres de l'UEMOA". Adresse consultée: https://www.unido.org/fileadmin/user_media_upgrade/Resources/Evaluation/RAF_TERAF07001-PRMN-UEMOA_2013.pdf.

2 Le Directeur général des douanes du Niger estimait par exemple que 80% des importations de son pays en provenance du Togo faisaient l'objet de fausses déclarations en douane en 2015. Adresse consultée: http://www.republicoftogo.com/Toutes-les-rubriques/Finances/Togo-Niger-alliance-contre-la-fraude-douaniere.

3 Règlement n° 09/2001/CM/UEMOA portant adoption du Code des douanes de l'UEMOA. Adresse consultée: http://www.vertic.org/media/National%20Legislation/Togo/TG_Reglement_9_2001_CM_UEMOA.pdf.

4 Règlement n° 10/2008/CM/UEMOA du 26 septembre 2008. Adresse consultée: http://www.uemoa.int/Documents/Actes/reglement_10_2008_CM_UEMOA.pdf.

5 Information en ligne. Adresse consultée: http://www.uemoa.int/sites/default/files/bibliotheque/rec022002progtransitport.pdf.

6 Règlement n° 09/2008/CM/UEMOA du 26 septembre 2008. Adresse consultée: http://www.uemoa.int/Documents/Actes/reglement_09_2008_CM_UEMOA.pdf.

7 Règlement n° 09/2010/CM/UEMOA du 1er octobre 2010. Adresse consultée: http://www.bceao.int/IMG/pdf/reglement-relatif-aux-relations-financieres-exterieures-des-etats-de-uemoa-textes-application.pdf.

8 Règlement n° C/REG.4/08/99 du 20 août 1999.

9 En 2016, le Sénégal était le seul État membre à disposer d'une délégation auprès de l'EDIFACT. Adresse consultée: http://www.unece.org/cefact/edifact/welcome.html.

10 UEMOA (2016), "Rapport 2015 de la surveillance commerciale".

11 USAID (2015), "Coûts du transport et de la logistique sur le corridor Tema – Ouagadougou". Adresse consultée: file:///H:/My%20documents/Data%20Files/Word/UEMOA/EPC%20commun%202017/Transport%20&%20Logistics%20Study%20TEMA-OUAGA%20fr.pdf.

12 Décision n° 08/2001/CM/UEMOA du 26 novembre 2001.

13 Directive n° 02/2012/CM/UEMOA du 10 mai 2012 portant modernisation et harmonisation des systèmes d'échange d'information entre les administrations douanières et fiscales dans les États membres de l'UEMOA. Adresse consultée: http://www.izf.net/sites/default/files/MaJ2015/uemoa/Directive%202012/Directive_02_2012_CM_UEMOA.PDF.

14 UEMOA (2015), "Rapport sur la surveillance commerciale". Adresse consultée: http://www.uemoa.int/sites/default/files/bibliotheque/rapport_2015_de_la_surveillance_commerciale_final_06-05-16_0.pdf.

15 Règlement n° 05/99/CM/UEMOA du 19 mars 1999. Adresse consultée: http://www.izf.net/pages/r-glement-n-0599cmuemoa.

16 Information en ligne. Adresse consultée: https://www.wto.org/french/tratop_f/cusval_f/cusval_f.htm.

17 Règlement n° 4/99/CM/UEMOA du 18 mars 1999. Adresse consultée: http://www.uemoa.int/sites/default/files/bibliotheque/pages_-_reglement_4_99_cm_.pdfhttp://www.uemoa.int/sites/default/files/bibliotheque/pages_-_reglement_4_99_cm_.pdf.

18 Il s'agit du Protocole additionnel n° III/2001 du 19 décembre 2001. Adresse consultée: http://www.uemoa.int/sites/default/files/bibliotheque/pages_-_protocole_additionnel_03.pdf, ainsi que l'Acte additionnel. Adresse consultée: http://www.uemoa.int/sites/default/files/bibliotheque/protocole_add_01_2009_cceg_uemoa.pdf.

19 Pour un aperçu de la complexité de la procédure, voir par exemple, Programme d'appui au commerce et à l'intégration régionale, Appui institutionnel et opérationnel pour l'amélioration du cadre des affaires et renforcement de la compétitivité des exportations de la Côte d'Ivoire. Adresse consultée: http://veille-ci.com/IMG/pdf/final_guide_de_lentrepreneur_en_afrique_de_l_ouest.pdf.

20 Information en ligne. Adresse consultée: http://www.gufebenin.org/images/documents/outils/arreteguoc.pdf.

21 Voir notamment dans le cas du Togo: http://www.interreseaux.org/IMG/pdf/Brief_3_Certificat_d_origine.pdf.

22 UEMOA (2015), "Rapport sur la surveillance commerciale". Adresse consultée: http://www.uemoa.int/sites/default/files/bibliotheque/rapport_2015_de_la_surveillance_commerciale_final_06-05-16_0.pdf.

23 J. Jarreau et al., "Informal Trade in Benin, Togo and Nigeria: determinants and impacts on price transmission".

24 Les auteurs soulèvent la problématique des rigidités excessive de la part des douanes, des contrôles abusifs et de la corruption concernant notamment l'utilisation des certificats d'origine.

25 UEMOA (2013), "Forum de haut niveau sur la facilitation des échanges et les initiatives de guichet unique pour le renforcement de la coopération économique régionale – Perspectives de l'UEMOA en matière de guichet unique", Communication par R. Tiemoko Kabran. Adresse consultée: http://icdt-oic.org/RS_67/Doc/UEMOA.pdf.

26 UEMOA (2015), "Rapport sur la surveillance commerciale". Adresse consultée: http://www.uemoa.int/sites/default/files/bibliotheque/rapport_2015_de_la_surveillance_commerciale_final_06-05-16_0.pdf.

27 Le TEC de la CEDEAO a été adopté dans l'espace UEMOA le 25 septembre 2014 par le Règlement n° 07/2014/CM/UEMOA portant modification du Règlement n° 02/97/CM/UEMOA portant adoption du tarif extérieur commun de l'UEMOA. Adresse consultée: http://www.uemoa.int/sites/default/files/bibliotheque/tec_final_3.pdf.

28 Règlement n° C/REG.1/09/13 sur les Mesures complémentaires de protection (MCP) pour la mise en œuvre du tarif extérieur commun de la CEDEAO.

29 Le schéma de libéralisation des échanges de la CEDEAO est, en principe, d'application intégrale depuis le 1er janvier 2004. Adresse consultée: http://unpan1.un.org/intradoc/groups/public/documents/IDEP/UNPAN012953.pdf.

30 UEMOA (2015), "Rapport sur la surveillance commerciale". Adresse consultée: http://www.uemoa.int/sites/default/files/bibliotheque/rapport_2015_de_la_surveillance_commerciale_final_06-05-16_0.pdf.

31 UEMOA (2017), Session extraordinaire de la Conférence des chefs d'États et de gouvernements de l'UEMOA, Communiqué final, 10 avril 2017, Abidjan.

32 Règlement n° 02/2000/CM/UEMOA, 29 juin 2000. Adresse consultée: http://www.uemoa.int/sites/default/files/bibliotheque/pages_-_reg_02_2000.pdf.

33 Les calculs sont basés uniquement sur les importations NPF. Pour de plus amples détails, voir Règlement n° C/REG.1/09/13 sur les Mesures complémentaires de protection (MCP) pour la mise en œuvre du tarif extérieur commun de la CEDEAO.

34 Règlement n° 06/2014/CM/UEMOA du 25 septembre 2014.

35 Les principales dispositions sont contenues dans la Directive n° 02/2009/CM/UEMOA. Adresse consultée: http://www.uemoa.int/sites/default/files/bibliotheque/directive_02_2009_cm_uemoa.pdf.

36 Les conventions particulières conclues avant la mise en application de la Directive ne sont pas concernées.

37 Voir notamment FMI (2014), "Sécuriser les remboursements de crédits de TVA dans les pays membres de l'UEMOA", Gérard Chambas, Coordination fiscale en UEMOA: "Évaluer le passé et tracer l'avenir". Conférence UEMOA-FMI, Dakar, 30 avril-2 mai 2014. Adresse consultée: https://www.imf.org/external/french/np/seminars/2014/waemu/pdf/chambas.pdf. Voir aussi: http://revue.ersuma.org/no-1-juin-2012/dossier-le-recouvrement-des/ETUDE-SUR-LES-DIFFICULTES-DE.

38 Directive n° 3/98/CM/UEMOA, telle que modifiée par la Directive n° 03/2009/CM/UEMOA.

39 La liste est définie dans la Directive n° 3/98/CM/UEMOA.

40 Cette réglementation se compose principalement de deux textes: la Directive n° 06/2001/CM/UEMOA portant harmonisation de la taxation des produits pétroliers au sein de l'UEMOA. Adresse consultée: http://www.uemoa.int/sites/default/files/bibliotheque/pages_-_dir_06_2001_cm.pdf; et Directive n° 01/2007/CM/UEMOA en date du 6 avril 2007, modifiant la Directive n° 06/2001/CM/UEMOA. Adresse consultée: http://www.uemoa.int/sites/default/files/bibliotheque/directive_01_portant_harmonisation_de_la_taxation_des_produits_petroliers.pdf.

41 Directive n° 07/2001/CM/UEMOA du 26 novembre 2001. Adresse consultée: http://www.uemoa.int/sites/default/files/bibliotheque/pages_-_dir_07_2001_cm.pdf.

42 UEMOA (2015), "Rapport sur la surveillance commerciale". Adresse consultée: http://www.uemoa.int/sites/default/files/bibliotheque/rapport_2015_de_la_surveillance_commerciale_final_06-05-16_0.pdf.

43 Règlement n° 12/2008/CM/UEMOA du 26 septembre 2008.

44 Règlement n° 13/2008/CM/UEMOA du 26 septembre 2008.

45 Règlement n° 04/2005/CM/UEMOA. Il s'agit notamment des hydro-chlorofluorocarbures (CFC et HCFC) et du bromure de méthyle, qui provoquent un appauvrissement de la couche d'ozone et contribuent au réchauffement climatique.

46 Règlement n° 9/2003/CM/UEMOA du 23 mai 2003.

47 Règlement n° 14/98/CM/UEMOA.

48 Instructions n° 01/99/RC, n° 02/99/RC et n° 03/99/RC de la BCEAO.

49 Information en ligne. Adresse consultée: http://www.uemoa.int/fr/system/files/fichier_article/traitreviseuemoa.pdf.

50 Information en ligne. Adresse consultée: http://www.inter-reseaux.org/IMG/pdf/Brief_2_Export_Restrictions.pdf.

51 Règlement n° 07/2007/CM/UEMOA du 6 avril 2007. Adresse consultée: http://droit-afrique.com/upload/doc/uemoa/UEMOA-Reglement-2007-07-securite-sanitaire.pdf.

52 Le Règlement d'exécution n° 010/2009/ COM/UEMOA du 10 septembre 2009, portant liste des maladies animales à déclaration obligatoire, le Règlement d'exécution n° 011/2009/COM/UEMOA du 10 septembre 2009, portant liste des mesures spéciales applicables aux maladies animales à déclaration obligatoire, le Règlement d'exécution n° 004/2013/COM/UEMOA du 06 mai 2013 portant attributions, organisation et fonctionnement du Comité régional de sécurité sanitaire des végétaux, des animaux et des aliments dans l'UEMOA; et le Règlement d'exécution n° 005/2013/COM/UEMOA du 6 mai 2013 portant organisation et fonctionnement des mécanismes de coopération et d'expertise sanitaires dans l'UEMOA.

53 Règlement n° 01/2006/CM/UEMOA du 23 mars 2006 portant création et modalités de fonctionnement d'un Comité vétérinaire au sein de l'UEMOA.

54 Règlements d'exécution n° 010/2009/COM/UEMOA.

55 Règlement n° 04/2009/CM/UEMOA relatif à l'harmonisation des règles régissant l'homologation, la commercialisation et le contrôle des pesticides au sein de l'UEMOA. Adresse consultée: http://www.uemoa.int/Documents/Actes/reglement_04_2009_CM_UEMOA.pdf.

56 Règlement n° 01/2006/CM/UEMOA portant création et modalité de fonctionnement d'un Comité vétérinaire au sein de l'UEMOA; Règlement n° 02/2006/CM/UEMOA, établissant des procédures communautaires pour l'autorisation de mise sur le marché et la surveillance des médicaments vétérinaires et instituant un Comité régional du médicament Vétérinaire; Règlement n° 03/2006/CM/UEMOA instituant des redevances dans le domaine des médicaments vétérinaires au sein de l'UEMOA. Voir aussi la Directive n° 07/2006/CM/UEMOA relative à la pharmacie vétérinaire; Règlement d'exécution n° 007/2009/COM/UEMOA fixant les normes et protocoles analytiques, d'innocuité précliniques et cliniques en matière d'essais de médicaments vétérinaires; Règlement d'exécution n° 008/2009/COM/UEMOA fixant les critères de compétence et d'expérience du Président et des membres du Comité régional du médicament vétérinaire; Décision n° 009/2009/COM/UEMOA fixant les modalités de dépôt d'une demande d'autorisation de mise sur le marché communautaire; Décision n° 010/2009/COM/UEMOA portant désignation des laboratoires du réseau chargés du contrôle de la qualité des médicaments vétérinaires au sein de l'UEMOA; Décision n° 011/2009/COM/UEMOA fixant la liste des modifications apportées aux dossiers d'Autorisation de mise sur le marché.

57 Règlement n° 03/2009/CM/UEMOA du 27 mars 2009 portant harmonisation des règles régissant le contrôle de qualité, la certification et la commercialisation des semences végétales et plants dans l'UEMOA.

58 Renseignements en ligne de l'Organisation internationale de normalisation. Adresse consultée: http://www.iso.org/iso/fr/about/iso_members.htm.

59 Information en ligne. Adresse consultée: http://www.ao.afnor.org.

60 Règlement n° 01/2005/CM/UEMOA du 4 juillet 2005, remplacé par le Règlement n° 03/2010/CM/UEMOA du 21 juin 2010. Adresse consultée: http://www.uemoa.int/sites/default/files/bibliotheque/reg_03_2010_cm_uemoa.pdf.

61 Les normes homologuées sont réexaminées tous les cinq ans et peuvent être révisées afin de les maintenir au plus haut niveau technique.

62 Règlement n° 04/2005/CM/UEMOA du 4 juillet 2005.

63 Acte additionnel n° 01/2008/CCEG/UEMOA du 17 janvier 2008.

64 Information en ligne. Adresse consultée: http://www.basel.int/Countries/StatusofRatifications/PartiesSignatories/tabid/4499/Default.aspx.

65 Information en ligne. Adresse consultée: https://cites.org/fra.

66 Chapitre 5 de l'annexe au Règlement n° 09/2001/CM/UEMOA.

67 Les autres membres de l'Accord de Bangui sont le Cameroun, la République centrafricaine, les Comores, le Congo, le Gabon, la Guinée, la Guinée équatoriale, la Mauritanie, et le Tchad. Adresse consultée: http://www.oapi.int/index.php/en/aipo/etats-membres.

68 Documents de l'OMC IP/Q/GAB/1, IP/Q2/GAB/1, IP/Q3/GAB/1, et IP/Q4/GAB/1 du 18 mai 2004.

69 L'annexe VI de l'Accord révisé précise que les indications géographiques "servent à identifier un produit comme étant originaire du territoire, ou d'une région, ou localité de ce territoire, dans les cas où une qualité, réputation ou autre caractéristique déterminée du produit peut être attribuée essentiellement à cette origine géographique".

70 Information en ligne. Adresse consultée: http://www.tresor.economie.gouv.fr/File/424194.

71 Information en ligne. Adresse consultée: http://www.oapi-igafrique.org/igafrique/index.php/a-propos-des-ig. Voir aussi une évaluation de ce projet: http://www.gret.org/projet/evaluation-projet-pampig/.

72 Information en ligne. Adresse consultée: http://www.oapi.int/.

73 Voir principalement les articles 8 (exception générale), et 31 (licences obligatoires ou non volontaires). Adresse consultée: https://www.wto.org/french/tratop_f/trips_f/accept_f.htm.

74 Règlement n° 2/2002/CM/UEMOA relatif aux pratiques anticoncurrentielles à l'intérieur de l'UEMOA; Règlement n° 3/2002/CM/UEMOA relatif aux procédures applicables aux ententes et abus de positions dominantes; Règlement n° 04/2002/CM/UEMOA relatif aux aides d'État à l'intérieur de l'UEMOA et aux modalités d'application de l'article 88(c) du Traité de l'UEMOA; et Directive n° 02/2002/CM/UEMOA relative à la coopération entre la Commission et les structures nationales de concurrence des États membres de l'UEMOA.

75 Les États membres participent également aux travaux du Comité consultatif de la concurrence de l'Union.

76 UEMOA (2015), "Rapport sur la surveillance commerciale". Adresse consultée: http://www.uemoa.int/sites/default/files/bibliotheque/rapport_2015_de_la_surveillance_commerciale_final_06-05-16_0.pdf.

77 Règlement n° 04/2002/CM/ UEMOA du 23 mai 2002.

78 Directive n° 02/2000/CM/UEMOA du 29 juin 2000. Adresse consultée: http://www.uemoa.int/sites/default/files/bibliotheque/pages_-_dir_02_2000.pdf.

79 Directives n° 04/2005/CM/UEMOA et n° 05/2005/CM/UEMOA du 9 décembre 2005. Adresses consultées: http://www.uemoa.int/sites/default/files/bibliotheque/directive_04_2005_cm_uemoa.pdf et http://www.uemoa.int/sites/default/files/bibliotheque/directive_05_2005_cm_uemoa.pdf.

80 Information en ligne. Adresse consultée: www.marchespublics-uemoa.net.

Politique commerciale - analyse par secteur

AGRICULTURE, FORÊT ET PÊCHE

Agriculture

Depuis 2010, la Commission de l'UEMOA a continué ses efforts pour coordonner effectivement les objectifs et les instruments des politiques agricoles des États membres de l'UEMOA, et notamment pour faciliter le commerce intracommunautaire de leurs produits – dans un contexte de ressources très limitées qui handicape considérablement la portée de ses actions. La Commission a surtout œuvré à répertorier les nombreux obstacles au commerce des produits agricoles, tels que les problèmes liés à l'application des mesures SPS, les prélèvements légaux ou non, les certificats d'origine, qui compliquent la circulation des produits agricoles et limitent le développement des marchés des produits à l'échelle régionale.

Dans le cadre de la Politique agricole de l'Union (PAU) adoptée en 2001[1], les principaux instruments de politique commerciale dans le secteur agricole sont les droits et taxes à la frontière, dont le TEC de la CEDEAO (sa cinquième bande au taux de 35% s'applique surtout aux produits agricoles considérés comme sensibles (tableau 3.8)), puis les taxes intérieures, en l'occurrence la TVA. Le TEC et les autres droits et taxes confèrent à l'agriculture une protection tarifaire élevée (p. 50). Des exonérations de droits de douane et de TVA à l'importation ont été introduites pendant la période 2010-2016 pour faciliter les importations de produits agroalimentaires de première nécessité, ou d'intrants, ou encore d'équipements destinés à l'agriculture. La Commission est en train de travailler à l'harmonisation de ces exonérations, qui diffèrent substantiellement d'un pays à l'autre.

Les lacunes observées dans la mise en application de la zone de libre-échange communautaire (UEMOA et CEDEAO) affectent également les échanges de produits agricoles, y compris ceux du cru. En général, les soutiens accordés à l'agriculture (par exemple subventions octroyées pour l'achat de semences, d'engrais) sont décidés et mis en œuvre par chaque État membre sans coordination au niveau de l'UEMOA ou de la CEDEAO. Ils sont cependant limités eu égard aux ressources limitées des États membres (voir les annexes-pays).

Cinq filières prioritaires ont été identifiées par la Commission de l'UEMOA en 2007: riz, bétail et viande, filière avicole, maïs, et coton. Un plan directeur pour l'amélioration de la compétitivité de ces filières a été adopté par le Conseil des ministres de l'UEMOA en 2007. Depuis 2011, le principal instrument de financement de la PAU, le Fonds régional de développement agricole destiné à financer des projets de mise à niveau à l'échelle régionale[2], est opérationnel avec un budget prévisionnel moyen de près de 13 milliards de FCFA (moins de 20 millions d'euros). Les investissements réalisés concernent les infrastructures de production (aménagements de bas-fonds), de stockage des récoltes et de commercialisation (marchés à bétail, abattoirs), et des laboratoires d'inspection et de contrôle. D'autres actions comprennent la protection zoo-sanitaire, la recherche agronomique, l'appui à l'organisation des filières agricoles prioritaires et la bonification des conditions d'emprunt par les agriculteurs des États membres.

Sur le plan du commerce international, le Programme régional de facilitation des échanges constitue une entité de concertation, d'information et d'aide à la décision pour les négociations commerciales internationales dans le domaine agricole. Il s'est focalisé sur trois thèmes principaux: la facilitation des échanges commerciaux intracommunautaires; le renforcement des capacités des services de contrôles sanitaires, phytosanitaires et de métrologie; et l'élaboration de positions de négociations communes par les États membres lors des conférences ministérielles de l'OMC.[3]

La Commission a réalisé en 2004 puis actualisé en 2009 une étude sur la question foncière rurale, sur financement de la Banque mondiale et avec l'appui technique du Hub Rural. En outre, l'Observatoire régional du foncier rural en Afrique de l'ouest (ORFAO) a pris la forme d'une opération pilote mise en œuvre par la Commission, et réunissant des institutions régionales (CEDEAO, CILSS, etc.) et des organisations professionnelles agricoles régionales.

Comme indiqué ci-dessus, le coton représente depuis 2007 l'une des cinq filières prioritaires de la PAU. Les principales actions menées depuis 2010 par la Commission concernent la formation des acteurs contre la contamination du coton; la formation des responsables des sociétés d'égrenage au classement de la fibre; et la réalisation d'une étude sur la stratégie de commercialisation du coton fibre dans les quatre pays de l'initiative sectorielle en faveur du coton (trois des quatre pays sont des États membres, à savoir le Bénin, le Burkina Faso et le Mali). Comme indiqué lors de leur examen de politique commerciale en 2010, les trois États membres et le Tchad, qui forment le C-4, considèrent que le soutien octroyé aux producteurs de coton de certains pays Membres de l'OMC crée des distorsions sur les marchés internationaux. Face à cette réalité, ces quatre pays ont, en 2003, adopté une position commune dans l'Initiative sectorielle en faveur du coton.[4] Ils demandent aux Membres de l'OMC qui en font usage d'éliminer les soutiens internes liés à la production, et les subventions à l'exportation du coton; ainsi qu'un accès en franchise de droits et contingents pour les exportations de coton en provenance des pays les moins avancés.

La Commission de l'UEMOA a initié en 2014 deux projets d'appui à la restructuration des filières riz et maïs dans

les États membres, afin de renforcer la gouvernance de ces filières, les productions, la productivité et la compétitivité. Les interventions à développer visent l'amélioration de l'accès aux intrants agricoles de qualité (semences, engrais, pesticides) et aux équipements agricoles; et le renforcement de l'accès aux marchés du maïs local. Le coût global de ce projet est de 2,9 milliards de FCFA (4,4 millions d'euros), pour une durée de 3 ans.

Produits de la pêche

Le secteur des pêches et de l'aquaculture occupe une place stratégique dans l'économie des pays de l'UEMOA au regard à la fois des revenus et de la sécurité alimentaire. En général, les flottes de pêche artisanales ou industrielles des États membres reçoivent peu ou pas de soutien de leurs États, qui engrangent d'importants revenus au titre des ventes de droits de pêche. Parmi les problèmes touchant le secteur halieutique ouest-africain figurent[5]:

- la surpêche maritime légale ou illicite, non déclarée et non réglementée (INN), affectant la plupart des espèces de poisson, qui menace à la fois la sécurité alimentaire, les équilibres écologiques marins et le potentiel de commerce extérieur des États membres pour ces produits;
- la non-conformité de la majorité des produits transformés localement aux réglementations sanitaires des principaux marchés d'exportation, tels que l'UE; et
- le manque-à-gagner lié aux ventes de licences de pêche sans valorisation locale des captures.

En 2014, deux directives ont été adoptées dans le cadre du Programme pour le développement de la pêche et de l'aquaculture (tableau 4.1). Ce programme a comme objectifs: l'harmonisation des politiques et législations; l'évaluation des stocks halieutiques dans l'espace UEMOA; la collecte de données statistiques et la création d'une base de données régionale; la définition d'une stratégie régionale de négociations des accords de pêche; une réglementation des conditions d'octroi des licences; l'appui aux services de suivi, de contrôle et de surveillance des pêches dans les cinq pays côtiers; ainsi que le développement du commerce intracommunautaire de ces produits.[6] La Directive n° 3 s'adresse particulièrement aux États membres côtiers; elle traite des conditions d'accès aux ressources halieutiques, des mesures de suivi, de contrôle et de surveillance des activités des navires et embarcations de pêche, suivi des infractions en matière de pêche; de la coopération communautaire. La Directive n° 4 traite de la gestion de la pêche et de l'aquaculture, des produits halieutiques, de la recherche et de la collecte des données, des infractions et des sanctions.

Parmi les actions communautaires récentes figurent des campagnes d'évaluation des espèces pélagiques et démersales dans la ZEE Togo (2012, 2015); des enquêtes; et des suivis des débarquements de la pêche continentale (2015). En raison de la continuité de la côte ouest-africaine d'une part, et de la nécessité d'avoir des informations sur l'état du potentiel halieutique de la région d'autre part, le Programme couvre des pays non États membres (Mauritanie, Gambie, Guinée et Ghana). Les navires des centres de recherche océanographiques de Dakar et de Conakry ont été sélectionnés pour exécuter ces campagnes d'évaluations des stocks halieutiques. Un site Internet sur les données statistiques des pêches artisanale, maritime, et continentale serait alimenté avec les données statistiques des pêches des États membres.[7] Une liste d'indicateurs et une stratégie pour les enquêtes-cadres à réaliser dans le cadre du programme ont été établies et adoptées. En pratique, la mise en œuvre de ces initiatives rencontre des difficultés importantes.[8] Ces difficultés peuvent être administratives, du fait des priorités des gouvernements successifs; ou dues au manque de coopération entre les États membres pour des actions conjointes

Tableau 4.1 Transposition nationale des réglementations de l'UEMOA relatives au commerce des produits de la pêche, mai 2017

État membre	État de mise en œuvre de la Directive n° 03/2014/CM/UEMOA instituant un régime commun de gestion durable des ressources halieutiques dans les États membres; et de la Directive n° 04/2014/CM/UEMOA instituant un régime commun de suivi, de contrôle, de surveillance des pêches au sein de l'UEMOA
Bénin	Loi-cadre n° 2014-19 du 07 août 2014 relative à la pêche et à l'aquaculture en République du Bénin; ses décrets d'application étaient au stade d'avant-projet en septembre 2016
Burkina Faso	Le Burkina a pris un décret en 2012 pour la transposition de la Directive n° 4. De plus, 1. Direction générale des eaux et forêts chargée du contrôle de la réglementation en matière de pêche et aquaculture au sein du Ministère chargé de l'environnement 2. Direction générale des services vétérinaires chargé du contrôle de la qualité des produits halieutiques 3. Laboratoire national de santé animale et 4. Laboratoire national de santé publique 5. Création des Comités de gestion et de surveillance au sein des périmètres halieutiques
Côte d'Ivoire	La Loi n° 2016-554 du 26 juillet 2016 relative à la pêche et l'aquaculture transpose intégralement les deux Directives sur la pêche
Guinée-Bissau	En cours d'approbation
Mali	Ces directives ont été adoptées au Mali, en même temps qu'une nouvelle loi a été promulguée, dont les décrets d'applications étaient en cours d'élaboration en septembre 2016
Niger	En cours d'approbation
Sénégal	Loi n° 2015-18 du 13 juillet 2015 portant Code de la pêche maritime avec son Décret d'application n° 2016-1804 du 22 novembre 2016
Togo	Loi n° 98-012 du 11 juin 1998 portant réglementation de la pêche en cours de révision

Source: Secrétariat de l'OMC, sur la base d'informations des États membres et de la Commission de l'UEMOA.

de surveillance; à l'insuffisance de personnel qualifié, de moyens financiers et matériels de mise en œuvre.

Les droits d'entrée NPF sur le poisson sont élevés malgré l'objectif de soutenir l'industrie locale de fileterie et de conserve, à 10%, auquel s'ajoutent les autres droits et taxes (2,5%). Au total, les droits de porte liquidés sur les importations de poisson congelé atteignent 30,8% de leur valeur c.a.f., à peine plus que la protection tarifaire nominale conférée aux produits transformés. Un régime de zone franche halieutique d'exportation est en place en Côte d'Ivoire.

Produits de l'élevage

La contribution de l'élevage au PIB agricole varie de 5% en Côte d'Ivoire à 44% au Mali et 87% au Niger. L'élevage fournit de l'emploi à une part importante de la population économiquement active. Il est aussi un facteur clé d'intégration régionale. Les ovins et caprins sont des produits d'exportation majeurs des pays sahéliens enclavés vers les pays côtiers. Le Burkina Faso, le Mali et le Niger sont les principaux exportateurs des États membres de l'UEMOA.

La filière bétail-viande faisant partie des cinq filières prioritaires identifiées par la Commission, un premier projet en cours a pour objet la réhabilitation et la construction de marchés à bétail transfrontaliers dans les États membres. Un autre projet porte sur la réhabilitation ou le renforcement des abattoirs et des plateformes d'abattage pour le développement de la filière-viande. Ces actions visent le développement de chaînes de transformation des animaux de l'espace communautaire en permettant d'accroître simultanément la valeur ajoutée et la qualité hygiénique et sanitaire des viandes commercialisées et, partant, leur potentiel à l'exportation.

Le commerce régional pâtit significativement des taxations abusives aux frontières intérieures de l'Union, qui poussent le commerce à l'informel, ce qui rend difficile l'application des contrôles sanitaires.[9] Parmi les innovations réglementaires figure la mise en place par la CEDEAO d'un "certificat international de transhumance" qui faciliterait les déplacements des éleveurs d'un pays à l'autre. La Confédération des fédérations nationales de la filière bétail/viande des États membres œuvre à éliminer ces entraves, avec l'appui technique et financier du programme sous-régional "Agribusiness and Trade Promotion"[10] et en collaboration avec le Projet régional d'appui au pastoralisme au Sahel. Une enquête de satisfaction était en cours en 2017 auprès des transporteurs de produits agropastoraux afin de recueillir l'opinion des opérateurs sur les tracasseries subies aux frontières et préparer des actions de plaidoyer auprès des autorités.

Cependant, la formalisation du secteur bétail/viande demeure une problématique majeure pour tous les États membres. Le Programme régional de développement de l'élevage dans les pays côtiers vise à créer des conditions propices à une transhumance apaisée par la réalisation d'infrastructures communautaires d'élevage dans ces pays (Bénin, Côte d'ivoire, Ghana, Nigéria et Togo). Ce projet est en phase de recherche de financement en ce qui concerne les composantes nationales. En Côte d'Ivoire, la Loi n° 2016-413 du 15 juin 2016 relative à la transhumance et au déplacement du bétail a été adoptée par l'Assemblée nationale. Le Sénégal a quant à lui supprimé les taxes au niveau des points de vente, allégé les contrôles sanitaires afin de faciliter les déplacements et les échanges.

MINES ET ÉNERGIE

Tous les États membres se sont mis en conformité à l'Initiative pour la transparence dans les industries extractives (ITIE)[11], sauf le Bénin (qui n'a pas d'industrie minière) et la Guinée-Bissau. Ceci devrait concourir à améliorer la gestion des recettes minières et assurer que l'attribution des contrats s'effectue de manière plus transparente, et que des mécanismes soient mis en place pour gérer les revenus miniers afin qu'ils profitent à la population dans son ensemble. Malheureusement, la gestion des petites exploitations minières et de l'orpaillage en particulier échappe à ce contrôle de l'ITIE, malgré le fait que les exportations d'or – largement effectuées de manière artisanale – représentent un cinquième des exportations totales de l'Union (tableau 4.2), avec des conséquences humaines et environnementales désastreuses. Le Code minier communautaire était en révision en 2017 afin de prendre en compte cette préoccupation.

Les exportations d'or se sont fortement accrues, tandis que celles de produits pétroliers (bruts) ont fortement chuté entre 2010 et 2015; cette performance est due notamment à la baisse des exportations ivoiriennes de produits bruts. Les exportations de produits pétroliers raffinés ont continué à croître; elles proviennent essentiellement de Côte d'Ivoire et, dans une moindre mesure du Sénégal dont la raffinerie transforme des produits bruts importés.

Hydrocarbures liquides et gazeux

L'essentiel de l'énergie produite dans la région provient de la transformation d'hydrocarbures liquides ou gazeux, dont les États membres sont importateurs nets à l'exception, depuis 2012, du Niger (graphique 4.1). Quant au gaz naturel, toute la consommation des États membres provient de leur production. Les hydrocarbures représentent environ 30% de la valeur totale des importations des États membres, dont 15% pour les produits raffinés et environ 10% pour les produits bruts; la part des importations de produits raffinés a fortement augmenté, reflétant les problèmes importants des activités de raffinage local. Des insuffisances de capacités de stockage du gaz constituent une autre entrave pour les acteurs de ce secteur.

L'une des solutions envisagées pour réduire le déficit énergétique dans la sous-région était d'augmenter la production d'électricité par les centrales à gaz au moyen

Tableau 4.2 Commerce des principaux produits minéraux, 2005, 2010 et 2015

(Millions d'euros)

	2005	2010	2015
Importations de produits minéraux[a], dont:	**3 514**	**5 438**	**6 748**
SH 2710 Huiles de pétrole ou de minéraux bitumineux, autres que les huiles brutes	1 138	2 476	3 129
SH 2709 Huiles brutes de pétrole ou de minéraux bitumineux	1 583	1 617	1 774
SH 2523 Ciments hydrauliques	268	460	535
SH 2711 Gaz de pétrole et autres hydrocarbures gazeux	73	144	231
SH 3102 Engrais minéraux ou chimiques azotés	82	122	179
Exportations de produits minéraux[a], dont:	**2 950**	**5 179**	**7 069**
SH 7108 Or (y compris l'or platiné), sous formes brutes ou mi-ouvrées, ou en poudre	639	2 242	3 744
SH 2710 Huiles de pétrole ou de minéraux bitumineux, autres que les huiles brutes	1 390	1 291	1 632
SH 2709 Huiles brutes de pétrole ou de minéraux bitumineux	469	878	495
SH 2612 Minerais d'uranium ou de thorium et leurs concentrés	120	181	362
SH 2523 Ciments hydrauliques	173	290	245

a Chapitres du SH suivants: 25, 2618-19, 2621, 2701-04, 2706-08, 2709-10, 2711-15, 31, 3403, 68-71 (sauf 6807, 701911-19, 701940-59), et 911310-20.

Note: Les données suivantes sont manquantes (en date du 29 septembre 2016):
Guinée-Bissau: 2006-2015; Mali: 2009 et 2013-2015; Burkina Faso: 2006.

Source: Calculs du Secrétariat de l'OMC basés sur les données issues de la base de données Comtrade de la DSNU.

Graphique 4.1 Commerce de pétrole dans les pays de l'UEMOA, 2005, 2010, 2015 et 2016

(Milliards d'euros)

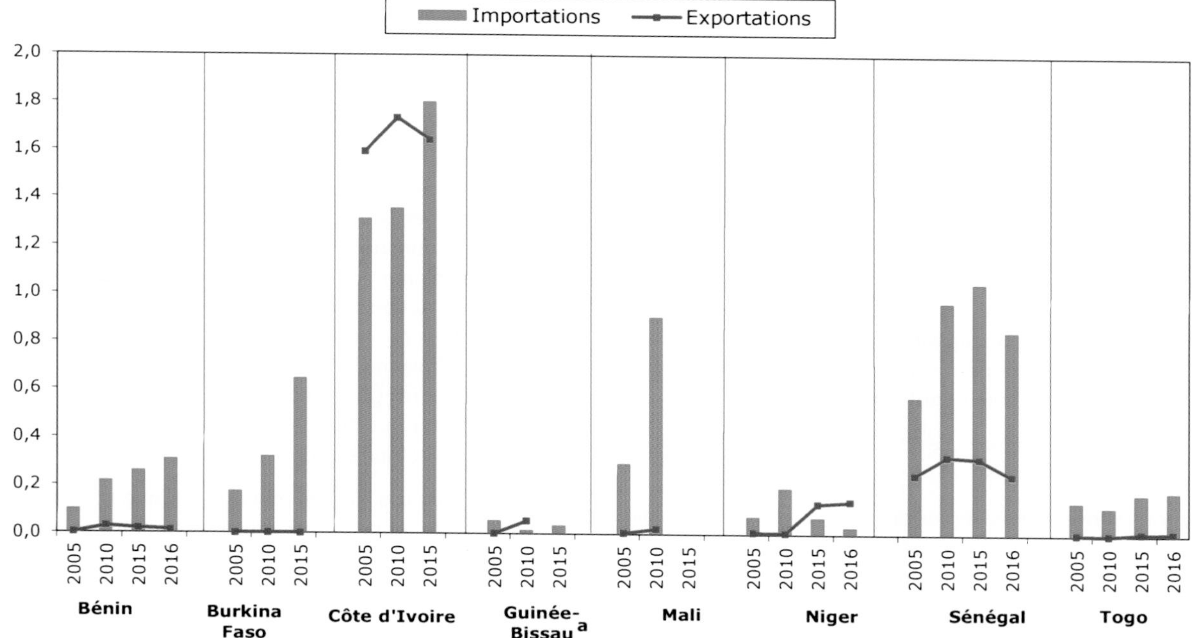

Note: Produits inclus dans les chapitres 2709 et 2710 du Système harmonisé (SH).

a Pour la Guinée-Bissau, calculs du Secrétariat de l'OMC basés sur les données extraites de Comtrade, statistiques miroir, DSNU.

Source: Calculs du Secrétariat de l'OMC basés sur les données issues de la base de données Comtrade de la DSNU.

d'importations de gaz naturel en provenance du Nigéria. Le projet de gazoduc de l'Afrique de l'ouest, commencé en 2000 et essentiellement maritime, devait relier Lagos (Nigéria) au Ghana, avec des embranchements vers le Bénin et le Togo, et permettre d'augmenter significativement l'offre de gaz naturel vers ces pays. Comme l'indique le tableau 4.2, les importations de gaz n'ont que très peu augmenté. Bien que le gazoduc ait une capacité prévue de 450 millions de pieds cubes, son débit actuel s'avère insuffisant pour alimenter tous les pays, une grande partie du gaz servant à répondre aux besoins de la région de Lagos. Par conséquent, au Bénin, au Togo et au Ghana les centrales électriques manquent de gaz et les coupures se multiplient jusque dans les capitales.[12] Ce gazoduc est exploité par un consortium de compagnies privées internationales et d'entreprises d'État, la Nigerian National Petroleum Corporation (25%); Shell, Chevron, la Volta River Authority (16%); la Société béninoise de gaz (2%); et la Société togolaise de gaz (2%).

Cette crise énergétique soulève des questions par rapport aux politiques de développement minier à long terme, et notamment au rôle des mesures commerciales dans ces politiques. Actuellement il n'existe pas de législation communautaire en matière d'énergie; et les législations nationales en la matière sont disparates (voir les annexes-pays). Les principaux instruments de politique commerciale dans le secteur comprennent les prises de participation étatiques dans les projets miniers (à titre gracieux et/ou payant); les mesures de taxation (redevances minières, etc.), et les subventions à la consommation (par exemple interventions sur les prix des produits énergétiques).

En particulier, les systèmes de taxation des importations de produits pétroliers répondent à plusieurs objectifs de politique distincts, dont la cohérence mériterait d'être renforcée parfois: la première est de maximiser les recettes fiscales, et la seconde est de maintenir des prix abordables à la consommation, généralement au moyen d'une fixation périodique des prix en fonction des cours mondiaux et d'un système de péréquation visant à assurer, en principe, un prix uniforme et abordable (pour la population et pour les industries) sur l'ensemble du territoire national. Les mesures commerciales dans le secteur sont:

- un taux NPF du TEC de 10% sur les "produits blancs" (essences, gasoil) et de 5% sur les "produits noirs" (diesel, fuel), qui peuvent être suspendus en fonction de la conjoncture;
- la TVA, dont le taux varie également selon que des exemptions soient ou non en place;
- un droit d'accises spécifique (non *ad valorem)* perçu sur les produits pétroliers, qui varie également entre les États membres et entre les produits;
- des valeurs mercuriales maintenues sur les prix des produits importés;
- des subventions directes et croisées à la consommation des produits pétroliers, généralement au moyen de prix à la consommation réglementés et de l'exonération partielle ou totale de certaines taxes sur ces produits; et
- des restrictions quantitatives et des monopoles à l'importation.

Électricité

Comme le soulignait l'ONUDI, le coût élevé de l'énergie électrique, les difficultés d'accès et les délestages constituent "un véritable frein à la compétitivité du secteur industriel".[13] Pour sortir de cette crise énergétique, les États membres ont envisagé plusieurs solutions au niveau régional, décrites dans une Initiative régionale pour l'énergie durable (IRED), publiée en 2008 et devant permettre de couvrir la totalité des besoins de la région en électricité à l'horizon 2030. Le programme IRED comprend quatre axes stratégiques, à savoir: a) développer une offre énergétique diversifiée, compétitive et durable; b) mettre en place un plan régional de maîtrise de la consommation d'énergie électrique; c) accélérer l'émergence d'un marché régional d'échanges d'énergie électrique en Afrique de l'ouest; et d) mettre en place un mécanisme dédié au financement du secteur de l'énergie, le Fonds de développement énergie (FDE) destiné à accompagner l'IRED dans sa phase de démarrage. Ce fonds a été doté initialement de 250 milliards de FCFA (380 millions d'euros), qui avaient été entièrement dépensés sur 14 projets en mai 2017.[14]

L'IRED privilégie les partenariats publics-privés pour le développement du secteur, du fait de l'importance des financements à mobiliser. La mise en place graduelle du marché régional prévu a amélioré la coopération entre les États membres, et a permis la réalisation de plusieurs interconnexions, par exemple entre le Mali et le Sénégal, et entre ce dernier et la Mauritanie. L'objectif de création de structures de régulation indépendantes et disposant d'une autorité suffisante en matière d'arbitrage et de gestion des litiges et conflits a progressé lentement (voir les annexes-pays). Pourtant, la Décision n° 02/2009/CM/UEMOA portant création, organisation et fonctionnement du Comité régional des régulateurs du secteur de l'énergie des États membres de l'UEMOA prévoit des structures nationales de régulation du secteur de l'énergie, déjà mises en place au Sénégal par exemple.

Le programme d'urgence de l'IRED est bâti sur trois composantes essentielles: un programme d'amélioration de l'offre d'énergie électrique (production thermique et interconnexion de réseau); un programme régional d'économie d'énergie qui permettra à l'UEMOA de mener des actions d'efficacité énergétique dans l'Administration publique, les ménages et l'industrie, y compris la diffusion de lampes à basse consommation; et une meilleure gouvernance du secteur d'énergie électrique en termes de qualité de gestion des sociétés nationales d'électricité et de régulation.

En général, la taille des marchés électriques nationaux est trop faible pour attirer l'investissement privé; et l'interconnexion électrique entre les pays de l'Afrique de l'ouest est donc essentielle. À ce titre, le système d'échange d'énergie électrique ouest-africain, ou West African Power Pool (WAPP), géré au sein de la CEDEAO, vise l'interconnexion électrique entre les pays de la sous-région.[15] À ce jour, les interconnections non encore achevées sont les suivantes: Sénégal-Guinée-Bissau; Burkina Faso-Bénin; Burkina Faso-Togo; et Burkina Faso-Mali (projet en cours). L'interconnexion des réseaux électriques de la Côte d'Ivoire et du Mali est opérationnelle depuis 2011. Le Niger n'est pas connecté, à part quelques liaisons avec le Nigeria.

Autres produits miniers

Les exportations d'or du Burkina, du Mali et du Niger représentent ensemble un cinquième du total des exportations de l'Union. Les autres principaux produits miniers extraits actuellement du sous-sol de l'Union sont l'uranium du Niger, où se trouvent également

d'importantes réserves de charbon (voir l'annexe sur le Niger).

Le Code minier communautaire (CMC), adopté le 23 décembre 2003 par l'UEMOA, fut conçu dans le but de fournir un cadre commun à l'élaboration des législations minières des États membres.[16] Il régit l'ensemble des opérations relatives à la prospection, la recherche, l'exploitation, la détention, la circulation, au traitement, au transport, à la possession, à la transformation et à la commercialisation de substances minérales sur toute l'étendue du territoire de l'Union, à l'exception des hydrocarbures liquides ou gazeux et des activités des carrières. Les investisseurs peuvent se référer au CMC devant les tribunaux nationaux, et en cas de divergence ce dernier prime sur les codes miniers nationaux. L'article 12 du CMC prévoit que l'octroi du titre minier par un État membre lui donne droit à une participation gratuite de 10% au capital de la société d'exploitation. Les titulaires de titres miniers sont invités à utiliser autant que faire se peut des biens et services d'origine communautaire (article 14). Les avantages du CMC sont surtout douaniers et fiscaux (Titre 3), offrant des exonérations d'impôts directs et indirects, y compris des droits de douane sur les intrants et équipements importés. Ces exonérations sont sources de manques-à-gagner fiscaux importants.

SECTEUR MANUFACTURIER

Depuis l'adoption de la Politique industrielle commune de l'Union en 1999, sa composante "politique commerciale" n'a pas fondamentalement changé. La promotion des investissements et le développement des capacités d'exportation des États membres demeurent au centre des priorités.[17] À l'importation, au niveau de la CEDEAO la volonté d'une protection accrue du marché régional est toujours d'actualité, comme en témoigne la cinquième bande tarifaire à 35% du TEC entré en vigueur en 2015, qui vise en grande partie à protéger l'industrie agroalimentaire, notamment les viandes et produits laitiers (tableau 3.8). De plus, les mesures prévues à l'époque pour le redressement des filières industrielles, à savoir la protection du marché intérieur via la taxe dégressive de protection (désormais abolie) et de la taxe conjoncturelle à l'importation ont été complétées par deux nouvelles taxes (p. 58).

Un autre instrument de politique commerciale, dont l'application est peu effective, consiste à exempter de droits de douane les marchandises originaires de la zone CEDEAO, afin de leur conférer un avantage tarifaire par rapport aux importations de pays tiers: environ 4 700 produits industriels ou manufacturés émanant d'environ 1 000 entreprises de l'Union bénéficient de l'admission au régime préférentiel des échanges intracommunautaires (tableau 3.5). Leur nombre n'a pas crû de manière dynamique, reflétant le peu d'entreprises manufacturières créées annuellement dans l'Union. Une autre raison du faible nombre de nouveaux agréments a probablement trait à la complexité des règles d'origine en vigueur dans l'UEMOA[18], harmonisées depuis 2004 avec celles de la CEDEAO[19] (p. 55).

Le Programme qualité CEDEAO (ECOQUAL) a remplacé depuis 2013 le Programme qualité au sein de l'UEMOA, toujours avec l'appui technique de l'Organisation des Nations Unies pour le développement industriel, et un financement de l'UE.[20] L'objectif demeure d'améliorer la gouvernance industrielle, d'accroître la compétitivité des entreprises industrielles, et de promouvoir ainsi les exportations. Depuis septembre 2014 le Programme d'appui au système qualité de l'Afrique de l'ouest a été étendu à tous les États de l'Afrique de l'ouest, et a soutenu 120 entreprises exportatrices surtout agroalimentaires dans leur démarche de mise en conformité de leurs produits et services aux normes internationales.

Un Programme de restructuration et de mise à niveau (PRMN) a été déployé entre 2006 et 2012 pour améliorer la compétitivité des entreprises, en apportant des appuis techniques et financiers en vue d'améliorer leur compétitivité, notamment dans la perspective de l'élimination de la protection tarifaire qui résulterait de l'entrée en vigueur des APE (p. 46). Selon une évaluation de ce programme, la principale contrainte au développement du secteur industriel réside dans l'importation frauduleuse des marchandises à grande échelle, sans paiement des droits et taxes en vigueur et au mépris des normes de qualité exigées.[21]

Un nouveau Code communautaire de l'artisanat a été publié par l'UEMOA.[22] Il a déjà été transposé dans la législation de certains États membres.

SECTEUR DES SERVICES

Services de télécommunication

Les services de télécommunications et de TIC ont été substantiellement libéralisés dans la zone UEMOA dès la fin des années 90, au moyen de l'introduction de la concurrence sur les segments mobiles et Internet, et d'une ouverture progressive du segment filaire. Bien que le nombre de lignes filaires soit resté constant, le nombre d'utilisateurs d'Internet a été multiplié par cinq et le nombre de mobiles multiplié par vingt au cours de la dernière décennie. La fibre optique est de plus en plus utilisée dans les réseaux, et accroît les capacités de transmission et par voie de conséquence la qualité de service fourni. Le marché, particulièrement celui des mobiles, est dynamique et concurrentiel, avec des technologies récentes comme la 3G et la 4G, et 23 opérateurs mobiles dans les huit États membres: le groupe Orange (présent dans 6 pays), MTN (dans 3 pays), Maroc Telecom & Etisalat (présent dans 4 pays), et Maroc Telecom (2 pays). Les développements récents en termes de fusions et de rachats indiquent également une forte augmentation de la concentration du secteur. Les autorités de concurrence nationales sont responsables d'assurer la concurrence y compris sur le marché des télécommunications (tableau 4.3).

Parmi les développements récents, les huit États membres disposent désormais chacun d'une Autorité de régulation nationale, responsable de l'octroi des licences dans certains pays (voir les annexes-pays). Les six Directives de l'UEMOA relatives aux services de télécommunications et des TIC, adoptées par le Conseil des ministres en 2006, ont toutes été transposées au niveau national depuis le dernier examen (tableau 4.4).

Les textes ont été décrits en détail dans les précédents examens des États membres; ne sont décrits ci-dessous que les développements récents depuis 2010. En particulier, la quatrième Directive inclut l'obligation de service universel dont elle prévoit un fonds de financement à mettre en place dans chacun des États membres; un prélèvement au taux maximal de 4%, est prévu pour approvisionner le fonds de service universel. Le fonds est déjà créé dans tous les États membres. En Côte d'Ivoire (prélèvement de 2%) et au Burkina Faso, ce fonds sert à financer la construction d'un backbone national. Au Togo, le fonds est opérationnel: le "play or pay" serait pratiqué avec succès.[23]

La cinquième Directive définit les opérateurs dominants et vise l'harmonisation des tarifs d'interconnexion entre opérateurs (y compris les opérateurs dominants) au sein de l'UEMOA. Elle offre un cadre aux États membres pour la détermination de principes communs de tarification des services de télécommunications et pour l'exercice d'un contrôle par les autorités nationales de régulation. La Directive spécifie les cas où l'autorité peut intervenir dans la détermination des tarifs et elle donne mandat aux comités des régulateurs d'établir une méthodologie commune pour le calcul des coûts de référence de la téléphonie fixe et des autres principaux services.

Tableau 4.3 Concurrence dans le secteur des télécommunications, 2008 à 2016

	Bénin 2008/2016	Burkina Faso 2010/2016	Côte d'Ivoire 2008/2016	Guinée-Bissau 2008/2016	Mali 2008/2016	Niger 2008/2016	Sénégal 2008/2016	Togo 2012/2016
Services locaux	M/M	C	../C	M/C	P/C	M/C	P/C	M/C
Service interurbain national	M/M	C	P/C	M/C	P/C	M/C	P/C	M/C
Service interurbain international	M/M	C	P/C	M/C	P/C	M/C	P/C	P/C
Boucle locale hertzienne[a]	../M	C	P/C	C	P/C	../C	P/C	../C
Transmission de données	P	C	C	C	C	C	P	C
DSL[b]	M	C	..	C	P	..	P	C
Lignes louées[c]	M	P	P	M	P	C	P	C
Accès hertzien fixe large bande[d]	..	C	..	C	P	..	P	C
Services mobiles (cellulaires)	C	C	P/C	P/C	P/C	C	P/C	C
Télévision par câble	..	C	..	C	..	n.a.	P	..
Service fixe par satellite	..	P	..	C	P	..	P	C
Services Internet	../C	C	C	C	C	M/C	P/C	C
Passerelles internationales[e]	../..	P/C	M/C	P/C	P/C	../C	P/C	C

.. Non disponible.

a Permet de relier par voie hertzienne un réseau de télécommunication et un usager.

b Câblomodem: services Internet à large bande.

c Circuit de communication de point à point réservé par l'opérateur de réseau à l'usage exclusif d'un abonné.

d Technologies d'accès par voie hertzienne qui fournissent des connexions à des vitesses supérieures (par exemple, 2 Mbit/s).

e Installation permettant l'envoi et la réception de communications électroniques entre les installations d'un réseau intérieur et celles d'un autre pays.

Note: M = Monopole; P = Concurrence partielle; C = Concurrence substantielle.

Source: Base de données de l'UIT sur la réglementation des télécommunications dans le monde. Adresse consultée: http://www.itu.int/ITU-D/icteye/Default.aspx, mise à jour par les autorités.

Tableau 4.4 Textes juridiques de l'UEMOA relatifs aux télécommunications

Texte
Directive n° 01/2006/CM/UEMOA relative à l'harmonisation des politiques de contrôle et de régulation du secteur des télécommunications
Directive n° 02/2006/CM/UEMOA relative à l'harmonisation des régimes applicables aux opérateurs de réseaux et fournisseurs de services
Directive n° 03/2006/CM/UEMOA relative à l'interconnexion des réseaux et services de télécommunications
Directive n° 04/2006/CM/UEMOA relative au service universel et aux obligations de performance du réseau
Directive n° 05/2006/CM/UEMOA relative à l'harmonisation de la tarification des services de télécommunications
Directive n° 06/2006/CM/UEMOA organisant le cadre général de coopération entre les autorités nationales de régulation en matière de télécommunications
Décision n° 09/2006/CM/UEMOA portant création du Comité des régulateurs nationaux de télécommunications des États membres

Source: Renseignements fournis par la Commission de l'UEMOA.

Enfin, la sixième Directive organise la coopération entre les autorités nationales de régulation, qui doit porter sur la convergence des normes en vue de garantir notamment la sécurité et l'interopérabilité des réseaux, la compatibilité et la reconnaissance mutuelle des homologations des équipements et terminaux de télécommunications sur l'ensemble du territoire de l'Union; la coordination en matière de planification et d'assignation des fréquences et de contrôle de l'usage du spectre radioélectrique; la convergence des plans de numérotation nationaux; et la coordination dans la collecte des données statistiques du secteur. Cette Directive crée un Comité des régulateurs nationaux de télécommunications de l'UEMOA rassemblant les autorités nationales de régulation des États membres, qui se réunit régulièrement depuis 2007. Un site Internet était en cours de finalisation pour être prêt en 2017. Des avant-projets de textes communautaires relatifs au contrôle des fréquences aux frontières, à l'homologation et à la reconnaissance des agréments des terminaux et à l'harmonisation des commandes de services sur les réseaux mobiles sont également en cours de finalisation.

La CEDEAO est également active dans l'harmonisation des marchés de télécommunications au sein de la communauté. La CEDEAO est à la base de l'Assemblée des régulateurs des télécommunications en Afrique de l'ouest (ARTAO) depuis 2002. Les membres de l'ARTAO sont les autorités nationales de régulation ou les départements chargés de la régulation des services de télécommunications en l'absence de telles autorités.[24] En juin 2016, la Commission de la CEDEAO a lancé un avis à manifestation d'intérêt pour une étude de faisabilité pour la mise en place d'un roaming (itinérance mobile) gratuit en Afrique de l'ouest.

Services de transport

Certains services de transport avaient fait l'objet d'engagements à l'OMC de la part du Bénin, de la Côte d'Ivoire, du Niger et du Sénégal dans le cadre de l'AGCS.[25] En pratique, les services de transport maritime à l'intérieur, à destination et en provenance de l'Union étaient en mai 2017 assurés essentiellement par des entreprises étrangères. La concurrence en matière de transport aérien a fortement augmenté depuis 2010. Le transport ferroviaire se développe. Et bien que des restrictions subsistent quant à la fourniture des services de transport routier, ce sous-secteur est dominé par le secteur informel dans plusieurs États membres. Un Programme régional de facilitation des transports a été créé en 2009 par la Commission de l'UEMOA, regroupant toutes les parties concernées.[26] Le Comité national de facilitation du transport et du transit routier inter-États a continué à œuvrer pour mieux réglementer les transports, et permettre ainsi une baisse de leur coût et une amélioration de leur sécurité et de leur fiabilité.[27] Il a pour encrage institutionnel l'Observatoire de la Fluidité des Transports qui est une structure administrative des ministères des transports des États membres.

Services aéroportuaires et de transport aérien

La création d'un marché unique africain de transport aérien, tel qu'il est prévu par la Décision de Yamoussoukro de 1988, a libéralisé considérablement le transport aérien intra-africain; elle a permis une meilleure connexion des pays et des régions d'Afrique; elle a aussi permis de renforcer la viabilité des entreprises de transport aérien; et elle a facilité la promotion des affaires, du commerce et du tourisme, ainsi que les échanges culturels intra-africains.[28] Depuis la signature de la Déclaration ministérielle de Yamoussoukro (DY) en 1988, et de la Décision relative à la mise en œuvre de cette Déclaration[29], toutes les restrictions relatives à l'octroi des droits jusqu'à la cinquième liberté de l'air ont été éliminées dans le trafic entre les pays membres de l'Union africaine en ce qui concerne les compagnies nationales africaines.[30]

La DY introduit une "clause communautaire" de propriété assimilant dans un État membre de l'Union africaine les compagnies de tout autre État membre de l'Union à une compagnie nationale dudit membre. Elle prévoit un régime similaire pour les vols réguliers et pour les vols non réguliers (passagers et tout cargo).[31] Toute compagnie, qu'elle soit détenue totalement ou majoritairement par des capitaux ou des intérêts étrangers, peut profiter des avantages de la DY si elle remplit les conditions d'éligibilité, notamment celle d'avoir son siège social, son administration centrale et son centre principal d'activité physiquement situés dans l'État signataire concerné.[32] La DY interdit également les comportements non concurrentiels en matière de réglementation des tarifs, et prévoit la multidésignation.

Les États membres sont allés plus loin en termes de libéralisation, en ouvrant également à la concurrence la 7ème, la 8ème et la 9ème liberté de l'air. En effet, un Règlement communautaire de 2002 libéralisa l'accès des transporteurs aériens de l'Union aux liaisons aériennes intracommunautaires sans limitation de fréquences et de capacité.[33] Ceci permet à un transporteur aérien ressortissant de l'un des États membres d'effectuer une liaison aérienne entre deux autres États membres, ou au sein d'un État membre. La mise en œuvre de cette disposition a facilité le développement de nouveaux opérateurs tels qu'ASKY international, disposant d'une flotte de neuf aéronefs régionaux et moyen-courriers, et AIR COTE D'IVOIRE, disposant d'une flotte de 12 aéronefs commerciaux moyens et long-courriers. Les textes juridiques concernant le commerce des services de transport aérien sont présentés ci-dessous (tableau 4.5).

Les États membres sont tous membres de de l'Organisation de l'aviation civile internationale (OACI), de la Commission africaine de l'aviation civile (CAFAC), et de l'Agence pour la sécurité de la navigation aérienne en Afrique et à Madagascar (ASECNA).[34] La CAFAC a été créée par l'Union africaine pour régler les questions relatives à un ciel africain unique et aux questions de

Tableau 4.5 Textes juridiques communautaires concernant le transport aérien, 2010

Texte juridique	Description
Règlement n° 06/2002/CM/UEMOA relatif à l'agrément de transporteur aérien au sein de l'UEMOA	Fixe les conditions d'obtention de l'agrément de transporteur aérien
Règlement n° 024/2002/CM/UEMOA	Fixant les conditions d'accès des transporteurs aériens de l'UEMOA aux liaisons aériennes intracommunautaires
Décision n° 08/2002/CM/UEMOA	Porte adoption du Programme commun du transport aérien
Directive n° 05/2002/CM/UEMOA, relative aux principes fondamentaux régissant les enquêtes sur les accidents et les incidents de l'aviation civile au sein de l'UEMOA	Vise à améliorer la sécurité aérienne en facilitant la réalisation diligente d'enquêtes techniques, dont l'objectif exclusif est la prévention des accidents ou incidents
Directive n° 01/2004/CM/UEMOA	Vise à doter les administrations de l'aviation civile des États membres de l'UEMOA d'un statut juridique approprié pour remplir leurs obligations de réglementation et de contrôle de l'aviation civile, principalement en matière de sûreté et de sécurité
Règlement n° 07/2005/CM/UEMOA relatif aux certificats de navigabilité des aéronefs civils	Fixent les conditions relatives à la délivrance et au renouvellement des certificats de navigabilité des aéronefs civils
Décision n° 13/2005/CM/UEMOA	Établit un mécanisme communautaire de supervision de la sécurité de l'aviation civile dans les États membres de l'UEMOA (COSCAP)
Décision n° 15/2006/CM/UEMOA	Vise la création d'un comité régional de contrôle et de coordination, et l'adoption d'un cadre juridique communautaire relatif à l'accès au marché, à la licence de transporteur aérien et à l'accord aérien commun
Règlement n° 08/2013/CM/UEMOA	Contient le Code communautaire de l'aviation civile des États membres de l'UEMOA, qui couvre la plupart des domaines de la Convention relative à l'aviation civile internationale (Convention de Chicago créant l'OACI)

Source: Renseignements en ligne de l'UEMOA. Adresse consultée: http://www.uemoa.int.

droits de trafic, en vertu de la DY.[35] L'une de ses priorités actuelles est de de gérer le marché unique libéralisé du transport aérien en Afrique; et de réduire les risques d'accidents liés au transport aérien en Afrique. Dans le cadre du Programme commun du transport aérien, la Commission de l'UEMOA a également apporté son soutien à la mise en place par les compagnies aériennes de l'Union, d'un Conseil permanent des transporteurs aériens de la zone UEMOA, qui est une structure de coopération regroupant les principaux transporteurs aériens réguliers de l'espace UEMOA.

Les liaisons intercontinentales demeurent soumises à des restrictions prévues par des accords bilatéraux, qui désavantagent les opérateurs comme les consommateurs. Ces liaisons restent en grande partie l'apanage des compagnies aériennes étrangères qui assurent plus de 80% du trafic.[36] Toutefois, quelques opérateurs africains, parmi lesquels Ethiopian Airlines ou Kenya Airways, ont su relever ces défis avec succès.

En application d'autres accords conclus sous l'égide de l'OACI, le transport aérien de ligne des États membres de l'UEMOA avec les pays autres qu'africains demeure organisé au moyen d'accords de partage des routes entre les compagnies aériennes nationales et les compagnies étrangères des pays desservis. Un "Accord horizontal" entre la Commission de l'UEMOA et l'Union européenne (UE) a été signé le 30 novembre 2009 afin d'introduire une clause communautaire de désignation dans les accords aériens entre les États membres et ceux de l'UE.[37] L'Accord remplace certaines dispositions des 47 accords bilatéraux existants relatifs aux services aériens conclus entre les États membres de l'UE et ceux de l'UEMOA.[38] En particulier, l'article 2 remplace les restrictions de nationalité contenues dans les clauses de désignation traditionnelles par une clause de désignation communautaire permettant à tous les transporteurs communautaires de bénéficier du droit d'établissement. Ainsi, n'importe quelle compagnie de l'UEMOA ou de l'UE peut désormais effectuer une liaison entre un pays membre de l'UE et un État membre pour autant qu'un des 47 accords bilatéraux soit en vigueur entre les deux pays desservis. Les États membres sont tenus d'intégrer les dispositions de l'Accord dans les accords bilatéraux qu'ils négocient avec les États membres de l'UE. La mise en œuvre de cet accord est confrontée à diverses difficultés. Le Sénégal a indiqué à la Commission de l'UEMOA ne pas appliquer l'Accord horizontal et souhaiter sa relecture.

Selon la Commission de l'UEMOA, parmi les causes des tarifs aériens élevés, qui réduisent la demande potentielle de services de transport aérien, figure la forte pression fiscale consécutive à la multiplication de taxes et notamment de redevances extra-aéronautiques sur les titres de transport aériens; et la hausse du coût du carburant d'aviation.[39]

Une Directive communautaire de l'UEMOA a en principe libéralisé l'accès au marché de l'assistance en escale, et mis fin aux monopoles légaux en la matière constatés dans la plupart des aéroports de l'Union.[40] Cependant, en pratique, des monopoles *de facto* subsistent en matière d'assistance en escale dans la plupart des États membres (voir les annexes-pays). Dans deux États membres, l'assistance en escale demeure confiée à des régies publiques, à la différence des six autres États membres

qui ont confié à une société commerciale de droit privé la fourniture de services d'assistance en escale sur leurs aéroports internationaux. Aucun État membre n'a mis en place le comité des usagers prévu par la Directive qui avait une compétence consultative en matière de tarifs appliqués aux services d'assistance en escale et d'égalité de traitement des usagers.

La Directive de 2004 sur le statut juridique des Directions de l'aviation civile (tableau 4.5)[41] est désormais mise en œuvre par tous les États membres, le Burkina Faso ayant mis en place une agence nationale de l'Aviation civile.

Services portuaires et de transport maritime

Dans l'ensemble, les principaux fournisseurs mondiaux (étrangers) de services de transport maritime dominent le marché sous-régional; l'exception est le cabotage qui est en principe réservé aux entreprises locales, bien que les dérogations à cette règle semblent être nombreuses.

Depuis plus d'une décennie, les procédures de transit portuaire au sein de l'Union font partie des préoccupations de la Commission de l'UEMOA. Une étude commanditée en 2002 avait pour objectif de pallier leurs dysfonctionnements.[42] L'étude partit de la constatation que les ports de la sous-région évoluent dans un environnement institutionnel inadapté, un cadre fiscal et réglementaire difficile, et une organisation logistique limitée et peu performante; et proposa un programme d'actions prioritaires pour alléger, simplifier et harmoniser les procédures administratives portuaires et rendre les ports de l'Union moins chers, et plus efficaces. En particulier, l'étude souligna la nécessité d'adhérer et de mettre en œuvre les principales conventions internationales de simplification et de facilitation des procédures portuaires (tableau 4.6).

Un texte communautaire de 2008 vise spécifiquement à établir la concurrence entre compagnies de transport maritime et à améliorer l'efficacité des ports des États membres de l'UEMOA.[43] Le principe de libre accès aux services de transport maritime international y est consacré, sur une base non discriminatoire, sous réserve de réciprocité. À ce titre, les armateurs communautaires et étrangers sont soumis aux mêmes conditions d'exploitation au départ ou à destination d'un port de l'Union et en provenance ou vers les pays tiers. En revanche, selon ce texte, seuls les armateurs communautaires sont habilités à effectuer des services de transport maritime intérieur et/ou intracommunautaire (cabotage national ou régional).

Enfin, selon ce règlement, les armateurs communautaires et étrangers, fournisseurs de services de transport international, devraient s'acquitter d'une redevance sur le droit de trafic dont le produit serait destiné à alimenter des fonds nationaux et un fonds régional de développement du sous-secteur maritime de l'Union. En pratique cette redevance n'est généralement pas perçue par les États membres. Néanmoins, les ports africains continuent d'être le lieu d'une forte taxation des marchandises embarquées et débarquées. Il en est ainsi des prélèvements opérés par les Conseils nationaux de chargeurs responsables du Bordereau électronique de suivi des cargaisons (BESC), et des redevances armatoriales perçues par certains États membres (voir les annexes-pays).

Les conférences ou groupements d'armateurs desservant les mêmes lignes et ayant conclu entre eux des accords de tarifs, de trafics, d'organisation des dessertes, dans le but de réduire la concurrence sont illégales vers et à partir des ports de l'Union européenne depuis 2008. Dans la plupart des États membres cependant, les textes législatifs permettant les conférences maritimes n'ont pas été abrogés, notamment la Convention des Nations Unies relative au code de conduite des conférences maritimes de 1974, entrée en vigueur en 1983, et la Convention des Nations Unies sur le transport de marchandises par mer de 1978 (Règles de Hambourg), entrée en vigueur en 1992.

Récemment, des concessions à des exploitants privés internationaux de terminaux, notamment des opérateurs affiliés à des compagnies maritimes de ligne, ont permis le réaménagement des ports dans la région et ont contribué à l'amélioration des services portuaires (voir les annexes-pays). Cependant, dans certains États membres de l'UEMOA, la séparation n'a pas encore été pleinement opérée entre l'autorité portuaire chargée

Tableau 4.6 Ratification des Conventions maritimes par les États membres, mai 2017

Convention/pays	Bénin	Burkina Faso	Côte d'Ivoire	Guinée-Bissau	Mali	Niger	Sénégal	Togo
Convention FAL	Oui	Non	Oui	Oui	n.a.	n.a.	Oui	Non
Convention douanière relative aux conteneurs, 1972	Non	n.a.	Non	Non	n.a.	n.a.	Non	Non
Convention internationale sur l'harmonisation des contrôles des marchandises aux frontières, 1982	Non	Non	Non	Non	n.a.	n.a.	Non	Non
Convention de New York sur le commerce de transit des pays sans littoral	Non	Oui	Non	Non	Oui	Oui	Oui	Non
Convention de Kyoto	Non	Non	Oui	Non	Non	..	Oui	Non
Convention SOLAS, Déc. 2002 relative à la sauvegarde de la vie en mer (Code ISPS et IMDG)	..	n.a.	Oui	..	n.a.	n.a.	..	..
Convention MARPOL (relative au traitement des déchets)	..	..	Oui	..	..	..	..	..
Convention COLREG (relative aux balisages)	..	n.a.	Oui	..	n.a.	n.a.	..	..

.. Non disponible.

n.a. Non applicable.

Source: Secrétariat de l'OMC sur la base des informations fournies par les autorités.

des activités de réglementation et l'entité chargée des opérations commerciales.

Les fournisseurs de services portuaires – pilotes, remorqueurs, avitailleurs de navire – font également l'objet d'une Directive de l'UEMOA[44] dont le but est d'introduire des mesures de facilitation du commerce au sein des ports afin de réduire les délais de transbordement. Cette Directive facilite la mise en œuvre du Programme commun de développement du sous-secteur maritime; harmonise les actions des différentes institutions publiques ou privées qui interviennent dans le sous-secteur maritime; et instaure un cadre institutionnel harmonisé du sous-secteur maritime, y compris par rapport à la sécurité et à la sûreté des ports.[45] Cette Directive n'a pas encore été transposée dans les législations nationales de tous les États membres (voir les annexes-pays).

Services de transports terrestres

En raison de la faiblesse du transport ferroviaire ou fluvial crucial, les services de transport routier de marchandises jouent un rôle important dans la libre circulation des biens au sein de l'UEMOA et de la CEDEAO, si bien que depuis 2003 ces instances œuvrent toutes deux à réduire les nombreux obstacles qui les entravent. Les obstacles comprennent les réglementations restrictives des services de transport routier au niveau national, et les accords bilatéraux de partage de marchés (tableau 4.7) qui empêchent en grande partie les économies d'échelle et les augmentations de productivité qui pourraient résulter d'un meilleur accès au marché pour de nouvelles entreprises privées des États membres. Le cabotage (transport routier d'un point à un autre d'un même État membre) est généralement interdit aux entreprises étrangères quelles qu'elles soient, y compris d'un autre État membre.

L'accès à la profession de transporteur inter-États n'est plus réservé, en principe, aux nationaux mais s'étend aussi aux ressortissants de la CEDEAO, mais cette disposition n'est pas appliquée dans tous les États membres. Des règles de partage du fret (1/3-2/3) entre les pays d'origine et de destination du transport routier demeurent en vigueur, mais seraient en diminution. Par ailleurs, dans certains États membres, les bureaux de fret gèrent encore leurs droits de transport au moyen du système de "tour de rôle" (premier arrivé, premier servi): chaque chauffeur s'enregistre et attend son tour pour transporter un chargement. Ce système décourage doublement la concurrence en maintenant en activité des transporteurs non performants. Le tableau 4.7 présente une sélection des textes législatifs qui nécessiteraient une révision dans l'optique de véritablement favoriser l'essor du transport routier dans l'Union.

Services d'assurance

Le marché des assurances dans la région UEMOA demeure modeste en grande partie à cause du faible pouvoir d'achat des populations, mais il est en forte croissance dans certains États membres, notamment grâce à la bancassurance "mobile". Il compte principalement des groupes d'assurances à capitaux majoritairement étrangers, soit européens (AXA, Allianz), soit africains (NSIA, SAHAM SUNU, SAAR). La Fédération des sociétés d'assurances de droit national africaines (FANAF), créée en 1973, réunissait au 31 décembre 2016 194 sociétés d'assurance, dont 51 assurances-vie, 119 sociétés non-vie, 18 sociétés de réassurance, 4 fonds de garantie automobiles et une société de caution, opérant dans 29 pays.

Seuls la Côte d'Ivoire et le Sénégal ont pris des engagements en matière d'assurance dans le cadre de l'AGCS à l'OMC[46], engagements qui reprennent les dispositions du Code des assurances des États membres de la Conférence interafricaine des marchés d'assurance (CIMA), créée en 1992 au sein de la zone franc, et qui établit la réglementation cadre pour toute activité d'assurance terrestre directe dans 14 pays africains, y compris les États membres.[47] Les États membres ne se sont pas, dans l'ensemble, engagés à ouvrir les services d'assurance pour les risques situés dans leurs pays respectifs, ni à la concurrence internationale, ni même à celle des assureurs situés dans d'autres États membres.

Le Code CIMA exige que les entreprises (y compris étrangères) opérant dans les États membres assurent tous leurs risques locaux auprès de compagnies enregistrées dans le marché national dans lequel elles opèrent. Ce régime juridique contraignant a rencontré un succès limité, sans vraiment stimuler l'efficacité et la compétitivité des services offerts. Le Code requiert que toute cession en réassurance à l'étranger, portant sur plus de 50% (75% avant 2016[48]) d'un risque concernant une personne, un bien ou une responsabilité sur le territoire d'un État membre, à l'exception de certaines branches, soit soumise à l'autorisation du Ministre en charge des assurances (articles 308 et 328 du Code CIMA). Cette part n'inclut pas cependant la part de 15% que les sociétés d'assurance doivent obligatoirement céder en priorité à la CICA-RE, et celle cédée obligatoirement à Africa-Re (5%), toutes deux entreprises de réassurance multilatérales auxquelles appartiennent des États membres de la CIMA.

En pratique, il est probable que les engagements sous couvert de réassurance soient bien supérieurs à ceux des entreprises d'assurance cédantes (fronting), transférant ainsi à l'étranger la couverture effective de nombreux risques situés dans la zone CIMA, notamment les grands risques pétroliers et miniers. Plusieurs sociétés pratiqueraient ainsi le fronting pour une grande partie des grands risques industriels et commerciaux, plaçant ainsi ces risques à primes élevées en dehors de la zone CIMA, et ce malgré cette réglementation imposant la domiciliation de l'assurance dans le pays où se trouve le risque.

La seule assurance obligatoire sous le Code CIMA est l'assurance de responsabilité civile automobile. Cependant, le Code prévoit que les pays membres peuvent rendre obligatoires d'autres types d'assurance,

Tableau 4.7 Textes contenant des restrictions à l'accès au marché du transport routier dans l'UEMOA, 2017

Entité	Texte
CEDEAO	Convention portant réglementation des transports routiers inter-États de la CEDEAO, signée à Cotonou le 29 mai 1982
CEDEAO	Convention relative au transit routier inter-États des marchandises par route (TRIE) de la CEDEAO de 1982
Burkina Faso, Bénin, Côte d'Ivoire, Niger et Togo	Convention de Niamey de 1970 réglementant les transports routiers
Niger, Togo	Protocole d'Abidjan de 1975 sur le transport routier inter-États
Bénin, Burkina Faso, Niger	Décret n° 79-109 du 15 mai 1979 réglementant les transports routiers en République du Bénin Décret n° 2000-399 du 17 août 2000 portant révision du Décret n° 79-240 fixant les modalités d'application de l'Ordonnance n° 79-49 du 13 septembre 1979 portant réglementation et répartition des cargaisons en provenance ou à destination de la République du Bénin Accord bilatéral de transport routier entre le Bénin et le Niger, à New-York, le 13 octobre 1977 Accord de coopération en matière de transports et de transit entre le Burkina Faso et la République du Bénin, fait à Cotonou le 13 septembre 1990 Arrêté n° 001/MTPT/DC/DTT du 08 janvier 1996 règlementant la répartition du fret routier entre les transporteurs béninois et les transporteurs des pays tiers Arrêté interministériel – année 2007 n° 055/MDCTTP-PR/DC/SG/CTT/DGTT/DERC/SER portant interdiction en République du Bénin du transport publics de passagers et de marchandises par les véhicules en transit
Burkina Faso	Décret n° 2014-683/PRES/PM/MIDT/MEF/MATS/MICA 1 août 2014 portant fixation des catégories de transports routiers et des conditions d'exercice de la profession de transporteur routier
Burkina Faso, Côte d'Ivoire	Ordonnance n° 2000-67 du 9 février 2000 Accord de coopération entre le Burkina Faso et la République de Côte d'Ivoire en matière de transport maritime et de transit, signé le 14 octobre 1989, prévoyant une répartition du fret sur la base de 2/3 pour le Burkina Faso et 1/3 pour la Côte d'Ivoire
Mali	Accords bilatéraux en matière de transport et de transit routiers avec les pays voisins côtiers ou enclavés, notamment avec la Côte d'Ivoire, le Sénégal, le Togo, le Ghana, la Guinée, la Mauritanie, le Bénin, le Burkina Faso, le Niger, la Gambie, l'Algérie et la Tunisie
Niger	Arrêté n° 09/MT/DTT-MF du 13 février 2007 fixant les modalités d'enlèvement du fret du Niger dans les ports de transit Décret n° 2010-733/PCSRD/MTT/A du 4 novembre 2010 déterminant les conditions de transport par voie terrestre des produits stratégiques et les conditions d'accès aux sites miniers et d'hydrocarbures
Sénégal	Loi n° 2003-04 du 27 mai 2003 portant orientation et organisation des transports terrestres; son décret d'application Accord avec le Maroc relatif aux Transports internationaux routiers de voyageurs et de marchandises, signé à Dakar, le 16 mars 2013
Togo, Burkina Faso	Accord-cadre de coopération en matière de transport maritime et de transit entre le Burkina Faso et la République togolaise, fait à Lomé le 14 septembre 1990

Source: Secrétariat de l'OMC.

comme c'est le cas dans plusieurs pays pour l'assurance des marchandises importées. Par ailleurs, le Code CIMA prévoit un principe de spécialisation selon lequel une même compagnie ne peut fournir en même temps des services d'assurance dommages et des services d'assurance-vie.[49]

Le Code prévoit que les primes d'assurance soient fixées librement par les compagnies. Toutefois, une prime minimum pour l'assurance responsabilité civile automobile (obligatoire) est fixée par les gouvernements des pays membres, puis validée par la Commission régionale de contrôle des assurances qui est l'organe régulateur du secteur (CRCA).

Le Conseil des ministres des assurances (CMA) est l'instance suprême de la CIMA. Conformément au Code, les Directions nationales des assurances ont été établies dans chaque pays et sont chargées d'appliquer les décisions et recommandations de la CRCA. Elles autorisent l'exercice de la profession d'intermédiaire d'assurance et contrôlent la mission des experts techniques.

La CRCA effectue un travail d'assainissement du secteur en veillant notamment à ce que seules les entreprises saines conservent leur agrément. Par exemple, entre septembre 1995 et décembre 2007, 19 sociétés d'assurance se sont vu retirer leurs agréments par la CRCA, et huit autres entre 2007 et décembre 2016 (dont six en Côte d'Ivoire). Depuis 2007, 41 nouvelles sociétés ont été agréées dans les États membres, dont dix au Sénégal, huit en Côte d'Ivoire, six au Bénin, au Burkina et au Mali, trois au Niger et deux au Togo.

Afin de faire baisser les importants arriérés de primes, depuis 2011, un amendement de l'article 13 du Code CIMA interdit la délivrance de l'assurance à crédit, ce qui devrait mettre les compagnies en état de pouvoir régler plus promptement les sinistres. Cette nouvelle disposition signifie que la couverture d'assurance cesse en cas de non-paiement des primes.[50]

En mars 2016, le CMA a relevé le niveau minimum du capital social que les sociétés d'assurance (nationales comme étrangères) doivent déposer dans une banque locale agréée, en le portant de 1 à 5 milliards de FCFA (7,6 millions d'euros), sauf pour les sociétés agréées avant cette date, qui ont trois ans pour atteindre ce niveau de capital; le fonds d'établissement des sociétés mutuelles a été porté de 800 millions à 1 milliard de FCFA en mars 2016.

Dans les pays couverts par le Code CIMA, il est interdit, sauf dérogation expresse du Ministre en charge des assurances, de souscrire une assurance directe auprès d'une entreprise étrangère qui ne serait pas agréée sur le territoire national. En pratique, les ministères chargés des assurances accordent de manière ad hoc des autorisations à un ou plusieurs organismes non agréés de s'associer à un ou plusieurs organismes d'assurances agréés pour l'assurance de risques particuliers ou de catégories particulières de risques.

La fourniture de services d'assurances par des compagnies résidentes à des non-résidents n'est pas permise. Selon le Code, les contrats d'assurance des personnes, de la propriété ou des responsabilités au sein d'un pays membre doivent être signés avec les compagnies qui ont été agréées pour un tel but dans le pays en question. Les sociétés nationales ou étrangères ne sont pas, en général, autorisées à recourir à leurs propres compagnies d'assurance "captives" permettant de les couvrir des risques sociaux à l'étranger.

La CEDEAO institua en 1982 un régime commun d'assurance-responsabilité pour les opérations de transit et de transport. Ce système, dénommé Carte Brune CEDEAO, permet la gestion des sinistres transfrontaliers en matière d'assurance automobile de responsabilité civile des véhicules terrestres à moteur.

La distribution de l'assurance dans la zone CIMA est marquée par une forte prépondérance du réseau des intermédiaires (courtiers, agents généraux). Environ 300 courtiers et 600 agents généraux opèrent de manière régulière sur ce marché; et leur production représente environ 60% du chiffre d'affaires des compagnies toutes branches confondues. L'activité de courtage dans la zone CIMA est dominée par des courtiers étrangers (Gras Savoye, Marsh, Ascoma, Aon, etc.).[51] Les personnes exerçant le métier de courtier ou d'agent d'assurance doivent être ressortissantes d'un État membre de la CIMA, ou ressortissantes d'un État tiers accordant en la matière la réciprocité aux États de la CIMA et disposer d'une carte de résident.

Les sociétés de courtage, les courtiers et les agents généraux sont tenus à tout moment de justifier d'une garantie financière d'au minimum 10 millions de FCFA (environ 15 000 euros, article 525 du Code). Le Code CIMA (article 533) prévoit que le Ministre chargé des assurances agrée les courtiers au niveau national, et qu'il établisse, mette à jour et rende publique la liste des courtiers qu'il transmet à la CRCA. Le Ministre en charge des assurances établit et met à jour annuellement une liste des courtiers agréés sur le territoire de l'État membre.

Services bancaires et autres services financiers

L'exercice de l'activité bancaire dans l'UEMOA est régi par des dispositions relevant aussi bien des législations nationales, du droit communautaire (notamment la convention portant création de la Commission bancaire, la réglementation prudentielle, la loi-cadre portant réglementation bancaire du 1er avril 2010[52]) que de conventions internationales (recommandations du Comité de Bâle) et de traités internationaux tels que les dispositions de l'OMC ou le Traité de l'OHADA. Parmi les États membres, seuls le Bénin, la Côte d'Ivoire et le Sénégal ont pris des engagements spécifiques en matière de services financiers (hors assurance) sous l'AGCS en 1994.[53]

Parmi les développements récents figurent la transposition simultanée des dispositions réglementaires de "Bâle 2" et "Bâle 3".[54] La BCEAO et la Commission bancaire de l'UMOA (le Traité monétaire de l'Union) sont responsables de cette réglementation, ainsi que de la surveillance et du contrôle prudentiel des banques et établissements financiers, exécutés individuellement dans chacun des États membres. En outre, la Décision n° 014/24/06/2016/CM/UMOA relative à la supervision sur base consolidée des établissements de crédit maisons-mères et des compagnies financières dans l'UMOA, prévoit un contrôle prudentiel consolidé des établissements assujettis. La Décision n° 357/11/2016 institue le Plan comptable bancaire révisé. La BCEAO et la Commission bancaire de l'UMOA, conformément à leurs attributions, sont chargées respectivement de la définition des modalités d'application de ces décisions et de l'organisation et du contrôle des établissements de crédit.

Selon la réglementation de l'UMOA, l'accès au marché des services financiers (hors assurance) par des fournisseurs étrangers ou nationaux, requiert une présence commerciale établie sous le droit national de l'État membre dans lequel la société souhaite opérer. Afin de renforcer la solidité des établissements de crédit, le Conseil des ministres de l'UMOA a relevé en mars 2015 les seuils de capital social minimum de ces établissements, fixés respectivement à 10 milliards pour les banques (15,2 millions d'euros) et à 3 milliards (4,6 millions d'euros) pour les établissements financiers à caractère bancaire et ce, à compter du 1er juillet 2015. Un délai de deux ans a été accordé aux établissements non conformes pour se mettre en conformité.

Par ailleurs, dans le cadre de la procédure de l'agrément unique, un établissement de crédit ayant obtenu l'agrément dans un État membre de l'UMOA peut ouvrir dans un ou plusieurs autres États membres des succursales et/ou filiales, chacune capitalisée au moins à 10 milliards de FCFA, après autorisation de l'Autorité de contrôle.

En vertu de l'article 25 de la loi portant réglementation bancaire, nul ne peut diriger, administrer ou gérer une banque ou un établissement financier ou une de leurs agences, s'il n'a pas la nationalité d'un pays membre de l'UMOA, à moins qu'il ne jouisse d'une assimilation aux ressortissants en vertu d'une Convention d'établissement, ce qui a été le cas dans certains États membres. Des dérogations individuelles à cette disposition sont fréquemment accordées; les dirigeants étrangers ayant obtenu une dérogation pour exercer dans un pays donné de l'Union n'ont plus à en solliciter une lorsqu'ils changent d'établissement ou de pays; ils doivent en obtenir une nouvelle en cas de changement de fonction.

Seule capable de fournir l'accès au crédit aux agriculteurs et aux petites entreprises qui n'ont pas accès au système bancaire traditionnel, la microfinance a continué à se développer. Les établissements de microfinance sont généralement des coopératives d'épargne et de crédit; ces systèmes financiers décentralisés (SFD) font l'objet d'une réglementation commune au sein de l'UEMOA.[55] Les institutions de SFD sont exonérées de tout impôt direct ou indirect, taxe ou droit afférents à leurs opérations de collecte de l'épargne et de distribution du crédit. Les clauses de nationalité des dirigeants sont les mêmes que pour les banques; il n'y a pas de niveau de capital minimum, ni de restrictions concernant la nationalité des détenteurs du capital social des SDF. En septembre 2016, l'encours des dépôts était de près de 1 060 milliards de FCFA (1,62 milliard d'euros), pour environ 17 millions de membres ou de clients.[56]

Créés en 1996, la Bourse régionale des valeurs mobilières (BRVM) et le Dépositaire central - Banque de règlement (DC/BR) constituent des structures centrales du marché financier régional, dont le siège se trouve à Abidjan.[57] Au 31 décembre 2016, les ressources levées sur le marché financier ont atteint 6 044 milliards de FCFA (9,2 milliards d'euros), dont près de la moitié se composait d'emprunts obligataires émis par les États membres (p. 36). La BRVM et le DC/BR sont des sociétés concessionnaires d'un service public communautaire établi par l'UEMOA. Organisées sous la forme de sociétés anonymes, leur capital est reparti entre les opérateurs commerciaux, les institutions financières régionales, et les États membres (13%).

Le Conseil régional de l'épargne publique et des marchés financiers (CREPMF) réglemente la BRVM, donne l'agrément aux intervenants et en surveille le fonctionnement; il autorise l'émission des titres placés sur la BRVM.[58] La BRVM dispose dans chaque État membre d'une "Antenne nationale de bourse". Aucun titre émis hors de l'UMOA par une entité privée ou publique ou un OPCVM non-résident de l'Union ne peut faire l'objet d'une inscription à la cote de la BRVM.[59]

Les Sociétés de gestion et d'intermédiation sont les principaux animateurs de ce marché. Elles bénéficient de l'exclusivité de la négociation des valeurs mobilières cotées à la Bourse et assurent en grande partie la conservation des titres, pour le compte de leurs clients. Elles sont constituées en sociétés anonymes non sujettes à la réglementation bancaire. Leur capital peut être détenu par des personnes ressortissantes de pays non membres de l'UEMOA.

Deux directives de l'UEMOA visent l'harmonisation de la fiscalité applicable aux valeurs mobilières et aux entreprises d'investissement dans les États membres.[60] Les deux ont été mises en œuvre seulement au Bénin et au Togo. La Directive applicable aux valeurs mobilières vise à harmoniser l'imposition des revenus des valeurs mobilières et des prestations fournies par les intermédiaires agréés du marché financier régional de l'UEMOA. Elle prévoit également l'adoption de mesures fiscales incitatives pour le développement du marché financier régional, afin de favoriser l'essor des opérations boursières, offrir un moyen alternatif de financement aux entreprises et favoriser ainsi l'accroissement des investissements économiques dans l'Union. La Directive, portant harmonisation de la fiscalité applicable aux entreprises d'investissement à capital fixe, vise à harmoniser les droits et taxes applicables à ces entreprises, et les impôts exigibles sur les revenus des entreprises ayant leur siège dans l'un des État membre de l'UEMOA. Selon la Commission, les entreprises d'investissement à capital fixe jouent un rôle important dans le financement des petites et moyennes entreprises.

Services professionnels et services aux entreprises

Les services professionnels ont fait l'objet de plusieurs règlementations par la Commission de l'UEMOA (tableau 4.8). Ces textes visent à établir la libre circulation et l'établissement des professionnels agréés ressortissants de l'UEMOA au sein de l'espace communautaire. En 2013 est parue une Directive de l'UEMOA ayant pour objet l'harmonisation des règles régissant l'exercice de la profession d'architecte dans les États membres. Dans le cadre de l'AGCS, seuls le Bénin, la Côte d'Ivoire et le Sénégal ont pris quelques engagements limités en

Tableau 4.8 Application des réglementations sur les services professionnels par les États membres, 2017

	Bénin	Burkina Faso	Côte d'Ivoire	Guinée -Bissau	Mali	Niger	Sénégal	Togo
Règlement n° 05/2006/CM/UEMOA, adopté le 2 mai 2006, relatif à la libre circulation et à l'établissement des experts-comptables et des comptables agréés au sein de l'espace UEMOA	Oui	Oui	Oui	Oui	Oui	Oui	Oui	Oui
Règlement n° 01/2009/CM/UEMOA, adopté le 27 mars 2009, portant création d'un Conseil permanent de la profession comptable dans l'Union	Oui	Oui	Oui	Oui	Oui	Oui	Oui	Oui
Règlement n° 02/2009/CM/UEMOA, adopté le 27 mars 2009, portant création d'un Conseil comptable ouest-africain dans l'Union	Oui	Oui	Oui	Oui	Oui	Oui	Oui	Oui
Directive n° 02/97/CM/UEMOA, adoptée le 28 septembre 1997, portant création d'un Ordre national des experts comptables et comptables agréés (ONECCA) dans les États membres de l'Union	Oui	Non	Oui	Non	Non	Non	Oui	Oui
Directive n° 03/97/CM/UEMOA, adoptée le 28 novembre 1997, portant création d'un Conseil national de la comptabilité dans les États membres de l'Union	Oui	Oui	Oui	Non	Non	Non	Oui	Non
Directive n° 04/97/CM/UEMOA, adoptée le 28 novembre 1997, portant adoption d'un régime juridique des Centres de gestion agréés (CGA) dans les États membres de l'Union	Oui	Oui	Oui	Non	Non	Non	Oui	Oui
Directive n° 04/2009/CM/UEMOA, adoptée le 27 mars 2009 instituant un Guichet unique de dépôts des États financiers (GUDEF)	Oui	Oui	Oui	Non	Non	Non	Oui	Oui
Règles comptables spécifiques applicables aux intervenants agréés du marché financier régional de l'UEMOA, annexe au Règlement n° 09/2006/CM/UEMOA	Oui	Oui	Oui	Oui	Oui	Oui	Oui	Oui
Règlement n° 10/2006/CM/UEMOA du 25 juillet 2006 relatif à la libre circulation des avocats	Non	Oui	Non	Non	Non	Non	Non	Non
Règlement n° 05/CM/UEMOA relatif à l'harmonisation des règles régissant la profession d'avocat	..	..	..	..	..	..	..	..
Directive n° 06/2005/CM/UEMOA du 16 décembre 2005 relative à la libre circulation des médecins ressortissants de l'Union	Non	Oui	Non	Non	Non	Non	Non	Non
Directive n° 07/2005/CM/UEMOA relative à la libre circulation des architectes ressortissants de l'Union	..	Oui	Oui	..	..	..	..	..
Directive n° 06/2008/CM/UEMOA relative à la libre circulation et à l'établissement des pharmaciens ressortissants de l'Union	Non	Oui	Non	Non	Non	Non	Non	Non
Directive n° 07/2008/CM/UEMOA relative à la libre circulation des chirurgiens-dentistes ressortissants de l'Union	Non	Oui	Non	Non	Non	Non	Non	Non

.. Non disponible.

Note: Oui: Texte communautaire entièrement mis en œuvre.

Non: Texte communautaire non entièrement mis en œuvre.

Source: Commission de l'UEMOA.

matière de services aux entreprises, et la Côte d'Ivoire et le Sénégal ont pris quelques engagements en matière de services professionnels.[61]

Services juridiques

Un nouveau Règlement relatif aux règles régissant la profession d'avocat est entré en vigueur en 2015 dans l'espace UEMOA pour harmoniser lesdites règles.[62] Le nouveau règlement instaure des normes uniformes pour l'exercice de cette profession et vise à réduire les obstacles juridiques et administratifs à l'usage effectif, par les avocats, des droits que leur reconnaît le Traité de l'UEMOA. Un règlement de 2006 prévoyait déjà la libre circulation et la liberté d'établissement pour les avocats au sein de l'Union, et rencontrait des difficultés d'application.

Services de comptabilité

En matière de services de comptabilité, depuis 1998, les entreprises sises dans les pays membres de l'OHADA sont tenues de présenter leurs bilans et états financiers selon le référentiel prévu par le dispositif du Système comptable ouest-africain (SYSCOA).[63] En 2017, le référentiel comptable SYSCOA était en vigueur dans tous les États membres. Le Règlement n° 05/CM/UEMOA du 28 juin 2013 modifie le SYSCOA et intègre dans le référentiel de certaines normes comptables internationales, notamment celles de l'International Financial Reporting standards (IFRS). Les entreprises financières (dont les banques principalement) élaborent leurs bilans sur la base du Plan comptable bancaire, tandis que les assurances tiennent leurs comptes sur la base du Code de la Conférence interafricaine de la prévoyance (CIPRES).

Depuis 2009, un Guichet unique de dépôts des états financiers (GUDEF, tableau 4.8) doit recevoir l'ensemble des états financiers annuels des entreprises et organisations, afin de lutter contre les fraudes sous forme de manipulations d'écritures comptables. Cette Directive est partiellement mise en application dans la plupart des États membres, qui ont mis en place un GUDEF partiellement ou totalement fonctionnel.

Une règlementation communautaire guidée par le Conseil permanent de la profession comptable requiert la certification des états financiers des sociétés de capitaux (dont principalement les sociétés anonymes) par des professionnels inscrits sur les Tableaux nationaux des experts comptables et comptables agréés (ONECCA) de l'espace communautaire. Selon cette règlementation communautaire, seuls les Commissaires aux comptes régulièrement inscrits aux tableaux des ONECCA de chaque État membre sont habilités à certifier les états financiers. Selon la Commission, les experts-comptables ou commissaires aux comptes ne doivent pas nécessairement être ressortissants d'un État membre pour offrir leurs services dans l'Union.

La Commission a prévu, dans le cadre de l'insertion des entreprises du secteur informel dans le cercle des opérateurs économiques légaux, un nouveau type de services de professionnels comptables. Il s'agit des prestations réalisées par les professionnels des Centres de gestion agréés (CGA) qui œuvrent principalement auprès des entrepreneurs du secteur informel en leur apportant l'assistance comptable leur permettant de créer des PME dans l'Union. La tenue des comptes par les professionnels des CGA est également règlementée par le SYSCOA, qui a prévu à cet effet un système minimal de comptabilité de trésorerie. Selon la Commission, des textes pris dans le cadre des lois de finances nationales prévoient également des réductions d'impôt en faveur des adhérents des CGA. Hormis la Guinée-Bissau, l'ensemble des États membres disposent de CGA. Les professionnels des CGA doivent être ressortissants d'un État membre.

Les Conseils nationaux de la comptabilité sont chargés en principe de vérifier l'application effective des normes comptables en vigueur dans l'espace UEMOA. Le GUDEF doit vérifier que les états financiers sont bien élaborés en exemplaire unique par les entreprises nationales, et qu'ils sont bien établis sur la base des référentiels comptables en vigueur dans l'Union. L'ONECCA s'assure que les états financiers sont attestés et certifiés par les professionnels autorisés à le faire.

Tourisme

Le développement du tourisme est désormais une priorité déclarée de l'UEMOA, qui a décidé d'œuvrer pour faire de l'Union un pôle majeur de développement touristique en Afrique. Néanmoins, le nombre des arrivées touristiques dans tout l'espace de l'Union en 2015 a été de 2,2 millions au 31 décembre 2015, soit une baisse de 6% par rapport à 2014, due essentiellement à la crise sécuritaire dans la région et à l'épidémie à virus Ébola en Afrique de l'ouest. Toutefois, les recettes ont crû grâce au dynamisme enregistré sur le marché touristique intracommunautaire, qui a permis d'améliorer les taux de fréquentation dans les établissements d'hébergement malgré la baisse des arrivées internationales non régionales.

Le secteur est généralement ouvert aux investissements étrangers; c'est également l'un des seuls secteurs pour lesquels les États membres de l'UEMOA ont pris des engagements en 1994 au sein de l'OMC, au titre de l'Accord général sur le commerce des services (AGCS). Un Programme régional de développement du tourisme au sein de l'UEMOA (PRDTOUR)[64] a démarré en 2011, et vise l'harmonisation du cadre règlementaire des activités et professions touristiques dans l'espace communautaire, l'adoption de normes communes de classement des établissements touristiques d'hébergement, le renforcement des capacités des acteurs du secteur et l'appui aux investissements en infrastructures touristiques. Le coût de sa mise en œuvre sur la période 2011-2020 est estimé à 161 milliards de FCFA (246 millions d'euros).

Le secteur est généralement soumis au niveau général des taux de TVA de 18% (19% au Niger), ce qui constitue un sujet récurrent de revendication des acteurs. Saisissant les possibilités offertes par une Directive de la Commission de l'UEMOA sur la TVA réduite, le Sénégal a ramené le taux de TVA applicable aux activités touristiques à 10% en 2011. Par ailleurs, une taxe de promotion touristique est en place dans les pays de l'UEMOA, mais son taux et ses modalités n'ont pas été harmonisés entre les États membres. Le secteur est également soumis à la patente et à la taxe sur les nuitées, à des taux non harmonisés. Les professionnels du secteur estiment que la fiscalité pèse sur les coûts de séjours ce qui affecte la compétitivité de la destination UEMOA par rapport aux autres destinations concurrentes de l'Afrique du Nord et de l'Afrique australe.

Le développement du tourisme se heurte également à de nombreux problèmes environnementaux menaçant les ressources naturelles; ces problèmes proviennent pour la plupart des pratiques non durables d'exploitation des ressources. Par exemple, les plages du Bénin, de la Côte d'Ivoire et du Togo sont fréquemment parsemées de cambouis et de détritus suite au dégazage des navires au large des côtes. À ce titre, le Bénin, la Côte d'Ivoire, la Guinée-Bissau, le Sénégal et le Togo ont signé et ratifié la Convention d'Abidjan en mars 1981. Cette Convention vise à remédier aux problèmes écologiques communs des 22 pays côtiers membres.[65] L'Unité régionale de coordination à Abidjan est chargée de la coordination des activités techniques diverses du Plan d'action, sous la tutelle du Bureau régional pour l'Afrique du PNUE.[66]

Afin de faciliter les déplacements régionaux, les ressortissants de la CEDEAO sont dispensés du visa d'entrée dans tous les pays de la communauté, y compris ceux de l'Union (p. 46). Afin d'encourager le tourisme régional, les États membres avaient de plus entrepris de faciliter la circulation et le séjour des personnes non ressortissantes de l'Union dans l'espace UEMOA au moyen d'un visa unique.[67] Ainsi, tout visa délivré par un État membre à des personnes non ressortissantes de l'Union devrait être accepté dans les autres États membres de l'Union, permettant ainsi aux bénéficiaires de tels visas de circuler librement à l'intérieur du territoire communautaire. Selon la Commission, ces dispositions sont toujours en cours d'élaboration.

Notes de fin

1 Acte additionnel n° 03/2001 portant adoption de la politique agricole de l'UEMOA. Adresse consultée: http://www.uemoa.int/actes/2001/acte_additionnel_03_2001.htm. Voir également la Décision n° 05/99/CM/UEMOA portant adoption du Programme spécial régional pour la sécurité alimentaire dans les États membres de l'UEMOA (PSRSA/UEMOA).

2 Acte additionnel n° 03/2006. Les modalités d'intervention, d'organisation et de fonctionnement du FRDA sont fixées par Règlement n° 06/2006/CM/UEMOA.

3 Renseignements en ligne de l'UEMOA. Adresse consultée: http://www.uemoa.int.

4 Document de l'OMC TN/AG/GEN/4 du 16 mai 2003.

5 Voir par exemple: http://www.greenpeace.org/africa/en/News/news/Cooperation-urgently-required-to-ensure-a-future-for-West-African-fisheries/.

6 Règlement n° 05/2007/CM/UEMOA. Adresse consultée: http://www.uemoa.int/Documents/Actes/Annexe_Reglement05_plan_concerte_peches.pdf; Règlement n° 04/2007/CM/UEMOA. Adresses consultées: http://www.uemoa.int/Documents/Actes/Reglement_04_portant_creation_comite_harmonisation_politiques_et_legislations.pdf; et http://www.uemoa.int/Documents/Actes/Annexe_Reglement05_plan_concerte_peches.pdf.

7 Information en ligne. Adresse consultée: http://statpeche-uemoa.org.

8 Information en ligne. Adresse consultée: http://statpeche-uemoa.org/images/8/8d/Rapport_atelier_UEMOA_26-05-_16_FINAL_REVU.pdf.

9 Sonhaye, A.S. (2013), "La place de l'élevage pastoral dans l'économie et les politiques nationales et régionales", La contribution de l'élevage pastoral à la sécurité et au développement des espaces Saharo-Sahéliens, Colloque régional de N'Djamena, 27-29 mai 2013. Adresse consultée: http://www.pasto-secu-ndjamena.org/classified/J1-5-AS.Sonhaye_UEMOA-Elevage_economie_pol_nat__regionales.pdf.

10 ATP est un projet financé par le gouvernement américain à travers l'USAID; il a pour objectif d'accroître le volume et la valeur du commerce intra-régional des produits agricoles en Afrique de l'ouest.

11 Renseignements en ligne de l'EITI. Adresse consultée: http://eiti.org/fr.

12 Information en ligne. Adresse consultée: http://www.jeuneafrique.com/5519/economie/hydrocarbures-ouest-africains-ne-comptez-pas- sur-le-pipeline/.

13 UNIDO (2014), "Étude relative à l'Évaluation de la phase pilote du programme de restructuration et de mise à niveau de l'industrie des États membres de l'UEMOA". Adresse consultée: https://www.unido.org/fileadmin/user_media_upgrade/Resources/Evaluation/RAF_TERAF07001-PRMN-UEMOA_2013.pdf.

14 Directive n° 06/2001/CM/UEMOA portant harmonisation de la taxation des produits pétroliers au sein de l'UEMOA. Adresse consultée: Directive n° 06/2001/CM/UEMOA portant harmonisation de la taxation des produits pétroliers au sein de l'UEMOA; et Décision n° 06/2009/CM/UEMOA portant adoption de la stratégie de l'UEMOA dénommée "Initiative régionale pour l'énergie durable" (IRED). Adresse consultée: http://www.uemoa.int/sites/default/files/bibliotheque/decision_06_2009_cm_uemoa.pdf.

15 Renseignements en ligne de l'EEEOA. Adresse consultée: http://www.ecowapp.org/french/french_home.html.

16 Règlement n° 18/2003/CM/UEMOA du 23 décembre 2003. Adresse consultée: http://www.droit-afrique.com/upload/doc/uemoa/UEMOA-Code-minier-communautaire-2003.pdf. Le Code minier ne couvre pas les activités des carrières.

17 Acte additionnel n° 05/99 portant adoption de la politique industrielle commune de l'UEMOA. Adresse consultée:http://www.uemoa.int/sites/default/files/bibliotheque/pages_-_aa0599.pdf.

18 Le Protocole additionnel n° III/2001 instituant les règles d'origine de l'UEMOA, en vigueur depuis le 1er janvier 2003. Adresse consultée: http://www.uemoa.int/sites/default/files/bibliotheque/pages_-_protocole_additionnel_03.pdf. Le Protocole additionnel n° III/2001 a été révisé par le Protocole additionnel n° 01/2009/CCEG/UEMOA. Adresse consultée: http://www.uemoa.int/site/default/files/bibliotheque/protocole_add_01_2009_cceg_uemoa.pdf.

19 Le schéma de libéralisation des échanges au sein de la CEDEAO est en vigueur depuis le 1er janvier 2004; les règles d'origine y afférentes sont définies par le Protocole n° A/P/01/03 du 31 janvier 2003.

20 Acte Additionnel n° A/SA.1/02/13 du 28 février 2013. Adresse consultée: http://documentation.ecowas.int/download/fr/documents_juridiques/r%C3%A8glement/actes/ECOQUAL.pdf, complété par le Règlement n° C/REG.19/12/13 du 17 décembre 2013, portant adoption du Schéma de l'infrastructure régionale de la qualité de la CEDEAO.

21 UNIDO (2014), "Étude relative à l'Évaluation de la phase pilote du programme de restructuration et de mise à niveau de l'industrie des États membres de l'UEMOA". Adresse consultée: https://www.unido.org/fileadmin/user_media_upgrade/Resources/Evaluation/RAF_TERAF07001-PRMN-UEMOA_2013.pdf.

22 Règlement n° 01/2014/CM/UEMOA portant Code communautaire de l'artisanat.

23 La pratique du "play or pay" permet à un opérateur de desservir une zone identifiée par le régulateur et de déduire le montant des investissements réalisés de sa part contributive au fonds de service universel.

24 Information en ligne. Adresse consultée: http://smsi.francophonie.org/IMG/pdf/harmonisation-telecom.pdf.

25 Base de données I-TIP. Adresse consultée: http://i-tip.wto.org/services/SearchResultGats.aspx.

26 Information en ligne. Adresse consultée: http://www.uemoa.int/sites/default/files/bibliotheque/decision_39_2009_cm_uemoa.pdf.

27 Arrêté n° 040 MT/CAB du 10 février 2010 modifiant l'Arrêté n° 55 du 19 février 2008 créant le Comité national de facilitation du transport et du transit routier inter-États, conformément à la Décision n° 16/2005/CM/UEMOA portant création, organisation et fonctionnement du Comité technique de suivi pour la suppression des barrières non tarifaires dans l'espace UEMOA.

28 Discours de Madame Dipua Peters, Ministre sud-africaine des transports, Conférence des Ministres africains des transports, 21 janvier 2015. Adresse consultée: http://www.financialafrik.com/2015/01/22/lua-preconise-un-marche-unique-du-transport-aerien/#.V_J3PohEnTA.

29 La Décision a été prise en vertu de l'article 10 du Traité d'Abuja instituant la Communauté économique africaine; elle a été signée en juillet 2000 et est en vigueur depuis le 12 août 2002. Conformément à son article 2, la Décision a préséance sur tous les accords bilatéraux et multilatéraux de transports aériens qui n'y sont pas conformes.

30 Soit le droit pour un transporteur aérien d'effectuer le transport de passagers, de fret et de courrier entre deux États parties autres que l'État partie où la licence a été délivrée.

31 Document de l'OMC S/C/W/270/Add.2 du 28 septembre 2007.

32 Article 6.9 de la Décision.

33 Règlement n° 24/2002/CM/UEMOA fixant les conditions d'accès des transporteurs aériens de l'UEMOA aux liaisons aériennes intracommunautaires. Adresse consultée: http://www.uemoa.int/sites/default/files/bibliotheque/pages_-_reglement_24_2002_cm_uemoa.pdf.

34 Renseignements en ligne de l'ASECNA. Adresse consultée: http://www.asecna.aero/asecna_administrations.html.

35 Information en ligne. Adresse consultée: http://www.afcac.org.

36 Information en ligne. Adresse consultée: http://www.proparco.fr/jahia/webdav/site/proparco/shared/PORTAILS/Secteur_prive_developpement/PDF/SPD24/REVUE_SPD_24_FR.pdf.

37 Renseignements en ligne de l'Union européenne, "International Aviation: Status of aviation relations by country: UEMOA". Adresse consultée: http://ec.europa.eu/transport/air/ international_aviation/country _index/uemoa_en.htm. Voir aussi: http://eur-lex.europa.eu/legal-content/FR/TXT/PDF/?uri=CELEX:22010A0306(01)&from=FR.

38 Proposition de décision du Conseil relative à la conclusion de l'accord entre l'Union européenne et l'Union économique et monétaire ouest-africaine sur certains aspects des services aériens. Adresse consultée: http://eur-lex.europa.eu/LexUriServ/LexUriServ.do?uri=CELEX:52008PC0463(02):FR:HTML.

39 En moyenne, le coût du carburant pour une compagnie aérienne est de 36% de son coût total. En Afrique, cette part varie entre 45% et 55% (Source: "Revue Secteur privé et développement", magazine Proparco, n° 24, juin 2016).

40 Directive n° 01/2003/CM/UEMOA. Adresse consultée: http://www.uemoa.int/actes/2003/directive_01_2003_cm.htm.

41 Directive n° 01/2004/CM/UEMOA portant statut des administrations de l'aviation civile des États membres de l'UEMOA. Les autres États membres de l'UEMOA ayant mis en œuvre la Directive sont le Bénin, la Guinée-Bissau, le Mali et le Togo; la mise en œuvre est en cours dans les autres États membres. Adresse consultée: http://www.uemoa.int/actes/2004/CM/DIR_01_2004_CM.htm.

42 Commission de l'UEMOA (2002), "Programme de simplification et d'harmonisation des procédures administratives et de transit portuaire au sein de l'UEMOA". Adresse consultée: http://www.uemoa.int/sites/default/files/bibliotheque/rec022002progtransitport.pdf.

43 Règlement n° 02/2008/CM/UEMOA relatif aux transports maritimes au sein de l'UEMOA. Adresse consultée: http://www.uemoa.int/actualite/2008/CM28032008/Reglement_02_2008_CM_UEMOA.pdf.

44 Directive n° 03/2008/CM/UEMOA relative aux fournisseurs de services portuaires au sein de l'UEMOA.

45 Directive n° 04/2008/CM/UEMOA du 28 mars 2008 portant mise en place d'un cadre institutionnel harmonisé du sous-secteur maritime au sein de l'UEMOA. Adresse consultée: http://www.uemoa.int/Documents/Actes/Directive_04_2008_CM_UEMOA.pdf.

46 Voir la Base de données de l'OMC I-TIP. Adresse consultée: http://i-tip.wto.org/services/GATS_Detail.aspx/?id=19341§or_path=0000700043.

47 Traité signé le 10 juillet 1992 à Yaoundé par les 14 États membres: Bénin, Burkina Faso, Cameroun, Centrafrique, Comores, Congo, Côte d'Ivoire, Gabon, Guinée équatoriale, Mali, Niger, Sénégal, Tchad et Togo. Les Comores ne l'ont jamais ratifié et la Guinée-Bissau y a adhéré ultérieurement. Le Code a été consulté à l'adresse suivante: http://www.ressources-actuarielles.net/EXT/ISFA/blogAK.nsf/dx/Code%20CIMA%202014.pdf/$file/Code%20CIMA%202014.pdf.

48 Règlement n° 005/CIMA/PCMA/CE/2016 modifiant et complétant les dispositions de l'article 308 du Code des assurances portant assurance directe à l'étranger. Adresse consultée: http://fanaf.org/article_ressources/file/2016-04_Reglement_005.PDF.

49 Article 326 du Code CIMA.

50 Règlement n° 001/CIMA/PCMA/PCE/2011 du 11 avril 2011. Adresse consultée: http://fanaf.org/file/upload/2011__Bulletin-Officiel_CIMA__13eme_edition.pdf.

51 Diarra M. (2013), "La distribution de l'assurance dans la zone CIMA: quels modèles pour demain?", École nationale d'assurance. Adresse consultée: http://www.enass.fr/PDF/travaux_recherche/MBA_ENASS_2013_DIARRA_Assurance-zone-Cima.pdf.

52 Renseignements en ligne de la BCEAO. Adresse consultée: http://www.bceao.int/IMG/pdf/loi.pdf.

53 Voir la Base de données de l'OMC I-TIP. Adresse consultée: http://i-tip.wto.org/services/GATS_Detail.aspx/?id=19341§or_path=0000700043.

54 Décision n° 013/24/06/2016/CM/UMOA du Conseil des ministres de l'UMOA en date du 24 juin 2016.

55 Voir BCEAO (2011), "Recueil des textes légaux et réglementaires régissant les systèmes financiers décentralisés de l'UMOA". Adresse consultée: http://www.bceao.int/IMG/pdf/recueil-des-textes-legaux-et-reglementaires-regissant-les-sfd-de-lumoa.pdf.

56 Renseignements en ligne de la BCEAO. Adresse consultée: http://www.bceao.int/Situation-de-la-microfinance-2016.html.

57 Renseignements en ligne de la BRVM. Adresse consultée: http://www.brvm.org/.

58 Renseignements en ligne de la BRVM. Adresse consultée: http://www.crepmf.org/.

59 Par non-résident, on entend les personnes physiques ayant leur principal centre d'intérêt hors de l'Union et les personnes morales ayant leur établissement situé hors de l'Union.

60 Directives n° 02/2010/CM/UEMOA et 02/2011/CM/UEMOA portant harmonisation de la fiscalité applicable aux valeurs mobilières dans les États membres de l'UEMOA; et aux entreprises d'investissement à capital fixe. Adresses consultées: http://www.uemoa.int/sites/default/files/bibliotheque/directive_02_2010_cm_uemoa.pdf et http://www.uemoa.int/sites/default/files/bibliotheque/directive_02_2011_cm_uemoa.pdf.

61 Voir la Base de données de l'OMC I-TIP. Adresse consultée: http://i-tip.wto.org/services/GATS_Detail.aspx/?id=19341§or_path=0000700043.

62 Règlement n° 05/CM/UEMOA relatif à l'harmonisation des règles régissant la profession d'avocat.

63 Le SYSCOA a été adopté par le Règlement n° 04/97/CM/UEMOA du 20 décembre 1996. Il est entré en vigueur dans l'espace UEMOA le 1er janvier 1998.

64 Information en ligne. Adresse consultée: http://www.uemoa.int/Documents/Actes/Annexe_Dec_11_2010_CM_UEMOA.pdf.

65 Convention relative à la coopération en matière de protection et de mise en valeur du milieu marin et des zones côtières de la région de l'Afrique de l'ouest et du Centre, adoptée à Abidjan en 1981. Adresse consultée: http://bj.chm-cbd.net/convention/conv-autres/conv-abidjan/texte_Convention-abidjan.pdf/download/fr-BE/1/texte_Convention-abidjan.pdf.

66 Information en ligne. Adresse consultée: http://abidjanconvention.org/.

67 Règlement n° 06/2009/CM/UEMOA portant reconnaissance mutuelle des visas délivrés par les États membres de l'UEMOA. Adresse consultée: http://www.uemoa.int/actualite/2009/CM2606 2009/reglement _06_2009_CM_UEMOA.pdf.

Appendice - tableaux

Tableau A3. 1 Consolidations ODI

Bénin
Lignes tarifaires consolidées: 2 029 lignes (39,6% du total des lignes)
Nature des ODI sur ces lignes consolidées:
Part des lignes consolidées sans ODI spécifié (donc consolidées à zéro): 25,8%
Part des lignes pour lesquelles un ODI a été spécifié: 13,8%
Taux *ad valorem* des ODI consolidés: 19%
Taux non *ad valorem*: néant
Intitulé des ODI: Non spécifié

Burkina Faso
Lignes tarifaires consolidées: 2 038 lignes (39,7% du total des lignes)
Nature des ODI sur ces lignes consolidées:
Part des lignes consolidées sans ODI spécifié (donc consolidées à zéro): 25,9%
Part des lignes pour lesquelles un ODI a été spécifié: 13,8%
Taux *ad valorem*: 50%
Taux non *ad valorem*: néant
Intitulé des ODI: Non spécifié

Côte d'Ivoire
Lignes tarifaires consolidées: 1 772 lignes (34% du total des lignes)
Nature des ODI sur ces lignes consolidées:
Part des lignes consolidées sans ODI spécifié (donc consolidées à zéro): 23,4%
Part des lignes pour lesquelles un ODI a été spécifié: 10,7%
Taux *ad valorem*: 5%; 10%; 15%; 20%; 25%; 30%; 35%; 50%; 55%; et 70%
Taux non *ad valorem* (groupes de produits concernés):
600 FCFA/Kn (Viandes des animaux)
10% + 10 FCFA/Kn (Pommes de terre);
10% + 35 FCFA/Kn (Riz);
20% + 5 FCFA/Kn (Riz);
25 FCFA/Kn (Riz);
5% + 25 FCFA/Kn (Riz);
110 FCFA le kilo 1/2 brut (Laits et produits de la laiterie);
60 FCFA le kilo 1/2 brut (Laits et produits de la laiterie);
25% + 110 FCFA le kilo 1/2 brut (Laits et produits de la laiterie);
20% + 2,5 FCFA ou 25 FCFA par bouteille suivant la contenance (Sucres et jus de fruits);
20% + 25 FCFA/Kn (Préparations pour sauces et sauces préparées);
12,5% + 25 FCFA ou 50 FCFA par bouteille (Eaux);
25% + 12,5 FCFA, 25 FCFA ou 50 FCFA par bouteille (Eaux);
30% + 2 200 FCFA par bouteille et 2 200 FCFA le Litre d'alcool pur (LAP) (Boissons fermentées);
30% + 2 600 FCFA par bouteille et 2 200 FCFA/LAP (TABA) (Alcool éthylique);
30% + 12 FCFA le demi-litre (Bières de malt);
30% + 1 350 FCFA le litre (Vins de raisins frais);
30% + 500 FCFA le litre, minimum de perception: 115 FCFA le litre (Vermouths et vins de raisins frais);
30% + 77 FCFA le litre (Vins de raisins frais);
30% + 2 750 FCFA /Kg (Cigares); et
30% + 4 750 FCFA /Kg (Tabacs et succédanés de tabac)
Intitulé des ODI:
Droit fiscal: 15%; 30%
Taxe sur les oléagineux (TSO): 20%, 40%
Taxe sur les boissons non alcoolisées
TABA: Taxe sur les boissons alcoolisées
TSPT: Taxe sur la purée de tomates
TSR: Taxe sur le riz
TST: Taxe sur les tabacs

Guinée-Bissau
Lignes tarifaires consolidées: 4 944 lignes (97,7% du total des lignes)
Nature des ODI sur ces lignes consolidées:
Part des lignes consolidées sans ODI spécifié (donc consolidées à zéro): néant
Part des lignes pour lesquelles un ODI a été spécifié: 97,7%
Taux *ad valorem*: 25%; 48,3%; 50%; et 80%
Taux non *ad valorem*: néant
Intitulé des ODI: Non spécifié

Mali
Lignes tarifaires consolidées: 2 092 lignes (40,6% du total des lignes)
Nature des ODI sur ces lignes consolidées:
Part des lignes consolidées sans ODI spécifié (donc consolidées à zéro): 25,9%
Part des lignes pour lesquelles un ODI a été spécifié: 14,7%
Taux *ad valorem*: 50%
Taux non *ad valorem*: néant
Intitulé des ODI: Non spécifié

Niger
Lignes tarifaires consolidées: 4 988 (96,6% du total des lignes)
Nature des ODI sur ces lignes consolidées:
Part des lignes consolidées sans ODI spécifié (donc consolidées à zéro): 25,1%
Part des lignes pour lesquelles un ODI a été spécifié: 71,5%
Taux *ad valorem*: 50%
Taux non *ad valorem*: néant
Intitulé des ODI: Non spécifié

Sénégal
Lignes tarifaires consolidées: 5 084 lignes (100% du total des lignes)
Nature des ODI sur ces lignes consolidées:
Part des lignes consolidées sans ODI spécifié (donc consolidées à zéro): 85,8%
Part des lignes pour lesquelles un ODI a été spécifié: 14,2%
Taux *ad valorem*: 5%; 15%; 25%; 35%; 37%; 48%; 49%; 61%; et 85%
Taux non *ad valorem*: néant
Intitulé des ODI: Droit fiscal; TVA; Timbre douanier

Togo
Lignes tarifaires consolidées: 701 (13,9% du total des lignes)
Nature des ODI sur ces lignes consolidées:
Part des lignes consolidées sans ODI spécifié (donc consolidées à zéro): néant
Part des lignes pour lesquelles un ODI a été spécifié: 13,9%
Taux *ad valorem*: 3%; et 4%
Taux non *ad valorem*: 200 FCFA/tonne indivisible
Intitulé des ODI: Taxe de statistique; Taxe de péage sur le fret maritime; Timbre douanier sur les droits liquidés

Note: Calculs basés sur le niveau national de ligne tarifaire (SH2007).

Source: Calculs du Secrétariat de l'OMC, à partir de sa base de données sur les listes tarifaires codifiées (LTC).

Appendices

Bénin

Environnement économique

PRINCIPALES CARACTÉRISTIQUES DE L'ÉCONOMIE

Situé dans le Golfe de Guinée, le Bénin couvre une superficie de 114 763 km² et comptait 10,9 millions d'habitants en 2015. Par sa situation géographique, il bénéficie d'une façade maritime de 120 km interrompue par les deux embouchures de Cotonou et de Grand-popo, ce qui fait du pays un centre de transit important au sein de la sous-région et lui offre d'énormes possibilités de commerce de services portuaires.

Avec un revenu national brut par habitant de 840 dollars EU en 2015, le Bénin demeure dans le groupe des pays moins avancés (pays au revenu faible).[1] D'après le Rapport sur le développement humain 2015 du PNUD, l'indice de développement humain (IDH) du Bénin était de 0,48 en 2014, ce qui le plaçait au 166ème rang sur 188 pays et territoires et en faisait un pays à développement humain faible. Son économie reste fortement dépendante de quelques biens et services. Malgré de bonnes performances de croissance économique au cours des dernières années, le problème de la pauvreté continue de se poser avec acuité au Bénin. Selon la dernière enquête officielle, le niveau de pauvreté est passé de 36,2% à 40,3% de la population entre 2011 et 2015[2], et affecte en grande partie le milieu rural (43,4% des pauvres en 2015).

L'économie béninoise peine toujours à se développer et à se diversifier pour sortir une fraction importante de sa population de la pauvreté. L'essentiel de l'économie n'est soutenue que par les activités cotonnières et portuaires. Le secteur agricole, qui emploie une forte majorité de la population active, continue de fonctionner avec des moyens rudimentaires qui limitent la productivité et les revenus des travailleurs agricoles.

Malgré une amélioration de son climat des affaires sur la base de l'indicateur *Doing Business,* grâce notamment aux réformes douanières et portuaires (p. 110)[3], ainsi qu'à l'établissement d'un guichet unique pour la création d'entreprises, de graves faiblesses continuent de compromettre le développement économique du pays. En effet, l'accès à l'énergie et au crédit reste difficile et les coûts de ces deux facteurs élevés. Par ailleurs, la faiblesse de garantie des titres de propriété et du cadre judiciaire face à l'exécution des contrats entame l'attractivité de l'économie béninoise. Ces faiblesses du cadre des affaires affectent principalement le tissu industriel du pays qui peine à s'étoffer du fait des coûts de production élevés qu'elles engendrent.

La répartition sectorielle du PIB n'a pas significativement changé pendant la période d'examen (tableau 1.1). Outre son rôle vital comme principal moyen de subsistance dans les régions rurales, l'agriculture représentait également environ 23% du PIB en 2015, contre environ 25% en 2010. Cette baisse a été observée également dans le secteur manufacturier, au profit des services de télécommunications. Bien que le secteur manufacturier soit relativement marginal, il offre des possibilités de diversification économique. Il comprend principalement des unités au sein de l'agroalimentaire, les industries chimiques et de matériaux de construction. Le secteur des services contribue à un peu plus de la moitié du PIB; il est tiré notamment par les services de transports (plus précisément les services portuaires) et de télécommunications, ainsi que du tourisme.

Le commerce des biens et services (en proportion du PIB) est passé d'environ 52% en 2009 à près de 70% en 2016. Il est tiré principalement par la forte demande d'importation de produits alimentaires et de biens d'équipement, soutenue par une population urbaine sans cesse croissante, des travaux d'investissements publics et privés, et le trafic de transit officiel ou frauduleux. Avec une contribution de plus de 60% à la formation du PIB et à la création d'emplois, le secteur informel occupe une part prépondérante dans l'économie béninoise.[4] Il participe en outre à la création d'emploi dans une large mesure. Il continue de se développer du fait de la poussée démographique et de l'incapacité du segment formel de l'économie à absorber la main d'œuvre nationale. Pendant la période d'examen, les circuits de commerce informels ont continué leur émergence notamment du fait des prohibitions imposées par le Nigéria (p. 110) et des primes sur le marché parallèle des changes du fait des fluctuations du Naira, la monnaie nationale nigériane.

ÉVOLUTION ÉCONOMIQUE RÉCENTE

L'économie béninoise s'est progressivement consolidée pendant la période d'examen. Le PIB réel a connu une croissance régulière à partir de 2010 et son taux, qui avoisinait 2% à cette date, s'est maintenu au-dessus de 5% depuis 2013. Toutefois, cette croissance soutenue a connu un léger ralentissement en 2015, avec un taux de croissance de 5,2% contre 6,5% en 2014; le léger ralentissement de 2015 était notamment dû aux perturbations répétées dans la fourniture d'électricité, aux mauvaises conditions météorologiques qui ont affecté la production agricole et au recul de l'activité économique au Nigéria.

Les bonnes performances du secteur agricole ont principalement été à la base de l'amélioration globale de la situation économique nationale. En effet, la filière cotonnière, dont la production a doublé entre 2010

Tableau 1.1 Principaux indicateurs macroéconomiques, 2009-2016

	2009	2010	2011	2012	2013	2014	2015	2016
PIB en prix courants (millions de $EU)	7 097,2	6 969,8	7 814,3	8 117,1	9 111,0	9 575,0	8 457,5	8 894,1
PIB en prix courants (millions d'€)[a]	5 108,9	5 262,5	5 621,3	6 317,5	6 862,0	7 216,9	7,625,8	8 040,6
PIB nominal par habitant ($EU)	793,5	757,7	826,0	834,3	910,7	930,8	799,7	818,1
PIB nominal par habitant (€)	571,2	572,1	594,2	649,3	685,9	701,6	721,1	739,6
PIB en prix constants (variations %)	2,3	2,1	3,0	4,8	7,2	6,4	2,1	4,0
Population (millions)	8,9	9,2	9,5	9,7	10,0	10,3	10,6	10,9
Population rurale (% de la population totale)	58,5	58,1	57,7	57,3	56,9	56,5	56,1	55,6
Chômage (% de la population active totale)	0,9	0,9	0,9	14,3	..	..	..	..
Inflation (IPC - variation %)	2,2	2,3	2,7	6,8	1,0	-1,1	0,3	-0,9
PIB par type de dépense aux prix constants (variation %)								
Dépenses de consommation finale	3,2	1,6	2,3	3,4	4,3	3,6	3,6	3,2
Consommation privée	1,9	1,8	2,3	2,6	4,1	3,9	1,8	1,7
Consommation publique	9,3	0,9	1,9	7,3	5,2	2,2	11,5	8,9
Formation brute de capital fixe (FBCF)	7,3	9,6	2,6	0,4	42,0	-3,3	-7,8	-12,6
Exportations de marchandises et services	-6,0	5,6	-9,7	24,1	19,4	40,0	3,6	-0,1
Importations de marchandises et services	4,2	7,0	-5,8	13,6	28,0	15,8	-5,8	-15,7
Répartition du PIB aux prix courants de base (% du PIB)								
Agriculture, élevage, sylviculture et pêche	26,9	23,3	25,6	25,2	24,0	23,5	23,1	23,5
Agriculture	19,2	18,5	17,3	17,1	16,4	15,9	..	..
Élevage, chasse	4,1	4,4	4,6	4,4	4,1	3,9	..	..
Pêche et sylviculture	3,5	0,4	3,8	3,8	3,5	3,6	..	..
Activités extractives	0,8	0,8	0,6	0,6	0,6	0,5	0,5	0,5
Industries manufacturières	16,3	16,2	14,9	14,2	14,6	14,4	15,7	15,2
Électricité et eau	0,5	0,7	0,8	0,9	0,8	0,8	0,9	0,9
Bâtiments et travaux publiques	7,3	8,3	7,9	7,1	7,0	7,4	7,9	8,0
Services	49,8	52,5	51,7	53,3	54,8	55,3	54,0	54,1
Commerce, restaurant et hôtels	13,1	13,0	14,7	14,5	15,4	16,5	15,5	15,3
Transports, postes et télécommunications	9,2	10,0	9,7	12,7	12,8	12,1	11,5	11,3
Banques et autres institutions financières	3,3	3,4	2,4	2,2	2,6	2,8	..	..
Administration publiques et sécurité social	8,6	9,8	9,3	9,2	9,2	9,1	9,3	9,3
Éducation	5,3	5,7	5,5	5,2	5,2	5,2	5,2	5,2
Santé et action sociale	1,0	1,1	1,1	1,0	1,1	1,1	1,1	1,1
Autres services	9,3	9,4	9,1	8,6	8,6	8,6	..	..
SIFIM Service d'intermédiation financière indirectement mesuré	-1,7	-1,8	-1,6	-1,5	-1,8	-1,9	-2,1	-2,2

	2009	2010	2011	2012	2013	2014	2015	2016
Secteur extérieur								
Compte courant (% PIB courant)	-9,1	-7,6	-6,6	-7,1	-7,4	-9,2	-8,8	-6,9
Balance des biens (% PIB courant)	-7,2	-7,1	-7,0	-6,9	-6,7	-7,4	-6,0	-6,4
Balance des services (% PIB courant)	-3,9	-2,0	-1,2	-1,9	-2,7	-4,2	-3,8	-1,6
Solde global (% PIB courant)	-1,5	2,4	-0,3	1,7	2,2	3,7	1,7	-1,5
Réserves totales, excluant l'or (millions de $EU)	81,7	85,7	81,4	83,2	84,2	76,0	66,8	57,5
FCFA par $EU (moyenne annuelle)	472,2	495,3	471,9	510,5	494,0	494,4	591,4	593,0
Taux de change effectif nominal (2000 = 100)	118,3	111,8	113,1	107,5	111,4	114,3	104,1	107,7
Taux de change effectif réel (2000 = 100)	123,2	115,2	114,4	112,4	114,1	112,8	100,3	100,5
Dette extérieure concessionnelle (millions de $EU)	968,1	1,106,2	1,188,5	1,279,3	1,523,2	1,681,0	1,790,6	..
Dette extérieure concessionnelle (millions d'€)	696,9	835,3	855,0	995,7	1,147,2	1,267,0	1,614,5	..
Dette extérieur, total (million de $EU)	1 317,2	1 599,2	1 868,6	2 059,6	2 013,7	2 045,1	2 179,2	..
Dette extérieure, total (millions d'€)	948,2	1 207,4	1 344,2	1 603,0	1 516,6	1 541,5	1 964,9	..
Dette concessionnelle/ dette totale (%)	73,5	69,2	63,6	62,1	75,6	82,2	82,2	..
Finances publiques (% PIB courant)								
Recettes totales et dons	19,5	18,9	18,8	19,2	18,6	17,4	17,0	14,6
Recettes courantes *(recettes totales sans dons)*	17,2	17,5	16,4	17,4	17,7	16,5	16,4	14,1
Recettes fiscales	14,9	15,2	14,5	14,4	14,8	14,8	14,3	12,2
Impôts sur le commerce extérieur	4,3	8,1	7,1	7,7	8,3	7,6	6,9	5,5
Dons	2,3	1,4	2,4	1,8	0,9	0,9	0,6	0,5
Dépenses totales et prêts nets	24,0	20,3	20,5	19,7	21,2	19,4	24,8	20,6
Dépenses courantes	14,6	14,6	14,0	14,3	14,1	13,8	16,9	14,8
Dépenses en capital	8,8	5,1	6,1	5,2	6,4	5,3	7,5	5,7
Prêts nets	0,4	0,6	0,3	0,1	0,7	0,3	0,4	0,1
Solde courant	2,5	2,9	2,4	3,1	3,6	2,7	-0,5	-0,7
Solde globale hors dons	-6,9	-2,9	-4,0	-2,2	-3,5	-2,9	-8,5	-6,5
Solde globale	-4,6	-1,5	-1,7	-0,4	-2,6	-1,9	-7,9	-6,0
Variation des arriérés	-0,8	-0,5	-0,3	-0,3	-0,1	-0,1	-0,2	0,0
Solde global base caisse (hors dons)	-6,3	-3,2	-4,6	-2,4	-3,3	-3,5	-8,5	-6,5
Besoin de financement:								
Financement extérieur	1,9	3,3	3,0	2,3	3,9	2,7	2,6	2,1
Financement intérieur	4,3	-0,1	1,5	0,1	-0,6	0,8	5,8	4,4
Dette publique extérieure (fin période)	22,6	16,9	16,6	15,4	16,8	20,1	20,9	21,6

.. Non disponible.

a Le franc CFA commun aux pays de l'UEMOA est rattaché à l'euro au cours de: 1€ = 655,96.

Source: IMF eLibrary-Data online information; Banque mondiale online information; Banque centrale des États de l'Afrique de l'ouest, Annuaire statistique 2015; et Groupe de la Banque africaine de développement, Annuaire statistique pour l'Afrique 2017.

et 2014, contribue (directement et indirectement) pour environ 45% aux rentrées fiscales hors douanes et 13% au PIB (p. 126). La production agricole hors coton a en outre augmenté significativement, sous l'impulsion des programmes de diversification de la production agricole mis en place par les autorités. La croissance du secteur secondaire a aussi bénéficié de l'embellie des industries liées à l'exploitation cotonnière (activités d'égrenage) et de celles impliquées dans la production de ciment et autres matériels de construction, dans un contexte d'intenses travaux d'aménagement et de réhabilitation de certains axes routiers et de complexes hôteliers. Les bonnes performances dans le secteur des services, notamment les transports et télécommunications, ont aussi contribué, dans une certaine mesure, à la croissance économique.

Le document du Cadre stratégique pour la croissance et la réduction de la pauvreté dont la troisième génération couvrait la période 2011-2015 a servi de cadre de référence aux politiques et stratégies de développement pour la période considérée. Il visait à promouvoir une croissance inclusive en vue d'une réduction soutenue de la pauvreté, par le renforcement du secteur privé à travers la mise en place de partenariats publics privés (PPP) solides. En 2010, le Bénin a bénéficié d'un accord triennal au titre de la facilité élargie de crédit (FEC) pour un montant total d'environ 109 millions de dollars EU, en vue de soutenir les efforts autorités à rehausser la croissance économique en stimulant l'investissement dans les infrastructures et en exécutant des réformes structurelles visant à accroître la compétitivité du pays.

Pendant la période d'examen, les autorités ont mis en œuvre des réformes structurelles et macroéconomiques, en vue de soutenir la croissance économique, dans un contexte international demeuré, même jusqu'à présent, fragile. En général, la politique budgétaire vise une mobilisation optimale des ressources internes et une programmation efficiente des dépenses publiques. Depuis 2013, le gouvernement pratique un système de Budget programme qui consiste à allouer les crédits en fonction des politiques publiques poursuivies afin de mieux programmer les investissements publics. Des efforts seraient en cours pour l'élaboration d'un Document de programmation budgétaire et économique pluriannuel (DPBEP). Les dépenses publiques ont notablement augmenté en 2015, du fait des dépenses pour l'exécution de certains projets routiers. Toutefois, la part des dépenses d'investissement demeure inférieure à celle des dépenses courantes qui reste élevée du fait du poids de la masse salariale (environ 45% des recettes contre la norme de 35% instituée par l'UEMOA).[5]

Le niveau des recettes est resté relativement stable, avec pour conséquence une forte aggravation du déficit global (dons compris) qui est passé de 1,9% à 7,9% du PIB entre 2014 et 2015, alors qu'il était resté stable au cours des années précédentes. L'État continue d'avoir recours au marché des titres publics pour couvrir ses besoins de financement, ainsi qu'aux financements directs des banques locales. Cependant, le ratio de la dette publique rapporté au PIB demeure faible, bien qu'il se soit accru régulièrement au cours de la période d'examen, en passant de 16,9% en 2010 à 20,8% en 2015. Le pays est en train de mettre en œuvre une stratégie d'endettement à moyen terme sur la période 2014-2018. Il met l'accent, entre autres, sur le recours prioritaire aux ressources concessionnelles et la mobilisation de montants limités d'emprunts non concessionnels pour le financement de projets rentables.

En tant que membre de l'UEMOA, le Bénin applique la politique monétaire conduite par la Banque centrale des États de l'Afrique de l'ouest (BCEAO) dont le principal objectif est la stabilité des prix pour une croissance économique pérenne (rapport commun, p. 35). Au Bénin, entre 2010 et 2011, l'inflation (mesurée par l'indice des prix à la consommation) a été contenue à un niveau inférieur au seuil (maximum) fixé à 3% par an par l'UEMOA, avant de connaître une flambée à 6,8% en 2012, du fait notamment du renchérissement des prix des denrées alimentaires et du carburant. La hausse des prix du carburant avait résulté de la réduction des subventions sur l'essence par le Nigéria d'où ce produit était frauduleusement importé au Bénin. Le taux d'inflation a ensuite fortement baissé en 2013 et est resté conforme aux normes communautaires de 3% maximum en 2016.

Le compte courant extérieur du Bénin demeure déficitaire comme le sont les soldes du commerce des biens et services (tableau 1.2). Son déficit a avoisiné 7% du PIB de 2010 à 2013 (tableau 1.1), avec de légères variations, principalement liées aux fluctuations des cours du coton, des produits pétroliers, ainsi que des opérations d'acquisition des biens d'équipement. En 2014 et 2015, le déficit du compte courant s'est particulièrement aggravé, principalement sous l'effet de l'accroissement des importations de biens d'équipement liées au secteur manufacturier et aux autres travaux de construction d'infrastructures.

Les perspectives économiques à moyen terme sont encourageantes pour le Bénin. Les prévisions du FMI tablent sur des taux de croissance atteignant 6% à moyen terme, sous l'effet conjugué d'une amélioration des infrastructures et des réformes structurelles annoncées dans les programmes de développement du pays.[6] Des hausses modérées des recettes intérieures sont projetées, notamment du fait de l'élimination de certaines exonérations ad hoc; ceci devrait aider à ramener le déficit budgétaire à environ 4,75% du PIB d'ici à 2020. Selon les mêmes analyses, le déficit du compte courant du Bénin devrait s'aggraver entre 2015–2019 du fait d'une augmentation de l'investissement public, mais il devrait s'améliorer progressivement à partir de 2020, à mesure que l'investissement et la croissance des importations se stabiliseront.[7] Toutefois, ces prévisions dépendent notamment de la situation économique au Nigéria et de la mise en œuvre par le Bénin de ses plans de réformes structurelles (y compris institutionnelles) élucidés dans ses stratégies de développement.

Tableau 1.2 Balance des paiements, 2009-2016

(Millions d'euros)

	2009	2010	2011	2012	2013	2014	2015	2016[a]
Balance des transactions courantes	-467,1	-400,5	-371,4	-449,1	-507,0	-667,0	-671,5	-555,8
Balance des biens et services	-567,4	-477,2	-462,1	-553,1	-646,5	-842,1	-741,4	-648,7
Balance des biens	-369,4	-372,7	-395,3	-435,4	-460,9	-535,6	-455,1	-517,6
Exportations f.a.b.	881,5	967,6	899,8	1 122,8	1 492,6	1 932,0	1 517,0	1 224,2
Importations f.a.b.	1 251,0	1 340,3	1 295,1	1 558,2	1 953,5	2 467,4	1 972,1	1 741,7
Balance des services	-197,9	-104,4	-66,8	-117,7	-185,7	-306,6	-286,3	-131,3
Crédit	159,0	284,3	295,8	337,7	387,4	360,7	310,2	359,5
Transport	12,9	76,4	82,0	87,4	107,0	110,5	129,2	..
Voyages	94,5	112,7	129,1	132,2	142,5	113,9	127,0	108,5
Débit	357,0	388,6	362,5	455,4	573,2	667,3	596,5	490,6
Transport	208,9	234,9	227,6	285,4	311,3	503,5	393,9	..
Voyages	37,8	43,4	38,0	33,3	29,3	40,9	56,2	..
Revenu primaire	-23,8	-40,4	-11,1	-52,0	-52,0	-46,0	-59,2	-65,6
Intérêts sur la dette	-18,8	-12,3	-11,9	-16,2	-14,9	-15,7	-23,6	-35,2
Revenu secondaire	123,9	117,1	101,8	156,0	191,5	221,2	129,1	158,5
Administrations publiques	74,5	63,4	23,0	48,5	59,5	67,1	27,8	36,6
Autres secteurs	49,4	53,7	79,0	107,5	132,0	154,1	101,3	122,0
Transferts de fonds des migrants	88,3	96,0	102,0	89,8	106,4	117,5	101,9	99,1
Compte de capital	116,0	115,3	190,9	129,6	140,1	191,9	113,0	145,0
Compte financier	-280,8	-406,0	-148,8	-411,2	-505,7	-731,9	-682,4	-290,4
Investissement direct	-74,2	-147,0	-73,0	-187,8	-227,1	-292,4	-105,5	129,6
Investissement de portefeuille	-57,0	-37,5	-42,5	-53,7	-29,7	-36,4	-179,2	-64,8
Autres investissements	-149,6	-222,0	-33,2	-17,4	-248,8	-403,1	-398,2	-96,0
Erreurs et omissions nettes	-4,1	5,9	13,4	14,3	12,3	11,0	3,5	0,0
Solde global	-74,5	126,7	-18,3	106,0	151,1	267,9	127,4	-120,4

.. Non disponible.

a Projection.

Source: Banque centrale des États de l'Afrique de l'ouest.

Un nouveau cadre de référence des politiques de développement, le Programme d'action du gouvernement (PAG) intitulé "Bénin Révélé", a été mis en place en 2016 pour maximiser les performances de l'économie béninoise sur la période 2017-2021. Le Programme "Bénin Révélé" est conçu pour servir comme l'instrument unique de pilotage de l'action gouvernementale et assurer la programmation des activités des ministères, ainsi que la mise en œuvre du budget de l'État.

En substance, il repose sur trois principaux piliers: 1) la consolidation de la bonne gouvernance à travers le renforcement des acquis démocratiques; 2) la transformation structurelle de l'économie béninoise par l'assainissement macroéconomique et la qualification de la main-d'œuvre; et 3) l'amélioration des conditions de vie des populations par la fourniture des services sociaux de base et l'aménagement du territoire béninois. En février 2017, une mission du FMI a finalisé les discussions avec les autorités béninoises sur un programme économique triennal, dans le cadre de l'accord au titre de la Facilité élargie de crédit (FEC). Il reflète notamment les orientations stratégiques du PAG. En avril 2017, le Conseil d'administration du FMI a approuvé, en faveur du Bénin, un accord de 151,03 millions de dollars au titre de la FEC.[8]

RÉSULTATS COMMERCIAUX

Les chiffres officiels du commerce des biens montrent une évolution irrégulière des importations et des exportations au cours de la période d'examen. Les exportations (en valeur) ont fortement chuté entre 2010 et 2011, du fait notamment de mauvaises conditions météorologiques qui ont affecté la production cotonnière. En effet, cette dernière a régulièrement connu une croissance entre 2011 et 2014 du fait des efforts menés par le gouvernement pour la relance de la production agricole. La chute brutale des exportations en 2015 serait due, dans une large mesure, à des mesures d'interdiction des importations (de certains produits agricoles) prises par le Nigéria qui est l'un des principaux marchés d'exportation/réexportation du Bénin. En effet, une fraction non-négligeable du commerce transfrontalier du Bénin passe par le circuit informel et n'est donc pas enregistrée. Les réexportations sont

Graphique 1.1 Structure du commerce des marchandises, 2009 et 2016

2009 **2016**

Exportations (f.a.b.)

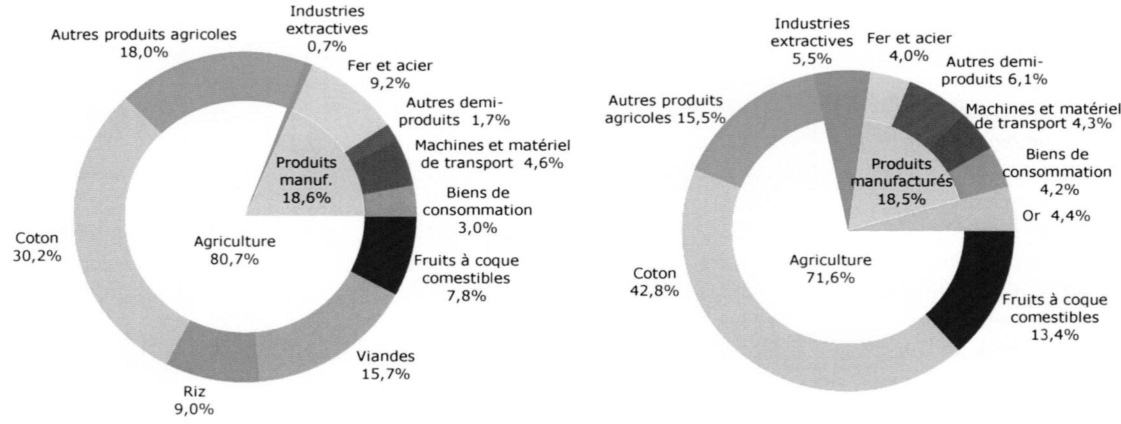

Total: 306,2 millions d'€ **Total: 370,4 millions d'€**

Importations (c.a.f.)

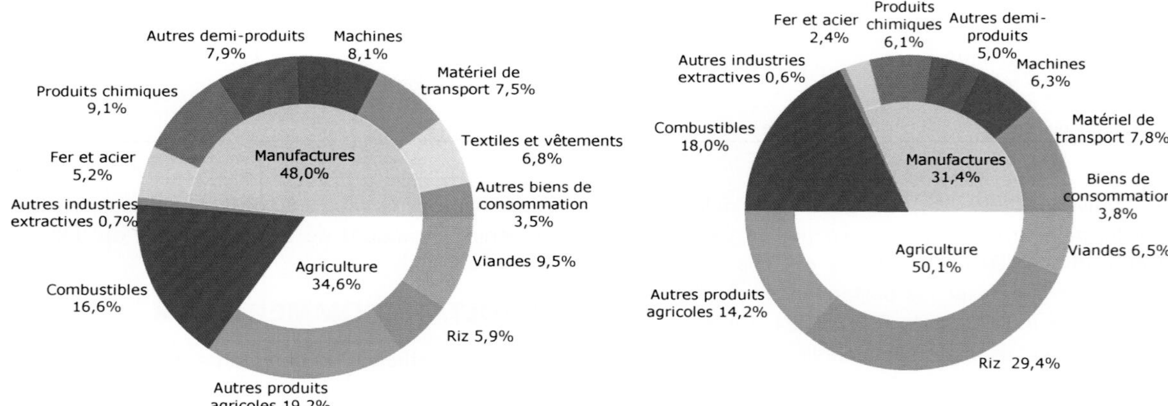

Total: 1 115,0 millions d'€ **Total: 2 377,8 millions d'€**

Source: UNSD, Comtrade database (SITC Rev.3).

Graphique 1.2 Direction du commerce des marchandises, 2009 et 2016

2009 **2016**

Exportations (f.a.b.)

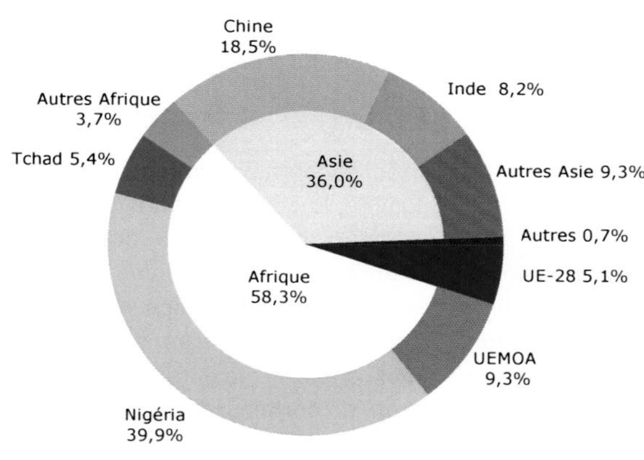

Total: 306,2 millions d'€

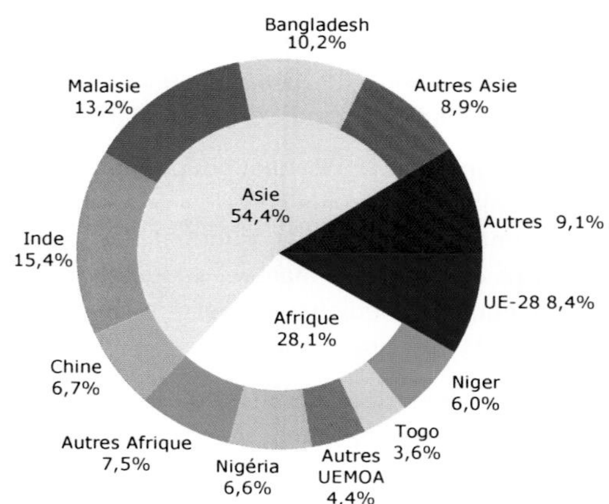

Total: 370,4 millions d'€

Importations (c.a.f.)

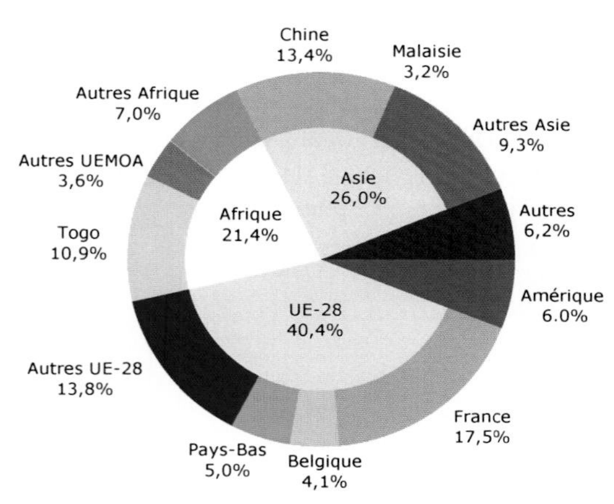

Total: 1 115,0 millions d'€

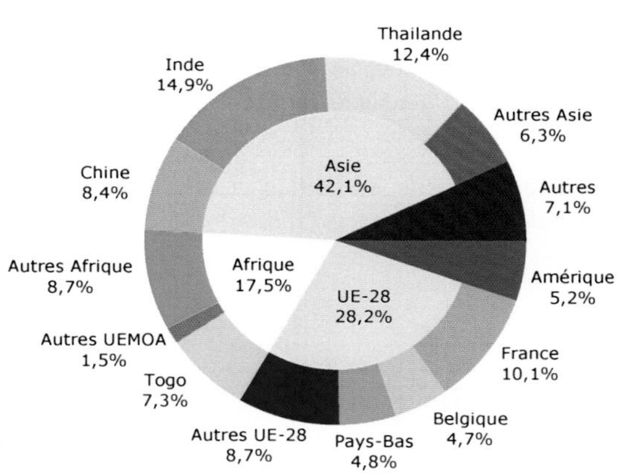

Total: 2 377,8 millions d'€

Source: UNSD, Comtrade database (SITC Rev.3).

Tableau 1.3 Investissements étrangers directs, 2009-2016

(Millions d'euros)

	2009	2010	2011	2012	2013	2014	2015	2016
Flux entrant	96,7	133,5	115,9	178,7	271,3	305,4	206,7	..
Flux sortant	22,4	-13,5	42,9	14,7	44,1	13,0	23,8	..
Stock entrant	549,1	456,1	528,7	766,7	1 057,4	1 211,1	1 502,0	..
Stock sortant	41,4	16,2	54,9	75,7	122,4	119,7	151,7	..

.. Non disponible.

Source: UNCTADSTAT information en ligne.

aussi importantes du fait de la situation géographique du pays, d'où l'importance des opérations de transit. La variabilité des importations a été aussi largement prononcée sur la même période, sous l'influence de l'évolution des prix des produits de base (carburant et produits alimentaires).

La structure du commerce est restée globalement inchangée. Les exportations sont fortement concentrées et dominées par les produits agricoles, notamment le coton et ses sous-produits (tableau A1.1 et graphique 1.1). Les réexportations de biens manufacturés, notamment des matériels de transport demeurent importantes.

Les importations sont beaucoup plus diversifiées et comprennent principalement les produits alimentaires (notamment le riz et les viandes), les combustibles, l'énergie électrique, le matériel de transport, les textiles, le ciment, les médicaments et les intrants agricoles (tableau A1.2 et graphique 1.2).

La distribution des marchés d'exportation du Bénin est assez variable dans le temps; cette variabilité s'est confirmée au cours de la période d'examen. La Chine, qui était le principal marché d'exportation au cours de la période de l'examen précédent, a vu son importance relative chuter de 25% en 2012 à 6,7% en 2016 du fait de l'essoufflement de son économie et de la chute de sa demande pour les produits de base. En 2016, l'Inde s'est positionnée comme la destination principale des produits d'origine béninoise devant la Malaisie, le Bengladesh, l'Union européenne et la Chine (tableau A1.3 et graphique 1.2). La part des exportations à destination des pays africains a chuté entre 2010 et 2016, en passant de 64,4% à 28,1% respectivement, sous l'effet de la baisse rapide des exportations vers le Nigéria.

L'Union européenne, en particulier la France, demeure la principale source des importations de marchandises, suivie de la Chine, et de l'Inde (tableau A1.4 et graphique 1.2). Toutefois, sa part relative a connu une chute progressive depuis 2009 du fait de l'accroissement des importations en provenance de l'Inde et de la Thaïlande.

Le Bénin est importateur net de services (tableau 1.2). L'essentiel des importations de services porte sur le fret et les assurances. Des services d'ingénierie et d'audit en faveur des grands travaux en cours sont aussi importants. Les principales entrées au titre du commerce des services portent sur les activités touristiques.

INVESTISSEMENT ÉTRANGER DIRECT

L'essentiel des investissements étrangers est dirigé vers les activités portuaires, la construction d'infrastructures et les activités liées à la filière cotonnière. Le gouvernement s'efforce à diversifier les activités bénéficiaires des IED par des réformes visant plusieurs filières agricoles et les activités de transformation. Bien que le pays bénéficie d'atouts majeurs tels que, l'accès à la mer, la disponibilité de certains intrants agricoles, ainsi que la possibilité de bénéficier d'un accès préférentiel, y compris au sein de l'UEMOA, les IED au Bénin sont en-dessous de leur potentiel du fait de l'environnement des affaires caractérisé entre autres par la lourdeur des procédures administratives, la faiblesse de la productivité du travail, les coûts de production élevés et la faiblesse des infrastructures (p. 126).

Les stocks des investissements étrangers direct (IED), en hausse depuis 2010 (tableau 1.3), sont tirés par le projet de "boucle" ferroviaire reliant Cotonou à Niamey (Niger) dans un premier temps, puis Ouagadougou (Burkina Faso) et Abidjan (Côte d'Ivoire) ultérieurement, ainsi que par l'implantation de trois nouvelles banques au Bénin. Des flux d'investissements dans les secteurs des télécommunications, de l'énergie et des transports ont aussi contribué à cette croissance régulière.

Notes de fin

1 Information en ligne. Adresse consultée: http://donnees.banquemondiale.org/?locations=BJ-XM.

2 Information en ligne. Adresse consultée: http://www.africaneconomicoutlook.org/fr/notes-pays/benin.

3 Le Bénin figurait parmi les dix pays qui ont le plus amélioré leur performance en 2015 et en 2016; il a continué sur cette voie en 2017.

4 Information en ligne. Adresse consultée: http://cesbenin.org/public/images/ressource/cesbenin-11092012141807-RAPPORT_CES_BENIN_SECTEUR_INFORMEL.pdf.

5 Information en ligne. Adresses consultées sur: http://www.africaneconomicoutlook.org/fr/notes-145,0pays/benin; et http://www.imf.org/external/pubs/cat/longres.aspx?sk=43554.

6 La Stratégie de croissance pour la réduction de la pauvreté (SCRP), dont la troisième génération couvrait la période 2011-2015, est l'outil opérationnel du programme de développement à long terme du Bénin.

7 Information en ligne. Adresse consultée: http://www.imf.org/external/french/pubs/ft/scr/2016/cr1606f.pdf.

8 Information en ligne. Adresse consultée: http://www.imf.org/fr/News/Articles/2017/04/07/pr17124-benin-imf-executive-board-approves-us-151-03-million-under-the-ecf-arrangement.

Régimes de commerce et d'investissement

CADRE GÉNÉRAL

Le contexte institutionnel et juridique général du Bénin n'a pas substantiellement évolué depuis le dernier examen de ses politiques commerciales en 2010. La Constitution du pays n'a pas été modifiée depuis décembre 1990. Elle prévoit la séparation des pouvoirs (exécutif, législatif et judiciaire). Le Président de la république, ainsi que les parlementaires sont élus au suffrage universel direct.

Selon la Constitution, le Bénin est une république multipartite au régime présidentiel. Le Président de la République est élu pour un mandat de cinq ans, renouvelable une seule fois. Il nomme les autres membres du gouvernement. L'actuel Président est au pouvoir depuis avril 2016.

L'Assemblée nationale, composée de 83 députés élus au suffrage universel direct pour un mandat de quatre ans (renouvelable), exerce le pouvoir législatif et le contrôle des actions du gouvernement. Les dernières élections législatives ont eu lieu en 2015. Les lois, y compris celles déterminant les objectifs de recettes et de dépenses de l'État, sont soumises à votation à l'Assemblée nationale. Les décrets d'application des lois votées par l'Assemblée sont pris en Conseil des ministres; ils ont une force exécutoire. Le Président peut également soumettre à un referendum populaire, tout projet de loi portant sur toute question d'intérêt national. Toutefois, ce genre de cas ne s'est pas produit durant la période d'examen.

Le pouvoir judiciaire est exercé par la Cour suprême qui se trouve au sommet de l'ordre judiciaire, et par les cours d'appel, les tribunaux de première instance et les tribunaux de conciliation. La Cour suprême est compétente en matière administrative, judiciaire et des comptes de l'État. Ses décisions ne sont susceptibles d'aucun recours et s'imposent au pouvoir exécutif, au pouvoir législatif, ainsi qu'à toutes les juridictions. La Cour constitutionnelle est en charge de l'examen de la constitutionnalité des lois et des actes réglementaires; il est l'organe régulateur du fonctionnement des institutions et de l'activité des pouvoirs publics. La Haute cour de justice est compétente pour juger le Président de la république et les membres du gouvernement pour des faits qualifiés de haute trahison et d'infractions commises dans l'exercice de leurs fonctions. Elle n'a pas jusqu'à ce jour été saisie.

La Constitution demeure la norme juridique suprême. Dans la hiérarchie interne, elle vient avant les lois, les ordonnances, les décrets et les arrêtés.

Dans certaines circonstances, le gouvernement peut légiférer par ordonnance pendant un délai limité. Il convient de distinguer deux types d'ordonnances. Celles prises conformément aux dispositions de l'article 68 de la Constitution, visent à édicter des mesures exceptionnelles; elles ont valeur législative et ne sont susceptibles que d'un contrôle de constitutionnalité, lui-même limité à la vérification d'atteintes portées aux droits des citoyens garantis par la Constitution. La durée pendant laquelle les mesures exceptionnelles peuvent être prises est fixée par l'Assemblée nationale. Les ordonnances, prises sous le régime de l'article 102 de la Constitution, sont prises en Conseil des ministres; elles entrent en vigueur dès leur publication, mais en principe deviennent caduques si le projet de loi de ratification n'est pas déposé devant l'Assemblée avant la date fixée par la loi d'habilitation. Selon les autorités, depuis l'adoption de la Constitution, aucune loi d'habilitation n'a été demandée par les gouvernements successifs.

Les traités et accords internationaux signés et ratifiés ont force de loi dès leur publication au Journal officiel; dès leur ratification et selon ce système moniste, ils acquièrent une autorité supérieure à celle des lois, sous réserve pour chaque accord ou traité de son application par l'autre partie. Les Accords de OMC peuvent être invoqués directement dans les procédures judiciaires, y compris en cas de différend commercial; cela ne s'est toutefois jamais produit.

Les litiges commerciaux entre les opérateurs économiques sont traités par les tribunaux. Les chambres commerciales au sein des tribunaux de première instance sont compétentes pour traiter en premier ressort les litiges commerciaux. Chaque cour d'appel comprend également une chambre spécialisée qui juge en appel les contentieux commerciaux.[1] En 2016, la Loi n° 2016-15 (du 28 juillet 2016 portant organisation judiciaire en République du Bénin) et ses décrets d'application ont créé trois cours d'appel et trois tribunaux de commerce; ceux-ci ne sont pas encore opérationnels.

Le Bénin est membre de l'Organisation pour l'harmonisation en Afrique du droit des affaires (OHADA). Par conséquent, la cassation des contentieux commerciaux au Bénin est du ressort de la Cour commune de justice et d'arbitrage (CCJA) de l'OHADA.[2]

FORMULATION ET OBJECTIFS DE POLITIQUE COMMERCIALE

Le Ministère chargé du commerce est responsable de la coordination des questions techniques liées à l'élaboration et à la mise en œuvre de la politique commerciale, y compris des questions relatives à l'OMC, et à tout accord commercial. D'autres ministères sont également impliqués dans la formulation et la mise en application de la politique commerciale, notamment le Ministère chargé des finances, ainsi que les ministères en charge des questions sectorielles. La plupart des instruments de la politique et des pratiques commerciales du Bénin sont institués par des lois, ordonnances et règlements.

Les organisations du secteur privé sont associées, sur une base *ad hoc*, à l'élaboration de la politique commerciale; un mécanisme permanent de concertation État/secteur privé n'est toujours pas en place Selon les autorités, un tel cadre de concertation serait en cours d'élaboration.

L'intégration économique régionale au sein de l'UEMOA et de la CEDEAO est au centre de la politique commerciale béninoise (rapport commun, p. 44).

L'autre objectif majeur de la politique commerciale du Bénin est d'intégrer ses politiques commerciales et d'investissement dans la stratégie de développement du pays. En 2011, le pays a mis en place sa troisième génération de Stratégie de réduction de la pauvreté (SRP). Ayant axé sa stratégie de développement sur le secteur privé, par la promotion de nouvelles filières d'exportations, le gouvernement tente d'attirer les investissements, notamment au moyen d'une simplification des procédures de création d'entreprises et de l'adoption d'un nouveau code des investissements.

Plusieurs produits, notamment dans le secteur agricole, disposent d'importantes potentialités de développement à l'exportation. Il s'agit principalement des filières suivantes: coton et textiles, noix de cajou, ananas, poisson et produits halieutiques, et artisanat commercial. Des efforts sont en cours pour créer un environnement propice à l'investissement dans ces domaines économiques, à l'apport de valeur ajoutée locale et à l'amélioration de la compétitivité des biens produits afin de faciliter leur accès aux marchés internationaux. En outre, le tourisme et d'autres services comme les services portuaires constituent des leviers importants pour renforcer les performances économiques du Bénin.

ACCORDS ET ARRANGEMENTS COMMERCIAUX

Relations avec l'Organisation mondiale du commerce

Le Bénin est Membre originel de l'OMC (rapport commun, p. 44). Les concessions du Bénin à l'issue du Cycle d'Uruguay sont contenues dans la Liste XLVIII pour ce qui concerne les marchandises, et dans le document GATS/SC/11 pour ce qui est des services. Au cours de la période d'examen, peu de notifications ont été faites à l'OMC par le Bénin (tableau 2.1).

À l'instar des autres membres de l'UEMOA, le Bénin est membre de plusieurs groupements commerciaux régionaux, dont l'Union africaine (UA) et la CEDEAO (rapport commun, p. 44).

Accords régionaux et préférentiels

Outre les préférences commerciales dans le cadre de la CEDEAO, le Bénin bénéficie de traitements préférentiels offerts par l'UE et les États-Unis (rapport commun, p. 44).

RÉGIME D'INVESTISSEMENT

Cadre législatif

Depuis le dernier examen des politiques commerciales du Bénin, des efforts sont en cours pour assurer l'attractivité de son régime des investissements, ainsi que la formalisation des entreprises évoluant dans le secteur informel. Les réformes ont permis, entre autres, la séparation des formalités d'inscription des entreprises nouvellement créées au fichier de la Chambre de commerce et d'industrie du Bénin (CCIB); l'alignement des frais de création des entreprises par les étrangers sur les frais supportés par les nationaux; la fixation du délai de formalisation des entreprises à huit heures ouvrables, sauf cas de force majeure; la publication gratuite des extraits du Registre du commerce et du crédit mobilier (RCCM) en ligne sur le site web de l'Agence de la promotion des investissements et des exportations (APIEX)[3]; la possibilité pour les promoteurs de vérifier la disponibilité ou non de la dénomination de leur future entreprise sur un site web dédié; la réduction des frais de formalisation de 65 000 FCFA en 2013 à 10 000 FCFA depuis juillet 2014 pour les entreprises individuelles, et de 225 000 FCFA à 17 000 FCFA depuis juillet 2014 pour la création de SARL; la suppression des frais et délais règlementaires qui incombaient au notaire dans la procédure de création d'une SARL et; la suppression de l'obligation de constitution du capital social minimum pour la création des SARL au Bénin et la liberté laissée aux associés d'une SARL de fixer le montant de leur

Tableau 2.1 Notifications soumises par le Bénin à l'OMC, 2010-2016

Prescription	Document de l'OMC	Contenu
Mesures sanitaires et phytosanitaires	G/SPS/N/BEN/6 du 11 novembre 2010	Notification sur les pesticides
Article XXVIII:5 du GATT	G/MA/328 du 8 janvier 2015	Recours aux dispositions du paragraphe 5 de l'article XXVIII
Règles d'origine	G/RO/N/150 du 10 novembre 2016	Notification au titre de l'article 5 et du paragraphe 4 de l'annexe II de l'Accord sur les Règles d'origine
Subventions et mesures compensatoires, article 25.11 et 25.12	G/SCM/N/202/BEN du 11 novembre 2016	Notification au titre de l'article 25.11 et 25.12 de l'Accord sur les Subventions et mesures compensatoires
Pratiques antidumping, article 16.4 et 16.5	G/ADP/N/193/BEN du 11 novembre 2016	Notification au titre de l'article 16.4 et 16.5 de l'Accord
Droits de la propriété intellectuelle	IP/N/3/BEN/1 du 30 novembre 2016	Points notifiés au titre de l'article 69 de l'Accord sur les ADPIC

Source: Document de l'OMC.

capital social de départ. En outre, le recours à un notaire dans le cadre de la création d'une entreprise est devenu facultatif.

Le cadre réglementaire de base pour tout investissement au Bénin demeure le Code des investissements de 1990.[4] Le Code garantit un traitement identique aux personnes béninoises et étrangères. De même, il garantit le rapatriement des revenus de toute nature provenant des capitaux investis, y compris les dividendes et le produit de liquidation de compagnie. Il institue un régime de droit commun, des régimes privilégiés et un régime spécial.

En principe, le Bénin n'applique pas de restrictions aux investissements étrangers.

L'admission à l'un des régimes privilégiés est ouverte à toute entreprise nouvellement créée dans n'importe quel secteur et présentant un intérêt ou une importance particulière pour la réalisation des objectifs du plan national de développement économique et social. Les entreprises exerçant les activités suivantes ne sont pas éligibles à ces régimes privilégiés: achat pour la revente en l'état; reconditionnement, découpage, torsadage ou emballage de produits finis ou semi-finis et toutes autres activités n'entraînant pas une ouvraison ou une transformation au sens de la nomenclature douanière; et les activités ayant une incidence néfaste sur l'environnement et la santé des populations[5], pour lesquelles, un certificat de conformité environnementale est requis.

Le régime privilégié peut également être accordé aux entreprises anciennement installées au Bénin à l'occasion d'une extension de leurs activités, à condition toutefois que l'extension ne relève pas de l'un des domaines d'activité explicitement exclus par le Code. Dans ce cas, le régime privilégié ne s'applique qu'à l'extension.

Outre les conditions susmentionnées, pour être agréée à un régime privilégié, l'activité créée doit contribuer à la mise en œuvre de la politique d'aménagement du territoire, la création d'emplois, l'amélioration de la balance des paiements et la valorisation des ressources locales.

Les régimes privilégiés sont au nombre de cinq selon des conditions spécifiques établies. Ils offrent aux entreprises nationales et étrangères des avantages douaniers et fiscaux qui n'ont pas changé depuis le dernier examen.[6] Le régime "A" qui s'applique aux PME; le régime "B" ou régime des "grandes" entreprises; le régime "C" ou régime de stabilisation fiscale; le régime "D" ou régime des investissements lourds; le régime "E" ou régime des investissements structurants.[7]

La durée d'exploitation des bénéfices du Code dépend de la zone où l'entreprise bénéficiaire est installée: 5 ans pour la ville de Cotonou et ses environs dans un rayon de 25 km; 7 ans pour les circonscriptions urbaines de Porto-Novo, Parakou, Abomey et Bohicon; et 9 années pour le reste du territoire national. Pour le régime D, la durée des bénéfices a été allongée, et comprend: une période d'installation ou d'investissement maximale de cinq ans; plus une période d'exploitation de 12, 13 ou 15 ans, selon la zone. Au terme de cette période, les entreprises admises aux régimes C et D bénéficient de la stabilisation fiscale en ce qui concerne le taux et le mode de détermination de l'assiette des impôts autres que le BIC pendant toute la durée de l'agrément. Les entreprises prestataires de services n'ont pas droit à des exonérations d'impôt pendant la phase d'exploitation.[8]

À l'expiration du bénéfice du régime privilégié, l'entreprise doit poursuivre ses activités pendant cinq ans au moins sous peine de rembourser à l'État béninois les avantages obtenus pendant la durée de l'agrément. Toutefois, du fait des difficultés de contrôle et d'appréciation aucun de ce genre n'a été relevé à ce jour.

Le Code vise entre autres à encourager la valeur ajoutée locale. Ainsi, les activités consistant en l'achat pour revente en l'état, et celles de reconditionnement et d'emballage de produits finis sont exclues du bénéfice des privilèges. Jusqu'en 2008, il était nécessaire de dégager au moins 50% de valeur ajoutée pour bénéficier des avantages. Toutefois, cette part a été ramenée à 30% par les nouvelles ordonnances. Le Code exige que les entreprises bénéficiaires affectent au moins 60% de la masse salariale aux nationaux.[9] Les investisseurs doivent également se conformer aux normes de qualité nationales ou internationales applicables aux biens et services objet de leur activité; sauvegarder l'environnement; tenir une comptabilité conforme au SYSCOA; respecter les programmes d'investissement agréés; se soumettre aux contrôles des autorités; et être immatriculés au registre du Commerce.

Une Commission technique des investissements (CTI) étudie les dossiers et approuve les projets. La Commission de contrôle des investissements (CCI) s'assure que les aspects réglementaires (nombre d'emplois locaux, valeur ajoutée, etc.) sont respectés. Après la réalisation des investissements, la notification des investissements réalisés est vérifiée par la Commission du contrôle des investissements (CCI).

Le régime spécial est applicable aux entreprises entrant dans les catégories suivantes: les entreprises prestataires de services de santé, d'éducation et de travaux publics dont le montant des investissements est au moins égal à 20 000 000 FCFA; les entreprises exerçant l'une des autres activités que celles des régimes privilégiés et dont le montant des investissements est compris entre 5 millions et 20 millions de FCFA. Elles peuvent bénéficier à leur création d'une réduction de 75% des droits et taxes à l'entrée, à l'exception de la taxe de voirie et de la taxe de statistique, sur: les machines, matériels et outillages destinés à la production ou à l'exploitation; les pièces de rechange spécifiques à ces équipements importés dans la limite d'un montant égal à 15% de la valeur CAF des équipements.

En outre, des avantages existent sous des régimes spécifiques, tels que le Code minier, pour l'exploitation des ressources naturelles.

Cadre institutionnel

Le cadre institutionnel des investissements a connu un changement notable pendant la période d'examen. Au regard de la multiplicité des institutions qui étaient en charge de la promotion des investissements, en 2014, le gouvernement a mis en place, sous la tutelle de la présidence de la république, l'Agence de promotion des investissements et des exportations (Apiex), en vue de soutenir les exportations et les investissements au Bénin. Elle demeure le seul interlocuteur pour les investisseurs privés, qu'ils soient béninois ou étrangers. Elle est issue de la fusion de l'Agence béninoise de promotion des échanges commerciaux (ABePEC), du Guichet unique de formalisation des entreprises (GUFE) et du Conseil présidentiel pour l'investissement (CPI). L'Apiex est opérationnel depuis octobre 2015.

Toute entreprise qui sollicite l'octroi d'un régime privilégié en vertu du Code des investissements doit formuler une demande auprès de l'Apiex qui assure le secrétariat de la Commission technique des investissements (CTI).

Tout litige résultant de l'interprétation ou de l'application du Code peut être adressé à une Commission de règlement des différends, dont le mécanisme est précisé dans le Code. Des efforts sont en cours pour mettre en place cette Commission. Le recours au Centre international pour le règlement des différends relatifs aux investissements (CIRDI) est également possible. Des accords et traités relatifs à la protection des investissements ont été conclus par le Bénin avec la République fédérale d'Allemagne (1978); la Grande Bretagne (1986); et la Suisse (1973). Selon les autorités béninoises, des accords de promotion et de protection des investissements ont également été ratifiés avec: Afrique du Sud, Belgique-Luxembourg, Burkina Faso, Égypte, Ghana, Guinée, Libye, Mali, Pays-Bas et Tchad.

Le Bénin a en outre ratifié en 1993 la convention portant création de l'Agence multilatérale de garantie des investissements (MIGA).[10]

RÉGIME DE ZONE FRANCHE INDUSTRIELLE

Le régime de la zone franche industrielle (ZFI) du Bénin a été mis en place en 1999 en vertu de de la Loi n° 99-001 du 13 janvier 1999 portant loi de finances pour la gestion 1999. La loi sur son organisation et fonctionnement fut approuvée en 2005. La ZFI est opérationnelle depuis 2009. L'option de ZFI retenue par le Bénin est la combinaison de zone franche géographiquement délimitée (à Sèmè-podji) et de points francs ou entreprises franches (détails à fournir) qui, s'ils remplissent les conditions, peuvent s'installer en tout endroit du territoire national et bénéficier des avantages prévus. En 2016, 19 points francs étaient en place au Bénin. Par ailleurs, sur 19 sociétés agréées au régime de la ZFI, 11 étaient en activité.

L'administration de ce régime est assurée par une société anonyme dénommée "Agence d'administration de la ZFI". Les objectifs poursuivis par les autorités béninoises à travers la création de la ZFI sont entre autres: la promotion et la diversification des exportations, et l'amélioration de la balance commerciale; l'augmentation des gains en devises; le transfert de technologie; et la

Tableau 2.2 Avantages fiscaux sous le régime de la zone franche industrielle

Mesures	Avantages
Droits et taxes d'entrée (excepté la taxe de voirie)	Exonération à l'importation sur les machines, les matériels d'équipements et outillages; les pièces de rechange ou détachées spécifiques aux équipements importés; les matières premières et produits semi-finis; les produits destinés au conditionnement et à l'emballage des produits transformés; les carburants; les lubrifiants; les matériaux de construction; le mobilier de bureau et les consommables de bureau; les groupes électrogènes et accessoires; les appareils de télécommunication; les appareils destinés à la climatisation des entreprises agréées au régime de la ZFI et les chambres froides. Pour les véhicules utilitaires acquis par les entreprises, une réduction de 60% de ces mêmes droits et taxes est accordée. Pour l'exportation, paiement uniquement de la taxe de voirie.
Impôt sur le bénéfice industriel et commercial (BIC)	Exonération pendant les 10, 12 et 15 premières années respectivement pour les zones géographiques 1, 2 et 3. Réduction au taux de 20% (taux normal 25% ou 30% selon les cas) pendant cinq ans à compter de la 11ème, 13ème et 16ème année dépendant des zones.
Versement patronal	Réduction sur les salaires au taux de 4% (contre un taux normal de 8%) pendant une période de cinq ans.
Impôt sur le revenu des valeurs mobilières	Réduction au taux de 5% (contre un taux normal de 18%) pendant une période de cinq ans.
Impôt sur les propriétés bâties et non bâties, patente	Exonération pendant une durée de dix ans.
TVA	Exonération sur les livraisons de produits semi-finis, les emballages, les travaux et services fournis pour le compte de l'entreprise agréée. Exportation au taux zéro (régime général des exportations).

Source: Loi n° 2005-16 du 8 septembre 2005 portant régime de la ZFI.

création d'emplois. La Commission d'agrément au régime de ZFI est chargée d'approuver les demandes d'agrément des entreprises désireuses d'obtenir un tel statut.

Sont admissibles au bénéfice des dispositions du régime de la ZFI: les entreprises de production industrielle à vocation exportatrice; les entreprises de services dont les prestations sont destinées exclusivement aux entreprises industrielles agréées au régime de la ZFI; les entreprises de production de biens exclusivement destinés aux entreprises de production industrielle agréées au régime de la ZFI.

Pour être agréées au régime de la ZFI, les entreprises de production industrielle doivent s'engager à satisfaire entièrement aux conditions suivantes: 1) garantir l'exportation d'au moins 65% de leur production annuelle; 2) réserver en priorité les emplois permanents aux nationaux béninois à qualification égale à celle des non nationaux; 3) contribuer à la formation des nationaux béninois à occuper dans la ZFI des fonctions exigeant une haute qualification; et 4) utiliser en priorité les matières premières, matériaux et fourniture d'origine béninoise, à compétitivité égale.

Les entreprises de services doivent satisfaire à la deuxième condition et fournir des prestations exclusivement liées aux activités des entreprises de production industrielle jouissant du régime ZFI. Tandis que les entreprises de production de biens destinés exclusivement aux entreprises de production industrielles agréées doivent satisfaire aux deuxième et quatrième conditions.

Toute entreprise ayant bénéficié d'un régime privilégié du Code des investissements ne peut être admise au statut de ZFI que cinq ans après l'échéance de ce régime privilégié.

Les entreprises agréées au régime de la ZFI, dans le cadre des activités liées à leur agrément, bénéficient, à compter de la date de l'agrément, d'avantages fiscaux énumérés dans le tableau 2.2.

Le régime des zones franches prévoient en outre des avantages pour les "promoteurs de zones", c'est-à-dire les personnes morales publiques ou privées qui ont aménagé et équipé une parcelle de terrain de leur propriété ou sur laquelle elles ont un droit de jouissance qu'elles exploitent comme zone franche géographiquement délimitée, après agrément.

Notes de fin

1 Article n° 61 de la Loi n° 2001-37 du 27 août 2002 portant sur l'organisation judiciaire au Bénin.

2 Les pays membres de l'OHADA sont: le Bénin; le Burkina Faso; le Cameroun; la République centrafricaine; les Comores; le Congo; la Côte d'Ivoire; le Gabon; la Guinée; la Guinée-Bissau; la Guinée équatoriale; le Mali; le Niger; la République démocratique du Congo; le Sénégal; le Tchad; et le Togo.

3 Information en ligne. Adresse consultée: www.gufebenin.org. Pour les informations sur les investissements, adresse consultée: http://www.guidebenin.com/.

4 Loi n° 90-002 du 9 mai 1990 portant Code des investissements au Benin. Le Code tel qu'amendé serait en relecture profonde.

5 Aucune demande n'a été rejetée sur cette base au cours de la période d'examen.

6 Document de l'OMC WT/TPR/S/236/Rev.1 du 22 novembre 2010.

7 Conformément à la définition du Code des investissements.

8 Article 59 de la Loi n° 90-033.

9 Articles 33, 35 et 36.

10 Renseignements en ligne de MIGA. Adresse consultée: http://www.miga.org/.

Politique et pratiques commerciales par mesure

MESURES AGISSANT DIRECTEMENT SUR LES IMPORTATIONS

Procédures douanières, évaluation et prescriptions

Les exigences en matière d'enregistrement des importateurs n'ont pas changé depuis le dernier examen des politiques commerciales (EPC) du Bénin. Elles sont règlementées par la Loi n° 90-005 du 15 mai 1990 fixant les conditions d'exercice des activités de commerce en République du Bénin (telle qu'amendée par la Loi n° 93-007 du 29 mars 1993), et le Décret n° 93-313 du 29 décembre 1993. Toute personne physique ou morale de toute nationalité peut importer en toute liberté les produits autorisés.

L'exercice du métier d'importateur ou d'exportateur est soumis à l'enregistrement au registre du commerce, moyennant payement de 10 000 FCFA pour les personnes morales et 5 000 FCFA pour les personnes physiques. En outre, les commerçants sont tenus de s'inscrire au Ministère du commerce afin d'obtenir un numéro d'identification (code importateur-exportateur). Sa délivrance est soumise au paiement d'un droit fixe d'établissement de 30 000 FCFA. Lors de la création d'une société, le versement annuel initial à la Chambre de commerce et d'industrie est de 50 000 FCFA pour les nationaux et 150 000 FCFA pour les étrangers, au titre des droits d'adhésion à la chambre. L'année suivante, les cotisations sont établies au *prorata* du chiffre d'affaires réalisé par l'opérateur économique.

Depuis le dernier EPC du Bénin, l'essentiel des procédures douanières demeure inchangé. Toutefois, des efforts sont en cours en vue d'une modernisation des opérations de dédouanement. En 2013, le gouvernement a adopté une stratégie de réforme douanière pour la période 2013-2016. Elle visait entre autres à renforcer les capacités de l'administration douanière, moderniser les outils de dédouanement et améliorer la mobilisation des recettes douanières, à travers: a) une meilleure gestion du risque; b) une maîtrise de la valeur en douane par le biais d'un "programme de certification de la valeur" en douane; c) des mesures de contrôles avant dédouanement par l'installation de scanners; d) des mesures de contrôles après dédouanement; et e) une exécution rationnelle des différents régimes douaniers, y compris la géolocalisation pour les marchandises en transit et un plan de réduction des exonérations. Aucun plan de réduction des exonérations n'a cependant été mis en place pendant la période d'Examen.

En 2014, le Bénin s'est doté de la Loi n° 2014-20 du 27 juin 2014 portant Code des douanes. Elle régit l'ensemble des procédures douanières au Bénin et prend en compte l'essentiel des dispositions du code communautaire de l'UEMOA. Sous tous les régimes douaniers, les marchandises doivent faire l'objet d'une déclaration en douane; l'exemption des droits et taxes de porte ne les dispense pas de cette obligation. En principe, le dépôt de la déclaration en détail se fait soit par l'intermédiaire de commissionnaires en douane (ou transitaires) agréés, soit directement par les importateurs. Toutefois, ces derniers doivent être en possession d'une autorisation de dédouaner accordée par le Ministre en charge des finances à titre temporaire et révocable, et pour des opérations portant sur des marchandises spécifiées. Les conditions d'agrément des commissionnaires en douane sont harmonisées au sein de l'UEMOA (rapport commun, p. 50).

Les documents exigés pour les procédures en douane sont: la carte d'importateur; la facture d'achat; la facture du fret; la facture indiquant la prime d'assurance, et le cas échéant, le certificat d'inspection avant expédition, le certificat d'origine et le certificat phytosanitaire. Les importations par voie maritime doivent être accompagnées d'un Bordereau électronique de suivi des cargaisons (BESC), à établir auprès du Conseil national des chargeurs. Pour sa délivrance, le chargeur, ou son représentant, est tenu de s'inscrire sur la plateforme électronique (site internet) de délivrance du BESC et fournir une copie du connaissement, et de la facture commerciale. Les taux appliqués sont: 25 euros (16 250 FCFA) par connaissement pour les cargaisons en provenance d'Europe et d'Afrique, et 100 euros (65 000 FCFA) par connaissement pour celles en provenance d'Asie, d'Océanie, et d'Amérique.

Les procédures de dédouanement sont, en principe, informatisées sur la base du SYDONIA WORLD. Une interconnexion est en place avec la plate-forme électronique de la douane nigérienne. Selon les autorités, le réseau informatisé couvre l'ensemble des postes douaniers du territoire national et toutes les déclarations sont enregistrées par voie électronique.

Depuis 2015, le Bénin a mis en place un guichet unique des opérations de commerce extérieur au Port de Cotonou. Selon les autorités, il a permis une modernisation des opérations par une dématérialisation des documents. Toute la procédure au niveau des différentes agences est effectuée sur une plate-forme unique et interactive. Pour chaque chargement, depuis un ordinateur connecté à Internet, l'usager (importateur ou son déclarant) soumet électroniquement sur un site web dédié et sécurisé toutes les informations exigées au Guichet unique. Les décisions des diverses agences pertinentes sont traitées et retransmises à l'usager via le système. L'adoption du guichet unique aurait permis un gain en temps. Selon les autorités, le délai moyen de dédouanement est de 48 heures après le dépôt de la déclaration douanière avec tous les documents requis. Toutefois, selon le rapport *Doing Business* 2016 de la Banque Mondiale, le délai moyen est de 72 heures.[1]

Le traitement des déclarations en douane est basé sur une méthode de gestion des risques qui prévoit

trois circuits: vert (bon à enlever), jaune (contrôle documentaire) et rouge (contrôle documentaire et physique des marchandises). Selon les autorités, à peine 10% des marchandises passent par le circuit rouge. Les principaux facteurs pris en compte dans l'évaluation des risques sont: la réputation/fiabilité de l'importateur; le déclarant; la nature de la marchandise; le régime d'importation; le pays d'origine et le pays de provenance des marchandises; la nationalité du transporteur; le mode de transport; et la monnaie de facturation. En général, le circuit vert concerne les véhicules en transit à destination des pays de l'hinterland avec valeur plancher; les véhicules et marchandises au profit de l'État destinataire de l'hinterland; et les véhicules d'occasion à destination des pays côtiers avec valeur plancher. Le circuit rouge porte principalement sur les véhicules transportés en conteneur; et les tissus et vêtements d'origine asiatique. Les autres cas sont traités en circuit jaune.

Le Bénin ne dispose pas d'un système formel d'opérateur économique agréé. Toutefois, selon les autorités, un projet de mise en place d'un tel système est en voie de finalisation. Selon les autorités, un système de décision anticipée a été adopté en janvier 2017 et sa mise en œuvre effective est prévue pour avant décembre 2017. En outre, l'administration douanière a créé en son sein un service dédié à la fourniture des informations douanières aux agents économiques.

Un mécanisme de crédit d'enlèvement est en place pour les denrées périssables au Bénin, conformément aux dispositions du Code communautaire (rapport commun, p. 50). En cas de recours à ce mécanisme, le montant des droits et taxes exigibles est majoré de 3 pour mille.

Le Bénin n'a pas encore ratifié l'Accord de l'OMC sur la facilitation des échanges; en outre, il n'a pas notifié ses mesures de catégorie A.

Pendant la période d'Examen, le Bénin a continué d'exiger l'inspection obligatoire des marchandises avant leur expédition. En 2011, BENIN CONTROL, une société de droit béninois, fut mandatée par le gouvernement en vue de l'exécution d'un "Programme de vérification des importations de nouvelle génération" portant sur le prix et la position tarifaire des marchandises. Toutefois, le contrat liant BENIN CONTROL au gouvernement béninois fut suspendu en 2012. Par conséquent, de 2012 à 2014, le système d'inspection avant expédition avait été suspendu.

En avril 2014, le bénin a mandaté, pour trois ans, la SGS SA pour la mise en place du programme de certification des valeurs (PCV) en douane, et BIVAC (BUREAU VERITAS) pour l'acquisition, l'installation et l'exploitation des scanners au Bénin. En pratique, les douanes faisaient recours à l'expertise de SGS SA en cas de doutes sur la valeur, mais le contrat d'exploitation du scanner n'a jamais été exécuté. Au bout des trois ans, les douanes béninoises devraient prendre en charge l'ensemble de la procédure d'évaluation en douane. Toutefois, selon les autorités, depuis le 1er avril 2017, le gouvernement a confié la responsabilité de la certification de la valeur des marchandises à BENIN CONTROL.

Le Bénin n'a soumis aucune notification à l'OMC en matière d'évaluation en douane des marchandises. En principe, la réglementation de l'UEMOA relative à la valeur en douanes des marchandises demeure en vigueur au Bénin (rapport commun, p. 55). Cette réglementation de l'UEMOA, ainsi que le code des douanes du Bénin, reprend telles quelles les dispositions de l'Accord sur l'évaluation en douane de l'OMC. L'UEMOA maintient en outre un système communautaire de valeurs de référence, dont l'objectif serait "de lutter contre les fausses déclarations de valeur et la concurrence déloyale". En pratique, jusqu'en janvier 2017, les douanes béninoises avaient recours à un fichier de valeurs auquel elles ont indiqué ne plus recourir.

Des valeurs mercuriales sont cependant appliquées pour la détermination de la valeur des voitures d'occasion importées. Un système de valeur plancher est en vigueur pour les véhicules de plus de dix ans.

Règles d'origine

Le Bénin a notifié à l'OMC qu'il n'applique pas de règles d'origine non préférentielles.[2]

En principe, les règles d'origine préférentielles de l'UEMOA dont les dispositions de base sont harmonisées avec celles de la CEDEAO sont en vigueur au Bénin. Toutefois, la mise en application desdites règles rencontre quelques difficultés (rapport commun, p. 50).

Le Comité national d'agrément traite des dossiers de demandes d'agrément pour l'accès aux schémas préférentiels de l'UEMOA et de la CEDEAO. Au besoin, les opérateurs économiques sont invités à déposer deux dossiers de demande d'agrément.[3] En cas d'avis favorable, la décision d'agrément est délivrée par le Ministère chargé de l'industrie. La liste des produits agréés, accompagnée des dossiers, est transmise aux Commissions respectives de l'UEMOA et de la CEDEAO pour une diffusion auprès des États membres. Le certificat d'origine est valable pour le produit en question et valable pour 6 mois.

Droits de douane

Depuis le 1er janvier 2015, le Bénin applique le tarif extérieur commun (TEC) de la CEDEAO. Ce dernier comporte cinq taux (au lieu de quatre pour l'ancien TEC de l'UEMOA): zéro, 5%, 10%, 20% et la nouvelle bande de 35%. Le Bénin applique également d'autres droits et taxes communautaires à savoir: la redevance statistique (RS) de 1% (5% sur les biens importés sous les régimes suspensifs); le prélèvement communautaire de la CEDEAO (PC) de 0,5% pour le compte de la Commission de ladite Communauté; et le prélèvement communautaire de solidarité (PCS) de 1% pour le compte de la Commission de l'UEMOA. Cependant, le Bénin n'applique pas les taxes provisoires (communautaires mais d'application nationale facultative) prévues durant la période d'ajustement au TEC de la CEDEAO (rapport commun, p. 50).

Outre les autres droits et taxes communautaires, le Bénin applique d'autres prélèvements comme les charges portuaires telles que l'Acconage – manutention (1 000 FCFA /t), la Redevance portuaire (1 300 FCFA/t), et les droits de plombage (25 FCFA par plomb). Une "redevance informatique", fixe de 10 000 FCFA, est perçue par déclaration en douane; elle est applicable à toutes les marchandises importées au Bénin, ainsi qu'à toutes les marchandises exportées ou réexportées.

Les consolidations du Bénin concernent en tout 39,6% de ses lignes tarifaires (rapport commun, tableau 3.10). Durant le Cycle d'Uruguay, il a consolidé au taux plafond de 60% les produits agricoles, à l'exception des huiles végétales (SH 1507-1522), de l'amidon de froment (blé) (SH 1108.11) et de l'amidon de maïs (SH 1108.12), consolidés à 100%. Les consolidations réalisées avant le Cycle d'Uruguay, pour le compte du Bénin alors qu'il était colonie, sont à des taux inférieurs. Il s'agit du lait non concentré ni sucré, de la crème de lait non concentrée ni sucrée et du lait concentré sans sucre ou additionné de sucre, consolidés à un taux de 7%, ainsi que des farines de céréales (de froment, d'épeautre et de méteil) consolidées à un taux de 5%.

Par ailleurs, 24 lignes tarifaires à quatre chiffres, du Chapitre SH 25[4], ont été consolidées à 50% lors du Cycle d'Uruguay, tandis que les consolidations tarifaires antérieures sur quelques autres produits non agricoles étaient à des taux de 4% à 75%. Les autres droits et taxes ont été consolidés à 19%.

Actuellement, sur quelques 623 lignes tarifaires, les taux NPF appliqués par le Bénin dépassent les taux consolidés correspondants.

Autres impositions

Les régimes (à l'exception des taux) de la TVA, des droits d'accise, et de la taxe sur les produits pétroliers, ainsi que de l'acompte sur l'impôt sur les bénéfices industriels et commerciaux (BIC), ont été harmonisés au sein de l'UEMOA (rapport commun, p. 50). Le taux standard de de la TVA est de 18% au Bénin; le Code général des impôts fournit la liste des biens (importés ou produits localement) exonérés de la TVA. Les droits d'accise *ad valorem* sont de: 1% sur la farine de blé, les corps gras et huiles alimentaires; 7% sur les boissons non alcoolisées, à l'exception l'eau; 7% sur les produits cosmétiques; 20% sur les bières et cidres, ainsi que les véhicules de tourisme de 13CV et plus; 40% sur les vins et 45% sur les champagnes. Des droits spécifiques (Taxe spécifique unique sur les produits pétroliers) sont prélevés sur les produits pétroliers suivants: super carburant (65 FCFA/litre), essence ordinaire (55 FCFA/litre), gas-oil (20 FCFA/litre), lubrifiants (17 FCFA/litre), et graisses (23 FCFA/kilogramme).

Conformément à la Loi n° 2008-09 du 30 décembre 2008, une écotaxe sur les activités polluantes est prélevée sur une liste de produits importés ou locaux aux taux variant entre 0,25% et 5% de la valeur c.a.f. ou du coût de production pour les produits locaux (tableau 3.1).

L'acompte sur l'impôt sur le bénéfice (AIB) est prélevé sur les contribuables immatriculés à l'identifiant fiscal unique au taux de 1%, tandis que les opérateurs non immatriculés acquittent 5%.

Un acompte forfaitaire spécial (AFS) de 50 000 FCFA est prélevé par véhicule d'occasion importé ou en transit (à l'exception des véhicules à destination du Burkina Faso et du Niger).

Prohibitions et restrictions à l'importation, et licences d'importation

Selon le Code des douanes, la liste des prohibitions est fixée conformément aux règlements du Conseil des ministres de l'UEMOA (rapport commun, p. 64). Ainsi, conformément au règlement de l'UEMOA, les Ministères en charge de l'environnement et du commerce fixent annuellement le quota d'importation de substances appauvrissant la couche d'ozone, après concertation avec les acteurs de la filière. L'importation de ces substances est soumise à une autorisation spéciale, d'une durée de 6 mois, délivrée par la Direction du commerce extérieur.[5]

En tant que signataire du protocole de Montréal, le Bénin s'est engagé à interdire la production et l'importation des chlorofluorocarbures à partir de janvier 2010; à cet effet, un projet de loi était en cours d'élaboration en 2010.

Certaines marchandises ne peuvent être importées que par des importateurs agréés, en fonction de leur caractère spécifique et/ou stratégique, ainsi que pour assurer un bon approvisionnement du marché

Tableau 3.1 Écotaxe, 2016

Produits	Tarifs applicables
Piles et accumulateurs	0,5% de la valeur c.a.f. ou du coût de production locale
Récipients et emballages jetables, autres que plastiques et contenant divers produits	0,5% de la valeur c.a.f.
Récipients et emballages jetables vides, autres que plastiques	0,25% de la valeur c.a.f.
Soufre en régime de transit	25 FCFA par kg
Tabac et cigarettes	5% de la valeur c.a.f. ou du coût de production locale

Source: Loi n° 2008-09 du 30 décembre 2008.

national et garantir des niveaux de qualité acceptable. Elles comprennent notamment: les stupéfiants; les substances psychotropes; les réactifs de laboratoire; les produits végétaux consommables; les produits pharmaceutiques; les matériels médicaux; les explosifs, produits toxiques et corrosifs; les produits sujets à inflammation spontanée; les produits inflammables et carburants (p. 126); les engrais; le ciment; les produits radioactifs; et les liquides ayant un point éclair.

En 2009, le Bénin appliquait des interdictions temporaires d'importation par voie terrestre ou fluviale, y compris en provenance des États membres de l'UEMOA, à quelques produits de grande consommation (tableau 3.3). En outre, l'importation des denrées congelées d'origine animale non originaires de la CEDEAO ne peut être réalisée que via le port autonome de Cotonou ou l'aéroport international de Cotonou.[6] Selon les autorités, la plupart de ces mesures viseraient à protéger la santé humaine en évitant l'introduction de denrées avariées via les frontières terrestres où les contrôles sont moins rigoureux.

Depuis 2009, l'importation et le transit de viande bovine et de produits dérivés de toute origine, sont soumis à une autorisation préalable de la Direction de l'élevage.[7]

Mesures commerciales de circonstance

Le Bénin n'a jamais pris de mesures commerciales de circonstance. En outre, il ne dispose pas de cadre national légal en la matière. Un code communautaire de l'UEMOA est en vigueur dans tous les pays membres de l'union depuis 2004. Ce Code reprend intégralement les dispositions de l'accord OMC en la matière (rapport commun, p. 63).[8]

Autres mesures

Le Bénin applique les sanctions commerciales décidées dans le cadre de l'ONU ou des organisations régionales dont elle est membre. Le pays ne participe pas à des échanges compensés et n'a conclu aucun accord avec des gouvernements ou des entreprises étrangères en vue d'influencer la quantité ou la valeur des marchandises et services exportés vers son marché.

Selon les autorités, la législation nationale ne contient pas de dispositions en matière de teneur en éléments d'origine nationale; aucun avantage n'est soumis au respect de tels critères. Par ailleurs, des stocks de sécurité sont en place pour les produits alimentaires de base et les produits pétroliers (p. 132).

MESURES AGISSANT DIRECTEMENT SUR LES EXPORTATIONS

Procédures et prescriptions douanières

Les formalités d'enregistrement requises en matière d'importation de marchandises à des fins commerciales sont applicables également aux exportations (p. 105). Toute exportation doit obligatoirement donner lieu à une déclaration en douane. La durée moyenne des procédures douanières à l'exportation est d'environ 24h.

L'exportation de l'or, du diamant et de tous les autres métaux et pierres précieux est soumise à l'avis conjoint des Ministres chargés des finances et des mines.

Tout comme les importations et les exportations, les marchandises en transit doivent être déclarées soit par l'intermédiaire de commissionnaires en douane (ou transitaires) agréés, soit directement par les commerçants. Elles sont en outre obligatoirement assujetties à l'escorte routière, opérée par les douanes béninoises. Les frais d'escorte douanière comportent une Redevance de suivi et contrôle (RSC) de 99 000 FCFA pour les marchandises et 47 200 FCFA pour les véhicules, en plus d'une "taxe regroupement convoyage" de 25 000 FCFA pour le séjour dans des parkings de regroupement avant le départ du convoi.[9]

Les marchandises en transit ne sont pas soumises aux droits et taxes d'entrée. Toutefois, une cotisation non remboursable de 0,25%, correspondant au fonds

Tableau 3.2 Prohibitions temporaires à l'importation, 2016

Importation prohibée	Produits concernés	Texte législatif
Par voie terrestre ou voie fluviale	Farine de blé	Arrêté n° 30/MICPE/DC/SG/DCCI/DC du 23 mai 2006
Par voie terrestre	Huile végétale Riz Sucre Poisson congelé Viandes et abats congelés	Arrêté n° 1357/MFE/DC/SGM/DGDDI/DAR du 8 novembre 2004
Par voie terrestre	Poisson réfrigéré Viandes et abats réfrigérés Volaille morte réfrigérée ou congelée	Arrêté n° 640/MFE/DC/SGM/DGDDI/DAR du 26 mai 2005
Par voie terrestre	Huiles alimentaires	Arrêté n° 1115/MDEF/MIC/DC/SG/DGDDI/DGCI/DGCE du 8 novembre 2006[a]

a L'Arrêté n° 87/MIC/MEF/DC/SG/DGDDI/DGCE/DGCI du 18 décembre 2007 exclut de la prohibition temporaire les huiles alimentaires originaires de l'UEMOA et de la CEDEAO.

Source: Ministère du commerce.

Tableau 3.3 Résumé des taxes frappant les exportations, réexportations et produits en transit, 2016

(Pourcentage de la valeur f.a.b.)

Régime	Taxe de Voirie	Taxe de statistique	Taxe spéciale de réexportation	Fonds de garantie	Total[a]
Transit avec pays enclavés	s.o.[b]	s.o.	s.o.	0,25	0,25
Transit avec pays côtiers	0,85	5	s.o.	0,25	6,1
Réexportation	0,85	5	4[c]	0,25	10,1
Admission temporaire simple	0,85	5	s.o.	s.o.	5,85
Admission temporaire spéciale	0,85	5	s.o.	s.o.	5,85
Exportation de produits indigènes	0,85	s.o	s.o.	s.o.	0,85

s.o. Sans objet.

a Un droit de timbre douanier est perçu sur toute quittance délivrée par l'Administration des douanes et relative aux droits et taxes acquittés à l'entrée ou à la sortie; son taux est de 4% du montant de cette quittance.

b La perception de la taxe de voirie sur les marchandises en transit vers les pays enclavés a été suspendue à partir de janvier 2009.

c Les produits (lignes tarifaires SH) soumis à la TSR sont: lait (0402910000); huiles végétales (1511901000 et 1511909000); sucre (1701911000 à 1701919000); pâtes alimentaires (1902110000 à 1902400000); boissons alcoolisées, y compris la bière (2203001000 à 2205900000 et 2207200000 à 2208900000); pneumatiques neufs (4011100000 à 4011990000); chambres à air neuves (4013100000 à 4013900000); tissus (5001000000 à 5516940000, 5801100000 à 5811000000 et 6001100000 à 6006900000); et fer à béton (7214990000).

Source: Informations fournies par la Direction générale des douanes et droits indirects.

de garantie institué par la CEDEAO, est prélevée sur toutes les marchandises en transit pour le compte de la Chambre de commerce et d'industrie du Bénin. En outre, les prélèvements au titre de la taxe de voirie, de la taxe de statistique (tableau 3.5), du timbre douanier et de l'acompte forfaitaire spécial sur les véhicules en transit vers les pays enclavés, constituent une consignation.[10] Le montant consigné est remboursé sur présentation de justificatifs de la sortie régulière des véhicules du territoire béninois.

Par ailleurs, les véhicules de transport immatriculés à l'étranger, d'un poids à vide égal ou supérieur à 1 500kg, sont soumis à une taxe intérieure de transport de 5 000 FCFA, majorée du timbre douanier; les véhicules à usage privé immatriculés à l'étranger acquittent une taxe d'importation temporaire du même montant.

Taxes, impositions et prélèvements

Une taxe fiscale de sortie de 3% de la valeur f.a.b. est collectée sur les exportations de cacao en fève, de pétrole brut et de métaux et pierres précieux.

En outre, certaines taxes sont prélevées sur une base *ad valorem* sur les marchandises exportées ou en transit (tableau 3.5). Tout comme sur les importations, la redevance informatique est perçue sur les exportations et les réexportations.

Les produits et services exportés sont soumis à la TVA au taux zéro.

Prohibitions et restrictions à l'exportation, et licences d'exportation

Dans le but de préserver les ressources naturelles, les exportations de bois de teck non transformé et de charbon de bois sont interdites par le Bénin. Des prohibitions à l'exportation s'appliquent aussi aux graines de coton et aux produits des cultures vivrières.

Les exportations d'animaux, de produits animaux et agricoles, et de matériel végétal sont soumises à l'obtention d'un certificat sanitaire/phytosanitaire auprès du Ministère en charge de l'agriculture.

L'exportation de métaux précieux est soumise à l'approbation du Ministre des finances, sauf s'il s'agit d'objets contenant une faible quantité du métal, d'objets dont le poids est inférieur à 500 grammes, ou de dix pièces d'or au plus; et des exportations effectuées par le Trésor public ou la BCEAO.

Au titre d'un Mémorandum d'entente (Mémorandum de Badagry), la douane béninoise aide le Nigéria à assurer le respect des prohibitions à l'importation imposées par ce dernier.

Soutien et promotion des exportations

La dernière notification du Bénin au titre de l'article XVI:1 du GATT de 1994 et de l'article 25 de l'Accord sur les subventions et les mesures compensatoires date de 1998, et faisait part de l'absence de subventions à l'exportation au cours des années 1996 et 1997.[11]

Le Code des investissements et le régime de zone franche industrielle (ZFI) prévoient diverses réductions, exonérations ou autres incitations fiscales (droits d'entrée inclus) portant aussi sur les matières premières et emballages importés destinés à la fabrication des produits exportés (p. 105). Les exportations de produits ouvrés ou fabriqués dans les zones franches et les points francs, par des entreprises agréées au régime ZFI, sont assujetties uniquement au paiement de la taxe de voirie. Il semblerait toutefois que depuis l'entrée en vigueur du TEC CEDEAO, les entreprises agréées au régime ZFI

ne jouissent en principe plus des préférences tarifaires au sein des pays de la région comme le Nigéria, étant donné que l'origine communautaire n'est pas conférée à leurs produits. Toutefois, depuis 2016, à la suite d'un amendement du Code des investissements, les entreprises agréées aux dispositions de la ZFI peuvent renoncer à ce régime afin d'opter pour les avantages offerts par le Code des investissements.

Au sein de la Chambre de commerce et d'industrie du Bénin (CCIB), le centre de ressources AGOA, en place depuis 2010, assiste les exportateurs béninois à bénéficier des avantages (préférences commerciales) offerts sous l'AGOA.

En 2014, le gouvernement a mis en place, sous la tutelle de la présidence de la République, l'Agence de promotion des investissements et des exportations (Apiex) en vue de soutenir les exportations et les investissements au Bénin. Elle est issue de la fusion de l'Agence béninoise de promotion des échanges commerciaux (ABePEC), du Guichet unique de formalisation des entreprises (GUFE) et du Conseil présidentiel pour l'investissement (CPI). Dans ses activités de promotion des exportations, l'Apiex s'occupe entre autres du disséminement d'informations commerciales sur les marchés extérieurs.

MESURES AGISSANT SUR LA PRODUCTION ET LE COMMERCE

Incitations

Outre les régimes douaniers prévus au niveau communautaire, le Bénin applique, depuis 1993, un régime d'admission temporaire spéciale de matériels d'entreprise, importés pour l'exécution de travaux et ouvrages publics.[12] Accordé sur demande, ce régime permet de calculer les droits et taxes exigibles sur la base de la durée d'amortissement du matériel et de sa durée d'utilisation sur le territoire douanier; le taux cumulé des droits exigibles ne doit pas dépasser 7% et il est exigible dès la déclaration des marchandises au cordon douanier.

Le Bénin accorde des réductions et exemptions de droits et taxes dans le cadre de son Code des investissements, des conventions minières, et de son régime de ZFI (p. 105). Par ailleurs, plusieurs régimes d'exonération des droits d'entrée sont régulièrement instaurés et/ou reconduits annuellement (tableau 3.2).

La Loi de finances 2016 a instauré, pour l'année 2017, l'élimination temporaire des droits de douane et de la TVA sur certains équipements informatiques et de transports. Toutefois, ils restent soumis au PCS, au PCC ainsi qu'à la taxe statistique.[13]

La plupart des incitations octroyées par le Bénin sont de nature fiscale et visent à encourager le développement des petites et moyennes entreprises, des entreprises à fort potentiel économique et social, et à supporter les activités exportatrices. Outre les avantages consentis dans le cadre du Code des investissements et du régime de ZFI (p. 105), des exonérations sont également accordées aux importations et aux achats sur le marché local de certains intrants et biens d'équipement spécifiques (p. 110). De 2011 à 2015, les entreprises nouvelles, régulièrement constituées, étaient dispensées, au titre de leur première année d'activité, de la contribution des patentes. Pour ces mêmes entreprises, l'exonération du "versement patronal sur salaires" était étalée sur trois ans (25% au cours des deux premières années et 50% la troisième année).

Tableau 3.4 Exonérations, 2010-2016

Bien importé	Concessions	Période d'application
Matériel informatique (y compris logiciels)	Exonération de la TVA, des droits et taxes de douane, sauf le prélèvement communautaire de solidarité, le prélèvement communautaire, la taxe de statistique	2004-2017
Véhicules à l'état neuf destinés au transport en commun[a]	Exonération de tous droits et taxes, sauf le prélèvement communautaire de solidarité, le prélèvement communautaire, la taxe de statistique et la taxe de voirie	2004-2009
Intrants agricoles, appareils et instruments phytosanitaires[a]	Exonération des droits et taxes d'entrée, à l'exception de la redevance statistique	2004-2017
Machines et matériels agricoles[a]	Exonération des droits et taxes d'entrée, sauf la taxe de statistique et le timbre douanier	2005-2015
Équipements et matériaux neufs destinés à la construction des stations-services, des stations trottoir, des cuves à pétrole et à gasoil[a]	Exonération des droits et taxes d'entrée et de la TVA	2007-2015
Camions citernes neufs destinés à la distribution de produits pétroliers	Exonération des droits et taxes d'entrée et de la TVA	2008-2015

a Exonération applicable également aux produits fabriqués ou acquis localement.

Source: Autorités béninoises.

La Loi de finances de 2015 a créé une contribution unique dénommée taxe professionnelle unique (TPU), regroupant l'impôt sur le revenu, la contribution des patentes, la contribution des licences et le versement patronal sur les salaires. L'exonération des entreprises nouvelles sur la TPU est étalée sur trois ans (25% au cours des deux premières années d'exercice et 50% la troisième année).

Normes et autres règlements techniques

Le cadre institutionnel de la normalisation a connu quelques changements depuis le dernier EPC du Bénin. De 2010 à fin 2016, sous la tutelle du Ministère en charge de l'industrie, l'Agence béninoise de normalisation et de gestion de la qualité (ABENOR) était responsable de l'élaboration, de la mise en œuvre et du suivi-évaluation de la politique nationale de normalisation, de certification et de promotion de la qualité au Bénin.[14] L'Agence béninoise de métrologie et du contrôle de la qualité (ABMCQ), placée sous la tutelle du Ministère en charge de l'industrie et du commerce, assurait le contrôle des instruments de mesure, l'expertise et le contrôle métrologique des équipements industriels et le système d'accréditation des laboratoires d'analyse alimentaires.

En janvier 2017, l'ABENOR et l'ABMCQ ont fusionné pour donner l'Agence nationale de Normalisation de Métrologie et du Contrôle qualité (ANM). Elle est considérée comme le point d'information sous l'Accord sur les Obstacles techniques au commerce (OTC), même si elle n'a pas encore été notifiée comme telle à l'OMC.

L'initiative de la normalisation peut provenir des pouvoirs publics, des associations de consommateurs, ou des producteurs. Sous l'ANM, le Conseil national de normalisation et de gestion de la qualité coordonne les questions techniques concernant les travaux de normalisation, de certification et d'accompagnement à l'accréditation. À la réception d'une demande pour la mise en place d'une norme, il procède à la transmission des dossiers au comité technique concerné. En 2016, huit comités techniques étaient en place dans les domaines suivants: agriculture et produits agricoles, bâtiments et travaux publics, produits alimentaires, électricité et matériels électriques, chimie, textiles, pharmacie et produits cosmétiques. Les comités techniques sont chargés de l'élaboration des normes. Les projets de norme sont soumis à la phase de l'enquête publique afin de recueillir les amendements des acteurs concernés. À la suite de cette phase, les comités techniques adoptent les projets de normes. Enfin, un arrêté du Ministre en charge de l'industrie publie la norme au Journal officiel. Le Bénin a accepté l'Annexe III de l'Accord de l'OMC sur les obstacles techniques au commerce.[15]

Selon les autorités, le nombre de normes nationales en vigueur au Bénin s'élevait à 251 en mars 2017 et aucun règlement technique national n'a été mis en place. Aux fins de la protection de la santé animale, végétale et du consommateur, les autorités béninoises appliquent des règlements techniques internationaux (p. 116). La conformité des produits importés aux normes obligatoires (règlements techniques) doit être certifiée par un organisme reconnu au Bénin. Ainsi, l'inspection des aliments transformés est sous contrôle de la Direction de l'alimentation et de la nutrition appliquées (DANA), qui possède son propre laboratoire. En outre, le Laboratoire national de santé publique (LNSP), sous le Ministère en charge de la santé, est responsable de la métrologie alimentaire; et le Laboratoire des sciences du sol, des eaux et de l'environnement (LSSEE) est responsable de l'analyse du sol, de l'eau, et des produits halieutiques.

D'autres agences responsables de l'application et de la vérification de conformité incluent le Centre national pour les essais et les recherches en travaux publics (CNER-TP), placé sous la tutelle du Ministre en charge des Travaux publics et des transports; la Direction de l'énergie du Ministère en charge des mines, de l'énergie et de l'hydraulique; et la Direction de la pharmacie, du médicament et des explorations diagnostiques du Ministère en charge de la santé.

Un accord de reconnaissance mutuelle en matière de normalisation, d'accréditation, de certification est en place entre le Bénin et le Nigéria; toutefois, ses dispositions n'ont jamais été mises en pratique.

Mesures sanitaires et phytosanitaires

Le cadre légal et institutionnel de contrôle de la sécurité sanitaire des aliments continue d'être caractérisé par l'existence de nombreux textes légaux et réglementaires (tableau 3.5). Cette situation présente le risque de rendre le système de contrôle sanitaire inefficace et coûteux pour les acteurs économiques.

En 2012, à travers un appui conjoint de la coopération belge, de l'Union européenne et de la FAO, le Bénin a mis en place l'Agence béninoise pour la sécurité sanitaire des aliments (ABSSA), qui demeure sous la tutelle du Ministère en charge de l'agriculture, de l'élevage et de la pêche.[16] Elle exerce les activités de contrôle de qualité et de sécurité sanitaire des aliments et a aussi un rôle de veille, d'alerte et d'information en matière de sécurité sanitaire des aliments. L'ABSSA a mis en place des programmes d'inspection des lieux de transformation des produits alimentaires. Elle assure ses missions d'analyse et d'évaluation de la conformité à travers le "Laboratoire central de contrôle de la sécurité sanitaire des aliments" (LCSSA) du Ministère en charge de l'agriculture, basé à Cotonou. En 2016, le LCSSA a été accrédité à la norme ISO 17025 par le BELAC dans le domaine de la microbiologie, lui permettant ainsi d'évaluer la conformité des produits agricoles et agroalimentaires importés et ceux destinés à l'exportation.

En 2002, l'Union européenne avait suspendu les exportations des crevettes du Bénin vers son marché. Toutefois, avec la mise en place de l'ABSSA, le Bénin s'est doté des moyens d'inspection requis et a été

Tableau 3.5 Cadre réglementaire SPS, Bénin

Texte législatif	Description
Loi n° 84-009 du 15 mars 1984	Instituant le contrôle des denrées alimentaires
Décret n° 85-241 du 14 juin 1985	Relatif aux additifs utilisés dans les denrées alimentaires, aux teneurs en contaminants et en substances indésirables dans ces denrées, aux matériaux en contact avec ces denrées et aux produits de nettoyage de ces matériaux
Décret n° 85-242 du 14 juin 1985	Relatif à l'étiquetage et la présentation des denrées alimentaires
Décret n° 85-243 du 14 juin 1985	Relatif à l'hygiène de la production et de la commercialisation des denrées alimentaires
Décret n° 85-245 du 14 Juin 1985	Portant attributions, composition et fonctionnement du Comité national du Codex Alimentarius
Loi n° 87-015 du 21 septembre 1987	Portant Code de l'hygiène publique (articles 36 à 45 et article 156 pour ce qui est des pénalités)
Loi n° 91-004 du 11 février 1991	Portant réglementation phytosanitaire en République du Bénin
Décret n° 92-258 du 18 septembre 1992	Fixant les modalités d'application de la Loi 91-004 du février 1991
Arrêté n° 85 MDR/ DC/ CC/ CP du 22 avril 1993	Relatif à l'hygiène professionnelle requise pour la mise sur le marché de produits phytopharmaceutiques et leur utilisation par des prestataires de services
Arrêté n° 186 MDR/DC/CC/CP du 22 avril 1993	Relatif à l'étiquetage, à l'emballage et à la notice technique des produits pharmaceutiques agréés
Arrêté n° 187 MDR/DC/CC/CP du 22 avril 1993	Relatif à la composition des dossiers des demandes d'autorisation, d'expérimentation et d'agrément des produits phytopharmaceutiques
Arrêté n° 188 MDR/DC/CC/CP du 22 avril 1993	Relatif aux conditions de la délivrance et d'emploi en agriculture de produits phytopharmaceutiques contenant certaines substances dangereuses
Arrêté interministériel n° 255/MDR/MF DC/CC/CP du 19 mai 1993	Relatif à l'interdiction d'emploi en agriculture des matières actives entrant dans la composition des produits phytopharmaceutiques
Arrêté n° 302 MS/DC/SA du 6 février 1995	Portant attributions, organisation et fonctionnement de la Direction de l'hygiène et de l'assainissement de base
Arrêté interministériel n° 128 MDR/MF/DC/CC/CP du 7 mars 1995	Relatif au contrôle phytosanitaire des végétaux et des produits végétaux à l'importation ou à l'exportation
Arrêté n° 591/MDR/ DC/CC/CP du 26 octobre 1995	Relatif à l'agrément professionnel requis pour la mise sur le marché des produits phytopharmaceutiques et leur utilisation par des prestataires de services
Arrêté n° 592/MDR/ DC/CC/CP du 26 octobre 1995	Relatif aux conditions générales d'emploi en agriculture de certains fumigants et dispositions particulières visant le bromure de méthyle et le phosphure d'hydrogène
Arrêté n° 593/MDR/ DC/CC/CP du 26 octobre 1995	Relatif à la composition des dossiers de demande d'autorisation, d'expérimentation et d'agrément des produits phytopharmaceutiques
Arrêté interministériel n° 40/MCAT/MDR/MSPSCF/ MEHU/MF/DC/DCI/DCE du 23 mai 1997	Portant interdiction d'importation et de commercialisation en république du Bénin des insecticides anti-moustiques contenant des matières actives et produits chimiques nocifs à la santé humaine et à l'environnement
Arrêté n° 251/MDR/ DC/CC/CP du 29 juillet 1997	Portant agrément des produits phytopharmaceutiques
Décret n° 97-616 du 18 décembre 1997	Portant application de la Loi n° 87-015 du 21 septembre 1987 portant Code d'hygiène publique
Décret n° 97-624 du 31 décembre 1997	Portant structure, composition et fonctionnement de la Police sanitaire
Arrêté n° 1106 MSP/DC/SGM/DPP/CASES/SA du 22 février 2000	Portant création d'une brigade sanitaire au niveau de chaque commune

Texte législatif	Description
Décret n°114 du 9 avril 2003	Portant assurance qualité des produits de la pêche en République du Bénin
Arrêté n° 245 MAEP/D-CAS/SGM/DRH/DPQC/SA du 30 juillet 2007	Fixant les règles d'organisation et les procédures de contrôle de la qualité, du conditionnement et de la traçabilité des produits agricoles d'origine végétale
Arrêté n° 74/MAEP/D-CAB/SGM/DRH/DP/SA du 26 février 2009	Portant fixation des règles spécifiques d'organisation des contrôles officiels concernant les produits d'origine animale destinés à la consommation humaine.
Arrêté n° 75/MAEP/D-CAB/SGM/DRH/DP/SA du 26 février 2009	Portant établissement des principes généraux et des prescriptions générales de la législation alimentaire, de sécurité des aliments et fixant des procédures relatives à la sécurité des denrées alimentaires.
Arrêté n° 122/MAEP/D-CAB/SGM/DRH/DP/SA du 23 mars 2009	Portant hygiène des denrées alimentaires
Arrêté n° 123/MAEP/D-CAB/SGM/DRH/DP/SA du 23 mars 2009	Portant règles spécifiques d'hygiène applicables aux denrées alimentaires
Arrêté n° 133/MAEP/D-CAB/SGM/DRH/SA du 30 mars 2009	Portant réglementation des contrôles officiels destinés à vérifier la conformité de la législation sur les aliments pour animaux et les denrées alimentaires avec les dispositions relatives à la santé animale et au bien-être des animaux.
Décret n° 2011-113 du 08 mai 2012	Portant création de l'Agence Béninoise de Sécurité Sanitaire des Aliments.
Loi-cadre n° 2014-19 du 7 août 2014	Relative à la Pêche et à l'aquaculture en République du Bénin

Source: Information fournie par les autorités béninoises.

réinscrit sur la liste des pays tiers autorisés à exporter les produits de la pêche vers l'UE. Cependant, depuis lors, le secteur crevettier tarde à retrouver le niveau de ses exportations avant l'interdiction.

L'inspection et le contrôle des installations de production et de vente des aliments sont effectués par les services compétents du Ministère en charge de la santé, qui sont en outre responsable de la surveillance épidémiologique et sanitaire des frontières, ports et aéroports, de l'hygiène et de l'assainissement de base.

La Direction en charge de l'élevage est responsable de l'inspection et du contrôle des denrées alimentaires d'origine animale et des animaux vivants. Elle est en outre responsable de la sécurité sanitaire des animaux. Les Services vétérinaires émettent des certificats pour l'exportation d'animaux vers les pays voisins du Bénin; toutefois, cette activité ne respecterait pas les normes pertinentes de l'OIE.[17] Tout importateur de produits d'origine animale doit adresser une demande d'autorisation d'importation au Directeur en charge de l'élevage. En outre, les importations d'animaux ou de produits d'originale animale sont soumises à la présentation d'un certificat sanitaire délivré par le pays d'origine.

Le contrôle hygiénique des produits halieutiques et, en particulier, ceux tournés vers l'exportation, est à la charge de la Division du contrôle et suivi des produits de la filière halieutique, logée sous la Direction de la production halieutique du Ministère en charge de l'agriculture.

La sécurité de la production végétale est sous la responsabilité de la Direction en charge de la production végétale à travers ses services compétents. La direction est également responsable de la surveillance phytosanitaire et de l'organisation du contrôle sanitaire des végétaux et produits végétaux et du contrôle de la qualité des intrants.

L'importation des produits végétaux consommables est soumise à un permis (valable pendant six mois pour le produit concerné), délivré par le Ministère chargé de l'agriculture. Le permis d'importation et le certificat phytosanitaire délivré par le pays exportateur sont requis à l'entrée des marchandises aux fins du contrôle documentaire; ce dernier ne les dispense pas du contrôle de conformité. Des échantillons sont prélevés par la Direction en charge de la production végétale à des fins d'analyse. L'inspection effectuée par la Direction en charge de la production végétale sur les produits végétaux importés est gratuite.

L'importation, la fabrication et l'utilisation de pesticides (produits phytopharmaceutiques) sur le territoire béninois sont soumises à autorisation. Les demandes d'autorisation de vente, d'expérimentation ou d'homologation doivent être adressées au Comité national d'agrément et de contrôle des produits phytopharmaceutiques (CNAC). Les frais y afférents sont: 200 000 FCFA pour l'examen du dossier d'un produit (100 000 FCFA en cas de renouvellement); et 500 000 FCFA pour agrément professionnel de distributeur ou d'applicateur simple de produit (250 000 FCFA en cas de renouvellement). En cas d'avis favorable, l'autorisation d'homologation est délivrée par arrêté du Ministre chargé de l'agriculture. Les agréments accordés sont de deux types: Autorisation provisoire de

vente (APV) d'une durée de quatre ans; et Agrément-homologation (AH) pour une durée de dix ans.

Le Bénin n'a pas encore transposé les dispositions prises au niveau de l'UEMOA et de la CEDEAO en vue d'assurer la libre circulation des produits phytopharmaceutiques homologués; l'obligation d'homologation des produits importés et les procédures y afférentes sont les mêmes quel que soit le pays d'origine. Par ailleurs, le Bénin est en train d'élaborer des cadres réglementaires nationaux pour les engrais et semences, conformément aux dispositions de l'UEMOA en la matière.

À la suite de cas d'intoxications alimentaires dues à l'endosulfan, notamment dans la région septentrionale du Bénin, le Ministère en charge de l'agriculture, de l'élevage et de la pêche a notifié à l'OMC la prohibition, à compter de novembre 2009, de l'importation, la distribution et l'utilisation de tous produits phytopharmaceutiques contenant de l'endosulfan.[18]

Le point d'information national notifié par le Bénin au titre de l'Accord SPS de l'OMC est le Directeur en charge de la production végétale. L'autorité nationale responsable des notifications est le Directeur général du commerce extérieur.[19]

En 2010, le Bénin a adhéré à la Convention internationale pour la protection des végétaux (CIPV).

Jusqu'en 2013, le Bénin avait établi un moratoire sur l'importation et la culture d'OGM. Depuis cette date, aucun cadre juridique n'est en place en la matière.

Les prescriptions en matière d'emballage, de marquage et d'étiquetage n'ont pas changé au cours de la période d'Examen. En général, la réglementation béninoise exige que la description du contenu, les instructions d'utilisation et le nom et adresse du fabricant ou du distributeur soient apposés en langue française, de façon apparente et lisible. En plus des informations générales, l'étiquetage des produits phytopharmaceutiques doit indiquer le niveau de risque par une bande colorée en bas de l'étiquette et porter le numéro d'autorisation de vente ou d'homologation. Les titulaires d'agrément de commercialisation peuvent joindre aux produits mis sur le marché une notice technique en langue française d'une à quatre pages maximum, qui reprend et complète les informations de l'étiquette.

Certaines prescriptions internationales en matière d'étiquetage, telles que les normes du Codex Alimentarius sont en vigueur pour les aliments, et les directives de la FAO pour l'indication du risque des produits phytopharmaceutiques.[20] Conformément aux principes définis dans la Convention-cadre de l'OMS pour la lutte antitabac, les cigarettes ne peuvent être mises sur le marché béninois que dans des emballages portant clairement, en caractères lisibles, sur les faces principales l'avertissement sanitaire "Le tabac nuit gravement à la santé".[21]

Les préparations pour nourrissons doivent porter une mention de la supériorité de l'allaitement maternel par rapport à l'allaitement artificiel et une mise en garde contre les risques résultant d'une préparation inadéquate.[22]

Politique de la concurrence et contrôle des prix

En principe, la concurrence est réglementée aux niveaux communautaire et national. Les compétences des autorités communautaires de concurrence portent sur: les ententes anticoncurrentielles, l'abus de position dominante, les aides d'État, et les pratiques imputables aux États membres (rapport commun, p. 65). La réglementation des domaines non réglementés au niveau de l'UEMOA relève de la compétence des autorités nationales.

Jusqu'en 2016, le régime national de la concurrence était gouverné par l'Ordonnance n° 20/PR/MFAEP du 05 juillet 1967. Elle traite comme illicites les actions concertées, conventions, ententes expresses ou tacites, coalitions sous quelque forme ou pour quelque cause que ce soit ayant pour objet d'entraver le plein exercice de la concurrence en faisant obstacle à la libre évolution des prix. Il en est de même des activités d'une entreprise ou d'un groupe d'entreprises occupant sur le marché intérieur, une position dominante et qui ont pour objet ou peuvent avoir pour effet d'entraver le fonctionnement normal du marché. Sont exclues de cette définition les ententes et positions dominantes qui résultent de l'application de textes législatifs ou réglementaires, ou dont les auteurs sont en mesure de justifier qu'elles ont pour objet d'améliorer et d'étendre les débouchés de production ou d'assurer le développement économique.

La Loi n° 2007-21 du 16 octobre 2007 portant protection du consommateur en République du Bénin traite en partie de la concurrence déloyale et des pratiques discriminatoires des entreprises. Elle interdit toute publicité comportant, sous quelque forme que ce soit, des allégations, indications ou présentations fausses ou de nature à induire en erreur. Les services de la Direction en charge du commerce sont chargés de sa mise en œuvre

En 2016, une nouvelle Loi a été adoptée pour réorganiser la concurrence au Bénin.[23] Elle s'applique à toute activité de production, de distribution de biens et de prestations de services, y compris celle qui est le fait d'une personne morale publique, lorsque celle-ci est en concurrence avec le privé. Elle a abrogé les dispositions contraires de l'Ordonnance de 1967. Sous le ministère en charge du commerce, la Direction de la libre concurrence est chargée de son application et joue le rôle de point focal en la matière. La nouvelle Loi traite notamment de la liberté des prix, des pratiques anticoncurrentielles, de la transparence du marché et de la concurrence déloyale, des pratiques individuelles restrictives telles que les ventes promotionnelles, de la sécurité du consommateur et du contrôle, de la constatation des infractions, de la poursuite et des sanctions. Elle prévoit la création du conseil national de la concurrence dont le Décret d'application est en cours d'adoption.

En général, le principe de la liberté des prix demeure en vigueur au. Toutefois, les autorités nationales, à travers la Direction en charge du commerce intérieur, se réservent le droit de réglementer les prix de biens et de services stratégiques, ou si les conditions de concurrence ne sont pas réunies, notamment dans les secteurs où des monopoles (de fait ou de droit) se sont constitués. Ainsi, plusieurs méthodes de réglementation sont actuellement utilisées, à savoir: la fixation des prix plancher pour les noix de cajou et les amandes de karité; la fixation des prix plafond pour le pain, les intrants pour le coton, le coton graine, les produits pétroliers raffinés, les médicaments et autres produits pharmaceutiques et vétérinaires.[24] En outre, bien que les prix des services postaux, de l'eau, et de l'électricité soient fixés par les opérateurs concernés, leur application est subordonnée à une approbation des autorités de régulation.

Le gouvernement peut également prendre les mesures nécessaires pour empêcher des hausses excessives de prix en situation de crise ou en cas de fonctionnement anormal du marché.

Commerce d'État, entreprises publiques et privatisation

Le Bénin n'a pas fait de notification à l'OMC au sujet des entreprises commerciales d'État au sens de l'Article XVII du GATT. Cependant, malgré les privatisations, l'État détient des parts dans un certain nombre d'entreprises exerçant dans la plupart des secteurs de l'économie (tableau 3.6). Selon les autorités, l'intervention de l'État vise à assurer ou soutenir la production nationale dans des secteurs importants et/ou stratégiques pour l'économie nationale.

Depuis l'amorce du processus de libéralisation de son économie en 1988, le Bénin a procédé à la libéralisation de 37 entreprises, principalement par cession totale, location-gérance, affermage et concession (tableau 3.7).

Marchés publics

L'essentiel des dispositions du cadre législatif des marchés publics[25], en vigueur depuis 2009 au Bénin, est établi suivant les directives communautaires en la matière (rapport commun, p. 70).

Depuis l'adoption du Code des marchés publics de 2009, plusieurs textes afférents à son application ont été adoptés au cours de la période d'examen.[26] Cela faisait suite, en partie, au plan d'actions mis en place en 2014 par l'UEMOA en vue des réformes des marchés publics et des délégations de service public au sein des États membres.[27]

En mars 2017, une nouvelle Loi a été adoptée pour modifier le Code de 2009 portant sur les marchés publics. Elle apporte, entre autres, des précisions sur les conditions de dérogation aux appels d'offres ouverts; l'obligation d'une large diffusion des avis d'offres de marchés publics; et instaure un système de règlement amiable des différends au cours de l'exécution des marchés publics.

Le Code s'applique principalement aux achats des personnes morales de droit public et de certaines personnes morales de droit privé agissant pour le compte des personnes morales de droit public ou bénéficiant de leur concours financier, en vue de la réalisation de travaux, l'approvisionnement en biens, la prestation de services, ou les prestations intellectuelles, dès lors que le montant du contrat est égal ou supérieur aux seuils fixés par décret.[28] Le seuil est fonction du bénéficiaire et de la nature du contrat.

Pour les marchés d'État, des établissements publics et des sociétés d'État, le seuil de passation est fixé à: 60 millions de FCFA pour les travaux; 20 millions de FCFA pour les marchés de fournitures ou de services; et 10 millions de FCFA pour les marchés de prestations intellectuelles. Pour les marchés des collectivités locales et leurs établissements publics, les seuils sont fixés à 15 millions de FCFA pour les travaux, et à 7,5 millions de FCA pour les fournitures, les services et prestations intellectuelles. Pour les montants inférieurs aux seuils fixés, une procédure de demande de cotation est possible, à condition que sa mise en œuvre respecte les principes de non-discrimination par rapport à l'accès et au traitement des candidats. La Direction nationale de contrôle des marchés publics (DNCMP) exerce un contrôle aléatoire *a posteriori* des commandes impliquant des montants inférieurs aux seuils minimum. le contrôle a posteriori par la DNCMP n'est exécuté que pour autant que l'autorité de régulation des marchés publics n'ait pas encore été saisie d'une dénonciation ou d'une plainte liée à des irrégularités commises à l'occasion d'une procédure de passation ou d'exécution d'un marché public ou d'une délégation de service public.

Le code institue la séparation des fonctions de régulation, de contrôle et de passation des marchés. Les fonctions de régulation relèvent de l'Autorité de régulation des marchés publics (ARMP) (rattachée à la présidence de la république). À ce titre, elle s'occupe, entre autres, de proposer au Président de la République toutes recommandations de nature à améliorer et renforcer l'efficience du système des marchés publics, de l'application de la réglementation et des procédures relatives aux marchés public, du règlement non juridictionnel des litiges résultant des procédures de passations des marchés publics; ainsi que de collecter et centraliser les statistiques sur l'attribution, l'exécution et le contrôle des marchés publics (sur son site www.marches-publics.bj). Les statistiques sont fournies par type de marchés, non par méthode de passation.

La Direction nationale de contrôle des marchés publics (DNCMP), au sein du Ministère des finances, assure le rôle d'organe central de contrôle a priori des procédures de passation des marchés publics; un réseau de structures décentralisées est placé sous sa tutelle auprès de chaque autorité contractante. Le contrôle de la DNCMP s'exerce sur les dépenses dont les seuils sont fixés par décret. En ce qui concerne les administrations publiques et organismes publics, les seuils sont de:

Tableau 3.6 Intervention de l'État dans l'économie, 2016

Entité	Activité	Part détenue par l'État	Précision
Société nationale pour la promotion agricole (SONAPRA)	Promotion des filières agricoles	100%	Liquidation en cours
Société pour le développement du coton (SODECO)	Égrenage de coton	66,4%	Société d'économie mixte
Centrale d'achat des intrants agricoles (CAI)	Approvisionnement en intrants	45%	Cession de la part de l'État en cours
Port Autonome de Cotonou (PAC)	Service portuaire	100%	Contrat de gestion de deux futurs terminaux à conteneurs
Société béninoise des manutentions portuaires (SOBEMAP)	Service portuaire	100%	Privatisation pas encore envisagée
Conseil national des chargeurs du Bénin (CNCB)	Service portuaire	100%	Privatisation pas encore envisagée
Compagnie béninoise pour la navigation maritime (COBENAM)	Transport maritime	100%	Redressement prévu
Organisation commune Bénin-Niger (OCBN)	Transport ferroviaire	51%	Mise en concession en cours
Centre national d'essais et de recherches des travaux publics (CNERTP)	Travaux publics	100%	Restructuration pas encore démarrée
Société béninoise d'énergie électrique (SBEE)	Service électricité	100%	Assainissement en cours
Société nationale des eaux du Bénin (SONEB)	Service eau	100%	Privatisation pas encore envisagée
Société des industries textiles du Bénin (SITEX)	Transformation du coton fibre (écru)	100%	Aide d'État d'environ 1,5 milliard de FCFA en 2016
Compagnie béninoise des textiles (CBT)	Transformation du coton fibre (écru)	49%	Bi-étatique Bénin-Chine
Loterie nationale du Bénin (LNB)	Loterie	100%	
Société de gestion des marchés autonomes de Cotonou (SOGEMA)	Gestion des marchés	100%	
Centres d'action régionale pour le développement rural, départements	Vulgarisation	100%	
Office national de soutien et de stabilisation des prix des produits agricoles (ONS)	Sécurisation et amélioration des revenus des producteurs agricoles	100%	
Office national d'appui à la sécurité alimentaire (ONASA)	Sécurité alimentaire	100%	
Office national du bois (ONAB)	Gestion des plantations domaniales et du développement de l'économie forestière	35%	Cession de 65% en décembre 2009
Office béninois de recherches géologiques et minières (OBRGM)	Mise en valeur des ressources du sous-sol	100%	
Institut géographique national (IGN)	Travaux topographiques et cartographiques	100%	
Office de radiodiffusion et télévision du Bénin (ORTB)	Radiodiffusion et télévision	100%	
Bénin Télécoms SA (BT SA)	Téléphonie et Internet	100%	Projet de privatisation en cours
La Poste du Bénin SA (LPB SA)	Services postaux et financiers	100%	
Office national d'imprimerie et de presse (ONIP)	Imprimerie et Presse	100%	
Office de gestion du stade de l'amitié (OGESA)	Infrastructures sportives	100%	

Entité	Activité	Part détenue par l'État	Précision
Centre national de production de manuels scolaires (CNPMS)	Production de manuels et documents pédagogiques	100%	
Centre national hospitalier et universitaire (CNHU)	Soins et formation clinique	100%	
Hôpital de Ouidah	Soins médicaux	100%	
Hôpital mère enfant lagune (HOMEL)	Soins médicaux	100%	
Centres hospitaliers, 4 départements (Atacora, Borgou, Oueme, et Zou)	Soins médicaux	100%	
Société des ciments d'Onigbolo (SCO)	Cimenterie	0%	Part béninoise (51%) cédée en mars 2010
Sucobé (ex Société sucrière de Savè)	Production de sucre	49%	Mise en gérance
Société nationale de commercialisation des produits pétroliers (SONACOP) SA	Importation, stockage et distribution d'hydrocarbures	35%	
SOBEBRA (ex-La Béninoise)	Brasserie	8%	
Africaine des assurances (ex-SONAR)	Assurances	5%	
Continental Bank Bénin	Banque	0%	Les 43,6% détenus par l'État ont été cédés en septembre 2008.
Banque de l'habitat	Banque	10%	
SERHAU-SEM	Études régionales d'habitat et d'aménagement urbain	10%	
Appontement pétrolier du Bénin (ORIX)	Dépôt pétrolier	40%	
Caisse autonome d'amortissement (CAA)	Intermédiation financière	100%	Gestionnaire de la dette publique

Source: Direction de la gestion et du contrôle du portefeuille de l'État, Ministère de l'économie et des finances.

200 millions de FCFA pour les travaux, 80 millions de FCFA pour les fournitures et services, 60 millions de FCFA pour les prestations intellectuelles confiées à des bureaux de consultants et 40 millions de FCFA pour les prestations intellectuelles confiées à des consultants individuels. En ce qui concerne les sociétés et offices d'État, les établissements publics qui exercent une mission d'organisation ou d'exploitation de réseaux d'énergie, d'eaux, de transport, de télécommunications et d'autres services publics, les seuils s'élèvent à: 450 millions de FCFA pour les travaux, 350 millions de FCFA pour les fournitures et services, 100 millions de FCFA pour les prestations intellectuelles confiées à des bureaux de consultants et 60 millions de FCFA pour les prestations intellectuelles confiées à des consultants individuels.

Le Code fixe deux principaux modes de passation: l'appel d'offres et l'entente directe (gré-à-gré). L'appel d'offres peut être ouvert, restreint, ou en deux étapes (c'est-à-dire avec pré-qualification).[29] En principe, l'appel d'offres ouvert est la règle; le recours à tout autre mode de passation doit être exceptionnel et justifié par l'autorité contractante. En dessous des seuils de passation des marchés, l'autorité contractante peut avoir recours à des procédures de demande de cotation, à condition que les procédures mises en œuvre respectent les principes posés par le Code. Par ailleurs, les marchés de prestations intellectuelles sont passés après consultation et remise de proposition.

Les appels d'offres et les avis de pré-qualification doivent obligatoirement être publié dans le journal des marchés publics et toute autre publication nationale et/ou internationale. La publication dans un journal international n'est obligatoire que dans le cas des marchés sur financement extérieur ou des marchés ouverts à la concurrence internationale. La publication dans la presse nationale et/ou internationale ne dispense pas de l'obligation de publier dans le journal des marchés publics. Sont également acceptés la publication des avis et l'envoi des dossiers d'appel par des moyens électroniques; sauf dispositions contraires dans l'avis d'appel, les soumissions peuvent aussi être communiquées à l'autorité contractante par voie électronique. En général, l'évaluation des offres se fait sur la base de critères économiques, financiers et techniques, mentionnés dans le dossier d'appel d'offres afin de déterminer l'offre conforme évaluée la moins-disante.

Le soumissionnaire qui s'estime lésé peut introduire un recours devant l'autorité contractante ou son supérieur hiérarchique dans les cinq jours ouvrables suivant la date de publication de la décision d'attribution du marché. Il doit invoquer une violation caractérisée de

Tableau 3.7 Liste des entreprises selon le mode de dénationalisation de 1988 à 2017

Cession totale			Cession partielle	Location-gérance	Affermage	Concession
1- SONAE 2- RAVINAR 3- Abattoir de Cotonou/Porto-Novo 4- MANUCIA 5- SONACI 6- SCB 7- SOBETEX 8- SOTRAZ 9- SONAR (Branche VIE UBA-VIE) 10- SONICOG (SHB et CODA BENIN)	11- SONICOG (IBCG) 12- SCO 13- Maïserie de Bohicon 14- Agence de voyage de la COBENAM 15- Plate-forme de forage PPS 16- Relais de l'aéroport 17- Usine d'engrais de Godomey 18- Unités Pistes du Carder Atlantique	19- Hôtel de la plage 20- Hôtel Croix du sud (2007) 21- Entrepôt frigorifique n° 2 du PAC 22- Brasserie d'Abomey 23- Centre de stockage de pétrole brut 24- Benin Marina Hotel 25- Continental Bank Benin	1- IBETEX 2- Béninoise 3- SONAR (IARD L'AFRICAINE DES ASSURANCES) 4- SONACOP (41 stations-service 1998) 5- SONACOP (1999) 6- SONAPRA (outil industriel) 7- IBB SA 8- UTPA (cession intégrale en cours 2017)	1- Salles de cinéma de l'ex OBECI 2- Société sucrière de Savè 3- Usine de noix de cajou de Parakou 4- Usine de concentré de tomate de Natitingou 5- Hôtel Croix du sud (1999) 6- Complexe agrumicole de Za-Allahè 7- Complexe Cimentier d'Onigbolo	1- Vingt plantations domaniales d'anacardiers 2- Hôpitaux de Zone de Djidja-Covè et Djougou (en cours 2017)	1-Terminal Sud à conteneurs comprenant deux postes à quai au Port Autonome de Cotonou 2-CIC-PCC en 2015 processus suspendu

Source: Secrétariat permanent de la Commission technique de dénationalisation.

la réglementation des marchés publics. Les décisions rendues par l'autorité contractante peuvent faire l'objet d'un recours devant l'ARMP. Les décisions de celle-ci peuvent faire l'objet d'un recours devant un organe juridictionnel.

Une préférence communautaire (n'excédant pas 15% du montant de l'offre) est prévue en faveur des offres présentées par des candidats ressortissants de l'espace UEMOA. Celle-ci ne peut être accordée que sous certaines conditions supplémentaires: traçabilité d'au moins 30% de la valeur ajoutée au sein de l'UEMOA pour les biens fournis; origine communautaire d'au moins 30% des intrants ou du personnel employés pour les travaux publics, bâtiments ou installations industrielles; et, en cas de prestations de services, contribution des ressortissants de l'Union évaluée à plus de 50% de la valeur totale du service. Les sociétés et les groupements d'opérateurs doivent prouver la participation des ressortissants de l'UEMOA dans le capital social (à plus de 50%) et/ou le contrôle des organes de direction (au moins 50%). Depuis janvier 2015, les autorités contractantes sont encouragées à réserver au moins 60% de la commande publique en mobilier de bureau aux produits locaux. Le gouvernement aurait également décidé de réserver aux PME locales au moins la moitié des commandes publiques de moins de 10 millions de FCFA.

Le Bénin n'est ni partie, ni observateur à l'Accord plurilatéral sur les marchés publics et n'a pas manifesté l'intention d'y accéder.

Droits de propriété intellectuelle

Le Bénin est partie contractante à plusieurs traités et accords régionaux et internationaux sur les Droits de propriété intellectuelle (DPI), y compris ceux administrés par l'Organisation mondiale de la propriété intellectuelle (OMPI).[30] En outre, il a adhéré au Traité de Singapour sur le droit des marques en 2016.

Le Bénin, tout comme les autres pays de l'UEMOA, est membre de l'Organisation africaine de la propriété intellectuelle (OAPI) créée par l'Accord de Bangui (rapport commun, p. 50). L'Accord de Bangui révisé (1999) a été ratifié par les autorités béninoises le 6 novembre 2003.[31] Cet accord est applicable comme loi nationale au Bénin et exécutoire de plein droit, et ne nécessite donc pas d'instrument juridique national pour sa mise en application.

L'Agence nationale de la propriété industrielle (ANAPI), sous la tutelle du Ministère en charge de l'industrie, assure la fonction de Structure nationale de liaison (SNL) avec l'OAPI au Bénin. À ce titre, il sert de point focal pour les demandes de titres de propriété industrielle provenant du territoire national. Le nombre de titres transmis à

Tableau 3.8 Titres transmis à l'OAPI par l'ANAPI, 2010-juin 2016

	2010	2011	2012	2013	2014	2015	2016	Total
Brevets d'invention	6	7	7	4	6	4	2	**36**
Marques de produits et de services	63	54	55	72	98	72	56	**470**
Noms commerciaux	25	19	28	30	23	14	5	**130**
Dessins et modèles industriels	144	164	216	164	360	176	2	**1226**
Modèles d'utilité	0	0	0	0	0	0	0	**0**
Indications géographiques	0	0	0	0	0	0	0	**0**

Source: Informations fournies par les autorités.

l'OAPI est demeuré faible durant la période d'examen (tableau 3.8). Selon les autorités, cette faiblesse serait due à la faible culture en matière de propriété intellectuelle et à l'insuffisance de moyens financiers. L'ANAPI sensibilise aussi le public sur l'importance de la propriété industrielle dont il suit l'évolution sur le plan international; en outre elle participe à la valorisation des titres de PI. En cas de violation des DPI au Bénin, les sanctions sont celles prévues par l'Accord de Bangui.

Au sein du Ministère en charge de la culture, le Bureau béninois du droit d'auteur (BUBEDRA) assure la gestion des droits d'auteur et des droits voisins.[32] Le cadre réglementaire béninois reconnaît aux auteurs des attributs d'ordre patrimonial et moral; les auteurs d'œuvres graphiques ou plastiques (et leurs héritiers) ont, nonobstant toute cession de l'œuvre originale, un droit inaliénable de participation au profit de toute vente de celle-ci aux enchères publiques ou par l'intermédiaire d'un commerçant.[33] En cas d'infraction, le BUBEDRA peut entamer des poursuites judiciaires; les sanctions peuvent prendre la forme d'emprisonnement (pour 3 mois à 2 ans) et/ou d'une amende (de 500 000 à 10 millions de FCFA).[34]

Les services des douanes sont, en principe, habilités à agir *ex officio* dans les affaires d'atteinte au droit d'auteur. Les fabricants et les importateurs de supports pouvant servir à la reproduction d'œuvres littéraires ou artistiques sont tenus de payer une charge, perçue et répartie par le BUBEDRA. Des discussions entre le BUBEDRA et la Direction générale des douanes étaient en cours en 2010, en vue d'établir un mécanisme pour cette perception au cordon douanier Le régime béninois ne stipule aucune distinction entre titulaires de droit d'auteur nationaux et étrangers. Toutefois, ces derniers doivent prouver leur paternité de l'oeuvre et leur appartenance à une société de gestion collective pour que le traitement national leur soit accordé.

La Commission nationale de lutte contre la piraterie des œuvres littéraires et artistiques (CNLP) est en charge de la lutte contre la piraterie, notamment celle concernant les œuvres musicales et cinématographiques.[35] Toutefois, la conduite effective de ses responsabilités serait ralentie du fait d'un manque de ressources financières.

Le 23 novembre 2016, le Bénin a ratifié le protocole portant modification de l'Accord de l'OMC sur les aspects des droits de propriété intellectuelle qui touchent au commerce (ADPIC), en vue de faciliter l'accès des Membres les plus pauvres à des médicaments abordables.[36]

Notes de fin

1 Le délai inclut la préparation et la soumission des documents durant la manutention au port ou à la frontière, les procédures douanières et les inspections; les coûts d'obtention ne sont pas à négliger. Adresse consultée: http://francais.doingbusiness.org/data/exploreeconomies/benin/#close.

2 Documents de l'OMC G/RO/W/166 du 22 septembre 2016; et G/RO/N/149, du 1er septembre 2016.

3 Les demandes, accompagnées de douze exemplaires du dossier d'agrément, doivent être déposées à la Direction de l'intégration régionale du Ministère de l'économie et des finances. Un prélèvement de 100 000 FCFA est perçu au moment du dépôt.

4 Les lignes tarifaires sont: SH 2502; 2503; 2504; 2505; 2506; 2507; 2508; 2509; 2510; 2511; 2512; 2513; 2514; 2515; 2516; 2517; 2518; 2524; 2525; 2526; 2527; 2528; 2529 et 2530 (Liste de concessions XLVIII).

5 Arrêté n° 002/MEHU/MICPE/MFE/DC/SG/DE/SEL/DEE/SR du 8 janvier 2003.

6 Décret n° 91-50 du 29 mars 1991 portant réglementation de l'importation des denrées d'origine animale.

7 Arrêté n° 162/MCAT/MDR/MSP/MFE/DC/DCI/DE du 26 décembre 2000 abrogé par l'Arrêté n° 57/MC/MAEP/MS/MEF/DAC/SGM/DGCI/DPCI/DE/SA du 24 juillet 2009.

8 Règlement n° 9/2003/CM/UEMOA.

9 L'escorte vers les pays côtiers est effectuée tous les jours de la semaine sauf les dimanches et les jours fériés; celle à destination des pays enclavés a lieu tous les mardis, jeudis, vendredis et samedis.

10 Cette consignation, dont le montant est inférieur au montant des droits et taxes exigibles, n'est toutefois pas de nature à lutter contre la fraude.

11 Documents de l'OMC G/SCM/N/38/BEN du 30 septembre 1998 et G/AG/N/BEN/1 du 27 octobre 1998.

12 Arrêté n° 02g/MF/DC/DDDI du 9 février 1993.

13 Loi n° 2016-33 du 26 décembre 2016.

14 Décret n° 2010-477 du 05 novembre 2010 portant création, attribution, organisation et fonctionnement de l'ABeNOR.

15 Document de l'OMC G/TBT/CS/N/142 du 14 mai 2002.

16 Décret n° 2011-113 du 08 mai 2012.

17 Information en ligne. Adresse consultée: http://www.oie.int/fileadmin/Home/eng/Support_to_OIE_Members/pdf/PVS_FU_Rapport-Benin.pdf.

18 Documents de l'OMC G/SPS/N/BEN/6 du 11 novembre 2010.

19 Documents de l'OMC G/SPS/ENQ/26 du 11 mars 2011 et G/SPS/NNA/16 du 11 mars 2011.

20 Loi n° 84-009 du 15 mars 1984 et son décret d'application n° 85-242 du 14 juin 1985 relatif à l'étiquetage; Arrêté n 186 MDR/DC/CC/CP du 22 avril 1993, relatif à l'étiquetage, à l'emballage et à la notice technique des produits phytopharmaceutiques agréés.

21 Loi n° 2006-12 du 07 août 2006, portant réglementation de la production, de la commercialisation et de la consommation des cigarettes et autres produits du tabac. Adresse consultée: http://www.abp.gouv.bj/affiche_dep.php?num_depeche=2137.

22 Décret n° 97-643 du 31 décembre 1997, portant réglementation de la commercialisation des substituts du lait maternel et des aliments pour nourrissons.

23 Loi n° 2016-25 du 4 novembre 2016 portant organisation de la concurrence en République du Bénin.

24 Décret n° 2001-244 du 16 juillet 2001. Le prix au détail des produits pharmaceutiques et vétérinaires est fixé en appliquant le coefficient 1,61 au prix hors taxe des produits départ usine; ces produits sont exemptés de TVA.

25 Loi n° 2009-02 du 7 août 2009.

26 Information en ligne. Adresse consultée: http://www.armp.bj/index.php/13-reformes/184-reformes-des-marches-publics-au-benin-ce-qui-va-changer-avec-la-relecture-du-code-des-marches-publics-et-des-delegations-de-service-public.

27 Décision n° 03/2014/CM/UEMOA du 28 juin 2014.

28 Décret n° 2011-479 du 08 juillet 2011.

29 Le recours à la procédure d'appel d'offres restreint n'est possible que si un nombre limité de fournisseurs ou prestataires compétents découle de la nature spécialisée des biens, travaux ou services. Les marchés d'une grande complexité peuvent justifier un appel d'offres en deux étapes. Dans tous les cas, faute d'un minimum de 3 plis à la date limite, le délai de soumission peut être prolongé de 15 jours calendaires. L'appel d'offres n'est valable que si, à l'issue du délai additionnel, l'autorité contractante a reçu au moins une soumission jugée recevable et conforme.

30 La liste exhaustive de la participation du Bénin aux arrangements internationaux sur les DPI est fournie en ligne par l'OMPI. Adresse consultée: http://www.wipo.int/wipolex/fr/profile.jsp?code=BJ.

31 Loi n° 2003-19 du 22 octobre 2003 et son décret d'application n° 2003-452 du 6 novembre 2003.

32 Décret n° 93-114 du 25 mai 1993, modifié par Décret n° 2007-115 du 9 mars 2007.

33 Loi n° 2005-30 du 10 avril 2006.

34 UNESCO (2009). Le Bénin n'a pas de tribunaux spécialisés en matière de droit d'auteur et de propriété intellectuelle; en général, les tribunaux compétents sont ceux de première instance.

35 Décret n° 2008-578 du 20 octobre 2008.

36 Le Protocole permet aux pays exportateurs d'octroyer des licences obligatoires à leurs fournisseurs de génériques pour qu'ils fabriquent et exportent des médicaments vers les pays qui ne peuvent pas fabriquer eux-mêmes les médicaments nécessaires. Information en ligne. Adresse consultée: https://www.wto.org/french/news_f/news16_f/trip_23nov16_f.htm.

Politique commerciale par secteur

AGRICULTURE

Aperçu

L'agriculture est un secteur important pour l'économie béninoise de par sa contribution au PIB, aux recettes d'exportation, et à l'emploi (p. 97). Cependant, son importance a relativement décliné au cours de la période d'examen, notamment du fait de l'essor des activités de production et d'exportation de certains produits manufacturés ou semi-manufacturés (tableau A1.1).

Le secteur est essentiellement composé de petites exploitations de subsistance qui assurent 95% de la production agricole. Les principales cultures de rente sont le coton (41,9% des recettes d'exportation en 2015), les noix de cajou et le palmier à huile. Les principales cultures vivrières sont l'igname, le manioc et le maïs.

Il existe trois zones climatiques au Bénin dans lesquelles se développent des activités diversifiées de productions végétales, animales, halieutiques et forestières. La région du nord, une zone soudanienne semi-aride, caractérisée par des pluies annuelles variant de 900 mm à 1 100 mm et un déficit pluviométrique relativement élevé. Les principales activités économiques sont l'élevage; le coton, principale culture d'exportation du pays; et le karité. Les exploitations sont de 10 hectares en moyenne. Le centre du Bénin est une zone de forêts et savanes humides, avec une pluviométrie moyenne de 1 200 mm par an. Le sud du pays est une zone subéquatoriale où la pluviométrie peut atteindre 1 500 mm par an. La majorité des terres cultivées au centre et au sud est consacrée à la production de produits vivriers, notamment l'igname, le manioc, le maïs, les tomates, les ananas et les arachides, en plus du coton.

Le potentiel agricole du Bénin est considérable mais insuffisamment exploité. Seulement 17% (soit environ 1 375 000 ha) de sa superficie agricole utile sont annuellement cultivés avec, 60% consacrés aux principales cultures vivrières. En outre, le pays est doté d'un vaste réseau hydrographique avec une réserve estimée à 13 milliards de m³ d'eau de surface et 1,8 milliard de m³ d'eau souterraine mobilisables pour les cultures irriguées et de retenues d'eau à usage multiple.

Le secteur reste confronté à plusieurs défis, à savoir sa dépendance des pluies, combinée à des systèmes d'irrigation insuffisants, au manque de mécanisation agricole lié aux contraintes financières des paysans, et aux difficultés d'accès au crédit. Toutes ces difficultés limitent la productivité des paysans et la compétitivité des produits agricoles béninois.

La production des principales cultures a relativement augmenté depuis 2010 (tableau 4.1). Ceci serait la conséquence des stratégies agricoles actuellement en cours de réalisation et d'une pluviométrie favorable au cours des dernières années. Toutefois, il est à noter que la production de canne à sucre a connu une baisse régulière pendant la période d'examen. L'attaque d'insectes et de rongeurs, ainsi que des mauvaises herbes, serait à la base de cette contreperformance.

Selon les autorités, les récoltes au cours de la campagne agricole 2015-2016 ont connu une régression par rapport aux années précédentes. Les principales raisons de cette baisse seraient liées à une mauvaise répartition de la pluviométrie dans l'espace et dans le temps, et une faible couverture des besoins en intrants.[1]

Le Bénin est importateur net de produits agricoles. L'essentiel de ses exportations porte sur les produits agricoles, notamment: le coton, les noix de cajou, l'huile de palme, le karité et le sucre. Les importations des produits alimentaires de grande consommation portent principalement sur le riz, le sucre, le lait et la viande.

Politique agricole générale

Les orientations stratégiques de développement du Bénin telles que définies dans le Programme d'action du gouvernement (PAG) et la Stratégie de croissance et de réduction de la pauvreté (SCRP) considèrent le secteur agricole comme un levier de lutte contre la pauvreté. Toutefois, les allocations de ressources publiques à l'agriculture restent faibles, puisqu'elles s'élèvent à environ 6,5% du budget national, ce qui demeure en dessous des engagements de 10% du budget national pour l'agriculture, pris par les chefs d'États africains à Maputo lors du sommet de l'Union africaine de juillet 2003. Par ailleurs, la faiblesse de cette allocation de ressources est aggravée par une répartition disproportionnée; par exemple, plus de 50% du budget est alloué, certaines années, aux matériels de transport et mobilier de bureau.[2]

Les documents fondamentaux définissant les principales orientations du secteur agricole ont clarifié les choix stratégiques devant guider le développement agricole et rural. Il est notamment question de la promotion d'une agriculture durable, moderne et compétitive reposant prioritairement sur les petites exploitations, dans un contexte de faible intervention étatique. Les principales actions envisagées portent sur l'accroissement de la production agricole et la diversification des filières agricoles par la création d'un cadre institutionnel favorable à l'accès au crédit, ainsi que la création de conditions favorables au partenariat public-privé.

Le principal document de politique agricole mis en œuvre au cours de la période d'examen était centré sur le Plan stratégique de relance du secteur agricole (PSRSA) pour la période 2011-2015. Il visait à assurer la croissance de la production agricole et contribuer à la sécurité alimentaire à travers une production efficace et une gestion durable des exploitations. Le résultat attendu de cette politique était de réduire de 33% à 15% la proportion de la population béninoise souffrant

Tableau 4.1 Productions vivrières et principales cultures, 2010-2014

(Milliers de tonnes)

	2010	2011	2012	2013	2014
Manioc	3 445	3 646	3 646	3 910	4 067
Ignames	2 624	2 735	2 811	2 959	3 221
Maïs	1 013	1 166	1 185	1 317	1 354
Huile, noix de palme	460[a]	460[a]	530[a]	560[a]	583[b]
Ananas	266	247	376	359	..
Tomates fraîches	187	164	245	332	..
Sorgho	168	133	144	88	100
Arachides non décortiquées	154	132	129	150	145
Graines de coton	137	265	240	307	382
Riz (paddy)	125	220	217	207	234
Haricots secs	107	85	95	103	96
Noix d'acajou non décortiquées	102	163	170[a]	180[a]	..
Patates douces	77	49	52	66	65
Sucre, canne	48[c]	48[a]	10	23	20
Palmistes	46[c]	46[c]	53[c]	56[c]	59[b]
Huile de palme	46[c]	46[c]	2	2	1
Gombo	46	48	68	48	48
Piments forts, piments doux frais	45	39	68	67	..
Légumineuses, n.d.a.	43[b]	40[a]	42[a]	42[a]	43[b]
Piments doux et épicé	38	39	68	67	..
Millet	27	25	30	23	24
Noix de coco	19[c]	19[c]	19[c]	19[c]	19[b]
Bananes	18[b]	18[b]	19[a]	18[b]	..
Soja	18[c]	13[c]	71	75	100
Mangues, mangoustans et goyaves	14[b]	14[a]	15[a]	15[b]	..
Oranges	13[b]	14[a]	14[a]	14[b]	..
Noix de karité	13[b]	13[a]	14[a]	15[a]	15[b]
Sésame	10[c]	10[c]	0	0	1
Oignons secs	8	11	40	44	..

.. Non disponible.

a Estimation FAO.

b Données de la FAO basées sur une méthodologie d'imputation.

c Chiffre non officiel.

Source: Renseignements en ligne de la FAO. Adresse consultée: http://faostat3.fao.org/download/Q/QC/F.

de la faim et de malnutrition à l'horizon 2015; assurer la compétitivité et l'accès des productions et produits aux marchés grâce à la promotion des filières agricoles; et augmenter de 50% le volume des exportations de produits agricoles entre 2011 et 2015.

Selon les autorités, un nouveau cadre de politique agricole, le Plan stratégique de développement du secteur agricole (PSDSA), la déclinaison agricole du PAG, serait en cours d'élaboration. Il prendrait en compte les conclusions de l'évaluation du PSRSA et vise à atteindre les objectifs assignés à ce dernier à travers, entre autres, une augmentation de la productivité, la structuration des chaines de valeur, la mise en place de filets sociaux pour une meilleure résilience des systèmes agricoles, l'amélioration du cadre de gouvernance au sein du secteur et la mise en place d'un système de financement.

Le Ministère de l'agriculture, de l'élevage et de la pêche (MAEP) est en charge de la coordination de la mise en œuvre des politiques agricoles. En novembre 2016, dans le cadre du volet agricole du PAG, le gouvernement a procédé à une restructuration du cadre institutionnel de la politique agricole.[3] À cet effet, le territoire béninois a été subdivisé en sept pôles de développement agricole dont l'administration est confiée à des Agences territoriales de développement agricole (ATDA). Sous cette nouvelle architecture, le pôle de développement agricole est le cadre de mise en œuvre opérationnelle des politiques de développement agricole. En conséquence, le gouvernement a décidé de mettre fin aux activités des anciennes agences d'exécution des politiques agricoles que sont la Société nationale de promotion agricole (SONAPRA), l'Office national d'appui à la sécurité alimentaire (ONASA), l'Office national de stabilisation et de soutien des prix des revenus agricoles(ONS) et la Central d'achat des intrants agricoles (CAIA).

Dans le but de sécuriser les droits de propriété foncière, le Bénin a adopté un nouveau code foncier en 2013.[4] Il vise, par la mise en place d'un titre foncier unifié, à mettre un terme à l'insécurité foncière en traitant le foncier rural (objets de droits établis ou acquis selon la coutume) au même titre que les terrains immatriculés du foncier urbain.

La protection tarifaire moyenne dans le secteur de l'agriculture et de la pêche (CITI, Rev.2), était de 11,9% en 2016, en baisse sensible par rapport à 2011 (13,1%), avec des taux allant de 5 à 35% (rapport commun, p. 50). En outre, la TVA frappe les produits agricoles nationaux ou importés au taux de 18%, alors que les produits alimentaires non transformés bénéficient d'une exonération. Le Bénin interdit l'importation de la farine de blé, du sucre, de l'huile végétale et du riz, par voie terrestre ou fluviale. L'importation et le transit de viande bovine et de produits dérivés de toute origine sont soumis à une autorisation préalable de la Direction de l'élevage.

Politique par filière

Production végétale

Coton

La production cotonnière a connu une croissance régulière depuis 2010, avec des quantités annuelles qui ont plus que doublé entre 2010 (137 000 tonnes) et 2014 (382 000 tonnes) (tableau 4.1). Le coton graine est produit par les agriculteurs organisés en coopératives, puis revendu aux entreprises d'égrenage qui les transforment en coton fibre. Les autres sous-produits sont les graines, les tourteaux et l'huile de coton.

Le coton représente la principale filière économique du Bénin. Directement et indirectement, la filière cotonnière représente 45% des rentrées fiscales (hors droits de douanes) et contribue pour 13% à la formation du PIB. Le coton procure des moyens de subsistance à plus de 40% de la population rurale, constituée de près de 3 millions de personnes au Bénin. Il représente environ 60% du tissu industriel local et alimente 19 usines d'égrenage, cinq usines textiles, trois unités de trituration de graines de coton et une usine de fabrication de coton hydrophile. Les activités cotonnières créent également des effets d'entraînement dans le transport, l'artisanat, le commerce et la construction. Toutefois, des progrès restent à faire afin de dynamiser la filière et promouvoir la transformation locale, sachant qu'environ seulement 5% de la production de coton fibre est consommée par les cinq usines de textile, le reste étant exporté.

Depuis près d'une décennie, la filière cotonnière est proie à des difficultés liées au dysfonctionnement des différentes structures institutionnelles successivement mises en place à la suite de la libéralisation du secteur en 1990, avec la privatisation (par cession de capital social) de l'outil industriel (dix usines d'égrenage) de la SONAPRA. En effet, il a été cédé en 2008 à la Société pour le développement du coton (SODECO), société d'économie mixte, dont l'actionnariat est actuellement entre les mains d'une entreprise privée (51% des actions) et l'État (49%).

En 2009, un accord-cadre fut signé entre l'État et l'Association interprofessionnelle du coton (AIC), qui est l'organisme de concertation entre les professionnels de la filière coton (notamment les producteurs, les égreneurs et les distributeurs d'intrants). Au titre de l'accord, l'AIC élabore les accords interprofessionnels, en assure le suivi et organise la négociation du prix du coton graine. Elle assure également la formation et l'encadrement des producteurs, effectue des recherches sur le coton, assure la production et distribution de semences, et effectue la collecte des statistiques cotonnières. Ses ressources proviennent du prélèvement effectué sur le prix payé par l'égreneur aux réseaux de producteurs de coton graine. La gouvernance de l'AIC a été émaillée de plusieurs crises de 2009 à 2011. Toutefois, ces crises à répétition ont atteint leur paroxysme en 2012. En effet, durant la campagne 2011-2012, suite à une crise entre l'État béninois et l'AIC, l'accord-cadre avec l'AIC fut suspendu, ce qui a abouti à dessaisir cette dernière de tous ses rôles dans la gestion de la filière coton pour les confier au MAEP et aux autres structures étatiques.

Ainsi, durant la campagne 2012-2013, la distribution des intrants était gérée par les Centres communaux pour la promotion agricole (CeCPA). Pour financer la campagne de production et de commercialisation du coton, l'État a prévu 115 milliards de FCFA. En outre, l'État a négocié avec les entreprises privées et la SODECO pour assurer l'égrenage. En ce qui concerne la commercialisation, l'État, à travers la SONAPRA, appuyé par une expertise internationale, a commercialisé la fibre de coton sur le marché mondial au titre de la campagne 2012-2013.

En mai 2016, le gouvernement béninois a annoncé la cession de la gestion de la filière coton au secteur privé, ainsi que le rétablissement du contrat cadre entre l'État et l'AIC. Le système de gestion de la filière repose sur: un prix unique de cession des intrants et d'achat de coton graine sur toute l'étendue du territoire; l'obligation aux producteurs de vendre toute la production aux sociétés d'égrenage installées au Bénin; et l'obligation des égreneurs d'acheter toute la production béninoise. En 2016, le prix d'achat net du coton graine aux producteurs par les égreneurs était de 260 FCFA le kg pour le premier choix de coton graine et 210 FCFA le kg pour le deuxième choix. Le prix net pour le coton biologique était de 312 FCFA le kg. Le prix de cession des engrais était de 240 FCFA le kg, celui des insecticides de 3 500 FCFA la dose pour un demi-hectare et le litre des herbicides sélectifs à 5 000 FCFA. Les graines de coton sont vendues par le paysan à sa coopérative, qui les revend aux égreneurs.

Anacarde

La filière anacarde revêt une importance croissante sur les plans environnemental, économique et social au Bénin. Les plantations d'anacardier couvrent environ 190 000 hectares (contre 10 000 en 1990), généralement en association avec d'autres cultures annuelles comme le coton, ou l'igname. Du fait des effets d'appauvrissement des sols par ces derniers, la culture de l'anacardier constitue une solution pour la reconstitution des terres dégradées. La production de noix de cajou connaît une croissance régulière; elle est passée de 102 000 tonnes en 2010 à 180 000 tonnes en 2013. La grande majorité des plantations d'anacardiers appartient à de petits producteurs individuels et la taille moyenne des exploitations par planteur est comprise entre 1 et 1,5 ha.

La filière anacarde du Bénin représente une grande opportunité d'exportation après le coton. Elle représente

environ 8% de la valeur des exportations. Toutefois, une part importante des noix de cajou exportées du Bénin constitue en fait des réexportations en provenance de certains pays limitrophes.

La transformation occupe une part marginale de la production de noix brute; à peine 5% de la production nationale de noix est transformée localement dont 1 à 2% par les unités artisanales et 3% par les entreprises semi-industrielles et industrielles.

La productivité des plantations d'anacardiers demeure modeste, de l'ordre de 300 à 500 kg/ha, alors que le potentiel actuel se situerait entre 1 000 et 1 500 kg/ha.[5] Les contraintes au développement de la filière comprennent des difficultés de coordination entre l'ensemble des acteurs, le quasi monopsone des négociants sur les achats auprès des producteurs, et l'accès limité aux intrants spécifiques aux anacardiers et au financement.

Une Commission interministérielle de fixation des prix des produits agricoles et intrants qui n'est pas spécifique à la filière anacarde fixe les prix plancher d'anacarde. Elle se réunit à l'approche de la campagne de commercialisation pour proposer à tous les acteurs un prix plancher de campagne pour l'anacarde ainsi que les dates de démarrage et de fin de campagne de commercialisation. Le prix minimal fixé est supposé consensuel et fait l'objet d'un décret Présidentiel. Cependant, en pratique, les exportateurs/négociants fixent les prix en tenant compte de la tendance du marché mondial et du taux de change du dollar EU. Face à l'opacité de la structure des prix effectivement pratiqués, les producteurs s'organisent de plus en plus en vue d'effectuer des commercialisations groupées. Cette stratégie leur permettrait d'avoir un pouvoir de négociation plus important.

Pour la campagne de commercialisation 2014-2015, le prix plancher de l'anacarde a été fixé à 225 FCFA contre 200 FCFA au cours de la campagne précédente.

La Fédération nationale des producteurs d'anacarde (FENAPAB) est en charge de la défense des intérêts des producteurs. Elle comporte des structures décentralisées au niveau des régions et des villages. En outre d'autres association professionnelles, faiblement structurées, interviennent au sein de la filière. Il s'agit notamment de: l'Association de développement des exportations (ADEx); le Groupement des exportateurs de produits tropicaux (GEPT); l'Association nationale des acheteurs de produits agricoles tropicaux (ANAPAT); et l'Association des transformateurs et exportateurs d'amande de cajou.

Ananas

La production d'ananas est de plus en plus importante au Bénin (tableau 4.1). Elle fournit des moyens de subsistance à environ 10 000 producteurs individuels, dont environ 70% sont de petits producteurs avec des exploitations inférieures à un hectare.

La culture d'ananas est devenue ces dernières années un élément important des efforts de diversification des exportations agricoles, à côté de celles du coton et de l'anacarde. Deux variétés (pain de sucre et cayenne lisse) y sont essentiellement cultivées, principalement au sud dans les départements de l'Atlantique et du Littoral. L'État béninois a prévu, dans son Programme de relance du secteur agricole (PSRSA), d'accroître la production d'ananas de 150 000 tonnes en 2007 à 600 000 tonnes en 2015. En outre, il s'était assigné comme objectif de promouvoir la transformation locale de l'ananas et de faciliter l'accès de l'ananas béninois et de ses dérivés aux marchés régionaux et internationaux, notamment en créant de bonnes conditions de transport maritime.

La transformation de l'ananas concerne environ le quart de l'offre totale disponible, tandis que le reste est consommé à l'état frais. Deux sous-produits sont obtenus à partir de l'ananas cru, il s'agit du jus et sirop d'ananas et de l'ananas séché. Il existe un grand nombre d'unités de transformation d'ananas à caractère artisanal ou semi-industriel produisant une gamme de produits tels que les jus, les sirops, les confitures d'ananas et d'ananas séché. Plusieurs transformateurs d'ananas s'investissent dans la production de jus d'ananas pasteurisés dont la plupart sont installés à Cotonou, Porto-Novo et à Abomey-Calavi et regroupés au sein de l'Union des transformateurs des fruits et légumes du Bénin (UTRAFEL).

Les exportations formelles d'ananas se font essentiellement vers l'Europe par avion, tandis que la commercialisation du produit dans la sous-région, particulièrement au Nigéria, au Niger et au Burkina Faso, est informelle.

La filière demeure confrontée à plusieurs défis dont: les difficultés de conservation des ananas du fait de leur nature périssable, les difficultés et les coûts élevés d'accès au crédit, ainsi que les frais élevés de transports aériens. Les principales contraintes liées à la transformation en jus sont essentiellement: le coût élevé des facteurs de production, notamment l'électricité, ainsi que celui des emballages essentiellement importés. En outre, la filière souffre du manque d'organisation efficace de ses différents intervenants.

Au nombre des organisations intervenant dans la filière ananas, figurent la Fédération nationale des organisations des professionnelles de l'ananas du Bénin (FENOPAB) qui regroupe tous les producteurs; l'Association des producteurs des fruits au Bénin (APFB); l'Union des producteurs du Sud Bénin (UPS Bénin); le Réseau des producteurs d'ananas du Bénin (RePAB); le Comité paysan de gestion des exportations d'ananas (COGEX-ANA).

Production animale

Au Bénin, le sous-secteur de l'élevage représente la seconde activité agricole après la production végétale. En outre, l'élevage contribue aux services de l'agriculture

Tableau 4.2 Élevage primaire, 2009-2013

	2009	2010	2011	2012	2013
Lait, entier de vache frais	30 486[a]	32 000[b]	32 500[c]	33 000[c]	33 000[c]
Viande, bovine	30 800[a]	28 666[a]	30 140[a]	30 800[a]	31 350[a]
Viande indigène, bovine	24 188[a]	26 080[a]	28 659[a]	29 319[a]	29 869[a]
Viande, volaille	21 440[a]	22 400[a]	23 840[a]	24 000[a]	24 400[a]
Viande indigène, poulet	21 360[c]	22 235[c]	23 485[c]	23 645[a]	24 045[a]
Œufs de poule en coquille	11 104	9 851	10 664	11 552	12 522
Lait, entier frais de chèvre	7 900[a]	8 215[a]	8 575[a]	8 925[a]	8 960[a]
Viande, gibier	7 303[b]	7 800[b]	8 000[c]	8 000[c]	8 000[c]
Viande, caprin	5 023[a]	5 200[a]	5 350[a]	5 400[a]	5 450[a]
Viande indigène, caprin	4 643[a]	4 820[a]	4 950[a]	5 000[a]	5 050[a]
Viande, suidés	4 431[a]	4 614[a]	4 788[a]	5 040[a]	5 096[a]
Viande indigène, suidés	4 431[a]	4 614[a]	4 787[a]	5 039[a]	5 095[a]
Peaux de bovins fraîches	5 040[a]	4 691[a]	4 932[a]	5 040[a]	5 130[a]
Viande, ovin	2 946[a]	2 977[a]	3 000[a]	3 100[a]	3 150[a]
Viande indigène, ovin	2 689[a]	2 721[a]	2 752[a]	2 852[a]	2 902[a]

a Donnée calculée.

b Données de la FAO basées sur une méthodologie d'imputation.

c Estimation FAO.

Source: Renseignements en ligne de la FAO. Adresse consultée: http://faostat3.fao.org/download/Q/QL/F.

à travers la production de fumier (pour le maintien de la fertilité des sols), ainsi que par la force de traction et de transport notamment dans les zones cotonnières. Cependant, sa contribution au PIB reste modeste.

L'élevage au Bénin est marqué par des pratiques traditionnelles et concerne les espèces bovines, ovines, caprines, porcines, et la volaille. Par ailleurs, l'élevage moderne de production d'œufs et de poulet de chair se développe en zone périurbaine. Le cheptel, dominé par les bovins (78%), constitue l'essentiel du capital financier des éleveurs.

La production animale est restée globalement stable depuis 2009 (tableau 4.2). Les efforts pour relancer le sous-secteur restent négligeables au regard des actions du gouvernement en soutien à la production végétale. La profession vétérinaire aurait été libéralisée depuis 2010.

Les principaux efforts des institutions publiques visent la modernisation des systèmes de production animale et portent notamment sur: a) le renforcement du suivi sanitaire et la lutte contre les épizooties; b) l'amélioration des performances des races locales, l'élevage de races laitières exotiques et le renforcement de l'intégration "agriculture-élevage"; c) le développement des cultures fourragères et aliments de bétail; d) l'aménagement des points d'eau; et e) la création des marchés à bétail.

En 2016, les taux du TEC sur les produits d'origine animale étaient compris entre 5% et 35% (contre 5% et 20% en 2011), avec une moyenne de 24,1% (contre 18,8% en 2011).

Production halieutique

Le sous-secteur de la pêche et de l'aquaculture contribue à hauteur de 3% au PIB du Bénin et occupe environ 25% de la population active du secteur agricole. Il représente environ 600 000 emplois (directs et indirects) et fournit près de 30% de la quantité totale de protéines d'origine animale consommées au Bénin. La pêche maritime artisanale (environ 10 000 tonnes par an) est pratiquée par environ 10 000 pêcheurs et mareyeurs au moyen de pirogues. L'essentiel de la pêche se fait dans les eaux intérieures, et occuperait plus de 300 000 personnes dans les principaux fleuves et complexes lagunaires du pays. La pisciculture est peu développée, et sa contribution à la production halieutique nationale est relativement faible (1%) malgré les potentialités existantes et les nombreuses initiatives qui ont été prises. La production halieutique totale est actuellement estimée à 50 000 tonnes par an et comprend du poisson, des crabes et des crevettes.

Le potentiel des activités de pêche est considérable en termes de création d'emplois et de satisfaction des besoins alimentaires des populations. En effet, le Bénin dispose d'une façade maritime longue d'environ 125 km qui s'étend de la frontière nigériane à la frontière togolaise et d'une zone économique exclusive (ZEE) de près de 27 750 km². Le réseau hydrologique du Bénin est assez dense et est constitué de lagunes, de lacs, de fleuves, de rivières, de marais, de plaines d'inondation et de retenues d'eau.

Le sous-secteur est confronté à plusieurs défis. La surpêche et la dégradation des écosystèmes aquatiques du fait de l'utilisation des engins de pêche non sélectifs, la pollution des plans d'eau par les déchets ménagers et industriels font que la production nationale en produits de pêche et d'aquaculture reste dérisoire et n'arrive pas à couvrir les besoins des populations. Depuis 2014, l'exercice de la pêche et de l'aquaculture est règlementé par la Loi-cadre n° 2014-19 du 7 août 2014 relative à la pêche et à l'aquaculture en République du Bénin. Elle fixe les conditions de pêche dans les eaux sous juridiction béninoise et vise, entre autres, à garantir la gestion durable des ressources halieutiques. Les navires de pêche étrangers et les embarcations de pêche maritime étrangères peuvent être autorisés à pêcher

dans les eaux maritimes sous juridiction béninoise dans le cadre d'accords internationaux conclus entre la République du Bénin et l'État dont ils battent pavillon ou dans lequel ils sont immatriculés. Jusqu'en 2016, aucun accord de pêche n'était en place sous la nouvelle législation. Toutefois, le Ghana dispose des thoniers dans les eaux béninoises et des négociations sont en cours pour l'adoption d'un accord de pêche conforme à la réglementation en vigueur.

Depuis 2011, un projet de développement de l'aquaculture est en cours d'exécution: projet de vulgarisation de l'aquaculture (PROVAC) financé par le Japon. Sa première phase a consisté à la formation, la fourniture d'intrants et des infrastructures. La deuxième phase a été lancée en 2017. La mise en place du programme de développement des pêches et de l'aquaculture (PADPA) a pris fin en 2015. Il visait à assurer la sécurité alimentaire et nutritionnelle de la population en produits halieutiques à travers notamment une mise en place d'infrastructures de pêches, un meilleur accès aux marchés et un renforcement de la capacité des pêcheurs

Avant 2002, les crevettes étaient les principaux produits halieutiques d'exportation, avec en moyenne 700 tonnes exportées par an vers les pays de l'Union Européenne. Toutefois, face au non-respect par le Bénin des exigences hygiéniques pertinentes en la matière il fut contraint à suspendre ses exportations de produits de la pêche vers les pays européens en juillet 2003 en vue de se conformer aux normes internationales. Après la levée de l'auto – suspension en 2012, les exportations officielles n'auraient jamais dépassé 30 tonnes par an surtout à cause des difficultés financières des entreprises engagées dans l'exportation des crevettes et des mauvaises pratiques de pêche.

Des redevances sont collectées selon les types de navires aux taux suivants: 8 000 FCFA par TJB pour les chalutiers; 12 000 FCFA par TJB pour les crevettiers; 25 000 FCFA par TJB pour les thoniers senneurs; et 40 000 FCFA par TJB pour les thoniers canneurs.

Sylviculture et produits du bois

Les forêts au Bénin couvrent environ 65% de la superficie totale du pays et sont réparties entre le domaine classé de l'État, le domaine protégé de l'État et le domaine forestier des particuliers. Les activités de première transformation du bois sont dominées par l'Office national du bois (ONAB) qui dispose d'une unité de production de teck, et vend des grumes, des sciages, des perches, des fagots et des meubles, y compris à l'exportation. L'entreprise Industrie de bois du Bénin (IBB S.A) et l'ONAB sont les principales unités d'exportation de grumes (tableau 4.3). Cependant, les exportations de bois de teck non transformé sont prohibées. En outre, l'ONAB entreprend des campagnes de reboisement, à hauteur de 36 000 tonnes de bois de feu par an mais qui ne compensent pas la demande annuelle, qui est estimée à 3 millions de tonnes.

L'exploitation forestière en République du Bénin est régie par la Loi n° 93-009 du 2 juillet 1993 portant régime des forêts et son décret d'application n° 96-271 du 2 juillet 1996. La loi régule la gestion, la protection, l'exploitation des forêts, le commerce et l'industrie des produits forestiers et connexes. Elle repartit le domaine forestier de l'État en domaines classés et domaines protégés tout en fixant les conditions de classement et de déclassement, les droits d'usage, les conditions de l'aménagement et de l'exploitation du domaine forestier de l'État. Depuis 2010, les délivrances d'autorisation d'importation des produits du bois ont été suspendues.

Toute personne physique ou morale désireuse d'exercer la profession d'exploitant forestier doit résider au Bénin. En vertu de la législation, six types de permis d'exploitation peuvent être délivrés par les administrations compétentes. Il s'agit: du permis d'exploitation de bois d'œuvre (les grumes, les billes, les produits de sciage, les parquets, les frises, les palettes); du permis d'exploitation de bois de service (perches, poteaux et équarries); du permis d'exploitation de bois de feu et charbon de bois; du permis spécial de récolte de plantes médicinales; du permis d'exploitation de

Tableau 4.3 Production de bois d'oeuvre au Bénin, 2010-2015

(m^3)

Campagnes	ONAB			Autres structures	Réalisation totale
	Production de grumes à l'Industrie du bois du Bénin (IBBsa)	Production de grumes par ONAB (Vente Bords pistes)	Production aux opérateurs privés (Vente sur pied)	Production	
2010	16 739,25	18 783,18	12 089,13	376 658	424 269,56
2011	26 403,39	8 896,73	19 375,59	151 430,065	206 105,775
2012	22 712,26	11 073,66	13 248,33	61 518,86	108 553,11
2013	19 783,10	11 715,98	29 752,27	23 534,0572	84 785,4072
2014	26 084,16	13 402,79	19 408,72	75 466	134 361,67
2015	25 324,42	25 258,57	6 768,93	..	130 334,41

.. Non disponible.

Note: La réalisation annuelle correspond au volume de grumes vendues.

Pour ce qui est de la campagne 2016, l'exploitation est toujours en cours et les résultats définitifs ne seront disponibles qu'en fin de campagne.

Source: Rapport annuel DGFRN Information fournie par les autorités du Bénin, Official National du Bois.

bois des plantations privées; et du permis d'exploitation de palmier à huile. Des taxes et redevances à la production sont prélevées sur les produits du bois à des taux spécifiques en fonction de la catégorie et de la circonférence du bois; des droits *ad valorem* sont également perçus à l'importation et à l'exportation.[6]

INDUSTRIES EXTRACTIVES, ÉNERGIE ET EAU

La contribution du secteur minier à la formation du PIB du Bénin demeure marginale (tableau 1.1). Néanmoins, le pays dispose d'un grand potentiel en ressources minérales telles que l'or (exploitation en cours), celles liées aux matériaux de construction, le fer et les phosphates. En outre, il possède d'autres richesses minières encore inexploitées, telles que le nickel, le rutile, le zircon et les diamants. Le sous-sol du bassin côtier béninois recèle plusieurs gisements pétroliers potentiels, et des projets d'exploration sont en cours.

Les investissements dans les services relatifs à l'exploitation des ressources minières et énergétiques sont ouverts aux nationaux et aux étrangers.

Produits miniers

Il n'y a pas eu de changement dans le cadre réglementaire du secteur minier béninois au cours de la période d'examen. La Loi n° 2006–17 du 17 octobre 2006 portant code minier et fiscalités minières en République du Bénin demeure le principal outil régissant la prospection, la recherche, et l'exploitation des substances minérales utiles (à l'exception des hydrocarbures liquides ou gazeux et des eaux souterraines); toutes les ressources contenues dans le sol et le sous-sol sont la propriété de l'État.

Le Code prévoit les titres suivants: l'autorisation de prospection, qui ne confère à son titulaire aucun droit de disposer des substances découvertes qui demeurent la propriété de l'État; le permis de recherche; et le permis d'exploitation valable pour 20 ans et renouvelable deux fois par période de 10 ans; et l'autorisation d'exploitation artisanale ou semi-industrielle. Cette dernière ne s'applique qu'aux indices de minéralisation ou qu'aux gisements pour lesquels la preuve est faite qu'une exploitation à l'échelle industrielle n'est pas économiquement rentable. En 2016, 12 entreprises détenaient une autorisation d'exploitation minière au Bénin. Toutefois, seulement trois d'entre elles exploitaient des gisements miniers.

La fiscalité minière, telle que définie par le Code, comporte une redevance *ad valorem* des substances extraites des carrières, dont le taux est de 10% de la valeur de la production minière, à l'exception du calcaire pour cimenterie. Pendant la période d'exploitation, en plus de la redevance *ad valorem*, l'État prélève des droits fixes, des taxes superficiaires (dont le montant est fixé par arrêté), l'impôt sur les bénéfices industriels et commerciaux et les autres taxes non déductibles prévues par le Code général des impôts. Les titulaires de permis d'exploitation sont également assujettis à la contribution de patente après les cinq premières années de production et aux impôts fonciers selon les conditions prévues par le Code général des impôts.

L'importation de substances minières est sujette au paiement de droits de douane, dont le taux moyen est de 5,1%, avec un minimum de 0 et un maximum de 10%; à cela s'ajoutent les autres droits et taxes d'entrée (rapport commun, p. 57).

Les matériels, machines et équipements, à l'exception des véhicules automobiles de tourisme, importés dans le cadre d'un permis de recherche, bénéficient du régime d'admission temporaire. Concernant les exploitations minières, l'admission temporaire des machines et équipements, à l'exception des véhicules automobiles de tourisme, couvre la période d'installation de la mine qui est de 30 mois.

En contrepartie de l'exploitation des ressources du son sous-sol, l'État béninois devrait participer, conformément au Code, au capital de toute société d'exploitation à hauteur de 10%, sans contribution financière de sa part, avec la possibilité d'une participation additionnelle pouvant aller jusqu'à 10%. Toutefois, cette disposition n'est pas encore appliquée du fait de l'absence de la structure qui devrait représenter l'État.

Hydrocarbures

Le Bénin n'est pas producteur de produits pétroliers. Toutefois, des travaux de prospection ont permis de mettre en évidence des potentialités de production pétrolière. Les hydrocarbures représentaient en 2015 environ 11.7% des importations (tableau A1.1).

Les activités de prospection, de recherche, d'exploitation, de raffinage, de transport et de commercialisation des hydrocarbures sur le territoire béninois sont régies par la Loi n° 2006-18 du 17 octobre 2006 portant Code pétrolier en République du Bénin. L'État conserve la propriété exclusive sur toutes les ressources en hydrocarbures liquides et gazeux du Bénin. Leur exploitation est ouverte aux opérateurs nationaux et étrangers. Tout ressortissant étranger doit justifier d'un établissement stable au Bénin pour la réalisation des opérations de prospection et d'une société de droit béninois pour la réalisation des opérations de recherche, d'exploitation et de transport. Les contrats pétroliers, délivrés par le Ministre en charge des hydrocarbures après approbation en Conseil des ministres, sont nécessaires pour l'obtention d'un permis de recherche ou d'exploitation. Le Code prévoit des contrats de partage de production (avec l'État) et des contrats de concession. Toutefois, de nos jours, aucun contrat de concession n'aurait été attribué.

Le titulaire d'un permis de recherche, d'exploitation, ou de transport d'hydrocarbures est tenu de procéder à une étude d'impact environnemental. Il doit en outre se conformer, pendant toute la durée de ses activités, aux dispositions des textes en vigueur en matière de protection de l'environnement.

Le régime fiscal applicable aux activités de prospection, de recherche, d'exploitation et du transport d'hydrocarbures prévoit: un droit fixe pour l'obtention et le renouvellement des autorisations, une redevance superficiaire annuelle (qui n'a jamais été perçue en pratique au Bénin) dont le montant est fixé en principe par décret pris en Conseil des ministres, une redevance proportionnelle à la valeur départ champ des hydrocarbures produits, aux taux de 8% à 12% (en fonction des difficultés d'exploration et d'exploitation).[7] L'impôt sur le bénéfice brut ne peut excéder 45% et n'est pas perçu dans le cadre d'un Contrat de partage de production.

Le Bénin importe actuellement la totalité de ses besoins en produits pétroliers. La Société nationale de commercialisation des produits pétroliers (SONACOP) et d'autres sociétés pétrolières privées agréées approvisionnent le pays en produits pétroliers. Les sociétés privées doivent obtenir un agrément d'importation et de mise en consommation délivré par arrêté conjoint des Ministres chargés du commerce et des hydrocarbures.[8] Un dossier de demande d'agrément comportant, entre autres, une copie de la déclaration d'existence; une attestation à l'identifiant fiscal unique; un programme d'investissement décennal comportant la réalisation d'un réseau de station-service d'une capacité totale minimale de 600 m^3 et couvrant au moins six départements; et un plan de sécurité générale des installations et de protection de l'environnement. Les sociétés privées doivent, en outre, justifier d'une connaissance technique dans le domaine des produits pétroliers. Il existe par ailleurs un secteur informel de commercialisation de produits pétroliers provenant du Nigéria.

Plusieurs taxes sont prélevées à l'importation de produits pétroliers, y compris le TEC et les taxes indirectes (dont les droits d'accise aux taux spécifiques et la TVA).

Les prix de vente des produits pétroliers sont fixés par Décret, sur la base de l'évolution des prix mondiaux. Le prix de gaz butane est subventionné à hauteur de 69 FCFA/kilo. La SONACOP est en charge de la gestion des stocks stratégiques de produits pétroliers au Bénin.

Électricité

En dépit de l'importance de son potentiel hydro-électrique, le Bénin demeure fortement dépendant de l'extérieur pour son approvisionnement en énergie électrique. La presque totalité de l'électricité consommée provient de l'extérieur. La production nationale d'électricité est essentiellement thermique. La mini-centrale hydroélectrique de Yeripao, au nord-ouest du pays, contribue à la production nationale pour moins de 1% de la demande en énergie électrique. Selon les autorités, l'accès des populations à l'électricité demeure faible, avec un taux d'électrification de 55,1% en milieu urbain et 4,1% en milieu rural en 2015.

Le PAG vise à assurer au Bénin une indépendance énergétique à court terme, grâce à une production thermique compétitive. Dans ce cadre, les actions spécifiques porteront sur la réhabilitation du parc de production de la Société béninoise d'énergie électrique (SBEE) et de la centrale thermique de Maria-Gléta, ainsi que la construction de nouvelles centrales de production. Le gouvernement vise en outre le développement de l'hydraulique ainsi que l'augmentation de la part des énergies renouvelables.

En 2013, le Bénin a mis en place l'Autorité de régulation de l'électricité (ARE) avec pour missions de veiller au respect des textes législatifs et réglementaires régissant le sous-secteur de l'électricité; d'y protéger l'intérêt général; et de garantir la continuité et la qualité des services, l'équilibre financier du sous-secteur et son développement harmonieux.[9]

Le Ministère en charge de l'énergie assure l'orientation de la politique nationale en la matière et la tutelle de l'ensemble des structures qui interviennent directement dans le secteur en dehors de l'ARE.

La Communauté électrique du Bénin (CEB) assure la fonction d'acheteur unique pour le Bénin et le Togo. La CEB s'approvisionne auprès de ses partenaires étrangers (Côte d'Ivoire, Nigéria et Ghana). Elle dispose de capacité de production hydroélectrique et de deux centrales à gaz de 20 MW. La Société béninoise d'énergie électrique (SBEE) assure la distribution d'électricité au Bénin. Elle achète une grande partie de son énergie électrique à la CEB et produit également de l'énergie à hauteur de moins de 10% des besoins d'électricité avec ses centrales diesel.

Le code bénino-togolais de 1968, révisé en 2004, a mis fin au monopole de la CEB en matière de production, ouvrant ainsi les segments de la production aux opérateurs privés. Toutefois, il maintient l'exclusivité de l'importation de l'énergie électrique en faveur de la CEB en qualité, à la fois, de transporteur exclusif et d'acheteur unique sur l'ensemble des territoires du Bénin et du Togo. La Loi n° 2006-16 du 27 mars 2007 portant Code de l'électricité au Bénin complète le Code bénino-togolais et définit, entre autres, les modalités d'intervention des opérateurs privés dans le sous-secteur de l'électricité. Les producteurs privés doivent conclure une convention (concession ou autres) avec l'État, et signer avec la CEB un contrat d'achat-vente d'énergie électrique. Les auto producteurs peuvent librement revendre leur excédent de production sans toutefois excéder 50% de leur production totale; au-delà de ce seuil, ils sont considérés comme producteurs privés, tenus de revendre leur production à la CEB ou la SBEE. La distribution en zone urbaine est assurée exclusivement par la SBEE et en zone rurale par l'Agence béninoise d'électrification rurale et de maîtrise d'énergie (ABERME).

L'ABERME est en charge de la mise en œuvre de la politique de l'État dans les domaines de l'électrification rurale et de la maîtrise d'énergie. L'Agence de contrôle des installations électriques intérieures (CONTRELEC) a pour mission d'œuvrer au respect des prescriptions techniques relatives à la réalisation des installations électriques intérieures dans le but d'assurer la sécurité des personnes et des biens.

La grille tarifaire appliquée par la SBEE comprend une tranche sociale qui concerne les abonnés ayant une consommation mensuelle inférieure ou égale à 20 KWH. La quantité consommée est facturée à 78 FCFA (par kWh) et est exonérée de la TVA. Les abonnés dont la consommation mensuelle est strictement supérieure à 20 KWH sont systématiquement dispensés de la tranche sociale. Ainsi leurs 250 premiers kWh sont facturés à 109 FCFA (par kWh) pour la 1ère tranche et le reste (la 2ème tranche) de la consommation à 115 FCFA (par kWh). Ces deux tranches sont assujetties à la TVA.[10] En général, les tarifs prennent en compte les coûts production et d'approvisionnement. Ils sont formulés par la Direction en charge de l'énergie, en concertation avec la SBEE, avant d'être approuvés par l'ARE.

Eau

Le Bénin regorge d'importantes ressources en eau. Elle est drainée par un réseau hydrographique relativement dense mais ayant un régime d'écoulement intermittent.

Selon le document sur la politique nationale de l'eau adopté en 2008, les apports intérieurs et extérieurs d'eau s'élèvent à environ 13,106 milliards de mètres cubes par an, non compris les apports du fleuve Niger.[11] En dépit de ces potentialités, toutes les régions du pays n'auraient pas encore convenablement accès à l'eau potable. En 2007, le ministère en charge des ressources en eau avait dénombré 13 000 sources d'eau (y compris des puits et des robinets communautaires) dont 13% étaient en mauvais état. Le taux de couverture des populations en milieu rural était d'un point d'eau pour 500 habitants en 2010.

Le cadre institutionnel de la gestion des ressources en eau est constitué par des acteurs publics et privés dont notamment les Ministères concernés par la gestion de l'eau; les collectivités territoriales; et les acteurs non étatiques regroupés depuis 2011 au sein du Conseil national de l'eau (CNE), qui est le premier cadre institutionnel structuré au niveau national et qui regroupe toutes les catégories d'acteurs publics et privés concernés par la gestion durable des ressources en eau.[12]

Plusieurs documents de stratégie gouvernementale sont actuellement en place en vue de valoriser les ressources en eau. Ils comprennent principalement: la stratégie nationale de gestion des ressources en eau du Bénin de 1997, la Vision Eau Bénin 2025 de 1999 et la Politique nationale de l'eau de 2008. Ils visent à instaurer au Bénin une gestion intégrée, concertée et durable des ressources en eau. La Loi n° 2010-44 du 24 novembre 2010 portant Gestion de l'eau en République du Bénin en réglemente la gestion.

L'un des objectifs de la politique nationale de l'eau, axé sur les Objectifs du millénaire pour le développement (OMD) des Nations unies, consistait à assurer un accès à l'eau potable à 75% de la population urbaine et à 68% des populations rurales avant 2015. Le taux de desserte en milieu rural a progressé de 46,5% à la fin 2007 à 57,2% à la fin 2010, grâce à la construction de plus de 3 576 points d'eau supplémentaires. Tandis que le taux de desserte en milieu urbain est passé de 51% en 2006 à 54% à fin 2008.

La gestion et l'exploitation des ressources en eau, y compris à des fins commerciales, sont en principe ouvertes à la concurrence. Toutefois, l'approvisionnement en eau potable des zones rurales relève de la compétence des collectivités locales.[13] Elles en assurent la maîtrise d'ouvrage (programmation des infrastructures, passation des marchés, réalisation des ouvrages, leur suivi et leur gestion). La maîtrise d'ouvrage des installations de production, de transport et de distribution d'eau en milieu urbain et périurbain est effectuée par la Société nationale des eaux du Bénin (SONEB).

Selon les autorités, la structure des prix de l'eau en milieu rural n'est pas standardisée. La tarification se fait souvent à l'aide des compteurs d'eau au niveau des bornes fontaines pour les adductions d'eau villageoises et les points d'eau autonomes. Il existe d'autres types de tarification qui consistent à ce que les bénéficiaires soient amenés à payer un montant forfaitaire par foyer et par mois ou à cotiser en cas de panne. En milieu urbain, le mode de tarification pratiqué par la SONEB est basé sur la consommation mensuelle par m^3 et les frais d'entretien du réseau. Certains abonnés de la SONEB revendent l'eau aux populations non abonnées en utilisant une tarification à la bassine.[14] Le système de tarification de la SONEB comporte une tranche sociale pour les couches défavorisées. Un mécanisme de péréquation des tarifs est en place à l'échelle nationale.

SECTEUR MANUFACTURIER

Le Programme d'action du gouvernement (PAG) vise la promotion des unités locales de la transformation, ainsi que le développement des exportations de leurs produits. Dans ce cadre, plusieurs réformes sont prévues pour promouvoir la compétitivité des entreprises. Celles-ci comprennent: des incitations fiscales, la facilitation de l'accès au financement des entreprises et la simplification des procédures administratives.

La part des industries manufacturières béninoises dans la formation de son PIB demeure modeste (tableau 1.1). Elles se composent de petites industries textiles (d'égrenage, de traitement du coton, de filature et de tissage), agroalimentaires, cosmétiques et cimentières. Les activités artisanales, généralement à caractère informel, sont relativement importantes en termes de contribution au PIB et à la lutte contre le chômage et la pauvreté.

En 2015, 381 produits émanant de 55 entreprises béninoises étaient admis au régime préférentiel des échanges intracommunautaires (rapport commun, p. 65).

La plupart portent sur des produits transformés tels que les huiles de coton et autres, les jus, la confiture, les concentrés, les sirops, et autres conserves de fruits et légumes.

L'État béninois demeure significativement impliqué dans les activités de transformation du coton. Du fait du manque de compétitivité des entreprises textiles, les exportations de coton se font principalement sous forme de fibres. Le Complexe textile du Bénin (COTEB) fait de la filature et du tissage. Il est en partie propriété de l'État qui possède également des parts dans le SITEX (unité de fabrication de tissus écrus) et dans la Compagnie béninoise du textile (CBT).

La moyenne simple des taux appliqués du tarif NPF (TEC de la CEDEAO) dans le secteur manufacturier (définition CITI) est de 12,4%. Pour l'ensemble des produits manufacturiers, le tarif présente une progressivité mixte (rapport commun, tableau 3.6), légèrement négative des matières premières (10,4%) aux produits semi-finis (10,1%) et positive vers les produits finis (13,9%).

SERVICES

La contribution des services commerciaux au PIB s'est maintenue en moyenne à 45% (tableau 1.1) et le secteur emploie environ 36% de la population active. Les principales branches du secteur des services en termes de contributions au PIB sont: les services de transport, de télécommunications, de tourisme, et les services financiers, y compris bancaires.

Dans le cadre de l'Accord général sur le commerce des services (AGCS), les engagements spécifiques contractés par le Bénin sont limités à moins de 10% de l'ensemble des sous-secteurs de services répertoriés dans la classification sectorielle (MTN.GNS/W/120). Les secteurs inclus dans la liste du Bénin comprennent les services bancaires de dépôts, de prêts et de règlements et transferts monétaires; certains services d'hôtellerie et de restauration; certains services de transport maritime et des services auxiliaires à tous les modes de transport.[15]

Principaux sous-secteurs

Télécommunications et postes

Au cours de la période d'examen, les objectifs du gouvernement en matière de technologies de l'information et de la communication, tels que contenus dans son document de politique et de stratégie (2008-2013), visaient entre autres l'adoption d'un cadre juridique propice aux investissements et à la croissance économique, la mise en place d'infrastructures modernes, ainsi que le développement des ressources humaines. Dans ce cadre, depuis 2014, le secteur des postes et télécommunications est régi par la Loi 2014-14 du 9 juillet 2014 relative aux communications électroniques et à la poste. Elle fixe notamment les conditions d'exploitation des services des postes et télécommunications (conditions d'accès, coûts des licences et le régime fiscal du sous-secteur), ainsi que les dispositions en matière du service universel. Son Décret d'application n° 2014-599 du 9 octobre 2014 a mis en place l'Autorité de régulation des communications électroniques et de la poste (ARCEP). En principe, l'ARCEP jouit d'une autonomie dans ses activités. Elle veille entre autres au respect de la réglementation sur les licences dans le sous-secteur, au respect des règles de la concurrence et fixe les spécifications techniques et administratives d'agrément des équipements de communication.

Conformément à la Loi relative aux communications électroniques et à la poste en République du Bénin, l'accès au marché béninois des communications électroniques est soumis à l'obtention d'une licence, ou d'une autorisation. En outre, certains domaines ne relevant ni des régimes de licence ou d'autorisation, peuvent être exploités librement, sous réserve du respect des textes en vigueur.[16] La licence est exigée pour: l'installation, la mise à disposition et l'exploitation de réseaux et/ou de services de communications électroniques ouverts au public; la fourniture de capacité de transport; la fourniture de services téléphoniques au public et, lorsque pour des raisons de politique nationale concernant notamment l'ordre public, les bonnes mœurs, la sécurité et la santé publique, l'État décide que le service soit fourni sous licence. La licence est octroyée par appel à concurrence, ouvert ou restreint, conformément aux dispositions du code des marchés publics et des délégations de service public en République du Bénin. Le régime d'autorisation concerne principalement l'établissement et/ou l'exploitation de tout réseau de communications électroniques indépendant qui emprunte le domaine public, y compris l'espace atmosphérique libre ou hertzien.

Le Décret n° 2013-555 du 30 décembre 2013 a mis en place l'Agence béninoise du service universel des communications électroniques et de la poste (ABSU-CEP). Le Programme national du service universel des communications électroniques et de la poste vise à assurer:

- une couverture téléphonique totale de l'ensemble du territoire du Bénin;
- la disponibilité du haut débit au niveau des zones mal ou non desservies;
- la généralisation de l'usage et de l'équipement en technologie de l'information et de la communication dans les trois ordres d'enseignement et dans le secteur de l'alphabétisation;
- la généralisation de l'usage et de l'équipement en technologie de l'information et de la communication aux acteurs du domaine de la santé; et
- la contribution du sous-secteur à l'amélioration de la productivité des petites exploitations agricoles et à la sécurité alimentaire.

Télécommunications

Le marché des télécommunications a poursuivi sa croissance au cours de la période d'examen. En effet, le nombre d'abonnés téléphoniques mobiles qui se situait à environ 3 625 400 en 2008, est passé de 8 407 846 en 2012 à 11 556 665 en 2015. Le marché de la téléphonie mobile est composé de cinq opérateurs (SPACETEL Benin (MTN), ETISALAT, GLO MOBILE, BBCOM et LIBERCOM), avec une télédensité qui est passée de 89,78% en 2012 à 107,79% en 2015 (tableau 4.4). Les opérateurs Spacetel Benin et Etisalat Benin disposent de licence d'établissement et d'exploitation des réseaux mobiles de télécommunications technologiquement neutres leur permettant de fournir des services Internet Mobiles haut débit (2G, 3G, ...). La fourniture d'accès aux lignes téléphone fixe est un monopole de Bénin Télécom. Le pays comptait 194 666 lignes téléphoniques fixes en 2015, contre 156 715 en 2012, mais la télédensité demeure inférieure à 2% (tableau 4.5).

Onze opérateurs sont actuellement détenteurs de licences d'exploitation pour l'Internet haut débit fixe. Ils sont autorisés à exploiter des réseaux d'accès radios ou filaires à cuivre. Bénin Télécom Service, quant à lui exploite un réseau filaire, un réseau de transmission à fibre optique et un réseau LTE. L'accès de la population à Internet sur fixe demeure marginal au Bénin (tableau 4.6). Cependant, la télédensité Internet sur mobile a été multipliée par cinq entre 2012 et 2015 (tableau 4.7). Les noms de domaine au sein de la zone de nommage du territoire national (".bj") sont gérés par Bénin Télécoms.[17]

L'interconnexion des réseaux et services est une obligation réglementaire. En général, les tarifs d'interconnexion et de location de capacité sont établis en tenant compte des coûts. Chaque contrat d'interconnexion est soumis à l'approbation préalable de l'Autorité de régulation.

Une redevance de: 2FCFA par minute est prélevée sur chaque appel national et international sortant et 23 FCFA par minute sur les appels entrants. Des droits de 1% sont prélevés sur le chiffre d'affaires hors taxes et hors charges d'interconnexion de l'exercice précédent, au titre de la contribution des opérateurs au service universel des communications électroniques et de la poste.

Services postaux

La Poste du Bénin, établissement public à caractère commercial doté de la personnalité juridique et de l'autonomie financière, offre des services postaux et financiers aux populations béninoises. En 2012, il a traité environ 4 600 000 courriers dont une très grande proportion était générée par les entreprises et administrations vers les particuliers.

En vertu de la Loi relative aux communications électroniques et à la poste au Bénin, La Poste du Bénin est l'opérateur en charge du service postal universel. En outre, il dispose des domaines réservés suivants: la collecte, le tri, l'acheminement et la distribution des envois de correspondances, nationaux et internationaux, du courrier ordinaire et du courrier accéléré, dont le poids limite est inférieur à 1 kg; le droit d'émettre et de vendre des timbres-poste, des timbres-taxe, des timbres officiels, des coupons réponses et toutes autres valeurs fiduciaires postales, destinés à l'affranchissement et à la philatélie, et portant la mention "République du Bénin" ou tout autre signe, sceau ou symbole de la République.

Sont également réservés à l'opérateur chargé du service postal universel, le publipostage, les services relatifs aux envois recommandés et aux envois avec valeur déclarée. Toutefois, les autres opérateurs postaux peuvent fournir des prestations relatives à des envois à dépôt et/ou à livraison avec preuve, réalisés à des tarifs dont le montant est fixé par l'Autorité de régulation.

Le marché des services de courriers connaît la présence des opérateurs privés actifs sur les segments domestique et international. Ainsi, avec une part du marché estimée à plus de la moitié du trafic domestique, l'entreprise TOP chrono domine les services de courriers domestiques ouverts à la concurrence, suivie par EMS, la filiale de La Poste du Bénin. Les autres opérateurs privés dont DHL (opérateur dominant sur le trafic international), UPS Bénin, TNT et SDV sont principalement tournés vers les services à l'international. En outre, le secteur informel de distribution de courrier couvre une proportion non négligeable dans le trafic de courriers national.

Transports

Le Programme d'action du gouvernement (PAG) considère l'amélioration des infrastructures de transport comme un levier important du développement économique du pays. Il vise à concrétiser cette ambition à travers un certain nombre de projets phares, dont la construction d'un nouvel aéroport, l'extension du port de Cotonou et le réaménagement de certains axes routiers.

Services portuaires et transports maritimes

Les transports maritimes au Bénin jouent un rôle primordial dans l'économie nationale. Au-delà de son rôle de voie d'approvisionnement privilégiée dans l'économie nationale, le Port de Cotonou a une vocation sous-régionale. L'entretien et l'exploitation du port, ainsi que la gestion du domaine portuaire, relèvent de la responsabilité du Port autonome de Cotonou (PAC), établissement public à caractère industriel et commercial, doté de la personnalité civile et de l'autonomie financière.

Plusieurs réformes et travaux de modernisation, y compris la mise en place d'une gestion informatisée des entrées et sorties des camions, ont eu lieu au cours de la période d'examen. En outre, les autorités ont indiqué que la réalisation du guichet unique portuaire a permis de réduire sensiblement les délais au port de Cotonou (p. 110).

Le trafic des marchandises (importations et exportations) a connu une croissance régulière de 2011 à 2014, avant de connaître un léger fléchissement en 2015.

Tableau 4.4 Réseaux Mobiles Cellulaires, 2012-2015

	2012	2013	2014	2015
Abonnements à la téléphonie mobile	8 407 846	9 627 447	10 780 875	11 556 665
Abonnements au réseau SPACETEL BENIN	2 729 716	3 464 683	3 893 252	4 428 953
Abonnement au réseau ETISALAT	2 795 566	3 311 468	3 586 006	4 546 195
Abonnement au réseau GLO MOBILE	1 514 548	1 468 289	1 908 653	2 293 034
Abonnement au réseau BBCOM	1 074 666	1 103 014	1 103 629	0
Abonnements au réseau LIBERCOM	293 350	279 993	289 335	288 483
Télédensité mobile (%)	89,78	96,43	107,94	107,79
Pourcentage du territoire couvert par la téléphonie mobile	0	0	0	0
Pourcentage de population couverte par la téléphonie mobile	0	0	0	0

Source: Information fournie par les autorités du Bénin, Données opérateurs (2015).

Tableau 4.5 Réseau de téléphonie fixe, 2012-2015

	2012	2013	2014	2015
Abonnements à la téléphonie fixe	156 715	159 443	195 662	194 666
Réseau filaire (Conventionnel)	60 345	58 168	57 435	57 987
Réseau sans fil (CDMA)	96 370	101 275	138 227	136 679
Télédensité fixe	1,67	1,60	1,96	1,82

Source: Information fournie par les autorités du Bénin, BTSA (2015).

Tableau 4.6 Internet sur fixe, 2012-2015

	2012	2013	2014	2015
Largeur de bande Internet (en Mbit/s)	1 085	1 595	1 595	2 217
Largeur de bande Internet Internationale	1 085	1 595	1 595	2 217
Abonnements à l'Internet fixe chez l'opérateur BTSA	42 159	42 834	42 806	73 168
Abonnements à l'Internet fixe (RTC)	737	678	673	641
Abonnements au RNIS	35	41	46	46
Liaisons Louées	45	25	27	27
Abonnements à l'Internet fixe (filaire) à large bande par technologie ADSL	4 578	4 338	4 278	4 848
Abonnements à l'Internet fixe (filaire) à large bande par débit (WIMAX)	374	362	354	270
Abonnements à l'Internet fixe sans fils (CDMA)	36 390	37 390	37 428	67 336
Abonnements à l'Internet fixe chez les FAI (BLR)	0	0	4 051	1 433
Parc Internet ISOCEL	0	0	2 666	677
Parc Internet OTI	0	0	950	756
Parc Internet CANALBOX BENIN	0	0	435	0
Abonnements à l'Internet fixe (filaire + sans fil)	42 159	42 834	46 857	74 601
Télédensité Internet sur fixe (%)	0,45	0,43	0,47	0,70
Abonnements à l'Internet large bande fixe (filaire)	4 997	4 725	4 659	5 145
Télédensité large bande fixe (%)	0,05	0,05	0,05	0,05

Source: Information fournie par les autorités béninoises, Données opérateurs (2015).

Tableau 4.7 Internet sur mobile, 2012-2015

	2012	2013	2014	2015
Abonnements à l'Internet sur mobile	414 725	1 087 089	1 915 542	2 155 041
Abonnement au réseau SPACETEL BENIN	155 367	533 379	1 120 855	1 055 159
Abonnement au réseau ETISALAT	203 110	496 525	737 989	1 042 883
Abonnement au réseau GLO MOBILE	6 808	7 607	9 107	9 498
Abonnement au réseau LIBERCOM	49 440	49 578	47 501	47 501
Abonnement au réseau BBCOM	0	0	0	0
Télédensité Internet sur mobile (%)	4,43	10,89	19,18	20,10

Source: Information fournie par les autorités du Bénin, Données opérateurs (2015).

Les importations (en volume) des hydrocarbures et produits alimentaires constituent les principaux postes de trafic à l'entrée du pays par voie maritime, tandis que les exportations de bois, de noix de cajou et de coton dominent le trafic sortant (tableau 4.8).

Une proportion importante du trafic portuaire, environ 57% en 2015, est effectuée pour le compte d'autres pays, dont principalement le Niger, le Nigéria, le Burkina Faso et le Mali (tableau 4.9).

Les opérations de manutention pour le trafic des conteneurs sont effectuées par quatre sociétés, à savoir: la Société béninoise de manutention portuaire (SOBEMAP), une société d'état dotée de l'autonomie financière; la Société de manutention du terminal

Tableau 4.8 Évolution du trafic des marchandises, 2010-2015

(Tonnes métriques)

Trafic	2010	2011	2012	2013	2014	2015
IMPORTATIONS						
Hydrocarbures	1 152 164	1 033 627	953 128	746 178	670 473	825 269
Clinker, Gypse, Calcaire et Laitier	527 489	641 804	730 894	741 863	1 002 998	399 418
Matériaux de constructions	369 581	391 678	424 431	325 949	339 121	392 831
Céréales et assimilés	843 123	478 925	1 034 758	2 516 364	2 381 967	1 766 376
Produits alimentaires	1 267 578	1 249 954	1 443 391	1 698 013	2 094 588	2 121 620
Lubrifiants et bitumineux	31 631	34 728	19 804	23 554	9 755	4 414
Engrais et insecticides	29 883	40 799	118 330	133 540	40 069	48 773
Matériel	335 874	307 479	269 299	280 295	171 047	70 932
Véhicules et pièces	511 272	558 585	489 608	515 911	620 901	602 893
Soufre	52 209	41 554	74 072	32 396	41 210	34 321
Divers	1 118 812	978 195	716 699	942 669	1 576 092	1 951 651
Sous-total import	**6 239 616**	**5 757 327**	**6 274 414**	**7 956 732**	**8 948 220**	**8 218 498**
EXPORTATIONS						
Huiles végétales	348	3 280	4 952	2 949	6 930	3 345
Graines de coton	21 406	1 879	149	9 447	4 216	9 842
Tourteaux	10 086	1 837	4 238	8 112	3 841	3 997
Bois	141 280	423 851	485 667	312 554	436 575	250 892
Noix de cajou	119 949	140 301	155 765	120 594	148 888	183 066
Noix de karité	9 121	27 454	24 690	19 368	35 940	11 526
Autres produits	69 440	89 885	114 422	90 328	248 092	181 418
Coton	84 748	79 653	88 924	136 738	189 493	240 004
Hydrocarbures & vracs liquides	9 472	71	103 818	20 381	3 989	0
Matériel	4 972	3 142	1 558	2 4432	67 657	24 549
Véhicules et pièces	1 734	2 733	2 864	3 264	19 475	16 540
Divers	247 183	273 221	177 845	156 109	434 128	230 450
Sous-total export	**719 739**	**1 047 307**	**1 164 892**	**882 287**	**1 599 225**	**1 155 629**
TOTAL GENERAL	**6 959 355**	**6 804 634**	**7 439 306**	**8 839 019**	**10 547 445**	**9 374 127**

Source: Information fournie par les autorités du Bénin. Port Autonome de Cotonou.

Tableau 4.9 Trafic des marchandises par pays utilisateurs, 2010-2015

(Tonnes métriques)

Année	2010	2011	2012	2013	2014	2015
Bénin	3 073 809	3 301 387	4 061 666	4 038 635	5 506 437	4 021 794
Niger	2 486 778	2 173 000	2 254 283	3 656 925	3 633 211,64	3 269 823
Nigéria	614 949	572 589	494 459	431 151	443 490	459 475
Mali	193 683	257 868	174 918	176 589	106 153	127 760
Burkina Faso	445 444	365 000	373 797	355 992	224 323	286 108
Togo	5 801	15 043	6 704	15 985	17 548	6 544
Autres	138 891	119 745	73 480	163 742	616 282	1 202 623
Total Général	6 959 355	6 804 632	7 439 306	8 839 019	10 547 445	9 374 127
Total Transit	3 885 546	3 503 245	3 377 641	4 800 384	5 041 008	5 352 333
Part Transit (%)	55,83	51,48	45,40	54,31	47,79	57,10

Source: Information fournie par les autorités du Bénin. Port autonome de Cotonou.

à conteneurs (SMTC) du Groupe Bolloré; Benin terminal; et la Société Cotonou manutention (COMAN) du groupe Maersk-Sealand. La SOBEMAP détient toujours le monopole de la manutention des produits et marchandises non conteneurisés, à l'exception du marché des véhicules d'occasion qu'elle partage avec la société Roro terminal du groupe Grimaldi.

Le Bénin ne dispose pas de flotte marchande battant pavillon national. Huit compagnies étrangères sont actives dans le commerce des services de transport maritime du Bénin, les deux principales étant le groupe Maersk Line, qui dispose de sa propre société d'opérations portuaires, et CMA-CGM (Delmas).[18] L'Association des consignataires et agents maritimes du Bénin (ACAM) représente les intérêts de ces compagnies.

Le Conseil national des chargeurs du Bénin (CNCB), est en charge, entre autres, de la défense des intérêts des importateurs et des exportateurs, notamment en négociant pour leur compte les taux du fret avec les compagnies maritimes. Les ressources du CNCB proviennent des cotisations annuelles des importateurs et exportateurs; des commissions sur les marchandises importées au Bénin; et des commissions payées par les armements dont les navires font escale au port de Cotonou. En outre, des frais sont prélevés pour la délivrance du Bordereau électronique de suivi des cargaisons (BESC), qui est un document fournissant des informations sur, entre autres, la nature des cargaisons embarquées pour le port de Cotonou, ainsi que sur les coûts des opérations d'importation (p. 110). À partir du 1er avril, la responsabilité de collecte du BESC passera du CNCB au PAC.

Transports aériens

Le Bénin compte un aéroport de classe internationale (l'aéroport international de Cotonou), et sept aérodromes nationaux.[19] Le réseau domestique est desservi par de petites compagnies privées; 17 compagnies de transport d'envergures régionale et internationale exploitent le réseau international.[20]

L'Ordonnance n° 26/GPRD/MTP du 26 décembre 1963 portant Code de l'aviation civile et commerciale de la République de Dahomey constitue la principale disposition législative en matière d'aviation civile au Bénin. Elle est complétée par les Règlements aéronautiques. En outre, au niveau régional, le Code communautaire de l'aviation civile de l'UEMOA a un caractère supranational.

Sous la tutelle du Ministère en charge des infrastructures et des transports, l'Agence nationale de l'aviation civile (ANAC) assure pour le compte de l'État béninois les missions de réglementation, de régulation et de contrôle dans le domaine de l'aviation civile.

Le Bénin est signataire de la Décision de Yamoussoukro et de la Convention relative à l'aviation civile internationale (Convention de Chicago); il est également membre de l'Organisation de l'aviation civile internationale (OACI). En général, outre les exigences techniques, les conditions d'allocation de trafic à une compagnie incluent l'existence d'un accord multilatéral ou bilatéral et la désignation de ladite compagnie par l'autorité de l'aviation civile du pays d'origine (ou sa notification par voie diplomatique). Le Bénin a signé plusieurs accords bilatéraux avec des États membres de l'OACI (tableau 4.10).

Le transport de passagers et de fret a connu une tendance haussière au cours de la période d'examen (tableau 4.11).

Sous la tutelle de l'Agence pour la sécurité de la navigation aérienne en Afrique et à Madagascar (ASECNA), la Délégation aux activités aéronautiques nationales (DAAN) est en charge de la gestion commerciale de l'aéroport de Cotonou depuis 2012.

Les prix du fret sont librement fixés par les compagnies aériennes. Les tarifs de fret aérien pour les fruits et légumes sont soumis à des prélèvements (redevances) de 2 FCFA/kg pour le compte de l'ANAC et 8 FCFA/kg pour le compte de l'ASECNA.

Transports terrestres

Transports routiers

Le transport routier est le mode dominant pour le transport intérieur de marchandises et de voyageurs.

Le sous-secteur est en général confronté à la vétusté des infrastructures routières. Le réseau des pistes rurales reste encore très insuffisant et il existe de nombreuses zones enclavées durant la saison des pluies. Les efforts de développement économique et commercial continuent d'être mis-en mal par la faiblesse de la desserte des zones de production et des zones frontalières.

Les prix dans le domaine des transports routiers sont libéralisés au Bénin. Le pays est engagé dans le programme régional de facilitation des transports et du transit routier initié par l'UEMOA et la CEDEAO (rapport commun, p. 86). L'accès à la profession de transporteur routier est ouvert aux ressortissants de l'UEMOA et de la CEDEAO, aux mêmes conditions que les nationaux. L'Arrêté n° 001/MTPT/DC/DTT/SEDR du 8 janvier 1996 réglemente la répartition du fret routier entre les transporteurs béninois et ceux des pays tiers. Pour le fret à destination des pays de l'hinterland, Il réserve un tiers du tonnage pour les transporteurs béninois; et la moitié du tonnage lorsqu'il s'agit de pays côtiers. Le cabotage n'est pas permis par la législation béninoise

Transports ferroviaires

Les services de transport ferroviaire étaient gérés par l'Organisation commune Bénin-Niger des chemins de fer et des transports (OCBN), une entreprise bi-étatique à caractère industriel et commercial. Le sous-secteur connaît d'immenses difficultés au regard notamment de la chute régulière de son trafic de marchandises, alors que le trafic voyageur est nul. L'OCBN s'est entretemps

Tableau 4.10 Accords de transport aérien

Partenaire	Date	Entrée en vigueur	5ème liberté[1]	7ème liberté[2]	Cabotage[3]	Coopération[4]	Désignation[5]	Refus[6]	Tarification[7]	Capacité[8]	Statistique[9]	ALI
Allemagne	29.12.1978		N	N	N	N	S	PSCE	DA	DP	N	1.0
Belgique	15.02.1971		O	N	N	N	S	PSCE	DA	DP	O	6.0
Burkina Faso	20.06.1980		N	N	N	N	S	PSCE	DA	DP	O	0.0
États-Unis d'Amérique	28.11.2000		O	N	N	O	M	PSCE	DD	LD	N	28.0
Éthiopie	17.07.1986		O	N	N	N	S	PSCE	DA	DP	O	6.0
Fédération de Russie	17.12.1975		O	N	N	N	S	PSCE	DA	DP	N	7.0
France	09.12.1963		O	N	N	N	M	PSCE	DA	DP	O	10.0
Gabon	20.09.1985		N	N	N	N	S	PSCE	DA	DP	O	0.0
Guinée	18.08.1988		O	N	N	N	S	PSCE	DA	DP	N	7.0
Libye	06.09.1979		N	N	N	N	S	PSCE	DA	DP	O	0.0
Niger	18.01.1979		N	N	N	N	S	PSCE	DA	DP	O	0.0
Nigéria	24.08.1979		O	N	N	N	S	PSCE	DA	DP	O	6.0
Pologne	13.05.1988		N	N	N	N	S	PSCE	DA	DP	O	0.0
Suisse	06.11.1975		O	N	N	N	S	PSCE	DA	B1	O	10.0
Togo	31.07.1970		N	N	N	N	S	PSCE	DA	DP	O	0.0

Note: 1 Droits de cinquième liberté (N = non; O = oui).
2 Droits de septième liberté.
3 Droits de cabotage.
4 Clause de coopération entre compagnies aériennes, partage de code par exemple.
5 Désignation: "S" = simple; "M" = multiple.
6 Type de clause de refus: PSCE = Propriété substantielle et contrôle effectif.
7 Type de clause de tarification: DA = Double approbation; DD = Double désapprobation.
8 Type de clause de capacité: DP = Détermination préalable; B1 = Bermudes I; LD = Libre détermination.
9 Si un échange de données statistiques est prévu par l'accord.

Source: Tableau établi par le Secrétariat de l'OMC, sur la base de renseignements communiqués par les autorités béninoises.

Tableau 4.11 Statistiques du trafic aérien à l'aéroport international Cardinal Bernardin Gantin de Cadjehoun, 2010-2015

Périodes	2010	2011	2012	2013	2014	2015
Mouvements avions						
Commerciaux	10 942	10 456	10 803	10 268	9 777	7 119
Divers	1 154	884	1 430	1 756	1 882	1 196
Total Général	**12 096**	**11 340**	**12 233**	**12 024**	**11 659**	**8 315**
Passagers (unités)						
Arrivée	200 079	230 651	230 651	232 878	248 272	259 936
Départ	213 123	250 738	250 738	242 491	266 133	267 103
Transit Direct	0	0	0	0	0	0
Total Général	**413 202**	**481 389**	**481 389**	**475 369**	**514 405**	**527 039**
Fret (kg)						
Arrivée	3 072 606	2 615 928	2 492 571	3 264 428	3 150 960	2 659 158
Départ	3 875 594	4 081 533	4 306 884	4 734 910	5 577 024	5 598 731
Total Général	**6 948 200**	**6 697 461**	**6 799 455**	**7 999 338**	**8 727 984**	**8 257 889**
Poste (kg)						
Arrivée	120 600	106 849	133 473	95 894	26 749	80 038
Départ	28 695	29 225	28 708	89 314	28 178	20 234
Total Général	**149 295**	**136 074**	**162 181**	**185 208**	**54 927**	**100 272**

Source: Information fournie par les autorités du Bénin. ASECNA/DAAN, Compagnies, DG/ANAC, AHS MENZIES BENIN.

constituée en une nouvelle société appelée BENIRAIL dont le capital est réparti entre l'État béninois, l'État nigérien et des privés (annexe sur le Niger).

Transports fluvio-lagunaires

Le port de Cotonou reste moins compétitif par rapport à ses concurrents de la sous-région. Les principales faiblesses affectant la compétitivité du port sont, entre autres, la faible capacité d'accueil, la faible productivité du fait de la cadence de manutention ainsi que la relative lourdeur des pratiques douanières.

Des efforts sont en cours pour le développement des transports fluvio-lagunaires, qui sont encore effectués au moyen d'embarcations artisanales. Depuis 2010, le gouvernement a mis en place un cadre réglementaire fixant les conditions d'exercice des activités de transports fluvio-lagunaires. La Direction en charge des transports fluvio-lagunaires est responsable de la mise en place de la stratégie gouvernementale en la matière.

Tourisme

Le Bénin a formulé en 2013 sa politique nationale du tourisme pour la période 2013-2025. Ce document a permis, entre autres, d'identifier les défis auxquels le sous-secteur est confronté et d'identifier les moyens à mettre en œuvre pour la mise en valeur des potentialités touristiques du pays.

Le tourisme contribue à environ 2% du PIB du Bénin et constitue l'une de ses principales sources de recettes en devises. Il employait environ 42 500 personnes en 2011, soit 2,2% de la population active.[21] La majorité des emplois sont dans les hôtels, les restaurants, et autres établissements d'hébergement. Entre 2010 et 2014, le nombre d'établissements hôteliers est passé de 580 à 1134. Au cours de la même période, la capacité d'accueil est passée de 7 362 chambres pour 14 704 lits à 13 143 chambres pour 29 329 lits.

Le patrimoine touristique du Bénin est considérable et diversifié. Le site des palais royaux d'Abomey est actuellement inscrit sur la liste du patrimoine mondial de l'UNESCO, tandis que le genre oral "*Guèlèdé*" est inscrit sur la liste représentative du patrimoine immatériel de l'humanité. Concernant le patrimoine architectural, le pays regorge de plusieurs bâtisses d'architectures anciennes dont la plus célèbre est le *Tata bètamaribè*. En outre, son patrimoine naturel comporte plusieurs réserves de biosphères (forêts classées/sacrées, parcs et plans d'eau), ainsi que du relief (la chaîne de l'Atacora et les collines de Dassa et de Savalou). Le village lacustre de Ganvié et les produits culturels, y compris religieux, constituent d'autres attractions. Au regard des potentialités dont il dispose, le Bénin pourrait faire du tourisme un instrument efficace de croissance économique, de création d'emplois et de lutte contre la pauvreté.

La faiblesse du cadre législatif et institutionnel apparaît comme l'une des raisons de la morosité des activités touristiques. Les textes législatifs et réglementaires qui gouvernent le secteur n'ont pas évolué depuis plusieurs années et demeurent inadaptés aux réalités actuelles. Le principal instrument législatif est la Loi n° 93001 du 03 août 1993 portant conditions de la chasse et du tourisme, qui a rendu possible l'investissement privé dans le secteur. La législation hôtelière comprend le Décret n° 96-345 du 23 août 1996; et la restauration est règlementée par le Décret n° 87-76 du 7 avril 1987 portant modalités d'installation et d'exploitation des établissements de restauration. Quant à l'organisation institutionnelle actuelle, elle est caractérisée par une multiplicité d'intervenants sans cadre de concertation formel. Toutefois, les autorités ont indiqué que des efforts seraient en cours pour une réforme des cadres législatif et institutionnel du tourisme au Bénin.

Dans l'ensemble, le secteur est ouvert à la présence d'entreprises étrangères. Dans sa Liste d'engagements spécifiques au titre de l'AGCS, le Bénin s'est engagé à maintenir ouverts, à la présence commerciale étrangère, les services d'hôtellerie et de restauration. L'entrée et le séjour temporaire de directeurs, cadres supérieurs et de spécialistes transférés par une société s'installant au Bénin dans ces secteurs ont aussi fait l'objet d'une consolidation. Les agences de voyages installées hors du Bénin (fourniture transfrontières) doivent transiter par une agence (béninoise ou étrangère) installée dans le pays.

Les investissements d'au moins 20 millions de FCFA, dans les activités touristiques, sont éligibles au régime spécial du Code des investissements. En outre des mesures d'allègements fiscaux sont disponibles sur certains véhicules de tourisme.

Services financiers

Banques

Le cadre législatif et institutionnel des banques n'a pas changé depuis le dernier EPC du Bénin. L'exercice des activités bancaires est soumis à la réglementation bancaire commune de l'UEMOA et au dispositif prudentiel élaboré par sa Commission bancaire, qui exerce également la fonction de surveillance.

Dans le cadre de l'Accord général sur le commerce des services (AGCS), les services bancaires de dépôt, de prêt et de règlement et transfert ont fait l'objet de consolidation pour les modes 1 à 4.[22] Les banques doivent être constituées sous forme de sociétés anonymes à capital fixe ayant leur siège social au Bénin ou, par autorisation spéciale, sous forme de sociétés coopératives ou mutualistes à capital variable.[23] En outre, nul ne peut diriger, administrer ou gérer une banque ou un établissement financier, ou une de leurs agences, s'il n'a pas la nationalité Béninoise à moins que la banque ne jouisse, en vertu d'une convention d'établissement, d'une assimilation aux ressortissants de la République du Bénin.

Le Bénin compte 15 banques agréées auprès de la BCEAO.[24] Elles occupent une large part du secteur financier dont elles représentaient plus de 90%

des actifs en 2015. En outre, les actifs bancaires représentaient 62% du PIB à la fin de juin 2015.[25] Le système bancaire reste confronté à plusieurs faiblesses dont principalement le niveau élevé des prêts bancaires improductifs.

L'inclusion financière s'est récemment améliorée avec le développement des institutions de microfinance qui offrent des services à plus de 20% de la population. Les activités de ces institutions financières font l'objet d'une réglementation commune au sein de l'UEMOA (rapport commun, p. 81).[26] Au Bénin, les institutions de microfinance sont sous la tutelle du Ministère en charge des finances.

Assurances

Le marché béninois de l'assurance est soumis à la réglementation de la Conférence interafricaine des marchés d'assurance (CIMA) (rapport commun, p. 76). Il existe 14 compagnies d'assurance, dont huit d'assurance incendies, accident et risques divers (IARD) et six d'assurance-vie. En 2011, 70% de la production des activités d'assurance provenaient de la branche IARD.[27]

Le Ministère en charge des finances est l'institution de tutelle du secteur. Outre l'assurance responsabilité civile automobile obligatoire sous le code CIMA, l'assurance de responsabilité civile pour tout utilisateur de bateau de commerce ou de pêche et l'assurance des marchandises à l'importation, quel que soit le moyen de transport utilisé sont également obligatoires au Bénin.

Notes de fin

1 Ministère de l'agriculture, de l'élevage et de la pêche. Adresse consultée: http://www.agriculture.gouv.bj/IMG/pdf/analyse_descriptive.pdf.

2 Information en ligne. Adresse consultée: http://www.mepppd.bj/wp-content/uploads/2015/06/Rapport-%C3%A9valuation-Politique-d%C3%A9veloppement-secteur-agricole.pdf.

3 Décret n° 2016-681 du 7 novembre 2016 portant cadre institutionnel du développement agricole au Bénin.

4 Loi n° 2013-01 du 14 janvier 2013 portant Code foncier et domanial en République du Bénin.

5 Information en ligne. Adresse consultée: http://www.africancashewinitiative.org/imglib/downloads/ACI_Benin_frz_high%20resolution.pdf.

6 Loi n° 2006-24 du 26 décembre 2006.

7 Pour les contrats signés avant la date d'entrée en vigueur du Code (octobre 2006), le taux est de 10%.

8 Décret n° 2008-614 du 22 octobre 2008 portant modalités d'importation et de distribution des produits pétroliers raffinés et de leurs dérivés en République du Bénin.

9 Décret n° 2009-182 du 13 mai 2009 portant création, attributions, organisation et fonctionnement de l'Autorité de régulation de l'électricité.

10 Information en ligne. Adresse consultée: https://www.sbee.bj/site/a-propos/votre-facture/.

11 Information en ligne. Adresse consultée: http://eaubenin.bj/docs/Strategie/Projet_Politique_Nationale_Eau_validee_101108.pdf.

12 Décret n° 2011-574 du 31 août 2011 portant création, attributions, composition, organisation et fonctionnement du Conseil national de l'eau.

13 Loi n° 97-029 du 15 janvier 1999 portant organisation des Communes.

14 Information en ligne. Adresse consultée: http://www.gwp.org/Global/GWP-WAf_Files/GIRE-IWRM-Governance/Gouvernance%20eau%20BENIN.pdf.

15 Le Bénin n'a pas participé aux négociations sur les télécommunications de base ou sur les services financiers menées à l'OMC dans le cadre de l'AGCS.

16 Il s'agit, entre autres, de certaines installations radioélectriques; des services de cryptologie, sous certaines conditions; et des exploitants d'infrastructure.

17 Renseignements en ligne de Internet Assigned Numbers Authority, "Delegation Record for BJ". Adresse consultée: http://www.iana.org/root-whois/bj.htm.

18 Ces compagnies sont: UASC, COSCO, Grimaldi, Delmas, MSC, Bolloré, Maersk et Pil.

19 Les aérodromes de: Parakou, Kandi, Natitingou, Savè, Porga, Cana/Bohicon et Djougou (actuellement impraticable).

20 Ces compagnies aériennes comprennent: Air Burkina, Air Côte d'Ivoire, Arik Air, Asky Airlines, DHL (vol cargo), CAMAIR CO, CEIBA Intercontinental, Cronos Airlines, Equatorial Congo Airlines, Trans Air Congo, Ethiopian Airlines, Kenya Airways, South African Airways, Royal Air Maroc, Air France, Brussels Airlines, Turkish Airlines.

21 Document de politique nationale du tourisme 2013-2025. Ministère de la culture, de l'alphabétisation, de l'artisanat et du tourisme, Cotonou, octobre 2013.

22 Documents de l'OMC GATS/SC/11 et GATS/EL/11 du 15 avril 1994.

23 Loi n° 90-018 du 27 juillet 1990 portant réglementation bancaire.

24 Information en ligne. Adresse consultée: http://www.bceao.int/Benin-2330.html.

25 Information en ligne. Adresse consultée: https://www.imf.org/external/french/pubs/ft/scr/2016/cr1607f.pdf.

26 Loi n° 59/94/ADP du 15 décembre 1994 et son Décret d'application n° 95-308/PRES/MEFP du 1 août 1995.

27 Information en ligne. Adresse consultée: http://www.asabenin.org/GROUPE%20AXA.COM/vues/presentation.php.

Appendice - tableaux

Tableau A1. 1 Structure des exportations, 2009-2016

	2009	2010	2011	2012	2013	2014	2015	2016
Monde (millions de $EU)	425,3	533,9	388,6	460,3	602,0	951,0	625,6	409,8
Monde (millions d'€)	306,2	403,1	279,5	358,3	453,4	716,8	564,1	370,4
	(Part en pourcentage)							
Produits primaires, total	81,4	80,5	69,1	73,4	76,7	59,7	71,7	77,1
Agriculture	80,7	72,3	55,0	63,9	68,6	46,6	66,6	71,6
Produits alimentaires	49,3	50,5	25,3	28,4	26,4	14,9	22,7	27,1
0577 - Fruits à coque comestibles (à l'exclusion des fruits oléagineux), frais ou secs, même sans leur coque ou décortiqués	7,8	6,1	13,4	12,8	12,8	9,2	14,4	13,4
4222 - Huile de palme et ses fractions	3,7	1,0	0,5	0,6	0,4	0,0	2,9	2,9
4229 - Autres graisses végétales fixes, brutes, raffinées ou fractionnées, autres que douces	0,0	0,3	0,9	0,6	0,1	0,0	0,3	2,0
0813 - Tourteaux et autres résidus solides (à l'exception des drêches), même broyés ou agglomérés sous forme de pellets, de l'extraction de graisses ou huiles de graines oléagineuses, de fruits oléagineux ou de germes de céréales	1,9	1,8	1,5	1,4	2,2	0,9	0,9	1,7
0611 - Sucres de canne ou de betterave, bruts, à l'état solide, sans addition d'aromatisants ou de colorants	2,0	0,8	0,0	1,6	2,0	0,9	0,6	1,4
2237 - Graines et fruits oléagineux, n.d.a.	0,0	0,0	0,2	0,3	0,7	0,2	0,7	1,2
4212 - Huile de coton et ses fractions	0,0	1,1	2,3	2,2	1,5	0,6	0,7	1,1
2223 - Graines de coton	0,1	0,8	0,0	0,0	0,0	0,1	0,2	0,8
2222 - Fèves de soja	0,0	0,0	0,0	0,0	0,1	0,1	0,0	0,8
0123 - Viandes et abats comestibles, des volailles du sous-groupe 001.4	15,7	17,8	0,0	0,0	0,0	0,0	0,0	0,0
0423 - Riz semi-blanchi	8,6	17,1	2,3	1,0	1,7	0,8	0,0	0,0
Matières premières agricoles	31,4	21,8	29,7	35,5	42,2	31,7	43,9	44,6
2631 - Coton (à l'exclusion des linters), non cardé ni peigné	30,2	20,8	28,1	32,2	39,1	30,3	41,9	42,8
2475 - Bois autres que de conifères, bruts (même écorcés ou désaubiérés) ou équarris, mais non traités à la peinture, à la teinture ou avec d'autres agents de conservation	0,0	0,2	0,3	1,5	1,3	0,2	1,4	0,9
Industries extractives	0,7	8,3	14,1	9,6	8,1	13,1	5,1	5,5
Minerais et autres minéraux	0,7	0,7	2,3	1,4	1,9	2,2	1,3	1,9
2823 - Autres déchets et débris ferreux	0,5	0,3	1,7	0,7	0,6	0,6	0,8	1,0
Métaux non ferreux	0,0	0,1	0,1	0,0	0,0	0,0	0,1	0,1
Combustibles	0,0	7,5	11,7	8,2	6,2	10,9	3,6	3,6
334 - Huiles de pétrole, autres que brutes	0,0	6,7	11,0	8,1	5,8	10,5	3,3	3,2
Produits manufacturés	18,6	15,1	27,7	22,3	19,7	38,0	25,9	18,5
Fer et acier	9,2	6,2	13,4	13,9	10,1	4,3	4,4	4,0

	2009	2010	2011	2012	2013	2014	2015	2016
6762 - Barres (autres que le fil machine du sous-groupe 676.1), en fer ou en acier, simplement forgées, laminées ou filées à chaud; y compris celles ayant subi une torsion après laminage	0,0	0,0	0,0	0,0	3,1	1,6	1,0	0,8
6761 - Fil machine en fer ou en acier	3,9	2,1	4,0	4,7	2,2	1,0	0,7	0,8
Produits chimiques	0,9	0,9	1,6	1,1	0,9	1,0	0,8	1,4
Autres demi-produits	0,8	0,6	1,5	1,4	2,9	6,4	6,7	4,7
6612 - Ciments hydrauliques (y compris les ciments non pulvérisés dits "clinkers"), même colorés	0,0	0,0	0,0	0,5	2,2	4,0	5,8	3,7
Machines et matériel de transport	4,6	5,8	6,4	2,2	3,1	23,0	11,6	4,3
Machines pour la production d'énergie	0,1	2,4	0,6	0,0	0,1	0,1	0,6	0,1
Autres machines non-électriques	3,3	1,5	3,9	1,3	2,4	10,9	2,7	2,6
7443 - Bigues; grues et blondins; ponts roulants, portiques de déchargement ou de manutention, ponts-grues, chariots-cavaliers et chariots-grues	0,1	0,1	0,4	0,1	0,1	0,6	0,1	0,5
Tracteurs et machines agricoles	0,2	0,0	0,1	0,0	0,0	0,0	0,0	0,0
Machines de bureau et matériel de télécommunication	0,1	0,0	0,0	0,0	0,0	0,2	0,0	0,1
Autres machines électriques	0,1	0,5	0,1	0,2	0,1	0,6	0,2	0,1
Produits de l'industrie automobile	1,0	1,2	1,5	0,6	0,4	0,9	0,8	1,2
7812 - Véhicules à moteur pour le transport des personnes, n.d.a.	0,1	0,3	0,7	0,4	0,3	0,3	0,4	0,6
Autres matériel de transport	0,0	0,1	0,3	0,1	0,1	10,4	7,2	0,2
Textiles	2,4	1,4	4,3	3,1	2,3	1,5	1,7	2,7
6522 - Tissus de coton, écrus (autres que les tissus à point de gaze, velours, peluches, tissus bouclés et tissus de chenille)	1,6	1,1	3,8	2,8	2,0	1,4	1,7	2,6
Vêtements	0,1	0,0	0,1	0,0	0,0	0,0	0,1	0,1
Autres biens de consommation	0,5	0,3	0,4	0,6	0,4	1,7	0,6	1,4
Autres	0,0	4,3	3,2	4,2	3,6	2,3	2,4	4,4
9710 - Or, à usage non monétaire (à l'exclusion des minerais et concentrés d'or)	0,0	4,3	3,2	4,2	3,6	2,3	2,4	4,4

Source: Calculs du Secrétariat de l'OMC basés sur les données issues de la base de données Comtrade de la DSNU (CTCI Rev.3).

Tableau A1. 2 Structure des importations, 2009-2016

	2009	2010	2011	2012	2013	2014	2015	2016
Monde (millions de $EU)	1 549.0	2 133.6	2 070.0	2 316.4	2 940.7	3 596.1	2 474.7	2 630.2
Monde (millions d'€)	1 115.0	1 610.9	1 489.1	1 802.9	2 214.8	2 710.5	2 231.4	2 377.8
	(Part en pourcentage)							
Produits primaires, total	52,0	61,4	53,9	62,5	57,4	64,5	61,9	68,6
Agriculture	34,6	41,3	36,5	40,8	42,8	49,6	43,9	50,1
Produits alimentaires	31,1	38,6	33,9	37,9	40,3	47,6	41,3	49,0
0423 - Riz semi-blanchi, même poli, glacé, étuvé ou converti (y compris le riz en brisures)	5,9	14,7	7,5	13,1	18,0	27,1	15,2	21,5
0422 - Riz décortiqué sans autre préparation (riz cargo ou riz brun)	0,0	0,1	0,1	0,5	2,2	1,3	3,2	7,6
0123 - Viandes et abats comestibles, frais, réfrigérés ou congelés, des volailles du sous-groupe 001.4	9,3	7,6	9,3	9,4	7,8	6,8	9,1	6,4
0342 - Poissons congelés (à l'exception des filets de poisson et du poisson haché)	1,7	1,3	1,5	1,5	1,3	1,5	2,3	2,7
4222 - Huile de palme et ses fractions	4,3	6,0	5,0	2,7	2,3	1,4	2,1	2,6
0341 - Poissons frais (vivants ou morts) ou réfrigérés (à l'exclusion des filets et du poisson haché)	0,0	0,0	0,0	0,0	0,0	2,4	1,4	1,7
0612 - Autres sucres de canne ou de betterave, et saccharose chimiquement pur, à l'état solide	0,9	0,9	0,9	0,9	1,0	0,7	1,5	1,2
Matières premières agricoles	3,5	2,6	2,6	2,9	2,5	2,0	2,6	1,1
2690 - Friperie, drilles et chiffons	3,3	2,5	2,3	2,4	1,9	1,5	2,0	0,8
Industries extractives	17,4	20,1	17,4	21,7	14,6	14,8	18,0	18,5
Minerais et autres minéraux	0,5	0,4	0,6	0,5	0,4	0,4	0,4	0,4
Métaux non ferreux	0,2	0,1	0,1	0,2	0,1	0,2	0,3	0,2
Combustibles	16,6	19,6	16,7	21,0	14,1	14,3	17,4	18,0
334 - Huiles de pétrole, autres que brutes	9,9	13,5	9,9	15,5	8,9	9,7	11,7	13,1
3510 - Énergie électrique	6,3	5,3	6,0	5,3	4,7	3,8	4,6	3,6
3425 - Butanes liquéfiés	0,4	0,6	0,6	0,2	0,4	0,6	0,6	0,9
Produits manufacturés	48,0	38,6	46,1	37,5	42,4	35,5	38,1	31,4
Fer et acier	5,2	4,0	5,7	6,1	3,5	2,3	2,9	2,4
6761 - Fil machine en fer ou en acier	3,5	1,9	2,9	2,4	0,8	0,7	1,0	0,8
Produits chimiques	9,1	6,9	8,8	5,9	5,5	5,0	6,1	6,1
5429 - Médicaments, n.d.a.	2,8	2,1	2,5	2,4	2,0	1,9	2,2	2,0
5421 - Contenant des antibiotiques ou leurs dérivés	0,9	0,7	0,9	0,7	0,6	0,6	0,7	0,8
Autres demi-produits	7,9	6,8	8,8	7,5	8,2	4,7	5,8	5,0
6612 - Ciments	2,5	2,5	3,9	3,4	2,8	1,3	1,5	1,4

	2009	2010	2011	2012	2013	2014	2015	2016
hydrauliques (y compris les ciments non pulvérisés dits "clinkers"), même colorés								
6624 - Briques, tuiles, tuyaux et éléments similaires, en céramique non réfractaire	0,8	0,6	0,7	0,6	0,7	0,5	0,9	0,7
Machines et matériel de transport	15,6	14,0	15,4	11,9	20,1	18,1	18,2	14,1
Machines pour la production d'énergie	0,4	0,7	0,4	0,6	0,5	0,5	0,6	0,5
Autres machines non électriques	3,5	3,3	3,6	2,9	6,6	4,1	4,4	3,4
7443 - Bigues; grues et blondins; ponts roulants, portiques de déchargement ou de manutention, ponts-grues, chariots-cavaliers et chariots-grues	0,0	0,3	0,0	0,3	1,1	0,2	1,0	0,7
Tracteurs et machines agricoles	0,0	0,2	0,1	0,2	0,1	0,1	0,3	0,2
Machines de bureau et matériel de télécommunication	2,9	1,9	2,0	1,5	2,0	1,1	1,7	1,2
Autres machines électriques	1,4	1,3	1,2	0,8	1,6	1,1	1,7	1,2
Produits de l'industrie automobile	5,1	4,8	5,6	4,2	3,8	3,4	5,2	5,3
7812 - Véhicules à moteur pour le transport des personnes, n.d.a.	3,3	2,7	3,2	2,8	2,2	2,0	3,1	3,5
7821 - Véhicules automobiles pour le transport de marchandises	1,0	1,2	0,9	0,7	0,9	0,8	1,1	1,0
Autres matériel de transport	2,4	2,1	2,6	1,9	5,6	7,9	4,6	2,5
7851 - Motocycles (y compris les cyclomoteurs) et cycles équipés d'un moteur auxiliaire, avec ou sans side-cars; side-cars	2,0	1,7	2,2	1,6	1,7	1,9	2,4	2,0
Textiles	3,4	2,2	3,4	3,0	2,3	2,9	2,0	1,4
Vêtements	3,3	2,1	1,0	0,5	0,3	0,2	0,2	0,2
Autres biens de consommation	3,5	2,7	3,0	2,7	2,5	2,3	2,7	2,3
Autres	0,0	0,0	0,0	0,0	0,1	0,0	0,0	0,0

Source: Calculs du Secrétariat de l'OMC basés sur les données issues de la base de données Comtrade de la DSNU (CTCI Rev.3).

Tableau A1. 3 Destinations des exportations, 2009-2016

	2009	2010	2011	2012	2013	2014	2015	2016
Monde (millions de $EU)	425,3	533,9	388,6	460,3	602,0	951,0	625,6	409,8
Monde (millions d'€)	306,2	403,1	279,5	358,3	453,4	716,8	564,1	370,4
	(Part en pourcentage)							
Amérique	0,4	0,1	0,2	0,7	0,7	2,2	1,3	2,4
États-Unis	0,0	0,0	0,1	0,4	0,5	1,2	0,7	1,7
Autres pays d'Amérique	0,4	0,1	0,1	0,3	0,2	1,0	0,6	0,7
Europe	5,2	8,9	10,7	7,1	8,3	19,5	11,5	12,1
UE-28	5,1	8,0	10,6	6,4	7,3	13,7	8,8	8,4
France	0,6	0,8	2,2	0,9	0,5	3,2	2,5	2,1
Danemark	0,9	1,3	3,0	1,5	1,8	2,0	2,2	2,0
Belgique	0,1	1,0	0,3	0,2	0,2	1,6	0,7	1,1
Italie	0,1	1,0	1,1	0,1	0,1	0,2	0,4	1,0
AELE	0,1	0,4	0,0	0,6	0,7	1,4	1,2	0,9
Autres pays d'Europe	0,0	0,5	0,1	0,1	0,2	4,5	1,5	2,9
Albanie	0,0	0,0	0,0	0,0	0,2	0,5	0,7	2,2
Communauté des États indépendants (CEI)	0,0	0,0	0,0	0,0	0,0	0,0	0,0	1,5
Ukraine	0,0	0,0	0,0	0,0	0,0	0,0	0,0	1,5
Afrique	58,3	64,4	45,8	44,4	37,8	42,1	28,5	28,1
Nigéria	39,9	42,3	11,9	8,9	11,7	5,0	6,3	6,6
Niger	2,1	3,1	2,6	5,2	5,2	5,9	9,6	6,0
Togo	2,5	2,2	2,3	1,8	3,0	2,0	1,7	3,6
Égypte	0,0	0,0	0,4	0,2	2,3	3,0	2,6	3,3
Côte d'Ivoire	2,6	2,6	4,6	6,5	2,2	1,9	1,7	2,9
Ghana	0,3	4,1	4,8	5,0	2,8	3,9	1,5	1,2
Burkina Faso	0,6	1,1	1,8	0,8	1,1	0,6	0,6	1,1
Moyen-Orient	0,1	0,9	1,4	0,6	1,0	0,3	0,5	1,5
Émirats arabes unis	0,0	0,7	1,3	0,2	0,1	0,1	0,4	1,3
Asie	36,0	25,7	41,8	47,1	52,2	35,8	58,2	54,4
Chine	18,5	10,0	15,6	25,0	20,0	9,9	5,3	6,7
Japon	0,0	0,0	0,0	0,0	0,3	0,0	0,0	0,0
Autres pays d'Asie	17,5	15,7	26,2	22,0	32,0	26,0	53,0	47,7
Inde	8,2	4,6	9,8	11,2	11,8	8,6	13,0	15,4
Malaisie	1,2	1,5	4,0	7,0	3,9	3,8	8,8	13,2
Bangladesh	0,0	0,6	0,1	0,0	2,9	4,4	7,4	10,2
Viet Nam	3,1	2,1	1,6	1,5	3,7	4,1	7,5	3,2
Pakistan	0,8	0,7	0,5	0,2	0,5	0,5	2,8	1,7
Indonésie	2,0	3,2	7,1	0,6	6,4	3,6	3,7	1,1
Pour mémoire:								
Union économique et monétaire ouest africaine (UEMOA)	9,3	9,6	12,5	14,8	11,9	10,6	14,1	14,0
Niger	2,1	3,1	2,6	5,2	5,2	5,9	9,6	6,0
Togo	2,5	2,2	2,3	1,8	3,0	2,0	1,7	3,6
Côte d'Ivoire	2,6	2,6	4,6	6,5	2,2	1,9	1,7	2,9
Burkina Faso	0,6	1,1	1,8	0,8	1,1	0,6	0,6	1,1
Sénégal	0,4	0,3	0,0	0,3	0,2	0,0	0,5	0,2
Mali	1,2	0,4	1,1	0,2	0,2	0,2	0,1	0,1
Guinée-Bissau	0,0	0,0	0,0	0,0	0,0	0,0	0,0	0,0

Source: Calculs du Secrétariat de l'OMC basés sur les données issues de la base de données Comtrade de la DSNU.

Tableau A1. 4 Origines des importations, 2009-2016

	2009	2010	2011	2012	2013	2014	2015	2016
Monde (millions de $EU)	1 549,0	2 133,6	2 070,0	2 316,4	2 940,7	3 596,1	2 474,7	2 630,2
Monde (millions d'€)	1 115,0	1 610,9	1 489,1	1 802,9	2 214,8	2 710,5	2 231,4	2 377,8
	(Part en pourcentage)							
Amérique	6,0	4,5	5,3	7,6	8,9	9,0	6,9	5,2
États-Unis	2,5	2,2	2,2	1,8	5,5	6,4	3,3	2,2
Autres pays d'Amérique	3,5	2,4	3,1	5,8	3,4	2,7	3,6	3,0
Brésil	2,9	1,8	2,3	3,6	2,6	1,8	2,8	2,0
Europe	43,7	41,7	44,6	42,0	33,1	30,7	36,1	31,1
UE-28	40,4	38,2	41,4	37,2	30,7	28,7	34,0	28,2
France	17,5	14,7	15,7	13,7	11,7	8,3	11,7	10,1
Pays-Bas	5,0	5,7	4,4	4,4	4,2	4,5	3,2	4,8
Belgique	4,1	3,8	4,6	5,2	4,0	3,8	4,9	4,7
Espagne	2,1	2,6	2,0	1,9	1,5	2,8	6,0	2,0
Allemagne	3,1	3,0	4,3	1,7	1,5	1,0	1,4	2,0
Royaume-Uni	3,9	4,4	4,6	4,5	2,3	3,6	2,1	1,3
Italie	1,4	1,6	1,5	0,9	1,6	0,9	1,2	1,0
AELE	2,9	2,7	2,4	3,1	1,0	0,8	0,8	1,6
Suisse	1,7	1,8	2,0	2,7	0,7	0,7	0,6	1,1
Autres pays d'Europe	0,4	0,8	0,8	1,7	1,4	1,3	1,3	1,3
Turquie	0,4	0,8	0,8	1,7	1,4	1,3	1,3	1,3
Communauté des États indépendants (CEI)	0,1	0,8	0,3	0,9	0,5	0,2	0,3	1,1
Fédération de Russie	0,0	0,1	0,2	0,3	0,3	0,1	0,2	1,0
Afrique	21,4	19,4	23,6	22,5	19,5	18,1	19,4	17,5
Togo	10,9	7,9	12,0	10,0	10,3	7,3	8,5	7,3
Maroc	0,2	0,4	0,4	0,3	0,5	0,8	1,1	1,5
Nigéria	3,1	4,2	4,3	4,4	2,5	2,1	3,3	1,5
Mauritanie	0,8	0,5	0,6	0,3	0,3	1,5	0,9	1,4
Angola	0,0	0,0	0,0	0,0	0,1	0,2	0,3	1,3
Moyen-Orient	2,4	3,1	2,2	2,7	1,7	2,1	1,8	3,2
Émirats arabes unis	1,8	2,7	1,5	2,5	1,4	1,7	1,3	2,5
Asie	26,0	30,3	23,9	24,2	36,1	39,6	35,2	42,1
Chine	13,4	10,2	9,3	8,3	10,0	7,8	10,8	8,4
Japon	1,4	1,3	1,5	0,8	0,7	0,3	0,1	0,4
Autres pays d'Asie	11,2	18,8	13,1	15,2	25,4	31,5	24,3	33,3
Inde	1,0	0,9	1,2	4,2	11,3	13,3	9,8	14,9
Thaïlande	2,8	8,6	4,4	4,7	6,7	12,6	7,7	12,4
Malaisie	3,2	5,6	4,1	2,6	2,6	1,3	2,4	2,5
Autres	0,4	0,2	0,1	0,1	0,1	0,2	0,3	0,0
Pour mémoire:								
Union économique et monétaire ouest africaine (UEMOA)	14,5	10,7	16,0	15,0	12,6	8,9	11,3	8,8
Togo	10,9	7,9	12,0	10,0	10,3	7,3	8,5	7,3
Côte d'Ivoire	2,9	2,1	3,2	4,3	1,7	1,1	1,9	0,9
Sénégal	0,6	0,6	0,7	0,7	0,5	0,3	0,6	0,4
Burkina Faso	0,0	0,0	0,1	0,0	0,0	0,1	0,1	0,0
Mali	0,0	0,0	0,0	0,0	0,0	0,0	0,0	0,0
Niger	0,1	0,0	0,1	0,0	0,1	0,1	0,0	0,0
Guinée-Bissau	0,0	0,0	0,0	0,0	0,1	0,0	0,1	0,0

Source: Calculs du Secrétariat de l'OMC basés sur les données issues de la base de données Comtrade de la DSNU.

Burkina Faso

Environnement économique

PRINCIPALES CARACTÉRISTIQUES DE L'ÉCONOMIE

L'économie du Burkina Faso est principalement axée sur l'agriculture, l'élevage et la production de l'or. Sa performance économique reste fortement tributaire des aléas climatiques et des cours mondiaux de l'or et du coton, ce dernier maintenant sa prééminence parmi les cultures de rente. La vulnérabilité de l'économie burkinabé aux chocs externes est davantage exacerbée par sa forte dépendance des hydrocarbures comme principale source d'énergie. Le revenu national brut (RNB) par habitant s'élevait à l'équivalent d'environ 554 euros en 2015 (tableau 1.1).

Le Burkina Faso a un taux de croissance démographique parmi les plus élevés au monde, estimé à 3,1% avec un indice de fécondité estimé à 5,5 naissances par femme. En 2017, la population du Burkina Faso était évaluée à plus de 19 millions de personnes (contre 15,2 millions en 2009), dont environ 70% résidaient en milieu rural. L'exode rural vers Ouagadougou et Bobo-Dioulasso s'est poursuivi au cours de la période.

Classé parmi les "pays les moins avancés", le Burkina Faso est considéré comme un pays à faible niveau de développement humain selon son indice de développement humain (IDH) qui a faiblement augmenté depuis le dernier examen de sa politique commerciale, le plaçant au 183ème rang sur 188 pays. Estimée à 40,1% de la population totale en 2014, contre 46,7% en 2009[1], la pauvreté a régressé légèrement au cours des dernières années, mais continue d'affecter une grande partie de la population, avec une forte incidence en milieu rural. Le taux d'alphabétisation était de 34,5% en 2014. Le taux brut de scolarisation au primaire a augmenté, passant de 78% en 2011 à 86,1% en 2016.

L'économie burkinabé demeure très vulnérable aux chocs extérieurs (notamment les fluctuations des cours des matières premières) et aux aléas climatiques. En effet, l'agriculture, l'élevage et la sylviculture représentent ensemble environ un tiers du PIB (tableau 1.1), et occupe 80% de la population active. Les industries extractives ont connu une forte croissance entre 2009 et 2015; leur contribution au PIB est d'environ 10%, mais fluctue avec les cours mondiaux de l'or. La contribution des services au PIB burkinabé demeure considérable, environ 45%.

Le développement du Burkina Faso fait face à de nombreuses contraintes, aussi bien internes qu'externes. Le développement du secteur privé reste entravé par de nombreux facteurs comme la faiblesse des infrastructures routières et de transport, les coûts élevés et la rareté de financement et d'électricité, la corruption et la menace terroriste.

L'enclavement constitue aussi une contrainte importante pour le développement de l'économie burkinabé. Il est à l'origine du renchérissement des importations et limite la compétitivité des exportations. Alors que les coûts de transport représentent 10% à 15% du prix de revient des marchandises dans les pays à façade maritime de la sous-région, ils représentent 25% à 45%, voire 60% dans certains cas tels que le Burkina Faso. L'essentiel de ces coûts provient du passage portuaire et du transit terrestre.[2] À ces coûts s'ajoutent la durée du transport (fonction des distances à parcourir), les formalités à remplir et les risques liés au transport.

En tant que membre de l'UEMOA, dont il abrite la Commission, et de la CEDEAO, le Burkina a mis en application les dispositions communautaires de ces institutions, y compris les politiques monétaires et de change (avec une monnaie commune, le franc CFA) de l'UEMOA, et la politique douanière commune (dont le tarif extérieur commun) de la CEDEAO (rapport commun).

ÉVOLUTION ÉCONOMIQUE RÉCENTE

La croissance annuelle du PIB réel du Burkina Faso est en moyenne de 5,3% entre 2009 et 2015, avec un pic en 2010 lié au boom minier. Elle a été soutenue essentiellement par la production de l'or et du coton, représentant plus de 80% des recettes d'exportations. Cependant la croissance a été ralentie en 2014 et 2015 par la chute des prix des matières premières. L'inflation est restée généralement sous la norme communautaire de 3%, sauf en 2012 (3,8%).

Les réformes macroéconomiques et structurelles mises en œuvre depuis 2009 comprennent des efforts en vue de l'élargissement de l'assiette fiscale, de la sensibilisation des acteurs économiques sur le civisme fiscal, et des efforts de modernisation des administrations fiscales et douanières. Les autorités sont également parvenues à encourager le développement du secteur financier, à faciliter la création d'entreprise, l'octroi de permis de construire, et le transfert de propriété, avec des résultats positifs en matière de climat des affaires (p. 157). Les autorités ont également poursuivi les efforts de restructuration et de mise à niveau des entreprises publiques en difficulté.

Le ratio de l'encours de la dette au PIB a été réduit de moitié entre 1995 et 2012 (tableau 1.1), notamment grâce à l'atteinte du point d'achèvement de l'initiative en faveur des pays pauvres très endettés (PPTE) et de l'initiative d'allègement de la dette multilatérale (IADM). Cependant, le Burkina Faso n'a affiché que des déficits budgétaires (dons compris) au cours de la période 2009-2015. L'aide au développement continue à financer une grande partie des investissements publics.

Tableau 1.1 Principaux indicateurs économiques, 2009-2016

	2009	2010	2011	2012	2013	2014	2015	2016
PIB aux prix du marché (millions d'€)[a,b]	6 024	6 780	7 714	8 691	8 989	9 278	9 907	10 470
PIB nominal par habitant (€)	398	434	480	524	526	528	547	561
Population (millions)	15,1	15,6	16,1	16,6	17,1	17,6	18,1	18,6
En milieu rural (% de la population totale)	75,2	74,3	73,5	72,7	71,8	71,0	70,1	69,3
Inflation (IPC, variation %)	2,6	-0,8	2,8	3,8	0,5	-0,3	1,0	-0,2
Taux d'intérêt, dépôts, pourcentage annuel	5,8	5,9	6,3	4,9	4,9	5,2	5,0	..
Taux d'intérêt, taux de prêt, pourcentage annuel	10,2	9,2	9,3	9,5	8,0	7,9	8,7	..
PIB par type de dépense, aux prix constants 1999 (variation %)[b]								
PIB	3,0	8,4	6,6	6,5	5,7	4,2	4,0	5,9
Consommation	1,7	3,0	4,6	7,0	6,2	4,3	3,9	2,8
Formation brute de capital fixe (FBCF)	15,7	23,5	20,5	23,8	9,6	-13,0	6,0	7,2
Privée	17,6	27,3	50,9	14,8	-4,5	-9,6	8,4	4,3
Publique	14,1	20,0	-9,7	38,6	28,9	-16,5	3,5	10,4
Balance	10,8	4,1	20,1	43,1	10,7	-22,6	7,2	-5,1
Exportations de biens et services non facteurs	17,5	52,1	26,0	4,2	18,0	13,4	8,5	14,7
Importations de biens et services non facteurs	13,2	22,3	22,9	24,3	13,6	-7,5	7,9	5,2
PIB par type de dépense, aux prix courants (% du PIB)[b]								
Consommation	90,2	83,5	80,2	79,2	82,5	82,9	81,8	80,2
Formation brute de capital fixe (FBCF)	22,9	24,5	26,4	29,3	31,8	25,4	25,3	25,9
Privée	10,8	11,6	15,8	16,8	15,3	13,5	13,4	13,3
Publique	12,1	12,9	10,6	12,6	16,5	11,9	11,9	12,6
Variations de stocks	2,0	2,4	1,6	3,1	0,6	0,5	0,5	0,9
Balance	-15,0	-10,4	-8,1	-11,6	-15,0	-8,8	-7,6	-7,0
Exportations de biens et services non facteurs	12,7	19,2	25,0	25,5	26,2	26,1	29,0	31,6
Importations de biens et services non facteurs	27,7	29,6	33,2	37,2	41,1	34,9	36,6	38,6
Répartition du PIB, aux prix courants de base (% du PIB)[c]								
Agriculture, pêche, élevage et chasse, et sylviculture	35,6	35,6	33,8	35,1	35,6	35,2		
Agriculture	18,9	19,5	18,3	19,3	18,9	18,6	..	..
Élevage	12,7	12,3	11,8	11,8	12,7	12,1	..	..
Sylviculture, pêche et chasse	4,0	3,8	3,7	3,9	4,1	4,4	..	..
Extraction	3,3	7,7	11,6	11,4	8,8	9,2	..	..
Industrie manufacturière	9,2	7,9	7,7	7,5	5,9	6,4	..	..
Énergie (électricité, gaz, eau)	1,3	0,8	1,0	0,6	0,8	0,9	..	..
Bâtiments et travaux publics	5,6	6,5	6,9	5,4	5,4	5,3	..	..
Services	46,5	42,5	40,3	41,7	45,0	44,7	..	..
Transports	1,9	1,6	1,3	1,8	1,8	1,8	..	..
Postes et télécommunications	3,1	2,8	2,5	2,8	3,1	3,0	..	..
Commerce	12,8	11,6	10,6	10,7	13,1	11,2	..	..
Banques et assurances	1,8	1,6	1,7	1,7	2,1	2,1	..	..
Administrations publiques et Institutions sans but lucratif	19,8	17,9	18,0	18,1	18,8	20,5	..	..
Autres services	7,1	7,0	6,1	6,6	6,2	6,1	..	..
Service d'intermédiation financière indirectement mesuré (SIFIM)	-1,4	-1,1	-1,3	-1,7	-1,6	-1,7	..	..
Finances publiques (% du PIB)								
Recettes totales et dons	19,5	19,8	20,7	22,4	24,5	21,7	19,8	20,5
Recettes totales hors dons	13,6	15,3	15,7	17,5	19,0	17,5	16,3	17,9
Recettes fiscales, dont	12,5	12,7	13,7	15,6	16,8	15,5	14,4	15,6
Taxes sur les biens et services	..	..	7,2	8,2	8,9	8,4	8,2	8,7
dont TVA	..	..	5,6	6,4	7,2	6,4	6,0	6,4
Impôts sur le commerce extérieur	2,3	2,2	2,2	2,6	2,9	2,4	2,2	2,3
Recettes non fiscales	1,1	2,6	1,9	1,9	2,1	2,0	1,8	2,3
Dons	5,9	4,5	5,0	4,9	5,5	4,2	3,5	2,6
Dépenses totales et prêts nets, dont	24,3	24,2	23,0	25,5	28,0	23,9	21,1	23,7
Dépenses courantes	12,6	11,9	12,4	14,5	13,9	15,3	14,2	16,2
Dépenses en capital	10,9	10,9	9,6	10,9	12,9	8,6	7,0	7,6
Solde global hors dons	-10,6	-8,9	-7,4	-8,0	-9,1	-6,4	-4,9	-5,8
Solde global	-4,8	-4,4	-2,3	-3,1	-3,6	-2,2	-1,3	-3,2
Dette publique extérieure (début période)	23,2	25,1	23,2	22,6	22,0	23,2	24,9	23,6
Secteur extérieur								
FCFA par $EU (moyenne annuelle)	472,2	495,3	471,9	510,5	494,0	494,4	591,4	593,0
Taux de change effectif réel (variation en %)[d]	2,3	-8,3	1,7	-0,7	1,8	4,1	-6,4	-5,3
Taux de change effectif nominal (variation en %)[d]	5,1	-3,3	4,2	-0,2	6,1	10,3	-0,7	2,5
Compte courant (% du PIB)	-4,5	-2,0	-1,5	-1,5	-11,3	-8,1	-8,1	-7,0
Réserves officielles brutes (millions de $EU)	1 296	1 068	957	1 025	628	297	260	..
En mois d'importations de biens et services	7,6	4,8	3,2	3,0	1,5	0,7	..	..
Flux entrant d'IED (millions d'€)	72,6	26,6	103,3	256,3	369,2	268,9	150,9	..
Pourcentage du PIB	1,2	0,4	1,3	2,9	4,1	2,9	1,5	..

	2009	2010	2011	2012	2013	2014	2015	2016
Stock entrant d'IED (millions d'€)	411,3	267,2	465,4	776,4	1 169,0	1 276,1	1 517,0	..
Pourcentage du PIB	6,8	3,9	6,0	8,9	13,0	13,8	15,3	..

.. Non disponible.

a Le franc CFA commun aux pays de l'UEMOA est rattaché à l'euro au cours de: 1 € = 655,96.

b Estimations pour 2013, 2014, 2015, 2016.

c Estimations pour 2014.

d Le signe moins (-) signifie une dépréciation.

Source: BCEAO, Institut national de la statistique et de la démographie (INSD), FMI.

Tableau 1.2 Balance des paiements, 2009-2016

(Millions d'euros)

	2009	2010	2011	2012	2013	2014	2015[a]	2016[b]
Compte des transactions courantes	-273	-137	-115	-126	-1 013	-752	-807	-729
Biens et services	-640	-504	-501	-456	-1 202	-841	-917	-821
Balance des biens	-346	-100	22	165	-501	-196	-218	-95
Exportations de biens f.a.b.	648	1 201	1 726	2 232	2 005	2 077	2 131	2 328
dont: Coton	148	173	198	255	328	361	325	302
Produits d'élevage	53	57	58	41	43	40	33	30
Cuirs et peaux	39	43	51	29	23	19	11	11
Karité	27	30	23	14	32	37	41	41
Or	274	781	1 299	1 772	1 257	1 220	1 335	1 556
Zinc	..	0	0	0	19	66	50	45
Noix d'anacarde	..	6	16	25	39	32	79	82
Importations de biens f.a.b.	-994	-1 301	-1 704	-2 067	-2 507	-2 273	-2 348	-2 423
Importations de biens c.a.f.	-1 260	-1 709	-1 977	-2 781	-3 287	-2 699	-2 777	-2 866
dont: Produits alimentaires	-103	-104	-158	-190	-220	-206	-229	-243
Autres biens de consommation courante	-81	-82	-106	-120	-82	-89	-85	-85
Produits pétroliers	-274	-336	-500	-608	-713	-688	-493	-432
Biens intermédiaires	-252	-326	-348	-442	-566	-513	-613	-670
Biens d'équipement	-285	455	-592	-708	-925	-776	-940	-993
Balance des services	-294	-404	-523	-621	-700	-645	-699	-726
Crédit	110	225	299	327	374	341	352	406
dont voyage	48	55	54	66	115	102	99	110
Débit	-404	-629	-822	-949	-1 074	-986	-1 052	-1 131
dont fret et assurance	-177	-226	-303	-417	-526	-453	-393	-482
Revenu primaire	-4	-5	-6	-60	-142	-271	-304	-239
dont intérêts sur la dette	-13	-16	-19	-20	-20	-22	-24	-33
Revenu secondaire	370	372	392	389	331	360	414	330
Administrations publiques	275	274	291	274	195	174	222	127
Autres secteurs	95	98	100	115	135	186	192	203
dont transferts de fonds des migrants	61	80	147	151	220	274	322	307
Compte de capital	203	151	139	210	363	305	234	386
Compte financier	-400	-115	-50	93	-430	-250	-998	-706
Investissement direct	-51	-29	-30	-200	-325	-216	-196	-274
Investissements de portefeuille	-12	-24	-15	-25	-11	131	-5	130
Dérivés financiers	0	0	0	0	0	0	0	0
Autres investissements	-338	-62	-6	318	-94	-166	-798	-562
Erreurs et omissions nettes	13	2	-7	5	-6	-6	7	0
Solde global	343	131	67	-4	-226	-203	432	363

.. Non disponible.

a Projections.

b Projections.

Source: Banque centrale des États de l'Afrique de l'ouest.

Graphique 1.1 Structure du commerce des marchandises, 2009 et 2015

2009	2015

(a) Exportations (f.a.b.)

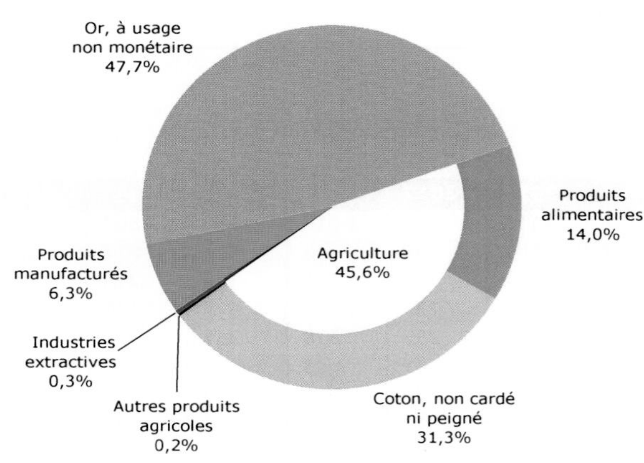

Total: 572,7 millions d'€

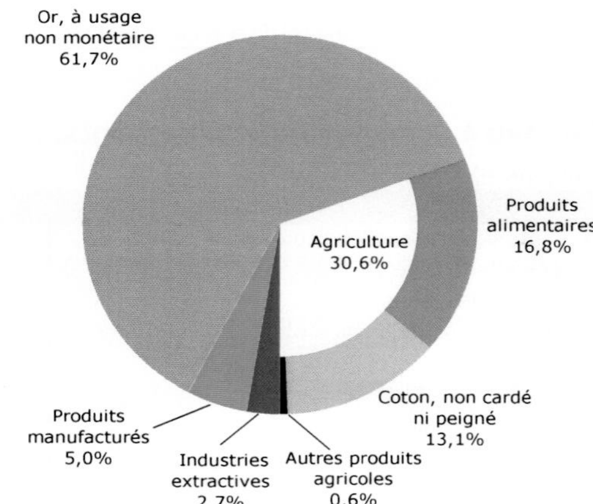

Total: 1 963,4 millions d'€

(b) Importations (c.a.f.)

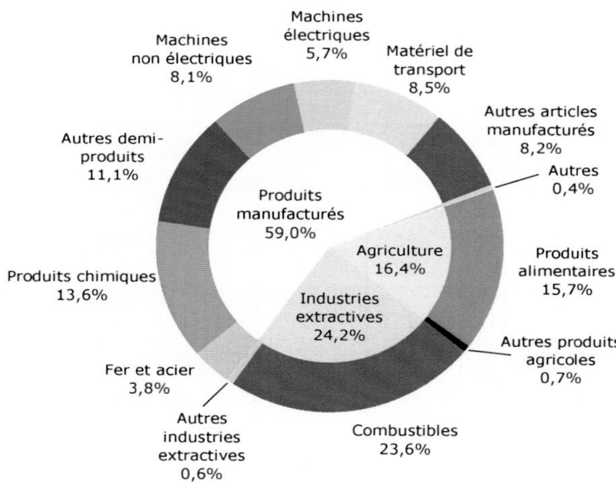

Total: 1 346,3 millions d'€

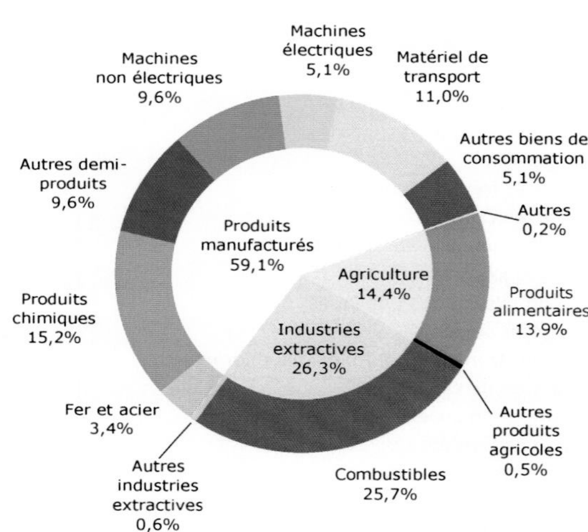

Total: 2 686,7 millions d'€

Source: Calculs du Secrétariat de l'OMC basés sur les données issues de la base de données Comtrade (CTCI Rev.3) de la DSNU.

Graphique 1.2 Direction du commerce des marchandises, 2009 et 2015

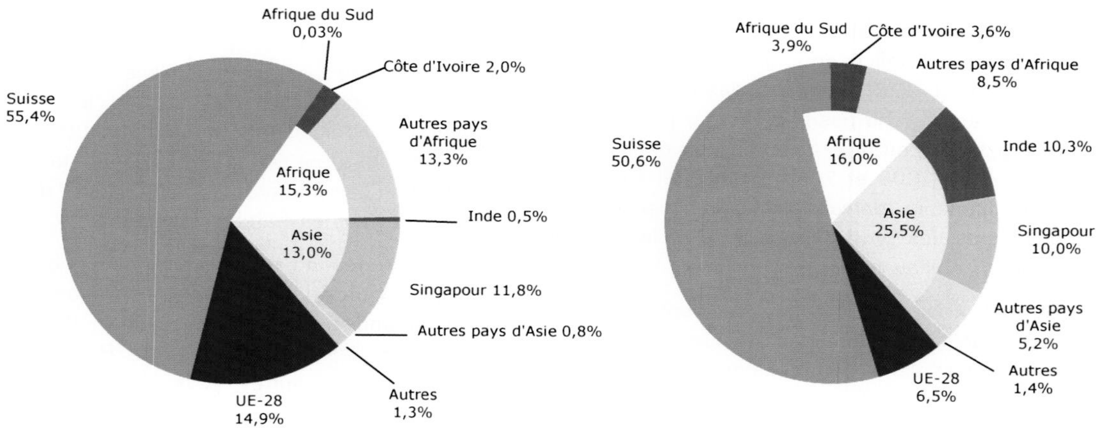

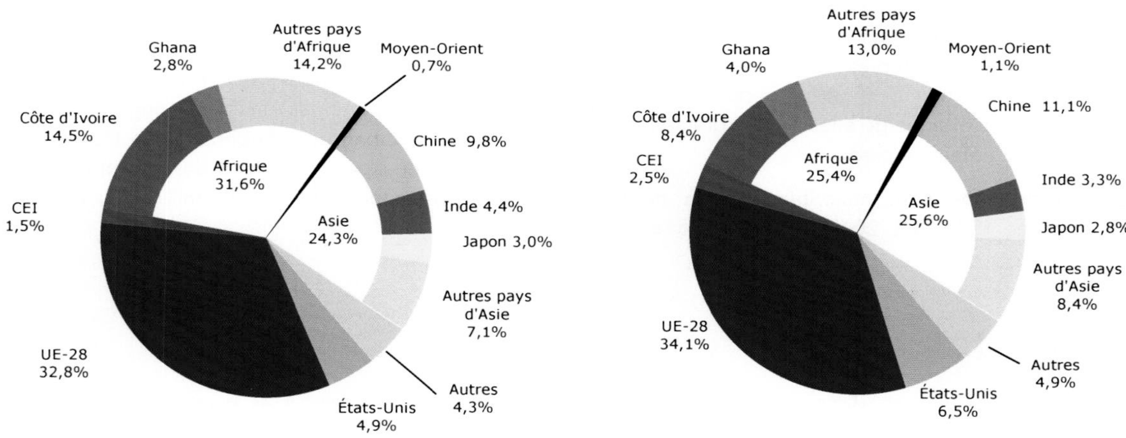

Source: Calculs du Secrétariat de l'OMC, basés sur les données issues de la base de données Comtrade de la DSNU.

Le déficit du compte courant de la balance des paiements s'est creusé considérablement en 2013 quand il a atteint plus de 11% du PIB (tableau 1.1). Son évolution reflète l'aggravation du déficit commercial (biens et services), malgré la progression des exportations; les transferts courants n'ont pas compensé entièrement le déficit courant. En effet, la balance commerciale du Burkina Faso connaît un déficit structurel, à l'exception des années 2011 et 2012 au cours desquelles le solde commercial est devenu positif grâce aux performances de la filière de l'or. Les importations totales ont augmenté fortement entre 2009 et 2013 sous l'effet d'une forte demande intérieure, demande soutenue par les biens d'équipements, les produits pétroliers et les produits alimentaires (tableau 1.2).

Le Burkina Faso enregistre également un déficit important sur son compte des services commerciaux en raison principalement des paiements liés au fret et à l'assurance pour les marchandises. Les transferts de revenu par des travailleurs burkinabé de l'étranger ont presque quintuplé entre 2009 et 2015. Outre ces transferts, c'est l'importance du commerce pour le Burkina Faso qui s'est renforcée, avec un ratio des échanges de biens et services au PIB qui est passé de 40% en 2009 à plus de 59% en 2015.

RÉSULTATS COMMERCIAUX

L'or et le coton représentaient 75% des exportations de marchandises du Burkina Faso en 2015 (tableau A1.1 et graphique 1.1). Depuis 2009, l'or est le premier produit d'exportation. Les autres produits exportés sont notamment les graines de sésame, les graines de karité ou encore le bétail sur pied.

Les exportations sont majoritairement à destination de l'Europe (57% en 2015, contre 70% en 2009), notamment la Suisse qui est la destination principale des exportations d'or (tableau A1.2 et graphique 1.2). La part des marchandises exportées à destination de l'Asie était de 26% en 2015, contre 13% en 2009. Les destinataires en Afrique sont essentiellement les pays de la CEDEAO et l'Afrique du Sud.

Les principaux produits importés par le Burkina Faso sont les combustibles, les produits alimentaires (notamment le riz), les matériaux et équipements, les véhicules, le ciment, les médicaments et les engrais (tableau A1.3). Cette structure est restée relativement stable en dépit des fluctuations des produits pétroliers et des denrées alimentaires sur les marchés internationaux.

L'Union européenne, en particulier la France, demeure la principale source des importations extracommunautaires de marchandises, suivie de la Chine (tableau A1.4). Néanmoins, les importations du Burkina Faso en provenance des autres pays de la région restent substantielles; celles provenant des autres États membres de l'UEMOA constituaient environ 15% de la valeur totale en 2015 (et presque 45% en 2014).

INVESTISSEMENT ÉTRANGER DIRECT

Les flux d'investissement étranger direct à destination du Burkina Faso restent faibles. Néanmoins, l'IED a connu une forte augmentation depuis 2012, avec un pic important en 2013 (tableau 1.2). Le secteur minier notamment la production aurifère attire la plupart des investissements. Le stock des IED s'élevait à environ 1 682 millions de dollars EU en 2015, soit environ 15% du PIB.[3] Les principaux investisseurs sont la France, le Canada, le Liban et la Fédération de Russie. Le stock d'IED détenu par le Burkina dans le monde demeure faible: il se situe à environ 283 millions de dollars EU.

Notes de fin

1 Institut national de la statistique et de la démographie (2015), *Annuaire statistique 2014*. Le seuil de pauvreté de 2014 était fixé à 153 530 FCFA.

2 Ministère du commerce, de la promotion de l'entreprise et de l'artisanat (2010), *Stratégie nationale de promotion des exportations.*

3 UNCTAD (2016), *World Investment Report.*

Régimes de commerce et d'investissement

CADRE GÉNÉRAL

En vertu de la Constitution de 1991, telle que modifiée pour la dernière fois en 2015, le Président du Burkina Faso est le chef de l'État; il est élu au suffrage universel pour un mandat de cinq ans renouvelable une fois (article 37). La dernière modification de la Constitution, adoptée en novembre 2015, a confirmé et précisé le nombre de mandats du Président, strictement limité à deux, c'est-à-dire un mandat renouvelable une seule fois. Le Président nomme le Premier Ministre et les autres membres du gouvernement sur proposition de ce dernier.

Le pouvoir législatif est exercé par une seule chambre, l'Assemblée nationale, qui compte 127 membres élus pour cinq ans au suffrage universel direct. Les projets de lois peuvent être initiés par le gouvernement, par l'Assemblée nationale, ou par un groupe de 15 000 citoyens ayant le droit de vote. Après délibérations par l'Assemblée nationale, un projet de loi peut être adopté ou rejeté. En cas d'adoption, le Président a 21 jours pour promulguer la loi. Les textes législatifs sont publiés au Journal officiel du Burkina.[1] Le tableau 2.1 présente les principaux instruments juridiques adoptés par le Burkina pour réglementer des questions relatives au commerce et aux investissements et relevant de la compétence nationale.

Les traités et accords internationaux, y compris ceux relatifs au commerce, et couverts par le Titre XIII de la Constitution, sont signés par le Président du Faso (ou par les ministres compétents à qui il a donné délégation); ils doivent être ratifiés par le Président au moyen d'un décret, après le passage d'une loi de l'Assemblée nationale l'y autorisant (article 148 et suivants). Les traités ou accords ratifiés (par exemple l'Accord de l'OMC) ont, dès leur publication au Journal officiel, une autorité supérieure à celle des lois, "sous réserve pour chaque accord ou traité de son application par l'autre partie". Ces actes sont applicables immédiatement comme loi de l'État au Burkina Faso et exécutoires de plein droit.

Le gouvernement peut demander à l'Assemblée nationale l'autorisation de prendre par ordonnance, pendant un délai limité par une loi d'habilitation, des mesures qui sont normalement du domaine de la loi. Les décrets sont pris en application d'une loi existante. Le Président peut également soumettre à référendum populaire tout projet de loi portant sur toute question d'intérêt national, sauf sur le nombre ou la durée du mandat présidentiel. Le Conseil économique et social donne son avis sur les avant-projets de lois, d'ordonnances et de décrets qui lui sont soumis, ainsi que sur tout problème à caractère économique et social.

Le pouvoir judiciaire est exercé par les cours et tribunaux. La Constitution consacre le principe de l'indépendance du pouvoir judiciaire. Le Conseil supérieur de la magistrature est présidé par le Président de la Cour de cassation. Le Président du Faso est garant de l'indépendance de la justice. Le Conseil constitutionnel détermine la constitutionnalité des lois, des règlements du Parlement, des ordonnances, et des accords internationaux. Les lois organiques lui sont automatiquement soumises avant leur promulgation.

Le Ministère du commerce, de l'industrie et de l'artisanat (ci-dessous, Ministère en charge du commerce) est l'autorité chargée, à titre principal, de la conception, de l'évaluation et de la mise en application des politiques commerciale et industrielle du gouvernement; il est également responsable de la promotion du secteur privé.[2] Les ministères en charge de l'économie, des finances, du développement, de l'agriculture, entre autres, jouent des rôles importants dans les questions de politique commerciale à travers certains de leurs départements et agences, y compris la Direction générale des douanes.

Tableau 2.1 Textes de lois et règlements nationaux afférents au commerce et à l'investissement

Domaine	Instrument/texte
Procédures d'importation et d'exportation	Loi n° 012-2013/AN portant régime général des importations et des exportations
Investissement	Décret n° 2010-524/PRES/PM/MCPEA/MEF fixant les conditions d'application de la Loi n° 62/95/ADP
Médiation en matière civile et commerciale	Loi n° 052-2012/AN portant médiation en matière civile et commerciale
Normalisation, certification, accréditation et promotion de la qualité	Loi n° 011-2007/AN portant institution d'un système national de normalisation, de certification, d'accréditation et de promotion de la qualité
Protection sanitaire et phytosanitaire	Loi n° 52-1256 portant sur la protection des végétaux
Politique de la concurrence	Loi n° 33-2001/AN portant modification de la Loi n° 015/94/ADP portant organisation de la concurrence
Marchés publics	Décret n° 2008-173/PRES/PM/MEF
Propriété intellectuelle	Loi n° 032-99/AN portant protection de la propriété littéraire et artistique
Politique de pêche et de l'aquaculture	Décret n° 2014-790/PRES/PM/MRAH/MEF
Industries extractives	Loi n° 036-2015/CNT portant Code minier
Électricité	Loi n° 053-2012/AN portant réglementation générale du sous-secteur de l'électricité
Aviation civile	Loi n° 013-2010
Télécommunications	Loi n° 061-2008/AN portant réglementation générale des réseaux services de communications
Activités postales	Loi n° 028/2010 portant réglementation générale des activités postales

Source: Secrétariat de l'OMC.

Partie B
Rapport du Secrétariat de l'OMC

Des rencontres entre le gouvernement et le secteur privé sont organisées annuellement sur des thématiques définies et sont coordonnées par le Ministère en charge du commerce. Les parties prenantes s'accordent sur un programme de mesures prioritaires à mettre en œuvre au cours de l'année suivante. Un Comité technique paritaire a été mis en place afin d'assurer le suivi des recommandations formulées à l'issue de ces rencontres. Il est composé de représentants de plusieurs ministères et du secteur privé (Chambre de commerce et d'industrie du Burkina Faso (CCI-BF), Conseil national du patronat Burkinabé (CNPB) et autres organisations professionnelles. La CCI-BF représente les intérêts des entreprises industrielles sises au Burkina Faso. Le Groupement professionnel des industriels (GPI) est un forum dans lequel les entreprises peuvent échanger des idées, adopter des positions et trouver des solutions à des problèmes d'intérêt commun. En plus, un portail Internet (www.burkinapmepmi.com) permet aux petites et moyennes entreprises et industries du Burkina Faso de se faire connaître.

FORMULATION ET OBJECTIFS DE LA POLITIQUE COMMERCIALE

L'Étude nationale prospective "Burkina 2025"[3], publiée en 2005, décline la vision pour le développement du Burkina Faso à l'horizon 2025. Tirant les leçons de la Stratégie de croissance accélérée et de développement durable (SCADD)[4], adoptée en 2010 mais qui a été suivie d'un taux de croissance réel du PIB (5,5%) bien plus faible que celui prévu (10%), et des résultats mitigés en termes de lutte contre la pauvreté (qui se situe à 40,1%)[5], le gouvernement a adopté le Programme national de développement économique et social (PNDES), qui est le document actuel de référence des politiques et stratégies globales, ainsi que des politiques sectorielles et locales en matière de développement.

L'objectif général de la politique commerciale burkinabé est de créer un contexte propice au développement des exportations, des importations et de l'investissement afin d'atteindre une croissance économique soutenue et de lutter contre la pauvreté. La politique commerciale du Burkina Faso est largement influencée par les dispositions de l'Union économique et monétaire ouest-africaine (UEMOA) et de la Communauté économique des États de l'Afrique de l'ouest (CEDEAO) dont il est membre, et par ses engagements à l'OMC. Le tarif extérieur commun de la CEDEAO est aujourd'hui le principal instrument de la politique commerciale du Burkina Faso (rapport commun, pp. 44, 50).

La Politique sectorielle de l'industrie, du commerce, et de l'artisanat (POSICA) 2011-2020 définit les secteurs prioritaires de la Stratégie nationale de promotion des exportations (SNE). La SNE a identifié six filières porteuses, toutes dans le secteur agricole; les activités de promotion mettent l'accent sur ces filières.

ACCORDS ET ARRANGEMENTS COMMERCIAUX

Relations avec l'Organisation mondiale du commerce

Le Burkina Faso participe à plusieurs accords commerciaux. En effet, partie contractante du GATT depuis 1963, le Burkina Faso est devenu Membre originel de l'OMC le 3 juin 1995. Il n'est membre d'aucun des accords plurilatéraux conclus sous l'égide de l'OMC. Il accorde au moins le traitement NPF à tous ses partenaires commerciaux. Le Burkina Faso n'a été ni partie prenante, ni tierce partie dans aucun différend sous l'OMC. En ce qui concerne les négociations multilatérales dans le cadre de l'Agenda de Doha, les États membres de l'UEMOA ont arrêté des positions communes sur de nombreuses questions (rapport commun). Les principales notifications du Burkina Faso à l'OMC sont récapitulées dans le tableau 2.2.

Entre janvier 2010 et septembre 2016, le Burkina Faso a participé à 249 activités d'assistance technique liée au commerce organisées par l'OMC. L'essentiel de cette

Tableau 2.2 Notifications à l'OMC, août 2016

Domaine	Notification la plus récente	Année
Accès aux marchés	Article XXVIII:5 du GATT de 1994 - Liste XLV1 (G/MA/327)	2015
	Restrictions quantitatives (G/MA/NTM/QR/1/Add.12)	2014
Agriculture	Tableau DS:1 - Soutien interne (G/AG/N/BFA/11)	2014
	Tableau ES:1 - Subventions à l'exportation (G/AG/N/BFA/12)	2014
Antidumping	Article 16.4 - Rapports semestriels (G/ADP/N/180/Add.1/Rev.3)	2014
	Article 16.4 et 16.5 (G/ADP/N/193/BFA)	2014
Commerce des services	Articles III:4 et IV:2 - Points de contact et d'information (S/ENQ/78/Rev.12)	2010
Entreprises commerciales d'État	Article XVII:4 a) du GATT de 1994 et paragraphe 1 du Mémorandum d'accord sur l'interprétation de l'article XVII - Nouvelle notification complète (G/STR/N/15/BFA)	2014
Licences d'importation	Article 7.8 - Réponses au questionnaire sur les procédures (G/LIC/N/3/BFA/6)	2014
Mesures concernant les investissements et liées au commerce	Article 6:2 – Publications dans lesquelles les MIC peuvent être trouvées (G/TRIMS/N/2/Rev.19/Add.3)	2014
Mesures sanitaires et phytosanitaires	G/SPS/N/BFA/2	2015
Subventions et mesures compensatoires	Article 32.6 - Lois et réglementations (G/SCM/N/1/BFA/1)	2014
	Article 25.11 et 25.12 (G/SCM/N/202/BFA)	2014
	Article XVI:1 du GATT de 1994 et article 25 - Nouvelle notification complète (G/SCM/N/253/BFA)	2013

Source: OMC, base de données du Registre central des notifications.

participation est effectué à travers les formations en ligne et les séminaires régionaux.

Accords régionaux et préférentiels

Le Burkina Faso est également membre fondateur de l'Union africaine, de la CEDEAO, et de l'UEMOA (rapport commun, p. 44). Au sein de la CEDEAO (plus la Mauritanie), le Burkina Faso a participé aux négociations pour un Accord de partenariat économique avec l'Union européenne (rapport commun, p. 44).

En tant que pays moins avancé, le Burkina Faso jouit d'un accès privilégié aux marchés des pays plus développés à travers des préférences non réciproques, accordées notamment par l'Union européenne sous l'initiative "Tout sauf les armes", par les États-Unis sous l'AGOA. et sous le Système généralisé de préférences d'autres pays. Les produits burkinabé jouissent d'un libre accès aux marchés des autres pays de la CEDEAO dont il est également membre à l'instar de tous les pays de l'UEMOA (rapport commun, p. 44).

RÉGIME D'INVESTISSEMENT

Cinq textes réglementent les investissements en mai 2017: Une Loi d'orientation de l'investissement[6] complète le Code des investissements de 2010, en redéfinissant notamment l'investissement productif, et en excluant par exemple les investissements de portefeuille. Elle définit plus précisément les concepts d'investissement direct étranger, d'investissement productif; une nouvelle loi d'orientation définit la notion de PME/PMI afin de mieux cibler les mesures de promotion en leur faveur. Avec la Loi sur les pôles de croissance de 2013[7], et la Loi sur les Partenariats public-privé (PPP)[8] de 2013, forme le cadre législatif des investissements. Un processus était en cours en 2017 pour fusionner ces textes, qui selon les autorités sont cohérents et ne présentent pas de chevauchements.

Le Code des investissements, révisé en 2010, offre les mêmes droits et obligations aux entreprises nationales et étrangères. L'amendement de 2010 concerne surtout les régimes d'agrément. L'agrément n'est requis qu'en cas de demande de privilèges par l'investisseur. Le Code révisé prévoit quatre régimes incitatifs, dont trois basés uniquement sur le niveau d'investissement et la création d'emplois, et un destiné aux entreprises d'exportation (tableau 2.3).[9] Les régimes requièrent un minimum d'investissement et de création d'emplois, dont les seuils sont respectivement de 100 000 000 FCFA et 20 emplois (régime A); 500 000 000 FCFA et 30 emplois (régime B); 2 000 000 000 FCFA et 40 emplois (régime C); et 1 000 000 000 FCFA et 30 emplois (régime D). Dans le cas de ce dernier (régime D), au moins 80% de la production doit être exportée. Cependant, pour les entreprises des secteurs de l'agriculture, de la sylviculture, de l'élevage et de la pisciculture, le Code révisé réduit au quart les critères de seuil d'investissement et de création d'emplois.

Le régime d'agrément couvre tous les secteurs sauf les activités commerciales et de négoce[10]; les activités de recherche ou d'exploitation de substances minières relevant du Code minier; les services bancaires et financiers; et les activités de télécommunications autres que les opérations des entreprises de téléphonie agréées (ces dernières sont donc éligibles). Le secteur minier bénéficie d'incitations propres, prévues par le Code minier (p. 173). Le Code des investissements garantit la liberté de transfert des capitaux, revenus et dividendes.

Le Conseil présidentiel pour l'investissement (CPI) a pour mission d'organiser la réflexion et de formuler des recommandations sur les questions se rapportant à la promotion et au développement des investissements privés, publics, nationaux et étrangers, et à l'amélioration du climat des affaires. Il est composé de trente membres désignés par le Président du Burkina Faso pour un mandat de deux ans renouvelable. Une Agence de promotion de l'investissement (API-BF) a été créée en 2013 comme organe d'exécution du CPI.[11] Elle constitue

Tableau 2.3 Principaux avantages fiscaux dans le cadre des régimes incitatifs nationaux

	Régime A	Régime B	Régime C	Régime D
Conditions				
Montant de l'investissement	De 100 millions à 500 millions de FCFA	De 500 millions à 2 milliards de FCFA	Au moins 2 milliards de FCFA	Au moins 1 milliard de FCFA
Création d'emplois	Au moins 20 emplois	Au moins 30 emplois	Au moins 40 emplois	Au moins 30 emplois
Production destinée à l'exportation	n.a.	n.a.	n.a.	Au moins 80%
Avantages accordés				
TVA	Exonération sur les équipements d'exploitation			
Impôt sur les bénéfices	Report des déficits antérieurs sur le bénéfice imposable pendant 2 exercices supplémentaires	Report des déficits antérieurs sur le bénéfice imposable pendant 3 exercices supplémentaires	Report des déficits antérieurs sur le bénéfice imposable pendant 4 exercices supplémentaires	
	Possibilité de déduire du bénéfice imposable jusqu'à 50% du montant des investissements, dans la limite de 50% du bénéfice imposable			
Patente	Exonération du droit proportionnel pendant 5 ans	Exonération du droit proportionnel pendant 6 ans	Exonération du droit proportionnel pendant 7 ans	
Taxe patronale et d'apprentissage (TPA)	Exonération pendant 5 ans	Exonération pendant 6 ans	Exonération pendant 7 ans	

n.a. Non applicable.

Source: CNUCED (2012).

la principale institution d'accueil et d'accompagnement des investisseurs étrangers, et de promotion de l'investissement au Burkina Faso. La procédure d'autorisation préalable des investissements demeure en vigueur (article 8 du Code).

Tout investissement industriel doit faire l'objet d'une autorisation d'implantation préalable du Ministre en charge de l'industrie. À cette fin, l'investisseur est tenu de déposer une demande d'autorisation d'implantation comportant: la nature du projet d'investissement, son site d'implantation, le nombre d'emplois à créer, la liste des équipements, et les schémas du plan d'investissement et du financement.

Au cours des dernières années, le Burkina Faso a mené de nombreuses et importantes réformes visant à améliorer son climat des affaires et les conditions d'investissement sur son territoire. Selon le rapport *Doing Business* de la Banque mondiale, le Burkina Faso s'est positionné à la 143ème place sur 189 en 2016, contre la 147ème place en 2010. Des améliorations ont été notées surtout en matière de "création d'entreprise" où le Burkina Faso occupe le 78ème rang. Néanmoins, la mauvaise qualité des infrastructures (transport, électricité, justice, santé, éducation) contribue à maintenir son environnement des affaires toujours difficile. La persistance des tensions dans la sous-région et la présence de groupes terroristes islamistes renforce le sentiment d'insécurité qui pénalise les investissements. Selon l'indice de perception de la corruption de *Transparency International*, le Burkina Faso s'est positionné à la 76ème place sur 168 en 2015.

En 2009, le Burkina Faso a institué des tribunaux de commerce; deux juridictions sont effectives, à Ouagadougou et à Bobo-Diolasso. Dans les juridictions qui n'ont pas de tribunal de commerce, le tribunal de grande instance en tient lieu.[12] Un amendement de 2015 permet de soulager les PME/PMI. Cette initiative s'inscrit dans le cadre d'une volonté de moderniser le système de justice commerciale, afin de permettre aux entreprises de régler leurs litiges rapidement, en toute transparence et de manière efficace. Selon les autorités, le délai de traitement des dossiers est passé en moyenne de 2 ans à maximum cent jours. En 2012, le Burkina Faso a adopté une loi portant médiation en matière civile et commerciale.[13] Cette loi propose un mode alternatif de règlement des litiges, en facilitant le recours à la médiation/l'arbitrage pour résoudre les litiges d'ordre contractuel. De 2013 à 2015, 96 dossiers ont été traités au moyen de la médiation.

La Maison de l'entreprise du Burkina Faso (MEBF), créée en 2002 et principalement dirigée par le secteur privé, constitue un centre d'information et de conseil pour les entrepreneurs, en particulier les créateurs de PME. La MEBF abrite également plusieurs guichets de facilitation des démarches administratives, à savoir le Centre de facilitation des actes de construire (CEFAC), le Centre de formalités des entreprises (CEFORE) de Ouagadougou et la Direction des guichets uniques du commerce et de l'investissement (DGU-CI), cette dernière relevant du Ministère en charge du commerce. Le guichet unique est connecté à la plate-forme dénommée Système de liaison virtuelle pour les opérations d'importation et d'exportation (SYLVIE).

Le Burkina Faso a signé 15 traités bilatéraux sur l'investissement, dont six ont été ratifiés et sont entrés en vigueur, avec l'Allemagne, la Belgique et le Luxembourg, la Guinée, la Malaisie, les Pays-Bas, et la Suisse.

Notes de fin

1 Certains d'entre eux sont aussi disponibles en ligne sur le site http://www.legiburkina.bf.

2 Le Ministère a un site Internet, commerce.gov.bf, qui n'est pas régulièrement mis à jour.

3 Conseil national de prospective et de planification stratégique (2005), Étude nationale prospective "Burkina 2025".

4 Ministère de l'économie et des finances (2011), *Stratégie de croissance accélérée et de développement durable*. La SCADD a remplacé le Cadre stratégique de lutte contre la pauvreté de 2000, révisé en 2003.

5 153 530 FCFA par habitant par an, soit 166 euros.

6 Loi n° 023-2013/AN du 30 mai 2013 portant Loi d'orientation de l'investissement au Burkina Faso.

7 Décret n° 2013-555/PRES/PM/MEF du 5 juillet 2013 portant adoption du Document d'orientation pour la promotion des pôles de croissance au Burkina Faso.

8 Loi n° 020-2013/AN du 23 mai 2013 portant régime juridique du partenariat public-privé.

9 Loi n° 62/95/ADP du 14 décembre 1995 portant Code des investissements (révisé en 2010), et CNUCED (2012), *Guide de l'investissement au Burkina Faso*.

10 Les activités de commerçant sont régies par la Loi n° 013-2013/AN du 7 mai 2013.

11 L'API-BF remplace l'ancienne Agence nationale de promotion des investissements (ANPI).

12 Loi n° 022-2009/AN du 12 mai 2009.

13 Loi n° 052-2012/AN du 17 décembre 2012.

Politique et pratiques commerciales par mesure

MESURES AGISSANT DIRECTEMENT SUR LES IMPORTATIONS

Procédures, évaluation et exigences en douane

Les personnes physiques souhaitant exercer une activité commerciale, y compris le commerce extérieur, doivent obtenir une carte professionnelle de commerçant (CPC); cette obligation ne concerne pas les personnes morales. La carte est valable trois ans, et elle est renouvelable. Le dossier de demande de la CPC peut être déposé auprès des Centres de formalités des entreprises (CEFORE) ou des Directions régionales des affaires économiques. En outre, les personnes physiques et morales étrangères doivent adresser une demande d'autorisation d'exercer au Ministre en charge du commerce, délivrée par la Direction des guichets unique du commerce et de l'investissement (DGU-CI) (p. 157). L'autorisation est valable trois ans; les personnes la sollicitant doivent être résidentes, avoir payé la taxe de résidence et avoir une bonne moralité.

La Loi n° 012-2013/AN du 7 mai 2013 fixe le régime général des importations et des exportations au Burkina Faso. Elle détermine les conditions d'importation et d'exportation de marchandises. Conformément à cette loi et dans le cadre du Programme de surveillance, de suivi et de vérification des importations, une déclaration préalable d'importation (DPI) est exigée pour toute opération d'importation dont la valeur FOB est au moins égale à 500 000 FCFA, un régime mis en place dans un souci de contrôle économique. La DPI sert de document de base pour les formalités douanières et les règlements financiers. Elle permet de contrôler la sortie des devises et leur compensation en contrepartie de marchandises importées, facilitant ainsi la police douanière et la régulation des relations financières avec l'étranger. Elle constitue un ordre d'inspection donné à la société d'inspection (voir ci-dessous). En outre, elle permet l'établissement et le suivi des statistiques en matière d'importation, selon les autorités à la défense des intérêts des importateurs et des consommateurs car permettant de meilleurs contrôles de qualité des produits importés. Selon les autorités, la DPI constitue un instrument de facilitation du commerce.

Une plateforme électronique, le Système de liaison virtuelle pour les opérations d'importation et d'exportation (SYLVIE), est opérationnelle depuis février 2016 grâce à un partenariat public-privé (gouvernement Burkinabé à travers l'Administration des douanes (AD) – Chambre de commerce et d'industrie du Burkina Faso (CCI-BF)) et à l'appui financier de Investment Climate Facility for Africa. Sa gestion technique est assurée par la Société de gestion de la plateforme SYLVIE (SOGESY). En mai 2017, les structures connectées à SYLVIE comprenaient 13 banques, 8 assurances, la DGU-CI (p. 157), 42 commissionnaires agréés, la COTECNA, la Direction générale des douanes (DGD), la BCEAO, douze administrations et 26 importateurs ou exportateurs.

Les documents requis pour les formalités douanières et délivrés par SYLVIE sont: la déclaration préalable d'importation (DPI); l'autorisation de change; l'attestation d'importation (pour les importations supérieures à 10 millions de FCFA (15 000 euros)); l'engagement de change; la déclaration à l'exportation du pays d'origine; et le certificat d'assurance à l'importation (pour les importations supérieures à 500 000 FCFA (762 euros)). Les autres documents à joindre sont la facture commerciale, les documents de transport et, le cas échéant, le certificat national de conformité, le certificat d'origine, le certificat phytosanitaire ou sanitaire. Une simplification de ces exigences documentaires est à l'étude dans le cas de la dématérialisation. Le Burkina Faso n'avait pas encore ratifié l'Accord de l'OMC sur la facilitation des échanges en mai 2017; mais il a notifié ses mesures de catégorie A, et créé par décret le Comité national de facilitation des échanges.

Un Programme de vérification des importations (PVI) par la société COTECNA, avant expédition ou à destination, est en place depuis 2004. L'inspection satisfaisante donne lieu à la délivrance d'une attestation de vérification, laquelle doit être jointe à la déclaration en douane. Le PVI prévoit deux types d'inspection obligatoire. Si la valeur est d'au moins 3 millions de FCFA (4 573 euros), l'inspection avant embarquement est obligatoire, mais l'Administration des douanes peut également décider d'une inspection à destination de ces livraisons; celles de moins de 3 millions de FCFA subissent obligatoirement l'inspection à destination. Les importations provenant de l'espace UEMOA/CEDEAO ne sont pas exclues du PVI.

Depuis 2004, le mandat exclusif d'inspection est confié à la société COTECNA; le dernier contrat date d'août 2016. Le contrôle porte sur l'éligibilité à l'importation, la qualité et la quantité des marchandises. En outre, COTECNA détermine les principaux éléments de taxation (espèce tarifaire, valeur en douane et origine); toutefois, son avis n'a qu'une valeur indicative et n'impose aucune obligation à la Direction générale des douanes (DGD). Hormis les importations d'une valeur inférieure au seuil minimum fixé, le cadre réglementaire stipule une longue liste de biens dispensés de l'inspection avant expédition eu égard à leur nature ou à leurs destinataires. Certaines marchandises, telles que les céréales, les animaux vivants, les biens de consommation périssables et les médicaments sont exemptes du PVI. La rémunération nette de COTECNA, payable mensuellement par la DGD est calculée comme suit: un forfait mensuel de 360 millions de FCFA, plus 1% de la valeur totale des ajustements réalisés grâce à son intervention, le total de ces deux sommes étant plafonné à 430 millions.

Le système de dédouanement intègre une méthode de gestion des risques à quatre circuits: vert (bon à enlever), bleu (contrôle a posteriori), jaune (contrôle documentaire) et rouge (visite intégrale des marchandises). Selon les autorités, l'apurement de la déclaration en douane requiert environ 72 heures à partir de son enregistrement en détail et à condition que tous les documents exigés soient en ordre; le rapport *Doing Business* 2017 de la Banque mondiale estime ce délai à 102 heures, soit plus de quatre jours.

Le Burkina Faso déclare appliquer la réglementation sur la valeur en douane de l'UEMOA, fondée sur les dispositions de l'OMC (rapport commun, p. 55). Le Burkina Faso a notifié son cadre réglementaire au Comité de l'évaluation en douane de l'OMC.[1] Cependant, des valeurs de référence continuent à couvrir 39 lignes tarifaires.

Règles d'origine

La seule notification du Burkina Faso à l'OMC en matière de règles d'origine date de 1998.[2] Les règles d'origine de l'UEMOA sont d'application au Burkina Faso (rapport commun, p. 55). La gestion des processus d'agrément aux deux schémas préférentiels (UEMOA et CEDEAO) relève de chaque Comité national d'agrément; les certificats d'origine sont délivrés par le Ministère en charge de l'industrie.

Tarifs douaniers

Aperçu général

Depuis le 1er janvier 2015, le Burkina Faso est passé du tarif extérieur commun (TEC) de l'UEMOA à celui de la CEDEAO. Outre le TEC, selon les autorités le Burkina Faso n'applique que les autres droits et taxes de porte prévus par les deux communautés. Il en est également ainsi des régimes adoptés par les deux communautés au sujet des taxes intérieures (rapport commun, p. 50). Les revenus collectés par l'administration douanière au titre des droits de douane sur les importations ont augmenté substantiellement de 2010 en 2013, avant de diminuer ensuite (tableau 3.1).

Consolidations

Les consolidations du Burkina Faso à l'OMC concernent 40% de ses lignes tarifaires (rapport commun, p. 58). En effet, le Burkina Faso a hérité des consolidations tarifaires faites par la France lorsqu'il en était une colonie. Par ailleurs, lors du Cycle d'Uruguay, il a consolidé au taux plafond de 100% les tarifs applicables à tous les produits agricoles (à l'exception de ceux déjà couverts par les consolidations précédemment réalisées par la France en son nom) et aux produits des chapitres 45, 46, 47 et 49 du Système harmonisé. Les autres droits et taxes frappant les importations de ces mêmes produits ont été consolidés à 50%. En mai 2017, 620 lignes tarifaires consolidées portaient des taux appliqués supérieurs aux niveaux consolidés (rapport commun, tableau 3.9). Le Burkina Faso s'est réservé le droit de modifier sa liste de concessions durant une période triennale qui a commencé le 1er janvier 2015.[3]

Concessions de droits

Le Burkina Faso accorde des exonérations de droits de douane et de taxes aux entreprises agréées dans le cadre du Code des investissements (p. 157), et du Code minier (p. 173). Les mesures de suspension unilatérale des droits de douane à l'importation de certains produits alimentaires, prises entre 2008 et 2011, ont été levées. En 2016, un nombre limité de véhicules neufs de transport de marchandises ont été temporairement exonérés de droits de douane.

Autres impositions visant les importations

Les autorités burkinabé affirment ne jamais avoir eu recours à la taxe conjoncturelle à l'importation (TCI), et n'appliquent pas actuellement la taxe complémentaire de protection. Cependant, depuis janvier 2016, le Burkina Faso applique la taxe d'ajustement à l'importation (TAI, rapport commun, p. 58), au taux de 15% sur certains insecticides destinés à l'agriculture. Selon les autorités, cette taxe vise à protéger la SAPHYTO, produisant ce type de marchandise.

S'ajoute le prélèvement sur les importations, au titre de la contribution au Programme de vérification des importations (PVI), de 1% de la valeur f.a.b. (p. 159). Les marchandises acheminées par voie routière, à destination du Burkina Faso ou en transit, doivent acquitter une cotisation (au taux de 0,25% de la valeur déclarée) au fonds de garantie géré par la Chambre de commerce et d'industrie du Burkina Faso (CCI-BF).

Tableau 3.1 Taxes sur le commerce et les transactions internationales, 2010-2015

(Milliards de francs CFA)

	2010	2011	2012	2013	2014	2015
Droits de douane	75,0	87,6	118,0	132,0	114,7	112,2
TVA (intérieure et de porte)	116,0	153,2	226,9	257,0	220,7	214,7
Taxe boisson	1,6	2,1	2,5	1,9	1,4	1,4
Taxe cola	0,4	0,3	0,1	0,1	0,1	0,1
Taxe tabac	0,1	0,7	0,5	0,8	0,7	0,8
Taxe café - thé	0,6	0,6	0,8	1,1	1,0	1,5
Taxe sur les produits pétroliers	31,7	35,5	46,3	33,0	51,0	65,3
Redevance statistique	8,9	10,0	14,6	16,8	13,8	14,5
Péage	0,5	0,5	0,7	0,9	0,8	0,9
Total recettes fiscales	**237,8**	**306,0**	**430,4**	**464,4**	**422,5**	**430,8**

Source: Autorités burkinabé.

Une taxe de 200 FCFA est perçue pour chaque plomb apposé sur les colis, à l'exception des colis postaux ou des véhicules.

Introduite au Burkina Faso en 1993, la TVA est appliquée à un taux unique de 18%. La TVA perçue au cordon douanier est calculée sur la base de la valeur c.a.f. majorée des droits de porte et, le cas échéant, des autres taxes intérieures. Le régime de TVA burkinabé est plus ou moins conforme au régime harmonisé prévu par l'UEMOA (rapport commun, p. 61 et tableau 3.10); par exemple, les produits et services exonérés de la TVA comprennent les médicaments et les produits pharmaceutiques, le matériel scolaire, les animaux vivants, les produits alimentaires de première nécessité, les machines destinées à l'agriculture et à l'élevage, et les transports aériens internationaux.

Le Burkina Faso exerce également une certaine flexibilité quant à l'application du régime de droits d'accise harmonisé (rapport commun, p. 61). En effet, les droits d'accise sont dans la pratique perçus exclusivement à l'importation. Les taux appliqués en mai 2017 étaient de 10% sur le café, le thé, la cola, les boissons non alcoolisées, ainsi que sur les produits cosmétiques et la parfumerie; les boissons alcoolisées, les tabacs, cigares et cigarettes étant taxés au taux de 30%. De plus, un taux de 40% était perçu sur les "produits de luxe".

Le Burkina Faso maintient toujours des taxes sur les produits pétroliers (TPP), sur le gasoil (50 FCFA/litre) et l'essence super (125 FCFA/litre)[4]; les dispositions communautaires prescrivent l'élimination de ces écarts des TPP entre produits depuis le 31 décembre 2007.

Le régime burkinabé en matière d'acompte d'impôt sur les bénéfices (AIB) respecte les taux maximums établis par le règlement de l'UEMOA (p. 161) mais n'est pas en conformité avec son principe de neutralité: le taux de l'acompte est fixé à 5% pour les importations pour la mise à la consommation; mais à l'intérieur du pays, les achats de biens effectués par des personnes établies au Burkina Faso sont soumis à un AIB de seulement 2%, et même de 1% pour le ciment, le sucre, la farine de froment et la noix de cola; et à 0,2% sur les ventes d'hydrocarbures. L'AIB peut être déduit de l'impôt sur les sociétés, reportable sur les exercices suivants en cas de perte.

Prohibitions et restrictions à l'importation, et licences d'importation

Les prohibitions et restrictions d'importation imposées par les États membres de l'UEMOA doivent en principe être conformes aux règles établies par l'UEMOA (rapport commun, p. 63). Le Burkina Faso a notifié à l'OMC qu'il n'appliquait pas de restrictions quantitatives[5], et il a répondu au questionnaire sur les procédures de licences d'importation.[6] Cependant, le système des autorisations spéciales d'importation (ASI) s'apparente à un système de licences d'importation non automatiques pour certains produits, qui s'applique également aux importations des autres États membres (tableau 3.2).

Par ailleurs, les explosifs, les armes, les munitions civiles, les effets militaires, les équipements utilisant le fréon, le sucre et les produits animaux ne peuvent être importés qu'au moyen d'une ASI. Les produits agréés originaires de l'UEMOA et de la CEDEAO n'y sont pas soumis, à l'exception des armes.[7] Signée par le Ministre en charge du commerce, l'ASI pour le sucre est octroyée au prorata des demandes des opérateurs, compte tenu de la production nationale annoncée, en combinaison avec un système de prise en charge de cette dernière. Selon les autorités, le régime d'ASI a pour objectif d'assurer le contrôle des importations de marchandises "hautement sensibles" et/ou le respect des engagements internationaux de l'État.

Mesures antidumping, compensatoires ou de sauvegarde et autres mesures

Le Burkina Faso n'a pas de législation nationale en matière de mesures antidumping, compensatoires et de sauvegarde.[8] Des dispositions sont prévues au niveau communautaire à cet effet (rapport commun, p. 64). Il a également notifié à l'OMC l'absence de mesures concernant les investissements et liées au commerce.[9]

Des stocks régulateurs sont maintenus par la Société nationale de gestion du stock de sécurité (SONAGESS) et écoulés à travers les boutiques témoins réparties sur toute l'étendue du territoire; les maïs, mil, sorgho et riz sont vendus à prix social constant (6 000 FCFA/50 kg, sauf riz: 7 500 FCFA/50 kg). Le niveau conventionnel du stock est de 25 000 tonnes toutes spéculations confondues. Des stocks régulateurs peuvent aussi être maintenus par la Société nationale burkinabé des hydrocarbures (SONABHY) bien que cela n'ait pas été le cas durant 2009-2016. L'approvisionnement des deux stocks se fait par appels d'offres ouverts.

MESURES AGISSANT DIRECTEMENT SUR LES EXPORTATIONS

Procédures et prescriptions douanières

Les formalités d'enregistrement requises lors de l'importation de marchandises à des fins commerciales (p. 159) s'appliquent également aux exportations. Toute exportation doit faire l'objet d'une déclaration en détail à la douane. Le titre d'exportation requis pour les formalités douanières est delivré par la plateforme SYLVIE.

Taxes, impositions et prélèvements

Toutes les exportations sont généralement libres de tous droits et taxes, et ne sont pas soumises à la TVA. Parmi les exceptions, le commerce de certains animaux sur pieds et de peaux brutes est soumis à une "contribution du secteur de l'élevage", prélevée dans la pratique seulement à l'exportation, aux taux suivants: bovins 3 000 FCFA (4,6 euros) par animal; ovins et caprins 250 FCFA par animal; volailles 50 FCFA

Tableau 3.2 Produits soumis à autorisation spéciale d'importation

Catégories / Liste des produits	Autorisation spéciale / Avis technique	Nécessité d'un agrément	Base légale, Remarques
1. Toutes marchandises			- Loi n° 12-2013/AN du 7 mai 2013 portant régime général des importations et des exportations
2. Substances réglementées figurant aux annexes A, B, C, D et F du Protocole de Montréal 3. Produits ou appareils contenant ou fonctionnant avec les substances réglementées figurant aux annexes A, B, C, D et F du Protocole de Montréal	ASI délivrée par le Ministère en charge du commerce après avis du bureau Ozone	Non	- Protocole de Montréal - Avis aux commerçants n° 97-005/MCIA/SG/DGC du 11 mars 1997 Produits concernés: appareils de climatisation des voitures et des camions; appareils de réfrigération et climatiseurs/pompes à chaleur par exemple: réfrigérateurs, congélateurs, déshumidificateurs , refroidisseurs d'eau, machines à fabriquer de la glace, dispositifs de climatisation et pompes à chaleur, compresseurs; aérosols autres que ceux qui sont utilisés à des fins médicales; extincteurs portatifs; panneaux d'isolation et revêtements de canalisations; pré-polymères.
4. Produits chimiques visés à l'annexe 3 de la Convention de Rotterdam, produits visés aux annexes de la Convention de Stockholm	Avis favorable d'autorisation d'importation de la Direction générale de la préservation de l'environnement	Non	- Convention de Rotterdam - Convention de Stockholm
5. Armes, munitions civiles, effets militaires	ASI du Ministère en charge du commerce	Non	..
6. Explosifs et dérivés, cyanure	"ASI" du Ministère en charge du commerce, autorisation d'importation du Ministère en charge des mines, et licence d'exploitation de la mine pour les sociétés minières. Avis du Ministère en charge de l'environnement nécessaire uniquement pour le cyanure	Non	- Convention de Rotterdam - Convention de Stockholm
7. Graine de coton	ASI signée par le Ministre en charge du commerce	Non	- Arrêté n° 2012-0262/MICA/SG/DGCE/DGCI/IGAE/SP-SFCL du 21 décembre 2012 portant modalités d'importation de la graine de coton - Communiqué n° 012-016/MICA/SG/DGCE/DGCI/IGAE/SP-SFCL du 31 décembre 2012
8. Autres produits Poussins d'un jour, œufs, poulets de chair ou congelés, viandes, culs de dindes, poissons, laits et produits laitiers d'origine animale, etc. Médicaments vétérinaires Sucre	"ASI" ou visa sur la facture	Non	- Zatou AN VII -16 FP-PRES du 22 novembre 1989 portant Code de la santé animale - Décret n° 98-132/PRES/PM/MRA du 6 avril 1998 portant règlement de la pharmacie vétérinaire - Kiti n° AN VII-0113/FP/AGRI-EL du 22 novembre 1989 portant règlement de la police zoo-sanitaire
9. Équipements biomédicaux, réactifs et consommables médicaux, produits pharmaceutiques, compléments alimentaires, produits cosmétiques	"ASI", visa sur la facture ou simplement une attestation	Non	- Règlement n° 06/2010/CM/UEMOA du 1er octobre 2010 relatif aux procédures d'homologation des produits pharmaceutiques à usage humain dans les États membres de l'UEMOA - Décret n° 2003-382/PRES/PM/MS/MFB/MCPEA portant nomenclature nationale des spécialités pharmaceutiques et médicaments génériques autorisés au Burkina Faso - Décret n° 2008-524/PRES/PM/MS/MEF/ du 9 septembre 2008 portant règlement de l'importation, de la détention et de la distribution des médicaments obtenus par don et des échantillons médicaux - Arrêté n° 2013-537/MS/CAB du 31 mai 2013 portant réglementation des dispositifs médicaux de diagnostic in vitro et des consommables médicaux
10. Téléviseurs et décodeurs télévision numérique de terre	Visa de la facture d'importation par la Société burkinabé de télédiffusion	Non	- Loi n° 022-2013/AN du 28 mai 2013 portant réglementation de la radiodiffusion sonore et télévisuelle de terre - Décret portant définition des spécifications techniques minimales des récepteurs destinés à être utilisés pour

Catégories / Liste des produits	Autorisation spéciale / Avis technique	Nécessité d'un agrément	Base légale, Remarques
			la télévision numérique de terre (TNT)
11. Pesticides	Autorisation préalable de commande (APC) à chaque commande	Oui	- Loi n° 041/96/ADP du 8 novembre 1996 instituant un contrôle des pesticides au Burkina Faso - Loi n° 006/2013/AN du 2 avril 2013 portant Code de l'environnement
12. Sachets et emballages plastiques	Certificat d'homologation délivré par le Ministère en charge de l'environnement Résultat d'analyse de conformité délivré par l'ABNORM	Non	- Loi n° 017-2014/AN du 20 mai 2014 portant interdiction de la production, de l'importation, de la commercialisation et de la distribution des emballages et sachets plastiques non biodégradables
13. Semences végétales	Avis technique d'importation	Oui	- Loi n° 010-2006/AN du 31 mars 2006, portant réglementation des semences végétales
14. Lubrifiants	Résultat d'analyse de l'ABNORM	Oui	- Décret n° 2002-146/PRES/PM/MEF/MCPEA/MCE portant réglementation de la distribution des produits pétroliers et dérivés

.. Non disponible.

Note: Les ASI entre guillemets sont des avis techniques.

Source: Ministère du commerce, de l'industrie et de l'artisanat, Direction des guichets uniques du commerce et de l'investissement, Guichet unique du commerce, 3 mai 2017.

par tête; peaux brutes 100 FCFA par kg. Le Burkina Faso maintient également une taxe de 500 FCFA par certificat d'exportation d'objets d'art au profit du Fonds national de la promotion culturelle.

Prohibitions et restrictions à l'exportation, et licences d'exportation

L'exportation de jeunes animaux (géniteurs et femelles) est prohibée. En août 2016, le gouvernement a adopté un décret interdisant l'exportation d'ânes, de chevaux, de chameaux et de leurs produits. L'exportation du charbon de bois est suspendue depuis 2004. L'ivoire et l'or sont assujettis à une autorisation spéciale d'exportation (ASE); l'exportation d'objets du patrimoine culturel est soumise à l'autorisation du Ministère du tourisme. Les espèces animales sauvages vivantes, ainsi que tout trophée de chasse, et les produits de la faune, sont également soumis à l'obtention de certificats à toutes fins d'exportation et, selon le cas, d'un permis CITES.

Soutien et promotion des exportations

Le Burkina Faso a notifié qu'il n'accorde aucune subvention qui a directement ou indirectement des effets sur les exportations ou sur les importations.[10] Le Burkina Faso a également notifié qu'il n'a accordé aucune subvention à l'exportation pour les produits agricoles pendant les années 2010 à 2013.[11]

Cependant, des avantages fiscaux sont accordés aux entreprises agréées au régime de l'entreprise à l'exportation (entreprises exportant au moins 80% de leur production totale) dans le cadre du Code des investissements (p. 157). L'Agence pour la promotion des exportations du Burkina Faso (APEX-Burkina), créée en 2011[12], a pour mission de promouvoir les exportations de produits et services burkinabé. Les services les plus fournis sont la formation, l'encadrement et l'accompagnement aux foires et salons, et la mise en relation d'affaires. L'APEX met l'accent sur les filières porteuses identifiées par la Stratégie nationale de promotion des exportations (SNE) (p. 156). Le soutien à l'exportation du coton et de l'or ne fait pas partie des missions de l'APEX.

MESURES AGISSANT SUR LA PRODUCTION ET LE COMMERCE

Incitations

Le Burkina Faso consent certains avantages fiscaux dans le cadre du Code des investissements (p. 157) et du Code minier (p. 173). Diverses mesures de soutien sont également offertes aux producteurs agricoles dans le cadre de la politique de développement rural et de la sécurité alimentaire (p. 169). Le Burkina Faso n'accorde ni subventions de recherche et développement, ni subventions régionales. Cependant, les prix du gaz butane et des combustibles utilisés par la SONABEL pour la production d'électricité sont subventionnés par l'État (p. 175).

Normes et autres règlements techniques

La Loi n° 011-2007/AN du 24 mai 2007 régit la normalisation, la certification, l'accréditation et la promotion de la qualité au Burkina Faso; elle définit les catégories de normes, ainsi que les modalités de leur élaboration, leur homologation et leur application. Parmi les développements récents, la "Politique nationale qualité" de 2012 a été révisée en 2016 de manière à réduire les chevauchements entre entités en matière de contrôle qualité à l'importation. L'Agence burkinabé de normalisation et de métrologie (ABNORM) a été créée en juillet 2012, suite à la fusion de la Direction générale de la qualité et de la métrologie et de FASONORM. Toutefois, le changement de point national d'information n'a pas encore été notifié à l'OMC.[13] L'ABNORM est chargée de la mise en œuvre de la politique nationale en matière de normalisation, de certification, de contrôle et de promotion de la qualité, de métrologie et d'accréditation.

L'ABNORM est chargée de l'élaboration des normes nationales depuis l'identification des besoins jusqu'à l'homologation. La défense de l'intérêt général est assurée par la constitution de comités techniques composés de différents acteurs compétents et à travers les consultations publiques. Les projets de normes approuvés font l'objet d'un arrêté d'homologation, lequel précise si la norme sera d'application obligatoire (règlement technique). En mai 2017, 313 normes nationales burkinabé étaient en vigueur, 311 d'application obligatoire. Les normes en vigueur sont révisées tous les cinq ans.

Quant à la certification, les textes d'application établissent les conditions de délivrance de la marque nationale de conformité aux normes et les modalités d'intervention au Burkina Faso des organismes certificateurs, y compris leur agrément et le suivi de leurs activités. En 2016 fut promulgué un décret fixant les conditions d'utilisation de la marque nationale de conformité.[14] Le processus de certification était en cours de mise en place pour les produits. Pour l'accréditation, les pays ont créé le SOAC (rapport commun, p. 68).

L'ABNORM intervient également dans la mise en œuvre de la politique nationale en matière de métrologie et de promotion de la qualité. Outre la conservation des étalons nationaux, l'ABNORM est chargée de: veiller à l'application des règlements techniques en matière de qualité et de métrologie; assurer le contrôle des instruments de mesure; et organiser la formation des opérateurs économiques sur la qualité et la métrologie. Dans le cadre du programme "qualité" de l'UEMOA/CEDEAO (rapport commun, p. 81), le Burkina Faso abrite le laboratoire d'étalonnage régional dans le domaine des températures.

À l'importation, l'ABNORM vérifie la conformité des produits non alimentaires avec les normes nationales et internationales, au moyen d'un contrôle visuel, documentaire ou analytique, selon les autorités en conformité avec les Accords de l'OMC. L'ABNORM délivre un certificat national de conformité (CNC), qui est requis pour le dédouanement. Elle est également chargée de suivre la qualité des produits sur les marchés locaux. Pour chaque importation de produits relevant de sa compétence, jusqu'à trois échantillons peuvent être prélevés par l'ABNORM. De plus, dans certains cas, l'ABNORM procède à une analyse préliminaire d'échantillons des produits soumis au CNC avant la délivrance d'une autorisation d'importation; un document similaire est également délivré par la Direction de la protection des végétaux et du conditionnement (DPVC) pour les semences et plants. À l'arrivée de l'envoi au cordon douanier, l'ABNORM prélève un nouvel échantillon en vue de la délivrance du CNC.

Prescriptions sanitaires et phytosanitaires

Le Burkina Faso dispose de quatre structures compétentes en matière de contrôle sanitaire et phytosanitaire. La Direction de la protection des végétaux et du conditionnement (DPVC) du Ministère de l'agriculture assure l'inspection phytosanitaire, le contrôle du conditionnement et de la qualité des produits agricoles et d'origine agricole dont la conformité aux normes en vigueur doit être attestée par trois documents: un certificat phytosanitaire, un certificat d'origine et un bulletin de vérification (BV) contenant les résultats d'analyse effectuée par le pays exportateur. L'autorité peut demander des analyses supplémentaires. Une fois les procédures terminées, un procès-verbal d'inspection phytosanitaire est délivré. Les autorités réfléchissent actuellement à des possibilités de rationalisation. Les organismes génétiquement modifiés et les produits dérivés doivent être étiquetés et porter la mention "Produits à base d'organismes génétiquement modifiés" ou "Contient des organismes génétiquement modifiés" (p. 169).

Le Laboratoire national de santé publique (LNSP) du Ministère de la santé assure le contrôle sanitaire, attesté par un certificat de qualité sanitaire. Le contrôle zoo-sanitaire relève de la Direction générale des services vétérinaires (DGSV) du Ministère des ressources animales. En ce qui concerne les animaux sur pied, une autorisation d'importation doit être délivrée par la DGSV avant toute importation. En cas de doute lors de l'inspection, les mesures prévues par le Code de la santé animale s'appliquent, à savoir: la mise en observation (consigne); la quarantaine; et la destruction partielle ou totale.

Un réseau de 21 postes de contrôle phytosanitaire, fonctionnels aux frontières terrestres et à l'aéroport de Ouagadougou, est rattaché à la DPVC qui constitue aussi le Point national d'information sur l'Accord SPS, le point focal du Codex Alimentarius, ainsi que celui de la Convention internationale pour la protection des végétaux (CIPV). La gestion des risques phytosanitaires est assurée par un comité pluridisciplinaire.[15] Dans le cadre de ses activités, cette équipe peut, à titre consultatif, faire appel à toute personne physique ou morale dont le domaine de compétence professionnelle, technique ou scientifique est jugé nécessaire.

L'avant-projet de Loi portant protection des végétaux, déjà notifié à l'OMC, et en cours d'adoption en mai 2017, réglemente la protection sanitaire des végétaux et des produits végétaux.[16] Basé sur la CIPV, le décret d'application de cette loi fixe les modalités de contrôle phytosanitaire à l'importation, à l'exportation, en transit et à l'intérieur du territoire national.[17] Il définit également le champ d'application en termes de produits soumis au contrôle phytosanitaire. Le Kiti n° AN VII 113 FP-AGRI-EL du 22 novembre 1989 continue à régir l'ensemble des questions relatives à la santé animale au Burkina Faso.

Pour chaque importation de produits relevant de sa compétence, jusqu'à trois échantillons peuvent

être prélevés par l'ABNORM. De plus, dans certains cas, l'ABNORM procède à une analyse préliminaire d'échantillons des produits soumis au CNC avant la délivrance d'une autorisation d'importation; un document similaire est également délivré par la DPVC pour les semences et plants. Le résultat d'analyse (avec avis conforme) doit être joint à la déclaration préalable d'importation lors de sa transmission à la société d'inspection (COTECNA).

Des dispositions spécifiques en matière de marquage et d'étiquetage gouvernent la mise à la consommation de certains produits, tels que les piles électriques, le riz, l'engrais, et les boîtes d'allumettes et de cigarettes. Plusieurs instruments légaux fixent les modalités du commerce du tabac.[18] En particulier, les importateurs doivent déposer au Ministère en charge du commerce une demande d'agrément et, à l'issue de cet agrément, une demande de fixation des prix, un échantillon et un certificat d'analyse des prix, un échantillon et un certificat d'analyse de la marque à importer délivré par le Laboratoire national de santé publique. Les emballages contenant des semences doivent comporter des informations précises permettant d'assurer la traçabilité de la semence. Le nom, l'adresse et la raison sociale du distributeur doivent y figurer de manière lisible.

Politique de la concurrence et contrôle des prix

Une nouvelle loi sur la concurrence a été adoptée en mai 2017, remplaçant la législation précédente.[19] Les dispositions de la Loi portant organisation de la concurrence au Burkina Faso s'appliquent à toutes les activités qu'elles soient de production, de distribution ou de service y compris celles qui sont le fait de personnes morales de droit public. Le but de la révision en cours serait entre autres d'adapter sa législation à la réglementation communautaire en la matière (rapport commun, p. 70).

Le principe en matière des prix au Burkina Faso est la liberté des prix. Toutefois, pour faire face à certaines situations ne favorisant pas la détermination des prix par le jeu de la concurrence, la réglementation des prix de certains produits par les pouvoirs publics est admise. Les prix des produits soumis à contrôle peuvent être déterminés suivant quatre régimes: le régime de la liberté surveillée des prix (observation sans contraintes particulières), le régime de la liberté contrôlée des prix (agrément de prix plafonds), le régime des prix fixés, et le régime des prix ou marges bloqués.[20]

La liste des produits soumis aux prix fixés comportait 21 groupes de produits ou services en mai 2017, deux services ayant été ajoutés en 2014 (les transports et les services de parkings).[21] La Direction générale du contrôle économique et de la répression des fraudes (DGCRF) au sein du Ministère en charge du commerce a la responsabilité de veiller à l'application effective de la politique des prix. En plus de la DGCRF au niveau central, les Directions régionales du commerce, de l'industrie et de l'artisanat sont chargées de l'application effective de la politique des prix. Les autres produits concernés sont le sucre, la farine de froment, le pain, le lait et les produits de la laiterie, le savon, le ciment, les fers à béton, les tôles, les hydrocarbures, les médicaments essentiels génériques, les tarifs publics (eau, électricité), les articles scolaires, et les tabacs.

Jusqu'en avril 2016, le régime des prix fixés portait sur cinq groupes de produits: les hydrocarbures, sujets à un réajustement mensuel en fonction de l'évolution des cours mondiaux (p. 175); les manuels scolaires; les médicaments essentiels génériques et les consommables médicaux; les tarifs publics de l'eau et de l'électricité (p. 175); et les produits du tabac. En avril 2016, le riz brisé, le savon et le sucre ont été ajoutés à cette liste.[22] Le régime de la liberté contrôlée des prix s'applique aux produits et services suivants: les céréales locales, l'huile alimentaire, la farine de froment, le pain, le ciment, les fers à béton, les tôles, les services de transport, et les services de parking. La DGCRF a la responsabilité de veiller à l'application effective de la politique des prix.

Dans le secteur du coton, trois sociétés disposent jusqu'en 2023 d'un monopole d'achat du coton graine dans leurs zones attribuées (p. 171). Sur le marché de la télécommunication, la concurrence est surveillée par l'Autorité de régulation des communications électroniques et des postes (ARCEP) (p. 177). La concurrence en matière de services financiers relève de la Commission bancaire de l'UEMOA (rapport commun, p. 88). Les intérêts des consommateurs sont représentés par l'Organisation des consommateurs du Burkina (OCB).

Commerce d'État, entreprises publiques et privatisation

Le Burkina Faso a notifié qu'il n'a aucune entreprise commerciale répondant aux dispositions de l'OMC sur le commerce d'État (article XVII du GATT).[23] La Société nationale burkinabé des hydrocarbures (SONABHY), qui détient le monopole d'importation d'hydrocarbures, n'est pas considérée comme telle. L'État détient également un monopole légal sur l'importation des produits du tabac, conféré en mai 2017 à 27 importateurs agréés selon un régime d'autorisation. Selon les autorités, la concurrence est libre, sans restrictions sur les quantités importées. Les opérateurs doivent déposer au Ministère en charge du commerce une demande d'agrément, une demande de fixation des prix (p. 164), un certificat d'analyse de la marque à importer délivré par le Laboratoire national de santé publique.

La Commission de privatisation, qui était la structure technique chargée de la mise en œuvre de la politique de désengagement de l'État, a été remplacée en 2010 par un secrétariat permanent chargé de la privatisation rattaché au premier ministère. Aucune privatisation d'une entreprise publique n'a été effectuée depuis le dernier examen du Burkina Faso en 2010. Au contraire, certaines entreprises publiques destinées depuis 2001 à la privatisation ont été maintenues sous le contrôle de l'État en raison de leur fonction jugée sensible ou stratégique. C'est le cas des entreprises d'électricité, de la SONABEL, des entreprises d'eau et d'assainissement, et de l'ONEA. De même, si une privatisation de la SONABHY venait à être envisagée, les pouvoirs publics ont annoncé que celle-ci serait partielle et que l'État y resterait majoritaire. La privatisation des aéroports de Bobo-Dioulasso et de Ouagadougou a également été reportée. En outre, l'État demeure propriétaire de la SONAPOST, de la SONAGESS (stocks alimentaires), de la Loterie nationale, et de la Société burkinabé de télédiffusion. Par ailleurs, une société de production de poussins d'un jour a été créée par le gouvernement en décembre 2014. L'État burkinabé détient également 49% du capital d'Air Burkina, 23% du capital d'ONATEL (l'ancien monopole de services de télécommunications) et, à travers la Société de participation minière du Burkina Faso créée en 2013, 10% de la mine de Perkoa.

Marchés publics

Le montant total des marchés a substantiellement baissé (tableau 3.3). Exprimée en pourcentage du PIB, la valeur des commandes publiques est passée de 6,9% en 2009 à 2% en 2016.

Une nouvelle loi de 2017 a remplacé le Décret de 2008 sur la réglementation générale des marchés publics.[24] Ce nouveau cadre modifie les modes de passations des marchés publics et les seuils en fonction de la nature des prestations et des types d'autorités, en conformité avec les normes de l'UEMOA en la matière (rapport commun, p. 72).

Sont expressément interdites les discriminations fondées sur la nationalité des candidats et les distorsions à la libre concurrence entre soumissionnaires publics et privés. Conformément aux exigences communautaires, les fonctions de régulation et de contrôle sont exercées par deux structures distinctes: l'Autorité de régulation de la commande publique (ARCOP) est l'entité nationale chargée de la régulation, de la résolution des différends et de l'évaluation du système de passation des marchés publics et des délégations de service public; et la Direction générale du contrôle des marchés publics et des engagements financiers (DG-CMEF), qui assure le contrôle a priori des procédures de passation et d'exécution des marchés publics et des délégations de services publics. La DG-CMEF maintient aussi une base de données, accessible en ligne, sur les adjudications de marchés publics burkinabé.[25]

Les modes de passation des marchés publics varient en fonction des seuils (montants) par nature de prestation et par type d'autorité contractante. L'appel d'offres est obligatoire dans les cas suivants: a) Fournitures, équipements et services courants, lorsque le montant est supérieur à 50 millions de FCFA, sauf pour les sociétés d'État (75 millions de FCFA); b) Pour les travaux (75 millions de FCFA, sauf pour les sociétés d'État: 100 millions de FCFA). Une procédure de demande de prix peut être utilisée pour les fournitures, équipements, services courants et travaux, d'un montant de 10 à 75 millions de FCFA (jusqu'à 100 millions pour les sociétés d'État). Les marchés publics ne dépassant pas le seuil de 10 millions de FCFA font l'objet d'une demande de cotations, procédure simplifiée qui n'est pas publiée.

L'appel d'offre et la demande de prix sont publiés dans la revue des marchés publics et dans au moins un journal à grande diffusion. L'appel d'offres peut être ouvert (avec ou sans pré-qualification). Exceptionnellement, l'autorité contractante peut procéder à une mise à concurrence restreinte ou à une entente directe (gré à gré).

Selon la nature et le délai d'exécution du marché, le titulaire peut être tenu de constituer une garantie de sa bonne exécution; celle-ci ne doit pas excéder 5% du prix de base du marché. Les contrats de prestations intellectuelles supérieurs à 30 millions de FCFA sont sujets à une procédure d'appel à manifestation d'intérêt et à une procédure allégée en dessous de ce seuil.

Le cadre réglementaire prévoit la nomination d'une personne responsable du marché, chargée de mettre en œuvre les procédures de passation et de suivre l'exécution des marchés. Conformément aux dispositions de l'UMEOA, les offres présentées par des entreprises communautaires peuvent bénéficier d'une marge de préférence de 15%.

Droits de propriété intellectuelle

Le Burkina Faso est membre de l'Organisation mondiale de la propriété intellectuelle (OMPI) depuis 1975 et est signataire de plusieurs traités administrés par l'OMPI. Ceux-ci comprennent entre autres la Convention de Berne (droits d'auteur), la Convention de Paris (propriété industrielle) et la Convention de Rome (protection des artistes interprètes). Le Burkina Faso est également membre de l'Organisation africaine de la propriété

Tableau 3.3 Marchés publics par mode de passation, 2010, 2015 et 2016

	2010		2015		2016	
	Nombre	Montant (millions d'€)	Nombre	Montant (millions d'€)	Nombre	Montant (millions d'€)
Total, dont:	1 051	396	501	296	336	209
Appel d'offres ouvert	487	338	243	181	164	162
Appel d'offres restreint	55	24	21	10	5	1
Demande de prix	387	3	51	1	48	20
Demande de propositions	73	13	89	23	66	25
Gré à gré	49	18	97	82	53	20

Source: Direction générale des marchés publics.

Tableau 3.4 Statistiques sur les demandes et octrois de titres, 2009 et 2012-2015

Titres	2009	2012	2013	2014	2015
Brevets	4	1	1	5	7
Marques	28	50	46	45	58
Noms commerciaux	29	59	135	156	..
Renouvellement des dessins et modèles industriels	..	4	5	1	5

.. Non disponible.

Source: Autorités burkinabé.

intellectuelle (OAPI) (rapport commun, p. 69). Le cadre réglementaire de la propriété intellectuelle au Burkina Faso est resté inchangé depuis le dernier examen. Il comprend la Loi n° 032-99/AN du 22 décembre 1999 portant protection de la propriété littéraire et artistique qui demeure la législation principale en la matière. L'article 13 du Code des investissements révisé en 2010 garantit une protection équivalente de la propriété intellectuelle pour les entreprises nationales et étrangères.

Le Burkina Faso dispose de deux administrations compétentes en matière de droit de propriété intellectuelle: le Centre national de la propriété industrielle (CNPI) du Ministère en charge de l'industrie est la structure principale dans le domaine de la propriété industrielle; elle assure également la fonction de structure nationale de liaison avec l'OAPI.[26] La protection des droits d'auteur et des droits voisins est confiée au Bureau burkinabé du droit d'auteur (BBDA) au sein du Ministère en charge de la culture. Le tableau 3.4 présente les statistiques sur les demandes et octrois de titres depuis le dernier examen.

Le BBDA assure la gestion des revenus levés par l'application de diverses taxes, notamment au cordon douanier, ainsi que des redevances perçues au titre du droit d'auteur. Un prélèvement de 10% de la valeur c.a.f. est effectué lors de l'importation des supports vierges d'enregistrement[27]; et un prélèvement de 0,25% de la valeur c.a.f. est perçu lors de l'importation des appareils permettant la copie des œuvres littéraires et artistiques.[28] Ces deux prélèvements sont destinés à payer les auteurs desdites œuvres qui feraient l'objet de copie. Ces supports sont par ailleurs soumis à un visa d'importation.[29]

Outre la levée des revenus (y compris de l'étranger) et leur répartition entre les ayants droit, le BBDA a une mission de lutte contre la piraterie, ainsi qu'une mission de sensibilisation des artistes et de la population. Dans ce contexte, le BBDA a publié plusieurs guides pratiques en 2011, adressés aux auteurs, aux policiers et auxiliaires de justice, et aux usagers d'œuvres protégées. Dans le cadre de sa collaboration avec les services des douanes, le BBDA assure la délivrance des visas requis pour les importations de phonogrammes et de vidéogrammes.

Le nombre de déclarations des œuvres au BBDA a connu une forte croissance au cours des dernières années, de 2 791 en 2009 à 11 450 en 2013. Les montants répartis par le BBDA ont augmenté de 311 millions de FCFA à 468 millions de FCFA (0,7 million d'euros) sur la même période. Le Comité national de lutte contre la piraterie des œuvres littéraires et artistiques, opérationnel depuis octobre 2013, informe et sensibilise le public sur le respect de la législation en matière de propriété littéraire et artistique; exerce les contrôles et entreprend des actions en justice contre les contrevenants à la Loi portant protection de la propriété littéraire et artistique.

Notes de fin

1 G/VAL/N/1/BFA/1/Rev.1 du 21 janvier 2004.

2 Document de l'OMC G/RO/N/19 du 23 janvier 1998.

3 Document de l'OMC G/MA/327 du 8 janvier 2015.

4 En 2013, le gouvernement burkinabé avait temporairement abaissé ces tarifs, suite à une situation difficile que traversait la Société nationale burkinabé d'hydrocarbures (SONABHY), pour permettre à ladite société de retrouver son équilibre financier.

5 Document de l'OMC G/MA/NTM/QR/1/Add.12 du 3 mai 2011.

6 Document de l'OMC G/LIC/N/3/BFA/6 du 28 juillet 2014.

7 Décret n° 2009-301/PRES/PM/SECU/MATD/MEF/DEF/MECV/MJ/MCPEA du 8 mai 2009 portant régime des armes et munitions civiles au Burkina Faso.

8 Document de l'OMC G/SCM/N/1/BFA/1 du 16 septembre 2011.

9 Document de l'OMC G/TRIMS/N/2/Rev.19/Add.3 du 21 juin 2010.

10 Document de l'OMC G/SCM/N/253/BFA du 15 mars 2013.

11 Documents de l'OMC G/AG/N/BFA/8 du 13 septembre 2011, G/AG/N/BFA/10 du 18 mars 2013, et G/AG/N/BFA/12 du 5 août 2014.

12 L'APEX a remplacé l'ancien Office national du commerce extérieur.

13 Décret n° 2012-821/PRES/PM/MEF/MICA du 8 octobre 2012.

14 Décret n° 2016-1248/PRES/PM/MCIA/MINEFID du 30 décembre 2016 fixant les conditions d'utilisation de la marque nationale de conformité des produits, procédés et services aux normes.

15 Arrêté n° 2006/014/MAHRH/MESSRS/MECV portant création, attribution, composition et fonctionnement de l'Équipe d'analyse des risques phytosanitaires.

16 Document de l'OMC G/SPS/N/BFA/1 du 7 août 2015.

17 Document de l'OMC G/SPS/N/BFA/2 du 7 août 2015.

18 Décret n° 2011-1051/PRES/PM/MS/MEF du 30 décembre 2011, Arrêté conjoint n° 2015-366 du 7 avril 2015, et Kiti (décret) n° AN IV-392/CNR/CAPRO.

19 Loi n° 33-2001/AN du 4 décembre 2001, modifiant la Loi n° 15/94/ADP du 5 mai 1994.

20 Décret n° 2003-615/PRES/PM/MCPEA/MFB.

21 La liste actuelle des biens et services soumis à prix réglementés figure dans l'Arrêté n° 2014-0020/MICA/SG/DGCRF du 4 février 2014.

22 Le Pays, 28 avril 2016, "Produits de grande consommation: De nouveaux prix fixés". Adresse consultée: http://lepays.bf/produits-de-grande-consommation-de-nouveaux-prix-fixes/.

23 Documents de l'OMC G/STR/N/1-15/BFA du 9 septembre 2014.

24 Loi n° 039-2016/AN du 2 décembre 2016 portant réglementation générale de la commande publique.

25 Information en ligne. Adresse consultée: http://www.dgmp.gov.bf/index.php/revue-des-marches/acces-public.

26 Arrêté n° 01-117/MCPEA/SG/DNPI du 24 décembre 2001.

27 Décret n° 2000-575/PRES/PM/MAC/MEF du 20 décembre 2000.

28 Décret n° 2000-577/PRES/PM/MAC/MEF du 20 décembre 2000.

29 Arrêté n° 2003-77/MAC/MEF portant modalités de délivrance du visa d'importation des œuvres littéraires et artistiques et des supports vierges.

Politique commerciale par secteur

AGRICULTURE

Aperçu

Le secteur agricole occupe plus de 80% de la population active, contribue pour environ 25% au PIB et constitue la principale source d'alimentation et de revenus. Pays sahélien et essentiellement agricole, le Burkina Faso reste confronté au défi d'assurer une sécurité alimentaire et nutritionnelle durable à sa population. L'agriculture burkinabé est caractérisée par une faible productivité due aux conditions climatiques difficiles, à l'insécurité foncière et aux difficultés d'accès aux intrants, aux équipements agricoles vétustes et au manque de financement. Seulement 44% des exploitants agricoles ont accès aux services de mécanisation; la part des exploitants ayant accès aux semences améliorées est passée de 15% à 19% entre 2011 et 2015, et la consommation d'engrais minéraux à l'hectare de 40 kg à 50 kg. En plus, la production agricole est exposée régulièrement à des catastrophes naturelles, notamment les invasions acridiennes, les inondations et les sécheresses. Le secteur est composé d'environ 900 000 petites exploitations familiales de moins de 5 hectares qui ont des rendements généralement faibles. À l'exception du coton et du riz, les agriculteurs consomment l'essentiel de leur production.

La production agricole est dominée par les céréales (sorgho, mil, maïs et riz), principales cultures vivrières, par le coton, principale culture de rente, et par l'élevage. Les céréales occupent plus de 77% des superficies et représentent plus de 70% de la production totale (tableau 4.1). La superficie des terres cultivables est évaluée à environ 9 000 000 hectares (un tiers du territoire national). La part des superficies agricoles dans les superficies totales est passée de 8% en 1984 à plus de 17% en 2011.[1] La superficie totale exploitée sous irrigation demeure faible mais a augmenté, passant de 58 000 hectares en 2008 à 134 000 hectares en 2015.

Les aléas climatiques font fluctuer la croissance de la production agricole (végétale et animale), et donc de l'économie dans son ensemble: en volume, la croissance de la production agricole a été forte dans les années à bonne pluviométrie, mais a connu des chutes importantes en 2011/2012 et 2014/2015. Les prévisions pour la récolte 2016/2017 étaient de 4,7 millions de tonnes en céréales, et 1,6 million de tonnes pour les cultures de rente.

Les importations agricoles du Burkina Faso ont significativement augmenté depuis son dernier examen en 2010, mais ont diminué en proportion des importations totales (graphique 1.1), suggérant une augmentation du taux d'autosuffisance alimentaire; elles sont dominées par le riz, le tabac, le blé et le sucre. Les exportations agricoles sont dominées par le coton, qui représentait 31% des exportations en 2009, mais seulement 13% en 2015 (tableau A1.1). À l'inverse, les exportations de fruits à coque ont augmenté leur part du total.

Politique agricole

Le Ministère de l'agriculture et des aménagements hydrauliques est chargé de la formulation et de l'application de la politique du gouvernement en matière agricole. Il appuie et conseille les producteurs. La Stratégie de croissance accélérée et de développement durable (SCADD, p. 156) a défini le secteur agricole comme stratégique pour le développement économique et la réduction de la pauvreté.[2] Elle souligne qu'il est nécessaire de renforcer et d'améliorer les conditions du secteur privé en matière agricole afin de permettre à l'agriculture de jouer son rôle de locomotive de la croissance économique durable et de création d'emplois.

Le Programme national du secteur rural (le PNSR I couvrait la période 2011-2015)[3] constitue le cadre de référence politique de l'ensemble des interventions en faveur du monde rural. Il vise à contribuer de manière durable à la sécurité alimentaire et nutritionnelle, à une croissance économique forte et à la réduction de la pauvreté. Le PNSR est structuré en treize sous-programmes regroupés autour de cinq axes qui portent sur l'amélioration de la sécurité et de la souveraineté alimentaires, l'augmentation des revenus des populations rurales, le développement durable des ressources naturelles, l'amélioration de l'accès à l'eau potable et du cadre de vie, et le développement du partenariat entre les acteurs du monde rural. Un PNSR II couvrant la période 2016-2020 était en cours d'élaboration en mai 2017.[4]

La Politique nationale de sécurité alimentaire et nutritionnelle[5] (PNSAN) sert de cadre de référence à toutes les actions de promotion de la sécurité alimentaire

Tableau 4.1 Productions des principales cultures vivrières, 2009/2010-2015/2016

(Tonnes)

	2009/10	2010/11	2011/12	2012/13	2013/14	2014/15	2015/16
Mil	970 927	1 147 894	828 741	1 078 374	1 078 374	972 539	946 184
Sorgho	1 521 468	1 990 227	1 505 543	1 923 805	1 880 465	1 707 613	1 435 640
Maïs	894 558	1 133 452	1 076 754	1 556 316	1 585 418	1 433 085	1 469 612
Riz	213 584	270 658	240 865	319 390	305 382	347 501	325 138
Fonio	26 101	18 315	14 502	20 659	19 887	8 562	13 091
Total céréales	3 626 637	4 560 547	3 666 405	4 898 544	4 869 723	4 469 300	4 189 665

Note: La période s'étend d'avril à mars.

Source: Institut national de la statistique et de la démographie (2015), Annuaire statistique 2014.

Partie B
Rapport du Secrétariat de l'OMC

et nutritionnelle. Le pilotage des actions visant la sécurité alimentaire est assuré par le Conseil national de sécurité alimentaire (CNSA) présidé par le Premier Ministre. Les objectifs spécifiques poursuivis sont: a) augmenter durablement le niveau de la production alimentaire nationale et sa valeur ajoutée; b) renforcer les capacités du marché de façon à permettre l'accès des populations aux produits alimentaires; c) améliorer durablement les conditions économiques et nutritionnelles des populations pauvres et des groupes vulnérables; d) renforcer le dispositif de prévention et de gestion des crises conjoncturelles en cohérence avec la construction de la sécurité alimentaire structurelle; et e) renforcer les capacités des acteurs et promouvoir la bonne gouvernance de la sécurité alimentaire. Les subventions à la production dans le cadre de la PNSAN ont coûté 9 milliards de FCFA (13,7 millions d'euros) en 2014-2015, et 5,8 milliards de FCFA (8,8 millions d'euros) en 2015-2016 pour l'acquisition des engrais.

Le Burkina Faso a notifié à l'OMC n'avoir pas accordé de subventions à l'exportation des produits agricoles pendant les années 2010 à 2016[6], et qu'il n'a appliqué aucune mesure de soutien interne entre 2009 et 2013.[7] Les productions éligibles aux aides de l'État à la production sont déterminées au niveau ministériel. De nombreuses activités de coopération technique dans le secteur agricole sont financées par des bailleurs de fonds.

La Politique nationale de sécurisation foncière en milieu rural, adoptée en 2007, vise à assurer à l'ensemble des acteurs ruraux, l'accès au foncier et la garantie de leurs investissements. Cette politique est renforcée par la Loi n° 034-2009/AN portant régime foncier rural. Selon cette loi, les étrangers peuvent accéder au foncier rural de la même manière que les nationaux.

La Stratégie nationale de promotion des exportations (SNE) a identifié six filières agricoles porteuses sur lesquelles les activités de promotion mettent l'accent. Ces filières sont: le sésame, le karité, la mangue, l'oignon, le bétail, et les cuirs et peaux.

La Société nationale de gestion du stock de sécurité (SONAGESS) maintient des stocks de denrées alimentaires. Ces stocks, d'un montant conventionnel de 50 000 tonnes pour le stock national de sécurité (15 000 tonnes effectives en mai 2017), et de 25 000 tonnes pour le stock d'intervention (12 300 tonnes en mai 2017), sont composés de céréales (mil, maïs, sorgho, riz). En plus de ces stocks physiques, il existe également une réserve financière constituée par les partenaires du gouvernement d'une contre-valeur d'environ 25 000 tonnes de céréales, mobilisée si la production est déficitaire d'au moins 7% par rapport aux besoins nationaux en céréales. À l'exception de l'année 2012, ces stocks n'ont pas été totalement mobilisés entre 2010 et 2017.

Le Ministère de l'agriculture est également chargé du développement des petites irrigations villageoises. On dénombre 1 121 bassins de rétention d'eau. Le ministère fournit du matériel subventionné pour l'irrigation aux paysans, et les aide à réaliser les retenues d'eau, ce qui leur permet fréquemment de réaliser deux récoltes par an malgré l'unique saison pluvieuse.

Le Burkina Faso a autorisé la culture et les ventes de coton génétiquement modifié en 2003, culture abandonnée par la filière au profit du coton conventionnel en 2015; des recherches sont en cours pour la culture du niébé génétiquement modifié.

À l'importation, la principale mesure commerciale demeure les droits de douane de la CEDEAO (rapport commun, p. 57). Entre 2008 et 2011, le gouvernement a suspendu des droits de douane sur certains produits alimentaires dont les prix ont beaucoup augmenté ou qui sont consommés par des groupes vulnérables. Il s'agit entre autres du riz, de l'huile, du sel, des produits à base de lait et des préparations alimentaires pour enfants. Il n'y a pas eu de telles mesures depuis. La vente et les importations de produits alimentaires de première nécessité sont exemptées de TVA. Certains produits agricoles peuvent faire l'objet de contrôles de prix, à savoir prix fixés ou plafonnés (p. 165). L'exportation de jeunes animaux (géniteurs et femelles), d'ânes, de chevaux et de chameaux est prohibée.

Parmi les autres mesures de politique commerciale en vigueur dans ces filières, la Loi n° 050-2012/AN règlemente des organisations interprofessionnelles des filières agricoles, sylvicoles, pastorales, halieutiques et fauniques au Burkina Faso. Elle prévoit la mise en place de stratégies de commercialisation assorties de plans d'action, d'organisation de foires et de journées promotionnelles.

Politique par filière

Cultures vivrières

La production de céréales couvre environ 4,2 millions d'hectares, soit les trois quarts des superficies cultivées. Les principales productions céréalières sont présentées dans le tableau 4.1; elles ont affiché une tendance croissante, mais sont instables d'une année à l'autre. Pour la saison 2016/2017, le Burkina Faso vise une production céréalière de 4,7 millions de tonnes. En période de pluviométrie normale, la production céréalière, d'arachides et de pois couvre globalement les besoins nationaux.

La culture du maïs est en plein développement, notamment dans les zones cotonnières où le maïs est intégré aux systèmes de production du coton et peut bénéficier des intrants destinés à ce dernier. Le riz est la première céréale d'importation du Burkina Faso, la production nationale ne couvrant qu'environ un tiers des besoins de consommation. Les importations de riz étaient d'environ 377 000 tonnes en 2015. La production nationale de riz est fortement concurrencée par les importations de riz, malgré le TEC de 10%.

Le Burkina Faso est un producteur important de niébé qui peut être cultivé dans des terrains arides et dégradés. Le niébé est surtout présent dans les petites exploitations où il est le plus souvent cultivé comme plante secondaire en association avec les céréales traditionnelles. Traditionnellement une culture vivrière autoconsommée ou destinée aux marchés locaux, le niébé acquiert progressivement un statut de culture de rente. Sa production a fortement progressé ces dernières années, avec 168 000 tonnes en 2014/2015 contre 114 000 tonnes en 2009/2010.

La production de légumes et de fruits est en augmentation constante. Selon les données du dernier recensement de l'agriculture, plus de 747 000 tonnes de légumes (tomates, aubergines, oignons, pommes de terre) ont été récoltés en 2008 contre 166 000 tonnes en 2005. En outre, la production fruitière nationale annuelle est évaluée à 389 000 tonnes, dont 62% pour les mangues et 22% pour l'anacarde. Enfin, l'arachide est également produite en grande quantité, essentiellement pour le marché intérieur.

L'État n'intervient pas directement dans la production vivrière. Cependant, depuis 2008, il subventionne 45% à 60% du prix de vente de l'engrais selon son prix sur le marché. Par exemple en 2014, l'État a mis à disposition 22 346 tonnes d'engrais subventionné pour une subvention de 9,09 milliards de FCFA (13,9 millions d'euros), de même que des semences de variétés améliorées, des équipements agricoles et des animaux de trait, également subventionnés. En 2016, la subvention engrais était tombée à 2,7 milliards de FCFA (4,12 millions d'euros).

Filière coton

Le Burkina Faso est l'un des plus grands producteurs de coton en Afrique. Le coton représente la première production agricole et la deuxième ressource d'exportation après l'or. Le nombre d'exploitations agricoles est estimé à 350 000, faisant vivre directement près de 4 millions de personnes. La culture du coton constitue donc l'une des principales sources de revenu monétaire du monde rural, et un produit stratégique dans la réduction de la pauvreté. Le coton est cultivé dans l'ensemble du pays, sauf dans la zone sahélienne du nord. Les volumes et valeurs de production ont affiché une tendance à la hausse, mais sont instables d'une année à l'autre (tableau 4.2). Les rendements varient en fonction de la taille des exploitations, de l'équipement utilisé, de la pluviométrie, et des pressions parasitaires. Une minorité de producteurs disposent de superficies relativement importantes, mais la plupart travaillent des exploitations de 3 à 5 hectares.

La production du coton graine est assurée par environ 350 000 producteurs individuels, regroupés en environ 9 500 "sociétés coopératives simplifiées". Ces sociétés se sont fédérées pour constituer des unions de producteurs de coton, aux niveaux départemental et provincial, regroupées au niveau national au sein de la structure faîtière de l'Union nationale des sociétés coopératives des producteurs de coton (UNPCB). L'UNPCB partage avec les sociétés cotonnières qui transforment le coton graine en coton fibre le financement des groupements en intrants (engrais, pesticides, etc.), avec l'aide de l'État.

Le Fonds intrants, dont la dotation initiale a été de 10 milliards de FCFA (15,2 millions d'euros), opère comme un fonds de garantie qui permet aux sociétés cotonnières de lever auprès du système bancaire des ressources nécessaires pour financer l'approvisionnement des producteurs à partir d'appels d'offres qui mettront en concurrence plusieurs fournisseurs, avec la certitude de payer lesdits fournisseurs par lettre de crédit irrévocable. Cette dernière a été retenue comme mode unique de paiement des fournisseurs, dans le souci de réduire les coûts d'acquisition des intrants et de sécuriser les transactions, tout en privilégiant les commandes d'engrais sur le marché international.

Trois sociétés cotonnières privées (SOFITEX, FASO COTON, SOCOMA) assurent l'égrenage et valorisent la fibre et les coproduits (graine, déchets de fibre). Ces sociétés disposent jusqu'en 2023 d'un monopole d'achat du coton graine dans leurs zones, attribué par un Protocole d'Accord portant Cahier des charges.[8] En particulier, ce Protocole oblige les sociétés à: a) livrer à crédit des intrants de qualité aux groupements de producteurs; b) apurer les crédits intrants à la livraison du coton graine; et c) collecter tout le coton graine produit dans leurs zones respectives et le payer à un prix qui ne doit pas être inférieur au prix plancher négocié par les parties prenantes en début de campagne. Les trois sociétés cotonnières sont regroupées au sein de l'Association professionnelle des sociétés cotonnières (APROCOB) qui, avec l'UNCPB, se retrouve au sein de l'Association interprofessionnelle du coton du Burkina (AICB) qui gère la filière. Un fonds de lissage, établi en 2006 et géré conjointement par l'APROCOB et

Tableau 4.2 Production de coton, 2009-2017

	2009-10	2010-11	2011-12	2014-15	2015-16	2016-17
Prix du coton au producteur (FCFA/kg)	160	172	245	225	235	235
Production de coton graine (milliers de tonnes)	484	530	441	895	587	693
Production de coton fibre:						
- milliers de tonnes	169,4	140,8	173,6	295,5	246,3	291
- milliards de FCFA	131 810	190 805	165 422	219 051	198 573	..
Superficies cultivées (milliers d'hectares)	406	463	395	651	..	..
Rendement (tonne/hectare)	1,2	0,898	0,972	1,070	0,885	0,936

.. Non disponible.

Source: Informations fournies par les autorités du Burkina Faso.

l'UNCPB, a comme objectif de garantir aux producteurs le paiement du prix plancher.

Le Fonds de lissage est alimenté par un système dit d'abondement. Cet abondement intervient lorsque le prix de vente de référence de la campagne précédente est supérieur au plafond défini pour cette campagne, dégageant ainsi un surplus. Ce surplus généré sur la vente des sociétés cotonnières est utilisé pour abonder le Fonds, payer une ristourne ou un prix complémentaire aux producteurs. En 2015 et 2016, le Fonds était quasiment déficitaire, mais la situation se serait améliorée en 2017.

Les prix d'achat du coton graine et de ses dérivés sont issus d'un mécanisme de fixation de prix du coton adopté en 2006 avec l'appui de l'État et de l'AFD. Le calcul du prix du coton graine prend en compte le prix de tendance de la fibre des trois dernières campagnes consécutives; le prix plancher de la fibre qui représente 95% du prix de tendance de la fibre; et la part de la valeur de la production de fibre et de graines pour huilerie revenant aux producteurs, qui est de 58-62% selon le niveau de la production et des prix. Le prix plancher du coton graine et, le cas échéant, la ristourne et le prix complémentaire sont calculés au mois de mars, lorsque le niveau de production peut être valablement estimé.

La valorisation de la graine est assurée par les huileries et des sociétés fabricant des aliments pour bétails. Pour ce qui est de la fibre, 95% est exporté sans transformation; le reste est transformé sur place par la Filature du Sahel (FILSAH) pour l'exportation et pour répondre aux besoins de l'artisanat. Les capacités de FILSAH ont été renforcées afin de pouvoir faire face à la demande nationale accrue en fil.

Le Burkina Faso fait partie du groupe "Coton-4" des grands pays producteurs de coton d'Afrique de l'ouest. Selon les autorités, par son effet baissier sur les cours mondiaux, le soutien octroyé aux producteurs de coton par certains pays figurerait parmi les causes directes des problèmes rencontrés par l'activité cotonnière burkinabé. Pour cette raison, le Burkina Faso, avec d'autres pays de la sous-région, milite activement pour l'élimination de ces subventions (rapport commun, p. 76).

Filière bétail

La contribution de l'élevage au PIB du Burkina Faso est de l'ordre de 7,3%. L'élevage est essentiellement de type pastoral, soit transhumant soit sédentaire et extensif. À l'inverse, peu d'élevages intensifs ont été développés. La productivité du secteur demeure faible. L'effectif du cheptel burkinabé est constitué essentiellement des bovins (environ 9,1 millions), des ovins (9,3 millions) et des caprins (13,9 millions), mais également d'autres animaux tels que les porcins (2,3 millions), asins, équins et camélidés.[9] Le stock de volailles, évalué à 35,8 millions de têtes, est également important, et représenterait une source importante de protéines pour la population. En outre, 175 unités de transformation laitière sont installées à travers tout le pays.

Le Ministère des ressources animales et halieutiques est l'entité gouvernementale responsable du secteur. La Politique nationale de développement durable de l'élevage[10] (PNDEL) a été adoptée par le gouvernement en 2010 et s'exécute à l'horizon 2025. Elle a pour objectif de promouvoir un élevage compétitif et respectueux de l'environnement autour duquel s'organisent de véritables chaînes de valeurs portées par des filières professionnelles tournées vers le marché.

Les importations de viande et de bétail sont soumises à des mesures sanitaires (p. 164). En plus, la plupart des produits animaux ne peuvent être importés qu'au moyen d'une autorisation spéciale d'importation (p. 161).

L'élevage demeure un poste important d'exportation du Burkina Faso. Les exportations se font essentiellement sous forme d'animaux vivants à destination des pays voisins, notamment le Bénin et la Côte d'Ivoire. En 2014, les exportations d'animaux bovins se sont élevées à 10,1 millions de dollars EU.[11] Les exportations de viande restent faibles, malgré plusieurs programmes d'appui à ce sous-secteur. En revanche, l'exportation des cuirs et peaux est importante, ainsi que le commerce informel de ces produits avec les pays voisins. En 2014, les exportations étaient de l'ordre de 2,5 millions dollars EU. Des restrictions récentes ont été décidées concernant les exportations de peaux des ânes et des chevaux.

Filière sucre

Une seule entreprise, la Nouvelle société sucrière de la Comoé (SN-SOSUCO) dont l'État détient 28% des parts, est chargée de la production de canne à sucre et de sa transformation au Burkina Faso. L'entreprise dispose d'une surface cultivable de 4 000 hectares et d'une usine de transformation. Depuis 2008, la vente sur le marché national, qui était assurée par l'intermédiaire de la Société de distribution du sucre (SODI Sucre), a été fermée en 2012. En mai 2017, la production de SN-SOSUCO est commercialisée par des distributeurs privés et des dépôts de la société, à des prix fixés par cette dernière.

L'Observatoire national du sucre, créé en 2008, veille à mettre en adéquation les besoins du marché, la production de la SN-SOSUCO et les importations, et à éviter la fraude à l'importation. Il se compose des Ministères en charge du commerce et des finances, de la SN-SOSUCO, ainsi que de plusieurs autres structures comme la Douane, le Comité de lutte contre la fraude, la Direction générale des impôts et la COTECNA.

Une autorisation spéciale d'importation (ASI) est nécessaire pour l'importation du sucre (p. 161), afin de garantir l'écoulement de la production nationale à un niveau de prix permettant la survie de l'industrie. Depuis avril 2016, le sucre est également assujetti à un prix plafond déterminé par le gouvernement, et fixé actuellement à 17 500 FCFA pour le carton de 25 kilogrammes (1,6 euro/kg).

Estimée à 33 000 tonnes en 2014/2015, la production de la SN-SOSUCO couvrait moins de 30% des besoins nationaux. Les importations de sucre ont été de 35 millions de dollars EU en 2014 (98 000 tonnes), contre 14 millions de dollars EU en 2009 (24 500 tonnes).

Filière halieutique

La production du poisson au Burkina Faso oscille entre 18 000 et 23 000 tonnes par an, contre 12 000 tonnes en 2008. La quasi-totalité de cette production est consommée à l'intérieur du pays. Une petite production de crevettes est également observée. Toutefois, la production nationale est loin de couvrir les besoins nationaux, entraînant une importante importation de poisson d'environ 67 000 tonnes, d'une valeur de 11,5 millions de dollars EU, en 2014.

En 2014, le gouvernement a adopté une Politique de pêche et d'aquaculture.[12] Elle vise à accroître et diversifier la production, par l'amélioration de la productivité des pêcheries existantes, la mise en œuvre de nouvelles pêcheries sur les retenues d'eaux récemment créées et en prévision, et la promotion de l'aquaculture. Dans le cadre d'un plan d'action de la filière poisson (2011-2014), le gouvernement a investi plus de 10 milliards de FCFA (15 millions d'euros) dans le développement de la filière. Le plan d'action n'avait pas été renouvelé en mai 2017.

Autres productions agricoles

Le karité est l'un des principaux produits agricoles d'exportation. La production annuelle s'élève à environ 75 000 tonnes. Traditionnellement, les femmes sont les principaux acteurs de la filière. En 2014, les exportations d'amandes de karité étaient de 49 millions de dollars EU, tandis que les exportations de beurre de karité s'élevaient à 14,5 millions de dollars EU.

Le sésame a connu un fort développement au Burkina Faso du fait de sa culture facile et des faibles coûts de production. La production était de l'ordre de 322 000 tonnes en 2014/2015, contre 93 000 tonnes en 2009/2010. La grande majorité de la production est exportée. Les exportations de grains de sésame étaient de 170 millions de dollars EU en 2015, trois fois leur niveau de 2009.

INDUSTRIES EXTRACTIVES

Aperçu

Le Burkina Faso dispose d'un potentiel important en minéraux, notamment en or, phosphate, magnésium, zinc, plomb, argent, fer, nickel et cobalt. Des indices de micro-diamant auraient également été découverts dans la région de Barsalgo, de cuivre à Diénémera et de bauxite à Fara. La contribution du secteur minier au PIB a augmenté de 3 à 11% du PIB entre 2009 et 2011-2012, surtout en raison du boom minier dans le secteur de l'or, avant de redescendre quelque peu ensuite (tableau 1.1). Le secteur concourt à près de 10% des exportations de marchandises (tableau A1.1), et 20% des recettes de l'État. L'ensemble des différentes recettes minières a triplé, atteignant 168 milliards de FCFA (257 millions d'euros) en 2014, contre seulement 46 milliards de FCFA en 2009.

Le secteur fait partie des sources de croissance identifiées par le gouvernement. La Politique sectorielle des mines 2014-2025, adoptée en mai 2013, est un instrument de mise en œuvre des stratégies de croissance économique et de réduction de la pauvreté.[13] Elle constitue le principal document de référence pour les acteurs du secteur minier au Burkina Faso.

La dernière révision de la Constitution en 2015 a affirmé que les "richesses naturelles appartiennent au peuple, par conséquent celles-ci doivent être utilisées pour l'amélioration de ses conditions de vie et dans le respect du développement durable". Le 26 juin 2015, un nouveau Code minier a été adopté, visant à revoir la répartition des revenus de l'activité minière.[14] Le Code régit l'ensemble des opérations relatives à la recherche et à l'exploitation des gisements de substances minérales ainsi qu'au traitement, au transport, à la transformation, et à la commercialisation des substances minérales à l'exclusion de l'eau et des hydrocarbures liquides et gazeux. Selon les autorités, la nouvelle législation vise à renforcer les mesures de protection de l'environnement minier, à améliorer la contribution des mines aux recettes de l'État et à renforcer la contribution des mines au développement des communautés locales. Le nouveau Code maintient les mêmes droits, incitations et obligations aux entreprises nationales et étrangères.

Le nouveau Code minier prévoit la création d'un fonds minier de développement local qui devrait contribuer à financer les plans de développement des collectivités territoriales surtout celles abritant les sites. Il est alimenté par la contribution de l'État, à hauteur de 20%, des taxes et des redevances proportionnelles collectées, et 1% du chiffre d'affaires des sociétés minières.[15] Les décrets d'adoption du fonds étaient à la signature en mai 2017.

Il est estimé que plus d'un million de personnes travaillent dans l'artisanat minier (contre seulement 6 000 dans les mines industrielles). Au regard des problèmes environnementaux qu'engendre l'exploitation artisanale et la multiplication des sites clandestins, et afin de réduire la fraude, le gouvernement a créé l'Agence nationale d'encadrement des exploitations minières artisanales et semi-mécanisées (ANEEMAS) en novembre 2015.

Les autorités indiquent que l'exploitation minière industrielle est confrontée à la faiblesse de la capacité nationale de suivi des projets miniers ainsi qu'à l'insuffisance de l'expertise nationale dans les métiers des mines. Elles ont également déploré le faible niveau de valeur ajoutée des produits miniers, généralement exportés sans transformation, et le non-respect des programmes de formation visant le transfert de l'expertise aux nationaux conformément aux conventions signées entre l'État et les sociétés d'exploitation. La Société de participation minière du Burkina Faso (SOPAMIB) a été créée en 2013 pour gérer les parts de l'État dans les sociétés minières.[16]

Le Code minier prévoit des permis de recherche, et d'exploitation industrielle; et des autorisations d'exploitation artisanale semi-mécanisée, d'exploitation des carrières; et au niveau de la commercialisation, l'autorisation d'achat et de vente, y compris d'exportation des substances minières. Le total des titres miniers et autorisations en vigueur au 31 décembre 2016 s'élevait à 582, dont 405 permis de recherche; 19 permis d'exploitation industrielle; 32 autorisations d'exploitation artisanale semi-mécanisée; 64 autorisations d'exploitation artisanale traditionnelle d'or; et 62 autorisations d'exploitation de carrières.

Dans le cadre de la promotion de la bonne gouvernance dans le secteur minier, le Burkina Faso s'est engagé dans l'Initiative pour la transparence dans les industries extractives (ITIE) et le Processus de Kimberley. Ayant obtenu le statut de pays candidat le 15 mai 2009, le Burkina Faso est devenu "pays conforme" aux principes de l'ITIE le 27 février 2013. Pour le moment, le Burkina Faso ne produit pas de diamant. Cependant, il a entrepris des démarches en vue de participer au Processus de Kimberley.

La Chambre des mines du Burkina (CMB), créée en mai 2011, est une association professionnelle qui a pour objectif le développement du secteur minier. La Corporation nationale des artisans et exploitants de petites mines du Burkina a pour mission l'organisation des artisans et exploitants de petites mines.

En vue de faciliter les investissements dans le secteur minier, l'État burkinabé consent des avantages aux titulaires des titres miniers (exonérations douanières sur les acquisitions des biens et équipements miniers, exonérations d'impôts directs), qui n'ont pas été modifiés par le nouveau Code minier. Chaque année, l'Administration minière reçoit plus de dix mille demandes d'exonération. Il n'y a pas de mesure en place pour encourager la transformation des produits miniers avant leur exportation. Les principaux droits et taxes prélevés sur l'extraction et le commerce des produits miniers sont les droits fixes (tant par hectare sur les substances de carrières et mines), les droits proportionnels (au volume extrait et à sa concentration), les taxes superficiaires (recherche) et les redevances proportionnelles (grandes mines).

Produits miniers

Or

L'or constitue la ressource minière de loin la plus exploitée au Burkina Faso et, depuis 2009, le premier produit d'exportation. La présence de l'or est signalée sur presque tout le territoire. Le Burkina Faso s'est rapidement hissé au rang de quatrième producteur d'or en Afrique; de 12,2 tonnes en 2009, la production aurifère est passée à 36,5 tonnes en 2015 (tableau 4.3). La majorité de la production est exportée vers la Suisse.

En 2017, le Burkina Faso compte huit mines industrielles d'or en exploitation.[17] Parallèlement à ces unités industrielles, l'orpaillage (artisanal) est très florissant sur de nombreux sites. Les activités d'achat, de vente et d'exportation de l'or produit artisanalement au Burkina Faso sont soumises à une autorisation préalable. Le commerce (national et international) d'or au Burkina Faso comprend les comptoirs de métaux précieux, des structures autorisées d'achat et de vente d'or qui sont soumises aux redevances proportionnelles et aux droits fixes.

Phosphate

Le Burkina Faso dispose d'importants gisements de phosphates naturels. Depuis les années 1960, des travaux ont été entrepris dans le but d'utiliser les phosphates pour remédier à la carence des sols en phosphore. Le site de Kodjari notamment renfermerait 30 millions de tonnes de réserves. Cependant, à ce jour le site n'a pas encore produit de phosphate à grande échelle.

Manganèse

Le manganèse de Tambao est l'un des plus importants gisements connus dans le monde, avec des réserves estimées à 19 millions de tonnes, mais l'exploitation à grande échelle du gisement est confrontée aux difficultés de transport. À ce jour, le Burkina n'enregistre qu'une petite mine de manganèse en production à Kiéré. Le système de taxation comprend redevances proportionnelles, droits fixes et droits superficiaires.

Zinc

Le début des exploitations de la mine de zinc de Perkoa, en janvier 2013, a permis au Burkina Faso d'être parmi les pays africains producteurs de ce minerai. Les réserves de la mine sont estimées à 6,3 millions de tonnes, à 14,5% de teneur en zinc; elle est prévue pour

Tableau 4.3 Production et exportation d'or, 2009-2015

	2009	2010	2011	2012	2013	2014	2015
Production (tonnes)	12,2	23,1	32,6	30,2	33,0	36,5	36,5
Prix moyen (once)	973,0	1 224,7	1 568,6	1 668,8	1 411,2	1 265,8	1 158,2
Exportations (millions de $EU)	379,8	883,7	1 790,4	..	1 484,4	1 462,9	1 344,4
Contribution de l'or aux exportations (%)	46,2	67,5	76,7	72,4	62,2	59,7	61,7
Recettes de l'État liées aux mines (or principalement, millions de FCFA)	15 757	46 346	127 427	189 565	191 408	168 493	168 410

.. Non disponible.

Source: Direction générale des mines et de la géologie, UN Comtrade, Institut national de la statistique et de la démographie.

avoir une durée de vie de douze ans. En 2015, la mine a exporté 137 344 tonnes de concentré de zinc, contre 135 369 tonnes en 2014. L'État burkinabé détient 10% des actions de la mine. Outre le zinc, la mine de Perkoa envisage de produire un concentré de plomb-argent. Le système de taxation est le même que pour le manganèse décrit ci-dessus.

Substances de carrière

Le sous-secteur des carrières a connu un essor important au cours des dernières années. Par exemple, la production de granite était de 428 000 m^3 en 2014, contre 99 000 m^3 en 2010. Des gisements abondants de granite, de calcaire dolomitique et de feldspath sont répartis sur l'ensemble du territoire. Le total d'autorisations d'exploitation délivrées s'élevait à une soixantaine en 2016, contre 41 en 2010.

ÉNERGIE ET EAU

Aperçu

Le contexte énergétique burkinabé est caractérisé par une prédominance de l'utilisation des énergies de la biomasse par la population; une dépendance du pays des énergies fossiles; un faible et inéquitable accès aux énergies modernes; et une très faible valorisation des énergies renouvelables endogènes.[18] Cependant, avec l'adoption du PNDES un accent particulier a été mis sur l'énergie renouvelable avec l'inauguration en 2016 d'une centrale hybride photovoltaïque/diesel (projet "Flexy énergie"); la construction de deux centrales solaires prévue en 2017, et l'électrification par système solaire photovoltaïque des infrastructures sociocommunautaires de 59 localités rurales. Une nouvelle loi sur l'énergie a été adoptée en avril 2017 (p. 175).

Hydrocarbures

Le Burkina Faso ne produit pas de pétrole. Les produits pétroliers représentent plus d'un quart des importations en valeur (graphique 1.1.). La Société nationale burkinabé d'hydrocarbures (SONABHY) est l'entreprise d'État, sous la tutelle du Ministère en charge du commerce, chargée de l'approvisionnement du pays en hydrocarbures. Elle détient le monopole de l'importation et du stockage d'hydrocarbures.[19] Selon les autorités, la SONABHY est bien gérée et sa privatisation n'est pas à l'ordre du jour.

Les prix des hydrocarbures et du gaz butane, de même que les droits et taxes prélevées sur les importations d'hydrocarbures, sont fixés mensuellement par le Comité interministériel de détermination des prix des hydrocarbures (CIDPH), en fonction du cours mondial et "des autres charges concourant à la détermination des prix".[20] En 2015, ces droits et taxes ont représenté 131 milliards de FCFA (200 millions d'euros, par rapport à une valeur d'importation de 500 millions d'euros).

La distribution d'hydrocarbures est effectuée par une vingtaine de sociétés de distribution qui sont soit des filiales de multinationales, soit des distributeurs nationaux, fonctionnant en vertu d'agréments spécifiant leur marge de profit, la principale étant Total (28% des quantités vendues). Deux types d'agréments sont nécessaires pour accéder à l'activité de distribution: un agrément technique délivré sous forme d'arrêté du Ministre en charge de l'énergie, et un agrément commercial délivré par arrêté conjoint des Ministres en charge du commerce et de l'énergie. Les distributeurs doivent s'engager à ne s'approvisionner qu'auprès de la SONABHY ou toute autre structure agréée par l'État.

Les prix du gaz butane et du fuel oil utilisés pour la production d'électricité par la SONABEL (voir ci-dessous) sont subventionnés par l'État.[21] Les subventions versées par l'État en 2016 pour ces deux produits se sont montées à 57,7 milliards de FCFA (88 millions d'euros).

Électricité

Le taux d'électrification demeure faible, autour de 19%, soit 60% en milieu urbain et 3% en milieu rural. Les délestages et les coupures à l'improviste sont fréquemment utilisés pour rationner l'approvisionnement. L'ensemble du parc de production du Burkina Faso totalise une puissance installée de 250 MW dont 32 MW pour les centrales hydroélectriques et 218 MW pour les centrales thermiques. Une grande partie de l'électricité consommée au Burkina Faso est importée, notamment de la Côte d'Ivoire, mais aussi du Ghana et du Togo (tableau 4.4). Cette situation de pénurie d'électricité pénalise l'activité économique du pays.

Tableau 4.4 Production et importation d'électricité, 2011-2015

	2011	2012	2013	2014	2015
Puissance nominale installée (MW)	261	298	247	285	325
Énergie produite totale (GWh)	**530**	**625**	**731**	**870**	**999**
Énergie thermique	448	528	625	780	906
Énergie hydroélectrique	82	97	106	91	94
Énergie importée (GWh)	**495**	**515**	**532**	**488**	**443**
Importation de la Côte d'Ivoire	449	469	482	435	382
Importation du Ghana	44	44	48	51	58
Importation du Togo	1	2	2	3	3
Énergie totale produite et importée	**1 025**	**1 140**	**1 262**	**1 359**	**1 442**
Nombre d'abonnés SONABEL	401 476	436 250	472 441	508 499	544 825
Centrales installées par le FDE	26	26	36		

Source: ARSE, SONABEL, Fonds de développement de l'électrification (FDE).

Le sous-secteur de l'électricité était en mai 2017 toujours régi la Loi n° 053/AN de décembre 2012, qui devait être remplacée par une nouvelle loi adoptée en avril 2017 et portant réglementation du secteur de l'énergie. La nouvelle loi libéralise la production et la distribution; le transport demeurera sous le monopole de la SONABEL, et les producteurs indépendants devront vendre à la SONABEL.

L'entreprise publique, Société nationale d'électricité du Burkina (SONABEL), demeure quasiment le seul producteur d'électricité au Burkina Faso bien que l'autoproduction soit permise depuis 2012. Son parc de production comprend 24 centrales thermiques diesel et 4 centrales hydroélectriques. La SONABEL est également propriétaire du réseau de transmission et de distribution.

Les tarifs d'électricité sont proposés par la SONABEL au gouvernement, sur la base d'une étude de ses coûts de production, et transmis pour avis à l'Autorité de régulation du sous-secteur de l'électricité (ARSE). Les tarifs de la SONABEL sont uniformes sur l'ensemble du territoire. Le prix du kWh n'a pas changé depuis 2006; pour la haute tension, il est de 118 FCFA en heures de pointe et 54 FCFA en heures pleines pour les industriels et respectivement 139 FCFA et 84 FCFA pour les autres consommateurs. Lorsque le prix déterminé ne couvre pas les charges de la SONABEL, celle-ci reçoit une subvention sous forme d'exonérations (partielles ou totales) de droits et taxes normalement exigibles sur l'achat du combustible.

L'électrification du pays, à travers le renforcement des capacités de production, l'extension du réseau et des projets d'interconnexions avec les pays voisins, constitue l'une des missions principales de la SONABEL. Une interconnexion entre Bolgatanga au nord du Ghana et Ouagadougou, composée de 200 km de lignes à 225 kV, devrait entrer en service en 2017. Deux autres projets s'inscrivent dans le cadre du pool énergie électrique de la CEDEAO (rapport commun, p. 80); ils concernent la construction de lignes reliant le Burkina Faso au Bénin, au Mali, au Nigéria, et au Niger.

Le Fonds de développement de l'électrification a pour mission essentielle de promouvoir une couverture équitable du territoire national en énergie électrique en développant l'électrification rurale.[22] Il est financé par une taxe de développement de l'électrification, des dotations budgétaires de l'État et des contributions des partenaires au développement. Depuis 2010, les investissements du Fonds ont permis de fournir de l'électricité à environ 30 000 abonnés.

Eau

La dernière modification de la Constitution, adoptée en novembre 2015, a précisé que l'accès à l'eau potable et à l'assainissement constituent un droit social (article 18). Le Ministère en charge de l'eau est responsable de l'approvisionnement en eau potable et de l'assainissement, en dehors du champ d'intervention de l'Office national de l'eau et de l'assainissement (ONEA) qui a l'exclusivité de la fourniture d'eau en zone urbaine. Un plan communal de développement sectoriel en approvisionnement en eau potable et assainissement doit être élaboré par chaque commune rurale, conjointement avec les services centraux de l'État.

En conformité avec le Cadre stratégique de lutte contre la pauvreté, le Programme national d'approvisionnement en eau potable et d'assainissement (PNAEPA) avait pour objectif de réduire de moitié, de 2005 à 2015, la proportion de personnes n'ayant pas un accès adéquat à l'eau potable et à l'assainissement. Les objectifs n'ont pas été pleinement atteints, surtout en matière d''assainissement. Par contre, le taux d'accès à l'eau potable en milieu urbain atteint 92% en 2016, par rapport à l'objectif de 87%. En milieu rural, ce taux est de 65,3% en 2016, pour un objectif de 76%. Le taux d'accès à l'assainissement en milieu urbain est de 36,1% en 2016, pour un objectif de 57%. En milieu rural l'accès à l'assainissement demeure très insuffisant avec un taux de 13,7% en 2016 pour un objectif de 54%.

SECTEUR MANUFACTURIER

Le secteur manufacturier demeure de taille modeste, avec une contribution au PIB de 6,4% en 2014 et accusant une tendance baissière depuis 2009 (tableau 1.1). La branche agroalimentaire domine, suivie de l'industrie chimique, l'industrie du ciment, et des textiles. Le régime commercial pour ces industries est celui la libre concurrence. Il n'y a pas de mesures de soutien en dehors des de la protection tarifaire et des avantages accordés par le Code des investissements. L'essentiel des produits manufacturés consommés est importé. Les principaux produits exportés sont les fruits et légumes transformés, des produits de l'élevage, et du coton. Les produits manufacturés ne constituent que 5% des exportations totales du Burkina Faso (tableau A1.1).

La Stratégie de développement industriel (SDI)[23], adoptée en 1998, demeure le document référentiel pour la politique du secteur; elle cible les principaux secteurs d'investissement. La SDI a comme objectif de promouvoir les industries compétitives, surtout les petites et moyennes entreprises et industries, notamment dans le domaine de la transformation des produits agropastoraux. Dans ce cadre, l'État tente de fournir un environnement favorable aux affaires, notamment à travers les incitations contenues dans le Code des investissements (p. 157). Le secteur demeure confronté à de nombreuses contraintes, parmi lesquelles la qualité et les coûts du transport et le faible taux d'accès à l'électricité.

L'artisanat est une composante essentielle du secteur privé burkinabé. Les entreprises artisanales, souvent informelles, sont nombreuses dans des activités manufacturières traditionnelles telles que le bâtiment, les métiers de la forge, de la réparation et de la maintenance, des métaux précieux, de l'alimentation, du bois et de la paille, du textile et de l'habillement, de cuir

et peaux, et de l'artisanat d'art. La production artisanale présente l'avantage d'être souvent unique ou artistique, et non pas en concurrence avec d'autres productions manufacturées importées. Elle présente également un potentiel d'exportation. La Chambre des métiers de l'artisanat du Burkina Faso (CMA-BF) est une institution publique sous la tutelle du Ministère en charge du commerce; elle représente les intérêts généraux du secteur de l'artisanat. Une Stratégie nationale de développement des industries culturelles et créatives a été développée par le gouvernement en 2013.[24]

SERVICES

Aperçu

La contribution du secteur tertiaire au PIB est de l'ordre de 44%, avec le commerce comme principale activité. Le Burkina Faso est traditionnellement un importateur net de services, et le déficit de la balance des services s'est fortement creusé depuis 2009 (tableau 1.2); toutefois, les exportations de services ont également augmenté depuis 2009 pour atteindre 372 millions d'euros, tandis que les importations se sont élevées à 705 milliards de FCFA (1,07 milliard d'euros). La Maison de l'entreprise du Burkina Faso (MEBF, p. 157) a été notifiée comme point de contact au Conseil du commerce des services.[25] Le tourisme est le seul secteur où le Burkina Faso ait pris des engagements spécifiques sous l'AGCS.

Les importations de services au Burkina Faso sont soumises à la TVA, et à une retenue de 20% sur les prestations des non-résidents (une convention évite la double taxation entre membres de l'UEMOA).

Principaux sous-secteurs

Services financiers

La contribution du secteur financier (hors assurance) au PIB du Burkina Faso est de l'ordre de 3%. Fin 2015, le secteur bancaire du Burkina Faso était constitué de 13 banques, de quatre établissements financiers et de nombreuses institutions de microfinance. Trois banques sont respectivement spécialisées dans l'habitat, les crédits à l'agriculture et la microfinance; les autres sont universelles. Fin 2015, l'État détenait des parts dans deux établissements de microfinance et dans cinq des 17 banques ou établissements financiers, avec une part consolidée de l'État de 14% du capital total de ces établissements. Fin 2015 les crédits à la clientèle s'élevaient à 2 042 milliards de FCFA (3,1 milliards d'euros), représentant 28% du PIB, contre 671 milliards de FCFA fin 2009. Les banques ont généralement affiché une bonne rentabilité au cours des dernières années. La part des crédits en souffrance dans le total était de 6,35% à fin 2016. Les services bancaires sont sujets à la réglementation bancaire commune à tous les pays membres de l'UEMOA et au dispositif prudentiel de la Commission bancaire de l'UEMOA qui exerce également la fonction de surveillance (rapport commun, p. 88).

À fin 2014, 85 établissements financiers de microfinance burkinabé étaient enregistrés auprès de la BCEAO, principalement des coopératives d'épargne et de crédit mais également des institutions financées par les organisations non gouvernementales et/ou par l'État. Leur nombre total de clients était de 2,3 millions. Le montant total des dépôts s'est élevé à 152 milliards de FCFA (232 millions d'euros) et l'encours des crédits à 111 milliards de FCFA (169 millions d'euros).

Le Burkina Faso fait partie de la Conférence interafricaine des marchés d'assurances (CIMA), dont le Code régit la fourniture des services d'assurance terrestre directe dans les pays concernés (rapport commun, p. 86). Au Burkina Faso, l'organe de contrôle des assurances est la Direction des assurances, au sein du Ministère de l'économie et des finances.

Le sous-secteur des assurances au Burkina Faso comprenait, en mai 2017, 16 sociétés dont 8 "non vie" et 8 d'assurance vie. L'État dispose des parts de la Société nationale d'assurances et de réassurances (SONAR, 21,2%), et de la société Allianz (12,49%). Le chiffre d'affaires du marché des assurances pour l'exercice 2015 était de 58 milliards de FCFA (88,3 millions d'euros), contre 18 milliards de FCFA en 2008 et 34 milliards de FCFA en 2011, soit une forte croissance. Le volume d'épargne cumulée par le marché des assurances en 2015 était de 121 milliards de FCFA. Malgré un essor considérable au cours des dernières années, le secteur demeure faible avec une prime annuelle moyenne d'environ 3 000 FCFA (4,6 euros) par habitant.

En plus de l'assurance responsabilité civile (RC) automobile qui est obligatoire en vertu du Code CIMA, l'assurance construction est obligatoire depuis 2012. Seule la prime de l'assurance RC des véhicules à moteur est fixée, conformément au Code CIMA. Les autres primes sont libres.

Télécommunications et postes

Le secteur burkinabé des télécommunications est ouvert à la concurrence. La Loi n° 061-2008/AN du 27 novembre 2008 portant réglementation générale des réseaux services de communications électroniques au Burkina Faso transpose en droit national les directives et autres textes adoptés au niveau communautaire (rapport commun, p. 81). La Loi promeut le principe de la libre concurrence, et vise le développement de nouveaux réseaux fondés sur le principe de la neutralité technologique. L'Autorité de régulation des communications électroniques et des postes (ARCEP), institution indépendante sous la tutelle technique du Premier Ministère, est responsable de la régulation du secteur.[26] L'ARCEP a comme tâches principales d'approuver les accords d'interconnexion entre opérateurs, résoudre des différends, et d'instruire les demandes de licences, qui sont accordées par le ministère. L'ARCEP a également comme tâche explicite d'empêcher des dysfonctionnements du marché tels que la mise en place de prix excessifs, ou d'éventuelles subventions croisées.

Une taxe spécifique sur les entreprises de télécommunications est prélevée au taux de 5% du chiffre d'affaires net; s'ajoutent une redevance de régulation et une contribution à la formation et à la recherche (1% et 0,5% du chiffre d'affaires net respectivement). En plus, l'impôt sur les sociétés est prélevé au taux normal de 27,5% des bénéfices; la taxe patronale et d'apprentissage se monte à 3% des salaires; et la contribution des patentes à 8% du chiffre d'affaires.

L'offre technique et tarifaire d'interconnexion doit être publiée par les opérateurs de réseaux publics. Les tarifs de raccordement, d'abonnement et des communications doivent respecter le principe d'égalité de traitement des utilisateurs et être établis de manière à éviter une discrimination fondée sur la localisation géographique. La loi définit les "opérateurs puissants" pour un marché pertinent; l'ARCEP doit approuver leurs offres tarifaires avant qu'ils ne puissent les appliquer.[27]

Trois opérateurs de téléphonie (Orange Burkina, Telecel Faso, ONATEL) se partageaient le marché en mai 2017, chacun avec des licences globales (fixe, mobile, Internet). Orange était en train d'installer sa fibre optique. En 2010, l'ARCEP avait initié un processus d'introduction d'un quatrième opérateur qui s'est avéré infructueux, aucun soumissionnaire n'ayant participé au processus. Une seconde tentative infructueuse a été entreprise en 2013. Le parc de téléphonie mobile était de 15,4 millions d'abonnements (cartes SIM actives) à fin décembre 2016 (contre 5,8 millions en 2010), ce qui donne une télédensité mobile de 81%.[28] Le Burkina Faso comptait également 75 700 abonnés de téléphonie fixe en 2016, contre 144 000 en 2010. L'État détient 21% du capital de l'ONATEL.

Un fonds de service universel a été créé en 2000, et est financé par des contributions versées à l'ARCEP par les opérateurs à hauteur de 2% de leurs chiffres d'affaires.[29] La dotation du fonds était de près de 36 milliards de FCFA (55 millions d'euros) à fin 2015.

Les services postaux sont fournis par l'entreprise publique, Société nationale des postes (SONAPOST), et ils comprennent le transport du courrier, les transferts d'argent et les services de caisse nationale d'épargne. La SONAPOST dispose d'environ 109 bureaux de poste et emploie 1 109 agents sur l'étendue du territoire national. La Loi n° 028/2010 du 25 mai 2010 vise à réglementer les activités postales au Burkina Faso. Elle détermine et définit le domaine du service postal universel, des services réservés et des services ouverts à la concurrence. Le courrier en dessous de 2 kg est sous le monopole de la SONAPOST, mais en pratique, la "poste parallèle", notamment les entreprises de transport privé, concurrence la SONAPOST sur ce segment. Les principales entreprises internationales de courrier express sont présentes sur le marché.

Transports

Transports terrestres et fluviaux

Le transport routier revêt une importance fondamentale pour le commerce international du Burkina Faso, la plupart des importations transitant par les ports côtiers y étant acheminées par camion. Le réseau routier mesurait 15 300 km fin 2013, dont environ 3 600 km de routes bitumées, 2 200 km de routes en terre, et 7 200 km de pistes améliorées. De ce fait, une proportion non négligeable de villages n'est pas accessible en automobile durant la saison des pluies. L'Office national pour la sécurité routière contribue à la formulation d'une politique globale de sécurité routière et à sa mise en œuvre. Au cours des dernières années, des recommandations sur la sécurité routière ont été élaborées et plusieurs nouvelles stations de pesage ont été mises en service.

L'enclavement du Burkina Faso représente un certain handicap pour son accès aux marchés internationaux par voie maritime, les marchandises échangées devant transiter par les ports des pays voisins, notamment Abidjan (Côte d'Ivoire), Tema (Ghana), Lomé (Togo) ou Cotonou (Bénin), tous situés à plus ou moins 1 000 kilomètres de Ouagadougou. L'enclavement est donc à l'origine d'un renchérissement du coût d'approvisionnement en importations et affecte négativement la compétitivité des exportations (p. 149). En tant que pays de transit, le Burkina Faso est appelé à répondre aux exigences d'accessibilité et de sécurité de certains pays limitrophes, notamment le Niger et le Mali, en approvisionnement et en exportation de biens et de matières stratégiques (annexes sur le Mali et le Niger).

En 2014, le gouvernement burkinabé initia une réforme en vue de moderniser le transport routier.[30] En effet, la réglementation de ce dernier date principalement d'un arrêté de 1984 confiant la répartition du fret au Conseil burkinabé des chargeurs, en vertu d'accords de transport bilatéraux existant avec les pays concernés.[31] Parmi ces derniers, l'Accord de coopération entre le Burkina Faso et la République de Côte d'Ivoire en matière de transport maritime et de transit, signé le 14 octobre 1989, prévoit une répartition du fret sur la base de 2/3 pour le Burkina Faso et 1/3 pour la Côte d'Ivoire. Un accord similaire a été conclu avec le Bénin et le Togo.

Par ailleurs, selon les textes communautaires l'obtention de la licence de transport public routier est réservée aux personnes de nationalité burkinabé ou d'un pays membre de la CEDEAO ou de l'UEMOA ou d'un pays tiers accordant la réciprocité aux ressortissants burkinabé. Dans la pratique cependant, cette licence n'est pas exigée et le transport routier est dominé par le secteur informel; l'un des objectifs du décret de 2014 est de rendre la licence obligatoire.

Un chemin de fer relie Ouagadougou et Abidjan. Long de 1 260 km (dont 620 km sur le territoire burkinabé) et géré depuis 1995 par la société privée SITARAIL, il assure entre 20 et 30% du transport de marchandises

entre la Côte d'Ivoire et le Burkina Faso. La convention entre l'État burkinabé et la SITARAIL a été renouvelée jusqu'en 2030. Le trafic de marchandises est passé de 678 000 tonnes en 2011 à 800 000 tonnes en 2015. Le transport voyageur était de 83 000 en 2015, contre environ 500 000 passagers en 2007. Plusieurs programmes de réhabilitation et de prolongement du réseau ferroviaire sont en cours d'exécution, notamment la construction d'une ligne Kaya-Tambao à la charge d'une société minière.

Le transport fluvial au Burkina Faso est principalement pratiqué de manière informelle, en relation avec l'accès difficile au réseau routier environnant, notamment en saison des pluies. Le moyen de transport dominant est la pirogue à pagaie ou équipée de moteur hors-bord. Le Burkina Faso ne dispose pas de réglementation spécifique sur la navigation fluviale. Les autorités indiquent qu'une meilleure exploitation du transport fluvial est à l'étude.

Transports aériens

Le Burkina Faso dispose de deux aéroports internationaux, à Ouagadougou et à Bobo-Dioulasso, et d'une quinzaine d'aérodromes. L'aéroport de Ouagadougou a fait l'objet de travaux importants en 2010 et 2011 pour améliorer la sécurité et l'accueil des voyageurs; il reçoit plus de 100 vols commerciaux hebdomadaires. En 2016, treize compagnies desservaient l'aéroport. Le trafic aérien a connu une forte croissance depuis le dernier examen du Burkina Faso, mais demeure en dessous de 600 000 passagers par an. Le marché du fret aérien est relativement faible, avec environ 8 000 tonnes par an. Il est dominé par les haricots verts et les mangues, essentiellement à destination de l'Europe.

Un nouveau Code de l'aviation civile adopté en 2010 prend en compte les changements intervenus dans la réglementation de l'aviation civile internationale ainsi que les dispositions communautaires et régionales (rapport commun, p. 81).[32] Le Burkina Faso a signé des accords aériens bilatéraux avec 26 États tiers, dont 18 sont actuellement exploités. Les autorités ont indiqué que le gouvernement favorise la multidésignation pour faciliter les libertés aériennes. Il applique l'accord "horizontal" entre l'UEMOA et l'UE. Le cabotage n'est pas autorisé aux compagnies étrangères, y compris communautaires. Air Burkina, dont la flotte est actuellement composée de trois appareils, est la plus ancienne compagnie de transport aérien de la sous-région; 49% de son capital est détenu par l'État.

Le Burkina Faso a mis en œuvre la Directive de l'UEMOA sur le statut juridique des Directions de l'aviation civile; ainsi l'Agence nationale de l'aviation civile (ANAC), opérationnelle depuis 2011 et chargée de la réglementation et du contrôle. La Directive de l'UEMOA en matière d'assistance en escale a également été transposée en droit national.[33] Le Burkina Faso a toutefois invoqué la disposition de la Directive permettant de limiter le nombre de prestataires et l'auto-assistance: une régie administrative (publique) est chargée de la gestion et de l'assistance en escale pour toutes les compagnies, sauf Air Burkina qui dispose de l'auto-assistance.

Tourisme

En 2015, le Burkina Faso comptait 447 établissements touristiques et 144 agences de voyages. De 2009 à 2015, le nombre d'arrivées dans ces établissements a fortement baissé (tableau 4.5). Le Burkina Faso a pourtant de nombreux atouts culturels et touristiques. Parmi les contraintes au développement du secteur figurent les coûts de transport aérien relativement élevés, des difficultés d'accès à certains sites touristiques, les infrastructures et sites d'accueil souvent peu développés, le prix élevé des visas et la menace terroriste.

Les services d'hôtellerie et de restauration, et les services d'agences de voyages et de voyagistes sont les seuls engagements spécifiques du Burkina Faso au titre de l'AGCS.[34] La liste d'engagements précise que les agences de voyages étrangères ne peuvent être d'un nombre supérieur à un tiers du nombre des établissements nationaux, disposition appliquée dans la pratique bien que ne figurant dans aucun texte réglementaire.

Le Ministère de la culture, des arts et du tourisme est chargé de la politique du gouvernement en matière de tourisme.[35] L'Office national du tourisme burkinabé, créé en 1989, est un établissement public qui a pour mission principale d'assurer la promotion et valorisation du patrimoine touristique national. Il est chargé d'assurer la diffusion de l'image de marque du Burkina Faso, de recenser et mettre en valeur les ressources touristiques, et de conseiller les opérateurs privés dans la réalisation des investissements. Parmi les activités de promotion, le Salon international du tourisme et de l'hôtellerie de Ouagadougou se tient annuellement depuis 2004. Un fonds de développement culturel et touristique a été créé en octobre 2015 afin d'accroître le volume des investissements dans ce secteur.[36] Son budget prévisionnel pour 2017 est de 500 millions de FCFA (760 000 euros). Au titre de l'aide au secteur touristique, le gouvernement peut offrir des subventions, prêts et garanties pour accompagner les promoteurs dans

Tableau 4.5 Tourisme, 2009-2015

	2009	2010	2011	2012	2013	2014	2015
Touristes internationaux	269 227	274 330	237 725	237 457	217 988	191 102	163 492
Occupation des hébergements hôteliers (%)	45	46,4	39,1	43,8	46,7	32,65	33
Agences de voyages	..	50	69	76	88	96	144

.. Non disponible.

Source: Ministère du tourisme.

Partie B
Rapport du Secrétariat de l'OMC

la mise en œuvre de leurs projets au moyen de ce fonds. L'exonération des taxes douanières sur les matériels et équipements hôteliers importés peut aussi être accordée, de même qu'un renforcement des capacités et des appui-conseils sur les métiers du tourisme et dans l'accès au financement de projets touristiques.

Notes de fin

1 FAO (2013), *Revue des politiques agricoles et alimentaires au Burkina Faso.*

2 Ministère de l'économie et des finances (2011), *Stratégie de croissance accélérée et de développement durable.*

3 Burkina Faso (2011), *Programme national du secteur rural (PNSR), 2011-2015.*

4 Ministère de l'agriculture, des ressources hydrauliques, de l'assainissement et de la sécurité alimentaire (2016), *Feuille de route 2016 - Sur la formulation du PNSR II.*

5 Burkina Faso (2013), *Politique nationale de sécurité alimentaire et nutritionnelle.*

6 La dernière notification à cet égard est contenue dans le document de l'OMC G/AG/N/BFA/12 du 5 août 2014.

7 Document de l'OMC G/AG/N/BFA/11 du 5 août 2014.

8 Protocole d'accord portant Cahier des charges applicables aux opérateurs de la filière coton au Burkina Faso (période 2013-2023).

9 La dernière enquête nationale sur le cheptel s'est déroulée en 2003. La prochaine enquête est prévue pour l'an 2017.

10 Ministère des ressources animales (2010), *Politique nationale de développement durable de l'élevage.*

11 Les échanges informels sont très importants, surtout les exportations d'animaux vivants; ce commerce est extrêmement difficile à quantifier.

12 Décret n° 2014-790/PRES/PM/MRAH/MEF du 16 septembre 2014.

13 Ministère des mines et de l'énergie (2013), *Politique sectorielle des mines, 2014–2025.*

14 Loi n° 036-2015/CNT du 26 juin 2014 portant Code minier du Burkina Faso.

15 Décret n° 2017-0024/PRES/PM/MEMC/MINEFID/MATDSI portant organisation, fonctionnement et modalités de perception du fonds minier de développement local.

16 Décret n° 2014-590/PRES/PM/MICA/MEF/MME du 10 juillet 2014 portant création de la Société de participation minière du Burkina Faso (SOPAMIB). Adresse consultée: http://www.legiburkina.bf/m/Sommaires_JO/Decret_2014_00590.htm.

17 Il s'agit de Taparko, Youga, Mana, Kalsaka, Inata, Essakane, Guiro-Bayildiaga et Bissa-Zandkom.

18 Ministère des mines et de l'énergie (2013), *Politique sectorielle de l'énergie, 2014–2025.*

19 Kiti (décret) n° 85-035/CNR/PRES/PRECO du 9 octobre 1985.

20 Arrêté conjoint n° 2016-013/MCIA/MINEFID portant composition des structures de prix des hydrocarbures.

21 Arrêté conjoint n° 2016-015/MCIA/MINEFID portant énumération des éléments de la structure de prix du gaz butane et fixation de ses prix.

22 Information en ligne. Adresse consultée: http://www.fde.bf/.

23 Ministère du commerce, de la promotion de l'entreprise et de l'artisanat (1998), *Stratégie de développement industriel.*

24 Ministère de la culture et du tourisme (2013), *Stratégie nationale de développement des industries culturelles et créatives.*

25 Document de l'OMC S/ENQ/78/Rev.12 du 22 décembre 2010.

26 Information en ligne. Adresse consultée: https://www.arcep.bf/.

27 Décret n° 2010-451/PRES/PM/MPTIC/MEF/MCPEA portant définition des conditions générales d'interconnexion des réseaux et services de communications électroniques et d'accès à ces réseaux et services, du 12 août 2010.

28 Autorité de régulation des communications électroniques (2015), *Rapport annuel d'activités, 2014.*

29 Décret n° 2000-408/PRES/PM/MCIA du 13 septembre 2000; abrogé par le Décret n° 2011-093 basé sur la nouvelle loi. L'accès au service universel ainsi que le fonds y relatif sont régis par la Loi n° 061-2008/AN du 27 novembre 2008 et ses textes d'application.

30 Décret n° 2014-683/PRES/PM/MIDT/MEF/MATS/MICA du 1 août 2014 portant fixation des catégories de transports routiers et des conditions d'exercice de la profession de transporteur routier.

31 Arrêté n° 26 MEC.MCODIM.MF du 5 mars 1984.

32 Loi n° 013-2010.

33 Décret n° 2012-1077/PRES/PM/MPPEN du 31 décembre 2012 portant assistance en escale sur les aéroports.

34 Document de l'OMC GATS/SC/14 du 15 avril 1994.

35 Décret n° 2016-006/PRES/PM/SGG-CM du 8 février 2016.

36 Décret n° 2016-729/PRES/PM/MCAT/MINEFID du 8 août 2016.

Appendice - tableaux

Tableau A1. 1 Structure des exportations, 2009-2015

	2009	2010	2011	2012	2013	2014	2015
Monde (millions de $EU)	795,5	1 288,1	2 312,4	2 411,0	2 650,5	2 845,6	2 177,5
Monde (millions d'€)	572,7	972,6	1 663,4	1 876,4	1 996,3	2 144,8	1 963,4
	(Part en pourcentage)						
Produits primaires, total	**45,9**	**28,5**	**20,7**	**25,9**	**38,2**	**41,8**	**33,3**
Agriculture	45,6	28,0	20,4	20,0	28,5	28,5	30,6
Produits alimentaires	14,0	10,5	8,7	7,7	11,8	11,0	16,8
2225 - Graines de sésame	6,0	4,3	2,4	3,7	6,1	4,6	7,8
0577 - Fruits à coque comestibles (à l'exclusion des fruits oléagineux)	0,4	0,6	2,7	1,4	2,0	1,5	4,0
2237 - Graines et fruits oléagineux, n.d.a.	1,6	1,1	1,4	0,8	1,6	1,7	1,7
0579 - Fruits frais ou secs, n.d.a.	0,4	0,4	0,2	0,3	0,2	0,3	0,5
2223 - Graines de coton	0,0	0,0	0,0	0,0	0,1	0,5	0,5
4229 - Autres graisses végétales fixes, brutes, raffinées ou fractionnées	0,2	0,1	0,2	0,2	0,3	0,4	0,4
0813 - Tourteaux et autres résidus solides	0,5	0,4	0,1	0,2	0,2	0,3	0,4
0449 - Autres maïs non usinés	0,5	0,5	0,2	0,1	0,2	0,4	0,3
0011 - Animaux vivants de l'espèce bovine	1,8	0,6	0,4	0,2	0,1	0,4	0,2
Matières premières agricoles	31,6	17,5	11,7	12,3	16,7	17,5	13,7
2631 - Coton (à l'exclusion des linters), non cardé ni peigné	31,3	17,3	11,4	12,2	16,6	17,4	13,1
2634 - Coton, cardé ou peigné	0,0	0,0	0,0	0,0	0,0	0,0	0,5
Industries extractives	0,3	0,5	0,3	6,0	9,7	13,3	2,7
Minerais et autres minéraux	0,3	0,5	0,3	0,1	0,0	0,5	0,1
Métaux non ferreux	0,0	0,0	0,0	0,0	1,0	3,1	2,6
6861 - Zinc et alliages de zinc, bruts	0,0	0,0	0,0	0,0	1,0	3,1	2,5
Combustibles	0,0	0,0	0,0	5,9	8,7	9,7	0,0
Produits manufacturés	**6,3**	**2,8**	**1,9**	**8,4**	**5,8**	**6,8**	**5,0**
Fer et acier	0,7	0,3	0,1	0,5	0,5	0,6	0,3
Produits chimiques	0,3	0,4	0,4	0,5	0,4	0,4	0,7
Autres demi-produits	1,9	0,6	0,3	0,3	0,3	0,4	0,4
Machines et matériel de transport	1,7	0,8	0,6	5,9	3,2	4,3	3,0
Machines pour la production d'énergie	0,1	0,1	0,0	2,6	0,1	0,1	0,1
Autres machines non électriques	0,6	0,5	0,2	1,6	1,7	2,3	1,4
Tracteurs et machines agricoles	0,0	0,0	0,0	0,0	0,1	0,1	0,1
Produits de l'industrie automobile	0,2	0,0	0,0	0,7	0,5	1,4	0,9
Autres matériels de transport	0,7	0,2	0,3	0,6	0,9	0,4	0,6
Textiles	1,0	0,5	0,3	0,7	0,7	0,6	0,3
Vêtements	0,1	0,0	0,0	0,0	0,0	0,0	0,0
Autres biens de consommation	0,5	0,3	0,1	0,5	0,6	0,5	0,3
Autres	**47,7**	**68,6**	**77,4**	**65,6**	**56,0**	**51,4**	**61,7**
9710 - Or, à usage non monétaire (à l'exclusion des minerais et concentrés d'or)	47,7	68,6	77,4	65,6	56,0	51,4	61,7

Source: Calculs du Secrétariat de l'OMC basés sur les données issues de la base de données Comtrade de la DSNU (CTCI Rev.3).

Tableau A1. 2 Destination des exportations, 2009-2015

	2009	2010	2011	2012	2013	2014	2015
Monde (millions de $EU)	795,5	1 288,1	2 312,4	2 411,0	2 650,5	2 845,6	2 177,5
Monde (millions d'€)	572,7	972,6	1 663,4	1 876,4	1 996,3	2 144,8	1 963,4
	(Part en pourcentage)						
Amérique	**0,1**	**0,6**	**0,6**	**2,7**	**0,4**	**0,4**	**0,6**
États-Unis	0,0	0,2	0,4	2,4	0,2	0,3	0,1
Autres pays d'Amérique	0,1	0,4	0,2	0,3	0,2	0,1	0,6
Canada	0,1	0,3	0,2	0,3	0,2	0,1	0,6
Europe	**70,5**	**72,6**	**77,6**	**67,3**	**58,0**	**59,1**	**57,2**
UE-28	14,9	9,1	8,3	8,4	5,4	8,7	6,5
France	5,2	2,3	2,4	3,5	2,9	4,1	2,7
Royaume-Uni	3,9	3,0	0,8	1,8	0,3	1,7	1,4
Danemark	0,4	0,3	0,6	0,4	0,8	0,6	0,7
Pays-Bas	0,3	1,6	1,8	1,7	0,6	0,4	0,5
Grèce	0,0	0,0	0,0	0,0	0,0	0,4	0,4
Allemagne	0,5	0,3	0,2	0,2	0,3	0,2	0,3
AELE	55,4	63,5	69,2	58,4	52,2	50,0	50,6
Suisse	55,4	63,5	69,2	58,4	52,2	50,0	50,6
Autres pays d'Europe	0,2	0,1	0,2	0,5	0,4	0,5	0,1
Communauté des États indépendants (CEI)	**0,0**	**0,0**	**0,0**	**0,0**	**0,0**	**0,0**	**0,1**
Afrique	**15,3**	**20,3**	**15,6**	**20,6**	**22,3**	**26,5**	**16,0**
Afrique du Sud	0,0	11,2	10,3	9,1	5,4	4,0	3,9
Côte d'Ivoire	2,0	1,5	1,0	1,9	2,3	5,2	3,6
Togo	0,8	1,1	0,6	0,8	0,8	1,6	2,5
Ghana	4,2	2,7	2,1	1,8	2,1	2,5	2,4
Niger	3,0	1,8	0,6	0,9	1,3	1,6	1,4
Mali	1,2	0,9	0,4	3,5	6,6	8,8	1,3
Moyen-Orient	**1,0**	**0,8**	**0,3**	**0,9**	**0,4**	**0,2**	**0,6**
Émirats arabes unis	0,3	0,3	0,2	0,8	0,3	0,1	0,5
Asie	**13,0**	**5,6**	**5,8**	**8,3**	**18,9**	**13,8**	**25,5**
Chine	0,1	0,3	0,2	2,8	5,2	1,2	3,0
Japon	0,2	0,1	0,1	0,1	2,1	1,0	0,7
Autres pays d'Asie	12,7	5,3	5,5	5,4	11,5	11,6	21,8
Inde	0,5	0,1	0,4	0,3	0,2	1,1	10,3
Singapour	11,8	4,9	4,7	4,7	5,2	6,8	10,0
Viet Nam	0,2	0,1	0,3	0,0	0,0	0,3	0,6
Corée, République de	0,0	0,0	0,0	0,0	0,0	0,0	0,4
Indonésie	0,0	0,0	0,0	0,1	2,0	0,9	0,3
Autres	**0,0**	**0,0**	**0,0**	**0,3**	**0,0**	**0,0**	**0,0**
Pour mémoire:							
UEMOA	9,2	6,2	3,0	8,0	12,6	18,9	9,3
CEDEAO[a]	13,6	9,0	5,3	10,1	14,8	21,9	11,9

a Les membres de l'UEMOA sont également pris en compte dans les calculs.

Source: Calculs du Secrétariat de l'OMC basés sur les données issues de la base de données Comtrade de la DSNU.

Tableau A1. 3 Structure des importations, 2009-2015

	2009	2010	2011	2012	2013	2014	2015
Monde (millions de $EU)	1 870,3	2 048,2	2 406,4	3 568,0	4 365,4	3 575,1	2 979,8
Monde (millions d'€)	1 346,3	1 546,5	1 731,1	2 776,9	3 287,9	2 694,7	2 686,7
	(Part en pourcentage)						
Produits primaires, total	**40,6**	**38,7**	**41,7**	**39,9**	**39,0**	**44,9**	**40,7**
Agriculture	16,4	15,9	17,3	13,6	12,5	13,1	14,4
Produits alimentaires	15,7	15,1	16,6	13,1	12,1	12,7	13,9
0423 - Riz semi-blanchi	3,7	3,0	3,4	3,2	2,8	2,7	2,8
1223 - Autres tabacs fabriqués	1,8	1,8	1,7	1,2	1,2	1,5	1,7
0412 - Autres froments et méteil, non moulus	1,3	1,0	1,2	0,8	0,8	0,9	1,3
0612 - Autres sucres de canne ou de betterave	0,7	0,9	1,3	0,8	1,1	0,9	1,0
Matières premières agricoles	0,7	0,7	0,7	0,5	0,4	0,5	0,5
Industries extractives	24,2	22,9	24,5	26,2	26,5	31,8	26,3
Minerais et autres minéraux	0,5	0,6	0,6	0,2	0,3	0,3	0,4
Métaux non ferreux	0,2	0,2	0,2	0,1	0,2	0,2	0,1
Combustibles	23,6	22,0	23,6	25,8	26,0	31,3	25,7
Produits manufacturés	**59,0**	**60,9**	**58,1**	**60,1**	**60,8**	**55,0**	**59,1**
Fer et acier	3,8	4,8	4,5	5,5	4,9	5,6	3,4
Produits chimiques	13,6	13,8	15,6	13,0	13,7	14,1	15,2
5429 - Médicaments, n.d.a.	4,6	3,9	4,6	2,8	4,0	4,4	4,4
5629 - Engrais, n.d.a.	1,8	1,6	2,4	2,4	2,3	1,6	2,0
5416 – Hétérosides	1,1	0,6	0,8	0,4	0,5	1,0	1,3
Autres demi-produits	11,1	11,4	10,1	9,2	10,2	9,3	9,6
6612 - Ciments hydrauliques, même colorés	3,7	3,6	3,0	2,6	2,5	2,7	3,3
6996 - Ouvrages en fonte, fer ou acier, n.d.a.	0,6	0,9	1,0	0,9	1,0	0,9	1,0
Machines et matériel de transport	22,3	22,9	21,6	27,0	26,1	20,5	25,7
Machines pour la production d'énergie	1,7	1,2	1,0	1,1	1,2	0,7	0,7
Autres machines non électriques	6,4	7,2	6,2	10,6	10,9	6,4	8,8
7239 - Parties et pièces détachées	0,7	1,0	1,2	1,4	1,7	0,6	1,5
7283 - Machines et appareils à trier, cribler, séparer, laver, concasser, etc.	1,8	1,0	0,5	1,7	1,5	0,9	1,1
Machines de bureau et matériel de télécommunication	1,4	2,5	3,3	2,7	1,9	2,4	3,3
Autres machines électriques	4,3	2,8	2,4	2,3	2,3	2,4	1,8
Produits de l'industrie automobile	5,0	5,1	4,3	6,3	6,1	5,1	6,5
7812 - Véhicules à moteur pour le transport des personnes, n.d.a.	2,8	2,5	2,4	2,4	2,1	2,3	2,4
7821 - Véhicules automobiles pour le transport de marchandises	0,9	0,9	0,6	2,3	2,1	1,3	1,5
7832 - Tracteurs routiers de semi-remorques	0,2	0,7	0,4	0,3	0,8	0,5	1,1
Autres matériel de transport	3,5	4,1	4,5	4,0	3,7	3,4	4,6
7851 - Motocycles et cycles équipés d'un moteur auxiliaire	1,9	2,4	2,4	2,0	1,6	1,6	1,7
Textiles	2,4	2,2	1,4	1,2	1,9	1,1	0,8
Vêtements	0,7	0,6	0,6	0,6	0,7	0,6	0,5
Autres biens de consommation	5,1	5,1	4,3	3,6	3,4	3,9	3,8
Autres	**0,4**	**0,4**	**0,2**	**0,1**	**0,1**	**0,1**	**0,2**

Source: Calculs du Secrétariat de l'OMC basés sur les données issues de la base de données Comtrade de la DSNU (CTCI Rev.3).

Tableau A1. 4 Origine des importations, 2009-2015

	2009	2010	2011	2012	2013	2014	2015
Monde (millions de $EU)	1 870,3	2 048,2	2 406,4	3 568,0	4 365,4	3 575,1	2 979,8
Monde (millions d'€)	1 346,3	1 546,5	1 731,1	2 776,9	3 287,9	2 694,7	2 686,7
	(Part en pourcentage)						
Amérique	**8,2**	**8,7**	**7,7**	**12,4**	**10,0**	**3,8**	**10,3**
États-Unis	4,9	4,0	4,3	7,0	6,2	2,3	6,5
Autres pays d'Amérique	3,3	4,7	3,4	5,4	3,8	1,5	3,8
Brésil	1,7	1,0	1,5	0,8	0,9	0,4	1,4
Europe	**33,8**	**31,7**	**34,4**	**32,4**	**34,9**	**22,9**	**35,2**
UE-28	32,8	30,2	33,1	30,6	33,6	21,9	34,1
France	12,8	10,3	12,1	8,4	8,6	11,1	9,0
Pays-Bas	5,3	4,4	4,0	3,0	8,6	1,3	7,6
Espagne	2,0	1,5	1,4	1,6	1,4	1,3	3,8
Belgique	3,2	2,1	1,7	1,8	2,9	2,9	2,9
Allemagne	3,2	4,0	3,9	3,4	3,6	1,9	2,9
Italie	1,2	1,2	1,4	1,5	1,4	1,1	2,2
Royaume-Uni	1,9	3,7	4,4	7,9	3,5	0,3	1,8
Suède	0,6	0,5	1,2	1,3	1,4	0,6	1,1
AELE	0,5	0,4	0,2	0,7	0,5	0,3	0,3
Autres pays d'Europe	0,5	1,1	1,0	1,2	0,7	0,7	0,7
Communauté des États indépendants (CEI)	**1,5**	**2,8**	**3,2**	**1,1**	**0,6**	**1,0**	**2,5**
Fédération de Russie	0,7	1,5	2,0	1,1	0,6	0,6	2,0
Afrique	**31,6**	**33,1**	**30,3**	**27,9**	**27,7**	**53,9**	**25,4**
Côte d'Ivoire	14,5	16,0	10,7	9,5	8,9	16,9	8,4
Ghana	2,8	2,7	2,7	2,7	3,0	5,8	4,0
Togo	4,3	4,5	3,9	4,4	4,2	12,1	3,3
Afrique du Sud	3,6	2,7	1,5	2,6	2,3	1,4	2,6
Maroc	0,6	0,8	0,4	0,7	0,6	0,9	1,9
Mali	1,2	1,0	2,1	2,1	1,7	1,1	1,4
Moyen-Orient	**0,7**	**1,1**	**1,4**	**0,6**	**0,8**	**1,2**	**1,1**
Asie	**24,3**	**22,6**	**23,1**	**21,6**	**26,1**	**17,2**	**25,6**
Chine	9,8	9,7	9,8	8,9	9,7	9,0	11,1
Japon	3,0	2,6	2,4	2,9	2,8	0,7	2,8
Autres pays d'Asie	11,5	10,3	10,9	9,9	13,5	7,6	11,7
Inde	4,4	2,8	3,7	3,4	4,7	3,5	3,3
Thaïlande	1,8	1,0	1,6	1,1	0,9	1,4	2,0
Corée, République de	0,9	0,8	0,8	1,0	2,2	1,0	1,9
Autres	**0,0**	**0,0**	**0,0**	**3,9**	**0,0**	**0,0**	**0,0**
Pour mémoire:							
UEMOA	21,3	22,8	19,7	18,1	19,0	44,8	14,9
CEDEAO[a]	25,6	26,8	26,0	22,9	22,6	50,9	19,3

a Les membres de l'UEMOA sont également pris en compte dans les calculs.

Source: Calculs du Secrétariat de l'OMC basés sur les données issues de la base de données Comtrade de la DSNU.

Côte d'Ivoire

Environnement économique

PRINCIPALES CARACTÉRISTIQUES DE L'ÉCONOMIE

Première économie de l'Union économique et monétaire ouest-africaine (UEMOA, voir rapport commun) avec 36% de son PIB en 2016[1], la Côte d'Ivoire en est sans conteste le moteur économique: sa croissance économique a été remarquable, dépassant 9% annuellement depuis son dernier examen de politique commerciale en 2012, et permettant une nette amélioration du revenu par tête de la population (graphique 1.1 et tableaux A1.1-A1.4). Ceci reflète en partie le rattrapage de tous les projets mis en veille durant la décennie de tensions et conflits socio-politiques (2002-2011).

Dotée d'abondantes ressources naturelles, d'une population assez jeune de 23 millions d'habitants, d'une façade maritime de 550 km, de nombreux cours d'eau, et enregistrant de fortes précipitations, la Côte d'Ivoire a de fortes potentialités pour un essor économique soutenu. Le taux de croissance démographique est relativement bas, à 2,3% par an (tableau 1.1). Surtout, la Côte d'Ivoire a su bien encadrer son agriculture, y compris à l'exportation, et l'intégrer à un tissu agro-industriel relativement dynamique (p. 213).

L'agriculture est non seulement le secteur le plus important et le plus dynamique, faisant vivre environ 50% de la population, mais elle constitue également la source de l'essentiel des exportations, soit à l'état brut, ou après transformation. L'industrie extractive repose essentiellement sur le pétrole, le gaz naturel et l'or, mais n'a pas accru sa part du PIB. Des gisements sont également exploités de manière artisanale. Par contraste, le bâtiment et les travaux publics gagnent fortement en importance, en raison de gros investissements dans les infrastructures. L'économie ivoirienne se diversifie vers de nouveaux services, tels que la banque par téléphonie mobile utilisée par 24% de la population adulte, deux fois la moyenne africaine.

Les autorités considèrent que le rôle de l'État est essentiel pour créer les bases d'un secteur productif fort, notamment en offrant des services d'éducation et de santé de base, et en facilitant l'accès à une nourriture suffisante et saine. Ceci d'autant plus que le taux de pauvreté en Côte d'Ivoire a augmenté au cours de la dernière décennie. Les inégalités hommes-femmes demeurent considérables, avec un taux d'emploi de 51% pour les femmes contre 82% pour les hommes. De même, pour ce qui est du niveau d'éducation, 42% des filles sont inscrites dans l'enseignement primaire et secondaire, contre 60% des garçons. Ce taux relativement faible de scolarisation se traduit par une main-d'œuvre relativement peu qualifiée, qui ne répond pas aux besoins des entreprises, notamment dans les secteurs d'exportation. Le salaire minimum interprofessionnel garanti est passé de 36 000 à 60 000 FCFA (91,5 euros) en novembre 2013.

L'indice de développement humain (IDH) reflète en partie ces problèmes. Malgré ses très bons résultats économiques, la Côte d'Ivoire a perdu en 2015 une place dans le classement mondial de l'IDH, se classant désormais 172ème sur 188 pays. La forte avancée économique n'a pas été de nature à réduire

Graphique 1.1 PIB par habitant, 2005-2015

(Dollars EU, PPA internationaux constants de 2011)

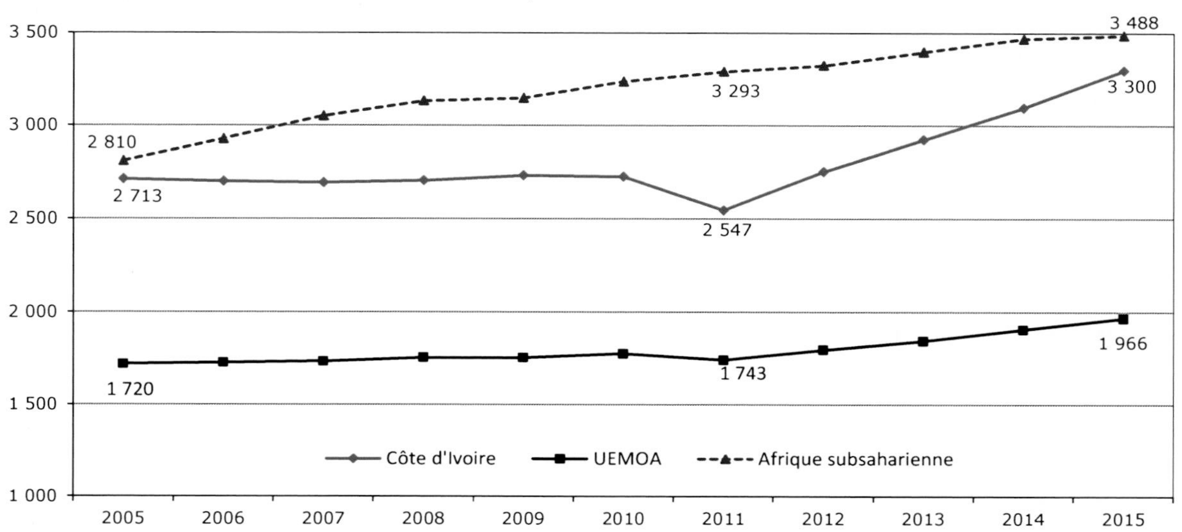

Source: Banque mondiale, Indicateurs du développement dans le monde. Adresse consultée: http://databank.worldbank.org/data/reports.aspx?source=World%20Development%20Indicators.

Tableau 1.1 Indicateurs économiques de base, 2009-2016

	2009	2010	2011	2012	2013	2014	2015	2016
Divers								
PIB aux prix du marché (milliards d'€)[a]	17,5	18,8	18,5	20,9	23,5	26,6	29,6	32,7
Taux de croissance du PIB réel (%)	3,3	2,0	-4,2	10,1	9,3	8,8	9,2	8,8
Population (millions)	21,0	20,5	21,0	21,6	22,1	23,1	23,7	24,3
En milieu rural (% de la population totale)	52,6	52,0	53,8	51,1	50,7	49,8	49,8	..
Inflation (IPC, variation %)	1,0	1,2	4,9	1,3	2,6	0,5	1,2	0,7
Taux d'intérêt, dépôts, pourcentage annuel	5,3	5,2	5,7	5,2	5,1	5,0	5,0	..
Taux d'intérêt, taux de prêt, pourcentage annuel	8,6	7,8	8,0	7,7	5,6	6,1	6,3	..
Comptes nationaux aux prix courants (% du PIB)								
Consommation finale	80,4	79,3	79,6	79,7	76,4	75,4	74,9	74,7
Formation brute de capital fixe	10,9	12,3	8,9	12,8	17,0	18,9	19,3	20,5
Variation de stocks	-2,2	1,1	-4,8	3,3	3,7	-0,2	2,3	1,8
Solde extérieur	10,9	7,3	16,3	4,2	2,9	4,9	3,5	3,0
Exportations de biens et services	50,9	50,6	53,2	48,9	41,5	39,3	38,1	32,6
Importations de biens et services	39,9	43,3	36,9	44,7	38,6	34,4	34,6	29,6
Répartition sectorielle du PIB aux prix courants (% du PIB)								
Agriculture, élevage, sylviculture et pêche	21,2	24,6	26,3	22,2	20,9	21,2	20,2	19,1
Agriculture	19,1	22,5	24,2	20,3	19,5	19,8	19,8	18,7
Élevage	1,6	1,6	1,6	1,6	0,9	0,9	..	..
Sylviculture (forêt)	0,4	0,4	0,4	0,2	0,4	0,4	0,3	0,3
Pêche	0,1	0,1	0,1	0,1	0,1	0,1	0,1	0,1
Industries extractives	6,1	6,6	9,1	6,8	6,0	4,6	5,2	5,7
Industries manufacturières	16,5	13,6	13,5	14,1	16,3	16,8	16,1	15,9
dont: Agroalimentaire	5,9	5,8	6,4	7,2	7,2	6,8	6,4	6,3
Produits pétroliers	3,1	1,0	0,3	0,1	1,3	2,6	2,5	2,3
Énergie (gaz, eau, électricité)	0,8	0,6	0,2	0,3	0,6	0,5	0,6	..
Bâtiments et travaux publics BTP	1,7	1,7	1,8	3,0	3,1	4,3	5,2	6,0
Services	43,5	43,8	42,1	43,6	42,9	41,1	40,8	40,6
dont: Transports	3,2	2,9	3,0	3,4	3,7	3,2	3,2	3,3
Postes et télécommunications	4,5	4,4	4,8	6,2	5,5	5,0	4,9	4,9
Commerce	10,2	10,8	11,3	9,9	9,4	9,2	9,3	9,3
Banques et assurances	4,2	3,8	3,3	3,0	3,0	3,2	..	..
Autres services	15,2	15,5	13,6	11,4	11,3	11,8	12,6	11,2
Droits et taxes	10,3	9,3	7,6	10,2	10,2	10,5	10,8	10,3
Finances publiques (% du PIB)								
Recettes et dons	20,7	18,5	14,2	19,2	19,7	19,5	20,9	19,5
Recettes courantes	18,0	17,7	14,0	18,6	18,4	17,7	19,4	18,1
Recettes fiscales	15,7	15,6	12,3	16,2	15,6	15,2	15,7	14,9
Impôts sur les revenus et bénéfices	4,7	4,5	4,2	5,3	5,0	4,4	4,2	..
Taxes sur les biens et services	..	3,7	2,8	4,0	3,5	3,6	3,7	3,7
dont: TVA	..	1,5	0,9	1,4	1,5	1,5	1,5	1,5
Impôts sur le commerce extérieur	6,5	7,2	5,1	6,6	7,2	7,3	7,9	7,3
dont: sur les importations	..	5,3	3,3	4,9	4,9	5,0	5,4	5,0
sur les exportations	..	1,8	1,8	1,7	1,9	1,9	2,1	1,8
Autres impôts et taxes	..	0,3	0,2	0,4	..	..	..	..
Recettes non fiscales	2,3	2,0	1,7	2,4	2,8	2,5	3,6	2,5
Dons	2,7	0,9	0,3	0,6	1,3	1,8	1,5	1,2
Dépenses totales et prêts nets	20,0	20,2	18,2	22,3	21,9	21,7	23,8	23,4
Solde budgétaire global (hors dons)	-2,0	-2,6	-4,3	-3,8	-3,5	-4,0	-4,4	-5,3
Solde budgétaire global (dons inclus)	0,7	-1,7	-4,0	-3,2	-2,2	-2,2	-2,9	-3,9
Dette publique totale (% du PIB)	57,8	61,6	67,6	33,9	34,0	38,1	42,2	41,8
Dette extérieure totale (% du PIB)	45,9	45,4	50,1	17,3	16,9	19,6	23,9	23,0
Ratio service de la dette/exports (%)	11,3	..	..	6,1	6,2	7,0	6,9	..
Secteur extérieur								
FCFA par $EU (moyenne annuelle)	472,2	495,3	471,9	510,5	494,0	494,4	591,4	592,7
Taux de change effectif réel (IPC, variation en %)[b]	-0,2	-6,1	2,0	-4,0	4,5	1,0	-4,4	0,3
Réserves officielles brutes (milliards de $EU)	3,3	3,6	4,3	3,9	4,2	4,5	4,7	..
En mois d'importations de biens et services	3,6	3,7	4,9	3,6	3,9	..	..	..
Flux entrant d'IED (millions d'€)	271,5	255,9	216,9	257,1	306,9	330,7	387,9	..
% du PIB	1,6	1,4	1,2	1,2	1,3	1,2	1,3	..
Stock entrant d'IED (millions d'€)	5 150,3	5 268,9	5 062,8	5 849,6	6 235,6	5 796,3	6 598,5	..
% du PIB	29,5	28,0	27,4	28,1	26,5	21,8	22,3	..

.. Non disponible.

a Le franc CFA commun aux pays de l'UEMOA est rattaché à l'euro au cours de 1 € = 655,96.

b Un signe négatif indique une dépréciation.

Source: Secrétariat de l'OMC.

la pauvreté et à améliorer le capital humain de manière significative. Par ailleurs, en ce qui concerne chacune des composantes de l'IDH hors revenus (espérance de vie à la naissance, années de scolarisation escomptées et moyennes), la Côte d'Ivoire obtient des résultats inférieurs à la moyenne de l'Afrique subsaharienne.

Grâce à des restructurations négociées avec le Club de Paris et des créanciers privés, notamment un allègement en 2012, l'endettement extérieur de l'État ivoirien demeure à des niveaux relativement raisonnables (tableau 1.1). Toutefois, cet allègement a constitué l'essentiel de l'Aide pour le développement (APD) reçue depuis 2012. La Côte d'Ivoire a reçu 182 millions de dollars EU au titre de l'Aide pour le commerce en 2015.

La Côte d'Ivoire a sollicité les marchés internationaux à deux reprises depuis le précédent examen: en 2014 avec une obligation de 750 millions de dollars à 12 ans (avec un coupon de 6,625%); et en 2015 avec une obligation d'un milliard de dollars, assorti d'une échéance de 13 ans (6,375% de coupon). Fin 2015, deux agences de notation ont respectivement relevé la note de long terme de la Côte d'Ivoire de B1 à Ba3 (Moody's), et de B à B+ (Fitch).

En tant que membre de l'UEMOA, la Côte d'Ivoire a harmonisé plusieurs éléments de sa politique économique avec les autres membres avec lesquels elle partage également la même monnaie, le franc CFA (rapport commun).

ÉVOLUTION ÉCONOMIQUE RÉCENTE

Durant la période sous revue, la croissance économique est demeurée forte en Côte d'Ivoire, soutenue par le niveau élevé des investissements publics dans les infrastructures, de bonnes campagnes agricoles et l'amélioration graduelle du climat des affaires. La réhabilitation des infrastructures dans les domaines de l'énergie et des transports soutient également l'activité économique. Le Plan national de développement (PND) 2016–2020 prévoit un vaste programme d'investissement public dans la production énergétique et dans les infrastructures de transport, y compris port de pêche, Port autonome d'Abidjan, autoroute, et chemin de fer (p. 227). Sa mise en œuvre est facilitée par un rebond de la production agricole et par la croissance des activités agro-industrielles; les télécommunications, la finance, le commerce et les transports ont également été redynamisés. L'investissement privé, essentiellement national, soutient les activités économiques (p. 188).

Un autre plan stratégique - "Plan Côte d'Ivoire 2040, le défi du meilleur" - est issu en partie du patronat ivoirien, en particulier de la Confédération générale des entreprises de Côte d'Ivoire (CGECI). Son objectif est de promouvoir le secteur privé à travers la conception et la mise en œuvre d'une stratégie pour la croissance et le développement de la Côte d'Ivoire à l'horizon 2040. Il comprend également une stratégie d'exportation et une réglementation sur le commerce.

Dans la période 2010-2016, l'inflation a été d'environ 1,8% par an (bien en dessous du seuil maximum de 3% fixé au niveau communautaire (rapport commun, p. 35)), grâce aux politiques monétaire et de change prudentes de la Banque centrale des États de l'Afrique de l'ouest (BCEAO). Cependant, les déficits du compte courant extérieur sont devenus plus fréquents au cours de la période (tableau 1.2), du fait notamment de la forte hausse des importations de marchandises liées aux investissements en infrastructure. La hausse des importations n'a toutefois pas émoussé le surplus structurel de la balance commerciale. Le déficit structurel du compte des services, revenus, et transferts courants a eu tendance à se creuser depuis 2009.

Sur le plan fiscal, la Côte d'Ivoire a réussi à accroître les recettes budgétaires (tableau 1.1), qui demeurent toutefois en deçà du seuil de référence de la pression fiscale (17% du PIB) défini au sein de l'UEMOA. La Direction générale des impôts a institué une facture normalisée pour renforcer la traçabilité des transactions commerciales et mieux lutter contre la fraude; elle a également adopté de nouveaux modes de paiement électronique (par carte bancaire, mobile money, virement électronique, etc.), et de nouvelles procédures (télé-déclaration, télépaiement et Livre foncier électronique). La mise en place d'un identifiant unique permettant l'immatriculation juridique, fiscale et sociale d'une entreprise exclusivement au CEPICI (p. 197), et la dématérialisation des processus administratifs d'obtention de l'état foncier des biens immobiliers acquis ou baillis, devraient également contribuer à l'amélioration du recouvrement des recettes fiscales.

Du fait des fraudes, la pression fiscale (encadré 1.1) est assez lourde sur les bons contribuables, ce qui a une influence sur le climat des affaires et sur l'investissement. Les entreprises ivoiriennes, surtout celles ayant un chiffre d'affaires de moins de 400 millions de FCFA (610 000 euros) par an, effectuent plus de 60 paiements d'impôts par an et passent 270 heures par an pour la préparation et le paiement des impôts, avec un taux d'imposition totale de 46% des bénéfices en 2013.[2] Un formulaire unique de déclaration fiscale a été introduit en 2015.[3].

Les dépenses publiques, à la fois de personnel et d'investissement, ont fortement crû, d'où un déficit budgétaire (hors dons) demeuré élevé tout au long de la période 2010-2015 (tableau 1.1). Par ailleurs, l'une des particularités de la Côte d'Ivoire par rapport aux pays de niveau de développement similaire est la forte dépendance des recettes de l'État des droits de douane (tableau 1.1; et rapport commun, tableau 1.2).

COMMERCE INTERNATIONAL DE MARCHANDISES ET DE SERVICES

Commerce de marchandises

Le commerce (exportations et importations) de la Côte d'Ivoire a diminué par rapport au PIB entre 2009 et 2016 (72% du PIB, tableau 1.1), reflétant surtout la forte

Tableau 1.2 Balance des paiements, 2009-2016

(Millions d'euros)

	2009	2010	2011	2012	2013	2014	2015	2016[a]
Balance des transactions courantes	1 164	351	1 915	-250	-318	384	-181	-191
Balance des biens	3 053	2 734	4 293	2 387	2 255	2 919	2 857	2 932
Exportations f.a.b.	8 154	8 615	9 089	9 436	9 075	9 774	10 577	10 638
Dont: Café	156	173	84	174	203	147	92	85
Cacao	2 677	2 873	3 002	2 625	2 945	3 489	3 201	3 015
Importations f.a.b.	5 101	5 881	4 796	7 049	6 820	6 855	7 720	7 706
dont produits pétroliers	1 250	2 111	1 942	2 991	2 781	2 556	..	..
Balance des services	-1 143	-1 362	-1 284	-1 515	-1 564	-1 628	-1 820	-1 827
dont fret et assurance	-783	-962	-855	-1 082	-1 059	-1 056	..	..
Revenus nets	-675	-690	-711	-716	-679	-685	-908	-926
dont intérêts de la dette	-193	-195	-198	-234	-151	-144	-232	-259
Balance des transferts courants	-71	-332	-384	-405	-331	-222	-311	-370
Privés	-428	-386	-362	-372	-429	-411	-460	-515
Publics	357	54	-21	-34	98	189	150	145
Compte de capital et d'opérations financières	-942	26	-1 230	-93	266	74	620	108
Transferts de capital	162	890	111	6 313	145	211	238	161
Opérations financières	-1 104	-864	-1 341	-6 406	122	-137	382	-53
Investissements directs	278	237	206	246	312	318	433	427
Investissements de portefeuille	-27	351	76	111	131	706	875	778
Dérivés financiers	0	-6	0	0	0	0	0	0
Autres investissements	-1 355	-1 446	-1 623	-6 763	-321	-1 161	-926	-1 258
Erreurs et omissions nettes	-27	-19	-32	-60	56	-41	-60	0
Solde global	196	358	654	-402	4	417	379	-83
Indicateurs (%)								
Solde des biens/PIB	17,5	14,6	23,3	11,4	9,6	11,0	9,7	9,0
Solde des transactions courantes/PIB	6,7	1,9	10,4	-1,2	-1,4	1,4	-0,6	-0,6
Solde global/PIB	1,1	1,9	3,5	-1,9	0,0	1,6	1,3	0,3

.. Non disponible.

a Estimations.

Source: Informations fournies par les autorités (Base de données de la surveillance multilatérale (BDSM)); et Banque centrale des États de l'Afrique de l'ouest.

croissance de ce dernier et la chute des exportations de produits pétroliers. Sa balance commerciale est structurellement excédentaire (graphique 1.2).

Entre 2009 et 2015, la part des produits agricoles dans les exportations s'est accrue de 53% à 65% (graphique 1.2); les principales avancées ont porté sur le cacao et l'anacarde, mais aussi sur les produits agro-industriels, qui comprennent l'huile de palme, des savons et préparations, des produits de beauté, des extraits et essences de café, du tabac, des préparations pour soupe, des sacs et sachets d'emballage, et des produits à base de cacao. Le pétrole brut, les huiles et le bitume dérivés du pétrole constituent le second poste d'exportation, mais leur part a baissé considérablement, reflétant les problèmes de la raffinerie (p. 221).

En 2009, environ 52% des exportations ivoiriennes étaient expédiées en Europe, mais cette part a fortement baissé (graphique 1.3). Les exportations vers l'Afrique ont aussi relativement baissé entre 2009 et 2015. Environ 22% des exportations ivoiriennes est dirigé vers la CEDEAO en 2015, surtout le Nigéria bien que les exportations vers ce marché aient baissé significativement. Par contre, la part des exportations ivoiriennes vers l'UEMOA a augmenté (passant de 10% à 13% du total), reflétant des avancées vers l'intégration (surtout vers le Mali et vers le Burkina Faso). Les exportations vers les pays d'Asie (surtout l'Inde) ont vu leur part doubler de 6% à 12%.

Les combustibles et produits agricoles comptent toujours pour près de la moitié des importations totales de Côte d'Ivoire même si leur part a quelque peu fléchi, notamment celle des produits agricoles. Du point de vue géographique, les importations en provenance d'Europe se sont accrues, de même celles en provenance d'Asie, reflétant l'augmentation des équipements et matériels d'investissement. Les importations en provenance du Nigéria ont fortement baissé, reflétant la chute des prix du pétrole.

Commerce de services

Le déficit du commerce des services de la Côte d'Ivoire a augmenté entre 2010 et 2015. Il est principalement imputable aux services de fret et d'assurance. Le compte des voyages, gravement perturbé par la crise socio-politique, enregistrerait une modeste amélioration sous l'effet de la reprise du tourisme et des voyages d'affaires en Côte d'Ivoire (tableau 1.3).

INVESTISSEMENT ÉTRANGER DIRECT

Les investissements étrangers directs (IED) réalisés en Côte d'Ivoire durant 2005-2011 étaient concentrés surtout dans les télécommunications, notamment la téléphonie mobile. Des investissements notables ont également été réalisés dans l'agro-industrie, et les industries extractives (hydrocarbures) et alimentaires. Les principaux pays d'origine des IED étaient Singapour, la France, le Liban et la Grande-Bretagne. En général, l'investissement privé en Côte d'Ivoire n'a pas été à la hauteur de son potentiel durant la décennie 2005-2015 (graphique 1.4), principalement en raison de l'instabilité socio-politique. Conscientes du besoin d'améliorer

Encadré 1.1 Taxation en Côte d'Ivoire, 2017

Outre les droits et taxes de porte, les autres impôts et taxes directs et indirects en vigueur comprennent:

- Deux impôts cumulables sur le revenu des personnes physiques, avec de nombreuses exemptions qui diffèrent entre les deux: l'impôt sur les traitements et salaires, au taux de 1,5% des rémunérations (articles 115 et suivants du Code général des impôts (CGI)); et l'impôt général sur le revenu (articles 251 et suivants, et 245 pour les exemptions) qui s'échelonne de 2 à 36% (pour des revenus annuels de 50 millions ou plus (77 000 euros).

- L'impôt sur les bénéfices industriels et commerciaux (IB): 25% pour les personnes morales, 30% dans le secteur des télécommunications et des TIC; 20% pour les personnes physiques. Des exemptions sont disponibles pour les entreprises de microfinance.

- L'impôt sur les bénéfices non commerciaux (BNC), 20% (article 92 du CGI): sont passibles du BNC, sous réserve des dispositions des conventions internationales, les personnes physiques ou morales ne résidant pas en Côte d'Ivoire en raison des sommes perçues en rémunération des prestations fournies ou utilisées en Côte d'Ivoire. Il s'agit d'une retenue à la source qui a un caractère définitif en ce sens qu'elle est libératoire des impôts sur le revenu en Côte d'Ivoire. La base imposable est constituée par le montant brut, hors taxes, des rémunérations versées. Le dispositif ne précise pas les domaines d'activité soumis à la taxe.

- La TVA au taux normal de 18%; et un taux réduit de 9% sur le lait transformé, les pâtes alimentaires à base de semoule de blé dur à 100%, les matériels de production de l'énergie solaire, et les produits pétroliers raffinés par la SIR (l'essence d'aviation, le super, le gasoil, le pétrole lampant). Les exclusions du champ de la TVA comprennent notamment toutes les activités agricoles. Le CGI comprend une longue liste de 58 rubriques portant sur les opérations exonérées de la TVA, y compris l'essentiel de la production alimentaire de fruits, de légumes, de volaille, viande et de poisson, le bois, le caoutchouc, les produits pharmaceutiques et les services médicaux, les intrants agricoles (article 355 du CGI).

- L'impôt sur le patrimoine foncier des propriétés bâties (article 157 du CGI).

- L'impôt sur le patrimoine foncier des propriétés non bâties (article 159 du CGI).

- L'impôt sur le revenu foncier (article 149 du CGI).

- La taxe sur les transactions immobilières, récemment diminuée de 6% à 4% (article 760 du CGI).

- L'impôt sur le revenu des valeurs mobilières (article 180).

- L'impôt général sur le revenu (article 237).

- L'impôt sur les revenus servis aux personnes morales ou physiques domiciliées hors de Côte d'Ivoire.

- La taxe de voirie, d'hygiène et d'assainissement (article 166), applicable aux entreprises bénéficiaires du Code des investissements et aux entreprises exonérées de l'impôt foncier.

- La contribution des patentes (article 264), due par toute personne exerçant une activité commerciale ou industrielle ou une profession libérale.

- La contribution des licences (article 300), due sur le commerce des boissons alcoolisées.

- L'impôt minimum forfaitaire pour les entreprises qui ne réalisent pas de bénéfices, perçu à 0,5% du chiffre d'affaires des entreprises soumises au régime normal (article 39 CGI) et 2% pour celles au régime réel simplifié d'imposition (article 53 CGI).

- L'impôt sur les prestations de services par des non-résidents (article 92).

- La taxe spéciale d'équipement (article 1084).

- La contribution de l'employeur à la sécurité sociale

Source: Secrétariat de l'OMC, sur la base d'informations fournies par la Direction générale des impôts de Côte d'Ivoire.

Graphique 1.2 Structure du commerce des marchandises, 2009 et 2015

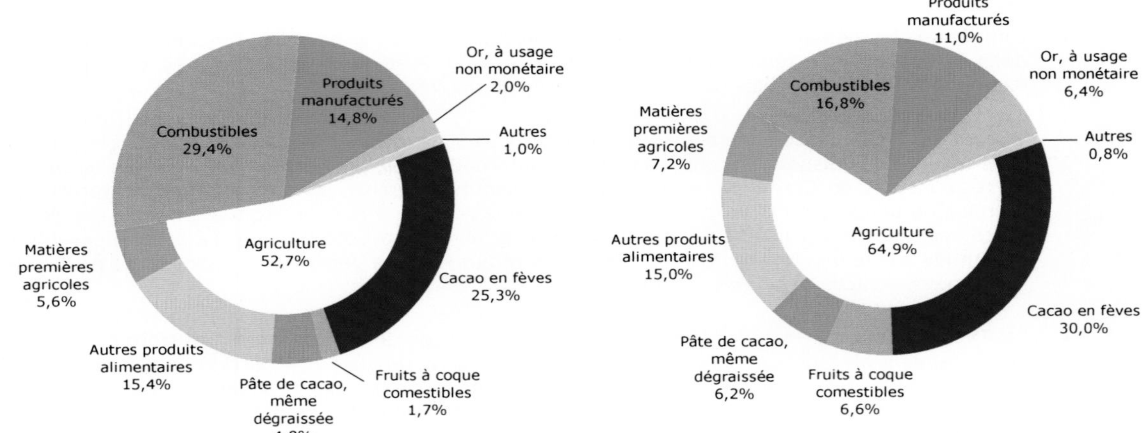

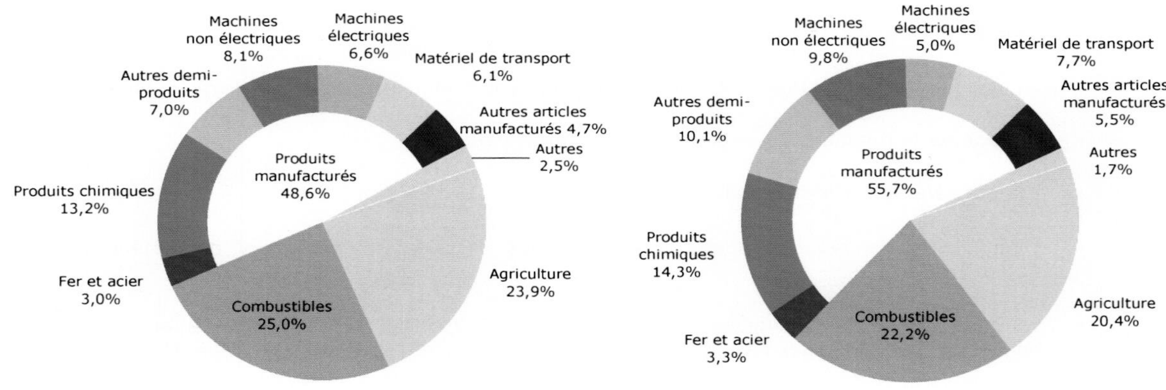

Source: Calculs du Secrétariat de l'OMC basés sur les données issues de la base de données Comtrade (CTCI Rev.3) de la DSNU.

Graphique 1.3 Direction du commerce des marchandises, 2009 et 2015

2009	2015

(a) Exportations (f.a.b.)

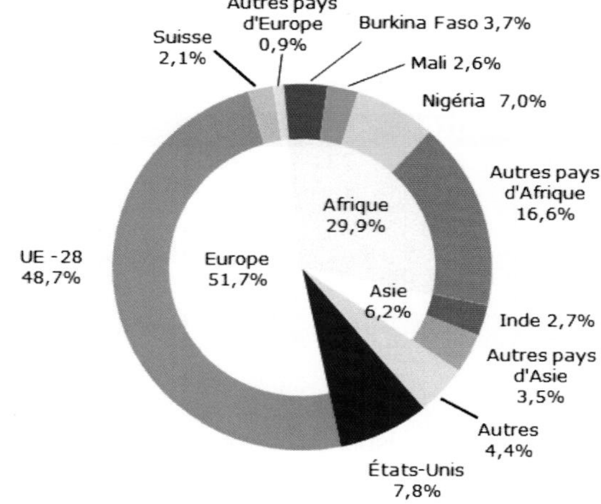

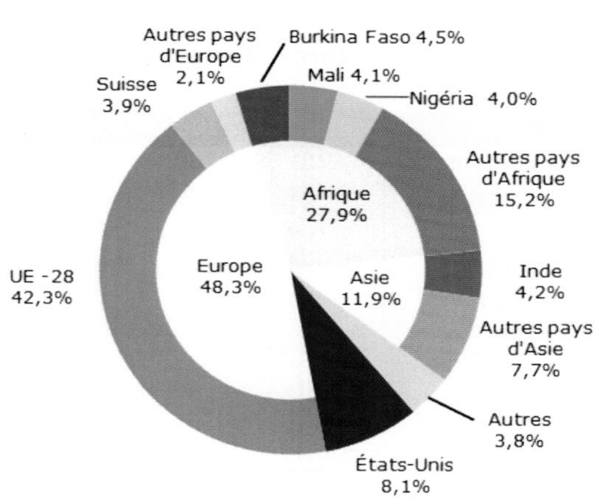

Total: 7,4 milliards d'€ **Total: 10,7 milliards d'€**

(b) Importations

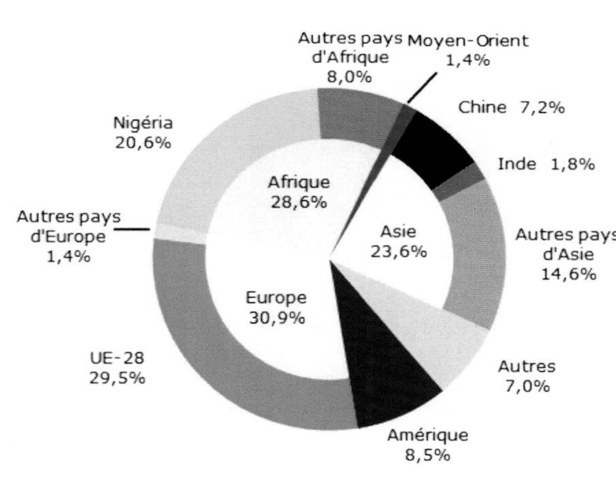

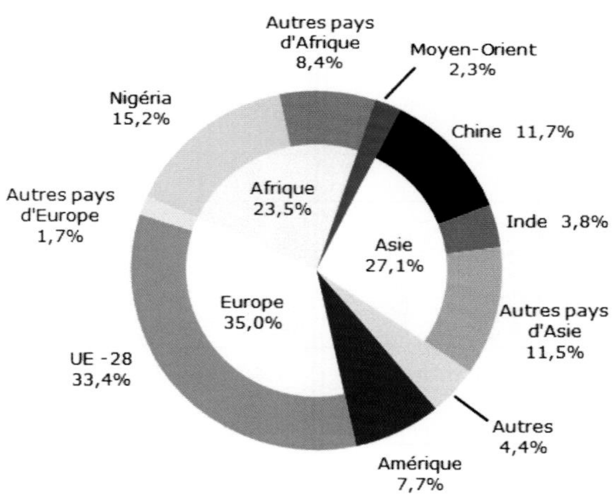

Total: 5,0 milliards d'€ **Total: 8,6 milliards d'€**

Source: Calculs du Secrétariat de l'OMC, basés sur les données issues de la base de données Comtrade de la DSNU.

l'environnement des affaires, les autorités ont entamé un ambitieux programme de réformes axé sur les entreprises publiques; le cadastre et le système judiciaire, y compris la mise en place de tribunaux commerciaux; le Code des investissements et le régime de concurrence; et les formalités commerciales et de création d'entreprises (p. 197).

Tableau 1.3 Commerce des services, 2005-2014

(Millions d'euros)

	2005	2006	2007	2008	2009	2010	2011	2012	2013	2014[a]
Exportations	751	760	765	789	844	893	731	766	704	711
dont voyages	67	74	75	79	109	152	130	134	136	138
Part en %	8,9	9,8	9,8	10,0	12,9	17,0	17,7	17,5	19,4	19,4
Importations	1 826	1 902	1 932	1 938	1 998	2 255	2 015	2 281	2 426	2 488
dont voyages	285	297	272	243	247	266	273	283	287	..
Part en %	15,6	15,6	14,1	12,6	12,3	11,8	13,6	12,4	11,8	..

.. Non disponible.

a Estimations.

Source: Base de données statistiques de l'OMC. Adresse consultée: http://stat.wto.org/Home/WSDBHome.aspx?Language=F.

Graphique 1.4 Stock entrant d'investissements étrangers directs par habitant, 2005-2015

(Euros)

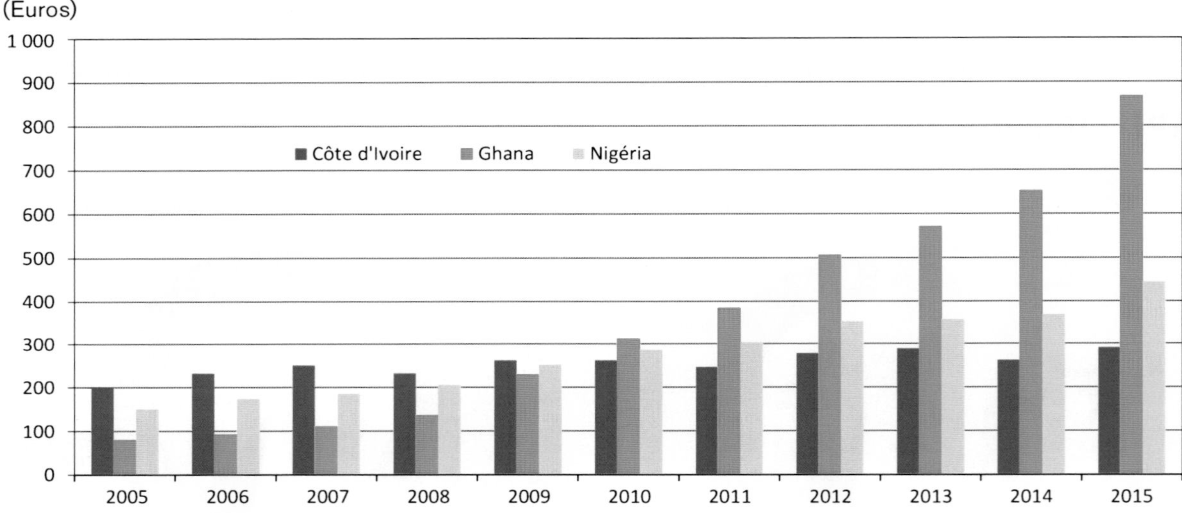

Source: Informations en ligne de la CNUCED. Adresse consultée: http://unctadstat.unctad.org/ et Rapport sur l'investissement dans le monde 2016.

Notes de fin

1 Commission de l'UEMOA, *Rapport sur la surveillance multilatérale*. Adresse consultée: www.uemoa.int.

2 CCI (non daté), *Stratégie nationale d'exportation de la République de Côte d'Ivoire*, Genève.

3 Direction générale des impôts. Adresse consultée: http://www.dgi.gouv.ci/site/?p=imprimes_unique.

Régimes de commerce et d'investissement

En 2011, la Côte d'Ivoire mit fin au grave conflit politique qui la déchirait depuis près de dix ans, qui avait causé la perte de nombreuses vies humaines, et considérablement ralenti son développement économique et son commerce international. Les autorités ont en 2011-2012 lancé des réformes d'envergure pour moderniser le système judiciaire et améliorer son efficacité; pour réformer les entreprises publiques, permettre les partenariats publics-privés; pour réviser le droit foncier, moderniser le Code des investissements, et faciliter l'environnement des affaires. En 2012, le gouvernement et le secteur privé, à travers le Comité de concertation État/secteur privé, se sont attelés à faciliter les formalités pour les entreprises désirant investir en Côte d'Ivoire.[1] En 2017, l'amélioration de la gouvernance et la lutte contre la corruption constituent la principale priorité pour les entreprises, aux côtés des mesures pour faciliter l'accès au crédit et à l'énergie.

CADRE GÉNÉRAL

Indépendante depuis août 1960, la Côte d'Ivoire avait modifié sa structure législative et institutionnelle en 2000 en adoptant une nouvelle Constitution, puis une autre en 2016.[2] En vertu de la Constitution de 2016, le Président de la République est le chef de l'État, élu pour cinq ans au suffrage universel direct. Il n'est rééligible qu'une fois. En tant que détenteur exclusif du pouvoir exécutif, le Président détermine la politique du gouvernement, signe les traités et assure la promulgation des lois. Il nomme le Premier Ministre et les autres membres du gouvernement, et peut mettre fin à leurs fonctions.[3] Le mandat présidentiel actuel se termine en décembre 2020.

Une réforme constitutionnelle fut approuvée par referendum le 30 octobre 2016, consacrant l'avènement d'une Troisième République dès janvier 2020.[4] Parmi les changements, le projet modifie les conditions de nationalité; supprime la limite d'âge maximale de 75 ans pour être candidat aux élections présidentielles; et prévoit la création d'un poste de Vice-Président et d'un Sénat dont un tiers des membres seront nommés par le Président de la République.

Le pouvoir législatif actuel appartient à l'Assemblée nationale, qui ne comprend qu'une seule Chambre de 255 membres élus en principe pour cinq ans. Les dernières élections législatives ont eu lieu en décembre 2016. Le Président a l'initiative des lois, concurremment avec les membres du Parlement. Les projets de lois, y compris ceux portant sur le commerce, sont soumis au vote de l'Assemblée nationale après examen de la commission compétente. La consultation du secteur privé n'est pas systématique et ne constitue pas une condition de validité des projets de lois, de décrets, d'arrêtés et/ou de décisions administratives mais, selon les autorités, le secteur privé est régulièrement consulté dans la formulation des projets de textes législatifs.

Le système juridique comprend des juridictions suprêmes – Cour de cassation, Conseil d'État, Cour des comptes, tribunaux de première instance, tribunaux administratifs; et Chambres régionales des comptes. La Haute autorité pour la bonne gouvernance fut créée en 2013 afin d'améliorer la gouvernance.[5] La Cour des comptes a été créée en 2015.[6] L'Inspection générale des finances est une structure transversale du Ministère chargé de l'économie et des finances et du budget qui assure une mission permanente de contrôle de son fonctionnement.[7]

Le Code de procédure civile, commerciale et administrative a été modifié afin d'améliorer l'accès à la justice et la célérité de la procédure judiciaire.[8] Ainsi, depuis 2015, il permet la transmission électronique de la plupart des documents.

Les traités et accords internationaux sont obligatoirement soumis au vote de l'Assemblée nationale et ne peuvent être ratifiés que par une loi. Depuis 2009, les traités touchant au commerce ratifiés par la Côte d'Ivoire comprennent:

- L'Accord sur la facilitation des échanges de l'OMC; et
- l'Accord de partenariat économique intérimaire avec l'Union européenne.

Dans la hiérarchie des normes, les traités et conventions internationales priment sur la Constitution, les lois, les ordonnances, les décrets, les arrêtés, et les décisions. Les ordonnances prises par le Président doivent être soumises à ratification par l'Assemblée nationale au plus tard avant la fin de la deuxième session annuelle, sinon elles sont caduques. Les règles et obligations de l'OMC peuvent être invoquées directement auprès des tribunaux ivoiriens (système "moniste"); mais ne le sont jamais en pratique. Tous les textes juridiques doivent faire l'objet d'une publication au Journal officiel de la République de Côte d'Ivoire. Le Journal officiel est disponible en ligne mais accessible contre paiement. Depuis la fin de la crise politique, l'activité législative a été très intense, y compris dans les domaines liés aux échanges internationaux (tableau 2.1).

Conscientes que la faiblesse du système judiciaire représente un frein à l'investissement et au développement économique, les autorités cherchent à rendre plus effective l'application des lois et du cadre juridique ivoirien, de manière à regagner la confiance des agents économiques, notamment en assurant une meilleure protection des contrats et autres droits économiques. En 2015, le groupe *Transparency International* classait la Côte d'Ivoire 107ème sur 167 pays en termes de perception de la corruption, soit une certaine amélioration par rapport à 2011 (154ème sur 183). La corruption continue à être décrite comme endémique notamment dans le domaine judiciaire, de l'accès aux services gouvernementaux, et dans la

Tableau 2.1 Nouveaux textes de lois et règlements liés au commerce, 2010-2017

Domaine (section du rapport)	Instrument/texte
Section 2	
Constitution (2.1.1)	Loi n° 2000-513 du 1er août 2000. Adresse consultée: http://www.gouv.ci/ci_texte_1.php.
Modification de la Constitution (2.1.1)	Loi n° 2016-886 du 8 novembre 2016 portant constitution de la République de la Côte d'Ivoire
Cour des comptes (2.1)	Loi organique n° 2015-494 du 7 juillet 2015
Immatriculation des entreprises (2.1)	Ordonnance n° 2015-182 du 24 mars 2015
Accord sur la facilitation des échanges (2.1.1)	..
APE Union européenne (2.1.1)	..
Fonction des mandataires judicaires (2.1.2)	Décret n° 2016-48 du 10 février 2016. Acte unique portant organisation des procédures collectives d'apurement du passif du 10 septembre 2015
Cour des comptes (2.1.2)	Loi organique n° 2015-494 du 7 juillet 2015
Code de procédure civile, commerciale et administrative (2.1.2)	Ordonnance n° 2015-180 du 24 mars 2015
Code des investissements de 2012 (2.4.1)	Ordonnance n° 2012 - 487 du 7 juin 2012 portant Code des investissements
Exonération de taxation indirecte (2.4.1)	Circulaire n° 1663 du 2 janvier 2014
Section 3	
Comité national de la facilitation des échanges (2.3.1)	Décret n° 2015-186 du 24 mars 2015
Contrôle par scanner des conteneurs (3.1.1)	Circulaire n° 1630/MPMEF/DGD du 5 août 2013
Exportation de ferraille (3.2.2)	Décret n° 2013-295 du 2 mai 2013 portant suspension de l'exportation de la ferraille, des sous-produits ferreux et de la fonte - Circulaire n° 1585/DGD du 15 février 2013
Normalisation (3.3.1)	Loi 2013-866 relative à la normalisation et à la promotion de la qualité
Concurrence (3.3.4)	Loi n° 2013-877 du 20 septembre 2013
Marchés publics (3.3.6)	Décret n° 2014-306 du 27 mai 2014
Section 4	
Agriculture (4.1.2)	Loi d'orientation agricole de Côte d'Ivoire
Produits forestiers (4.1.3.7)	Loi n° 2014-427 du 14 juillet 2014 portant Code forestier
Tarifs de transport des produits pétroliers (4.2.1)	Arrêté n° 38 du 29 mars 2013
Produits miniers (4.2.2)	Loi n° 2014-138 du 24 mars 2014 portant Code minier
Électricité (4.2.3)	Loi n° 2014-132 du 24 mars 2014 portant Code de l'électricité
Loi d'orientation du transport intérieur (4.4.3)	Loi n° 2014-812 du 16 décembre 2014
Accès à la profession de transport routier (4.4.3)	Décret n° 2015-269 du 22 avril 2015
Réglementation des télécommunications (4.4.1)	Ordonnance n° 2012-293 du 21 mars 2012 relative aux TIC
Cybercriminalité (4.4.1)	Loi n° 2013-451 relative à la lutte contre la cybercriminalité
Signature électronique (4.4.1)	Loi n° 2013-546 du 30 juillet 2013 relative aux transactions électroniques
Données confidentielles (4.4.1)	Loi n° 2013-450 du 19 juin 2013 relative à la protection des données à caractère personnel
Poste (4.4.2)	Loi n° 2013-702 du 10 octobre 2013 portant Code des postes
Suppression de la Terminal Handling Charge (4.4.3.2)	Arrêté n° 177 du 28 décembre 2016 du Ministère des transports.
Assistance en escale (4.4.3)	Décret n° 2015-72 du 4 février 2015 portant approbation de la convention de délégation de service public d'assistance en escale à l'Aéroport international Félix Houphouët-Boigny
Code du tourisme (4.4.4)	Loi n° 2014-139 du 24 mars 2014 portant Code du tourisme
Professions touristiques (4.4.4)	Décret n° 2014-739 du 25 novembre 2014 portant réglementation des activités ou professions touristiques
Restauration touristique (4.4.4)	Décret n° 2014-740 du 25 novembre 2014 portant réglementation des établissements de restauration touristique
Hébergement touristique (4.4.4)	Décret n° 2014-741 du 25 novembre 2014 portant réglementation des établissements d'hébergement touristique

.. Non disponible.

Source: Information fournie par les autorités ivoiriennes.

collecte des impôts.[9] La Côte d'Ivoire n'a signé ni la Convention de l'OCDE sur la lutte contre la corruption des fonctionnaires étrangers dans les transactions commerciales internationales, ni la Déclaration de l'OCDE sur la probité, l'intégrité et la transparence dans la conduite des affaires et de la finance internationales.[10]

Depuis 2002, les neuf actes uniformes de l'OHADA (rapport commun, p. 47) ont force de loi en Côte d'Ivoire. Parmi les développements récents, la Côte d'Ivoire a adopté, en application de l'Acte uniforme de l'OHADA sur les procédures collectives d'apurement du passif, le Décret n° 2016-48 du 10 février 2016 portant création, attributions, organisation et fonctionnement de la Commission nationale de contrôle des mandataires judiciaires. Ceci devrait faciliter le *règlement de l'insolvabilité et les apurements de passifs.*

La Cour commune de justice et d'arbitrage (CCJA) est sise à Abidjan, mais la Cour d'arbitrage de Côte d'Ivoire est l'instance nationale d'arbitrage. L'OHADA et la CCJA ont notamment accompagné la Côte d'Ivoire lorsque

cette dernière s'est dotée de tribunaux de commerce, en janvier 2012, afin de traiter de manière plus efficace les affaires commerciales. En mai 2017, seul le Tribunal de commerce d'Abidjan était fonctionnel.[11]

Les autorités ont également noté que des amendements apportés à l'Acte uniforme OHADA en 2012 devraient permettre d'améliorer l'accès au crédit en Côte d'Ivoire.[12] Ces amendements concernent la gamme des actifs (y compris les biens futurs) pouvant servir de garantie, et l'extension de la garantie au produit de revenus futurs avec reconnaissance de leur valeur légale. Ce cadre légal a été complété par la mise en place de bureaux d'information sur le crédit, dans le but de faciliter l'accès au crédit, particulièrement pour les petites et moyennes entreprises (PME).[13] Le Registre du commerce et du crédit mobilier (RCCM) étant informatisé au niveau du Tribunal de commerce d'Abidjan, les informations sur les opérateurs économiques sont désormais disponibles. Les défis consistent à poursuivre et achever l'informatisation de l'ensemble des juridictions et les interconnecter en créant une base centrale de tous les RCCM. Par exemple, un registre des sûretés permettrait l'enregistrement des opérations et des sûretés qui pourraient être utilisées pour garantir des prêts. Des agences agréées d'évaluation du crédit fourniraient des renseignements sur les entreprises et les individus, tels que: historique des paiements, renseignements relatifs aux défaillances, renseignements relatifs aux biens et précisions concernant les garants de prêts. Les prêteurs pourraient accéder à ces renseignements sur les entreprises et les individus.

FORMULATION ET OBJECTIFS DE LA POLITIQUE COMMERCIALE

Forte du succès de ses secteurs d'exportation, et suite à la disparition durant la crise politique de la plupart des industries fonctionnant selon le mode de la substitution aux importations, la Côte d'Ivoire a poursuivi sa politique visant à encourager la production nationale pour l'exportation. Ainsi, le but premier de la politique commerciale ivoirienne est d'accroître l'accès aux marchés pour les produits et services ivoiriens, notamment ceux incorporant une plus grande valeur ajoutée locale, de manière à fournir des emplois aux ivoiriens non seulement dans l'agriculture qui est déjà fortement tournée vers l'exportation, mais aussi dans les industries de transformation agro-industrielle et de services.

En coopération avec le Centre de commerce international et l'Union européenne, la Côte d'Ivoire s'est dotée en 2015 d'un document précisant sa Stratégie nationale d'exportation (SNE).[14] La SNE vise spécifiquement à diversifier les exportations ivoiriennes vers des produits à plus haute valeur ajoutée, et de nouveaux marchés, et à mettre les processus de production aux normes internationales. Un autre objectif est de consolider la position de la Côte d'Ivoire comme pôle de compétitivité régionale au sein de l'UEMOA et de la CEDEAO. La SNE identifie spécifiquement les secteurs prioritaires suivants: le café et le cacao; le caoutchouc et les plastiques; l'anacarde; le coton, les textiles et l'habillement; les fruits tropicaux; le manioc et ses dérivés; et les nouvelles technologies de l'information et de la communication. Le budget prévisionnel de mise en œuvre de la SNE est estimé à 86 milliards de FCFA (131 millions d'euros). En juin 2014, le gouvernement institua le Conseil national des exportations, organe consultatif pour la coordination, le suivi et l'évaluation de la mise en œuvre de la SNE.[15] La Côte d'Ivoire s'est également dotée, en 2015, d'un Comité national interinstitutionnel consultatif sur les Accords de l'OMC (CNIC-OMC).[16]

Selon le Rapport mondial sur la compétitivité 2015-2016 publié par le *World Economic Forum*, ces efforts commencent déjà à porter leurs fruits, avec une nette tendance à l'amélioration reflétant le renforcement des institutions et de la concurrence. La Côte d'Ivoire occupe aujourd'hui le 91ème rang mondial en matière de compétitivité pour 140 pays répertoriés (131ème sur 144 en 2012-2013).[17] Comme discuté dans la p. 200 ci-dessous, le principal défi pour la compétitivité des biens et services ivoiriens est de réduire la forte taxation dont ils font l'objet.

Deux ministères se partagent les responsabilités pour le commerce extérieur, sans que leurs domaines respectifs soient d'ailleurs clairement délimités, à savoir le Ministère du commerce, de l'artisanat et de la promotion des PME (ci-après Ministère chargé du commerce), d'une part, et le Ministère de l'intégration africaine et des ivoiriens de l'extérieur, d'autre part. De tels chevauchements engendrent des surcoûts et des problèmes de coordination.

L'Agence de promotion des exportations de la Côte d'Ivoire (APEX-CI), une association privée d'entreprises, opérationnelle depuis 1999, a pour mission de favoriser la croissance et la diversification des exportations, et de promouvoir le développement du secteur privé. L'APEX-CI a notamment activement participé à la préparation de la SNE, et ses prestations comprennent également des études sur les conditions d'accès aux marchés étrangers pour les produits ivoiriens; des conseils et stratégies individualisés d'expansion; la prospection et la promotion commerciale; l'assistance dans la recherche de financement; et des actions de lobbying sur demande.

ACCORDS ET ARRANGEMENTS COMMERCIAUX

Relations avec l'Organisation mondiale du commerce

Membre originel de l'OMC, la Côte d'Ivoire n'avait signé aucun accord plurilatéral et aucun des protocoles et accords conclus sous l'OMC jusqu'à l'adoption, en novembre 2014, du nouvel Accord sur la facilitation des échanges[18], qu'elle a ratifié en décembre 2015. Le Comité national de facilitation des échanges fut créé en 2015 (tableau 2.1). Les principales notifications de

Tableau 2.2 Notifications présentées par la Côte d'Ivoire à l'OMC

Symbole	Date	Titre
G/AG/N/CIV/1	20/02/2013	Comité de l'agriculture - Subventions à l'exportation
G/LIC/N/3/CIV/3	20/11/2013	Comité des licences d'importation - Réponses au questionnaire relatif aux procédures en matière de licences d'importation - Notification au titre de l'article 7:3 de l'Accord sur les procédures de licences d'importation
G/AG/N/CIV/2	11/04/2014	Comité de l'agriculture - Subventions à l'exportation
G/AG/N/CIV/3	11/04/2014	Comité de l'agriculture - Soutien interne
G/ADP/N/193/CIV	15/04/2014	Comité des pratiques antidumping - Notification au titre de l'article 16.4 et 16.5 de l'Accord
G/SCM/N/1/CIV/1	15/04/2014	Comité des subventions et des mesures compensatoires - Notification des lois et réglementations au titre de l'article 32.6 de l'Accord
G/SCM/N/202/CIV	15/04/2014	Comité des subventions et des mesures compensatoires - Notification au titre de l'article 25.11 et 25.12 de l'Accord
WT/PCTF/N/CIV/1	11/08/2014	Comité préparatoire de la facilitation des échanges - Notification des engagements désignés comme relevant de la catégorie A de l'Accord sur la facilitation des échanges
G/RO/N/117	25/08/2014	Comité des règles d'origine - Notification au titre de l'article 5 de l'Accord sur les règles d'origine - Règles d'origine non préférentielles
G/TRIMS/N/2/Rev.24/Add.1	19/09/2014	Comité des mesures concernant les investissements et liées au commerce - Notification au titre de l'article 6:2 de l'Accord sur les MIC, des publications dans lesquelles les MIC peuvent être trouvées
G/MA/QR/N/CIV/1	02/10/2014	Comité de l'accès aux marchés - Notification présentée conformément à la Décision sur les procédures de notification des restrictions quantitatives (G/L/59/Rev.1)
G/MA/310	10/12/2014	Comité de l'accès aux marchés - Liste LII - Côte d'Ivoire - Recours aux dispositions du paragraphe 5 de l'article XXVIII
WT/REG258/N/1/Add.1	28/09/2016	Comité des accords commerciaux régionaux - Notification d'un accord commercial régional - Côte d'Ivoire et Union européenne

Source: Secrétariat de l'OMC.

la Côte d'Ivoire sont récapitulées dans le tableau 2.2. La Côte d'Ivoire a été examinée deux fois par l'Organe d'examen des politiques commerciales de l'OMC, une première fois en 1995, et une seconde fois en 2012 conjointement avec la Guinée-Bissau et le Togo. La Côte d'Ivoire n'a été impliquée directement dans aucun différend à l'OMC.[19]

En matière de négociations commerciales et de participation aux différents comités de l'OMC, la Côte d'Ivoire coordonne en principe ses positions avec celles des autres pays membres de l'UEMOA et de la CEDEAO. Dans ce cadre, la Côte d'Ivoire est favorable à la suppression des subventions à l'exportation de produits qui entraînent une destruction des structures de production concurrentes en Côte d'Ivoire; et, comme indiqué ci-dessus, à des améliorations en matière d'accès aux marchés pour ses produits.

La Côte d'Ivoire (comme les autres États membres de l'UEMOA) a consolidé de manière individuelle ses droits de douane et ses autres droits et impositions lors des négociations commerciales multilatérales (rapport commun, p. 50).

Relations avec l'Union européenne

L'Accord de Cotonou continue de constituer le cadre général de la coopération économique entre la Côte d'Ivoire et l'Union européenne.[20] En remplacement de certaines de ses dispositions commerciales (rapport commun, p. 44), la Côte d'Ivoire signa un "Accord de partenariat économique (APE) d'étape" avec l'Union européenne à Abidjan le 26 novembre 2008, notifié à l'OMC le 11 décembre 2008 au titre de l'article XXIV:7 a) du GATT de 1994.[21] Jusqu'en juin 2017, la Côte d'Ivoire n'avait pas encore procédé au démantèlement tarifaire sous l'APE intérimaire entré en vigueur en août 2016 mais ce dernier lui a permis de continuer à avoir accès en franchise pour ses produits aux marchés de l'UE. Les règles d'origine demeurent celles de 140 pages contenues à l'annexe II du Règlement n° 1528/2007 et appliquées aux importations de la Côte d'Ivoire par l'UE depuis janvier 2008[22], le reste de ce Règlement n'étant plus applicable (Préambule, paragraphe 5).

Autres accords

La Côte d'Ivoire a conclu une quarantaine d'accords bilatéraux de commerce, le plus ancien datant de 1961. Ces accords, reconduits tacitement lorsqu'ils expirent, ne comporteraient pas de clauses préférentielles sur le commerce; il est donc peu probable qu'ils aient une réelle incidence économique. La Côte d'Ivoire est membre de l'Accord international sur le caoutchouc, de l'Accord international sur le café et de l'Accord international du cacao. Elle est aussi membre de l'Accord portant création du fonds commun pour les produits de base; de l'Organisation interafricaine du café; de l'Alliance des pays producteurs de cacao; de l'Organisation africaine du bois; de l'Accord international sur les céréales, de l'Accord international sur le sucre.

La Côte d'Ivoire ne figurait pas parmi les 34 pays initialement déclarés éligibles au programme établi par les États-Unis en vertu de la Loi sur la croissance et les possibilités économiques en Afrique (AGOA), en octobre 2000.[23] Elle y fut admise en mai 2002; puis retirée en janvier 2005, puis admise à nouveau en octobre 2011.

RÉGIME D'INVESTISSEMENT

Depuis son dernier examen en 2012, la Côte d'Ivoire a mis en place des réformes destinées à mieux promouvoir et encadrer les investissements, notamment avec le renforcement du guichet unique des investissements géré par le Centre de promotion des investissements en Côte d'Ivoire (CEPICI). Ce dernier est désormais rattaché à la Présidence, et a comme mission de répertorier et d'accompagner les investisseurs.[24] Ainsi, tout investisseur, national ou à capitaux étrangers, direct ou de portefeuille, grand ou petit est invité à se déclarer au CEPICI, dont le guichet unique joue le rôle de guichet multi-services pour l'accomplissement des formalités administratives requises pour la création d'une entreprise. Le passage au CEPICI n'est pas, toutefois, une obligation légale.

Des progrès ont été enregistrés en termes de création d'entreprise, avec la suppression du passage obligatoire chez le notaire pour toute société commerciale autre que la société anonyme, et grâce à la réorganisation en 2012 du greffe du tribunal où les entrepreneurs doivent s'immatriculer. Selon les autorités, le coût de la création d'entreprises est passé de 741 000 FCFA (1 128 euros) à 15 000 FCFA en 2013. Le transfert de propriété a également été facilité grâce à la création d'un guichet unique du foncier; et des progrès ont été réalisés dans l'obtention des permis de construire.[25] Pour toutes ces raisons, la Côte d'Ivoire a amélioré considérablement son classement *Doing Business* depuis 2013, bien que ce dernier demeure encore bas en comparaison internationale en 2016 (tableau 2.3). Des mesures urgentes semblent encore nécessaires pour améliorer notamment le paiement des impôts et le commerce transfrontalier (p. 200).

En 2015, un identifiant unique a été introduit pour chaque entreprise à des fins fiscales. En 2014, les droits d'enregistrement des statuts de société/succursale auprès de la DGI ont été réduits de 0,6% à 0,3% du capital social pour les investissements inférieurs à 5 milliards de FCFA; et de 0,2% à 0,1% du capital social investi pour les investissements supérieurs à 5 milliards de FCFA (article 754 du CGI).

D'une façon générale, les investissements sont régis par des dispositions émanant de plusieurs sources, la principale étant le Code des investissements de 2012. L'ancien Code de 1995 demeure cependant applicable aux entreprises bénéficiant de droits antérieurs. Des textes spécifiques régissent les deux types de zones franches. Le Code minier et le Code pétrolier régissent les investissements respectivement dans chacun des domaines concernés. Des conventions sont également signées entre l'État et de gros investisseurs généralement individuels. Des dispositions du CGI et du Code des douanes régissent également des avantages ou privilèges accordés aux investisseurs.[26] Des accords internationaux et traités abordent également les investissements.

Le Code des investissements de 2012 définit l'investissement comme "les capitaux employés par toute personne, physique ou morale, pour l'acquisition de biens mobiliers, matériels et immatériels et pour assurer le financement des frais de premier établissement; ainsi que les besoins en fonds de roulement indispensable à la création ou à l'extension d'entreprises".[27] Tout comme son prédécesseur, ce code affirme l'absence de restrictions à l'investissement privé, notamment étranger, et le respect du traitement national. Aucun secteur d'activité n'est prohibé à l'investissement privé par le Code. Il spécifie, de manière plus explicite que dans le passé, les garanties offertes (articles 5 à 20), telles que la liberté d'accès et de transfert des devises, la protection des droits de propriété intellectuelle, ou par rapport à l'expropriation. Toutefois, l'accès aux terres rurales par les étrangers ne peut se faire que par location (p. 213). Son article 26 dispose que "l'investisseur recrute en priorité la main-d'œuvre nationale et contribue à accroître la qualification de ses collaborateurs locaux, notamment par la formation continue, le développement de compétences nationales à travers des stages de perfectionnement". Il maintient le régime de la déclaration et celui de l'agrément déjà en vigueur et qui excluent spécifiquement les secteurs de l'immobilier, des services financiers, et du commerce.

Sous le régime de déclaration, la durée des avantages varie de cinq à quinze ans (huit ans auparavant), selon les régions. Les avantages, exclusivement en phase d'exploitation, sont l'exonération de l'impôt sur les bénéfices (IB) et de la contribution des patentes et licences, deux impôts décrits dans l'encadré 1.1.

Tableau 2.3 Classement de la Côte d'Ivoire, Doing Business 2014 et 2016

Indicateur	Performance 2014	Performance 2016
Classement global	167	142
Création d'entreprise	115	46
Octroi de permis de construire	162	180
Raccordement à l'électricité	153	146
Transfert de propriété	127	109
Obtention de prêts	130	133
Protection des investisseurs	157	155
Paiements des impôts	173	176
Commerce transfrontalier	165	142
Exécution des contrats	88	120
Règlement de l'insolvabilité	95	76

Source: *Doing Business*. Adresse consultée: http://www.doingbusiness.org/data/exploreeconomies/c%C3%B4te-divoire.

L'exonération est totale jusqu'à la fin de la troisième année précédant la fin de la période d'exonération, puis de 50% et 25% des impôts et taxes normalement dus respectivement l'avant-dernière et la dernière année de bénéfice des avantages.

Le régime d'agrément est soumis à l'approbation de la Commission technique interministérielle (article 39). Les dossiers sont analysés sur la base de l'importance stratégique de l'investissement en ce qui concerne la valeur ajoutée à l'économie et l'apport aux objectifs de développement économique et social de l'État. Ce régime prévoit des avantages proportionnels au montant investi; les seuils inférieur et supérieur de ces montants sont fixés par décret, et ont changé par rapport à l'ancien Code; le seuil inférieur a été diminué de 500 à 200 millions de FCFA (305 000 euros); et le seuil supérieur demeure à un milliard de FCFA (1,5 million d'euros). En plus de l'IB et des contributions des patentes et licences, les impôts et taxes exonérés totalement ou partiellement incluent les droits d'entrée sur l'importation du matériel nécessaire à 'investissement, y compris le premier lot de pièces de rechange; la TVA (article 45); et la contribution foncière des propriétés bâties.

Des privilèges supplémentaires sont prévus pour les PME réalisant un chiffre d'affaires inférieur à 1 milliard de FCFA (1,5 million d'euros) et employant moins de 200 personnes. Ces avantages consistent en des durées de bénéfices des avantages rallongées. Les PME bénéficient en outre de l'exonération des droits d'enregistrement décrits ci-dessus, de la mise à disposition par l'État de terrains nécessaires à la réalisation des projets d'investissement; de l'achat de l'électricité, de l'eau et des prestations de nouvelles technologies à des tarifs préférentiels, sous réserve d'investir dans une unité de transformation de matières premières. Le Code de 2012 maintient la possibilité d'octroyer des "conditions plus favorables", par décret aux investisseurs (article 12). Cependant, il n'en précise pas les critères d'octroi.

Outre le Code, une multitude de dispositions fiscales sont contenues dans le CGI afin de susciter l'investissement privé. Par exemple, les plus-values sur cession d'actifs sont exonérées de l'IB pendant trois ans si l'entreprise réinvestit une somme au moins égale au prix d'origine du bien cédé; les entreprises qui réinvestissent en Côte d'Ivoire tout ou partie de leurs bénéfices peuvent également obtenir une réduction de l'IB, selon certaines modalités (article 110 du CGI). De plus, un crédit d'impôt déductible des contributions à la charge des employeurs varie en fonction de la masse salariale versée au personnel permanent ivoirien. Dans le cadre de la réforme de la fiscalité qui était en cours en 2012, les efforts visent à rationaliser ces nombreuses exonérations et exemptions afin d'offrir un système fiscal plus simple et plus transparent.[28]

Les deux régimes francs existant en 2012 – pour les produits halieutiques (p. 219) et pour les technologies de l'information – n'ont pas changé. Toutefois, l'objectif des autorités est de mettre en place un cadre réglementaire permettant d'encourager le développement d'activités prioritaires telles que des unités de transformations des cultures, et des PME produisant des services et des contenus en technologies de l'information et de la communication (TIC) innovants.

Le régime de Zone franche de la biotechnologie et des technologies de l'information et de la communication (ZBTIC[29]) est en place depuis 2007. Ce régime ne spécifie apparemment aucune obligation d'exportation. Une fois agréée, l'entreprise est exonérée de tous impôts et taxes durant son activité (article 31), y compris les droits et taxes de douane (articles 18, 31, 37). En lieu et place, un impôt libératoire est perçu sur le chiffre d'affaires: au taux zéro pendant les cinq premières années, et 1% après. À cela s'ajoute une redevance de 2,5% du chiffre d'affaires brut. L'assiette de l'impôt libératoire peut être minorée de 20% si l'entreprise emploie au moins 75% de personnel ivoirien. La moitié de la valeur des investissements nouveaux (article 33) peut également être déduite de l'assiette de l'impôt libératoire, à concurrence de 50% de l'assiette, pendant au maximum quatre ans. Les facteurs de production tels que l'eau, l'électricité, le téléphone, le carburant ainsi que les prestations de services, sont facturés hors taxes. Les importations sont exemptées du programme de vérification. L'État assure la liberté de transfert des fonds dégagés par les entreprises agréées. Les biens et services qui sont livrés par les entreprises du territoire douanier national aux entreprises sises dans la ZBTIC sont considérés comme des exportations. Le site hébergeait en avril 2012 une douzaine d'entreprises.

La Côte d'Ivoire a signé 13 accords bilatéraux de promotion et de protection des investissements, dont trois depuis 2010 avec respectivement le Canada, Singapour et la Turquie. Sept de ces accords sont en vigueur.[30] Ils visent essentiellement à promouvoir les investissements entrants en protégeant les investisseurs des changements politiques.[31] Les mécanismes prévus en cas de différend entre l'investisseur et l'État sont décrits dans le rapport commun (p. 47).

Les conventions fiscales de non-double imposition signées par la Côte d'Ivoire et en vigueur s'étendent aux organisations et pays suivants: les autres membres de l'UEMOA; Allemagne; Belgique; Canada; France; Italie; Maroc (ratifiées en 2015 et en vigueur depuis le 1er janvier 2017); Norvège; Portugal (ratifiées en 2016); Royaume-Uni; et Tunisie (ratifiées en 2015).

Notes de fin

1 Information en ligne. Adresse consultée: http://francais.doingbusiness.org/~/media/fpdkm/doing%20business/documents/profiles/country/CIV.pdf.

2 Loi n° 2000-513 du 1er août 2000. Adresse consultée: http://www.gouv.ci/ci_texte_1.php.

3 Information en ligne. Adresse consultée: http://www.gouv.ci/gouvernement_1.php?recordID=11.

4 Présidence de Côte d'Ivoire, Projet de loi portant constitution de la République de Côte d'Ivoire, 12 octobre 2016. Adresse consultée: http://www.presidence.ci/presentation-detail/242/projet-de-loi-portant-constitution-de-la-republique-de-cote-d-ivoire-12-octobre-2016.

5 Loi n° 2013-875 du 23 décembre 2013, Décret n° 2014-213 du 16 avril 2014 portant attributions, organisation et fonctionnement des organes de la Haute autorité pour la bonne gouvernance.

6 Loi organique n° 2015-494 du 7 juillet 2015. Adresse consultée: http://www.courdescomptesci.com/rapports.html.

7 Information en ligne. Adresse consultée: http://www.igf.finances.gouv.ci/.

8 Information en ligne. Adresse consultée: http://www.loidici.com/codeprocecivilecentral/codeprocivile.php.

9 Transparency International, information en ligne. Adresse consultée: http://www.transparency.org/.

10 Information en ligne. Adresse consultée: http://acts.oecd.org/Instruments/ListNoGroupView.aspx?order=title.

11 Information en ligne. Adresse consultée: http://www.tribunalcommerceabidjan.org/.

12 Information en ligne. Adresse consultée: http://www.cepici.gouv.ci/?tmp=single_actu&p=actualites&artcl=220#sthash.NWNCYDF8.dpuf.

13 Voir notamment OMC (2014), *Examen des politiques commerciales – Ghana*, paragraphe 4.122 et suivants. Adresse consultée: https://docs.wto.org/dol2fe/Pages/SS/directdoc.aspx?filename=R:/WT/TPR/S298R1.pdf.

14 CCI (non daté), *Stratégie nationale d'exportation de la République de Côte d'Ivoire*, Genève.

15 Décret n° 2014-372 du 18 juin 2014.

16 Décret n° 2015-115 du 25 février 2015 portant création du CNIC-OMC.

17 Information en ligne. Adresse consultée: http://reports.weforum.org/global-competitiveness-report-2015-2016/competitiveness-rankings/.

18 Information en ligne. Adresse consultée: http://www.wto.org/french/tratop_f/tradfa_f/tradfa_agreement_f.htm.

19 Information en ligne. Adresse consultée: https://www.wto.org/french/tratop_f/dispu_f/dispu_by_country_f.htm.

20 Accord de Cotonou. Adresse consultée: http://www.europarl.europa.eu/intcoop/acp/03_01/pdf/mn3012634_fr.pdf.

21 Information en ligne. Adresse consultée: http://eur-lex.europa.eu/LexUriServ/LexUriServ.do?uri=OJ:L:2009:059:0003:0273:FR:PDF. Voir également document de l'OMC WT/REG258/N/1 du 15 décembre 2008; base de données ACR de l'OMC. Adresse consultée: http://rtais.wto.org/UI/PublicShowMemberRTAIDCard.aspx?rtaid=623.

22 Information en ligne. Adresse consultée: http://eur-lex.europa.eu/legal-content/FR/TXT/PDF/?uri=CELEX:32007R1528&qid=1479738525748&from=en.

23 Renseignements en ligne de l'AGOA. Adresse consultée: http://agoa.gov.

24 Information en ligne. Adresse consultée: http://www.cepici.gouv.ci/?tmp=images-articles&p=le-guichet-unique.

25 Voir notamment l'Ordonnance n° 2015—208 du 24 mars 2015 portant création du livre foncier électronique; le Décret n° 2015-195 du 24 mars 2015 portant création, attributions, composition et fonctionnement d'un guichet unique du permis de construire; le Décret n° 2015-22 du 14 janvier relatif aux procédures et conditions d'occupation de terrains à usage industriel; le Décret fixant les conditions d'implantation d'une unité industrielle sur un terrain situé en dehors d'une zone industrielle; et l'Ordonnance n° 2015—206 du 24 mars 2015 modifiant l'article 760 du CGI, tel que modifié par l'Ordonnance n° 2014-163 du 2 avril 2014 portant réduction du droit de mutation en matière immobilière.

26 Circulaire n° 1663 du 2 janvier 2014. Adresse consultée: http://www.douanes.ci/admin/DocAdmin/2163.pdf.

27 Information en ligne. Adresse consultée: https://cepici.ci/web/docs/ordonnance-n%C2%B0-2012-%E2%80%93-487-du-07-juin-2012-portant-code-des-investissements.pdf.

28 Ministère du budget et du portefeuille de l'État (2016), Loi de Finance portant budget de l'État pour l'année 2017, Rapport sur les dépenses fiscales 2016. Adresse consultée: http://budget.gouv.ci/sites/default/files/publications/depenses_ficales_2016_projection_2017_actualise-5.pdf.

29 Décret n° 2007-01 portant application de la Loi n° 2004-429 du 30 août 2004 instituant le régime de la zone franche de la biotechnologie et de technologie de l'information et de la communication en Côte d'Ivoire. Adresse consultée: http://www.vitib.ci.

30 Information en ligne. Adresse consultée: www.unctad.org.

31 CNUCED – *Investment Policy Hub*. Adresse consultée: http://investmentpolicyhub.unctad.org/IIA/CountryBits/50#iiaInnerMenu.

Politique et pratiques commerciales par mesure

MESURES AGISSANT DIRECTEMENT SUR LES IMPORTATIONS

Depuis une quinzaine d'années déjà, la Côte d'Ivoire a harmonisé plusieurs aspects de sa politique commerciale avec ceux des autres États membres de l'UEMOA. Ces aspects sont couverts dans le rapport commun aux huit pays. Cette section se focalise donc sur les mesures de politique commerciale non encore harmonisées. D'une façon générale, tout en visant des objectifs commerciaux, la politique commerciale de la Côte d'Ivoire ne renonce pas pour autant aux objectifs de maximisation de recettes fiscales qu'elle peut tirer des échanges, ce qui la différencie de la plupart des pays du même niveau de développement.

Procédures douanières, évaluation et prescriptions

Documentation et procédures douanières

La Côte d'Ivoire a ratifié l'Accord sur la facilitation des échanges (AFE) et notifié ses mesures de catégorie "A" à l'OMC. Le Code communautaire des douanes (CCD) de l'UEMOA (décrit dans le rapport commun, p. 50) prime sur le Code des douanes de la Côte d'Ivoire (CD-CI) en cas de conflit. Le CD-CI était en cours de révision en mai 2017 afin de le mettre en conformité avec les dispositions de l'AFE.

Le Système de dédouanement automatisé des marchandises (SYDAM World) est opérationnel depuis 2009 et relie la Douane avec le Ministère du commerce, les services du Trésor public, la DGI, la BCEAO, l'ensemble des commissionnaires en douane agréés (CAD), les deux principales autorités portuaires, et le Conseil du café-cacao (p. 215), ce qui permet de simplifier les procédures et de mieux recouvrer les droits et taxes dus.

La société privée Webb Fontaine a reçu mandat de l'État de Côte d'Ivoire pour la mise en place d'un guichet unique du commerce extérieur (GUCE) réunissant les autorités et agences à la frontière afin de faciliter les formalités pour les opérateurs. Selon la Douane, la plupart des 16 fonctionnalités prévues pour le GUCE étaient opérationnelles en mai 2017.

Parmi les autres mesures récentes de facilitation des échanges, la "déclaration anticipée d'importation" de la Douane et la "fiche de renseignement à l'importation" du Ministère chargé du commerce ont été fusionnées en 2015 en la fiche de déclaration à l'importation (FDI) électronique, gratuite et plus rapide.[1] La FDI permet de procéder à la domiciliation bancaire de la transaction avant l'arrivée des marchandises. Elle est exigée pour pouvoir lever la déclaration en détail. En cas de changement de fournisseur, de modification de la quantité ou de la valeur (au-delà d'un seuil de tolérance de 10%) de la commande, une nouvelle FDI est nécessaire.

La Douane ivoirienne met à disposition sur son site Internet les principaux textes officiels concernant les procédures et contrôles douaniers; le tarif douanier est en ligne.[2] Les autorités ont indiqué que les dispositions en vue de permettre la fourniture de décisions anticipées sur la classification tarifaire, l'origine ou le régime douanier des marchandises avant leur importation (article 3 de l'AFE) sont en cours d'élaboration avec l'aide de l'USAID.

En mai 2017, le point d'information requis au titre de l'article 2.2 de l'AFE n'avait pas encore été communiqué. Le Comité national de gestion du TEC recueille les sollicitations du secteur privé sur le TEC; et l'Observatoire de la célérité des opérations de dédouanement se prononce sur les projets de circulaires. Ces deux entités ne publient pas cependant les résultats de leurs concertations. Les copies électroniques de quelques documents (connaissement maritime, lettre de transport aérien, FDI) sont acceptées par la Douane en lieu et place des originaux (article 10.2 de l'AFE).

Actuellement, l'auto-déclaration n'est pas permise (rapport commun, p. 50). De plus, en raison des importantes recettes douanières qui leur sont liées, pour déclarer en douane certains produits tels que les boissons alcoolisées titrant plus de 20 degrés et les produits du tabac, un agrément spécial est nécessaire en Côte d'Ivoire.[3] La levée des déclarations de transit nécessite également un agrément spécial (p. 201).

La domiciliation de la facture commerciale auprès d'une banque intermédiaire agréée, requise au niveau communautaire pour des raisons de change, est en partie facilitée en Côte d'Ivoire par le processus de transfert électronique des documents dans le cadre du GUCE. En effet depuis 2015, l'importateur peut soumettre électroniquement à l'intermédiaire agréé la facture établie par son fournisseur étranger au moyen de la FDI (rapport commun, p. 35).[4]

La déclaration en détail constitue le principal document douanier obligatoire. La déclaration en douane unique (DDU, rapport commun, p. 50) de la CEDEAO/UEMOA de 1999 est utilisée par le logiciel SYDAM World depuis 2009. Cependant, la soumission de la déclaration en douane se faisait en mai 2017 dans le GUCE dans un format qui n'est pas encore celui de la DDU.

Les paiements à la douane ne peuvent encore pas se faire par voie électronique pour les droits et taxes recouvrés à l'importation ou à l'exportation (article 7.2). La réglementation prévoit toutefois la possibilité d'enlever la marchandise avant l'acquittement des droits et taxes au moyen de déclarations simplifiées, sous la forme d'une déclaration sommaire de transfert pour les envois par voie maritime et d'un bon provisoire pour les envois par voie aérienne. Ces déclarations peuvent être utilisées pour les marchandises périssables et doivent être régularisées dans un délai de quinze jours

par voie maritime, et cinq jours par voie aérienne. En revanche la déclaration simplifiée n'est pas acceptée pour la mise en transit.

En matière de gestion des risques, les envois présentant un risque élevé de non-respect des lois en vigueur retiennent plus l'attention de la Douane. Selon la Douane, environ 40,5% seulement des déclarations ont été admises au circuit vert en 2016 (bon à enlever systématique), contre 37% en 2009. Le reste des déclarations de mise à la consommation est soumis à inspection physique, dirigé soit vers le circuit de visite à domicile, soit vers le circuit rouge (visite à quai), soit vers le scanner, soit encore au contrôle documentaire. La Douane a indiqué qu'environ 80% des inspections physiques se font à domicile.

Les autorités testaient en décembre 2016 un programme pilote d'opérateurs économiques agréés qui bénéficieraient de mesures de facilitation offertes traditionnellement à de tels opérateurs dans d'autres pays (priorité pour le passage en douane et les inspections, facilités de paiement, compte courant auprès des douanes, etc.).

Inspection

Depuis 2006, l'Office ivoirien des chargeurs gère le "bordereau de suivi des cargaisons" (BSC), procédure obligatoire pour les flux d'importation passant via les ports maritimes ivoiriens (rapport commun, p. 52).[5] L'Office ivoirien des chargeurs facture 90 euros par connaissement pour les marchandises importées en vrac (par exemple le riz, le vin et l'huile); 18 euros par EVP; et 36 euros par conteneur de 40 pieds. Les importations de véhicules sont taxées à 23 euros par unité. Outre leur coût élevé, et le fait que les informations qu'ils contiennent figurent déjà dans d'autres documents exigés, ces BSC font parfois l'objet de retards de validation, ce qui contribue à ralentir et à renchérir les procédures.[6]

Le programme de vérification des importations (PVI), précédemment confié à la société étrangère BIVAC, est confié depuis juillet 2013 à la société ivoirienne Webb Fontaine, qui a comme mandat (jusqu'en juin 2018) d'analyser, de vérifier la classification tarifaire et d'évaluer les marchandises "générales"[7] importées dont la valeur déclarée est d'au moins 1 million de FCFA (1 500 euros)[8], moyennant un paiement par l'importateur de 0,75% de la valeur en douane ainsi déterminée, avec un minimum de perception de 100 000 FCFA (150 euros). Ce forfait peut s'avérer disproportionné pour les petites importations d'environ 1 million de FCFA. Pour les marchandises "générales" de moins d'1 million, une vérification à destination est effectuée par la Douane. Outre les coûts pour les importateurs et la duplication du travail de la Douane, l'attente de l'attestation de valeur peut aussi ralentir l'enlèvement des marchandises dans les ports. Il est prévu que les compétences de Webb Fontaine en matière d'évaluation et de classification soient transférées à la Douane en juin 2018.

Depuis août 2013, la Société BIVAC effectue également un contrôle par scanner des conteneurs des marchandises à l'importation, à l'exclusion du transit et du transbordement.[9] La taxe de sûreté payable pour ces services a été abolie en 2013, et le passage est désormais gratuit. Le contrat de concession entre l'État et BIVAC expirait fin juin 2017; et il était prévu que la Douane effectue également ces contrôles.

Une troisième société privée, la Société ivoirienne de contrôle technique automobile et industriel (SICTA), effectue l'identification et l'évaluation des véhicules d'occasion importés (sauf les motocyclettes et le matériel agricole). Une redevance anti-pollution (120 000 FCFA) est due sur les véhicules particuliers dès la 11ème année d'ancienneté (10 000 FCFA de plus par année d'âge). Selon la Douane, cette mesure ne dissuade pas effectivement l'importation de véhicules anciens; l'interdiction d'importer des véhicules de plus de 7 ans avait été abolie en 2002.

Transit douanier et coopération entre les organismes présents aux frontières

Les procédures de transit devraient constituer un domaine de réforme prioritaire au titre de la facilitation des échanges en raison de l'ambition déclarée de la Côte d'Ivoire de constituer un pôle régional d'échanges commerciaux. Actuellement la "procédure T1" est appliquée au transit routier inter-État, considérée comme une application de la Convention TRIE.[10] La Côte d'Ivoire déclare ne pas appliquer de taxes sur le commerce de transit international.

Toutefois, la Chambre de commerce gère une caution, de 0,50% de la valeur c.a.f. des marchandises, censée garantir que les droits et taxes dus seront payés. Une seconde caution correspondant au moins au montant total des droits et taxes d'entrée suspendus doit être présentée soit par le transitaire agréé spécifiquement pour le transit, sur son crédit d'enlèvement, soit par l'opérateur économique sous forme d'une garantie bancaire ou d'un dépôt en espèces à la Douane. Cette seconde caution, contrairement à la première, est restituée sur présentation de l'acquit-à-caution attestant la sortie du territoire douanier ivoirien.

Selon les autorités, depuis 2012 les marchandises en transit ne sont plus obligatoirement assujetties à l'escorte routière, qui était opérée par l'Office ivoirien des chargeurs dans le cadre d'une concession de service public, mais qui a été remplacée par des systèmes de balises électroniques sur certains axes. La Douane peut toutefois encore prescrire l'escorte dans des cas de marchandises sensibles.

Évaluation en douane

Des dispositions communautaires basées sur celles de l'OMC régissent l'évaluation en douane (rapport commun, p. 50). Cependant, le système géré par la société Webb Fontaine (voir ci-dessus) suggère une valeur pour les produits relevant de sa compétence;

cette valeur peut ensuite être acceptée ou refusée par la Douane ou par l'opérateur. Le Comité d'arbitrage de la valeur, un comité paritaire secteur privé - secteur public, peut être saisi en cas de différend. Par ailleurs, certains produits sont soumis à des valeurs minimales à l'importation (tableau 3.1).

Les infractions douanières, y compris en matière de valeur en douane, peuvent faire l'objet de sanctions. L'agent ayant constaté une infraction partage avec sa hiérarchie le produit des amendes et confiscations liées aux affaires contentieuses.[11]

Prélèvements à la douane

Les préoccupations fiscales semblent occuper une grande place dans la politique de taxation du commerce en Côte d'Ivoire. Aussi, la Douane ivoirienne obéit-elle toujours à des objectifs de maximisation de recettes. En 2016, les objectifs de prélèvements à réaliser par la Douane représentaient plus de la moitié des objectifs de recettes fiscales totales du gouvernement. En vigueur en Côte d'Ivoire depuis janvier 2015, le tarif extérieur commun (TEC) de la CEDEAO (rapport commun, p. 57) est appliqué de façon quasi intégrale par la Douane ivoirienne.[12]

La Côte d'Ivoire a notifié à l'OMC qu'elle utilise la flexibilité offerte par les dispositions de la CEDEAO d'appliquer, pendant une période transitoire de cinq ans à compter de 2015, des taux de droit de douane plus bas ou plus élevés que ceux du TEC de la CEDEAO (rapport commun, p. 50). En effet, la Côte d'Ivoire applique des taux plus bas à quelques lignes tarifaires couvrant notamment les tissus wax, les oignons et la pomme de terre. Par ailleurs, elle applique des taux plus élevés (taux du TEC plus une taxe d'ajustement à l'importation (TAI) de 10%) à d'autres lignes tarifaires couvrant notamment les tissus écrus de jute et les chaussures destinées à l'industrie (tableau 3.2).[13]

Au total, les taux appliqués par la Côte d'Ivoire à l'issue de l'adoption du TEC de la CEDEAO dépassent ses taux consolidés à l'OMC sur 883 lignes tarifaires, contre 962 en 2012 avec le TEC de l'UEMOA (rapport commun, tableau 3.9).

Autres droits et impositions perçus exclusivement à l'importation

La Côte d'Ivoire appliquait en 2016 de nombreux autres droits sur les importations, ce qui complique le régime et renchérit les importations. On citera:

Les trois taxes d'application communautaire (rapport commun, p. 50) prélevées sur toutes les importations en provenance de pays tiers à la CEDEAO (PCS au taux de 1%, PC au taux de 0,5%, et RS au taux de 1%), même aux produits importés en régime d'exonération des droits de douane.

La taxe conjoncturelle à l'importation (TCI) appliquée au taux de 10% par la Côte d'Ivoire (rapport commun p. 64) sur une gamme de produits (tableau 3.3). Le prix de déclenchement de cette mesure communautaire d'application nationale semble avoir été révisé à la

Tableau 3.1 Liste des produits importés soumis à valeurs minimales, 2017

Nomenclature	Désignation	Valeur minimale
1103110000	Semoules de froment (blé)	400 FCFA/kg
1517100000	Margarine	755 FCFA/kg
1902110000 à 1902300000	Pâtes alimentaires	600 FCFA/kg
2523.21, 29, 30 et 90	Ciment	98 US$/tonne
3105100000 à 3105900000	Engrais	145 FCFA/kg
3306100000	Dentifrices	4 000 FCFA/kg
3401191000	Savons ordinaires	380 FCFA/kg
3401200000	Savons sous d'autres formes	380 FCFA/kg
3402200000	Lessive pour la vente au détail	650 FCFA/kg
3605000000	Allumettes	1 900 FCFA/kg
6305330000	Sacs d'emballages polyéthylène ou de polypropylène	1 300 FCFA/kg
6309000000	Articles de friperie	500 FCFA/kg

Source: Autorités de Côte d'Ivoire.

Tableau 3.2 Droits de douane divergeant du TEC appliqués par la Côte d'Ivoire, 2016

Code	Désignation	Taux appliqués (%)	Taux dans le TEC CEDEAO (%)	Observation
Maintien de l'ancien taux du TEC de l'UEMOA (inférieur au taux du TEC de la CEDEAO)				
0701900000	Pomme de terre	20	35	Notifié à l'OMC
0703100000	Oignon et échalote	20	35	Notifié à l'OMC
1511100000	Huile brute	5	10	Notifié à l'OMC
5208521000	Tissus wax	20	35	Notifié à l'OMC
Réarmement avec TAI[a] de 10%				
5310100000	Tissus écrus de jute	20	10	Notifié à l'OMC
6402191000, 6402201000, 6402911000, 6402199100	Chaussures destinées à l'industrie	20	10	Notifié à l'OMC

a Taxe d'ajustement à l'importation (TAI), voir ci-dessous et rapport commun, p.50.

Source: Informations fournies par les autorités de Côte d'Ivoire basées sur les données IDB.

hausse sur un bon nombre de produits sans qu'aucune requête n'ait été adressée à la Commission de l'UEMOA.

- Un prélèvement compensatoire sur les viandes, abats et dérivés (p. 219).
- Un autre prélèvement compensatoire à l'importation sur les volailles entières, découpes et abats bénéficiant de subventions à l'exportation dans les pays d'origine (p. 219).[14]
- Une taxe spéciale sur la purée de tomate: 25 FCFA/kg.
- Une taxe de péréquation sur le sucre (égale à la différence entre la valeur c.a.f. et le prix de déclenchement de la TCI (tableau 3.2), ce dernier formant la base imposable pour les autres droits et taxes).
- Une taxe spéciale sur les sacs et sachets en matière plastique: 50 FCFA/kg.

Taxes intérieures prélevées sur les importations

Depuis le 1er janvier 2015, la Côte d'Ivoire applique à la production nationale et aux importations un taux général de TVA de 18%, et un taux réduit de 9%. Les exonérations de TVA sont décidées au niveau national mais doivent respecter le cadre communautaire (rapport commun, p. 61). Toutefois, certains produits exonérés par la Côte d'Ivoire en 2017 ne figurent pas sur la liste communautaire.

Les droits d'accise sur les tabacs ont été ramenés à un taux unique de 35% en 2014, plus 5% au titre de la taxe spéciale sur le tabac pour le développement du sport; la majoration de 25% applicable à la base imposable des produits importés a été supprimée, et remplacée par un système de valeurs minimales à l'importation inférieures pour les importations en provenance de tout pays "lié à la Côte d'Ivoire par un accord d'union douanière".[15] Pour les boissons alcoolisées et les tabacs importés en provenance de pays n'ayant pas d'accord d'union douanière avec la Côte d'Ivoire, la base taxable, augmentée de tous les droits et taxes de douane, est majorée de 25% supplémentaires par rapport aux produits locaux ou à ceux provenant pays avec lesquels la Côte d'Ivoire a un accord d'Union douanière.[16]

Exemptions et concessions de droits et taxes

Bien qu'en principe les exemptions de droits et taxes de porte doivent être décidées au niveau communautaire et appliquées de manière uniforme par les États membres de l'UEMOA, la Côte d'Ivoire procède de temps à autre à des actions autonomes. Par exemple, en 2015 une réduction temporaire de droits de douane et de TVA fut annoncée sur du matériel d'informatique et de télécommunication (SH 84, 85), jusqu'en décembre 2018.[17] Le Rapport du Ministère chargé du budget sur les coûts des exonérations fiscales et douanières en 2016 comporte 148 pages.[18]

Prohibitions, restrictions quantitatives et licences

Depuis 1993, la Côte d'Ivoire applique deux régimes dérogatoires à la liberté d'importation, à savoir le régime d'agrément et le régime de limitation (tableau 3.4). Ces mesures s'appliquent sans aucune distinction quant à leur origine, y compris communautaire.

Le régime d'agrément s'applique aux produits dont l'importation est subordonnée à l'autorisation préalable d'un ministère technique, pour des raisons sanitaires, phytosanitaires, de moralité, d'ordre et de sécurité publics; et aux produits dont l'importation est soumise à une autorisation délivrée par une Commission interministérielle d'agrément[19]: les viandes et abats, la volaille, les produits laitiers, les poissons, les œufs

Tableau 3.3 Produits soumis à la TCI de 10%, 2012 et 2016

Position tarifaire	Désignation	Prix de déclenchement FCFA/kg	
		2012	2016
0402.9100.00	Laits et crèmes de lait concentrés non sucrés	n.a.[a]	1 340
0402.9900.00	Lait concentré sucré	1 208	1 340
1101.0000.00	Farine de froment (blé) ou de méteil	192	214
1507.1000.00	Huile brute, même dégommée	224	224
1507.9000.00	Autres huiles de soja brutes	438	438
1511.1090.00	Autres huiles brutes de palme	224	224
1511.9010.00	Huiles de palme et leurs fractions	438	438
1511.9090.00	Autres huiles de palme et leurs fractions	438	438
1512.1900.00	Autres huiles de tournesol ou de carthame et leurs fractions	438	438
1512.1100.00	Huiles brutes de tournesol ou de carthame	224	224
1512.2100.00	Huiles de coton brut, même dépourvues de gossypol	224	224
1514.1000.00	Huiles brutes de navette, de colza ou de moutarde	224	224
1701 11 00 00	Sucre brut (roux) de canne	n.a.[a]	290 979
1701 12 00 00	Sucre brut (roux) de betterave	n.a.[a]	290 979
1701 99 10 00	Sucre blanc en poudre, en granulés ou cristallisés	n.a.[a]	354 226
1701 99 90 00	Autres sucres blancs	n.a.[a]	354 226
1901.9000.90	Concentrés sucrés à base de lait	1 208	1 208
5310.1000.00	Tissus de jute	353	503
6305.1000.00	Sacs de jute	706	1 006

n.a. Non applicable.

a Produits non couverts par la TCI en 2012.

Source: Administration des douanes ivoiriennes.

en coquille. Ainsi, seule une dizaine de sociétés étaient autorisées par la Commission à importer des produits laitiers en Côte d'Ivoire en 2016.[20]

Le régime de limitation comprend les prohibitions, et les restrictions quantitatives; pour ces dernières, l'importateur est tenu de solliciter une licence auprès du Ministère du commerce si la valeur f.a.b. des marchandises est supérieure ou égale à 25 000 FCFA.[21]

En novembre 2016, le gouvernement interdit la vente (et l'importation) d'alcool en sachets plastiques, pour non-respect des normes de dosage. En général, tout fabricant ou propriétaire de marque désirant vendre en Côte d'Ivoire des boissons alcoolisées titrant plus de 20° (positions tarifaires 22-08 et 22-09) doit solliciter l'agrément préalable du Ministre en charge de l'économie et des finances. Le fabricant est tenu de: limiter la vente de produits portant la mention "Vente en Côte d'Ivoire" à des importateurs agréés résidant en Côte d'Ivoire; communiquer au directeur des Douanes la liste actualisée de ces importateurs et des marques importées par chacun d'eux; et indiquer chaque année (par importateur et par produit) les quantités livrées, d'une part avec la mention "Vente en Côte d'Ivoire", et d'autre part, sans cette mention.[22]

Prescriptions en matière d'emballage, de marquage et d'étiquetage

La Direction de la métrologie, du contrôle de la qualité et de la répression des fraudes au Ministère du commerce est responsable de faire respecter les prescriptions en matière d'emballage, de marquage et d'étiquetage (tableau 3.5). Celles-ci sont très anciennes et mériteraient d'être revues pour assurer leur efficacité tout en évitant de constituer des barrières au commerce.

Aux termes du Décret n° 92-487 du 26 août 1992 portant étiquetage et présentation des denrées alimentaires, l'étiquette doit mentionner: la dénomination de vente; la liste des ingrédients; la quantité nette; la date jusqu'à laquelle la denrée conserve ses propriétés spécifiques ainsi que l'indication des conditions particulières de conservation; le nom ou la raison sociale et l'adresse du fabricant, conditionneur ou vendeur; le lieu d'origine ou de provenance, ou le lieu d'origine et de provenance lorsqu'il s'agit d'un reconditionnement; le mode d'emploi chaque fois que son omission ne permet pas de faire un usage approprié de la denrée ainsi que, le cas échéant, les conditions particulières d'utilisation, notamment les précautions d'emploi.

Mesures commerciales de circonstance

En principe, la Côte d'Ivoire applique les dispositions de l'UEMOA en matière de mesures antidumping, compensatoires, et de sauvegarde. La Côte d'Ivoire n'a jamais pris de mesures antidumping ou compensatoires; cependant, la TCI s'apparente bien à une mesure de sauvegarde.

MESURES AGISSANT DIRECTEMENT SUR LES EXPORTATIONS

Enregistrement et procédures douanières

Dans l'ensemble, les formalités d'enregistrement sont complexes et leur simplification est perçue par tous les acteurs du processus d'exportation comme une priorité. Ces procédures font intervenir de nombreuses institutions, chacune engendrant des frais supplémentaires, à savoir: les divisions de la Douane et les Commissionnaires en douane agréés (obligatoires également à l'exportation); les ministères chargés des différentes approbations préalables (voir ci-dessous); la Direction générale du Trésor et de la comptabilité publique qui délivre l'engagement de change et la banque qui le signe; la Direction générale des impôts et les organisations de producteurs ou d'exportateurs qui approuvent ou enregistrent les exportations et les taxent (Conseil du café-cacao, Conseil du coton et de l'anacarde, etc.); et la Chambre de commerce et d'industrie, active dans les cautions de transport et dans le pesage des marchandises, moyennant finances.

Des simplifications en matière d'exportation ont eu lieu en 2014. Un compte contribuable est établi par la DGI et est mis en ligne sur une plateforme commune d'échange des données "douanes-impôts", ce qui devrait simplifier considérablement les procédures.[23] L'exportateur doit toutefois être inscrit au Registre du commerce et il doit également avoir obtenu un code exportateur délivré par le Ministère en charge du commerce.

La documentation est également complexe et multiple. Les documents, dont l'utilité mériterait d'être réexaminée afin de faciliter les échanges, comprennent: le dossier d'exportation auprès d'une banque agréée, l'engagement de change, l'attestation d'exportation, le certificat de poids, et la déclaration en détail (obligatoire). L'attestation d'exportation, liée au contrôle des changes, est maintenant dématérialisée au moyen du GUCE.

Prohibitions et contrôles à l'exportation

La législation prévoit trois régimes à l'exportation: la liberté; le régime d'autorisation préalable; et le régime de prohibition (tableau 3.6). De plus, la Côte d'Ivoire applique en principe les prescriptions communautaires de l'UEMOA visant l'élimination progressive des restrictions quantitatives frappant les échanges communautaires.

Des exceptions au régime communautaire subsistent. Par exemple, les exportations par voie terrestres de tous les produits sujets aux taxes à l'exportation, vers les autres États membres de l'UEMOA, sont prohibées par la Côte d'Ivoire, en l'absence de possibilité de vérifier le paiement des droits et taxes d'exportation. De même, le transit international à destination des pays voisins à façade maritime est interdit.

Taxation des exportations

Le gouvernement ivoirien a commencé en 2016 à réduire les fortes taxes qui ponctionnent les revenus

Tableau 3.4 Contrôles et prohibitions à l'importation, 2016

Produits	Conditions/Prescriptions (nombre d'importateurs agréés)	Structure responsable
Régime d'agrément		
Animaux vivants, alevins d'eau douce (section 4.1.5)	Agrément des importateurs; certificat sanitaire	Ministère des ressources animales et halieutiques
Viande, produits charcutiers et produits de la pêche (section 4.1.5)	Agrément des importateurs et autorisation préalable d'importation; certificat sanitaire	
Produits laitiers (section 4.1.5)	Agrément des importateurs (10); certificat sanitaire	
Plantes vivantes, semences, graines et plants destinés à l'ensemencement	Agrément des importateurs; certificat phytosanitaire	Ministère de l'agriculture
Matières pour l'aromatisation des denrées alimentaires et des boissons	Agrément des importateurs	Ministère du commerce
Boissons alcoolisées titrant plus de 20°, des positions tarifaires 22-08 et 22-09	Agrément des fabricants/propriétaires de marque et des importateurs	Ministère de l'économie et des finances
Médicaments, alcool méthylique (méthanol); produits pharmaceutiques; produits hallucinogènes	Agrément des importateurs; autorisations de mise sur le marché	Ministère de la santé
Extraits de d'organes, vaccins, ferments; autres sérums; produits médicaux	Agrément des importateurs et autorisation préalable d'importation	
Supports de sons et d'images enregistrés	Agrément des importateurs	Ministère de la culture
Armes et munitions	Agrément des importateurs	Ministère de la défense
Régime de limitation		
Tissus imprimés en coton; tissus de fibres textiles synthétiques discontinues et artificielles	Licence d'importation si la valeur f.a.b. est supérieure ou égale à 25 000 FCFA	Ministère du commerce
Sucre; farine de blé (section 4.1)	Importations suspendues depuis 2010	Douane
Produits pétroliers similaires à ceux de la SIR (section 4.2.1)	Autorisation préalable	Ministère chargé de l'énergie
Prohibitions		
Drogues, stupéfiants; publications pornographiques; amiante et les produits en contenant; farine de viande et os de ruminants; produits de contrefaçon; déchets toxiques; substances appauvrissant la couche d'ozone (section 3.1)	Importations en principe prohibées	Douane

Source: Secrétariat de l'OMC, sur la base d'informations fournies par le Ministère du commerce.

Tableau 3.5 Réglementation en matière de marquage et d'étiquetage, 2017

Produit	Conditions/Prescriptions
Tous produits et services	Loi n° 2013-877 du 23 décembre 2013 relative à la concurrence
	Loi n° 2016-411 du 15 juin 2016 relative au système national de métrologie
	Loi n° 2016-410 du 15 juin 2016 relative à la répression des fraudes et des falsifications en matière de vente des biens ou services
	Loi n° 2016-412 relative à la consommation
Denrées alimentaires	Décret n° 92-487 du 26 août 1992 portant étiquetage et présentation des denrées alimentaires
Tissus imprimés	Décret n° 92-393 du 1 juillet 1992 relatif à l'indication de la provenance des tissus imprimés vendus en Côte d'Ivoire
Sel	Arrêté interministériel n° 18/MS/MC du 3 avril 1996 rendant obligatoire l'iodation du sel destiné à la consommation humaine et animale en Côte d'Ivoire
Jus de fruits et légumes	Décret n° 2001-609 du 26 septembre 2001 relatif à la fabrication et à la commercialisation des jus de légumes, des jus de fruits et de certains produits similaires
Produits laitiers	Décret n° 83-808 du 3 août 1983 portant application de la Loi n° 63-301 du 26 juin 1963 relative à la répression des fraudes en ce qui concerne la fabrication et la commercialisation des produits laitiers
Lait	Arrêté interministériel n° 383/MC/MIRAH/MSLS du 9 juillet 2015 fixant la date limite de consommation et les conditions de conservation des laits en fonction de leur traitement thermique
Conserves et semi-conserves alimentaires	Décret n° 92-595 du 30 septembre 1992 portant application de la Loi n° 63-301 du 26 juin 1963 relative à la répression des fraudes en ce qui concerne le commerce des conserves et semi-conserves alimentaires
Tabac et les allumettes importés	Décret n° 65-74 du 6 mars 1965
Cosmétiques	Décret n° 2015 - 288 du 29 avril 2015 portant réglementation des produits cosmétiques.

Source: Secrétariat de l'OMC, sur la base d'informations fournies par les autorités.

Tableau 3.6 Restrictions à l'exportation appliquées en 2017

Mesure	
Interdictions permanentes	Ivoire brut Volaille et produits de la volaille d'élevages non vaccinés contre l'influenza aviaire Cacao et déchets du cacao hors normes Certaines essences de bois brut en grumes (Aboudikrou, acajou, avodiré, bossé, sipo, dibétou, iroko, makoré, tiama, kondroti); bois de vène (depuis 2013) Ferraille et sous-produits ferreux (depuis 2013)
Suspensions temporaires	Ferraille et produits ferreux Cacao brut expédié vers les autres États membres de l'UEMOA
Restrictions au transit	Armes et produits à double usage tels que poudres et substances explosives; articles de pyrotechnie; pièces d'armes et munitions de guerre; armes blanches (sabres, épées, baïonnettes), leurs pièces détachées et leurs fourreaux; projectiles, mines et pièces détachées; stupéfiants et substances psychotropes, matériaux pornographiques ou contraires aux bonnes mœurs ou de nature à troubler l'ordre public; produits avariés; marchandises contrefaites ou piratées
Contingentement à l'exportation	Bois frais
Contrôles à l'exportation	Diamants (Processus de Kimberley, voir rapport commun) Espèces des faunes et des flores sauvages menacées d'extinction (CITES, voir rapport commun)
Agréments préalables	Café, cacao, bois, coton, anacarde, karité, noix de cola, caoutchouc naturel; animaux, produits animaux et agricoles, matériel végétal (dont café, cacao); certains minerais et métaux précieux (diamant, argent, platine et or); ouvrages d'art

Source: Secrétariat de l'OMC.

Tableau 3.7 Aperçu des taxes à l'exportation, 2011 et 2017

Chapitre ou position du SH	Produit	2011	2017
0801	Noix de cajou brute	DUS: 10 FCFA/kg DE: 2,5%	DUS: 85 FCFA/kg DE: 2,5%
0802.9010.00	Noix de cola	DUS: 14% DE: 2,5%	DUS: 14% DE: 2,5%
0901	Café	DUS: 50 FCFA/kg DE: ..	DUS: 5% DE: 0,94%
0405	Karité	DE: 2,5%	DE: 2,5% 84,58 FCFA/kg
1801.0011.00; 1801.0012.00; 1801.0018.00	Cacao brut	14,60% DE: ..	14,60% DE: 0,94%
1801.0019.00	Cacao torréfié	14,60% DE: ..	14,60% DE: 0,94%
1801.0020.00; 1803.1000.00; 1803.2000.00	Brisures de fèves, pâte de cacao	13,90% DE: ..	13,2% DE: 0,94%
1802.0000.10	Tourteaux de cacao	6,95% DE: ..	11% DE: 0,94%
1804.0000.20; 1804.0000.90	Beurre naturel de cacao; cacao en masse non dégraissé	13,90% DE: ..	11% DE: 0,94%
1805009000	Poudre de cacao	6,95% DE: ..	9,6% DE: 0,94%
1806.1000.00; 1806.2000.30	Poudre de cacao avec sucre Couverture	6,95% DE: ..	6,95% DE: 0,94%
1806.2000.00; 1806.3200.90	Chocolat et autres préparations	10,64%	0%
44, 45	Bois et ouvrages en bois	35%; 18%; 10%; 7%; 5%; 4%; 3%; 2%; 1%	35%; 18%; 10%; 7%; 5%; 4%; 3%; 2%; 1%
52	Coton	DE: 2,5%	DE: 2,5%
71	Diamants	3%	3%
73	Ferraille	100 000 FCFA/tonne	100 000 FCFA/tonne

.. Non disponible.

Note: Droit unique de sortie (DUS), taxe ou droit d'enregistrement (DE).

Source: Secrétariat de l'OMC, sur la base de renseignements fournis par les autorités.

des producteurs, pénalisent les exportations ivoiriennes, et encouragent la fraude (p. 215 pour le café et le cacao).[24] En 2009-2010 déjà, les autorités avaient pris l'engagement de respecter un taux cumulé maximum de 22% pour l'ensemble des ponctions sur les exportations du cacao. En 2016, ces prélèvements ont été quelque peu réduits sur les exportations de produits transformés pour encourager la valorisation locale des produits (tableau 3.7).

Financement, promotion des exportations

Aucun texte connu ne prévoit spécifiquement des financements directs à l'exportation. Cependant, outre les régimes douaniers prévus par les dispositions communautaires et favorisant les exportations, la Côte d'Ivoire maintient plusieurs zones franches (p. 197).

MESURES AGISSANT SUR LA PRODUCTION ET LE COMMERCE

Normes, réglementations techniques et accréditation

La Côte d'Ivoire s'est dotée en 2013 d'un nouveau cadre juridique en matière de normalisation, qui fait explicitement référence aux dispositions de l'Accord sur les obstacles techniques au commerce de l'OMC; et aux dispositions de l'UEMOA en la matière.[25] La Côte d'Ivoire Normalisation (CODINORM), association créée en 1992 par le secteur privé et comprenant des représentants de l'État, comptait 178 entreprises en février 2017.[26] Les activités techniques de la CODINORM sont assurées par une structure opérationnelle permanente de 25 membres dont huit ingénieurs et assimilés. Le Comité ivoirien de normalisation (CIN) en assure la supervision.

En Côte d'Ivoire, les normes (d'application volontaires) peuvent être rendues obligatoires (règlements techniques) par décret, après homologation par le CIN. En mai 2017, la Côte d'Ivoire comptait 2 000 de ces normes, 132 règlements techniques portant sur 14 familles de produits.[27] Depuis 2010, la Côte d'Ivoire n'a effectué aucune notification à l'OMC en la matière.[28]

CODINORM fournit des certifications NI (norme ivoirienne), valables trois ans, et des tests de conformité (valables un à trois mois). Cependant, le respect des normes, plus particulièrement des règlements techniques, n'étant pas pleinement assuré, peu d'entreprises (environ 150 en 2015, sur plus de 5 000 entreprises enregistrées au Registre du commerce) ont recours à l'évaluation de conformité et au contrôle de la qualité, ce qui n'est pas sans conséquence sur la capacité des entreprises à répondre aux exigences des marchés internationaux.

CODINORM assure la représentation de la Côte d'Ivoire dans les instances régionales et internationales de normalisation; elle constitue le Point national d'information sur les normes et les obstacles techniques au commerce (OTC) à l'OMC. CODINORM a comme objectif déclaré l'adoption massive de normes et règlements techniques internationaux, et l'acceptation des tests et certificats de conformité délivrés par des organismes accrédités, pour autant que les normes et règlements concernés aient été jugés équivalents à ceux en vigueur en Côte d'Ivoire. Un bureau du Système ouest-africain d'accréditation (SOAC), organisme d'accréditation régional de la CEDEAO, serait en cours d'installation en Côte d'Ivoire.

L'importation de certains produits réglementés (par exemple médicaments, et véhicules) nécessite la présentation à la Douane d'un certificat de conformité aux règlements techniques. Selon le site Internet du Bureau Veritas France, la Côte d'Ivoire lui aurait confié en juillet 2014 la mise en œuvre d'un programme de vérification de la conformité des marchandises importées aux normes et règlements techniques. Bureau Veritas devrait procéder, dans les pays d'exportation, à la vérification de la conformité aux normes nationales et/ou internationales des marchandises pour qu'elles puissent être importées en Côte d'Ivoire. Sont concernés: les produits alimentaires, produits électriques et électroniques, produits chimiques, produits cosmétiques et d'hygiène corporelle, matériaux de construction, produits d'emballage, pièces de rechange et accessoires pour automobiles et lubrifiants, machines (accessoires de levage, etc.), équipements sous pression, équipements de protection individuelle, appareils à gaz, textiles, chaussures, jouets, produits pharmaceutiques, et produits usagés. En mai 2017, le programme n'avait pas encore démarré parce que le décret d'approbation du contrat y afférent n'avait pas été adopté.

Mesures sanitaires et phytosanitaires

Les régimes nationaux en matière de mesures phytosanitaires et sanitaires demeurent inchangés pour l'essentiel depuis 2009. La Côte d'Ivoire a fait des efforts pour assurer la qualité requise par les pays de destination de ses produits, tels que le café, le cacao, les fruits et légumes, et les produits de la pêche.[29]

La Côte d'Ivoire dispose depuis 2015, d'un sous-comité SPS/OTC qui fait partie du Comité national interinstitutionnel consultatif sur les accords de l'OMC (article 6 du Décret n° 2015-115 du 25 février 2015, portant création du CNIC-OMC). Depuis sa création, ce sous-comité a bénéficié de l'appui technique de l'USAID et de l'UA-BIRA, pour l'amélioration de son fonctionnement. Selon les autorités, la mise en place d'un Comité SPS national est en cours et devrait, à terme, assurer la concertation des différentes instances intervenant, souvent de manière indépendante, en matière de mesures SPS. Pour l'instant, les contrôles SPS relèvent de multiples structures dont l'efficacité pourrait être améliorée à travers un mécanisme de coordination.

Le Service d'inspection et de contrôle sanitaire vétérinaire à la frontière (SICOSAV) assure le contrôle sanitaire et de qualité des animaux vivants, des produits d'origine animale et des produits de la pêche, à l'importation et à l'exportation. Il est également chargé d'inspecter les importations et la fabrication locale de ces produits aux fins de la délivrance du certificat sanitaire nécessaire à la commercialisation.

La Direction des services vétérinaires est chargée quant à elle de la santé animale et de l'hygiène publique vétérinaire. Elle contrôle la salubrité des infrastructures de stockage primaire, de distribution, et de commercialisation des viandes et produits de pêche. Elle contrôle les médicaments, les produits et matériels vétérinaires, en liaison avec le Ministre de la santé et de l'hygiène publique. Elle contrôle également la transformation des produits animaux et halieutiques, en liaison avec le Ministère chargé de l'industrie.

Le Ministère de l'agriculture est chargé de la protection des productions végétales. Les Normes internationales pour les normes phytosanitaires (NIMP n° 32) de la CIPV fournissent des directives en matière de gestion des risques.[30]

Depuis 2012, la Côte d'Ivoire n'a rien notifié au Comité SPS de l'OMC. Les autorités ont déclaré avoir notifié à l'OIE des prohibitions en vigueur sur les importations de volaille.

La multiplicité et le manque de coordination des contrôles rallongent les procédures et renchérissent les coûts d'importation. Plusieurs bulletins de vérification, certificats, procès-verbaux, attestations et autres documents sont délivrés par chaque institution, chacun moyennant finances. La mise en place de procédures concertées entre ces structures, à l'importation et à l'exportation, permettrait de pratiquer tous les contrôles SPS nécessaires tout en évitant doublons et frais inutiles.

À l'heure actuelle, un autre problème réside dans l'insuffisance de laboratoires d'analyse accrédités et opérationnels, notamment pour les importations et les exportations, d'où la forte dépendance des laboratoires étrangers.

Incitations

Outre les avantages consentis dans le cadre du Code des investissements (p. 197), notamment sous le régime de zone franche, la Côte d'Ivoire peut accorder de façon ad hoc des dérogations au droit fiscal commun pour aider certaines entreprises prioritaires ou en difficulté, par exemple la Société ivoirienne de raffinage.

Politique de la concurrence et du contrôle des prix

La Côte d'Ivoire avait mis en place son régime de concurrence[31] avant l'adoption de la réglementation de l'UEMOA en la matière (rapport commun, p. 70); et a modernisé ce cadre en 2013.[32]

Selon les autorités, en la pratique, la réglementation communautaire est d'application nationale. La Commission de l'UEMOA a mené des enquêtes en Côte d'Ivoire, notamment sur les marchés des télécommunications (une étude sectorielle) et des bières et boissons gazeuses sucrées (pour abus de position dominante); une notification volontaire de concentration (fusion) dans la production de l'huile de palme a également été étudiée.

La Direction de la concurrence et de la consommation, intégrée au Ministère du commerce, est responsable de l'élaboration de la politique nationale de concurrence et de la réglementation y afférente (en dehors des domaines relevant exclusivement de la compétence communautaire), ainsi que de la répression des pratiques restrictives de concurrence.[33] La Commission de la concurrence de la Côte d'Ivoire n'était pas encore opérationnelle en mai 2017.

Actuellement, le contrôle de l'État s'étend sur les prix suivants: eau, électricité et timbres postaux (fixés par des conventions signées entre l'État et les prestataires); livres scolaires primaires d'édition locale et le gaz butane (fixation de marge bénéficiaire); et produits et spécialités pharmaceutiques (fixation de marges bénéficiaires ou de coefficients multiplicateurs). Les prix des produits pétroliers font l'objet d'une fixation périodique en fonction de la variation des cours mondiaux; en principe, le prix est uniforme sur l'ensemble du territoire national. Les marges des distributeurs de produits pétroliers sont fixées par contrat avec l'État.

Par ailleurs, la pratique de fixation de prix minimum garanti au producteur demeure en place pour plusieurs produits agricoles, y compris le cacao, le café, la noix de cajou, et le coton (p. 215). Ces prix sont fixés au début de chaque campagne par les structures chargées de la gestion des filières respectives. Il s'agit donc d'un prix plancher en dessous duquel aucune vente ne peut en principe être faite ou autorisée.

En pratique, les autorités avouent l'absence de contrôle sur l'application effective des prix réglementés dans de nombreux cas.

Commerce d'État, entreprises publiques et privatisation

Depuis 1996, la Côte d'Ivoire n'a pas présenté de notification à l'OMC concernant ses entreprises commerçantes d'État au sens de l'article XVII du GATT. Le tableau 3.8 dresse la liste des entreprises à participation publique, certaines ayant des activités internationales; parmi elles, seule la Société ivoirienne de raffinage (p. 221) avait été incluse dans la notification de 1996.[34] Toutefois, la GESTOCI (p. 221) exporte apparemment des produits pétroliers au Mali et au Burkina Faso; et les deux sociétés sucrières ont l'exclusivité des importations (p. 215).

Bien que la présence de l'État continue à être importante dans la production nationale de biens et services marchands (tableau 3.8), le gouvernement avait pour objectif en 2016 de réduire de 25% la taille du portefeuille des entreprises publiques. Des mesures ont été mises en place pour rationaliser leurs dépenses et améliorer leur gouvernance.[35] La chute du résultat net consolidé des entreprises d'État en 2014 (graphique 3.1) serait due aux pertes encourues par la Société ivoirienne de raffinage.

Marchés publics

La Côte d'Ivoire envisage actuellement de souscrire au statut d'observateur à l'Accord sur les marchés publics de l'OMC; et souhaite un atelier national de formation de l'OMC sur ces questions[36], considérant que l'adhésion à l'Accord de l'OMC sur les marchés publics augmenterait la transparence dans les processus d'achats publics, y compris ceux financés par l'aide extérieure, réduirait les possibilités de corruption, et permettrait de créer les bases d'une véritable concurrence entre les fournisseurs, nationaux ou étrangers. Par ailleurs,

Tableau 3.8 Entreprises à participation d'État, août 2016

Dénomination sociale	Secteur	Part de l'État (%)	Nombre d'employés
Agence de gestion des routes (AGEROUTE)[a]	Transport/infrastructures	100	112
Agence ivoirienne de gestion des fréquences radio électriques	Média et TIC	100	
Autorité nationale de régulation de l'électricité (ANARE)[a]	Énergie	100	51
Agence nationale du service universel des télécommunications/TIC[a]	Média et TIC	100	
Bureau national d'études techniques et de développement	Études et services	100	1 138
Banque nationale d'investissement (BNI)[a]	Banque et finance	100	
Énergies de Côte d'Ivoire (CI-ENERGIE)[a]	Énergie	100	323
Caisse nationale des Caisses d'épargne (CNCE)[a]	Banque et finance	100	
Fonds d'entretien routier (FER)[a]	Transport/infrastructures	100	40
Fonds de développement des infrastructures industrielles	Autres industries	100	
Institut national de la statistique (INS)[a]	Études et services	100	291
Société ivoirienne de technologie tropicale (I2T)[a]	Autres industries	100	106
Office national de l'eau potable (ONEP)[a]	Eau	100	98
Office national de l'assainissement et du drainage (ONAD)[a]	Assainissement	100	
Port autonome d'Abidjan (PAA)[a]	Transport	100	1 545
Port autonome de San Pedro (PASP)[a]	Transport	100	208
Poste de Côte d'Ivoire (PCI)[a]	Média et TIC	100	912
Société nationale d'opérations pétrolières de Côte d'Ivoire[a]	Énergie	100	519
Radiodiffusion télévision ivoirienne (RTI)[a]	Média et TIC	100	591
Société ivoirienne de gestion du patrimoine ferroviaire[a]	Transport	100	26
Société nationale de développement informatique (SNDI)[a]	Média et TIC	100	229
Société nouvelle de presse et d'édition de Côte d'Ivoire[a]	Média et TIC	100	336
Société de développement des forêts (SODEFOR)[a]	Agro-industrie	100	553
Société pour le développement minier de la Côte d'Ivoire[a]	Mines	100	145
Société d'exploitation et de développement aéroportuaire (SODEXAM)[a]	Transport/infrastructures	100	396
Versus Bank[a]	Banque/finance	100	
Société de développement touristique de la région des lacs[a]	Hôtellerie et tourisme	100	442
Société des palaces de Cocody (SPDC)[a]	Hôtellerie et tourisme	100	
Compagnie ivoirienne pour le développement des textiles[b]	Agro-industrie	99,99	652
Laboratoire du bâtiment et des travaux publics (LBTP)[b]	Construction	95,2	226
Loterie nationale de Côte d'Ivoire (LONACI)[b]	Études et services	80	404
Côte d'Ivoire Engineering (CI-ENGINEERING)[b]	Autres industries	74	61
Air Côte d'Ivoire (AIR COTE D'IVOIRE)[b]	Transport	65	272
Institut ivoirien de l'entreprise (INIE)[b]	Études et services	62,5	71
Société nationale ivoirienne de travaux (SONITRA)[b]	Construction	55	48
EDIPRESSE[b]	Média et TIC	65	43
Compagnie minière du littoral (CML)[b]	Mines	61	195
Société de gestion du grand marché de Treichville (SGMT)[b]	Construction	85,76	38
Société ivoirienne de construction et de gestion immobilière[b]	Construction	84,18	206
Sils Technology[b]	Études et services	75	20
Société des transports abidjanais (SOTRA)[b]	Transport	60,17	2 777
Agence de gestion foncière (AGEF)[b]	Construction	57,15	69
Banque de l'habitat de Côte d'Ivoire (BHCI)[b]	Banque et finance	50,84	
Côte d'Ivoire Telecom (CIT)[c]	Média et TIC	48,47	789
Centre national de recherche agronomique (CNRA)[c]	Agro-industrie	40	1 727
Agence pour le développement de la compétitivité des industries de Côte d'Ivoire[c]	Autres industries	40	
Agence nationale d'appui au développement rural (ANADER)[c]	Agro-industrie	35	1 924
Quipux-Afrique[c]	Transport/infrastructures	35	
Société abidjanaise de salubrité (SAS)[c]	Assainissement	35	
Société de forage minier (FOREMI)[c]	Mine	49	7
Société ivoirienne de raffinage (SIR)[c]	Énergie	47,28	612
Société des mines d'Ity (SMI)[c]	Mine	40	611
Société ivoirienne d'abattage et de charcuterie (SIVAC)	Agro-industrie	31,58	26
PALMAFRIQUE[d]	Agro-industrie	30	1 422
Tropical Rubber Côte d'Ivoire (TRC)[d]	Agro-industrie	20	1 337
Office ivoirien des chargeurs (OIC)[d]	Transport	20	137
Industrial Promotion Services West Africa (IPS-WA)[d]	Études et services	15	78
Compagnie ivoirienne d'électricité (CIE)[d]	Énergie	15	4 156
Compagnie ivoirienne de production d'électricité (CIPREL)[d]	Énergie	14,70	85
Société ivoirienne de banque (SIB)[d]	Banque et finance	10	
Lihir Gold Limited (LGL)[d]	Mine	10	851
Yaouré Mining SA (YAOURE MINING)[d]	Mine	10	

Dénomination sociale	Secteur	Part de l'État (%)	Nombre d'employés
Société des mines de Tongon SA (TONGON SA)[d]	Mine	10	528
NSIA banque Côte d'Ivoire (NSIA BANQUE-CI)[d]	Banque et finance	10	
Marché de gros de Bouaké (MGB)[d]	Études et services	10	
Aéroport international Abidjan (AERIA)[d]	Transport/infrastructures	10	209
Agbaou Gold Operations SA (AGBAOU GOLD OPERATIONS)[d]	Mine	10	
NewcrestHiré Côte d'Ivoire (NHCI)[d]	Mine	10	
Shiloh Manganese SA (SHILOH MANGANESE SA)[d]	Mine	10	
Société ivoirienne de fabrication de lubrifiants (SIFAL)[d]	Énergie	32,14	46
Société concessionnaire du Pont Riviera - Marcory[d]	Transport/infrastructures	25,18	
Village technologies de l'information et de la biotechnologie (VITIB SA)[d]	Média et TIC	17	50
Société internationale de transport africain par RAIL[d]	Transport/infrastructures	15	1 525
Société de gestion des stocks pétroliers (GESTOCI)[d]	Énergie	12,50	737
Perseus Mining Côte d'Ivoire (PMCI)[d]	Mine	10	
Webb Fontaine Côte d'Ivoire (WFCI)[d]	Média et TIC	8	
VIVO ENERGY - CI[d]	Énergie	5,54	
Société de distribution d'eau de la Côte d'Ivoire (SODECI)[d]	Eau	3,25	1 769
Nouvelle société sucrière de la Comoé (SN SOSUCO)[d]	Agro-industrie	2,20	828
Bourse régionale des valeurs mobilières (BRVM)[d]	Banque et finance	1,82	51
Dépositaire central/Banque de règlement (DCBR)[d]	Banque et finance	1,79	8

a Société d'État.

b Société à participation financière publique majoritaire.

c Société à participation financière publique avec minorité de blocage.

d Société à participation financière publique minoritaire.

Source: République de Côte d'Ivoire, Direction des participations et de la privatisation (DPP).

le volume des marchés publics a fortement augmenté entre 2011 et 2016 (tableau 3.9).

Après l'adoption du Décret n° 2014-306 du 27 mai 2014 visant à accroître la célérité et la transparence de la procédure d'exécution des marchés publics, le cadre ivoirien de gestion de la commande publique fut révisé en 2015 afin de mieux réguler la passation des marchés en dessous des seuils prévus par la législation de 2009.[37] La Côte d'Ivoire a communiqué au Secrétariat de l'OMC trois nouveaux textes qui modifient ce Code, portent sur le fonctionnement de l'Autorité nationale de régulation des marchés publics (ANRMP) et précisent les procédures de passation des marchés publics.[38] Le seuil d'assujettissement au Code (article 6.1) est de 100 millions de FCFA (152 000 euros), sauf pour les collectivités territoriales (30 millions de FCFA).[39] Le champ d'application du Code comprend les contrats conclus par: l'État, les établissements publics, les collectivités territoriales, les personnes morales et les associations de droit public, les sociétés d'État, et les sociétés à participation financière publique majoritaire, sauf si les bailleurs de fonds imposent d'autres règles de passation du marché.[40] Sont également couverts les marchés passés par des personnes de droit privé agissant pour le compte de l'État ou bénéficiant du concours financier de l'État, d'une personne morale de droit public, ou d'une société d'État. Le Code ne s'applique pas aux marchés liés au secret-défense.

Les fonctions de contrôle du respect des règles de passation relèvent de la Direction des marchés publics (DMP)[41], tandis que les fonctions de régulation a posteriori sont dévolues à l'ANRMP.[42] La DMP suit les plans de passation des marchés des instances contractantes; et autorise la passation des marchés d'une valeur supérieure à 100 millions de FCFA (152 000 euros). L'appel d'offres ouvert est obligatoire à partir de 100 millions de FCFA, sauf pour les collectivités territoriales. Un contrôle a priori par la DMP est obligatoire à partir d'un seuil de 300 millions de FCFA. Les marchés de moins de 100 millions sont gérés par les instances contractantes (procédures concurrentielles simplifiées).[43]

Par ailleurs, un mécanisme de préférence communautaire de 15%, tel que prévu par les dispositions de l'UEMOA (rapport commun, p. 72) est opérationnel en Côte d'Ivoire. Les entreprises qui engagent des sous-traitants nationaux ont droit à une marge de préférence de 5%; le cumul de ces deux préférences est possible jusqu'à un maximum de 15%.

La décision de l'autorité contractante peut être contestée auprès de l'ANRMP, laquelle doit se prononcer dans un délai de dix jours.[44] Après épuisement des voies de recours administratives, les litiges relatifs aux marchés publics peuvent être soumis aux tribunaux ivoiriens ou à un tribunal arbitral, conformément aux dispositions de l'Acte uniforme de l'OHADA relatif à l'arbitrage (p. 193). Les violations du Code des marchés publics sont passibles de sanctions pécuniaires, disciplinaires et pénales, en fonction de la gravité de la faute commise.

Selon la Banque mondiale, les fournisseurs de l'État ivoirien doivent attendre relativement longtemps avant de se faire payer.[45] Par ailleurs, la soumission en ligne

Graphique 3.1 Entreprises publiques, 2011-2014

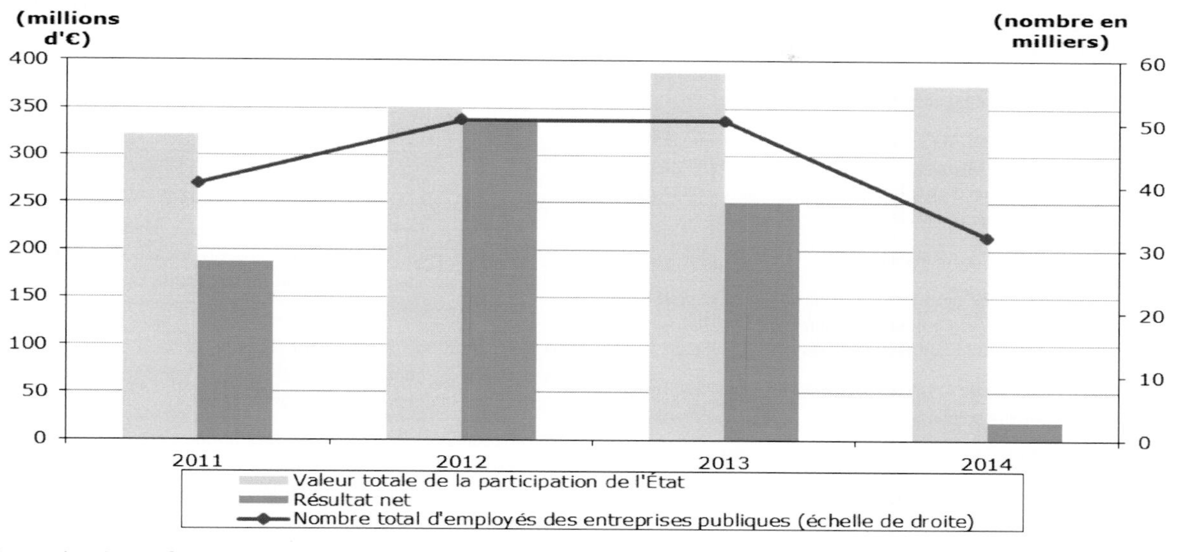

Source: Autorités de Côte d'Ivoire.

Tableau 3.9 Marchés publics par mode de passation, 2009-2016

(Milliards de francs CFA, sauf autrement indiqué)

	2009	2010	2011	2012	2013	2014	2015	2016
Appels d'offres ouverts	156,4	91,5	89,9	215,2	245,1	602,2	361,1	344,4
Appels d'offres restreints	66,9	89,5	27,7	38,2	55,2	86,9	246,6	159,3
Gré à gré	39,7	54,1	32,6	100,0	294,2	227,1	264,3	288,3
Conventions	15,4	13,3	7,8	30,6	31,3	31,5	52,7	47,2
Lettres de commande valant marchés[a]	13,2	7,7	5,3	24,2	27,1	27,3	46,0	27,3
Avenants (marchés supplémentaires)	17,9	7,1	3,5	7,6	34,7	10,4	25,8	22,3
Total	309,4	263,1	166,8	415,8	687,7	985,4	996,5	922,9
Total en euros (millions)	472	401	255	634	1 049	1 502	1 520	1 407

a Pour l'acquisition de véhicules administratifs d'une marque donnée, la comparaison de trois factures est requise.

Source: Direction des marchés publics.

n'est pas encore possible, mais serait en projet avec l'assistance de la Banque mondiale; ceci impliquerait toutefois une modification du cadre législatif.

Droits de propriété intellectuelle

La Côte d'Ivoire est membre de l'Organisation africaine de la propriété intellectuelle (OAPI) créée par l'Accord de Bangui, lequel a également instauré une loi uniforme en la matière (rapport commun, p. 69). Le Bureau ivoirien du droit d'auteur (BURIDA) a pour mission la gestion collective et la défense des droits d'auteur et des droits voisins en Côte d'Ivoire. Les autorités ont déclaré, dans le cadre de leur stratégie nationale d'exportation, que les violations de la propriété intellectuelle, y compris industrielle, constituent un frein majeur à l'expansion des industries locales, car des produits contrefaits sont importés en contrebande et concurrencent la production nationale. À l'exportation, le non-respect de la réglementation paralyserait les entreprises industrielles et du secteur des services dans leur démarche d'innovation, du fait que ces innovations ne peuvent que difficilement être protégées dans la pratique.

Notes de fin

1 Arrêté interministériel n° 127/MCAPPME du 21 mars 2014; et Circulaire n° 1715/MPMMB/DGD du 24 avril 2015. Adresse consultée: www.douanes.ci.

2 Information en ligne. Adresse consultée: www.douanes.ci.

3 Circulaire n° 1713 du 16 avril 2015. Adresse consultée: www.douanes.ci.

4 Circulaire n° 1715/MPMMB/DGD du 24 avril 2015.

5 Décret n° 95-820 du 29 septembre 1995; Arrêté n° 340 du 12 novembre 2001.

6 Circulaire n° 1637/MPMEF/DGD du 13 septembre 2013.

7 À l'exception des véhicules d'occasion et des produits pétroliers.

8 Information en ligne. Adresse consultée: http://www.webbfontaine.ci/downloads/circulaire%201614.pdf.

9 Circulaire n° 1630/MPMEF/DGD du 5 août 2013.

10 Circulaires n° 1529 du 28/03/2012, 1530 du 18/04/2012 et 1803 du 13/09/2016.

11 Décret n° 64-313 du 17 août 1964 fixant mode de répartition des amendes et confiscations en matière de douane, modifié par le Décret n° 88-250 du 9 mars 1988.

12 Le TEC de la CEDEAO a été adopté dans l'espace UEMOA le 25 septembre 2014 par le Règlement n° 06/2014/CM/UEMOA portant modification du Règlement n° 02/97/CM/UEMOA portant adoption du TEC de l'UEMOA.

13 Circulaire n° 1704 du 18 février 2015.

14 Loi n° 90-442 du 29 mai 1990, portant institution d'un prélèvement compensatoire sur les produits animaux importés; Décret n° 90-445 du 29 mai 1990 fixant ses modalités d'application.

15 Information en ligne. Adresse consultée: http://www.dgi.gouv.ci/site/index.php?p=article_5.

16 Circulaire n° 1665/MPMB/DGD/ du 29 janvier 2014.

17 Circulaire n° 1728/MPMB/DGD/ du 6 août 2015.

18 Ministère auprès du Premier Ministre chargé du budget et du portefeuille de l'État, Lois de finances portant budget de l'État pour l'année 2017, "Rapport sur les dépenses fiscales – Coûts des exonérations fiscales et douanières 2016 et projection 2017", Adresse consultée: http://budget.gouv.ci/sites/default/files/publications/depenses_ficales_2016_projection_2017_actualise-5.pdf.

19 Arrêté n° 041 du 11 mai 1994 portant application du décret n° 93-313 du 11 mars 1993. Adresse consultée: http://www.commerce.gouv.ci/commerce.php?id=14&cod=2&idcom=6.

20 Circulaire n° 1794/MPMBPE/DGD du 30 juin 2016.

21 La licence d'importation est valable pour six mois et peut être prorogée une seule fois (pour six mois). Le dossier de demande, composé d'un formulaire et de la facture pro-forma datant de moins de trois mois, doit être établi en cinq exemplaires. Les frais de délivrance/prorogation de la licence s'élèvent à 50 000 FCFA.

22 Décret n° 72-221 du 22 mars 1972.

23 Circulaire n° 1679/MPMB/DGD du 3 juillet 2014.

24 Voir également Douanes de Côte d'Ivoire. Adresse consultée: http://www.douanes.ci/index.php?page=Infos.Actualite.News&id=460&rub=actualite&typrub=srub.

25 Loi n° 2013-866 relative à la normalisation et à la promotion de la qualité. Adresse consultée: http://codinorm.ci/doc/loi%20sur%20la%20normalisation%202013-866.pdf; Décret n° 2014-460 du 6 août 2014 portant attributions, organisation et fonctionnement de l'organisme national de normalisation, dénommé le Comité ivoirien de normalisation, en abrégé CIN. Adresse consultée: http://www.codinorm.ci/doc/2014_460.pdf; et le Décret n° 2014-461 du 6 août 2014 portant modalités d'application de la Loi n° 2013-866 du 23 décembre 2013 relative à la normalisation et à la promotion de la qualité. Adresse consultée: http://codinorm.ci/doc/2014-461.pdf.

26 Information en ligne. Adresse consultée: http://www.codinorm.ci/index.php.

27 CODINORM, *Catalogue des normes ivoiriennes* (2011), 10ème édition.

28 Information en ligne. Adresse consultée: http://tbtims.wto.org/fr/.

29 Commission européenne. Adresse consultée: https://ec.europa.eu/food/safety/international_affairs/trade/non-eu-countries_en.

30 Information en ligne. Adresse consultée: https://www.ippc.int/fr/news/pre-cpm-11-training-categorization-of-commodities-according-to-their-pest-risk-ispm-32/.

31 Loi n° 91-999 du 27 décembre 1991.

32 Loi n° 2013-877 du 20 septembre 2013.

33 Selon le régime ivoirien de concurrence, les pratiques restrictives peuvent constituer des infractions pénales (vente à perte; imposition de caractère minimal à un prix de revente ou à une marge; vente avec promesse de récompense; refus de vente; et vente à la boule de neige) ou des fautes civiles (vente discriminatoire; refus de satisfaire aux demandes raisonnables faites de bonne foi par les clients; et vente jumelée).

34 Document de l'OMC G/STR/N/1/CIV du 13 août 1996. Adresse consultée: https://docs.wto.org/dol2fe/Pages/SS/directdoc.aspx?filename=R:/G/STR/N1CIV.pdf.

35 Voir notamment l'Arrêté n° 399/MPMB/DPP du 1 juin 2015 portant fixation du seuil d'emprunt et de garanties des sociétés d'État; la Circulaire n° 10/MPMB du 18 décembre 2014 relative aux règles de gouvernance régissant le fonctionnement des organes d'administration et de gestion des entreprises publiques; la Circulaire n° 09 du 7 octobre 2014 relative à l'obligation de communication des documents et supports du Conseil d'administration aux administrateurs; la lettre d'instruction du 22 mai 2013 du Premier Ministre relative aux voyages à l'étranger des dirigeants sociaux; la lettre d'instruction du 22 mai 2012 du Premier Ministre relative aux sollicitations auprès des entreprises et établissements publics nationaux; et la Circulaire n° 001 2011 du 15 juillet 2011 relative aux conditions de services et de rémunérations des dirigeants sociaux.

36 Information en ligne. Adresse consultée: https://marchespublics.ci/fr/actualite.php?ID=83.

37 Décret n° 2009-259 du 6 août 2009 portant Code des marchés publics. Adresse consultée: http://www.anrmp.ci/decrets-91532/file/203-decret-n-2009-259-du-06-aout-2009-portant-code-des-marches-publics.

38 Décret n° 2013-308 du 8 mai 2013. Adresse consultée http://www.anrmp.ci. Décret n° 2014-306 du 27 mai 2014 modifiant le Décret n° 2009-259 du 6 août 2009 portant Code des marchés publics. Adresse consultée: http://www.anrmp.ci. Décret n° 2015-525 du 15 juillet 2015. Adresse consultée: http://www.anrmp.ci.

39 Arrêté n° 692 MPMB/DGBF/DMP/ du 16 septembre 2015.

40 Le Code ne s'applique pas aux marchés pour lesquels des mesures de publicité seraient incompatibles avec la protection des intérêts essentiels de l'État, notamment en ce qui concerne la défense et la sécurité nationales.

41 Information en ligne Adresse consultée: https://marchespublics.ci/fr/.

42 Information en ligne. Adresse consultée: http://www.anrmp.ci.

43 Les procédures pour la passation des marchés supérieurs à 100 millions sont décrites dans le Décret n° 2015-525 du 15 juillet 2015. Adresse consultée: http://www.anrmp.ci.

44 Arrêté n° 118/MPMB du 26 mars 2014 portant modalités d'application des sanctions des violations de la réglementation des marches publics.

45 Banque mondiale (2016), *Benchmarking Public Procurement 2016*. Adresse consultée: http://bpp.worldbank.org/~/media/WBG/BPP/Documents/Reports/Benchmarking-Public-Procurement-2016.pdf.

Politique commerciale par secteur

PRODUITS AGRICOLES, SYLVICOLES ET D'ÉLEVAGE

Aperçu

La Côte d'Ivoire est l'un des plus importants producteurs mondiaux de plusieurs produits agricoles (tableau 4.1) et, contrairement à de nombreux pays africains, elle est exportatrice nette de produits agroalimentaires. Entre 2010 et 2015, ces exportations ont accru leur part de 48% à 59% du total des exportations ivoiriennes de marchandises. Certaines productions ont connu des taux de croissance importants, et dans l'ensemble le secteur agricole se diversifie. Le fait que les exportations et les importations de produits agroalimentaires croissent de manière dynamique depuis 2010, souligne l'intégration croissante de l'agroalimentaire ivoirien. Cette bonne performance reflète un important programme d'encadrement, de conseil et d'assistance fournis aux producteurs et aux exportateurs dans les principales filières.

Les activités de productions végétales et animales fournissent la matière première à une importante industrie agroalimentaire destinée au marché régional et international. Cette industrie dépend également des importations de produits agroalimentaires, qui représentent 15% du total des importations ivoiriennes (tableau 4.2). Pour cette raison, la taxation des importations de produits agricoles a un impact direct sur la compétitivité des industries agroalimentaires, surtout à l'exportation, en plus de leurs effets sur le prix du panier des ménages.

Politique agricole

Le Programme national d'investissement agricole (PNIA) de 2012 est le cadre de référence de l'investissement agricole en Côte d'Ivoire; les exportations y occupent une place centrale. En juillet 2015 fut adoptée la Loi d'orientation agricole de Côte d'Ivoire (LOACI).[1] Cette loi vise à favoriser l'harmonisation et la cohérence des actions menées dans ce secteur, et octroie un statut juridique à l'agriculteur, aux exploitations familiales et aux entreprises agricoles. En matière de commerce, elle stipule l'objectif de réguler les importations et de promouvoir les exportations agricoles.

Tableau 4.1 Principales productions agricoles, 2005, 2010, et 2014

(Milliers de tonnes, sauf mentionné)

Produit[a]	2005	2010	2014	Part de la production mondiale 2014 (%)	Taux de croissance p.a. 2005-2014 (%)	Valeur (millions de $EU)[b]	
						2005	2014
Cacao, fèves	1 286	1 301	1 434	32,2	1,2	1 336	1 489
Ignames	5 160	5 392	5 809	8,5	1,3	1 000	1 126
Riz, paddy	704	1 206	2 054	0,3	12,6	185	546
Noix d'acajou non décortiquées	185	380	531	14,3	12,4	162	465
Manioc	2 198	2 307	4 239	1,6	7,6	230	443
Caoutchouc naturel	170	235	312	2,4	7,0	195	357
Bananes plantains	1 570	1 542	1 619	5,3	0,3	324	334
Coton, fibre	139	82	132	0,5	-0,6	199	189
Huile de palme	236	360	370	0,6	5,1	103	161
Piments doux et épicés	50	95	118	3,1	10,0	55	129
Café, vert	230	94	107	1,2	-8,2	247	115
Bananes	304	314	330	0,3	0,9	86	93
Gombo	106	126	139	1,4	3,1	68	89
Maïs frais	236	185	202	2,1	-1,7	98	84
Maïs	640	642	680	0,1	0,7	67	82
Graines de coton, utilisées pour l'extraction d'huile	181	91	232	0,5	2,8	58	75
Sucre, canne	1 456	1 800	1 998	0,1	3,6	48	66
Arachides non décortiquées	67	90	118	0,3	6,4	28	50
Noix de kola	74	67	56	21,6	-3,1	44	33
Mangues, mangoustans et goyaves	30	45	51	0,1	5,8	18	30
Légumes frais, n.d.a.	125	136	141	0,0	1,4	24	27
Palmistes	71	85	87	0,6	2,3	18	22
Aubergines	95	84	93	0,2	-0,2	20	20
Fruits tropicaux frais, n.d.a.	47	46	48	0,2	0,2	19	20
Ananas	195	68	68	0,3	-11,0	56	20
Noix de coco	216	151	145	0,2	-4,3	24	16
Taros (colocases)	70	71	76	0,8	1,0	12	13
Sorgho	32	48	51	0,1	5,4	3	6
Huile, noix de palme	1 232	1 567	1 673	0,6	3,5	..	..
Graines de coton; coton non égrené	321	175	410	0,5	2,7	..	..

.. Non disponible.

a Les principaux produits sont identifiés par le volume de production en 2014.

b Valeur de production nette, prix constants de 2004-2006 (moyenne).

Source: FAO Stat. Adresse consultée: http://faostat3.fao.org/home/E.

Tableau 4.2 Principales importations et exportations de produits agricoles, 2005 et 2010-2015

(Millions d'euros, sauf autrement indiqué)

	2005	2010	2011	2012	2013	2014	2015
Importations	**533,5**	**937,7**	**989,7**	**1 274,6**	**1 107,2**	**1 137,5**	**1 131,6**
% du total des importations de marchandises	*11,3*	*15,8*	*20,5*	*16,8*	*11,8*	*13,5*	*15,3*
SH 1006 Riz	204,0	347,5	408,5	532,8	355,9	329,6	440,4
SH 1001 Froment (blé) et méteil	43,5	111,4	133,3	169,9	158,8	142,5	143,4
SH 2401 Tabacs bruts ou non fabriqués	37,2	65,1	75,4	67,3	81,6	75,8	85,3
SH 1511 Huile de palme et ses fractions	2,4	55,6	29,9	64,1	27,9	47,9	63,1
SH 0206 Abats comestibles	18,6	30,4	34,9	40,4	38,4	51,6	58,8
SH 0402 Lait et crème, concentrés ou sucré	36,7	52,6	42,2	61,0	48,8	50,3	56,4
SH 1901 Extraits de malt	6,5	14,8	18,7	20,7	31,7	41,5	36,0
SH 0703 Oignons, échalotes, aulx, etc.	11,6	19,8	17,5	19,1	29,6	24,2	33,7
SH 2204 Vins de raisins frais	11,4	23,6	20,7	25,2	28,2	28,4	33,4
SH 2304 Tourteaux et autres résidus solides	0,5	6,0	5,3	10,4	8,6	16,9	27,4
Exportations	**2 265,0**	**3 860,9**	**3 922,5**	**3 899,9**	**3 540,1**	**5 061,9**	**6 254,2**
% du total des exportations de marchandises	*38,9*	*49,7*	*49,4*	*46,1*	*38,9*	*51,7*	*58,6*
SH 1801 Cacao et brisures, bruts ou torréfiés	1 185,2	1 882,0	2 170,6	1 809,5	1 539,8	2 295,2	3 204,3
SH 0801 Noix de coco, cajou, Brésil, etc., sèches	85,0	242,1	200,7	273,6	260,6	623,0	699,7
SH 1803 Pâte de cacao, même dégraissée	179,6	454,4	387,8	340,3	409,8	576,2	665,8
SH 1804 Beurre, graisse et huile de cacao	139,2	228,2	157,5	163,7	200,0	348,1	383,1
SH 1802 Déchets de cacao	54,5	142,8	118,9	161,3	129,1	169,4	221,9
SH 5201 Coton, non cardé ni peigné	112,3	95,1	98,7	173,6	204,8	243,3	212,4
SH 1511 Huile de palme et ses fractions	55,2	114,6	190,0	211,9	141,7	157,8	140,2
SH 0803 Bananes, y compris les plantains	75,7	102,9	96,0	108,7	113,9	105,4	104,4
SH 1806 Chocolat et autres préparations alimentaires contenant du cacao	61,1	96,5	75,1	70,4	5,7	51,5	96,1
SH 0901 Café	55,9	129,0	35,2	118,0	130,9	87,3	92,6

Note: Définition de l'OMC.

Les principaux produits sont basés sur le commerce 2015.

Source: Calculs du Secrétariat de l'OMC basés sur les données issues de la base de données Comtrade de la DSNU.

À l'exportation, un important programme d'encadrement, de conseil et d'assistance est fourni aux producteurs de cacao et de quelques autres principales filières; l'un des objectifs du PNIA est d'accroître le nombre de filières bénéficiaires. Cependant, la Côte d'Ivoire a notifié au Comité de l'agriculture de l'OMC l'absence de soutien interne au cours de l'année 2013, au sens de l'Accord sur l'agriculture.[2] Elle a également notifié l'absence de subventions à l'exportation de produits agricoles pendant les années 1995 à 2013.[3] La Côte d'Ivoire n'a fait aucune autre notification à ce comité depuis lors.

Les principales autres mesures de politique commerciale dans le domaine agricole sont les droits de douane et autres droits de porte, qui sont très élevés à l'importation et renchérissent ces importations (rapport commun, p. 50) ce qui est susceptible d'affecter la Côte d'Ivoire relativement plus que les autres États membres en raison de son statut d'exportateur net de produits qui les incorporent. À l'exportation, la Côte d'Ivoire est en train de réévaluer progressivement la pertinence de la forte taxation des produits agricoles, destinée à financer le budget de l'État, consciente de l'effet pernicieux de ces taxes sur les incitations à exporter (p. 203 ci-dessus, et p. 215 ci-dessous).

Depuis 2010, la forte hausse des prix garantis aux producteurs a été suivie d'importantes augmentations de production (voir ci-dessous). Un diagnostic, mentionné dans l'examen précédent, comparait les prix à la production dans les principales filières aux prix offerts régionalement, et suggérait que la faible performance du secteur agricole de l'époque était due aux bas niveaux des prix d'achat aux producteurs des produits agricoles et à une répartition peu équitable des gains générés par les différentes filières.

La terre étant capitale à l'agriculture, et la sécurité des titres fonciers conditionnant en grande partie l'accès au financement des activités agricoles, la Côte d'Ivoire s'était déjà attelée en 1998 à la réforme de son droit foncier.[4] En effet, une large part du financement de l'exploitation agricole devrait relever de services financiers, eux-mêmes nantis de titres fonciers. Actuellement, les autorités sont conscientes que le financement agricole est insuffisant principalement en raison du manque de garanties financières. La sécurisation foncière rurale, par laquelle les populations villageoises se font délivrer des certificats fonciers puis des titres fonciers afin de sécuriser leurs terres, demeure donc une priorité car elle permettrait de garantir et donc de pérenniser les investissements.

Actuellement, dans le domaine rural, seuls l'État, les collectivités publiques et les personnes physiques ivoiriennes peuvent se voir délivrer un titre foncier. Cependant, les investisseurs étrangers peuvent se faire établir un certificat foncier sur ces parcelles, puis bénéficier d'un bail emphytéotique (18-99 ans) après immatriculation de la parcelle au nom de l'État. Des dérogations pour antériorité sont également prévues dans la Loi n° 2004-412 du 14 août 2004.[5]

Politique agricole par filière

Café et cacao

La production de cacao a progressé, fortement durant la période de 2010 à 2015 en particulier, en partie sous l'effet de prix plus rémunérateurs (graphique 4.1), renforçant la position de la Côte d'Ivoire comme premier exportateur de cacao au monde, soit entre un tiers et 40% de la production mondiale selon les années. La production de cacao a atteint un niveau record de 1,8 million de tonnes pendant la campagne 2014-2015, soit une hausse de plus de 40% par rapport à son niveau de 2010. La campagne 2015-2016 a généré 1,6 million de tonnes.

Le commerce informel d'exportation et de réexportation via les pays voisins fluctue en fonction du différentiel entre les prix que peuvent obtenir les producteurs localement et ceux disponibles sur les marchés voisins. Le cacao et le café constituent l'une des filières clés de l'économie ivoirienne, participant ensemble à hauteur de 15% à la formation du PIB et à près de 41% des recettes d'exportation du pays en 2015, principalement sous forme de cacao en fèves. L'ensemble des taxes prélevées sur les exportations de café et de cacao a représenté environ 3% du PIB ivoirien en 2015 et une part importante des recettes de l'État.

Depuis la campagne 2012/2013, l'État vise à garantir aux producteurs un prix fixe par campagne au moins égal à 60% du prix CAF sur le marché mondial. Ainsi, le prix garanti bord champ du cacao est passé de 725 FCFA/kg en 2012 à 1 000 FCFA/kg en 2016, soit une hausse de 40%. Une baisse importante et rapide du prix mondial du cacao a ensuite eu lieu en 2016 et 2017 (moins 35%); les prix aux producteurs sont passés de 1 100 à 700 FCFA/kg suite à cette baisse.

L'exportation du café et du cacao (brut ou transformé) donne lieu au prélèvement de toute une panoplie de droits et taxes ou redevances. Le droit "unique" de sortie (DUS) en constitue le principal prélèvement, défini par arrêté interministériel publié en début de campagne. En 2016, au titre de la campagne 2016-2017, son taux maximum était de 14,6% de la valeur c.a.f. d'enregistrement. Après la campagne 2010-2011, le gouvernement s'était engagé à ce que la ponction fiscale globale sur les exportations de cacao en fèves ne dépasse pas 22% de la valeur d'exportation c.a.f. du cacao. Cependant, le total des taxes et redevances au titre de la campagne principale 2016-2017 était de 23,2% (tableau 4.3).

La campagne de production de cacao 2016-2017 ayant démarré dans ce contexte de forte baisse des cours, le gouvernement a renoncé à une partie de la fiscalité afin de respecter l'engagement de payer 60% du prix c.a.f. aux producteurs. Ainsi la fiscalité globale a été ramenée à 16,285% de la valeur c.a.f., le droit d'enregistrement ayant notamment été supprimé. Par ailleurs (article 729 du CGI), ce droit d'enregistrement demeure sur les ventes de café; pour les sociétés de droit ivoirien, il est réduit de 5% à 2,835%.

Des taxes autres que celles mentionnées dans le tableau 4.3 frappent les producteurs de café et de cacao. Dans le cadre de la retenue à la source au titre de l'ISB (article 60 du CGI), des retenues de 2 FCFA/kg (café) et de 2,5 FCFA/kg (cacao) sont effectuées sur les paiements versés par les exportateurs de café et de cacao à leurs fournisseurs. Cette retenue est déductible de l'ISB, mais seulement pour les

Graphique 4.1 Prix du cacao en fèves aux producteurs, 2002-2014

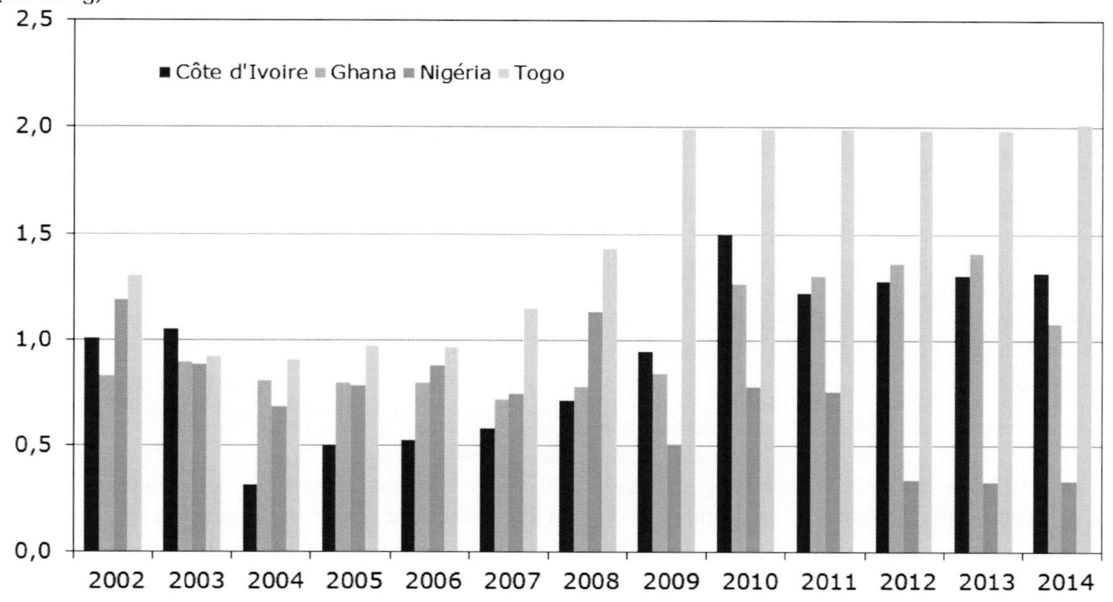

Source: Estimations du Secrétariat de l'OMC sur la base de données statistiques de la FAO; et FMI (taux de change).

Tableau 4.3 Taxation du café et du cacao exportés, 2014-2016

(%)

	Cacao			Café	
	2014-2015				
	Récolte principale	Récolte Intermédiaire	2015-2016	2014-2015	2015-2016
1. Total parafiscalité	**2,40**	**2,40**	**2,40**	**1,40**	**1,40**
Cotisations internationales	0,090	0,090	0,090	0,141	0,141
Pesage	0,060	0,060	0,060	0,100	0,100
Contrôle qualité	0,069	0,069	0,069	0,085	0,085
Subvention Fonds interprofessionnel pour la recherche et le conseil agricole	0,030	0,030	0,030	0,050	0,050
Subvention Chambre agriculture	0,015	0,015	0,015	0,020	0,020
Fonds d'investissement agricole (2QC)	0,461	0,461	0,461		
Fonds de relance de la caféiculture	n.a.	n.a.	n.a.	1,000	1,000
Fonds d'investissement milieu rural	0,535	0,535	0,535	n.a.	n.a.
Sacheries	0,210	0,210	0,210	n.a.	n.a.
2. Total fiscalité à l'export	**17,60**	**17,92**	**19,60**	**5,03**	**5,03**
Droit unique de sortie (DUS)	14,60	14,60	14,60	5,00	5,00
Droit d'enregistrement	3,00	3,32	5,00	0,03	0,03
Taxes totales sur valeur exportée	**21,20**	**21,60**	**23,20**	**7,83**	**7,83**

n.a. Non applicable.

Source: Autorités de Côte d'Ivoire.

Graphique 4.2 Café: exportations et prix, 2005-2015

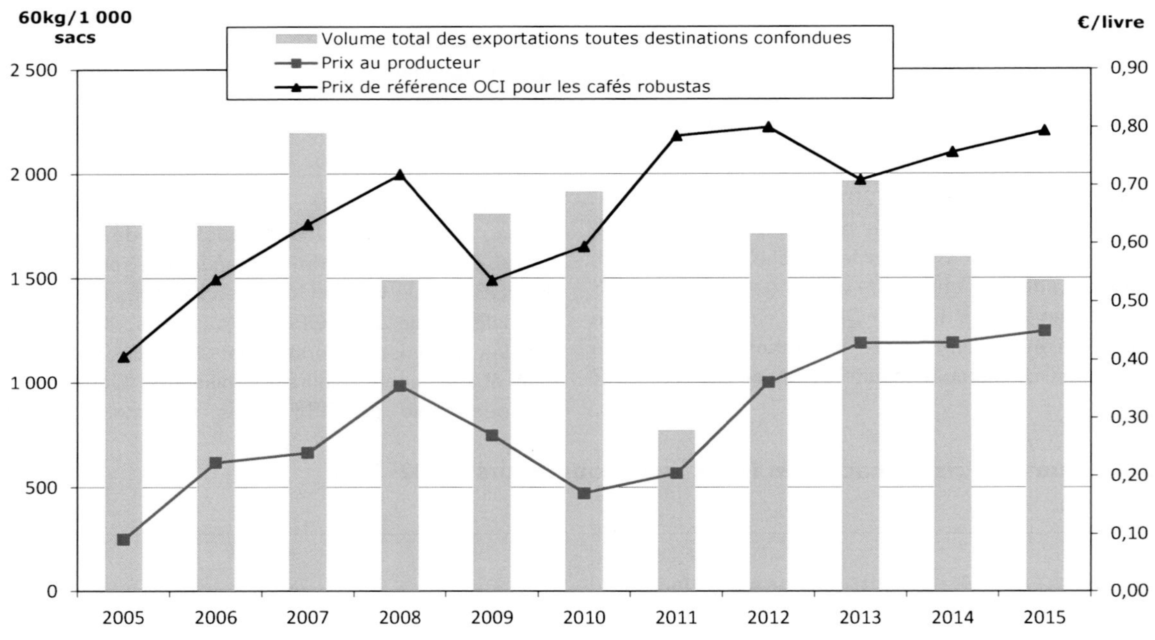

Source: The International Coffee Organization. Adresse consultée: http://www.ico.org/new_historical.asp?section=Statistics.

sociétés ivoiriennes. Il est probable que les exportateurs non-résidents (voir ci-dessous) répercutent cette ponction sur leurs fournisseurs, diminuant d'autant le revenu des producteurs. Dans l'ensemble, les prix aux producteurs demeurent très inférieurs aux prix mondiaux (graphique 4.2).

Un nouveau changement des conditions régissant la production et le commerce du café et du cacao a été introduit en 2012, ce qui devrait contribuer à réduire les frais administratifs du fait de la réduction du nombre d'entités étatiques intervenant dans les deux filières. Ainsi, le Conseil de régulation, de stabilisation et de développement de la filière café-cacao (CCC) a remplacé le Comité de gestion de la filière café-cacao qui regroupait à la fois l'Administration provisoire de la bourse du café-cacao et le Fonds de régulation et de contrôle du café-cacao, l'Administration provisoire de l'autorité de régulation du café et du cacao et l'Administration provisoire du fonds de développement des activités des producteurs de café-cacao.

Les règles de gestion et d'exécution des opérations de commercialisation intérieure et extérieure du café et du cacao font l'objet de fréquentes révisions, dont la dernière date du 1er octobre 2015. Le prix d'achat minimum garanti au planteur est désormais fixé en début de campagne, et représente au moins 60% du

prix moyen c.a.f. des ventes réalisées par le CCC. Un Programme Quantité-Qualité-Croissance (2QC voir tableau 4.3) pour la période 2014-2023, publié par le CCC, vise le renforcement de la qualité des produits et du prix bord champ.

Un fonds de réserve a été créé pour sécuriser le système de commercialisation contre les risques liés au mécanisme de stabilisation, et ce depuis la campagne 2012-2013. En principe, ce fonds, qui est géré par le CCC, ne devrait être utilisé que lorsque le solde de stabilisation est négatif, c'est-à-dire lorsque les reversements n'ont pu couvrir en totalité les soutiens octroyés.

L'achat des produits bord champ est ouvert aux exportateurs résidents (sociétés de droit ivoirien) et non-résidents, et aux transformateurs-usiniers. L'attribution des droits d'exportation aux opérateurs est effectuée par le CCC au moyen de ventes aux enchères: 50% maximum du volume à mettre sur le marché sur une période est alloué au premier mieux-disant; 50% maximum du solde du volume à mettre sur le marché est affecté au deuxième mieux-disant; et le solde est réparti entre les troisième et quatrième mieux-disants.

Toutefois, cette répartition des droits d'exportation de café et de cacao se fait dans la limite maximale de 20% pour les transformateurs-usiniers ou exportateurs qui ne sont pas des sociétés de droit ivoirien; les 80% ou plus restant sont réservés aux opérateurs immatriculés au Registre de commerce ivoirien. Des plafonds d'achats seraient aussi imposés aux différents intervenants pour éviter les abus de positions dominantes.[6]

En 2016, environ 67% des volumes d'exportation de cacao ont été exportés en fèves, et 86% dans le cas du café. L'objectif du gouvernement est d'atteindre une capacité de broyage (beurre, pâte, tourteaux, etc.) ou de valorisation de 50%. Depuis 2015, plusieurs nouvelles usines étrangères de transformation du cacao se sont installées en Côte d'Ivoire. Afin d'encourager ces activités, les autorités ont accordé un DUS différencié aux industriels s'engageant à augmenter sur une période de cinq ans les volumes de fèves transformées:

- 14,6% pour la fève;
- 13,20% pour la masse;
- 11% pour le beurre et le tourteau;
- 9,60% pour la poudre;
- 6,95% pour la couverture de chocolat; et
- 0% pour le chocolat et les autres produits finis du cacao.

Coton et anacarde

Depuis 2015 plusieurs nouvelles usines étrangères de transformation de la noix de cajou se sont installées. La restructuration de la filière de l'anacarde, débutée en 2013, a été suivie d'un bond de la production (tableau 4.1). Ainsi, avec un quart des parts de marché (702 500 tonnes) en 2015, la Côte d'Ivoire est devenue le premier producteur mondial d'anacarde. La principale mesure de soutien au secteur est le prix d'achat minimum de l'anacarde garanti au producteur, qui a été relevé à 350 FCFA/kilogramme pour la campagne 2015-2016, contre 275 FCFA/kg l'année précédente, puis à 440 FCFA/kg en 2016-2017. En général, cependant, les prix semblent bas en comparaison internationale (graphique 4.3).

Encore limitées, les activités de transformation de l'anacarde continuent de s'intensifier. Les produits issus de la transformation sont, entre autres, l'amande de cajou, le jus et le baume de cajou. À travers les différents projets, le gouvernement ivoirien entend faire augmenter le taux de transformation locale de l'anacarde,

Graphique 4.3 Prix de la noix de cajou aux producteurs, 2004-2015

(Indice des prix à la production (2004-2006=100))

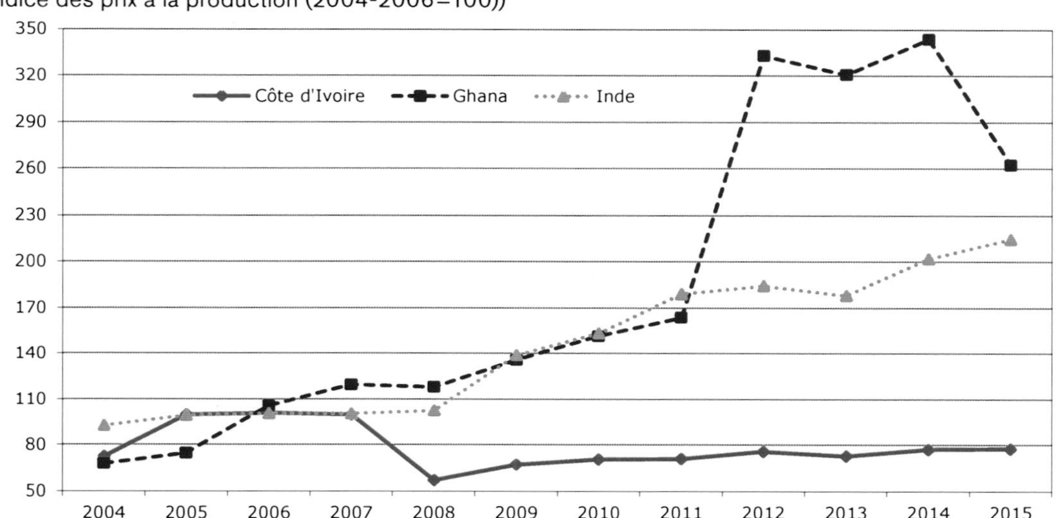

Source: Base de données statistiques de la FAO.

essentiellement au moyen de taxes à l'exportation réduites sur les produits transformés.

Une Autorité de régulation de la filière coton et anacarde (ARECA) a été créée en 2002.[7] En mai 2017 fut institué un fonds de développement de la transformation locale du coton et de l'anacarde.[8] Le Conseil du coton et de l'anacarde est l'organe chargé de la régulation, du suivi et du développement des activités des filières coton et anacarde.[9]

La crise politique traversée par la Côte d'Ivoire avait fortement perturbé la production de coton, principalement située dans le nord de la Côte d'Ivoire où les conflits ont été les plus intenses. Les principales mesures de soutien à la filière coton comprennent les prix garantis aux agriculteurs, l'aide à la commercialisation, et l'accès facilité aux intrants et au matériel agricole. Les opérateurs regroupés au sein de l'INTERCOTON fixent le prix bord champ en vertu de l'accord interprofessionnel et en collaboration avec l'ARECA, sur la base des cours sur le marché international, du coût moyen de production, des prévisions de production en volumes, et des taux de change moyens observés le mois précédent. Selon l'INTERCOTON, ce prix est garanti.

Par ailleurs, l'INTERCOTON regroupe toutes les parties prenantes de la filière, y compris les producteurs de coton, les transformateurs (égreneurs, filateurs, tritureuses), transporteurs et l'État.[10] Les producteurs sont généralement regroupés au sein de coopératives qui organisent la collecte bord champ, et qui leur fournissent des engrais et autres intrants. À travers le pays une douzaine d'usines d'égrenage achètent le coton graine aux coopératives. Ces usines appartiennent à cinq sociétés cotonnières, dont trois à capitaux étrangers, certaines détenues en partie par l'État. Les produits issus de la transformation du coton graine comprennent le coton fibre, l'huile de table de coton et le tourteau pour l'alimentation des animaux.

Le coton fibre est soit exporté par les usines, soit vendu par ces dernières aux filatures locales. Depuis 2009, les exportations de coton brut sont soumises à un "droit d'enregistrement" (article 541 du CGI) de 2,5% appliqué sur le montant de vente à l'exportation, mais suspendu jusqu'en 2011, et réintroduit en 2012. Ces variations réduisent la prévisibilité du régime.

Palmier à huile

La Côte d'Ivoire est à son septième "Plan palmier à huile", le premier a été mis en place dans les années 60 avec l'assistance de ses partenaires financiers. La superficie totale est passée de 250 000 hectares en 2009 à 424 000 hectares en 2016, et la production a crû de 1,5 à 1,8 million de tonnes. Les graines subissent une première transformation en huile de palme brute dans des usines agro-industrielles privées, auxquelles les plantations villageoises regroupées en coopératives livrent les régimes. Une quarantaine d'unités pratiquent la première transformation des graines de palme, d'une capacité totale de traitement d'environ 1 850 000 tonnes par an. Le prix payé aux paysans est négocié entre les parties prenantes sur la base des prix internationaux. Dans l'ensemble, l'intervention de l'État dans le secteur de l'huile de palme est limitée.

Une seconde transformation est effectuée, pour raffiner l'huile alimentaire, et fabriquer la margarine, le savon et des cosmétiques, à l'abri de la protection tarifaire maximale de 22,5%. Trois quarts de la production raffinée sont consommés localement, et le reste est exporté dans la zone UEMOA. La Côte d'Ivoire est le premier exportateur africain d'huile de palme raffinée. Elle constituait le 9ème producteur mondial en 2016. Une TVA réduite de 9% est appliquée dans le secteur depuis 2008, et les entreprises exportatrices étaient en 2012 autorisées à acheter leurs intrants en franchise de TVA, afin de ne pas gonfler davantage leurs arriérés de crédit de TVA.

La filière des oléagineux a été affectée par des fraudes liées à ces multiples exemptions de TVA. Les importations d'huile alimentaire sont passées de 2 millions à plus de 63 millions d'euros entre 2010 et 2015.

Ananas, bananes et mangues

La Côte d'Ivoire figure parmi les principaux pays producteurs et exportateurs africains de fruits, essentiellement par le secteur privé à capitaux étrangers. L'Organisation des producteurs d'ananas et de bananes et l'Organisation des producteurs exportateurs de bananes, d'ananas, de mangues et autres fruits d'exportation de Côte d'Ivoire constituent les deux organisations principales professionnelles de la filière, assurent l'exclusivité de la commercialisation, et sont les principales entités actuellement agréées pour l'exportation de ces produits.

Le marché européen absorbe au moins 80% des bananes ivoiriennes, soit 272 000 tonnes des bananes exportées en 2015. À l'exportation, le prix de la banane est très fluctuant, variant de 200 à 600 FCFA/kg. Sur le marché local, les bananes sont vendues à environ 50 FCFA/kg; moins de 10% de la production est consommée localement. Il n'y a pas actuellement de taxe sur les exportations d'ananas et de bananes. Les autorités expliquent ceci par le fait que la production émane de grandes entreprises assez bien organisées et soumises à l'impôt sur les bénéfices agricoles ou à l'impôt sur les BIC. Le recul de la production d'ananas au cours des dernières années serait dû au fait qu'une variété sud-américaine est plus prisée par les consommateurs européens que la variété Cayenne lisse de la Côte d'Ivoire.

Riz

L'augmentation de la production de riz depuis 2010 a été spectaculaire (tableau 4.1). La politique commerciale ivoirienne en matière de riz comprend l'appui à la production (prix d'achat garanti aux producteurs, fourniture de semences de qualité, etc.); et le soutien

aux activités de transformation (investissements publics dans des usines de transformation du paddy en riz blanchi). Cette stratégie nationale de développement de la riziculture est pilotée par l'Office national de développement de la riziculture (ONDR).[11] Les importations de riz sont à la fois très élevées et très fluctuantes. Les distributeurs de riz importés doivent être agréés (voir ci-dessous).

Sucre

Deux complexes agro-industriels de canne à sucre, créés dans les années 70 dans le nord et le centre-ouest du pays, Sucrivoire et Sucaf, ont produit 180 000 tonnes en 2016. Selon les autorités l'essentiel du sucre produit est consommé localement, et de petites quantités sont exportées vers l'UE et les pays de la CEDEAO. La filière ivoirienne de sucre souffre d'un manque aigu de compétitivité, les coûts de production étant environ deux fois plus élevés que ceux des principaux pays producteurs.

En 2017, ce secteur demeurait sujet à de nombreuses barrières commerciales aux échanges, en plus de la protection tarifaire de 22,5%, destinées à protéger le marché intérieur: un Arrêté (n° 93/MC/CAB/CGPP) de 1981 réglemente les agréments des distributeurs de riz et de sucre; un Arrêté interministériel (n° 009/MC/MIPSP/MEF/MA) du 4 juin 2010 porte suspension temporaire des importations de sucre; et la TCI et la taxe de péréquation (p. 202) sont destinées à assurer que le sucre soit importé au prix minimum garanti aux producteurs locaux (Circulaire n° 1196 du 9 février 2004). De plus, seules les deux entreprises de production ont le droit d'importer le sucre lorsque les importations sont autorisées, y compris en provenance des autres États membres de l'UEMOA.

La remontée des cours internationaux du sucre suite à la baisse de la production mondiale en 2015-2016 et 2016-2017 a réduit les importations frauduleuses estimées à 40 000 tonnes en 2014. Le gouvernement ivoirien a vendu en 2016 ses 23% de participation dans le capital social de la société Sucrivoire. Jusqu'ici, les restrictions aux importations ont été privilégiées aux restructurations dont ces entreprises ont besoin.

Exploitation forestière

Les exportations de produits bois[12] de la Côte d'Ivoire fluctuent entre 120 et 160 millions d'euros annuellement, mais accusent une tendance baissière sur la période 2009-2015. En 2014, le Ministère des eaux et forêts (MINEF) s'est doté d'un nouveau Code forestier en remplacement de la législation de 1994.[13] La Côte d'Ivoire est membre de l'Organisation internationale des bois tropicaux et de l'Organisation africaine du bois. Afin de mieux lutter contre l'exploitation illégale de son patrimoine forestier passé de 16 à 2 millions d'hectares entre 2002 et 2016, la Côte d'Ivoire s'est engagée dans le processus FLEGT en 2013 afin d'améliorer sa gouvernance forestière.[14] Le plan d'action FLEGT a pour but de lutter contre l'exploitation illégale des forêts et le commerce qui lui est associé.

Sur un total de 4 millions de forêts "classées" (mises de côté par l'État) en 1966 et gérées par la Société de développement des forêts (SODEFOR), en principe pour sa conservation, plus des deux tiers auraient été détruits.[15] La SODEFOR est également responsable de l'aménagement des plantations, l'administration des quotas d'exportation, ainsi que la reforestation.[16]

Le Décret n° 95-682 du 6 septembre 1995 interdit l'exportation des bois bruts seulement équarris et en plots, exception faite des bois issus des plantations (par exemple le teck). Le bois peut être exporté en débités, en tranchés ou en déroulés. Par ailleurs, certaines essences rares sont également prohibées à l'exportation en vertu de la CITES.[17] Depuis mars 2015, l'exploitation et la commercialisation, y compris l'exportation, du bois de vène sont interdites.[18]

Les exportations de bois contenant plus de 18% d'humidité est soumise à paiement d'une redevance (23 000 FCFA par mètre cube pour l'Iroko, 9 000 FCFA pour les autres espèces), afin de favoriser leur transformation locale; et à des contingents d'exportation mensuels par produit, cédés aux enchères organisées par le MINEF. Les produits secs ne sont pas sujets à contingents. L'Europe reste le principal marché pour l'ensemble des produits forestiers.

À l'exportation, le bois est soumis au DUS, qui varie de 1 à 35%, appliqué à des valeurs mercuriales qui datent de 1994, et souvent inférieures aux prix effectifs d'exportation.[19] Les exportations de bois en grume sont de plus soumises à une taxe de reboisement au taux de 2% de la valeur mercuriale servant de base pour l'imposition du DUS. En outre, les grumes ivoiriennes, exportées ou vendues sur le marché national, sont soumises à une taxe d'abattage et à une taxe spéciale pour la préservation et le développement forestier. Le débiteur légal de ces taxes est le déclarant en douane ou le bénéficiaire de la livraison sur le marché local.

L'industrie de transformation du bois produit également des parquets, lambris, et quelques placages et produits finis. La transformation du bois se fait à l'abri de droits d'entrée de 20%, plus les autres droits et taxes. La TVA est de 18% sur les produits de la filière.

Une activité de production et d'exportation d'emballages fabriqués à partir de pâte à papier existe en Côte d'Ivoire. La filière de l'emballage compte plusieurs opérateurs.

Élevage et pêche

Élevage

Le Ministère des ressources animales et halieutiques est responsable de la réglementation des activités de l'élevage, et des produits qui en résultent.[20] La Côte d'Ivoire s'est dotée d'un plan stratégique de développement de l'élevage, de la pêche et de l'aquaculture (PSDEPA 2014-2020), qui vise à fournir une alimentation saine et abondante aux populations; à procurer des recettes d'exportation à l'État; et à assurer une gestion durable des ressources.

Les productions animales en Côte d'Ivoire n'ont pas augmenté fortement depuis 2010, à l'exception de la viande de volaille et des œufs. Par ailleurs, les troubles liés à la crise post-électorale après 2010 ont fortement réduit les importations d'animaux sur pieds en provenance des pays sahéliens.

Pour importer les produits animaux, il est nécessaire d'être agréé par un Comité interministériel, qui statue notamment sur les capacités techniques de stockage, etc. Les importations d'abats de viande (SH 0206) ont fortement augmenté depuis 2010, malgré la perception d'un "prélèvement compensatoire additionnel" sur les importations de viandes, d'abats et de dérivés (de 20 à 600 FCFA par kilo).[21] Depuis 2005, ce prélèvement compensatoire additionnel est de 1 000 FCFA par kg pour tous les produits de la volaille.

Les nombreuses exonérations au régime de TVA dans la filière ne garantissent pas le respect du principe du traitement national. Par exemple, l'article 339 exclut les activités agricoles; ainsi les ventes effectuées par les aviculteurs, des produits de leur exploitation, sont exemptées de TVA. Tous les intrants, y compris ceux nécessaires à leur fabrication, sont également exemptés, ainsi que les emballages (article 355 du CGI). Les importations de volaille sont sujettes à la TVA au taux de 18%.

La taxe conjoncturelle à l'importation (TCI) est applicable aux importations de lait concentré (tableau 3.3), qui semblent néanmoins avoir augmenté de manière importante.

Pêche

La contribution des pêches au PIB ivoirien demeure faible (p. 185). La pêche maritime tourne autour de 75 000 tonnes, soit moins d'un quart d'une consommation annuelle de poissons en forte croissance (350 000 tonnes hors zone franche). Les estimations des potentiels de pêche annuelle, qui datent de 1990, font état d'approximativement 100 000 tonnes de poissons dont 20 000 tonnes de thon. Par contre, le pays compte une importante industrie de conserves de thon à partir de thons pêchés par des flottes étrangères au large de la Côte d'Ivoire ou d'autres pays de la région. Ces importations se font sous le régime de la zone franche halieutique, décrit ci-dessous.

La Côte d'Ivoire souffre gravement de la pêche illégale et de la pollution marine. L'aquaculture est peu développée, et les ressources halieutiques du pays diminuent rapidement. En 2011, le gouvernement a organisé des États généraux de la mer pour dresser la liste des mesures à entreprendre afin de restaurer la viabilité des ressources maritimes du pays.

La nouvelle Loi sur la pêche et l'aquaculture n'avait pas encore été adoptée fin 2016, et le secteur demeure régi par un texte de 1986 (tableau 4.4). Des orientations en matière de politique commerciale ont été définies pour le secteur dans le Plan directeur de la pêche et de l'aquaculture 2010–2025 (PDPA). Ces documents ne sont pas disponibles sur le site Internet du Ministère chargé de la pêche. La Côte d'Ivoire est membre de la Commission internationale pour la conservation des thonidés de l'Atlantique.

Plusieurs accords de pêche existent entre la Côte d'Ivoire et ses partenaires commerciaux, mais le seul actuellement fonctionnel est celui avec l'Union européenne. La Côte d'Ivoire a concédé à l'Union européenne des droits de pêche de thon, dans les eaux situées à l'intérieur de sa ZEE au-delà des 12 milles marins, dans le cadre d'un accord qui couvre la période de juillet 2007 à juin 2013, et tacitement reconduit pour des périodes de 6 ans.[22]

Une partie de ce volume de pêche est exportée en Côte d'Ivoire par des bateaux européens pêchant dans les eaux ivoiriennes, notamment pour fournir les industries de transformation. Cependant, l'accord ne contient aucune obligation de débarquement des captures. La contribution financière prévue par l'APE s'élève à 595 000 euros, dont 140 000 euros entièrement destinés, en principe, à soutenir la politique de pêche de la Côte d'Ivoire.[23]

Tableau 4.4 Lois et réglementations relatives au commerce des produits de la pêche, 2017

Législation	Domaine
Arrêté n° 3291, 02/05/1956	Concernant l'exercice et la sécurité de la pêche dans les eaux maritimes de Côte d'Ivoire
Arrêté n° 602, 22/08/1961	Fixant les nouvelles modalités de vente de poissons débarqués au port de pêche d'Abidjan
Arrêté n° 6373, 17/04/1968	Réglementation de la pêche à la crevette
Arrêté n° 141, 02/03/1970	Portant réglementation de la pêche au thon
Arrêté n° 2073, 22/12/1970	Taxe *ad valorem* de 2% sur le poisson débarqué
Arrêté n° 1069, 26/09/1972	Taxe portuaire sur le poisson frais débarqué
Arrêté n° 81, 20/06/1981	Modalités d'attribution de la licence de pêche
Loi n° 86-478 relative à la pêche	Loi sur la pêche
Loi n° 2005-556, 02/12/2005	Instituant le régime d'entreprise franche de transformation des produits halieutiques
Arrêté n° 5, 26/01/2007	Conditions d'hygiène applicable à bord des navires de pêche
Arrêté n° 3, 26/01/2007	Règles sanitaires régissant la production et la mise sur le marché
Accord de partenariat	Accord de partenariat avec l'Union européenne
Arrêté n° 62, 19/10/2009	Projet de renforcement de la base des connaissances pour la mise en œuvre d'une approche écosystémique des pêches maritimes (AEP-Nansen)
Arrêté n° 83, 30/12/2009	Projet d'appui à la gestion durable des ressources halieutiques (PAGDRH)
Arrêté n° 17, 29/04/2010	Programme d'appui à la gestion durable des ressources halieutiques (PAGDRH)
En projet en 2016	Loi sur la pêche et l'aquaculture

Source: Secrétariat de l'OMC, sur la base d'informations fournies par le Ministère des ressources animales et halieutiques à travers sa Direction des productions halieutiques. Adresse consultée: http://www.ressourcesanimales.gouv.ci/index.php.

La redevance est de 35 euros par tonne de thon capturée. La quantité totale de référence est de 7 000 tonnes par an; un maximum de 25 thoniers senneurs est autorisé, et chacun doit verser une avance de 3 850 euros par an, pour un tonnage de référence de 110 tonnes chacun. Pour les 15 palangriers de surface autorisés (au maximum), l'avance est de 1 400 euros par an (pour un tonnage de 40 tonnes). Si la quantité globale des captures effectuées dépasse le tonnage de référence, le montant de la contrepartie financière annuelle sera augmenté de 65 euros pour chaque tonne supplémentaire capturée. Toutefois, le montant annuel total payé par l'UE ne peut excéder le double du montant indiqué (soit 1 190 000 euros).

La Côte d'Ivoire est le premier exportateur africain de conserves de thon, une activité de plus en plus menacée par l'épuisement des stocks mondiaux. Cette industrie compte deux principales sociétés privées exportatrices à capitaux étrangers (en régime de zone franche) qui assurent aussi en partie l'approvisionnement du marché intérieur (voir ci-dessous). Selon les autorités, cette activité a représenté 70 milliards de FCFA d'exportation en 2012 (plus de 100 millions d'euros), soit 15% du total des exportations de marchandises. Elle emploie 3 000 personnes, dont 70% de femmes.[24]

Le régime d'entreprise franche de transformation des produits halieutiques, en vigueur depuis décembre 2005, est réservé aux entreprises (de zone franche ou aux points francs) réalisant au moins 90% de leur chiffre d'affaires à l'exportation. Les entreprises éligibles sont exonérées de tous droits et taxes, y compris sur les biens et services importés destinés à leurs activités; de tarifs préférentiels pour la fourniture d'eau, d'électricité, de téléphone, de carburants fournis par les établissements publics ou parapublics. Les emplois sont réservés en priorité aux nationaux. Les entreprises peuvent détenir des comptes en devises, et bénéficient de la liberté de change, de transfert des bénéfices et de rapatriement du capital. Elles payent une seule redevance, de 5 FCFA par kilogramme brut de produit transformé, partagée entre le Comité d'administration du régime franc et les entités administratives du lieu d'implantation.

Ce régime vise à promouvoir les exportations de produits halieutiques transformés. Le commerce entre les entreprises franches et le territoire douanier national est également considéré comme des importations et des exportations. Ces entreprises ne peuvent vendre sur le territoire ivoirien que 10% des produits fabriqués, moyennant le paiement des droits et taxes d'importation. Une évaluation de ce régime était en cours en 2011.

MINES ET ÉNERGIE

Le Ministère du pétrole et de l'énergie est responsable de la politique en matière de mines et d'énergie.[25] Dans l'ensemble, il ne semble pas y avoir de restriction à la présence étrangère dans le secteur minier ivoirien. Les investissements étrangers dans certains services relatifs aux secteurs énergétique et minier (notamment l'exploration, le forage, et les activités connexes) ont été inclus dans la liste d'engagements spécifiques de la Côte d'Ivoire sous l'Accord général sur le commerce des services (AGCS) en 1994. Par contre, les produits miniers et énergétiques font l'objet d'interventions nombreuses et complexes de la part de l'État, y compris à la frontière.

Produits pétroliers et gaziers

La recherche pétrolière a débuté en Côte d'Ivoire dans les années 1950. Les premières découvertes de gisement datent des années 1970. Les années 2000 ont enregistré une intensification des travaux de recherche avec l'arrivée de plusieurs compagnies pétrolières internationales. Le nombre de permis attribués est passé de 15 en 2010 à 28 en 2015. Cependant, seuls quatre sont en phase de production. La Société nationale d'opérations pétrolières de la Côte d'Ivoire (PETROCI), société d'État créée en 1975, participe, avec des compagnies pétrolières étrangères, à la prospection et l'exploitation des réserves de pétrole et de gaz naturel.[26] La recherche et l'exploitation des hydrocarbures, de même que les activités de PETROCI, sont régies par le Code pétrolier de 1996, amendé en 2012.[27]

La Côte d'Ivoire produit du pétrole brut qu'elle exporte en l'état (tableau 4.5). La Société ivoirienne de raffinage (SIR), société commerciale d'État créée en 1962 (p. 208), importe du pétrole brut, principalement du Nigéria, qu'elle raffine pour répondre à la demande intérieure fortement dominée par le gasoil. La demande ivoirienne d'énergie croît rapidement, ce qui illustre le potentiel de développement du secteur pétrolier et gazier.

La SIR et la PETROCI rencontrent des problèmes financiers importants, notamment une dette de la SIR de 368 milliards de FCFA (561 millions d'euros), que le gouvernement s'est engagé à restructurer dans le cadre d'une réforme visant à assurer la couverture énergétique du pays. Actuellement le subventionnent de certains produits pétroliers représente encore une charge budgétaire importante pour l'État.

La production de pétrole brut a connu un recul de 2010 à 2014, suivi d'une reprise en 2015 avec 10,7 millions de barils, soit près de 30 000 b/j, grâce à l'exploitation de nouveaux puits (tableau 4.5). La production de gaz naturel, après une chute en 2011, connaît une forte progression, mais demeure cependant insuffisante pour la couverture des besoins nationaux, qui ont plus que doublé au cours de la dernière décennie.

L'État ivoirien et la PETROCI détiennent ensemble plus de 48% du capital de la SIR[28], qui détient toujours le monopole de l'approvisionnement de la Côte d'Ivoire en produits pétroliers, y compris à l'importation. La SIR contrôle les importations de produits finis concurrents, soumis à licence d'importation. Cependant, selon les autorités, une concurrence provient des produits de moindre qualité à bas coûts importés illégalement. La SIR a probablement également pâti des distorsions dues

Tableau 4.5 Produits pétroliers, 2010, 2012, 2015

(Milliers de tonnes, sauf autrement indiqué)

Année	Produit	Production	Consommation	Exportations	Importations
2010	Pétrole brut (milliers de barils)	14 562	17 443	14 490	17 280
2012		10 770	21 830	11 249	21 641
2015		10 735	..	10 494	23 528
2010	Gaz naturel (milliers MMBTU)	58 863	58 863	0	0
2012		62 895	62 895	0	0
2015		78 598	78 598	0	0
2010	Super sans plomb	404	150	213	0
2012		560	237	387	0
2015		641	356	288	0
2010	Pétrole + jet	619	45	561	0
2012		846	59	804	0
2015		870	138	..	0
2010	Gasoil	983	577	332	0
2012		1 044	749	252	0
2015		1 183	918	204	0
2010	Distillate Diesel Oil	24	12	11	0
2012		10	7	3	..
2015		19	10	9	0
2010	Fuel oil	204	27	..	0
2012		230	29	..	0
2015		311	23	280	0
2010	Butane	8	128	9	85
2012		1	155	2	104
2015		9	242	3	233
2010	Bitume	276	8	264	0
2012		230	27	183	0
2015		244	..	187	0
2010	Vacuum oil (HVO)	152	26	57	0
2012		233	119	89	0
2015		88	0	88	0

.. Non disponible.

Note: MMBTU: millions d'unités thermiques britanniques.

Source: Informations fournies par les autorités ivoiriennes.

aux contrôles de prix, qui réduisent sa marge de profit ou causent ses pertes lorsque les prix mondiaux montent. Elle a également souffert des impayés de l'État, et d'une politique de taxation octroyant des rabais divers à toute une gamme d'usagers. La SIR a été renflouée par l'État à plusieurs occasions au cours de la dernière décennie.

Le prix des produits pétroliers fait l'objet d'une fixation périodique qui, depuis 2013, reflète la variation des cours mondiaux. Un prix uniforme est en principe appliqué sur l'ensemble du territoire national grâce à un système de péréquation. L'ajustement des taxes en fonction de la conjoncture internationale et les valeurs mercuriales (prix d'importation fixés administrativement) garantissent un minimum de perception, contribuent à la protection des activités de raffinage local et, en période de forte hausse des prix, permettent à l'État de réduire les prix des produits pétroliers importés, avec des conséquences fiscales et des effets pernicieux sur les résultats de la raffinerie.

L'accès des populations au gaz butane a été amélioré par le fait qu'outre la SIR, PETROCI importe désormais également du gaz butane pour approvisionner le marché national, réduisant ainsi l'étendue du monopole de la SIR. Cette réforme a permis un accroissement important de la consommation du gaz butane, et montre les effets bénéfiques de l'élimination des politiques de monopole sur la disponibilité des produits.

Les développements récents comprennent également la réalisation d'un pipeline multi-produits sur l'axe Abidjan-Bouaké via Yamoussoukro, et le doublement des capacités de stockage du gaz butane depuis 2011 pour atteindre 19 095 tonnes en 2015, ce qui a aussi contribué à améliorer l'accès des populations au gaz butane.

Depuis 2013, l'Arrêté n° 38 du 29 mars 2013 portant fixation des tarifs de transport des produits pétroliers constitue un nouveau cadre réglementaire pour les activités de transport, d'approvisionnement et de commercialisation des produits pétroliers sur le marché national. Cet arrêté n'était pas disponible sur un site Internet officiel.

Les productions de la SIR demeurent stockées par la Société de gestion des stocks de sécurité (GESTOCI), une société d'économie mixte dont l'État ivoirien, Total CI, et divers autres privés étrangers sont actionnaires. GESTOCI détient environ 84% des capacités globales de stockage de la Côte d'Ivoire, le reste étant détenu par quatre compagnies multinationales. GESTOCI loue ses capacités de stockage aux distributeurs agréés et exporte, principalement au Mali et au Burkina Faso. La GESTOCI est placée sous la tutelle technique du Ministère du pétrole et de l'énergie et sous la tutelle financière du Ministère en charge du budget.[29]

Autres produits miniers

La gestion du patrimoine minier ivoirien est du ressort de la Direction générale des mines et de la géologie du Ministère de l'industrie et des mines.[30] En 2010, le nombre de permis de recherche, toutes substances confondues, était de 57, dont 42 pour l'or.

Six sociétés exploitent l'or depuis 1991. En 2009, la quantité extraite des mines industrielles avait baissé à cinq tonnes à cause de la crise socio-politique, mais a dépassé les 20 tonnes en 2015 suite à l'ouverture de la mine d'Agbaou. La mise en exploitation de nouvelles mines a eu lieu en 2017 et prévue pour 2018.

Un nouveau Code minier a remplacé en 2014 la Loi minière de 1995. Il couvre, comme la loi précédente, tous les produits miniers autres que les hydrocarbures, mais intègre spécifiquement les dispositions de l'Initiative pour la transparence dans les industries extractives (ITIE), et les règles du processus de Kimberley en matière d'extraction de diamants.[31] De plus, la détention, le transport, le commerce et la transformation de l'or, ainsi que toutes transactions ayant pour objet l'or brut et les matières d'or sont soumises à l'obtention d'un permis d'exploitation délivré dans des conditions fixées par décret.[32]

Selon le Ministère de l'industrie et des mines, l'un des principaux changements en matière de politique minière est que le taux de taxation *ad valorem*, principale taxe perçue sur les activités du secteur, est devenu moins élevé sur les produits transformés que sur les produits bruts.

La législation de 2014, comme l'ancienne, ne différencie pas les investisseurs étrangers des nationaux (article 5), à l'exception de l'autorisation d'exploitation artisanale et semi-industrielle (article 53), réservée aux nationaux. Cependant, l'État peut subordonner l'autorisation d'exercer une activité minière industrielle à la participation de privés nationaux au capital des sociétés créées à cette fin (article 8); celle-ci doit "se faire aux conditions du marché". L'octroi d'un permis d'exploitation oblige son titulaire à créer une société de droit ivoirien dont l'objet exclusif est l'exploitation du gisement pour lequel le permis a été délivré; les conditions de chaque permis d'exploitation sont définies par décret. Les permis d'exploitation donnent lieu à l'attribution gratis à l'État d'actions à hauteur de 10% du capital de la société d'exploitation, même en cas d'augmentation de capital.

Une convention minière, dont la durée de validité initiale est de 12 ans, vise à stabiliser le régime fiscal et douanier, fixe les conditions d'exploitation et spécifie les obligations à la charge du bénéficiaire du titre d'exploitation. Ce dernier procède au règlement des taxes minières afférentes à ces produits, en plus de l'impôt sur le BIC, à savoir: a) un prélèvement fiscal spécifique fixe (article 149); b) la redevance superficiaire (article 150); c) la taxe forfaitaire annuelle; d) la taxe *ad valorem* assise sur le chiffre d'affaires, après déduction des frais de transport (prix f.a.b.) et d'affinage, le cas échéant, et dont le taux est fixé par voie de règlement (entre 1% et 6% selon les minéraux)[33]; et la taxe d'extraction (carrières) ou d'exploitation.

Le nouveau Code introduit la notion de sous-traitants miniers. Le titulaire d'un titre ou le bénéficiaire d'une autorisation d'exploitation doit, dans son exploitation, accorder la préférence aux sous-traitants ivoiriens, à conditions équivalentes de qualité, de prix et de quantités; il doit former du personnel ivoirien et contribuer au financement du renforcement des capacités et à la formation. En outre, le nouveau Code minier prévoit, contrairement à l'ancien, la taxation des plus-values lors de la cession de titres miniers et d'autorisations d'exploitation (article 158 du Code minier), conformément au CGI (article 14 du CGI).

En phase de recherche, le titulaire d'un permis de recherche bénéficie des exonérations en matière: d'impôt sur les bénéfices; d'impôt minimum forfaitaire ou de son équivalent; d'impôt foncier; et de droit d'enregistrement sur les apports effectués lors de la constitution ou de l'augmentation du capital des sociétés. De plus, pendant la phase de réalisation des investissements initiaux et l'extension des capacités de production d'une mine existante, le titulaire d'un permis d'exploitation est exonéré des droits de douane et de la TVA, perçus à l'importation des matériels, matériaux, machines et équipements inclus dans le programme agréé et destinés directement et définitivement aux opérations minières (article 165).

La Douane maintient pour chaque titre minier une liste des biens d'équipement, de matériels et de consommables, normalement utilisés dans les activités minières et pour lesquels les droits et taxes à l'importation (mais pas les taxes communautaires PCS, PC, RS) peuvent être suspendus, modérés ou exonérés. Ne peuvent donner lieu à l'exonération de taxation à l'importation: les matériels, matériaux, machines et équipements dont on peut trouver l'équivalent fabriqué en Côte d'Ivoire ou disponible à des conditions de prix, qualité, garanties entre autres, égales à celles des mêmes biens d'origine étrangère.

Le titulaire du permis d'exploitation est exonéré de la TVA pour ses importations et services étrangers, l'acquisition de biens et services en Côte d'Ivoire et sur les ventes en relation avec les opérations minières jusqu'à la date de la première production commerciale (article 168). Il est autorisé à opérer en Côte d'Ivoire et ailleurs des comptes en monnaie locale ou étrangère; maintenir hors de Côte d'Ivoire tous fonds acquis ou empruntés à l'étranger, à l'exception des recettes provenant de vente de leur production qui doivent être rapatriées dans les conditions fixées par la réglementation des changes. Cependant, les dividendes et produits des capitaux investis ainsi que le produit de la liquidation ou de la réalisation d'avoirs peuvent être transférés à l'étranger; et les paiements peuvent être effectués aux fournisseurs étrangers de biens et services nécessaires à la conduite des opérations.

La Société pour le développement minier de la Côte d'ivoire (SODEMI), créée en 1962, est une société d'État responsable de la recherche géologique et minérale, ainsi que du développement minier.[34] Ces dernières années, la SODEMI a été active dans la production de falun, et de manganèse avec une production moyenne annuelle d'environ 100 000 tonnes, pour des réserves estimées à plus de 3 millions de tonnes. La SODEMI a été confrontée à de lourdes pertes et à des irrégularités de gestion pendant la crise politique qu'a traversée la Côte d'Ivoire.

Électricité

Les efforts se sont poursuivis pour améliorer la fourniture d'électricité, pour laquelle le gouvernement prévoit des investissements de 10 000 milliards de FCFA (15 milliards d'euros) afin d'atteindre en 2020 une production nationale de 4 000 MW (contre 2 000 MW en 2016) et de relier tous les villages de plus de 500 habitants. La mise en œuvre respectivement du Programme de renforcement du secteur de l'électricité en Côte d'Ivoire et du Projet d'urgence de réhabilitation du secteur de l'électricité aurait déjà amélioré significativement la performance du réseau électrique ivoirien.

Une réforme du secteur depuis 2011 devrait permettre de réduire les chevauchements institutionnels: la Société des énergies de Côte d'Ivoire a repris en 2011 les activités de la Société de gestion du patrimoine du secteur de l'électricité (SOGEPE) et de la Société d'opération ivoirienne d'électricité (SOPIE), toutes deux dissoutes. Par ailleurs, depuis octobre 2016 un nouvel organe de régulation du secteur dénommé ANARE-CI remplace l'ANARE. Cette nouvelle structure est investie de pouvoirs plus étendus de décision, d'injonction, d'enquête et de sanction de nature à permettre une meilleure régulation du secteur de l'électricité.

La Côte d'Ivoire s'est dotée d'un nouveau Code de l'électricité en 2014, dont les six décrets d'application étaient en cours de publication fin 2016.[35] Ces textes prévoient l'ouverture à la concurrence de la quasi-totalité des segments d'activité du secteur de l'électricité; et précisent les règles de fixation et de révision des tarifs de vente de l'énergie électrique. Le monopole d'État prévu par la législation de 1985 en matière de transport, distribution, importation et exportation d'énergie électrique a donc en principe été aboli, sauf pour ce qui est de la répartition de l'électricité à travers les réseaux ("dispatching"), qui constitue un monopole d'État tout en étant susceptible d'être concédé à un opérateur unique.

Cependant, dans les faits, la Compagnie ivoirienne d'électricité (CIE)[36], détenue à 54% par des capitaux étrangers et à 15% par l'État, demeure le concessionnaire officiel du service public de l'électricité et détient l'exclusivité du transport et de la distribution d'électricité jusqu'en 2020. La CIE est également responsable des exportations. En 2014, la CIE, qui comptait 1,32 million d'abonnés sur son réseau, a enregistré selon la presse une perte de 63 milliards de FCFA (96 millions d'euros); la situation se serait quelque peu améliorée depuis la hausse des tarifs (voir ci-dessous).

Depuis 1995, l'opérateur privé Compagnie ivoirienne de production d'électricité (CIPREL) occupe une place prépondérante dans la production thermique. Filiale du groupe français Bouygues, et détenue à 14,7% par l'État depuis 2008, la CIPREL était réglementée par une convention de 19 ans avec l'État de Côte d'Ivoire, qui a été renouvelée pour 22 ans jusqu'en 2035. La CIPREL est soumise à l'obligation de fournir une production annuelle d'au moins 2 154 GWh que l'État (en fait la CIE) doit lui acheter.

La centrale thermique AZITO, construite en 1997 et fonctionnant au gaz naturel, fournit environ un tiers de l'énergie consommée en Côte d'Ivoire, au titre d'une convention de 24 ans avec l'État ivoirien.[37] AZITO vendait sa production dans le cadre d'un contrat "take or pay" à l'État (en fait la CIE). La défaillance d'une turbine de la Centrale d'Azito en décembre 2009 causa un délestage massif. Pour y remédier, l'État a sollicité l'entreprise AGGREKO pour la location et l'exploitation d'une centrale à gaz de 70 MW à interconnecter au réseau électrique. La centrale d'AGGREKO aura contribué pour 4,35% à la production nationale en 2010.

Les tarifs de l'électricité sont réglementés par l'État et varient selon les types d'usagers (professionnel, domestique, basse tension, moyenne tension et haute tension). Des tarifs subventionnés sont en place pour certains usagers industriels, notamment les complexes textiles, et certains abonnés sociaux (moins de 5 ampères). Depuis 2008, les charges de combustibles ont plus que doublé du fait de la hausse des prix du gaz naturel, vendu par la SIR à prix également administrés, ce qui a contribué à accentuer le déficit financier du secteur électrique. Cependant, selon les autorités ce déficit est dû en grande partie à la mauvaise gestion des opérateurs fonctionnant en situation de monopole. Des ajustements tarifaires ont eu lieu en 2008, en 2012 concernant les clients industriels et les clients à l'export, et en juin 2015.[38]

Les autorités souhaitent également promouvoir et développer les énergies renouvelables. À cet effet, sont prévues une centrale solaire de 25 MW-crête à Korhogo, une autre de 50 MW-crête au nord du pays, une centrale à biomasse de palmier de 2 x 23 MW, des mini-réseaux solaires notamment dans le Zanzan. Un appel à manifestation d'intérêt a été lancé pour la construction, et l'exploitation d'une centrale à biomasse de coton de 25 MW à Boundiali, d'une centrale à biomasse de cacao de 20 MW à Gagnoa.

SECTEUR MANUFACTURIER

Aperçu

La production manufacturière de la Côte d'Ivoire a subi une profonde transformation depuis le début des

années 2000. Les nombreuses entreprises disparues avaient dans l'ensemble été créées sur le modèle économique de la substitution aux importations, et à l'abri des droits et taxes élevés qui caractérisent le tarif NPF de l'UEMOA. Au contraire, les nombreuses entreprises créées sont davantage tournées vers l'exportation régionale et internationale. Le fait qu'elles pâtissent de ces barrières tarifaires sur leurs intrants et qu'elles cherchent à améliorer leurs conditions d'accès aux marchés d'exportation explique d'une part la nouvelle position de la Côte d'Ivoire par rapport à l'APE avec l'UE (ratifié en août 2016, voir p. 196), et d'autre part l'intérêt des autorités pour le projet d'un grand marché unique au sein de l'UEMOA (voir ci-dessous).

Le secteur manufacturier est relativement important en Côte d'Ivoire (tableau 1.1).[39] Les principales activités industrielles sont pétrolières (p. 221), et agroalimentaires (p. 213) notamment la transformation du café, du cacao, la production de sucre, les huileries, la transformation des céréales et la minoterie, les boissons, ainsi que les conserveries d'ananas, de tomates, de mangues, de thon et de nourriture pour animaux.

Politique manufacturière

Le nouveau Plan national de développement (PND) 2016–2020 a comme objectif prioritaire l'amélioration du taux de transformation des matières premières agricoles; et la diversification de l'appareil productif industriel avec la promotion d'une industrie manufacturière.[40] Ce plan est mis en place avec l'assistance notamment de l'Union européenne, dans le cadre du Programme d'appui au commerce et à l'intégration régionale (PACIR), et de l'Organisation des Nations Unies pour le développement industriel (ONUDI). Cette assistance s'inscrit dans la continuité du Programme de restructuration et mise à niveau (PRMN) instauré avec l'aide de l'UE dans le cadre des négociations de l'APE (rapport commun, p. 81). Le projet a notamment permis la création en 2014 de l'Agence pour le développement de la compétitivité des industries de Côte d'Ivoire, une structure initialement privée mais dans laquelle l'État a acheté 40% des parts en 2016.

Le Projet PACIR a notamment mis en exergue la difficulté d'accès au financement, et le non-respect des normes de qualité comme faisant partie des obstacles principaux à la compétitivité des industries manufacturières.[41] S'y ajoute la forte taxation des importations en tant que source de recettes fiscales pour l'État.

Près d'un tiers des exportations de produits manufacturés de la Côte d'Ivoire sont exportés vers la CEDEAO, principalement le Ghana et le Nigéria, ainsi que le Burkina Faso. Les obstacles à la libre circulation effective des marchandises intra-CEDEAO et intra-UEMOA handicapent particulièrement les industries ivoiriennes. À cause des obstacles à l'établissement complet des zones de libre-échange de l'UEMOA et de la CEDEAO, les secteurs manufacturiers sont très peu intégrés au niveau régional. L'une des sources majeures de gain de compétitivité, y compris à l'exportation, pourrait donc provenir d'une élimination des obstacles aux échanges intra-communautaires.

Environ 300 entreprises ivoiriennes et 1 500 produits sont agréés (rapport commun, tableau 3.5) et bénéficient du traitement préférentiel au sein de la CEDEAO et de l'UEMOA, ce qui est très important en comparaison régionale.

SERVICES

La Côte d'Ivoire se transforme progressivement en une économie de services moderne, profitant de son avantage géographique, de sa main-d'œuvre relativement qualifiée et de l'amélioration notable de ses infrastructures pour développer de nouveaux secteurs de services commerciaux. Ceci est visible particulièrement dans les domaines des services financiers, des télécommunications, et des services aux entreprises qui regroupent toutes les activités de conseil, d'assistance, de recherche et développement, ainsi que les nombreux services opérationnels. Une politique commerciale libérale *vis-à-vis* des fournisseurs de services étrangers y a contribué, favorisant la concurrence et les partenariats innovants. La Côte d'Ivoire a inclus plusieurs secteurs de services dans sa liste d'engagements au titre de l'Accord général sur le commerce des services (AGCS) en 1994 (voir ci-dessous). Par contraste, les services professionnels sont réservés aux ivoiriens.

Le commerce international des services est peu taxé, à l'exception d'une taxe de 20% sur les importations de services (encadré 1.1). Cependant, l'impôt n'est pas dû si la personne qui perçoit des rémunérations est domiciliée ou établie dans un pays avec lequel la Côte d'Ivoire a signé une convention fiscale (p. 197), à condition que les dispositions conventionnelles le prévoient.

Services de télécommunications

Le secteur des télécommunications réalise environ 6% du PIB de l'économie ivoirienne, dans un environnement commercial libéral, sans restriction à la présence étrangère qui y est importante. En 2016, le chiffre d'affaires sur les trois principaux segments du marché des télécommunications (téléphonie fixe, téléphonie mobile, Internet) s'est élevé à environ 1 100 milliards de FCFA (1,68 milliard d'euros), en hausse de 3% par rapport à 2015. Cette performance reflète le dynamisme de l'activité de la téléphonie mobile dont la part dans le chiffre d'affaires est d'environ 80% selon l'Autorité de régulation des télécommunications de Côte d'Ivoire (ARTCI). Les revenus générés par les services mobiles à large bande croissent rapidement, soulignant la pénétration croissante des appareils mobiles plus sophistiqués et leur utilisation pour des services à valeur ajoutée de plus en plus nombreux, tels que le transfert de fonds ou l'assurance.

Sur le marché de la téléphonie fixe, les sociétés Côte d'Ivoire Telecom et MTN Côte d'Ivoire (MTN CI) détenaient respectivement 96% et 4% de parts de marché fin décembre 2016. Le marché de la téléphonie mobile est passé de sept à trois opérateurs, quatre opérateurs ayant perdu leur licence pour manquement à leurs obligations envers l'État et les consommateurs. Ainsi, en 2016, le marché du mobile était partagé entre Orange Côte d'Ivoire (Orange CI), avec 45% de parts de marché, et MTN CI et Moov Côte d'Ivoire (Moov CI) avec respectivement 33% et 22% de parts de marché. Une licence d'exploitation avait été attribuée à un quatrième opérateur en septembre 2016. À l'exception de Côte d'Ivoire Telecom dont l'État détient 15% du capital social, les autres entreprises du secteur appartiennent au privé et sont généralement des filiales de firmes étrangères (Orange, MTN, Etisalat).

Le Ministère chargé des télécommunications est responsable de l'octroi des licences, attribuées par l'État à une personne publique ou privée de droit ivoirien, après avis consultatif de l'ARTCI. Les demandes de licence sont adressées à l'ARTCI, généralement en réponse à des appels d'offres lancés conformément au Code des marchés publics (p. 208). L'ARTCI fait appliquer les textes réglementaires en matière de télécommunications; délivre l'autorisation d'exploitation des services de télécommunications; accorde les agréments des équipements terminaux; et assure la gestion et le contrôle du spectre des fréquences radioélectriques. L'ARTCI est chargée de faire régner la concurrence et de gérer les différends entre les opérateurs. Selon cette dernière, les principales entraves à la concurrence résident actuellement dans l'accès aux infrastructures de fibre optique (voir ci-dessous). Les tarifs de détail sont déterminés par les opérateurs à travers le libre jeu de la concurrence; ils doivent être toutefois soumis pour information au régulateur, qui veille à ce qu'ils ne soient pas excessifs. Pour les tarifs d'interconnexion, l'ARTCI fixe un maximum par an à ne pas dépasser.

En ce qui concerne le marché de l'Internet fixe (filaire ou sans fil), les entreprises Aviso et MTN Internet détiennent respectivement 56% et 37% de parts de marché. Les autorités se sont inquiétées que le taux d'accès à l'Internet fixe reste parmi les plus bas dans la région; et que les tarifs demeurent chers en comparaison régionale. À cet égard, l'introduction de la technologie 4G aurait fait croître de 55% le nombre d'usagers de l'Internet mobile de mars à décembre 2016, avec 10,4 millions d'usagers établissant des connexions à Internet. D'autre part, en décembre 2016 l'ARTCI plafonna les tarifs de gros des services de capacités nationales et internationales nécessaires à la fourniture du service Internet, imposant ainsi une baisse globale de tarifs de 50%.[42] L'impact attendu de cette décision est un accroissement de la compétitivité des fournisseurs d'accès Internet qui pourront s'approvisionner à de meilleures conditions et, *in fine*, répercuter cette baisse sur les tarifs pratiqués au consommateur final.

Des progrès ont aussi été réalisés dans les infrastructures de télécommunication grâce au déploiement de plusieurs "backbones" de fibre optique terrestre à travers le pays, aussi bien par l'État que par les acteurs privés. Le réseau national haut débit de l'État est déployé par l'Agence nationale du service universel des télécommunications (ANSUT), afin de relier non seulement toutes les régions du pays mais également les pays voisins. Au 31 décembre 2016, environ 2 000 km de fibre optique étaient déployés par l'ANSUT sur un objectif total de 7 000 km. Les opérateurs privés de télécommunications déploient leurs réseaux fibres optiques afin d'étendre leur couverture, soit 9 964 km pour Orange CI, 3 582 km pour MTN CI et 1 343 km pour Moov CI à fin 2016. Au mois de mai 2017, trois câbles sous-marins desservent la Côte d'Ivoire; les opérateurs Orange et MTN exercent un monopole sur ces câbles. L'ARTCI a imposé à ces opérateurs de dégrouper l'accès à cette infrastructure essentielle pour la fourniture de l'Internet.

L'opérateur historique, Côte d'Ivoire Telecom, fut créé en 1991; son monopole sur les infrastructures et la fourniture des services de télécommunications prit fin en 1995 avec l'adoption d'une loi-cadre pour le secteur des télécommunications.[43] La loi a ouvert la plupart des services de télécommunications à la concurrence, sauf notamment la téléphonie fixe, et le télex. Depuis décembre 2016, l'entreprise Orange CI a absorbé Côte d'Ivoire Telecom.

Une nouvelle ordonnance a été publiée en 2012 concernant la réglementation des activités de télécommunications, ainsi que la réglementation en matière de politique et de contenus audiovisuels.[44] Dans le cadre de la réglementation communautaire (UEMOA, CEDEAO), l'ordonnance définit les régimes juridiques pour l'entrée sur le marché des télécommunications; encadre l'interconnexion; définit des règles de fonctionnement des réseaux interconnectés, y compris le partage des infrastructures; définit de nouvelles infractions et renforce les sanctions y afférentes; introduit des dispositions pour la protection des consommateurs; définit les modalités de la mise en œuvre du service universel; et exige l'instauration d'une concurrence loyale entre les opérateurs du secteur des télécommunications. Les autres nouvelles lois concernent les transactions électroniques, la lutte contre la cybercriminalité, et la protection des données à caractère personnel. Ces lois sont disponibles sur le site de l'ARTCI.

Services postaux

La Côte d'Ivoire s'est dotée en 2013 d'un nouveau Code des postes.[45] Le secteur, réglementé par l'ARTCI, se compose de trois principaux segments: courrier, colis et transferts d'argent. L'exercice du service postal universel (article 8) et soumis à la délivrance d'une licence d'exploitation accordée par décret, ce service couvre les envois postaux d'au maximum 2 kg, les colis jusqu'à 31,5 kg, les envois recommandés et à valeur déclarée, les imprimés et le "service du courrier électronique". La Poste de Côte d'Ivoire se décrit comme une "société d'État à gestion privée".[46] Elle fournit des services de transport et distribution de lettres, colis; effectue la levée de courriers

à domicile; et vend également des services de transfert d'argent. Les principales sociétés étrangères de courrier express sont présentes en Côte d'Ivoire.

Services de transports

Transports aériens

La législation ivoirienne[47] en matière d'accès au marché du transport aérien est basée sur les dispositions communautaires de l'UEMOA (rapport commun, p. 83). L'Autorité nationale de l'aviation civile (ANAC) est autonome de par ses statuts, sous la tutelle du Ministère des transports. Ce dernier dispose d'un site Internet, qui contient notamment le Code de l'aviation civile de 2008 qui fait explicitement référence aux dispositions communautaires.[48] L'ANAC a pour fonction d'assurer pour le compte de l'État, les missions de réglementation, de contrôle, de surveillance, de sûreté aéroportuaire, de sécurité de l'aviation, de médecine aéronautique et de coordination en matière de transport aérien. L'ASECNA est responsable de la sécurité de la navigation aérienne.

Selon les autorités, l'ANAC confère à opérer jusqu'à la huitième liberté de l'air, en autorisant toutes les entreprises viables et sûres afin de relancer le secteur. Une nouvelle compagnie nationale publique, Air Côte d'Ivoire, a démarré ses opérations en 2012.

La Côte d'Ivoire possède deux aéroports qui reçoivent des vols internationaux, à savoir l'Aéroport international d'Abidjan, et l'Aéroport de Bouaké. Vingt-deux compagnies aériennes internationales régulières desservaient Abidjan en mai 2017. Les statistiques sur le volume de fret et le nombre de passagers transportés pendant la période 2000-2011 montraient une baisse significative de l'activité, mais depuis 2012, l'aéroport d'Abidjan a enregistré une progression annuelle moyenne de 18%, pour atteindre 1,8 million de passagers et 20 511 tonnes de fret en 2016.

La Côte d'Ivoire a transposé la Directive n° 01/2003/CM/UEMOA relative à l'accès au marché de l'assistance en escale dans les États membres de l'UEMOA dans sa réglementation nationale en matière de transport aérien.[49] Par la suite, l'État a concédé pour 10 ans l'assistance en escale à un opérateur privé, NAS Ivoire.[50]

La Société d'exploitation et de développement aéroportuaire, aéronautique et météorologique (SODEXAM) gère tous les aéroports sauf celui d'Abidjan, et représente l'État dans la concession de l'aéroport d'Abidjan à un partenaire privé. La gestion de l'aéroport d'Abidjan est concédée depuis 1996 à une société anonyme dominée par des capitaux étrangers (y compris l'aéroport de Marseille en France). La convention de concession liait l'État de Côte d'Ivoire à la société Aéroport international d'Abidjan pour 15 ans, et prévoyait le paiement d'une redevance proportionnelle au chiffre d'affaires. La concession a été renouvelée en 2009.

Transports maritimes et portuaires

La politique en matière de transport maritime est du ressort de la Direction générale des affaires maritimes et portuaires (DGAMP).[51] La révision du Code maritime de 1961 constitue l'un des projets déclarés du gouvernement, de même que l'adoption de nouveaux décrets portant libéralisation et organisation du transport maritime en Côte d'Ivoire, y compris de la profession d'armateur. La Côte d'Ivoire est en train de transposer en droit national et de mettre en application les quatre directives de l'UEMOA en la matière (rapport commun, p. 85), et de mettre en œuvre le Code ISPS (*International Ship and Port Facility Security Code*). La Côte d'Ivoire a également comme priorité déclarée de ratifier des conventions de l'Organisation maritime internationale.

La plupart des grandes lignes régulières spécialistes de l'Afrique desservent soit le Port d'Abidjan (PA)[52] soit le Port de San Pedro. Les deux ports connaissent également une importante activité de transbordement. Le PA est en chantier depuis 2014: outre la construction d'un second terminal, et la construction d'un terminal RO-RO, le projet prévoit l'approfondissement et l'élargissement du canal de Vridi, qui permettra l'entrée de plus grands porte-conteneurs. Les ports ivoiriens disposaient en mai 2017 de la capacité d'accueil de gros navires pouvant contenir jusqu'à 4 000 EVP; au terme des travaux, cette capacité serait de 12 000 EVP. En mai 2017, la profondeur maximale au terminal à conteneur était de 11,50 mètres.

Dans les deux ports, à 100% détenus par l'État, l'autorité portuaire est exclusivement chargée des activités de réglementation, et du pilotage des navires. Toutes les autres activités sont du ressort d'entreprises commerciales privées. Les redevances des services portuaires sont fixées indépendamment par les deux autorités portuaires, et présentées aux autorités de tutelle (Ministères des transports, du budget et de l'économie) en fonction de la nature des produits. Les marchés de services sont octroyés soit par appel d'offres soit en vertu de concessions. Selon les autorités, il n'y a pas de restriction à la présence étrangère dans les textes législatifs régissant ces services; et la totalité des opérations de manutention portuaire est réalisée dans un environnement concurrentiel, y compris par des opérateurs multinationaux. Le groupe étranger Bolloré détient plus d'un tiers du marché ivoirien total, et 90% du trafic conteneur à Abidjan. À San Pedro, le terminal à conteneur est concédé au groupe étranger MSC. La Côte d'Ivoire compte également un important secteur d'auxiliaires de transport maritime agréés comprenant une cinquantaine de manutentionnaires, et huit entreprises de construction navale.

Parmi les développements récents, le Comité de concertation État – secteur privé a annoncé en janvier 2017 que la "Terminal Handling Charge" (THC) venait d'être supprimée.[53] Depuis mars 2016, les principaux armateurs au Port d'Abidjan facturaient ces surcharges aux chargeurs sur chaque conteneur à l'importation et à l'exportation, causant une incidence négative sur la compétitivité à l'export et à l'import à travers un renchérissement des coûts. Un droit de trafic maritime de 500 FCFA continuerait cependant à être perçu par la DGAMP sur chaque tonne de marchandise importée ou exportée, en plus des redevances perçues par le port. Des rabais sont consentis sur les marchandises de première nécessité.

Des réflexions sont en cours depuis plus d'une décennie sur les mesures à mettre en œuvre pour améliorer le fonctionnement des procédures portuaires, adapter leur environnement institutionnel, alléger la fiscalité, simplifier les procédures administratives et, surtout, améliorer la performance logistique. Ceci permettrait de rendre les ports moins chers, et plus efficaces pour les usagers. Une révision exhaustive du cadre fiscal et réglementaire des nombreuses taxes prélevées sur les expéditeurs et récipiendaires de marchandises et de l'organisation logistique permettrait certainement d'accélérer les procédures portuaires et de réduire leurs coûts.

Transports terrestres

La Côte d'Ivoire a inclus certains modes de fourniture de transports routiers dans sa liste d'engagements spécifiques sous l'AGCS de l'OMC, en 1994.[54] La Direction générale des transports terrestres et de la circulation est l'entité du Ministère des transports chargée de réglementer le marché des transports routiers et ferroviaires. La Loi d'orientation du transport intérieur de 2014 a remplacé l'Ordonnance n° 2000-67 du 9 février 2000 en tant que loi-cadre du secteur, et répond au besoin de renouvellement du cadre législatif obsolète qui caractérisait le transport intérieur, dans un contexte de concurrence anarchique.

Un nouveau décret de 2015 détermine les conditions d'accès à la profession de transporteur et d'exercice de l'activité de transport routier.[55] Il ne modifie pas les conditions d'accès pour les étrangers: à l'intérieur de la Côte d'Ivoire, les entreprises de droit étranger ne sont pas habilitées à transporter des marchandises entre deux destinations lors d'un même voyage (cabotage). Un étranger (CEDEAO ou hors CEDEAO) peut créer une entreprise de transport lorsqu'il respecte les conditions suivantes: le siège de l'entreprise doit être en Côte d'Ivoire et l'entreprise de droit ivoirien; ou si elle n'a pas son siège en Côte d'Ivoire, les véhicules dont elle est propriétaire doivent être immatriculés en Côte d'Ivoire. Les originaux de la carte de transporteur ou tous autres documents se rapportant à l'activité doivent être délivrés selon la réglementation ivoirienne. Les chauffeurs par contre ne doivent pas forcément être de nationalité ivoirienne.

Le Décret n° 2015-270 du 22 avril 2015 institue et règlemente l'utilisation du document unique de transport routier de marchandises (DUT) en lieu et place de la lettre de voiture et de la feuille de route. Le DUT est obligatoire pour tout transport routier de marchandises intérieur et international. Il matérialise le contrat de transport routier de marchandises et établit la propriété des marchandises. La gestion du DUT a été confiée à l'OIC. Le transport routier est soumis à l'obtention d'une autorisation préalable, délivrée par le Ministère des transports. L'autorisation de transport spécifie les itinéraires effectués par le transport routier interurbain. Les véhicules affectés aux transports de personnes ne peuvent pas assurer un service de transport de marchandises et vice-versa (articles 24 et 26 du décret de 2015). L'autorisation accordée en vue d'effectuer un transport privé ne peut être utilisée pour l'exercice de l'activité de transport public de personnes ou de marchandises.

Une panoplie d'accords bilatéraux, régionaux, et d'autres réglementations anciennes demeurent en principe en vigueur et mériteraient un toilettage en vue d'encourager la concurrence, l'innovation, et la modernisation des flottes de transport tant nécessaires à l'acheminement efficace des marchandises. Par exemple, des accords bilatéraux avec les pays voisins prévoient une répartition du fret entre les transporteurs des pays concernés. Dans la pratique, ce principe de répartition des cargaisons (2/3 pour les pays de l'hinterland et 1/3 pour la Côte d'Ivoire) n'est souvent pas respecté par la Côte d'Ivoire car le matériel de transport est vieillissant, d'où les efforts de renouvellement du parc automobile actuellement en cours.

Le tiers réservé aux transporteurs ivoiriens est organisé traditionnellement selon le système du "tour de rôle", un système qui n'est pas réglementé (ni combattu) par l'État. Ces accords de répartition du fret réduisent la concurrence, maintiennent des prix élevés et découragent l'investissement et l'innovation. La libéralisation du fret permettrait de stimuler la concurrence et d'améliorer la qualité des services. Les coûts élevés sont aussi du fait de nombreux intermédiaires qui interviennent dans le secteur.

Des efforts importants ont été consentis depuis 2012 pour améliorer le réseau routier ivoirien, y compris la rénovation de plus de 1 000km de routes, et la construction de 16 ouvrages d'art structurants. L'entretien routier depuis 1999 est du ressort de l'AGEROUTE, société privée, financée en partie au moyen du Fonds d'entretien routier alimenté par une taxe sur les carburants. Des postes de péage sont opérationnels depuis 2014. En outre, les postes de pesage et la subvention de l'État contribuent à ce financement.

Le transport ferroviaire est encore constitué d'une seule ligne. L'État est propriétaire des rails, exploités par la SITARAIL en vertu d'une convention de concession avec les États de Côte d'Ivoire et du Burkina Faso. La Société ivoirienne de gestion du patrimoine ferroviaire (SIPF) est responsable du suivi de la concession.

Services de tourisme

La fourniture de la plupart des services de tourisme et de voyages est ouverte à la concurrence étrangère; ainsi, les entreprises étrangères fournisseuses des

services d'hôtellerie, de restauration, de traiteur, d'agences de voyages, d'organisations touristiques et de guides touristiques sont présentes en Côte d'Ivoire. Le cadre législatif a été mis à jour depuis 2014.[56] La TVA appliquée au secteur est au taux normal; et la taxe de développement touristique est fixée à 1,5% du chiffre d'affaires.

Services financiers

Le secteur des assurances est régi par le Code des assurances CIMA (rapport commun, p. 86). Les assurances obligatoires comprennent les facultés à l'importation, qui doivent être assurées localement, en plus de l'assurance responsabilité civile automobile prévu par le Code CIMA. L'agrément des sociétés d'assurance est octroyé par le Ministre chargé de l'économie et des finances après avis favorable de la Commission régionale de contrôle des assurances établie par le Code CIMA. Toutes les sociétés d'assurances agréées en Côte d'Ivoire sont entièrement privées. La Côte d'Ivoire a pris des engagements en matière d'assurance dans le cadre de l'AGCS à l'OMC, engagements qui reprennent les dispositions du Code CIMA.[57]

La Côte d'Ivoire a également pris des engagements spécifiques en matière de services financiers hors assurance sous l'AGCS; et le secteur bancaire est ouvert de par la loi à la présence étrangère, qui y est importante. Le réseau bancaire ivoirien se compose principalement de quatre groupes, rattachés chacun à un groupe bancaire français. Selon la réglementation de l'UMOA en vigueur en Côte d'Ivoire (rapport commun, p. 88), l'accès au marché financier ivoirien par des fournisseurs étrangers requiert une présence commerciale établie sous le droit ivoirien, ce qui implique obligatoirement le versement d'une caution à l'autorité de tutelle. L'agrément est octroyé par arrêté du Ministre chargé de l'économie et des finances, après avis conforme de la Commission bancaire de l'UMOA.

Le crédit à l'exportation de produits de base constitue l'une des principales activités du secteur. Mais au cours des dix dernières années, la Côte d'Ivoire a fortement développé les comptes bancaires mobiles, et près de 30% de la population de plus de 15 ans en possède un. À fin décembre 2015, le ratio de créances en souffrance a fortement augmenté, à 13,3% en brut et 6,3% après provisionnement (contre respectivement 10,1% et 2,8% en 2014). Le ratio moyen de solvabilité des banques est tombé à 8,3% fin 2015 (contre 10% fin 2014), soit un niveau très proche de l'exigence réglementaire minimum de 8% au sein de l'UEMOA, que quatre établissements ne respectaient pas à mi-2016.

Depuis sa création en 1998, la Bourse régionale des valeurs mobilières (BRVM), dont le siège se trouve à Abidjan, constitue une source de financement

Tableau 4.6 Accès au marché des professions règlementées en Côte d'Ivoire

Activité (Ordre national)	Loi	Conditions
Conseil juridique	Loi n° 96-672 du 29 août 1996 règlementant la profession de conseil juridique	Nationalité ivoirienne. Être titulaire soit de la Licence en droit délivrée sous le régime du Décret n° 54-343 du 27 mars 1954, soit de la Maîtrise en droit ou en criminologie ou tout autre diplôme équivalent
Notaire	Loi n° 97-513 du 4 septembre 1997 modifiant en complétant la Loi n° 69-372 du 12 août 1969 portant statut du notariat. Décret n° 2002-356 du 24 juillet 2002 fixant les modalités d'application de la Loi n° 97-513	Nationalité ivoirienne. Être titulaire soit de la Licence en droit délivrée sous le régime du Décret n° 54-343 du 27 mars 1954, soit de la Maîtrise en droit. Les notaires titulaires d'un office sont astreints à résider au chef-lieu de la juridiction à laquelle ils appartiennent.
Avocat	Loi n° 81-588 du 27 juillet 1981 règlementant la profession d'avocat. Règlement n° 10/2006/CM/UEMOA du 25 juillet 2006 relatif à la libre circulation et à l'établissement des avocats ressortissants de l'Union au sein de l'espace UEMOA. Règlement n° 005/CM/UEMOA relatif à l'harmonisation des règles régissant la profession d'avocat dans l'espace UEMOA	Nationalité ivoirienne ou ressortissant de l'UEMOA. Être titulaire soit de la Licence en droit délivrée sous le régime du Décret n° 54-343 du 27 mars 1954 ou le régime antérieur, soit de la Maîtrise en droit ou du Doctorat en droit. Être titulaire, sous réserve des dérogations réglementaires, du Certificat d'aptitude à la profession d'avocat
Huissier de justice	Loi n° 97/514 du 4 septembre 1997 portant statut des huissiers de justice. Décret n° 2012/15 du 18 janvier 2012 fixant les modalités d'application de la Loi de 1997	Nationalité ivoirienne. Être titulaire de la Licence en droit ou d'une Maîtrise en droit
Médecin	Loi n° 60-284 du 10 septembre 1960 portant création d'un Ordre national des médecins de la République de Côte d'Ivoire. Loi n° 62-248 du 31 juillet 1962 instituant un Code de déontologie médicale	Nationalité ivoirienne. Des tolérances sont admises en ce qui concerne les Docteurs en médecine diplômés de l'État français ou de l'École africaine de Dakar ou ceux diplômés d'une faculté d'un pays qui a passé une convention de réciprocité avec le gouvernement ivoirien
Architecte	Loi n° 70-488 du 3 août 1970 instituant l'Ordre des architectes, règlementant le titre et la fonction	Nationalité ivoirienne. Titulaire d'un diplôme d'architecte reconnu valable par le gouvernement

Source: Secrétariat de l'OMC sur la base d'informations fournies par les autorités ivoiriennes.

complétant les sources traditionnelles telles que le financement bancaire ou le placement privé de titres, de créances ou d'actions.[58] La BRVM est une société privée, concessionnaire d'un service public communautaire établi par l'UEMOA. Son capital est détenu majoritairement par les opérateurs commerciaux, les États ne représentant qu'environ 13% du capital. Le Conseil régional de l'épargne publique et des marchés financiers réglemente la BRVM, donne l'agrément aux intervenants et en surveille le fonctionnement; il autorise l'émission des titres placés sur la BRVM.[59]

Services professionnels

La réglementation concernant les conditions d'accès au marché de certains services professionnels, marché pour l'essentiel réservé aux nationaux, est présentée ci-dessous (tableau 4.6).

Notes de fin

1 Information en ligne. Adresse consultée: http://extwprlegs1.fao.org/docs/pdf/ivc155706.pdf.

2 Information en ligne. Adresse consultée: http://docsonline.wto.org/imrd/directdoc.asp?ddfdocuments/u/G/AG/NCIV3.doc.

3 Information en ligne. Adresses consultées: http://docsonline.wto.org/imrd/directdoc.asp?ddfdocuments/u/G/AG/NCIV1.doc et http://docsonline.wto.org/imrd/directdoc.asp?ddfdocuments/u/G/AG/NCIV2.doc.

4 Loi n° 98-750 du 23 décembre 1998 relative au domaine foncier rural. Adresse consultée: http://www.foncierural.ci/index.php?option=com_content&task=view&id=8&Itemid=77.

5 Information en ligne. Adresse consultée: http://www.foncierural.ci/reglementation-fonciere-rurale?layout=edit&id=114.

6 Voir également Financial Times, 16 juillet 2015. Adresse consultée: https://www.ft.com/content/08852bec-2ba7-11e5-acfb-cbd2e1c81cca.

7 Loi n° 2013-656 du 13 septembre 2013. Adresse consultée: http://www.areca-ci.com/journal/?p=211.

8 Décret n° 2017-109 du 15 février 2017.

9 Décret n° 2013-618 du 2 octobre 2013.

10 Information en ligne. Adresse consultée: http://www.intercoton.org/.

11 Information en ligne. Adresse consultée: http://www.ondr.ci/.

12 Codes du SH 4401, 4402, 4403, 4406, 4407, 4408, 4409, 4501 et 4502.

13 Loi n° 2014-427 du 14 juillet 2014 portant Code forestier. Adresse consultée: https://www.gouv.ci/doc/Code%20forestier%20ivoirien.pdf.

14 Information en ligne. Adresse consultée: http://www.eauxetforets.gouv.ci/index.php/special-apvflegt/actualites/199-signature-de-la-declaration-commune-cote-divoire-union-europeenne-pour-louverture-des-negociations-apvflegt.

15 Information en ligne. Adresses consultées: http://www.connectionivoirienne.net/118725/cote-divoire-expulsions-arbitraires-dhabitants-de-forets-classees; et https://www.hrw.org/fr/news/2016/06/13/cote-divoire-expulsions-arbitraires-dhabitants-de-forets-classees.

16 Information en ligne. Adresse consultée: http://www.unccd.int/cop/reports/africa/national/2004/cote_d%60ivoire-fre.pdf.

17 Décret n° 93-313 du 11 mars 1993. Ces essences sont classifiées sous le n° 4403 du SH.

18 Direction générale des douanes, Décret n° 2013-508 du 25 juillet 2013. Adresses consultées: http://www.douanes.ci/admin/DocAdmin/2581.pdf et http://www.douanes.ci/admin/DocAdmin/2581.pdf.

19 Décret n° 94-377 du 1er juillet 1994 portant modification des valeurs mercuriales sur le bois en grume et certains produits ligneux à l'exportation.

20 Information en ligne. Adresse consultée: http://www.ressourcesanimales.gouv.ci/.

21 Loi n° 90-442 du 29 mai 1990, portant institution d'un prélèvement compensatoire sur les produits animaux importés; Décret n° 90-445 du 29 mai 1990 fixant ses modalités d'application.

22 Information en ligne. Adresse consultée: https://ec.europa.eu/fisheries/cfp/international/agreements/cote_d_ivoire_fr.

23 Information en ligne. Le texte du protocole annexé a été consulté à l'adresse: http://eur-lex.europa.eu/LexUriServ/LexUriServ.do?uri=OJ:L:2008:048:0046:0063:FR:PDF.

24 Information en ligne. Adresse consultée: http://www.ressourcesanimales.gouv.ci/actualite.php?rd=20.

25 Renseignements en ligne du Ministère. Adresse suivante: http://www.energie.gouv.ci/.

26 Renseignements en ligne de PETROCI. Adresse consultée: http://www.petroci.ci. Ce site Internet n'était plus accessible en avril 2012.

27 Loi n° 96-669 du 29 août 1996 portant Code pétrolier. Adresse consultée: http://documents.clientearth.org/wp-content/uploads/library/2012-04-18-ordonnance-2012-369-du-18-avril-2012-ext-fr.pdf.

28 Information en ligne. Adresse consultée: http://www.sir.ci/index.php/societe/presentation.

29 GESTOCI fut créée par le Décret n° 83-1009 du 14 septembre 1983. Adresse consultée: http://www.gestoci.ci/pages/actionnariat.php.

30 Information en ligne. Adresse consultée: http://www.industrie.gouv.ci/?page=contact.

31 Loi n° 2014-138 du 24 mars 2014 portant Code minier. Adresse consultée: https://www.gouv.ci/doc/accords/1449057553code-minier-2014.pdf.

32 Décret n° 2014-397 du 25 juin 2014 déterminant les modalités d'applications de la Loi n° 2014-138 du 24 mars 2014 portant Code minier.

33 L'Ordonnance n° 2014-148 du 26 mars 2014 contient les redevances superficiaires et les taxes proportionnelles relatives aux activités régies par le Code minier. Adresse consultée: http://chambredesmines.ci/web/docs/jo-ordonnance-2014-148.pdf.

34 Renseignements en ligne de la SODEMI. Adresse consultée: http://www.sodemi.ci.

35 Loi n° 2014-132 du 24 mars 2014 portant Code de l'électricité. Décret n° 2016-786 du 12 octobre 2016 portant fixation des règles de détermination et de révision des tarifs de vente et d'achat de l'énergie électrique, ainsi que des règles d'accès au réseau et de transit d'énergie; Décret n° 2016-782 du 12 octobre 2016 relatif aux conditions et modalités de conclusion des conventions de concession pour l'exercice des activités de production, de transport, de dispatching, d'importation, d'exportation, de distribution et de commercialisation de l'énergie électrique; et Décret n° 2016-783 du 12 octobre 2016 fixant les conditions d'exercice et les modalités de la vente de l'énergie électrique produite par un producteur indépendant ou de l'excédent d'énergie électrique produite par un auto-producteur.

36 Renseignements en ligne de la CIE. Adresse consultée: http://www.groupecie.net/.

37 Renseignements en ligne de l'AZITO. Adresse consultée: http://www.azitoenergie.com/index2.htm.

38 Arrêté interministériel n° 325/MPE/MPMEF/MPMB du 26 juin 2015 portant modification des tarifs d'électricité. Adresse consultée: http://www.anare.ci/assets/files/pdf/loi_reglement/arrete/ARRETE_INTERMINISTERIEL_n_325_ME_MPMEF_MPMB_26_JUIN_2015.pdf.

39 ONUDI (2016), *Industrial Report 2016 – The Role of Technology and Innovation in Inclusive and Sustainable Development*, Vienne. Adresse consultée: https://www.unido.org.

40 Information en ligne. Adresse consultée: https://www.gouv.ci/doc/presentation_niale_PND2016-2020.pdf.

41 ONUDI (non daté), *PACIR ONUDI: Les entreprises ivoiriennes à l'heure de la compétitivité*. Adresse consultée: https://www.unido.org/fileadmin/user_media_upgrade/What_we_do/Topics/Business__investment_and_technology_services/french_Brochure_finale_PACIR_ONUDI_06012015.pdf.

42 Décision n° 2016-0238 du 6 décembre 2016.

43 Loi-cadre n° 95-526 du 7 juillet 1995. Renseignements en ligne. Adresse consultée: http://www.telecom.gouv.ci/fichier/Code_telecommunication.pdf.

44 Ordonnance n° 2012-293 du 21 mars 2012 relative aux télécommunications et aux technologies de l'information. Adresse consultée: http://www.artci.ci/index.php/lois-et-ordonnances/Lois-et-Ordonnances/lois-et-ordonnances.html.

45 Loi n° 2013-702 du 10 octobre 2013 portant Code des postes. Adresse consultée: http://www.artci.ci/images/stories/pdf/lois/loi_2013_702.pdf.

46 Renseignements en ligne de la Poste. Adresse consultée: http://www.laposte.ci/.

47 La législation nationale comprend: l'Ordonnance n° 2008-08 du 23 janvier 2008 portant Code de l'aviation civile; le Décret n° 2008-277 du 3 octobre 2008 portant organisation et fonctionnement de l'ANAC; et le Décret n° 97-228 du 16 avril 1997 portant création d'une société d'État dénommée Société d'exploitation et de développement aéroportuaire, aéronautique et métrologique.

48 Information en ligne. Adresse consultée: http://www.anac.ci/.

49 Arrêté n° 569/MT/CAB du 2 décembre 2014 portant approbation de Règlements techniques en matière de sécurité et de sûreté de l'aviation civile.

50 Décret n° 2015-72 du 4 février 2015 portant approbation de la convention de délégation de service public d'assistance en escale à l'Aéroport international Félix Houphouët-Boigny d'Abidjan.

51 Information en ligne. Adresse consultée: http://www.affmar.ci/.

52 Information en ligne. Adresse consultée: http://www.paa-ci.org/.

53 Arrêté n° 177 du 28 décembre 2016 du Ministère des transports.

54 Base de données de l'OMC sur les services I-TIP. Adresse consultée: http://i-tip.wto.org/services/SearchResultGats.aspx.

55 Décret 2015-269 du 22 avril 2015 déterminant les conditions d'accès à la profession de transporteur et d'exercice de l'activité de transport routier.

56 Loi n° 2014-139 du 24 mars 2014 portant Code du tourisme; Décret n° 2014-739 du 25 novembre 2014 portant réglementation des activités ou professions touristiques; Décret n° 2014-740 du 25 novembre 2014 portant réglementation des établissements de restauration touristique; Décret n° 2014-741 du 25 novembre 2014 portant réglementation des établissements d'hébergement touristique; Arrêté n° 005/MINTOUR/CAB du 4 août 2016 portant composition et fonctionnement de la Commission d'agrément des établissements de tourisme; Arrêté n° 006/MINTOUR/CAB du 4 août 2016 portant composition et fonctionnement de la Commission de classement des établissements de tourisme.

57 Voir la base de données de l'OMC I-TIP. Adresse consultée: http://i-tip.wto.org/services/GATS_Detail.aspx/?id=19341§or_path=0000700043.

58 Renseignements en ligne de la BRVM. Adresse consultée: http://www.brvm.org/.

59 Renseignements en ligne du CREPMF. Adresse consultée: http://www.crepmf.org/.

Appendice - tableaux

Tableau A1. 1 Structure des exportations, 2009-2015

	2009	2010	2011	2012	2013	2014	2015
Monde (millions de $EU)	**10 280,1**	**10 283,5**	**11 049,1**	**10 861,0**	**12 083,8**	**12 985,1**	**11 844,8**
Monde (millions d'€)	**7 400,0**	**7 764,5**	**7 948,2**	**8 453,0**	**9 101,0**	**9 787,2**	**10 679,9**
	(Part en pourcentage)						
Produits primaires, total	**82,5**	**82,1**	**85,3**	**84,1**	**70,6**	**78,2**	**82,0**
Agriculture	52,7	58,1	60,8	54,8	46,4	57,5	64,9
Produits alimentaires	47,2	48,6	48,0	44,0	36,6	49,2	57,8
0721 - Cacao en fèves ou brisures de fèves, brut ou torréfié	25,3	24,2	27,3	21,4	16,9	23,5	30,0
0577 - Fruits à coque comestibles, frais ou secs, même sans leur coque ou décortiqués	1,7	3,1	2,5	3,3	2,9	6,4	6,6
0723 - Pâte de cacao, même dégraissée	4,8	5,9	4,9	4,0	4,5	5,9	6,2
0724 - Beurre, graisse et huile de cacao	3,1	2,9	2,0	1,9	2,2	3,6	3,6
0725 - Coques, pelures, pellicules et autres déchets de cacao	1,2	1,8	1,5	1,9	1,4	1,7	2,1
4222 - Huile de palme et ses fractions	1,2	1,5	2,4	2,5	1,6	1,6	1,3
0371 - Préparations ou conserves de poisson, n.d.a	1,3	0,2	0,0	0,0	0,0	0,0	1,2
0573 - Bananes (y compris les plantains), fraîches ou séchées	1,1	1,3	1,2	1,3	1,3	1,1	1,0
0711 - Café, non torréfié, même décaféiné; coques et pellicules de café	1,3	1,7	0,4	1,4	1,4	0,9	0,9
0739 - Préparations alimentaires contenant du cacao, n.d.a.	0,0	0,0	0,0	0,0	0,0	0,0	0,9
0713 - Extraits, essences et concentrés de café et préparations	0,8	0,6	0,6	0,7	0,7	0,6	0,7
Matières premières agricoles	5,6	9,5	12,8	10,8	9,7	8,4	7,2
2312 - Caoutchouc naturel (autre que le latex)	3,3	6,6	10,2	7,4	6,3	4,6	4,2
2631 - Coton (à l'exclusion des linters), non cardé ni peigné	0,7	1,2	1,2	2,1	2,2	2,5	2,0
Industries extractives	29,8	24,0	24,5	29,3	24,2	20,7	17,0
Minerais et autres minéraux	0,3	0,3	0,2	0,2	0,3	0,3	0,2
Métaux non ferreux	0,1	0,0	0,0	0,0	0,1	0,1	0,0
Combustibles	29,4	23,7	24,3	29,1	23,8	20,3	16,8
334 - Huiles de pétrole ou de minéraux bitumineux (autres que les huiles brutes)	13,7	11,7	11,7	16,3	14,7	13,4	10,8
3330 - Huiles brutes de pétrole ou de minéraux bitumineux	11,1	10,6	11,8	11,6	7,9	5,0	4,6
3510 - Énergie électrique	0,0	0,0	0,0	0,0	0,6	1,2	0,8
Produits manufacturés	**14,8**	**15,9**	**9,3**	**9,9**	**23,8**	**15,0**	**11,0**
Fer et acier	0,3	0,3	0,4	0,5	0,3	0,4	0,3
Produits chimiques	3,9	3,1	3,0	3,3	2,7	3,2	3,4
5532 - Produits de beauté ou de maquillage préparés et préparations pour l'entretien ou les soins de la peau	0,9	0,8	0,8	1,0	0,7	1,1	1,2
5541 - Savons, produits et préparations organiques tensio-actifs à usage de savon, en barres, en pains	0,7	0,8	0,8	0,7	0,6	0,6	0,6
Autres demi-produits	2,6	2,0	1,6	1,6	1,4	1,7	1,6
Machines et matériel de transport	6,1	8,5	2,4	1,9	17,0	6,9	2,9
Machines pour la production d'énergie	0,1	0,1	0,1	0,1	0,1	0,1	0,1
Autres machines non électriques	0,6	0,6	0,4	0,8	1,0	0,7	1,1
Machines de bureau et matériel de télécommunication	0,4	0,2	0,9	0,1	0,1	0,2	0,1
Autres machines électriques	0,1	0,1	0,0	0,0	0,1	0,1	0,2
Produits de l'industrie automobile	0,7	0,2	0,3	0,2	1,2	0,9	0,7
Autres matériel de transport	4,3	7,3	0,7	0,7	14,6	5,0	0,7
Textiles	0,4	0,4	0,5	0,7	0,6	0,6	0,7
Vêtements	0,0	0,0	0,0	0,0	0,0	0,0	0,0

	2009	2010	2011	2012	2013	2014	2015
Autres biens de consommation	1,4	1,5	1,3	1,9	1,6	2,2	2,0
8931 - Articles de transport ou d'emballage, en matières plastiques	0,7	0,8	0,6	0,8	0,6	0,8	0,9
Autres	**2,7**	**2,0**	**5,4**	**6,0**	**5,6**	**6,8**	**7,0**
9710 - Or, à usage non monétaire	2,0	1,8	5,2	5,9	4,8	5,4	6,4

Source: Calculs du Secrétariat de l'OMC basés sur les données issues de la base de données Comtrade de la DSNU (CTCI Rev.3).

Tableau A1. 2 Destination des exportations, 2009-2015

	2009	2010	2011	2012	2013	2014	2015
Monde (millions de $EU)	**10 280,1**	**10 283,5**	**11 049,1**	**10 861,0**	**12 083,8**	**12 985,1**	**11 844,8**
Monde (millions d'€)	**7 400,0**	**7 764,5**	**7 948,2**	**8 453,0**	**9 101,0**	**9 787,2**	**10 679,9**
	(Part en pourcentage)						
Amérique	**10,4**	**14,0**	**19,7**	**14,2**	**10,2**	**12,5**	**10,7**
États-Unis	7,8	10,3	11,9	8,1	6,1	8,4	8,1
Autres pays d'Amérique	2,6	3,7	7,8	6,1	4,1	4,1	2,6
Canada	1,4	2,4	5,7	4,2	3,3	2,7	1,1
Europe	**51,7**	**41,8**	**40,2**	**39,8**	**36,3**	**39,7**	**48,3**
UE-28	48,7	39,1	37,7	35,6	33,2	35,2	42,3
Pays-Bas	13,9	14,2	11,7	8,7	8,0	10,0	12,1
Belgique	2,3	0,0	3,3	4,0	3,5	4,4	6,5
France	10,9	7,0	5,7	4,6	6,5	6,2	6,4
Allemagne	7,2	5,1	7,4	7,5	6,2	4,2	6,1
Espagne	1,9	2,5	1,6	1,9	1,7	1,9	2,6
Royaume-Uni	2,5	2,7	1,1	2,4	2,0	1,8	2,4
Italie	3,2	3,1	2,8	2,2	1,7	2,4	2,4
Estonie	1,3	2,3	1,6	1,6	1,3	1,3	1,3
AELE	2,1	1,7	1,5	3,2	2,1	3,2	4,1
Suisse	2,1	1,7	1,5	2,5	2,1	3,1	3,9
Autres pays d'Europe	0,9	1,0	1,0	1,0	0,9	1,4	2,0
Turquie	0,9	1,0	1,0	1,0	0,9	1,4	1,9
Communauté des États indépendants (CEI)	**0,1**	**0,2**	**0,2**	**0,1**	**0,1**	**0,0**	**0,0**
Afrique	**29,9**	**31,7**	**30,0**	**34,8**	**43,7**	**32,4**	**27,9**
Burkina Faso	3,7	3,5	3,1	3,5	4,0	4,4	4,5
Mali	2,6	2,2	2,2	2,7	3,0	2,8	4,1
Nigéria	7,0	6,5	6,0	8,0	7,1	4,7	4,0
Ghana	5,5	7,6	2,8	4,0	15,3	3,5	3,9
Afrique du Sud	0,3	1,1	5,5	3,6	2,9	6,9	2,7
Togo	0,7	0,6	1,3	1,1	0,9	1,4	2,0
Moyen-Orient	**0,3**	**0,3**	**0,2**	**0,4**	**0,2**	**0,4**	**0,3**
Asie	**6,2**	**7,7**	**9,0**	**9,6**	**8,8**	**14,0**	**11,9**
Chine	0,5	0,8	1,1	1,0	1,3	1,1	0,8
Japon	0,1	0,0	0,0	0,1	0,0	0,1	0,0
Autres pays d'Asie	5,6	6,8	8,0	8,6	7,5	12,8	11,1
Inde	2,7	3,0	2,5	3,3	2,1	4,1	4,2
Viet Nam	0,6	1,0	1,0	1,0	1,4	3,3	3,0
Malaisie	1,3	1,5	3,5	3,1	2,7	2,8	2,4
Autres	**1,5**	**4,4**	**0,6**	**1,1**	**0,8**	**1,0**	**0,9**
***Pour mémoire*:**							
UEMOA	10,0	9,1	9,4	11,2	9,9	11,0	12,9
CEDEAO[a]	24,3	24,8	21,2	25,6	33,8	20,7	21,7

a Les membres de l'UEMOA sont également pris en compte dans les calculs.

Source: Calculs du Secrétariat de l'OMC basés sur les données issues de la base de données Comtrade de la DSNU.

Tableau A1. 3 Structure des importations, 2009-2015

	2009	2010	2011	2012	2013	2014	2015
Monde (millions de $EU)	**6 959,9**	**7 849,3**	**6 720,0**	**9 769,7**	**12 483,0**	**11 177,7**	**9 532,2**
Monde (millions d'€)	**5 010,1**	**5 926,6**	**4 834,1**	**7 603,7**	**9 401,7**	**8 424,9**	**8 594,8**
	(Part en pourcentage)						
Produits primaires, total	**50,2**	**45,0**	**55,8**	**52,6**	**41,7**	**44,2**	**43,7**
Agriculture	23,9	20,1	26,0	20,7	15,1	17,4	20,4
Produits alimentaires	23,2	19,2	25,1	20,0	14,6	16,8	19,8
0423 - Riz semi-blanchi, même poli, glacé, étuvé ou converti	8,6	5,9	8,4	7,0	3,8	3,9	5,1
0342 - Poissons congelés	5,1	3,5	4,9	3,4	2,9	3,5	4,7
0412 - Autres froments et méteil, non moulus	1,7	1,5	2,1	1,8	1,4	1,4	1,3
1212 - Tabacs partiellement ou totalement écotés	1,0	1,0	1,4	0,9	0,8	0,9	0,9
4222 - Huile de palme et ses fractions	0,0	0,9	0,6	0,8	0,3	0,6	0,7
0125 - Abats comestibles des animaux des espèces bovine, porcine, etc., frais, réfrigérés ou congelés	0,6	0,5	0,7	0,5	0,4	0,6	0,7
0222 - Lait et crème de lait, concentrés ou sucrés	0,6	0,9	0,9	0,8	0,5	0,6	0,7
Matières premières agricoles	0,8	0,9	0,9	0,7	0,5	0,5	0,6
Industries extractives	26,2	24,9	29,8	31,9	26,6	26,8	23,3
Minerais et autres minéraux	0,8	0,8	0,8	0,6	0,5	0,6	0,6
Métaux non ferreux	0,5	0,4	0,4	0,4	0,3	0,4	0,5
Combustibles	25,0	23,7	28,6	31,0	25,8	25,9	22,2
334 - Huiles de pétrole ou de minéraux bitumineux (autres que les huiles brutes)	1,1	1,3	1,3	1,5	1,2	1,2	5,1
3330 - Huiles brutes de pétrole ou de minéraux bitumineux	23,3	21,5	26,0	28,2	23,5	23,4	15,9
3425 - Butanes liquéfiés	0,4	0,7	1,1	1,1	0,9	1,2	1,0
Produits manufacturés	**48,6**	**54,6**	**42,8**	**47,0**	**57,7**	**55,2**	**55,7**
Fer et acier	3,0	2,6	2,2	2,4	2,1	2,8	3,3
Produits chimiques	13,2	11,8	14,2	11,5	9,9	13,6	14,3
5429 - Médicaments, n.d.a.	2,6	2,3	3,0	2,2	1,6	2,4	1,9
5711 - Polyéthylène	1,5	1,1	1,3	1,1	0,9	1,4	1,5
5913 - Herbicides, inhibiteurs de germination et régulateurs de la croissance des végétaux	0,3	0,3	0,3	0,3	0,4	0,7	0,8
5751 - Polymères du propylène ou d'autres oléfines	0,6	0,6	0,7	0,5	0,5	0,6	0,7
5514 - Mélanges de substances odoriférantes et mélanges	0,6	0,6	0,7	0,5	0,5	0,5	0,7
Autres demi-produits	7,0	6,3	6,1	6,2	5,3	7,2	10,1
6911 - Constructions	0,6	0,4	0,1	0,2	0,3	0,9	2,2
6612 - Ciments hydrauliques, même colorés	1,5	1,3	1,3	1,2	1,1	1,2	1,5
Machines et matériel de transport	20,7	29,4	15,8	22,3	36,9	25,2	22,5
Machines pour la production d'énergie	0,9	1,3	0,9	0,7	0,9	1,2	1,3
Autres machines non électriques	7,1	6,5	5,0	6,6	5,7	7,0	8,6
7239 - Parties et pièces détachées, n.d.a.	0,8	0,5	0,5	0,9	0,8	0,7	1,2
Tracteurs et machines agricoles	0,2	0,3	0,1	0,2	0,2	0,2	0,2
Machines de bureau et matériel de télécommunication	4,0	3,4	3,1	2,6	2,1	2,6	2,4
Autres machines électriques	2,6	1,8	1,6	2,2	1,8	2,1	2,6
Produits de l'industrie automobile	4,8	5,0	4,4	4,7	3,8	5,2	5,9
7812 - Véhicules à moteur pour le transport des personnes, n.d.a.	2,5	2,3	2,0	2,4	2,1	2,2	2,5
7821 - Véhicules automobiles pour le transport de marchandises	1,1	1,5	1,4	1,3	0,9	1,3	1,5
Autres matériel de transport	1,2	11,5	0,8	5,5	22,7	7,0	1,8
Textiles	1,3	1,4	1,4	1,2	0,9	3,0	1,3
Vêtements	0,4	0,3	0,3	0,4	0,2	0,4	0,4
Autres biens de consommation	3,0	2,8	2,8	2,9	2,3	3,1	3,7
Autres	**1,2**	**0,4**	**1,4**	**0,4**	**0,6**	**0,6**	**0,6**

Source: Calculs du Secrétariat de l'OMC basés sur les données issues de la base de données Comtrade de la DSNU (CTCI Rev.3).

Tableau A1. 4 Origine des importations, 2009-2015

	2009	2010	2011	2012	2013	2014	2015
Monde (millions de $EU)	**6 959,9**	**7 849,3**	**6 720,0**	**9 769,7**	**12 483,0**	**11 177,7**	**9 532,2**
Monde (millions d'€)	**5 010,1**	**5 926,6**	**4 834,1**	**7 603,7**	**9 401,7**	**8 424,9**	**8 594,8**
	(Part en pourcentage)						
Amérique	**8,5**	**8,2**	**8,2**	**10,3**	**16,7**	**12,6**	**7,7**
États-Unis	3,3	3,0	1,9	2,6	2,3	3,5	4,4
Autres pays d'Amérique	5,3	5,2	6,3	7,7	14,4	9,1	3,3
Colombie	1,0	3,4	3,9	3,7	1,3	1,7	1,5
Europe	**30,9**	**26,6**	**27,9**	**28,1**	**23,6**	**28,5**	**35,0**
UE-28	29,5	25,2	26,2	26,9	22,5	27,2	33,4
France	14,2	11,9	11,8	12,4	10,5	12,2	13,8
Italie	2,2	2,2	2,3	1,9	1,3	2,1	4,0
Espagne	2,6	2,0	2,2	1,9	1,6	2,1	3,1
Pays-Bas	2,3	1,8	2,0	2,0	1,9	2,2	2,9
Royaume-Uni	1,5	1,5	1,1	1,8	1,4	1,7	2,5
Allemagne	2,9	2,8	2,7	2,5	2,1	3,2	2,5
Belgique	1,4	0,3	1,2	1,6	1,3	1,3	1,8
AELE	0,7	0,7	0,8	0,5	0,4	0,5	0,6
Autres pays d'Europe	0,7	0,6	0,9	0,8	0,6	0,8	1,1
Turquie	0,6	0,6	0,9	0,8	0,6	0,8	1,1
Communauté des États indépendants (CEI)	**0,9**	**0,6**	**1,0**	**0,9**	**0,9**	**0,9**	**1,0**
Afrique	**28,6**	**33,8**	**32,8**	**33,6**	**35,0**	**29,4**	**23,5**
Nigéria	20,6	26,3	23,4	25,7	23,1	21,8	15,2
Maroc	0,9	0,9	0,9	0,8	1,1	1,5	2,2
Sénégal	0,8	0,6	1,0	0,9	0,8	0,8	1,3
Afrique du Sud	1,4	1,7	1,3	1,3	0,9	1,1	1,1
Mauritanie	1,7	2,1	2,6	1,2	0,6	1,3	0,9
Moyen-Orient	**1,4**	**1,7**	**1,8**	**1,5**	**1,4**	**2,1**	**2,3**
Asie	**23,6**	**22,0**	**25,8**	**25,2**	**22,2**	**23,9**	**27,1**
Chine	7,2	7,0	6,9	7,3	11,4	8,8	11,7
Japon	2,1	2,2	2,1	1,9	1,5	1,7	2,2
Autres pays d'Asie	14,3	12,8	16,9	16,0	9,3	13,4	13,2
Inde	1,8	1,8	2,7	4,0	2,6	5,0	3,8
Thaïlande	5,1	4,2	5,2	2,9	2,1	2,2	2,4
Viet Nam	2,1	1,3	3,0	2,3	1,4	1,5	1,7
Corée, République de	1,4	1,2	1,3	1,3	1,1	2,0	1,5
Indonésie	0,4	1,3	0,4	0,9	0,3	0,8	0,8
Autres	**6,1**	**7,1**	**2,4**	**0,3**	**0,2**	**2,7**	**3,4**
Pour mémoire:							
UEMOA	1,1	0,9	1,3	1,9	1,4	1,3	1,8
CEDEAO[a]	22,9	27,8	25,8	28,7	25,5	23,7	17,5

a Les membres de l'UEMOA sont également pris en compte dans les calculs.

Source: Calculs du Secrétariat de l'OMC basés sur les données issues de la base de données Comtrade de la DSNU.

Guinée-Bissau

Environnement économique

PRINCIPALES CARACTÉRISTIQUES DE L'ÉCONOMIE

L'économie bissau-guinéenne demeure très peu diversifiée et extrêmement vulnérable aux chocs exogènes, en raison de faiblesses structurelles exacerbées par des tensions socio-politiques perdurant depuis 1998. En effet, la longue période d'instabilité socio-politique a entraîné un ralentissement des investissements et des suspensions de la coopération économique avec les principaux partenaires au développement. Les effets de ces différents problèmes continuent de peser sur l'efficacité de l'administration publique, le déficit d'infrastructures de base, et l'environnement des affaires. Par conséquent, les indicateurs de pauvreté et de développement social de la Guinée-Bissau demeurent parmi les plus bas en Afrique subsaharienne.[1]

L'activité économique reste essentiellement tributaire d'une culture de rente, la noix de cajou, cultivée surtout de manière artisanale et exportée à l'état brut vers l'Inde et le Viet Nam. La Guinée-Bissau est également très dépendante des importations pour son approvisionnement en hydrocarbures, en produits alimentaires et manufacturés, ainsi que pour les services de transport. Un important déficit énergétique, découlant des capacités de génération insuffisantes et non diversifiées (fonctionnant surtout au gasoil importé), d'un réseau électrique couvrant uniquement la ville de Bissau, et de l'absence d'interconnexions transfrontalières, constitue l'un des principaux freins au développement du pays.

L'accès limité aux services financiers demeure un autre obstacle majeur à l'expansion et à la diversification de l'économie bissau-guinéenne (p. 237). Par ailleurs, le niveau de bancarisation demeure faible et la concurrence dans l'intermédiation financière quasiment absente. La Guinée-Bissau reste très dépendante de l'aide au développement, notamment pour le financement des investissements publics.

Malgré sa favorable situation géographique et son appartenance à l'UEMOA et à la CEDEAO, la Guinée-Bissau ne tire pas suffisamment profit des potentialités du marché régional, y compris en matière de commerce de transit international. La couverture limitée et l'obsolescence des infrastructures de base (p. 256) entraînent des surcoûts considérables, voire l'isolement saisonnier de certaines zones du territoire national. L'expansion du commerce extérieur est également freinée par l'absence de dispositifs opérationnels de contrôle de la qualité et les contraintes en matière d'offre, y compris le faible tissu industriel. La valeur totale du commerce de biens et services, influencée en grande partie par les fluctuations des cours mondiaux, est estimée à 63,8% du PIB national en 2016, contre 60,2% en 2011. Par ailleurs, les indicateurs de performance de l'économie bissau-guinéenne demeurent estimatifs, en raison de l'importance du secteur informel (70% de l'économie, selon les autorités) et des faiblesses dans la collecte de statistiques.

L'agriculture et les services continuent de dominer le PIB bissau-guinéen, tandis que le secteur manufacturier et les activités de construction demeurent embryonnaires (tableau 1.1). L'exploitation des abondantes ressources halieutiques se poursuit sans effets multiplicateurs sur l'économie nationale. Par ailleurs, les fortes potentialités en ressources minières restent quasi inexploitées. La Guinée-Bissau présente également d'importantes opportunités en matière de transport maritime, de tourisme, de développement agricole et de pêche.

En tant que membre de l'UEMOA et de la CEDEAO, la Guinée-Bissau a adopté diverses dispositions des deux communautés qui lui ont permis d'harmoniser, avec les autres membres, des éléments de plusieurs de ses politiques, y compris monétaire et bancaire, de change, et commerciales (rapport commun, pp. 35, 50, 76).

ÉVOLUTION ÉCONOMIQUE RÉCENTE

L'économie bissau-guinéenne a fait preuve de résistance face aux tensions socio-politiques continues, qui se sont traduites par la paralysie intermittente de l'administration publique et des suspensions de l'assistance par les principaux partenaires au développement. Après une période relativement brève de récession, le PIB réel a progressé à un rythme généralement soutenu durant 2013-2016 (tableau 1.1). Cette performance reflète, en partie, l'effet conjugué d'une amélioration des termes nets de l'échange et des mesures de soutien aux intrants agricoles.

La longue période d'instabilité politique a eu un effet négatif sur la gestion des finances publiques. En 2016, les dépenses non régularisées ont atteint 1,1% du PIB et des arriérés de paiements intérieurs (1% du PIB) ont ressurgi.[2] Par ailleurs, la Guinée-Bissau ne parvient toujours pas à respecter l'objectif communautaire concernant le ratio de masse salariale aux recettes fiscales qui était de 49,6% en 2016, contre 71,6% en 2011 (rapport commun, p. 35). Les déficits budgétaires (hors dons) ont persisté durant 2012-2016 et n'ont pas pu être comblés par les appuis budgétaires accordés par les partenaires au développement. L'encours de la dette extérieure rapporté au PIB a maintenu une trajectoire croissante. Des initiatives législatives seraient en cours afin d'améliorer la transparence et la gestion des finances publiques, notamment en ce qui concerne les garanties et la dette de l'État.

La reprise économique et la baisse des exportations informelles d'anacarde dans un contexte de prix

Tableau 1.1 Indicateurs économiques de base, 2011-2016

	2011	2012	2013	2014	2015	2016
Divers						
PIB aux prix du marché (millions d'€)[a]	790,1	770,0	787,7	807,5	916,1	987,6
Taux de croissance du PIB réel (prix de 2005, %)	8,1	-1,7	3,3	2,7	4,8	5,6
Population (millions)	1,5	1,5	1,5	1,6	1,6	1,6
Inflation (IPC, variation %)	5,0	2,1	1,2	-1,5	1,4	1,7
Taux de change effectif réel (variation en %)[b]	2,1	-2,5	1,6	-0,9	-2,6	1,9
Taux de change effectif nominal (variation en %)[b]	0,4	-2,1	2,5	1,2	-3,2	1,5
Comptes nationaux, prix courants[c]	(% du PIB)					
Consommation	99,8	102,8	100,8	103,5	96,3	98,1
Privée	87,1	89,9	83,0	86,6	81,5	84,8
Publique	12,7	13,0	17,8	16,9	14,7	13,3
Formation brute de capital fixe (FBCF)	5,3	6,6	5,7	6,6	6,6	6,3
Variations de stocks	0,1	0,8	1,0	1,0	0,9	0,8
Exportations nettes	-5,2	-10,2	-7,6	-11,1	-3,8	-5,2
Exportations de biens et services non facteurs	25,7	15,5	18,3	20,0	28,4	27,0
Importations de biens et services non facteurs	30,9	25,7	25,8	31,2	32,2	32,3
Répartition du PIB, prix courants[c]	(% du PIB)					
Agriculture, chasse, sylviculture et pêche	46,9	48,7	45,6	42,2	40,5	39,7
Industries extractives	0,0	0,0	0,0	0,0	0,0	0,0
Industries manufacturières	11,6	12,7	13,1	13,6	13,0	13,7
Électricité, gaz et eau	0,7	0,6	0,5	0,7	0,8	0,8
Bâtiments et travaux publics	0,6	0,8	1,3	1,5	1,4	1,3
Services, dont	42,2	39,5	41,4	43,8	46,8	47,4
Commerce (de gros et de détail), restaurants, hôtels	21,2	19,5	22,3	22,9	26,9	27,5
Banques, assurances, affaires immobilières	5,5	5,8	5,2	5,2	5,5	6,0
Transports et communications	5,2	5,4	5,3	5,2	4,8	4,7
Administrations publiques et défense	10,3	8,7	8,7	10,5	9,6	9,3
Services d'intermédiation financière indirectement mesurés (SIFIM)	-2,0	-2,2	-2,0	-1,9	-2,5	-3,0
Finances publiques	(% du PIB)					
Recettes totales et dons	12,5	14,7	12,3	20,0	20,8	17,3
Recettes totales hors dons	10,1	9,1	8,0	12,4	14,1	13,1
Recettes fiscales, dont	7,8	7,7	6,8	8,3	10,3	9,8
Impôts directs	2,3	2,5	2,1	2,1	2,9	2,8
Impôts indirects	5,5	5,3	4,7	6,2	7,4	7,0
Recettes non fiscales	2,4	1,4	1,1	4,0	3,8	3,3
Dons	2,4	5,6	4,4	7,6	6,7	4,3
Dépenses et prêts nets	10,7	17,4	14,8	22,5	23,7	22,3
Dépenses totales, dont	10,7	16,9	14,8	22,5	23,7	22,3
Dépenses courantes, dont	10,5	12,4	9,7	14,6	15,2	15,4
Traitements et indemnités	5,6	4,8	4,7	5,9	5,2	4,9
Dépenses en capital	0,1	4,5	5,1	7,6	8,1	6,6
Prêts nets	0,0	0,5	0,0	0,0	0,0	0,0
Solde global (base engagement)	1,9	-2,8	-2,5	-2,5	-2,9	-4,9
Solde global hors dons (base engagement)	-0,5	-8,3	-6,9	-10,2	-9,6	-9,2
Solde global base caisse	2,0	-1,9	-1,6	-2,9	-4,2	-5,3
Financement, dont	0,4	2,6	2,9	3,0	4,2	5,8
Financement intérieur	0,4	1,2	1,8	0,6	2,3	4,2
Financement extérieur	0,0	1,4	1,1	2,4	1,9	1,7
Gap de financement	2,4	0,7	1,4	0,0	0,1	0,6
Dette publique extérieure	21,4	25,4	26,7	30,8	32,2	33,2

a Le franc CFA, commun aux pays de l'UEMOA, est rattaché à l'euro au cours de: 1 € = 655,96.

b Le signe moins (-) signifie une dépréciation.

c Estimations pour 2013; projections pour 2014-2016.

Source: Données fournies par les autorités; BCEAO, Annuaire statistique 2016; Banque africaine de développement, Annuaire statistique pour l'Afrique, 2017; FMI, International Financial Statistics. Adresse consultée: http://elibrary-data.imf.org/; et Banque mondiale, Indicateurs du développement dans le monde. Adresse consultée: http://databank.worldbank.org/data/reports.aspx?source=World%20Development%20Indicators.

internationaux favorables ont contribué à l'amélioration des recettes fiscales qui ont avoisiné 10% du PIB en 2015-2016. Toutefois, le taux moyen de pression fiscale demeure inférieur à l'objectif défini au sein de l'UEMOA (rapport commun, p. 35). En conséquence, les autorités ont poursuivi l'apurement des arriérés d'impôts par les entreprises d'état et ont mis en place un système informatisé afin de mieux contrôler la base imposable dans le secteur des télécommunications. Les autres mesures en cours comprennent: la mise en place d'une facture uniforme portant identifiant fiscal du contribuable; l'exigence d'attestation fiscale (telle qu'établie par la loi) pour tous les contrats et paiements effectués par l'État; et l'introduction d'un régime fiscal visant les petits contribuables.

La Guinée-Bissau applique les politiques monétaires et de change communes aux États membres de l'UEMOA (rapport commun, p. 35). Toutefois, la performance de son secteur financier rencontre des difficultés. En effet, en 2016, le crédit bancaire au secteur privé était estimé à 11% du PIB, restant nettement inférieur à la moyenne de l'UEMOA (25%) et celle des pays de l'Afrique subsaharienne (28%). L'encours de créances en souffrance a atteint 25,7% en décembre 2014, incitant l'État à recourir à des tentatives controversées de solution.[3]

Tableau 1.2 Balance des paiements, 2011-2016

(Millions d'euros, sauf indication contraire)

	2011	2012	2013	2014[a]	2015[a]	2016[a]
Compte des transactions courantes	-10,1	-64,8	-39,5	4,7	18,9	0,8
Biens et services	-41,2	-78,7	-59,6	-88,7	-44,4	-51,7
Balance des biens	-1,5	-39,2	-22,6	-36,3	40,9	12,5
Exportations de biens f.a.b.	171,2	102,3	115,1	125,2	227,5	237,8
Importations de biens f.a.b.	-172,7	-141,5	-137,7	-161,4	-186,6	-225,3
Importations de biens c.a.f.	-200,9	-164,5	-161,1	-195,9	-226,4	-269,5
Balance des services	-39,6	-39,5	-37,0	-52,4	-85,2	-64,2
Crédit	32,2	16,9	28,7	35,4	32,8	29,1
dont voyage	10,1	10,5	7,0	15,7	15,5	11,6
Débit	-71,7	-56,4	-65,7	-87,8	-118,0	-93,3
dont fret et assurances	0,0	-22,7	-19,5	-28,5	-37,2	-25,2
Revenu primaire	-13,3	-25,8	-6,1	28,2	23,0	12,3
dont intérêts sur la dette	-1,1	-0,5	-0,2	-2,0	-1,7	-1,8
Revenu secondaire	44,4	39,6	26,1	65,4	40,2	40,1
Administrations publiques	26,4	18,1	2,9	36,0	9,9	10,7
Autres secteurs	18,0	21,5	23,3	29,4	30,3	29,4
dont transferts de fonds des migrants	22,9	18,9	22,6	29,3	29,6	27,9
Compte de capital	41,2	24,2	24,1	41,8	54,0	42,5
Compte financier	-13,3	2,6	-24,2	-55,9	6,3	-20,6
Investissement direct	-17,4	-5,3	-14,8	-19,7	-14,6	-16,3
Investissements de portefeuille	0,0	0,0	0,0	-14,5	-7,6	-3,8
Dérivés financiers	0,0	0,0	0,0	0,0	0,0	0,0
Autres investissements	4,1	7,9	-9,5	-21,8	28,5	-0,5
Erreurs et omissions nettes	-3,5	-7,5	7,6	9,3	-11,9	0,0
Solde global	40,9	-50,6	16,3	111,7	54,6	63,9
Pour mémoire:						
Compte courant (% du PIB)	-1,3	-8,4	-5,0	0,6	2,1	0,1
Réserves officielles brutes (millions de $EU)	220,0	164,6	186,3	287,0	332,1	..
En mois d'importations de biens et services	7,1	6,8	7,8	..	..	..
Flux entrant d'IED (millions d'€)	18.0	5,2	14,8	21,7	16,5	..
Pourcentage du PIB	2,3	0,7	1,9	2,7	1,8	..
Stock entrant d'IED (millions d'€)	60,3	71,8	88,0	97,5	120,8	..
Pourcentage du PIB	7,6	9,3	11,2	12,1	13,2	..

.. Non disponible.

a Données préliminaires.

Source: BCEAO, Annuaire statistique 2016; Banque mondiale, Indicateurs du développement dans le monde. Adresse consultée: http://databank.worldbank.org/data/reports.aspx?source=World%20Development%20Indicators; et UNCTADstat. Adresse consultée: http://unctadstat.unctad.org/FR/Index.html.

L'inflation sur le marché national, essentiellement rythmée par l'évolution des cours mondiaux des principaux produits d'importation (céréales et combustibles), est restée à des niveaux modérés (tableau 1.1).

Selon les données préliminaires disponibles, le solde du compte courant de la balance des paiements serait excédentaire durant 2014-2016 (tableau 1.2). Cette évolution reflète aussi bien le dynamisme des envois de fonds des migrants que la baisse des cours mondiaux du pétrole et la hausse du prix du principal produit d'exportation de la Guinée-Bissau, l'anacarde.

Selon les dernières prévisions du FMI, la reprise économique devrait se poursuivre en 2017-2018, avec un taux de croissance du PIB réel d'environ 5% et des déficits budgétaires (dons inclus) en dessous de 3% du PIB. La reprise de la demande privée devrait se traduire par une hausse de l'inflation, mais cette dernière devrait rester à des niveaux modérés (2,8%). Les autorités prévoient une accélération soutenue de la croissance économique nominale (de 5,4% en 2017 à 6% en 2020) et des taux annuels d'inflation fluctuant entre 1,5% et 2% durant 2017-2020. Selon leurs prévisions, le solde budgétaire global resterait déficitaire (-2,3% du PIB) en 2017, puis afficherait des modestes excédents durant 2018-2020.

Les perspectives de croissance économique demeurent fortement dépendantes de la rupture effective du cycle d'instabilité socio-politique, de la performance du secteur de la noix de cajou et de la continuité des réformes visant l'amélioration de l'administration publique. Le recours au financement extérieur, y compris aux appuis des partenaires au développement, continuerait de jouer un rôle important dans le développement économique de la Guinée-Bissau.

RÉSULTATS COMMERCIAUX

La composition et la répartition géographique des échanges commerciaux de la Guinée-Bissau demeurent difficiles à cerner, en raison de l'importance des circuits informels et les facilités de fraudes aux frontières terrestres poreuses et à travers les nombreuses îles. Ainsi, l'ampleur du commerce extérieur du pays, notamment sa dimension communautaire, ne serait pas pleinement reflétée dans les statistiques disponibles.

Graphique 1.1 Structure du commerce des marchandises, 2011 et 2015

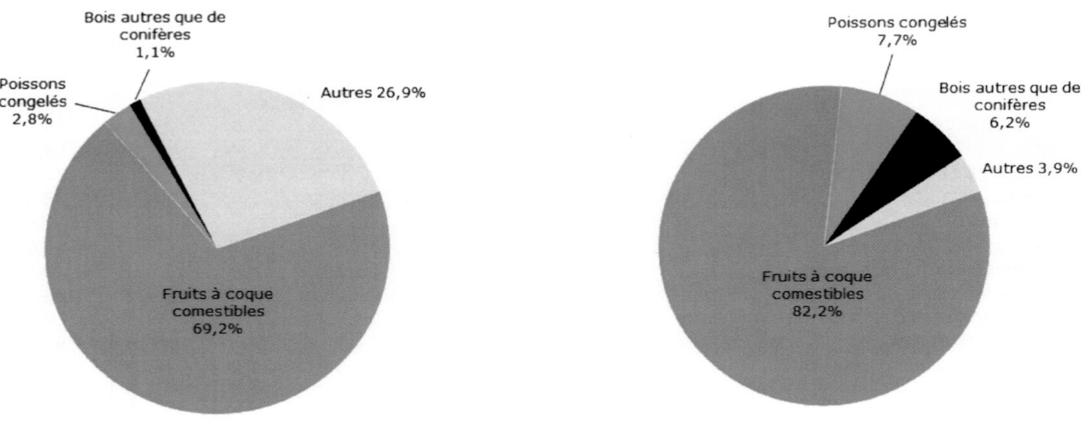

Total: 277,2 millions d'€ **Total: 257,2 millions d'€**

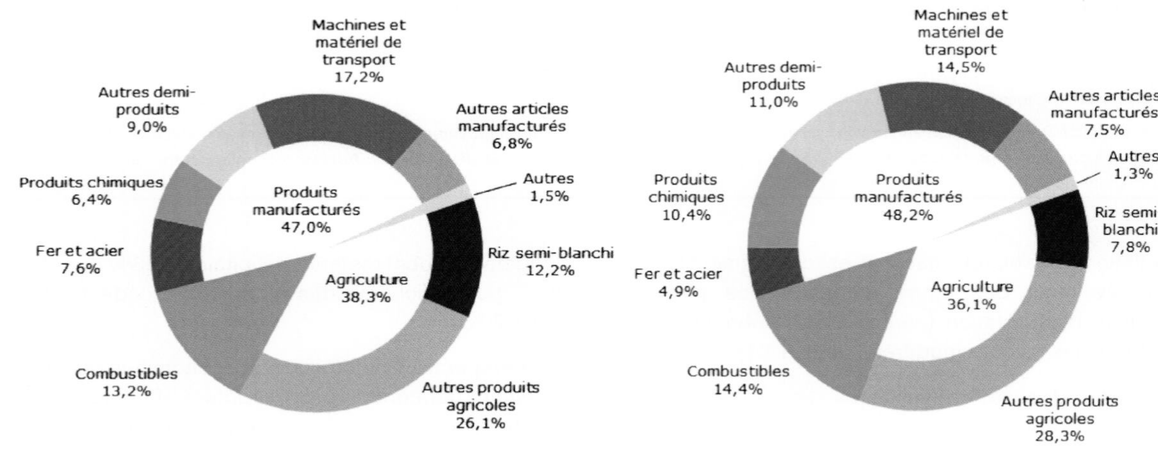

Total: 234,1 millions d'€ **Total: 264,8 millions d'€**

Source: Calculs du Secrétariat de l'OMC, basés sur les données miroirs extraites de Comtrade, DSNU (CTCI Rev.3).

Graphique 1.2 Direction du commerce des marchandises, 2011 et 2015

2011 **2015**

(a) Exportations

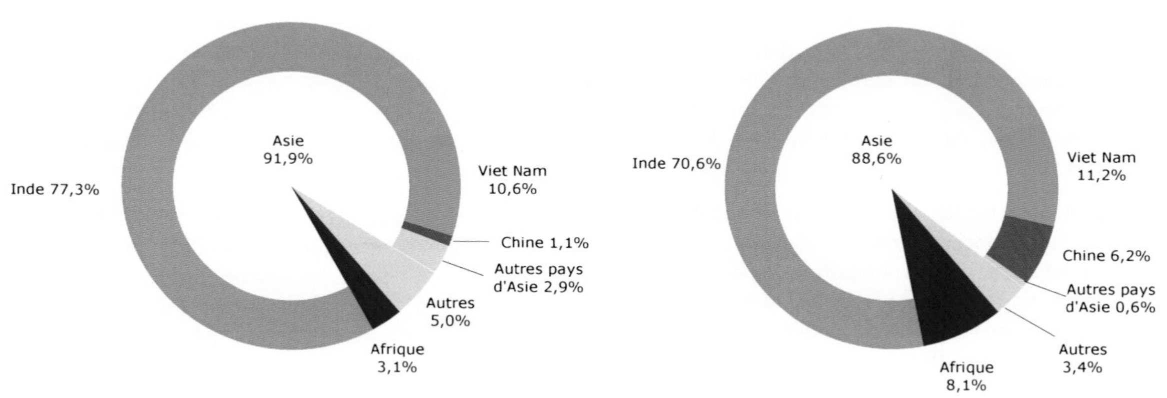

Total: 277,2 millions d'€ **Total: 257,2 millions d'€**

(b) Importations

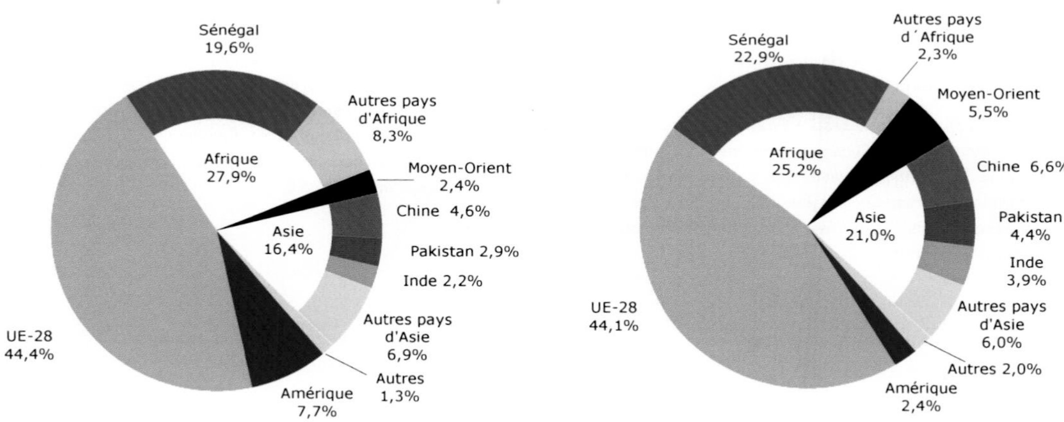

Total: 234,1 millions d'€ **Total: 264,8 millions d'€**

Source: Calculs du Secrétariat de l'OMC, basés sur les données miroirs extraites de Comtrade, DSNU (CTCI Rev.3).

La structure des échanges commerciaux de la Guinée-Bissau n'a pas significativement changé depuis son dernier examen (tableaux A1.1 et A1.2). Les importations principales comprennent les produits alimentaires (notamment le riz), les combustibles, les matériaux et équipements, les véhicules, le ciment et les médicaments. Les fluctuations des prix du pétrole et des denrées alimentaires sur les marchés internationaux ont influencé l'évolution de leurs parts respectives dans la valeur totale des importations. L'Union européenne, en particulier le Portugal, demeure la principale source des importations de marchandises, suivie du Sénégal et de la Chine (tableau A1.3).

Les exportations bissau-guinéennes continuent d'afficher une très forte concentration sur un seul produit et un principal débouché, ce qui comporte d'importants risques (graphiques 1.1 et 1.2). La noix de cajou non transformée continue de dominer les exportations totales, avec une part de 82,2% en 2015, contre 69,2% en 2011. La majorité (70,6% en 2015) des exportations formelles de ce produit demeure destinée à l'Inde, nonobstant certains signes de diversification vers le Viet Nam (tableau A1.4).

La Guinée-Bissau est traditionnellement importatrice nette de services, dont le transport de fret et les voyages sont les plus importantes catégories. Selon les autorités, les importations de services de télécommunications, de services de conseil en gestion et de services informatiques sont également à la hausse.

INVESTISSEMENT ÉTRANGER DIRECT

L'investissement privé en Guinée-Bissau est resté bien en dessous de son dynamisme potentiel durant la période d'examen. En effet, le climat d'instabilité socio-politique a pesé sur l'environnement des affaires tant de manière directe qu'à travers la lourdeur de l'administration publique, les déficiences des infrastructures de base et les contraintes à l'accès au crédit.

Selon les autorités, durant 2011-2015 des investissements étrangers directs (IED) ont été réalisés principalement dans l'hôtellerie et le commerce de détail. Malgré leurs fortes potentialités, des secteurs comme l'agro-industrie, la pêche commerciale, le tourisme, et les mines n'ont pas encore attiré d'importants investissements. Les IED proviennent principalement de l'Union européenne (Espagne et Portugal); les investissements en provenance de l'espace UEMOA représentaient environ 2% du stock total des participations directes en 2015.

Notes de fin

1 République de Guinée-Bissau, Plan stratégique et opérationnel 2015-2020 "Terra Ranka" (mars 2015).

2 FMI (2016), *Guinea-Bissau - First and Second Reviews under the Extended Credit Facility Arrangement, Request for Rephasing of Disbursements, Modification of Performance Criteria and Financing Assurances Review*, IMF *Country Report* n° 16/384. Adresse consultée: http://www.imf.org/external/pubs/cat/longres.aspx?sk=44476.0.

3 FMI (2016), *Guinea-Bissau - First and Second Reviews under the Extended Credit Facility Arrangement, Request for Rephasing of Disbursements, Modification of Performance Criteria and Financing Assurances Review*, IMF *Country Report* n° 16/384. Adresse consultée: http://www.imf.org/external/pubs/cat/longres.aspx?sk=44476.0.

Régimes de commerce et d'investissement

CADRE GÉNÉRAL

Ancienne colonie portugaise, la Guinée-Bissau déclara son indépendance le 24 septembre 1973 et fut reconnue comme telle par le Portugal le 10 septembre 1974. Jusqu'à présent le pays a connu une période quasiment ininterrompue d'instabilité politique.

La Constitution actuelle de 1984, amendée en 1991, 1993 et 1996, dispose dans son article 62 que le Président de la République est le chef de l'État, garant de l'indépendance nationale et de la Constitution, et commandant en chef des forces armées. Il est élu au suffrage universel direct, à la majorité des votes exprimés. Si aucun candidat n'obtient la majorité absolue, un second scrutin a lieu après 21 jours pour départager les deux candidats ayant obtenu le plus de voix. Son mandat est de cinq ans. Il ne peut se présenter pour un troisième mandat consécutif, ni se présenter au cours des cinq années après la fin de son second mandat (article 66). Le Président de l'Assemblée nationale populaire assure l'intérim du chef de l'État en cas de vacance du pouvoir (article 71), comme cela a été le cas après le décès du Président en janvier 2012. Il dispose en principe de 60 jours pour organiser une nouvelle élection présidentielle. La prochaine élection présidentielle est prévue pour avril 2018.

Le Président nomme et démet les ministres et ratifie les accords internationaux, traités et conventions. Il peut légiférer par décret (article 70) et prendre des décrets-lois. Ces derniers, qui constituent un moyen pour l'exécutif de se substituer au législatif, doivent être en principe ratifiés par l'Assemblée (article 85); cependant, s'ils ne sont pas opposés dans un délai de 30 jours (article 92), ils sont automatiquement considérés comme ratifiés. Dans la hiérarchie des normes, la Constitution est le texte suprême, suivie des traités (et conventions et accords internationaux), des lois, des décrets-lois, des décrets et des arrêtés.

Le pouvoir législatif est exercé par un parlement monocaméral, l'Assemblée nationale populaire (ANP). La législature dure quatre ans, et les députés sont élus au suffrage universel direct. La dernière élection législative date de mai 2014, la prochaine est donc prévue en mai 2018. Selon les articles 76 et suivants, l'ANP vote les lois, les motions et les résolutions, et les traités que lui soumet le gouvernement. Ainsi, les Accords de l'OMC et le Traité de l'UEMOA furent tous deux approuvés au moyen d'une loi. L'ANP approuve aussi en principe annuellement les lois de finance, ainsi que les comptes de l'État. Les membres du gouvernement peuvent siéger et s'exprimer à l'ANP. Selon les autorités, tous les textes législatifs seraient publiés au Journal officiel (*Boletim Oficial*).

Le gouvernement, nommé par le Président de la République sur la base des résultats de l'élection législative, est dirigé par le Premier Ministre (article 98). Le gouvernement est responsable devant l'ANP qui doit approuver son programme.

Le système judiciaire de la Guinée-Bissau est chapeauté par la Cour suprême, suivie des cours et tribunaux régionaux et sectoriels. Son indépendance est inscrite dans la Constitution (article 95). Selon l'article 92, les juges de la Cour suprême sont nommés par le Président, de même que le Procureur général qui dirige le Ministère public.

Selon un rapport récent du rapporteur spécial du Conseil des droits de l'homme des Nations Unies sur l'indépendance des juges et des avocats en Guinée-Bissau[1], "les problèmes du système judiciaire ne sont pas tant d'ordre normatif que liés à l'application déficiente voire inexistante des dispositions juridiques nationales et internationales existantes". La faiblesse du système judiciaire représente un frein considérable au développement économique du pays, car l'application des lois et du cadre réglementaire nécessaires à la confiance des agents économiques n'est pas effective, et la protection des contrats et autres droits économiques n'est pas garantie. Les quelques tribunaux ou cours de justice du pays sont décrits comme surchargés et manquant de moyens, et leurs sentences comme largement non appliquées. D'après ce même rapport, les juges, mais également les membres du parquet, les agents de police judiciaire et les avocats, font parfois l'objet d'intimidations. Devant les difficultés d'accès à la justice de nombreux citoyens recourent au système de justice traditionnel et au droit coutumier dont le rôle est expressément reconnu par la Constitution.

La faiblesse du système judiciaire explique en partie l'importance du trafic illicite et contribue à entretenir le climat de violence. L'Office des Nations Unies contre la drogue et le crime (ONUDC) travaille au renforcement du système de justice et de l'état de droit en Guinée-Bissau, notamment par la spécialisation de juges et de procureurs aux affaires liées au trafic de stupéfiants et de criminalité organisée, ainsi que par un appui à la création d'un système pénitentiaire moderne et à la mise en place d'une autorité centrale pour la coopération internationale en matière pénale et pour l'entraide judiciaire. Une unité de lutte contre la criminalité transnationale (TCU) a été mise en place en décembre 2010 dans le cadre du programme WACI (Initiative pour la côte ouest-africaine), étendu en 2015 jusqu'en 2018.[2] La Guinée-Bissau participe également au projet Crimjust, présenté en octobre 2016 par l'ONUDC, en partenariat avec l'Union européenne, Interpol et Transparency International. Ce projet, d'une durée de quatre ans (2016-2020), est destiné à renforcer les enquêtes criminelles et la coopération de la justice pénale le long de la route de la cocaïne de l'Amérique du Sud à l'Europe, via l'Afrique de l'ouest.

Depuis 2002, le cadre juridique des affaires est en principe harmonisé avec celui des autres pays de la région par la mise en application des actes uniformes de l'Organisation pour l'harmonisation en Afrique du droit des affaires (OHADA). Ces actes ont automatiquement force de loi en Guinée-Bissau, et peuvent en principe être invoqués directement auprès des tribunaux.[3] Depuis 2009, la Guinée-Bissau possède un Tribunal de commerce, mis en place dans le cadre de l'OHADA. Les autorités recherchent une assistance pour mettre en place la Commission nationale de l'OHADA.

Dans le contexte d'instabilité politique qu'a connu la Guinée-Bissau jusqu'à présent, les politiques commerciale et d'investissement n'ont pas constitué une priorité de l'action gouvernementale et elle accuse un retard important dans la modernisation de son cadre réglementaire commercial en général, et douanier en particulier (p. 248). Les activités législatives en matière de commerce ont été très limitées depuis son dernier EPC en 2012. Les lois réglementant le commerce sont difficilement accessibles (tableau 2.1).

FORMULATION ET OBJECTIFS DE LA POLITIQUE COMMERCIALE

Le Ministère du commerce est en principe le principal acteur de l'élaboration et de l'administration de la politique commerciale de la Guinée-Bissau. D'autres ministères et agences contribuent à la définition et à l'application de la politique commerciale dans le cadre de leurs attributions générales ou sectorielles. C'est le cas notamment du Ministère de l'industrie et de l'énergie, du Ministère de l'économie et des finances, du Ministère de l'agriculture et du développement rural, du Ministère du tourisme, du Ministère des affaires étrangères, de la coopération et des communautés, du Secrétariat d'État aux transports et communications, du Secrétariat d'État à la pêche et à l'économie maritime, de l'Agence de promotion des investissements (*Guiné-Bissau investimentos*, GBI), du Conseil d'administration et d'accompagnement de l'investissement étranger (*Conselho de fiscalisaçao e acompanhmaneto*), de la Banque centrale des États de l'Afrique de l'ouest (BCEAO) et du Centre de formalisation des entreprises (CFE), de l'Agence nationale du cajou de Guinée-Bissau (ANCA-GB) et du Fonds de promotion et d'industrialisation des produits agricoles (FUNPI).

Le Comité interministériel sur le commerce (CIC) a été mis en place par décret en mars 2017, mais il n'est pas encore opérationnel. Il est présidé par le Ministre du commerce et co-présidé par le Ministre des finances. La désignation de ses membres est en cours.

Tableau 2.1 Textes législatifs de la Guinée-Bissau relatifs au commerce et à l'investissement, 2012

Législation	Domaine
Décret n° 19/2011 du 3 mai 2011 Décret n° 3/2005 du 16 avril 2005 Décret-loi n° 01/2005 Arrêté (*despacho*) n° 3/2011 du 8 avril 2011 Décret n° 9 /2012 du 6 novembre 2012	Réglementation de la production et des exportations de noix de cajou brutes; création d'un fonds de développement
Décret n° 0017/GMCI/2009 du 21 mai 2009	Pesée obligatoire des noix de cajou à l'exportation
Décret n° 4/99 du 18 août 1999	Relatif au régime de quarantaine végétale Conseil des chargeurs (*Conselho nacional de carregadores da Guiné-Bissau*) Valeurs minimales à l'importation Valeurs de référence à l'importation Conseil des chargeurs (*Conselho nacional de carregadores da Guiné-Bissau*)
Avis du Secrétariat d'État chargé des transports	Bordereau de suivi des cargaisons Frais (*emolumentos pessoais*) pour les services douaniers rendus Acompte sur l'impôt sur les bénéfices industriels (*Adiantamento da contribuição industrial*) Transbordement (*Taxa de baldeaçao*) Taxe de transit (2%)
Ordre de service n° 31/GDGA/2011 du 12 septembre 2011	Droits d'accises à l'importation
Décret n° 6/2000 du 22 août 2000	Portant sur le contrôle de la qualité des denrées alimentaires
Actes uniformes de l'OHADA	Législation OHADA
Décret-loi n° 1/2005 du 16 avril 2005	Guichet unique (*Centro de formalisação de empresas*)
Loi n° 13/2011	Code des investissements
Décret n° 13/2012 du 19 décembre 2012	Statut de l'agence de promotion des investissements, *Guiné-Bissau investimentos* (GBI)
Loi n° 5/98 du 23 avril 1998	Loi foncière
Décret-loi n° 12/2010 du 25 mars 2010	Régime des sociétés commerciales et des commerçants en nom propre
Décret-loi n° 8/2011 du 10 mai 2011	Limitant le système des licences des activités économiques à quelques secteurs et le remplaçant par des déclarations de début d'activité et un système d'approbation tacite pour les autres secteurs
Décret-loi n° 9/2011 du 7 juin 2011	Commerce des produits de pêche
Arrêté (*despacho*) n° 02/2016 du 23 mars 2016	Sur les conditions d'accès aux ressources halieutiques de la zone économique exclusive
Décret-loi n° 4/86 du 29 mars 1986 Décret n° 33/87 du 30 décembre 1987 Loi n° 1/2000 du 24 juillet 2000 Décret-loi n° 4/2006 du 26 juillet 2006 Décret-loi n° 6/2006 du 26 juillet 2006 Loi n° 3/2014 du 29 avril 2014	Régime des activités minières
Loi n° 3/95 du 24 mai 1995	Sur le numéro d'identification fiscal
Loi n° 10/2010 du 24 septembre 2010	Instituant une procédure pour l'évaluation environnementale des projets, débouchant sur la délivrance d'une licence environnementale

Source: Secrétariat de l'OMC, sur la base d'informations fournies par les autorités.

Le secteur privé est associé à la formulation de la politique commerciale, de manière ad hoc; les principales instances consultées sont la Chambre de commerce (CCIAS), la récente Chambre de commerce de Guinée-Bissau (CDC-GB), l'association des transporteurs ASTRA, l'Association nationale des producteurs d'anacardes (ANAG) et l'association des producteurs agroalimentaires Agro-Safim. Comme l'indique le tableau 2.1, les principales lois touchant au commerce international ont été mises en œuvre par décret ou par décret-loi du Président de la République, du Premier Ministre ou du Ministre de l'économie et des finances, qui peut changer les taux, suspendre ou rétablir tout ou partie des droits et taxes inscrits dans le tarif. Par exemple, la récente surcharge sur les exportations de noix de cajou a été introduite par décret.

Les objectifs de politique commerciale de la Guinée-Bissau s'inscrivent dans la stratégie globale de développement du pays, le plan «Terra Ranka» élaboré en liaison avec le PNUD et l'Union européenne et adopté en septembre 2014. Ce plan couvre la période 2015-2025. Il prévoit de manière volontariste:

- La diversification des recettes d'exportation, assurées à ce jour à 99% par la noix de cajou et très largement concentrées sur un seul partenaire commercial, l'Inde notamment, vers d'autres productions agricoles telles que les mangues, le sésame et le riz et vers les produits de la mer.
- Le quadruplement des revenus tirés de la noix de cajou par l'amélioration de la qualité de la production (espacement des arbres et horticulture associée) et un objectif de 30% de transformation locale, et l'intégration de circuits de distribution plus efficaces.
- L'autosuffisance en riz d'ici 2020 et une situation d'exportateur net de riz en 2025, la production passant de 200 000 tonnes en 2015 à 450 000 tonnes en 2020 et à 500 000 tonnes en 2025 avec la création de capacité de stockage, de distribution et de mécanismes de financement des campagnes de commercialisation et de transformation.
- Le triplement du chiffre d'affaires du secteur de la pêche et de l'aquaculture et la création de 100 000 emplois dans ce secteur à l'horizon 2025 par une surveillance plus rigoureuse du territoire marin, une stricte collecte des redevances dues par les navires étrangers, la définition de règles de gestion durable des ressources halieutiques et la stimulation des investissements privés notamment dans le domaine de la transformation artisanale et de l'aquaculture dans une première phase, puis de la transformation industrielle dans le cadre d'une zone économique spéciale à Bissau dans un deuxième temps.
- Le développement de l'éco-tourisme, de la pêche sportive et du tourisme balnéaire en particulier dans l'archipel des Bijagos dans le cadre d'une zone touristique spéciale gérée par une agence dédiée qui mettra en œuvre un programme d'urgence de développement des infrastructures et développera un modèle d'excellence de la gestion responsable des écosystèmes et de développement participatif et inclusif au profit des communautés locales.
- Le développement du secteur minier dans un nouveau cadre réglementaire respectant les objectifs de développement durable, mettant l'accent dans un premier temps sur l'exploitation des mines artisanales et des matériaux de construction puis, à partir de 2020, sur l'exploitation des grandes mines de phosphate puis de bauxite. Des études d'impact et de faisabilité seront également engagées pour les hydrocarbures.

Dans ce contexte, le Cadre intégré renforcé a financé une nouvelle Étude diagnostique sur l'intégration du commerce, EDIC II, après une première étude en 2009. Cette étude a été validée en 2016 et a servi de base au développement d'une stratégie nationale pour le commerce qui a, à son tour, été adoptée le 9 décembre 2016. Ces documents notent, en plus de la dépendance des recettes d'exportation d'un seul produit la noix de cajou et d'un seul pays l'Inde, la grande dépendance de la Guinée-Bissau des importations de produits alimentaires et de combustible. Ils prônent l'encouragement d'investissements nationaux et étrangers dans des domaines de nature à briser les goulots d'étranglement qui empêchent le développement de la production et des exportations, en particulier l'assainissement, l'énergie, les transports, les infrastructures de stockage et de réfrigération, la qualité, les infrastructures et les circuits de distribution et de commercialisation, ainsi que l'industrie de transformation des produits alimentaires de façon à remonter la chaîne de valeur. Ils recommandent également le renforcement des capacités administratives, une meilleure coordination par le biais de la création d'une commission interinstitutionnelle sur le commerce dotée d'un secrétariat exécutif permanent et de sous-commissions techniques spécifiques, et l'accélération de l'intégration régionale.

ACCORDS ET ARRANGEMENTS COMMERCIAUX

Relations avec l'Organisation mondiale du commerce

Ancienne partie contractante du GATT de 1947, la Guinée-Bissau est devenue membre originel de l'OMC en 1995. Le statut et la participation à l'OMC de la Guinée-Bissau sont présentés dans le rapport commun.

Les concessions de la Guinée-Bissau à l'issue du cycle d'Uruguay sont contenues dans la liste CXXX et ont été transposées dans le SH 2007 par le document WT/LET/899 pour ce qui concerne les marchandises et dans le document GATS/SC/110 pour les services.

Durant la période sous examen, la Guinée-Bissau n'a effectué aucune notification à l'OMC.

Accords régionaux et préférentiels

La Guinée-Bissau participe à plusieurs accords commerciaux à l'instar des autres membres de l'UEMOA (rapport commun, p. 47). Elle fait également partie, avec la Gambie, la Guinée et le Sénégal, de l'Organisation pour la mise en valeur du fleuve Gambie (OMVG). Cette organisation met sur pied des programmes de développement intégré des quatre pays, et vise l'exploitation rationnelle et harmonieuse des ressources communes des bassins des fleuves Gambie, Kayanga-Géba et Koliba-Corubal.

Actuellement, la Guinée-Bissau exporte vers l'Union européenne sous le régime "tout sauf les armes". Les principaux produits exportés sont la noix de cajou, des produits de pêche et du bois. Les exportations effectives bissau-guinéennes sont modestes. Un nouvel accord de pêche avec l'UE est en cours de négociation.

RÉGIME D'INVESTISSEMENT

Les activités non ouvertes aux investissements privés (nationaux ou étrangers) incluent la transmission et distribution d'électricité et d'eau, les services postaux de base (domaines réservés à l'opérateur historique Correios) et la téléphonie fixe.

L'établissement des personnes physiques est régi par le Décret-loi n° 8/2011 du 10 mai 2011 sur les procédures de licences pour les activités économiques. Celui des personnes morales dépend du centre de formalisations des entreprises créé par le Décret-loi n° 18/2010 du 30 septembre 2010.

Par ailleurs, la procédure de licence pour l'établissement continue de relever de la compétence exclusive des départements gouvernementaux de tutelle technique au travers de leurs services respectifs de délivrance de licences. Ces licences sectorielles couvrent les domaines suivants: pêches, forêt, pharmacie, banques et finances, construction et travaux publics, transports terrestre, aérien et maritime, commercialisation d'essence, commercialisation de noix de cajou, production d'eau de vie, restauration, hôtellerie, industrie, production et vente de produits vivriers, commercialisation de pesticides, production et vente de viandes, et commercialisation d'armes et de munitions.

La Loi n° 10/2010 du 24 septembre 2010 a créé une procédure pour l'évaluation environnementale des projets, visant à délivrer une "licence environnementale" pour des projets, programmes, plans ou politiques à développer. En cas de projet, programme, plan ou politique à développer en zone classifiée/protégée, zone humide d'importance nationale ou internationale, zone vulnérable et sensible aux évènements naturels entre autres, la demande de licence environnementale est automatiquement refusée. Tous les projets d'investissements quels qu'ils soient doivent obtenir la licence environnementale.

De mai 2011 à février 2016, le CFE a enregistré la création de 2 137 entreprises dont 217 SA et 1920 SARL, 989 créations d'entreprises par des nationaux, 664 par des entrepreneurs étrangers et 430 avec des capitaux mixtes; 1 996 de ces entreprises ont été créées dans le domaine du commerce, 114 dans celui de l'industrie et 68 dans celui du tourisme.

La procédure au titre du CFE est indépendante du processus de vérification des conditions d'établissement nécessaires à l'exercice des différents types d'activités qui est l'apanage des autorités de tutelle de chaque secteur, ainsi que du processus de vérification des conditions liées aux personnes physiques et aux personnes morales pour l'exercice d'une activité qui relève, lui, du Registre du commerce et du crédit immobilier.

L'accès et l'exercice des activités industrielles sont réglementés par la Loi n° 1491 du 26 août 1950, modifiée par l'Arrêté conjoint n° 18/GM/2000 du 26 juin 2000 du Ministère de l'économie et du Secrétariat d'État à l'industrie et au tourisme. L'enregistrement s'effectue au Centre de formalisation des entreprises. Les licences sont ensuite instruites et délivrées par la Direction générale de l'industrie qui assure également les inspections nécessaires. Le coût de la procédure est variable selon les activités, qui sont réparties en quatre classes:

- classe 4 (industrie artisanale): industrie familiale, petite activité et micro-industrie: 125 000 FCFA;
- classe 3 (petite industrie): activités semi-industrielles: 200 000 FCFA;
- classe 2 (moyenne industrie): 500 000 FCFA; et
- classe 1 (grande industrie): 1 000 000 FCFA.

Le régime des investissements est gouverné par le Code des investissements (Décret-loi n° 03/2009 du 31 décembre 2009 promulgué en 2011) qui a été décrit en détail dans le rapport d'examen de mai 2012[4] et n'a connu aucune évolution depuis. Des codes spécifiques réglementent les investissements dans certains secteurs (p. 256).

L'Agence de promotion des investissements - Guinée-Bissau Investissements (API-GBI) -, également appelée Direction générale de promotion de l'investissement privé, est un établissement public créé par Décret en 1991, et placé sous la tutelle du Ministère chargé de l'économie. L'API constitue l'interface entre le gouvernement et le secteur privé en matière d'investissement. Elle dispose d'une autonomie administrative et financière, et a pour vocation la promotion des investissements privés en Guinée-Bissau. Son statut a été révisé par le Décret n° 13/2012 du 19 décembre 2012. La DGPI va fusionner avec l'Agence nationale de promotion d'investissement et le processus est en cours. Les statuts de l'Agence ont été publiés au Bulletin officiel n° 8, le 30 août 2016.

Dans le cadre de sa participation à l'Agence multilatérale de garantie des investissements de la Banque mondiale (AMGI), deux projets ont bénéficié en 2016 de cette garantie dans le secteur de l'hôtellerie et des télécom respectivement.

Le plan stratégique de développement "Terra Ranka (2015-2025)" comporte un axe "environnement des affaires" centré sur trois projets. Le premier de ces projets est la mise en place d'un cadre juridique incitatif par l'élaboration de codes sectoriels pour l'agriculture, l'agro-industrie, le tourisme, les mines et la pêche. Le second projet est une réforme du cadre des affaires issue d'un dialogue public–privé et visant à renforcer l'agence de promotion des investissements et le centre de formalisation des entreprises, à élaborer un code pour les petites et moyennes entreprises ainsi que des actions d'accompagnement et à mettre en œuvre un plan de développement d'un secteur financier inclusif. Enfin le troisième projet consiste en la création de "plateformes économiques intégrées", c'est-à-dire l'élaboration d'un cadre réglementaire pour des zones économiques spéciales et la création d'une zone économique spéciale à Bissau.

Selon les indicateurs des rapports *Doing Business* élaborés par la Banque mondiale, le classement de la Guinée-Bissau est en légère progression: 172ème sur 190 en 2017 en progression de cinq places par rapport à 2016 et à une vingtaine de places de la fin du classement, alors qu'en 2007 et 2011 elle figurait parmi les trois derniers du classement. Huit des dix sous-indicateurs de ce classement s'établissent à un niveau supérieur à cette moyenne générale: la protection des investisseurs minoritaires (137ème), l'obtention de prêts (139ème), le transfert de propriété et le paiement des taxes et impôts (149ème), le commerce transfrontalier (153ème), l'obtention des permis de construire (155ème), l'exécution des contrats (164ème) et le règlement de l'insolvabilité (169ème). Seuls deux sous-indicateurs sont en dessous de la moyenne générale: la création d'entreprise (176ème) et le raccordement à l'électricité (182ème).

Notes de fin

1 A/HRC/32/34/Add.11 du 4 avril 2016. Adresse consultée: https://uniogbis.unmissions.org/sites/default/files/a_hrc_32_34_add1.pdf.

2 Le programme WACI est un partenariat entre l'ONUDC, le bureau des Nations Unies pour l'Afrique de l'ouest (UNOWA) le département des affaires politiques des Nations Unies, le département des opérations de maintien de la paix des Nations Unies, la CEDEAO et Interpol.

3 Renseignements en ligne de l'OHADA. Adresse consultée: http://www.ohada.org.

4 Document WT/TPR/S/266, Annexe 2, chapitre II.4.

Politique et pratiques commerciales par mesure

MESURES AGISSANT DIRECTEMENT SUR LES IMPORTATIONS

Procédures et prescriptions

L'exercice de toute activité commerciale, y compris le commerce extérieur, en Guinée-Bissau demeure soumis à l'agrément préalable par le Ministère en charge du commerce. Tout opérateur économique doit obtenir une licence d'activité (tableau 3.1). Aux fins de collecte de statistiques pour le suivi des flux de biens et de devises, l'importation et l'exportation de tout produit sont également soumises à déclaration préalable auprès du même Ministère. Selon les autorités, la déclaration préalable sera éliminée dès que les moyens techniques de contrôle interne seront mis en place.

La Guinée-Bissau maintient un guichet unique (*Centro de formalização de empresas*) permettant aux opérateurs économiques (personnes morales) d'effectuer certaines procédures administratives, notamment celles relatives à la création d'une entreprise et à l'obtention de licences d'activité, en un seul endroit.[1] Les personnes physiques doivent adresser leurs demandes de licence d'activité au Ministère en charge du commerce. En principe, les ressortissants étrangers ne sont exclus d'aucune activité mais doivent obtenir au préalable une carte de résident étranger auprès de la Direction générale de l'immigration contre paiement de 17 500 FCFA.

Les importations et les exportations par voie maritime demeurent soumises au bordereau de suivi des cargaisons (BSC), à établir, dès l'embarquement, auprès de l'entreprise Antaser Afrique. Les cargaisons sans BSC et celles munies d'un BSC émis par toute autre entité seront bloquées au port de Bissau jusqu'à la fourniture dudit document en bonne et due forme.[2] Les frais d'établissement du BSC comprennent un montant fixe (frais de service) de 40 euros plus une composante variant selon l'origine et le conditionnement des marchandises (au minimum 50 euros).[3]

Les marchandises sous tout régime douanier, tant à l'importation qu'à l'exportation, doivent faire l'objet d'une déclaration en douane, conformément au modèle uniforme UEMOA/CEDEAO. Les documents exigés pour son établissement sont: l'identifiant fiscal; la déclaration préalable; le connaissement; la facture d'achat; le certificat d'assurance; la facture du fret[4]; la déclaration d'exportation faite par le pays de provenance; et, le cas échéant, le certificat d'origine, et le certificat phytosanitaire. La Guinée-Bissau n'a pas encore mis en place une déclaration en douane simplifiée. Les dispositions de l'UEMOA en matière de crédit d'enlèvement ne sont également pas appliquées; sur autorisation du Ministre en charge des finances, les marchandises peuvent être enlevées contre dépôt d'un montant fixé par celui-ci, avec remboursement ou complément ultérieur.

En général, le recours aux commissionnaires en douane (ou transitaires) agréés est régi par les dispositions communautaires (rapport commun, p. 51). Toutefois, la Guinée-Bissau n'applique pas l'exigence de souscrire une garantie générale. En 2017, le nombre de commissionnaires en douane agréés s'élevait à 59 dont seulement trois étaient affectés à opérer à l'intérieur du pays, la plupart des commissionnaires étant agréés à opérer à Bissau. Trois sociétés étaient autorisées à déclarer pour leur propre compte. Les prix des prestations fournies par les commissionnaires en douane n'ont pas fait l'objet de réglementation formelle depuis 2012.

Une migration du système informatique de la douane bissau-guinéenne vers la version SYDONIA++, entamée en septembre 2011, a permis d'élargir l'éventail des opérations douanières automatisées et de jeter les bases d'un mécanisme de gestion des risques. En septembre 2017 SYDONIA++ fonctionnait (en communication avec le serveur central à Bissau) dans trois postes de douane traitant collectivement plus de 90% des déclarations au cordon douanier national. Toutefois, le serveur du système n'accepte pas de déclarations en dehors des heures d'ouverture de l'administration douanière et les délestages fréquents perturberaient également son fonctionnement.

Le mécanisme de gestion des risques dans le traitement des déclarations en douane prévoit trois circuits: vert (enlèvement immédiat), jaune (contrôle documentaire) et rouge (vérification physique obligatoire). Les principaux critères de sélectivité comprennent l'origine de la marchandise, le transporteur, et les éventuels antécédents

Tableau 3.1 Formalités et frais d'enregistrement, 2017

	Coût (FCFA)	Validité
Licence d'activité		
Importateur/exportateur	53 384	5 ans (renouvelable)
Commerce intérieur		
en gros	53 846	5 ans (renouvelable)
de détail	23 077	5 ans (renouvelable)
Commercialisation de noix de cajou		
collecteurs dans les champs	10 000	Campagne en cours
vendeurs dans les magasins	100 000	Campagne en cours
exportation de noix de cajou	800 000	Campagne en cours
Justificatifs pour le commerce extérieur		
Déclaration préalable d'importation/exportation	15 000	Trois mois

Source: Ministère du commerce et de la promotion de l'entreprenariat.

de l'importateur. Toutefois, les autorités avouent que dans la pratique toutes les déclarations passent par le circuit rouge. Depuis leur mise en place, les critères de sélectivité n'ont subi aucune révision ou actualisation.

Le contrôle différé (*a posteriori*) est possible uniquement sur autorisation du Ministre des finances et n'est pratiqué qu'à la douane de Bissau. La Guinée-Bissau n'a pas encore mis en place des mécanismes permettant: l'émission de décisions anticipées; le traitement avant l'arrivée de marchandises; et des formalités simplifiées pour des opérateurs agréés.

La Guinée-Bissau continue d'éprouver des difficultés en matière de contrôle douanier, notamment aux frontières maritime et terrestres, et de comptabilisation des flux commerciaux passant via les postes douaniers non informatisés. Des renseignements à jour sur les formalités et les procédures relevant du commerce extérieur sont difficilement accessibles. Le trafic illicite demeure répandu.

Selon le rapport *Doing Business 2017* de la Banque mondiale, les délais moyens à l'exportation sont de 60 heures pour les exigences en matière de documentation et de 67 heures pour les procédures de commerce transfrontalier; à l'importation ces délais sont de 36 heures et de 72 heures, respectivement.[5] Selon les autorités, le délai moyen pour les formalités de dédouanement (uniquement) est d'environ trois jours à partir du dépôt de déclaration jusqu'à la mainlevée des marchandises.

Inspection et évaluation en douane

La Guinée-Bissau est censée appliquer l'Accord sur l'évaluation en douane de l'OMC, tel que repris dans la réglementation de l'UEMOA en la matière (rapport commun, p. 55). Toutefois, dans la pratique, elle éprouve des difficultés et aurait besoin d'assistance technique en matière d'évaluation en douane et de gestion des risques.

Durant 2014-2016, la plupart des marchandises importées pour la mise à la consommation en Guinée-Bissau étaient soumises à un programme de vérification à destination dont l'exécution avait été confiée par contrat à l'entreprise Bissau Link, filiale de Link International Holding.[6] Les importations de riz, sucre, farine de blé, essence et gasoil en étaient dispensées, mais demeurent sujettes à des valeurs de référence. Selon les autorités, les valeurs de référence des combustibles servent à combattre la sous-facturation, tandis que celles appliquées aux autres produits importés visent d'en maintenir les prix à des niveaux relativement bas et stables.

Règles d'origine

Les règles d'origine de la CEDEAO, reprenant de manière quasi intégrale celles de l'UEMOA, sont, en principe, d'application nationale en Guinée-Bissau. Toutefois, aucun producteur bissau-guinéen n'était agréé sous les schémas préférentiels respectifs jusqu'en 2016. Depuis cette date, une entreprise et dix produits bissau-guinéens ont été agréés sous le schéma de la CEDEAO. Comme au moment de son précédent Examen, cette situation refléterait le faible tissu industriel en Guinée-Bissau, ainsi que les besoins en formation du personnel do comité national d'agrément.

Droits de douane

Le commerce international demeure la principale source de recettes fiscales en Guinée-Bissau. Les droits et taxes perçus au cordon douanier représentaient plus de 50% des recettes fiscales sur la période 2011-16 (tableau 3.2).

La migration du TEC de l'UEMOA vers le TEC de la CEDEAO a eu lieu en Guinée-Bissau en octobre 2016.[7] Bien que le comité national de suivi du TEC ait été créé en juin 2016, ses membres n'ont pas encore été nommés.[8] La mise en application du TEC de la CEDEAO, avec sa cinquième bande au taux de 35%, n'a pas conduit à des violations des consolidations bissau-guinéennes (rapport commun, p. 58). La Guinée-Bissau applique également les autres droits et taxes communautaires; les importations de produits originaires de l'espace UEMOA/CEDEAO bénéficient d'une préférence communautaire (taux zéro). Les autorités bissau-guinéennes affirment ne jamais avoir eu recours à la taxe conjoncturelle à l'importation, ni à la taxe dégressive de protection.

Tableau 3.2 Recettes fiscales par source principale, 2011-2016

(%)

	2011	2012	2013	2014	2015	2016
Impôt directs	**29,5**	**31,8**	**31,2**	**25,5**	**27,9**	**28,9**
Impôt indirects	**70,5**	**68,2**	**68,8**	**74,5**	**72,1**	**71,1**
Droits de douane	17,3	17,6	17,4	24,4	19,1	16,8
Prélèvement communautaire de solidarité (PCS)	8,4	7,3	10,0	8,0	8,6	10,3
Redevance statistique (RS)	1,2	1,2	1,2	1,2	1,2	1,1
Prélèvement communautaire CEDEAO (PCC)	1,2	1,2	1,3	1,3	1,2	1,0
Taxe sur les exportations d'anacarde	0,7	0,7	0,7	0,7	0,7	0,6
Droits d'accises (IEC)	5,6	5,4	5,3	6,2	7,4	6,9
sur les importations	5,6	5,4	5,3	6,2	7,4	6,9
sur les ventes locales	0,0	0,0	0,0	0,0	0,0	0,0
Impôt général sur les ventes (IGV)	32,5	31,2	28,9	29,6	31,6	32,1
sur les importations	19,7	19,3	18,2	19,1	20,3	20,2
sur les ventes locales	12,8	11,9	10,7	10,5	11,3	11,9
Autres impôts indirects	3,7	3,6	4,0	3,1	2,4	2,2

Source: Calculs du Secrétariat de l'OMC, basés sur des données fournies par les autorités.

Outre les différents droits, taxes et prélèvements perçus au niveau communautaire), les marchandises traversant le cordon douanier demeurent soumises au paiement de primes de personnel (*emolumentos pessoais*) et de déplacement (*deslocações*) pour les services douaniers rendus. À l'importation, ces primes sont calculées sur la valeur c.a.f.; le cumul de leurs taux est fonction de la marchandise concernée mais ne doit pas dépasser 1,5%.[9] Les marchandises en transit sont soumises à une taxe (*taxa de tráfego*) de 2% de la valeur c.a.f.

Les importations de combustibles sont soumises à un prélèvement de 4% de la valeur c.a.f. dont une partie des recettes est destinée à un fonds routier. Les activités de la Chambre du commerce, de l'industrie et de l'agriculture seraient financées, entre autres, par des prélèvements sur les importations de riz et de ciment au taux de 1 FCFA par kilogramme.

La Guinée-Bissau accorde des réductions et exemptions de droits et taxes dans le cadre du Code des investissements (p. 246). Des exonérations des droits et taxes au cordon douanier s'appliquent également aux importions effectuées par les structures de l'État, les entités publiques, les organisations non gouvernementales et les représentations diplomatiques. Selon les autorités, les dispositions relatives aux avantages fiscaux n'ont pas subi de modifications depuis 2005. Le manque-à-gagner annuel entraîné par les concessions à l'importation dépassait 10% des recettes fiscales sur quasiment toute la période 2012-2015 (tableau 3.3).

Autres impositions

La Guinée-Bissau n'a pas encore remplacé l'impôt général sur les ventes (IGV) par la taxe sur la valeur ajoutée (TVA); les principales directives de l'UEMOA en la matière ne sont donc pas appliquées (rapport commun, p. 58). L'application de l'IGV, dont le taux principal a été augmenté de 15% à 17% en 2015, continue de poser le problème de taxation en cascade. Un taux réduit (10%) demeure appliqué à certains produits et services.[10] Le cadre bissau-guinéen prévoit plusieurs exemptions, notamment pour l'importation et la commercialisation de produits pharmaceutiques[11], et toutes les exportations. L'IGV perçu au cordon douanier est calculé sur la base de la valeur c.a.f. majorée des droits et prélèvements de porte et, le cas échéant, des droits d'accises. Pour les ventes sur le marché national, la base d'imposition est la valeur de la transaction.

Des droits d'accises s'appliquent à certains produits mis à la consommation en Guinée-Bissau (tableau 3.4). Le cadre bissau-guinéen est généralement conforme à la réglementation de l'UEMOA sur les droits d'accises, sauf en ce qui concerne le nombre de biens assujettis et les taux appliqués aux tabacs et aux hydrocarbures

Tableau 3.3 Concessions de droits et taxes au cordon douanier, 2012-2015

(% des recettes fiscales)

	2012	2013	2014	2015
Droits de douane	5,4	4,5	6,7	3,8
Droits d'accises (IEC)	1,0	1,5	0,9	1,1
Impôt général sur les ventes (IGV)	7,2	6,3	8,9	4,3
Total	**13,7**	**12,3**	**16,4**	**9,3**

Source: Calculs du Secrétariat de l'OMC, basés sur des données fournies par les autorités.

Tableau 3.4 Droits d'accise (imposto especial de consumo), 2017

Description	Taux
Eau minérale gazeuse	5%
Limonade, eau gazeuse aromatisée	10%
Autres boissons non alcoolisées	15%
Bière, vin ordinaire	30%
Vin mousseux, champagne	25%
Vermouth	40%
Vin de liqueur	45%
Boissons spiritueuses	45%
Cigarettes, cigares et cigarillos	45% + 10 FCFA par unité
Essence	40%
Essence super	75%
Gasoil	15%
Lubrifiants, liquide de frein	10%
Voitures de transport de personnes	10%
Parfums, produits cosmétiques et dépilatoires	15%
Poudres et huiles essentielles (usages cosmétiques)	10%
Explosifs à usage minier, feux d'artifice, matériel inflammable	15%
Autres explosifs et articles pyrotechniques	20%
Détonateurs, armes et munitions, poudre à canon	40%
Sachets en plastique	10%
Emballages industriels	5%
Café, thé, farine de blé, huile alimentaire	5%
Noix de cola	10%

Source: Budget de l'État (2015).

(rapport commun, p. 61). Par ailleurs, les statistiques des recettes fiscales n'indiquent aucun prélèvement sur la production locale (tableau 3.2).

Un mécanisme de prélèvement forfaitaire sur le commerce international demeure en place à titre d'acompte sur le bénéfice industriel et commercial (*adiantamento da contribuição industrial* (ACI)). Pour les importations, y compris celles d'origine communautaire, le taux de l'acompte est fixé à 5% de la valeur en douane.

Prohibitions et restrictions à l'importation, et licences d'importation

Outre les formalités d'enregistrement afin d'exercer toute activité commerciale (p. 248), des mesures de contrôle s'appliquent, en principe, aux importations de certains produits pour des raisons de sécurité, de protection de la santé publique et de moralité ou pour leur caractère stratégique (tableau 3.5).

Demeurent prohibés à l'importation: les boissons alcoolisées tirant plus de 60 degrés; les boissons distillées contenant des essences ou des produits chimiques nocifs (absinthe, aldéhyde benzoïque, esters salicyliques, hysope, etc.); les drogues et stupéfiants; les emballages en étain contenant des produits autres que les huiles minérales; les médicaments et aliments nocifs à la santé; les produits de la contrefaçon; les substances alimentaires contenant de la saccharine; et les animaux, les produits animaux, les plantes et le matériel végétal provenant de zones infectées.

Mesures antidumping, compensatoires et de sauvegarde

La Guinée-Bissau n'a pas de législation nationale et d'autorité compétente en matière de mesures antidumping, compensatoires et de sauvegarde. Les dispositions communautaires devraient s'appliquer en ces matières (rapport commun, p. 64) Selon les autorités, de telles mesures n'ont jamais été prises par la Guinée-Bissau.

Autres mesures

La Guinée-Bissau applique les sanctions commerciales décidées dans le cadre de l'ONU ou des instances régionales auxquelles elle participe. Les autorités affirment n'avoir conclu aucun accord avec des gouvernements ou des entreprises étrangères en vue d'influencer la quantité ou la valeur des marchandises et services exportés vers la Guinée-Bissau.

MESURES AGISSANT DIRECTEMENT SUR LES EXPORTATIONS

Procédures et prescriptions

Les formalités d'enregistrement requises à l'importation de marchandises à des fins commerciales s'appliquent également aux exportations. Les exportations par voie maritime font aussi l'objet d'un bordereau de suivi des cargaisons. L'exportation de la noix de cajou demeure soumise à certaines conditions additionnelles, y compris une licence particulière établie uniquement pour la campagne en cours (p. 248).

Taxes, impositions et prélèvements

Les exportations de certains produits demeurent soumises à un prélèvement à titre d'impôt foncier (*contribuição predial rústica*), dont les taux sont fixés sur base non *ad valorem* à partir de 2014 (tableau 3.6).

Les exportations de noix de cajou à l'état brut et, à partir de 2014, de bois en grumes font également l'objet

Tableau 3.5 Contrôles à l'importation, 2017

Produit	Document exigé	Description
Animaux et produits animaux	Licence de commercialisation et autorisation préalable d'importation du Ministère de l'agriculture (service vétérinaire); certificat sanitaire du pays d'origine ou de provenance	Dédouanement soumis à l'intervention d'un expert vétérinaire/sanitaire afin de certifier la qualité et l'état de conservation des marchandises et/ou de valider le certificat sanitaire délivré par le pays d'origine ou de provenance
Huile d'olive et ses fractions	Certificat de qualité émis au pays d'origine ou de provenance	À défaut du certificat, l'importateur doit obtenir une autorisation du Conseil national de l'alimentation
Plantes, produits végétaux et produits phytopharmaceutiques	Autorisation préalable d'importation du Ministère de l'agriculture (service de protection des végétaux); certificat phytosanitaire du pays d'origine ou de provenance	Des exemptions sont prévues pour certains produits phytopharmaceutiques en fonction de la substance active
Armes et munitions	Autorisation préalable du Ministère de l'intérieur (Commandement général de la police d'ordre public)	Dédouanement soumis à l'intervention d'un expert du Commandement général de la police d'ordre public
Produits pharmaceutiques (positions tarifaires 2935.0000 à 2941.9000; 001.0000 à 3006.6000); appareils à usage médical (positions tarifaires 9022.1100 à 9022.9000); feuilles de coca et de cannabis; résine et huile de cannabis	Autorisation préalable du Ministère de la santé	
Substances appauvrissant la couche d'ozone (Protocole de Montréal)	Autorisation préalable de la Direction générale de l'environnement	

Source: Direction générale des douanes.

Tableau 3.6 *Contribuição predial rústica*, 2017

Description	Taux
Bois en grumes, selon l'espèce	28 000-650 000 FCFA/m^3
Bois scié, selon l'espèce	14 000-450 000 FCFA/m^3
Noix de coco, caoutchouc, sable	5 FCFA/kg
Arachide décortiqué, riz, patate douce, huile de palme, pierre concassée	10 FCFA/Kg ou litre
Arachide en coque, noix de cajou, cuir de bovidé, gravier, autres produits naturels	15 FCFA/kg
Sésame, cuirs non spécifiés	20 FCFA/kg
Charbon de bois, poisson séché	50 FCFA/kg
Bois de chauffage, poisson frais	100 FCFA/kg
Sable lourd	150 FCFA/kg
Peaux de crocodile	7 000 FCFA/kg
Cuirs, peaux d'autres animaux sauvages	10 000 FCFA/kg
Peaux de loutre	15 000 FCFA/kg

Source: Direction générale des douanes.

d'une taxe "extraordinaire" de 6%. Les bases taxables desdits produits sont des valeurs mercuriales fixées par l'État uniquement aux fins de l'imposition (p. 247). Ainsi, le montant perçu demeure indépendant de la valeur transactionnelle à l'exportation. Par ailleurs, les exportations de noix de cajou demeurent soumises à divers prélèvements et taxes additionnels (p. 257).

À l'instar des importations (p. 249), les marchandises exportées, réexportées ou en transit demeurent sujettes au paiement de primes pour les services douaniers rendus. Selon la marchandise, ces primes s'appliquent soit à un taux ad valorem (à ne pas excéder 1% de la valeur f.a.b.), soit à un taux spécifique. Toute marchandise exportée à des fins commerciales fait l'objet de l'acompte sur le bénéfice industriel et commercial (p. 250); à partir de 2013, le taux de l'acompte à l'exportation est fixé à 3%.

Les marchandises en transit demeurent soumises à une taxe au taux de 2% de la valeur c.a.f. Selon les autorités, le régime bissau-guinéen de transit ne prévoit pas le dépôt d'une garantie; en principe, les dispositions de l'UEMOA et de la CEDEAO en la matière sont d'application (rapport commun, p. 54). La part du transit international dans le commerce de la Guinée-Bissau demeure modeste, en raison des importantes déficiences sur le plan des infrastructures.

Prohibitions et restrictions à l'exportation, et licences d'exportation

En général, la Guinée-Bissau interdit l'exportation de bois en grumes coupé dans des conditions douteuses afin de lutter contre les coupes illicites et abusives des forêts. Toutefois, une exception a été faite en 2015 pour un stock de 83,000m^3 de bois déjà coupé.

En principe, l'exportation de la noix de cajou doit se faire exclusivement par voie maritime à travers le port de Bissau. Toutefois, en pratique, des quantités importantes sont exportées de manière informelle vers les pays voisins. Les exportations de noix de cajou à l'état brut doivent être accompagnées d'une attestation de poids et, à partir de 2014, d'un certificat de qualité (taux d'humidité et calibrage). La certification de la qualité s'effectue par l'Agence nationale de cajou de la Guinée-Bissau (ANCA-GB) contre paiement de 3 FCFA/kg.[12] Les emballages destinés à l'exportation de noix de cajou sont soumis à marquage spécial, indiquant l'année de récolte et l'origine bissau-guinéenne.

Soutien et promotion des exportations

Selon les autorités, aucun avantage n'est accordé aux entreprises bissau-guinéennes en fonction de leur performance à l'exportation. La Guinée-Bissau n'a pas mis en place un cadre réglementaire pour l'établissement de zones franches ou d'entreprises franches à l'exportation. La création d'une unité de promotion des exportations, d'encadrement et de développement de petites et moyennes entreprises serait en cours au sein du Ministère en charge du commerce.

Financement, assurance et garanties à l'exportation

Selon les autorités, la Guinée-Bissau n'a pas mis en place de mécanismes formels d'assurance, de garantie et de financement des exportations.

MESURES AGISSANT SUR LA PRODUCTION ET LE COMMERCE

Incitations

Certains avantages, notamment fiscaux, sont consentis dans le cadre du Code des investissements (p. 246) et des codes sectoriels (p. 256).

Normes et autres règlements techniques

La Guinée-Bissau ne dispose pas encore d'un cadre législatif régissant les activités de normalisation et transposant les dispositions communautaires en la matière. La Direction des services de normalisation et de promotion de la qualité (*Direcçao de serviços de normalização e promoção da qualidade* (DSNPQ)) est le point d'information national en matière d'obstacles techniques au commerce.[13] En principe, les normes et règlements techniques homologués au niveau de l'UEMOA, ainsi que le système d'accréditation communautaire, sont en application en Guinée-Bissau.

Mesures sanitaires et phytosanitaires

La Guinée-Bissau n'a pas de point d'information SPS opérationnel. Le pays continue d'avoir des difficultés en matière de protection SPS, tant sur le plan législatif et institutionnel que sur le plan des ressources humaines et matérielles. Selon les autorités, le cadre législatif n'a pas changé durant les six dernières années. Des tentatives de création d'un comité SPS national sous la tutelle de Ministère de l'agriculture seraient en cours depuis 2016.

En général, outre l'autorisation préalable (p. 251), les produits importés doivent être accompagnés d'un certificat SPS du pays d'origine ou de provenance et font l'objet de contrôle organoleptique. En cas de doute sur la conformité d'un produit, des échantillons sont prélevés et envoyés pour analyse à un laboratoire. Selon les autorités, dans la pratique les mécanismes de contrôle ne fonctionnent pas dans tous les postes douaniers à cause du manque de capacités d'application. Les inspections à l'importation et à l'exportation se font principalement au port et à l'aéroport de Bissau.

La Guinée-Bissau dispose de quatre laboratoires d'analyses, lesquels ne sont pas accrédités. Par ailleurs, leurs opérations sont fréquemment interrompues par le manque de matériel et de réactifs, ce qui impose le recours à des laboratoires à l'étranger. La mise à niveau de laboratoires nationaux de référence demeure l'un des besoins prioritaires qui permettraient de résoudre les problèmes de confiance qui freinent les exportations.

Politique de la concurrence et contrôle des prix

La Guinée-Bissau ne dispose pas de régime national de la concurrence au-delà des dispositions de l'UEMOA en la matière, lesquelles sont, en principe, directement applicables dans tous les états membres. Un cadre législatif régissant la protection de consommateur n'a pas encore été adopté. Le Ministère chargé du commerce, à travers sa Direction de service du commerce intérieur et de la concurrence, est censé définir, coordonner et exécuter la politique du gouvernement en matière de la concurrence et du contrôle des prix.

Certains produits mis sur le marché national sont soumis à des contrôles de prix. Les produits pharmaceutiques font l'objet de marges bénéficiaires maximum[14], tandis que pour les carburants le cadre réglementaire stipule des prix maximum à la pompe définis par une commission interministérielle.[15] Les autorités envisagent de fixer des prix maximum pour certains produits de première nécessité, tels que le riz, l'huile alimentaire, la farine de blé, et le sucre.

Les tarifs d'alimentation en eau et en électricité, ainsi que les tarifs postaux, sont établis par l'État en raison de son monopole de fait/de jure sur ces activités. Par ailleurs, le tarif d'achat de l'électricité aux producteurs indépendants est également fixé par le gouvernement.

Commerce d'État, entreprises publiques et privatisation

Le processus de désengagement de l'État des activités économiques n'a pas avancé au cours des six dernières années. Selon les autorités, durant cette période la commission de privatisation s'est focalisée sur les questions de règlement des dettes des entreprises déjà privatisées envers leurs employés.

Des entreprises d'état détiennent le monopole de, entre autres, la fourniture des services portuaires, l'approvisionnement en eau, la transmission et la distribution d'électricité, et la diffusion TV par transmission hertzienne. En outre, plusieurs entreprises publiques sont actives dans divers domaines, y compris l'agro-industrie, la pêche, les télécommunications, les médias, le transport fluvial, et l'hôtellerie.

Marchés publics

En 2012, la Guinée-Bissau a adopté un nouveau Code des marchés publics transposant les directives communautaires en la matière (rapport commun, p. 72).[16] Le champ d'application du Code comprend les contrats conclus par: l'État, les collectivités territoriales, les établissements publics, les organismes et les associations de droit public bénéficiant d'appui financier ou de garantie de l'État, les sociétés d'État, les sociétés à participation financière publique majoritaire, et les personnes morales de droit privé agissant pour compte des entités susmentionnées ou bénéficiant d'appui financier ou de garantie de l'État. Les entités jouissant de droits spéciaux ou exclusifs dans l'exercice d'une activité de service public doivent également respecter les dispositions du Code.[17]

Le seuil de passation est fixé à 5 millions de FCFA pour les marchés de fournitures ou de services et 10 millions de FCFA pour les travaux. Le Code stipule que l'appel d'offres ouvert (avec ou sans pré-qualification) est la règle. Exceptionnellement, l'autorité contractante peut procéder à une mise à concurrence restreinte ou à une entente directe (gré à gré). En dessous des seuils de passation des marchés, l'autorité contractante peut avoir recours à des procédures de demande de cotation, à condition que les procédures mises en œuvre respectent les principes posés par le Code. Par ailleurs, les marchés de prestations intellectuelles sont passés après consultation et remise de proposition.

Les appels d'offres et les avis de pré-qualification doivent être transmis à la Commission de l'UEMOA pour publication dans les 12 jours ouvrables suivant leur réception.[18] Passé ce délai, les annonces doivent également être publiées dans le Journal officiel (*Boletim Oficial*), les publications nationales de plus grande diffusion et/ou des publications internationales. La publication en format électronique, conformément à un modèle communautaire, est également prévue. Seules les annonces dans une des langues officielles de l'UEMOA font foi. Selon la nature du marché,

Tableau 3.7 Demandes transmises à l'OAPI, 2011-2016

Titre	2011	2012	2013	2014	2015	2016
Dessins et modèles industriels	1	1	9	10	14	6
Marque	11	12	14	29	15	26
Nom commercial	69	185	200	174	240	187
Brevet d'invention	0	0	0	0	0	0
Modèle d'utilité	0	0	0	0	0	0
Demande de renouvellement	0	0	0	0	0	0
Demande de recherches d'antériorité	5	7	4	6	3	6

Source: Direction générale de la propriété industrielle, Ministère de l'énergie, de l'industrie et des ressources naturelles de la Guinée-Bissau, OAPI-GB.

les soumissionnaires peuvent être tenus de constituer une garantie allant de 1% à 3% du montant prévu du marché. Le titulaire du contrat doit constituer une garantie de sa bonne exécution; celle-ci ne doit pas excéder 5% du prix de base du marché.

Conformément aux dispositions de l'UMEOA, les offres présentées par des entreprises communautaires peuvent bénéficier d'une marge de préférence de 15% du montant offert, laquelle doit être mentionnée dans l'appel d'offres. Dans le cas des marchés passés par une collectivité territoriale ou un établissement public, les offres prévoyant de sous-traiter au moins 30% du montant global à une entreprise nationale peuvent bénéficier d'une marge de préférence additionnelle d'au moins 5%, cumulable avec la marge susmentionnée. Selon les autorités, la Guinée-Bissau n'a pas encore fait usage des dispositions relatives aux marges de préférence dans la passation des marchés publics.

Toute autorité contractante est tenue d'élaborer, sur base de son programme d'activités, un plan annuel de commande publique lequel est incorporé dans le budget de l'État. Seuls les contrats figurant sur le plan annuel pourront être exécutés. La Guinée-Bissau dispose d'une Agence nationale des acquisitions publiques (anciennement appelée l'Unité centrale d'achats publics), sous tutelle du Ministère en charge de l'économie, chargée d'effectuer de manière centralisée la passation des marchés publics pour le compte des autorités contractantes de l'administration publique.[19] Selon les autorités, dans la pratique plusieurs autorités contractantes ne respectent pas leur obligation de confier la passation de leurs marchés à l'Agence nationale des acquisitions publiques. Des statistiques sur les commandes publiques effectuées durant la période d'examen ne sont pas disponibles.

La Direction générale des marchés publics, sous tutelle du Ministère en charge des finances, assure le contrôle a priori des procédures de passation et d'exécution des marchés publics et des délégations de services publics.[20]

Conformément aux exigences communautaires, les fonctions de régulation sont confiées à une structure distincte, l'Autorité de régulation des marchés publics, laquelle est encore en voie d'établissement.

Droits de propriété intellectuelle

La Guinée-Bissau est signataire de l'Accord de Bangui (1977) créant l'Organisation africaine de la propriété intellectuelle (OAPI), mais n'a pas encore ratifié l'Accord de Bangui révisé (1999) (rapport commun, p. 69). Le cadre bissau-guinéen de protection des droits de propriété intellectuelle n'a pas encore fait l'objet d'un examen par le Conseil des ADPIC, en raison de l'absence de notifications de la part de la Guinée-Bissau.

La Direction générale de la propriété industrielle, au sein du Ministère de l'énergie, de l'industrie et des ressources naturelles, assure la fonction de Structure nationale de liaison (SNL) avec l'OAPI. Sa mission principale est de transmettre à l'OAPI les demandes d'enregistrement de titres de propriété industrielle provenant du territoire national (tableau 3.7). La Direction coordonne également les activités de sensibilisation à l'importance d'enregistrement des droits de la propriété industrielle en Guinée-Bissau. La Direction continue d'éprouver des difficultés financières, dans l'organisation d'activités de sensibilisation et dans le renforcement des liens de coopération.

La gestion des droits d'auteur et des droits voisins est du ressort de la Société guinéenne du droit d'auteur (*Sociedade Guineense de Autores* (SGA)), laquelle a le statut de société privée. La SGA compte environ 400 membres, principalement des musiciens. La longue période d'instabilité socio-politique en Guinée-Bissau aurait sapé la protection effective des droits d'auteur. Selon les autorités, aucune action de lutte contre la piraterie n'a eu lieu durant la période d'examen. Les activités de la SGA se voient réduites à la prestation d'informations et des efforts de sensibilisation sur les problématiques des droits d'auteurs.

Notes de fin

1 Décret-loi n° 1/2005 du 16 avril 2005.

2 L'émission des BSC a été confiée exclusivement à la société Antaser Afrique dans le cadre d'un contrat de concession de mandat pour la période 2011-2021. Adresse consultée: https://www.antaser.com/documents/bissau_confirmation_pt.jpg [24 octobre 2016].

3 Antaser Afrique, renseignements en ligne. Adresse consultée: https://www.antaser.com/antaser/pub/tariff [24 octobre 2016].

4 En cas d'absence de justificatifs des coûts d'assurance et/ou de fret, la douane applique un coefficient d'ajustement de 15%.

5 Information en ligne. Adresse consultée: http://francais.doingbusiness.org/data/exploretopics/trading-across-borders.

6 Selon les autorités, le contrat avec Bissau Link a été suspendu en novembre 2016 suite à la pression des opérateurs économiques.

7 Ordre de service n° 28/GDGA/2016 du 18 août 2016.

8 Arrêté n° 52/MEF/2016 du 22 juin 2016.

9 Pour certaines marchandises, les primes peuvent être des montants spécifiques (par exemple, 2 500 FCFA sur les véhicules).

10 La liste comprend: céréales, riz, farines, pain et préparations similaires, lait, journaux et publications, dispositifs anti-incendie, gaz naturel, produits pétroliers, engrais, animaux vivants, produits d'alimentation pour animaux, semences, tracteurs et machines agricoles, matériel et équipements informatiques et d'énergie solaire, et urnes funéraires.

11 Loi n° 3/2015 du 21 avril 2015 reprenant les Directives n° 02/98/CM/UEMOA et n° 02/2009/CM/UEMOA.

12 Arrêté n° 26/2014 du Premier Ministre.

13 La DSNPQ a été créée par l'Arrêté n° 30/2003 du 12 décembre 2003. Toutefois, une loi-cadre régissant les activités de normalisation n'a pas encore été adoptée.

14 Arrêté n° 11/99 du 19 avril 1999.

15 Ordre de service n° 42/DGA/2011 du 13 décembre 2011.

16 Décret-loi n° 2/2012 du 20 août 2012.

17 Le Code ne s'applique pas aux marchés pour lesquels des mesures de publicité seraient incompatibles avec la protection des intérêts essentiels de l'État, notamment en ce qui concerne la défense et la sécurité nationales. Sont également exclus: les contrats administratifs, les contrats individuels de travail, les contrats de don de biens meubles, et les contrats d'acquisition d'immobilier.

18 En cas d'urgence, ce délai peut être réduit à cinq jours ouvrables.

19 Décret n° 2/2012 du 26 juin 2012.

20 Décret n° 1/2012 du 26 juin 2012.

Politique commerciale par secteur

AGRICULTURE, EXPLOITATION FORESTIÈRE ET PÊCHE

Aperçu

L'économie bissau-guinéenne dépend toujours de l'agriculture (p. 237). En effet, la Guinée-Bissau jouit d'un fort potentiel agricole grâce à la variété de ses terres permettant tous types de cultures, vivrières et de rente (céréales, fruits, légumes et tubercules). Cependant, seules deux cultures prédominent: l'anacardier et la riziculture irriguée. La diversification agricole est donc nécessaire et serait largement facilitée par les atouts de la Guinée-Bissau en la matière (tableau 4.1).

La Guinée-Bissau connaît deux types d'exploitation. Les petits producteurs traditionnels, "tabancas", estimés à près de 120 000, réalisent 90% de la production sur des surfaces inférieures à 5 ha. Les autres producteurs, "*ponteiros*", estimés à 2 200, sont en règle générale des exploitants modernes disposant de concessions foncières de 136 ha en moyenne.

Conformément à la Loi n° 5/98 de 1998[1], la terre en Guinée-Bissau appartient à l'État. La loi distingue deux types de concessions: les concessions urbaines, qui sont définitives; et les concessions rurales, de 90 ans renouvelables automatiquement en l'absence d'opposition. Les nationaux comme les étrangers peuvent acquérir des terres en Guinée-Bissau. Cependant, au-delà de 100 ha pour les personnes physiques et de 500 ha pour les personnes morales, l'autorisation du Conseil des ministres est nécessaire. Des taxes de concession, de transfert, et un impôt foncier annuel sont prévus par la loi et leurs montants sont fixés par le gouvernement. Une exonération de l'impôt foncier annuel est prévue pour les superficies inférieures à 5 ha, ce qui implique que la majorité de la population rurale est exemptée de cet impôt.

Les petits producteurs peinent à obtenir des financements pour leurs activités agricoles en raison de l'absence de banques de développement agricole. À cet égard, le gouvernement a notamment prévu dans son Programme national d'investissement du secteur agricole (PNIA) l'adoption d'une réglementation sur la propriété couvrant également les petites superficies; des modalités types de "gestion de terroirs" pour la réglementation de l'occupation foncière par les "tabancas"; et un renforcement des services de cadastre et d'enregistrement. La mise en œuvre de ces mesures devrait également faciliter l'investissement étranger qui fait toujours défaut au secteur agricole bissau-guinéen. Le projet de code foncier en préparation lors du précédent examen n'a pas encore abouti. En attendant, de nouveaux textes sur le foncier, dans des régions telles que les îles, continuent d'être adoptés.

Politique agricole générale

La politique agricole de la Guinée-Bissau demeure portée par le PNIA, adopté en 2009 sous l'égide de la CEDEAO. Le PNIA suit les orientations du NEPAD (Nouveau partenariat pour le développement de l'Afrique) et du Programme détaillé de développement de l'agriculture africaine (PDDAA) qui prévoit d'allouer 10% au moins du budget national à l'agriculture. Le PNIA a pour objectif d'accélérer la croissance agricole, de réduire la pauvreté et de parvenir à la sécurité alimentaire et nutritionnelle. À cette fin, il prévoit un plan d'investissement de plus de 167 milliards de FCFA. La mise en œuvre du Plan devrait générer une croissance

Tableau 4.1 Principales cultures agricoles de la Guinée-Bissau, 2010-2016

(Milliers de tonnes, sauf mentionné)

Produit[a]	2010	2011	2012	2013	2014	2015	2016	Taux de croissance p.a. 2005-2014 (%)
Noix d'acajou non décortiquées	52,3	139,7	94	131,8	136,5	175,2	187	6,4
Riz paddy	209,2	175,2	198,5	209,7	133,0	170,2	186,3	3,4
Racines et tubercules, n.d.a.	110,2	94,4	110,2	111,8	45,3	71,6	76,5	3,0
Huile de palme	18,3	18,5	18,7	18,7	18,9	19	19,1	0,1
Bananes plantains	48,5	49,5	51,0	51,4	52,4	..	..	2,2
Manioc	68,3	60,3	68,3	23,0	45,4	40,8	43,6	1,6
Noix de coco	42,1	42,2	42,2	42,9	42,6	..	..	-0,7
Arachides non décortiquées	36,2	35,4	45,2	41,3	41,1	83,4	94,7	6,0
Légumes frais, n.d.a.	12,3	12,6	12,9	13,2	13,5	13,8	14,1	2,7
Autres fruits frais, n.d.a.	58,8	60,0	61,2	62,5	63,8	65,1	66,4	1,8
Sorgho	20,2	18,9	23,5	26,9	14,0	16,2	16,9	-5,5
Mil	15,0	13,9	17,0	18,1	10,0	14	14,9	-15,8
Huile d'arachide	8,6	8,5	10,8	10,8	14,2	19,8	22,5	8,1
Mangues, mangoustans et goyaves	6,8	7,4	8,2	8,5	9,0	..	..	6,3
Palmistes	46,3	46,7	47,1	47,3	47,7	48	48,3	0,7

.. Non disponible.

a Les principaux produits sont identifiés par le volume de production en 2014.

Source: Base de données statistiques de la FAO (adresse consultée: http://faostat3.fao.org/home/E), et Institut national bissau-guinéen des statistiques

agricole d'au moins 6% par an. La première phase de mise en œuvre du PNIA a commencé en 2012 pour une durée de cinq ans. Le PNIA est censé permettre l'autosuffisance alimentaire à l'horizon 2020.

La Guinée-Bissau a élaboré plusieurs documents de politiques, de stratégies et de programmes: Lettre de politique de développement agricole (LPDA) de 2002; Lettre de politique de développement de l'élevage (LPDE) et son Plan d'actions de 2010; Programme national d'investissement à moyen terme (PNIMT); Programme national de sécurité alimentaire (PNSA 2008–2013); Plan stratégique sectoriel pour les pêches artisanales de 2007; et des règlements d'application de la Loi foncière.

Le Cadre de programmation pays (CPP 2014–2017), basé sur une approche multisectorielle en matière de développement rural, sert de référence à la planification et à la programmation à moyen terme de la coopération entre le gouvernement et la FAO. À long terme, la mise en œuvre du CPP doit contribuer à la sécurité alimentaire et nutritionnelle de la population, conformément à l'objectif inscrit dans le PNIA. À cet effet, le CPP identifie trois domaines de priorité: a) la performance, la durabilité et l'efficacité des systèmes d'agriculture familiale; b) la résilience et la nutrition des populations face aux stress, aux changements climatiques, aux crises alimentaires et aux catastrophes naturelles; et c) la gouvernance dans les domaines de la sécurité alimentaire, de la nutrition et de la protection des ressources naturelles. Le coût total du CPP est estimé à environ 5 milliards de FCFA.

Après le retour à la stabilité politique, le gouvernement a adopté en 2014 la vision "Guinée-Bissau 2025 - Terra Ranka", couvrant la période 2015-2025, et accompagnée d'un Plan stratégique et opérationnel. Ce dernier, actuellement en cours d'exécution, identifie l'agriculture et l'agro-industrie comme l'un des quatre moteurs de croissance.

La filière agroalimentaire est au cœur de la stratégie de développement de la Guinée-Bissau. Aussi, le "Deuxième document de stratégie nationale pour la réduction de la pauvreté – DENARP II – 2011-2015" s'articule-t-il autour de quatre axes stratégiques, y compris le développement économique durable via le développement des filières céréales (dont le riz), du cajou, de l'horticulture, de la pêche et de l'élevage.

Principaux sous-secteurs

Noix de cajou

La noix de cajou brute de la Guinée-Bissau, très compétitive sur le marché international avec un KOR (Kernel Output Ratio – unité de mesure de la qualité de la noix brute) parmi les meilleurs du monde, demeure la principale culture de rente. La Guinée-Bissau, qui en est le cinquième producteur mondial, ne capte cependant que 1% de la valeur ajoutée de la filière alors que le potentiel lié à la capacité installée est de 10%. La noix de cajou compte pour plus des trois quarts des recettes d'exportations et environ un cinquième des recettes de l'État. La Guinée-Bissau exporte principalement ses noix de cajou vers l'Inde.[2]

Les exportations de noix de cajou ont significativement crû[3] (tableau 4.2); il en a été de même de la production dont le taux de croissance annuelle moyenne a été de 6% depuis 1995. Cette performance a été enregistrée sur la période en dépit de la chute des cours des noix de cajou de 1 350 dollars EU/tonne en 2011 à 800 dollars EU/tonne en 2013. En 2012, le gouvernement a adopté un décret établissant une réduction de 50% de certaines taxes, notamment des taxes d'exportation, afin de faciliter l'écoulement des stocks de cajou estimés à 50 000 tonnes et leur exportation.[4]

En 2015, la campagne de commercialisation de la noix de cajou a été exceptionnelle, grâce à une très bonne pluviométrie, à une conjoncture politico-sociale favorable et à une demande internationale en hausse. Les exportations se sont chiffrées à 180 679 tonnes contre 136 000 en 2014, avec un prix moyen d'achat bord champs de 520 FCFA/kg, un prix de pesage entre 500 et 635 FCF/kg, un prix oscillant entre 450 et 850 FCFA/kg sur le marché national, et un prix de référence de 300 FCFA/kg. Le prix f.a.b. (à l'exportation) a été de 650 FCFA/kg contre 420 FCFA/kg en 2014.[5] Pour la campagne 2016, les exportations se sont chiffrées à 193 000 tonnes avec un prix moyen d'achat bord champs de 600 FCFA/kg, un prix de référence de 350 FCFA/kg; le prix f.a.b. (à l'exportation) a été de 1 120 FCFA/kg. Le prix de base pour la taxation à l'export a été fixé à 563 359 FCFA/tonne en 2016.

Il existe 16 unités de transformation, d'une capacité annuelle totale de 22 470 tonnes. Cependant, la plupart

Tableau 4.2 Commerce de noix de cajou en Guinée-Bissau, 2010-2015

	2010	2011	2012	2013	2014	2015
Volume exporté (milliers de tonnes)	52,3	139,7	94,0	131,8	136.5	175,2
Valeur des exportations en milliards d'euros	56,9	85,1	76,8	95,2	87,3	138,1
Exportations de cajou (valeur f.a.b. en milliards de FCFA)	37 327,6	55 793,9	50 360,7	62 357,6	57 242,6	90 488,2
Prix moyen à l'export f.a.b. ($EU/tonne)	1 004,3	1 458,2	1 199,4	899,6	1 001	1 190
Prix moyen à l'export f.a.b. (FCFA/kg)	497,4	688,1	612,3	444,4	650	420
Prix au producteur annoncé par le gouvernement (FCFA/kg)	..	250	250	250	300	300
Prix moyen payé au producteur (FCFA/kg)	272	333	300	275	275	525
Prix de base pour la taxation à l'export	600	750	850	850	850	900

.. Non disponible.

Source: Base de données statistiques de la FAO (adresse consultée: http://faostat3.fao.org/home/E), et autorités bissau-guinéennes.

ne disposent pas de capacité financière suffisante (fonds de roulement) pour acheter la matière première et constituer des stocks pouvant leur permettre de fonctionner toute l'année et sont, de ce fait, à l'arrêt ou non opérationnelles. Afin d'atteindre un taux de transformation locale de 30%, et une valeur ajoutée finale de 29%, le gouvernement a prévu dans son Plan "Terra Ranka" de consacrer 4,15 milliards de FCFA à la filière anacarde.

En 2012, la Commission nationale de cajou a été remplacée par l'Agence nationale de cajou (ANCA-GB), sous la tutelle du Premier Ministre. Elle est dotée d'une personnalité juridique et d'une autonomie administrative et financière. ANCA-GB assure le suivi des politiques élaborées conjointement avec le Ministère du commerce (pour la commercialisation) et le Ministère de l'agriculture (pour la production). L'Agence contrôle les quantités exportées; la qualité des produits à l'état brut (taux d'humidité, calibrage, etc.), attestée par un certificat – obligatoire depuis 2014 – délivré au prix de 3 FCFA/kg[6]; et les prix pratiqués à chaque étape par les agents ou opérateurs économiques de la filière.

Afin d'améliorer les exportations de noix de cajou, le gouvernement a également créé différentes structures: la Commission interministérielle pour la surveillance de la campagne de commercialisation et d'exportation de la noix de cajou; la Commission multidisciplinaire d'attribution des licences d'exportation, créée en 2011 et présidée par le Ministère du commerce; et le Guichet unique, créé en mai 2014 au sein de la douane, pour les démarches administratives liées aux exportations de noix de cajou.

Pour être exportateur de noix de cajou, il faut obtenir une licence contre paiement (p. 248). Les revendeurs locaux doivent payer chaque année 100 000 FCFA au Ministère du commerce pour obtenir l'agrément. À fin juin 2017, un total de 900 commerçants étaient agréés pour acheter aux producteurs à un prix négocié, avec un seuil minimum fixé par l'État (350 FCFA en 2016 et 500 FCFA en 2017).

La noix de cajou continue d'être frappée de taxes, charges, prélèvements et "contributions", depuis la récolte jusqu'à l'exportation. En effet, il est prélevé 10 000 FCFA pour le certificat d'origine délivré par le Ministère du commerce; 3% du prix f.a.b. de référence au titre de l'acompte sur le bénéfice industriel (à l'exportation); et jusqu'à 8% du prix f.a.b. de référence au titre d'autres taxes (dont la taxe extraordinaire de 6%; la contribution foncière rurale de 15 FCFA/kg; un prélèvement de 4,65 FCFA/kg versé à l'Administration des ports de Guinée-Bissau (APGB); un prélèvement de 1,5 FCFA/kg versé à la Chambre du commerce, de l'industrie et de l'agriculture; un prélèvement de 1 FCFA/kg versé au Conseil national des chargeurs); sans oublier les taxes pour la désinfection du local d'entreposage des noix (effectuée par le Ministère de l'agriculture), et celles relatives à l'obtention du certificat phytosanitaire auprès du Ministère de l'agriculture.[7] Les taxes sur les noix de cajou ont crû de manière significative au fil des ans. Un prélèvement de 50 FCFA/kg était effectué au titre du Fonds de promotion à l'industrialisation (FUNPI)[8]; depuis 2013, le Fonds a été suspendu, de même que les prélèvements.

La forte fiscalité dans la filière favorise la contrebande, et plus précisément les exportations informelles estimées à 6 000 tonnes en 2016.[9] Elles s'effectuent essentiellement via les ports de Ziguinchor (Sénégal) et de Banjul (Gambie), d'où la surveillance accrue des frontières annoncée par le gouvernement en 2016, avec la confiscation des noix de cajou et des moyens de transport utilisés pour la contrebande.[10]

Pour soutenir la qualité des noix de cajou bissau-guinéennes, la Loi de quarantaine végétale et la réglementation sur l'importation de produits phytosanitaires ont été élaborées sous le PNIA et sont en vigueur. Le PNIA prévoit également l'adoption d'un Plan directeur de l'industrialisation de la filière anacarde et la mise en place d'un système d'alerte rapide et de suivi phytosanitaire sur l'ensemble du territoire.

Cultures vivrières

Le riz constitue la principale culture vivrière en Guinée-Bissau, et la denrée de base de la population.[11] Le gouvernement estime que la production céréalière brute totale a augmenté de 27,8% entre les campagnes 2014/2015 et 2015/2016, grâce à une meilleure pluviosité, et à l'octroi de subventions aux intrants agricoles (non importés) et aux produits phytosanitaires.

La filière pâtit d'infrastructures insuffisantes; les aménagements hydro-agricoles sont vétustes. Le pays accuse un déficit net de céréales équivalent à 36% de la demande nationale, et couvert par les importations (p. 237).[12] Le pays doit régulièrement importer plus de la moitié de ses besoins en riz[13], ce qui le rend vulnérable aux fluctuations des prix mondiaux. Le gouvernement a identifié le riz comme l'une des sources prioritaires de croissance dans son Plan "Terra Ranka".

La Guinée-Bissau prévoit dans son PNIA des investissements pour atteindre l'autosuffisance céréalière à l'horizon 2020 grâce à une meilleure productivité, à des recherches visant l'amélioration de la qualité des céréales, et au développement de la production de riz dans les mangroves et les bas-fonds pour pallier les aléas climatiques.[14] À cette fin, des investissements sont prévus et visent: la fourniture de produits phytosanitaires divers, d'engrais, de semences améliorées de céréales; l'acquisition par les producteurs agricoles de motoculteurs, tracteurs, motopompes et accessoires pour le développement de la petite irrigation; et l'accès des agriculteurs à des chaînes mécaniques de traction animale. Le développement d'un système de crédit adapté aux petits paysans est également prévu par le PNIA.

La filière du riz est ouverte au capital privé et quelques entreprises étrangères y sont présentes, notamment Agrogeba (entreprise espagnole de production, transformation et commercialisation); et Agrosafim (entreprise portugaise de production).

Filière bétail

L'élevage traditionnel constitue, après la production végétale, la deuxième activité de la population en milieu rural. Cependant, sa production reste marginale, autoconsommée, et n'est donc pas exportée. La Guinée-Bissau est chroniquement déficitaire en produits d'origine animale, ce qui l'oblige à importer la quasi-totalité du lait, des œufs et de la viande pour l'approvisionnement des centres urbains.

La Lettre de politique de développement de l'élevage et son Plan d'actions de 2010 définissent les orientations stratégiques, à savoir: la promotion de la bonne gouvernance dans la filière; l'amélioration de la santé animale et de la sécurité sanitaire des aliments d'origine animale; la gestion rationnelle des ressources agro-sylvo-pastorales; le développement des productions animales; la relance de la recherche vétérinaire et zootechnique; le renforcement des capacités des acteurs de la filière; et le développement de l'initiative privée. Le plan "Terra Ranka" a précisé la stratégie de développement de la production du petit élevage familial (volailles, ovins, caprins, porcins, entre autres).

Dans la pratique, les conditions de crédit (courts délais de remboursement de six mois et taux d'intérêt élevés) étant peu supportables pour les professionnels du sous-secteur de l'élevage, ces derniers recourent rarement et difficilement au crédit bancaire pour financer leurs activités. En outre, le secteur privé y est presque totalement absent, hormis de petites entreprises de production avicole intensive qui émergent.[15]

Le gouvernement bissau-guinéen et des organisations comme la FAO se mettent en partenariat pour octroyer des crédits, sur une base rotative, aux petits éleveurs. Des coopératives sponsorisées par l'Union européenne financent également un certain nombre de producteurs, et certains éleveurs bénéficient de crédits octroyés par des ONG. Un programme de valorisation génétique dans le cadre de l'UEMOA est en place, ainsi que des financements pour vacciner le bétail. Grâce à ces différents financements, le cheptel s'est amélioré et le nombre de têtes a augmenté.

La Guinée-Bissau est aussi fortement dépendante de l'extérieur pour tous les intrants de l'élevage. Cependant, le problème de qualité des intrants importés est récurrent et la Guinée-Bissau ne possède pas les capacités pour leur contrôle. Par ailleurs, la législation nationale en la matière demeure obsolète et non conforme au Code zoo-sanitaire international (de l'OIE) et aux règlements de l'UEMOA en la matière. Un nouveau code de l'élevage, actualisé en 2009 par le gouvernement, n'est pas encore adopté.

Filière bois

Bien que les écosystèmes forestiers bissau-guinéens soient très diversifiés, les ressources forestières, comme leur potentielle contribution à l'économie nationale, sont insuffisamment connues; les réserves sont estimées à 48 millions de m^3.[16]

Le Plan "Terra Ranka" prévoit de renforcer les capacités de la Direction générale des forêts et de la chasse, et en particulier ses capacités d'orientation et de planification de l'exploitation des forêts. Le PNIA prévoit quant à lui: le réajustement des taxes forestières et des taxes sur l'exploitation de la faune; la révision du code forestier pour améliorer la gestion des ressources forestières sur une base communautaire; et l'institution d'une taxe sur le charbon de bois dans le cadre de la réorganisation de la filière bois et charbon.

Le gouvernement a adopté en 2011 une nouvelle Loi forestière n° 5/2011 pour encadrer la coupe et le reboisement (actuellement en cours de révision). La loi comprend une disposition visant à promouvoir la valeur ajoutée locale, à travers l'interdiction de toute exportation de bois non travaillé. Pour obtenir une licence d'exploitation, les opérateurs doivent s'engager à mener une évaluation d'impact environnemental et social et mettre en place un plan de reboisement. Le nombre de licences octroyées s'est établi en 2014 à 61, contre 15 en 2012-2013.[17]

Conformément aux dispositions de la CITES et suite à l'intensification du trafic de bois au lendemain du coup d'État, certaines essences de bois ont été interdites d'exportation par la Guinée-Bissau. Pour ralentir l'extinction d'une espèce rare (*Pterocarpus erinaceus* ou "bois de sang") présente en Guinée-Bissau, le gouvernement a décidé en avril 2015 d'interdire pour une période de cinq ans la coupe et l'exportation de tous les bois, en particulier de l'espèce menacée. Le stock existant de coupe devrait selon les autorités suffire à la demande locale.

Outre les dispositions communautaires, le pays impose des taxes en fonction de l'essence, de la qualité du bois (deux classes sont reconnues) et du métrage cubique. Les taxes s'échelonnent de 25 dollars EU/m^3 à 100 dollars EU/m^3 (pour le "bois de sang") pour les bois de première classe; et sont de 20 dollars EU/m^3 pour tous les bois de la seconde classe. De plus, des taxes de 25% et de 5% du prix f.a.b. sont appliquées respectivement à l'exportation des planches et des panneaux de bois; une taxe "extraordinaire" de 6% de la valeur f.a.b. par mètre cube de bois exporté est également appliquée depuis 2014.[18]

Le gouvernement bissau-guinéen a créé un groupe de travail pour l'évaluation technique de la prohibition de l'exportation du bois; la révision de la taxe pour la commercialisation du bois; et l'octroi des licences.

Filière halieutique

La Guinée-Bissau dispose d'un littoral de 274 km, depuis la frontière avec le Sénégal au nord jusqu'à celle avec la Guinée au sud. Sa zone économique exclusive (ZEE) est l'une des plus importantes de la côte ouest africaine, avec d'abondantes ressources halieutiques.

Cependant, la pêche n'y est pas très développée (p. 237)[19], même si la filière reste la deuxième source de recettes en devises du pays (12 milliards de FCFA en 2016), grâce notamment aux accords bilatéraux de pêche – en particulier avec l'UE –, aux licences, et aux différentes taxes prélevées.[20] En effet, les freins au développement de la pêche en Guinée-Bissau comprennent: les insuffisances dans la gestion des pêcheries; les déficiences dans la fourniture des services portuaires; l'obsolescence des infrastructures de la chaîne du froid; une panoplie de taxes et d'impôts; et l'obligation d'emploi des nationaux. Les activités de transformation sont embryonnaires et, à l'exception d'une unité industrielle privée (Afripêche), disparaissent peu à peu en raison des difficultés.

La Guinée-Bissau ne dispose pas de flotte industrielle, et la pêche artisanale nationale demeure très peu développée. La pêche artisanale est majoritairement réalisée par une flotte africaine (guinéenne, sénégalaise, gambienne, ghanéenne et sierra-léonaise). Cette flotte débarque généralement une grande partie de ses captures dans les ports d'origine. La pêche industrielle demeure l'apanage des navires congélateurs internationaux et des sociétés mixtes opérant sous le régime de licence de navires "étrangers affrétés" ou au titre d'accords de pêche. La pêche industrielle est réalisée selon différentes modalités: par affrètement, ou sous des accords de partenariat de pêche avec des pays tiers, ou des accords privés entre la Guinée-Bissau et des armements privés. Le nombre de navires opérant dans la ZEE a légèrement augmenté, passant de 122 en 2010 à 148 en 2014.[21] En 2015, près de 70% de cet effectif était des bateaux intervenant dans le cadre des accords de pêche.[22]

L'absence de services d'entretien des navires et d'avitaillement, de même que de capacités de transformation et de valorisation des captures, oblige les flottes industrielles à débarquer à Dakar, Abidjan et Las Palmas avant la réexpédition vers les marchés internationaux de la sous-région. La production nationale de poisson est essentiellement destinée à l'exportation à 70%. Ainsi, moins de 5 000 tonnes annuelles de pêche industrielle sont débarquées à Bissau puis réacheminées vers le port de Dakar, dont la proximité et la qualité des services, surtout en matière de fourniture d'électricité, d'eau et de transport, attirent de nombreux navires pêchant dans les eaux territoriales bissau-guinéennes.

Afin de remédier à cette situation et de permettre aux navires de débarquer leurs captures pour approvisionner le marché domestique en poissons frais et congelés, le gouvernement a signé un accord avec la Banque ouest-africaine de développement (BOAD) pour un crédit de 8 milliards de FCFA pour réhabiliter le port de Bissau en 2013. De plus, le port de pêche d'Alto Bandim a été construit grâce à des fonds de la Banque africaine de développement (BAD) et de l'UE. Cependant, par manque d'infrastructures adaptées, tous les navires industriels continuent d'utiliser le port de Bissau; seules les pirogues sénégalaises utilisent le port d'Alto Bandim.[23] En 2016, la Guinée-Bissau a signé un mémorandum d'accord avec la China Machinery Engineering Corporation (CMEC) qui devrait construire plusieurs infrastructures dont un port à Pikil, dans le nord du pays, et un port en eau profonde à Buba.[24]

Le Ministère en charge des pêches met en œuvre la politique du gouvernement en matière de: mise en valeur et exploitation des ressources naturelles aquatiques; contrôle et surveillance des pêcheries dans les eaux relevant de la souveraineté et de la juridiction nationales; recherche scientifique marine; négociation des accords en matière de pêche en coopération avec le Ministère en charge des affaires étrangères; et de délivrance des licences d'accès[25] aux ressources halieutiques. Le Décret-loi n° 10/2011 (tableau 4.3) et ses Règlements d'application de 2011 définissent les modalités d'accès

Tableau 4.3 Législation relative à la pêche

Législation	Domaine
Décret présidentiel n° 03/2016	Création du Ministère des pêches
Décret-loi n° 10/2011 (sa révision attend promulgation)	Pêches
Décret n° 4/1996	Licences et redevances
Décret-loi n° 9/2011	Commerce des produits de pêche
Décret-loi n° 24/2011	Pêche artisanale
Décret-loi n° 04/2004	Création de l'Autorité compétente en matière de contrôle d'hygiène sanitaire des produits de la pêche
Décret n° 07/98	Création du Centre de recherche appliquée sur la pêche (*Criação do Centro de Investigação Pesqueira Aplicada* (CIPA))
Ordonnance conjointe n° 02/2016	Conditions d'accès aux ressources halieutiques pour les entreprises de pêche exerçant avec des navires nationaux et étrangers
Protocole	Commission sous-régionale de pêche (http://www.csrpsp.org)
Protocole d'accord	Accord de partenariat de pêche durable avec l'Union européenne https://publications.europa.eu/fr/publication-detail/-/publication/ef861c6c-5a73-11e4-a0cb-01aa75ed71a1/language-fr
Protocole d'application	Accord de pêche avec le Sénégal
Protocole d'accord	Accord-cadre avec la Russie
Protocole d'accord	Accord de pêche avec l'A.G.A.C (Association des grands thoniers congeleurs) et l'A.N.A.B.A.C (Association nationale des armateurs de navires congeleurs (http://www.minpesca-gw.org/rgb-anabac%20e%20agac%202014.pdf))
Protocole d'accord	Accord de pêche avec ZHONGYU Global Seafood Corp. (ZGSC)

Source: Secrétariat de l'OMC.

et de gestion des ressources halieutiques sous juridiction nationale. Les investissements dans la filière de la pêche sont régis par le Code général des investissements.

Le gouvernement considère la filière comme stratégique pour le développement du pays et a adopté, en plus du Plan "Terra Ranka", un Plan stratégique de développement des pêches (2015-2020). Ces deux Plans visent la fiscalisation maritime, la recherche et le développement des pêches maritimes et artisanales, et l'aquaculture.[26] Les Plans prévoient aussi, entre autres, la restructuration du port de Bissau; l'actualisation du Code de la pêche; la multiplication de la production halieutique par 2,5 entre 2013 et 2025; la création d'infrastructures de pêche et d'un environnement favorable à l'investissement privé (via la réforme du Code des investissements de 2011); et le développement de la transformation industrielle des produits de la pêche dans une zone économique spéciale à créer à Bissau, dans le but de tripler le chiffre d'affaires de la filière à terme (2025). La nouvelle loi sur les pêches, préparée depuis 2014 et toujours en attente de promulgation, devrait renforcer les pouvoirs de la Guinée-Bissau dans ses prérogatives en tant qu'État riverain, en matière de pavillon et de port, et les règles dans la filière.

En 2016, les conditions d'accès aux ressources de la ZEE par les entreprises exerçant des activités de pêche ont été mises à jour par ordonnance. Aux termes de celle-ci, les licences peuvent être accordées aux sociétés ou entreprises nationales à condition, entre autres, d'avoir pour siège le territoire national et de disposer d'une capacité de jauge brute n'excédant pas les 5 000 pour la pêche pélagique.[27] Par ailleurs, les entreprises nationales qui bénéficient d'une licence de pêche en faveur d'une embarcation affrétée se voient obligées de débarquer une partie de leurs captures afin d'approvisionner le marché national.[28] Les redevances pour les licences de pêche s'échelonnent: pour les embarcations nationales, de 28 500 FCFA/GT/an à 145 000 FCFA/GT/an (et de 1,95 million à 3,5 millions de FCFA par embarcation et par an pour les thoniers); et pour les embarcations étrangères affrétées, de 40 500 FCFA/GT/an à 174 000 FCFA/GT/an (et de 3 à 5 millions de FCFA par embarcation thonière par an).

Les embarcations visées par l'Ordonnance doivent aussi s'acquitter d'une taxe de contribution à un Fonds de gestion, de conservation et de protection des ressources halieutiques. Ces contributions s'échelonnent de 12 000 FCFA/GT/an à 123 990 FCFA/GT/an pour les crustaciers, céphalopodiers, les pêcheurs de poissons démersaux et de pélagiques; et elles sont fixées à 456 103 FCFA par embarcation thonière par an. Enfin, une taxe visant les opérations connexes à la pêche s'applique également. Cette taxe est de: 60 000 FCFA/GT/an pour le transport de combustible destiné à la pêche; 30 600 FCFA/GT/an pour le transport des produits de la pêche; 23 000 FCFA/GT/an pour le transport des matériels de pêche et de vivres; et de 50 000 FCFA/GT/an pour les vaisseaux de pêche.

La Guinée-Bissau a signé deux types d'accords bilatéraux de pêche: des accords publics avec des États tiers (UE, Sénégal, Chine) et des accords d'affrètement spécifique avec des groupements d'armateurs (chinois et espagnols).[29] Sur la période 2008-2013, environ 180 licences ont été délivrées par an pour les navires de pêche industrielle, et 22 autorisations d'opérations connexes à la pêche, pour des périodes allant de 3 à 12 mois.[30] En 2015 et 2016, ce sont respectivement 188 et 197 licences qui ont été délivrées pour des navires de pêche industrielle dont 52 pour l'UE, 22 pour le Sénégal, 6 pour l'Association des armateurs de Russie (AAR), 16 pour l'Association des grands thoniers congeleurs (ANABAC/AGAC), et 23 pour ZHONGYU Global Seafood Corp (ZGSC).

L'accord qui lie la Guinée-Bissau à l'Union européenne est le troisième contributeur aux finances publiques, derrière les recettes douanières et les impôts. Plusieurs accords se sont succédé depuis 1980. En février 2012, un nouveau Protocole d'accord de trois ans avait été négocié entre les parties et paraphé, mais son adoption avait été suspendue en raison du coup d'État militaire la même année. Le protocole est finalement entré en vigueur le 24 novembre 2014 pour une durée de trois ans, ce qui a permis aux navires de l'UE de reprendre leurs activités de pêche dès janvier 2015.[31]

Dénommé Accord de partenariat de pêche durable (APPD)[32], ce protocole autorise jusqu'à 40 navires de l'Union européenne à pêcher les thonidés, crevettes, céphalopodes et poissons démersaux dans les eaux territoriales sous juridiction de la Guinée-Bissau, en contrepartie d'une compensation (droit d'accès des navires à la ZEE, et soutien aux pêcheries durables et au respect des normes sanitaires) annuelle de 9,2 millions d'euros sur la période 2014-2017.[33] Un laboratoire a été construit et équipé avec le financement de l'UE, mais il manque encore les équipements pour l'analyse microbiologique. En outre, la Guinée-Bissau perçoit une redevance assise sur le tonnage brut des navires autorisés (Tjb)[34], et sur le tonnage global de la flotte autorisée à opérer.

Le débarquement des captures en Guinée-Bissau n'est pas obligatoire dans le cadre de l'APPD. Par conséquent, les captures des navires de l'UE sont principalement débarquées sur d'autres côtes ouest-africaines, par exemple Dakar pour les captures des chalutiers congélateurs qui sont transformées à bord avant d'être réexpédiées vers l'UE (pour les crevettes et les poissons nobles), et d'autres pays d'Afrique pour les captures de moindre valeur.

En 2015, les navires européens opérant sous l'APPD ont capturé 17 983 tonnes de poissons, pour une valeur totale de 52,4 millions d'euros.[35] Les revenus (estimés) tirés de l'APPD en 2015 s'établissaient à 6,2 millions d'euros de compensation, 1,27 million de redevance liées aux licences, et 3 millions d'euros versés directement à l'administration en charge des pêches au titre de la première tranche d'appui sectoriel, soit un total de 10,47 millions d'euros.

La Guinée-Bissau a signé le 16 décembre 2013 un protocole d'un an avec l'ANABAC/AGAC, association espagnole employant des navires sous pavillons tiers.[36] Celui-ci a été renouvelé en novembre 2014, faisant passer de 13 à 15 le nombre de thoniers autorisés à accéder à la ZEE et ne battant pas pavillon d'un État membre de l'UE. Le prix de la licence de pêche à verser au Trésor public est passé de 8 000 à 12 000 €/an/navire, et la contribution au fonds de gestion des ressources halieutiques, à verser au Ministère des pêches, de 6 500 à 7 000 €/an/navire. Contrairement à la plupart des autres accords, ce dernier ne comporte pas de tonnage de référence pour les navires, et le nombre de marins bissau-guinéens à embarquer n'est pas précisé. Le protocole ne précise pas non plus les conditions d'exercice d'un navire opérant dans le cadre d'un contrat d'affrètement.[37]

L'accord conclu avec l'Association des armateurs de Russie (AAR) en 2014 pour une durée de deux ans autorise l'accès direct des navires ne dépassant pas 5 000 Tjb aux ressources halieutiques dans la ZEE, pour une possibilité de capture totale annuelle de 50 000 tonnes de petits pélagiques, et un prix de licence annuel fixé à 25 000 FCFA/tonne capturée. Une contribution préalable au fonds de gestion des ressources halieutiques de 15 millions de FCFA/an/navire est exigée. Les armateurs russes s'engagent à mener des campagnes annuelles d'évaluation des ressources halieutiques pélagiques; à décharger 10% de leurs captures au port de Bissau pour leur commercialisation sur le marché domestique par une entreprise nationale; et à investir, sur la base d'un plan approuvé par le gouvernement, dans le développement des industries transformatrices. Chaque navire doit employer au moins 12 marins bissau-guinéens pour un salaire de 700 dollars EU/mois. L'accord n'a pas été renouvelé.

Le protocole d'application de 2010 de l'Accord bilatéral de pêche de 1974 avec la Chine permettait à la compagnie China International Fisheries Cooperation (CNFC) de pêcher un tonnage maximum fixé de crevettes, céphalopodes et espèces démersales dans la ZEE bissau-guinéenne pendant quatre ans. Dans le cadre de ce protocole, les compensations dues par la CNFC ont essentiellement pris la forme d'investissements réalisés dans la filière des pêches en Guinée-Bissau. Ce protocole a expiré en juin 2014[38] et a directement été renouvelé en février 2015, avec la compagnie chinoise ZGSC, une filiale de CNFC, pour une durée de cinq ans (2015-2019). ZGSC s'engage à: financer le fonds de gestion des ressources halieutiques à hauteur de 12 millions de FCFA/navire/an, préalablement à toute demande de licence; fournir gratuitement pendant deux mois 5 tonnes de poissons aux fonctionnaires de l'administration des pêches au titre d'une compensation en nature; et à réaliser un certain nombre d'investissements (bénéficiant d'une exonération fiscale) dans le secteur des pêches. Une amende d'1 million de dollars EU/an est prévue en cas de non-initiation des investissements précités dans un délai de 12 mois.

Depuis 2014, d'autres navires d'origine chinoise opèrent également dans les eaux bissau-guinéennes conformément à des accords d'affrètement, pour une valeur d'environ 100 000 euros.[39] Il s'agit notamment de quatre navires de l'entreprise Shi Hai pour la pêche démersale. L'objectif de ces accords serait de permettre l'approvisionnement du marché domestique en poissons démersaux et pélagiques, ainsi que la construction d'infrastructures pour la pêche domestique.[40]

Enfin, une Convention en matière de pêche maritime avec le Sénégal, en vigueur depuis 1978, a permis la création d'une zone maritime de gestion conjointe. Les ressources halieutiques y sont partagées et gérées par une Agence de gestion commune (AGC) en vertu d'un Accord de gestion et de coopération.[41] Le dernier protocole d'application de la Convention, signé le 1er avril 2016 pour une durée de deux ans, fixe les possibilités et le prix d'achat de licence de pêche pour les navires de pêche artisanale et industrielle. Le Protocole dispose que l'octroi d'une licence de pêche industrielle est subordonné à l'acquittement préalable d'une contribution au fonds de gestion des ressources halieutiques. Les contributions s'échelonnent de 2,5 millions de FCFA/navire/an à 10 millions de FCFA/navire/an selon la nature du navire. Enfin, la création de sociétés mixtes de pêche entre opérateurs économiques des deux États est également prévue. En décembre 2015 cet accord a été dénoncé par la Guinée-Bissau, qui a suspendu sa participation à l'AGC. Un nouvel accord devrait être signé, suite aux discussions de renégociation tenues entre les deux pays en 2015 et 2016. Le nouvel accord n'était pas signé au moment de la rédaction de ce rapport.

Les renégociations ont généralement permis à la Guinée-Bissau d'améliorer ses gains liés à ses accords de pêche: par la création de joint-ventures afin d'intégrer davantage la flotte offshore à l'économie nationale; par l'obligation d'employer des marins nationaux[42]; ou encore par l'augmentation des prix des licences. Une taxe supplémentaire de 5% sur la valeur de la licence fixée par le Ministère en charge des finances a été intégrée dans les accords les plus récents conclus avec la Chine en 2015 et le Sénégal en 2016.

MINES ET ÉNERGIE

Mines

Le Ministère en charge des mines exerce sa tutelle sur différents organismes dans le secteur, et sur l'entreprise d'État *Petróleo da Guiné* (Petroguin), et l'Entreprise nationale des forages (*Empresa Nacional de Furos* – ENAFUR). Les infrastructures pour les hydrocarbures relèvent de la Compagnie logistique de combustible

(*Companhia Logística de Combustível* – CLC) sous l'autorité du Ministère de l'énergie et de l'industrie qui formule la politique énergétique du pays.

Le Plan de développement DENARP II (2011-2015) prévoyait pour 2012 la révision des Codes minier et pétrolier afin de les adapter aux normes communautaires et internationales. La révision devrait notamment faire obligation aux opérateurs de réaliser des études d'impact environnemental et d'améliorer le cadre des investissements. À cet effet, le Décret-loi de 1986 et la Loi de 2000 régissant les activités de l'industrie extractive ont été remplacés en 2014 par un Code des mines et des minerais (Loi n° 3/2014, en date du 29 avril 2014) dont le règlement d'application n'a pas encore été adopté. Le DENARP II prévoyait également l'adhésion de la Guinée-Bissau à l'Initiative pour la transparence dans les industries extractives. Bien que le processus soit en cours, la Guinée-Bissau n'en est toujours pas membre.

Le secteur minier est identifié par le gouvernement comme la quatrième source prioritaire de croissance dans son Plan "Terra Ranka". Aucune mine n'est actuellement en exploitation. Quelques activités d'orpaillages sont cependant observées.[43] De même, quelques petites unités d'extraction de carrières pour les matériaux de construction (quartzite, latérite, dolérite, argile et sable) sont en activités. Actuellement seule la dolérite est exportée.

L'exploitation des phosphates de Farim (gisement découvert en 1978) et de la bauxite de Boé pourrait contribuer à plus de 15% du PIB selon la Banque mondiale.[44] Les réserves des cinq dépôts de bauxite identifiés à Boé sont estimées à 110 millions de tonnes, avec un contenu d'oxyde de l'alumine (AlO3) évalué à 44% et une part de l'oxyde silicium (SiO2) à 3,7%. Depuis 2007, Bauxite Angola détient une licence d'exploitation de ces dépôts; les gouvernements de l'Angola et de la Guinée-Bissau détiennent 20% et 10% respectivement du capital de Bauxite Angola. Après avoir actualisé l'étude d'impact environnemental et social ouvrant la voie aux opérations d'exploitation, Bauxite Angola était en 2016 en phase d'étude de viabilité technique, économique et financière de ces réserves. Bauxite Angola a annoncé des investissements allant jusqu'à 500 millions de dollars EU, couvrant également la réhabilitation du réseau routier nécessaire aux exportations et les premières étapes de la construction du port en eau profonde de Buba.[45]

Les réserves géologiques du gisement de phosphates bruts de Farim sont estimées à 105,6 millions de tonnes, avec un contenu d'hémipentoxyde de phosphore évalué à 28,41%; les réserves industrielles sont estimées à 34 millions de tonnes, avec un contenu de 34% d'hémipentoxyde de phosphore. En mai 2009, le gouvernement a octroyé des droits exclusifs de prospection, d'extraction, d'exploitation, de transport et de vente à GB Minerals AG pour une période de 25 ans, renouvelable pour 25 ans. GB Minerals AG est exonéré des taxes et droits de licences liés à la construction des infrastructures (routes, ports, etc.) en liaison avec le projet de Farim, au sein et en dehors de l'aire de concession couvrant 30 625 ha. L'exploitation prévue de 44 millions de tonnes sèches sur 25 ans, avec une moyenne de 1,75 million de tonnes par an, n'a pas encore commencé.[46]

Un gisement de sables lourds (ilménite, rutile et zirconium) a été localisé sur la zone littorale, à Nhiquim/Varela. Les réserves industrielles potentielles seraient de 780 000 tonnes de concentré de sables lourds. La société PORTO SARL a obtenu en 2012 la licence d'exploitation et de conformité environnementale, mais l'exploitation a été suspendue par les autorités en raison de certaines irrégularités.

L'objectif du gouvernement est de valoriser durablement le potentiel minier et les produits des petites mines et carrières (pour le BTP et la construction) à travers: le développement d'une mine de phosphates et de bauxite à l'horizon 2025; la création d'un cadre d'accompagnement des petites mines et des carrières; et la création de 10 000 emplois dans l'extraction – le tout dans le respect des normes environnementales. Il est ainsi prévu de tripler la valeur ajoutée du secteur (de 12 milliards de FCFA en 2013 à 36 milliards de FCFA en 2025).[47]

Le code de 2014 établit notamment: la généralisation des royalties à tous les produits extraits du sol, du sous-sol et des eaux sous juridiction bissau-guinéenne; l'établissement d'une Convention minière accompagnant tout titre minier, dès la phase de recherche; la réalisation d'une étude d'impact environnemental pour tout type d'exploitation et, pour les projets de grande ampleur, la tenue de consultations publiques; et la mise en œuvre de la directive de la CEDEAO[48] en matière d'harmonisation des principes directeurs et des politiques du secteur minier. Le Code prévoit sept types de titres accessibles aux nationaux et aux étrangers: autorisation de prospection; licence de recherche; licence de petite exploitation; licence de grande exploitation; autorisation de recherche de matériaux inertes; licence pour les carrières industrielles; et licence d'achat/vente/transformation de minéraux. Une succursale ou une représentation légale en Guinée-Bissau est l'un des critères d'éligibilité. Les titulaires de titres miniers doivent recourir aux services de fournisseurs nationaux, ou aux produits vendus sur le territoire national ou dans l'espace communautaire, dès lors qu'ils sont disponibles et compétitifs.

Les titres miniers sont transmissibles sur autorisation préalable du Ministère et moyennant le paiement d'une taxe. L'État doit obtenir à titre gratuit une participation maximale de 10% au capital de toute entreprise détentrice d'une licence de grande exploitation, et cette part ne peut être réduite en cas d'augmentation de capital. Tout investisseur national ou étranger peut demander au ministère le droit de transformer les produits miniers extraits. Les détenteurs de licences de recherche et d'exploitation sont autorisés à ouvrir et maintenir des comptes en devises étrangères dans les banques commerciales opérant sur le territoire national. L'autorisation d'extraction de carrière permet en principe à son titulaire de vendre et d'exporter sa production.

Une taxe de 2% à 10% frappe tous les produits extraits du sol et sous-sol bissau-guinéens en fonction de leur nature; elle est de 5% sur les produits des carrières. L'impôt sur les bénéfices est exigible au taux standard de 25%. Le Code prévoit l'exemption de la taxe d'exportation sur les produits miniers après leur certification par le Directeur Général de la géologie et des mines. En phase de prospection et de recherche, les opérateurs peuvent bénéficier d'une exemption des droits de douane, à l'exception des prélèvements communautaires de l'UEMOA et de la CEDEAO. Dans la phase de construction des mines également, une exonération des taxes douanières est également prévue, à l'exception des prélèvements communautaires sur l'importation de matériels, combustible et lubrifiant pour la production d'énergie. Enfin, en phase de production, les droits de douanes sont réduits à 7,5% sur l'importation de matériaux, combustible et lubrifiant destinés à la production d'énergie et au fonctionnement des véhicules et équipements.[49]

Hydrocarbures

La Loi sur les hydrocarbures de 1982, telle qu'amendée en 1985, constitue la principale législation du secteur. Un Décret-loi de 2006 régit par ailleurs l'octroi de concessions pour l'exploration et la production d'hydrocarbures sur le plateau offshore. La loi requiert l'établissement de co-entreprise (entre des sociétés étrangères et la compagnie nationale Petroguin) pour les activités d'exploration, de même que des contrats de partage de profits aux termes desquels Petroguin est propriétaire de tout gisement découvert. L'actualisation du Code pétrolier de 1982 a finalement été entreprise et une nouvelle loi a été adoptée en 2014 (Loi n° 04/2014) mais les textes d'application n'ont pas encore été adoptés.

En Guinée-Bissau, la présence de réserves offshore d'hydrocarbures est évoquée, mais l'exploration des gisements n'a pas donné des résultats significatifs. Petroguin a conclu plusieurs contrats de prospection pétrolière et gazière avec des compagnies étrangères, portant sur 14 blocs offshore. Des études préliminaires semblent indiquer que les réserves de ces 14 blocs offshore auraient pu être économiquement exploitables[50], à raison de près de 1,2 milliard de barils en 2013.[51]

Deux licences ont été attribuées pour l'exploration de deux blocs (d'une superficie de 4 800 et 5 500 km² respectivement) dans le bassin sédimentaire de Mauritanie-Sénégal-Guinée-Bissau-Conakry (bassin MSGBC), dans la zone sous administration conjointe entre le Sénégal et la Guinée-Bissau. Pendant la période d'exploration, Petroguin est partenaire de la société Cap Energy qui a acquis 85,7% du capital de Sphere Petroleum Corporation (BVI). Cette dernière détient 35% de participation dans ces deux licences d'exploration.

En 2014, un accord a été conclu entre Petroguin et GeoPartners – en partenariat avec la compagnie néerlandaise MGGS – en vue d'une campagne sismique 2D de trois blocs susceptibles d'abriter d'importants gisements pétroliers et gaziers, ces sociétés disposant du droit de premier refus pour négocier les droits d'exploration et de production.[52]

En 2015, Petroguin a signé deux contrats avec la compagnie pétrolière nigériane Portplus pour la prospection et, potentiellement, l'exploration et la mise en valeur des ressources pétrolières offshore. Le processus d'octroi d'un permis d'exploration était en cours au niveau du Conseil des ministres.[53]

Pour l'instant, la Guinée-Bissau importe la totalité de ses besoins en hydrocarbures. Les informations sur l'organisation des importations, du stockage des produits, de leur commercialisation et sur la structure des prix et leur mécanisme de fixation ne sont pas disponibles.

Électricité et eau

Sous le Ministère de l'énergie et de l'industrie, la Compagnie nationale d'électricité et des eaux (*Empresa da Electricidade e Águas da Guiné-Bissau* – EAGB) détient le monopole de transmission et de distribution d'électricité. Le secteur est ouvert à l'autoproduction et aux producteurs indépendants. Cependant, ceux-ci doivent vendre leur production ou leurs excédents à EAGB.

La production d'électricité est faible et sa fourniture se limite quasiment à la capitale Bissau. La capacité totale installée de production d'électricité est de 15 mégawatts (MW); en raison de la défaillance des infrastructures (avec des taux de perte très élevés), la capacité réelle n'est que de 8 MW, pour des besoins estimés à 30 MW pour la ville de Bissau; seulement 5 MW sont éventuellement disponibles 24 heures sur 24 à cause du manque d'entretien du réseau et de l'incapacité financière d'EAGB à se procurer le combustible nécessaire. C'est l'entreprise privée AGREKO qui fournit à EAGB l'électricité pour la ville de Bissau. Les consommations frauduleuses et les non-paiements de factures sont également à déplorer.[54] Certaines localités du pays sont partiellement desservies par des producteurs privés.

Parmi les priorités immédiates du gouvernement dans le cadre du DENARP II figure, pour la période 2014-2018, le rétablissement d'un service minimum d'électricité. Il a été prévu le financement d'une centrale de 15 MW par la BOAD en 2017, et d'un projet sous l'Organisation pour la mise en valeur du fleuve Gambie (OMVG), auquel la BAD participe.[55] L'OMVG vise une meilleure intégration des États membres via l'interconnexion de leurs réseaux électriques et une mise en valeur des ressources de leurs bassins. Dans ce cadre, la Guinée-Bissau a obtenu

en 2015 une subvention de 78 millions de dollars EU de la Banque mondiale pour la mise en place d'un réseau de transmission électrique de 218 km la reliant au barrage de Kaléta, et de deux postes de transformation dans les lieux de distribution stratégiques de Saltinho et de Bambadinca, pour un coût total estimé à 109 millions de dollars EU. Ce projet doit permettre à la Guinée-Bissau de couvrir 40% de ses besoins énergétiques et d'épargner les quelque 22 millions de dollars EU utilisés chaque année pour l'achat de diesel et de ses dérivés.[56]

Un meilleur fonctionnement d'EAGB, grâce à une assistance technique de la Banque mondiale et à un programme d'urgence comprenant l'achat du combustible pour la centrale existante, a permis l'extension de l'alimentation en eau et électricité de 39,2% en 2014 et de 15% en 2015. Grâce à des investissements structurants (tels que l'interconnexion OMVG), et au soutien des partenaires pour assurer la production, la situation devrait continuer de s'améliorer en 2017.[57] À terme, il est prévu la mise en place de compteurs à prépaiement.[58] Les tarifs sont établis par l'EAGB et le Ministère des finances et soumis à l'approbation du Conseil des ministres.

En ce qui concerne l'eau, EAGB dispose de 11 forages dont la production moyenne est de 19 000 m^3/jour et de sept réservoirs d'une capacité totale de stockage de 1 520 m^3. S'agissant de la distribution, la taille totale du réseau détenu par EAGB s'élève à 230 km hors branchement (dont 72,5 km de canalisations en fibrociment et 157,5 km de canalisations en PVC). En raison des faiblesses des infrastructures, le rendement du réseau en matière de transport de l'eau est extrêmement bas (autour de 50%). Celui-ci pourrait être significativement amélioré à court-terme par la réparation des fuites les plus importantes, mais EAGB est actuellement incapable de fournir le matériel de réparation.

SECTEUR MANUFACTURIER

L'activité industrielle en Guinée-Bissau est quasi inexistante, hormis une agro-industrie à petite échelle, essentiellement tournée vers la transformation de la noix de cajou. Selon le rapport *Doing business* 2017 de la Banque mondiale, les principales difficultés que les investisseurs ont rencontrées en Guinée-Bissau en 2016 étaient liées notamment aux coûts de transport élevés, aux problèmes de solvabilité, et au manque de qualification de la main-d'œuvre. Le crédit au secteur privé demeure par ailleurs en deçà de ce qu'il devrait être, compte tenu des fondamentaux du pays et de l'accès insuffisant aux services financiers.[59] Le climat des affaires y est ainsi parmi les moins bons au monde, malgré une légère amélioration (p. 246).

Le Plan stratégique et opérationnel 2015-2020 prévoit la mise en place d'un cadre légal incitatif pour le secteur privé via notamment la création de plateformes industrielles intégrées, dont une zone économique spéciale (ZES) multisectorielle à Bissau à l'horizon 2025. La ZES devrait accueillir des activités industrielles et agro-industrielles (transformation de noix de cajou et des produits de la pêche) et fournir, en plus des incitations administratives et des avantages fiscaux classiques, un ensemble d'infrastructures et de services (bâtiments, énergie, eau, transport, Internet haut débit, etc.).

Le plan d'activité 2016-2018 de la Direction générale de l'industrie prévoit l'élaboration d'une Lettre de politique du secteur industriel, une nouvelle législation, et un certain nombre d'initiatives visant à promouvoir le développement industriel dans toutes les régions du pays.

Outre les mesures commerciales communautaires, y compris de protection (p. 248), la Guinée-Bissau maintient la possibilité d'obtenir des terrains subventionnés par l'État dans des parcs industriels déjà identifiés et une exonération des droits et taxes sur les importations de matières premières et équipements. De plus, des avantages sont accordés à travers des conventions signées par l'État avec des investisseurs, ou certains projets entrant dans les priorités du plan stratégique national.

SERVICES

La contribution du secteur tertiaire au PIB était en 2015 de l'ordre de 38%, le commerce de gros et de détail, les restaurants et les hôtels représentant la principale activité, le sous-secteur des banques, des assurances et des affaires immobilières ne contribuant qu'à hauteur de 3,7% du PIB.

Services financiers

Les régimes des services financiers ont été harmonisés au niveau de l'UEMOA pour les services bancaires et de microfinance, et au niveau de la Conférence interafricaine des marchés d'assurances (CIMA) pour les services d'assurance, la Guinée-Bissau faisant partie de ces deux institutions; des éléments ont également été harmonisés dans les régimes d'autres services (rapport commun, p. 88).

La Guinée-Bissau compte trois compagnies d'assurance, toutes privées (NSIA, GUINÉ BIS, ALLIANCE), un Fonds de pensions public semi-autonome (l'Institut national de sécurité sociale), et un courtier. Outre l'assurance responsabilité civile automobile obligatoire sous le Code CIMA, la Guinée-Bissau a également rendu obligatoires l'assurance à l'importation des marchandises et l'assurance pour les travaux publics. Les primes d'assurances obligatoires sont fixées par l'État; les primes des autres assurances sont fixées par les sociétés, mais doivent être au-dessus d'un seuil minimum fixé. Les taxes sur les services d'assurance varient en fonction des produits (types d'assurance); par exemple, elles sont de 7% pour les automobiles et de 5% pour les marchandises importées.

Les banques n'interviennent que faiblement dans le financement de l'économie[60], en raison du caractère largement informel de celle-ci, de la faiblesse du secteur privé, des difficultés de réalisation des garanties, et de la fragilité des institutions chargées du recouvrement des crédits. Le taux de pénétration bancaire était d'environ 1% en 2015.[61] La majorité des crédits à l'économie sont de court terme et concentrés dans la filière de la noix de cajou, ce qui en limite la performance mais maintient les marges de profit des banques à des niveaux élevés en Guinée-Bissau.

Le système bancaire en Guinée-Bissau se limite à cinq banques[62], y compris la Banque Atlantique implantée à fin 2016, et 18 sociétés financières décentralisées (SFD) enregistrées auprès de la BCEAO (dont 6 en activité et 12 à l'arrêt à fin septembre 2015). En mars 2016, la Guinée-Bissau comptait 30 guichets, contre 22 en mars 2015. Le nombre de titulaires de comptes bancaires a également progressé et s'établissait à 97 689 à fin mars 2016, contre 78 685 à fin mars 2015, soit une progression de 24,5%.[63] Un fait marquant du système bancaire bissau-guinéen sur la période sous revue est l'augmentation des créances en souffrance dès 2014, et les controverses soulevées par les solutions apportées par l'État (p. 237).

Les activités de microfinance demeurent peu développées, et les institutions (concentrées au niveau de Bissau, avec quelques établissements à l'intérieur du pays) relèvent toutes du secteur privé et sont sous forme de coopératives d'épargne et de crédit. Aucune SFD ne revêt la forme de société anonyme (SA) ou de société à responsabilité limitée (SARL). Deux demandes d'agrément ont été faites pour la constitution de SFD sous la forme de sociétés anonymes: une demande d'agrément attend l'avis de la BCEAO, et l'autre est en cours d'analyse. Les SFD sont regroupées sous l'Association professionnelle des systèmes financiers décentralisés de la Guinée-Bissau (AP-SFD GB).[64]

Les établissements de microfinance offrent des services de financement limités aux ménages à faibles revenus. En 2015, l'encours des crédits accordés s'établissait à 84,2 millions de FCFA, les dépôts collectés à 173,3 millions de FCFA, et les créances en souffrance et les pertes sur prêts avaient atteint 47 millions de FCFA et 30 millions de FCFA respectivement.[65] Pour améliorer la performance de la microfinance, le gouvernement a adopté en 2014 un plan directeur basé sur les normes communautaires et visant sa professionnalisation; le plan n'est pas encore appliqué.[66]

Télécommunications

Les services de télécommunications ont connu un essor remarquable ces dernières années grâce à l'ouverture du secteur à plusieurs opérateurs et l'adoption de plusieurs textes législatifs. La Loi-cadre de 2010 et ses quatre décrets d'application régissent notamment l'interconnexion et l'accès au réseau, et la fourniture de réseaux et de services d'information et de communication. L'entité de régulation du secteur demeure l'Autorité régulatrice nationale (*Autoridade Reguladora Nacional das Tecnologias de Informação e Comunicação*), ARN.[67]

Le Ministère en charge des communications formule la politique nationale en matière de télécommunications. L'ARN définit avec le gouvernement les stratégies nationales pour promouvoir le développement des services de télécommunications; elle en assure la régulation, étudie les demandes de licence et conseille l'État à ce sujet, en veillant à garantir une concurrence effective dans le sous-secteur. L'ARN approuve les tarifs des services de gros et des services d'interconnexion négociés entre les opérateurs.[68] Pour les appels nationaux, les opérateurs privés fixent les prix des services de téléphonie et les soumettent à l'approbation de l'ARN. Pour les appels internationaux, les tarifs sont soumis aux prescriptions de l'Union internationale des télécommunications (UIT). En 2015, l'ARN a ouvert une consultation publique concernant un projet de Règlement visant les taxes sur les radiocommunications.[69] Le Règlement n'a pas encore été adopté.

Conformément aux dispositions en vigueur, les opérateurs doivent être établis sur le territoire national (ou y avoir des représentants dûment établis) pour obtenir auprès de l'ARN les licences individuelles d'une durée de dix ans (avec possibilité de renouvellement) pour: l'exploitation de réseaux; la fourniture de services de télécommunications; l'utilisation des ressources du domaine public de l'État (notamment les numéros et les fréquences radioélectriques). Les cahiers de charges, publics, sont préparés par l'ARN en consultation avec les opérateurs puis soumis ensuite au gouvernement pour approbation. L'attribution de droits d'usage des ressources telles que les fréquences, numérotations, adresses et noms de domaines, est sujette au paiement de taxes fixées par le Conseil des ministres sur proposition du Ministère responsable des télécommunications, en fonction des coûts associés aux tarifs administratifs et sur la base de la Loi de 2010.

Un Décret portant construction et exploitation des réseaux et stations terminales de câbles sous-marins, et des installations connexes, a été adopté en octobre 2012.[70] La Guinée-Bissau n'a toujours pas pu se raccorder comme elle l'envisageait au projet de câbles sous-marins à fibre optique baptisé *Africa Coast to Europe* (ACE), dont la mise en service sur 12 000 km a eu lieu fin 2012.[71] En 2013, une étude de viabilité technique d'installation de câbles sous-marins en Guinée-Bissau a été réalisée. Suite à l'approbation du projet par la Banque mondiale, le gouvernement a approuvé la création d'un consortium public-privé pour gérer le projet d'ACE avec une participation de 25,5% pour chacun des deux opérateurs Orange et MTN, et de 49% pour l'État.

Un décret de juillet 2013 autorise les entreprises nationales et étrangères à enregistrer des domaines pour des périodes de un à dix ans consécutifs; elles s'engagent en contrepartie à établir définitivement leurs activités sur le territoire dans un délai de 12 mois. Les noms de sous-domaines peuvent être enregistrés

par les prestataires de services détenteurs de titres d'autorisation octroyés par l'ARN.

Les entreprises au bénéfice d'une licence pour le réseau mobile sont: MTN Guinea-Bissau (anciennement Spacetel Guinea-Bissau) dont la licence a été renouvelée en juin 2014; Orange Bissau dont la licence a été renouvelée en janvier 2017; et Guiné Telecom Fixa au bénéfice d'un contrat de concession pour le réseau fixe depuis 2004. La licence de Guinétel–GTM, expirée en 2013, n'a pas été renouvelée. Les licences d'Orange Bissau et de MTN ont été renouvelées, avec une nouvelle licence d'exploitation de service 3G et 4G. La privatisation de l'opérateur historique Guiné Telecom (*Companhia de Telecomunicações da Guiné-Bissau*) et de sa filiale mobile, Guinetel, toutes deux en faillite et détenues à 40% par l'État et à 60% par l'APGB – Administration des ports de Guinée-Bissau – n'a toujours pas eu lieu. L'État envisage de racheter les 60% à APGB afin de devenir l'actionnaire unique. Le gouvernement bissau-guinéen a obtenu un financement auprès de la Banque mondiale pour la mise à niveau (restructuration) de Guiné Telecom.

Malgré le monopole dont jouit Guiné Telecom sur le réseau des lignes fixes, la société n'a cessé de perdre des clients depuis l'essor de la téléphonie mobile dans les années 2000, en raison notamment du très mauvais état de l'infrastructure.[72] Selon les autorités, il faut environ un mois et 30 000 FCFA pour obtenir une ligne de téléphonie fixe auprès de Guinée Telecom. À fin décembre 2012, le nombre d'abonnés au réseau de téléphonie fixe était de 3 860, un chiffre très inférieur à la capacité nominale installée en termes d'abonnés, et en baisse par rapport à 2011 (4 775).

Les abonnés se sont tournés vers la téléphonie mobile dont la part n'a cessé de progresser (avec un taux de pénétration de 83,24% en 2016), et en particulier vers les deux principaux opérateurs concurrents: le sud-africain MTN, et le franco-sénégalais Orange Bissau. En 2016, Orange Bissau et MTN se partageaient le marché de 1 285 millions d'abonnés à parts presque égales avec respectivement 46,69% et 53,31% du marché. En 2015, ces deux compagnies ont réalisé des investissements annuels de 11,5 milliards de FCFA pour MTN et de 5,9 milliards de FCFA pour Orange Bissau.

Le marché des services d'accès à Internet est ouvert depuis 2015. Les fournisseurs actuels d'accès à Internet sont: Guiné Telecom; Orange Bissau; MTN; et Net Sem Fios (depuis 2015), la licence de Eguitel Comunicações n'ayant pas été renouvelée. Les opérateurs de téléphonie déjà en activité n'ont pas besoin de détenir au préalable une autorisation GSM (mobile) pour fournir l'accès à Internet; seuls les nouveaux opérateurs doivent en demander l'autorisation à l'ARN. Le nombre d'abonnés à Internet était de 886 fin 2015: 165 pour un débit supérieur à 256 kbps, les 721 restants bénéficiant d'un débit compris entre 128 et 256 kbps. Le fournisseur de haut débit sans fil, Net Sem Fios, consortium constitué des entreprises portugaises Elmafe et Wifi Antena, a commencé à déployer ses services Internet sans fil à Bissau en avril 2015. Ce fournisseur serait passé d'une couverture de 30% initiale à une couverture complète de tout Bissau début 2016, et s'apprêterait à étendre ses services au reste du pays.[73] Après avoir lancé l'Internet haut débit en 2009, Orange Bissau a mis en service son réseau 4G LTE en décembre 2015, initialement seulement à Bissau avant de l'étendre à d'autres localités plus lointaines. Cette opération a été facilitée par l'achat d'une licence conjointe 3G/4G pour 2 milliards de FCFA (environ 3,33 millions de dollars EU), faisant d'Orange Bissau la première filiale de Sonatel (du Sénégal) à inaugurer l'offre commerciale de la 4G.[74]

Un décret de 2011 a créé un Fonds d'accès universel aux services de télécommunications afin de promouvoir le développement de la téléphonie rurale. Le fonds est alimenté par les opérateurs MTN et Orange Bissau qui lui versent 1% de leurs chiffres d'affaires.[75] L'ARN contribue au Fonds à hauteur d'un tiers de ses bénéfices d'activité. Le Comité de gestion du Fonds est constitué d'un représentant du Ministère en charge des télécommunications, de représentants des opérateurs privés, d'un représentant du Secrétariat exécutif de gestion du fonds et du Président de l'ARN. Le Comité a pour mission d'approuver le financement des projets soumis. Un secrétariat exécutif indépendant assure la gestion du fonds. Les ressources du Fonds d'accès universel ont permis de financer des cybercafés à Bissau et dans les régions.

Les informations sur la réglementation de la fourniture des services postaux ne sont pas disponibles.

Services de transports

Transports terrestres

Le transport routier demeure le principal moyen d'accès à la plupart des villes et communautés rurales en Guinée-Bissau et assure 60 à 70% du trafic des personnes et des marchandises.

Le réseau routier demeure peu dense (12,3 km de routes pour 100 km^2), situé en quasi-totalité sur la partie continentale, et constitué à seulement 28% de routes revêtues. Le réseau principal se caractérise par sa forte dégradation, tout comme le réseau secondaire et rural, en raison d'un défaut de maintenance et de fréquentes surcharges à l'essieu. Cette dégradation est particulièrement marquée dans le sud du pays, qui devient difficile d'accès durant la saison pluvieuse, ce qui complique l'acheminement de la production agricole des zones de forte production vers les zones de consommation et d'exportation (Bissau notamment).

Le Plan DENARP II prévoit l'amélioration de l'accès aux zones de production du pays à travers la réhabilitation des pistes rurales (en priorité dans les régions du sud); l'entretien et/ou la construction de routes et infrastructures de franchissements; et la poursuite des efforts en matière d'interconnexion avec le Sénégal (axe Farim-Tanaff) et la Guinée (Conakry) (axe Boké-Québo), ces interconnexions régionales, tout comme le réseau de routes secondaires, constituant un goulot d'étranglement pour le secteur agricole.[76]

Les licences de fourniture de services de transport routier sont délivrées par la Direction générale des transports aux étrangers et aux nationaux constitués en sociétés. Selon les autorités, le cabotage par des transporteurs étrangers ne serait pas interdit.

Transports maritimes et fluviaux, et services portuaires

La Guinée-Bissau ne possède pas de flotte de transport international battant pavillon national. Pour assurer les liaisons entre la Guinée-Bissau et l'étranger il faut se constituer en entreprise bissau-guinéenne ou avoir une représentation sur le territoire bissau-guinéen. Quatre entreprises maritimes assurent de telles liaisons: Maersk line, Port line, Agemar et Transmar. Cependant, le cabotage par des flottes étrangères n'est pas permis. Antaser Afrique BVBA est chargée de délivrer les Bordereaux de suivi des cargaisons (B.S.C.) sous la supervision du Conseil national des chargeurs, contre paiement (p. 248).

La Guinée-Bissau possède dix ports (un à Bissau et neuf en région), mais pas encore de port en eau profonde. La construction d'un port en eau profonde à Buba est en projet. Le port de Bissau a une importance stratégique pour l'économie, et en particulier pour l'exportation de la noix de cajou. Il est le seul port offrant toutes les conditions d'exploitation dont le pays dispose en la matière, et assure 85% des exportations et 90% des importations. Néanmoins, le port de Bissau est peu performant, avec des services limités; il pâtit de problèmes d'approvisionnement en eau, en carburant, en électricité, et de lourdeurs administratives.[77]

Initialement prévu pour 5 000 containers par an, le port dépasse de 300% ses capacités annuelles, et ses équipements sont surexploités et vieillissants, ce qui entraîne de facto de longs délais d'attente. L'accès au port est aussi rendu difficile par l'absence de maintenance, de dragage de chenaux et d'outils adéquats. Par ailleurs, les coûts des opérations portuaires à Bissau sont parmi les plus élevés de la sous-région. La BOAD a approuvé un prêt de 8 milliards de FCFA en faveur de l'Administration des ports de Guinée-Bissau (*Administração dos Porto da Guiné-Bissau* - APGB) en juin 2012, notamment pour couvrir les coûts du dragage du chenal d'accès et du bassin portuaire, nécessaire avant la mise en concession. Le prêt doit également permettre la réhabilitation des structures et la modernisation des équipements, afin d'améliorer la qualité des prestations du port de Bissau, d'accroître le trafic portuaire et la capacité d'entreposage aménagé de conteneurs, et de réduire le temps de stationnement des navires de cinq à deux jours.[78]

Le port de Bissau est toujours géré par l'APGB, entreprise étatique sous la tutelle du Ministère en charge des transports mais jouissant d'une autonomie juridique, administrative et financière. Un nouveau décret-loi de 2011 devait transformer l'APGP en une entreprise prestataire de services en vue de sa mise en concession.[79] Suite à une décision du Conseil des ministres, un concours public international a été ouvert en juillet 2015 afin d'établir un partenariat public/privé avec l'APGB pour la gestion du port commercial de Bissau.

Les services portuaires sont fournis par l'APGB. Différents prélèvements et charges sont appliqués pour, entre autres: le stationnement; l'accostage; l'usage du port (en fonction des marchandises); l'entreposage des marchandises et conteneurs; l'arrimage et le désarrimage; le chargement et déchargement de sacs; et l'usage des équipements. Ils sont fixés par l'APGB et approuvés par le ministère.

Selon les autorités, le Code ISPS (International Ship and Port Facility Security Code), adopté par l'Organisation maritime internationale pour renforcer la sécurité des navires et les installations portuaires contre d'éventuels usages à des fins terroristes, est appliqué par la Guinée-Bissau.

En matière de transport fluvial, une entreprise privée espagnole (Consulmar) dispose de deux bateaux qui assurent la liaison inter-îles – Bissau/Bolama/Bubaque; une entreprise nationale (Sotramar) dispose de trois bateaux, mais actuellement seuls deux sont opérationnels et assurent la liaison Bissau/Bolama/Bubaque.

Transport aérien

Bissau regroupe les infrastructures principales de transport du pays, notamment le seul aéroport international du pays (Osvaldo Vieira). En région, les aérodromes de Gabú, Cufaro, ainsi que les pistes de Bolama, Cacine et Varela sont en mauvais état et ne sont pas exploitables commercialement. Seul l'aérodrome de Bubaque est exploité commercialement pour les vols domestiques. Le pays ne dispose pas de compagnie aérienne nationale.

L'Agence de l'aviation civile de Guinée-Bissau (AAC-GB), financièrement autonome sous la tutelle du Ministère en charge des transports, est depuis 2005 l'entité gouvernementale responsable du secteur.[80] L'AAC-GB délivre les autorisations d'exploitation des services de transport aérien. L'exploitation de l'aéroport a été confiée à l'Agence pour la Sécurité de la Navigation en Afrique (ASECNA) depuis décembre 2011.

La Guinée-Bissau applique les dispositions de l'UEMOA ainsi que celles de la Déclaration de Yamoussoukro en matière de transport aérien (rapport commun, p. 83). Les services de transport aérien ont fait l'objet de plusieurs accords bilatéraux prévoyant essentiellement des droits des troisième et quatrième libertés. Les services aéroportuaires d'assistance en escale (passagers et fret) à l'aéroport de Bissau sont assurés exclusivement par une société publique, le Service d'assistance

aéroportuaire (*Serviço de Assistência Aeroportuária - SAA)*, qui fixe les tarifs après approbation de l'AAC.

Un projet de révision du Code aérien de Guinée-Bissau a été préparé, afin de mettre à jour la législation qui date de 1985.[81] Préparé en 2015, le code est en attente d'adoption au Parlement. L'AAC a élaboré une première édition du règlement technique aéronautique de Guinée-Bissau en avril 2016.[82] Les droits de trafic des compagnies non signataires de l'Accord de Yamoussoukro sont accordés sur la base de conventions entre le pays du siège de la compagnie et la Guinée-Bissau. Une mise à niveau des infrastructures aéroportuaires est prévue dans le Plan "Terra Ranka", avec notamment la modernisation des aéroports de Bubaque et de Bissau (y compris par la normalisation du système de navigation aérienne) pour répondre aux standards internationaux. La banque Orabank a financé en 2015 des travaux de réhabilitation du parking des avions à l'aéroport international Osvaldo Vieira de Bissau.

Depuis septembre 2013, la compagnie togolaise aérienne Asky Airlines assure une liaison avec Bissau, s'ajoutant à l'offre déjà existante de Royal Air Maroc (depuis Casablanca); Transair (depuis Dakar); TACV (depuis Praia au Cabo Verde et Dakar); et, depuis le 1er décembre 2016, de TAP Portugal (depuis Lisbonne) après une interruption de trois ans pour des raisons de sécurité.

Tourisme

La Guinée-Bissau possède un potentiel touristique considérable, centré sur l'archipel des Bijagós, composé de 88 îles, et sur un réseau de parcs nationaux couvrant 23,7% de son territoire.[83] Elle dispose de 16 hôtels dont cinq de deux étoiles, deux de trois étoiles, deux de quatre étoiles, les autres n'étant pas classifiés.[84] Le nombre de touristes entrés en Guinée-Bissau a été en constante augmentation depuis le dernier EPC, passant de 22 300 en 2010 à 45 199 en 2016, selon les statistiques officielles. Les données concernant la répartition des touristes par origine ne sont pas disponibles.

Le sous-secteur du tourisme est l'une des cinq sources prioritaires de croissance identifiées par le gouvernement dans son Plan "Terra Ranka". Ce Plan vise: un numerus clausus de 25 000 touristes en 2020, et de 40 000 en 2025 afin de favoriser le maintien d'un positionnement haut de gamme; la création de 15 zones touristiques, dont une Zone touristique spéciale dans l'archipel des Bolama-Bijagós; et le développement d'un transport intra- et inter-îles (actuellement assuré par quelques bateaux) en partenariat avec les sites hôteliers.[85] Cependant, les textes juridiques relatifs aux établissements de tourisme, et à la mise en place d'un fonds destiné à la promotion du sous-secteur, datent toujours de 1989 et de 1992.[86] La Loi sur le tourisme a été révisée mais attend d'être adoptée par le Parlement.

Les conditions d'investissement dans le tourisme sont régies par le Code des investissements de 2011 (p. 243). Un Fonds du tourisme a été créé pour la promotion et la coordination des initiatives publiques et privées directement liées au tourisme. Ses recettes sont constituées notamment des taxes liées aux cessions de titres d'établissements hôteliers; et des taxes sur les activités touristiques. En 2013, une proposition de loi révisant le règlement du Fonds du tourisme a été élaborée par le Secrétariat d'État à l'environnement et au tourisme. La proposition de révision n'est pas encore adoptée. En 2014, le gouvernement avait prévu l'audit du Fonds du tourisme qui n'a pas été réalisé. La taxe touristique est incluse dans les prix des prestations des hôtels, des restaurants et d'autres établissements touristiques. Ses taux sont de: 3% du chiffre d'affaires des bars, maquis et restaurants populaires; 6% des restaurants, grills et discothèques; et 8% du chiffre d'affaires des hôtels. Le produit de la taxe touristique est versé au Fonds du tourisme. L'exploitant peut cependant opter pour un régime du forfait, basé sur une estimation annuelle. Une taxe de 1 000 FCFA par nuitée est également prélevée

Notes de fin

1 Loi n° 5/98 du 23 avril, parue au BO n° 17 du 28 avril 1998.

2 BAfD, OCDE, PNUD (2016), *Perspectives économiques en Afrique 2016: Villes durables et transformation structurelle*, Éditions OCDE, Paris. Adresse consultée: http://dx.doi.org/10.1787/aeo-2016-fr.

3 Walter Cont et Guido Porto (2014), *Measuring the Impact of a Change in the Price of Cashew Received by Exporters on Farmgate Prices and Poverty in Guinea-Bissau*, Policy Research Working Paper WPS7036, the World Bank Group.

4 Décret n° 9/2012, paru au BO n° 45 du 6 novembre 2012.

5 ANCA-GB (2015), *Relatório da campanha de comercializaçaõ e exportaçaõ 2015*.

6 Décret n° 26/2014.

7 Le prix f.a.b. de référence est défini par le gouvernement pour chaque campagne d'exportation.

8 Décret n° 19/11 du 3 mai 2011.

9 AGOP (2014), *Banco Mundial e governo da Guiné-Bissau defenderam fim de imposto sobre caju*, 23 septembre. Adresse consultée: http://www.angop.ao/angola/pt_pt/noticias/africa/2014/8/39/Banco-Mundial-governo-Guine-Bissau-defenderam-fim-imposto-sobre-caju,87421d44-e388-4786-b5d8-815cc9dcbfda.html.

10 Commodafrica, "Hausse de 16,6% du prix au producteur de cajou en Guinée-Bissau". Adresse consultée: http://www.commodafrica.com/18-04-2016-hausse-de-166-du-prix-au-producteur-de-cajou-en-guinee-bissau.

11 Steven Kyle (2015), *Rice Sector Policy Options in Guinea-Bissau*, Working Paper WP 2015-01. Adresse consultée: http://publications.dyson.cornell.edu/research/researchpdf/wp/2015/Cornell-Dyson-wp1501.pdf.

12 AfDB (2016), *African Statistical Yearbook*. Adresse consultée: https://www.afdb.org/fileadmin/uploads/afdb/Documents/Publications/African_Statistical_Yearbook_2016.pdf.

13 Les importations de riz sont contrôlées par le gouvernement qui délivre des licences d'importation. Le prix au détail est fixé par le gouvernement sur la base du prix sur les marchés internationaux et en consultation avec les importateurs, et est le même dans tout le pays. Le gouvernement peut ainsi décider de contenir le prix en réduisant les droits d'importation ou les autres frais sur les produits.

14 Deuxième document de stratégie nationale de réduction de la pauvreté (2011-2015) – DENARP II.

15 FAO (2016), *Revue des filières bétail/viande et lait et des politiques qui les influencent en Guinée-Bissau*, Florentino CORREIA. Adresse consultée: http://www.fao.org/3/a-i5267f.pdf.

16 FAO (2013), *Cadre de programmation pays (CPP) 2014-2017 de la Guinée-Bissau.*

17 Yannis Arvanitis (2014), "Ressources naturelles en Guinée-Bissau: partir du bon pied". Adresse consultée: https://www.afdb.org/fr/blogs/measuring-the-pulse-of-economic-transformation-in-west-africa/post/natural-resources-in-guinea-bissau-getting-it-right-from-the-start-13630/.

18 Décret n° 10/2014.

19 Secretaria de Estado das Pescas e Economia Marítima (2014), Plano Estratégico de Desenvolvimento das Pescas da Guiné-Bissau (2015–2020), Octobre.

20 BAfD, OCDE, PNUD (2016), *Perspectives économiques en Afrique 2016: Villes durables et transformation structurelle*, Éditions OCDE, Paris. Adresse consultée: http://dx.doi.org/10.1787/aeo-2016-fr. COFREPECHE, MRAG, NFDS et POSEIDON (2016), Évaluation rétrospective et prospective du protocole de l'accord de partenariat dans le secteur de la pêche entre l'Union européenne et la République de Guinée-*Bissau*. Contrat cadre MARE/2011/01 - Lot 3, Contrat spécifique n° 17. Bruxelles, 231 p. Adresse consultée: http://ec.europa.eu/fisheries/sites/fisheries/files/docs/body/report-guinea-bissau-november-2016_fr.pdf.

21 Données de la Direction générale de la pêche artisanale. Adresse consultée: http://www.minpesca-gw.org/apresentacao.html.

22 Renseignements en ligne de la CSRP. Adresse consultée: http://www.spcsrp.org/pt/guin%C3%A9-bissau.

23 COFREPECHE, MRAG, NFDS et POSEIDON (2016), Évaluation rétrospective et prospective du protocole de l'accord de partenariat dans le secteur de la pêche entre l'Union européenne et la République de Guinée-*Bissau*. Contrat cadre MARE/2011/01 - Lot 3, Contrat spécifique n° 17. Bruxelles, 231 p. Adresse consultée: http://ec.europa.eu/fisheries/sites/fisheries/files/docs/body/report-guinea-bissau-november-2016_fr.pdf.

24 Chinese company to build new airport in Guinea-Bissau, Forum Macao. Adresse consultée: http://www.forumchinaplp.org.mo/portugues-empresa-chinesa-vai-construir-novo-aeroporto-na-guine-bissau. Voir aussi COFREPECHE, MRAG, NFDS et POSEIDON (2016), Évaluation rétrospective et prospective du protocole de l'accord de partenariat dans le secteur de la pêche entre l'Union européenne et la République de Guinée-*Bissau*. Contrat cadre MARE/2011/01 - Lot 3, Contrat spécifique n° 17. Bruxelles, 231 p. Adresse consultée: http://ec.europa.eu/fisheries/sites/fisheries/files/docs/body/report-guinea-bissau-november-2016_fr.pdf.

25 La Direction générale de la pêche industrielle (DGPI) délivre les licences de pêche pour les navires industriels étrangers et gère les accords de pêche; et la Direction générale de la pêche artisanale (DGPA) délivre les licences de pêche artisanale pour les navires nationaux et étrangers. Un Centre de recherche des pêches appliquée (CIPA) a été créé mais le décret devant définir ses champs de compétence n'est toujours pas adopté.

26 Un plan annuel de gestion des ressources halieutiques pour 2015 a également été adopté. Secretaria de Estado das Pescas e Economia Marítima (2014), Plano de Gestão das Pescas para o Ano 2015, décembre.

27 Le tonnage brut (Gross tonnage, GT en anglais) est l'unité de référence pour la jauge d'un navire en Guinée-Bissau aux termes des articles 64 (g) et 18 (2) du Décret-loi n° 10/11. Adresse consultée: http://faolex.fao.org/docs/pdf/gbs116923.pdf.

28 40 kg/GT de poissons ou 5 kg de crustacés par trimestre pour la pêche de crustacés; 70 kg de poissons ou 20 kg/GT de céphalopodes par trimestre pour la pêche céphalopodière; 50 kg de poissons/GT par trimestre pour la pêche pélagique; 100 kg de poissons/GT par trimestre pour la pêche démersale.

29 À l'exception de l'accord conclu avec le chinois ZGSC, les textes des accords ont été consultés à cette adresse: http://www.minpesca-gw.org/Acordos.html.

30 Plano Estratégico de Desenvolvimento das Pescas da Guiné-Bissau (2015–2020).

31 Protocole fixant les possibilités de pêche et la contrepartie financière prévues par l'Accord de partenariat de pêche entre la Communauté européenne et la République de Guinée-Bissau, paru au JOUE n° L/328 du 13 novembre 2014.

32 Bien que l'Accord de partenariat de pêche en vigueur ne soit pas *stricto sensu* dénommé APPD, le Règlement de base de la Politique Commune de la Pêche, en vigueur depuis 2014, prévoit à terme cette requalification pour tous les accords de partenariat de pêche.

33 "EU–Guinea-Bissau renew sustainable fisheries cooperation", Communiqué de presse du 24 novembre 2014. Adresse consultée: https://ec.europa.eu/fisheries/eu-%E2%80%93-guinea-bissau-renew-sustainable-fisheries-cooperation_en.

34 Le tonnage brut est l'unité de référence pour la jauge d'un navire selon le Décret-loi n° 10/11.

35 COFREPECHE, MRAG, NFDS et POSEIDON (2016), Évaluation rétrospective et prospective du protocole de l'accord de partenariat dans le secteur de la pêche entre l'Union européenne et la République de Guinée-*Bissau*. Contrat cadre MARE/2011/01 - Lot 3, Contrat spécifique n° 17. Bruxelles, 231 p. Adresse consultée: http://ec.europa.eu/fisheries/sites/fisheries/files/docs/body/report-guinea-bissau-november-2016_fr.pdf.

36 Les navires de l'association battent pavillon de: l'Équateur, le Curaçao, le Panama, les Kiribati, El Salvador, le Guatemala, les Seychelles et Cabo Verde. Voir COFREPECHE, MRAG, NFDS et POSEIDON (2016), Évaluation rétrospective et prospective du protocole de l'accord de partenariat dans le secteur de la pêche entre l'Union européenne et la République de Guinée-*Bissau*. Contrat cadre MARE/2011/01 - Lot 3, Contrat spécifique n° 17. Bruxelles, 231 p. Adresse consultée: http://ec.europa.eu/fisheries/sites/fisheries/files/docs/body/report-guinea-bissau-november-2016_fr.pdf.

37 Ces navires ne semblent pas capturer de thonidés. COFREPECHE, MRAG, NFDS et POSEIDON (2016), Évaluation rétrospective et prospective du protocole de l'accord de partenariat dans le secteur de la pêche entre l'Union européenne et la République de Guinée-*Bissau.* Contrat cadre MARE/2011/01 - Lot 3, Contrat spécifique n° 17. Bruxelles, 231 p. Adresse consultée: http://ec.europa.eu/fisheries/sites/fisheries/files/docs/body/report-guinea-bissau-november-2016_fr.pdf.

38 Document publié par le Ministère des pêches. Adresse consultée: http://www.minpesca-gw.org/RGB-CNFC.pdf.

39 Agritrade, "La Guinée-Bissau et l'UE relancent la procédure pour un APPD", 18 septembre 2014. Adresse consultée: http://agritrade.cta.int/fr/Peche/Sujets/Relations-ACP-UE-APP/La-Guinee-Bissau-et-l-UE-relancent-la-procedure-pour-un-APPD.

40 Renseignements en ligne de la CSRP. Adresse consultée: http://www.spcsrp.org/pt/guin%C3%A9-bissau.

41 Les licences de pêche délivrées par chacun des deux pays autorisent à opérer dans la zone conjointe.

42 C'est l'une des stratégies du Plan stratégique de développement des pêches (2015-2020).

43 OECD (2013),Guinée-Bissau - *Perspectives économiques en Afrique 2013: Transformation structurelle et ressources naturelles*, OECD Publishing, Paris.

44 BAfD, OCDE, PNUD (2016), *Perspectives économiques en Afrique 2016: Villes durables et transformation structurelle*, Éditions OCDE, Paris. Adresse consultée: http://dx.doi.org/10.1787/aeo-2016-fr.

45 Yannis Arvanitis (2014), "Ressources naturelles en Guinée-Bissau: partir du bon pied". Adresse consultée: https://www.afdb.org/fr/blogs/measuring-the-pulse-of-economic-transformation-in-west-africa/post/natural-resources-in-guinea-bissau-getting-it-right-from-the-start-13630/.

46 *NI 43-101 Technical Report on the Farim Phosphate Project, Guinea-Bissau,* Report n° 5036GB Minerals Limited, septembre 2015. Adresse consultée: http://gbminerals.com/_resources/NI_43-101_Technical_Report_on_the_Farim_Phosphate_Project_09_14_15.pdf.

47 Guinée-Bissau (2015), "Plan Guinée-Bissau 2025 Terra Ranka", Présentation donnée lors de la Table ronde des bailleurs, Bruxelles, 26 mars.

48 Directive C/DIR3/05/Q9.

49 En cas de non-réexportation des matériels, le titulaire doit s'acquitter de la taxe douanière en vigueur s'appliquant aux biens d'importation temporaire, sauf s'il obtient des réductions en cas d'importation permanente.

50 Yannis Arvanitis (2014), "Ressources naturelles en Guinée-Bissau: partir du bon pied". Adresse consultée: https://www.afdb.org/fr/blogs/measuring-the-pulse-of-economic-transformation-in-west-africa/post/natural-resources-in-guinea-bissau-getting-it-right-from-the-start-13630/.

51 Logistics and Supply Chain Management. Adresse consultée: http://gb.lscmltd.com/fr/zone-franche-lscm.html.

52 Information en ligne. Adresse consultée: http://www.energy-pedia.com/news/guinea-bissau/new-158533.

53 "Guinée-Bissau: Portplus et Petroguin signent pour l'exploration sur deux blocs au large", 25 novembre 2015. Adresse consultée: http://www.agenceecofin.com/exploration/2511-34092-guinee-bissau-portplus-et-petroguin-signent-pour-l-exploration-sur-deux-blocs-au-large.

54 Banque africaine de développement (2015), Guinée-Bissau - Document de stratégie pays 2015-2019, ORWA/SNFO. Adresse consultée: https://www.afdb.org/fileadmin/uploads/afdb/Documents/Project-and-Operations/Guin%c3%a9e-Bissau___Document_de_strat%c3%a9gie_pays_2015-2019.pdf.

55 Informations consultées à cette adresse: http://www.omvg.org/index.php/widgetkit.

56 "La Banque mondiale octroie 78 millions de dollars EU au réseau électrique de la Guinée-Bissau", 23 mars 2015. Adresse consultée: http://www.agenceecofin.com/hydroelectricite/2303-27546-la-banque-mondiale-octroie-78-millions-au-reseau-electrique-de-la-guinee-bissau.

57 BAfD, OCDE, PNUD (2016), *Perspectives économiques en Afrique 2016: Villes durables et transformation structurelle*, Éditions OCDE, Paris. Adresse consultée: http://dx.doi.org/10.1787/aeo-2016-fr.

58 Banque africaine de développement (2015), Guinée-Bissau - Document de stratégie pays 2015-2019, ORWA/SNFO. Adresse consultée: https://www.afdb.org/fileadmin/uploads/afdb/Documents/Project-and-Operations/Guin%c3%a9e-Bissau___Document_de_strat%c3%a9gie_pays_2015-2019.pdf.

59 BAfD, OCDE, PNUD (2016), *Perspectives économiques en Afrique 2016: Villes durables et transformation structurelle*, Éditions OCDE, Paris. Adresse consultée: http://dx.doi.org/10.1787/aeo-2016-fr.

60 BAfD, OCDE, PNUD (2016), *Perspectives économiques en Afrique 2016: Villes durables et transformation structurelle*, Éditions OCDE, Paris. Adresse consultée: http://dx.doi.org/10.1787/aeo-2016-fr.

61 Banque africaine de développement (2015), Guinée-Bissau - Document de stratégie pays 2015-2019, ORWA/SNFO. Adresse consultée: https://www.afdb.org/fileadmin/uploads/afdb/Documents/Project-and-Operations/Guin%c3%a9e-Bissau___Document_de_strat%c3%a9gie_pays_2015-2019.pdf.

62 Banco da União (BDU-SA), Ecobank-GB, Banco da Africa Ocidental (BAO-SA), Orabank (qui a remplacé la Banque régionale de solidarité (BRS)).

63 BCEAO (2016), Évaluation du système bancaire: bancarisation, emplois, ressources et conditions des banques, Direction nationale pour la Guinée-Bissau.

64 Conformément à La loi portant réglementation des SFD, adoptée le 6 avril 2007 par le Conseil des ministres de l'Union.

65 BAfD, OCDE, PNUD (2016), *Perspectives économiques en Afrique 2016: Villes durables et transformation structurelle*, Éditions OCDE, Paris. Adresse consultée: http://dx.doi.org/10.1787/aeo-2016-fr.

66 BAfD, OCDE, PNUD (2016), *Perspectives économiques en Afrique 2016: Villes durables et transformation structurelle*, Éditions OCDE, Paris. Adresse consultée: http://dx.doi.org/10.1787/aeo-2016-fr.

67 Les tarifs appliqués par les différents opérateurs sont disponibles sur le site de l'ARN: www.arn.gw.

68 Site Internet de l'ARN. Adresse consultée: www.arn.gw.

69 Le texte du projet a été consulté à cette adresse: http://arn.gw/consulta-publica/.

70 Décret n° 8/2012. Adresse consultée: http://arn.gw/activeapp/wp-content/uploads/2015/03/BOLETIM-sup-n°43.pdf.

71 "France Télécom Orange annonce la mise en service du câble sous-marin ACE pour les 13 premiers pays", 19 décembre 2012. Adresse consultée: https://www.ace-submarinecable.com/ace/media/ace_fr/UPL389171684192165237_CP_Orange_ACE_FR_191212.pdf.

72 "Africa: Guinea-Bissau seeks to privatise Guiné Telecom", The Economist Intelligence Unit, 22 novembre 2013. Adresse consultée: http://www.eiu.com/industry/article/61266790/africa-guinea-bissau-seeks-to-privatise-guine-telecom/2014-01-16.

73 Agência de Notícias da Guiné, "Guiné-Bissau – Empresa "Net sem Fios" já cobre toda a capital domingo", Baía da Lusofonia, 3 janvier 2016. Adresse consultée: http://baiadalusofonia.blogspot.ch/2016/01/guine-bissau-empresa-net-sem-fios-ja.html.

74 "Orange switches on LTE network in Guinea-Bissau", Telegeography, 4 janvier 2016. Adresse consultée: https://www.telegeography.com/products/commsupdate/articles/2016/01/04/orange-switches-on-lte-network-in-guinea-bissau/.

75 Décret n° 17/2011 du 25 février 2011 transposant les dispositions de l'Acte additionnel A/SA 6/01/07 de la CEDEAO relatif au service universel, et la Directive n° 04/2006/CM/UEMOA relative au service universel de l'UEMOA.

76 Banque africaine de développement (2015), Guinée-Bissau - Document de stratégie pays 2015-2019, ORWA/SNFO. Adresse consultée: https://www.afdb.org/fileadmin/uploads/afdb/Documents/Project-and-Operations/Guin%c3%a9e-Bissau___Document_de_strat%c3%a9gie_pays_2015-2019.pdf.

77 *Plano Estratégico de Desenvolvimento das Pescas da Guiné-Bissau (2015–2020).*

78 BOAD, Communiqué de presse. Adresse consultée: http://www.boad.org/sites/default/files/cpbissau120712_1.pdf.

79 Un Institut maritime portuaire, sous tutelle du Secretariat d'État aux transports et aux communications, a été créé en 2011.

80 Décret n° 3-A/2005 créant l'Agence d'aviation civile de la Guinée-Bissau. Ce décret transpose les dispositions de la Directive n° 1/2004/CMUEMOA (rapport commun, p. 83).

81 Cette proposition a été consultée sur le site de l'AAC-GB à cette adresse: http://www.aacgb.gw/wp-content/themes/aac-gb/docs/Proposta_de_revisao_do_Codigo_Aereo_da_Guine-Bissau.pdf.

82 Information en ligne. Adresse consultée: http://www.icao.int/safety/scan/PlansOfAction/Bissau_%20plan%20daction%20Revised%2018-02-13_RD_Final%20_26%20February%202013.pdf#search=Guin%C3%A9e%20Bissau.

83 Fiche technique Guinée-Bissau, Joana Benzinho, Marta Rosa, décembre 2015. Adresse consultée: http://eeas.europa.eu/archives/delegations/guinea_bissau/documents/press_corner/20160215_guide_guinee-bissau_union_europeenne_afectos_fr.pdf.

84 Plano Director de Turismo e Zonamento Turístico.

85 Le site Internet créé à cet effet est: www.discoverbijagos.org.

86 Décrets n° 33/89 du 27 décembre 1989; n° 62-C/92 de décembre 1992 et n° 62-D/92 du 30 décembre 1992.

Appendice - tableaux

Tableau A1.1 Structure des importations, 2011-2015

	2011	2012	2013	2014	2015
Monde (millions de $EU)	**325,4**	**309,7**	**322,7**	**412,5**	**293,6**
Monde (millions d'€)	**234,1**	**241,0**	**243,0**	**310,9**	**264,8**
	(Part en pourcentage)				
Produits primaires, total	**51,7**	**50,7**	**59,1**	**62,4**	**51,0**
Agriculture	38,3	32,5	40,2	32,5	36,1
Produits alimentaires	36,9	30,7	38,9	31,7	35,3
0423 - Riz semi-blanchi, même poli, glacé, étuvé ou converti	12,2	9,6	7,8	5,6	7,8
0989 - Préparations alimentaires, n.d.a.	1,8	1,9	5,4	3,3	4,8
0985 - Préparations pour soupes, potages ou bouillons	0,6	1,3	1,8	2,8	3,5
4222 - Huile de palme et ses fractions	1,3	1,7	2,8	1,6	3,3
Matières premières agricoles	1,4	1,9	1,3	0,8	0,8
Industries extractives	13,5	18,1	18,9	29,9	14,9
Minerais et autres minéraux	0,1	0,3	0,1	0,1	0,1
Métaux non ferreux	0,2	0,0	0,1	0,2	0,5
Combustibles	13,2	17,8	18,7	29,7	14,4
Produits manufacturés	**47,0**	**48,3**	**40,3**	**37,0**	**48,2**
Fer et acier	7,6	10,9	6,4	5,0	4,9
Produits chimiques	6,4	5,6	7,3	6,3	10,4
5751 - Polymères du propylène ou d'autres oléfines	0,3	0,3	0,5	0,2	2,9
Autres demi-produits	9,0	8,2	8,2	6,8	11,0
6612 - Ciments hydrauliques, même colorés	4,0	3,6	3,8	2,2	2,7
6911 - Constructions et parties de constructions	0,6	0,6	1,0	1,0	2,1
Machines et matériel de transport	17,2	17,6	12,6	11,7	14,5
Machines pour la production d'énergie	2,4	1,8	0,7	0,8	0,5
Autres machines non électriques	4,0	5,5	3,7	3,0	3,3
Tracteurs et machines agricoles	0,3	0,4	0,2	0,4	0,6
Machines de bureau et matériel de télécommunication	4,2	2,9	2,5	3,0	4,0
Autres machines électriques	2,0	2,8	1,7	2,0	2,5
Produits de l'industrie automobile	3,8	3,6	2,9	2,3	3,6
Autres matériel de transport	0,9	1,0	1,1	0,6	0,6
Textiles	1,8	1,5	0,6	1,3	1,6
Vêtements	0,4	0,6	0,3	0,5	0,5
Autres biens de consommation	4,6	4,0	5,0	5,3	5,3
Autres	**1,2**	**1,0**	**0,7**	**0,6**	**0,8**

Source: Calculs du Secrétariat de l'OMC, basés sur les données miroirs extraites de Comtrade, DSNU (CTCI Rev.3).

Tableau A1.2 Structure des exportations, 2011-2015

	2011	2012	2013	2014	2015
Monde (millions de $EU)	**385,4**	**180,9**	**303,4**	**265,2**	**285,2**
Monde (millions d'€)	**277,2**	**140,8**	**228,5**	**199,9**	**257,2**
	(Part en pourcentage)				
Produits primaires, total	**97,8**	**96,8**	**97,5**	**98,3**	**98,3**
Agriculture	78,0	95,1	94,6	97,7	98,0
Produits alimentaires	75,3	87,1	90,7	78,6	91,8
0577 - Fruits à coque comestibles, frais ou secs	69,2	82,8	65,2	71,3	82,2
0342 - Poissons congelés	2,8	3,5	22,9	6,5	7,7
Matières premières agricoles	2,7	8,0	3,9	19,1	6,2
2475 - Bois autres que de conifères, bruts ou équarris, mais non traités à la peinture	1,1	3,4	3,3	18,8	6,2
Industries extractives	19,8	1,7	2,9	0,6	0,2
Minerais et autres minéraux	6,4	1,3	2,9	0,6	0,2
Métaux non ferreux	0,0	0,0	0,0	0,0	0,0
Combustibles	13,3	0,4	0,0	0,0	0,0
Produits manufacturés	**2,2**	**0,8**	**1,2**	**1,6**	**0,3**
Fer et acier	0,0	0,0	0,0	0,0	0,0
Produits chimiques	1,4	0,2	0,0	1,2	0,0
Autres demi-produits	0,2	0,1	0,0	0,1	0,0
Machines et matériel de transport	0,5	0,4	0,1	0,2	0,2
Machines pour la production d'énergie	0,0	0,0	0,0	0,0	0,0
Autres machines non électriques	0,3	0,2	0,0	0,0	0,0
Machines de bureau et matériel de télécommunication	0,0	0,0	0,0	0,0	0,0
Autres machines électriques	0,1	0,1	0,0	0,1	0,1
Produits de l'industrie automobile	0,0	0,0	0,0	0,0	0,1
Autres matériel de transport	0,0	0,0	0,0	0,0	0,0
Textiles	0,0	0,0	0,0	0,0	0,0
Vêtements	0,0	0,0	0,0	0,0	0,0
Autres biens de consommation	0,1	0,1	1,0	0,0	0,0
Autres	**0,0**	**2,4**	**1,3**	**0,1**	**1,5**
9710 - Or, à usage non monétaire (à l'exclusion des minerais et concentrés d'or)	0,0	2,3	0,0	0,0	1,4

Source: Calculs du Secrétariat de l'OMC, basés sur les données miroirs extraites de Comtrade, DSNU (CTCI Rev.3).

Tableau A1.3 Provenance des importations, 2011-2015

	2011	2012	2013	2014	2015
Monde (millions de $EU)	**325,4**	**309,7**	**322,7**	**412,5**	**293,6**
Monde (millions d'€)	**234,1**	**241,0**	**243,0**	**310,9**	**264,8**
	(Part en pourcentage)				
Amérique	7,7	8,9	3,9	2,1	2,4
États-Unis	3,6	6,8	2,1	0,7	0,7
Autres pays d'Amérique	4,0	2,1	1,8	1,4	1,7
Brésil	2,7	0,9	1,5	0,6	1,0
Europe	45,6	44,6	44,2	53,3	46,0
UE-28	44,4	43,1	42,1	51,7	44,1
Portugal	27,5	29,7	28,7	20,9	27,8
Espagne	2,8	2,6	3,8	4,3	5,6
Pays-Bas	3,4	2,8	3,2	2,3	3,2
France	3,0	2,6	2,3	3,0	2,5
Belgique	1,8	1,9	1,0	2,1	1,1
Allemagne	2,1	0,6	0,7	0,8	1,0
Suède	1,0	0,5	0,3	0,3	0,9
Pologne	0,9	0,4	0,7	0,8	0,8
AELE	0,4	0,8	0,5	0,1	0,1
Autres pays d'Europe	0,8	0,7	1,7	1,5	1,8
Turquie	0,8	0,7	1,7	1,5	1,8
Communauté des États indépendants (CEI)	0,1	0,0	0,0	0,0	0,0
Afrique	27,9	29,0	32,6	26,2	25,2
Sénégal	19,6	22,5	28,3	21,9	22,9
Maroc	2,0	1,6	1,4	1,1	0,9
Moyen-Orient	2,4	2,2	2,8	2,9	5,5
Arabie saoudite, Royaume d'	0,6	0,4	0,5	0,6	3,5
Émirats arabes unis	1,6	1,5	2,0	2,0	1,7
Asie	16,4	15,3	16,5	15,4	21,0
Chine	4,6	5,1	3,7	4,2	6,6
Japon	0,3	0,1	0,0	0,6	0,1
Autres pays d'Asie	11,6	10,1	12,8	10,6	14,3
Pakistan	2,9	3,2	1,5	2,7	4,4
Inde	2,2	3,6	5,2	4,3	3,9
Malaisie	1,4	0,7	1,5	1,2	1,5
Indonésie	0,4	0,6	1,5	1,2	1,4
Thaïlande	1,1	0,3	0,1	0,3	1,3
Viet Nam	2,3	1,3	2,6	0,5	0,8
Pour mémoire:					
UEMOA	19,9	23,0	28,4	22,1	23,8
CEDAO[a]	23,8	26,6	30,1	24,2	23,9

a Y compris les États membres de l'UEMOA.

Source: Calculs du Secrétariat de l'OMC, basés sur les données miroirs extraites de Comtrade, DSNU (CTCI Rev.3).

Tableau A1.4 Destination des exportations, 2011-2015

	2011	2012	2013	2014	2015
Monde (millions de $EU)	**385,4**	**180,9**	**303,4**	**265,2**	**285,2**
Monde (millions d'€)	**277,2**	**140,8**	**228,5**	**199,9**	**257,2**
			(Part en pourcentage)		
Amérique	3,3	2,8	1,1	0,2	0,2
États-Unis	0,1	0,0	1,1	0,0	0,0
Autres pays d'Amérique	3,3	2,7	0,0	0,2	0,2
Brésil	3,2	2,7	0,0	0,0	0,2
Europe	1,6	6,9	0,7	1,9	1,4
UE-28	1,6	4,2	0,7	1,7	0,8
Italie	0,0	0,1	0,0	0,0	0,4
Pays-Bas	0,0	0,0	0,0	1,2	0,2
Portugal	0,1	0,0	0,1	0,1	0,1
Espagne	1,1	3,2	0,4	0,0	0,1
France	0,0	0,7	0,0	0,2	0,0
AELE	0,0	2,4	0,0	0,0	0,0
Autres pays d'Europe	0,0	0,3	0,0	0,2	0,6
Turquie	0,0	0,3	0,0	0,2	0,5
Communauté des États indépendants (CEI)	0,0	0,0	0,1	0,0	0,0
Afrique	3,1	3,7	26,7	6,5	8,1
Togo	2,4	3,1	5,0	5,1	4,9
Côte d'Ivoire	0,4	0,3	1,7	0,0	1,0
Angola	0,0	0,1	0,1	0,0	1,0
Bénin	0,0	0,0	0,6	0,2	0,6
Cameroun	0,0	0,0	2,0	0,9	0,6
Sénégal	0,0	0,0	0,0	0,0	0,0
Cabo Verde	0,1	0,1	0,0	0,0	0,0
Moyen-Orient	0,1	0,1	0,0	0,2	1,8
Émirats arabes unis	0,0	0,0	0,0	0,0	1,4
Jordanie	0,0	0,0	0,0	0,0	0,3
Asie	91,9	86,5	71,4	91,1	88,6
Chine	1,1	3,7	5,5	18,8	6,2
Japon	0,0	0,0	0,0	0,2	0,2
Autres pays d'Asie	90,8	82,8	65,9	72,1	82,1
Inde	77,3	68,5	45,0	60,6	70,6
Viet Nam	10,6	13,8	20,5	10,7	11,2
Singapour	0,0	0,0	0,0	0,0	0,3
Corée, République de	0,0	0,1	0,0	0,1	0,1
Pour mémoire:					
UEMOA	2,8	3,4	7,3	5,3	6,4
CEDAO[a]	3,0	3,6	24,6	5,3	6,5

a Y compris les États membres de l'UEMOA.

Source: Calculs du Secrétariat de l'OMC, basés sur les données miroirs extraites de Comtrade, DSNU (CTCI Rev.3).

Mali

Environnement économique

PRINCIPALES CARACTÉRISTIQUES DE L'ÉCONOMIE

Le Mali est un pays moins avancé (PMA) couvrant 1 241 238 km², avec une population de 17,6 millions d'habitants en 2015. Il partage des frontières avec sept pays et ne dispose d'aucun accès à la mer. Les ports de Dakar et d'Abidjan, par où passe l'essentiel de son trafic international, sont distants de 1 200 km environ de sa capitale et principal centre économique, Bamako. Le pays est arrosé par les fleuves Niger et Sénégal, deux grands fleuves favorables au transport.

Le Mali dispose d'un certain nombre d'atouts économiques, dont notamment ses richesses minières, ainsi que ses vastes potentialités agricoles. En effet, le sous-sol malien renferme d'importants gisements parmi lesquels l'or, le phosphate, le sel gemme, le pétrole, le calcaire, la bauxite, le fer, le manganèse, le gypse, l'uranium, et le marbre. L'or représente la première exportation (devant le coton et le bétail sur pied).

Le climat des affaires s'est récemment amélioré sur la base de l'indicateur *Doing Business* de la Banque mondiale, qui a classé le pays au 141ème rang sur 190 en 2017, contre 153ème sur 183 en 2011. Ceci s'explique notamment par la facilitation des procédures de création d'entreprise, d'obtention de permis de construire et de transfert de propriété.[1]

En dépit des progrès enregistrés depuis 2011, l'Indice de développement humain (IDH) du Mali demeure faible. En effet, selon le Rapport sur le développement humain du PNUD pour 2015, son IDH était de 0,42 en 2014 contre 0,36 en 2011, ce qui le place au 179ème rang sur 188.[2]

Au cours de la période d'examen, la part de l'agriculture dans le PIB a progressivement augmenté au détriment des industries manufacturières (tableau 1.1). L'économie malienne reste peu diversifiée et dépendante dans une large mesure du secteur primaire, qui demeure tributaire des conditions climatiques pour l'agriculture, ainsi que des cours de l'or et du coton qui sont les principales productions du pays. En outre, le secteur agricole (élevage et pêche inclus) qui emploie près de 80% de la population active[3], continue de reposer sur des moyens rudimentaires qui limitent la productivité et les revenus des agriculteurs. Le secteur des services est également important et contribue à un peu moins de la moitié du PIB; il est tiré notamment par les services de commerce et les services de transports et de télécommunications. Le secteur manufacturier est encore embryonnaire et offre des possibilités de diversification économique; il est dominé par les industries agroalimentaires et les activités de métallurgie et fonderie.

Le secteur informel continue d'occuper une place cruciale dans l'économie du Mali. Il contribuerait à environ 55% du PIB, et représenterait près de 98% du secteur primaire et 66% du secteur tertiaire.[4] Au Mali, les envois de fonds des travailleurs migrants constituent une importante source de revenu pour une grande partie de la population.

Le Mali est membre de l'Union monétaire ouest-africain (UEMOA) et de la communauté économique des États de l'Afrique de l'ouest (CEDEAO). Sa politique monétaire et de change relèvent de la Banque centrale des États de l'Afrique de l'ouest; la monnaie commune aux pays de l'UEMOA est le franc de la Communauté financière africaine (Franc CFA), rattaché à l'euro selon la parité fixe de 655,957 FCFA pour 1 euro (rapport commun, p. 35). Dans le cadre de leur surveillance multilatérale, les pays de l'UEMOA ont établi plusieurs critères de convergence présentés dans la p. 35 du rapport commun.

ÉVOLUTION ÉCONOMIQUE RÉCENTE

Au cours de la période d'examen, les performances économiques du Mali ont été rythmées par des chocs naturels et des troubles institutionnels. En effet, le pays a connu une grave crise socio-politique en 2012 et 2013, occasionnée d'une part par l'occupation d'une partie de son territoire par des groupes armés et, d'autre part, par un coup d'État militaire. Le processus du retour à l'ordre constitutionnel, avec l'appui de la communauté internationale, s'est concrétisé à travers les élections du Président de la République et de l'Assemblée nationale en 2013. En outre, grâce à l'"Accord pour la paix et la réconciliation au Mali", signé en 2015, la situation politique s'est stabilisée, mais la situation sécuritaire demeure fragile.

Après une croissance annuelle de son PIB de l'ordre de 5,4% en 2010, du fait principalement des bonnes performances du secteur agricole, celle-ci a légèrement ralenti en 2011 pour s'établir à 3,2%. En 2012, l'économie malienne a connu une contraction de 0,8% (tableau 1.1). Cet important repli s'explique par un épisode de sécheresse, exacerbé par une série de troubles socio-politiques et la détérioration de la situation sécuritaire au nord du pays qui ont occasionné une baisse des activités économiques. Outre la baisse de la production agricole, les services, notamment le commerce, l'hôtellerie et la restauration, ont été durement touchés. La décision prise par les partenaires au développement de suspendre la totalité de l'appui budgétaire et de ralentir une grande partie de l'aide aux projets a aussi entraîné une contraction des investissements publics.

Après une légère reprise en 2013, le Mali a renoué avec la croissance économique en 2014 avec un taux de croissance de 7%. En effet, l'amélioration de la situation sécuritaire et la reprise de l'aide des bailleurs

Tableau 1.1 Principaux indicateurs macroéconomiques, 2009-2016

	2009	2010	2011	2012	2013	2014	2015	2016
PIB en prix courants (millions de $EU)	10 181,0	10 678,8	12 978,1	12 442,7	13 245,8	14 388,4	13 038,0	14 000,1
PIB en prix courants (millions d'€)[a]	7 328,7	8 062,9	9 335,9	9 684,1	9 976,2	10 845,0	11 755,8	12 656,6
PIB nominal par habitant ($EU)	692,8	704,1	829,8	772,2	798,3	842,1	740,8	778,0
PIB nominal par habitant (€)	498,7	531,6	597,0	601,0	601,3	634,7	667,9	703,3
PIB en prix constants (variations %)	4,7	5,4	3,2	-0,8	2,3	7,0	6,0	5,4
Population (millions)	14,6	15,1	15,5	16,0	16,5	17,0	17,5	18,0
Population rurale (% de la population totale)	64,8	64,0	63,2	62,4	61,6	60,9	60,1	59,3
Chômage (% de la population active totale)	9,4	7,3	6,9	6,9	7,3	8,2	8,1	8,1
Inflation (IPC - variation %)	2,5	1,1	2,9	5,4	-0,6	0,9	1,4	-1,8
PIB par type de dépense, prix constants (variation %)								
Dépenses de consommation final	..	12,6	2,1	-0,2	2,1	7,6	6,0	4,5
Consommation privée	..	13,6	0,2	2,9	1,3	8,6	5,6	4,0
Consommation publique	..	7,4	12,2	-14,5	6,2	2,0	8,1	7,0
Formation brute de capital fixe (FBCF)	..	10,7	15,1	-24,1	15,9	5,2	7,5	6,9
Exportations de marchandises et services	-11,1	-0,2	6,2	8,8	2,5	1,1	4,7	4,0
Importations de marchandises et services	-4,7	26,7	5,5	-5,3	5,9	5,5	5,7	3,5
Répartition du PIB aux prix courant de base (% du PIB)								
Agriculture, élevage, sylviculture et pêche	34,6	35,4	37,0	40,7	39,2	39,8	40,4	40,3
Agriculture	15,9	16,8	18,2	20,1	17,5	18,7	19,7	20,2
Élevage et chasse	13,7	14,0	14,4	15,7	16,5	16,0	15,6	15,1
Sylviculture	2,1	1,9	2,0	2,0	2,2	2,1	2,1	2,1
Pêche	2,9	2,7	2,5	2,9	3,0	2,9	2,9	2,9
Activités extractives	0,6	0,8	0,5	0,6	0,6	0,6	0,6	0,6
Industries manufacturières	18,1	16,3	15,3	17,2	15,0	15,2	14,0	13,4
Métallurgie fonderie (OR)	9,8	8,9	8,7	10,9	7,8	7,1	6,8	6,2
Électricité, gaz et eau	0,5	0,5	0,5	0,2	0,4	0,4	0,4	0,4
Bâtiments et travaux publics	8,4	8,1	6,7	4,1	4,8	4,9	4,9	5,0
Services	39,5	40,3	41,2	38,6	41,2	40,4	41,0	41,5
Commerce, service réparation	11,1	11,8	12,0	11,8	12,3	11,8	11,7	12,1
Transports et communications	5,9	5,7	5,0	4,9	5,8	5,9	6,0	6,2
Activités financières	2,0	2,0	1,9	2,1	2,0	2,0	1,9	1,9
Activités immobiliers et services aux entreprises	4,6	4,4	3,9	3,6	3,9	3,8	3,8	3,8
Administration publique	9,2	9,9	12,5	11,0	11,5	11,3	11,9	11,8
Autres services	6,8	6,5	5,9	5,2	5,7	5,7	5,7	5,6
SIFIM Service d'intermédiation financière indirectement mesuré	-1,6	-1,4	-1,2	-1,5	-1,3	-1,2	-1,2	-1,2
Secteur extérieur								
Compte courant (% PIB courant)	-6,4	-11,1	-5,1	-2,2	-2,8	-4,7	-5,3	-2,7
Balance des biens (%	-2,1	-6,2	-2,6	0,9	-1,9	-3,5	-3,6	-0,5

	2009	2010	2011	2012	2013	2014	2015	2016
PIB courant)								
Balance des services (% PIB courant)	-4,7	-6,0	-5,5	-5,8	-13,1	-11,9	-12,0	-11,7
Solde global (% PIB courant)	-7,4	-3,7	-4,3	-3,1	-2,3	-1,0	-1,5	-1,4
Réserves totales, excluant l'or (millions de $EU)	130,9	129,2	128,8	129,4	133,8	123,0	110,0	123,6
FCFA par $EU (moyenne annuelle)	472,2	495,3	471,9	510,5	494,0	494,4	591,4	593,0
Taux de change effectif nominal (2000 = 100)	117,9	113,5	114,9	112,7	116,8	120,3	116,8	119,2
Taux de change effectif réel (2000=100)	117,4	111,3	111,9	112,5	113,0	115,0	110,9	110,1
Dette extérieure concessionnelle (millions de $EU)	1,938,3	2,192,6	2,430,7	2,683,7	2,980,4	3,022,7	3,258,2	..
Dette extérieure, total (millions de $EU)	2,210,3	2,455,8	2,921,9	3,056,2	3,423,8	3,429,5	3,668,3	..
Dette concessionnelle/ dette totale (%)	87,7	89,3	83,2	87,8	87,1	88,1	88,8	..
Finances publiques (% PIB marchand courant)								
Recettes totales et dons	18,6	17,5	17,2	14,6	17,6	17,0	19,2	21,6
Recettes totales hors dons	15,1	15,2	14,2	14,5	14,5	14,8	16,5	20,0
Recettes courantes	15,1	13,8	12,6	12,8	12,9	14,2	..	15,5
Recettes fiscales	13,0	12,9	11,9	11,9	13,2	12,5	14,0	14,9
Impôts sur le commerce extérieur	..	..	..	..	1,7	1,6	1,8	..
Dons	4,0	2,3	3,2	0,2	3,1	2,2	2,7	1,6
Dépenses totales et prêts nets	22,8	20,2	20,4	14,8	19,7	20,0	21,4	25,5
Dépenses courantes	11,4	11,3	11,6	10,7	12,2	11,9	12,1	12,2
Dépenses en capital	9,5	7,1	7,2	2,7	6,0	6,5	7,5	8,9
Prêts nets	0,4	0,3	-0,1	0,1	-0,1	-0,1	-0,1	-0,1
Solde courant	3,7	2,5	1,0	2,1	0,6	2,2	..	3,3
Solde globale hors dons	-7,8	-5,0	-6,6	-1,3	-5,2	-5,2	-4,9	-5,5
Solde globale	-3,7	-2,7	-3,4	-1,1	-2,2	-3,0	-2,2	-3,9
Variation des arriérés	0,0	-0,5	-0,2	-0,3	-0,2	-0,7	-0,4	0,0
Solde global base caisse	-4,3	-2,7	-3,1	-1,0	-2,5	-2,5	-2,5	-3,9
Besoin de financement:								
Financement extérieur	3,8	2,4	2,2	0,1	1,5	1,0	1,7	1,3
Financement intérieur	0,5	1,8	0,9	0,4	0,9	1,5	0,8	2,6
Dette publique extérieure	..	..	..	..	..	..	..	..

.. Non disponible.

a Le franc CFA commun aux pays de l'UEMOA est rattaché à l'euro au cours de: 1€ = 655,96.

Source: IMF eLibrary-Data online information; Banque mondiale online information; Banque centrale des États de l'Afrique de l'ouest, Annuaire statistique 2015; et INSTAT Mali information en ligne.

de fonds ont contribué à ramener la confiance. L'activité économique a bien repris, y compris dans les sous-secteurs de services les plus touchés par la crise (commerce, hôtels et restaurants). L'économie malienne a en outre profité d'une pluviométrie qui a favorisé la production, ainsi que du dynamisme du secteur des télécommunications, avec l'octroi récent d'une troisième licence de téléphonie mobile (p. 311). Toutefois, les années 2015 et 2016 ont été marquées par un léger ralentissement de l'activité économique, avec des taux de croissance du PIB évalués à 6% et 5,4% respectivement du fait de la mauvaise performance du secteur agricole, en particulier de la filière coton.

En tant que membre de l'UEMOA, le Mali applique la politique monétaire conduite par la Banque centrale des États de l'Afrique de l'ouest (BCEAO) dont le principal objectif est la stabilité des prix (rapport commun, p. 35).

Le taux d'inflation au Mali est resté dans les limites du seuil de convergence communautaire de 3%, à l'exception de l'année 2012 au cours de laquelle les mauvaises récoltes ont entraîné une flambée des prix des denrées alimentaires. Le Mali a connu une déflation en 2013, du fait d'une baisse importante des prix des produits alimentaires, avant de renouer avec une hausse progressive des prix en 2014 et 2015. En 2016, une bonne disponibilité des denrées alimentaires et la baisse des prix des hydrocarbures ont abouti à une nouvelle contraction des prix.

La troisième génération du Cadre stratégique pour la croissance et la réduction de la pauvreté 2012-2017 (CSCRP III), adoptée fin 2011, a servi de base à l'ensemble des politiques et stratégies de développement du Mali. Pendant sa mise en œuvre, elle a été complétée par le Plan d'actions prioritaires (PAP) pour 2012–2017, le Plan d'actions prioritaires d'urgence (PAPU) et le Plan pour la relance durable (PRED) pour 2013-2014. En 2016, le gouvernement a reformulé et prolongé le CSCRP III par un nouveau document, le Cadre stratégique pour la relance économique et le développement durable (CREDD) qui devra servir de cadre de référence aux politiques économiques et financières pour la période de 2016-2018. Au demeurant, si entre 2012 et 2013, les effets de la crise semblent avoir contribué à accroître la pauvreté, avec une incidence passée de 42,7% à 47,1%, la reprise économique amorcée en 2014 a permis un recul du taux de pauvreté, qui s'est établi à 46,9% en 2014.[5]

Dans le cadre des réformes au titre du CSRPIII et des dialogues avec le FMI sous la facilité élargie de crédit, la politique budgétaire du Mali insiste sur la nécessité de mobiliser les recettes intérieures, de financer les dépenses prioritaires (éducation, santé et aménagement du territoire national) et de réduire au minimum le recours au financement intérieur. Le déficit budgétaire, qui s'était amélioré en 2010 (2,7% du PIB) grâce aux entrées des ressources issues de la privatisation de la SOTELMA, s'est aggravé en 2011 en atteignant 3,4% du PIB, avant de connaître une forte baisse pour se situer à 1,1% du PIB en 2012. En effet, le gouvernement a réagi aux épisodes de crises sociopolitiques en compensant la perte de recettes par des réductions de dépenses, notamment les dépenses d'investissements publics et les subventions aux produits pétroliers et au gaz de cuisine (p. 305), et en accumulant des arriérés de payement. Après la contraction budgétaire de 2012, le déficit a progressivement augmenté jusqu'en 2014, avant de s'améliorer en 2015 (tableau 1.1).

Depuis 2013, avec le retour des bailleurs de fonds, les efforts budgétaires cadrent avec les différents programmes stratégiques du gouvernement. À cette fin, les autorités sont déterminées à maintenir les dépenses sociales (santé, éducation et développement social) au-dessus d'un certain plancher. Pour suivre cette cadence et faire face à l'augmentation des dépenses d'équipement tout en stabilisant le solde budgétaire, les réformes actuelles des administrations fiscale et douanière visent à accroître le rendement des impôts en renforçant le respect des obligations fiscales, en rationalisant les procédures et en améliorant la coopération entre les agences et les directions concernées pour mieux réduire la fraude fiscale. Le programme budgétaire du gouvernement continue de contribuer à la reprise par le règlement du solde des arriérés et la limitation du recours au financement par les banques et les marchés.

Le compte courant extérieur demeure déficitaire, à l'image du solde du commerce des biens et des services (tableau 1.2). Le déficit a connu une aggravation importante en 2010 (11% du PIB), du fait de la chute brutale des exportations d'or et de la hausse de la valeur des importations de produits pétroliers. Toutefois, il s'est atténué pour s'établir à 5,1% du PIB en 2011. La contraction des activités économiques après le coup d'État de mars 2012 a conduit à sa baisse à environ 2,2% du PIB. Depuis 2013, le déficit du compte courant s'est régulièrement creusé au rythme de la reprise économique et de l'aide publique au développement. En 2014 et 2015, il a atteint 4,7% et 5,3% du PIB respectivement, suite à la baisse des cours de l'or et de l'augmentation des importations concomitante à la reprise économique. Toutefois, en 2016, il s'est amélioré notablement du fait d'un rebond des exportations et d'un recul de la valeur des importations imputable à la chute des cours des produits pétroliers.

Le stock de la dette extérieure a connu une croissance régulière pendant la période d'examen. Alors qu'il se situait à 2,2 milliards de dollars EU en 2009, il a atteint 3,6 milliards de dollars EU en 2015 (environ 25% du PIB). La dernière analyse de viabilité de la dette, par les services du FMI, indique cependant un risque de surendettement modéré pour le Mali.[6]

Les perspectives économiques du Mali semblent favorables. En effet, la croissance devrait se situer à 5,0% en 2017, soutenue en partie par une augmentation de l'investissement public et une aide accrue des bailleurs de fonds.[7] Elle devrait être tirée principalement par les secteurs agricole et tertiaire. L'inflation sera inférieure à la norme de la BCEAO en 2017, à condition que la pluviométrie soit favorable. Le déficit des transactions courantes (dons compris) devrait se détériorer pour atteindre 5,2% en 2017, du fait notamment de la baisse de la production d'or. De bonnes perspectives qui pourraient néanmoins être compromises par de mauvaises conditions pluviométriques, la baisse des cours de l'or et la fragilité de la situation sécuritaire dans le pays.

RÉSULTATS COMMERCIAUX

La part du commerce des biens et services dans le PIB a connu des variations de 2009 à 2011, avant d'entamer une tendance à la baisse. En effet, elle est passée d'environ 59% en 2012 à 51% en 2015, notamment du fait d'un fléchissement simultané des importations et des exportations.

Tableau 1.2 Balance des paiements, 2009-2016

(Millions d'euros)

	2009	2010	2011	2012	2013	2014	2015	2016
Balance des transactions courantes	-471,4	-898,5	-472,1	-212,4	-282,2	-509,3	-628,8	-341,6
Balance des biens et services	-492,3	-988,0	-755,5	-472,9	-1 489,3	-1 679,1	-1 836,9	-1 545,2
Balance des biens	-151,2	-501,9	-239,5	86,9	-187,1	-383,1	-428,8	-61,1
Exportations f.a.b.	1 275,7	1 549,8	1 719,2	2 335,8	2 164,0	2 095,0	2 449,5	2 858,6
Importations f.a.b.	1 426,9	2 051,7	1 958,5	2 248,9	2 351,2	2 478,1	2 878,4	2 919,7
Balance des services	-341,0	-486,2	-516,0	-559,8	-1 302,2	-1 296,0	-1 408,1	-1 484,2
Crédit	256,1	289,7	295,6	268,5	322,7	343,9	390,3	374,0
Transport	14,1	5,5	7,3	2,0	1,1	2,9	12,7	..
Voyages	138,0	154,6	151,4	110,4	134,5	159,8	167,6	163,7
Débit	597,1	775,8	811,6	828,3	1 625,0	1 639,9	1 798,4	1 858,0
Transport	331,1	467,3	511,0	523,5	552,8	528,8	599,2	..
Voyages	73,1	83,7	85,7	79,4	88,7	108,5	135,1	..
Revenu primaire	-329,3	-316,3	-332,2	-358,0	-325,8	-289,7	-266,5	-378,2
Intérêts sur la dette	-18,9	-19,8	-26,1	-27,3	-28,1	-26,2	-35,5	-39,9
Revenu secondaire	350,2	405,8	615,6	618,6	1 532,9	1 459,2	1 474,6	1 581,8
Administrations publiques	125,5	149,6	123,5	44,2	953,4	868,7	827,6	947,6
Autres secteurs	224,6	256,3	492,0	574,4	579,5	590,6	647,0	634,2
Transferts des fonds des migrants	305,1	330,4	326,5	560,1	645,5	578,7	614,5	612,7
Compte de capital	296,4	190,1	281,0	81,4	197,1	173,9	308,6	195,4
Compte financier	-612,7	-648,1	-161,6	-148,5	-210,2	-170,7	-246,9	327,9
Investissement direct	-539,4	-300,9	-397,0	-297,3	-229,7	-108,1	-174,1	-183,2
Investissement de portefeuille	-44,5	-29,0	-28,1	-7,9	-0,8	-135,5	-97,1	-132,0
Autres investissements	-28,7	-318,2	263,4	156,7	20,3	72,9	24,3	643,2
Erreurs et omissions nettes	-53,4	29,0	-38,4	-16,0	-27,4	-38,0	-58,7	0,0
Solde global	384,2	-31,3	-68,0	1,7	97,7	-202,8	-132,0	-474,1

.. Non disponible.

Source: Banque centrale des États de l'Afrique de l'ouest.

Les chiffres officiels du commerce des biens dénotent une tendance à la hausse des exportations au cours de la période 2010-2015, suivie d'un léger fléchissement en 2016 (tableaux A1.1. et A1.3). L'évolution des exportations maliennes est généralement rythmée par les performances dans les mines et les filières cotonnières, ainsi que par les cours de leurs produits sur les marchés. Au cours de la période d'Examen, la structure des exportations est restée dominée par les produits de base, notamment l'or, suivi de loin par le coton (tableau A1.1 et graphique 1.1).La hausse des exportations d'or est consécutive à l'accroissement de la production dans plusieurs mines existantes et au démarrage de nouveaux projets miniers.

Après un léger fléchissement entre 2010-2011, les importations de marchandises ont aussi connu une hausse régulière de 2011 à 2015 avant un léger repli en 2016 (tableaux A1.2 et A1.4). Les importations sont beaucoup plus diversifiées et comprennent principalement les produits alimentaires (notamment le riz et le sucre), les combustibles, les produits manufacturés, les machines et matériel de transport, et les produits chimiques (tableau A1.2 et graphique 1.1). En général, le Mali importe la plupart de ses biens alimentaires et d'équipement.

La répartition des marchés d'exportation du Mali n'a pas significativement changé depuis le dernier examen. L'Afrique du Sud qui absorbe l'essentiel de l'or malien,

Graphique 1.1 Structure du commerce des marchandises par section et chapitre important du SH, 2010 et 2016

2010 **2016**

Exportations

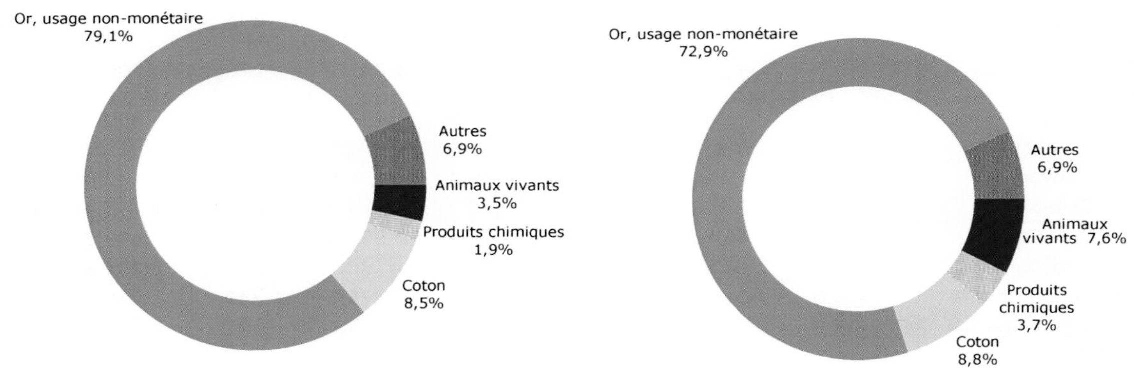

Total: 1 508,0 millions d'€ **Total: 2 717,3 millions d'€**

Importations

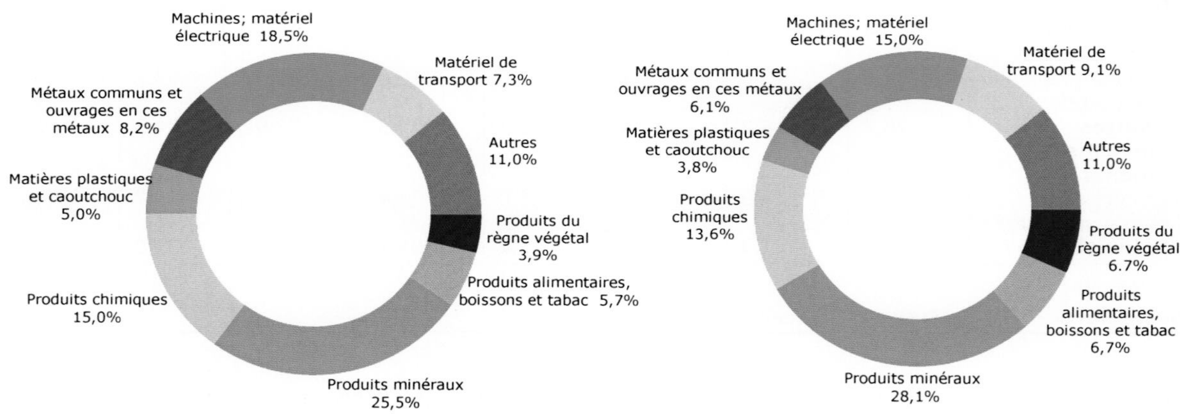

Total: 2 586,7 millions d'€ **Total: 3 476,1 millions d'€**

Source: Calculs du Secrétariat de l'OMC basés sur les données fournies par les autorités du Mali.

Graphique 1.2 Direction du commerce des marchandises, 2010 et 2016

2010 **2016**

Exportations

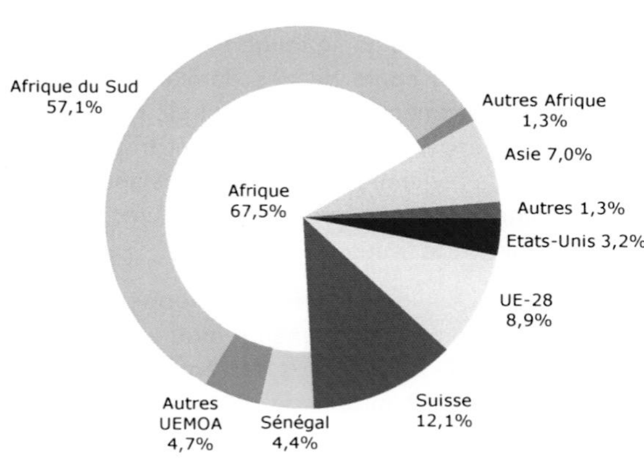

Total: 1 508,0 millions d'€

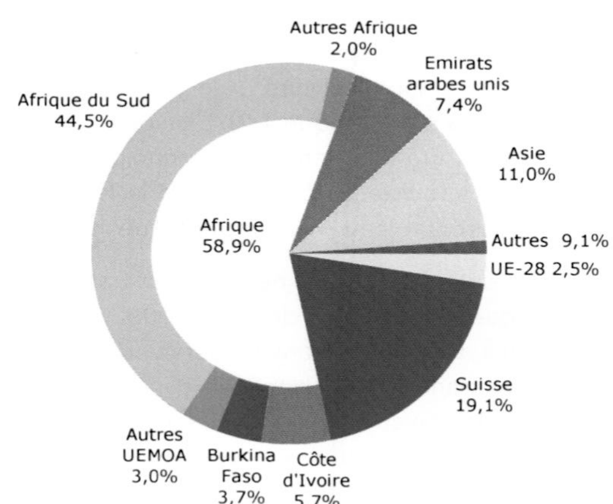

Total: 2 717,3 millions d'€

Importations

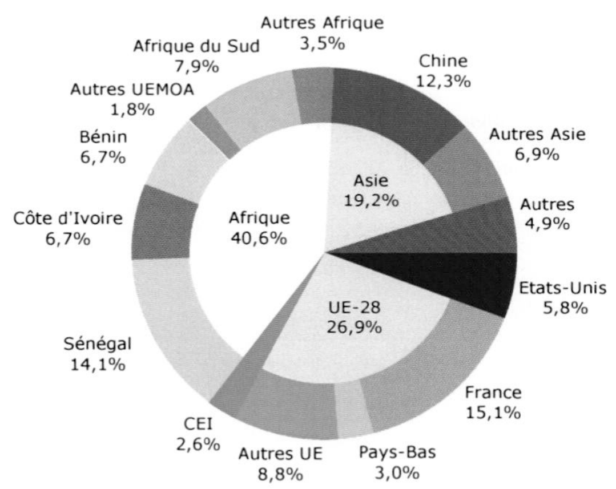

Total: 2 586,7 millions d'€

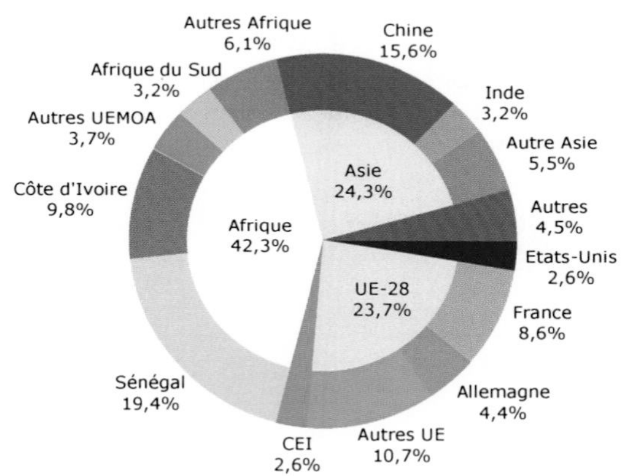

Total: 3 476,1 millions d'€

Source: Base de données comtrade de la DSNU (CTCI Rev.3).

Tableau 1.3 Investissement étrangers directs, 2009-2016

(Millions de dollars EU)

	2009	2010	2011	2012	2013	2014	2015	2016
Flux entrant	748,3	405,9	556,1	397,9	307,9	144,0	152,9	..
Flux sortant	-1,0	7,4	4,4	16,0	2,9	0,6	1,4	..
Stock entrant	1 882,8	1 963,6	2 419,1	2 875,3	3 325,2	3 059,1	2 893,3	..
Stock sortant	10,6	17,6	21,1	37,9	42,6	38,1	35,6	..

.. Non disponible.

Source: Information en ligne UNCTADSTAT.

demeure la principale destination pour les exportations. De 2010 à 2014, sa demande représenta plus de la moitié des exportations maliennes, avant une chute de celle-ci sous la barre des 50% des exportations de biens. La part relative des exportations chinoises a également baissé en 2015 et 2016. L'Union européenne est la deuxième destination des exportations, suivie par la Suisse dont la demande relative a significativement augmenté en 2015 et 2016. Les autres destinations des exportations maliennes restent, pour l'essentiel inchangées, avec le Sénégal, la Côte d'Ivoire et le Burkina Faso en tête (tableau A1.3 et graphique 1.2). L'Union européenne, en particulier la France, demeure la principale source des importations, suivie du Sénégal, de la Chine, et de la Côte d'Ivoire (tableau A1.4 et graphique 1.2).

Le Mali est importateur net de services; son déficit a presque quadruplé depuis 2009 (tableau 1.2). L'essentiel des importations de services porte sur le fret et les assurances. Des services d'ingénierie en faveur des grands travaux des sociétés minières sont aussi importants. Les principales entrées au titre du commerce des services portent sur les activités touristiques.

INVESTISSEMENT ÉTRANGER DIRECT

Les investissements étrangers sont dirigés, dans une grande mesure, vers la construction d'infrastructure, les industries d'extraction minière et les télécommunications. La privatisation de la Société des télécommunications du Mali (SOTELMA) avait également créé un afflux d'IED en 2009.

Une diversification des secteurs bénéficiaires des investissements étrangers est tout de même perceptible au cours de ces dernières années. Ainsi, des investissements étrangers ont été réalisés dans les activités bancaires; les bâtiments et travaux publiques (BTP); et le commerce. Par ailleurs, les secteurs comme l'industrie manufacturière et l'agriculture, montrent une très faible attractivité.

Les crises sociopolitiques ont stoppé la dynamique haussière des investissements étrangers observée de 2009 à 2011. En effet, les flux entrants ont fortement baissé, de 556,1 millions en 2011 à 152,9 millions en 2015 (tableau 1.3).

Notes de fin

1 Information en ligne. Adresse consultée: http://www.doingbusiness.org/data/exploreeconomies/mali.

2 Information en ligne. Adresse consultée: http://hdr.undp.org/sites/default/files/2015_human_development_report_overview_-_fr.pdf.

3 Information en ligne. Adresse consultée: http://www.afd.fr/home/pays/afrique/geo-afr/mali/axes-strategiques-mali/agriculture-pastoralisme.

4 Information en ligne. Adresse consultée: http://www.instat-mali.org/contenu/pub/compnat99-13_pub.pdf.

5 Information en ligne. Adresse consultée: http://www.africaneconomicoutlook.org/fr/notes-pays/mali.

6 Information en ligne. Adresse consultée: http://www.imf.org/external/pubs/cat/longres.aspx?sk=44445.0.

7 Information en ligne. Adresse consultée: http://www.imf.org/external/french/pubs/ft/scr/2016/cr1606f.pdf.

Régimes de commerce et d'investissement

CADRE GÉNÉRAL

Le contexte juridique et institutionnel global du Mali n'a pas substantiellement évolué depuis le dernier Examen de ses politiques commerciales. La Constitution de 1992 proclame expressément la séparation des pouvoirs. Le Président de la République, ainsi que les parlementaires sont élus au suffrage universel direct.

Le Président de la République est élu pour un mandat de cinq ans, renouvelable une seule fois. Il nomme les autres membres du gouvernement. L'actuel Président est au pouvoir depuis 2013.

L'Assemblée nationale, composée de 147 députés élus pour cinq ans renouvelables, exerce le pouvoir législatif et le contrôle des actions du gouvernement. Les dernières élections législatives ont eu lieu en 2013. Les lois votées par l'Assemblée nationale sont transmises au Président de la République qui les promulgue avant leur publication au Journal officiel. Dans certaines circonstances, le gouvernement peut légiférer par ordonnance pendant une période limitée.

Le pouvoir judiciaire est exercé par la Cour suprême qui se trouve au sommet de l'ordre judiciaire; et par les cours d'appel, les tribunaux de première instance, de commerce et des justices de paix.

Les traités et accords internationaux signés et ratifiés par le Mali ont force de loi, sous réserve de leur application par les autres parties; ils sont supérieurs aux textes juridiques nationaux. Sur le plan interne, la Constitution demeure la norme juridique suprême. Elle vient dans l'ordre avant les lois, les ordonnances, les décrets et les arrêtés. Pendant la période d'Examen, le Mali a adopté un certain nombre de lois relatives au commerce et/ou à l'investissement (tableau 2.1).

FORMULATION ET OBJECTIFS DE LA POLITIQUE COMMERCIALE

Le Ministère en charge du commerce est responsable, à titre principal, de la conception, de l'évaluation et de la mise en application de la politique commerciale, y compris les aspects commerciaux des accords bilatéraux, plurilatéraux et multilatéraux. Au sein du Ministère, la Direction générale en charge du commerce élabore la réglementation nationale en matière de commerce, de la concurrence et de la protection du consommateur.[1] En outre, elle assure le secrétariat de la Commission nationale des négociations commerciales (CNNC).

D'autres ministères sont également impliqués dans la formulation et la mise en application de la politique commerciale. Ainsi, le Ministère en charge de l'économie joue un rôle important dans les questions de politique commerciale à travers la Direction générale des douanes placée sous son autorité. Le Ministre en charge des affaires étrangères assure la participation du Mali aux activités de l'Union africaine et la coopération entre les ACP et l'UE. Par ailleurs, plusieurs ministères en charge des questions sectorielles sont également impliqués dans la conception et la mise en œuvre de la politique commerciale du Mali.

Les organisations du secteur privé sont en général associées, sur une base ad hoc, à l'élaboration, la mise en œuvre et le suivi de la politique commerciale. La Chambre de commerce et d'industrie du Mali (CCIM),

Tableau 2.1 Textes de lois et règlements nationaux afférents au commerce et à l'investissement

Domaine	Instrument/texte
Investissement	Loi n° 2012-016 du 27 février 2012 portant Code des investissements au Mali
Taxes intérieures	Loi n° 2011-078 du 23 décembre 2011 portant adoption du budget de l'État au titre de l'exercice portant adoption du budget de l'État au titre de l'exercice budgétaire 2012
Taxes intérieures	Décret n° 2015-0548-P-RM du 6 août 2015 fixant les taux en matière d'Impôt spécial sur certains produits
Promotion des exportations	Loi n° 2011-032 du 24 juin 2011 portant création de l'Agence pour la promotion des exportations du Mali (APEX-Mali)
Politique de la concurrence	Loi n° 2016-006 du 24 février 2016 portant organisation de la concurrence
Protection du consommateur	Loi n° 2015-036 du 16 juillet 2015 portant protection du consommateur et son Décret n° 2016-0482-P-RM du 7 juillet 2016
Marchés publics	Décret n° 2015-0604/P-RM du 25 septembre 2015 portant sur le code des marchés publics et des délégations de services publics et son Arrêté n° 2015-3721/MEF-SG du 22/10/15
Politique agricole	Décret n° 10-574-/P-RM du 26 octobre 2010
Industries extractives et énergie	Loi n° 2012-015 du 27 février 2012 portant Code minier
Industries extractives et énergie	Loi n° 2015-035 du 16 juillet 2015 portant organisation de la recherche, de l'exploitation et du transport des hydrocarbures
Industries extractives et énergie	Décret n° 2014-0866/P-RM du 26 novembre 2014
Télécommunications	Décret n° 2011-373/P-RM du 17 juin 2011 fixant la procédure d'octroi de la 3eme Licence d'établissement et d'exploitation de réseaux et services de télécommunication

Source: Secrétariat de l'OMC.

Tableau 2.2 Notifications soumises par le Mali à l'OMC, 2010-2016

Prescription	Document de l'OMC	Contenu
Pratiques antidumping, article 16.4 et 16.5	G/ADP/N/193/MLI du 17 mars 2010	Notification au titre de l'article 16.4 et 16.5 de l'accord.
GATT 1994, article VII – article 22.2	G/VAL/N/1/MLI/1 du 14 janvier 2013	Notification au titre de l'article 22 de l'accord sur la mise en œuvre de l'article VII de l'Accord général sur les tarifs douaniers et le commerce de 1994
GATT 1994, article VII, Annexe III, para. IV; GATT 1994, article XXVIII:5	G/MA/314 du 16 décembre 2014	Recours aux dispositions du paragraphe 5 de l'article XXVIII
GATT 1994, article XVII:4 a)	G/STR/N/1/MLI, G/STR/N/4/MLI, G/STR/N/7/MLI, G/STR/N/10/MLI, G/STR/N/11/MLI, G/STR/N/12/MLI du 4 mars 2013; G/STR/N/13/MLI, G/STR/N/14/MLI du 5 mars 2013; G/STR/N/15/MLI du 31 janvier 2014; G/STR/N/16/MLI du 15 novembre 2016	Nouvelle notification complète au titre de l'article XVII:4 a)du GATT 1994 et au paragraphe 1 du Mémorandum d'accord sur l'interprétation de l'Article XVII
GATT 1994, Article XVII:4 a)	G/STR/N/2/MLI, G/STR/N/3/MLI, G/STR/N/5/MLI, G/STR/N/6/MLI, G/STR/N/8/MLI, G/STR/N/9/MLI du 5 mars 2013	Notification de mise à jour conformément à l'Article XVII:4 a)du GATT 1994 et au paragraphe 1 du Mémorandum d'accord sur l'interprétation de l'Article XVII
IAE article 5	G/PSI/N/1/Rev.1 du 11 octobre 2012	Notification au titre de l'article 5 sur l'inspection avant expédition, Révision
LIC article 7.3	G/LIC/N/3/MLI/3 du 28 septembre 2012; G/LIC/N/3/MLI/4 13 août 2013; G/LIC/N/3/MLI/5 du 10 avril 2014; G/LIC/N/3/MLI/6 du 23 septembre 2014; G/LIC/N/3/MLI/7 du 10 mars 2016; G/LIC/N/3/MLI/8 du 29 novembre 2016	Notification au titre de l'article 7:3 de l'accord sur les procédures de licence d'importation
Agriculture, article 18:2, DS:1	G/AG/N/MLI/2 du 15 mai 2013; G/AG/N/MLI/5 du 17 juin 2014; G/AG/N/MLI/7 du 1er mars 2016; G/AG/N/MLI/8 du 10 février 2017	Notification en matière de soutien interne
Agriculture, article 10 et 18:2, ES:1	G/AG/N/MLI/1 du 14 décembre 2012; G/AG/N/MLI/3 du 16 août 2013; G/AG/N/MLI/4 du 10 avril 2014; G/AG/N/MLI/6 du 1er mars 2016; G/AG/N/MLI/9 du 13 février 2017	Notification en matière de subventions à l'exportation
OTC article 2.9	G/TBT/N/MLI/1 du 20 mars 2013; G/TBT/N/MLI/2 du 6 août 2013	Notification au titre de l'article 2.9.2
RO article 5 et 4 A.II	G/RO/N/89 du 18 mars 2013	Notification au titre du paragraphe 4 de l'annexe II de l'accord sur les règles d'origine
	G/RO/N/146 du 12 septembre 2016	Notification au titre de l'article 5 et du paragraphe 4 de l'annexe II de l'accord sur les règles d'origine
RO article 5.1	G/RO/N/116 du 11 juillet 2014	Notification au titre de l'article 5 de l'accord sur les règles d'origine
RA (G/L/59)	G/MA/QR/N/MLI/1 du 15 mai 2013	Notification présentée conformément à la décision sur les procédures de notification des restrictions quantitatives

Prescription	Document de l'OMC	Contenu
SG article 12.6	G/SG/N/1/MLI/1 du 8 février 2013	Notifications des lois, réglementations et procédures administratives relatives aux mesures de sauvegarde
SMC article 25.1, article XVI:4	G/SCM/N/220/MLI du 8 février 2013; G/SCM/N/253/MLI du 13 août 2013	Nouvelle notification complète présentée conformément à l'article XVI:4 du GATT de 1994 et à l'article 25 de l'accord sur les subventions et les mesures compensatoires
SMC article 25.12	G/SCM/N/202/MLI du 20 mars 2015	Notification au titre de l'article 25.11 et 25.12 de l'accord sur les subventions et les mesures compensatoires
SMC article 32.6	G/SCM/N/1/MLI/1 du 11 février 2013	Notification des lois et réglementations au titre de l'article 32.6 de l'accord
SPS article 7, Annexe B	G/SPS/N/MLI/1 du 8 août 2013; G/SPS/N/MLI/2 du 8 août 2013; G/SPS/N/MLI/4 du 8 août 2013	Institution d'une autorisation de mise sur le marché des denrées alimentaires, des aliments pour animaux et des additifs alimentaires.
	G/SPS/N/MLI/3 du 8 août 2013	Détermination de la nature des aliments non soumis à l'Autorisation de Mise sur le Marché.
	G/SPS/N/MLI/5 du 8 août 2013	La loi régit les conditions de production, transformation et commercialisation du lait et des produits laitiers.
	G/SPS/N/MLI/6 du 8 août 2013	Modalités d'application des conditions de production, transformation et commercialisation du lait et des produits laitiers.
	G/SPS/N/MLI/7 du 8 août 2013	La loi institue le contrôle des denrées alimentaires d'origine animale et des aliments pour animaux.
	G/SPS/N/MLI/8 du 8 août 2013	Modalités d'application du contrôle des denrées alimentaires d'origine animale et des aliments pour animaux.
	G/SPS/N/MLI/9 du 9 août 2013	Perception d'un droit de visite sanitaire sur toute l'étendue du territoire du District de Bamako.
	G/SPS/N/MLI/10 du 9 août 2013	Interdiction de l'abattage des animaux domestiques et de la vente de leur viande en dehors des lieux et endroits légalement autorisés.
	G/SPS/N/MLI/11 du 9 août 2013	Règlementation de l'abattage et l'exportation de certaines catégories d'animaux de l'espèce bovine.
	G/SPS/N/MLI/12 du 9 août 2013	Interdiction de l'importation et du transit des oiseaux et produits avicoles provenant des pays considérés comme infectés par la grippe aviaire.
	G/SPS/N/MLI/13 du 9 août 2013	Modalités d'organisation et de fonctionnement du contrôle et du conditionnement des produits de la pêche du port de Mopti.
	G/SPS/N/MLI/14 du 9 août 2013	Conditionnement du poisson fumé et séché destiné à l'exportation.

Prescription	Document de l'OMC	Contenu
	G/SPS/N/MLI/15 du 9 août 2013	Utilisation de désinsectisants (bioresmétrine et gordona) pour le traitement du poisson séché et fumé au Mali.
	G/SPS/N/MLI/16 du 9 août 2013	Fixation du taux de redevance sur le conditionnement du poisson séché et fumé.
	G/SPS/N/MLI/17 du 9 août 2013	Création de normes de salubrité et de qualité des produits des pêches maliennes.
	G/SPS/N/MLI/18 du 9 août 2013	Autorisation de l'introduction et l'utilisation de désinsectisants pour le traitement de poisson fumé et séché.
	G/SPS/N/MLI/19 du 9 août 2013	Fixation du taux et des modalités de perception de la taxe de délivrance du certificat phytosanitaire et du permis d'importation des végétaux, produits végétaux et denrées alimentaires d'origine végétale.
	G/SPS/N/MLI/20 du 9 août 2013	Dispositions relatives à la répression des infractions à la police sanitaire des animaux sur le territoire de la République du Mali.
	G/SPS/N/MLI/21 du 9 août 2013	Modalités d'application des dispositions relatives à la répression des infractions à la police sanitaire des animaux sur le territoire de la République du Mali.

Source: Document de l'OMC.

placée sous la tutelle du Ministère en charge du commerce, peut proposer au gouvernement toute mesure propre à favoriser le développement des activités commerciales, industrielles et de services, et donner son avis sur les questions en la matière.[2] Celle-ci abrite depuis 2004 le Centre d'arbitrage et de conciliation, qui a pour fonction de statuer sur les différends relatifs au commerce, à l'industrie et aux prestations de services.

L'objectif général de la politique commerciale du Mali demeure la création d'un contexte propice au développement du commerce, en l'occurrence des exportations, et de l'investissement afin d'atteindre ses objectifs de croissance économique et de lutte contre la pauvreté, tels que définis dans la troisième génération du Cadre stratégique pour la croissance et la réduction de la pauvreté 2012-2017 (CSCRP) et récemment le CREDD. Selon les autorités, un document de politique de développement du commerce serait en cours d'élaboration. Le Mali participe au processus engagé à travers le Cadre intégré renforcé pour l'assistance technique en faveur des pays les moins avancés.

L'intégration économique régionale au sein de l'UEMOA et de la CEDEAO demeure un élément important de la politique commerciale du Mali (rapport commun, p. 44).

Le Mali dispose d'importantes potentialités de développement à l'exportation, principalement dans les filières suivantes: coton et textiles, fruits et agrumes, et artisanat commercial. Par ailleurs, le tourisme offre des opportunités notables de commerce de services.

ACCORDS ET ARRANGEMENTS COMMERCIAUX

OMC

Le Mali est Membre de l'OMC depuis le 31 mai 1995. Le statut de "Pays moins avancé" (PMA) lui est reconnu. Il n'est membre d'aucun accord plurilatéral conclu sous l'égide de l'OMC. Les concessions du Mali durant le Cycle d'Uruguay sont contenues dans la Liste XCIV pour ce qui concerne les marchandises, et dans le document GATS/SC/53 pour ce qui est des services.

Depuis 2010, les notifications du Mali à l'OMC demeurent limitées (tableau 2.2). La CNNC, présidée par le Ministère en charge du commerce, a pour mission principale de valider les notifications, de mener des actions afin de rendre les réglementations nationales conformes aux obligations à l'OMC, de suivre la mise en œuvre des engagements des pays membres de l'OMC *vis-à-vis* du Mali, d'examiner l'impact des dispositions de l'OMC sur l'économie du Mali, et d'explorer l'assistance que peut fournir l'OMC au Mali.[3] Elle regroupe les ministères impliqués dans la politique commerciale, la CCIM et les groupements ou syndicats professionnels. La Commission est composée de cinq sous-comités, chargés des questions liées à l'agriculture, à la douane et la facilitation des échanges, aux accords commerciaux régionaux, au commerce des services et aux ADPIC. En outre, un Comité de suivi de l'initiative sectorielle en faveur du coton est en charge du suivi spécifique du dossier coton.

Accords régionaux et préférentiels

Outre les préférences commerciales dans le cadre de l'UEMOA et de la CEDEAO, le Mali bénéficie de traitements préférentiels offerts par l'UE et les États-Unis (rapport commun, p. 44).

RÉGIME D'INVESTISSEMENT

Depuis son dernier Examen des politiques commerciales, le Mali poursuit ses efforts en vue d'encourager et promouvoir les investissements. Un nouveau Code des investissements est en place depuis 2012.[4] Il garantit un traitement identique aux nationaux et étrangers, sous réserve des dispositions contraires aux traités et accords conclus par le Mali. De même, il garantit le rapatriement des revenus de toute nature provenant des capitaux investis, y compris les dividendes et les produits de liquidation.

Le Code s'applique aux entreprises justifiant un taux de valeur ajoutée directe minimum de 35%. Les activités de négoce comme la revente en l'état de produits achetés à l'extérieur de l'entreprise sont expressément exclues de son champ d'application. Il en est de même des services financiers et de télécommunications. En outre, des avantages existent sous des régimes spécifiques, tels que le Code pétrolier, le Code minier et leurs textes d'application (p. 305). Les activités éligibles à ces codes spécifiques sont exclues du champ d'application du Code des investissements.

Le code offre des avantages sous des régimes privilégiés; des zones économiques spéciales; et sous divers régimes en faveur des entreprises valorisant les matières premières locales, ou utilisant l'innovation technologique, ainsi que les entreprises exportatrices et celles implantées dans les zones industrielles. Les régimes privilégiés sont au nombre de quatre (catégories A, B, C et D) et classés selon des conditions spécifiques; ils offrent aux entreprises nationales et étrangères des avantages douaniers et fiscaux. Des avantages

Tableau 2.3 Régimes privilégiés sous le Code des investissements

Catégories	Conditions spécifiques d'admission	Avantages en cas de création	Avantages en cas d'extension d'activités
A	Les investissements liés à une création d'activité nouvelle ou au développement d'activité existante dont le niveau est égal ou supérieur à 12 500 000 FCFA et inférieur ou égal à 250 millions FCFA hors taxes et hors besoin en fonds de roulement sont agréés au Régime A.	- exonération pendant 3 ans des droits et taxes à l'importation sur certains matériels, machines, outillages et leurs pièces de rechange. Les pièces de rechange sont admises en franchise des droits et taxes à l'importation dans une proportion de 10% de la valeur d'acquisition des biens d'équipement; - exonération pendant 3 ans de la taxe sur la valeur ajoutée dans le cadre du programme agrée; - exonération pendant 3 ans de la retenue IBIC et la TVA sur toute prestation d'assistance technique et de consultance; - réduction du taux de l'impôt sur les bénéfices industriels et commerciaux et de l'impôt sur la société (IBIC-IS) à 25% sur 7 ans non renouvelables; - exonération de l'impôt minimum forfaitaire pour tout exercice déficitaire pendant les 5 premières années d'exploitation.	- exonération pendant 2 ans des droits et taxes à l'importation sur les matériels, machines, outillages et leurs pièces de rechange qui ne sont ni produits, ni fabriqués au Mali et qui sont destinés de manière spécifique à la réalisation du programme agréé. Les pièces de rechange sont admises en franchise des droits et taxes à l'importation dans une proportion de 10% de la valeur d'acquisition des biens d'équipement; - exonération de la taxe sur la valeur ajoutée facturée par les fournisseurs locaux de biens, services et travaux nécessaires à la réalisation du programme agréé; - exonération de la retenue IBIC et de la retenue TVA sur toutes prestations d'assistance technique et de consultance.

Catégories	Conditions spécifiques d'admission	Avantages en cas de création	Avantages en cas d'extension d'activités
B	Les investissements liés à une création d'activité nouvelle ou au développement d'activité existante dont le niveau est supérieur à 250 millions FCFA et strictement inférieur à 1 milliard de FCFA hors taxes et hors besoin en fonds de roulement sont agréés au Régime B.	- exonération pendant 3 ans des droits et taxes à l'importation sur les matériels, machines, outillages et leurs pièces de rechange qui ne sont ni produits, ni fabriqués au Mali et qui sont destinés de manière spécifique à la réalisation du programme agréé. - exonération pendant 3 ans de la taxe sur la valeur ajoutée facturée par les fournisseurs locaux de biens, services et travaux nécessaires à la réalisation du programme agréé; - exonération pendant 3 ans de la retenue IBIC et de la retenue TVA sur toutes prestations d'assistance technique et de consultance; - réduction du taux de l'impôt sur les bénéfices industriels et commerciaux et de l'impôt sur les sociétés (IBIC-IS) à 25% sur 10 ans renouvelables. - exonération de l'impôt minimum forfaitaire pour tout exercice déficitaire pendant les 8 premières années d'exploitation.	- exonération pendant 2 ans des droits et taxes à l'importation sur certains matériels, machines, outillages et leurs pièces de rechange. Les pièces de rechange sont admises en franchise des droits et taxes à l'importation dans une proportion de 10% de la valeur d'acquisition des biens d'équipement; - exonération pendant 2 ans de la taxe sur la valeur ajoutée facturée par les fournisseurs locaux de biens, services et travaux nécessaires à la réalisation du programme agréé; - exonération pendant 2 ans de la retenue IBIC et de la retenue TVA sur toutes prestations d'assistance technique et de consultance.
C	Les investissements liés à une création d'activité nouvelle ou au développement d'activité existante dont le niveau est égal ou supérieur à 1 milliard de FCFA hors taxe et hors besoin en fond de roulement.	- exonération pendant 3 ans des droits et taxes à l'importation sur les matériels, machines, outillages et leurs pièces de rechange qui ne sont ni produits, ni fabriqués au Mali et qui sont destinés de manière spécifique à la réalisation du programme agréé. Les pièces de rechange sont admises en franchise des droits et taxes à l'importation dans une proportion de 10% de la valeur d'acquisition des biens d'équipement;	- exonération pendant 2 ans des droits et taxes à l'importation sur certains matériels, machines, outillages et leurs pièces de rechange. Les pièces de rechange sont admises en franchise des droits et taxes à l'importation dans une proportion de 10% de la valeur d'acquisition des biens d'équipement; - exonération pendant 2 ans de la taxe sur la valeur ajoutée facturée par les fournisseurs locaux de biens, services et travaux nécessaires à la réalisation du programme agréé;

Catégories	Conditions spécifiques d'admission	Avantages en cas de création	Avantages en cas d'extension d'activités
		- exonération pendant 3 ans de la taxe sur la valeur ajoutée facturée par les fournisseurs locaux de biens, services et travaux nécessaires à la réalisation du programme agréé; - exonération pendant 3 ans de la retenue IBIC et de la retenue TVA sur toutes prestations d'assistance technique et de consultance; - réduction du taux de l'impôt sur les bénéfices industriels et commerciaux et de l'impôt sur les sociétés (IBIC-IS) à 25% sur 15 ans renouvelables. - exonération de l'impôt minimum forfaitaire pour tout exercice déficitaire pendant les 10 premières années d'exploitation.	- exonération pendant 2 ans de la retenue IBIC et de la retenue TVA sur toutes prestations d'assistance technique et de consultance.
Régime de zones économiques spéciales	Installation du siège de l'entreprise dans une zone économique spéciale du Mali.	- exonération des droits et taxes à l'importation sur certains matériels, machines, outillages et leurs pièces de rechange. Les pièces de rechange sont admises en franchise des droits et taxes à l'importation dans une proportion de 10% de la valeur d'acquisition des biens d'équipement; - exonération de la TVA exigible à l'entrée sur certains matériels; Les pièces de rechange sont admises en franchise des droits et taxes à l'importation dans une proportion de 10% de la valeur d'acquisition des biens d'équipement.	- exonération de la taxe sur la valeur ajoutée facturée par les fournisseurs locaux de biens, services et travaux nécessaires à la réalisation du programme agréé; - exonération, pendant 3 ans, de la retenue IBIC et de la retenue TVA sur toutes prestations d'assistance technique et de consultance; - exonération des impôts, droits et taxes énumérés ci-après: • Impôts sur les bénéfices industriels et commerciaux et impôts sur les sociétés; • Contribution des patentes professionnelles; • Impôts sur les traitements et salaires (ITS); • Contribution forfaitaire à la charge des employeurs (CFE); • Taxe logement (TL); • Taxe emploi jeune (TEJ).

Source: Code des investissements.

sont en outre prévus pour les entreprises installées dans les zones économiques spéciales établies en principe par Décret (tableau 2.2). Toutefois, le Décret d'établissement des zones économiques spéciales n'a toujours pas été adopté.

Les entreprises effectuant des investissements d'un montant supérieur à 12,5 millions de FCFA, et dont la production est destinée à l'exportation, sont admises aux avantages des régimes privilégiés sous la "catégorie D". Elles bénéficient, sous le Code, des avantages suivants: exonération pendant une durée de 30 ans de tous impôts, droits et taxes liés à l'activité de production et de commercialisation, à l'exception de la TVA; la taxe sur les véhicules automobiles (vignette); l'impôt sur les traitements et salaires (ITS) y compris ceux du personnel expatrié; la contribution forfaitaire à la charge des employeurs (CFE); la taxe-logement (TL); la taxe-emploi jeune (TEJ); la taxe de formation professionnelle (TFP); et les cotisations sociales. Toutefois les entreprises agréées au Régime D peuvent écouler sur le marché local jusqu'à 20% de leur production; de telles ventes sont passibles des droits et taxes auxquels sont assujettis les produits similaires importés.

En plus des avantages prévus aux "Régimes A, B et C", les entreprises utilisant 60% au moins des matières premières locales bénéficient d'une réduction du taux de l'impôt sur les bénéfices industriels et commerciaux et de l'impôt sur les sociétés à 25% sur trois ans supplémentaires. Ce bénéfice s'accorde sur une année supplémentaire pour les entreprises utilisant l'innovation technologique et celles implantées en zone industrielle[5]; et sur deux ans pour les entreprises exportatrices.[6]

L'Agence pour la promotion des investissements au Mali (API-MALI) a pour mission d'encourager le développement des investissements directs et de contribuer au développement et à la régulation de zones industrielles. L'API-MALI est un établissement public à caractère administratif placée sous la tutelle du Ministère de l'industrie, des investissements et du commerce. L'API-MALI participe à des forums, des foires-expositions, et à des séminaires afin de faire la promotion des opportunités d'investissement au Mali.

Les dossiers de demande d'agrément au Code doivent être déposés au guichet unique de création d'entreprises, auprès de l'API-MALI. Le suivi des projets agréés au Code des investissements, le contrôle des avantages fiscaux et douaniers accordés, ainsi que celui des engagements souscrits par les investisseurs sont assurés par une Commission présidée par: la Direction en charge des industries pour les manufactures; la Direction nationale du tourisme et de l'hôtellerie pour les entreprises touristiques; et la Direction nationale du commerce et de la concurrence pour les entreprises prestataires de services. En outre, la Commission comprend: l'API-MALI, la Direction générale des impôts, la Direction générale des douanes, et la Direction nationale de l'assainissement et du contrôle de la pollution et de la nuisance. L'API-Mali, en rapport avec les autres structures impliquées, établit annuellement un rapport d'activités faisant le bilan de l'application du Code des investissements. En 2015, l'API-MALI a fait état de 95 entreprises agréées au Code des investissements, correspondant à une prévision de plus de 134 milliards de FCFA d'investissement et plus de 2 949 emplois.[7]

Notes de fin

1 Ordonnance n° 2017-013/PRM du 6 mars 2017.

2 Article 2 de la Loi n° 98-014 du 19 janvier 1998.

3 Décision n° 10/MICA-SG du 27 mars 1998.

4 Loi n° 2012-016 du 27 février 2012.

5 Est considérée comme entreprise utilisant l'innovation technologique, toute entreprise remplissant au moins l'une des conditions suivantes: a) investir au moins 5% de son chiffre d'affaires dans la recherche, ou faire de la recherche et développement en son sein; b) présenter un programme d'investissement visant à exploiter les résultats de recherche d'un organisme malien ou d'un chercheur malien indépendant.

6 Est considérée, dans le cadre du Code, comme entreprise exportatrice, toute entreprise exportant plus de 50% et moins de 80% de sa production.

7 Rapport d'activités pour 2015, API-Mali.

Politique et pratiques commerciales par mesure

MESURES AGISSANT DIRECTEMENT SUR LES IMPORTATIONS

Procédures, évaluation et prescriptions en douane

Les exigences d'enregistrement pour l'exercice du métier d'importateur sont restées globalement inchangées au cours de la période d'examen. Elles continuent d'être règlementées par le Décret n° 00-505/P-RM du 16 octobre 2000. Toute personne physique ou morale désirant exercer une activité de commerce extérieur doit s'immatriculer au registre du Commerce ou au répertoire des métiers. Les démarches requises s'accomplissent auprès de l'Agence pour la promotion des investissements (API-Mali). Le paiement d'une patente annuelle est en outre obligatoire auprès des services des impôts. Son taux est de 10% plus un droit fixe qui varie selon le chiffre d'affaires, l'activité et la zone géographique.

Pour toute importation, il est requis la levée d'une intention d'importation auprès de la DGCC. Cette démarche concerne toutes les importations, y compris celles sous régime suspensif.

L'essentiel des procédures douanières demeure inchangé depuis le dernier EPC du Mali. Un nouveau code des douanes serait sur le point d'être adopté en vue de remplacer celui en vigueur depuis le 1er janvier 2002.[1] Il prend en compte l'essentiel des dispositions du code communautaire de l'UEMOA.

Selon le Code des douanes, toute importation de marchandises doit faire l'objet d'une déclaration en douane au moyen d'un document intitulé Déclaration en détail unique (DDU); l'exemption des droits et taxes de porte ne dispense pas de cette obligation. Le dépôt de la déclaration en détail se fait exclusivement par l'intermédiaire de commissionnaires en douane agréés. Les conditions d'agrément des commissionnaires en douane sont harmonisées au sein de l'UEMOA (rapport commun, p. 50). L'agrément du Ministre en charge des douanes est nécessaire afin d'exercer l'activité de commissionnaire en douane; les personnes étrangères ne peuvent obtenir l'agrément qu'à condition de réciprocité pour les maliens dans leurs pays d'origine.

La DDU doit être accompagnée des documents suivants: une intention d'importation et une attestation de vérification au titre du programme de vérification des importations; et la facture d'achat, la déclaration des éléments de valeur, le certificat d'origine si nécessaire, et les autres documents usuels (assurance, qualité, identification fiscale de l'importateur).

Depuis le 1er août 2015, le Mali utilise le système douanier automatisé SYDONIA World. Selon les autorités, environ 95% des postes douaniers du pays sont connectés au réseau informatique. L'analyse des risques dans le cadre du dédouanement des marchandises est basée sur une méthode de gestion des risques qui prévoit trois circuits: vert (bon à enlever), jaune (contrôle documentaire) et rouge (contrôle physique des marchandises). De 2014 à 2016, environ 74% des importations de marchandises analysées ont été orientées vers le circuit rouge et 25% vers le circuit jaune. L'importance de la part des importations faisant l'objet du contrôle physique risquerait d'allonger le temps moyen de dédouanement. Selon le rapport *Doing Business* 2016 de la Banque mondiale, le délai moyen de dédouanement des marchandises est de 77 heures.[2]

Une procédure accélérée de dédouanement dite "enlèvement direct", une déclaration simplifiée ("D24"), est disponible pour certains types de marchandises comme les pièces détachées destinées à la remise rapide en état de matériel industriel et de chantier; les produits dangereux; les dons destinés à des services publics; les sérums et vaccins; ainsi que d'autres produits pharmaceutiques et denrées périssables. À ce jour, le Mali ne dispose pas d'un système formel d'opérateur économique agréé.

L'enlèvement des marchandises ne peut se faire qu'après la liquidation et l'acquittement de tous les droits et taxes, sauf en cas de crédit d'enlèvement ou d'un crédit des droits et taxes. En outre, les importateurs occasionnels sont tenus de s'acquitter du précompte dont le taux est fixé à 5% de la valeur c.a.f.

En matière de règlement des litiges douaniers portant sur le classement tarifaire, la valeur, ainsi que l'origine des marchandises, le Code des douanes prévoit la mise en place d'un Comité supérieur des tarifs à fournir. Toutefois, ce Comité peine à se mettre en place. Par conséquent, les cas de contestation de décisions de la douane sont traités par la Direction générale des douanes.

Le 20 janvier 2016, le Mali a ratifié l'Accord de l'OMC sur la facilitation des échanges. Toutefois, il n'a pas encore notifié à l'OMC la liste de ses mesures de la catégorie A de l'Accord.

Depuis 1989, le Mali continue de mettre en œuvre un Programme de vérification des importations (PVI); sa notification à l'OMC date de 1998.[3] Il porte sur toutes les marchandises à l'importation dont la valeur f.a.b. est supérieure ou égale 3 millions de FCFA, à l'exception de celles explicitement exemptées par arrêté.[4] L'inspection avant embarquement est confiée à la société BIVAC depuis janvier 2007. L'inspection porte sur la détermination de la valeur de la marchandise, la qualité et la quantité, ainsi que sa classification tarifaire. Après l'inspection des marchandises, BIVAC émet une attestation de vérification (ou "un avis de refus d'attestation") que les importateurs joignent à leurs dossiers pour la déclaration en douane. Toute importation, soumise ou non au PVI, est assujettie à la "contribution pour le PVI", qui est de 0,75% de la valeur f.a.b. des marchandises et à la charge de l'importateur.

En 2013, le Mali a notifié à l'OMC son système d'évaluation en douane.[5] Selon la notification, la réglementation de l'UEMOA relative à la valeur en douanes des marchandises demeure en vigueur au Mali. Cette réglementation reprend les dispositions de l'Accord sur l'évaluation en douane de l'OMC (rapport commun, p. 50). L'UEMOA maintient en outre un système communautaire de valeurs de référence, dont l'objectif serait "de lutter contre les fausses déclarations de valeur et la concurrence déloyale". Au Mali, l'arrêté n° 09 1030/MEF.SG du 5 mai 2009 fixe la liste des produits soumis à des valeurs de référence servant de base à la liquidation des droits et taxes de douane.[6] Les valeurs de référence sont révisables tous les six mois.

Règles d'origine

En 2016, le Mali a notifié à l'OMC qu'il n'appliquait pas de règles d'origine non-préférentielles.[7] En ce qui concerne les règles d'origine préférentielles, il a notifié qu'il appliquait celles de l'UEMOA qui ont été harmonisées avec les dispositions pertinentes de la CEDEAO (rapport commun, p. 50).[8]

Le Comité national d'agrément est en charge du traitement des demandes d'agréments au schéma préférentiel. En cas d'avis favorable, une décision d'agrément est délivrée par le directeur national en charge de l'industrie. Il existe un système de gestion informatisée à la Direction générale des douanes assurant une mise à jour régulière des agréments octroyés dans tous les États membres. Toutefois, du fait des lourdes procédures administratives préalables à l'obtention d'un certificat d'origine, l'admission sans droits de douane au Mali, des produits industriels d'origine communautaire, reste marginale.

En 2015, respectivement 77 entreprises et 298 produits maliens ont été agréés au régime préférentiel des échanges intracommunautaires, comparés à 49 entreprises et 207 produits en 2009 (rapport commun, tableau 3.5).

Prélèvements à la douane

Aperçu général

Le Mali applique le tarif extérieur commun (TEC) à cinq taux (zéro, 5%, 10%, 20% et la nouvelle bande de 35%) de la CEDEAO depuis le 1er janvier 2015. Il applique également, à titre transitoire, de 2015 à 2020, la "taxe d'ajustement à l'importation" (TAI) sur 176 lignes tarifaires à des taux allant de 5% à 15%. Ces taux de TAI devront être dégressifs sur la période transitoire. Le Mali n'applique pas pour l'instant la taxe complémentaire de protection prévue par les dispositions communautaires à des fins de sauvegarde (rapport commun, p. 50).

D'autres droits et taxes communautaires sont également prélevés sur les importations, à savoir: la redevance statistique (RS) de 1%; le prélèvement communautaire de la CEDEAO (PC) de 0,5% pour le compte de ladite communauté; et le prélèvement communautaire de solidarité (PCS) de 1% pour le compte de l'UEMOA (rapport commun, p. 50).

Consolidation

Les consolidations du Mali couvrent 40,6% de ses lignes tarifaires (rapport commun, tableau 3.9). Durant le Cycle de l'Uruguay, le Mali a consolidé au taux plafond de 60% son tarif sur tous les produits agricoles et sur quelques produits non agricoles.

Pour environ 621 lignes tarifaires consolidées, les taux appliqués sont supérieurs aux niveaux consolidés.

Le Mali a consolidé au taux de 50% les autres droits et taxes sur les produits couverts par ses consolidations tarifaires lors du Cycle de l'Uruguay.

Taxes intérieures

En général, le régime de la taxe sur la valeur ajoutée (TVA) est aligné sur la réglementation communautaire de l'UEMOA en la matière. Celle-ci n'a pas changé depuis le dernier examen des politiques commerciales du Mali (rapport commun, p. 61).

Le Mali applique la TVA au taux standard de 18% sur les ventes de la plupart des biens et services, y compris ceux qui sont importés. La Loi n° 2011-078 du 23 décembre 2011 a institué un taux réduit de 5% sur certains produits, ventes et prestations de services qui étaient préalablement exonérées de TVA. Ce sont, entre autres, les matériels agricoles et informatiques. Les exportations sont en outre soumises au régime du taux zéro. Les exonérations de la TVA portent notamment sur: les livraisons de médicaments et produits pharmaceutiques; les produits alimentaires non transformés et de première nécessité; les opérations bancaires et les prestations d'assurance et de réassurance qui sont soumises à une autre taxation (p. 311). La TVA sur les importations est calculée sur le prix c.a.f. majoré des droits de porte. La base de taxation des produits locaux est le prix de vente ou de cession.

Des droits d'accise appelés impôt spécial sur certains produits (ISCP) sont prélevés sur une liste de biens importés (y compris ceux en provenance de l'UEMOA) et produits localement. Une Ordonnance datant de 2015 a fixé ses taux entre 5 et 50%, au lieu de 3% à 45% en vigueur depuis 2005 (tableau 3.1).[9] La base imposable est le prix de cession ou de prestation, pour la production locale; et la valeur c.a.f. augmentée des droits de porte (sauf la TVA), pour les biens importés. Sur les produits pétroliers, les taux des droits d'accise varient de 5 à 125% de la valeur c.a.f.

Concessions de droits et taxes

Le régime des exemptions et concessions de droits et taxes n'a pas changé depuis le dernier examen. Le Mali accorde des franchises de droits de douane et de

Tableau 3.1 Impôt spécial sur certains produits (ISCP)

Produits	Taux (%)
Noix de cola	20
Boissons non alcoolisées à l'exclusion de l'eau	12
Boissons alcoolisées	50
Tabacs	
Cigarillos, cigarettes de luxe, cigarettes de la gamme 1, cigarettes de la gamme 2	32
Cigarettes de la gamme 3	22
Tabacs "homogénéisés" ou "reconstitués", autres	32
Armes et munitions:	
Armes	40
Munitions	40
Sachets en matière plastique biodégradable	10
Produits miniers:	
Marbre, lingots d'or	5
Véhicules:	
Véhicules de tourisme dont la puissance est supérieure ou égale à 13 chevaux	5

Source: Décret n° 2015-0548/P-RM du 6 août 2015.

taxes au titre des régimes douaniers suspensifs prévus par le Code des douanes, ainsi que des régimes de transformation (ou régimes économiques).

En outre, des exonérations de droits de douane et de taxes continuent d'être accordées aux entreprises agréées aux bénéfices du Code minier, du Code des investissements, du Code des produits pétroliers, ainsi que sous la Loi sur la promotion immobilière. Les importations réalisées au titre de marchés publics financés sur fonds extérieurs bénéficient, selon la convention conclue entre l'État du Mali et le bailleur de fonds, d'une prise en charge par l'État des droits d'entrée et des taxes intérieures.

En janvier 2010, le Mali a mis en place des mesures d'exonération de la TCI pour toute importation de trois tonnes de sucre sous réserve de l'achat d'une tonne de sucre de l'entreprise malienne Sukala.

Selon les autorités, le manque-à-gagner au titre des exonérations des droits et taxes (à l'exception de ceux prélevés au cordon douanier) est passé de 121 milliards de FCFA en 2011 à environ 228 milliards de FCFA en 2012.[10] En 2015 le total, y compris douanes, était de 305 milliards de FCFA.

Prohibitions et restrictions à l'importation et licences d'importation

Depuis 2012, le Mali a régulièrement notifié son régime de licences d'importation à l'OMC. Il en ressort que ce dernier n'a pas connu de changement au cours de la période d'examen. Il continue d'être appliqué conformément aux prescriptions du Décret n° 00-505/P-RM du 16 octobre 2000 et son arrêté d'application n° 09-788 du 7 avril 2009. Il ressort de la notification que le Mali n'applique pas de système de licence visant à administrer les quantités et les valeurs des produits importés. Toutefois, un document d'intention d'importation (la DDU) est exigé pour toutes les importations et selon les autorités, il n'est utilisé qu'à des fins statistiques.

L'Arrêté interministériel n° 2015-1535/MCI/MEF-SG du 5 juin 2015 établit deux régimes de prohibition – à titre absolu et à titre conditionnel (tableau 3.2). Par ailleurs, les viandes fraiches de volailles et de bovin restent prohibées à l'importation. La DGCC demeure l'autorité responsable du régime.

Mesures antidumping, compensatoires ou de sauvegarde

Selon les autorités, le Mali n'a jamais pris de mesures commerciales de circonstance. En outre, il ne dispose pas de cadre national légal en la matière. Un code communautaire de l'UEMOA est en vigueur dans tous les pays membres de l'union depuis 2004. Ce Code reprend intégralement les dispositions de l'accord OMC en la matière (rapport commun, p. 64).

Autres mesures

Le Mali applique les sanctions commerciales décidées dans le cadre de l'ONU ou des organisations régionales dont elle est membre. Le pays ne participe pas à des échanges compensés et n'a conclu aucun accord avec des gouvernements ou des entreprises étrangères en vue d'influencer la quantité ou la valeur des marchandises et services exportés vers son marché.

MESURES AGISSANT DIRECTEMENT SUR LES EXPORTATIONS

Procédures et prescriptions en douane

Les formalités d'enregistrement requises en matière d'importation de marchandises à des fins commerciales sont applicables également aux exportations (p. 293). Toute exportation doit obligatoirement donner lieu à une déclaration en douane.

Le Mali maintient l'obligation de rapatriement et de conversion des recettes.

Taxes, impositions et prélèvements à l'exportation

Un droit de timbre est prélevé sur les intentions d'exportations de coton et de lingots d'or. Il est prélevé à des taux variant par tranche.

Tableau 3.2 Produits soumis au régime de prohibition absolue ou conditionnelle, 2017

Produit	Document
Régime de prohibition absolue	
Stupéfiants et psychotropes	n.a.
Bromate de potassium non destiné aux laboratoires	n.a.
Tout produit alimentaire contenant le bromate de potassium	n.a.
La viande bovine et ses dérivés	n.a.
Les farines de viande, le sang et d'os destinés à l'alimentation des animaux	n.a.
Les pesticides non homologués	n.a.
Les huiles et équipements contenant les polychlorobiphényles (PCB)	n.a.
Les substances chimiques dangereuses	n.a.
Les produits étrangers portant une marque d'origine malienne	n.a.
Les produits alimentaires et médicaments à usage humain et vétérinaire périmés	n.a.
Les boissons alcoolisées dans des sachets plastiques	n.a.
Régime de prohibition conditionnelle	
Les médicaments à usage humain	Autorisation du Ministère de la santé
Les médicaments à usage vétérinaire	Autorisation conjointe des Ministères de la santé et de l'élevage
Bovins vivants, ovules et embryons de bovins	Autorisation du Ministère en charge de l'élevage
Le bromate de potassium pour les besoins des laboratoires	Autorisation du Ministère en charge de la santé
Les viandes autres que bovines et produits de chasse	Permis ou certificat sanitaire d'origine
Les additifs alimentaires	Liste établie par le Ministère de la santé
Le sel non iodé non destiné à l'alimentation humaine	Autorisation du Ministère du commerce
Les cigarettes, tabacs et autres produits du tabac	Autorisation du Ministère du commerce
Le transit de bétail ou l'importation d'animaux vivants autres que les bovins	Présentation d'un certificat zoo-sanitaire
Les semences de géniteur	Inscription au catalogue officiel national du pays d'importation et présentation d'un certificat zoo-sanitaire
Les végétaux	Présentation d'un permis ou d'un certificat phytosanitaire d'origine
Les semences végétales	Présentation d'un permis ou d'un certificat d'origine
Les véhicules automobiles d'un poids supérieur ou égal à 3,5 tonnes	Autorisation du Ministère des transports
Produits appauvrissant la couche d'ozone	Liste établie par le Ministère de l'environnement
Dichlorodiphényltricloréthane (DDT)	Autorisation du Ministère de l'environnement
Cyanure	Autorisation du Ministère des mines ou de la santé
Les armes et munitions	Autorisation des services de la défense
Les explosifs et les kits de leur mise en œuvre	Autorisation des services de la sécurité et du Ministère des mines
Les postes radio HF	Autorisation du Ministère chargé de la défense
Les postes radio VHF	Autorisation du Ministère chargé de la défense
Les postes de radio UHF-SOL-AIR	Autorisation du Ministère chargé de la défense
Stations relais radio	Autorisation du Ministère chargé de la défense
Matériel de liaison satellitaires	Autorisation du Ministère chargé de la défense
Système de brouillage électronique et électromagnétique	Autorisation du Ministère chargé de la défense
Drones d'observation	Autorisation du Ministère chargé de la sécurité

Produit	Document
Radars de surveillance terrestre	Autorisation du Ministère chargé de la défense
Radars de surveillance aérienne	Autorisation du Ministère chargé de la défense
Systèmes radiogoniométriques	Autorisation du Ministère chargé de la défense
Systèmes de recherche d'ondes électromagnétiques	Autorisation du Ministère chargé de la sécurité
Jumelle de vision nocturne	Autorisation du Ministère chargé de la sécurité
Télémètre laser	Autorisation du Ministère chargé de la sécurité
Détecteur de métaux	Autorisation du Ministère chargé de la sécurité
Pic up simple et double cabine de cylindrée supérieure ou égale à 6	Autorisation du Ministère chargé de la sécurité
Détecteur magnétique portatif	Autorisation du Ministère chargé de la sécurité
Kits de déminage	Autorisation du Ministère chargé de la sécurité
Combinaison anti éclats de déminage	Autorisation du Ministère chargé de la sécurité
Détonateurs électriques et pyrotechniques	Autorisation du Ministère chargé de la sécurité
Cordeau détonant	Autorisation du Ministère chargé de la sécurité
Mèche lente	Autorisation du Ministère chargé de la sécurité
Tissus, tenues et accessoires à usages militaires (treillis et camouflés)	Autorisation du Ministère chargé de la défense
Pièces de rechange des équipements militaires	Autorisation du Ministère chargé de la défense
Bérets, cagoules, calots, casques, casquettes, képis, et autres coiffures à usage militaire	Autorisation du Ministère chargé de la défense

n.a. Non applicable.

Source: Arrêté interministériel n° 2015-1535/MCI/MEF-SG du 5 juin 2015.

Prohibitions et restrictions à l'exportation et licences d'exportation

L'Arrêté interministériel n° 2015-1535/MCI/MEF-SG du 5 juin 2015, fixant la liste des produits prohibés à l'importation, vaut également pour les exportations. Selon la réglementation, le régime de la prohibition à titre absolu concerne les exportations de jeunes bovins mâles de moins de cinq ans, les femelles reproductrices de moins de 10 ans, sauf autorisation dans le cadre d'accords spéciaux entre le Mali et des pays tiers qui veulent constituer des noyaux d'élevage. En outre, les prohibitions à titre absolu couvrent les exportations de bois d'œuvre, de bois de service, de bois de chauffe, de bambou, de raphias à l'état brut et de charbon de bois.

Le régime de prohibition conditionnelle concerne: a) les exportations de viandes et animaux vivants (ceci requiert un certificat sanitaire ou zoo sanitaire délivré par le Ministère de l'élevage); b) les produits de la chasse (nécessité d'un permis ou d'un certificat conformément à la CITES, délivré par les services techniques compétents); c) les végétaux (un certificat phytosanitaire délivré par les services techniques compétents); et d) les objets d'art (autorisation du Ministère chargé des arts et de la culture).

Soutien et promotion des exportations

En 2017, le Mali a notifié à l'OMC qu'il n'accordait pas de subventions à l'exportation au titre de l'article XVI:1 du GATT de 1994 et de l'article 25 de l'Accord sur les subventions et les mesures compensatoires.[11] Toutefois, sous le Code des investissements, diverses réductions, exonérations ou autres incitations fiscales sont accordées à certaines entreprises dont la production est destinée à l'exportation (p. 285).

En 2011, le Mali a mis en place son Agence pour la promotion des exportations (APEX). Selon la Loi portant création de l'APEX[12], celle-ci a pour responsabilités, entre autres, d'organiser des activités promotionnelles pour les biens et services maliens; de mettre en œuvre des stratégies sectorielles de promotion des exportations; de faciliter l'expansion des services financiers en faveur des exportateurs; et de fournir des informations commerciales en faveur des opérateurs économiques.

En outre, au sein du Ministère en charge du commerce et de l'industrie, le "Comité AGOA" accompagne depuis 2016 les acteurs économiques maliens dans la mise en œuvre des échanges commerciaux entre le Mali et les États-Unis dans le cadre des préférences accordées sous la Loi AGOA.

Les exportations bénéficient du régime de TVA au taux zéro. Le remboursement de la TVA sur les intrants se fait à la demande des opérateurs économiques concernés.

MESURES AGISSANT SUR LA PRODUCTION ET LE COMMERCE

Incitations

La plupart des incitations octroyées par le Mali consistent en des allègements fiscaux, pour encourager le développement des entreprises à potentiel économique et social et celles tournées essentiellement vers les activités exportatrices (pp. 289,294).

En outre, des programmes de subvention à l'achat d'intrants sont en place, en vue de soutenir la production céréalière, notamment celle du riz.

Normes, règlements techniques et autres prescriptions

Le cadre institutionnel de normalisation au Mali a connu des changements notables depuis son dernier EPC. Depuis 2012, l'Agence malienne de normalisation et de promotion de la qualité (AMANORM) a été mise en place, au sein du ministère en charge de l'industrie, avec pour tâche principale d'assurer la mise en œuvre de la politique nationale de normalisation et de promotion de la qualité. Elle est le point d'information national au titre de l'Accord de l'OMC sur les Obstacles techniques au commerce (OTC); et est à ce titre chargée de fournir les renseignements concernant les normes et règlements techniques.

En 2015, le Mali a adopté sa politique nationale de promotion de la qualité afin d'assurer la compétitivité de son appareil productif par le biais du renforcement de son infrastructure de développement et de contrôle des normes de qualité, ainsi que l'adoption des bonnes pratiques vis-à-vis des exigences internationales en la matière. Cette politique constitue la déclinaison nationale du programme "qualité" de l'UEMOA (rapport commun, p. 68).

La Loi n° 92-013/AN-RM du 17 septembre 1992 et son Décret d'application n° 92-235/P-RM du 1er décembre 1992 continuent de régir le système de normalisation. Le Mali a accepté le Code de bonnes pratiques de l'OMC pour l'élaboration, l'adoption et l'application des normes. L'initiative de la normalisation peut provenir des pouvoirs publics, des associations de consommateurs, ou des opérateurs économiques (producteurs). Au sein de l'AMANOR, le Conseil national de normalisation et de contrôle de qualité (CNNCQ) coordonne toutes les activités liées à l'adoption des normes/règlements techniques. Il adopte les projets de normes nationales après s'être assuré que les procédures établies pour leur élaboration ont été respectées et que toutes les parties intéressées ont eu la possibilité d'exprimer leurs avis. douze comités techniques de normalisation assurent l'élaboration et la révision des normes nationales dans les domaines suivants: céréales et dérivés; fruits, légumes et oléagineux; textiles, cuirs et peaux; chimie et environnement; génie civil et matériaux de construction; denrées alimentaires d'origine animale; électrotechnique; transport; biocarburant; éducation nationale; hôtellerie et tourisme et santé et hygiène publique. Les Projets de normes élaborés par les comités techniques sont soumis à une phase d'enquête publique d'au moins trois mois afin de recueillir les observations de toutes les parties prenantes. À ce stade, les projets de normes sont publiés dans les journaux les plus lus du pays et sur les sites de l'AMANORM et du Ministère en charge de l'Industrie. Une fois que les observations issues de l'enquête publique sont prises en compte, les projets de normes sont soumis au Conseil national de normalisation et de contrôle de qualité (CNNCQ) en vue de leur adoption en norme. À la phase finale du processus d'adoption, un arrêté du Ministre en charge de l'industrie publie la norme au Journal officiel. Dans le cas d'un règlement technique, un arrêté interministériel doit être pris pour rendre son application obligatoire.

Selon les autorités, jusqu'en 2016, l'AMANORM a élaboré 391 normes nationales conformément aux normes internationales pertinentes dans les domaines suivants: céréales et dérivés; fruits, légumes et oléagineux; textiles, cuirs et peaux ; chimie et environnement; génie civil et matériaux de construction; denrées alimentaires d'origine animale; électrotechnique; transport; biocarburant; et hôtellerie et tourisme.[13]

Les règlements techniques existants portent entre autres sur le sel iodé (Arrêté interministériel n° 99-1622/ MSPAS/MICA/MF-SG du 12 mai 1999), le rejet des eaux usées (Arrêté interministériel n° 09-0767/ MEA-MEIC-MEME-SG du 6 avril 2009), les huiles alimentaires (Arrêté interministériel n° 2017-0010/MDI-MEF-MSHP-MC/SG du 12 janvier 2017).

Dans le cadre de l'évaluation de la conformité, de la certification aux normes applicables, le Mali dispose de l'AMANORM comme organisme national de certification à la Marque "MN" et de plusieurs laboratoires dont seul le Laboratoire national de la santé (LNS) a été accrédité en juin 2013 par le TUNAC, en microbiologie alimentaire.

Les capacités en termes de métrologie demeurent limitées. En 2017, le Mali a mis en place l'Agence malienne de métrologie (AMAM) en vue de la mise en œuvre de la politique nationale de métrologie.[14] L'AMAM est un établissement public à caractère administratif, doté de la personnalité juridique et de l'autonomie de gestion. Il est chargé, entre autres, de: participer à l'élaboration des normes en matière de métrologie, gérer le Laboratoire national de la métrologie, émettre son avis en matière de métrologie et assurer la surveillance métrologique.

À ce jour, le Mali n'a signé aucun accord de reconnaissance mutuelle avec ses partenaires commerciaux.

Prescriptions sanitaires et phytosanitaires

Le cadre général de la réglementation sanitaire et phytosanitaire du Mali n'a pas changé depuis le dernier examen. En 2009, suite aux menaces de l'épidémie de la grippe aviaire, le Mali a interdit l'importation et le transit des oiseaux et produits avicoles provenant des pays infectés par la grippe aviaire.[15] Il en a été de même en 2000 pour la viande fraiche bovine dont l'interdiction n'a pas été levée.[16]

L'Agence nationale de la sécurité sanitaire des aliments (ANSSA), établissement public à caractère scientifique et technologique créé en 2003, a pour mission d'assurer la sécurité sanitaire des aliments à travers, entre autres, la coordination de toutes les actions liées à la sécurité sanitaire des denrées alimentaires

et des aliments pour animaux; la fourniture de l'appui technique et scientifique aux structures nationales de contrôle des aliments; et l'évaluation des risques sanitaires que peuvent porter certains aliments destinés à la consommation humaine ou animale. Elle apporte en outre un appui technique et scientifique aux structures de surveillance épidémiologique et de l'hygiène alimentaire. Le secrétariat du Comité national Codex (CNC) est assuré par l'ANSSA.

La mise sur le marché des denrées alimentaires, des aliments pour animaux et des additifs alimentaires, importés ou produits localement, est soumise à l'obtention d'une autorisation de mise sur le marché.[17] À cet effet, une Commission nationale des autorisations de mise sur le marché (CNAMM) des denrées alimentaires, des aliments pour animaux et des additifs alimentaires est en place depuis 2006, sous la responsabilité du Ministre en charge de la santé. Elle est chargée d'examiner le rapport des experts notamment microbiologistes, analystes, toxicologues et biologistes; et de donner au Ministre chargé de la santé, un avis écrit et motivé concernant l'octroi, le refus ou la suspension des autorisations de mise sur le marché. La demande de l'autorisation de mise sur le marché doit contenir: une demande manuscrite timbrée; un rapport d'analyse délivré par un laboratoire agréé; le récépissé du versement auprès de la CNAMM d'une redevance dont le taux et les modalités de recouvrement sont déterminés par arrêté du Ministre chargé de la Santé; et l'attestation de l'inspection de l'agence en charge de la surveillance des produits à l'importation.

Le Conseil national de la sécurité sanitaire des aliments (CNSSA), en place depuis mars 2004, a pour mission la gestion des risques majeurs liés aux aliments.

La Direction nationale des services vétérinaires (DNSV) est responsable de l'application des mesures de protection de la santé animale et de sécurité sanitaire des denrées alimentaires d'origine animale et aliments pour animaux. La Loi n° 028 du 14 juin 2011 et son Décret d'application n° 440-P-RM du 14 juin 2011 règlementent les conditions de contrôle des denrées alimentaires d'origine animale et aliments pour animaux au Mali. Les importations ou transits d'animaux (domestiques ou sauvages) et produits animaux sont soumis à la présentation d'un certificat sanitaire délivré par le pays d'origine. En outre, toutes les importations d'animaux et produits animaux sont en principe soumises à un contrôle effectué par les services vétérinaires. Il en est de même des viandes commercialisées et des conditions d'hygiène des abattoirs. Les services vétérinaires seraient en train de formuler une grille des frais d'inspection. Les animaux non accompagnés de certificat sont mis en quarantaine. La durée de la quarantaine varie de 15 à 45 jours. Les frais sont à la charge du propriétaire.

La Direction nationale de l'agriculture (DNA) est en charge du contrôle sanitaire des végétaux et produits végétaux et du contrôle de la qualité des intrants. Conformément à la Loi n° 02-013 du 3 juin 2002 et son Décret d'application n° 02-305, les importations et les exportations de plantes sont soumises à la production d'un certificat phytosanitaire. L'importation des produits végétaux est soumise à un permis délivré par la DNA, ainsi qu'à un certificat phytosanitaire délivré par le pays exportateur. Ces documents ne les dispensent pas du contrôle de conformité. Tous les produits d'origines végétales destinés à l'exportation sont soumis à un contrôle phytosanitaire pour assurer le respect de la réglementation phytosanitaire des pays d'accueil et pour promouvoir la qualité des produits du Mali à l'étranger.

Le Mali n'a pas encore transposé les dispositions prises au niveau de l'UEMOA et de la CEDEAO en vue d'assurer la libre circulation des produits phytopharmaceutiques homologués.

Le point d'information national établi par le Mali au titre de l'Accord SPS de l'OMC est la Direction nationale des services vétérinaires.[18]

L'étiquetage est obligatoire pour toute denrée alimentaire préemballée. En général, les prescriptions en matière d'emballage, de marquage et d'étiquetage des denrées alimentaires sont alignées sur les recommandations internationales en la matière. Par exemple, la norme générale Codex pour l'étiquetage des denrées alimentaires préemballées a rendu obligatoire les mentions de la dénomination du produit, du volume ou du poids du contenu, du nom et de l'adresse du fabricant, de la liste des ingrédients, de l'identification du lot, des conditions de conservation et d'entreposage et enfin de la date de péremption du produit.

L'Arrêté n° 05 0001/MIC-SG du 6 janvier 2005 fixe la liste des produits assujettis à des mentions obligatoires sur leurs emballages. Certains produits importés (les cigarettes, allumettes, piles électriques, fils à tisser et tissus, purées et concentrés de tomate, huiles alimentaires et insecticides en spirale et en bombe aérosol) doivent obligatoirement porter des mentions sur l'emballage spécifiques à la destination, telles que "Vente au Mali", le pays de fabrication, le nom du fabricant, et le numéro d'identification de l'importateur ou son adresse.

Politique de la concurrence et contrôle des prix

La concurrence est réglementée aux niveaux communautaire et national. Les compétences des autorités communautaires de concurrence portent en principe sur les domaines suivants: les ententes anticoncurrentielles; les abus de position dominante; les aides d'État; et les autres pratiques imputables aux états membres (rapport commun, p. 50).

Jusqu'en 2016, l'Ordonnance n° 07-025/P-RM du 18 juillet 2007 et son Décret d'application n° 08-260/ P-RM du 6 mai 2008 réglementaient les domaines relatifs à la protection du consommateur, aux pratiques anticoncurrentielles et aux pratiques frauduleuses.

Toutefois, en 2015, le Mali a adopté une Loi portant protection du consommateur.[19] Elle vise, entre autres, à garantir la protection et la défense des intérêts du consommateur quant aux clauses contenues dans les contrats de consommation; assurer l'information appropriée et claire du consommateur sur les biens et services qu'il acquiert ou utilise; assurer la conformité des biens et services, et la sécurité du consommateur par rapport aux normes requises; et fixer les conditions et les procédures relatives à la réparation des dommages ou préjudices subis par le consommateur.

En 2016, une nouvelle Loi a été adoptée pour réorganiser la concurrence au Mali[20]; et son Décret d'application serait en cours d'adoption. La Direction générale du commerce et de la concurrence (DGCC) est chargée de l'application des lois sur la concurrence et la protection du consommateur. Une nouvelle Loi, couvrant les pratiques frauduleuses, serait en cours d'adoption.

Ne sont pas soumis aux interdictions de la Loi sur la concurrence, les pratiques qui contribuent à améliorer la production ou la distribution des produits ou à promouvoir le progrès technique ou économique.

La Commission nationale de la concurrence (CNC), rattachée au Ministère en charge du commerce a pour missions de conseiller le gouvernement malien sur toute question portant sur la concurrence.

Le régime du contrôle des prix au Mali repose sur la Loi sur la concurrence, qui dispose que les prix des biens et services sont déterminés par le libre jeu de la concurrence, sauf dans les cas où la réglementation en vigueur en dispose autrement. Toutefois, lorsque des circonstances exceptionnelles font que le prix de vente d'un bien dit de première nécessité devient manifestement sans rapport avec son prix de revient, des mesures temporaires de réglementation sont adoptées par Arrêté du Ministre en charge du commerce après concertation avec les autres agents économiques. Ainsi, de 2010 à 2016, le Ministère en charge du commerce a entrepris un certain nombre d'actions visant la réduction des prix ou leur maintien dans une certaine fourchette. Ces actions ont porté principalement sur des exonérations et des subventions directes à la consommation (prise en charge par le gouvernement d'une partie des prix, application d'une valeur administrative en douane forfaitaire inférieure à la valeur réelle, ainsi que l'exonération du droit de douane ou de la TVA à hauteur d'un certain pourcentage).

Depuis 2015, le "Comité de Veille" sur l'approvisionnement du pays en produits de première nécessité est l'organe en charge du suivi des prix à la consommation. Il a été créé par la Décision n° 31/MCI-SG du 17 avril 2015. Il assure un suivi régulier des prix à la consommation de certains produits de première nécessité que sont les céréales (riz, mil, sorgho et maïs), le sucre en poudre, la farine de blé, l'huile alimentaire, le lait en poudre, le sel de cuisine, le thé, le poisson fumé, la viande avec os et l'alimentation pour bétail. Il alerte le Ministre en charge du commerce sur toute augmentation anormale des prix et fournit des recommandations pour inverser la tendance.

Les prix des hydrocarbures sont sujets à des plafonds indicatifs fixés mensuellement par une commission composée des représentants de l'État et des opérateurs pétroliers en fonction de l'évolution des cours mondiaux.

Les prix de l'eau, de l'électricité et des télécommunications sont réglementés; ces trois sous-secteurs font l'objet d'une réglementation sectorielle. La Commission de régulation de l'électricité et de l'eau (CREE) approuve les tarifs de l'électricité et de l'eau (p. 305). L'Agence malienne de régulation des télécommunications et postes(ARMTP) approuve les accords d'interconnexion entre opérateurs et les tarifs de détail (p. 305).

Commerce d'État, entreprises publiques et privatisation

En 2016, le Mali a notifié à l'OMC que la Société nationale des tabacs et allumettes du Mali "SONATAM" bénéficie d'un monopole sur l'importation des cigarettes en République du Mali.[21]

Par ailleurs, malgré les privatisations, l'État détient des parts dans un certain nombre d'entreprises exerçant dans la plupart des secteurs de l'économie (tableau 3.3).

Marchés publics

Le cadre réglementaire des marchés publics au Mali a connu des changements importants depuis son dernier Examen. Depuis 2015, une nouvelle législation gouverne le système de passation des commandes publiques, y compris au niveau des collectivités décentralisées.[22] Les précédentes réformes de 2008 avaient assuré sa conformité aux normes communautaires (rapport commun, p. 72).

Selon les autorités, le nouveau Code vise à renforcer l'efficacité de la commande publique, en introduisant davantage de transparence dans les procédures. Les principaux changements instaurent le relèvement du seuil de passation des marchés et l'approbation des plans prévisionnels annuels de passation des marchés par le Ministre en charge des finances.

Le Code s'applique principalement aux achats de l'État, des collectivités locales, des établissements publics, des organismes d'État dont les ressources découlent des finances publiques (à l'exception du Ministère de la défense), et des entreprises à participation financière publique majoritaire, dès lors que le montant du contrat est égal ou supérieur aux seuils fixés par la loi. Les commandes publiques financées par des ressources extérieures sont, en principe, également soumises aux dispositions du Code. Le seuil est fonction du bénéficiaire et de la nature du contrat.

Le seuil est fixé à: 100 millions de FCFA pour les marchés de travaux; 80 millions de FCFA pour les marchés de fournitures; et 70 millions de FCFA pour les prestations intellectuelles. Dans le cas des sociétés d'État, les sociétés

Tableau 3.3 Entreprises publiques, 2017

Entreprise	Activité principale	Participation étatique (%)
Complexe sucrier du Kala supérieur (SUKALA) SA	Sucre	40
Abattoir frigorifique de Bamako	Abattoir	15
SEPAV Mali	Produits avicoles	30
Office du Niger (ON)	Agro-alimentation	100
Office de la Haute Vallée (OHV)	Agro-alimentation	100
Société malienne d'études et de construction de matériel agricole (SMECMA)	Matériels agricoles	44,4
Sociétés de gestion et d'exploitation des mines de Morila, et de Loulo	Exploitation minière	20
Sociétés de gestion et d'exploitation des mines de Sadoula	Exploitation minière	18
Énergie du Mali (EDM-SA)	Électricité	66
Compagnie malienne du développement du textile (CMDT)	Coton	99,51
Usine malienne de produits pharmaceutiques (UMPP)	Produits pharmaceutiques	100
Éditions imprimeries du Mali (EDIM)	Éditions, imprimerie	10
Société nationale des tabacs et allumettes (SONATAM)	Tabacs et allumettes	38
Compagnie malienne des textiles (COMATEX)	Industrie textile	20
EMBAL MALI	Sacs en plastique	20
Compagnie malienne de navigation (COMANAV)	Transport fluvial	100
Transrail	Transport ferroviaire	20
Aéroports du Mali	Transport aérien	100
Office national des postes	Services postaux	100
SOTELMA	Télécommunication	49
Banque nationale pour le développement agricole	Banque	36,5
Banque malienne de la solidarité (BMS)	Banque	7,1
Pari mutuel urbain du MALI (PMU-Mali)	Organisation de paris et de courses de chevaux	75
Nouveau complexe sucrier du Kala supérieur	Sucre	40
SOMAGEP SA	..	..
SOMAPEP SA	..	..
Mali Tracteur SA	Agriculture	49
Diamond Cement Mali (DCM)	ciment	10
Industrie navale de construction métallique (INACOM)	Construction métallique	..

.. Non disponible.

Source: Secrétariat de l'OMC, autorités maliennes.

à participation publique majoritaire et des établissements publics à caractère industriel et commercial, ce seuil est fixé à 150 millions de francs CFA lorsqu'il s'agit des marchés de travaux et de fournitures; et 80 millions de FCFA pour les prestations intellectuelles. Des procédures spécifiques ont été établies par l'Arrêté n° 2015-3721/ MEF-SG du 22 octobre 2015 pour les achats publics dont les montants sont inférieurs aux seuils de passation de marchés.

Les marchés passés par les autorités contractantes doivent avoir été préalablement inscrits aux plans prévisionnels annuels approuvés par le Ministre en charge des finances. Tout morcellement de commandes, en violation du plan annuel de passation des marchés publics, est considéré comme un fractionnement des dépenses, et un élément constitutif d'une pratique frauduleuse.

Le Code prévoit que les marchés peuvent être passés soit par appels d'offres ou par entente directe (gré-à-gré). En principe, les marchés sont passés par appel d'offres ouvert. Toutefois, ils peuvent exceptionnellement être attribués selon la procédure d'entente directe ou gré-à-gré, après autorisation spéciale de la Direction générale des marchés publics (DGMP), et pour l'un des cas limitatifs incluant, entre autres, la compétence du prestataire, les problèmes de droits de propriété intellectuelle, ou le secret de défense.

L'autorité contractante peut recourir exceptionnellement à l'une des méthodes alternatives d'appel d'offres, selon les conditions spécifiées par la législation. Ainsi, l'appel d'offres peut être ouvert, restreint, avec concours, en deux étapes ou précédé de pré- qualification. En plus de l'appel d'offres avec concours, le nouveau Code introduit des procédures de marchés publics spécifiques aux services de consultants individuels, aux marchés passés suite à une offre spontanée, ainsi qu'aux accords-cadres.

Pour effectuer des achats par appel d'offres, toute institution publique doit en constituer le dossier et former une commission d'ouverture des plis et d'évaluation des offres. La DGMP a une mission de contrôle a priori: elle autorise (après vérification et, le cas échéant, amendement des dossiers descriptifs) le lancement d'appel d'offres et donne son avis sur la décision de la commission au sein de laquelle elle ne doit pas être représentée. Cependant, un représentant de la DGMP assiste à l'ouverture des plis en tant qu'observateur et garant de la réglementation des marchés publics. Les marchés publics financés sur ressources extérieures sont soumis, soit à la revue a priori du bailleur de fonds, soit à celle de la DGMP.

L'avis d'appel d'offres, ainsi que toute décision d'attribution d'un marché public (après la validation des résultats par la DGMP), doit être obligatoirement rendu public au *Journal des marchés publics* (ou dans toute autre publication nationale ou internationale). L'autorité contractante doit communiquer par écrit à tout soumissionnaire écarté les motifs du rejet de son offre.

Conformément aux directives de l'UEMOA, une préférence communautaire (n'excédant pas 15% du montant de l'offre) peut être accordée aux entreprises communautaires (de l'UEMOA): la marge est prise en compte lors de la comparaison des offres.

L'appel d'offres ouvert a été la méthode utilisée dans plus de 85% de la valeur des marchés publics passés de 2013 à 2015 (tableau 3.4).

L'Autorité de régulation des marchés publics et des délégations des services publics (ARMDS) assure un contrôle a posteriori du respect des règles de passation de marchés. À ce titre, elle peut procéder à tout moment à des contrôles portant sur la transparence et les conditions de régularité des procédures de passation, ainsi que sur les conditions d'exécution de marchés publics. L'ARMDS rend compte des contrôles effectués dans un rapport annuel transmis au Président de la république.

Les litiges dans le cadre des marchés publics peuvent faire l'objet d'un règlement devant l'autorité contractante. Le soumissionnaire qui s'estime lésé peut introduire une requête dans les cinq jours ouvrables suivant la date de publication de la décision d'attribution du marché. Les décisions de l'ARMP peuvent faire l'objet d'un recours devant le Comité de règlement des différends. Les décisions du Comité peuvent faire l'objet d'un recours devant la section administrative de la Cour suprême.

Droits de propriété intellectuelle

Le régime général de la protection des droits de propriété intellectuelle n'a pas changé depuis le dernier Examen. Le Mali est membre de l'Organisation africaine de la propriété intellectuelle (OAPI) créée par l'Accord de Bangui. À ce titre, la réglementation malienne en matière des droits de propriété, surtout industrielle, repose sur les dispositions pertinentes de cet Accord dont la révision intervenue en décembre 2015 n'est pas encore en application (rapport commun, p. 69).

Le Mali a également ratifié la Convention de Berne pour la protection des œuvres littéraires et artistiques, le Traité de l'OMPI sur le droit d'auteur (WCT) et le Traité de l'OMPI sur les interprétations et exécutions et les phonogrammes (WPPT). En vertu de la Constitution, ces accords sont directement (sans instrument juridique domestique de mise en application) applicables comme lois au Mali et exécutoires de plein droit. Le 20 janvier 2016, le Mali a ratifié le protocole portant modification de l'Accord de l'OMC sur les aspects des droits de propriété intellectuelle qui touchent au commerce (ADPIC), en vue de faciliter l'accès des Membres les plus pauvres à des médicaments abordables.[23]

Tableau 3.4 Statistiques sur les marchés passés, 2010-2016

Année		Mode de passation			
		Appels d'offres ouverts	Appels d'offres restreints	Entente directe	Total
2010	Nombre de marchés	933	113	156	1202
	Montant (milliards de FCFA)	196 412	37 908	79 663	313 984
2011	Nombre de marchés	1257	212	117	1586
	Montant (milliards de FCFA)	233 613	84 355	100 529	418 497
2012	Nombre de marchés	464	50	45	559
	Montant (milliards de FCFA)	76 190	10 440	25 306	111 939
2013	Nombre de marchés	861	95	72	1 028
	Montant (milliards de FCFA)	130 395	7 455	35 514	173 455
2014	Nombre de marchés	1 212	49	91	1 352
	Montant (milliards de FCFA)	225 950	8 305	31 784	266 040
2015	Nombre de marchés	1 399	30	100	1 529
	Montant (milliards de FCFA)	423 046	19 570	38 118	480 734
2016	Nombre de marchés	1492	50	85	1627
	Montant (milliards de FCFA)	626 698	32 524	36 872	696 095

Source: Direction générale des Marchés publics et des Délégations de Service Public.

Tableau 3.5 Dépôts de titres de propriété industrielle au CEMAPI, 2013-2016

Demande de titre de Propriété Industrielle	Années			
	2013	2014	2015	2016
Brevet	4	1	13	6
Modèle d'utilité	0	0	0	0
Marque	51	46	78	98
Dessin et modèle industriel	3	9	23	12
Nom commercial	13	11	24	24
Total	**71**	**67**	**138**	**140**

Source: CEMAPI.

Sont actuellement enregistrés au Mali les titres de propriété industrielle suivants: les brevets, les modèles d'utilité, les marques, les dessins et modèles industriels, les noms commerciaux, et les obtentions végétales. En 2010, les autorités ont affirmé qu'un mécanisme d'enregistrement des indications géographiques était en cours de préparation et que le Mali était au stade d'identification des produits dont la réputation ou les qualités caractéristiques sont associées au nom du lieu de leur récolte ou de leur fabrication. Le Centre malien de promotion de la propriété industrielle (CEMAPI), au sein du Ministère chargé de l'industrie, assure la fonction de Structure nationale de liaison (SNL) avec l'OAPI. Les procédures administratives pour l'enregistrement des titres de propriété industrielle commencent par le dépôt d'une demande, qui doit se faire auprès du CEMAPI. Les demandes d'enregistrements des marques constituent de loin, le premier poste d'enregistrement des droits de propriété industrielle au Mali (tableau 3.5).

En matière de droits d'auteur et droits voisins, le Mali dispose, en plus de l'Accord de Bangui révisé (1977), d'une législation nationale. La Loi n° 08–24/AN–RM du 23 juillet 2008 fixe le régime de la propriété littéraire et artistique au Mali. Elle s'applique aux œuvres dont l'auteur ou le producteur est ressortissant du Mali ou a sa résidence habituelle au Mali, aux œuvres publiées pour la première fois au Mali, aux œuvres d'architecture érigées au Mali, et aux œuvres littéraires et artistiques qui ont droit à la protection en vertu d'un traité international auquel le Mali est partie. Sont considérées comme œuvres au sens de la loi: les œuvres exprimées par écrit, y compris les programmes d'ordinateur; les conférences, sermons et allocutions; les œuvres musicales, dramatiques et chorégraphiques; les œuvres audiovisuelles; les œuvres des beaux-arts et d'architecture; les œuvres photographiques; les œuvres des arts appliqués, les illustrations, les cartes géographiques, les plans et les croquis, les expositions du folklore et les œuvres imprimées de folklore; les traductions, les adaptations, les arrangements et autres transformations d'œuvres et d'expression de folklore; et les recueils d'œuvres, d'expositions du folklore ou de simple fait ou données.

Le cadre législatif en matière du droit d'auteur est complété par: le Décret n° 08-678/P-RM fixant les conditions et les modalités d'exercice des activités de production, de duplication, de distribution et d'importation de supports d'enregistrement audio et vidéo; le Décret n° 08-650/P-RM du 27 octobre 2008 fixant l'organisation et les modalités de fonctionnement du Bureau malien du droit d'auteur (BUMDA); et l'Arrêté n° 3735/MFC-MSAC qui règlemente la perception d'une redevance et sa répartition par Bureau malien du droit d'auteur (BUMDA).

L'auteur d'une œuvre de l'esprit jouit du droit exclusif d'exploiter son œuvre sous quelque forme que ce soit et d'en tirer un profit pécuniaire. Pour les droits d'auteur, les droits patrimoniaux sur une œuvre sont protégés pendant la vie de l'auteur et soixante-dix ans après son décès; et les droits moraux sont illimités dans le temps. En ce qui concerne les droits voisins, la protection accordée aux interprétations ou exécutions, phonogrammes et vidéogrammes est de 50 ans; et 25 ans pour les émissions de radiodiffusion.

La gestion et la défense des droits d'auteur et des droits voisins demeurent sous la responsabilité du Bureau malien du droit d'auteur (BUMDA). Il entreprend régulièrement des activités de sensibilisation, de contrôle des marchés et assure le suivi des dossiers devant les tribunaux. En 2015, le nombre d'œuvres (toutes catégories confondues) déposées auprès du BUMDA s'élevait à 2 250.

Les procédures en cas de violation des droits d'auteur n'ont pas changé depuis le dernier Examen. Des poursuites judiciaires sont possibles en matière civile et en matière pénale. Les autorités chargées de l'application de la Loi en matière de procédures civiles et pénales demeurent le BUMDA; les services de police, de gendarmerie, des douanes; et la Direction générale de la concurrence et du commerce. Les mesures de saisie sont mises en œuvre soit par la police judiciaire, soit par le président du tribunal de droit commun.

Quant à l'application de la Loi aux frontières, le détenteur de droit, qui a des motifs valables de soupçonner que l'importation envisagée porte sur des marchandises contrefaites, peut présenter aux autorités administratives ou judiciaires compétentes, une demande écrite visant à faire suspendre par les autorités douanières la mise en libre circulation de ces marchandises. Cependant, les services des douanes ne peuvent pas ordonner la destruction des produits illicites.

L'auteur de la violation du droit d'auteur peut être condamné à une amende de 50 000 FCFA à 15 000 000 de FCFA et à une peine d'un à cinq ans de prison, ou à l'une des deux peines seulement. À cela, il faut ajouter les peines complémentaires qui sont: la fermeture de l'établissement, la confiscation des exemplaires des œuvres contrefaites, ainsi que la confiscation des recettes, et la publication des décisions judiciaires rendues.

En 2015, le BUMDA a saisi, avec l'appui des services de police, 5700 supports d'œuvres contrefaites. En outre, il a entrepris une dizaine d'actions en justice ayant permis la condamnation de certains usagers au payement de redevances de droits d'auteur.

Notes de fin

1 Loi n° 01-075 du 18 juillet 2001.

2 Le délai inclut le temps et coût pour l'obtention, la préparation et la soumission des documents durant la manutention au port ou à la frontière, les procédures douanières et les inspections. Adresse consultée: http://francais.doingbusiness.org/data/exploreeconomies/mali#trading-across-borders.

3 Document de l'OMC G/PSI/N/1/Add.7 du 24 février 1998. Il s'agit du Décret n° 89-196/P-RM du 15 juin 1989.

4 Sont exemptés de l'inspection: l'or, les pierres précieuses, les objets d'art, les munitions, les armes et explosifs, les animaux vivants, les produits frais, le bois, les métaux de récupération, les plantes et les fleurs, les engrais, les films cinématographiques, les journaux et périodiques, les effets et cadeaux personnels, les colis postaux, les échantillons commerciaux, le pétrole brut, les dons, les sérums et vaccins, les véhicules des chapitres SH 8702, 8703 et 8704, et les importations effectuées par les administrations publiques, les missions diplomatiques ou consulaires et les agences des Nations Unies pour leur propre compte.

5 Document de l'OMC G/VAL/N/1/MLI/1 du 4 mars 2013.

6 Vernis auto, peinture bâtiment, savons ordinaires, préparations pour lessive, nattes, serviettes hygiéniques, disques à démaquiller, cahiers, fils de coton, certains tissus de coton, certains tissus, articles de ménage en aluminium, carreaux, motocycles et bicyclettes.

7 Document de l'OMC G/RO/N/146 du 12 septembre 2016.

8 Document de l'OMC G/RO/N/89 du 18 mars 2013.

9 Décret n° 2015- 0548/P-RM du 6 août 2015.

10 Ce manque à gagner découle bénéfices accordés par le Code des investissements, le Code minier et d'autres bénéfices ad hoc accordés en vertu du Code général des impôts.

11 Document de l'OMC G/SCM/N/315/MLI du 10 février 2017.

12 Loi n° 2011-032 du 24 juin 2011.

13 Ces normes sont répertoriées à l'adresse: www.amanormmali.net.

14 Ordonnance n° 2017-014/PRM du 6 mars 2017.

15 Arrêté interministériel n° 09/MIIC-MEF-MEP-MSIPC portant interdiction d'importation et de transit des oiseaux et produits avicoles.

16 Arrêté interministériel n° 003445/MDR-MICT-MEF du 21 décembre 2000 portant interdiction d'importation de viande bovine et produits dérivés, des farines de viande, de sang, d'os, de bovins vivants, d'ovules, et d'embryon de bovins.

17 Décret n° 06-259/P-RM du 23 juin 2006.

18 Documents de l'OMC G/SPS/ENQ/26 du 11 mars 2011.

19 Loi n° 2015-036 du 16 juillet 2015 portant protection du consommateur et son Décret n° 2016-0482-P-RM du 7 juillet 2016.

20 Loi n° 2016-006/ du 24 février 2016 portant organisation de la concurrence.

21 Document de l'OMC G/STR/N/16/MLI du 15 novembre 2016.

22 Décret n° 2015-0604/P-RM du 25 septembre 2015 et son Arrêté n° 2015-3721/MEF-SG du 22 octobre 2015.

23 Information en ligne. Adresse consultée: https://www.wto.org/french/tratop_f/trips_f/amendment_f.htm.

Politique commerciale par secteur

AGRICULTURE

Aperçu général

L'agriculture, y compris l'élevage, la pêche, l'aquaculture, et l'exploitation forestière, revêt une importance capitale pour l'économie malienne (p. 277). Elle fournit en outre des moyens de subsistance à environ 80% de la population active.

Le Mali connaît des températures moyennes élevées, une saison humide courte de quatre à cinq mois et d'une longue saison sèche. Quatre grandes zones agro-climatiques se distinguent: la partie sud est caractérisée par une savane boisée et des forêts, avec des précipitations dépassant 1 200 mm/an; la zone centrale du pays possède un couvert végétal plus ou moins dense et varié (savane soudanienne) et les précipitations y varient de 600 mm/an à 1 200 mm; dans le nord (l'essentiel du delta intérieur du Niger), les précipitations sont de 200 à 600 mm/an, avec de nombreuses zones inondées une partie de l'année et des zones d'agriculture pluviale; et la zone saharienne désertique qui couvre la région la plus septentrionale du pays où les précipitations n'atteignent pas 200 mm/an.

Les fleuves Niger et Sénégal et leurs affluents traversent le Mali respectivement sur 1 700 km d'est en ouest et sur 900 km. Les eaux de surface non pérennes, estimées à environ 15 milliards de m^3, contribuent au maraîchage, à l'alimentation en eau des populations et surtout du bétail, mais les potentialités qu'elles offrent demeurent très peu exploitées.

L'agriculture malienne demeure fortement tributaire de la pluviométrie. En outre, les petites exploitations à caractère familial restent prédominantes, soit environ 68% du total. Elles sont peu rentables, du fait de leur petite taille (moins de 5 ha en moyenne), et de l'utilisation de techniques de production rudimentaires. Plusieurs autres défis s'imposent au secteur agricole malien dont, entre autres, les coûts élevés d'accès aux crédits et le mauvais état du réseau routier indispensable au transport des produits des zones rurales. Les principales cultures incluent le coton, les céréales (le riz, le maïs, le mil et le sorgho), le sucre, les mangues, le karité et le soja.

Les statistiques du commerce agricole du Mali sont largement sous-évaluées du fait de l'importance des transactions informelles, notamment avec les pays de la sous-région ouest-africaine. Le pays est importateur net de produits agricoles. Il exporte principalement le coton, les animaux vivants, ainsi que les agrumes et les oléagineux dans une moindre mesure (tableau A1.1). Les importations de produits alimentaires de grande consommation tels que le sucre, le riz, et le lait demeurent importantes (tableau A1.2).

Politique agricole

Le Ministère en charge de l'agriculture est responsable de l'élaboration des programmes et stratégies de développement de l'agriculture et de l'élevage, en collaboration avec les organisations agricoles et les partenaires au développement. Le Mali fait partie des rares pays africains qui ont consacré au moins 10% de leurs ressources publiques à l'agriculture dans la dernière décennie, conformément aux directives de Maputo.

La Loi d'orientation agricole, élaborée en 2006, est le principal outil législatif dans le secteur agricole au Mali. Elle vise à relancer le secteur agricole et oriente la Politique du développement agricole (PDA) adoptée en 2013. Le Conseil supérieur de l'agriculture est un organe de concertation sur les politiques nationales de développement agricole et a pour mission de veiller à l'application de la Loi d'orientation agricole. Il comprend les représentants du secteur public et privé, des collectivités territoriales, de la profession agricole et de la société civile concourant à l'élaboration et à la mise en œuvre des politiques agricoles.

L'objectif général de la PDA est de "contribuer à faire du Mali un pays émergent où le secteur agricole serait un moteur de l'économie nationale et garant de la souveraineté alimentaire dans une logique de développement durable". Cet objectif se décline en objectifs spécifiques suivants: a) assurer la sécurité alimentaire des populations et garantir la souveraineté alimentaire à la nation; b) assurer la gestion rationnelle des ressources naturelles et de l'environnement en prenant en compte les changements climatiques; c) moderniser les systèmes de production agricole et améliorer la compétitivité des filières agricoles dans une perspective de valorisation des produits; d) assurer le développement des innovations technologiques par la recherche agricole et la formation professionnelle; e) promouvoir le statut des exploitants agricoles et renforcer les capacités de l'ensemble des acteurs; et f) réduire la pauvreté rurale.[1]

La PDA s'appuie principalement sur les filières suivantes: le coton, le riz, les fruits et légumes, le bétail, la viande, la volaille, les produits de la pêche, les oléagineux et les céréales sèches. Le financement de la PDA est effectué à travers trois piliers, notamment un mécanisme de programmation dans la loi des finances; un Fonds national d'appui de l'agriculture (FNAA)[2]; et les concours des banques et des institutions de micro finance. Le Plan national d'investissement dans le secteur agricole (PNISA 2015-2025) constitue le cadre de programmation des investissements sous la PDA.

La Loi d'orientation agricole (LOA) a en outre servi de base à l'élaboration et l'adoption d'une politique foncière au Mali[3], afin d'assurer la sécurisation des exploitations agricoles, la promotion des investissements publics et privés, ainsi que l'accès équitable aux ressources foncières et la gestion durable desdites ressources. Elle reconnaît formellement les droits coutumiers qui coexistent avec le droit étatique; et met en lumière

Tableau 4.1 Production du coton, 2010-2015

N° d'ordre	Campagnes	Surfaces	Production Coton graine	Rdt (kg/ha)	Capacité d'égrenage (T)	Qtés fibre produite (T)
1	2010-2011	285 985	243 589	852	575 000	103 404
2	2011-2012	477 817	445 314	932	575 000	186 750
3	2012-2013	521 436	449 656	862	575 000	191 626
4	2013-2014	480 541	440 027	916	575 000	184 189
5	2014-2015	539 652	548 696	1 017	575 000	232 722

Source: Information fournie par les autorités.

l'inadaptation des mécanismes de formalisation des droits (titres fonciers, concessions rurales). Par conséquent, une nouvelle loi foncière fut adoptée en 2017.[4] Selon les autorités, l'accès au foncier agricole est ouvert aux nationaux et aux étrangers.

En complément à la PDA, plusieurs initiatives sont en place, notamment la stratégie nationale d'irrigation, la politique semencière et la politique nationale de mécanisation agricole, ainsi que le développement des pistes rurales.

La protection tarifaire moyenne dans le secteur de l'agriculture et de la pêche (CITI, Rev.2), était de 11,9% en 2016, en baisse sensible par rapport à 2011 (13,1%), avec des taux allant de 5 à 35% (rapport commun, p. 50). En outre, la TVA frappe les matériels agricoles au taux réduit de 5%, les produits agricoles nationaux ou importés au taux de 18%, alors que les produits alimentaires non transformés bénéficient d'une exonération.

L'importation des produits agricoles est soumise à la fourniture d'un permis délivré par les services compétent du Ministère en charge de l'agriculture (p. 298).

Politique par filière

Productions végétales

Coton

La filière cotonnière est, à l'instar de l'ensemble du secteur agricole, dominée par les petits exploitants. Le coton représente la principale filière agricole du Mali. Avec une contribution d'environ 15% aux recettes d'exportation, il procure des moyens de subsistance à plus de 3 millions de personnes. Il représente en outre une partie substantielle du tissu industriel local et alimente 17 usines d'égrenage, une usine de textiles et plusieurs usines de trituration de graines de coton. Le coton graine est produit par les agriculteurs organisés en coopératives, puis revendu à la Compagnie malienne pour le développement des textiles (CMDT) qui les transforme en coton fibre. Les autres sous-produits sont les graines, les tourteaux et l'huile de coton. Moins de 2% du coton est transformé par l'usine de textiles.

Les activités cotonnières créent également des effets d'entraînement dans le transport, l'artisanat, le commerce et la construction.

La production cotonnière a doublé entre les campagnes agricoles 2010-2011 et 2014-2015 (tableau 4.1). Cette augmentation importante semble être due à l'octroi accru de subvention d'engrais, l'augmentation des prix d'achat.

La principale stratégie de la filière est contenue dans la Lettre de politique de développement du secteur coton (LPDSC). La mise en œuvre de la LPDSC a abouti, entre autres, à: la création de l'Interprofession du coton (IPC-Mali) et ses quatre Comités régionaux; la création de l'Office de classement du coton (OCC); et la mise en place d'un Fonds de soutien de la filière et d'un mécanisme de détermination des prix du coton.

La Compagnie malienne pour le développement des textiles (CMDT) est une société d'économie mixte dont l'État malien détient 99,51% du capital. Elle détient le monopole de fait de l'égrenage et de la commercialisation du coton. La CMDT approvisionne les producteurs en intrants agricoles.

Chaque année, un groupement d'intérêt économique regroupant la CMDT, l'office de la haute vallée du Niger (OHVN) et l'union nationale des sociétés et coopératives des producteurs de coton fait l'inventaire des besoins des producteurs, lance un appel d'offres international pour l'achat des intrants qu'il revend aux producteurs à crédit au coût de revient. En retour, les producteurs sont tenus de lui revendre leurs récoltes à des prix variant selon la qualité du produit.

Selon les autorités, la privatisation de la CMDT qui était prévue pour 2010, au titre de la LPDSC, n'est plus à l'ordre du jour.

Le Mali est l'un des coauteurs de l'initiative sectorielle en faveur du coton à l'OMC, dont l'objectif est l'élimination des soutiens aux producteurs et des subventions à l'exportation jugés être à la base de la baisse générale des prix sur les marchés mondiaux du coton.

Céréales

Les céréales constituent l'aliment de base des populations du Mali. Toutefois, les systèmes de production demeurent rudimentaires et fortement tributaires des aléas climatiques. En outre, l'insuffisance des terres aménagées constitue l'un des principaux freins à la poursuite de la croissance du secteur céréalier. Depuis plusieurs années, les autorités mettent en place des programmes de soutien aux principales cultures céréalières, notamment le riz.

Le programme intitulé '"Initiative Riz" est en place depuis 2008. Il vise l'intensification de la production au

niveau des superficies exploitables. Dans ce cadre, le gouvernement s'est engagé à apporter une subvention pour l'achat des engrais (12 500 FCFA par sac de 50 kg), de la semence et à l'appui- conseil. Selon les autorités, plusieurs autres programmes visent le développement de la filière céréalière. Ils portent notamment sur: le renforcement du personnel d'encadrement des agriculteurs, la mise en place d'un plan d'intervention contre les nuisibles des cultures céréalières, ainsi que d'un programme d'équipement agricole (tracteurs et autres types d'équipements).

L'Office du Niger (ON), une entreprise de l'État malien, continue d'entreprendre des activités de production, de transformation et d'appui aux producteurs à travers la fourniture d'eau agricole, la maintenance des infrastructures, l'administration des terres dans la zone du delta de la rivière Niger.

Le riz paddy est classé produit du cru, et par conséquent est admis en libre circulation, en franchise de droits et taxes, au sein de l'UEMOA.

Mangues

La production de mangues est passée de 48 943 tonnes en 2008 à 66 669 tonnes en 2016. Les principaux bassins de production de la mangue sont les régions de Sikasso et la périphérie de Bamako. La production est assurée en général par les petits propriétaires de vergers de petites tailles. Toutefois, de grands vergers se sont récemment développés dans la région de Sikasso. La mangue du Mali est commercialisée principalement à l'intérieur du pays, en Afrique et en Europe.

Des sociétés privées assurent les exportations de mangues fraîches. Plusieurs d'entre elles sont certifiées aux normes privées de qualité, y compris des normes "Bio". Le volume total de mangues fraîches exportées est passé d'environ 6 586 tonnes en 2007 à environ 23 000 tonnes en 2016. Le Programme du Cadre intégré renforcé (CIR) au Mali continue de soutenir le secteur de la transformation des mangues en confitures et fruits séchés; ceci a contribué à l'autonomisation des coopératives de femmes dans les régions rurales et l'élargissement du secteur privé. La mangue transformée est principalement destinée à l'exportation.

Sylviculture et exploitation forestière

Le sous-secteur forestier et la sylviculture ont une contribution marginale au PIB (tableau 1.1). Le domaine forestier national couvre environ 100 millions d'hectares. D'une superficie de 5,2 millions d'hectares, le domaine forestier classé ne représente que 4,2% du territoire national pour une norme internationale admise de 15%. Le domaine forestier est marqué par une dégradation continue des ressources naturelles en général et des ressources forestières en particulier, à cause de la précarité climatique et des activités humaines. La Loi n° 10/028 du 12 juillet 2010 régit la gestion des ressources forestières au Mali et la Direction nationale des eaux et forêts est en charge de son administration. Les principales restrictions sont relatives aux dispositions de la CITES.

Élevage

La contribution de l'élevage au PIB a graduellement augmenté de 14% en 2010 à 16,5% en 2014. Il est estimé que l'activité est pratiquée par 80% de la population rurale et constitue une importante source de revenu de subsistance pour celle-ci. Avec un effectif du cheptel progressivement croissant, le sous-secteur de l'élevage au Mali est l'un des plus importants dans l'économie malienne. Il occupe le 3ème rang des exportations après le coton et l'or.

Les exportations des produits de l'élevage sont destinées pour l'essentiel aux marchés de la sous-région, particulièrement la Côte d'Ivoire, le Ghana, la Guinée, le Sénégal et l'Algérie. Elles sont principalement constituées du bétail vivant. L'exportation de la viande reste marginale du fait d'un manque d'infrastructures d'abattage et de transport adéquates. Par ailleurs, les exportations portent, dans une certaine mesure, également sur le cuir et les peaux ovines et caprines sous forme brute et tannée.

En dépit de son importance, le sous-secteur est proie à de nombreuses difficultés qui font qu'il est largement sous-exploité et peu valorisé. Il est loin de couvrir la demande nationale en produits laitiers qui continue de nécessiter tous les ans des importations élevées. En effet, les investissements demeurent faibles dans l'élevage. Par ailleurs, les problèmes d'alimentation du cheptel,

Tableau 4.2 Évolution des effectifs du cheptel au Mali, 2007-2016

Année	Bovins	Ovins	Caprins	Équins	Asins	Camelins	Porcins
2007	8 141 459	9 761 578	13 593 063	357 414	807 591	852 880	71 875
2008	8 385 703	10 249 657	14 272 716	393 834	825 277	869 305	72 666
2009	8 896 392	11 300 247	15 735 670	478 187	861 820	904 425	74 272
2010	9 163 284	11 865 259	16 522 454	487 751	880 694	922 514	75 015
2011	9 438 182	12 458 522	17 348 576	497 506	899 981	940 964	75 765
2021	9 721 328	13 081 448	18 216 005	507 456	919 691	959 783	76 523
2013	10 012 968	13 735 521	19 126 805	517 605	939 832	978 979	77 288
2014	10 313 357	14 422 297	20 083 145	527 957	960 414	998 558	78 061
2015	10 622 620	15 143 415	21 087 150	538 545	979 510	1 008 440	82 425
2016	10 941 400	15 900 500	22 141 650	549 270	999 200	1 028 700	83 200

Note: Les effectifs de volaille sont de 37 390 355 répartis en aviculture traditionnelle: 34 934 600 sujets, et en aviculture moderne: 2 455 755 sujets en 2016.

Source: Information fournie par les autorités.

de protection sanitaire des animaux, de commercialisation et d'exportation des produits d'élevage constituent un vrai défi. Une politique nationale de développement de l'élevage est en place depuis 2004. Elle vise à assurer le développement du sous-secteur dans une perspective de croissance économique durable et de réduction de la pauvreté, en conformité avec le Cadre stratégique de lutte contre la pauvreté et le schéma directeur du secteur de développement rural. Ses principaux axes stratégiques portent, entre autres, sur l'amélioration de l'alimentation et de la santé du bétail, la gestion rationnelle des ressources, l'amélioration des infrastructures de commercialisation et de transformation des produits de l'élevage et le renforcement des acteurs.

En 2016, les taux du TEC sur les produits d'origine animale étaient compris entre 5% et 35% (contre 5% et 20% en 2011), avec une moyenne de 24,1% (contre 18,8% en 2011).

Pêche et aquaculture

La pêche contribue à environ 3% du PIB. La production nationale s'est élevée à 102 000 tonnes en 2010, essentiellement concentrée dans le delta central du Niger. Le nombre d'emplois générés par l'ensemble de la filière est estimé à environ 500 000 personnes. L'absence de chaîne de froid limite considérablement la valorisation des ressources halieutiques.

La Direction nationale de la pêche a pour mission d'élaborer les éléments de la politique nationale en matière de pêche et d'assurer la coordination et le suivi de la mise en œuvre de ladite politique. La politique de la pêche et de la pisciculture est partie intégrante de la politique nationale de développement économique et social.

Plusieurs instruments stratégiques, légaux et réglementaires encadrent le sous- secteur de la pêche et de l'aquaculture au Mali. Le Schéma directeur de la pêche et de l'aquaculture a pour but d'encourager la gestion durable, décentralisée et participative des ressources halieutiques et piscicoles du Mali. La Loi n° 2014/062 du 29 Décembre 2014 fixant les conditions de gestion de la pêche et de la pisciculture fixe le cadre général d'exercice des activités de pêche.

Au titre de la législation en vigueur au Mali, la pêche dans les domaines piscicoles de l'État et des collectivités territoriales est soumise à l'obtention d'un permis, délivré par la Direction en charge de la pêche. La pêche dans les aires protégées est soumise à l'obtention d'une autorisation spéciale.

Le sous-secteur de la pêche se trouve confronté à plusieurs contraintes qui entravent son développement, à savoir: la valorisation insuffisante de la production; l'insuffisance des infrastructures de base et d'équipements de pêche (stockage et conditionnement); et l'enclavement des zones de pêche. La pratique de la pisciculture demeure à l'état embryonnaire au Mali.

INDUSTRIES EXTRACTIVES ET ÉNERGIE

Produits miniers

Le secteur minier joue un rôle primordial dans l'économie malienne. En 2016, Il a contribué à plus de 70% des recettes d'exportation du pays. En outre il emploie environ 14% de la population active.[5] L'extraction d'or (95% de la production minière du pays) est la principale activité minière du Mali qui est le troisième producteur d'or en Afrique, avec environ 46 tonnes produites en 2016 par dix sociétés minières (tableau 4.3). L'orpaillage produirait 3 à 4 tonnes d'or par an. Cependant, la contribution du secteur artisanal dans les revenus de l'État est quasi nulle en raison du caractère informel de la plupart des activités minières artisanales.

En plus de l'or, le potentiel du Mali réside également dans plusieurs ressources naturelles inexploitées comme la bauxite, le minerai de fer, les métaux de base et le phosphate.

Jusqu'en février 2012, les activités de recherche et d'exploration minières étaient régies par l'Ordonnance n° 99-032/P-RM du 19 août 1999 portant Code minier et modifiée par l'Ordonnance n° 013/P-RM du 10 février 2000 et ses textes d'application, notamment les Décrets n° 99-25/PM-RM et n° 99-255/PM-RM du 15 septembre 1999. En 2012, le Mali a adopté, par la Loi n° 2012-015 du 27 février 2012, un nouveau Code minier. Ce code ne s'applique toutefois qu'aux titres miniers

Tableau 4.3 Statistique de la production d'or brut en tonnes, 2010-2016

Libellés	2010	2011	2012	2013	2014	2015	2016
SOMISY-SA	2,811	3,219	5,036	5,678	6,432	7,845	7,984
SEMOS-SA	10,381	11,168	9,536	8,111	7,712	6,124	5,867
MORILA-SA	8,954	9,414	7,686	5,553	4,495	4,706	2,341
YATELA-SA	5,022	2,815	2,480	2,408	1,078	0,668	0,463
SOMIKA-SA	0,491	0,381	0,408	0,429	0,365	0,356	0,394
SOMILO-SA/ GOUNTKOTO	11,046	11,665	16,853	20,187	21,192	21,356	23,801
SEMICO-SA	3,328	3,376	4,176	4,578	4,548	5,416	5,656
WASSOUL'OR-SA	0,000	0,000	0,097	0,062	0,000	0,000	0,000
NAMPALA	0,000	0,000	0,000	0,000	0,000	0,029	0,396
ACCORDS SA	0,000	0,000	0,000	0,000	0,000	0,000	0,035
TOTAL	**42,033**	**42,038**	**46,272**	**47,006**	**45,822**	**46,500**	**46,937**

Source: Information fournie par les autorités.

attribués postérieurement à la date du 27 février 2012. Pour les sociétés disposant d'un titre minier valide avant cette date, les dispositions de l'ancien Code demeurent applicables.[6] Il existe toutefois la possibilité, pour les anciennes compagnies minières, d'opter pour le régime adopté dans le nouveau Code.[7] Le nouveau code exige, entre autres, que les entreprises minières établissent un plan de gestion environnementale et sociale, ainsi qu'un plan de développement communautaire pour les populations des zones minières. Il exige en outre, une participation des nationaux dans les sociétés d'exploitation à hauteur de 5%.

Conformément à la Constitution, toutes les ressources contenues dans le sol et le sous-sol du Mali sont la propriété de l'État. Le code minier différencie les mines des carrières, et prévoit cinq types de titres miniers: autorisation d'exploration (trois mois, renouvelable une fois); autorisation de prospection (trois ans, renouvelable une fois); permis de recherche (trois ans, renouvelable deux fois); permis d'exploitation (30 ans, renouvelable ensuite par tranche de 10 ans jusqu'à l'épuisement des réserves); autorisation d'exploitation de petite mine - moins de 150 tonnes de minerais par jour pour l'or - couvrant également l'orpaillage mécanisé (quatre ans, renouvelable par tranche de quatre ans jusqu'à l'épuisement des réserves). L'exploitation artisanale traditionnelle (manuelle) est sujette à autorisation attribuée par les collectivités territoriales.

Tout demandeur d'un permis d'exploitation doit accompagner sa demande d'une étude d'impact sur l'environnement. L'attribution d'un permis d'exploitation donne lieu au transfert à l'État de 10% des actions de la société minière (sans contrepartie); et l'État se réserve le droit d'acquérir jusqu'à 20% d'actions contre paiement. L'État a pleinement exercé ces droits en ce qui concerne les mines d'or ouvertes, à l'exception de la société SEMOS (18%). Aucune entreprise d'État n'opère directement ou indirectement dans le secteur minier.

Dans le cas de l'exploitation de l'or, l'État collecte principalement la Contribution pour la prestation de service (CPS) de 3% sur le chiffre d'affaires des entreprises minières ou l'Impôt spécial sur certains produits (ISCP) de 3%[8]; l'impôt de 35% sur les bénéfices industriels et commerciaux (BIC); les prélèvements en relation avec les employés; et l'impôt sur le dividende prioritaire (10%).[9] Diverses taxes sont en outre prélevées sur les activités minières dont: des taxes sur la délivrance ou le renouvellement de titres miniers (dont les montants varient en fonction de l'activité et de la substance exploitée); et des droits superficiaires.

Le Mali a adhéré à l'initiative pour la Transparence dans les industries extractives (ITIE) en 2006 et a été déclaré "pays conforme" en 2011.

Hydrocarbures

Le Mali n'est pas producteur de produits pétroliers. Toutefois, des travaux de prospection ont permis de mettre en évidence des réserves potentielles. L'autorité pour la promotion de la recherche pétrolière (AUREP) est chargée de réguler les activités de prospection. Jusqu'en 2015, la Loi n° 04/037 du 2 août 2004 portant Code pétrolier règlementait les conditions d'exploration et d'exploitation du pétrole brut du pays. Le Mali s'est ensuite doté d'une nouvelle Loi n° 2015-035 du 16 juillet 2015 portant organisation de la recherche, de l'exploitation et du transport des hydrocarbures. Conformément à la nouvelle Loi, les titres pétroliers sont régis par des contrats de partage de production et couvrent les opérations de recherche ou d'exploitation.

La prospection des hydrocarbures est menée principalement dans le bassin de Taoudénit et le graben de Gao par des sociétés étrangères pour la plupart. Plusieurs Conventions ont été signées par le gouvernement avec des sociétés pétrolières. Toutes les sociétés pétrolières opérant au Mali sont en phase d'exploration et avaient pour la plupart suspendu leurs activités depuis la crise de 2012. Suite à la décision d'annulation des conventions de plusieurs sociétés, seules quatre conventions restent en vigueur à ce jour.[10]

Le régime fiscal applicable aux activités de prospection, de recherche, d'exploitation et de transport d'hydrocarbures prévoit: un droit fixe pour l'obtention et le renouvellement des autorisations, une redevance superficiaire annuelle dont le montant varie de 500 à 2 500 FCFA/km^2 pendant la phase d'exploration et se situe à un million de FCFA/km^2 pendant la phase d'exploitation; une redevance sur la production, aux taux de 0 à 15% pour le pétrole (en fonction d'un barème progressif) et 3% à 5% pour le gaz (selon que la production est vendue au Mali, ou exportée).

Pendant la phase de recherche, les matériels, les outillages, les matériaux, les carburants et les équipements techniques importés par la société ou par ses sous-traitants dans le cadre de ses activités pétrolières sont exonérés de tous droits et taxes, à l'exception du Prélèvement communautaire (PC), du Prélèvement communautaire de solidarité (PCS) et de la Redevance statistique (RS). Pendant la phase d'exploitation, cette exonération n'est applicable qu'aux matériels techniques, machines et appareils, véhicules utilitaires et engins de travaux qui seront placés sous le régime de l'admission temporaire; tous les autres biens importés par la société ou par ses sous-traitants dans le cadre de leurs activités pétrolières seront soumis au régime de droit commun.

Les hydrocarbures représentaient en 2012 environ 28.7% des importations (tableau A1.1).

Le Mali importe actuellement la totalité de ses besoins en produits pétroliers. La capacité de stockage du pays s'élevait à 53 853 m^3 en 2017. Des sociétés privées agréées approvisionnent le pays en produits pétroliers. Elles sont tenues d'obtenir un agrément délivré par le Ministre en charge du commerce. Les sociétés d'importation doivent justifier d'une capacité propre minimale (installée sur leur propriété), de 500 m^3 et déposer une caution de 200 millions de FCFA.

Plusieurs taxes sont prélevées à l'importation de produits pétroliers, y compris le TEC, la taxe intérieure sur les produits pétroliers (TIPP) dont les taux varient par axe d'approvisionnement et par produit, les taxes communautaires et la TVA.

Les prix à la pompe des carburants sont fixés en fonction des fluctuations des prix fournisseurs, par une commission composée de l'administration, représentée par l'Office national des produits pétroliers (Onap); des opérateurs pétroliers; et des représentants des consommateurs. Les approvisionnements se font à travers des pays côtiers de la sous-région et le Niger. L'approvisionnement est moins taxé pour les ports éloignés afin d'inciter les opérateurs à s'y rendre, dans le cadre de la politique de diversification des sources pour sécuriser l'approvisionnement du Mali en produits pétroliers.

La subvention à la consommation de gaz butane, en place depuis 1998, a été réduite en 2012.

Électricité

Le taux d'accès à l'électricité demeure faible au Mali. En 2012, il était de 15% dans les zones rurales, contre 62% dans les centres urbains. Les efforts du gouvernement dans le domaine de l'électricité visent l'expansion des sources d'énergie tant renouvelables que non-renouvelables pour faire face à la demande croissante d'électricité au niveau national.[11]

L'entreprise publique, Électricité du Mali (EDM-SA), assure le service public de l'électricité dans le cadre d'une convention de concession de production, de transport et de distribution d'électricité. Le monopole de l'EDM-SA sur l'achat en gros d'énergie électrique est censé expirer en 2030; son monopole actuel se limite à la distribution dans son périmètre de concession. Cependant les auto-producteurs, une fois leur besoin satisfait doivent vendre leur excédent à EDM-SA à des prix négociés.

Le réseau interconnecté, appartenant à EDM-SA, est alimenté principalement par de l'énergie hydroélectrique provenant en grande partie du barrage de Manantali qui connaît des problèmes de production (104 MW de sa production de 200 MW appartiennent au Mali) et du barrage de Sélingué (46 MW). L'hydroélectricité a représenté 60% de la production totale d'électricité en 2012, le reste provenant des centrales électriques fonctionnant au diesel ou au fioul. La part de l'hydroélectricité dans le réseau interconnecté a chuté à 44% en 2014. En 2013, la fourniture par EDM-SA était composée de: 26% d'énergie thermique achetée et 37% d'hydroélectricité achetée.

EDM-SA alimente 22 centres urbains isolés à partir de réseaux indépendants utilisant des générateurs fonctionnant au diesel, tandis que dans les zones rurales, l'Agence malienne pour le développement de l'énergie domestique et de l'électrification rurale (AMADER) a adopté, grâce au Fonds d'électrification rurale, une approche décentralisée qui autorise des producteurs d'énergie privés locaux. En revanche, les industries et les mines (auto producteurs) disposent, pour satisfaire leur propre demande, d'une puissance installée estimée à 200 MW.

La tarification dépend de plusieurs critères, notamment la catégorie de tension, le niveau de puissance souscrite et la tranche de consommation. À cela s'ajoutent la TVA et des redevances d'entretien et de location. La TVA au taux de 18% est facturée en sus sauf sur les 100 premiers kWh du tarif social. La Commission de régulation de l'électricité et de l'eau (CREE) a la charge d'approuver et de contrôler les tarifs de l'électricité. Les tarifs sont fixés selon la formule inscrite dans la convention passée entre la CREE et l'EDM-SA. Ce dernier peut demander une révision des tarifs chaque année; la demande est examinée par la CREE.

Eau

La Politique nationale de l'eau, adoptée en février 2006, énonce l'approche sectorielle basée sur les principes de la gestion intégrée des ressources en eau (GIRE) et les orientations stratégiques sur lesquelles porteront particulièrement les efforts pour le développement du secteur de l'eau. Le Plan national d'accès à l'eau potable 2004-2015 (PNAEP) avait annoncé un important programme d'investissement, tant en milieu rural qu'en milieu urbain et prévoyait notamment la réalisation, la réhabilitation ou l'optimisation de 11 000 points d'eau sur la période 2004-2015. Selon les autorités, le Plan visait un taux d'accès national de 82%. Toutefois, le taux d'accès à l'eau potable au 31 décembre 2016, était de l'ordre de: 66,9% au niveau national; 65,3% en milieu rural; 70,6% en milieu semi urbain et urbain.

En pratique, deux principaux modes de gestion de l'eau coexistent au Mali. En milieu rural, les communes assurent la maîtrise d'ouvrages des services d'eau et d'assainissement, mais sont obligées d'en déléguer la gestion à un opérateur privé ou à une association d'usagers. EDM-SA était en charge de la distribution de l'eau dans les centres urbains jusqu'en 2011. Depuis cette date, ce rôle revient à deux entreprises publiques: la Société malienne de gestion de l'eau potable (SOMAGEP) SA et la Société malienne du patrimoine de l'eau potable (SOMAPEP SA). Les tarifs de l'eau doivent être approuvés par la CREE et n'ont pas changé depuis 2004.

SECTEUR MANUFACTURIER

La part des industries manufacturières dans le PIB a avoisiné en moyenne 15% depuis 2010 (tableau 1.1). Elles se composent de petites industries, majoritairement agroalimentaires. D'autres unités de production évoluent aussi dans le domaine des industries chimiques, de la métallurgie, ainsi que des textiles. En 2015,

298 catégories de produits émanant de 77 entreprises maliennes étaient admises au régime préférentiel des échanges intracommunautaires (rapport commun, p. 55). Le CSRP III accorde une place importante au développement des industries manufacturières au Mali, à travers l'amélioration des infrastructures, et la mise en place des réformes et la promotion de l'environnement des affaires.

Au cours des années récentes, le gouvernement a mis en place, un certain nombre de stratégies afin d'appuyer le secteur privé et favoriser un développement durable des activités industrielles. Ainsi, en 2010, la Politique de développement industriel (PDI) fut adoptée, et avait pour objectif général d'augmenter la contribution du secteur secondaire au PIB à 20% en 2012 et 45% en 2015. Elle vise à améliorer l'environnement économique des entreprises industrielles, promouvoir leur compétitivité et encourager l'utilisation des meilleures technologies à travers notamment le renforcement des droits de propriété intellectuelle. La PDI a été, jusqu'en 2017, assortie de deux plans opérationnels triennaux.

D'autres documents de stratégie sont également en vigueur dans le domaine des industries manufacturières. Il s'agit notamment de la stratégie nationale pour le développement de l'agroalimentaire, la stratégie nationale de développement de la propriété intellectuelle et la politique nationale de la qualité (p. 297).

La moyenne simple des taux appliqués du tarif NPF (TEC de la CEDEAO) dans le secteur manufacturier (définition CITI) est de 12,4%. Pour l'ensemble des produits manufacturés, le tarif présente une progressivité mixte (rapport commun, tableau 3.8), légèrement négative des matières premières (10,4%) aux produits semi-finis (10,1%) et positive vers les produits finis (13,9%). Ce fait aggrave les coûts de production des entreprises qui utilisent les intrants taxés, et/ou ne les incite pas à améliorer leur compétitivité.

SERVICES

Transports

Les services de transport sont constitués principalement du transport routier, ferroviaire, fluvial et aérien, le Mali ne disposant d'aucun accès à la mer. Les ports de Dakar et d'Abidjan, par où passe l'essentiel de son trafic international, sont distants respectivement de 1 471 km et de 1 225 km de Bamako. Les coûts liés à l'acheminement des marchandises (en proportion de la valeur des importations) sont prohibitifs et ils étaient estimés à environ 24,4% en 2007 et 30% en 2016. Ceux-ci constituent une entrave au développement économique du Mali.

À cet effet, depuis 2015, la Politique nationale des transports et infrastructures de transport (PNTIT) prolonge les actions et initiatives de la Lettre de déclaration de politique générale dans le secteur des transports du 5 avril 2007. La vision formulée par la PNTIT est de "faire du Mali un pays relié durablement à ses voisins; désenclavé grâce à des infrastructures appropriées, des services de transports efficaces, fiables et sûrs qui approvisionnent le pays à moindre coût afin de répondre aux besoins des populations de façon pérenne d'un point de vue social, économique et environnemental; et en conséquence, impulser le développement et la lutte contre la pauvreté".

Le Ministère en charge de l'équipement, des transports et du désenclavement est chargé de l'administration du secteur. À ce titre, sa mission est d'élaborer et de mettre en œuvre la politique nationale dans le domaine de l'équipement et des transports.

Dans le cadre de l'Accord général sur le commerce des services, le Mali a obtenu des dérogations par rapport au traitement NPF (Article II du GATS) dans le domaine des transports maritimes, notamment en ce qui concerne l'octroi des droits de cabotage à certains partenaires commerciaux; la répartition des échanges commerciaux dans le cadre des résolutions de la Conférence ministérielle des États de l'Afrique de l'Ouest et du centre (CMEAOC)[12]; et la répartition de cargaisons entre compagnies maritimes d'États aux deux bouts d'un trafic particulier.[13]

Transports routiers

Le transport routier demeure le principal moyen d'acheminement des personnes et des marchandises au Mali. Le pays dispose d'un réseau routier classé, constitué de 89 024 km, dont 24 000 km environ sont aménagés, allant des pistes rurales (cotonnières et pastorales) aux corridors routiers internationaux, revêtus soit en béton bitumineux soit en enduit superficiel.[14] Le réseau revêtu, constitué essentiellement des routes nationales, a un linéaire de 5 700 km. La densité routière est de 1,80 km/100 km^2, l'une des plus faibles d'Afrique. Cette faiblesse est encore accentuée dans les régions septentrionales.

Le Mali a signé des accords bilatéraux en matière de transport et de transit routiers avec les pays voisins côtiers ou enclavés. Ils définissent entre autres: les conditions du transit par route; les trajets du transport; les modalités de répartition du fret et des passagers entre les transporteurs des deux pays et les tiers; et les produits exclus. En général, le cabotage n'est pas permis. Toutefois, le Mali accorde des droits de cabotage sur une base réciproque avec le Sénégal et la Côte d'ivoire.

Les conditions d'agrément à la profession de transporteur routier par un malien ou un ressortissant communautaire de l'UEMOA sont les mêmes. Concernant les autres ressortissants étrangers, les conditions d'accès dépendent des conventions bilatérales en vigueur.[15]

Transports ferroviaires

Le réseau ferroviaire du Mali est constitué d'une voie ferrée unique longue de 729 km entre Koulikoro et la frontière sénégalaise. Il assure la liaison entre Dakar

(Sénégal) et Bamako, et le transport de marchandises et de passagers. Cette voie ferrée présente un état de dégradation avancée avec des secteurs qui n'ont fait l'objet d'aucune opération de renouvellement depuis plusieurs années. Les incidents de voie tels que des déraillements ont récemment augmenté sensiblement. Par exemple, 136 déraillements ont été dénombrés entre Dakar et Thiès au cours des onze premiers mois de 2011.

En octobre 2003, le Sénégal et le Mali confièrent la gestion du réseau pour 25 ans à un consortium franco-canadien, Transrail, qui était chargé à ce titre de la maintenance, du renouvellement et de l'aménagement des infrastructures ferroviaires. Toutefois, le contrat fut rompu en 2015.

Le transport ferroviaire est économiquement vital pour le Mali du fait de la présence de plusieurs programmes miniers et de l'enclavement du pays. L'exploitation de ce potentiel passe par la construction et la réhabilitation des infrastructures. Plusieurs projets d'interconnexion ferroviaire seraient en cours avec certains pays de la sous-région comme la Côte d'Ivoire et la Guinée.

Transports fluviaux

Le Mali est traversé par les fleuves Niger et Sénégal sur lesquels existent trois axes de transport principaux. Sur le fleuve Niger, le bief nord pour la liaison Koulikoro - Gao et le bief sud pour la liaison Bamako - Kouroussa en Guinée ou Bamako - Kankan par le Milo; et sur le fleuve Sénégal, la liaison Kayes - St Louis. Il existe 13 ports formels. Koulikoro est le plus important; il n'y a plus de port à Bamako.

Le transport fluvial est assuré par la Compagnie malienne de navigation (COMANAV), entreprise publique, ainsi que par de petits exploitants de pirogues et de pinasses. La COMANAV souffre depuis plusieurs années de pertes financières dues à la réduction de son temps de navigabilité qui n'est que de quatre mois au lieu de six; elle a également eu des difficultés à entretenir et moderniser sa flotte. La flotte de la COMANAV comprend trois bateaux courriers vétustes pour le transport mixte des marchandises et des personnes, un bateau pétrolier, un remorqueur, un pousseur, trois chalands et dix-huit barges d'une capacité de 200 tonnes. En 2015, la COMANAV a acquis deux bateaux pour le transport de personnes. Aucune réglementation formelle n'existe dans le domaine. Selon les autorités, un projet de loi est en cours d'adoption en la matière.

Transports aériens

Le Mali compte 26 aéroports et aérodromes, mais seulement cinq reçoivent des vols réguliers: Bamako, Kayes, Mopti, Gao et Tombouctou. En 2013, l'aéroport de Bamako (Senou), le seul aéroport international opérationnel, a enregistré 573 802 passagers transportés (y compris les arrivées, les départs et les transits), 10 480 mouvements d'aéronefs et 167 33 tonnes de colis postaux acheminés. Concernant le fret, il a été transporté, via l'aéroport international, 10 096 tonnes de marchandises, contre 7 669,6 en 2012. Deux compagnies aériennes maliennes (en suspension d'activités depuis 2013 et 16 compagnies internationales utilisent les aéroports du Mali, principalement avec des avions moyen-courrier.

L'Agence nationale de l'aviation civile (ANAC) a pour mission d'élaborer la politique nationale en matière d'aviation civile et d'en assurer la mise en œuvre. Elle est chargée notamment de: a) participer à l'élaboration de la réglementation de l'aviation civile conformément aux normes de l'Organisation de l'aviation civile internationale, de la Convention de Yamoussokro et aux dispositions communautaires; b) contrôler l'application des règles de sécurité et de sûreté de l'aviation civile; et c) superviser les services de la navigation aérienne. Une nouvelle politique nationale de l'aviation civile a été adoptée en 2010. Elle vise principalement le désenclavement intérieur et extérieur du pays en s'appuyant principalement sur l'adaptation du transport aérien national aux exigences du transport aérien international, et la création des conditions de valorisation, de mobilisation et d'utilisation rationnelle des ressources dans le secteur.

La gestion des aéroports est assurée par Aéroports du Mali (ADM), entreprise publique créée en 1970. Une seule entreprise, la Société d'assistance aéroportuaire du Mali (ASAMSA), fournit les services d'assistance en escale. Le "self handling" et le "mutual handling" entre compagnies aériennes ne sont pas autorisés.

Services portuaires

Le Mali ne possède pas de façade et de flotte maritimes. Cependant, pour le suivi et l'acheminement des marchandises à l'exportation et à l'importation, il dispose d'entrepôts dans six ports africains. Ces Entrepôts maliens (EMA) sont les services extérieurs de la Direction nationale des transports terrestres, maritimes et fluviaux (DNTTMF); ils sont nés des accords de transport et de transits maritimes conclus entre l'État malien et les pays de transit. Le Mali dispose de trois ports secs à proximité de Bamako pour le stockage, le contrôle douanier et la manutention des marchandises. D'autres sont en projet à Ambidédi, Sikasso et Gao.

Postes et télécommunications

Depuis le dernier EPC du Mali en 2010, le cadre de la gouvernance des postes et télécommunications a connu quelques changements. En effet, l'Ordonnance n° 2011-024/P-RM du 28 septembre 2011 a mis en place l'Autorité malienne de régulation des télécommunication/TIC et postes (AMRTP) qui est chargée, entre autres, de: veiller au respect du principe d'égalité de traitement des opérateurs du secteur; assister le Ministre en charge des postes et télécommunications dans la préparation de la réglementation, la protection des usagers en matière de postes et télécommunications et veiller au respect de la réglementation applicable aux secteurs régulés,

notamment en assurant le contrôle et la surveillance des activités des acteurs.[16]

En principe, l'AMRTP est responsable de l'instruction, en matière de télécommunications/TIC, des demandes de licences, et de la préparation et mise en œuvre des procédures d'attribution de licences par appel d'offres. Cependant, le gouvernement peut, dans certains cas, décider d'octroyer une licence au terme d'une procédure d'appel d'offres lorsqu'il estime qu'une telle procédure est préférable pour le développement du secteur des télécommunications au Mali. Ainsi, le Décret n° 2011-373/P-RM du 17 juin 2011 a fixé la procédure d'octroi de la 3ème licence d'établissement et d'exploitation de réseaux et services de télécommunication. Aux termes de ce Décret, la procédure a consisté notamment en la mise en place d'un Comité technique interministériel d'appui; le recrutement d'un cabinet conseil international pour traiter des questions techniques; et la conduite d'une procédure d'appel d'offres.[17]

Depuis 2011, le secteur des télécommunications est régi par l'Ordonnance n° 2011023/P-RM du 28 septembre 2011, relative aux télécommunications et aux technologies de l'information et de la Communication en République du Mali Ordonnance n° 2011-023/P-RM du 28 septembre 2011 relative aux télécommunications et aux technologies de l'information et de la communication. Par ailleurs, l'Ordonnance n° 2011–012/P-RM du 20 septembre 2011 a mis en place la POSTE du Mali, en remplacement de l'Office national des postes (ONP), avec pour mission l'exploitation des Services postaux et des Services financiers postaux.

Le Ministère en charge de la communication et des nouvelles technologies a la responsabilité de la réglementation des services de télécommunications et des services postaux.

Le Mali n'a pas pris d'engagements spécifiques sur les services de télécommunication au titre de l'AGCS et n'a pas participé aux négociations de l'OMC sur les services de télécommunication de base, conclues en 1997.

Télécommunications

Le nombre des clients de la téléphonie mobile s'élevait à 23.5 million en 2014 (soit un taux de pénétration d'environ 138%), tandis que la téléphonie fixe comptait 154 417 clients sur la même période (environ un taux de pénétration de 0,72%).[18] Le marché compte trois opérateurs: Orange Mali, sur le marché depuis 2003; SOTELMA, depuis 2009. Alpha Télécom, qui a obtenu sa licence en 2013 n'est pas encore opérationnelle. Les licences d'établissement et d'exploitation des réseaux mobiles de télécommunications sont technologiquement neutres, permettant donc aux compagnies de téléphonie de fournir des services Internet Mobiles haut débit (2G et 3G). Les principaux usages de la téléphonie mobile sont la voix, le haut débit mobile et le paiement mobile.

Orange Mali et SOTELMA fournissent des services de téléphonie fixe au Mali. Le Décret n° 2016-0975/P-RM du 27 décembre 2016 déterminant les conditions et les modalités d'interconnexion des réseaux de télécommunication fixe la procédure et les modalités d'interconnexion des réseaux et services de télécommunications. L'interconnexion des réseaux et services est une obligation réglementaire. En général, les contrats d'interconnexion sont négociés entre les opérateurs et sont orientés vers les coûts. Chaque contrat d'interconnexion est soumis à l'approbation préalable de l'Autorité de régulation.

En 2009, Maroc Telecom a acheté 51% du capital de la SOTELMA, initialement entreprise publique, pour un montant de 180 milliards de FCFA. Pour ce qui concerne les 49% restant, la stratégie de privatisation prévoit que 19% du capital soient cédés au grand public et 10% réservés aux salariés de la société. À l'issue du processus de privatisation, la part résiduelle de l'État dans le capital sera de 20%.

La fourniture de l'accès à Internet au Mali est assurée principalement par les compagnies SOTELMA et Orange Mali. Ce dernier détient plus de 95% du marché de l'Internet fixe. Quelques opérateurs alternatifs (AFRIBONE, ARC MALI, DOGON TELECOM, COMSAT, FIYEN MALI, COMPASS) sont également présents sur le marché.[19] Les réseaux exploités sont le réseau filaire, le réseau de transmission à fibre optique et les faisceaux hertziens. Si l'accès de la population à Internet sur fixe demeure marginal au Mali, la télé densité Internet sur mobile quant à elle connaît une croissance régulière.

En 2015, l'Agence des Technologies de l'Information et de la Communication (AGETIC) envisageait de réaliser la gestion du nom de domaine ".ml" au sein de la zone du territoire national; ce rôle était assuré par la SOTELMA depuis 1997.

Les Ordonnances n° 2011-023 et n° 2011-024 du 28 septembre 2011 fournissent le cadre pour l'organisation du Fonds d'accès aux services universels sous la responsabilité de l'ARMTP. Le Fonds a été créé pour financer l'accès universel aux services de télécommunication de base, y compris l'accès aux télécommunications nationales et internationales (texte, télécopie, Internet). L'accès à ces services doit être assuré pour tous les habitants des zones isolées à un prix abordable. Les services de santé et d'éducation et les services destinés aux personnes handicapées sont jugés prioritaires. Le financement du fonds se fait par ponction de 2% sur les chiffres d'affaires nets des opérateurs. Une Agence de gestion du Fonds a été mise en place en 2016.

Postes

L'établissement public, la POSTE du Mali, offre des services postaux et financiers sur le territoire malien à travers 130 "points de contacts" (95 bureaux de poste, 7 guichets annexes et 28 correspondances postales). Certains services sont réservés à la POSTE du Mali, notamment la levée, l'affranchissement, le transport et la distribution des lettres, cartes postales, paquets jusqu'à 10 kg, imprimés et journaux, et l'exploitation du service des boîtes postales et boîtes à lettres.

Des services de courrier sont également offerts par des entreprises privées (y compris de transport) sur les segments domestique et international.

Tourisme

La crise sécuritaire a causé d'énormes dégâts au secteur touristique du Mali. Elle s'est manifestée notamment par la baisse notable des arrivées de touristes, ainsi que par la fermeture et la destruction de certains établissements touristiques. De 2010 à 2013, les arrivées de touristes sont passées de 125 496 à 120 901. Toutefois, la situation s'est améliorée en 2014, avec 168 000 arrivées, pour ensuite se dégrader en 2015 (159 000 touristes).[20]

Le parc hôtelier du Mali était de 675 hôtels en 2014 (dont 57 classés de 1 à 5 étoiles selon les normes de la CEDEAO), avec un total de 10 214 chambres pour 13 469 lits. Le nombre d'agences de voyages, qui était de 154 en 2008, est passé à 319 en 2014. Une Commission de classement, composée de représentants du gouvernement et de l'hôtellerie, est responsable du classement des hôtels. Le processus de classement se tient tous les trois ans. Toutefois, les classements peuvent se faire à la demande des hôteliers. Les agents de l'administration du tourisme sont habilités à contrôler les établissements classés. Pour être classés, les établissements doivent respecter certaines normes techniques relatives à la taille, l'hygiène et la sécurité des installations. Les exploitants en infraction sont passibles de déclassement, de suspension ou de retrait de l'agrément. En outre, le Comité de surveillance de la CEDEAO est également censé effectuer chaque année une visite d'inspection et de contrôle dans les établissements pour s'assurer du niveau de respect des normes hôtelières.

Le gouvernement considère le secteur du tourisme comme l'un des axes prioritaires du développement du pays. Le Ministère en charge du tourisme et l'Agence pour la promotion touristique du Mali (APTM) sont en charge de promouvoir le tourisme. En outre, plusieurs associations professionnelles y sont aussi actives.[21] Des concertations se tiennent régulièrement entre l'administration nationale du Tourisme et les acteurs privés. Ces rencontres sont généralement initiées par l'administration nationale du tourisme mais elles peuvent aussi être initiées par le secteur privé. Une stratégie de développement du tourisme fut mise en place en 2008 et elle a pris fin en 2011.

Le Mali regorge d'énormes potentialités touristiques. Une dizaine de ses sites sont classés au patrimoine mondial de l'humanité.[22] Le pays dispose notamment de sites naturels, dont la réserve naturelle du Gourma, avec environ 500 pachydermes, les plus grands dans la zone tropicale. Ces sites sont propices à la pratique de diverses formes de tourisme dont l'éco‑tourisme.

Dans l'ensemble, le secteur du tourisme est ouvert à la présence d'entreprises étrangères et les investisseurs étrangers bénéficient des mêmes privilèges que les investisseurs nationaux. Les établissements de tourisme et les organisateurs de voyages ou de séjours sont tenus d'obtenir une autorisation d'exercice auprès de l'API Mali.

Dans le cadre de l'Accord général sur le commerce des services, le Mali a consolidé, sans limitations, la fourniture des services d'enseignement pour adultes dans la branche de l'artisanat; les services d'hôtellerie et de restauration ont été également consolidés, à l'exception de leur fourniture transfrontalière (non consolidée parce que techniquement impraticable, selon les autorités).[23]

Le code des investissements accorde des avantages aux investissements dans plusieurs domaines économiques, y compris dans le tourisme. Le taux standard de la TVA (18%) s'applique aux services touristiques. Une taxe de promotion touristique permet de financer les activités de l'APTM.

Services financiers

Le Mali n'a pas pris d'engagements spécifiques sur le sous-secteur financier au titre de l'AGCS et n'a pas participé aux négociations de l'OMC sur les services financiers, conclues en 1998.

Services bancaires et de microfinance

L'exercice des activités bancaires au Mali est soumis à la réglementation bancaire commune et au dispositif prudentiel élaboré par l'UMOA, qui exerce également la fonction de surveillance (p. 277; et rapport commun, p. 76).

Le Mali compte 13 banques agréées auprès de la BCEAO, ainsi que trois établissements financiers.[24] Les établissements bancaires détenaient environ 97% de l'actif du secteur financier en 2015.[25]

Le taux de la taxe sur les activités financières (TAF) est fixé à 15%; elle s'applique aux activités bancaires ou financières, et d'une manière générale au commerce des valeurs et de l'argent. Les institutions financières qui y sont assujetties sont les banques, les établissements financiers, et les agents de change et autres personnes réalisant à titre principal les opérations de nature bancaire ou financière.

Bien que le secteur financier reste très largement dominé par les banques en termes de volume d'actifs, la microfinance touche une clientèle numériquement plus importante. En effet, elle joue un rôle important pour fournir des services financiers aux ménages les plus pauvres, aux microentreprises et aux petits agriculteurs. La microfinance s'adresse à environ 1,4 million de bénéficiaires.

Les activités de ces institutions financières font l'objet d'une réglementation commune au sein de l'UEMOA (rapport commun, p. 76). Au total, 126 institutions de microfinance sont inscrites sur le répertoire des institutions autorisées au Mali.

L'instabilité politique qu'a connue le pays en 2012 a conduit à la détérioration de la santé financière de la microfinance, qui était déjà confrontée à une crise de confiance en 2010. Ceci a conduit à une augmentation drastique des impayés de crédit.[26]

Assurances

Le marché des assurances est soumis à la réglementation de la Conférence interafricaine des marchés d'assurance (CIMA) (rapport commun, p. 76). Le Mali compte 11 sociétés d'assurances dont huit se consacrent à l'assurance générale (CNAR, Lafia, Sabu Nyuman, Allianz Mali, Saham Assurance Mali, Nallias S.A., NSIA Mali, Sunu Assurances Mali) et trois compagnies sont spécialisées en assurance-vie (Sonavie, NSIA Vie Mali, Saham Vie Mali).

L'agrément requis pour opérer au Mali est accordé par le Ministre en charge des finances, après avis conforme de la Commission régionale de contrôle des assurances. L'assurance responsabilité civile automobile est de caractère obligatoire et constitue, à elle seule, près de la moitié du chiffre d'affaires du marché des assurances. Les autres assurances obligatoires sont l'assurance des marchandises à l'importation et l'assurance construction. La Direction nationale du trésor et de la comptabilité publique est responsable de la supervision du sous-secteur d'assurance. Les services d'assurance sont soumis à la taxe sur les contrats d'assurance. Son taux est de 4% pour les contrats d'assurance contre les risques de la navigation aérienne, maritime, terrestre ou fluviale et 20% pour tous les autres contrats d'assurance.

Notes de fin

1 PDA (2013).

2 Décret n° 10-574-/P-RM du 26 octobre 2010.

3 Politique foncière agricole du Mali, Ministère du développement rural, avril 2014.

4 Loi n° 2017-001 du 11 avril 2017 portant sur le foncier agricole.

5 Information en ligne. Adresse consultée: https://eiti.org/sites/default/files/migrated_files/rapport_itie_mali_2013_-_final.pdf.

6 Information en ligne. Adresse consultée: https://eiti.org/sites/default/files/migrated_files/rapport_itie_mali_2013_-_final.pdf.

7 Information en ligne. Adresse consultée: https://eiti.org/sites/default/files/migrated_files/rapport_itie_mali_2013_-_final.pdf.

8 La plupart des sociétés minières ont signé leur convention avant 1999 et sont assujetties à la CPS. Toutefois, la mine de Kalana, dont la convention a été signée après 1999, est astreinte au paiement de l'Impôt spécial sur certains produits (ISCP) en lieu et place de la CPS.

9 Ordonnance n° 00-013/P-RM du 10 février 2000.

10 Décret n° 2014-0866/P-RM du 26 novembre 2014.

11 Information en ligne. Adresse consultée: https://www.afdb.org/fileadmin/uploads/afdb/Documents/GenericDocuments/energies_renouvelables_en_afrique-profil_pays_du_mali.pdf.

12 Ces résolutions visent la mise en œuvre des dispositions pertinentes de la Convention des Nations unies relative à un code de conduite qui prévoit la répartition de 80% des échanges commerciaux de la ligne avec la compagnie nationale de navigation maritime de l'État situé à l'autre bout du trafic particulier.

13 Document de l'OMC GATS/EL/53 du 30 août 1995.

14 Information en ligne. Adresse consultée: https://www.afdb.org/fileadmin/uploads/afdb/Documents/Publications/AfDB_-_Mali_-_Note_sur_le_secteur_des_transports.pdf.

15 Loi n° 00-043/du 7 juin 2000 régissant la profession de transporteur routier et son Décret d'application n° 00-0503/P-RM du 16 octobre 2000.

16 L'Ordonnance n° 2016-014/P-RM du 31 mars 2016 défini les attributions de l'AMRTP.

17 En 2017, le Décret n° 2017-065/PRM du 9 février 2017 a établi les nouvelles procédures d'octroi de retrait et de transfert de licence.

18 Information en ligne. Adresse consultée: https://www.amrtpmali.org/pdf/rapport_act/Rapport_2014.pdf.

19 Information en ligne. Adresse consultée: https://www.amrtpmali.org/pdf/rapport_act/Rapport_2014.pdf.

20 Information en ligne. Adresse consultée: http://donnees.banquemondiale.org/indicateur/ST.INT.ARVL.

21 Il s'agit, entre autres, de l'Association malienne des professionnels du tourisme, de l'Association malienne des agences de voyages et de tourisme, de la Fédération nationale de l'industrie hôtelière du Mali, du Réseau des femmes hôtelières, du Regroupement professionnel des hôteliers et restaurateurs du Mali, du Conseil patronal de l'industrie du tourisme, de l'Association des guides de tourisme, de l'Association malienne des agences de voyages pour le pèlerinage et la UMRHA et du Collectif des agences de voyages pour le Hadj et la OMRHA.

22 Sans oublier notamment: le site de Djenné Djeno et la ville actuelle de Djenné, Tombouctou et ses mosquées, Gao et le Tombeau des Askia, la réfection septennale de Kamablon de Kangaba, la traversée des boeufs de Diafarabé et de Dialoubé, le sanctuaire naturel et culturel dogon.

23 Document de l'OMC GATS/SC/53 du 30 août 1995.

24 Information en ligne. Adresse consultée: http://www.bceao.int/-Etablissements-de-credits-.html.

25 Information en ligne. Adresse consultée: http://documents.banquemondiale.org/curated/fr/188841468194052200/pdf/105298-FRENCH-REPF-FSAP-P153363-PUBLIC-Mali-FSAPDM-TN-Microfinance.pdf.

26 Information en ligne. Adresse consultée: http://documents.banquemondiale.org/curated/fr/188841468194052200/pdf/105298-FRENCH-REPF-FSAP-P153363-PUBLIC-Mali-FSAPDM-TN-Microfinance.pdf.

Appendice - tableaux

Tableau A1. 1Exportations de marchandises par section et chapitre important du SH, 2010-2016

Section	Chapitre	2010	2011	2012	2013	2014	2015	2016
Total (millions de $EU)		1 997,2	2 399,4	2 626,3	2 776,4	2 851,2	3 170,0	3 005,7
Total (millions d'€)		1 508,0	1 726,0	2 044,0	2 091,1	2 149,0	2 858,3	2 717,3
		(% du total)						
01	Animaux vivants et produits du règne animal	3,6	4,2	4,8	5,0	1,5	6,3	7,8
	01 Animaux vivants	3,5	4,1	4,6	4,7	1,2	6,1	7,6
02	Produits du règne végétal	1,3	1,8	1,1	1,6	1,3	1,2	1,1
03	Graisses et huiles animales ou végétales	0,0	0,2	0,0	0,1	0,0	0,0	0,0
04	Produits alimentaires, boissons et tabac	0,7	0,5	0,4	0,5	0,9	0,9	0,6
05	Produits minéraux	1,5	2,9	1,2	2,5	2,4	1,5	0,3
06	Produits chimiques et produits connexes	1,9	7,0	6,5	5,9	7,2	3,8	3,7
	31 Engrais	1,5	6,5	6,1	5,6	6,7	3,3	3,1
07	Matières plastiques et caoutchouc	0,3	0,3	0,2	0,2	0,3	0,3	0,3
08	Peaux et cuirs	0,4	0,5	0,7	0,7	0,5	0,7	0,3
09	Bois, liège, vannerie	0,0	0,1	0,0	0,0	0,5	0,3	0,2
10	Pâte de bois; papier et carton	0,1	0,0	0,0	0,0	0,0	0,0	0,1
11	Matières textiles et ouvrages en ces matières	8,6	8,7	14,9	13,0	11,8	10,4	8,9
	52 Coton	8,5	8,6	14,8	13,0	11,6	10,2	8,8
12	Chaussures, coiffures, etc.	0,0	0,0	0,0	0,0	0,0	0,0	0,1
13	Ouvrages en pierres, plâtre, ciment	0,0	0,0	0,0	0,0	0,0	0,0	0,0
14	Pierres gemmes et métaux précieux, perles	79,1	70,5	65,7	67,7	70,5	69,6	72,9
	71 Métaux précieux (or, non monétaire)	79,1	70,5	65,7	67,7	70,5	69,6	72,9
15	Métaux communs et ouvrages en ces métaux	0,5	0,5	0,8	0,3	0,9	0,6	0,4
16	Machines et appareils, matériel électrique	1,2	1,9	2,1	1,5	1,3	2,4	1,5
17	Matériel de transport	0,3	0,5	1,3	0,6	0,6	1,7	1,6
18	Instruments et appareils de précision	0,1	0,1	0,0	0,0	0,0	0,0	0,0
19	Armes et munitions	0,0	0,0	0,0	0,0	0,0	0,0	0,0
20	Marchandises et produit divers	0,0	0,0	0,1	0,1	0,1	0,1	0,1
21	Objets d'art, de collection	0,0	0,0	0,0	0,0	0,0	0,0	0,0
Autres		0,1	0,1	0,1	0,1	0,1	0,0	0,0

Source: Calculs de l'OMC, sur la base des données fournies par les autorités du Mali.

Tableau A1. 2 Importations de marchandises par section et chapitre important du SH, 2010-2016

Section	Chapitre	2010	2011	2012	2013	2014	2015	2016
Total (millions de $EU)		3 425,9	3 352,6	3 466,1	3 822,4	3 926,7	3 994,6	3 845,1
Total (millions d'€)		2 586,7	2 411,7	2 697,6	2 878,9	2 959,7	3 601,7	3 476,1
		(% du total)						
01	Animaux vivants et produits du règne animal	1,0	1,4	1,3	1,5	1,8	2,1	1,8
02	Produits du règne végétal	3,9	4,9	6,1	6,7	5,9	6,2	6,7
	10 Céréales	2,2	3,2	4,5	4,9	3,9	3,6	4,3
03	Graisses et huiles animales ou végétales	1,3	1,1	0,9	0,9	0,9	1,1	1,0
04	Produits alimentaires, boissons et tabac	5,7	6,4	5,6	5,9	6,7	7,0	6,7
	21 Préparations alimentaires diverses	1,2	1,5	1,4	1,3	1,8	2,0	2,2
	24 Tabacs	1,2	1,6	1,3	0,9	1,4	1,6	1,7
05	Produits minéraux	25,5	35,9	34,4	33,1	31,7	26,5	28,1
	25 Sel; soufre; terres et pierres; plâtres	5,8	6,6	5,7	5,1	5,0	6,1	5,9
	27 Combustibles minéraux, huiles minérales	19,7	29,3	28,7	28,0	26,7	20,3	22,2
06	Produits chimiques et produits connexes	15,0	11,2	13,5	13,7	13,0	13,8	13,6
	30 Produits pharmaceutiques	7,9	3,0	4,2	4,3	4,8	5,1	4,0
	31 Engrais	2,8	4,7	5,0	5,1	4,7	4,0	5,6
07	Matières plastiques et caoutchouc	5,0	3,7	3,8	3,6	3,4	4,5	3,8
	39 Matières plastiques	2,4	2,2	2,1	2,3	2,3	2,7	2,3
08	Peaux et cuirs	0,2	0,1	0,1	0,1	0,1	0,1	0,1
09	Bois, liège, vannerie	0,3	0,2	0,2	0,2	0,3	0,3	0,3
10	Pâte de bois; papier et carton	1,0	0,8	0,6	0,9	2,4	1,3	0,7
11	Matières textiles et ouvrages en ces matières	2,6	2,0	1,9	2,2	1,8	1,9	2,0
12	Chaussures, coiffures, etc.	0,6	0,4	0,4	0,3	0,3	0,4	0,4
13	Ouvrages en pierres, plâtre, ciment	1,3	0,9	1,0	1,0	1,0	1,1	1,1
14	Pierres gemmes et métaux précieux, perles	0,0	0,0	0,0	39,4	0,0	0,0	0,0
15	Métaux communs et ouvrages en ces métaux	8,2	7,4	6,5	6,0	5,3	6,0	6,1
	72 Fonte, fer et acier	3,0	3,4	2,7	2,7	2,4	2,5	2,1
	73 Ouvrages en fonte, fer ou acier	3,4	3,0	2,9	2,7	2,1	2,7	3,0
16	Machines et appareils, matériel électrique	18,5	14,0	15,9	14,5	14,0	16,1	15,0
	84 Machines et appareils	11,2	8,3	9,0	8,5	7,5	7,9	7,3
	85 Matériel électrique	7,3	5,7	6,8	6,1	6,5	8,2	7,8
17	Matériel de transport	7,3	8,4	6,5	7,4	8,8	9,3	9,1
	87 Voitures automobiles, cycles	7,0	8,4	6,4	7,3	8,5	8,5	8,7
18	Instruments et appareils de précision	1,2	0,5	0,6	0,9	1,0	0,9	0,7
19	Armes et munitions	0,0	0,0	0,0	0,0	0,0	0,0	0,7
20	Marchandises et produits divers	1,3	0,6	0,8	0,8	1,6	1,4	2,1
21	Objets d'art, de collection	0,0	0,0	0,0	0,0	0,0	0,0	0,0
Autres		0,1	0,1	0,0	0,1	0,1	0,0	0,0

Source: Calculs de l'OMC, sur la base des données fournies par les autorités du Mali.

Tableau A1. 3 Destinations des exportations, 2010-2016

	2010	2011	2012	2013	2014	2015	2016
Total (millions de $EU)	1 997,2	2 399,4	2 626,3	2 776,4	2 851,2	3 170,0	3 005,7
Total (millions d'€)	1 508,0	1 726,0	2 044,0	2 091,1	2 149,0	2 858,3	2 717,3
	(part en pourcentage)						
Amérique	3,3	0,4	0,4	1,0	0,5	0,9	0,4
États-Unis	3,2	0,2	0,3	0,7	0,5	0,8	0,3
Autres pays d'Amérique	0,2	0,2	0,1	0,3	0,0	0,1	0,1
Europe	21,1	15,2	16,3	10,5	12,5	23,1	22,0
UE(28)	8,9	3,4	4,6	2,4	2,5	3,4	2,5
France	1,1	1,4	2,0	0,6	1,0	1,0	0,6
Pays-Bas	0,1	0,1	0,1	0,1	0,1	0,5	0,4
Italie	6,0	0,3	0,6	0,5	0,4	0,5	0,4
AELE	12,1	11,6	11,6	8,0	9,3	19,6	19,1
Suisse	12,1	11,6	11,6	8,0	9,3	19,5	19,1
Autres pays d'Europe	0,1	0,1	0,1	0,1	0,7	0,1	0,4
Turquie	0,1	0,1	0,1	0,1	0,6	0,1	0,4
Communauté des États indépendants (CEI)	0,0	1,6	1,3	0,6	1,8	0,5	0,3
Afrique	67,5	73,0	64,3	74,0	66,0	60,5	58,9
Afrique du Sud	57,1	56,3	51,7	58,6	54,3	45,8	44,5
Côte d'Ivoire	2,0	3,7	4,5	5,2	3,1	4,8	5,7
Burkina Faso	2,2	4,2	3,6	3,0	5,0	3,9	3,7
Sénégal	4,4	4,8	2,5	2,6	1,4	2,9	2,5
Guinée	0,3	0,9	0,5	0,9	0,9	1,4	0,9
Maroc	0,1	0,6	0,4	0,7	0,5	0,6	0,5
Niger	0,2	0,2	0,1	0,1	0,1	0,3	0,3
Mauritanie	0,4	0,3	0,3	0,4	0,3	0,3	0,2
Moyen-Orient	1,1	1,5	2,0	0,3	6,9	4,1	7,4
Émirats arabes unis	1,0	1,5	0,7	0,2	6,7	4,0	7,4
Asie	7,0	8,2	15,7	13,6	12,2	11,0	11,0
Chine	2,0	3,6	7,8	4,2	2,1	1,2	1,0
Japon	0,1	0,1	0,3	0,1	0,0	0,3	0,2
Autres pays d'Asie	4,9	4,5	7,6	9,3	10,1	9,4	9,8
Bangladesh	0,8	0,4	0,4	1,1	1,9	2,3	2,8
Inde	0,0	0,2	0,8	2,2	2,0	2,1	2,4
Malaisie	1,2	0,7	4,9	1,4	1,5	1,3	1,8
Indonésie	0,6	1,7	0,3	1,2	1,7	1,4	1,1
Viet Nam	0,4	0,4	0,5	2,3	2,0	1,0	1,0
Thaïlande	0,5	0,7	0,3	0,6	0,7	1,0	0,5
Pour mémoire:							
Union économique et monétaire ouest africaine (UEMOA)	9,1	14,0	11,0	12,1	9,6	12,0	12,4
Côte d'Ivoire	2,0	3,7	4,5	5,2	3,1	4,8	5,7
Burkina Faso	2,2	4,2	3,6	3,0	5,0	3,9	3,7
Sénégal	4,4	4,8	2,5	2,6	1,4	2,9	2,5
Niger	0,2	0,2	0,1	0,1	0,1	0,3	0,3
Bénin	0,3	0,7	0,1	1,1	0,0	0,0	0,2
Togo	0,1	0,3	0,1	0,1	0,1	0,1	0,0
Guinée-Bissau	0,0	0,0	0,0	0,0	0,0	0,0	0,0

Source: Calculs du Secrétariat de l'OMC basés sur les données reçues par les autorités du Mali.

Tableau A1. 4 Origines des importations, 2010-2016

	2010	2011	2012	2013	2014	2015	2016
Total (millions de $EU)	3 425,9	3 352,6	3 466,1	3 822,4	3 926,7	3 994,6	3 845,1
Total (millions d'€)	2 586,7	2 411,7	2 697,6	2 878,9	2 959,7	3 601,7	3 476,1
	(part en pourcentage)						
Amérique	8,4	5,8	5,5	6,2	6,5	5,1	4,9
États-Unis	5,8	2,5	2,7	2,9	3,8	2,6	2,6
Autres pays d'Amérique	2,6	3,3	2,7	3,3	2,6	2,5	2,2
Brésil	1,8	2,3	1,7	1,8	1,0	1,2	1,2
Europe	27,7	21,6	20,9	22,1	24,5	27,1	24,8
UE(28)	26,9	20,4	19,7	20,8	23,4	25,4	23,7
France	15,1	10,3	10,8	9,3	11,2	10,3	8,6
Allemagne	2,9	3,5	2,2	3,0	2,9	4,0	4,4
Belgique	1,6	1,4	1,4	1,1	1,5	1,6	1,9
Italie	1,2	0,9	1,2	1,0	1,8	2,2	1,7
Pays-Bas	3,0	0,7	0,6	2,1	2,5	1,7	1,5
Espagne	0,8	1,0	1,2	1,7	1,0	1,4	1,3
Lituanie	0,0	0,0	0,1	0,0	0,0	0,0	0,7
AELE	0,3	0,1	0,3	0,5	0,4	1,0	0,3
Autres pays d'Europe	0,4	1,1	0,9	0,8	0,8	0,7	0,8
Turquie	0,4	1,1	0,9	0,8	0,8	0,6	0,8
Communauté des états indépendants (CEI)	2,6	3,6	2,7	3,0	3,0	1,8	2,6
Fédération de Russie	1,0	1,7	1,8	1,9	1,9	1,3	1,6
Bélarus	0,0	0,0	0,0	0,0	0,3	0,1	0,8
Afrique	40,6	48,8	51,0	45,5	43,3	40,9	42,3
Sénégal	14,1	21,4	25,1	22,0	21,7	20,0	19,4
Côte d'Ivoire	6,7	8,1	8,3	9,0	9,5	10,4	9,8
Afrique du Sud	7,9	4,7	3,1	3,7	2,9	3,0	3,2
Bénin	6,7	7,6	5,0	4,1	4,0	1,7	2,6
Maroc	0,8	1,2	0,7	1,5	1,0	1,9	2,5
Ghana	1,3	3,2	2,9	1,6	1,6	1,5	2,2
Moyen-Orient	1,5	1,4	1,1	0,9	1,0	1,0	1,1
Émirats arabes unis	1,2	0,9	0,5	0,5	0,6	0,6	0,9
Asie	19,2	18,8	18,8	22,3	21,8	24,2	24,3
Chine	12,3	10,7	10,6	12,0	12,8	15,5	15,6
Japon	2,0	1,8	1,2	1,9	1,8	2,2	2,0
Autres pays d'Asie	4,9	6,3	7,0	8,4	7,1	6,5	6,7
Inde	1,6	2,1	2,7	3,0	2,6	2,7	3,2
Australie	1,5	1,5	1,6	1,9	1,1	1,3	0,9
Pour mémoire:							
Union économique et monétaire ouest africaine (UEMOA)	29,2	38,2	42,9	37,6	36,4	33,1	33,0
Sénégal	14,1	21,4	25,1	22,0	21,7	20,0	19,4
Côte d'Ivoire	6,7	8,1	8,3	9,0	9,5	10,4	9,8
Bénin	6,7	7,6	5,0	4,1	4,0	1,7	2,6
Togo	1,6	1,1	0,5	0,2	0,2	0,5	0,5
Niger	0,0	0,0	3,0	1,8	0,9	0,2	0,4
Burkina Faso	0,2	0,2	1,0	0,5	0,2	0,4	0,2
Guinée-Bissau	0,0	0,0	0,0	0,0	0,0	0,0	0,0

Source: Calculs du Secrétariat de l'OMC basés sur les données reçues par les autorités du Mali.

Niger

Environnement économique

PRINCIPALES CARACTÉRISTIQUES DE L'ÉCONOMIE

Le Niger est un immense pays d'Afrique de l'ouest, aux trois quarts désertique et sans accès direct à la mer. Il connaît depuis une trentaine d'années une véritable explosion démographique. De 7 millions en 1985, sa population est passée à près de 19 millions d'habitants, et croît à près de 4% par an, l'un des taux les plus rapides au monde; la population pourrait ainsi atteindre 41 millions d'habitants en 2035. Cette situation est due au fait que le pays se trouve dans une phase de transition démographique caractérisée par une augmentation du taux de fécondité et une baisse de mortalité grâce à d'importants progrès sanitaires.[1]

Malgré la faiblesse de ses ressources, le Niger est parvenu à doubler sa production agroalimentaire depuis 2000, grâce à une meilleure maîtrise de l'irrigation. Ceci est essentiel car, outre sa position parmi les cinq premiers producteurs d'uranium au monde et, depuis peu, ses modestes exploitations d'or et de pétrole, le Niger est un pays à vocation surtout pastorale et agricole (tableau 1.1); la sécheresse et les invasions acridiennes continuent de constituer des problèmes graves et récurrents. L'essentiel de la population vit en milieu rural, occupée à des activités d'autosuffisance, principalement les cultures du mil, du sorgho, du riz et de l'arachide, et l'élevage.

Le Niger demeure un "Pays moins avancé (PMA)", classé à la 187ème position sur 188 pays en mars 2017 selon l'indice de développement humain du PNUD[2], avec un PIB par habitant assez bas (tableau 1.1). L'insécurité alimentaire est permanente, aggravée depuis quelques années par les conflits politiques et le terrorisme que connaît la région. Ces conflits ont causé d'importants afflux de réfugiés, y compris vers le Niger, des dépenses publiques additionnelles pour leur gestion, et de fortes baisses des échanges commerciaux dans les régions concernées.

Par conséquent le Niger a continué de dépendre fortement de l'aide publique au développement (APD) extérieure, qui a financé environ 75% des investissements publics sur la période 2009-2015, et qui a représenté 18% des dépenses annuelles totales de l'État, ce qui fait du Niger l'un des principaux bénéficiaires d'APD en Afrique subsaharienne. Cette aide a crû durant la période 2009-2015 non seulement en valeur (760 millions d'euros en 2015), mais aussi en pourcentage du PIB (graphique 1.1). L'APD au Niger est avant tout sociale; en milieu rural, plus de la moitié de la population vit encore sous le seuil de pauvreté et la durée moyenne de scolarisation peine à dépasser 1,4 an, ce qui constitue une forte entrave au développement économique. Qui plus est, la part de l'Aide pour le commerce dans le total a fortement baissé et ne représente qu'une faible part du total.

De par sa position au centre des principales routes traversant l'Afrique, le Niger constitue un pôle naturel d'échanges de biens et services. Le pays a des frontières communes avec l'Algérie, le Bénin, le Burkina Faso, le Cameroun, la Libye, le Mali, le Nigéria, et le Tchad. Pourtant, la part des importations et des exportations de biens et services dans le PIB du Niger a baissé durant la période (tableau 1.1). L'agriculture est pratiquée par l'écrasante majorité de la population et influe de façon significative sur la croissance économique au Niger; par conséquent, toute stratégie visant à améliorer la productivité et la compétitivité du secteur agricole et à faciliter le commerce des produits agroalimentaires devrait avoir un impact positif sur la croissance économique. Ainsi, à court et moyen termes, des politiques de désenclavement du milieu rural (routes et pistes rurales), par les effets externes qu'elles génèrent, seraient à encourager pour leurs effets sur le secteur agricole, donc sur la croissance économique.

En tant que membre de l'UEMOA, le Niger participe à la zone franc et partage une monnaie commune avec les autres membres. Il a harmonisé divers éléments de sa politique commerciale avec les autres membres de l'UEMOA et de la CEDEAO (rapport commun, p. 50). En outre, le Niger a harmonisé d'autres éléments de politique sectorielle avec ses partenaires régionaux (rapport commun, p. 76).

ÉVOLUTION ÉCONOMIQUE RÉCENTE

Le gouvernement a depuis 2011 focalisé sa politique d'investissements publics sur le développement des infrastructures dans les domaines de l'énergie, des transports, et de la communication. Cette politique a été définie dans le Programme de renaissance du Niger, dont un deuxième volet a été lancé en 2016.[3] Ce programme vise en priorité la maîtrise de l'eau et le développement de l'irrigation afin de réduire la dépendance de la production agricole aux aléas climatiques à travers notamment la mise en œuvre de l'Initiative 3N, c'est-à-dire "Les Nigériens Nourrissent les Nigériens". Le deuxième Plan de développement économique et social (PDES) 2017-2021 prévoit de maintenir ces priorités.

Comme indiqué ci-dessus, les performances économiques du Niger depuis le dernier examen de sa politique commerciale en 2009 continuent de dépendre surtout des résultats en dents de scie des campagnes agricoles (tableau 1.1). Grâce aux avancées de la production agricole, le Niger est parvenu à enregistrer une croissance moyenne du PIB de plus de 6% par an entre 2010 et 2015, malgré un recul marqué des prix de l'uranium et du pétrole (graphique 1.2).

Tableau 1.1 Indicateurs macroéconomiques, 2009, 2010 et 2013-2016

	2009	2010	2013	2014	2015	2016
Divers						
PIB aux prix du marché (millions d'€)[a]	3 885	4 318	5 775	6 215	6 466	6 821
Taux de croissance du PIB réel (%)	-0,7	8,4	5,3	7,0	3,5	4,6
PIB nominal par habitant (€)	248	265	315	325	325	343
Population (millions)	15,7	16,3	18,4	19,1	19,9	19,9
En milieu rural (% de la population totale)	82,6	82,4	81,8	81,5	81,3	83,8
Inflation (IPC, variation %)	0,6	0,8	2,3	-0,9	1,0	0,2
Taux d'intérêt, dépôts, pourcentage annuel	5,4	5,5	5,9	5,8	6,2	..
Taux d'intérêt, taux de prêt, pourcentage annuel	12,0	9,9	9,0	10,2	9,1	..
PIB par type de dépense, prix constants 2006 (variation %)						
PIB	-0,7	8,4	5,3	7,0	3,5	4,6
Dépense de consommation finale	6,6	2,9	4,1	7,4	8,1	4,1
Privée	5,8	5,2	4,1	4,6	7,0	3,4
Publique	10,6	-7,5	4,6	21,7	12,8	5,3
Formation brute de capital fixe	9,6	17,1	6,7	11,6	5,2	-20,4
Privée	8,1	28,6	2,3	14,8	5,0	-15,5
Publique	14,7	-19,2	17,2	5,0	5,7	-31,4
Exportations nettes	47,5	4,4	1,0	17,4	27,2	-37,3
Exportations de biens et de services	18,0	19,7	8,9	-0,9	-13,0	4,0
Importations de biens et de services	32,2	11,5	5,7	6,2	4,3	-17,7
PIB par type de dépense, prix courants (% du PIB)						
Consommation finale	91,8	86,9	80,3	80,4	84,2	85,2
Privée	75,6	73,3	67,2	65,5	67,9	65,6
Publique	16,2	13,6	13,1	15,0	16,3	19,6
Formation brute de capital fixe	34,7	38,9	36,0	37,7	38,3	29,1
Privée	27,1	33,1	24,6	26,6	27,0	21,7
Publique	7,6	5,8	11,4	11,1	11,3	7,4
Exportations nettes	-26,5	-26,9	-16,4	-18,2	-22,6	-14,3
Exportations de biens et de services	20,3	22,2	22,6	21,0	17,6	17,1
Importations de biens et de services	-46,9	-49,1	-39,1	-39,2	-40,2	-31,5
PIB par activité économique aux prix constants (% de variation)						
Agriculture, élevage, sylviculture et pêche	-9,5	15,8	-0,5	9,0	1,4	7,1
Agriculture	-17,6	27,1	-3,0	11,9	1,2	8,9
Élevage et chasse	4,4	-4,6	4,1	3,2	4,2	3,8
Sylviculture et exploitation forestière	3,3	3,4	1,7	2,9	2,3	2,3
Pêche, pisciculture, aquaculture	19,4	19,4	9,2	6,9	-10,0	3,3
Activités extractives	39,5	17,2	12,3	-5,5	-6,9	7,5
Activités de fabrication	4,4	3,3	16,5	-1,6	0,3	4,8
Production et distribution d'électricité, gaz et eau	8,4	9,7	8,8	6,3	-5,3	7,0
Construction	7,9	9,5	6,2	5,8	6,6	6,3
Services	5,5	1,3	6,7	8,6	5,8	4,4
Commerce, réparation auto et motocycles	5,9	1,4	4,6	3,0	4,3	4,5
Transports et entreposages	3,9	-1,0	4,7	3,7	3,7	4,2
Activités d'hébergement et de restauration	4,7	2,7	4,7	4,3	4,3	6,0
Communications	8,0	19,7	20,4	11,5	5,0	8,0
Activités financières et d'assurance	20,9	5,1	3,5	6,2	8,9	..
Activités immobilières et aux entreprises	-23,8	1,2	1,9	4,5	7,4	..
Activités d'administration publique	8,2	-3,3	12,2	22,8	7,1	..
Répartition du PIB aux prix courants de base (% du PIB)						
Agriculture, élevage, sylviculture et pêche	42,3	44,1	38,4	39,2	39,3	39,8
Agriculture	24,7	28,1	24,4	25,6	25,6	26,4
Élevage et chasse	12,9	11,2	9,9	9,6	9,8	9,7
Sylviculture et exploitation forestière	2,7	2,5	2,1	2,0	2,1	2
Pêche, pisciculture, aquaculture	2,0	2,3	2,0	2,0	1,8	1,7
Activités extractives	6,9	7,8	11,6	10,0	8,4	8,3
Activités manufacturières	5,4	5,1	7,1	6,8	6,6	6,3
Production et distribution d'électricité, gaz et eau	1,2	1,2	1,3	1,4	1,3	1,3
Construction	2,7	2,7	3,1	3,3	3,4	3,5
Services	41,5	38,9	38,3	39,4	41,0	40,7
Commerce, réparation auto et motocycles	14,8	14,0	12,8	12,5	12,9	12,8
Transports et entreposages	4,9	4,5	4,1	4,0	4,1	4
Activités d'hébergement et de restauration	1,4	1,4	1,2	1,2	1,2	1,2
Communications	1,7	2,1	2,6	2,8	2,9	3
Activités financières et d'assurance	1,3	1,3	1,3	1,3	1,4	..
Activités immobilières et services aux entreprises	3,3	3,1	3,1	3,0	3,2	..
Activités d'administration publique	9,5	8,2	9,4	11,0	11,6	..
Activités d'autres services	4,5	4,3	3,7	3,6	3,7	..
Finances publiques (% du PIB)						
Recettes totales et dons	19,2	18,2	24,6	22,9	23,6	19,9
Recettes totales, dont:	14,3	13,6	16,6	17,5	18,1	14,4
Recettes fiscales	13,5	12,8	15,2	15,5	16,1	13,6
Recettes non fiscales	0,7	0,7	1,2	1,9	1,8	0,6

	2009	2010	2013	2014	2015	2016
Dons	5,0	4,6	8,0	5,4	5,5	5,5
Dépenses totales et prêts nets, dont:	24,9	20,6	27,2	31,0	32,3	25,3
Dépenses courantes	10,6	11,8	13,1	14,2	15,0	13,6
Dépenses en capital	13,1	7,7	13,7	16,4	16,7	11,2
Solde global hors dons	-10,6	-7,0	-10,6	-13,5	-14,2	-11
Solde global	-5,6	-2,4	-2,6	-8,1	-8,7	-5,5
Dette publique extérieure (début période)	15,5	16,8	14,9	16,7	17,8	..
Secteur extérieur						
FCFA par $EU (moyenne annuelle)	472,2	495,3	471,9	510,5	494,0	591,4
Flux entrant d'IED (millions d'€)	569,2	710,0	541,6	619,5	473,4	242,1
Pourcentage du PIB	14,7	16,4	9,4	10,0	7,3	3,5
Stock entrant d'IED (millions d'€)	1 011	1 700	3 789	3 905	4 654	4 908
Pourcentage du PIB	26,0	39,4	65,6	62,8	72,0	72,0

a Le franc CFA commun aux pays de l'UEMOA est rattaché à l'euro au cours de: 1 € = 655,96.

.. Non disponible.

Source: BCEAO, Annuaire statistique 2015; BCEAO, Bases de données. Adresse consultée: http://www.bceao.int/Bases-de-donnes.html; Institut national de la statistique, Comptes économiques de la nation, 2012, 2013, 2014 et 2015; FMI, "International Financial Statistics". Adresse consultée: http://elibrary-data.imf.org/; FMI, Perspectives économiques régionales, Afrique subsaharienne, octobre 2014 et 2016; Base de données de la Banque mondiale sur les indicateurs du développement dans le monde. Adresse consultée: http://databank.worldbank.org/data/reports.aspx?source=World%20Development%20Indicators; et UNCTADstat. Adresse consultée: http://unctadstat.unctad.org/FR/Index.html. Toutes les bases de données consultées en juin 2017.

Graphique 1.1 Aide publique au développement (APD), 2009-2015

(Millions d'euros, prix constants 2014)

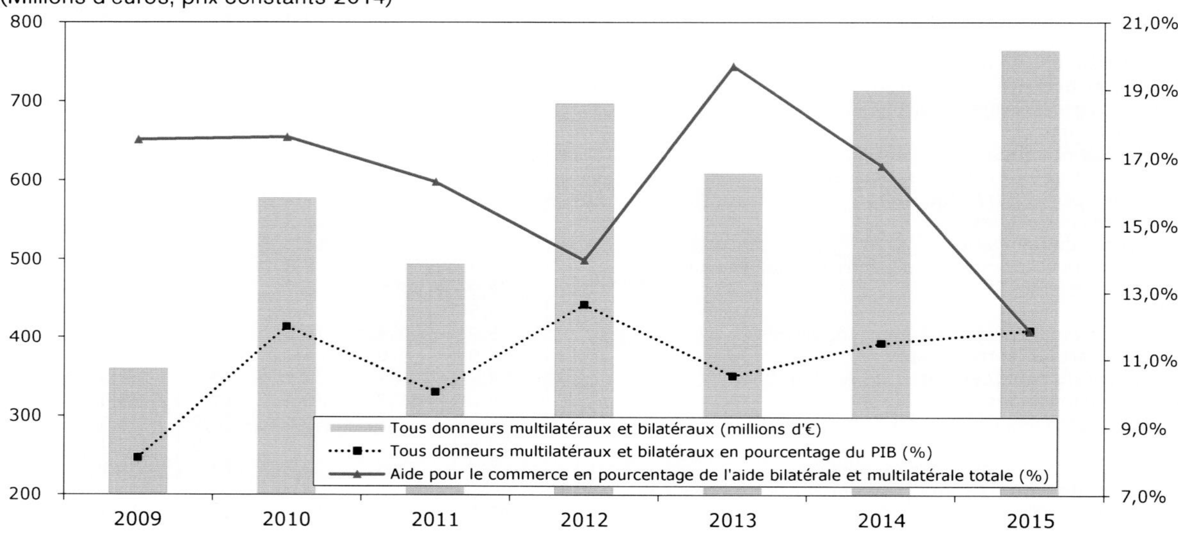

Note: Les catégories d'Aide pour le commerce sont identifiées sur la base de notes d'explication disponibles sur le site de l'OCDE. Les chiffres correspondent au décaissement net.

Source: Calculs du Secrétariat de l'OMC basés sur les données OCDE. Adresse consultée: http://www.oecd.org/trade/aft/aid-fortradestatisticalqueries.htm; et Indicateurs du développement dans le monde de la Banque mondiale.

Dans l'ensemble, le Niger rencontre des difficultés à respecter les critères de convergence fixés par le cadre communautaire de l'UEMOA (rapport commun, p. 35). La politique budgétaire a été fortement expansionniste en 2014 et en 2015 (tableau 1.1). Le Niger a été soutenu par la Facilité élargie de crédit (FEC) du FMI de 2012 à 2016, dans le but de renforcer la gestion des finances publiques et de la dette, et de développer son secteur financier. Cette facilité a été renouvelée en 2017, dans le cadre d'un programme d'aide à l'amélioration de la gestion des finances publiques et de l'efficience des dépenses afin de soutenir la réalisation des objectifs de développement du pays, en particulier le financement des infrastructures et des dépenses sociales.[4] Les dépenses publiques (notamment celles relatives au PDES, à la masse salariale et au renforcement du dispositif sécuritaire) avaient enregistré un bond en 2013-2015.

Les recettes totales n'ont pas augmenté dans les mêmes proportions que les dépenses durant la période, d'où la tendance haussière du déficit public, surtout entre 2010 et 2015 (tableau 1.1). En effet, l'aggravation du déficit global (dons compris), à plus de 8% du PIB en 2014 et 2015, a résulté notamment des opérations de sécurisation du territoire et de lutte contre le terrorisme, avec une hausse conséquente du budget de la défense,

Graphique 1.2 Prix mondiaux de l'uranium et du pétrole, 2009-2016

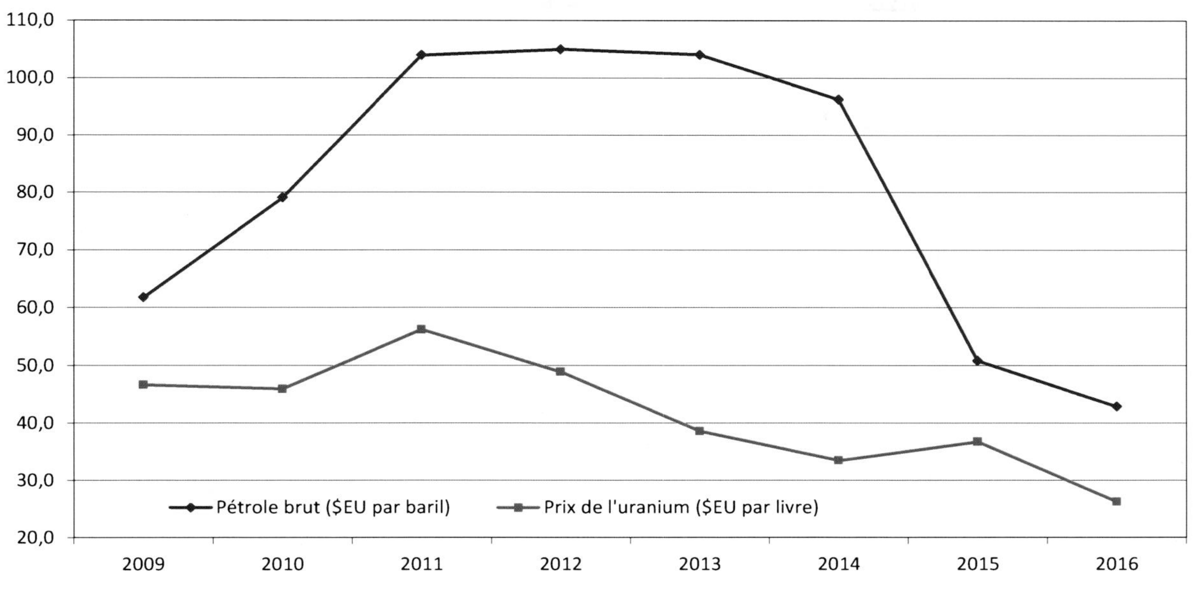

Source: FMI, IMF Primary Commodity Prices. Adresse consultée: http://www.imf.org/external/np/res/commod/index.aspx.

Tableau 1.2 Balance des paiements, 2010-2016

(Millions d'euros)

	2010	2011	2012	2013	2014	2015	2016
Compte des transactions courantes	-854,6	-1 029,5	-795,3	-866,4	-983,8	-1 339,5	-843,5
Biens et services	-1 159,9	-1 239,5	-945,7	-949,8	-1 132,4	-1 469,3	-977,2
Balance des biens	-613,6	-663,2	-358,6	-323,6	-560,9	-801,0	-518,3
Exportations de biens f.a.b. dont:	869,2	913,8	1 122,6	1 196,1	1 090,2	980,5	946,7
Uranium	369,3	483,4	516,4	461,6	366,7	367,0	321,1
Bétail	88,6	98,6	99,6	102,4	115,3	103,3	94,1
Oignons	60,6	54,0	57,8	84,9	99,4	92,6	111,3
Pétrole raffiné	0,0	0,0	177,8	303,2	218,3	135,3	150,3
Niébé	80,5	66,7	50,8	53,8	50,8	57,4	64
Or non monétaire	70,8	70,2	69,1	45,3	33,1	37,9	51,2
Autres	199,4	141,0	151,1	144,9	206,7	187,0	154,7
dont réexportation	69,7	70,8	98,4	109,7	160,5	149,3	146,4
Pour mémoire: intra-UEMOA	55,9	64,6	138,5	189,6	220,5	114,6	130,6
Importations de biens f.a.b.	-1 482,7	-1 577,1	-1 481,2	-1 519,7	-1 651,1	-1 781,5	-1 465,0
Importations de biens c.a.f. dont:	-1 953,4	-2 009,7	-1 863,1	-1 911,6	-2 080,8	-2 245,1	-1 846,3
Produits alimentaires	-321,7	-350,5	-433,9	-357,2	-364,7	-425,9	-378,9
Autres biens de consommation	-319,8	-340,0	-358,6	-392,3	-336,5	-354,0	-349,6
Produits pétroliers et énergétiques	-235,3	-249,1	-48,2	-69,0	-80,6	-116,6	-105,3
Matières premières/intermédiaires	-443,7	-480,7	-471,1	-496,3	-516,6	-542,5	-402,2
Biens d'équipement	-450,8	-483,0	-410,5	-485,5	-631,1	-647,5	-467,9
Pour mémoire: intra-UEMOA	-153,9	-203,8	-247,0	270,6	276,0	319,5	-245,2
Balance des services	-546,3	-576,3	-587,1	-626,2	-571,6	-668,3	-458,9
Crédit	90,1	49,8	58,7	111,1	213,6	208,7	222,1
dont voyage	55,6	36,9	38,8	43,5	67,5	66,6	70,9
Débit	-636,4	-626,1	-645,8	-737,3	-785,2	-877,0	-681
dont fret et assurance	-401,9	-412,0	-365,6	-390,4	-425,3	-462,6	-381,3
Revenu primaire	-33,3	-36,7	-105,3	-139,1	-114,4	-137,9	-146,7
dont intérêts sur la dette	-5,8	-10,5	-10,4	-43,7	-46,2	-56,0	..
Revenu secondaire	338,6	246,8	255,8	222,5	263,0	267,7	280,4
Administrations publiques	238,9	120,5	179,7	120,0	139,9	144,1	140,9
Autres secteurs	99,6	126,3	76,1	102,5	123,1	123,6	139,5
dont transferts des migrants	65,5	51,0	27,4	25,3	40,5	48,8	55,1
Compte de capital	147,8	104,5	212,2	430,0	280,6	265,1	271,7
Compte financier	-865,2	-889,7	-838,8	-598,7	-988,3	-880,1	-552,3
Investissement direct	-755,1	-760,0	-653,1	-465,8	-552,7	-446,4	-237,1
Investissement de portefeuille	-14,6	-13,3	-7,5	14,4	-94,2	-128,0	-48
Autres investissements	-95,5	-116,3	-178,2	-147,3	-341,4	-305,6	-267,2
Solde global	147,2	-42,8	248,0	150,9	276,5	-202,2	-19,5

Source: Informations fournies par les autorités.

Graphique 1.3 Structure du commerce des marchandises, 2009 et 2016

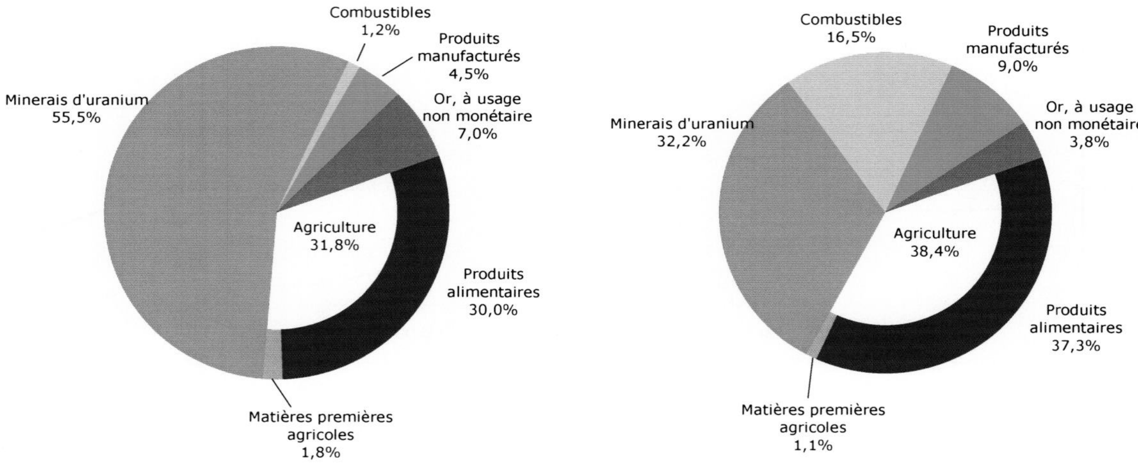

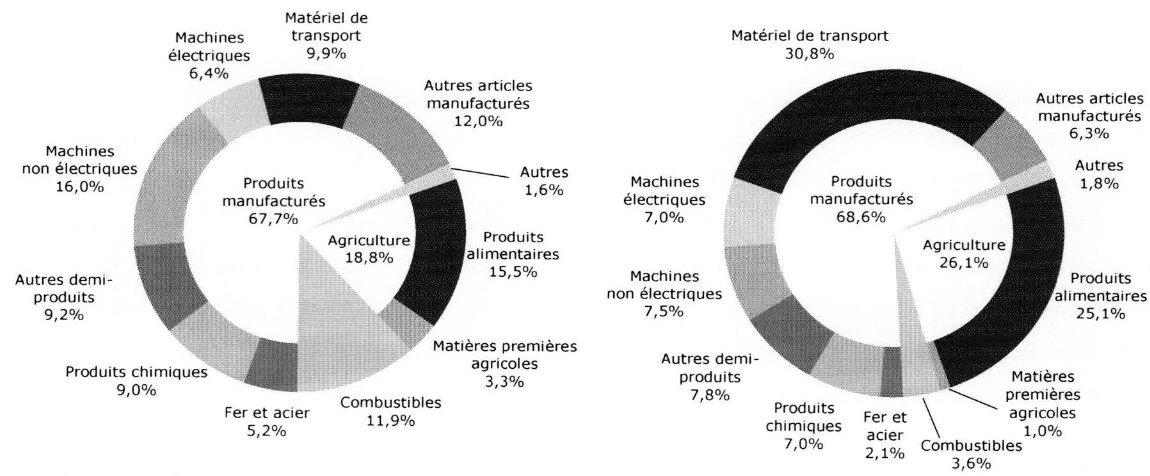

Source: Calculs du Secrétariat de l'OMC basés sur les données issues de la base de données Comtrade (CTCI Rev.3) de la DSNU.

Graphique 1.4 Direction du commerce des marchandises, 2009 et 2016

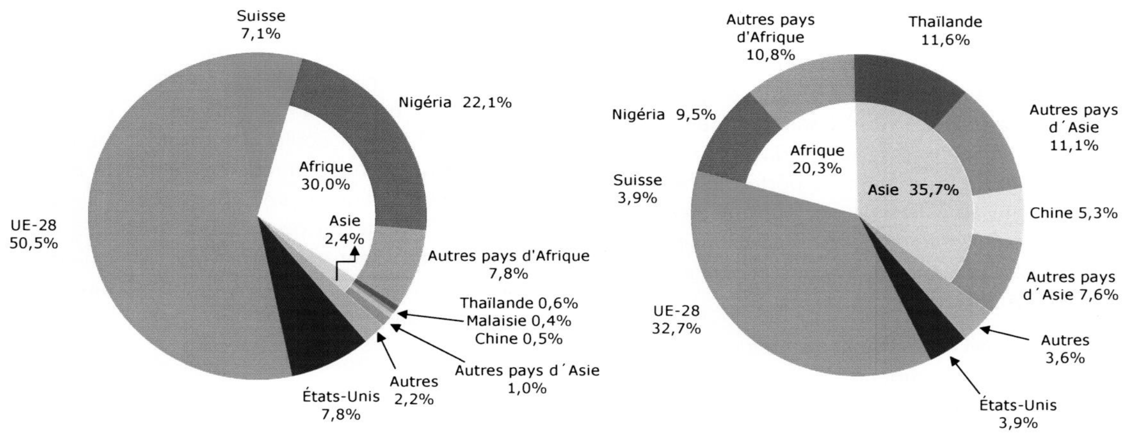

Total: 452,1 millions d'€

Total: 838,3 millions d'€

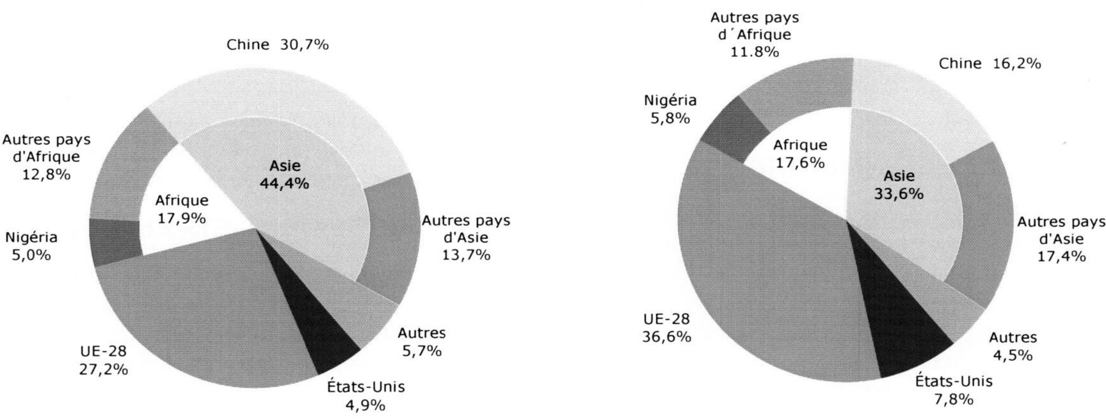

Total: 1 171,3 millions d'€

Total: 1 682,1 millions d'€

Source: Calculs du Secrétariat de l'OMC, basés sur les données issues de la base de données Comtrade de la DSNU.

entamée en 2012. Par contre, même si l'application intégrale des dispositions de la Loi minière de 2006 a contribué à accroître les recettes fiscales, notamment celles liées à la TVA (p. 344), son effet est resté limité. Des réformes seraient en cours pour élargir l'assiette fiscale, réduire les exonérations et renforcer le maillage fiscal territorial.

Il convient de noter que les recettes publiques ont été peu affectées par la baisse des cours du pétrole, le pays produisant à peine 20 000 barils par jour. Par ailleurs, l'un des principaux problèmes du Niger est sa forte dépendance de la taxation de porte pour ses recettes fiscales limitées par l'ampleur de son commerce informel. Au demeurant, l'effet du déficit public sur l'inflation a été contenu par la politique monétaire commune rigoureuse de la BCEAO (rapport commun, p. 35).

Le Niger connaît des difficultés structurelles (importantes et durables) par rapport à sa situation financière extérieure, notamment son compte courant extérieur. Ce dernier reflète en partie l'importance des importations de produits alimentaires, d'équipements et matériaux, sans oublier les frets y afférents (tableau 1.2), et ceci malgré la reprise des transferts provenant des travailleurs nigériens émigrés après leur forte baisse en 2012 due à la situation sécuritaire dégradée dans les pays d'origine des transferts. L'amélioration sensible du compte financier après sa détérioration en 2013 n'a pas suffi à éponger le déficit courant extérieur. La détérioration du compte financier en 2013 est imputable à la baisse d'intensité des forages d'uranium, au retard des travaux sur le site d'Imouraren, et au remboursement des prêts liés au projet pétrolier (p. 343).

RÉSULTATS COMMERCIAUX

Les produits pétroliers ont changé la structure des exportations du Niger depuis 2009 (tableaux A1.1, A1.2 et A1.3, et graphique 1.3); les exportations de produits pétroliers ont atteint 130 millions d'euros en 2015, soit près d'un cinquième du total des exportations. Le Niger n'est plus uniquement tributaire des importations pour couvrir ses besoins en pétrole, ce qui a représenté une économie considérable, les importations de produits pétroliers ayant atteint l'équivalent de 316 millions d'euros en 2011, avant de redescendre à moins de 180 millions d'euros en 2015. En raison de l'augmentation des volumes extraits, les revenus de l'uranium ont augmenté de 183 à 360 millions d'euros entre 2011 et 2015 malgré la baisse des prix. Les réexportations, composées principalement de cigarettes, de friperies, de tissus de coton, de véhicules et engins, et de produits alimentaires (riz, pâtes alimentaires, huiles végétales, etc.), et destinées aux pays voisins, principalement le Nigéria, ont également triplé en valeur (tableau 1.2).

L'uranium demeure le premier produit du Niger à l'exportation, bien que sa part ait diminué depuis 2009 en raison de la baisse de son prix (graphique 1.3 et p. 344). L'essentiel de la production est exporté vers la France et les États-Unis. L'or représente environ 40 millions d'euros d'exportations annuelles, mais celles-ci ont stagné. L'autre pôle important des exportations est constitué des produits alimentaires (céréales, produits horticoles, oignon, niébé), et notamment des animaux sur pieds acheminés vers le Nigéria (p. 341). Les exportations de bétail sont passées de 77 millions d'euros en 2009 à plus de 100 millions d'euros en 2015. Les exportations d'oignons ont aussi augmenté de près d'un tiers (tableau 1.2). Par contre, les exportations de niébé ont fortement diminué en valeur en raison des attaques d'insectes et autres prédateurs. Parmi les contraintes liées à l'exportation des produits agricoles figurent les taxes et tracasseries administratives, la mauvaise qualité des infrastructures routières et des moyens de transport (pp. 336, 349).

La valeur des importations nigériennes de marchandises a doublé entre 2009 et 2015, et se situe à trois fois le niveau des exportations. Les importations de produits alimentaires ont fortement augmenté depuis 2009. Il en est de même des matières premières et biens intermédiaires. L'Union européenne, en particulier la France, demeure la principale source des importations de marchandises du Niger, suivie de la Chine et du Nigéria (tableau A1.4 et graphique 1.4).

Le Niger est également un importateur net de services, à raison de près de 700 millions d'euros par an (tableau 1.2). La moitié de ces importations portent sur le fret et les assurances des marchandises importées. Les autres postes du commerce des services sont les services de télécommunications, d'informatique, de recherche et développement, de conseil en gestion, de réparation et les travaux de construction.

INVESTISSEMENT ÉTRANGER DIRECT

Les flux annuels d'investissements étrangers directs (IED) ont atteint environ 500 millions d'euros par an depuis 2009, auxquels s'ajoutent des investissements de portefeuille, et d'autres investissements sous forme de prêts, de dépôts, de crédits commerciaux ou d'avances (tableau 1.2). Parmi les projets en cours figurent la construction du barrage de Kandadji qui vise l'indépendance énergétique du pays mais dont la réalisation semble avoir pâti d'un sérieux manque de gouvernance.[5] Les projets comprennent également la réhabilitation et le développement des systèmes d'irrigation pour soutenir le secteur agricole et le protéger des aléas climatiques; la construction d'un troisième pont à Niamey, après que le second eut été inauguré en mars 2011; la réalisation d'un tronçon de 140 km de chemin de fer; et la construction d'un nouvel abattoir frigorifique à Niamey. Dans le domaine minier, le projet Imouraren (p. 350) devrait faire du Niger le second producteur mondial d'uranium, mais se trouvait à l'arrêt en mai 2017 en raison du bas prix mondial de l'uranium.

Notes de fin

1 Ministère de l'économie et des finances et Institut national de la statistique (2016), *Projections démographiques 2012-2035*, mars 2016.

2 Renseignements en ligne du PNUD. Adresse consultée: http://hdr.undp.org/fr/content/indice-de-d%C3%A9veloppement-humain-idh.

3 Renseignements en ligne de Niger Inter. Adresse consultée: http://www.nigerinter.com/programme-de-renaissance-ii/.

4 Renseignements en ligne du FMI. Adresse consultée: https://www.imf.org/fr/News/Articles/2017/01/24/PR1718-Niger-IMF-Executive-Board-Approves-US-134-04-Million-under-ECF-Arrangement.

5 Voir par exemple "Affaire du barrage de Kandadji: De la poudre aux yeux des bailleurs de fonds", Niger Diaspora, 19 janvier 2017. Adresse consultée: http://nigerdiaspora.net/les-infos-du-pays/politique-niger/politique-niger/item/76550-affaire-du-barrage-de-kandadji-de-la-poudre-aux-yeux-des-bailleurs-de-fonds.html.

Régimes de commerce et d'investissement

CADRE GÉNÉRAL

La dernière Constitution du Niger a été adoptée par référendum en 2010, promulguée par décret présidentiel et entrée en vigueur le 25 novembre 2010.[1] La Constitution prévoit un régime semi-présidentiel unicaméral dans lequel le Président de la République est élu directement et le Premier Ministre est issu de la majorité parlementaire. Les dernières élections présidentielles et parlementaires ont eu lieu en février et avril 2016 respectivement; les prochaines sont attendues en 2021.

Le Niger a également tenu des États généraux de la justice en 2011. Il en a résulté notamment la mise en place de tribunaux de commerce en 2015. En mai 2017, le Tribunal de commerce de Niamey disposait de son propre siège. Afin de fournir une assistance juridique aux personnes indigentes, les États généraux ont aussi permis la mise en place de l'Agence nationale de l'assistance juridique et judiciaire.[2]

Au Niger, les traités et accords internationaux ont, dès leur ratification et publication, une autorité supérieure à celle des lois, sous réserve, pour chaque accord ou traité, de son application par les autres parties. Ainsi la réglementation supranationale est au sommet de la hiérarchie des normes au Niger, suivie de la Constitution, des lois, des ordonnances et des décrets. La mise en ligne du Journal officiel où ces textes sont publiés est nécessaire à leur bonne et large connaissance. Les nouveaux textes juridiques ayant trait au commerce sont présentés au tableau 2.1.

Le Ministère chargé du commerce est responsable de la politique et des négociations commerciales. Le Ministère est également le point focal pour le suivi des Accords commerciaux et la participation du Niger aux activités de l'OMC. Il est assisté par un comité technique consultatif interinstitutionnel, composé de plusieurs sous-comités (suivi de l'OMC, facilitation des échanges, suivi de l'Accord de partenariat économique (APE) signé avec l'Union européenne, pilotage du Cadre intégré, Comité de la zone de libre-échange continentale (ZLEC)). En fonction des sujets, le Ministère est assisté d'autres départements. Ainsi, le Ministère des finances représente le pays aux réunions ministérielles de la zone franc, de l'UEMOA et de la CEDEAO; il est l'autorité de tutelle de la Direction générale des douanes et des droits indirects.

La Chambre de commerce et d'industrie du Niger (CCIN, p. 329) joue un rôle important de coordination entre les différents opérateurs actifs dans le commerce international.[3] Elle abrite depuis janvier 2007 le Centre de formalités des entreprises (CFE) qui facilite aux nouvelles entreprises leurs démarches administratives dans toutes les régions du pays. Le CFE a été élargi à la Maison de l'entreprise (p. 329) en 2014, gérée par la CCIN.

Le Réseau national des chambres d'agriculture du Niger (RECA) est également actif dans la promotion des produits agricoles, y compris leur exportation.[4] La nouvelle Chambre des métiers de l'artisanat du Niger (CMANI) a été créée en 2014 (p. 347), mais ne possède pas encore de site Internet pour faire connaître ses produits.

FORMULATION ET OBJECTIFS DE POLITIQUE COMMERCIALE

Au premier plan des objectifs de politique commerciale du gouvernement, qui ont été spécifiés dans le deuxième Programme de renaissance du Niger (p. 320), figure la conquête des marchés internationaux, surtout celui de la CEDEAO, par les produits nigériens. Pour ce faire, le gouvernement souhaite soutenir les jeunes diplômés pour la création d'entreprises commerciales; diversifier et augmenter les productions agricole, pastorale, artisanale et industrielle dans lesquelles le Niger dispose d'un avantage comparatif; introduire des normes de production des biens et des services, et généraliser la démarche qualité; accréditer des laboratoires d'analyse, de test et d'essai; certifier les entreprises et les produits; créer des zones franches; et améliorer le climat des affaires.

Le gouvernement a ratifié l'Accord sur la facilitation des échanges de l'OMC (p. 328), conscient du rôle important du commerce dans la lutte contre la pauvreté. Cependant, beaucoup reste à faire en termes de réduction des taxes à l'importation (p. 332) et surtout à l'exportation (p. 336), et des autres obstacles aux échanges pour que le commerce puisse jouer pleinement ce rôle. En effet, le Niger ambitionne de réduire la dépendance de ses recettes fiscales des taxes de porte, actuellement à plus d'un tiers des recettes totales de l'État (p. 333).

En matière de promotion des exportations, le gouvernement a décidé de concentrer ses efforts sur quelques secteurs considérés comme les plus prometteurs en termes de création de richesses et d'emplois, notamment pour les personnes les plus pauvres. Il s'agit des secteurs de l'élevage, cuirs et peaux; agricoles (oignon, niébé, souchet, dattes, arachide, coton); et des secteurs des mines, y compris des mines à petite échelle (p. 344). Pour ce qui est des importations, qui fournissent l'essentiel de la consommation intérieure du pays, les objectifs du gouvernement sont de permettre un accès des populations à des biens de qualité au meilleur prix possible, afin de ne pas grever le budget des ménages.

ACCORDS ET ARRANGEMENTS COMMERCIAUX

Le Niger est Membre originel de l'OMC[5], à laquelle il n'a présenté qu'une seule notification depuis 2009.[6] Il n'avait signé aucun accord plurilatéral et aucun des

Tableau 2.1 Lois et règlements du Niger liés au commerce, 2009-2017

Domaine (section)	Instrument/texte
Constitution (2.1)	Constitution de la Septième République du Niger, Décret présidentiel n° 2010-754/PCSRD du 25 novembre 2010
Chambre des métiers de l'artisanat (2.1)	Loi n° 2012-33 du 5 juin 2012 portant création de la Chambre des métiers de l'artisanat du Niger (CMANI)
Tribunal de commerce (2.1)	Loi n° 2015-08 du 10 avril 2015 fixant organisation, compétence, procédure à suivre et fonctionnement des tribunaux de commerce
Code du travail de 2012 (2.4)	Loi n° 2012-45 du 25 septembre 2012 portant Code du travail
Code des investissements (2.4)	Loi n° 2014-09 du 16 avril 2014 portant Code des investissements
Exportation d'asins (3.2.2)	Arrêté n° 063/MAG/EL/MI/S/D/ACR/MF/MC/PSP du 26 juillet 2016 relatif à l'abatage de l'espèce asine et portant interdiction de son exportation et de l'exportation de sa viande et de sa peau
Protection des consommateurs (3.3.5)	Loi n° 2015-24 du 11 mai 2015 déterminant les principes fondamentaux de la protection des consommateurs
Marchés publics (3.3.6)	Décret n° 2016-641/PRN/PM du 1er décembre 2016 portant Code des marchés publics et des délégations de service public
Loi sur les contrats de partenariat public-privé (3.3.6)	Loi n° 2014-02 du 31 mars 2014 portant régime fiscal, financier et comptable, applicable aux contrats de partenariat public-privé
Code de l'électricité (4.2.4)	Loi n° 2016-05 du 17 mai 2016, portant Code de l'électricité
Autorité de régulation du secteur de l'énergie (4.2.4)	Loi n° 2015-58 portant création, mission, organisation et fonctionnement d'une autorité administrative indépendante dénommée Autorité de régulation du secteur de l'énergie
Code de l'eau de 2010 (4.2.5)	Ordonnance n° 93-014 du 2 mars 1993, modifiée par Loi n° 98-041 du 7 décembre 1998
Ordonnance sur les télécommunications 2010 (4.4.1)	Ordonnance n° 99-45 du 26 octobre 1999 amendée en 2010
Autorité de régulation 2012 (4.4.1)	Loi n° 2012-70 du 31 décembre 2012 portant création, organisation et fonctionnement de l'Autorité de régulation des télécommunications et de la poste
Poste (4.4.1)	Loi n° 2011-19 du 8 août 2011 modifiant et complétant la Loi n° 2005-20 du 28 juin 2005 déterminant les principes fondamentaux du régime de la poste
Transports (4.4.2)	Ordonnance n° 2009-025 du 3 novembre 2009 déterminant les principes fondamentaux du régime des transports.
Transport ferroviaire (4.4.2.2)	Conventions de concession d'exploitation et de construction des infrastructures du chemin de fer Niamey-Cotonou par le groupe français Bolloré
Classement des hôtels (4.4.3)	Nouvel arrêté de 2015

Source: Autorités nigériennes.

protocoles et accords conclus sous l'OMC jusqu'à l'acceptation de l'Accord sur la facilitation des échanges par le Président de la République en juillet 2015.[7] Le Niger a été examiné deux fois par l'Organe d'examen des politiques commerciales de l'OMC, une première fois en 2003, et une seconde fois en 2009, les deux fois conjointement avec le Sénégal. Le Niger n'a jamais été impliqué dans un différend à l'OMC.[8] Le Niger est également membre de l'UEMOA et de la CEDEAO dont il partage les éléments de politique commune, et de la Communauté des États sahélo-sahariens (CEN-SAD) (rapport commun, p. 45).[9]

Par ailleurs, le Niger continue d'être éligible aux préférences tarifaires sous le Système généralisé de préférences (SGP) de plusieurs pays (Australie, Biélorussie, Canada, États-Unis d'Amérique, Fédération de Russie, Islande, Japon, Kazakhstan, Nouvelle Zélande, Norvège, Suisse, Turquie, et Union européenne). Le SGP de l'UE incorpore l'Initiative "Tout sauf les armes"[10], en vertu de laquelle l'UE accorde, depuis 2001, l'accès en franchise de droits, sans restriction quantitative, aux produits originaires (sauf les armes et munitions) des PMA, y compris le Niger. Le SGP des États-Unis incorpore l'AGOA, auquel le Niger est éligible également.[11]

RÉGIME D'INVESTISSEMENT

Le Niger a mis en œuvre des réformes depuis 2009 pour améliorer son environnement des affaires. Deux réformes de la justice ont contribué à augmenter l'efficacité de l'appareil judiciaire (p. 328). Concernant l'exécution des contrats, des délais maxima ont été spécifiés en termes de prise en charge des contentieux. Concernant la solvabilité, les procédures collectives de l'OHADA (Organisation pour l'harmonisation en Afrique du droit des affaires) en matière de redressement des entreprises ont été adoptées. Des mesures auraient aussi été prises pour accélérer le raccordement à l'électricité des PME (p. 346). Un nouveau Code du travail a été adopté en 2012, et un nouveau Code des investissements promulgué en 2014, de même qu'une nouvelle loi sur les contrats de partenariat public-privé (p. 338).[12] L'un des principaux progrès en termes de facilitation des investissements réside, selon les autorités, dans la création de la Maison de l'entreprise.[13]

En juillet 2014, le gouvernement prit un décret (Décret n° 2014-503 du 31 juillet 2014) pour rendre facultatif le passage devant un notaire lors de la création d'entreprise. Ceci devrait permettre de réduire les coûts de création d'une entreprise, les honoraires des notaires étant estimés à 3% du montant du capital social. En avril 2017, le gouvernement prit un autre décret pour réduire le capital minimum au Niger (Décret n° 2017-284/PRN/MC/PSP/MJ du 13 avril 2017). Ainsi, en mai 2017, le capital minimum est passé de 100 000 à 5 000 FCFA (minimum des parts sociales fixées par l'OHADA). De plus, depuis 2016, l'obtention d'un numéro d'identification fiscale (NIF) est devenue gratuite. L'enregistrement des statuts est également gratuit depuis 2016. Du fait de ces mesures, les frais de création d'une SARL par exemple seraient passés de 74 000 FCFA en 2010 à 17 500 FCFA.

La CCIN, à travers la Maison de l'entreprise, abrite le Centre de formalités des entreprises[14], un Guichet unique qui centralise les démarches nécessaires à la création d'entreprise, auprès des administrations concernées, dont certaines sont représentées (notamment la Direction générale des impôts et la Caisse nationale de sécurité sociale (CNSS)). En partie grâce à l'opérationnalisation effective du Guichet unique, le nombre de procédures pour la création d'entreprise est passé de 11 en 2007 à 4 en 2017, ce qui a également contribué à réduire substantiellement les délais et les coûts y afférents.

Une entreprise individuelle ou une société au Niger doit obligatoirement être inscrite au Registre du commerce et à la CNSS, et faire une déclaration d'ouverture à l'Inspection du travail. Le recrutement des travailleurs étrangers, quelle que soit leur nationalité, est soumis à l'autorisation du Ministère en charge du travail. Le Guichet unique ne traite pas des permis de construire.

Les entreprises en activité au Niger sont tenues d'observer le Code du commerce[15], en plus des sept actes uniformes sur les sociétés commerciales adoptés par l'OHADA (rapport commun, p. 47), et transposés directement dans la législation du Niger. En cas de conflit, le droit de l'OHADA prime sur les dispositions nationales, qui n'ont pas encore été abrogées.

Tous ces efforts pour faciliter la création et le fonctionnement des entreprises ont porté leurs fruits: la Banque mondiale, qui avait classé le Niger à la 172ème position sur 181 pays selon le classement *Doing Business 2009,* l'a classé 150ème sur 190 en 2017.[16] Les progrès sont plus importants pour ce qui est de la création d'entreprise (indice 88); le classement pour les autres aspects de la vie des entreprises demeure mauvais, surtout l'obtention des permis de construire, le raccordement à l'électricité, et le paiement des impôts. De nouvelles mesures ont également été prises pour renforcer la lutte contre la corruption.[17] Depuis 2017, un comité se réunit de manière hebdomadaire pour attribuer les permis de construire.

Un nouveau Code régit tous les investissements effectués au Niger; l'agrément au Code des investissements n'est pas obligatoire si le promoteur ne souhaite pas bénéficier des avantages prévus par le Code.[18] Le Code définit les investissements comme le "capital employé par toute personne physique ou morale, pour l'acquisition de biens mobiliers, immobiliers, matériels et immatériels et pour assurer le financement des frais de premier établissement, ainsi que le besoin en fonds de roulement rendus nécessaires à l'occasion de la création d'entreprises nouvelles ou d'opérations de modernisation". Les placements de portefeuille provenant de l'étranger sont exclus.

Tous les secteurs sont couverts par le Code, à l'exception des activités purement commerciales, et des activités régies par le Code des mines ou le Code pétrolier (article 5). Certaines activités, spécifiquement exclues du précédent Code, telles que les services de poste et certains services de transports, sont maintenant couvertes.

L'investisseur est tenu au respect d'un programme d'investissement auquel il s'engage au moyen d'un acte d'agrément conclu avec le gouvernement, représenté par le Ministre en charge de l'industrie. L'investisseur doit fournir des informations régulières quant à sa réalisation, en termes de montant des investissements, et de nombre d'emplois créés, ce qui pourrait s'avérer fastidieux.

L'un des principaux changements apportés par le nouveau Code est que toutes les entreprises sont désormais soumises au paiement de l'impôt sur les bénéfices (ISB), alors que certaines en étaient exonérées sous l'ancien Code. Les entreprises agréées sous l'ancien Code bénéficient de dérogations pour antériorité.

Le Code institue trois régimes privilégiés, selon le montant investi et le nombre d'emplois créés: le régime "promotionnel" (25 millions de FCFA (environ 38 000 euros) à 2 milliards de FCFA (3 millions d'euros) d'investissement, et 5 à 10 emplois permanents créés, d'une durée de 6 ans avec au maximum 36 mois d'installation); le régime "conventionnel" (plus de 2 milliards de FCFA d'investissement, au moins 20 emplois nationaux créés, d'une durée de 7 ans y compris la phase d'investissement de trois ans maximum); et le régime des "zones franches et points francs" dont la seule condition a priori est que l'entreprise exporte la "quasi-totalité" de sa production. Ces régimes sont réservés aux entreprises employant en priorité les travailleurs, les biens et les services nationaux disponibles localement (articles 18).

Les avantages accordés à l'entreprise agréée, qu'elle soit en cours d'installation ou en période d'exploitation, sont généralement communs aux trois régimes; seule la durée varie en fonction du régime choisi. Pendant la phase d'installation, ils consistent principalement en une exonération totale de tous les droits et taxes perçus par l'État (intérieurs et de porte) sur les dépenses concourant directement à la réalisation du programme d'investissement agréé, sauf sur les matériels importés ayant un équivalent local en qualité et en quantité suffisante (article 32).

Pendant la période d'exploitation, les entreprises agréées bénéficient de l'exonération du TEC sur les matières premières et emballages importés, en cas

d'indisponibilité de produits équivalents fabriqués localement (la TVA et les autres taxes restent dues); et de l'exonération des taxes à l'exportation. De plus, l'exonération concerne aussi l'impôt minimum forfaitaire, la taxe professionnelle et la taxe immobilière. La période est prolongée de trois ans pour les investissements en dehors de la capitale Niamey.

La mise en œuvre du Code des investissements est assurée par un Guichet unique créé à cet effet auprès du Ministre en charge de l'industrie, en parallèle à la Maison de l'entreprise, au Centre de formalités des entreprises, et au Centre de promotion des investissements (CPI).[19] Des dispositions d'arbitrage et de règlement des litiges sont prévues par le Code (article 45 et suivants). L'entreprise bénéficie notamment des garanties prévues sous les dispositions du CIRDI, de l'AMGI, de l'UEMOA, et de la CEDEAO.

Le Niger a conclu une convention fiscale avec la France en 1965 afin d'éviter la double imposition des revenus et établir des règles d'assistance réciproque en matière d'impôts sur le revenu des successions, et de droits d'enregistrement notamment.[20]

Notes de fin

1 Constitution de la Septième République du Niger. Adresse consultée: http://www.wipo.int/edocs/lexdocs/laws/fr/ne/ne005fr.pdf.

2 Loi n° 2011-42 du 14 décembre 2011 fixant les règles applicables à l'assistance juridique et judiciaire, et créant un établissement public à caractère administratif dénommé "Agence nationale de l'assistance juridique et judiciaire".

3 Décret n° 2016-74/PRN/MC/PS du 26 janvier 2016, portant approbation des statuts de la Chambre de commerce et d'industrie du Niger (CCIN). Adresse consultée: http://www.ccian.ne/index.php?option=com_content&view=article&id=73:decrets&catid=86&Itemid=890.

4 Information en ligne. Adresse consultée: http://www.reca-niger.org/spip.php?rubrique14.

5 Ordonnance n° 96-063 du 9 novembre 1996 autorisant la ratification de l'Accord de Marrakech instituant l'OMC.

6 Document de l'OMC G/MA/321 du 23 décembre 2014. Adresse consultée https://docs.wto.org/dol2fe/Pages/SS/directdoc.aspx?filename=Q:/G/MA/321.pdf.

7 Information en ligne. Adresse consultée: http://www.wto.org/french/tratop_f/tradfa_f/tradfa_agreement_f.htm.

8 Information en ligne. Adresse consultée: https://www.wto.org/french/tratop_f/dispu_f/dispu_by_country_f.htm.

9 Secrétariat de l'OMC, base de données sur les Accords commerciaux régionaux. Adresse consultée: http://rtais.wto.org/.

10 Document de l'OMC WT/COMTD/57 du 29 mars 2005.

11 CNUCED (2015), *Generalized System of Preferences – List of Beneficiaries*. Adresse consultée: http://unctad.org/en/PublicationsLibrary/itcdtsbmisc62rev6_en.pdf.

12 Loi n° 2014-02 du 31 mars 2014 portant régime fiscal, financier, et comptable, applicable aux contrats de partenariat public-privé. Adresse consultée: http://www.lesahel.org/index.php/component/k2/item/10324-assembl%C3%A9e-nationale--le-ministre-de-leconomie-et-des-finances-m-saidou-sidib%C3%A9-r%C3%A9pond-%C3%A0-une-interpellation-relativement-%C3%A0-des-contrats-d%C3%A9coulant-du-partenariat-public-priv%C3%A9. Voir aussi l'Ordonnance n° 2011-07 du 16 septembre 2011 portant régime général des contrats de partenariat public-privé.

13 La Maison de l'entreprise a été créée par le gouvernement en tant que structure sous tutelle de la CCIN par le Décret n° 2012-247 PRN/MC/PSP/MM/DI du 30 mai 2012.

14 Décret n° 2001-220/PRN/MC/PSP du 23 novembre 2001.

15 Le Livre I (Ordonnance n° 92-048 du 7 octobre 1992) traite des commerçants en général et des auxiliaires de commerce. Le Livre II (Loi n° 95-011 du 20 juin 1995) porte sur les actes de commerce en général, certains contrats commerciaux, la lettre de change, le chèque, les sûretés (le gage et le nantissement). Le Livre III (Ordonnance n° 96-038 du 29 juin 1996) traite du bail commercial. Le Livre IV (Loi n° 97-40 du 1er décembre 1997) concerne les procédures collectives de règlement préventif, de redressement judiciaire et de liquidation ainsi que les sanctions relatives à la défaillance des débiteurs.

16 Rapport *Doing Business* de la Banque mondiale. Adresse consultée: http://www.doingbusiness.org/.

17 Décret n° 2011-219/PRN/MJ du 26 juillet 2011 portant création, missions et attributions, composition et fonctionnement de la Haute autorité de lutte contre la corruption et les infractions assimilées (HALCIA).

18 Loi n° 2014-09 du 16 avril 2014 portant Code des investissements en République du Niger. Adresse consultée: http://www.droit-afrique.com/upload/doc/niger/Niger-Code-2014-investissements.pdf.

19 Renseignements en ligne de Investir au Niger. Adresse consultée: http://www.investir-au-niger.org/.

20 Information en ligne. Adresse consultée: http://bofip.impots.gouv.fr/bofip/1712-PGP.

Politique et pratiques commerciales par mesure

MESURES AGISSANT DIRECTEMENT SUR LES IMPORTATIONS

Procédures

Les procédures d'enregistrement obligatoire des commerçants se livrant à l'activité d'importation et/ou d'exportation au Niger restent complexes en dépit des réformes (p. 329). Le Guichet unique de formalités du commerce extérieur (GUFCE, p. 328) a trois missions principales: conférer le statut d'importateur-exportateur; contrôler les règles générales d'exercice de la profession de commerçant d'import-export; et enregistrer les informations sur le commerce sur la base des "fiches d'enregistrement statistiques" (voir ci-dessous), qui sont payantes.[1]

Toute personne souhaitant exercer une activité économique, y compris commerciale, doit obtenir un numéro d'identification fiscale (NIF) auprès de la Direction générale des impôts, ce qui implique notamment la fourniture des exemplaires légalisés de l'acte de naissance, du certificat de nationalité, et de la pièce d'identité. Ces formalités peuvent maintenant être effectuées à la Maison de l'entreprise, située dans les locaux de la CCIN. Parmi les simplifications depuis le précédent examen, le GUFCE n'attribue plus de numéro d'identification propre aux importateurs et exportateurs, enregistrés désormais sur la base du seul NIF. De plus, l'autorisation d'exercice du commerce pour les personnes étrangères, délivrée par le Ministère chargé du commerce, est suspendue (mais pas abolie) depuis 2006. Cependant, l'importateur/exportateur doit produire, en plus du NIF, une attestation annuelle de régularité fiscale pour pourvoir être enregistré au GUFCE.

L'importateur ou l'exportateur doit toujours être inscrit au Registre du commerce et du crédit immobilier, et auprès du Conseil national des utilisateurs de transport (CNUT), établissement public à caractère industriel et commercial; et il doit donc avoir payé la cotisation y afférente au bureau du CNUT à Niamey (à l'intérieur du pays, le CNUT est représenté par la CCI). Les montants des cotisations au CNUT sont 30 000 FCFA/an (46 euros) pour les personnes physiques et 55 000 FCFA (84 euros) pour les personnes morales.

Depuis 2010, le Niger a entamé une évaluation de ses procédures commerciales en vue de la mise en œuvre de l'Accord sur la facilitation des échanges (AFE) de l'OMC (p. 328). Les domaines principaux dans lesquels des progrès sont nécessaires en matière de procédures à la frontière peuvent être divisés en trois groupes décrits ci-dessous: la transparence des procédures et leur automatisation; la gestion des risques et des différends douaniers. S'agissant du transit dont les conditions mériteraient d'être améliorées, il convient de préciser que les marchandises concernées arrivent principalement du Bénin, et dans une moindre mesure du Togo ou du Ghana, et sont principalement à destination du Nigéria. Les autorités ont indiqué le besoin de construire et d'équiper des plateformes et des aires de stationnement pour les camions afin de renforcer et d'améliorer les capacités de transit.

Transparence et automatisation des procédures

Le gouvernement est conscient de la nécessité de mieux informer les usagers des modifications introduites dans les procédures. À cette fin, il est nécessaire de créer des points d'information et de poster davantage d'informations sur des sites Internet officiels sécurisés. Les procédures de consultation et les possibilités d'obtenir des décisions anticipées pourraient aussi être mises en place.

Le fait que le Code des douanes du Niger[2] date, comme une bonne partie de sa législation douanière, des années 60, suggère qu'une réforme réglementaire de tous les textes affectant le commerce est d'actualité; elle permettrait certainement de réduire les doublons et législations obsolètes. Toutefois, le Code des douanes communautaire (rapport commun, p. 50) prime en cas de conflit.

Le nombre de documents standards exigés à l'importation a été réduit de 10 à 6 en 2017, et de 8 à 4 à l'exportation.[3] Les documents requis à l'importation en 2017 sont: la facture commerciale; le bordereau de suivi du trafic routier (BSTR) ou des cargaisons (BSC, p. 333); le document de transit T1 ou carnet de transit routier; la fiche d'enregistrement statistique délivrée par le Ministère du commerce; la déclaration en détail du pays d'exportation; et le certificat d'origine. Les copies ne sont pas acceptées.

Le certificat d'inspection figure parmi les documents qui ne sont plus requis (p. 333). Le bordereau de suivi des cargaisons (rapport commun, p. 50) demeure nécessaire, de même que la déclaration à l'exportation établie dans le pays d'origine.

De même, la fiche d'enregistrement statistique, exigée pour le suivi du commerce extérieur à des fins statistiques, peut constituer une source de complication administrative supplémentaire.[4] La fiche est différenciée selon que l'opération nécessite ou non un règlement financier.[5] Pour les échanges avec les pays de la zone UEMOA, la fiche comporte trois feuillets, et l'enregistrement peut être rapide mais il coûte 12 000 FCFA (18,3 euros).

Dans les autres cas, la fiche comporte quatre feuillets: un feuillet pour le GUFCE, un pour l'opérateur économique, un pour le Ministère du commerce, et un pour le Ministère des finances pour autorisation de change concernant les opérations hors UEMOA. Les frais sont

de 16 000 FCFA (dont le feuillet à 2 000 FCFA et quatre timbres à 3 000 FCFA chacun à apposer sur chaque feuillet). Dans le cadre de la mise en œuvre de l'AFE, il était prévu en 2017 de dématérialiser ces fiches.

Toutes les marchandises présentées en douane doivent faire l'objet d'une déclaration en détail[6] que seuls les commissionnaires en douane agréés et les importateurs pour leur propre compte et bénéficiant d'un crédit d'enlèvement sont habilités à faire (rapport commun, p. 50). En mai 2017, SYDONIA World était en cours de mise en place au Niger. Le Plan de développement informatique de la douane du Niger devrait permettre à terme le recours aux nouvelles technologies de l'information et de la communication, y compris le paiement électronique et la modernisation des logiciels douaniers.

L'enregistrement de la déclaration en détail peut être suivi de la vérification des marchandises par les autorités douanières.[7] L'enlèvement des marchandises ne peut précéder la liquidation et l'acquittement de tous les droits et taxes, sauf si l'importateur dispose d'un crédit d'enlèvement[8] ou d'un crédit des droits et taxes.[9] En 2017, 80% des recettes douanières étaient payées en liquide. Deux autres domaines douaniers dans lesquels des progrès pourraient contribuer à fluidifier le commerce et mettre en œuvre l'AFE sont: l'introduction du dédouanement après enlèvement des marchandises; et l'introduction de mesures simplifiées pour les opérateurs économiques agréés.

La politique du Niger en matière de gestion des risques douaniers demeure fortement conditionnée par la dépendance du budget de l'État des recettes douanières. Cette préoccupation explique probablement les résistances au changement, notamment la persistance de procédures administratives telles que les bordereaux de suivi des cargaisons, ou les obligations de payer des acomptes au titre d'autres impôts au moment de l'importation.

En 2015, le Niger s'est doté d'un Tribunal de commerce, à Niamey (p. 328). Aucune statistique n'est disponible sur les activités du Tribunal de commerce. Selon les autorités, très peu de litiges douaniers sont présentés aux tribunaux. Cependant, les procédures douanières de recours ou de réexamen méritent d'être améliorées, de même que les procédures de rétention des marchandises et les disciplines en matière de pénalités.

Vérification des marchandises par des sociétés privées

Le contrat entre le gouvernement du Niger et la COTECNA, société suisse d'inspection, est venu à expiration en janvier 2017, et n'avait pas été renouvelé en juin 2017. La COTECNA effectuait la vérification avant expédition (ou à l'arrivée, mais avec des pénalités) de l'espèce tarifaire et de la valeur, mais pas la qualité des marchandises, en application d'un programme de vérification des importations (PVI), notifié à l'OMC en 1996.[10] Depuis lors, les opérateurs ne sont plus tenus de devoir remplir des "intentions d'importation" et de les transmettre à la COTECNA. Après l'inspection des marchandises, la COTECNA émettait soit une "attestation de vérification" soit un "avis de refus d'attestation" que l'importateur devait joindre à son dossier pour la déclaration en douane.

Malgré la suspension du PVI, la taxe de vérification de 1% de la valeur f.a.b. de toutes les importations, soumises ou non au PVI (sauf exceptions), continue à être prélevée (depuis 1996).[11]

Le système des "valeurs administratives" à l'importation qui couvrait près de 900 lignes tarifaires a également été suspendu à la fin des activités de la COTECNA.[12] Ces valeurs administratives couvraient par exemple certains produits pétroliers, volailles, le lait, le thé vert, le riz blanchi, la farine de froment, les huiles alimentaires, les sucres, les biscuits, les pâtes alimentaires, le concentré de tomate, les boissons alcoolisées, les cigarettes et produits du tabac, les engrais, savons, allumettes, cahiers, tissus, chambres à air, barres en fer, tôles galvanisées, matelas, piles, motocyclettes, cyclomoteurs, et bicyclettes.[13]

Par ailleurs, le gouvernement peut réduire les valeurs en douane de certains produits, par exemple le sucre à l'approche du Ramadan, le blé ou les aliments de base pour lutter contre la vie chère en période de soudure.

Bordereaux de suivi des cargaisons

Le bordereau de suivi du trafic routier (BSTR) ou des cargaisons (BSC) requis à l'importation est émis par le Conseil nigérien des utilisateurs des transports (CNUT). Ce document n'a apparemment pas été dématérialisé, il est payant, et cher: les frais sont de 25-50 euros selon que le véhicule pèse moins ou plus de cinq tonnes; ils sont de 25-50 euros pour les conteneurs de 20/40 pieds; le BSC est facturé 5 euros par tonne ou mètre cube pour les marchandises en vrac; et de 2 euros par tonne pour les hydrocarbures. Le formulaire est facturé 60 euros la pièce. De plus, comme le souligne la CNUCED, ce n'est pas un document de transport mais un simple document de suivi qui est pourtant obligatoire et doit être présenté aux douanes pour chaque connaissement.[14]

Prélèvements à la frontière

Les impôts et taxes perçus au cordon douanier ont représenté environ 34% des recettes fiscales en 2015, en baisse par rapport à 45% en 2010 (tableau 3.1). Comme le montre le tableau, cette baisse provient des recettes de droits et taxes à l'importation et à l'exportation dont l'augmentation en valeur a été moindre que celle des recettes fiscales totales. Le gouvernement est donc parvenu à réduire la dépendance des ressources fiscales du commerce international, et à accroître la part relative de la fiscalité intérieure. Au total, en 2015, les recettes collectées à la frontière au titre des droits et taxes s'élevaient à 341 millions d'euros.

Tableau 3.1 Recettes à la frontière, 2005, 2010 et 2013-2015

(Milliards de francs CFA et %)

	2005	2010	2013	2014	2015
I. Compte DGI	**10,6**	**19,2**	**30,7**	**32,7**	**35,2**
Acompte BIC	5,4	10,7	16,1	17,9	17,5
Droits d'accise sur boissons alcooliques	0,5	0,6	1,2	1,3	2,0
Droits d'accise sur tabacs et cigarettes	2,4	5,7	8,3	7,6	8,9
Taxe forfaitaire tabacs et cigarettes	0,0	0,6	0,0	0,0	0,0
Autres droits d'accise	2,4	1,8	5,1	6,0	6,8
II. Compte Douane	**96,7**	**135,1**	**146,6**	**153,4**	**188,6**
Importation	81,9	108,2	110,3	116,1	157,6
Droit de douane (DD)	24,4	28,1	40,2	41,0	53,2
Redevance statistique à l'importation (RSI)	2,5	8,1	5,3	5,6	6,3
Taxe sur la valeur ajoutée (TVA)	48,3	60,0	62,7	67,6	92,1
Taxe sur les produits pétroliers (TPP)	6,7	11,7	1,7	1,5	5,1
Exportation	12,0	26,9	36,3	37,3	31,0
Redevance statistique à l'exportation (RSE)	0,9	1,5	7,7	6,3	5,3
Taxe spéciale à la réexportation (TSR)	11,1	25,4	28,6	30,9	25,7
III. Compte des tiers	**2,7**	**9,3**	**8,1**	**9,3**	**10,1**
Prélèvement communautaire de solidarité (PCS/UEMOA)	1,2	4,0	4,2	4,8	5,2
Prélèvement communautaire (PC/CEDEAO)	1,5	5,3	3,9	4,4	4,9
Pour mémoire:					
Total recettes à la frontière (I + II) (milliards de FCFA)	**107,3**	**154,4**	**177,3**	**186,1**	**223,8**
dont: Recettes douanières encaissées en liquide	78,6	123,1	134,3	137,9	151,6
Montant des exonérations douanières	..	..	83,9	113,4	223,0
Total recettes à la frontière (I + II) (millions d'€)	**163,5**	**235,4**	**270,3**	**283,7**	**341,1**
Part des recettes douanières dans les recettes fiscales, dont:	..	42,7	30,7	29,4	32,7
Compte DGI	..	5,3	5,3	5,2	5,1
Compte Douane, dont:	..	37,4	25,4	24,2	27,5
Importation	..	29,9	19,1	18,3	23,0
Exportation	..	7,4	6,3	5,9	4,5

.. Non disponible.

Source: Calculs du Secrétariat de l'OMC, basés sur informations fournies par les autorités.

Droits de douane et autres prélèvements

Le Niger applique les quatre taxes de porte communautaires (TEC, PC, PCS, RS, rapport commun, p. 50). Toutefois, le niveau du PC appliqué par le Niger est de 1% (au lieu du niveau standard de 0,5%), afin de lui permettre de régulariser ses arriérés *vis-à-vis* de la CEDEAO. Le Niger n'applique aucune des taxes communautaires transitoires censées accompagner le TEC de la CEDEAO. Ses consolidations tarifaires à l'OMC sont présentées dans le rapport commun; sur 616 lignes, les taux appliqués dépassent les engagements à l'OMC (rapport commun, tableaux 3.9 et A3.1).

Depuis 1997, toute opération d'importation ou d'exportation à des fins commerciales dont la valeur c.a.f. est égale ou supérieure à 2 millions de FCFA (environ 3 000 euros) doit faire l'objet d'une présentation obligatoire d'une attestation sous forme papier du numéro d'identification fiscal (NIF) de l'importateur ou exportateur (p. 332) au moment du dédouanement.[15]

Un précompte au titre de l'impôt sur les bénéfices (ISB) est exigible pour toutes les opérations douanières, à l'importation comme à l'exportation, à moins que les opérateurs disposent d'une "attestation de dispense de paiement du précompte". Les personnes qui déclarent sans NIF payent le précompte au taux de 5% de la valeur c.a.f. des marchandises augmentée des droits et taxes d'entrée et des droits d'accise, à l'exception de la TVA et du précompte lui-même.[16] Les personnes munies d'un NIF et imposées sur la base du chiffre d'affaires réel payent un précompte de 3%. Cette taxation peut nuire à la compétitivité des producteurs et exportateurs nigériens, et mériterait d'être réexaminée. Par ailleurs, selon les autorités les transactions intérieures devraient aussi être soumises au précompte, mais en pratique ce dernier n'est pas perçu sur les opérations sur le marché intérieur. Par conséquent, cette taxe n'est perçue que sur les importations. Il n'a pas été possible de savoir sous quelles conditions les sommes perçues sont remboursées aux opérateurs au moment du paiement de l'ISB.

Taxes intérieures

Les taxes intérieures sont pour la plupart spécifiées dans le Code général des impôts, qui est disponible en ligne.[17] Le Niger applique les dispositions communautaires en matière de TVA et de droits d'accise, sur les biens et services importés comme sur ceux localement produits (rapport commun, p. 61); la TVA est prélevée au taux général de 19%. Les droits d'accise frappent de nombreux produits de consommation courante et renchérissent d'autant ces produits pour les ménages: thé (12% en 2015); certains jus de fruits et les eaux (15%); bières de malt (25%) et les autres boissons alcoolisées (45%); tabac et les produits du tabac (45%); produits de la parfumerie et de la cosmétique (15%); noix de cola (15%); et huiles et corps gras alimentaires (15%).

La taxe intérieure sur les produits pétroliers (TIPP) est fixée au taux de 12% du prix sorti raffinerie Soraz (p. 343)

Graphique 3.1 Montant des exonérations accordées à la frontière, 2013-2015

(Milliards de francs CFA et millions d'euros)

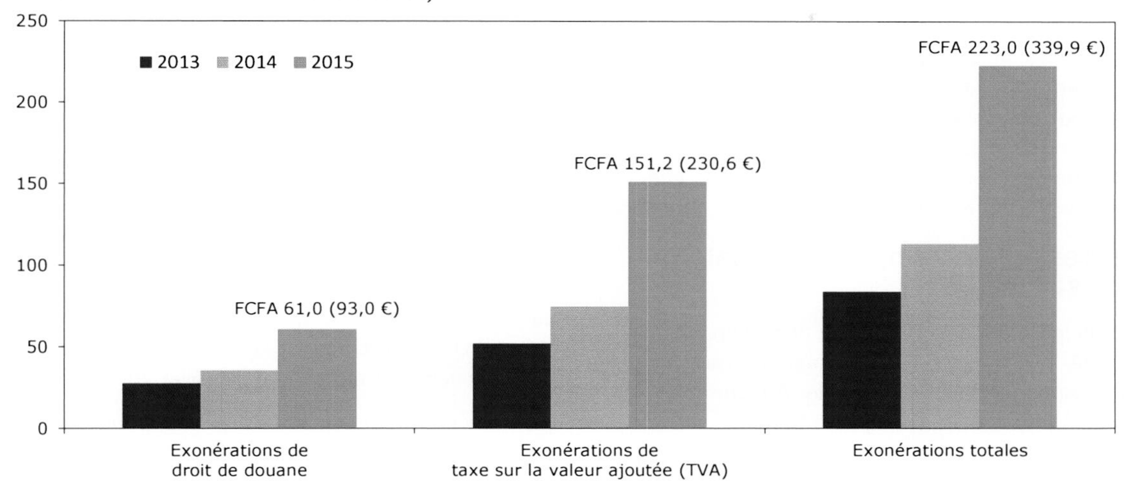

Source: Calculs du Secrétariat de l'OMC, basés sur les informations fournies par les autorités.

pour le super et le gasoil; et la TVA au taux de 19%. Le pétrole lampant est dispensé de la TIPP et de la TVA en vertu de son utilisation par les foyers à faible revenu, mais il subit le droit de douane. Le GPL est exonéré de toutes taxes. Le fuel domestique n'est pas taxé à la TIPP mais est taxé à la TVA.

Exemptions et exonérations de droits et taxes

Diverses suspensions, réductions, ou exemptions de droits de douane et/ou des autres taxes indirectes prélevées à la frontière sont accordées et occasionnent un manque-à-gagner considérable en recettes pour l'État (p. 328, et graphique 3.1). Pour pallier ce problème, le gouvernement a commencé à réexaminer systématiquement les nombreuses exonérations de TVA, notamment dans le secteur minier.

Prohibitions, licences d'importation

Le Niger applique la réglementation communautaire de l'UEMOA prévoyant des prohibitions à l'importation, à l'exportation, au stockage et au transit afin de préserver la santé et la sécurité des populations, et l'environnement (rapport commun, p. 63). Des prohibitions et licences sont également en vigueur au titre d'accords multilatéraux, y compris sous la Convention sur le commerce international des espèces des faunes et flores sauvages menacées d'extinction (CITES)[18]; et sous le Protocole de Montréal relatif aux substances qui appauvrissent la couche d'ozone.[19] L'importation (ainsi que la détention, le transport, la cession et l'échange) d'armes et munitions[20] est soumise à l'autorisation du Ministère en charge de l'intérieur. L'importation des substances explosives utilisées dans les chantiers de mines, de carrières et de travaux publics, ainsi que dans l'agriculture, est soumise à l'autorisation préalable du Ministre chargé des mines.[21]

L'importation, l'exportation et le transfert international des biens culturels sont soumis à déclaration depuis 1997.[22] L'importation et le transit des déchets industriels et nucléaires sont interdits depuis 1989.[23] Par ailleurs, toute importation et exportation de graines ou de matériel végétal forestier sont soumises à l'autorisation préalable du Ministre chargé des forêts.[24] La législation pharmaceutique de 1997 requiert l'autorisation de mise sur le marché, par le Ministère chargé de la santé, suivant un processus d'homologation; les importateurs de médicaments doivent être agréés et présenter cette autorisation. Finalement, les importations et exportations d'or sont soumises à l'autorisation préalable du Ministre chargé des finances et à celle du Ministère chargé des mines.

Le système de contingents sur l'importation commerciale et sur la réexportation de la farine de blé, instauré en 2005, fut suspendu en 2012.[25] L'attribution du contingent était subordonnée à l'achat obligatoire de la production locale de farine de blé par l'unique producteur Moulins du Sahel, à raison de l'équivalent de 10% de la quantité à importer.[26] Depuis juillet 2014, la farine est soumise à une valeur en douane minimale de 350 000 FCFA (534 euros) par tonne. Un système de "prise en charge" similaire s'applique toujours au riz. En effet, l'autorisation d'importer une quantité donnée de riz est subordonnée à la présentation de la preuve d'achat de riz localement produit à raison de 3% de la quantité à importer.

Selon la seule notification du Niger au Comité des licences d'importation de l'OMC, en 1998[27], seuls les hydrocarbures (à l'exception du gaz butane) font l'objet d'un système de licences à l'importation délivrées par le Ministre du commerce.[28] Leur commerce et leur détention ne peuvent être effectués que par des personnes agréées par le Ministre du commerce. Pour chaque importation, ces personnes doivent obtenir une licence d'importation, dont il existe deux types:

la licence sans achat de devises et la licence avec achat de devises.

La production, l'importation, et la commercialisation des sachets et emballages en plastique souple à basse densité sont interdites depuis 2015, mais cette mesure ne serait pas appliquée.[29] La récente interdiction d'importer des téléviseurs analogiques et décodeurs non conformes aux normes autorisées pour la télévision numérique terrestre ne serait pas appliquée non plus.[30]

Mesures antidumping, compensatoires ou de sauvegarde

En principe, le Niger applique les dispositions de l'UEMOA en matière de mesures antidumping, compensatoires et de sauvegarde. Aucune mesure de cette catégorie n'a été prise par le Niger.

MESURES AGISSANT DIRECTEMENT SUR LES EXPORTATIONS

Procédures douanières et taxes à l'exportation

Différentes mesures destinées à alléger les procédures d'exportation ont été mises en place depuis 2014.[31] Cependant, ces mesures sont peu susceptibles de vraiment stimuler les exportations tant que les nombreuses taxes à l'exportation n'auront pas été éliminées.

Pour commencer, une redevance statistique à l'exportation (RSE) de 3% s'applique toujours à tous les produits exportés à l'exception des substances minières (uranium et pétrole). L'assiette de la RSE est la valeur c.a.f. calculée sur la base d'une valeur unitaire minimale fixée par l'administration.

À des fins de taxation, des valeurs unitaires sont déterminées pour les principaux produits exportés par le Niger, y compris les animaux vivants, leurs cuirs et peaux, les produits végétaux tels que le coton, l'arachide, etc., le poisson fumé ou séché, les ferrailles et batteries de récupération, et l'or.[32] Depuis 2015, la valeur administrative de l'or brut issu de l'orpaillage pour les besoins de la taxation à l'exportation est de à 5 000 FCFA (7,6 euros) par gramme depuis avril 2015. Ces valeurs sont destinées à assurer un minimum de perception de taxes à l'exportation par la douane. Ces valeurs fixées administrativement peuvent se révélées considérablement inférieures à la valeur de marché (la valeur de l'or sur le marché mondial en juin 2017 était supérieure à 35 euros par gramme).

Toute réexportation hors zone franc est soumise en plus à la taxe spéciale de réexportation (TSR) au taux de 5%, sauf pour les cigarettes (15%). En plus, l'acompte/précompte sur l'ISB est prélevé au taux de 2% pour les opérateurs disposant d'un NIF, et 5% pour ceux qui n'en ont pas. Ces taxes sont prélevées également sur le commerce intra-UEMOA ou intra-CEDEAO. On notera à cet égard que le nouveau Code des investissements exempte les exportateurs de ces taxes (p. 329). L'assiette de la TSR est également calculée au moyen d'une valeur minimale à l'exportation pour les biens de consommation (riz, thé, savons, sucre, huiles alimentaires, etc.) et les cigarettes.[33]

Prohibitions, restrictions quantitatives et licences d'exportation

Le Niger applique en principe des prohibitions à l'exportation d'un certain nombre de produits; et est partie à plusieurs accords internationaux prévoyant des prohibitions à l'exportation (rapport commun, p. 64). Depuis 1998, l'exportation de coton graine est prohibée dans le but d'assurer le développement de la filière coton.[34] Une prohibition à l'exportation d'ânes et d'asins est en principe en vigueur depuis juillet 2016 (p. 341).[35]

Dans le cadre des mesures prises pour assurer la sécurité alimentaire, l'exportation et la réexportation de mil, sorgho, maïs, farine de manioc et alimentation du bétail sont interdites depuis 2005.[36] De même, depuis 2005, la réexportation du riz blanchi est interdite également.[37]

La réexportation de tabacs et cigarettes est soumise à l'agrément du Ministère du commerce.[38] La licence d'exportation est toujours en vigueur, mais n'est actuellement applicable qu'aux hydrocarbures produits par la Soraz (essence super, gasoil, et gaz de pétrole liquide), afin d'assurer l'autosuffisance nationale en ces produits. Cette licence a une durée de validité de trois mois avec possibilité de faire deux prorogations de validité de trois mois chacune. Le formulaire est vendu 5 000 FCFA et comporte neuf feuillets. Sur chaque feuillet il faut apposer un timbre fiscal de 3 000 FCFA.

MESURES AGISSANT SUR LA PRODUCTION ET LE COMMERCE

Incitations

Les principales incitations à la production sont d'ordre fiscal, en vertu du Code des investissements (p. 329) ou du Code général des impôts.

Normes, règlements techniques et procédures d'accréditation

Quinze ans après l'adoption de la législation sur la normalisation[39], le dispositif de contrôle de qualité des produits mis en vente au Niger, y compris les importations, n'est toujours pas opérationnel et ceci malgré la mise en place de l'Agence nationale de vérification de conformité aux normes (AVCN) depuis 2008. L'Agence a pour objectif de "maîtriser la qualité des importations et des exportations nationales dans le but de protéger les consommateurs, de garantir la loyauté des pratiques commerciales et de promouvoir la performance des entreprises".[40] Les services officiels et la presse font état de larges et fréquentes importations de produits nocifs, d'où plusieurs mesures d'interdiction d'importation (p. 336).

Selon les autorités, la poursuite des importantes importations frauduleuses justifierait l'intention de mettre en place un programme de vérification de la qualité des produits importés. Ce programme viserait à inspecter la qualité des produits avant embarquement; et à contrôler ceux qui sont déjà sur le marché. En 2014, de nouvelles modalités d'inspection et de vérification de conformité des produits furent introduites, puis abrogées en 2016[41] à cause du mécontentement des commerçants importateurs. En mai 2017, un texte réhabilitant le programme de vérification des produits importés et locaux était au niveau du gouvernement pour son adoption.

Le problème principal du Niger en termes de contrôle de la qualité des produits est l'absence de laboratoire accrédité sur le territoire national, pour prendre en charge un minimum d'analyse de produits importés. Actuellement, les équipements existants ne permettent pas d'analyser et d'apprécier la présence et les taux de résidus de pesticides présents dans certains aliments. L'AVCN, et l'organisme de normalisation (la Direction de la normalisation de la promotion de la qualité et de la métrologie au sein du Ministère en charge de l'industrie - DNPQM) qui constitue le premier pourvoyeur de normes et de règlements techniques de l'agence, ont besoin d'une assistance en renforcement de capacité. La DNPQM dispose d'un laboratoire de métrologie qui a entamé une démarche d'accréditation.

Les normes nigériennes sont élaborées en comités techniques, puis soumises à l'approbation du Conseil national de normalisation (CNN), avant leur homologation par le Ministre chargé de l'industrie et la publication de l'arrêté d'homologation au Journal officiel.[42] La DNPQM assure le Secrétariat du CNN, et sert de Point d'information national sous l'Accord sur les obstacles techniques au commerce (TBT) de l'OMC.[43] Le CNN regroupe les représentants des administrations publiques, de la CCIN, des associations de consommateurs, des importateurs et exportateurs, et des organisations professionnelles.[44] Une quarantaine de normes étaient en vigueur en mai 2017.

L'application des normes nigériennes peut être rendue obligatoire.[45] Dans ce cas, le règlement technique est adopté par arrêté conjoint du Ministre en charge de la normalisation et du Ministre chargé du domaine en question. Les règlements techniques suivants ont été adoptés au Niger, mais aucune notification n'en a été faite à l'OMC:

- Arrêté conjoint n° 89/MM/DI/MSP/MF du 31 mai 2012 portant application obligatoire de la norme nigérienne relative à la farine de blé tendre enrichie en fer et acide folique;
- Arrêté conjoint n° 65/MM/DI/MSP/MF du 25 avril 2012 portant application obligatoire des normes nigériennes relatives aux huiles comestibles raffinées de palme, palmiste et d'arachide enrichie en vitamines A;
- Arrêté interministériel n° 116/MSP/CM/PSP/MMDI/DF du 25 mars 2014 portant conditions de production, d'importation et de commercialisation du sel au Niger;
- Arrêté n° 060/MC/I/N/DNQM du 24 novembre 2008 portant réglementation de la fabrication du savon au Niger; et
- Arrêté n° 053/MC/I/N/DNQM du 28 octobre 2008 portant réglementation de la fabrication du pain au Niger.

Mesures sanitaires et phytosanitaires

Le Niger n'a jamais fait de notification à l'OMC au sujet de son régime sanitaire ou phytosanitaire (tableau 3.2) ou d'actions y afférentes. Bien qu'un cadre législatif soit en place, la protection SPS effective est embryonnaire, et les mesures de protection SPS au cordon douanier sont rares.

En principe, la Direction générale de la protection des végétaux procède aux contrôles contre paiement de frais d'inspection phytosanitaire (520 FCFA par tonne). Elle inspecte aussi les végétaux et produits végétaux destinés à l'importation et à l'exportation, et délivre les certificats phytosanitaires, ainsi que les certificats de réexportation requis par le pays destinataire.[46] L'homologation des produits phytopharmaceutiques est faite au niveau communautaire (rapport commun, p. 65).

Tableau 3.2 Lois et règlements en matière sanitaire et phytosanitaire

Domaine	Texte	Entité appliquant le texte à la frontière
Décret n° 90-55/PRN/MAG/EL du 1er février 1990	Protection des semences	Ministère de l'agriculture
Ordonnance n° 93-015 du 2 mars 1993	Contrôle de qualité des aliments	Ministère chargé de la santé
Loi n° 2015-35 du 26 mai 2015 relative à la protection des végétaux Décret n° 2016-303/PRN/MAG/E2 du 29 juin 2016	Protection phytosanitaire des végétaux et des produits végétaux	Ministère de l'agriculture
Arrêté n° 031/MAG/EL/DPV du 25 février 1997	Contrôle phytosanitaire de végétaux et produits végétaux à l'importation ou exportation	Ministère de l'agriculture
Décret n° 98-108/PRN/MSP du 12 mai 1998	Contrôle sanitaire des denrées alimentaires à l'importation et à l'exportation	Ministère chargé de la santé
Loi n° 2004-048 du 30 juin 2004	Loi-cadre relative à l'élevage contrôle sanitaire à l'export et à l'import	Ministère de l'élevage

Source: Secrétariat de l'OMC.

Pour les produits d'origine animale, les procédures sont différentes selon qu'il s'agisse d'animaux sur pieds (certificat zoo-sanitaire) ou de produits animaux (certificat sanitaire, bien que dans les faits aucune viande ne soit importée à l'exception des poulets congelés). Une stratégie nationale de lutte et de prévention contre la grippe aviaire a été élaborée. S'agissant des denrées alimentaires, les mesures de contrôle sanitaire, y compris à la frontière, sont décidées par le Ministère en charge de la santé publique. Selon les autorités, aucun produit ne fait l'objet d'une restriction du commerce pour des motifs SPS.

Politique de la concurrence et du contrôle des prix

Le Niger s'est doté d'une nouvelle loi sur la protection des consommateurs, qui prévoit la mise en place d'une Commission de protection des consommateurs.[47] De plus, une loi en matière de concurrence était apparemment en gestation en mai 2017. Bien que le Niger ne dispose pas d'une loi sur la concurrence, le régime communautaire de la concurrence de l'UEMOA est, en principe, en application au Niger (rapport commun, p. 65).

Le régime des prix n'a pas changé de manière significative depuis le premier examen du Niger en 2003.[48] Bien que les prix de certains biens ou services soient fixés par arrêté du Ministre en charge du commerce, dans la pratique ces mesures ne sont pas appliquées dans la majorité des cas.[49] Les seuls prix effectivement administrés par cette voie sont ceux des produits pétroliers, le prix de la baguette du pain, et le prix des pèlerinages religieux au Royaume d'Arabie saoudite. Les prix homologués par l'État comprennent ceux des produits pharmaceutiques (marges bénéficiaires fixées), les tarifs de l'eau et de l'électricité (fixés) et les services postaux fournis par Niger Poste (p. 348). Les prix des services de télécommunications sont soumis à approbation (p. 348).

Commerce d'État, entreprises publiques et privatisation

Le Niger n'a pas fait de notification à l'OMC au sujet d'entreprises de commerce d'État au sens de l'article XVII du GATT. Cependant, en plus de la Société nigérienne des produits pétroliers (SONIDEP) qui détient toujours le monopole d'importation des hydrocarbures (p. 343), la nouvelle raffinerie Soraz partage avec la SONIDEP, depuis août 2016, les droits exclusifs d'exportation de produits pétroliers.

Il n'a pas été possible d'obtenir la liste des entreprises à participation publique comme celles qui vendent de l'uranium sur les marchés mondiaux (p. 344).

Marchés publics

L'Autorité de régulation des marchés publics (ARMP) a publié une compilation des textes fondamentaux de la réglementation des marchés publics au Niger, dont les dernières révisions datent de 2016; ces textes sont disponibles sur son portail Internet.[50] Le Code des marchés publics de 2016 couvre les achats publics dont le montant est supérieur à 10 millions de FCFA (environ 15 250 euros).[51] Il s'applique à tout achat, sauf les dépenses en eau, électricité, téléphone et transport, ou celles financées sur fonds spéciaux. Les marchés financés par des partenaires extérieurs sont également soumis au Code si les clauses contenues dans les accords de financement concernés n'y sont pas contraires. Une préférence de prix à hauteur de 15% maximum peut être accordée aux entreprises ayant leur siège social dans l'espace UEMOA.[52] La Direction générale du contrôle des marchés publics (DGCMP) est chargée de contrôler a priori le suivi des règles établies par le Code. Après réception de la documentation complète, l'ARMP assure le contrôle a posteriori, et règle les éventuels différends. Le Niger n'a pas notifié d'intention de devenir ni signataire ni observateur de l'Accord sur les marchés publics de l'OMC.

Une cotisation auprès de la CCIN reste obligatoire pour les entreprises désirant répondre aux appels d'offres de marchés publics. Le montant de la cotisation auprès de la CCIN est de 100 000 FCFA (152 euros) pour les personnes physiques grossistes ou demi-grossistes, 45 000 FCFA pour les détaillants, 600 000 FCFA (914 euros) pour les sociétés anonymes, et 300 000 FCFA pour les sociétés à responsabilité limitée.

Étant donnée la rareté des ressources financières de l'État, le gouvernement nigérien a cherché à établir un cadre pour le partenariat public-privé (PPP), qui est devenu au Niger un instrument majeur de promotion des investissements privés. Ceci a rendu possible plusieurs conventions, notamment celles relatives au chemin de fer Niamey-Dosso, à l'achat de 150 ambulances et à la construction de la route Agadez-Arlit. Depuis 2011, le Niger a mis en place un cadre juridique et institutionnel pour la réalisation de PPP. Une Ordonnance de 2011 porte sur les contrats PPP, et serait en cours de révision. Une loi sur la fiscalité appliquée aux contrats de PPP a été adoptée en 2014.[53] Le Code des marchés publics de 2016 contient une réglementation sur les délégations de service public.

Une cellule d'appui aux PPP a été mise en place en 2012, rattachée au Cabinet du Premier Ministre et en charge de favoriser les investissements privés; celle-ci ne semble pas disposer de site Internet.[54] Le volume total des investissements en cours serait de 1 270 milliards de FCFA (près de 2 milliards d'euros). La nouvelle législation sur les PPP aurait été appliquée de façon peu transparente et conduit à distribuer des marchés de gré-à-gré avec 300 milliards de FCFA (457 millions d'euros) d'exonérations fiscales, en contravention avec les principes du Code sur les marchés publics.[55]

Protection des droits de propriété intellectuelle

Le Niger a signé, mais pas ratifié, l'Accord de Bangui tel que révisé en 2015. Son cadre législatif de propriété

industrielle est toutefois harmonisé avec celui des autres membres de l'OAPI (rapport commun, p. 69). La Structure nationale de liaison du Niger est logée au Ministère chargé de l'industrie.

Le Bureau national de droit d'auteur est chargé, entre autres, de la gestion collective des redevances au Niger.[56]

Le régime national de protection du droit d'auteur, des droits voisins et des expressions du folklore[57] prévoit une protection pour l'œuvre pendant la durée de vie de son auteur plus 50 ans au-delà; une protection d'un an est spécifiée pour les interprétations ou exécutions (non fixées sur phonogrammes), 25 ans pour les émissions radios et 50 ans pour les phonogrammes.

Notes de fin

1 Arrêté n° 028/MPE/DCE du 16 août 1990.

2 Loi n° 61-17 du 31 mai 1961, telle que modifiée.

3 Arrêté interministériel n° 088 MC/PSP/MF du 17 décembre 2014 portant sur les documents exigibles à l'importation et à l'exportation des marchandises.

4 Arrêté n° 028/MPE/DCE du 16 août 1990.

5 Circulaire n° 0108/MPE/DCE/PE du 30 janvier 1991.

6 Arrêté n° 509/MF/E/DGD du 7 décembre 2001.

7 Articles 51-53 du Code des douanes (1961).

8 Article 62 du Code des douanes (1961).

9 En vertu de l'article 58bis du Code des douanes (1961), les importateurs peuvent présenter pour leur paiement des obligations dûment cautionnées, à quatre mois d'échéance au maximum; ce crédit n'est pas admis lorsque la somme à payer est inférieure à 100 000 FCFA.

10 Décret n° 96-21/PCSN/MF/P du 12 février 1996 modifié par le Décret n° 96-370/PCSN/MF/P du 18 octobre 1996 (notifié à l'OMC dans les documents G/PSI/N/1/Add.5 du 5 février 1997, Add.7 du 24 février 1998, et Add.8 du 28 septembre 1999).

11 Les exceptions comprennent: les marchandises destinées à l'État, les importations des missions diplomatiques, organisations internationales ou caritatives, et les marchandises importées dans le cadre des changements de résidence.

12 Circulaire n° 000027/MF/DGD/DRRI du 8 mai 2017 portant application systématique de la valeur transactionnelle. Cette circulaire a toutefois été suspendue en raison de la période de soudure et de l'approche de la période du Ramadan.

13 Note de service n° 00009/DGD/DRRI du 22 janvier 2007.

14 CNUCED (2015), *Niger - Étude diagnostique sur l'intégration du commerce*, octobre 2015.

15 Loi n° 97-45 du 15 décembre 1997.

16 Titre VIII, Code des impôts (2008).

17 Code général des impôts. Adresse consultée: https://niger.eregulations.org/media/code g%C3%A9n%C3%A9rale des imp%C3%B4ts.pdf.

18 Loi n° 98-07 du 29 avril 1998.

19 Arrêté n° 002/MC/PSP/DGC/DCE/PE du 2 janvier 2012 portant réglementation de l'importation et de la commercialisation des substances appauvrissant la couche d'ozone (SAO) et les équipements les contenant.

20 Décret n° 63-074/MI du 23 avril 1963.

21 Arrêté n° 009/MTPT/T/M/U du 14 avril 1969.

22 Loi n° 97-022 du 30 juin 1997.

23 Ordonnance n° 89-24 du 8 décembre 1989 portant prohibition de l'importation des déchets industriels et nucléaires toxiques; et Convention de Bamako sur l'interdiction d'importer des déchets dangereux en Afrique et le contrôle de leurs mouvements transfrontières, entrée en vigueur en mars 1996.

24 Loi n° 2004-40 du 8 juin 2004.

25 Arrêté n° 79/MC/PSP/MF du 10 décembre 2012.

26 Arrêté n° 64/MCI/PSP/ME/F du 20 décembre 2005.

27 Document de l'OMC G/LIC/N/1/NER/1 du 12 janvier 1998.

28 Ordonnance n° 98-01 du 27 février 1998, remplacée par la Loi n° 2014/11 du 16 avril 2014.

29 Loi n° 2014-63 du 5 novembre 2014 portant interdiction de la production, de l'importation, de la commercialisation, de l'utilisation et du stockage des sachets et des emballages en plastique souple à basse densité, et son décret d'application n° 2015-321 PRN/MESU/DD du 25 juin 2015.

30 L'Arrêté n° 78/MC/PSP/MP/T/EN/MC/RI du 5 novembre 2014 précise que seuls les appareils répondant aux normes MPEG-4 AVC pour la compression des images, et DVB-T2 pour leur diffusion sont autorisés.

31 On citera l'Arrêté n° 088/MC/PSP/MT/MF du 17 décembre 2014 portant sur les documents exigibles à l'importation et à l'exportation des marchandises; et un nouveau bon d'enlèvement et de commercialisation des produits agro-sylvo-pastoraux.

32 Note de service n° 00006/DGD/DRRI du 22 janvier 2007.

33 La Note de service n° 007/DGD/DRRI du 21 avril 2015 exige que les valeurs unitaires à l'exportation soient appliquées uniformément par tous les bureaux de douane.

34 Arrêté n° 45/MC/T/T/SE/DCE du 3 septembre 1992.

35 Information en ligne. Adresse consultée: http://www.nigerinter.com/dev/wp-content/uploads/2016/09/Arret%C3%A9_Asins-1.pdf.

36 Circulaire n° 230/MEF/DGD/DRRI du 11 mars 2005.

37 Circulaire n° 085/DGD/CT du 22 décembre 2005.

38 Arrêté n° 030/MCI/PSP/DCI/C du 2 juin 2006.

39 Il s'agit de la Loi n° 2002-28 du 31 décembre 2002, instituant la normalisation, la certification et l'accréditation au Niger.

40 Le Décret n° 2008-221/PRN/MCI/N du 27 juillet 2008, portant approbation des statuts de l'Agence nationale de vérification de conformité aux normes (AVCN).

41 Le Décret n° 2016-217/PRN/MMI du 17 mai 2016 portant abrogation du Décret n° 2014-487 du 22 juillet 2014 fixant les conditions et les modalités d'inspection et de vérification de conformité des produits aux normes et règlements techniques en République du Niger.

42 Loi n° 2002-028/PRN du 31 décembre 2002; et document de l'OMC G/TBT/2/Add.95 du 10 septembre 2007.

43 Information en ligne. Adresse consultée: http://tbtims.wto.org/default.aspx.

44 Décret n° 2004-028/PRN/MC/PSP du 30 janvier 2004.

45 Article 8 de la Loi n° 2008-08 du 30 avril 2008.

46 Arrêté n° 182/MAG/E2/DSPL du 20 octobre 2016 fixant la liste des végétaux et produits végétaux et autres produits réglementés soumis au contrôle phytosanitaire et déterminant les conditions de leur circulation sur le territoire national.

47 Loi n° 2015-24 du 11 mai 2015 déterminant les principes fondamentaux de la protection des consommateurs.

48 Décret n° 2016-216/PRN/MC/PSP du 17 mai 2016.

49 L'Arrêté n° 45/MDI/CAT/DCIC du 19 septembre 1995 détermine les éléments entrant dans le calcul du prix de revient licite d'une marchandise importée.

50 Information en ligne. Adresse consultée: http://www.armp-niger.org/.

51 Arrêté n° 00270/CAB/PM/ARMP du 24 octobre 2007. Les marchés en dessous du seuil peuvent se régler sur facture (sur la base d'une liste de prix de référence établie par le Ministère des finances).

52 Article 36 de l'Ordonnance n° 2002-7 du 18 septembre 2002, tel que révisé par l'Ordonnance n° 2008-06 du 21 février 2008.

53 Loi n° 2014-02 du 31 mars 2014 portant régime fiscal, financier, et comptable, applicable aux contrats de partenariat public-privé. Adresse consultée: http://www.lesahel.org/index.php/component/k2/item/10324-assembl%C3%A9e-nationale--le-ministre-de-leconomie-et-des-finances-m-saidou-sidib%C3%A9-r%C3%A9pond-%C3%A0-une-interpellation-relativement-%C3%A0-des-contrats-d%C3%A9coulant-du-partenariat-public-priv%C3%A9. Voir aussi l'Ordonnance n° 2011-07 du 16 septembre 2011 portant régime général des contrats de partenariat public-privé.

54 Information en ligne. Adresse consultée: http://www.initiative-ppp-afrique.com/Afrique-zone-franc/Pays-de-la-zone-franc/Niger.

55 Journal Le Sahel. Adresse consultée: http://www.lesahel.org/index.php/component/k2/item/10324-assembl%C3%A9e-nationale--le-ministre-de-leconomie-et-des-finances-m-saidou-sidib%C3%A9-r%C3%A9pond-%C3%A0-une-interpellation-relativement-%C3%A0-des-contrats-d%C3%A9coulant-du-partenariat-public-priv%C3%A9.

56 Loi n° 95-019 du 8 décembre 1995.

57 Ordonnance n° 93-27 du 30 mars 1993.

Politique commerciale par secteur

AGRICULTURE, ÉLEVAGE ET ACTIVITÉS CONNEXES

Aperçu

Malgré des conditions de production extrêmement arides, plusieurs secteurs agroalimentaires ont été identifiés par le Niger comme des secteurs prioritaires de développement des exportations. À lui seul, l'élevage occupe environ 20% de la population active, et 87% lorsque on ajoute les agriculteurs-éleveurs; sa contribution au PIB est de 9%, et celle aux exportations totales d'environ 10%. Le bétail sur pieds constitue le premier poste à l'exportation des produits agroalimentaires du Niger, et est destiné principalement au Nigéria. Depuis 2014, le bétail et les produits carnés importés du Nigéria sont devenus beaucoup moins chers en raison des fortes dépréciations du naira, et les flux de commerce se sont inversés, le prix des moutons importés ayant par exemple été divisé par deux.

Les exportations de cuirs et peaux semblent prometteuses, pour autant qu'elles soient encadrées de manière adéquate (p. 341). Leur réputation s'est faite surtout autour de l'excellente qualité de la peau de la chèvre rousse de Maradi. Les exportations sont actuellement destinées surtout au Nigéria, où elles sont réexportées vers l'Italie. Deux tanneries étaient en activité en mai 2017, et se partageaient le secteur avec les tanneries artisanales. Le secteur a été retenu comme un secteur dynamique prioritaire pouvant faire l'objet d'un projet de catégorie 2 sous le Cadre intégré renforcé.[1] L'activité d'exportation informelle vers le Nigéria serait importante, en raison de la forte taxation des exportations malgré l'octroi des préférences tarifaires dans le cadre des zones de libre-échange de la CEDEAO/UEMOA (p. 341). En effet, même en l'absence de droits de douane, les exportateurs nigériens doivent quand même payer la taxe à l'exportation et l'acompte sur l'ISB (p. 336).

Les cultures vivrières principales sont le mil et le sorgho dont la production est destinée surtout à l'autoconsommation, et le riz qui est également commercialisé. Les principales cultures d'exportation sont le niébé, l'arachide, le sésame, les dattes, la gomme arabique, le souchet, et l'oignon violet de Galmi pour lequel une procédure d'acquisition d'une indication géographique est en cours.[2] Les produits alimentaires représentent environ un cinquième du total des importations annuelles, une part en forte hausse depuis 2009 (graphique 1.3). Ces importations comprennent surtout des céréales, mais aussi des huiles alimentaires, des sucres et sucreries, des produits laitiers, surtout le lait en poudre, et des tabacs.

Politique agricole générale

En grande partie grâce à la mise en place depuis les années 1980 d'un Dispositif national de prévention et de gestion des catastrophes et crises alimentaires[3], il n'y a pas eu de nouvelle crise alimentaire au Niger depuis le précédent examen en 2009, malgré un déficit céréalier chronique estimé à 15% des besoins en 2016, comblé principalement par l'aide alimentaire.

Le dispositif national de gestion et de prévention des crises alimentaires, en place depuis 1985, et géré par la Primature, comprend un système d'alerte précoce (SAP), un système d'informations sur les marchés; un stock national de sécurité géré par l'Office des produits vivriers du Niger (OPVN); un fonds de sécurité alimentaire d'urgence (FSA); un fonds commun des donateurs; et un fonds d'investissement pour la sécurité alimentaire, une composante de l'Initiative 3N "Les Nigériens Nourrissent les Nigériens" lancée en 2011.

Le SAP s'insère dans un environnement régional d'échanges d'information animé par le Comité inter-États de lutte contre la sécheresse au Sahel (CILSS), appuyé par la FAO, le Programme alimentaire mondial et Famine Early Warning System (FEWS).[4] Le SAP effectue le suivi de la campagne agricole et des éventuels dégâts de déprédateurs, l'évaluation des récoltes et du fourrage, et le suivi des prix. Les interventions comprennent la fourniture d'intrants, d'aliments pour le bétail, la mise en place ou réhabilitation de banques céréalières ou banques de semences. Des vivres sont alloués aux stocks de banques céréalières, et des vivres et de la liquidité sont échangés contre de la main-d'œuvre (*food for work, cash for work*); et des opérations de ventes de céréales à prix modérés ont également lieu.

L'OPVN est chargé depuis 1970 de la commercialisation des produits vivriers dans le cadre de la prévention et de la gestion des crises alimentaires; il importe des produits alimentaires pour les vendre à prix modérés. L'OPVN se charge de l'acheminement des produits vivriers des zones excédentaires aux zones déficitaires. En cas d'offre excédentaire de certains produits vivriers, l'OPVN peut procéder également à des achats pour ainsi contenir la baisse de leurs prix sur le marché. Il dispose d'une capacité de stockage de 154 000 tonnes.[5]

La sécurité alimentaire est donc au cœur de la politique agricole du Niger. La maîtrise de l'eau et le développement de l'irrigation afin de réduire la dépendance de la production agricole des conditions climatiques en constituent une composante essentielle. Selon les autorités, le secteur rural recevrait entre 20 et 25% du budget annuel de fonctionnement de l'État (toutes sources de financement confondues), et 14% du budget d'investissement en particulier. Cependant, selon d'autres sources, l'élevage qui contribue pour près de 22% des exportations ne reçoit que 1,7% du budget national.

Selon les autorités, il n'existe pas actuellement de programme coordonné de l'État pour augmenter la production agroalimentaire. Toutefois, les agriculteurs, éleveurs ou pêcheurs "individuels" sont dispensés de l'impôt annuel sur les bénéfices. Ils sont pour la plupart aussi exonérés de la taxe professionnelle payable par les entreprises assujetties au régime réel d'imposition. Un régime fiscal incitatif était disponible sous l'ancien Code des investissements pour les sociétés actives dans l'agroalimentaire, mais cela ne semble plus être le cas (p. 329).

En temps normaux, les interventions de l'État dans le cadre de la politique agricole se limitent, au niveau national, à la production de semences de reproduction et aux services d'extension aux éleveurs. L'Institut national de la recherche agronomique du Niger (INRAN), créé en 1978 en partenariat avec le Centre de coopération internationale en recherche agronomique pour le développement (CIRAD), produit 30 à 40 tonnes de semences annuellement, qui seraient mises à la disposition des reproducteurs de semences à prix subventionnés. Ces derniers commercialisent les semences auprès des producteurs.

L'INRAN comprend des Centres régionaux; des stations et points d'appui; et des Comités régionaux de la recherche agronomique (CORA). Les CORA regroupent les représentants de toutes les parties prenantes (techniciens, leaders locaux, ONG, vulgarisateurs, etc.). Ils identifient les problèmes rencontrés par les producteurs (donc les besoins de ceux-ci) et fixent ainsi les priorités de recherche. Les travaux de recherche de l'INRAN touchent des domaines aussi variés que les cultures irriguées et pluviales, la gestion des ressources naturelles, les systèmes de production et de transfert de technologie, l'amélioration des productions animales, la transformation et la valorisation des produits agricoles, la production de semences améliorées, etc. L'Institut dispose à cet effet d'un laboratoire d'analyse des sols, des végétaux et de l'eau; d'un laboratoire de technologie alimentaire; et des laboratoires d'entomologie et de phytopathologie.

Lors des situations d'urgence, l'État peut procéder exceptionnellement à la suspension des droits et taxes à l'entrée afin de contenir les hausses de prix; il peut également procéder à la fixation de prix maxima pour les produits agricoles de première nécessité.[6]

Les lois en vigueur dans les différents sous-secteurs agroalimentaires n'ont pas changé depuis 2009; et une partie des textes d'application manque toujours. En 2010, une loi relative au pastoralisme et à la transhumance a été votée ainsi que quatre décrets d'application, afin de mieux gérer les conflits entre l'élevage nomade ou transhumant et les systèmes de production sédentaires. D'une manière générale, l'accès équitable aux ressources en terre, eau, et pâturages est une préoccupation centrale de la politique agricole du Niger. Parmi les principaux textes figurent:

- Le Code rural de 1993[7], qui règle l'accès aux terres, le régime foncier, et les conditions de l'activité agricole, de pêche, d'élevage et d'exploitation forestière;
- Le Code de la pêche[8];
- la Loi-cadre de l'élevage[9] et l'Ordonnance relative au pastoralisme[10]; et
- la Loi sur l'activité forestière.[11]

Les Ministères chargés du développement agricole, des ressources animales (l'élevage et la pêche), de l'hydraulique, de l'environnement et de la lutte contre la désertification regroupent les principales directions et principaux services liés à l'activité agroalimentaire.

Pour bien comprendre l'ampleur des contraintes qui pèsent sur les exportateurs dans le secteur, il est important de garder à l'esprit qu'ils sont en grande partie des entreprises individuelles travaillant principalement dans l'informel, disposant de ressources financières très faibles (27 euros mensuel en moyenne, tableau 1.1), et de formations très limitées (1,4 année d'études en moyenne).

La filière élevage figure parmi celles retenues à la fois par l'UEMOA et par la CEDEAO comme vecteur de l'intensification des échanges entre États membres. Ces deux instances préconisent le développement des exportations de produits agricoles vers les marchés de proximité, et la spécialisation des États membres dans des filières prioritaires (riz, bétail/viande, filière avicole, maïs et coton); le Niger est surtout concerné par la filière bétail.

Outre la prohibition d'exportation (et de l'abattage interne) des femelles reproductrices de toutes races, le Niger a pris un arrêté urgent interdisant l'exportation des asins en 2016, les exportations mettant l'espèce en danger de disparition (le prix des ânes avait presque quintuplé, passant de 30 000 à 150 000 FCFA[12]); mais selon les autorités cet arrêté n'est pas appliqué.

Les exportations de produits agroalimentaires (y compris les animaux vivants), sont frappées d'une redevance statistique à l'exportation (RSE) au taux de 3% perçue sur les "valeurs unitaires taxables", contrairement aux dispositions communautaires. Une telle mesure a tendance à pousser les exportateurs à effectuer leurs opérations à travers des circuits commerciaux informels afin d'échapper à cette taxe, puis exporter à partir de pays où la taxe n'existe pas.

Les animaux exportés doivent être munis d'un certificat sanitaire international (500 FCFA par tête) établi par les services vétérinaires officiels du Niger, attestant de leur état de santé. De même, l'inspection des denrées animales donne lieu à une taxe de contrôle vétérinaire à l'exportation. Le coût annuel de ces services est estimé à 300 millions de FCFA (457 000 euros).

Le Laboratoire central de l'élevage (LABOCEL) produit sept types de vaccins, dont trois reviennent gratuitement aux éleveurs et les autres leur sont mis à disposition à prix subventionnés.

Les exportations de produits de l'élevage nigérien sont essentiellement constituées d'animaux sur pieds en partie parce que le Nigéria interdit l'importation de viande. Le Niger éprouve des difficultés à se conformer

aux réglementations étrangères, pour ses exportations de produits agricoles, animaux surtout. Quatre abattoirs sont en activité au Niger, mais ne sont pas aux normes internationales. À cela s'ajoute une complication administrative interne qui réside dans l'obligation d'être agréé en tant que marchand de bétail ou boucher par le Ministère du commerce, après avis du Ministère chargé des ressources animales[13], pour pouvoir exporter du bétail ou de la viande. Des exigences similaires s'appliquent aux activités d'exportation de cuirs et peaux.[14]

ÉNERGIE, PRODUITS MINIERS ET EAU

Aperçu

Le Niger est riche en gisements miniers importants mais largement sous-exploités. Actuellement, seul l'uranium fait l'objet d'une large exploitation industrielle et contribue substantiellement aux exportations, mais beaucoup moins aux recettes fiscales, rejoint depuis 2011 par une modeste production de pétrole (p. 343). L'importation et le stockage des produits pétroliers demeurent sous monopole à prix administrés. De même, le nouveau Code de l'électricité de 2016 prévoit toujours l'obligation de vendre la production à la société d'État qui en détient toujours le monopole de transport et de distribution, à des prix fixés par décret (p. 346). Les énergies renouvelables représentent actuellement moins de 1% de la consommation finale d'énergie. Outre d'immenses réserves de charbon, le pays possède également de l'or, dont l'orpaillage pose des problèmes sociaux et environnementaux.

L'exploration minière est ouverte à la présence étrangère. Depuis 2011, le Niger est devenu conforme à l'Initiative pour la transparence des industries extractives (ITIE).[15] Cependant, dans l'ensemble, selon l'Institut Fraser, le Niger se classe relativement mal en termes de l'attractivité de la réglementation minière.[16] La Cour des comptes a publié un contrôle des recettes minières, pétrolières et gazières pour l'exercice 2010.[17]

Pour encourager l'investissement dans le secteur, une loi de 2008 accorde des exemptions au titre de la fiscalité indirecte (droits et taxes d'entrée, TVA, mais pas RS, PC, PCS, voir rapport commun p. 63). L'ampleur des exemptions augmente en fonction de la taille des investissements. Tous les sous-secteurs miniers sont éligibles, que ce soit de nouveaux projets ou des extensions de projets, la diversification ou la modernisation d'exploitations minières existantes, pour autant qu'au moins 300 milliards de FCFA (environ 460 millions d'euros) hors taxe soient investis, et au moins 800 emplois permanents créés pour des Nigériens.[18] Un décret fixe les modalités d'application de la loi, y compris la procédure de demande d'agrément; les conditions de l'octroi de l'agrément; les dispositions fiscales et douanières régissant les bénéficiaires; et les sanctions applicables.

Pour investir, les sociétés étrangères doivent créer un établissement stable au Niger pour la réalisation des opérations de prospection, et une société de droit nigérien pour la réalisation des opérations de recherche, d'exploitation et de transport. Dans tous les investissements miniers ou pétroliers, l'État se réserve un droit de participation gratis de 10% du capital social, plus une part additionnelle payable de 10%, qu'il notifie au contractant. Certaines sociétés sont toujours régies par d'anciennes dispositions qui fixaient à 30% la participation de l'État. Les principales taxes minières (et pétrolières) sont en général fixées par la Loi de finances; elles comprennent la redevance superficiaire annuelle, la redevance minière, et les droits fixes.[19]

Le Ministère chargé de l'énergie, des mines, du pétrole et de l'industrie a été scindé en quatre ministères distincts (énergie, mines, pétrole, industrie). Ces ministères ne disposent pas de site Internet fonctionnel.

Hydrocarbures

Production de pétrole brut et de gaz

Le Niger a commencé l'exploitation de pétrole brut en novembre 2011. Depuis la signature en juin 2008 d'un Contrat de partage de production (CPP) qui a conféré au groupe China National Petroleum Company (CNPC) une autorisation exclusive de recherche sur le bloc Agadem pour une période renouvelable de quatre années en vertu du Code pétrolier de 2007 (encadré 4.1), une société de droit nigérien, filiale du groupe CNPC, a l'autorisation exclusive de production de pétrole brut issu du bloc Agadem, entièrement transformé par la raffinerie de Zinder (Soraz); la totalité du brut raffiné par la Soraz est fournie par le bloc Agadem. La production a baissé en 2015 du fait d'un problème technique ainsi que d'opérations de grande maintenance.

Produits pétroliers et gaziers

La nouvelle politique pétrolière du Niger vise la satisfaction des besoins nationaux avant l'exportation. Dans la nouvelle configuration pétrolière du Niger, la Société nigérienne des produits pétroliers (SONIDEP) détient toujours le monopole d'importation, de ventes locales, d'exportation et de stockage d'une gamme de produits, non compris le gaz butane (graphique 4.1). Cependant, depuis 2016, le monopole d'exportation de la SONIDEP est partagé avec la Soraz qui exporte son excédent de production (après la satisfaction des besoins du marché national).

Dans la pratique, ce sont les entreprises privées qui importent et exportent les quantités autorisées par le gouvernement. De plus, 69 sociétés agréées ont exporté des produits pétroliers en 2016, dont 17 sont des entreprises de droit nigérien et 52 des entreprises étrangères; 18 entreprises ont importé des hydrocarbures sous agrément de l'État. La capacité nominale de la Soraz est de 20 000 barils par jour. Les quantités de brut extraites et fournies depuis le début de la production sont proches de 17 000 barils par jour. Les principaux produits issus de la raffinerie sont l'essence, le gasoil et le GPL. Environ 50% des produits

Encadré 4.1 Législation pétrolière au Niger

Le Code pétrolier de 2007 prévoit la possibilité de conclure des Contrats de partage de production (CPP) et des Contrats de concession (CC), selon les négociations entre l'État et l'investisseur. Dans le cadre d'un CPP, la production d'hydrocarbures est partagée entre l'État et le titulaire, lequel reçoit une part de la production totale, nette de la redevance *ad valorem*. Pour le pétrole brut, le taux de redevance *ad valorem* est négocié; il est compris entre 12,5 et 15% de la production nette, et entre 2,5 et 5% pour le gaz naturel. La part de l'État dépend de la rentabilité des opérations, avec un plancher à 40%. Le pourcentage maximum de la production totale d'hydrocarbures d'une exploitation, nette de la redevance *ad valorem*, qui peut être affecté au remboursement des coûts d'investissement ou d'exploitation au titre d'un exercice fiscal est plafonné à 70%.

De nombreux avantages fiscaux, y compris douaniers, sont accordés au contractant et étendus à ses sous-traitants, fournisseurs et salariés par le Code (article 123). En période de recherche, les exonérations portent sur la TVA, l'ISB, l'impôt minimum forfaitaire ou son équivalent, la taxe d'apprentissage, la taxe professionnelle, la taxe immobilière, les droits d'enregistrement sur les apports effectués lors de la constitution ou de l'augmentation du capital des sociétés. Les avantages douaniers comprennent l'exonération totale des droits et taxes d'entrée sur les biens et équipements à l'exception de la RS, du PC et du PCS. Un régime d'admission temporaire s'applique aux biens importés et utilisés pour les recherches.

En période d'exploitation, l'exonération totale des droits et taxes d'entrée sur les biens et équipements, à l'exception de la RS, du PC et du PCS, est accordée pour cinq ans. À compter de la sixième année, le régime de droit commun s'applique. La part des hydrocarbures revenant au titulaire au titre de son contrat pétrolier est exportée en franchise de tous droits de sortie.

L'ISB n'est pas perçu dans le cadre d'un CPP. Dans le cadre d'un CC, l'ISB se situe entre 45 et 60% et est fonction de la rentabilité de l'exploitation (article 114). Le régime juridique et fiscal du CPP est stabilisé durant la durée de vie du contrat (article 159).

Par ailleurs, les titulaires d'un CPP ou d'un CC sont soumis à une obligation d'approvisionnement du marché intérieur si l'État ne peut satisfaire les besoins de la consommation nationale à partir de la part de pétrole brut produit qui lui revient. Le prix de vente à l'État du baril est celui de marché départ champ en vigueur à la date de la vente.

Source: Code pétrolier de 2007.

issus de la raffinerie est exporté notamment au Nigéria, au Burkina Faso et au Mali.

Le contrat de commercialisation du brut par la Soraz prévoyait un prix basé sur celui du marché international. Le prix de vente du brut par la Soraz a pourtant été fixé à 70 dollars EU par baril de novembre 2011 jusqu'en mars 2015, malgré la chute des prix du baril depuis 2014. Le prix de vente du brut a été revu à la baisse et fixé à 45 dollars EU par baril en février 2017. Cette politique de prix fixe a été en partie responsable des difficultés financières qu'a connues la Soraz. Afin d'y pallier, la Soraz a été autorisée en 2016 à exporter une large part de sa production aux prix du marché et sans passer par la SONIDEP, puis à augmenter ses prix de vente à la SONIDEP. Toutefois, l'État souhaite maintenir fixes les prix à la pompe. Le prix TTC du super a ainsi été maintenu à 579 FCFA (0,88 euros) par litre de 2011 à 2013, puis à 540 FCFA par litre, niveau où il se trouvait en mai 2017, correspondant à des niveaux inférieurs à ceux de la sous-région.

La SONIDEP fournit des produits pétroliers aux principaux distributeurs au Niger, notamment Tamoil, Mobil et Total. Les marges de distribution sont fixées par l'État.

Le monopole de la SONIDEP ne couvre pas le gaz butane. L'importation, le stockage, la distribution et le transport de gaz sont libres. La Société nigérienne des hydrocarbures (SONIHY) et les sociétés nigériennes du gaz, Niger Gaz et Soni Gaz, sont les trois distributeurs qui assurent l'importation, l'embouteillage et la distribution du gaz butane. Le prix de la bonbonne de 12 kilos est fixé à 3 750 FCFA, mais s'échangerait à des prix bien supérieurs sur les marchés. La subvention trouve sa justification dans la mise en œuvre d'une politique de lutte contre le déboisement.

Uranium et autres principaux produits miniers

Le Niger figure parmi les cinq principaux producteurs mondiaux d'uranium. La production nationale a augmenté de 2009 à 2012, puis baissa en 2013 et 2014 suite à un attentat sur les installations de la Société des mines de l'Aïr (SOMAÏR, détenue à 36,6% par l'État du Niger, le reste par Areva France), principale société de production (graphique 4.2).[20] Les autres sociétés minières exploitant l'uranium sont la Compagnie minière d'Akouta (COMINAK[21]) et la Société des mines d'Azélik (SOMINA[22]). Cette dernière, qui avait commencé sa

Graphique 4.1 Marché des produits pétroliers au Niger, 2017

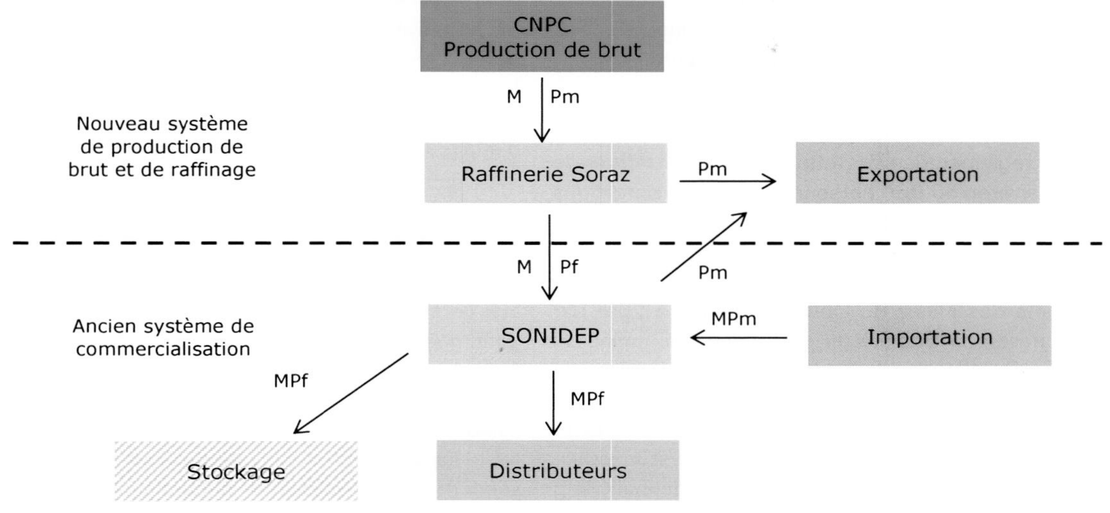

Source: Secrétariat de l'OMC.

Graphique 4.2 Évolution des exportations d'uranium, 2009-2016

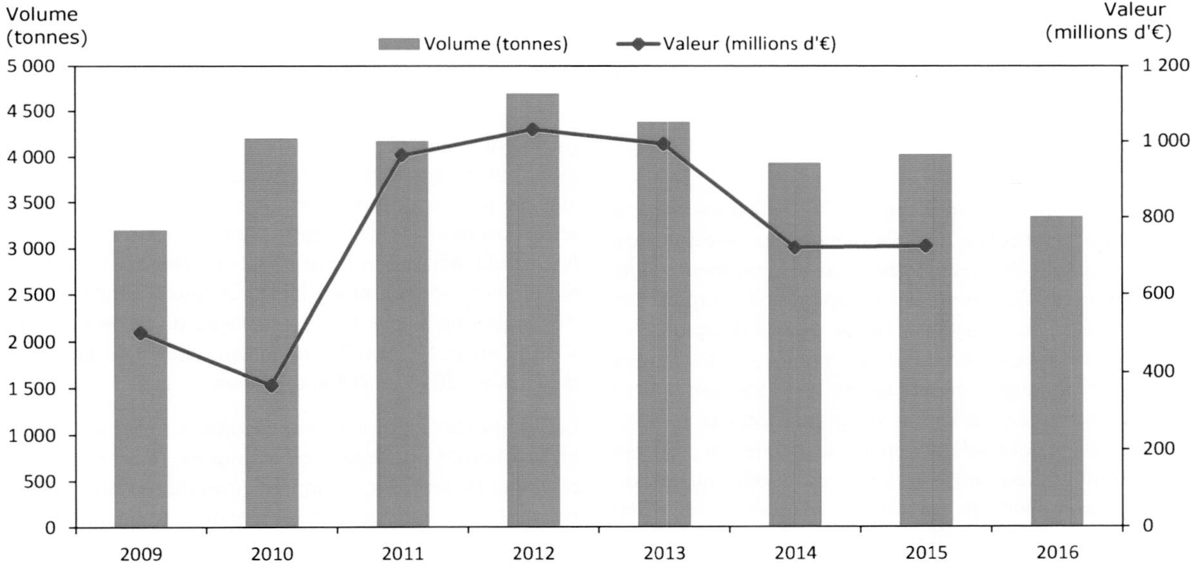

Source: Les données d'exportation sont basées sur le SH 261210, les informations fournies par les autorités et les données issues de la base de données Comtrade de la DSNU.

production en décembre 2011, était à l'arrêt depuis décembre 2014, en raison de la chute du prix de l'uranium après 2012 qui a baissé sa rentabilité. Une nouvelle société - Imouraren - a été créée; l'État y détient environ un tiers des parts, la société Areva France le reste. Cette mine, la plus grande d'Afrique et la deuxième au monde avec 200 000 tonnes d'uranium exploitable sur 40 ans, devait être mise en production en 2011 mais n'avait pas encore commencé à produire en mars 2017.

L'entreprise française Areva bénéficiait d'une situation de monopole de fait sur les exportations d'uranium produit par la COMINAK et la SOMAÏR jusqu'au début de 2009 lorsque l'État nigérien a commencé à vendre directement de l'uranium sur les marchés mondiaux pour bénéficier d'un prix de revient supérieur à celui convenu avec Areva. En 2016, un différend opposait le gouvernement nigérien à Areva autour du renouvellement du contrat d'exploitation minière, le Niger souhaitant le renouveler sur la base de la Loi minière de 2006 et de son nouveau régime fiscal, alors qu'Areva souhaitait bénéficier de droits d'antériorité lui permettant de conserver ses avantages sous la législation fiscale antérieure.[23]

L'exploitation artisanale d'or est importante, mais anarchique bien que les zones autorisées soient en principe réglementées.[24] Cette exploitation informelle fait vivre environ 50 000 personnes dans des conditions de pollution et de danger importants. La production a baissé de moitié entre 2009 et 2015 (877 kilos), pour une valeur d'exportation de près de 30 millions d'euros. La Société des mines du Liptako, détenue à 25% par l'État à travers la Société du patrimoine des mines du Niger (SOPAMIN), est la seule exploitation industrielle en activité. Responsable de l'exportation des métaux précieux produits dans le pays, le Comptoir de l'or et des métaux précieux du Niger (COMPN) est mandaté par la SOPAMIN pour fournir des services de marketing pour l'or des mines artisanales.

Les autorités ont indiqué que le gisement de charbon de Salka Damna, dont les réserves sont estimées à 52 millions de tonnes, constitue l'emplacement idéal pour la création d'un complexe minier comprenant une centrale thermique et une usine de carbonisation, qui pourrait produire jusqu'à 600 MW d'électricité, avec une première phase de production envisagée à 200 MW et pour laquelle des investisseurs sont recherchés. Actuellement, seule la Société nigérienne de charbon (SONICHAR, détenue à 69,32% par l'État) produit du charbon carbonisé et génère de l'électricité destinée à la SOMAÏR et à la COMINAK, à partir de la mine d'Anou Araren.

Durant la période sous revue, le gouvernement a réexaminé l'application des dispositions fiscales du Code minier, notamment les nombreuses exonérations dans le secteur de l'uranium, dans l'optique d'accroître les recettes fiscales. Les titulaires de permis d'exploitation minière bénéficient en effet de nombreux avantages fiscaux et douaniers consentis par le Code (article 82 et suivants) ou par la loi sur les grands projets miniers, qui réduisent considérablement les recettes fiscales y afférentes. Pourtant, en vertu du Code minier de 2006, l'exemption de l'impôt sur les bénéfices (ISB) devrait cesser en principe trois ans après la date de démarrage de la production; les exonérations de TVA devraient cesser, quant à elles, un an après le début de la production. Les sociétés minières sont exemptées de la taxe à l'exportation de 3% (RSE, p. 336), notamment. Le Code minier du Niger a été révisé en août 2006; et en 2014, les députés nigériens ont adopté deux projets de loi en portant modification.

Le Code minier de 2006 prévoit un taux maximum de participation de l'État au capital des sociétés d'exploitation de 40%, avec 10% de parts gratuites. La SOPAMIN gère les parts que détient l'État dans différentes compagnies minières.

Le Code prévoit le paiement d'une redevance minière dont l'assiette est la valeur marchande du produit extrait, payée à l'occasion de la sortie du stock en vue de la vente. Le taux de la redevance est progressif en fonction du ratio du résultat d'exploitation brut (avant investissements, provisions, etc.) au produit brut (chiffre d'affaires). Plus ce ratio est élevé, plus élevé est le taux, dans une fourchette de 5,5% à 12%.[25]

La mine artisanale est prévue par le Code minier de 2006. L'autorisation d'exploitation artisanale est en principe délivrée par arrêté du Ministre chargé des mines, aux personnes physiques ou morales. Ces exploitants sont généralement ceux qui "financent" les artisans. Ces derniers, qui apportent leur force de travail, sont en principe tenus d'obtenir une carte à titre individuel valable un an, autorisant leurs activités pour leur compte ou celui d'un exploitant. Les produits marchands sont vendus aux commerçants généralement présents sur les sites.

Électricité

En mai 2016, un nouveau Code de l'électricité a remplacé celui de 2003, notamment afin de mieux prendre en compte des énergies renouvelables. Ce nouveau Code, comme l'ancien, prévoit la possibilité de production indépendante d'électricité mais avec l'obligation de vendre les excédents à la Société nigérienne d'électricité (NIGELEC), société d'État, qui détient toujours le monopole de transport et de distribution.

Les sept décrets d'application de ce nouveau Code devraient fournir des précisions sur la portée des monopoles accordés à NIGELEC, notamment sur les segments production, distribution, importation et exportation de l'énergie électrique. Le capital de NIGELEC est détenu par l'État à près de 95%; son matériel est vétuste et inadapté. Le taux d'accès effectif des nigériens à l'électricité est passé de 8,6% en 2010 à 8,7% en 2012 (et 0,3% en milieu rural).[26] Le taux était de 10% en 2016, et 0,6% en zones rurales.

Les tarifs de l'électricité sont toujours fixés par décret en fonction des puissances électriques. Actuellement, le principal facteur décourageant l'investissement dans la production électrique, outre les risques sécuritaires, est que les prix de l'électricité sont fixés à des niveaux parmi les plus bas de la sous-région. Ces bas niveaux tiennent compte du faible pouvoir d'achat des populations mais réduisent considérablement la rentabilité des projets, outre la mauvaise gestion de la société de transport et de distribution.

Une Autorité de régulation du secteur de l'énergie (ARSE), créée en 2015, était en cours d'installation en mai 2017.[27] Aucun site Internet ne fournit d'information sur ces développements, ni sur les projets de développement d'énergie, par exemple renouvelable. Toutefois, selon certains observateurs, l'indépendance et l'autonomie de l'ARSE mériteraient d'être renforcées.[28] En effet, comme le souligne une étude parue en

juillet 2016, l'ampleur du déficit financier de la NIGELEC, la fréquence des délestages et la faible extension du réseau électrique suggèrent que le monopole et l'exclusivité n'ont pas garanti l'offre d'électricité et la qualité des services à la clientèle; et que le Niger devrait plutôt s'orienter vers l'élargissement de la gamme des acteurs intervenant sur certains segments (transport, distribution, commercialisation) et le renforcement de l'indépendance de la régulation.

Selon les autorités, à long terme, la mise en service du très attendu barrage de Kandadji et d'une centrale hydroélectrique prévue en 2021 devrait sécuriser davantage l'approvisionnement du pays de 130 MW en énergie électrique. La construction de cinq centrales solaires photovoltaïques était également prévue, chacune fournissant de 5 MW à 30 MW d'énergie. En 2016, 100% de la production nationale d'électricité était d'origine thermique, principalement à partir du charbon extrait par la SONICHAR (p. 344) et à partir du gasoil. La SONICHAR, qui est assimilée à un producteur indépendant, produit de l'électricité dans la zone nord du pays et la vend directement aux sociétés minières; elle en vend également une partie à la NIGELEC qui la distribue dans les villes d'Agadez, d'Arlit, d'Akokan et Tchirozérine. Sur le reste du territoire, la production et la distribution de l'énergie électrique sont assurées exclusivement par la NIGELEC.

La production nationale de SONICHAR et NIGELEC n'étant pas suffisante pour couvrir les besoins nationaux, 60% de l'électricité distribuée par NIGELEC provient du Nigéria; elle serait payée 25 FCFA par kWh, par rapport à un prix de revente minimum de 79 FCFA par kWh.

Eau

Améliorer l'accès à l'eau potable, et à l'eau nécessaire pour les activités agricoles et pastorales, constitue une priorité absolue du gouvernement, qui s'est doté d'un nouveau Code de l'eau en 2010.[29] Le cadre institutionnel de gestion de l'eau est composé de l'État, des collectivités territoriales, de la Commission nationale de l'eau et de l'assainissement (CNEA), des commissions régionales de l'eau et de l'assainissement, des commissions et des unités de gestion de l'eau qui ont pour mission commune la gestion des infrastructures hydrauliques, et la politique de l'eau et de l'assainissement.

Des concessions d'utilisation de l'eau et d'exploitation d'ouvrages et d'installations hydrauliques peuvent être accordées aux personnes morales de droit privé, généralement par décret. L'État demeure propriétaire des ressources en eau à travers la Société de patrimoine des eaux du Niger (SPEN), créée en 2001 et chargée de la gestion du patrimoine hydraulique de l'État en zone urbaine et semi-urbaine, de son développement, et de la maîtrise des projets.[30]

Un avenant (au contrat d'affermage initial de 10 ans) lie, depuis novembre 2011 et jusqu'en 2021, l'État, la SPEN et la Société d'exploitation des eaux du Niger (SEEN).[31] La SEEN est une société anonyme détenue à 51% par le groupe français Veolia, et chargée de la production, du transport et de la distribution de l'eau en zone urbaine et semi-urbaine, ainsi que d'autres missions liées à l'exploitation des infrastructures et du matériel. Une étude réalisée en 2011 par l'Agence française de développement, qui soutient le Niger dans le domaine de l'accès à l'eau potable[32], a soulevé le problème des pertes en eau sur le réseau de la SEEN, qui s'expliquent en partie par la vétusté du réseau. L'étude note aussi certains impayés, au niveau de l'administration publique notamment. Ces impayés sont généralement couplés à du gaspillage. La mise en place du Fonds national de l'eau et de l'assainissement permettrait de limiter les prélèvements illégaux, la pollution, et de mobiliser des moyens pour la préservation de la ressource.[33]

La SEEN déclare produire 200 000 m^3 d'eau potable par jour dans 54 localités et desservir plus de 2 500 000 personnes sur une population totale de 20 millions d'habitants. Le taux de couverture des besoins en eau dans le périmètre d'affermage de la SEEN – constitué de 52 centres – est passé de 85% en 2005 à 90% en 2015.

Le tarif national unique de vente est fixé par décret gouvernemental selon la quantité consommée[34]; des tranches sociales, plus trois tranches supplémentaires concernant l'administration, les industries et les bornes-fontaines sont retenues. Il y a 70 000 abonnés au service de distribution, soit sous forme individuelle, soit sous forme de kiosques à eau gérés par un fontainier, habilité à revendre aux utilisateurs.

La régulation du secteur, qui était du ressort de l'Autorité de régulation multisectorielle, (ARM, dissoute en 2012) était assurée en mai 2017 par un Bureau de réglementation de l'hydraulique urbaine et semi-urbaine, chargé du contrôle de la régulation des prix et du contrôle de la qualité de service.

SECTEUR MANUFACTURIER ET ARTISANAL

Pour toutes les raisons évoquées ci-dessus, notamment le manque d'eau qui empêche d'obtenir des matières premières locales suffisantes pour assurer leur transformation en produits finis, et le manque d'électricité, les activités manufacturières sont limitées: production de savon et de détergents, embouteillage, traitement d'oléagineux, décorticage du riz, égrenage du coton, produits pour le bétail, quelques tuyaux PVC, matelas mousse et, surtout, peaux tannées. La presque totalité des peaux tannées est exportée vers l'Italie.

Le secteur est principalement protégé par les mesures prévues au niveau communautaire. En effet, en 2017, la protection du secteur manufacturier au moyen du TEC de la CEDEAO est de 12,4% en moyenne (rapport commun, p. 57), à laquelle s'ajoutent tous les autres droits et taxes (TVA, acompte de l'ISB, etc.), ce qui renchérit considérablement les importations de produits manufacturés pour les consommateurs, souvent en l'absence de toute production nationale.

Dans ce contexte, la richesse de l'artisanat nigérien est tout à fait remarquable. Les entreprises artisanales sont généralement informelles, et s'occupent d'activités traditionnelles telles que: la fabrication de meubles en bois, le travail du cuir (sandales, chaussures et ceintures), la confection de vêtements et les métiers qui y sont associés. L'artisanat est une composante essentielle du secteur privé nigérien. Le lieu de manufacture est généralement le point de vente des petites entreprises et des artisans d'un même secteur d'activité. Depuis 2012, le Niger s'est doté d'une Chambre de l'artisanat.[35]

Parmi les sociétés productrices de coton fibre, la China–Niger United Cotton Industrie (CNUCI) a cessé son activité; la Société cotonnière du Niger (SNC) demeurerait en activité.[36] Les producteurs peuvent vendre leur coton graine aux sociétés cotonnières; ils peuvent également l'exporter (de manière informelle) vers les pays voisins (surtout le Nigéria), si les prix offerts sur le marché domestique sont trop bas. L'unique entreprise textile SOTEX, qui a remplacé l'Entreprise nigérienne de textiles (ENITEX), produit des textiles à partir du coton fibre produit localement.

Des procédures d'importation spéciales s'appliquent aux importations de médicaments et de produits pharmaceutiques. Sept entreprises sont enregistrées pour le commerce de ces produits auprès du Ministère de la santé.

SERVICES

Un Audit réglementaire des services fut rédigé en 2014 pour le compte du Ministère chargé du commerce. Il contient une revue des engagements spécifiques du Niger sous l'Accord général sur le commerce des services (AGCS) de 1994 qui comprennent: les services d'hôtellerie et de restauration, les agences de voyage, les services de tour-opérateur, les services de guides touristiques, et certains services de transport.[37] [38] Une grande partie des activités de services, principal contributeur au PIB, est composée de structures informelles. La concentration des activités dans le commerce souligne une fois encore l'importante contribution que toute Aide pour le commerce peut apporter à la lutte contre la pauvreté.

Télécommunications et postes

La réglementation principale régissant la fourniture des services de télécommunications a été amendée en 2010.[39] L'Autorité de régulation des télécommunications et de la poste (ARTP) fut créée en 2012 suite à la dissolution de l'ARM, par la Loi n° 2012-70 du 31 décembre 2012 portant création, organisation et fonctionnement de l'ARTP, qui incorpore les dispositions de l'UEMOA et celles de la CEDEAO (rapport commun, p. 81). Le Conseil national de régulation des télécommunications et de la poste est son instance de délibération et remet son rapport annuel d'activités au Premier Ministre, qui est publié sur son site Internet.

Le marché, qui est très dynamique bien que de petite taille (tableau 4.1), comprend:

- un opérateur global (fixe et mobile): Orange Niger (environ 28% du chiffre d'affaires du secteur mobile en 2016, et 85% du chiffre d'affaires fixe);
- un opérateur fixe public: la Société nigérienne des télécommunications (SONITEL, 15% du chiffre d'affaires fixe); le monopole de la SONITEL sur les services fixes s'est terminé *de jure* le 31 décembre 2004;
- trois opérateurs exclusivement mobiles: Atlantique Telecom Niger (12% à fin 2015), Celtel Niger (54%), et Telecom Niger (anciennement Sahelcom, 5% du chiffre d'affaires mobile), compagnie à 90% propriété de l'État qui employait 130 agents répartis dans 16 agences à Niamey et à l'intérieur du pays, et qui traversait en mai 2017 de grandes difficultés en raison du manque d'investissement depuis 2007.

Des cahiers de charges adoptés par l'ARTP spécifient les conditions d'exploitation de chaque opérateur, l'obligation d'interconnexion, et les catalogues d'offres techniques d'interconnexion. L'ARTP est chargée de faire respecter les textes en vigueur dans un contexte de libre concurrence. Ses compétences portent sur les tarifs, la mutualisation des infrastructures, la couverture territoriale et l'optimisation des recettes de l'État; selon l'ARTP, une nette amélioration de la qualité de service depuis 2015 est issue des contrôles auxquels elle procède.

Les opérateurs en position dominante (avec plus de 25% d'un marché donné) sont tenus de soumettre leurs offres techniques à l'approbation de l'ARTP, de même que leurs tarifs de détail. Le modèle CMILT[40] est utilisé pour déterminer les coûts de terminaison d'appel sur les différents réseaux (fixe et mobiles).[41] Les tarifs doivent être basés sur les coûts. Des contrôles de tarifs et de qualités peuvent être effectués par l'ARTP sur tous les réseaux. Les consommateurs peuvent également saisir l'ARTP.

Le secteur est soumis au Code des investissements. Les sociétés établies sous l'ancien Code doivent se plier au nouveau au moment de renouveler leurs licences, et sont donc soumises à l'ISB. Les licences sont délivrées en général pour 15 ans, par décret, et sur la base d'appels d'offres, celles d'opérateurs d'infrastructure sont délivrées à la demande.

De même, les fournisseurs de services Internet sont agréés, à la demande, par l'ARTP. Quatre fournisseurs Internet étaient opérationnels en mars 2017. Les accès au câble sous-marin SAT-3, via le Bénin, le Burkina, ou via la Côte d'Ivoire, sont l'apanage exclusif de Niger Telecom. Le coût d'opération de la bande passante est élevé car les fournisseurs de services Internet doivent acheter l'accès auprès de Niger Telecom ou d'Orange Niger, et la concurrence est limitée. À ce sujet, deux règlements de la CEDEAO concernant les stations d'atterrissement visent à faire baisser les prix. La qualité de l'accès à Internet en mai 2017 n'était pas bonne.

Tableau 4.1 Indicateurs de services de télécommunications, 2009-2015

	2009	2010	2011	2012	2013	2014	2015
Lignes téléphoniques fixes (1 000)	76,3	83,4	85,4	100,5	100,5	105,3	110,0
pour 100 personnes	0,50	0,52	0,52	0,59	0,56	0,57	0,57
Abonnés à la téléphonie mobile (1 000)	2 599	3 669	4 743	5 396	7 006	8 236	8 959
pour 100 personnes	16,98	23,08	28,72	31,45	39,29	44,44	46,50
Abonnées à Internet haut débit fixe	1 000	1 500	2 114	3 669	6 400	9 200	11 000
pour 100 personnes	0,01	0,01	0,01	0,02	0,04	0,05	0,06
Utilisateurs Internet (pour 100 personnes)	0,76	0,83	1,30	1,41	1,70	1,95	2,22
Commerce							
Exportations de biens en TIC (% du total des exportations de biens)	0,2	0,3	0,3	0,2	0,4	0,4	..
Importations de biens de TIC (% du total des importations de biens)	4,5	1,9	3,7	2,3	2,7	2,9	..

.. Non disponible.

Source: Base de données de la Banque mondiale sur les indicateurs du développement dans le monde. Adresse consultée: http://databank.worldbank.org/data/reports.aspx?source=World%20Development%20Indicators.

Pour financer le service universel, une taxe de 4% du chiffre d'affaires des entreprises de télécommunications est prévue (1% pour les fournisseurs d'infrastructure, 0,5% pour les entreprises de maintenance), mais n'est pas encore perçue.

La Loi de juin 2005 restructurant les services postaux a fait l'objet d'un amendement en 2011.[42] Conformément à cette loi, Niger Poste est chargée de gérer les services postaux relevant du service universel, avec un monopole en principe sur les plis inférieurs à un kilogramme quelle qu'en soit la destination. De nombreux opérateurs privés ont obtenu des licences pour proposer des services de courrier express (par exemple, DHL).

Transports

Le Niger était en train de se doter d'une nouvelle voie ferrée en 2017. La Convention de concession en PPP, signée en 2015, prévoit la réhabilitation, la construction et l'exploitation de la ligne ferroviaire Niamey-Cotonou. Plus de 143 km de rails ont déjà été posés entre Niamey et Dosso, et devrait à terme relier le Niger à la mer via le Bénin lorsque le tronçon Parakou Dosso aura été réalisé, ce qui pourrait fortement faire avancer le développement économique et social, et stimuler la concurrence dans le marché des transports.

Le secteur des transports est également concerné par la récente révision du Code des investissements (p. 329), avec notamment l'institution d'un régime d'exonération. Les services de transport international sont soumis à la TVA au taux zéro, y compris les services de transport routier, aérien international ou l'avitaillement des aéronefs à destination de l'étranger, et les opérations de vente, de réparation, de transformation ou d'entretien d'aéronefs dont les services à destination de l'étranger représentent au moins 50% du total. Ces mesures visent à encourager les investissements.

Transports routiers

La fourniture des services de transport routier de marchandises et de personnes se fait dans des conditions souvent anarchiques, sans licence de transport, sans immatriculation ou contrôle technique valable, et au moyen de véhicules souvent vétustes. Le volume des importations transportées par camion dépasse régulièrement le volume des exportations, créant un déséquilibre qui accroît les coûts de transport, les camions voyageant à vide ou à moitié plein vers les ports. La Société nationale des transports nigériens a fait faillite.

Le gouvernement a donc adopté en 2009 une loi-cadre visant la modernisation de la réglementation des transports et l'ouverture du marché du transport routier, dans le but d'améliorer le professionnalisme des transporteurs, la libre concurrence et l'amélioration du climat des affaires. Face à la persistance des barrages routiers et autres pratiques informelles le long des "corridors" d'accès aux ports côtiers du Bénin, de la Côte d'Ivoire, du Togo, du Ghana, et du Nigéria, pratiques dont l'objectif est généralement de soutirer de l'argent aux transporteurs routiers, le gouvernement s'est engagé à supprimer tous les contrôles non officiels sur le réseau routier nigérien. Cette tâche est un élément de la mission du Comité de facilitation des transports. Le Conseil national des utilisateurs de transport (CNUT), un établissement public à caractère industriel et commercial sous la tutelle du Ministère des transports, a également mission de protéger les intérêts des utilisateurs des transports publics.

En principe, il faut être enregistré pour obtenir un titre de transport qui est nécessaire à la fourniture des services de transport routiers. Les textes réglementaires ou législatifs en la matière sont obsolètes et mériteraient d'être modernisés ou abrogés (tableau 4.2). De plus, les textes en vigueur devraient être publiés sur Internet de manière à ce que les investisseurs potentiels soient au courant des conditions d'accès au marché.

La nouvelle Loi de 2009 vise la libre concurrence et l'ouverture du marché. Elle supprime la procédure anticoncurrentielle dite de "tour de rôle", chaque camion recevant une cargaison son tour venu. L'accès des sociétés étrangères au marché national de transport routier n'est autorisé pour autant qu'une société de droit nigérien soit établie ou acquise, qu'un titre de transporteur soit obtenu, et que les véhicules soient immatriculés au Niger. Cependant, la propriété ou le contrôle des sociétés de transport nigériennes par des ressortissants étrangers est autorisée.

Tableau 4.2 Sélection de textes régissant le transport routier au Niger, 2017

Domaine	Texte	Disponible sur Internet
Décret n° 65/118/MTP-MU du 18 août 1965	Accès au marché	Non
Arrêté n° 09/MT/DTT-MF du 13 février 2007 fixant les modalités d'enlèvement du fret du Niger dans les ports de transit	Tour de rôle	Non
Ordonnance n° 2009-025 du 3 novembre 2009 déterminant les principes fondamentaux du régime des transports	Loi-cadre	Non
Décret n° 2010-733/PCSRD/MTT/A du 4 novembre 2010 déterminant les conditions de transport par voie terrestre des produits stratégiques et les conditions d'accès aux sites miniers et d'hydrocarbures	Transport des hydrocarbures	Non
Décret n° 2012-047/PRN/MT du 27 janvier 2012	Transport des hydrocarbures	Non
Arrêté interministériel n° MC/PSP/MF/MT/MDN/MI/SP/D/AR du 27 février 2013 relatif aux types de contrôle routier, aux points de contrôle et aux mécanismes de recours pour minimiser les abus sur le transport des biens au Niger	Barrages routiers illicites	Non
Arrêté interministériel n° 090-MC/PSP/MI/SP/D/AC/R/MT/MDN/MF/ME/SU/DD du 22 décembre 2014 relatif au transport public des marchandises, aux types de contrôle routier, aux points de contrôle et aux mécanismes de recours pour minimiser les pratiques anormales sur le transport des biens au Niger	Pratiques anormales	Non

Source: Secrétariat de l'OMC sur la base d'informations fournies par les autorités.

Malgré l'existence des conventions TIE et TRIE de la CEDEAO (rapport commun, tableau 4.7), les ressortissants de la CEDEAO ne bénéficient pas d'accès privilégié et ne peuvent pas obtenir le titre de transporteur. Par contre, les chauffeurs peuvent être ressortissants d'un des pays de la CEDEAO. Le cabotage (transport entre deux points au Niger) est interdit aux sociétés étrangères, quelles qu'elles soient.

Le transport des produits stratégiques (par exemple uranium, et explosifs pour l'extraire) doit être effectué par des entreprises nigériennes. La Compagnie nationale de transport de produits stratégiques (CNTPS), à participation étatique, est active dans le domaine du transport routier de produits stratégiques. Le transport des hydrocarbures destinés à l'exportation, et du fret en général, est régi par des accords bilatéraux de répartition de fret entre transporteurs des différents pays concernés. En général, un contingent de deux tiers du tonnage total estimé est réservé aux camions immatriculés au Niger.

Par ailleurs, les transporteurs routiers de la sous-région s'entendent pour établir un tarif indicatif pour chaque type de parcours, malgré la liberté des prix dans le sous-secteur des transports. Le Niger a consolidé certains services de transport routier international de marchandises et de personnes sous l'AGCS en 1994, moyennant de nombreuses réserves.[43]

Transports ferroviaires

En novembre 2013, les gouvernements du Niger et du Bénin signèrent un protocole d'accord pour la réalisation d'une voie ferrée entre Parakou au Bénin, terminus actuel du tronçon ferroviaire reliant le port de Cotonou, et Niamey. En 2015, des conventions d'exploitation et de construction des infrastructures du chemin de fer Niamey-Cotonou furent signées avec le groupe français Bolloré pour une période de 30 ans. Une société multinationale (BENIRAIL) fut créée, son capital de 107 millions d'euros étant partagé entre les deux États, des privés des deux pays, et le groupe Bolloré qui prit en charge l'intégralité du coût de cette réalisation évaluée à 1,07 milliard d'euros.[44] Le chantier de la nouvelle ligne, longue de 574 km, devrait selon les autorités être achevé en 2021.

Transports aériens

Le Niger dispose de six aéroports principaux dont un aux normes internationales de sécurité et de sûreté (Niamey), et de douze pistes secondaires. La sécurité de la navigation aérienne est du ressort de l'Agence pour la sécurité de la navigation aérienne en Afrique et à Madagascar (ASECNA).[45] En 2010, un nouveau Code de l'aviation civile a modernisé la législation en vigueur, et établi une autorité autonome de régulation de l'aviation civile sous la tutelle du Ministère en charge des transports, à savoir l'Agence nationale de l'aviation civile du Niger (ANAC Niger).[46] . Elle est en charge d'élaborer et de mettre en œuvre la politique nationale du transport aérien. La délégation de l'ASECNA aux activités aéronautiques nationales du Niger est en charge de la gestion commerciale et de la gestion des infrastructures des aéroports.

Le Niger applique les dispositions communautaires ainsi que les dispositions de la Décision de Yamoussoukro en matière de transport aérien et de services aéroportuaires (rapport commun, p. 83). Il n'a signé aucun nouvel accord portant sur les droits de trafic depuis 2010, ni aucun accord de ciel ouvert. Selon les autorités, le Niger octroie toutes les libertés de l'air y compris le cabotage. En mai 2017, les compagnies aériennes de droit nigérien comprenaient: Niger Air Cargo, Niger Airways, Niger Airlines et Fly Skyjet, Alpha Aviation; les trois premières sont apparues en 2010.

Tourisme

Depuis 1994, le Niger s'est engagé à maintenir ouverts à la présence étrangère plusieurs types de services

touristiques dans le cadre de l'AGCS.[47] Le Ministère du tourisme et de l'artisanat a publié en 2012 une stratégie nationale de développement durable du tourisme et un programme d'actions prioritaires. Les principaux avantages accordés aux projets touristiques ont changé avec la réforme du Code des investissements (p. 329). L'insécurité constitue l'une des principales contraintes au développement du tourisme.

Le nombre d'hôtels est passé de 63 en 2003 à 88 en 2008, puis à 125 en 2015, avec une capacité d'accueil de 3 800 lits. Les nuitées ont progressé, passant de 145 000 en 2007 à 238 000 en 2012, avant de fortement retomber, surtout en 2016 en raison de l'insécurité. Les recettes touristiques ont cependant continué à augmenter sur la période, passant de 106 milliards de FCFA à 156 milliards de FCFA (238 millions d'euros).

L'ouverture d'établissements touristiques (hôtels, restaurants, campings, auberges, pensions, gîtes, etc.) est subordonnée à l'obtention d'un agrément délivré par le Ministre chargé du tourisme, et plusieurs conditions doivent être satisfaites pour obtenir une autorisation d'exploitation, notamment la détention d'un diplôme de tourisme ou d'hôtellerie.[48] Depuis 2006, les hôtels sont classés, selon des normes définies par arrêté ministériel[49]; le Ministre chargé du tourisme décide de leur classement ou déclassement. L'obtention d'une carte professionnelle d'accompagnateur de voyages nécessite la nationalité nigérienne.[50]

Services financiers

Le commerce des services financiers (banques, microfinance, assurances, bourse et valeurs mobilières) est régi par des textes communautaires (rapport commun, p. 88).

Le marché des assurances s'est étoffé depuis 2009 d'une seconde société d'assurance vie et de deux nouvelles sociétés d'assurance incendie, accidents et risques divers (IARD), portant le nombre total d'assurances IARD à six. La valeur totale des primes IARD en 2015 fut de 24 milliards de FCFA (environ 37 millions d'euros). Le certificat d'une assurance contractée auprès d'un intermédiaire agréé est requis lors du dédouanement de marchandises d'au moins 1 et 5 millions de FCFA (environ 1 500 et 7 500 euros), par voie aérienne et terrestre respectivement.[51]

Le secteur bancaire croît de façon dynamique, l'ensemble des crédits ayant atteint 321 milliards de FCFA (489 millions d'euros) en 2010 contre 573 milliards de FCFA en 2015. Douze banques sont actuellement actives et un établissement financier. Cinq sont de grande taille avec un bilan supérieur à 130 milliards de FCFA (198 millions d'euros); elles représentent à elles seules 83% du total des bilans. Deux d'entre elles ont un capital majoritairement nigérien. Une (BADRI) a un capital majoritairement détenu par l'État, qui cherchait des repreneurs en 2016. Le Niger compte environ 160 points de services concentrés à Niamey; et le taux de bancarisation demeure très faible (2,14%). Dans l'ensemble, les banques sont robustes, avec un taux de dégradation brut des crédits de 15%. Les transferts de fonds par téléphonie mobile connaissent un essor important, de même que le paiement de factures par téléphone.

Les 42 institutions de micro-crédit (systèmes financiers décentralisés - SFD) servent 11% de la population. Depuis 2009, la fermeture d'un certain nombre de SFD a permis un assainissement du secteur et le doublement des crédits qui s'établissent à 38 milliards de FCFA (58 millions d'euros) en 2015. Dans l'ensemble, le crédit bancaire continue de constituer une source mineure de financement des entreprises, ces dernières se finançant essentiellement sur fonds propres. Seuls 12% des emprunts se font d'une façon formelle.

Notes de fin

1 Voir Cadre intégré renforcé. Adresse consultée: http://fr_pt.enhancedif.org/fr/node/3078.

2 Information en ligne. Adresse consultée: http://www.reca-niger.org/IMG/pdf/Rapport_IG_versionRECA.pdf.

3 Information e ligne. Adresse consultée: http://www.dnpgcca.ne/.

4 Information en ligne. Adresse consultée: http://www.fews.net/fr/global/food-assistance-outlook-brief/february-2017.

5 Office des produits vivriers du Niger. Adresse consultée: http://www.opvn.org/.

6 Article 3 de l'Ordonnance n° 92-025 du 17 juillet 1992 précise que les prix maximums peuvent être fixés par arrêté du Ministre du commerce.

7 Ordonnance n° 93-015 du 2 mars 1993 fixant les principes d'orientation du Code rural. Adresse consultée: http://www.coderural-niger.net/IMG/pdf/01-_Ord_No93-015_portant_Principes_d_Orientation_du_Code_Rural.pdf.

8 Loi n° 98-042 du 7 décembre 2007 portant régime de la pêche, non disponible sur un site Internet.

9 Loi no 2004-048 du 30 juin 2004 portant loi-cadre relative à l'élevage. Adresse consultée: http://www.hubrural.org/IMG/pdf/niger_loi_cadre_elevage.pdf.

10 Ordonnance n° 2010-029 du 20 mai 2010 relative au pastoralisme.

11 Loi n° 2004-040 du 8 juin 2004 portant régime forestier au Niger. Adresse consultée: http://www.coderural-niger.net/IMG/pdf/09-_Loi_No2004-040_portant_regime_forestier_en_Republique_du_Niger.pdf.

12 Radio RFI, 13 septembre 2016. Adresse consultée: http://www.rfi.fr/emission/20160913-niger-interdiction-exporter-anes.

13 Ordonnance n° 86-16 du 3 avril 1986.

14 Ordonnance n° 86-15 du 3 avril 1986.

15 Renseignements en ligne de l'Initiative pour la transparence dans les industries extractives. Adresse consultée: http://www.itieniger.ne/index.php/en/.

16 Fraser Institute, *Annual Survey of Mining companies 2015*. Adresse consultée: https://www.fraserinstitute.org/studies/annual-survey-of-mining-companies-2015.

17 Information en ligne. Adresse consultée: http://www.wgei.org/wp-content/uploads/2015/09/CRMPG_2010.pdf.

18 Loi n° 2008-30 du 3 juillet 2008 accordant des avantages dérogatoires pour les investissements des grands projets miniers. Adresse consultée: http://www.droit-afrique.com/upload/doc/niger/Niger-Loi-2008-30-investissements-miniers.pdf.

19 Respectivement articles 146 et 95 des Codes pétrolier et minier.

20 Information en ligne. Adresse consultée: http://www.areva.com/.

21 Les actionnaires sont: État, 31%; Areva France, 34%; OURD Japon, 25%; ENUSA Espagne, 10%.

22 Les actionnaires sont: État, 33%; SINO-U Chine, 37,2%; ZX Joy Invest Chine, 24,8%; et Trendfield Niger, 5%.

23 Razack, A., *Propositions pour l'optimisation de la mine artisanale au Niger*, HAL-INSU. Adresse consultée: http://www.afrik.com/niger-2-ans-de-petrole-ont-rapporte-davantage-que-40-ans-d-uranium#WJKKusv9gQXJSHP2.99.

24 Information en ligne. Adresse consultée: https://hal-insu.archives-ouvertes.fr/insu-00947881/document.

25 Ordonnance n° 93-16 du 2 mars 1993 (Code minier), modifiée par la Loi n° 2006-26 du 9 août 2006.

26 Direction de la statistique du Ministère de l'énergie.

27 Loi n° 2015-58 portant création, mission, organisation et fonctionnement d'une autorité administrative indépendante dénommée Autorité de régulation du secteur de l'énergie.

28 République du Niger, Ministère de l'énergie et du pétrole, *Projet d'intégration de la réduction des émissions de gaz à effet de serre dans le Programme rural d'accès aux services énergétiques du Niger*, Rapport de la mission internationale d'appui institutionnel. Adresse consultée: https://erc.undp.org.

29 Ordonnance n° 2010-09 du 1er avril 2010 portant Code de l'eau au Niger. Adresse consultée: http://www.pseau.org/outils/ouvrages/mhe_code_eau_niger_2010.pdf.

30 Information en ligne. Adresse consultée: http://www.spen.ne/index.php/societe/presentation.

31 Renseignements en ligne de la SEEN. Adresse consultée: http://www.seen-niger.com/fr/qui-sommes-nous/seen/contrat-d-affermage. Voir aussi Tidjani Alou, M. (2005), *Le Partenariat public-privé dans le secteur de l'eau au Niger: autopsie d'une réforme*, Annuaire Suisse de politique de développement, Vol. 24, 2005. Adresse consultée: https://aspd.revues.org/360.

32 Information en ligne. Adresse consultée: http://www.afd.fr/home/pays/afrique/geo-afr/portail-niger/nos-projets/eau-et-assainissement-2.

33 Information en ligne. Adresse consultée: http://www.pseau.org/sites/default/files/fichiers/niger/rencontre_niger_2016_cr_vf_0.pdf.

34 De 0 à 10 m^3: 127 FCFA/m^3; de 11 à 40 m^3: 321 FCFA/m^3; et plus de 40 m^3: 515 FCFA/m^3.

35 Loi n° 2012-33 du 5 juin 2012 portant création de la Chambre des métiers de l'artisanat du Niger.

36 Voir CCI (2003), *Niger, Expansion du commerce intra- et inter-régional entre les pays de la CEMAC et de l'UEMOA - Étude de l'offre et de la demande sur les textiles et l'habillement*. Adresse consultée: http://www.intracen.org/uploadedFiles/intracen.org/Content/Exporters/Sectoral_Information/Manufactured_Goods/Textiles/Niger_2003.pdf.

37 Ministère du commerce et de la promotion du secteur privé (2014), *Audit réglementaire des services et préparation des listes d'engagements spécifiques du Niger*, réalisé par Maliki Barhouni, Niamey, février 2014.

38 Document de l'OMC GATS/SC/64 du 15 avril 1994, base de données I-TIP. Adresse consultée: http://i-tip.wto.org/services/default.aspx.

39 Ordonnance n° 99-045 du 26 octobre 1999 portant réglementation des télécommunications au Niger, telle qu'amendée en 2010, 2014 et en 2015. Adresse consultée: http://www.armniger.org/images/stories/telecom/textes/ordonnance2010.pdf.

40 Coût moyen incrémental de long terme. Adresse consultée: https://www.itu.int/ITU-D/finance/work-cost-tariffs/events/tariff-seminars/Dakar-09/pdf/Jour_4/Manuel_d_utilisation.pdf.

41 Décret n° 2000-399/PRN/MC du 20 octobre 2000.

42 Loi n° 2011-19 du 8 août 2011 modifiant et complétant la Loi n° 2005-20 du 28 juin 2005 déterminant les principes fondamentaux du régime de la poste.

43 Document de l'OMC GATS/SC/64 du 15 avril 1994, base de données I-TIP. Adresse consultée: http://i-tip.wto.org/services/default.aspx.

44 Renseignements en ligne de Wikipedia. Adresse consultée: https://fr.wikipedia.org/wiki/Transport_ferroviaire_au_Niger.

45 Information en ligne. Adresse consultée: http://www.asecna.aero/asecna.html.

46 Ordonnance n° 2010-023, du 14 mai 2010.

47 Document de l'OMC GATS/SC/64 du 15 avril 1994. Adresse consultée: http://i-tip.wto.org/services/GATS_Detail.aspx/?id=20808§or_path=0000900050.

48 Parmi ces conditions figurent entre autres: l'obligation de fournir une autorisation d'exercice des activités professionnelles non salariées pour les étrangers; et n'avoir ni été déclaré en faillite, ni mis en état de liquidation judiciaire. Article 11 du Décret n° 2005-155/PRN/MT/A du 29 juillet 2005.

49 Arrêté conjoint n° 00058/MT/A/MUH/C/DL du Ministre du tourisme et de l'artisanat et du Ministre de l'urbanisme, de l'habitat et du cadastre du 4 octobre 2006.

50 Arrêté n° 00007/MTA/DTPT du 2 février 1999, article 3.

51 Ordonnance n° 85-15 et son Décret d'application n° 85-52/PCMS/MF du 23 mai 1985.

Appendice - tableaux

Tableau A1. 1 Structure des exportations, 2009-2016

	2009	2010	2011	2012	2013	2014	2015	2016
Monde (millions de $EU)	**628,0**	**478,6**	**1 080,7**	**1 379,8**	**1 337,2**	**1 049,7**	**789,8**	**927,2**
Monde (millions d'€)	**452,1**	**361,4**	**777,4**	**1 073,9**	**1 007,1**	**791,2**	**712,1**	**838,3**
				(Part en pourcentage)				
Produits primaires, total	**88,5**	**72,6**	**82,2**	**41,3**	**89,0**	**85,9**	**85,2**	**87,1**
Agriculture	31,8	20,7	18,0	24,1	9,4	13,0	15,5	38,4
Produits alimentaires	30,0	18,4	13,9	18,8	7,9	11,5	14,1	37,3
4222 - Huile de palme et ses fractions	0,2	*0,3*	0,5	1,3	0,8	0,9	3,6	14,0
0422 - Riz décortiqué sans autre préparation (riz cargo ou riz brun)	0,6	0,9	0,2	1,1	0,5	0,7	1,1	12,4
0989 - Préparations alimentaires, n.d.a.	0,1	0,1	0,1	0,2	0,2	0,8	1,1	3,2
0423 - Riz semi-blanchi, même poli, glacé, étuvé ou converti	0,0	0,4	0,3	1,2	1,2	1,6	1,3	2,1
0545 - Autres légumes, à l'état frais ou réfrigéré	5,3	2,2	2,9	3,6	1,2	1,3	1,3	1,1
0612 - Autres sucres de canne ou de betterave	0,5	1,2	1,3	2,6	0,6	1,0	1,8	0,6
0567 - Préparations ou conserves de légumes, n.d.a.	0,0	0,0	0,1	0,1	0,1	0,1	0,2	0,5
0483 - Macaronis, spaghettis et produits similaires	0,0	0,2	0,3	0,5	0,1	0,2	0,1	0,4
0741 - Thé	0,1	0,1	0,2	0,2	0,1	0,1	0,3	0,4
0011 - Animaux vivants de l'espèce bovine	8,2	5,6	2,0	2,2	0,7	0,8	0,5	0,4
1222 - Cigarettes contenant du tabac	0,8	1,3	1,0	0,7	0,5	1,1	0,9	0,3
0542 - Légumes à cosse secs écossés, même décortiqués ou cassés	0,5	0,3	1,5	1,8	0,2	0,3	0,4	0,3
Matières premières agricoles	1,8	2,4	4,2	5,3	1,6	1,4	1,5	1,1
2690 - Friperie, drilles et chiffons	1,8	2,3	4,1	5,2	1,5	1,4	1,4	1,1
Industries extractives	56,7	51,9	64,2	17,3	79,5	72,9	69,7	48,7
Minerais et autres minéraux	55,5	50,2	62,1	0,0	49,3	45,9	50,9	32,3
2861 - Minerais d'uranium et leurs concentrés	55,5	50,2	62,0	0,0	49,3	45,6	50,9	32,2
Métaux non ferreux	0,0	0,1	0,0	0,0	0,0	0,0	0,0	0,0
Combustibles	1,2	1,6	2,0	17,2	30,2	27,0	18,8	16,5
Produits manufacturés	**4,5**	**11,9**	**9,5**	**4,4**	**6,9**	**11,5**	**9,5**	**9,0**
Fer et acier	0,0	0,0	0,0	0,0	0,0	0,0	0,0	0,0
Produits chimiques	0,2	0,2	0,1	0,2	1,8	0,1	0,3	0,5
Autres demi-produits	0,1	0,1	0,1	0,1	0,1	0,1	0,1	0,1
Machines et matériel de transport	1,4	7,9	5,9	1,5	1,9	3,0	7,2	5,0
Machines pour la production d'énergie	0,0	0,1	0,1	0,0	0,1	0,0	0,0	0,1
Autres machines non électriques	0,5	4,4	3,3	0,7	0,3	1,4	0,4	0,6
Tracteurs et machines agricoles	0,0	0,9	0,0	0,0	0,0	0,0	0,0	0,0
Machines de bureau et matériel de télécommunication	0,2	0,3	0,3	0,2	0,4	0,4	0,3	0,1
Autres machines électriques	0,1	0,1	0,2	0,1	0,1	0,1	0,2	0,2
Produits de l'industrie automobile	0,4	2,3	1,8	0,4	0,5	0,5	4,7	2,6
7812 - Véhicules à moteur pour le transport des personnes, n.d.a.	0,0	0,4	0,2	0,1	0,0	0,1	0,0	2,2
Autres matériel de transport	0,3	0,7	0,2	0,1	0,5	0,5	1,6	1,3
7928 - Aéronefs, n.d.a. et matériel connexe	0,0	0,0	0,0	0,0	0,0	0,1	0,0	1,1
Textiles	2,1	2,7	2,9	2,2	1,3	1,5	1,4	3,1
6523 - Autres tissus, blanchis, teints	2,0	2,7	2,9	2,2	1,3	1,4	1,4	2,4
Vêtements	0,1	0,1	0,1	0,1	0,1	0,1	0,0	0,0
Autres biens de consommation	0,6	0,8	0,4	0,3	1,7	6,7	0,4	0,2
Autres	**7,0**	**15,5**	**8,4**	**54,3**	**4,1**	**2,6**	**5,3**	**3,8**
9710 - Or, à usage non monétaire (à l'exclusion des minerais et concentrés d'or)	7,0	15,5	0,0	0,0	4,1	0,0	5,3	3,8

Source: Calculs du Secrétariat de l'OMC basés sur les données issues de la base de données Comtrade de la DSNU (CTCI Rev.3).

Tableau A1. 2 Destination des exportations, 2009-2016

	2009	2010	2011	2012	2013	2014	2015	2016
Monde (millions de $EU)	**628,0**	**478,6**	**1 080,7**	**1 379,8**	**1 337,2**	**1 049,7**	**789,8**	**927,2**
Monde (millions d'€)	**452,1**	**361,4**	**777,4**	**1 073,9**	**1 007,1**	**791,2**	**712,1**	**838,3**
	(Part en pourcentage)							
Amérique	**8,4**	**18,2**	**12,6**	**7,9**	**10,0**	**8,6**	**19,8**	**4,6**
États-Unis	7,8	16,7	11,2	5,4	9,2	7,4	18,0	3,9
Autres pays d'Amérique	0,6	1,5	1,5	2,6	0,8	1,2	1,8	0,7
Brésil	0,5	1,4	1,3	2,3	0,8	0,9	1,8	0,6
Europe	**57,6**	**31,8**	**57,5**	**46,6**	**45,8**	**42,3**	**47,5**	**38,9**
UE-28	50,5	15,9	48,9	40,1	41,5	38,9	41,8	32,7
France	47,1	9,0	40,8	34,3	39,6	36,5	38,4	31,3
Allemagne	0,6	1,2	1,8	0,6	0,3	0,5	0,4	0,6
Espagne	2,1	4,1	2,3	1,7	0,0	0,1	0,1	0,3
Pays-Bas	0,1	0,8	2,4	2,1	1,1	1,2	1,3	0,2
AELE	7,1	15,6	8,4	6,2	4,2	3,1	5,3	3,9
Suisse	7,1	15,6	8,4	6,2	4,2	3,1	5,3	3,9
Autres pays d'Europe	0,0	0,3	0,3	0,3	0,1	0,4	0,4	2,3
Turquie	0,0	0,3	0,3	0,3	0,1	0,4	0,4	2,3
Communauté des états indépendants (CEI)	**0,0**	**0,0**	**0,0**	**0,0**	**0,0**	**0,0**	**0,0**	**0,0**
Afrique	**30,0**	**18,2**	**12,0**	**28,3**	**34,2**	**31,7**	**23,4**	**20,3**
Nigéria	22,1	11,1	5,0	10,8	15,4	12,7	12,5	9,5
Mali	0,1	0,1	0,0	8,3	0,2	0,7	2,9	5,6
Burkina Faso	0,5	0,6	0,2	2,7	16,3	15,7	5,5	3,4
Ghana	3,8	1,4	3,3	3,5	0,3	0,2	0,7	0,5
Bénin	0,4	0,2	0,3	0,7	0,3	0,7	0,3	0,3
Algérie	0,0	1,8	0,1	0,2	0,1	0,2	0,2	0,2
Moyen-Orient	**0,1**	**0,1**	**0,3**	**0,3**	**0,3**	**0,5**	**0,5**	**0,6**
Émirats arabes unis	0,1	0,0	0,3	0,3	0,3	0,3	0,2	0,3
Asie	**2,4**	**29,9**	**16,9**	**16,6**	**9,5**	**10,4**	**8,5**	**35,7**
Chine	0,5	7,8	4,1	4,5	6,2	5,4	1,0	5,3
Japon	0,1	16,6	9,1	4,7	0,0	0,2	1,0	1,6
Autres pays d'Asie	1,8	5,6	3,8	7,3	3,2	4,8	6,6	28,7
Thaïlande	0,6	1,2	0,3	0,7	0,4	0,6	1,1	11,6
Malaisie	0,4	0,7	1,2	1,5	1,1	1,4	2,7	11,1
Inde	0,0	0,0	0,1	1,1	1,0	1,4	1,5	2,6
Indonésie	0,0	0,1	0,1	0,1	0,1	0,2	0,2	1,9
Singapour	0,0	0,0	0,2	0,3	0,1	0,5	0,5	0,9
Viet Nam	0,2	0,6	0,3	0,2	0,2	0,5	0,4	0,2
Autres	**1,5**	**1,8**	**0,6**	**0,3**	**0,1**	**6,5**	**0,3**	**0,0**
Pour mémoire:								
UEMOA	3,0	3,0	2,3	12,9	18,1	18,1	9,4	9,7
CEDEAO[a]	28,9	15,4	10,6	27,2	33,8	31,0	22,5	19,7

a Les membres de l'UEMOA sont également pris en compte dans les calculs.

Source: Calculs du Secrétariat de l'OMC basés sur les données issues de la base de données Comtrade de la DSNU.

Tableau A1. 3 Structure des importations 2009-2016

	2009	2010	2011	2012	2013	2014	2015	2016
Monde (millions de $EU)	**1 627,2**	**2 272,5**	**1 917,2**	**1 687,5**	**1 714,1**	**2 151,1**	**2 458,3**	**1 860,7**
Monde (millions d'€)	**1 171,3**	**1 715,9**	**1 379,1**	**1 313,4**	**1 291,0**	**1 621,3**	**2 216,6**	**1 682,1**
	(Part en pourcentage)							
Produits primaires, total	**32,2**	**30,7**	**38,1**	**39,6**	**41,4**	**31,0**	**26,9**	**30,9**
Agriculture	18,8	17,2	18,5	34,5	35,4	26,2	22,0	26,1
Produits alimentaires	15,5	15,1	15,8	31,7	32,9	24,8	21,0	25,1
0423 - Riz semi-blanchi, même poli, glacé, étuvé ou converti	3,8	2,9	2,8	9,4	10,9	7,2	5,9	7,5
4222 - Huile de palme et ses fractions	1,3	0,7	1,1	2,5	2,6	2,7	2,7	4,2
1222 - Cigarettes contenant du tabac	2,0	1,7	2,4	2,4	3,0	2,2	1,7	2,1
0989 - Préparations alimentaires, n.d.a.	0,6	1,0	0,9	2,6	2,7	1,6	1,5	2,0
0222 - Lait et crème de lait, concentrés ou sucrés	1,7	1,0	1,6	2,1	1,9	2,3	1,3	1,4
0612 - Autres sucres de canne ou de betterave	1,3	1,0	1,1	2,7	2,3	1,4	1,6	1,1
Matières premières agricoles	3,3	2,1	2,6	2,8	2,6	1,4	1,0	1,0
Industries extractives	13,4	13,4	19,6	5,1	6,0	4,8	4,8	4,8
Minerais et autres minéraux	1,4	0,8	1,8	1,6	1,5	1,1	0,2	1,1
2741 - Soufres de toute espèce	0,5	0,4	0,9	0,8	0,7	0,0	0,0	0,8
Métaux non ferreux	0,0	0,1	0,0	0,1	0,1	0,1	0,1	0,1
Combustibles	11,9	12,5	17,8	3,5	4,4	3,6	4,6	3,6
3510 - Énergie électrique	1,0	1,0	1,3	1,2	0,9	0,9	1,0	1,5
Produits manufacturés	**67,7**	**69,3**	**61,9**	**60,2**	**58,1**	**68,6**	**71,8**	**68,6**
Fer et acier	5,2	5,6	5,1	3,0	4,0	3,1	3,4	2,1
6762 – Barres	0,9	0,6	0,5	0,4	0,8	0,9	0,6	0,9
Produits chimiques	9,0	6,2	10,6	11,5	9,8	9,0	5,7	7,0
5429 - Médicaments, n.d.a.	1,9	1,2	3,2	2,2	2,4	2,1	1,4	2,4
5416 - Hétérosides	0,4	0,2	0,2	0,6	0,4	0,4	0,2	0,8
Autres demi-produits	9,2	18,2	7,8	8,1	10,0	9,0	7,4	7,8
6612 - Ciments hydrauliques	3,0	2,6	3,3	3,9	4,8	4,9	3,2	3,7
Machines et matériel de transport	32,3	33,1	32,4	30,4	26,8	37,2	48,9	45,3
Machines pour la production d'énergie	1,1	2,8	1,2	0,8	0,9	1,4	0,9	1,3
7165 - Groupes électrogènes	0,8	0,5	0,9	0,4	0,6	1,2	0,4	1,0
Autres machines non électriques	14,9	15,6	12,6	12,0	9,4	12,4	7,3	6,2
7239 - Parties et pièces détachées, n.d.a.	3,3	2,4	2,3	4,1	2,9	4,0	1,7	1,5
Tracteurs et machines agricoles	0,2	0,4	0,0	0,0	0,2	1,3	0,1	0,1
Machines de bureau et matériel de télécommunication	4,5	1,9	3,7	2,4	2,6	3,1	3,7	4,2
Autres machines électriques	1,9	3,0	5,9	2,0	2,5	2,4	3,6	2,8
Produits de l'industrie automobile	8,5	8,6	7,9	11,1	8,9	8,6	6,8	8,4
7812 - Véhicules à moteur pour le transport des personnes, n.d.a.	1,9	1,5	2,6	2,5	3,1	3,1	2,3	3,1
7821 - Véhicules automobiles pour le transport de marchandises	3,4	3,8	2,9	5,3	2,5	2,2	2,0	2,7
7822 - Véhicules automobiles à usages spéciaux	1,1	0,9	1,1	1,1	1,2	1,1	0,8	1,2

	2009	2010	2011	2012	2013	2014	2015	2016
Autres matériel de transport	1,4	1,2	1,1	2,2	2,4	9,3	26,7	22,5
7929 - Parties et pièces détachées, n.d.a.	0,0	0,0	0,0	0,3	1,2	6,1	11,0	19,8
Textiles	2,9	1,0	1,8	2,0	2,4	2,1	2,0	1,2
Vêtements	1,2	0,2	0,3	0,7	0,8	0,7	0,5	0,3
Autres biens de consommation	7,9	4,9	3,9	4,6	4,2	7,4	3,9	4,8
8741 - Boussoles	2,6	1,0	0,6	1,2	0,2	3,6	0,4	1,1
Autres	**0,1**	**0,0**	**0,1**	**0,1**	**0,4**	**0,4**	**1,3**	**0,6**

Source: Calculs du Secrétariat de l'OMC basés sur les données issues de la base de données Comtrade de la DSNU (CTCI Rev.3).

Tableau A1. 4 Origine des importations, 2009-2016

	2009	2010	2011	2012	2013	2014	2015	2016
Monde (millions de $EU)	**1 627,2**	**2 272,5**	**1 917,2**	**1 687,5**	**1 714,1**	**2 151,1**	**2 458,3**	**1 860,7**
Monde (millions d'€)	**1 171,3**	**1 715,9**	**1 379,1**	**1 313,4**	**1 291,0**	**1 621,3**	**2 216,6**	**1 682,1**
	(Part en pourcentage)							
Amérique	**7,3**	**7,8**	**8,1**	**10,5**	**9,0**	**8,8**	**7,4**	**9,2**
États-Unis	4,9	6,1	5,8	6,7	5,9	5,3	5,4	7,8
Autres pays d'Amérique	2,4	1,7	2,3	3,9	3,1	3,5	2,1	1,4
Brésil	1,5	0,9	1,2	2,7	2,0	1,1	1,3	0,9
Europe	**27,7**	**25,7**	**35,4**	**25,1**	**20,7**	**26,2**	**39,4**	**37,8**
UE-28	27,2	25,3	34,5	23,7	19,3	23,8	38,2	36,6
France	13,5	11,0	12,2	11,8	10,1	14,6	31,7	28,3
Allemagne	2,6	2,0	3,2	4,0	1,5	3,5	1,7	2,5
Belgique	1,2	1,4	1,6	1,7	1,5	0,7	1,0	1,4
Pays-Bas	4,3	3,2	5,5	1,5	1,6	1,5	1,3	0,9
Italie	1,2	0,7	1,4	1,1	1,3	1,0	0,8	0,9
Espagne	0,5	0,7	0,8	1,1	0,8	0,5	0,4	0,6
AELE	0,3	0,2	0,4	0,8	0,5	1,3	0,6	0,4
Autres pays d'Europe	0,2	0,2	0,5	0,6	0,9	1,1	0,6	0,8
Turquie	0,2	0,2	0,5	0,6	0,9	1,1	0,6	0,8
Communauté des états indépendants (CEI)	**0,6**	**0,5**	**0,5**	**0,1**	**0,2**	**0,4**	**0,2**	**0,1**
Afrique	**17,9**	**13,1**	**16,9**	**21,9**	**23,9**	**19,6**	**15,8**	**17,6**
Nigéria	5,0	3,9	4,6	6,0	5,1	3,8	3,7	5,8
Ghana	0,8	0,8	0,8	1,5	2,5	2,9	2,6	2,8
Côte d'Ivoire	3,8	2,2	3,2	3,4	3,6	2,7	2,2	1,9
Togo	2,6	2,3	4,2	5,4	6,3	3,8	1,9	1,8
Bénin	0,4	0,9	0,5	1,2	1,4	2,6	2,5	1,7
Sénégal	0,5	0,4	0,5	0,8	0,9	0,6	0,6	0,8
Maroc	0,3	0,2	0,3	0,6	0,5	0,4	0,4	0,6
Moyen-Orient	**0,6**	**0,3**	**1,6**	**0,9**	**0,9**	**1,0**	**0,7**	**1,5**
Émirats arabes unis	0,2	0,1	0,2	0,4	0,6	0,8	0,4	1,1
Asie	**44,4**	**52,0**	**37,1**	**41,0**	**44,6**	**39,8**	**35,8**	**33,6**
Chine	30,7	43,8	26,9	21,2	23,7	22,6	23,0	16,2
Japon	4,3	3,3	3,4	5,9	4,1	4,4	2,7	3,2
Autres pays d'Asie	9,4	4,9	6,9	13,9	16,8	12,7	10,1	14,2
Thaïlande	2,4	0,9	1,4	2,7	3,5	4,7	3,2	5,8
Inde	1,6	0,5	1,3	4,7	6,1	3,7	3,8	3,5
Malaisie	1,3	1,0	1,4	1,5	1,5	1,3	1,1	2,9
Pakistan	1,4	0,6	1,4	3,1	3,5	1,4	0,8	0,6
Autres	**1,6**	**0,5**	**0,4**	**0,5**	**0,7**	**4,3**	**0,6**	**0,3**
Pour mémoire:								
UEMOA	8,5	6,5	9,1	11,4	13,0	10,6	7,7	6,9
CEDEAO [a]	14,4	11,1	14,5	18,9	20,7	17,3	13,9	15,5

a Les membres de l'UEMOA sont également pris en compte dans les calculs.

Source: Calculs du Secrétariat de l'OMC basés sur les données issues de la base de données Comtrade de la DSNU.

Sénégal

Environnement économique

PRINCIPALES CARACTÉRISTIQUES DE L'ÉCONOMIE

Le Sénégal est un pays côtier disposant d'une superficie de 196 712 km², et d'une population projetée à 15,3 millions d'habitants en 2017.[1] La population sénégalaise est à majorité jeune, avec un âge médian estimé à 18,7 ans, selon les données du Recensement général de la population et de l'habitat, de l'agriculture et de l'élevage mené en décembre 2013. Le taux de chômage fluctue autour de 10% de la population active (tableau 1.1). Il serait cependant plus élevé (25,7% en 2013) selon les estimations issues du recensement. La proportion de la population vivant en dessous du seuil monétaire de pauvreté reste élevée, quoique sur une tendance baissière: elle est passée de 48,3% en 2005 à 46,7% en 2011.

Pendant la période sous revue, le Sénégal a enregistré des progrès vers la réalisation des Objectifs du millénaire pour le développement, notamment dans les domaines de l'éducation primaire pour tous, de l'égalité des sexes, et de la lutte contre le SIDA, le paludisme et d'autres maladies. Cependant, le Sénégal reste classé dans la catégorie des pays à "développement humain faible". En 2015, il est classé 156ème sur 188 pays selon l'Indice de développement humain du PNUD, soit une amélioration de 4 rangs comparé à 2010.[2] Des progrès ont été réalisés en matière de bonne gouvernance, selon le dernier rapport de l'Indice Ibrahim de la gouvernance en Afrique (IIAG).[3] En 2014, le Sénégal a réalisé un score de 61,1 sur 100 selon l'indice IIAG (contre 56,8 en 2009), et est classé 9ème sur les 54 pays africains couverts.

L'économie sénégalaise dépend largement du secteur des services (autour de 60% du PIB, y compris les services de l'administration publique). Les principaux services marchands sont ceux du commerce, et dans une moindre mesure ceux des postes et télécommunications, des activités immobilières, et des transports. Pendant la période sous revue, la part du secteur agricole (y compris l'élevage, la chasse, la pêche et la sylviculture) a fluctué autour de 15% du PIB, tandis que celle des industries manufacturières est d'environ 13% du PIB. Les échanges extérieurs du Sénégal sont caractérisés par un déficit structurel de la balance commerciale, comblé en partie par les transferts de fonds des migrants sénégalais. Ces transferts représentent environ 11% du PIB par an, et constituent une source stable de devises pour le pays.

L'économie sénégalaise possède un faible niveau de productivité, lié en partie aux nombreux problèmes structurels auxquels elle fait face, notamment un secteur informel important, la rigidité de la réglementation du travail, la faiblesse du niveau des infrastructures, et un accès cher et limité au financement.[4] Le pays est classé 110ème sur 140 économies selon l'Indice de compétitivité globale (rapport sur la compétitivité mondiale 2016-2017).[5]

Le Sénégal est membre de l'Union économique et monétaire ouest-africaine (UEMOA) et de la communauté économique des États de l'Afrique de l'ouest (CEDEAO). Sa politique monétaire et de change relèvent de la Banque centrale des États de l'Afrique de l'ouest; la monnaie commune aux pays de l'UEMOA est le franc de la Communauté financière africaine (Franc CFA), rattaché à l'euro selon la parité fixe de 655,957 FCFA pour 1 euro (rapport commun, p. 35). Dans le cadre de leur surveillance multilatérale, les pays de l'UEMOA ont établi plusieurs critères de convergence présentés dans la p. 35 du rapport commun.

ÉVOLUTION ÉCONOMIQUE RÉCENTE

L'économie sénégalaise a enregistré une croissance mitigée pendant la période sous-revue. Le PIB réel a augmenté de 2,4% en 2009 dans un contexte marqué par la crise économique et financière mondiale et une hausse des prix des produits alimentaires et de l'énergie. La croissance du PIB réel a atteint 4,2% en 2010 avant de fléchir à 1,8% en 2011 du fait notamment de la sécheresse et des répercussions de la crise énergétique. Malgré les incertitudes liées à l'organisation des élections présidentielles, le PIB réel a crû de 4,4% en 2012 tiré par une forte reprise dans le secteur agricole. Il a affiché une croissance de 3,5% en 2013, dans un contexte marqué notamment par un ralentissement dans les secteurs des industries extractives, et dans une moindre mesure, le tourisme (à cause de l'épidémie d'Ébola dans les pays voisins).

En 2014, les autorités ont adopté le Plan Sénégal émergent (PSE), un plan qui vise mettre en place à l'horizon 2023 un ensemble de projets à fort contenu de valeur ajoutée et d'emploi afin de permettre au pays d'atteindre le statut de pays émergent à revenu intermédiaire (tranche supérieure) à l'horizon 2035.[6] Le Plan d'actions prioritaires (PAP) constitue une déclinaison du PSE sur la période 2014-2018. Il repose sur les trois axes suivants: la transformation structurelle de l'économie; la promotion du capital humain, de la protection sociale et du développement durable; et la consolidation des institutions, de la paix et de la sécurité. Le financement estimé à 9 685,6 milliards de FCFA devrait provenir essentiellement des prêts concessionnels et des partenariats avec le secteur privé.

La mise en œuvre de certains projets sous le PSE a contribué à la relance de l'économie. Ainsi, le PIB réel a atteint un taux de croissance de 6,5% en 2015 après 4,3% en 2013, porté par le raffermissement des investissements publics, notamment dans l'agriculture (irrigation et sélection de semences),

Tableau 1.1 Principaux indicateurs macroéconomiques, 2009-2016

	2009	2010	2011	2012	2013	2014	2015	2016
PIB en prix courants (millions de $EU)	12 778	12 926	14 374	14 217	14 847	15 280	13 641	14 684
PIB en prix courants (millions d'€)	9 198	9 759	10 340	11 065	11 182	11 517	12 299	13 275
PIB nominal par habitant ($EU)	1 018	1 001	1 081	1 037	1 051	1 050	911	953
PIB nominal par habitant (€)[a]	733	756	777	807	792	792	821	861
Population (millions)	12,6	12,9	13,3	13,7	14,1	14,5	15,0	15,4
Population rurale (% de la population totale)	58,0	57,8	57,5	57,2	56,9	56,6	56,3	55,9
Chômage (% de la population active totale)	10,2	9,2	10,4	10,4	10,4	10,4	9,8	9,5
Inflation (IPC - variation %)	-2,2	1,2	3,4	1,4	0,7	-1,1	0,1	0,8
PIB par type de dépense, aux prix constants (variation %)								
PIB	2,4	4,2	1,8	4,4	3.5	4,1	6,5	6,7
Dépenses de consommation finale	3,6	2,2	1,9	3,0	2,1	5,0	4,8	4,7
Consommation privée	3,9	2,1	1,3	3,1	2,2	5,3	5,0	4,8
Consommation publique	1,7	2,6	5,5	2,8	1,6	3,5	3,3	3,8
Formation brute de capital fixe (FBCF)	-4,3	1,5	9,0	1,3	19,6	7,9	6,8	8,4
Exportations de marchandises et services	6,2	5,7	7,7	9,1	7,8	5,0	12,7	8,6
Importations de marchandises et services	-3,9	-5,0	8,7	11,0	10,6	4,3	12,0	8,0
Répartition du PIB aux prix courants de base (% du PIB)								
Agriculture, élevage, sylviculture et pêche	17,3	17,5	14,6	15,6	15,6	15,4	16,9	17,5
Agriculture	9,9	9,8	6,8	8,0	7,8	7,6	9,0	9,2
Élevage et chasse	4,5	4,8	4,9	4,6	4,9	5,3	5,3	5,4
Sylviculture	1,1	1,0	1,0	1,0	1,0	1,0	0,9	0,9
Pêche	1,9	1,8	1,9	2,0	1,9	1,6	1,6	2,0
Activités extractives	1,9	2,1	2,4	3,0	2,3	2,3	2,6	3,3
Industries manufacturières	13,9	13,8	14,6	13,9	13,7	13,2	13,4	12,8
Électricité, gaz et eau	2,9	3,1	2,9	3,0	3,1	3,3	2,9	2,5
Bâtiments et travaux publics	4,6	4,4	4,8	4,4	4,6	5,1	4,9	4,7
Services	61,8	61,5	63,2	62,6	63,4	63,3	62,1	62,3
Commerce	18,0	17,9	18,4	18,2	18,3	18,2	18,2	18,1
Service de réparation	1,0	1,0	1,0	1,0	1,0	1,0	1,0	1,0
Activités d'hébergement et de restauration	0,9	0,8	0,9	0,8	0,9	0,9	0,9	0,9
Transports	4,3	4,3	4,6	4,7	4,8	4,8	4,7	5,0
Poste et télécommunications	7,8	7,6	7,3	7,3	7,5	7,3	6,8	6,8
Activités financières	3,4	3,5	3,7	3,8	3,9	4,0	4,1	4,5
Activités de services immobiliers	6,4	6,3	6,3	6,1	6,2	6,0	5,7	5,8
Activités de services aux entreprises	5,3	5,3	5,6	5,5	5,5	5,6	5,6	5,5
Administration publiques	7,0	7,0	7,4	7,6	7,5	7,8	7,7	7,6
Éducation	4,2	4,3	4,5	4,3	4,3	4,4	4,3	4,1
Santé et action sociale	1,5	1,5	1,5	1,4	1,4	1,3	1,3	1,2
Activités de services collectifs et personnels	2,1	2,0	2,0	1,9	2,0	1,9	1,9	1,9
Service d'intermédiation financière indirectement mesuré (SIFIM)	-2,5	-2,4	-2,6	-2,6	-2,7	-2,6	-2,8	-3,1
Secteur extérieur (% du PIB courant, sauf indication contraire)								
Compte courant	-6,7	-4,6	-8,0	-10,7	-10,4	-8,8	-6,9	-5,7
Balance des biens	-15,9	-14,9	-17,5	-20,2	-20,1	-18,3	-15,8	-14,1
Balance des services	-1,0	-0,5	-0,9	-0,8	-0,8	-0,9	-0,8	-0,7
Transferts des fonds des migrants	9,8	10,7	10,5	10,3	11,1	11,8	12,0	12,6
Solde global	-1,9	-2,0	-2,0	-1,5	-1,9	-2,5	-2,8	-1,6
Réserves totales, excluant l'or (millions de $EU)	208,3	204,6	203,7	205,4	207,8	193,7	153,6	116,9
FCFA par $EU (moyenne annuelle)	472,2	495,3	471,9	510,5	494,0	494,4	591,4	593,0
Taux de change effectif nominal (2000 = 100)	116,7	111,4	112,9	110,4	114,9	117,8	113,1	115,4
Taux de change effectif réel (2000 = 100)	108,9	102,1	103,2	99,3	101,6	100,8	94,6	95,9
Dette extérieure concessionnelle (millions de $EU)	2 489	2 713	2 952	3 593	3 968	3 971	4 091	..
Dette extérieure, total (millions de $EU)	3 721	3 909	4 325	4 906	5 226	5 620	5 893	..
Dette concessionnelle/dette totale (%)	66,9	69,4	68,2	73,2	75,9	70,7	69,4	..
Finances publiques (% PIB courant)								
Recettes totales et dons	21,6	21,8	22,5	23,0	22,6	25,5	25,1	26,8
Recettes courantes (*= recettes totales*	18,6	19,3	20,3	20,2	20,1	22,2	22,2	24,0

	2009	2010	2011	2012	2013	2014	2015	2016
sans dons)								
Recettes fiscales	18,0	18,7	19,0	18,6	18,3	19,6	19,8	20,6
Dons	3,0	2,5	2,2	2,8	2,6	3,4	2,9	2,8
Dépenses totales et prêts nets	26,7	27,0	29,2	28,8	28,1	30,7	29,9	31,1
Dépenses courantes	16,5	15,5	18,2	17,3	17,2	18,7	18,6	18,5
Dépenses en capital	10,1	11,5	10,6	11,2	10,9	11,9	11,2	12,5
Prêts nets	0,1	0,0	0,4	0,3	-0,1	0,1	0,0	0,0
Solde courant	2,1	3,8	2,1	2,9	2,8	3,5	3,6	5,5
Solde global hors dons	-8,1	-7,7	-8,9	-8,6	-8,0	-8,5	-7,7	-7,0
Solde global	-5,0	-5,2	-6,7	-5,8	-5,5	-5,2	-4,8	-4,2
Besoin de financement								
Financement extérieur	3,7	2,8	6,2	6,5	2,1	6,1	4,6	2,5
Financement intérieur	1,1	2,4	0,5	-0,7	3,4	-1,0	0,2	1,7
Dette publique extérieure (fin de période)	26,9	27,3	28,7	30,5	29,5	35,7	41,1	..

.. Non disponible.

a Le franc CFA commun aux pays de l'UEMOA est rattaché à l'euro au cours de: 1 € = 655,96.

Source: Autorités sénégalaises (ANSD, DGPPE/MEFP, et information consultée en ligne); Banque centrale des États de l'Afrique de l'ouest, Annuaire statistique 2015; IMF eLibrary-Data online information; et Banque mondiale online information.

Tableau 1.2 Balance des paiements, 2009-2016

(Milliards de francs CFA)

	2009	2010	2011	2012	2013	2014	2015	2016[a]
Balance des transactions courantes	-614,5	-453,1	-824,7	-1 189,3	-1 167,0	-1 015,2	-851,7	-759,2
Balance des biens et services	-1 552,8	-1 509,9	-1 893,7	-2 323,0	-2 327,9	-2 208,7	-2 047,3	-1 955,7
Balance des biens	-1 458,5	-1 456,5	-1 804,4	-2 239,4	-2 242,6	-2 108,8	-1 942,9	-1 868,3
Exportations f.a.b.	1 509,4	1 625,9	1 885,5	2 137,3	2 168,6	2 245,1	2 544,6	2 553,6
Importations f.a.b.	2 967,9	3 082,4	3 689,9	4 376,7	4 411,1	4 353,9	4 487,5	4 422,0
Balance des services	-94,5	-53,4	-89,3	-83,8	-85,2	-100,0	-104,4	-87,5
Crédit	732,7	791,5	839,2	950,5	1 001,0	993,5	1 075,8	1 094,8
Transport	34,4	34,9	71,7	98,1	109,2	111,8	113,0	112,7
Voyages	333.0	341,9	336,7	316,8	330,4	318,8	332,1	345,4
Débit	827,0	844,9	928,6	1 034,2	1 086,2	1 093,5	1 180,3	1 182,2
Transport	427,8	404,6	481,0	577,5	599,6	598,7	632,3	624,6
Voyages	112,2	135.8	108,5	112,1	112,7	111,7	120,3	122,7
Revenu primaire	-122,3	-113,3	-202,4	-234,5	-243,1	-284,3	-353,0	-443,4
Intérêts sur la dette	-40,6	-70,3	-86,1	-72,1	-79,1	-87,6	-128,5	-149,8
Revenue secondaire	1 060,4	1 170,0	1 271,4	1 368,3	1 404,0	1 477,9	1 548,5	1 639,4
Administrations publiques	35,4	50,9	94,9	115,5	64,8	127,4	79,3	110,8
Autres secteurs	1 025,2	1 119,1	1 176,4	1 252,8	1 339,1	1 350,5	1 469,3	1 528,7
Transferts des fonds des migrants	902,5	1 045,0	1 087,8	1 144,0	1 242,6	1 355,7	1 480,9	1 675,4
Compte de capital	219,7	227,9	182,2	309,2	276,7	329,4	309,0	323,3
Compte financier	-537,8	-396,8	-553,1	-792,4	-841,3	-1 010,9	-780,2	-287,4
Investissement direct	-174,9	-199,3	-209,2	-171,4	-209,3	-282,6	-340,5	-218,3
Investissement de portefeuille	-174,2	-159,0	-537,5	-200,6	8,0	-391,8	-287,0	75,7
Autres investissements	-188,9	-38,6	193,6	-420,4	-639,9	-336,5	-152,8	-144,7
Erreurs et omissions nettes	4,3	7,8	5,7	6,2	8,6	6,9	7,0	0,0
Solde global	147,3	179,6	-83,9	-81,6	-40,5	332,1	244,6	-148,5

a Estimations.

Source: Information fournie par les autorités.

les infrastructures, l'énergie, et la relance des huileries et industries sucrières. La croissance du PIB réel est estimée à 6,7% en 2016, tirée principalement par une bonne tenue des industries extractives, des activités de raffinage, et des industries chimiques. Elle devrait rester soutenue en 2017 (6,8%) grâce à la poursuite des investissements publics et des réformes, et à leurs effets induits.

L'inflation est généralement faible du fait essentiellement d'une politique monétaire prudente menée par la Banque centrale des États de l'Afrique de l'ouest. Après un niveau négatif en 2009 causé par le recul des cours du pétrole et des denrées alimentaires, l'inflation (mesurée par l'Indice harmonisé des prix à la consommation) a augmenté graduellement pour atteindre 3,4% en 2011 (légèrement au-dessus du seuil de convergence communautaire établi à 3%). En plus de la situation de

Graphique 1.1 Structure du commerce des marchandises, 2009 et 2016

2009 **2016**

Exportations (f.a.b.)

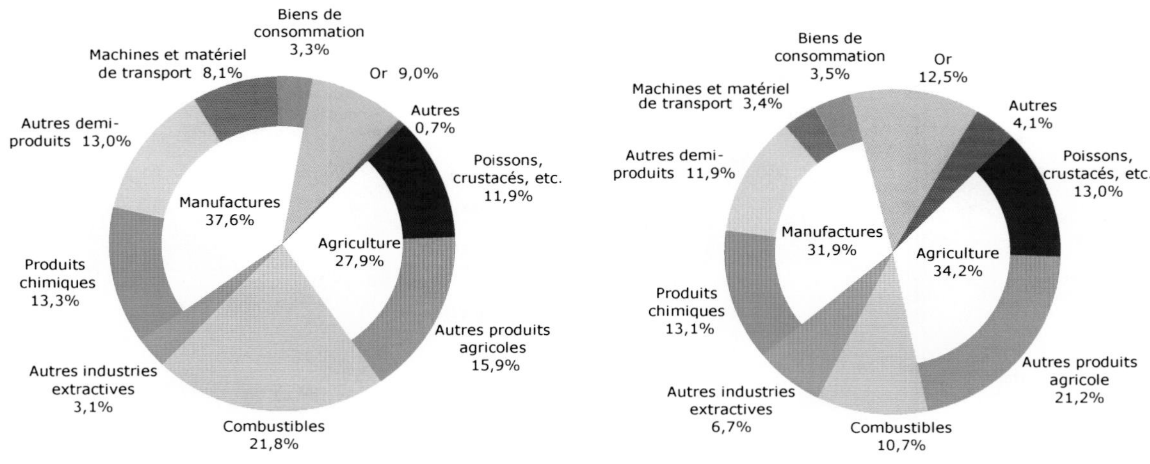

Total: 1 452,2 millions d'€ **Total: 2 386,9 millions d'€**

Importations (c.a.f.)

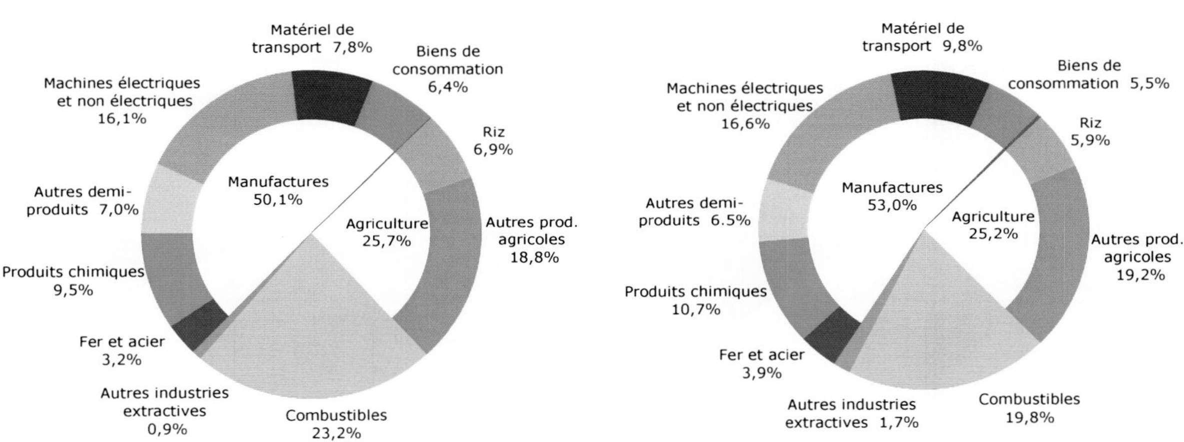

Total: 3 392,5 millions d'€ **Total: 4 952,2 millions d'€**

Source: Calculs du Secrétariat de l'OMC basés sur les données issues de la base de données Comtrade (CTCI Rev.3) de la DSNU.

Graphique 1.2 Direction du commerce des marchandises, 2009 et 2016

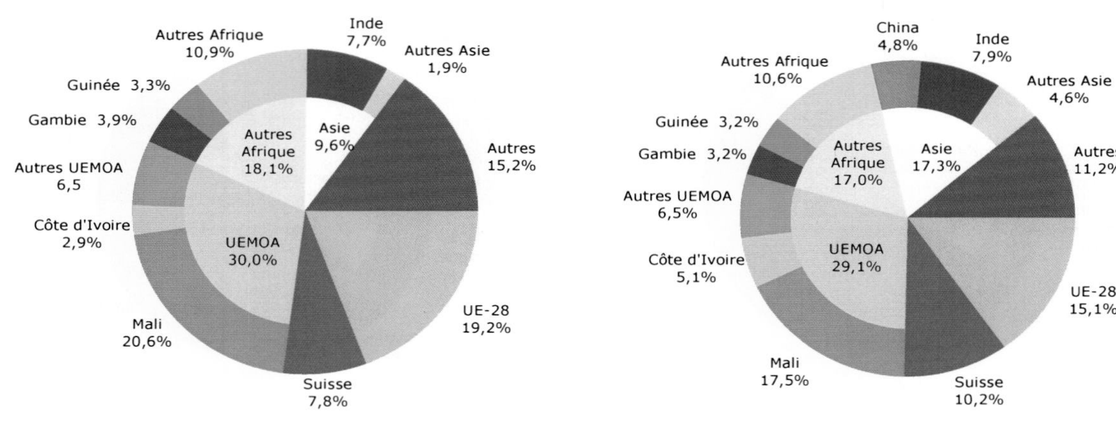

Total: 1 452.2 millions d'€ **Total: 2 386,9 millions d'€**

Importations (c.a.f.)

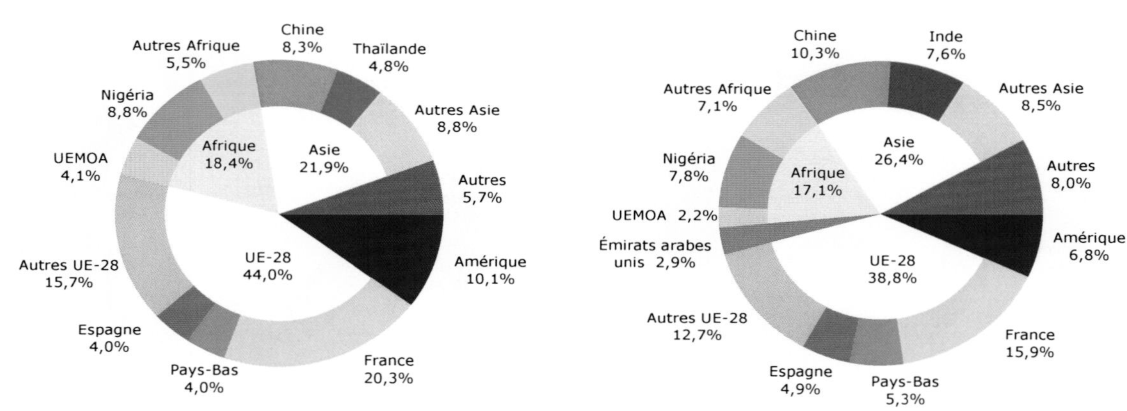

Total: 3 392,5 millions d'€ **Total: 4 952,2 millions d'€**

Source: Calculs du Secrétariat de l'OMC basés sur les données issues de la base de données Comtrade (CTCI Rev.3) de la DSNU.

Tableau 1.3 Investissement directs étrangers entrants, 2009-2015

(Millions de dollars EU)

	2009	2010	2011	2012	2013	2014	2015
Flux (millions de $EU)	320,0	266,1	338,2	276,2	311,3	402,6	345,2
En % de la FBCF	9,3	10,8	10,8	..	..	..	..
Stock (millions de $EU)	1 543.2	1 699,3	1 960,4	2 282,6	2 709,2	2 753,4	2 807,9
En % du PIB	13,2	13,6	16,6	..	..	..	..

.. Non disponible.

Source: UNCTADStat information consultée en ligne à l'adresse: http://unctadstat.unctad.org/; et informations fournies par les autorités.

sécheresse, cette évolution a reflété une transmission des cours internationaux des produits pétroliers sur les prix domestiques. L'inflation a ensuite décliné pour atteindre un niveau négatif en 2014, du fait à nouveau de la baisse des prix des produits alimentaires et des cours internationaux de pétrole.[7] Elle est restée faible en en 2015 et 2016, reflétant la poursuite de la détente des cours mondiaux des produits énergétiques et alimentaires.

Pendant la période sous revue, le Sénégal a engagé une réforme fiscale qui a permis notamment de consolider la plupart des incitations fiscales dans un nouveau Code général des impôts, adopté en 2012. Le déficit du solde budgétaire global (hors dons) a fluctué autour de 9% du PIB pendant la période sous revue, dans un contexte marqué par de fortes dépenses publiques liées notamment aux chocs exogènes (sécheresse, situation de sécurité au Mali), et aux investissements publics dans le cadre du Plan Sénégal émergent.

Globalement, les échanges avec le reste du monde sont caractérisés par un compte des transactions courantes structurellement déficitaire, et une évolution favorable du compte de capital et des opérations financières. Partant d'un surplus de 147,3 milliards de FCFA en 2009, le solde global de la balance des paiements est déficitaire sur la période 2011-2013, sous l'effet d'une poussée des importations de biens (tableau 1.2). Il est ensuite devenu excédentaire en 2014 et 2015 sous l'effet d'une poussée des investissements de portefeuille.

Malgré l'allègement intervenu en 2006 au titre de l'Initiative en faveur des pays pauvres très endettés et de l'Initiative d'allègement de la dette multilatérale (IADM), la dette publique (en pourcentage du PIB) est sur une tendance haussière qui s'est accélérée au cours de récentes années. Entre 2009 et 2016, l'encours de la dette publique (en pourcentage du PIB) a pratiquement doublé pour s'établir à 62,3% (quoiqu'en dessous de la norme de 70% retenue dans le cadre du pacte de convergence de l'UEMOA). La dette extérieure représente 41,1% du PIB.

Pour l'année 2017, les autorités tablent sur un taux de croissance du PIB réel de 6,8%, porté par la bonne tenue du secteur agricole, la poursuite de l'exécution des projets sous le PSE, la production industrielle, et le dynamisme induit sur le secteur tertiaire.[8]

RÉSULTATS COMMERCIAUX

Les exportations (et réexportations) sénégalaises sont relativement diversifiées. Elles ont augmenté en moyenne de 4% par an pour s'établir à 2,6 milliards de dollars EU en 2016 (tableau A1.1). Pendant la période sous revue, la part des produits manufacturés dans les exportations totales a baissé pour s'établir à 37,6%, tandis que la part du secteur agricole est passée de 27,9% en 2009 à 34,2% en 2016 (graphique 1.1). La part des exportations de combustibles a baissé de moitié, et a été de 10,7% en 2016. Les exportations d'or ont augmenté et représenté 12,5% des exportations totales en 2016.

Près de la moitié des exportations sénégalaises sont destinées aux autres pays africains. Le Mali en constitue le principal marché. Sa part dans les exportations totales a décliné, passant de 20,6% en 2009 à 17,5% en 2016 (graphique 1.2). Les autres principaux partenaires sont la Suisse, l'Inde, et la Côte d'Ivoire (tableau A1.3). Entre 2009 et 2016, la part des pays asiatiques dans les exportations totales a pratiquement doublé pour atteindre 17,3%, tandis que celle des pays de l'UE-28 a baissé pour s'établir à 15,1%.

Pendant la période sous revue, les importations sénégalaises ont augmenté à un rythme moins soutenu que les exportations (2,2% en moyenne annuelle) pour atteindre 5,5 milliards de dollars EU en 2016 (tableau A1.3). La structure des importations a relativement peu évolué (graphique 1.1). Elles sont composées en majorité de produits manufacturés, notamment les machines, les produits chimiques et les matériels de transport. Les produits agricoles représentent environ le quart des importations. La France, la Chine, le Nigéria et l'Inde sont les principales sources des importations sénégalaises (graphique 1.2) Globalement, on observe un déclin de la part des importances en provenance des pays de l'UE, et une tendance inverse pour les importations en provenance de pays asiatiques. La part des pays de l'UEMOA dans les importations est faible et est en baisse: 2,2% en 2016 contre 4,1% en 2009.

Le Sénégal est un importateur net des services, avec une balance du commerce des services structurellement déficitaire (tableau 1.2). Entre 2009 et 2016, les exportations de services sont passées de 480,6 milliards de FCFA à 683,6 milliards de FCFA. Pendant la même période, les importations de services ont augmenté de plus de 200 milliards de FCFA pour s'établir à 748,7 milliards de FCFA, résultant en un déficit de la balance des services. Les services de voyage (à l'exportation) et les services de fret et assurance (à l'importation) constituent les principales catégories de services échangés.

INVESTISSEMENT ÉTRANGER DIRECT

Les flux entrants d'investissements directs étrangers au Sénégal ont connu une évolution en dents de scie pendant la période sous revue; ils ont atteint un creux de 266,1 millions de dollars EU en 2010 et un pic de 402,6 millions de dollars EU en 2014 (tableau 1.3). Le stock des IED entrants est passé de 1,5 milliard de dollars EU en 2009 à 2,8 milliards de dollars EU en 2015.

Notes de fin

1 Agence nationale de la statistique et de la démographie (ANSD). Information en ligne. Adresse consultée: http://www.ansd.sn/.

2 UNDP (2016), *Human Development Report 2016, Human Development for Everyone.* Adresse consultée: http://hdr.undp.org/sites/default/files/2016_human_development_report.pdf.

3 L'IIAG est mesuré à partir d'une agrégation d'indicateurs selon les quatre catégories suivantes: sécurité et État de droit; participation et droits de l'homme; développement économique durable; et développement humain.

4 Ministère de l'économie et des finances (2011), *Rapport national sur la compétitivité du Sénégal, avril 2011.* Adresse consultée: http://www.sca.gouv.sn/images/stories/documents/RNCS_2011.pdf.

5 Renseignements en ligne du Forum économique mondial. Adresse consultée: http://reports.weforum.org/global-competitiveness-report-2015-2016/economies/#economy=SEN.

6 Gouvernement du Sénégal (2014), *Plan Sénégal Émergent 2014,* février. Adresse consultée: https://www.sec.gouv.sn/IMG/pdf/PSE.pdf.

7 IMF (2015), *2014 Article IV Consultation and 8th review under the policy support instrument.* IMF Country Report n° 15/2, janvier. Adresse consultée: https://www.imf.org/external/pubs/ft/scr/2015/cr1502.pdf.

8 Ministère de l'économie, des finances et du plan (2016), *Rapport économique et financier – Annexe au projet de loi de finances 2016,* octobre.

Régimes de commerce et d'investissement

CADRE GÉNÉRAL

La Constitution de la République du Sénégal a été adoptée en janvier 2001, et modifiée à trois reprises pendant la période sous revue: en 2009, en 2012 et en 2016.[1] Les réformes constitutionnelles ont porté notamment sur: la création d'un Haut conseil des collectivités territoriales en vue de promouvoir la gouvernance locale; l'institution d'un Conseil économique, social et environnemental; la possibilité pour les candidats indépendants de se présenter aux élections législatives et locales; l'élargissement des pouvoirs de l'Assemblée nationale en matière de contrôle de l'action gouvernementale et d'évaluation des politiques publiques; et l'élargissement du Conseil constitutionnel ainsi que de ses compétences. La réforme de 2016 consacre notamment l'intangibilité des dispositions de la Constitution relatives à la laïcité, à la décentralisation, au mode d'élection, et à la durée du mandat présidentiel.

Le pouvoir exécutif est exercé par le Président de la République, et le gouvernement dirigé par un Premier Ministre.[2] Le Président de la République est élu au suffrage universel direct et à la majorité absolue des suffrages exprimés. Avec la réforme constitutionnelle de 2016, la durée du mandat présidentiel est désormais de cinq ans (contre sept ans auparavant).[3] Par ailleurs, le Président ne peut exercer plus de deux mandats consécutifs. Les dernières élections présidentielles ont été organisées en 2012.

Le pouvoir législatif est exercé par l'Assemblée nationale, composée de 150 députés élus au suffrage universel direct pour un mandat de cinq ans. Rétabli en 2007, le Sénat a été à nouveau supprimé en 2012. Les dernières élections législatives ont été organisées en 2012. L'Assemblée nationale vote les lois et contrôle l'activité gouvernementale.

L'initiative des lois appartient concurremment au Président de la République, au Premier Ministre et aux députés. Les projets et propositions de lois sont élaborés par les différents départements ministériels et soumis à l'approbation du Conseil des ministres. Ils sont ensuite transmis à l'Assemblée nationale pour examen. Les projets deviennent lois une fois approuvés par l'Assemblée nationale et promulgués par le Président de la République. Les textes juridiques sont publiés au Journal officiel, disponible en ligne généralement avec retard.[4] La création d'un journal officiel électronique avec publication simultanée des textes est toujours en cours d'étude. En dehors des sessions parlementaires, le Conseil des ministres peut adopter par ordonnance des mesures qui relèvent normalement du domaine d'une loi ordinaire. Une ordonnance devient caduque si elle n'est pas ratifiée par l'Assemblée nationale au cours de sa session suivante.

Le pouvoir judiciaire est exercé par la Cour suprême, le Conseil constitutionnel, le Conseil d'État, et les cours et tribunaux prévus par la Constitution. Le Conseil constitutionnel juge de la constitutionnalité des lois et des engagements internationaux. Ses décisions ne sont susceptibles d'aucun recours. Depuis 2017, le Conseil constitutionnel comprend sept membres (contre cinq auparavant), nommés par le Président de la République pour un mandat de six ans non renouvelable.

Sur le plan interne, la Constitution est la norme juridique suprême. La hiérarchie interne des normes est structurée comme suit: Constitution, lois, jurisprudence, ordonnances, décrets, et arrêtés. Les traités et autres engagements internationaux sont négociés par le Président de la République, mais ne peuvent être ratifiés ou approuvés que sur autorisation de l'Assemblée nationale. Une fois ratifiés, ils ont une autorité supérieure à celle des lois, sous réserve de leur application par les autres parties.

Administrativement, le Sénégal est organisé en 14 régions subdivisées en 45 départements. Les départements sont eux-mêmes subdivisés en arrondissements et en communes. Les collectivités locales disposent de budgets et de ressources propres. La mise en œuvre de la politique de décentralisation s'est poursuivie pendant la période sous-revue (acte III de la décentralisation[5]) avec notamment: la suppression de la région comme collectivité locale et la création de "pôles de développement économique"; l'érection des départements en collectivités locales; et l'érection des communautés rurales et communes d'arrondissements en "communes de plein exercice".[6] Les premières élections municipales et départementales ont eu lieu en juin 2014.En plus des dotations de l'État, les ressources des collectivités locales proviennent de certaines taxes et impôts perçus (minimum fiscal, patentes, contributions foncières sur les propriétés bâties), ainsi que des revenus de patrimoine. Au-delà de ces impôts, les collectivités disposent d'un pouvoir fiscal prévu par le Code général des collectivités locales. Elles délibèrent librement sur l'assiette et les taux de ces taxes sur le périmètre communal.

Pendant la période sous revue, quelques mesures ont été prises afin d'améliorer le cadre juridique et judiciaire relatif aux procédures commerciales. Ainsi, l'opérationnalisation d'une chambre commerciale au sein du Tribunal départemental de Pikine a contribué à accélérer la gestion des contentieux commerciaux. Par ailleurs, le Code des procédures civiles a été révisé en 2013 afin, notamment, de réduire les délais d'appel (de deux à un mois). Une loi portant création des tribunaux de commerce a été adoptée en juillet 2017.[7]

En plus des textes communautaires (rapport commun, p. 45), le Sénégal a adopté ou amendé, pendant la période sous revue, un certain nombre de ses lois relatives au commerce et/ou à l'investissement (tableau 2.1).

Tableau 2.1 Principaux lois et règlements liés au commerce adoptés ou amendés, 2009-2017

Domaine	Instrument/texte	Dernier amendement
Cadre général	Constitution de la République du Sénégal, du 22 janvier 2001 Loi n° 2013-10 portant Code général des collectivités locales	2016
Régime douanier	Loi n °2014-10 portant Code des douanes	
Commerce et investissement	Loi n° 2014-14 relative à la fabrication, au conditionnement, à l'étiquetage, à la vente et à l'usage du tabac Loi n° 2009-27 du 8 juillet 2009 portant sur la biosécurité Loi n° 2004-06 du 6 février 2004 portant Code des investissements Loi n° 13/2017 portant création, organisation et fonctionnement des tribunaux de commerce et des chambres commerciales d'appel. Loi n° 2017-06 du 06 janvier 2017 portant sur les zones économiques spéciales Loi n° 2011-07 portant régime de la propriété foncière	2012 2011
Taxation	Loi n° 2012-31 portant Code général des impôts	2015
Marchés publics	Décret n° 2014-1212 portant Code des marchés publics. Loi n° 2014-09 relative aux contrats de partenariat (PPP) Décret n° 2015-386 portant application de la Loi PPP	2015
Agriculture et activités connexes	Loi n° 2015-18 du 13 juillet 2015 portant Code de la pêche maritime	
Mines et énergie	Loi n° 2016-32 portant Code minier Loi n° 2010-21 portant Loi d'orientation sur les énergies renouvelables Loi n° 2010-22 du 15 décembre 2010 portant loi d'orientation de la filière des biocarburants. Loi n° 98-05 du 8 janvier 1998 portant Code pétrolier	2012
Environnement	Loi n° 2015-09 relative à l'interdiction des sachets plastiques	
Services	Loi n° 2011-01 portant Code des télécommunications Décret n° 2012-320 portant service universel	

Source: Informations fournies par les autorités sénégalaises.

FORMULATION ET OBJECTIFS DE LA POLITIQUE COMMERCIALE

La conception, la mise en œuvre et l'évaluation de la politique commerciale relèvent du Ministère en charge du commerce. Le Ministère assure la responsabilité des négociations commerciales internationales conjointement avec les Ministères en charge, entre autres, de l'économie, des finances et du plan.

En matière de négociations internationales, le Ministère en charge du commerce s'appuie sur le Comité national des négociations commerciales internationales (CNNCI), créé en 2001. Le CNNCI est un organe consultatif regroupant aussi bien les représentants des différents départements sectoriels, que ceux du secteur privé ainsi que les organisations patronales et professionnelles. Il est organisé en sous-comités en charge chacun des domaines suivants: commerce des marchandises; commerce des produits agricoles; facilitation des échanges; commerce des services; commerce et environnement; commerce, investissements et développement; et droits de propriété intellectuelle qui touchent au commerce. Les travaux du CNNCI sont en principe validés par le gouvernement et pris en compte dans le cadre des négociations commerciales. Le sous-comité ADPIC a participé aux travaux ayant permis notamment d'identifier les besoins prioritaires pour la mise en œuvre de l'Accord sur les ADPIC.[8]

La politique commerciale du Sénégal est déterminée en partie par ses engagements aux niveaux multilatéral, régional, et sous régional (rapport commun, p. 45). Elle vise à "bâtir une économie compétitive porteuse d'une croissance inclusive et créatrice d'emplois décents".[9] De manière spécifique, les mesures prises visent à contribuer notamment à la réduction du déficit de la balance commerciale; à l'approvisionnement régulier du marché intérieur; à la promotion des filières locales; au renforcement du processus d'intégration régionale et à l'accès aux marchés internationaux; et, à la promotion de la concurrence.[10]

Le Sénégal compte également tirer parti des opportunités commerciales qui existent aussi bien au niveau sous régional et multilatéral, que dans le cadre des préférences unilatérales accordées par ses partenaires commerciaux. Dans le cadre du PSE, le gouvernement entend approfondir l'intégration régionale à travers notamment la réhabilitation et le développement du réseau d'infrastructures; la suppression des entraves à la libre circulation des personnes, biens et services; et le développement du commerce intra-communautaire. Le gouvernement entend également renforcer les initiatives communautaires en matière de sécurité alimentaire, de politique agricole et énergétique, ainsi que dans le cadre des programmes économiques régionaux.

Aux fins d'intégration, le gouvernement entend améliorer la compétitivité du pays; renforcer sa position dans les négociations commerciales; élargir la base des exportations; et diversifier les partenaires commerciaux. Les actions prévues portent sur des mécanismes de protection de l'économie nationale contre la concurrence étrangère déloyale; l'appui au développement des filières agricoles stratégiques; la mise en œuvre d'une stratégie

de promotion des exportations; le développement des conditions d'accès aux marchés; et le renforcement des capacités d'offre. Cette intégration est censée s'opérer de pair avec les actions prévues dans les autres secteurs, notamment le développement industriel; la promotion de l'entreprenariat privé et des PME/PMI; et la mise en œuvre des politiques sectorielles.

Dans le cadre des négociations à l'OMC, le Sénégal compte s'appuyer sur ses partenaires régionaux pour développer une diplomatie sous régionale proactive, et militer pour des règles commerciales plus équitables.

ACCORDS ET ARRANGEMENTS COMMERCIAUX

Relations avec l'Organisation mondiale du commerce

Ancienne partie contractante du GATT, le Sénégal est Membre originel de l'OMC depuis le 1er janvier 1995. Il n'est membre d'aucun des accords plurilatéraux conclus sous l'égide de l'OMC. Il accorde au moins le traitement NPF à tous ses partenaires commerciaux. En janvier 2011, le Sénégal a accepté le Protocole de 2005 portant amendement de l'Accord sur les ADPIC. Le Sénégal a également accepté, en août 2016, le Protocole de 2014 relatif à l'Accord sur la facilitation des échanges. Pendant la période sous revue, le Sénégal a été assez actif en matière de notifications à l'OMC: près d'une cinquantaine de notifications ont été effectuées. Les plus récentes sont reportées au tableau 2.2.

La participation du Sénégal aux activités d'assistance technique a augmenté considérablement pendant la période sous revue pour atteindre 108 activités en 2016, contre une douzaine en 2009.[11] Le Centre de référence de l'OMC a été établi en 2007, et est fonctionnel.

Le Sénégal a adhéré au Cadre intégré en 2001. La mise en œuvre de son projet de catégorie 1 à partir de 2012 a permis notamment de mettre à jour l'étude diagnostique sur l'intégration du commerce en 2013, d'opérationnaliser les arrangements nationaux de mise en œuvre, et de renforcer l'intégration du commerce dans les stratégies de développement. La mise en œuvre de la phase 2 du Cadre intégré renforcé (CIR) a démarré avec le lancement en juillet 2015 du Project d'amélioration de la compétitivité de la mangue sénégalaise. Financé à hauteur de 1,5 milliard de FCFA par le Fonds d'affectation spéciale du CIR et de 59 millions de FCFA par l'État sénégalais, le projet vise à renforcer les capacités de production, de transformation, et de commercialisation de la mangue et de ses produits dérivés. D'autres projets de catégorie 2 ont été identifiés dans les domaines horticoles, des services, et de la facilitation des échanges. La recherche de financement est en cours.

Tableau 2.2 Récentes notifications à l'OMC par domaine, 2009-2016

Accord/domaine (nombre de notifications)	Notification la plus récente	Référence
Accord sur l'agriculture (4)	Soutien interne (articles 18.2 - DS:1)	G/AG/N/SEN/3, 7 août 2014
	Subventions à l'exportation	G/AG/N/SEN/4, 8 octobre 2015
Accord général sur le commerce des services (20)	Notification au titre de l'article III:3 de l'Accord	S/C/N/765, 16 juillet 2014
Article XVII du GATT de 1994 - commerce d'État (3)	Nouvelle notification complète au titre de l'article XVII:4 A) du GATT de 1994 et du paragraphe 1 du Mémorandum d'Accord sur l'interprétation de l'article VXII.	G/STR/N/13/SEN, G/STR/N/14/SEN, G/STR/N/15/SEN, 16 juillet 2014
Accord sur la facilitation des échanges (1)	Notification des engagements de la catégorie A au titre de l'AFE	WT/PCTF/N/SEN/1, 27 octobre 2014
Accord sur les subventions et mesures compensatoires (1)	Notification au titre de l'article 25.11 et 25.12 de l'Accord	G/SCM/N/202/SEN, 26 février 2010
	Nouvelle notification complète présentée conformément à l'article XVI:1 du GATT de 1994 et à l'article 25 de l'Accord	G/SCM/N/253/SEN, 25 avril 2014
Accord sur l'application des mesures sanitaires et phytosanitaires (3)	Notification - Tomates d'origine et de provenance de zones infestées par la chenille mineuse, Tutta absolu ta	G/SPS/SEN/7, 22 avril 2010
	Notification - Matériaux et emballages en bois	G/SPS/SEN/7, 26 mars 2010
	Notification - Végétaux	G/SPS/SEN/6, 26 mars 2010
Accord sur les obstacles techniques au commerce (9)	Emballage stérile	G7TBT/N/SEN/9, 4 mai 2016
	Huiles comestibles enrichies en vitamine A et farine de blé tendre enrichie en fer et acide folique	G/TBT/N/SEN/8, 16 novembre 2009
	Spécifications du fuel oil, du diesel-oil; du fuel oil 180; de l'essence normale; du supercarburant; et du gas-oil	G/TBT/N/SEN/1-7, 27 août 2009
	Combustibles gazeux- spécifications du butane	G/TBT/N/SEN/7, 27 août 2009
Accord sur les procédures de licences d'importation (3)	Notification au titre de l'article 7:3 de l'Accord sur les procédures de licences d'importation	G/LIC/N/3/SEN/5, 23 septembre 2013
Tarifs (1)	Liste XLIX - Sénégal	G/MA/323, 7 janvier 2015

Source: OMC, documents en ligne. Adresse consultée: https://docsonline.wto.org/.

Dans le cadre du Fonds pour l'application des normes et le développement du commerce, le Sénégal a bénéficié d'un soutien pour un projet visant à améliorer les normes SPS et la qualité du chou.[12]

Accords régionaux et préférentiels

Le Sénégal est membre de plusieurs groupements commerciaux régionaux, dont l'Union africaine (avec la Communauté économique africaine qui lui est associée), la Communauté économique des États de l'Afrique de l'ouest, et l'Union économique et monétaire ouest-africaine (rapport commun, p. 44). En tant que PMA, le Sénégal bénéficie de traitements préférentiels offerts par l'UE et les États-Unis. Les autres pays développés accordent au Sénégal des préférences commerciales correspondant à leurs schémas de préférences nationaux.

RÉGIME D'INVESTISSEMENT

Généralités

Le cadre juridique pour les entreprises au Sénégal est régi essentiellement par les dispositions de l'Organisation pour l'harmonisation en Afrique du droit des affaires (rapport commun, p. 47). Les faiblesses de l'environnement des affaires sont reconnues comme des contraintes majeures à la croissance économique du Sénégal[13], et les autorités ont entrepris un certain nombre de réformes en vue de l'améliorer. Ces réformes ont porté notamment sur la réduction du capital minimum requis lors de la création d'entreprise; la réduction des délais pour les autorisations de constructions; et la mise en œuvre d'un bureau d'information sur le crédit.

Les principales formalités liées à la constitution d'une entreprise sont: l'obtention du casier judiciaire (y compris celui du pays d'origine, pour les étrangers); l'établissement des actes notariés; la constitution du capital (auprès du notaire pour les particuliers, et de la banque pour les sociétés); l'enregistrement des statuts (si applicable); l'immatriculation au registre du commerce et du crédit mobilier; l'immatriculation au répertoire national des entreprises et associations avec attribution du Numéro d'identification national des entreprises et des associations (NINEA); la déclaration d'établissement; et, pour les sociétés, la publication au journal d'annonce légale.[14] Les formalités liées à l'enregistrement des statuts, l'immatriculation au RCCM et au NINEA, et à l'annonce légale peuvent être accomplies au sein du Bureau d'appui à la création d'entreprise (BCE). Les frais de constitution dépendent du type d'entreprise.

Le cadre institutionnel pour l'encadrement des entreprises comprend notamment l'Agence de promotion de l'investissement et des grands travaux (APIX), l'Agence sénégalaise de promotion des exportations (p. 375), et l'Agence de développement et d'encadrement des petites et moyennes entreprises (ADEPME). Ce dispositif coexiste avec le Conseil présidentiel de l'investissement, un cadre de dialogue qui vise à permettre d'identifier les contraintes au développement de l'investissement, et à proposer des mesures correctives ou formuler des orientations. En 2007, l'APIX a été transformée en une société anonyme à participation publique majoritaire avec un Conseil d'administration au sein duquel sont représentés les agents du secteur privé. Elle est financée par les dotations de l'État ainsi que les financements de partenaires.

En plus des dispositions du droit commun, la législation sur les investissements comprend le Code des investissements; la Loi sur l'entreprise franche d'exportation; et la Loi sur la zone économique spéciale intégrée.

Réformé en 2012, le Code général des impôts (CGI)[15] recense les principaux impôts et taxes applicables aux entreprises implantées au Sénégal (tableau 2.3). Le taux de l'impôt sur les sociétés reste dans la fourchette édictée par les dispositions communautaires (rapport commun, p. 44). En 2013, il a été réajusté de 25% à 30%, avec un taux réduit de 15% pour les entreprises franches d'exportation. L'impôt minimum forfaitaire (IMF), applicable en cas de résultat déficitaire ou faible, est désormais proportionnel au chiffre d'affaires avec un plafond de 5 millions de FCFA (au lieu du montant forfaitaire progressif appliqué auparavant).

Outre les droits et taxes de porte, la fiscalité indirecte comprend, entre autres, la taxe sur la valeur ajoutée (p. 373); les droits d'accise (p. 373); la taxe sur les transactions financières (p. 394); et la taxe sur les conventions d'assurances (p. 395). Des droits d'enregistrements ou de timbre s'appliquent à certains actes et faits juridiques. Dans le cadre du nouveau CGI, le régime de la TVA a été révisé afin de le rendre plus conforme aux directives communautaires. La taxe sur les opérations bancaires a été élargie à toutes les activités financières. La refonte du CGI a également vu l'introduction d'un régime particulier dit "de la marge" pour les agences de voyages, les organisateurs de circuits touristiques et les négociants en biens d'occasion.

Le CGI a institué une contribution globale foncière pour les personnes physiques à faible niveau de revenus fonciers (3 millions de FCFA). Cette contribution libère les assujettis des autres impôts et taxes, notamment l'IMF, la CFPB, la CFPNB, la TVA, et l'impôt sur les revenus fonciers. Le taux d'imposition varie de 8% (pour les revenus bruts annuels de moins de 1,8 million de FCFA), à 14% pour les revenus bruts compris entre 2,4 et 3 millions de FCFA.

Le Sénégal a signé 28 traités bilatéraux d'investissement (BIT) dont 16 sont en vigueur à ce jour.[16] Pendant la période sous revue, des BIT ont été conclus avec le Canada (signé en 2014, en vigueur depuis 2016); Le Koweït (signé en 2009); le Portugal (signé en 2011); et la Turquie (signé en 2010, en vigueur depuis 2012). Par ailleurs, les BIT avec les partenaires ci-après sont entrés en vigueur pendant la période sous revue:

Tableau 2.3 Principaux impôts et taxes directs en vigueur, mai 2017

Impôt/taxe	Fait générateur	Taux et base d'imposition
Impôt sur les sociétés (IS)	Bénéfices commerciaux au Sénégal	30% des bénéfices
Impôt minimum forfaitaire (IMF)	Sociétés soumises à l'IS, en cas de résultat déficitaire	0,5% du chiffre d'affaires de l'année précédente (500 000 FCFA)
Contribution globale unique (CGU)	• Commerçants (CA inférieur à 50 millions de FCFA) • Prestataires de services (CA de 25 millions de FCFA ou moins)	5 000 à 4,2 millions de FCFA 10 000 à 3 millions de FCFA
Impôt sur le revenu des personnes physiques	Perception de revenus de source sénégalaise et/ou étrangère (en cas de domiciliation fiscale au Sénégal)	Barème progressif avec des taux de 20% (630 000 – 1,5 million de FCFA) à 40% (+ de 13,5 millions de FCFA)
Contribution forfaitaire à charge des employeurs	Paiement de traitements, salaires, indemnités et émoluments	3% des traitements et salaires
Contributions à la sécurité sociale	Emploi	10% des traitements et salaires
Contribution foncière des propriétés bâties (CFPB)	Propriétés bâties, terrains employés à un usage commercial ou industriel, établissements industriels	En % de la valeur locative: • 7,5% pour les usines et établissements industriels • 5% pour les autres immeubles
Contribution foncière des propriétés non bâties (CFPNB)	Terrains immatriculés ou non, occupés par les carrières, mines et tourbières, ...	5% de la valeur vénale
Contribution des patentes	Exercice d'un commerce, d'une industrie ou d'une profession	Droits fixe selon le chiffre d'affaires, et proportionnel selon la valeur locative des locaux et installations
Contribution des licences	Vente de boissons alcoolisées ou fermentées	Montant forfaitaire, selon l'activité (5 catégorie) et la région (5 zones)

Source: Code général des impôts, et informations fournies par les autorités sénégalaises.

Argentine (2010); France (2010); Inde (2009); Île Maurice (2009); et Espagne (2011).

Le Sénégal a conclu des conventions de non double imposition avec près d'une quinzaine de partenaires.[17] Depuis 2009, de nouvelles conventions ont été conclues avec la Malaisie (en 2010) et le Portugal (en 2016).

Le Code des investissements

En plus du cadre communautaire, le régime d'investissements du Sénégal est constitué essentiellement du Code des investissements et de la Loi sur l'entreprise franche d'exportation. L'agrément sous ces différents régimes est délivré par l'Agence nationale chargée de la promotion de l'investissement et des grands travaux (APIX). Les délais sont de 10 jours pour un agrément au Code des investissements, et de 21 jours pour un agrément au statut de l'EFE.

Les objectifs prioritaires du Code des investissements restent axés sur le développement des entreprises existantes et la création d'entreprises nouvelles; la création d'emplois; et l'implantation d'entreprises dans les régions de l'intérieur du pays.[18] Le Code a été modifié en 2012 afin notamment de réduire la portée des avantages incitatifs et de transférer certaines dispositions sous le CGI.

Les dispositions du Code s'appliquent aux entreprises nouvellement créées et aux projets d'extension portant sur un investissement minimum de 100 millions de FCFA. Le Code est ouvert aux entreprises exerçant aussi bien dans les secteurs traditionnels (agriculture, industries manufacturières et extractives, tourisme), que les services de santé, d'éducation et de formation, les services et infrastructures de transport. Les activités de négoce en sont exclues. Les entreprises agréées sous le Code peuvent bénéficier de trois années d'exonération des droits de douanes sur les importations de matériels et équipements nécessaires à la réalisation de l'investissement, sous réserve que ceux-ci ne soient pas également produits localement. Ces entreprises bénéficient également de certaines flexibilités sous le régime du travail.[19]

Autres régimes

Le régime de zones franches[20] a expiré en décembre 2016. Lancé en 2007, le régime de la Zone économique spéciale intégrée (ZESI)[21] devrait se substituer aux régimes de zones franches. Il vise à fournir un cadre au sein duquel les entreprises ont un accès privilégié aux infrastructures (routes, eau, électricité, services de télécommunications), en plus d'avantages fiscaux et douaniers. La ZESI est ainsi positionnée à proximité d'un nouvel aéroport international (le futur Aéroport international Blaise Diagne), et devrait être reliée à Dakar par une autoroute à péage. Sont éligibles (entre autres) les activités industrielles et immobilières, et les services financiers, logistiques, et de distribution. L'agrément à la ZESI est délivré par l'APIX.

Selon les autorités, le déploiement effectif du régime de la ZESI a été entravé notamment par la faiblesse de son cadre de gouvernance et le fait qu'il soit limité à la seule ZESI de Dakar. Ainsi, il a été remplacé en 2017 par un régime de Zone économique spéciale (ZES).[22] Le nouveau régime élargit le champ d'application pour inclure notamment les activités orientées vers le développement de l'agrobusiness, les technologies de l'information et de la communication, le tourisme, les services médicaux, et les industries manufacturières. Les entreprises agréées au régime de la ZES peuvent bénéficier d'avantages fiscaux et douaniers pendant une période de 25 ans.[23] Ceux-ci incluent: l'admission des marchandises, matières premières et équipements en franchise de tous droits et taxes perçus au cordon douanier (à l'exception de ceux communautaires); l'application de l'impôt sur les sociétés au taux réduit de 15%; et l'exemption du paiement de certains impôts et taxes comme les patentes et contributions foncières.

En mai 2017, une nouvelle zone a été créée à Diass sous le régime des ZES.[24] La zone est dédiée aux entreprises avec un investissement minimum de 100 millions de FCFA, et pouvant créer au moins 150 emplois directs durant leur première année d'exercice. Celles-ci s'engagent à réaliser au moins 60% de leur chiffre d'affaires à l'exportation.

Les entreprises peuvent également s'établir sous d'autres régimes sectoriels, notamment le Code pétrolier (p. 388) et le Code minier (p. 388).

Notes de fin

1 Constitution de la République du Sénégal. Adresse consultée: http://www.jo.gouv.sn/spip.php?article36.

2 Le poste de Vice-Président a été créé en 2009, puis supprimé en 2012.

3 Loi constitutionnelle n° 2016-10 du 5 avril 2016 portant révision de la Constitution.

4 Le Journal officiel est disponible en ligne. Adresse consultée: http://www.jo.gouv.sn/.

5 L'acte II de la décentralisation est intervenu en 1996 avec le transfert par l'État aux collectivités locales d'un certain nombre de domaines de compétences relevant du développement économique (planification, aménagement du territoire, gestion des ressources naturelles, urbanisme et habitat), culturel (éducation, jeunesse et culture), et social et sanitaire (santé publique et action sociale).

6 Loi n° 2013-10 du 28 décembre 2013 portant Code général des collectivités locales.

7 Loi n° 13/2017 portant création, organisation et fonctionnement des tribunaux de commerce et des chambres commerciales d'appel.

8 Document de l'OMC IP/C/W/555 du 27 juin 2011.

9 Vision du Ministère du commerce, de l'industrie et du secteur informel.

10 MCISI (2013), *Document d'orientations stratégiques du Ministère du commerce, de l'industrie et du secteur informel,* avril.

11 Base de données globale sur l'assistance technique liée au commerce (GTAD). Adresse consultée: http://gtad.wto.org/index.aspx?lg=fr.

12 Projet d'Appui à la promotion de la qualité sanitaire des exportations horticoles (fruits et légumes) dans la zone des Niayes (littoral nord-ouest)-Sénégal.

13 IMF (2017), *Senegal - Selected issues,* Country Report n° 17/2. Adresse consultée: https://www.imf.org/~/media/Files/Publications/CR/2017/cr1702.ashx.

14 Gouvernement du Sénégal. Information en ligne. Adresse consultée: http://creationdentreprise.sn/sites/default/files/u118/guide_du_createur_dentreprise_version_du_08-06-15.pdf.

15 Loi n° 2012-31 du 31 décembre 2012 portant Code général des impôts.

16 Renseignements en ligne de la CNUCED. Adresse consultée: http://investmentpolicyhub.unctad.org/IIA/CountryBits/186.

17 Belgique, Canada, Égypte, France, Koweït, Liban, Malaisie, Mauritanie, Île Maurice, Maroc, Norvège, Qatar, Taipei chinois, et Tunisie.

18 Loi n° 2004-06 du 6 février 2004 portant Code des investissements, modifiée par la Loi n° 2012-32 du 31 décembre 2012.

19 Les travailleurs recrutés par les entreprises agréées sous le Code des investissements sont considérés comme engagés en complément d'effectif pour exécuter des travaux nés d'un surcroît d'activité au sens de la législation du travail.

20 Loi n° 95-35 du 21 décembre 1995 instituant le statut de l'entreprise franche d'exportation.

21 Loi n° 2007-16 du 19 février 2007 portant création et fixant les règles d'organisation et de fonctionnement de la zone économique spéciale intégrée.

22 Loi n° 2017-06 du 06 janvier 2017 portant sur les Zones économiques spéciales (ZES).

23 Loi n° 2017-07 du 06 janvier 2017 portant dispositif d'incitations applicable dans les zones économiques spéciales.

24 Décret n° 2017-932 portant création de la Zone économique spéciale intégrée de DIASS (ZESID).

Politique et pratiques commerciales par mesure

MESURES AGISSANT DIRECTEMENT SUR LES IMPORTATIONS

Enregistrement, procédures et prescriptions douanières

En plus des formalités liées à la création d'entreprise (p. 368), tout opérateur désireux de s'engager dans les activités d'importation et d'exportation de marchandises à des fins commerciales doit obtenir la carte de commerçant et la carte d'importateur-exportateur. Ces cartes ne peuvent être établies qu'à Dakar, ce qui allonge les délais et les coûts pour les opérateurs installés dans les provinces. La carte de commerçant est émise par la Direction du commerce intérieur, moyennant des frais de 10 500 FCFA.[1] Elle est valable pour 3 ans, et les frais de son renouvellement sont de 5 000 FCFA. La carte d'import-export est délivrée par la Direction du commerce extérieur moyennant des frais de 33 500 FCFA.[2] Les opérateurs économiques ont la possibilité d'effectuer la demande de ces cartes à travers les Chambres du commerce, d'industrie et d'agriculture. Des frais additionnels respectifs de 5 000 FCFA et 10 000 FCFA s'appliquent.

À l'importation, les documents exigibles pour la déclaration en douane peuvent inclure un certificat d'origine, un certificat phytosanitaire, et un certificat de salubrité. Pour les produits faisant l'objet d'une réglementation technique (p. 377), une attestation ou un certificat émis par la structure compétente fait partie des conditions de recevabilité de la déclaration.

Le Sénégal a adopté un nouveau Code des douanes en 2014, abrogeant celui de 1987.[3] Cette réforme de la législation vise notamment à la rendre plus conforme aux dispositions internationales et régionales, à renforcer le dispositif de lutte contre la fraude, et à réaménager les règles du contentieux douanier. Ainsi, le nouveau code intègre les dispositions de l'Accord de l'OMC sur l'évaluation en douane; de la Convention internationale pour la simplification et l'harmonisation des régimes douaniers (Convention de Kyoto révisée); de la Convention internationale d'assistance mutuelle administrative en matière douanière (Convention de Johannesburg); et du Code des douanes de l'UEMOA.

Le Sénégal applique les régimes économiques douaniers adoptés au niveau communautaire (rapport commun, p. 50). Ceux-ci sont complétés par des régimes spécifiques au Sénégal, notamment le régime de la consignation des dépôts pétroliers, qui permet l'importation de ces produits en suspension de tous droits et taxes et des mesures de change; et le régime d'entrepôt industriel qui permet aux entreprises de mettre en œuvre des marchandises importées en suspension de droits et taxes applicables, à condition de réexporter au moins 40% des produits "compensateurs". Le régime des entreprises franches d'exportation, avec l'obligation de réexporter 80% de la production, a expiré (p. 369).

Le processus de dédouanement est géré à travers la plateforme de Gestion automatisée des informations douanières et des échanges (GAINDE). Ce système n'est pas encore interconnecté à SYDONIA, qui est utilisé par la plupart des autres membres de l'UEMOA. Des travaux sont en cours pour l'interconnexion de ces deux plateformes.

Pendant la période sous revue, le Sénégal a poursuivi ses efforts en matière de dématérialisation des procédures douanières. Une première étape a été franchie en 2010, avec la fusion du système de pré-dédouanement (collecte et transmission des documents accompagnant la déclaration en douane) avec celui de dédouanement en un seul système, GAINDE 2010. Un module de paiement électronique (CORUS) a ensuite été intégré au système en 2012 (GAINDE Intégrale). Le nouveau Code des douanes consacre l'acceptation des copies et la signature électronique, ce qui a permis de réaliser la dématérialisation complète des procédures douanières depuis novembre 2016. Les délais de dédouanement (de l'enregistrement de la déclaration en douane à la délivrance du bon-à-enlever) ont ainsi été réduit d'un maximum de huit à deux jours, avec une moyenne d'une demi-journée.

L'analyse des risques est automatisée et effectuée à travers le système dit Traitement et analyse de risque des marchandises par voie électronique (TAME), opérationnel depuis août 2015. En fonction d'une combinaison de critères de sélectivité (nature sensible du produit, son origine, identité de l'importateur, etc.), la cargaison est dirigée vers l'un des cinq circuits suivants: bleu (bon à enlever émis immédiatement); vert (vérification documentaire); jaune (visite post-dédouanement à domicile); orange (passage au scanner); et rouge (visite physique).

En 2012, le Sénégal a lancé un programme d'opérateurs économiques agréés, appelé le Programme de partenaires privilégiés (PPP).[4] Le PPP est destiné aux entreprises industrielles, commerciales, exportatrices, ainsi qu'à celles intervenant dans la chaîne logistique. L'agrément au programme est déterminé sur la base des critères liés à l'organisation interne de l'entreprise[5] et à son niveau prévisible de respect de la réglementation. Les avantages accordés dans le cadre du PPP sont déclinés en 3 principales catégories, caractérisées par un niveau croissant de facilités:

a. Catégorie A: mainlevée immédiate des marchandises dès l'enregistrement de la déclaration et procédure accélérée d'enlèvement; possibilité d'obtenir des renseignements préalables contraignants; admission pour conforme pour les opérations orientées de manière aléatoire en circuit de contrôle et priorité dans le traitement;

b. Catégorie B: facilités de la catégorie A; fixation au service des douanes de délais impératifs de traitement pour toutes les étapes du processus de dédouanement; signature éventuelle de protocoles pour régler les situations particulières; réduction et rationalisation des contrôles après dédouanement; et,

c. Catégorie C: facilités de la catégorie B; possibilité de substituer un engagement personnel de l'entreprise aux garanties habituelles comme les cautions et consignations; déplacement des contrôles physiques sur le site de l'entreprise; et procédure simplifiée à l'exportation.[6]

L'administration des douanes peut conduire un audit pour s'assurer du niveau de fiabilité prévisible du postulant. Les opérateurs ayant satisfait à toutes les conditions et obtenu un rapport d'audit concluant peuvent se voir décerner le label d'entreprise citoyenne. Au 31 décembre 2016, 38 entreprises sont agréées au PPP.

Le dédouanement de certains produits considérés comme sensibles ne peut être effectué qu'aux bureaux des douanes du Port autonome de Dakar (bureaux qui traitent près de 95% des recettes douanières). Il s'agit des véhicules automobiles, du sucre, de la farine de blé, des concentrés de tomate, du poivre, des huiles végétales raffinées, des piles électriques, et des cahiers scolaires.

Le Sénégal a ratifié l'Accord sur la facilitation des échanges de l'OMC en août 2016, et a identifié 19 mesures (soit 45% du total) comme faisant partie de ses engagements de catégorie A, c'est-à-dire des mesures qui devraient entrer en vigueur le 22 février 2018 (tableau 3.1). Les mesures de catégorie B et C n'ont pas encore été notifiées à ce jour. En 2009, un sous-comité sur la facilitation des échanges a été créé au sein du Comité national des négociations commerciales internationales.

Un bordereau électronique de suivi des cargaisons (BESC) est obligatoire depuis 2008. Il vise à permettre un meilleur suivi des cargaisons maritimes et un meilleur contrôle des coûts de transports.[7] Il est exigible pour toute importation par voie maritime destinée à la mise à la consommation locale. Le BSC/BESC est établi par le Conseil sénégalais des chargeurs (COSEC) moyennant des frais qui varient selon le conditionnement et le type de cargaison: 10 000 FCFA pour les véhicules de moins de 5 tonnes et les conteneurs de 20 pieds; 20 000 FCFA pour les véhicules de plus de 5 tonnes et les conteneurs de 40 pieds; et 32 500 FCFA par tranche de 300 tonnes, pour les cargaisons en vrac ou en conventionnel.[8] Le BSC sur les importations de riz est gratuit. Les marchandises en transit sont exemptées du BSC. Il en est de même des médicaments; des produits et matériels destinés à la lutte antiacridienne et anti-aviaire; et des marchandises importées par les entreprises agréées sous le régime de la zone franche d'exportation (p. 369).

Inspection avant expédition et évaluation en douane

Le Sénégal maintient un programme de vérification des importations applicable à tous les containers, ainsi que les cargaisons dont la valeur f.a.b. est supérieure ou égale à 3 millions de FCFA. L'inspection porte, entre autres, sur la vérification de la qualité et de la quantité des marchandises, la vérification documentaire,

Tableau 3.1 Engagements de la catégorie A du Sénégal au titre de l'AFE

Sujet	Description (article/paragraphe)
Introduction/modification de lois et réglementations	Possibilité de présenter des observations et renseignements avant l'entrée en vigueur (article 2.1) Consultations entre les organismes aux frontières et les négociants ou parties prenantes (article 2.2)
Recours et réexamen	Procédures de recours ou de réexamen, non-discrimination dans leur application (article 4)
Autres mesures	Rétention (article 5.2) Procédure d'essai (article 5.3)
Mainlevée et dédouanement des marchandises	Traitement avant arrivée (article 7.1) Paiement par voie électronique (article 7.2) Séparation de la mainlevée de la détermination finale des droits de douane, taxes, redevances et impositions (article 7.4) Gestion des risques (article 7.4) Établissement et publication des temps moyens nécessaires à la mainlevée (article 7.6)
Marchandises sous contrôle douanier	Mouvement des marchandises destinées à l'importation sous contrôle douanier (article 9)
Formalités	Acceptation de copies (article 10.2) Utilisation des normes internationales (article 10.3) Guichet unique (article 10.4) Recours aux courtiers en douane (article 10.6) Procédures communes à la frontière et prescriptions uniformes en matière de documents requis (article 10.7) Marchandises refusées (article 10.8) Admission temporaire de marchandises et perfectionnement actif et passif (article 10.9)
Coopération douanière	Coopération douanière (article 12)

Source: Document de l'OMC WT/PCTF/N/SEN/1 du 27 octobre 2014.

l'établissement de la classification et de la valeur en douane.[9] Le programme est administré par la société Cotecna Inspection S.A. sur la base d'un contrat, renouvelé en 2013 pour une durée de 5 ans. Au terme du contrat, la société d'inspection devrait transférer les compétences et la technologie y afférentes à l'administration des douanes. Par ailleurs, le contrat fait obligation à la société Cotecna de travailler sur un outil d'aide à la décision, de transit, et d'analyse des risques. Un comité de pilotage et plusieurs groupes de travail ont été mis en place pour suivre la mise en œuvre du contrat. Les frais de l'inspection sont pris en charge par l'État.

En principe, le Sénégal applique l'Accord sur l'évaluation en douane de l'OMC (rapport commun, p. 55). Il n'a plus eu recours à des valeurs minimales depuis 2009. Cependant, les autorités ont indiqué appliquer des "valeurs de correction" à certains produits du secteur informel.[10] Ces valeurs serviraient plus comme outils d'aide à la décision, et leur utilisation n'interviendrait qu'après épuisement de toutes les autres méthodes. Les remises sur les factures sont acceptées jusqu'à hauteur de 15% de la valeur indiquée sur la facture.

Règles d'origine

Le Sénégal applique les règles d'origine de l'UEMOA (rapport commun, p. 64) qui, pour l'essentiel, sont harmonisées avec celles de la CEDEAO. La gestion des processus d'agrément aux schémas préférentiels des deux communautés relève du Comité national d'agrément. Les certificats d'origine sont délivrés par la Direction de l'industrie, pour les exportations à destination de l'espace CEDEAO; et l'Agence sénégalaise de promotion des exportations, pour les exportations hors-CEDEAO. À fin 2016, 348 entreprises sénégalaises sont agréées au régime préférentiel communautaire pour un total de 1 478 produits.

Droits de douane

Les transactions internationales constituent l'une des principales sources de recettes fiscales pour le gouvernement sénégalais. En 2016, les recettes collectées par l'administration des douanes sont estimées à 588,1 milliards de FCFA, soit environ 32,8% des recettes fiscales.

Le Sénégal applique le tarif extérieur commun (TEC) de la CEDEAO depuis janvier 2015, ainsi que les autres droits et taxes communautaires (rapport commun, pp. 57, 58). La taxe conjoncturelle à l'importation est prélevée sur certains produits alimentaires lorsque leurs prix à l'importation tombent en dessous des prix déclencheurs (p. 375). Depuis février 2016, le Sénégal applique la taxe d'ajustement à l'importation (TAI) aux viandes de bœuf et de porc (sous-position tarifaires SH 0201, 0202 et 0203) au taux de 5%. Par conséquent, le taux de droit de douane pour ces produits est fixé à 25% en 2016, 30% en 2017, et 35% en 2018.[11] Le Sénégal a introduit une requête au niveau de la CEDEAO dans le but d'appliquer la taxe complémentaire de protection (TCP) à l'huile.

Le Sénégal accorde des préférences de droits et taxes d'entrée aux marchandises originaires de l'UEMOA et de la CEDEAO sous le régime tarifaire préférentiel de chacune de ces communautés (rapport commun, p. 58).

Le Sénégal a consolidé toutes ses lignes tarifaires à des taux entre 15% et 30%. Avec le taux maximum du TEC à 35%, les taux appliqués par le Sénégal dépassent les niveaux consolidés sur 115 lignes tarifaires (rapport commun, p. 58). Le Sénégal a consolidé les "autres droits et taxes" à l'importation à 150%. En 2015, le Sénégal a notifié à l'OMC qu'il se réservait le droit de modifier sa liste de concessions tarifaires au cours des trois années suivantes.[12] Les travaux en matière de renégociation n'ont pas encore commencé.

Autres impositions

La TVA est une source importante de revenus pour le gouvernement sénégalais. Elle a contribué à 38% des recettes fiscales en 2014. Les importations ont généré 57,8% de la TVA collectée. Le régime de la TVA a été consolidé au niveau communautaire, avec une certaine flexibilité quant aux taux (rapport commun, p. 61). Le Sénégal a opté pour un taux standard de 18%, et un taux réduit de 10% sur les prestations fournies par les établissements d'hébergement touristique agréés. Par ailleurs, les opérateurs agréés sous le Code des investissements bénéficient d'une suspension de la TVA au cours de la période de réalisation de leurs investissements. Les exportations sont soumises au régime du taux zéro de la TVA, avec pour conséquence le remboursement de la taxe payée sur les intrants.

Le remboursement des crédits de TVA se fait généralement par le biais de certificats de détaxe, qui peuvent être utilisés pour payer les impôts et taxes, ou endossés au profit d'un autre redevable. Le CGI prévoit un délai de deux mois pour l'instruction des demandes de remboursement (un mois lorsqu'il s'agit d'une entreprise exportatrice). Dans la pratique, les délais de remboursement vont de quatre à six mois.

Le Sénégal applique les droits d'accise conformément aux dispositions communautaires (rapport commun, p. 61). Les produits couverts et taux appliqués par le Sénégal sont: produits cosmétiques (10%, 15% lorsque ceux-ci sont dépigmentant); alcools et liquides d'une teneur en alcool d'au moins 1% (40%); autres boissons, à l'exception de l'eau (3%); tabacs et cigarettes (45%)[13]; farine de blé (1%); huiles et corps gras alimentaires (5% et 12% selon les produits)[14]; café et thé (5%); véhicules de tourisme d'une puissance supérieure ou égale à 13 chevaux (10%), et produits pétroliers (10 395 à 21 665 FCFA/hectolitre). À l'instar des autres membres de l'UEMOA, le Sénégal prélève une taxe additionnelle sur les boissons alcoolisées, l'objectif visé étant de décourager leur consommation.[15] Les taux de taxation ont pratiquement doublé en 2015 et sont de 1 500 FCFA par litre pour les boissons d'un tirage d'alcool compris entre 6° et 15°, et 5 000 FCFA par litre pour les boissons d'un tirage d'alcool supérieur à 15°. Ces taux sont spécifiques, et peuvent, pour certaines boissons de faible valeur, dépasser les marges *ad valorem* édictées par l'UEMOA.

Les véhicules importés sont assujettis à un droit d'enregistrement au taux de 1% lorsqu'ils sont neufs, et 2% lorsqu'ils sont usagés. La base d'imposition est la valeur c.a.f. augmentée des droits et taxes liquidés par l'administration des douanes (à l'exception de la TVA). Un prélèvement au taux de 0,4% de la valeur c.a.f. des marchandises acheminées par voie maritime est opéré pour le financement du Conseil sénégalais des chargeurs (COSEC) et du Fonds de soutien à l'énergie. Les exportations et certaines importations sont exemptées de ce prélèvement.[16] Par ailleurs, une taxe spéciale sur le ciment a été introduite par la Loi des finances de 2017. Elle s'applique au ciment importé ou produit localement au taux de 3 FCFA par kilogramme. Le produit de la taxe est reversé au budget général de l'État.

Avec le Code général des impôts (CGI) de 2013, un acompte à l'importation a été institué pour les contribuables relevant du régime des bénéfices industriels et commerciaux. Il est prélevé sur certains produits bien identifiés[17] au taux de 3% de la valeur c.a.f. majorée des droits et taxes exigibles, à l'exception de la TVA et du droit d'enregistrement.

Le Sénégal a supprimé la surtaxe qui était prélevée auparavant sur les importations d'oignons et de pommes de terre. Il en est de même de la taxe parafiscale de 1% sur les tissus.

Prohibitions et restrictions à l'importation, et licences d'importation

Le Sénégal a notifié à l'OMC ne pas appliquer de régime de licence d'importation.[18] En plus des prohibitions à l'importation décidées au niveau communautaire ou en vertu des accords multilatéraux dont il est membre (rapport commun, p. 61), le Sénégal maintient des prohibitions pour des raisons notamment d'ordre public, de sécurité ou de moralité publique; de protection de la santé ou de la vie des personnes et animaux; de préservation de l'environnement; et de respect du droit de la concurrence. Ainsi, les importations de drogues et produits narcotiques, de publications à caractère pornographique, de produits hallucinogènes, et d'ampoules à filament[19] sont prohibées. Pour des raisons environnementales, les cycles et cyclomoteurs usagés d'une cylindrée n'excédant pas 50 cm^3, les véhicules usagés d'un certain âge[20], et les sachets plastiques à bretelle de faible épaisseur (30 microns ou moins)[21] sont interdites. Des prohibitions sont maintenues à l'importation pour des raisons sanitaires et phytosanitaires (p. 377).

Certains produits peuvent faire l'objet de restrictions temporaires à l'importation, pour des raisons économiques. Cela a été le cas du sucre en 2013. Il en est de même de certains produits saisonniers comme les carottes, les pommes et terre et les oignons qui font l'objet d'un gel à l'importation selon la période de l'année. Selon les autorités, ces mesures visent à assurer le bon déroulement de la campagne de commercialisation de la production locale. Le gel à l'importation est généralement institué de janvier à juin pour les pommes de terre, et de janvier à août pour l'oignon.

L'importation de certains produits est soumise à agrément ou autorisation (tableau 3.2). Ainsi, l'importation de produits alimentaires est soumise à une déclaration d'importation de produits alimentaires (p. 377).

Le Sénégal a ratifié le Protocole de Montréal relatif à des substances qui appauvrissent la couche d'ozone. L'importation de ces substances et des équipements les contenant est soit interdite (liste I des annexes du Protocole de Montréal), soit soumise à une autorisation préalable (liste II).[22] Dans ce dernier cas, un quota est réparti entre les principaux importateurs en tenant compte de leur performance historique. Le Sénégal devrait parvenir à une élimination totale de ces substances en 2030.

En vertu du Code de la santé publique, l'importation de produits pharmaceutiques est conditionnée par l'obtention d'un visa émis par le Ministère en charge de la santé. L'importation ne peut être effectuée que par des personnes exerçant la profession de pharmacien. Certains médicaments ne peuvent être importés que par la Pharmacie nationale d'approvisionnement, qui est

Tableau 3.2 Produits soumis à autorisation ou à agrément, mars 2017

Produits	Type d'autorisation/ durée	Autorité
Produits alimentaires et boissons	Déclaration d'importation des produits alimentaires (DIPA)	Direction du commerce intérieur
Médicaments vétérinaires	Visa Validité: 5 ans	Direction des services vétérinaires
Produits pharmaceutiques	Visa Validité: 5 ans	Direction de la pharmacie et des médicaments
Or	Agrément: 1 an	Ministère de l'économie et des finances
Armes et munitions	Autorisation	Ministère de l'intérieur
Appareils émetteurs-récepteurs	Agrément	Autorité de régulation des télécommunications et des postes
Produits pétroliers	Licences	Ministère chargé de l'énergie
Sachets plastiques de plus de 30 microns d'épaisseur	Autorisation préalable	Direction de l'environnement et des établissements classés

Source: Informations fournies par les autorités sénégalaises.

également le principal fournisseur de la plupart des établissements publics de santé.

Mesures commerciales de circonstance

Le Sénégal continue d'appliquer la taxe conjoncturelle à l'importation (TCI) à certains produits alimentaires lorsque leurs prix à l'importation sont inférieurs ou égaux aux prix déclencheurs. La TCI est prélevée au taux de 10% de la différence entre la valeur en douane et les prix de déclenchement ci-après: 701 FCFA/kg de lait (0401.20.00.00); 659 FCFA/kg de jus d'orange (2009.19.00.00); 663 FCFA/kg de jus d'ananas (2009.49.00.00); 634 FCFA/kg de jus de pomme (2009.71.00.00); 697 FCFA/kg de jus de pomme (2009.79.00.00); 650 FCFA/kg de jus de goyave (2009.80.10.00); 694 FCFA/kg de jus de mangue (2009.80.30.00); 399 672 FCFA/tonne de sucre; 877 300 FCFA/tonne de lait concentré sucré; 645 300 FCFA/tonne de lait concentré non sucré; 201 400 FCFA/tonne de tomate; 201 400 FCFA/tonne de farine de blé; et 626 FCFA/kg de mélange de jus (2009.90.00.00).[23] Les revenus générés par la TCI sont reversés au budget général de l'État. L'application de cette mesure pourrait poser un problème par rapport aux dispositions de l'OMC relatives aux mesures de sauvegarde.

Autres mesures

Le Sénégal applique les sanctions commerciales décidées dans le cadre de l'ONU ou des organisations régionales dont il est membre. Le Sénégal ne participe pas à des échanges compensés, et n'a conclu aucun accord avec des gouvernements ou des entreprises étrangères en vue d'influencer la quantité ou la valeur des marchandises et services exportés vers son marché. Les autorités ont indiqué l'absence de dispositions en matière de teneur en éléments d'origine nationale. Des stocks de sécurité sont en place pour certains produits alimentaires (p. 385), et les produits pétroliers (p. 388).

MESURES AGISSANT DIRECTEMENT SUR LES EXPORTATIONS

Procédures et prescriptions concernant les exportations

Tout exportateur doit avoir le statut de commerçant et détenir la carte d'importateur-exportateur (p. 371). L'exportation doit faire l'objet d'une déclaration en détail à la douane, effectuée par un commissionnaire en douane agréé. En fonction de la nature des produits exportés, la documentation requise peut inclure un certificat phytosanitaire ou un certificat d'origine. Le bon-à-enlever est émis automatiquement, dès l'enregistrement de la déclaration en douane. En général, les formalités à l'exportation ne durent pas plus d'une demi-journée. Des procédures simplifiées permettent de procéder dans certains cas à l'exportation immédiate des marchandises, quitte à régulariser l'opération plus tard.

Le régime du transit international est régi par les différentes conventions dont le Sénégal est partie (rapport commun, p. 54). Le transport des marchandises en transit ne peut être effectué que par des transporteurs agréés par le Ministre chargé des transports, ou par des transporteurs agréés des pays avec lesquels le Sénégal est lié par ces conventions.

Les marchandises en transit ne sont pas assujetties aux droits et taxes de porte, mais doivent faire l'objet d'une déclaration en douane. Elles doivent faire l'objet d'une garantie contre toute perte éventuelle de revenu par les autorités sénégalaises en cas de faux transit. Un fonds de garantie a été institué à cet effet. Il est alimenté par un prélèvement non remboursable correspondant à 0,5% de la valeur c.a.f. des marchandises couvertes par chaque opération de transit. À l'instar des autres pays, le Sénégal rencontre des difficultés dans la mise en œuvre du Transit routier inter-États de la CEDEAO (rapport commun, p. 54).

L'escorte physique est la principale méthode de suivi des marchandises en transit. Les opérations d'escorte sont effectuées suivant un itinéraire bien précis. Chaque unité douanière de passage est tenue de confirmer le passage des marchandises, y compris le bureau de sortie qui donne décharge à l'agent escorteur (chargé d'assurer l'intégrité des marchandises escortées). Les frais d'escorte sont à la charge de l'opérateur.

Un système de surveillance électronique (SSE) des marchandises en transit est opérationnel depuis le 1er décembre 2009 sur certains corridors: Dakar-Kidira (à destination du Mali), et Dakar-Rosso (à destination de la Mauritanie). Il consiste en la pose d'une balise GPS ou GPRS portable permettant de suivre le trajet des chargements. Le SSE est géré par la société Cotecna sur la base d'un contrat. Son effectivité reste cependant handicapée par l'absence de couverture de réseau téléphonique dans certaines zones. Certaines marchandises considérées comme sensibles restent soumises à une escorte jusqu'à la frontière.[24]

Taxes, impositions et prélèvements à l'exportation

Depuis janvier 2017, un droit de sortie est prélevé sur les exportations d'arachide au taux de 15 FCFA par kilogramme pour les arachides en coques, et de 40 FCFA par kilogramme pour les arachides décortiquées.[25] La mesure vise à encourager la transformation locale, à garantir une quantité suffisante de matière première pour les huileries locales, et à éviter un détournement des subventions aux intrants accordées en amont pour la production. Les exportations de biens et services sont soumises à la TVA au taux zéro.

Prohibitions, restrictions et licences d'exportation

Le Sénégal applique des prohibitions et contrôles à l'exportation de certains produits, en vertu des dispositions communautaires (rapport commun, p. 64) ainsi que des accords multilatéraux dont il est membre. L'exportation de la ferraille et des sous-produits ferreux est interdite depuis mai 2013.[26] La mesure vise à garantir la disponibilité en ferraille pour l'industrie locale. Avec l'inscription en 2017 du bois de vène à l'annexe II de la Convention sur le commerce international des espèces de faune et de flore sauvages menacées d'extinction (CITES)[27], son commerce est soumis à l'obtention d'un permis des autorités environnementales.

L'exportation de certaines marchandises est soumise à une autorisation des autorités compétentes. Il s'agit de l'or (Ministère chargé des finances); de l'arachide de semence[28] (Ministère chargé du commerce); des cuirs et peaux (Ministère chargé de l'élevage); et des produits pétroliers (Ministère chargé de l'énergie).

Soutien et promotion des exportations

La promotion des exportations relève de l'Agence sénégalaise de promotion des exportations (ASEPEX), fonctionnelle depuis 2005. L'ASEPEX est chargée notamment du renforcement des capacités d'exportation des entreprises; de la mise en œuvre des différents mécanismes d'incitation et de promotion des exportations; et de la délivrance des certificats d'origine à l'exportation. En 2013, les autorités ont pris des mesures pour diversifier davantage les sources de financement de l'ASEPEX qui incluent désormais une part (10%) de la redevance statistique collectée sur les importations, et une part de la redevance du Conseil sénégalais des chargeurs.[29] Ces dispositions ne sont pas encore appliquées. Les activités de l'ASEPEX incluent l'organisation de foires et ateliers, la fourniture de garanties à l'exportation et de prêts à des taux bonifiés (pour les entreprises démontrant d'un potentiel à l'exportation).

Le régime de zones franches, et depuis 2017, de la Zone économique spéciale (ZES) constitue le principal outil de promotion des exportations au Sénégal (p. 369).

Les exportations sont assujetties à la TVA au taux zéro, ce qui donne droit à son remboursement sur les biens, services et travaux ayant servi à les produire. Les intérêts, agios et commissions perçues sur des transactions financières finançant des ventes à l'exportation sont assujettis à la taxe sur les transactions financières au taux réduit de 7% (le taux du droit commun étant de 17%).

MESURES AGISSANT SUR LA PRODUCTION ET LE COMMERCE

Incitations

Le Sénégal accorde des exemptions et réductions de droits et taxes aux entreprises établies sous les régimes du Code des investissements ou de l'entreprise franche d'exportation (p. 368), ainsi que sous certains régimes sectoriels (Code minier et Code pétrolier notamment). Après un pic en 2012, le montant total des exonérations est redescendu à 64 milliards de FCFA en 2013, soit près de 5% des recettes fiscales (tableau 3.3). Les exonérations accordées sous le Code minier représentent près des deux-tiers de ces exonérations.

Jusqu'en 2013, les incitations fiscales étaient caractérisées par un système de dualité qui distinguait le droit commun des régimes particuliers, notamment le Code des investissements, la Loi sur l'entreprise franche d'exportation, la Loi sur la zone économique spéciale intégrée, et les différents régimes sectoriels (Code minier, Code pétrolier, etc.). Dans le cadre de la réforme du Code général des impôts, les incitations fiscales ont été fusionnées sous le régime du droit commun du Code et sont ainsi disponibles à tous les secteurs d'activité. Elles peuvent se décliner en exonération, en réduction de base ou d'impôt, en report de paiement (suspension de TVA), ou en crédit d'impôt.

Les entreprises peuvent obtenir un crédit d'impôt pour des investissements réalisés. Elles doivent justifier d'un investissement minimal de 100 millions de FCFA. Ce seuil est ramené à 15 millions de FCFA pour les entreprises opérant dans le secteur primaire et les activités connexes, ainsi que celles fournissant certains services (services sociaux, maintenance d'équipements industriels et télé-services). Pour être éligibles, les projets d'extension d'entreprise doivent engendrer un accroissement d'au moins 25% de la capacité de production, ou porter sur un investissement en matériels de production à hauteur de 100 millions de FCFA.

Le crédit d'impôt pour l'investissement dépend de la nature de l'investissement et du lieu où il est réalisé. Les entreprises nouvellement créées peuvent bénéficier d'une réduction de 40% de la valeur des investissements réalisés (dans la limite des 50% du bénéfice imposable). Cette limite est portée à 70% pour les entreprises établies dans une région autre que Dakar. Cette réduction est imputable aux résultats des cinq années

Tableau 3.3 Exonérations des droits et taxes, 2009-2013

(Milliards de francs CFA, sauf indication contraire)

	2009	2010	2011	2012	2013
Exonérations totales	64,7	87,8	107,6	122,1	64,0
- Code minier	18,2	60,1	82,9	102,0	41,0
- Code pétrolier	0,1	0,1	3,4	1,7	9,0
- Marchés exonérés	3,6	7,6	8,2	3,2	..
- Suspension TVA	42,8	20,0	13,3	15,2	14,0
Total, en % des recettes fiscales	6,0%	7,3%	8,4%	9,0%	4,8%

.. Non disponible.

Source: Informations fournies par la Direction générale des impôts et des domaines.

qui suivent la fin de la réalisation des investissements. Les projets (éligibles) d'extension d'entreprises peuvent bénéficier, dans les mêmes conditions, d'une réduction de 30% du bénéfice imposable.

Normes et autres prescriptions techniques

Il n'y a pas eu de changements majeurs au régime de normalisation au Sénégal. L'Association sénégalaise de normalisation (ASN) est responsable de la normalisation, de la promotion de la qualité, et de la certification de produits. Elle est le point national d'information au sens de l'Accord de l'OMC sur les obstacles techniques au commerce. Elle maintient également une base de données sur les normes du Sénégal. L'ASN dispose de 16 comités techniques, eux-mêmes structurés en sous-comités. L'État reste son principal contributeur (55% de son financement en 2016). Les autres sources de financement incluent la cotisation des membres (15%); les études de normes et l'appui-conseil (15%); et les ventes des publications relatives aux normes (10%). Le secteur privé est représenté au niveau des instances de décision de l'ASN, occupant 6 des 10 sièges du Conseil d'administration.

L'ASN est membre de l'Organisation régionale africaine de normalisation (ORAN), de la Commission électrotechnique africaine de normalisation (AFSEC), et de l'Organisation internationale de normalisation (ISO).[30] Elle participe également au Programme des pays affiliés à la Commission électrotechnique internationale (CEI). Au niveau communautaire, elle participe aux activités du Secrétariat régional de la normalisation, de la certification et de la promotion de la qualité (UEMOA), et du Comité technique de la CEDEAO sur la gestion et l'harmonisation des normes (rapport commun, p. 68).

Au 21 juin 2017, le catalogue sénégalais répertorie 518 normes (y compris celles établies par l'UEMOA). Les domaines les plus couverts sont ceux de l'agroalimentaire, du bâtiment et génie civil, de l'environnement, et de l'électrotechnique.[31] Une trentaine de règlements techniques sont en vigueur, mais n'ont pas tous été notifiés à l'OMC (tableau 3.4). Le contrôle de conformité aux réglementations techniques relève des différents directions et institutions en charge des domaines concernés. Les certificats et autorisations délivrés par ces différentes structures font partie des conditions de recevabilité de la déclaration en douane.

En 2016, le Sénégal a notifié à l'OMC un projet de norme relatif aux spécifications et exigences par rapport aux emballages biodégradables.[32] La norme a été adoptée, et érigée en règlementation technique.

La procédure d'adoption d'une norme commence par un examen par l'ASN de son utilité. En l'absence d'une norme internationale en la matière, l'ASN procède à l'élaboration d'un avant-projet de norme, qui est ensuite soumis au comité technique compétent. Une phase d'enquête publique de 30 jours est initiée en cas d'approbation de l'avant-projet par le comité technique. Ce délai est réduit à 10 jours dans les situations d'urgence. À la fin de la période de consultation, le projet de norme est mis à jour et resoumis au comité technique pour validation. La norme est ensuite approuvée par le conseil d'administration de l'ASN et publiée au Journal officiel. Une norme devient règlement technique par arrêté interministériel (ou décret présidentiel).

L'ASN fait également la promotion de la qualité au Sénégal; à l'issue de sa certification, un produit peut obtenir la marque nationale de conformité aux normes sénégalaises. La marque nationale de conformité aux normes sénégalaises est "NS Qualité Sénégal", et est gérée par l'ASN dans le cadre de ses activités de certification de produits. Le coût du processus de certification dépend du produit et de la nature des essais requis. À ce jour, seule l'huile d'arachide brute a été certifiée à cet effet. Le processus de certification est en cours pour les eaux en sachets. Le Sénégal n'a pas signé d'accords de reconnaissance mutuelle.

Dans le domaine de la métrologie, le Sénégal a mis en place en 2012 un laboratoire national d'étalonnage. Cependant, le laboratoire ne dispose pas encore de statut légal, et à ce titre ne peut délivrer de certificat d'étalonnage.

Prescriptions en matière d'emballage, de marquage et d'étiquetage

Les denrées alimentaires préemballées doivent être étiquetées selon la norme Codex en la matière.[33] Certains produits doivent obligatoirement porter la mention "Vente au Sénégal". Il s'agit des boîtes d'allumettes et de cigarettes; des bouteilles de boissons alcoolisées titrant plus de 20°; des piles électriques du type R20; des emballages de bougies de ménage; et des tissus imprimés de type "Légos" et "Wax". Les prescriptions en matière d'emballage, de paquetage, d'étiquetage et de marquage sont régies par les dispositions du Décret n° 68-507 du 7 mai 1968, ainsi que les normes pertinentes du *Codex Alimentarius*. Les inscriptions doivent être mentionnées en français.

Prescriptions sanitaires et phytosanitaires

Le cadre réglementaire relatif aux mesures sanitaires et phytosanitaires n'a pas connu de changements majeurs pendant la période sous revue. Selon les autorités, les mesures sanitaires et phytosanitaires sont établies sur la base des normes internationales, notamment celles de la Convention internationale pour la protection des végétaux, l'Organisation mondiale de la santé animale, et le *Codex alimentarius*.

En règle générale, pour les produits alimentaires il est requis une Déclaration d'importation de produits alimentaires (DIPA). La DIPA est délivrée par la Direction du commerce intérieur et vise, selon les autorités, à protéger les consommateurs. Pour son obtention, les documents requis incluent, selon les cas, un certificat d'origine, un certificat sanitaire et de salubrité, un certificat phytosanitaire, un certificat de

Tableau 3.4 Règlements techniques en vigueur, décembre 2016

Domaine	Description	Référence	Notification à l'OMC
Électrotechnique	Prescriptions techniques et essais pour les lampes à économie d'énergie et équivalente	NS 01-003-juillet 2014	Non
	Exigences pour l'éclairage à usage général - Exigence concernant la compatibilité CEM	NS 01-004-mars 2011	Non
	Compatibilité électromagnétique (CEM) partie 3-2 - Limites pour les émissions de courant harmonique	NS 01-005-mars 2011	Non
	Lampes à ballast intégré pour l'éclairage général - Prescriptions de sécurité.	NS 01-006-mars 2011	Non
	Lampes à ballast intégré pour l'éclairage général - Prescriptions de performance	NS 01-007-mars 2011	Non
	Limites et méthodes de mesure des perturbations radioélectriques produites par les appareils électriques, l'éclairage et les appareils analogues	NS 01-008-mars 2011	Non
Construction	Armatures pour béton armé. Barres et fils machine à haute adhérence	NS 02-035-1994	Non
Élevage	Viandes - Transport	NS 03-005-2004	Non
Additifs	Sel alimentaire iodé - Spécifications	NS N UEMOA 1000: 2016	Non
Céréales	Farine de blé tendre enrichie en fer et vitamine B9 - Spécifications	NS-03-052-2013	Non
Industries alimentaires	Concentré de tomate	NS 03-036-2001	Non
	Vinaigre	NS 03-040-1994	Non
Oléagineux	Huile comestible raffinée enrichie en vitamine A		G/TBT/N/SEN/8, 16/11/2009
	- Palme	NS-03-072-2015	
	- Coton	NS-03-073-2015	
	- Palmiste	NS-03-074-2015	
	- Arachide	NS-03-075-2015	
	- Sésame	NS-03-076-2015	
	- Tournesol	NS-03-077-2015	
	- Colza	NS-03-078-2015	
	- Maïs	NS-03-079-2015	
	- Soja	NS-03-080-2015	
Environnement	Eaux usées - Normes de rejet	NS-05-061-2001	Non
	Pollution atmosphérique - Normes de rejets	NS 05-062-2004	Non
	Emballages en papier non biodégradables	NS 05-095	G/TBT/N/SEN/9, 4/05/2016
Combustibles	Spécifications du butane	429. NS 09-044-2011	G/TBT/N/SEN/7, 27/08/2009
	Spécifications du pétrole lampant	430. NS 09-045-2011	G/TBT/N/SEN/5, 27/08/2009
	Spécifications de l'essence normale	431. NS 09-046-2011	G/TBT/N/SEN/4, 27/08/2009
	Spécifications du gas-oil	433. NS 09-048-2011	G/TBT/N/SEN/6, 27/08/2009
	Spécifications du diesel oil	434. NS 09-049-2011	G/TBT/N/SEN/2, 27/08/2009
	Spécifications du fuel oil n° 2 Type 380	435. NS 09-050-2011	G/TBT/N/SEN/1, 27/08/2009
	Spécifications du fuel 180	436. NS 09-051-2011	G/TBT/N/SEN/3, 27/08/2009

Source: ASN (2017), *Catalogue des normes sénégalaises*, Édition 2016. Adresse consultée: http://www.asn.sn/IMG/pdf/asn_catalogue_2016.pdf; et informations fournies par l'ASN.

non-radioactivité, et un certificat de non contamination à la dioxine. L'importateur doit fournir quatre échantillons du produit. La DIPA est délivrée si les résultats des tests indiquent que le produit est conforme aux normes en vigueur. Les analyses de conformité sont obligatoires pour les produits alimentaires ayant un "caractère sensible", et ceux faisant l'objet d'un règlement technique. Les coûts des analyses sont à la charge de l'importateur. Les produits industriels alimentaires locaux font l'objet de contrôles réalisés par la Division de la consommation et de la sécurité des consommateurs avant leur mise à la consommation. Une autorisation de mise à la consommation (Autorisation FRA) est alors délivrée. Les contrôles *ex-post* sont effectués par les services de la Direction du commerce intérieur.

L'importation de produits végétaux et animaux est soumise à l'obtention d'un permis phytosanitaire pour les plantes et produits dérivés, et sanitaire pour les animaux

et produits dérivés. Les importations de végétaux et produits végétaux doivent être accompagnées d'un certificat phytosanitaire, délivré par les autorités du pays d'origine; celles d'animaux et de produits animaux doivent être accompagnées d'un certificat sanitaire délivré par les organes compétents du pays d'origine. À la frontière, la Direction de protection des végétaux contrôle le certificat phytosanitaire et évalue la qualité des produits.

La plupart des mesures SPS n'ont pas été notifiées à l'OMC. Depuis 2005, l'importation de la volaille vivante, des viandes et abats comestibles de volaille, des produits avicoles, des matériels et appareils avicoles usagés est interdite.[34] L'importation de poussins d'un jour destinés à la reproduction peut être autorisée, sur présentation d'un certificat zoosanitaire établi par les autorités vétérinaires du pays exportateur attestant qu'ils sont indemnes de grippe aviaire. Une quarantaine aux frais de l'importateur est appliquée à l'arrivée. Il en est de même des œufs à couver, qui doivent faire l'objet d'une désinfection à l'arrivée.

Pendant la période sous revue, le Sénégal a effectué trois notifications au Comité des mesures sanitaires et phytosanitaires: un accord phytosanitaire avec le Cabo Verde portant des échanges d'information et des actions communes en matière de contrôle; un règlement technique relatif à l'exigence de désinfection des matériaux et emballages en bois (adoption d'une directive de la Convention internationale de protection des végétaux); et l'interdiction temporaire d'importation de tomates de zones infestées par la chenille mineuse (mesure qui n'est plus en vigueur).

Certains produits alimentaires font l'objet de restrictions particulières. Ainsi, les concentrés de tomates ne doivent contenir aucun autre ingrédient à part la tomate pure. En plus du certificat sanitaire, la viande et les abats comestibles doivent être accompagnés d'un certificat attestant qu'ils sont indemnes de la dioxine.

Les mouvements et utilisations d'organismes génétiquement modifiés (OGM) sont encadrés par la Loi sur la biosécurité, adoptée en 2009.[35] L'importation et l'utilisation de ces organismes sont en principe interdites. Elles peuvent être autorisées sous certaines conditions par le Ministre chargé de l'environnement. La demande d'autorisation est à adresser à l'Autorité nationale de biosécurité (ANB). Les demandes sont examinées par le Comité national de biosécurité qui évalue les risques et fait des propositions à l'ANB. À ce jour, aucune demande n'a été reçue par l'ANB. La Loi sur la biosécurité est en cours de révision.

Politique de la concurrence et contrôle des prix

La politique de la concurrence au Sénégal est régie par les dispositions communautaires (rapport commun, p. 70) et la Loi n° 94-63 sur les prix, la concurrence et le contentieux économique. La législation institue une Commission nationale de la concurrence et de la consommation (CNC). Son rôle est limité à des tâches d'enquête et de coordination. La Division en charge de la concurrence au sein du Ministère chargé du commerce appuie la CNC et la Commission de l'UEMOA en matière d'enquêtes.

En principe, les prix des biens et services sont librement déterminés par le jeu de la concurrence. Pour des raisons économiques et sociales, certains prix peuvent être réglementés. Un Comité de suivi des prix a été mis en place en 2013. Il suit l'évolution des prix des denrées de première nécessité et fait des propositions de fixation des prix au gouvernement.

En 2013, les autorités ont pris des mesures pour encadrer les prix de certains produits et services, dans le but de protéger le pouvoir d'achat des ménages. Ainsi, les produits et services ci-après font l'objet d'un régime de fixation autoritaire des prix: riz brisé ordinaire; hydrocarbures; gaz butane; services de transport en commun de personnes; eau, électricité et téléphonie. Les services médicaux font l'objet d'un barème de prix. Les prix des produits pharmaceutiques, certains types de pain, de la farine, et des services des auxiliaires de transport sont soumis à un régime d'homologation. Certains produits agricoles comme l'arachide font l'objet d'un prix minimum, dans le but de garantir un minimum de revenu au producteur.

Les tarifs des transports publics routiers de personnes sont fixés par le Ministère en charge de transport; la dernière révision de ces tarifs date de 2009. Les tarifs de transport par taxi en milieu urbain sont fixés par les autorités locales.

Commerce d'État, entreprises publiques et privatisation

Le Sénégal a notifié à l'OMC ne pas maintenir d'entreprises commerçantes d'État.[36] Des établissements publics et sociétés à participation publique majoritaire continuent de jouer des rôles clés dans plusieurs secteurs de l'économie (tableau 3.5). Le portefeuille de l'État est constitué de près d'une soixantaine d'entreprises publiques et parapubliques, auxquelles il faut ajouter les sociétés anonymes à participation publique minoritaire. L'État est actionnaire majoritaire dans 13 des 31 entreprises publiques et parapubliques en activité. Ces entreprises opèrent dans la plupart des secteurs de l'économie.

Les activités de désengagement de l'État des entreprises publiques sont encadrées principalement par la Loi n° 87-23 du 18 août 1987, telle que modifiée pour la dernière fois en 2004.[37] Le programme de désengagement de l'État du secteur productif est administré par la Commission spéciale de suivi du désengagement de l'État, placée sous l'autorité de la Présidence de la République. Les actions de l'État sont gérées par la Cellule de gestion et de contrôle du portefeuille de l'État, placée sous l'autorité du Ministre chargé des finances.

Tableau 3.5 Situation des principales entreprises publiques, 2016

Entreprise	Secteur d'activité	Capital social (millions de FCFA)	Part de l'État (%)
Sociétés nationales			
LONASE	Jeux de hasard	1 090	100,0
RTS	Audiovisuel	7 000	100,0
SN La Poste	Services postaux	2 900	100,0
SN Port autonome de Dakar	Transport	52 000	100,0
SONES	Eaux	104 526	99,9
SENELEC	Énergie	238 294	90,6
SAED	Aménagement agricole	2 500	100,0
SN HLM	Immobilier	6 000	100,0
SNR	Transport	25	100,0
SODAGRI	Agriculture	120	79,0
PETROSEN	Énergie	5 021	99,9
AHS	Services aéroportuaires	760	100,0
SOGIP SA	BTP	2 000	100,0
Sociétés à participation publique majoritaire			
SAPCO	Tourisme	780	99,7
CICES	Promotion du commerce	140	58,7
Le SOLEIL	Média	274	54,7
SOTEXKA	Textile	8 627	63,6
SIRN	Infrastructures navales	4 357	99,0
SICAP	Immobilier	2 743	90,0
FGA	Assurance	410	61,0
Dakar Dem Dikk	Transport	1 500	77,0
CEREEQ	BTP	10	99,0
MIFERSO	Mines	5 656	98,8
Sociétés régies par des lois spécifiques			
APIX S.A.	Promotion des investissements	3 793	92,1
FONSIS S.A.	Services financiers	3 750	100,0
AIBD S.A.	Transport aérien	100	100,0

Source: Informations fournies par le Ministère de l'économie, des finances et du plan.

Le désengagement de l'État peut prendre la forme d'une cession d'actions à un partenaire stratégique; d'une augmentation de capital sans participation de l'État; de la création d'une société de patrimoine pour la gestion des infrastructures; de la création de sociétés privées chargées de l'exploitation commerciale; ou de la mise en location-gérance. L'appel d'offres est la procédure généralement utilisée. Dans le cas de cessions d'actions, les paiements reçus sont inscrits dans la loi de finances en tant que recettes fiscales.

La stratégie de l'État est de poursuivre son désengagement et de ne maintenir dans son portefeuille que les entreprises économiquement viables, et celles qui assurent une mission de service public bien établie.[38] Dans le but d'améliorer la bonne gouvernance de ces établissements publics, les autorités se sont lancées dans une dynamique de signature de contrats de performance appuyés par un dispositif de suivi-évaluation.

Marchés publics

Les marchés publics au Sénégal ont augmenté considérablement pendant la période sous revue, reflétant les grands projets d'investissements réalisés ou en cours. En 2015, le montant global des marchés publics a augmenté de 161% pour s'établir à 1 417 milliards de FCFA, ce qui représente environ 17,6% du PIB (tableau 3.6). L'administration centrale et les agences de l'État constituent les deux principales autorités contractantes pendant la période sous revue. La présence des sociétés nationales et sociétés à participation publique majoritaire s'est également accrue.

La régulation du système de passation des marchés publics et des conventions de délégation des services publics relève de l'Autorité de régulation des marchés publics (ARMP). Dotée d'une autonomie financière et de gestion, l'ARMP assure les fonctions de contrôle a posteriori, de sanction des fraudes et actes de corruption, d'évaluation du système de passation, d'audit, et de proposition de réformes de la réglementation. L'ARMP est financée essentiellement par une redevance de régulation prélevée sur les marchés publics et les délégations de service public. Le taux de la redevance est établi comme suit: 0,3% du montant pour les marchés de moins de 1 milliard de FCFA ou les demandes de renseignement et de prix; 0,2% du montant pour les marchés compris entre 1 milliard et 3 milliards de FCFA; et 0,1% du montant pour les marchés de plus de 3 milliards de FCFA. Les sociétés bénéficiaires de délégation de service public sont assujetties à la redevance au taux de 0,1% de leurs chiffres d'affaires. La redevance est annuellement plafonnée à 300 millions de FCFA par opérateur économique.

Au sein du Ministère de l'économie et des finances, la Direction centrale des marchés publics (DCMP) assure le contrôle a priori des procédures de passation des

Tableau 3.6 Évolution des marchés publics, 2009-2015

	2009	2010	2011	2012	2013	2014	2015
Total							
Montant (milliards de FCFA)	298,9	276,1	611,4	478,5	658,3	536,2	1 417
dont par entente directe (% du total)	8,3	8,1	23,4	17,8	19,4	20	20
Par type de marché (% du total)							
Travaux	61,5	52,3	66,7	53	37	..	83,2
Fournitures	23,9	34,6	24,3	37	54	..	11,4
Services et prestations intellectuelles	14,7	13,2	9,03	10	9	..	5,4
Par type d'autorité contractante (% du total)							
Administration centrale	40,3	42,9	25,8	30,3	34,2	37,5	..
Collectivités locales	1,1	3,4	2,0	2,4	4,4	4,8	..
Agences et autres	46,1	43,4	50,4	42,4	30,7	23,3	..
Établissements publics	12,6	10,2	6,9	14,9	15,7	10,4	..
Sociétés nationales et sociétés à participation publique majoritaire	0	0	15,0	9,9	14,9	23,5	..

.. Non disponible.

Source: Informations fournies par l'Autorité de régulation de marchés publics.

Tableau 3.7 Seuils de passation des marchés publics par type d'institution et de marché

Autorité contractante	Type de marché		
	Travaux	Services et fournitures	Prestations intellectuelles
Administration centrale et État, collectivités locales et établissements publics	70 millions de FCFA	50 millions de FCFA	50 millions de FCFA
Sociétés nationales, sociétés anonymes à participation publique majoritaire et autres agences	100 millions de FCFA	60 millions de FCFA	60 millions de FCFA

Source: Code des marchés publics.

marchés publics et accorde les autorisations prévues par le Code. Les appels d'offres et les documents types de passation sont publiés régulièrement en ligne sur un portail.[39]

Le cadre réglementaire des marchés publics a connu des changements majeurs avec l'adoption d'un nouveau Code des marchés publics en 2014.[40] Le nouveau Code est établi suivant les directives communautaires en la matière (rapport commun, p. 72). Il s'applique aux contrats conclus notamment par l'État, les collectivités locales, ou les agences et organismes financés majoritairement par ceux-ci; les établissements publics; les sociétés nationales et sociétés anonymes à participation publique majoritaire (SNSPPM). Les marchés liés à la défense et à la sécurité nationale sont réglementés par le Code et soumis à des procédures particulières.[41] Le Code des marchés publics prévoit plusieurs cas d'exclusion, notamment les services d'arbitrage, de conciliation, d'assistance et de représentation juridiques.

Selon le Code, les marchés publics peuvent être passés par appel d'offres (ouvert, restreint, ou en procédure d'urgence), appel public à manifestation d'intérêt, entente directe ou demande de renseignements ou de prix. L'appel d'offres ouvert est la règle; tout recours à un autre mode de passation de marché doit être autorisé par la DCMP.[42] La législation identifie des seuils au-dessus desquels l'appel d'offres ouvert est obligatoire. Ces seuils dépendent de la nature des marchés et du type d'autorité contractante (tableau 3.7). En dessous des seuils, l'autorité contractante peut recourir à une demande de renseignement et de prix (DRP) qui, selon les cas, peut être simple, à compétition restreinte, ou à compétition ouverte.[43] L'achat sur mémoire ou sur facture est autorisé pour des marchés de moins de 8 millions de FCFA; ce seuil est réduit à 1,5 million de FCFA lorsque l'autorité contractante est une commune ou une section communale.

La sous-traitance de certaines parties du marché peut être autorisée dans la limite de 40% de son montant global. La priorité doit être accordée aux PME locales et communautaires. Une marge de préférence jusqu'à concurrence de 15% peut être accordée aux entreprises de droit national ou communautaire. Les marchés sur financement du budget national sont réservés exclusivement aux entreprises communautaires, et aux entreprises des partenaires avec lesquels le Sénégal dispose d'une convention de réciprocité. L'ouverture d'un appel d'offres à l'international est sujette à une autorisation de l'ARMP.

Le système de gouvernance des marchés publics inclut différents niveaux d'approbation, et des mécanismes de contrôle. Ainsi, les marchés compris entre 100 et 300 millions de FCFA doivent être approuvés par le Ministre de tutelle, le Conseil d'administration ou le représentant de l'État, dans le cas des collectivités locales. L'approbation du Ministre chargé des finances est requise pour les marchés au-delà de 300 millions de FCFA. Le seuil de contrôle a priori de la DCMP est fixé

Tableau 3.8 Demandes de protection des DPI reçues, 2009-2016

Titre	2009	2010	2011	2012	2013	2014	2015	2016
Modèles d'utilité	0	0	0	0	6	4	5	4
Marques	55	53	69	50	93	126	138	156
Noms commerciaux	5 668	7 393	4 136	5 525	6 425	7 938	8 123	9 102
Brevet d'invention	14	15	15	15	22	26	29	25

Source: Informations fournies par les autorités sénégalaises.

en fonction de la nature du marché et du type d'autorité contractante. Il est fixé à 150 millions de FCFA pour les marchés de services et de prestations intellectuelles, 200 millions de FCFA pour les marchés de fournitures, et 300 millions de FCFA pour les marchés de travaux. Pour les marchés en dessous de ces seuils, l'examen préalable est assuré par la Cellule de passation des marchés de l'autorité contractante.

Les services publics peuvent être délégués à travers un partenariat public-privé. Ce partenariat peut se faire à travers une délégation de service public[44] (régie par le Code des marchés publics), ou un contrat de partenariat (régi par la Loi n° 2014-09 relative aux contrats de partenariat).[45] La législation sur les contrats de partenariat s'applique à tous les secteurs de l'économie, à l'exception de ceux faisant l'objet d'une réglementation particulière (énergie, mines et télécommunications). Elle ne s'applique pas aux contrats passés par une autorité contractante avec une personne morale de droit public ou avec une société à participation publique majoritaire de l'État. La législation institue un Comité national d'appui aux PPP en charge notamment d'évaluer les projets et d'appuyer les entités dans les négociations et le suivi de ces partenariats. Elle institue également une Commission d'appel d'offres, et un Conseil des infrastructures, chargé de la régulation du système de passation des contrats, et des litiges éventuels. Ces structures ne sont pas encore en place, et la loi n'est pas opérationnelle.

La loi sur les contrats de partenariat garantit les principes de liberté d'accès, d'égalité de traitement des candidats, et de transparence des procédures lors de la passation de contrats de partenariats. Ceux-ci peuvent être passés par appel d'offres, et dans des circonstances exceptionnelles, par entente directe ou en procédure négociée. L'appel d'offres international en deux étapes précédé d'une pré-qualification est la procédure recommandée.

Sous le Code des marchés publics et la loi relative aux contrats de partenariat, les opérateurs ont la possibilité d'adresser des offres spontanées aux autorités pour la réalisation de certains projets. Il y'a eu un cas réalisé d'offre spontané sous le Code des marchés publics.

Droits de propriété intellectuelle

Le Sénégal est membre de l'Organisation mondiale de la propriété intellectuelle (OMPI), et de l'Organisation africaine de la propriété intellectuelle (OAPI) créée par l'Accord de Bangui (rapport commun, p. 69). Les dispositions de l'Accord régissent largement les droits de propriété intellectuelle dans les pays membres. Le Sénégal a déjà ratifié l'Accord de Bangui, Acte du 14 décembre 2015. Créée en 2009, l'Agence sénégalaise pour la propriété industrielle et l'innovation industrielle (ASPIT) est la structure nationale de liaison avec l'OAPI.[46] Les demandes de protection des droits de propriété intellectuelle sont centralisées par l'ASPIT et transmises à l'OAPI (tableau 3.8).

Les droits d'auteur et droits voisins sont régis par la Loi n° 2008-09 du 25 janvier 2008 et son décret d'application.[47] La législation introduit notamment la protection des droits voisins, des droits d'auteur, et introduit une rémunération pour copie privée. La rémunération est en principe prélevée sur les supports vierges d'enregistrement ainsi que les appareils d'enregistrement. La Commission en charge de la copie privée n'est pas encore mise en place.

La législation prévoit une société de gestion collective, agréée par le Ministère chargé de culture, et placée sous le contrôle des artistes. C'est ainsi qu'en 2016 la Société sénégalaise du droit d'auteur et du droit voisin (SODAV) a été agréée pour gérer les droits d'auteurs et droits voisins, en remplacement du Bureau sénégalais des droits d'auteur.[48] La SODAV est financée à partir des ressources collectées. La principale difficulté est liée à l'accès aux programmes des exploitants des œuvres. La SODAV compte 7 536 dont 6 214 membres pour la musique; 412 pour les arts visuels; 573 pour la radiophonie; et 337 pour l'audiovisuel.

Le Sénégal a élaboré, avec l'appui de l'OMPI, un Plan national de développement de la propriété intellectuelle (PNDPI). Le plan vise la mise en place d'un cadre efficace de protection et de promotion du système des droits de propriété intellectuelle afin de permettre une meilleure contribution au développement. Les objectifs spécifiques incluent: assurer une protection efficace des DPI; renforcer la protection des droits voisins; lutter plus efficacement contre la contrefaçon et la piraterie. Le Plan s'articule autour de quatre principaux axes: le renforcement du cadre législatif et règlementaire; la modernisation de l'administration de la propriété intellectuelle; et la promotion de l'utilisation de la propriété intellectuelle par les entreprises et dans le secteur de l'enseignement et la recherche.

La contrefaçon d'œuvres constitue l'infraction la plus courante au Sénégal. En cas de constat, la douane procède à la rétention et alerte le propriétaire des droits qui peut ensuite saisir les autorités judiciaires compétentes.

Notes de fin

1 Ces frais sont répartis comme suit: 2 000 FCFA de timbre fiscal; 3 500 FCFA de frais de dossier; et 5 000 FCFA de frais pour la confection du badge.

2 Ces frais se répartissent comme suit: 10 000 FCFA de frais de timbre fiscal; 3 500 FCFA pour l'achat du dossier de demande auprès de la Chambre de commerce; 8 000 FCFA pour la confection du badge par la Direction du commerce extérieur; et 10 000 FCFA de cotisation au profit du Conseil sénégalais des chargeurs.

3 Loi n° 2014-10 du 28 février 2014 portant Code des douanes.

4 Décision n° 381 DGD/DFPE/BREP du 17 juin 2011 portant instruction cadre sur le programme de partenaires privilégiés.

5 Ces critères incluent l'existence d'un système d'archivage électronique des documents et d'une politique de formation sur la sécurité de la chaîne logistique, et des antécédents acceptables en matière de respect des prescriptions douanières et de contentieux.

6 La procédure simplifiée à l'export permet aux opérateurs économiques d'obtenir un bon à enlever automatiquement pour leur exportations, et de pouvoir finaliser les formalités requises plus tard.

7 Arrêté interministériel n° 04350 du 26 mai 2008, portant instauration du bordereau de suivi des cargaisons.

8 Renseignements en ligne du Conseil sénégalais des chargeurs. Adresse consultée: http://www.cosec.sn/?page_id=2122.

9 Cotecna. Adresse consultée: http://www.cotecna.com/~/media/Documents/Datasheets%20-%20Factsheets/Senegal/Senegal-dataSheet.ashx.

10 La mesure visait à répondre à la demande de certains industriels qui se plaignaient d'une concurrence déloyale provenant des opérateurs du secteur informel, et également à pousser ces derniers à se formaliser.

11 Il s'agit des produits des lignes tarifaires suivantes: 0202.30.00.00; 0203.22.00; 0203.29.00.00.

12 Document de l'OMC G/MA/323 du 7 janvier 2015.

13 Depuis 2015, le Sénégal n'opère plus de distinction entre les cigarettes dites "premium" et les cigarettes "économiques".

14 Les huiles alimentaires contenant au moins 30% d'huile d'arachide sont exclues du champ d'application du droit d'accise.

15 La Loi n° 2014-29 portant Loi des finances rectificative pour l'année 2014.

16 Il s'agit notamment des importations de médicaments; d'insecticides et de matériels spécialisés destinés à la lutte antiacridienne et anti-aviaire; des marchandises en transbordement ou en transit; et des marchandises exonérées dans le cadre de conventions passées avec l'État.

17 Pour la liste des produits assujettis à l'acompte, se référer à l'annexe de l'Arrêté n°3835 du 19 mars 2013 portant application des dispositions de l'article 220 du Code général des impôts.

18 Document de l'OMC G/LIC/N/3/SEN/5 du 23 septembre 2013.

19 Il s'agit des lampes à filaments des lignes tarifaires suivantes: 85.39.10.00.00, 85.39.22.00.00, et 85.39.29.00.00.

20 Il s'agit de véhicules de touristes et camions de transport de plus de huit ans d'âge (dix ans d'âge pour les camions de transport de plus de 3,5 tonnes).

21 Loi n° 2015-09 du 4 mai 2015 relative à l'interdiction de la production, de l'importation, de la détention, de la distribution, de l'utilisation des sachets plastiques de faible micronnage et à la gestion rationnelle des déchets plastiques.

22 Arrêté interministériel n° 526 du 15 janvier 2014 règlementant la consommation des substances appauvrissant la couche d'ozone.

23 Ministère de l'économie et des finances, note de service n° 2030/DGD/DRCI/BNF du 2 septembre 2013.

24 Il s'agit de (référence tarifaire entre les parenthèses): sucre (1701); double concentré de tomate (2002.90.20.00); huiles végétales raffinées (1507 à 1514); piles électriques (8506); textiles (section XI du SH); cigarettes (2402); cahiers (4820.20.00.00); et produits pétroliers (chapitre 27 du SH).

25 Loi n° 2016-35 portant Loi de finance pour l'année 2017.

26 Décret n° 2013-587 du 2 mai 2013 portant suspension de l'exportation de la ferraille et des sous-produits ferreux.

27 L'inscription du bois de vène (ainsi que des palissandres et bubingas) sur la liste de la CITES est intervenue lors de la 17ème session de la Conférence des Parties, tenue en 2016.

28 Sous positions tarifaires n° 1202.30.00.10 et 1202.30.00.90.

29 Décret n° 2013-998 du 16 juillet 2013 abrogeant et remplaçant le Décret n° 2005-108 du 15 février 2005 portant création, organisation et fonctionnement de l'Agence sénégalaise de promotion des exportations.

30 Au sein de l'ISO, le Sénégal est passé du statut de membre correspondant à celui de membre à part entière en juillet 2010, et dispose à cet effet du droit de vote au sein de ses instances.

31 ASN (2017), *Catalogue des normes sénégalaises,* Édition 2016. Adresse consultée: http://www.asn.sn/IMG/pdf/asn_catalogue_2016.pdf.

32 Document de l'OMC G/TBT/N/SEN/9 du 4 mai 2016.

33 Arrêté n° 8671/2005 du 5 juillet 2005.

34 Arrêté n° 7717 du 24 novembre 2005 portant interdiction d'importer des produits de l'aviculture et des matériels avicoles usagés.

35 Loi n° 2009-27 portant sur la biosécurité.

36 Documents de l'OMC G/STR/N/1/SEN, G/STR/N/4/SEN G/STR/N/7/SEN, G/STR/N/10/SEN G/STR/N/11/SEN, G/STR/N/12/SEN, 16 juillet 2014.

37 Loi n° 2004-08 du 6 février 2004 modifiant l'annexe de la Loi n° 87-23 du 18 août 1987 sur la privatisation des entreprises publiques.

38 Ministère de l'économie et des finances (2017), *Document de programmation budgétaire et économique pluriannuelle (DPBEP 2017-2019).*

39 Portail des marchés publics. Adresse consultée: http://www.marchespublics.sn/.

40 Décret n° 2014-1212 du 22 septembre 2014 portant Code des marchés publics.

41 En particulier, le Ministre chargé des forces armées fixe les conditions nécessaires à la protection du secret des informations durant toute la procédure de passation et d'exécution du marché.

42 En cas d'entente directe, l'autorité contractante choisit librement le prestataire. Sur chaque année budgétaire, le montant additionné des marchés par entente directe ne doit pas dépasser 15% du montant total des marchés publics passés par celle-ci. La mise en concurrence d'au moins trois candidats est requise dans le cas d'un appel d'offres restreint.

43 Arrêté n° 107 du 07 janvier 2015 relatif aux modalités de mise en œuvre des procédures de demande de renseignements et de prix en application de l'article 78 du Code des marchés publics.

44 La délégation de service public peut prendre la forme d'une concession, d'un affermage ou d'une régie intéressée.

45 Cette loi abroge la Loi n° 2004-13 relative aux contrats Construire-exploiter et transférer, dont le champ d'application était jugé trop restreint.

46 Décret n° 2009-1380 du 2/12/2009.

47 Décret n° 2015-682 du 26 mai 2015 portant application de la Loi n° 2008-09 du 25 janvier 2008 sur le droit d'auteur et les droits voisins.

48 Décret n° 2016-322 du 7 mars 2016 portant agrément de la Société sénégalaise du droit d'auteur et des droits voisins (SODAV).

Politique commerciale par secteur

AGRICULTURE, PÊCHE ET EXPLOITATION FORESTIÈRE

Généralités

Le secteur agricole (y compris l'élevage, la pêche, la sylviculture et l'exploitation forestière) est important pour l'économie sénégalaise malgré sa contribution relativement modeste au PIB (tableau 1.1). Il constitue la principale activité en milieu rural où vit plus de la moitié de la population. Le secteur reste caractérisé par une prédominance d'activités informelles et une faible productivité. Les difficultés d'accès à l'eau et aux intrants, aux infrastructures de production, de conservation et de stockage restent le principal défi.[1] Les principales cultures vivrières sont le mil, le riz, le maïs et le sorgho (tableau 4.1). L'arachide et le coton constituent les principales cultures de rente, et des matières premières pour les unités agro-industrielles.

Le système foncier sénégalais distingue trois types de domaines: le domaine national, régi par la Loi n° 64-46 du 17 juin 1964; le domaine de l'État, régi par la Loi n° 76-66 du 2 juillet 1976; et les terrains des particuliers, objets de titres fonciers, régis par la Loi n° 2011-07 du 30 mars 2011 portant régime de la propriété foncière.

Politique agricole

Le Ministère de l'agriculture et de l'équipement rural (MAER) est responsable de la formulation et mise en œuvre de la politique nationale dans le secteur agricole. Adoptée en 2004, la Loi d'orientation agro-sylvo-pastorale (LOASP) vise à mettre en place le cadre institutionnel nécessaire à la relance du secteur agricole. Un Fonds national de développement agro-sylvo pastoral (FNDASP), destiné au financement des services agricoles, a été lancé en 2014.

La politique agricole pendant la période sous revue a été encadrée par plusieurs initiatives. En 2008, le gouvernement sénégalais a lancé la Grande offensive pour la nourriture et l'abondance (GOANA), avec pour objectif d'atteindre l'autosuffisance alimentaire en 2015. La mise en œuvre de cette initiative entre 2008 et 2012 s'est traduite par des subventions pour les semences (75% des coûts) et les pesticides (50% des coûts).

Le développement de l'agriculture est au cœur du Plan Sénégal émergent (PSE) à travers le Programme de relance et d'accélération de la cadence de l'agriculture au Sénégal (PRACAS). Le PRACAS vise à contribuer à la "transformation structurelle de l'économie et à la croissance" (Axe 1 du PSE) à travers notamment: le renforcement de la sécurité alimentaire et le rééquilibrage de la balance commerciale (à travers une augmentation de la production nationale); le développement des filières intégrées à haute valeur ajoutée; et la dynamisation de l'économie rurale. Sur la période 2014-2017, le programme vise à atteindre l'autosuffisance en riz et en oignon, à augmenter la production arachidière dans le cadre d'une approche chaîne de valeur; et à développer les filières fruits et légumes de contre-saison dans une optique d'exportation.

Lancé en 2010, le Programme national d'infrastructures agricoles (PNIA) est aligné sur les objectifs de la Politique agricole commune de la CEDEAO, et du Programme détaillé pour le développement de l'agriculture en Afrique (rapport commun, p. 77).

En 2013, le Sénégal a atteint l'objectif de la Déclaration de Maputo qui vise à consacrer au moins 10% des dépenses publiques au secteur agricole et au développement rural. En 2015, les dépenses totales dédiées à l'agriculture (y compris l'élevage, la pêche, les eaux et forêts, et l'environnement) sont évaluées à 11% du budget général de l'État.

Tableau 4.1 Production agricole, campagnes 2009/2010–2015/2016

(Milliers de tonnes)

	2009/ 2010	2010/ 2011	2011/ 2012	2012/ 2013	2013/ 2014	2014/ 2015	2015/ 2016
Céréales	**1 831,1**	**1 773,1**	**1 102,9**	**1 517,4**	**1 274,6**	**1 261,4**	**2 162,6**
Mil	810,1	813,3	480,8	662,6	515,4	409,0	749,9
Sorgho	218,7	162,6	86,9	139,4	92,0	102,3	188,5
Maïs	290,3	186,5	124,1	239,0	225,9	178,7	304,3
Riz	502,1	604,0	405,8	469,6	436,2	559,0	906,3
Fonio	3,1	1,4	1,7	1,5	1,5	2,2	3,2
Autres cultures							
Arachide d'huilerie	1 032,7	1 286,9	527,5	692,6	677,5	669,3	1 050,0
Coton	22,1	20,5	20,5	32,3	33,0	26,6	31,0
Niébé	86,6	48,9	28,1	55,0	40,7	62,0	82,9
Manioc	267,9	181,2	154,9	189,5	146,0	257,3	439,6
Sésame	6,8	5,3	3,7	5,3	3,7	10,1	10,4
Tomates	150,0	165,0	162,0	160,0	160,0	..	..
Autres légumes	400,0	390,0	429,0	461,3	502,0	..	..
Autres fruits	195,0	195,0	220,0	230,0	240,0	253,1	246,5

.. Non disponible.

Source: Informations fournies par les autorités sénégalaises.

Des avantages douaniers sont prévus dans la loi sur la Grande offensive agricole pour la nourriture et l'abondance (GOANA), mais celle-ci a expiré en 2012.

Principaux sous-secteurs

Filière arachide

Après des années de faible production, liée aux difficultés de la filière et aux conditions climatiques, la production arachidière au Sénégal a dépassé le million de tonnes lors de la campagne 2016-17 (tableau 4.1). La production est destinée essentiellement à la trituration industrielle et artisanale, et dans une certaine mesure à l'alimentation des populations. Les sous-produits sont utilisés pour l'alimentation du bétail. La Chine constitue le principal marché pour l'arachide du Sénégal.

La filière arachidière est organisée autour de trois principaux intervenants: l'État, le Comité national interprofessionnel de l'arachide (CNIA), et les huiliers. La transformation industrielle est assurée par la Société nationale de commercialisation des oléagineux du Sénégal (SONACOS, ex-SUNEOR)[2], la NOVASEN, et le Complexe agroindustriel de Touba (CAI Touba). La maitrise des aflatoxines reste un défi pour la filière arachidière.

Au sein de la filière, l'État sénégalais subventionne l'acquisition des machines agricoles (à hauteur de 60%) et les semences. Pour les semences, le niveau de subvention est déterminé chaque année mais le montant global a fluctué entre 6 et 11 milliards de FCFA pendant la période sous revue (tableau 4.2). Le producteur paie la partie non subventionnée, et l'État paie la partie subventionnée directement aux opérateurs semenciers, à la fin de la campagne agricole. Avec le niveau de production record en 2016, l'objectif du PSE d'augmenter la production d'arachide de 44% sur la période 2012-2017 est atteint.

Les prix au producteur sont fixés par le CNIA à partir des cours internationaux et des coûts de production au niveau national. Les prix ainsi déterminés sont des prix plancher, et sont inférieurs aux prix actuellement observés sur les marchés. Lorsque les prix de marché s'avèrent inférieurs aux prix plancher, l'État subventionne la différence. Au niveau de la commercialisation, la priorité est donnée aux opérateurs semenciers et aux huiliers. Les prix de l'huile d'arachide sont fixés librement tandis que ceux de l'huile importée sont fixés par l'État.

En plus des subventions, les producteurs d'arachide et opérateurs de magasins de stockage peuvent bénéficier de crédit de campagne auprès du Crédit mutuel du Sénégal. Une des réformes majeures dans le secteur a été la suppression du système de commercialisation carreau-usine sous lequel des opérateurs privés, agréés par l'État, achètent les graines dans des points de collecte et les acheminent vers les usines où ils sont payés en contrepartie. Avec le nouveau système, les achats d'arachide se font directement auprès des producteurs.

L'exportation d'arachide est réservée à des opérateurs agréés par la CNIA. L'exportation des arachides de semence est soumise à une autorisation du Ministère du commerce.

Filière riz

Le Sénégal est l'un des plus gros consommateurs de riz en Afrique de l'ouest avec une consommation annuelle d'environ 90 kg par habitant.[3] Lancé en 2008 dans le cadre de la GOANA, le Programme national d'autosuffisance en riz (PNAR) ciblait l'horizon 2012 pour l'atteinte de l'autosuffisance. Le programme a été remplacé par le PRACAS, avec l'objectif d'atteindre une production annuelle de 1,6 million de tonnes de riz paddy à l'horizon 2017. Un tel niveau de production devrait permettre non seulement de réaliser l'objectif d'autosuffisance alimentaire en riz, mais aussi de positionner le Sénégal en exportateur vers les autres pays de la sous-région.

L'État intervient dans le secteur à travers des subventions pour les semences et engrais, les aménagements hydro-agricoles, et la fourniture des équipements pour la mécanisation. La superficie emblavée a ainsi augmenté de 76% lors de la campagne 2015-2016, permettant d'atteindre une production de 906 300 tonnes (tableau 4.1). Les prix du riz brisé ordinaire font l'objet d'un régime de fixation autoritaire (p. 379). En fonction de la conjoncture, l'État peut prendre des mesures d'exonération des droits de douane sur le riz importé, ou de subvention des prix à la consommation.

Élevage

Le cheptel sénégalais est estimé à 17,3 millions de têtes en 2016. Il est composé essentiellement d'ovins, de caprins, et de bovins (tableau 4.3). Avec un effectif estimé à 74,5 millions de têtes en 2016, la volaille a également connu un dynamisme remarquable pendant la période sous revue, tirée par la branche de la volaille industrielle, dont l'effectif est passé de 13,2 millions de têtes en 2009 à 37,5 millions de têtes en 2013. Pendant la période sous revue, la valeur des exportations de peaux et cuirs a fluctué entre 207 et 951 millions de FCFA.

Tableau 4.2 Soutien à la production agricole, 2009-2015

(Millions de FCFA)

Composante	2009	2010	2011	2012	2013	2014	2015
Engrais	14 920,0	8 010,2	9 863,3	16 247	17 444,7	13 174	13 774
Subvention des semences d'arachide	9 411,8	7 228,0	10 849,2	10 674,7	10 577,4	6 782,9	10 224,9
Programmes spéciaux	8 662,1	7 495,2	12 362,8	3 574,9	3 314,1	3 459,9	6 591,4

Source: Informations fournies par les autorités sénégalaises.

Tableau 4.3 Évolution du cheptel, 2009-2016

(Milliers de têtes)

Année	2009	2010	2011	2012	2013	2014	2015	2016
Bovins	3 260,9	3 313,1	3 345,5	3 379,0	3 429,7	3 464,0	3 498,6	3 540,6
Ovins	5 382,9	5 571,3	5 715,6	5 887,1	6 081,3	6 263,8	6 464,2	6 677,5
Caprins	4 598,5	4 754,8	4 886,6	5 038,1	5 199,3	5 355,3	5 526,7	5 703,5
Porcins	344,2	354,5	364,3	374,9	386,0	396,8	408,3	422,6
Équins	517,9	523,1	529,4	534,1	539,3	544,5	550,5	557,1
Asins	445,6	449,5	452,8	455,5	458,7	461,9	466,5	471,2
Camelins	4,7	4,7	4,8	4,8	4,8	4,8	4,9	4,9
Volaille familiale	22 301,9	22 971,0	23 254,9	23 929,3	24 647,2	25 361,9	26 097,4	27 010,8
Volaille industrielle	13 170,4	17 478,4	20 915,6	20 998,2	27 280,9	29 931,4	40 297,8	37 530,0

Source: Informations fournies par les autorités sénégalaises.

Malgré une production locale croissante, le Sénégal dépend des importations pour une partie de la demande intérieure de viande et de lait. Les cuirs et peaux constituent les principaux produits d'exportation. Les cuirs continuent d'être exportés principalement vers l'Union européenne tandis que les peaux sont réorientées vers certains marchés asiatiques, en raison des exigences moins strictes en matière de traçabilité. Le Ministère de l'élevage et des produits animaliers est responsable de la mise en œuvre de la politique du gouvernement dans la filière. Le Plan national de développement de l'élevage (PNDE) constitue le principal cadre de la politique du gouvernement en matière de l'élevage. Il est articulé autour de quatre programmes spécifiques: l'amélioration de la productivité et de la production; la sécurisation du cheptel; l'amélioration de la mise sur le marché des produits; et l'amélioration de la santé animale. Le PNDE est actuellement en cours de relecture, afin de prendre en compte le contexte du PSE, et les questions liées au changement climatique.

Dans le cadre du PSE, l'objectif dans le domaine de l'élevage est d'augmenter la production nationale de viande, y compris la contribution de l'aviculture; d'atteindre une production de 731 millions d'unités d'œufs en 2017; et, de réaliser une production de lait de 300 millions de litres en 2017 (contre 202 millions en 2012). Dans le cadre du PSE, le gouvernement vise à encourager une première transformation locale de ces produits. Les actions menées ont porté sur la formation des opérateurs; l'octroi des crédits. Par ailleurs, la liquidation de la Société d'exploitation des ressources animales du Sénégal a conduit à l'apparition d'opérateurs privés regroupés au sein de la Société de gestion des abattoirs du Sénégal (SOGAS).

Le Sénégal continue de prohiber les importations de produits de l'aviculture et de matériels avicoles usagés. Cette mesure a été prise en 2005 dans le cadre de la prévention et de la lutte contre la grippe aviaire, et s'applique aux importations en provenance de tous les partenaires commerciaux.[4]

Pêche

Pendant la période sous revue, la contribution de la branche de la pêche à la formation du PIB a fluctué autour de 2% (tableau 1.1), mais serait d'environ 3,2% si on prend en compte les activités connexes.[5] Le volume total des débarquements est estimé à 487,4 milliers de tonnes en 2016, une augmentation de 13% par rapport à l'année précédente (tableau 4.4). La branche reste dominée par la pêche artisanale. Les exportations ont doublé en volume pendant la période sous revue, mais la valeur totale n'a progressé que marginalement pour atteindre 199 milliards de FCFA. L'Union européenne reste le principal marché pour les exportations (42,5% de la valeur des exportations en 2015), même si le marché africain absorbe 68,5% des quantités exportées.

La supervision et la régulation des activités de pêche relèvent du Ministère de la pêche et de l'économie maritime. Les activités de pêche sont régies par le Code de la pêche maritime. La législation relative à la pêche continentale et à l'aquaculture est en cours d'adoption.

Le Sénégal a adopté un nouveau Code de la pêche maritime en 2015[6], et son décret d'application en 2016.[7] En vertu de la législation, l'exercice de l'activité de pêche dans les eaux sous juridiction sénégalaise est soumis à l'obtention d'une licence (pêche industrielle); d'un permis (pêche sportive, artisanale, ou de recherche scientifique et technique);ou d'une autorisation (pêche à des fins d'aquaculture et opérations connexes à la pêche). Les taux de redevances pour les licences de pêche industrielle dépendent de l'espèce pêchée, du jaugeage du navire, et selon qu'il bat pavillon sénégalais ou non (tableau 4.5).

Les détenteurs d'un permis de pêche artisanale sont assujettis au paiement annuel d'une redevance forfaitaire. Pour les ressortissants de pays africains non liés au Sénégal par une convention de pêche, ces redevances pour l'année 2013 sont de 100 000 FCFA pour la pêche à pied (permis A); 200 000 FCFA pour les pirogues de moins de 13 mètres (permis B); et 300 000 FCFA pour les pirogues de 13 mètres et plus (permis C).[8] La redevance est partagée entre les Conseils locaux de la pêche artisanale (60%); une Caisse d'encouragement à la pêche et à ses industries annexes (20%); et l'État (20%). Les ressources collectées au titre de licences et de sanctions sont allouées de manière similaire.

L'État peut accorder le droit de pêche à des navires étrangers dans le cadre des accords de pêche existants, ou lorsqu'ils sont affrétés par des personnes morales de

Tableau 4.4 Débarquements et exportations du secteur de la pêche, 2009-2016

	2009	2010	2011	2012	2013	2014	2015	2016
Débarquement total								
- Volume (milliers de tonnes)	443,1	409,4	420,9	448,0	441,3	425,0	430,7	487,4
dont (% du total)								
- Pêche artisanale	90,7	90,5	88,6	90,6	90,2	87,7	89,0	81,6
- Pêche industrielle	9,3	9,5	11,4	9,4	9,8	12,3	11,0	18,4
- Valeur (milliards de FCFA)	161,3	142,3	151,4	151,6	144,0	135,0	154,2	180,2
Exportations								
- Volume (milliers de tonnes)	96,5	82,2	82,2	128,2	137,6	150,9	188,5	192,2
- Valeur (milliards de FCFA)	193,7	164,6	164,6	168,1	170,6	177,9	194,6	198,8

Source: Informations fournies par les autorités sénégalaises.

Tableau 4.5 Taux de redevance des licences de pêche industrielle, 2017

(Francs CFA/tonneaux de jauge brut/an)

Type de pêche/navire	Taux/fourchette de la redevance
Navires battant pavillon sénégalais	
Pêche démersale côtière	8 925 (navires de moins de 50 tonneaux de jauge brut) - 57 750 (palangriers de fond)
Pêche démersale profonde	22 050 (chalutiers glaciers poissonniers) – 52 500 (chalutiers congélateurs crevettiers, casier à langouste rose à crabe profond)
Pêche pélagique côtière	9 450 (senneurs, pêche fraîche) – 54 600 (chalutiers, congélation)
Pêche pélagique hauturière	7 350 (canneurs, pêche fraîche) – 46 200 (palangriers, espadon)
Navires affrétés	
thonier canneur	33 600
thonier senneur	38 850
thonier palangrier	163 800

Source: Informations fournies par les autorités sénégalaises.

droit sénégalais. Ainsi, le Sénégal a signé un accord de partenariat de pêche avec l'UE en novembre 2014, pour une durée de cinq ans renouvelable. L'accord est censé permettre à 28 senneurs, 8 canneurs et 2 merlutiers européens de pêcher dans les eaux sous juridiction sénégalaise, moyennant une contrepartie financière de 13,9 millions d'euros pendant la durée de l'accord (dont 8,7 millions au titre de la contrepartie financière et 5,2 millions au titre de licences de pêche). L'obligation de débarquement des prises est applicable aux canneurs, et vise principalement à garantir l'approvisionnement des industries thonières locales. Par ailleurs, dans le cadre de l'accord, le Sénégal bénéficie également d'un appui de l'UE en matière de surveillance maritime et de lutte contre la pêche illicite, non déclarée et non réglementée (INN).

Le Sénégal dispose d'accords de réciprocité en matière de pêche avec la Gambie, et la Guinée-Bissau. Ces accords garantissent le traitement national aux ressortissants des pays partenaires, et ne comportent pas d'obligation de débarquement local.

Le Code de la pêche prévoit, entre autres, la prise en compte des mesures du ressort de l'État du port[9], interdit l'utilisation des filets en monofilament, et oblige les navires étrangers engagés dans la pêche industrielle à embarquer un observateur désigné par le gouvernement sénégalais. La législation a relevé les amendes pécuniaires, et introduit la possibilité de confisquer par voie judiciaire tout bateau arraisonné.

L'exercice de la profession de mareyeur, y compris à l'exportation, est soumis à l'obtention d'une carte professionnelle délivrée par le Ministère de tutelle: La carte professionnelle a une durée de validité de trois ans.[10] Les unités de transformation industrielle sont tenues de s'approvisionner auprès des mareyeurs. Les frais de redevance varient entre 10 000 FCFA et 30 000 FCFA selon la catégorie de mareyeur.

INDUSTRIES EXTRACTIVES ET ÉNERGIE

Industries extractives

Mines

Le Sénégal dispose d'un potentiel géologique important avec une grande diversité de substances minérales (or, fer, cuivre, chrome, nickel, phosphates, calcaires industriels, etc.) Pendant la période sous revue, l'exploitation minière, jusque-là limitée essentiellement aux phosphates et argiles industrielles, s'est diversifiée avec le démarrage de la production industrielle de l'or (en 2009), du manganèse (en 2012), et de certains minéraux lourds (en 2014) (tableau 4.6). Le manganèse et une partie des phosphates sont commercialisés à l'état brut, tandis que les minéraux lourds sont commercialisés sous forme de produit fini (zircon, ilménite, rutile et leucoxène).

Le Sénégal a adopté un nouveau code minier en 2016.[11] La législation distingue les titres miniers suivants: l'autorisation de prospection; le permis de recherche; le permis d'exploitation; et l'autorisation d'exploitation (de petite mine, semi-mécanisée, et artisanale) (tableau 4.7). L'ouverture et l'exploitation de carrières sont sujettes à autorisation.

Tableau 4.6 Évolution de la production minière et des produits des carrières, 2009-2016

	2009	2010	2011	2012	2013	2014	2015	2016
Mines (000' tonnes sauf indication contraire)								
Or (tonnes)	5,0	9,5	4,3	6,2	6,5	6,7	5,7	6,7
Argent (tonnes)	0,5	0,5	0,5	0,7	0,9	1,2	0,6	0,6
Phosphates d'alumine	7 225	0	17 520	12 129	0	0	0	..
Phosphates de chaux	43,7	97,4	111,8	1 380	882,5	695,4	1 826,2	2 700
Zircon	n.a.	n.a.	n.a.	n.a.	n.a.	9,1	46	52
Ilménite	n.a.	n.a.	n.a.	n.a.	n.a.	110	428	410
Rutile	n.a.	n.a.	n.a.	n.a.	n.a.	0,3	2,1	3
Leucoxène	n.a.	n.a.	n.a.	n.a.	n.a.	0	3,2	6,7
Manganèse	n.a.	n.a.	n.a.	n.a.	n.a.	n.a.	6,7	..
Attapulgites	195,2	231,6	225,3	180,6	235,1	232,3	230,1	181,3
Matériaux pour cimenteries	3 402	2 940	2 840	5 672	5 672	3 463	3 050	5 180
Carrières (000' m^3)								
Calcaire	813,6	237,3	450,9	558,6	570,9	540,1	761,6	5 400,6
Basalte	474,1	263,9	604,1	801,7	1 189,0	952,1	1 627,1	1 765,7
Argile (T)	137,5	166,1	357,1	329,7	346,7	14,0	26,0	160,8
Grès	..	1,1	0,8	..	12,6	0,4	0,4	..
Latérite	44,5	54,8	419,1	745,9	460,0	101,3	337,2	36,6
Sable	1 279,8	830,8	1 061,4	810,2	747,4	949,1	1 044,9	..

n.a. Non applicable.

.. Non disponible.

Source: Informations fournies par le Ministère chargé des mines.

Au Sénégal, les ressources du sol et du sous-sol appartiennent à l'État qui a droit à une participation gratuite de 10% au capital social de toute société d'exploitation, et ce, pendant toute la durée de vie de la mine (y compris en cas d'augmentation du capital). L'État peut négocier en sus, pour lui et/ou pour le secteur privé national, une participation supplémentaire pouvant atteindre 25% du capital (contre paiement). Le Ministère des finances gère la participation de l'État dans les compagnies minières. L'État peut conclure des contrats de partage de production sur la recherche et l'exploitation de substances minérales. Dans ce cas, le bénéficiaire du contrat n'est pas assujetti au paiement de la redevance minière.

L'attribution, le renouvellement, l'extension ou la transformation de titres miniers de recherche et d'exploitation sont soumis au paiement de droits fixes d'entrée (tableau 4.7). Les substances minérales sont assujetties au paiement d'une redevance minière (tableau 4.8). La base de prélèvement de la redevance est la moyenne des prix de vente des trois derniers mois.

Les recettes minières sont réparties entre l'État (60%), un fonds d'appui au secteur minier (20%), et un fonds destiné aux collectivités locales (20%). En plus, les opérateurs sont tenus d'alimenter un fonds d'appui aux collectivités situées dans leurs zones d'intervention. Le montant de cette contribution est de 0,5% du chiffre d'affaires pour les opérateurs en phase d'exploitation, et fait l'objet de négociations, pour les opérateurs en phase d'exploration et de développement.

L'extraction de produits miniers est assujettie à une redevance prélevée au taux de 3% de la valeur carreau-mine de la substance, c'est-à-dire la différence entre sa valeur f.o.b. et l'ensemble des frais supportés depuis le lieu d'extraction jusqu'au point de livraison. Le taux effectivement appliqué est parfois négocié dans les conventions minières, et peut ainsi varier d'un opérateur à un autre. Il ne dépasserait pas 5%.

Les importations, par les titulaires de permis de recherche de substances minérales, sont exonérées de droits et taxes de douane, de la TVA, et du prélèvement du Conseil sénégalais des chargeurs. Cette exonération s'applique aux matériels, matériaux, fournitures, machines, engins et équipements, véhicules utilitaires inclus dans le programme agréé, ainsi qu'aux pièces de rechange et les consommables non produits localement. L'exonération s'étend aux sociétés de sous-traitance.

La législation encourage les opérateurs à utiliser autant que possible les produits et services locaux. Les sous-traitants appelés à fournir des prestations sur une durée supérieure à un an sont tenus de s'implanter localement. À qualification égale, les opérateurs et leurs sous-traitants sont tenus d'accorder la préférence au personnel sénégalais, et de former le personnel sénégalais.

La Loi des finances de 2017 introduit une taxe spéciale sur le ciment au taux de 3 FCFA par kilogramme de ciment importé ou produit localement et mis à la consommation. La taxe est effective depuis le 1er janvier 2017.

Hydrocarbures

Sous-secteur amont

Les réserves prouvées et récupérables de gaz naturel au Sénégal sont estimées à 357 millions de mètres cubes. Le gaz naturel est exploité par la société Fortesa International Sénégal (filiale du groupe Fortesa International Inc.) Sa production totale de gaz en 2014 est estimée à 22,7 millions de mètres cube (contre 17,1 millions de mètres cube en 2009). Depuis 2015, la production de gaz est utilisée intégralement dans la génération de l'électricité par la Société nationale d'électricité.[12]

Tableau 4.7 Types de titres miniers au Sénégal

Titre minier	Caractéristiques	Durée et renouvellement	Droits fixes d'entrée (FCFA)	Redevance superficiaire
Autorisation de prospection	- Droit non exclusif - Ni cessible, ni transmissible	6 mois au plus, renouvelable une seule fois	n.a.	n.a.
Permis de recherche	- Droit exclusif - Cessible et transmissible - Profondeur indéfinie	4 ans, renouvelable 2 fois pour 3 ans à chaque fois	2 500 000	5 000 FCFA/ km^2/an
Permis d'exploitation minière	- Droit exclusif - Profondeur indéfinie - Libre disposition de la substance minière - Cessible et transmissible	5 à 20 ans, renouvelable	10 000 000	250 000 FCFA/ km^2/an
Autorisation d'exploitation de petite mine	Périmètre maximal: 500 ha	5 ans, renouvelable en périodes de 5 ans	2 500 000	50 000 FCFA/ ha/an
Autorisation d'exploitation minière semi-mécanisée	Périmètre maximal: 50 ha Profondeur maximale: 15 m	3 ans, renouvelable en périodes de 3 ans	1 500 000	50 000 FCFA/ ha/an
Autorisation d'exploitation minière artisanale	Périmètre à d'une circonscription de la collectivité territoriale	5 ans, renouvelable en périodes de 5 ans	50 000	n.a.
Autorisation d'ouverture et exploitation de carrière temporaire	- Droit d'occupation d'une parcelle - Libre disposition des substances minérales	5 ans, renouvelable	1 000 000	n.a.
Autorisation d'ouverture et exploitation de carrière permanente		6 mois, renouvelable une fois	2 500 000	50 000 FCFA/ ha/an

.. Non disponible.

Source: Code minier.

Tableau 4.8 Taux de la redevance superficiaire

Substance minérale	Taux de la redevance minière (en % de la valeur marchande si applicable)
Phosphate alumino-calcique, phosphate de chaux	5%
Acide phosphorique	1,5%
Ciment	1%
Fer	5% (2% en cas de transformation locale)
Métaux de base, substances radioactives	3,5% (1,5% en cas de transformation locale)
Or	5% (3,5% si raffiné localement)
Zircon, ilménite et autres métaux lourds	5%
Diamants et autres gemmes	5% (3% pour les diamants taillés)
Substances de carrière concassées	4%
Substances de carrière extraites non concassées et/ou de ramassage	500 FCFA/m^3 pour les matériaux durs, et 300 FCFA/m^3 pour les matériaux meubles
Sels alcalins et autres substances concessibles	3%

Source: Code minier.

Le Sénégal n'est pas encore producteur de produits pétroliers. En 2014, des travaux de prospection ont permis de mettre en évidence des gisements exploitables avec des réserves estimées à 473 millions de barils. Le démarrage de la production est prévu pour 2021.

Le Ministère de l'énergie et du développement des énergies renouvelables est responsable de la mise en œuvre de la politique du gouvernement en matière d'hydrocarbures. Détenue à 99% par l'État, la Société des pétroles du Sénégal (PETROSEN) gère les intérêts de l'État dans le secteur pétrolier. En particulier, elle assure la promotion du bassin sédimentaire national, représente l'État dans le cadre des contrats de partage de production, prépare et négocie les conventions et contrats pétroliers. Elle assure également le recouvrement du loyer superficiaire annuel prévu par le Code pétrolier.

La Lettre de politique de développement de l'énergie (LPDE) de 2012 fixe quatre objectifs généraux pour la politique énergétique: l'intensification de la promotion du bassin sédimentaire; l'amélioration du cadre législatif et règlementaire; le renforcement des capacités de production; et, la sécurisation des capacités et des conditions de stockage. Dans ce contexte, 6 nouveaux

contrats de recherche et de partage de production ont été conclus entre 2012 et 2015, portant le nombre total de contrats à 14 (dont 9 en mer et 5 sur terre).

Le sous-secteur des hydrocarbures est régi principalement par la Loi n° 98-05 du 8 janvier 1998 portant Code pétrolier, et ses textes d'application. Comme dans les autres secteurs, les dispositions relatives aux régimes fiscaux ont été transférées au Code général des impôts en 2012. Le Code pétrolier distingue quatre types de titres pétroliers: l'autorisation de prospection, accordée pour une durée de deux ans; le permis de recherche, délivré pour quatre ans et renouvelable deux fois pour une durée de trois ans au maximum; l'autorisation d'exploitation provisoire, accordée pendant la durée de vie d'un permis de recherche (avec une durée maximale de deux ans); et la concession d'exploitation, accordée pour une durée de 25 ans, renouvelable une fois pour dix ans). Le Code pétrolier est en cours de révision.

Les permis de recherche et concessions d'exploitation sont assortis d'une convention qui précise, en particulier, les obligations des opérateurs. L'État peut s'engager dans les activités de recherche et d'exploitation des hydrocarbures par le biais de contrats de concession ("contrats de services") ou de contrats de partage de production. Dans les négociations, le Sénégal privilégie les contrats de recherche et de partage de production.

En plus du régime de droit commun (p. 368), les titulaires de contrats de concession d'exploitation d'hydrocarbures sont assujettis: au paiement d'une redevance sur la valeur des hydrocarbures produits, prélevé à des taux variant entre 2% et 10% selon la nature de l'hydrocarbure et selon qu'il soit exploité à terre ou en mer; au versement d'un loyer superficiaire; et, à un prélèvement pétrolier additionnel calculé sur la base de la rentabilité des opérations pétrolières. Les termes du loyer superficiaire et du prélèvement additionnel sont déterminés par les conventions ou les contrats de concession.

Les incitations fiscales prévues par le Code incluent: l'exonération du paiement de l'impôt sur les sociétés en phase de recherche; l'exonération de la taxe sur les exportations de produits miniers; l'exonération des droits de douanes pendant les phases de recherche et de réalisation des investissements; et l'exonération des patentes, de la contribution foncière pendant les trois premières années d'exploitation.

Sous-secteur aval

Le sous-secteur aval des hydrocarbures est régi par la Loi n° 98-31 du 14 avril 1998[13], et ses décrets d'application. Les activités sont soumises à l'obtention d'une licence délivrée par le Comité national des hydrocarbures (sous la tutelle du Ministère en charge des hydrocarbures). Les licences sont accordées gratuitement pour une durée de 5 ans pour les activités d'importation ou de transport; 10 ans pour les activités de distribution; et 15 ans pour le stockage.

La demande intérieure en produits pétroliers est satisfaite par des importations du pétrole brut, qui est ensuite raffiné par la Société africaine de raffinage (SAR), détenue à 46% par l'État (à travers Petrosen). Les autres actionnaires sont la Saudi Binladen Group (34%), et le groupe Total (20%). La SAR dispose d'une capacité de raffinage de 1,2 million de tonnes de pétrole brut par an, pour une demande intérieure estimée à 1,8 million de tonnes. Elle s'approvisionne en pétrole brut essentiellement à partir du Nigéria. En 2015, la production de la SAR était de 991 229 tonnes, soit une évolution de 42% comparé à 2009. Les importations de brut sont effectuées pour le compte de la SAR par une dizaine d'opérateurs licenciés.

Le stockage des produits pétroliers est assuré quasi-exclusivement par la société sénégalaise de stockage (SENSTOCK), liée à la SAR par un contrat de stockage. Les frais mensuels de stockage sont de 6 FCFA par litre ou kilogramme de produit.[14] SENSTOCK dispose d'une capacité de stockage de 167 000 m^3 (soit 38% de la capacité de stockage totale du pays). Les produits stockés sont ensuite cédés à une vingtaine de distributeurs agréés pour exercer l'activité de distribution. Ceux-ci assurent la distribution de détail à travers un réseau de stations-service opérés soit directement par eux, soit par des exploitants indépendants (rétribués à 14,5 FCFA par litre d'hydrocarbure vendu).

Le Décret n° 2014-1562 du 3 décembre 2014 fixe les modalités de détermination des prix des hydrocarbures. Les prix de base (prix parité-importation) sont déterminés à partir des prix sur le marché international de référence (en l'occurrence celui de Northwest Europe), auxquels s'ajoutent le fret maritime, et les autres frais connexes. Les frais connexes incluent: la marge du négociant (400 $EU/tonne); les assurances maritimes (0,15% du prix de facturation); les pertes liées au transport maritime (0,25% du coût CAF); des frais financiers; les surestaries (0,376 $EU/tonne); les frais de passage terminal portuaire et pipeline (1,5 $EU/tonne); les coûts directs d'importation (0,25 $EU/tonne); les redevances portuaires; la contribution au Fonds de sécurisation des importations de produits pétroliers (25 000 FCFA/tonne pour les produits noirs, et 10 000 FCFA/tonne pour les produits blancs); et le Prélèvement de soutien au secteur de l'électricité (25 000 FCFA/tonne pour les produits noirs, et 10 000 FCFA/tonne pour les produits blancs).[15] Pour les hydrocarbures assujettis à une péréquation pour le transport (supercarburant, essence ordinaire, essence destinée aux pirogues, pétrole lampant, gasoil), les prix ainsi déterminés sont des prix plafonds, et sont uniformes sur tout le territoire national. Pour les autres hydrocarbures, les prix peuvent être ajustés selon le tarif officiel de transport pour la localité de livraison. Dans la pratique, les prix plafonds sont observés par manque de concurrence. Les prix sont révisés toutes les quatre semaines.

La libéralisation du segment de l'importation du gaz butane est intervenue en 2012, avec l'abolition du monopole détenu par la SAR. Les importations de gaz sont exonérées du paiement de droits de douane et de la TVA. Les prix sont fixés par les autorités. La différence entre les prix ainsi fixés et les coûts réels est supporté par l'État, lorsque les couts excèdent les prix.

Électricité et énergies renouvelables

Le taux d'électrification au Sénégal est de l'ordre de 64% en 2016 contre 53,5% en 2009. Il est très disparate selon les régions (90% en milieu urbain et 33,2% en milieu rural). La production de l'énergie électrique est assurée par la Société sénégalaise d'électricité (SENELEC) et quelques producteurs indépendants. La puissance installée est d'environ 810 MW, constituée principalement de centrales thermiques à base de fioul lourd appartenant en partie à la SENELEC (412 MW) et en partie à des producteurs indépendants (242 MW). Les autres sources d'énergie incluent: les centrales solaires photovoltaïques (40 MW); deux centrales hydroélectriques exploitées conjointement avec le Mali dans le cadre de l'Organisation pour la mise en valeur du fleuve Sénégal (81 MW); et des importations de la Mauritanie (30 MW). Le Sénégal exporte de l'électricité vers le Mali et la Gambie.

La SENELEC détient le monopole du transport et de la distribution de l'électricité en milieu urbain, ainsi que de l'achat en gros. Les producteurs indépendants sont donc tenus de lui vendre leur production, y compris en milieu rural.

La régulation du secteur est assurée par la Commission de régulation du secteur de l'électricité (CRSE). La distribution de l'électricité en milieu rural relève de l'Agence sénégalaise d'électrification rurale (ASER). Dans le cadre de partenariats public-privé, l'ASER a attribué à des opérateurs privés, des concessions d'électrification rurale de six des dix zones sous sa responsabilité. Ces opérateurs disposent d'un monopole de distribution dans la zone de concession, mais sont tenus de s'approvisionner auprès de la SENELEC si les villages sont raccordés au réseau électrique national. Ils établissent alors leur propre réseau de distribution dans les localités. Les prix de cession sont négociés avec la SENELEC.

Les conditions de détermination du tarif de l'énergie électrique sont fixées par la loi. En milieu urbain et en fonction du programme d'investissements de la SENELEC, la Commission de régulation fixe un tarif plafond et le revenu maximum que SENELEC est autorisée à réaliser. La SENELEC peut alors proposer un ajustement de sa grille tarifaire sur une base trimestrielle, dans la limite des contraintes fixées par le régulateur. Dans la pratique, aucun ajustement tarifaire n'a été autorisé entre 2012 et 2016. Les hausses des coûts étaient subventionnées par l'État. Il n'y aurait plus de subventions depuis 2015, avec la baisse du cours des produits pétroliers. Une baisse des tarifs de 10% en moyenne est intervenue en début 2017. En milieu rural, les tarifs varient d'un opérateur à un autre, en fonction des investissements réalisés. Les autorités ont indiqué que les tarifs en milieu rural seraient d'environ 20% plus chers que ceux pratiqués par la SENELEC.

Le secteur de l'électricité est très dépendant des importations de produits pétroliers, étant donnée la part de l'énergie fossile dans le bilan énergétique. Malgré les importantes subventions accordées au secteur (125 milliards de FCFA en 2011 et 105 milliards en 2012), les prix de l'électricité restent parmi les plus élevés au monde. En 2011, les autorités sénégalaises ont lancé le Plan TAKKAL, un ensemble de mesures d'urgence visant à réduire les pénuries dans la fourniture de l'énergie électrique. Le plan vise à mobiliser des ressources en vue d'augmenter la capacité de production, de moderniser le réseau de transport et de distribution, et d'assurer l'approvisionnement régulier de la SENELEC en combustibles. Un Fonds spécial de soutien au secteur de l'énergie (FSE), alimenté par une taxe parafiscale (le Prélèvement de soutien au secteur de l'énergie), est destiné au financement du carburant. Le taux de la taxe parafiscale est de 15 000 FCFA par tonne pour les produits concernés (20 000 pour le gasoil). Les produits SENELEC sont exemptés du PSE.

Le Sénégal s'est engagé dans une politique de diversification de ses sources d'énergie, notamment vers les centrales à charbon, l'énergie solaire et éolienne, et l'utilisation du gaz naturel. Une puissance supplémentaire de 1 500 MW pourrait être injectée dans le réseau électrique à l'horizon 2021, si les projets en cours venaient à se concrétiser.[16]

Les énergies renouvelables sont une composante clé dans la stratégie poursuivie par le gouvernement en matière de diversification de ses sources d'énergie. La Lettre de politique de développement du secteur de l'énergie (LPDSE) de 2012 visait déjà à porter à 20% la part des énergies renouvelables dans le mix énergétique à l'horizon 2017. Le taux de 20% a été atteint en 2016. Un Ministère en charge des énergies renouvelables a été créé en 2010.[17] Le cadre législatif a été renforcé avec la promulgation des lois d'orientation relatives à la promotion des énergies renouvelables[18], et aux biocarburants.[19]

Créée en 2013, l'Agence nationale pour les énergies renouvelables (ANER) est chargée de la mise en œuvre de la stratégie du gouvernement en la matière. Elle bénéficie d'une dotation budgétaire de l'État pour assurer son fonctionnement et réaliser quelques investissements en plus de ceux financés par le biais de la coopération multilatérale et bilatérale. Les réalisations de l'ANER incluent l'installation de 1 825 lampadaires solaires au niveau de la banlieue de Dakar et dans les communes de Thiès, Linguère, Fatick, Kaolack, Tambacounda et Kolda[20]; et l'électrification par voie solaire de 145 infrastructures communautaires (établissements scolaires et de santé, établissements religieux, etc.).

Les entreprises engagées dans la production de biocarburants pour le marché domestique bénéficient

d'avantages fiscaux. Ceux-ci incluent notamment une exonération de droits de douanes et/ou de la TVA sur leurs acquisitions de matériel, semences et plants; et une exemption de l'impôt sur le revenu pour une période de cinq ans.[21] Ces avantages fiscaux ont été supprimés en 2012.

Le développement de la filière du bois fait partie de la stratégie de diversification énergétique du pays. Ainsi, les prix du charbon de bois sont libéralisés depuis 2007.

SECTEUR MANUFACTURIER

Le Sénégal dispose d'un secteur manufacturier relativement important, avec une contribution au PIB estimée à 13,5% en 2014, quoique stagnante pendant la période sous revue (tableau 1.1). Au 31 décembre 2016, le tissu industriel comprenait 1 512 entreprises (tableau 4.9). La valeur ajoutée du secteur industriel est générée en grande partie par les branches de l'industrie alimentaire, des matériaux de construction, de l'énergie et de l'eau. Les activités industrielles sont fortement concentrées dans la région de Dakar: 91% des entreprises y sont implantées.

Le Ministère de l'industrie et des mines est chargé de la mise en œuvre de la politique industrielle du gouvernement. Il s'appuie sur des structures comme l'Agence nationale de la promotion de l'investissement et des grands travaux (p. 368); et l'Association sénégalaise de normalisation (p. 377). La mise à niveau des entreprises relève du Bureau de mise à niveau.

Dans le cadre du PSE, l'objectif du gouvernement en matière de développement industriel est de tirer parti de la position géographique du pays pour le positionner comme un "hub logistique industriel régional".[22] Les actions prévues comprennent la mise en place de plates-formes industrielles dans les domaines de l'agroalimentaire, du textile-confection et des matériaux de construction; la création d'un pôle industriel pour les activités à haute valeur ajoutée (assemblage électronique, chantiers navals, sidérurgie, câblage automobile, ferroviaire ou aéronautique); et la mise en place d'un hub logistique (réhabilitation de la ligne de chemin de fer Dakar-Bamako, modernisation du port de Dakar, et construction de plateformes de stockage).

En 2016, le gouvernement a publié une Lettre de politique sectorielle de développement de l'industrie (LPSDI)[23], avec pour objectif global de "créer un environnement favorable au développement d'un secteur industriel compétitif et ouvert sur l'extérieur." Les actions prévues incluent: la mise des entreprises aux normes internationales en matière d'organisation des systèmes de production et de gestion; l'élargissement de la base industrielle et la densification du tissu industriel; et la promotion des investissements privés. La lettre a été validée en 2017, et sa mise en œuvre est en cours.

Le Sénégal participe au Programme de mise à niveau (PMN) des entreprises.[24] Les primes offertes par le programme incluent le financement de: 80% des coûts pour l'étude diagnostic et l'élaboration du Plan de mise à niveau; 30% des coûts des équipements, pour les investissements matériels financés par augmentation de capital; et 70% des coûts pour les investissements immatériels.[25] Depuis le démarrage du programme, 130 demandes de mise à niveau ont été approuvées, correspondant à un montant de 94 milliards de FCFA d'investissements prévus et 16 milliards de FCFA de primes prévues. À ce jour, le montant estimé des investissements approuvés est de 73,7 milliards de FCFA, et le montant des primes décaissées, de 9 milliards de FCFA.

Un programme de mise à niveau spécifique aux PMEs a été lancé en 2013. Le programme est restreint aux PME (avec un chiffre d'affaires de moins de 500 millions de FCFA) ayant au moins deux ans d'activité, et la priorité est accordée à la région de la Casamance. Le programme propose un financement à hauteur de 70% pour les investissements immatériels, et octroie des primes de 20% à 30% pour les investissements matériels. En résultats cumulés, 17 demandes de mise à niveau ont été approuvées sous ce programme spécifique aux PMEs. Ceci représente 766 millions de FCFA d'investissements et 285 millions de FCFA de primes.

Dans le cadre des schémas de libéralisation des échanges de l'UEMOA et de la CEDEAO, les entreprises sénégalaises agréées peuvent exporter vers les marchés régionaux leurs produits agréés en franchise de la plupart des droits et taxes d'entrée (rapport commun, tableau 3.5). Le Sénégal bénéficie d'un appui technique de l'ONUDI pour l'élaboration et la mise en œuvre de sa politique industrielle.

SERVICES

L'économie sénégalaise est tirée essentiellement par le secteur des services (tableau 1.1). Dans le cadre de l'AGCS, le Sénégal a pris des engagements dans plusieurs catégories de services, y compris les services financiers, les télécommunications, les services de transport, et le tourisme.[26] Pendant la période sous revue, le Sénégal a effectué une vingtaine de notifications

Tableau 4.9 Quelques indicateurs du secteur manufacturier, 2009-2016

	2009	2010	2011	2012	2013	2014	2015	2016
Nombre d'entreprises	959	1 011	1 070	1 197	1 294	1 338	1 338	1 512
Nombre d'emplois	38 775	37 069	26 955	33 290	43 109	38 417	39 024	..
- dont permanents	28 214	27 341	21 438	24 321	29 836	27 015	25 000	..

.. Non disponible.

Source: Renseignements en ligne de l'Observatoire de l'industrie du Sénégal. Adresse consultée: http://www.obs-industrie.sn/index1.htm; et informations fournies par les autorités sénégalaises.

relatives à ses lois et règlementations en matière de commerce des services (tableau 2.2).

Services financiers

Services bancaires

Au 31 décembre 2016, le paysage bancaire sénégalais comprenait 27 institutions dont 24 banques commerciales et 3 établissements financiers (tableau 4.10). Le montant total des actifs du secteur bancaire a atteint 5 390 milliards de FCFA en 2015 contre 3 019 milliards en 2009. Le secteur est dominé par les groupes bancaires étrangers (75% des actifs et une proportion similaire de comptes de la clientèle). Pour l'année 2014, le taux de bancarisation est estimé à 21,7% de la population active.

Les banques et établissements financiers sont soumis à la réglementation bancaire communautaire et supervisés par la Commission bancaire de l'UMOA (rapport commun, p. 88). Les demandes d'agrément sont à adresser au Ministre chargé des finances. L'agrément est accordé par arrêté du Ministre, après avis conforme de la Commission bancaire de l'UMOA. Une dizaine d'agréments ont été accordés entre 2009 et 2016 (dont neuf banques et un établissement financier à caractère bancaire).

Dans le cadre du PSE, le gouvernement entend accroître les options de financement des PME et renforcer l'inclusion financière. C'est ainsi qu'en 2013, trois nouvelles structures de prêt et de garantie des prêts aux PMEs ont été mises en place: le Fonds de garantie des investissements prioritaires (FONGIP); le Fonds souverain d'investissements stratégiques (FONSIS); et la Banque nationale pour le développement économique (BNDE). Entre 2013 et 2016, le FONSIS a obtenu 84,2 milliards de FCFA pour le financement des projets; le FONGIP a garanti 17 milliards de FCFA d'investissement dans les secteurs agricole et agroalimentaire, de la pêche, et de l'artisanat, et la BNDE a mobilisé 71 milliards de FCFA de financement au profit de 492 PMEs.[27]

Les autorités ont également entrepris des efforts en vue du développement de nouveaux produits (finance islamique, crédit-bail), et du refinancement des institutions de microfinance auprès des banques. Une loi relative au crédit-bail a été adoptée en 2012.[28] En 2014, le Sénégal a adopté une législation sur les bureaux d'information sur le crédit.[29] Un bureau d'information sur le crédit est fonctionnel depuis 2016.

Tableau 4.10 Situation des établissements de crédit agréés au 31 décembre 2016

Désignation	Agrément (année)	Capital (milliards de FCFA)	Part de l'État (%)	Bilan (milliards de FCFA)
Banques				
Coris Bank International, succursale du Sénégal	2015	..	..	..
BGFI Bank - Sénégal	2015	10,0	0,0	13,8
Banque de Dakar	2015	16,0	0,0	51,5
Orabank Côte d'Ivoire, Succursale du Sénégal	2013	0,0	..	51,3
Banque pour le commerce et l'industrie du Mali, succursale du Sénégal	2013	0,0	..	6,0
Banque nationale pour le développement économique	2013	11,0	25,0	80,1
Diamond Bank, succursale du Sénégal	2010	0,0	..	184,8
United Bank for Africa - Sénégal	2009	9,3	0,0	146,5
Crédit international	2009	10,0	0,0	51,5
Banque régionale des marchés	2006	7,8	0,0	296,8
Citibank - Sénégal	2006	17,5	0,0	87,6
Banque des institutions mutualistes d'Afrique de l'ouest	2005	10,0	0,0	42,6
FBN Bank - Senegal	2005	12,4	0,0	32,2
Banque Atlantique - Sénégal	2005	18,5	0,0	297,5
Banque sahélo-saharienne pour l'investissement et le commerce - Sénégal	2003	17,3	0,0	85,3
Bank of Africa - Senegal	2001	12,0	0,0	361,9
Ecobank - Sénégal	1999	16,8	0,0	648,4
Crédit du Sénégal	1989	5,0	0,0	172,0
Caisse nationale de crédit agricole du Sénégal	1984	10,0	25,9	243,0
Banque islamique du Sénégal	1982	10,0	6,0	260,0
Banque de l'habitat du Sénégal	1979	10,0	40,0	299,2
Société générale de banques au Sénégal	1965	10,0	0,0	735,6
Banque internationale pour le commerce et l'industrie au Sénégal	1965	10,0	24,9	430,6
Compagnie bancaire de l'Afrique occidentale, Groupe Attijariwafa Bank	1965	11,5	8,0	811,9
Établissements financiers				
Compagnie ouest-africaine de crédit-bail	1977	10,5	0,0	59,4
Société africaine de crédit automobile - Alios finance succursale de Dakar	2006	0,0	0,0	13,8
Wafacash West Africa	2015	..	..	0,0

.. Non disponible.

Source: Commission bancaire de l'UMOA (2016), *Rapport annuel 2015*. Adresse consultée: http://www.bceao.int/IMG/pdf/rapport_annuel_de_la_commission_bancaire_2015.pdf.

Le crédit-bail représente environ 9% des actifs du système financier sénégalais. En plus des banques, deux établissements financiers sont habilités à fournir des services de crédit-bail: il s'agit de LOCAFRIQUE et d'Alios Finance.

Des prix plafond s'appliquent aux services financiers fournis par les institutions bancaires. Depuis 2015, le taux d'intérêt sur les prêts ne peut excéder 15%.[30]

Les services financiers sont assujettis à une taxe sur les activités financières (TAF), perçue au taux de 17% des intérêts, agios et autres commissions perçues. Un taux réduit de 7% s'applique aux transactions destinées au financement des exportations (p. 376). Les intérêts et commissions perçus sur les transactions réalisées par les systèmes financiers décentralisés sont également exonérés de la TAF. Dans le but d'encourager les prêts de long-terme, les rémunérations perçues sur des prêts d'une durée de cinq ans et plus sont exonérées de la TAF. En 2014, la TAF a généré environ 45,8 milliards de recettes, soit l'équivalent de 6,3% des taxes collectées sur les biens et services.

Services des assurances

Au 31 décembre 2016, le marché sénégalais de l'assurance est animé par 27 sociétés d'assurance: 18 sociétés fournissent des services d'assurance dommage (dont une est engagée dans les services d'assurance agricole); et 9 sociétés fournissent des services d'assurance vie. La Société sénégalaise de réassurances (SENRE) demeure la seule à offrir les services de réassurance. Le chiffre d'affaires de la branche des assurances est évalué à 140,7 milliards de FCFA en 2016, dont 67% en assurance dommage (essentiellement l'assurance automobile, l'assurance contre les accidents corporels et maladies, et l'assurance incendies et autres dommages). L'État est actionnaire dans quatre sociétés d'assurance avec des parts de capital allant de 5 à 36%.

À l'instar des autres pays de l'UEMOA, le Sénégal fait partie de la Conférence interafricaine des marchés d'assurances (CIMA) dont le Code régit les services d'assurance dans les États membres (rapport commun, p. 86). Sur le plan interne, la régulation et le contrôle du marché des assurances relèvent de la Direction des assurances du Ministère chargé des finances. Outre l'assurance responsabilité civile automobile obligatoire sous le Code CIMA, les autres assurances obligatoires au Sénégal sont: l'assurance des facultés à l'importation (quelle que soit la valeur des marchandises); l'assurance des corps de navire armés au commerce ou à la pêche; l'assurance chasse; et l'assurance pour la pêche sous-marine. L'obligation d'une assurance des travaux et bâtiments est en cours de mise en œuvre.

Pour les assurances obligatoires, les primes minimales sont fixées ou approuvées par l'État conformément au code CIMA (rapport commun, p. 86). Pour les facultés à l'importation, le taux de prime minimum est fixé à 0,15%, avec une prime minimale de 6 300 FCFA, toutes taxes comprises.

Les contrats d'assurances ou de rente viagère sont soumis à une taxe spéciale (sur les produits d'assurance) aux taux suivants: 5% pour les assurances contre les risques de navigation maritime, fluviale ou aérienne, les assurances multirisques habitation et les assurances incendies; 6% pour les contrats de rente viagère; 0,25 % pour les assurances de crédits à l'exportation; et, 10% pour les autres types d'assurance.[31] Les assurances de groupe sont exemptées de la taxe qui a généré 5 milliards de FCFA de recettes en 2014.

Les compagnies peuvent déduire de la base taxable au titre de l'impôt sur les bénéfices, les primes d'assurances destinées à couvrir certaines cotisations et charges sociales (CGI, Livre 1er article 9). Les sociétés d'assurance ou de réassurance mutuelles agricoles sont exemptées de l'impôt sur les sociétés.

Microfinance

La microfinance représente environ 10% des actifs du secteur bancaire. Les institutions de microfinance sont régies par la loi n°2008-47 du 03 septembre 2008 portant réglementation des Systèmes financiers décentralisés (SFD) au Sénégal. Les SFD sont placées sous la tutelle du Ministère chargé des finances. La supervision des structures de taille plus importante (encours d'actifs ou de dépôts de 2 milliards de FCFA et plus) relève de la Commission bancaire de l'UEMOA. Les prêts pratiqués par les SFD sont sujets à un cap de 27% sur les taux d'intérêts.[32]

Télécommunications et services postaux

Télécommunications

Le secteur des postes et télécommunications contribue à environ 7% du PIB au Sénégal (tableau 1.1). En 2015, la branche des télécommunications a généré un chiffre d'affaires de 764 milliards de FCFA, contre 598 milliards en 2008. Cette évolution est largement imputable à la branche de la téléphonie mobile.

Les services de téléphonie fixe sont fournis par la SONATEL (opérateur historique) et Expresso Sénégal (filiale du groupe Sudatel). Au 31 décembre 2016, le segment de la téléphonie fixe comptait 285 933 lignes avec un taux de pénétration de 1,93%.[33] SONATEL occupe une position dominante avec 97,2% de la part de marché. Trois opérateurs se partagent le segment de la téléphonie mobile: Orange, filiale de la Sonatel; Tigo, filiale du groupe Millicom International Cellular S.A.; et Expresso Sénégal. Au 31 décembre 2016, la téléphonie mobile comptait plus de 15 millions d'abonnés avec un taux de pénétration de 102,6%; Orange détient une position dominante avec 52,3% des parts de marché. Tigo et Expresso détiennent respectivement 25,9 et 21,9% des parts du marché. Le segment Internet (essentiellement mobile) comprend 8,7 millions de lignes et possède un taux de pénétration de 58,9%.

De nombreuses PME fournissent des services à valeur ajoutée et autres services.

Le Ministère des postes et télécommunications est responsable de la formulation et de la mise en œuvre de la politique du gouvernement en la matière, y compris les technologies de l'information et de la communication. La régulation relève de l'Autorité de régulation des télécommunications et des postes (ARTP).

La Loi n° 2011-01 du 24 février 2011 portant Code des télécommunications au Sénégal a transposé certaines des normes communautaires en la matière (rapport commun, p. 81). La législation distingue trois types de régime: le régime de la licence, applicable à l'établissement et à l'exploitation de réseaux ou de services de télécommunications ouverts au public et faisant appel à des ressources rares; le régime d'autorisation, pour l'installation et l'exploitation de réseaux indépendants; et le régime de déclaration, pour la fourniture des services à valeur ajoutée et des autres services. Les licences sont octroyées par appel à concurrence. Le nombre de licences est fixé par l'État. En juin 2017, des licences d'opérateurs mobiles virtuels ont été accordées à trois opérateurs: You Mobile, Sirius Telecoms Afrique SA, et Origines SA.

La loi prévoit également un régime de licence pour les opérateurs d'infrastructures. Ceux-ci sont autorisés à construire des infrastructures mais ne peuvent vendre leurs services qu'en gros aux autres opérateurs. En janvier 2017, le Code des télécommunications a été modifié pour transférer les fournisseurs d'accès à Internet du régime de licence à celui de l'autorisation.[34] Cet assouplissement vise à accroître l'accessibilité et l'usage des services de l'Internet, et à promouvoir l'économie numérique.

Les tarifs de la téléphonie mobile sont fixés par les opérateurs, sous réserve de notification à l'ARTP. Le régulateur peut encadrer les tarifs des opérateurs disposant d'une position dominante sur le marché (c'est-à-dire détenant au moins 25% de la part du marché). Un tel encadrement peut se faire par la fixation des valeurs plafond ou plancher, et vise à orienter les tarifs vers les coûts de revient et à éviter les subventions croisées entre différents services.

La législation fait obligation aux opérateurs de donner droit aux demandes d'autres opérateurs en matière d'interconnexion et de partage d'infrastructures.[35] Les arrangements d'interconnexion et les tarifs sont, en principe, négociés entre les opérateurs. Ceux jugés disposer d'une position dominante sont tenus de publier annuellement un catalogue d'interconnexion. Les opérateurs sont libres de conclure des accords à l'international. Les tarifs de gros sont proposés par les opérateurs et validés par l'ARTP qui établit des prix plafonds afin de garantir la concurrence.

L'ARTP établit et gère le plan national de numérotation. Elle gère également les fréquences radioélectriques et le domaine ".sn". En matière de fourniture du service universel, tout opérateur est tenu, entre autres, de fournir le service de téléphonie à un prix raisonnable dans toutes les zones desservies par son réseau; d'assurer l'acheminement gratuit des appels destinés aux services publics d'urgence; et de respecter les normes de qualité fixées aux niveaux national et international.[36] Des services complémentaires au service universel peuvent être assignés à certains opérateurs. Le contrôle de la qualité des services est assuré par l'ARTP.

Un Fonds de développement du service universel des télécommunications (FDSUT) a été mis en place à travers le Code des télécommunications. Il est financé par une contribution au développement du service universel, fixé initialement à 3% du chiffre d'affaires des opérateurs (hors taxes et frais d'interconnexion). En 2012, le taux a été porté à 5%, et le prélèvement est devenu une Contribution au développement du service universel des télécommunications et du secteur de l'énergie (CODETE). Les ressources collectées ont été allouées à hauteur de 95% au secteur de l'énergie et 5% au service universel. En 2017, la CODETE a été remplacée par une contribution au développement économique (CODEC), au taux de 3% du chiffre d'affaires. Depuis janvier 2014, les opérateurs sont également assujettis à un prélèvement spécial sur le secteur des télécommunications (PST), au taux de 1% de leur chiffre d'affaires.

Une redevance sur l'accès ou l'utilisation du réseau des télécommunications publiques (RUTEL) a été introduite en 2008.[37] Depuis 2010, cette redevance est payée par le consommateur au taux de 5% du montant hors taxe des prestations reçues (contre 2% auparavant).

L'importation, la mise en vente ou la distribution d'équipements radioélectriques sont soumises à l'obtention d'un agrément délivré par l'ARTP, ou par un laboratoire dûment agréé par celle-ci. Il en est de même des équipements terminaux destinés à être connectés à un réseau ouvert au public. Les fabricants, distributeurs et installateurs d'équipements radioélectriques doivent obtenir un agrément de l'ARTP avant toute activité.

À l'importation, les appareils de téléphonie fixe et mobile sont exemptés du paiement des droits de douane et de la TVA. Ils font cependant l'objet d'une redevance sur l'accès ou l'utilisation du réseau des télécommunications publiques, au taux de 2% de leur valeur c.a.f.[38]

Le Sénégal fait partie des cinq pays de l'UEMOA ayant signé un protocole d'accord sur le "free roaming" pour les usagers en itinérance.[39] Le service est effectif depuis le 31 mars 2017 et couvre notamment: la réception gratuite des appels (300 minutes dans un délai de 30 jours calendaires); la réception gratuite des SMS; et la facturation des appels et SMS émis aux tarifs appliqués par les opérateurs du pays visité.[40]

Dans le cadre du PSE, une stratégie "Sénégal Numérique 2025" a été adoptée en 2016, avec pour objectif, entre autres, de porter la contribution du numérique à 10% du PIB en 2025 (contre 6% en 2015).[41]

Services postaux

Le secteur des services postaux est animé par l'opérateur historique "SN La Poste" (SNP) et une douzaine d'opérateurs privés (dans le marché du courrier express)[42]: Tex courrier, Bolloré, DHL, et EMS, pour le marché national et international; UPS et Globex pour le marché international exclusivement; et Négoce International Express, Coudou, Speedex, Global Bisness Group, Flash car, et Modela, pour le marché national exclusivement.

Les services postaux sont régis par la Loi n° 2006-01 portant Code des postes, et régulés par l'ARTP. En vertu de la législation, le service public des postes comprend le service postal universel et les services financiers postaux, et doit être fourni de manière permanente et régulière sur tout le territoire national. Le service postal universel comprend: la collecte, le tri, l'acheminement et la distribution d'envois postaux jusqu'à deux kilogrammes, et de colis postaux jusqu'à vingt kilogrammes; les services relatifs aux envois postaux recommandés et aux envois postaux avec valeur déclarée; et l'émission et le paiement de mandats de poste.

La SNP est désignée pour assurer le service public postal, en vertu d'une convention de concession. La SNP détient également le monopole sur la levée, le tri, le transport et la distribution des envois nationaux et internationaux de courrier ordinaire d'un poids inférieur ou égal à 500 grammes, et pour le courrier express intérieur, et les envois affranchis ou jusqu'à un prix égal à cinq fois le premier échelon du tarif postal. Il en est de même du publipostage et de l'émission de timbres-poste.

Les autres services postaux sont non réservés, mais leur fourniture est conditionnée par l'obtention d'une licence d'exploitation du courrier, délivrée par l'ARTP. Les licences sont octroyées pour une durée de cinq ans renouvelable. Les exploitants sont assujettis à une redevance annuelle.

Transport

Transport maritime et services portuaires

Le Port autonome de Dakar constitue le deuxième de la sous-région après celui d'Abidjan, en termes de capacité d'accueil avec 2 705 navires en 2015 (tableau 4.11). Le trafic global a été de 15,2 millions de tonnes en 2015, contre 8,7 millions en 2009. Les autres ports (secondaires) sont localisés dans les régions de Saint-Louis, Kaolack et Ziguinchor.

Au niveau international, le transport maritime au Sénégal est régi par la Convention visant à faciliter le trafic maritime international (Convention FAL). Les sociétés auxiliaires de transport maritime sont libres de s'installer au Sénégal, sous réserve d'obtenir un agrément. Le cabotage est réservé aux bateaux battant pavillon sénégalais.

La gestion du port de Dakar est assurée par la Société nationale Port autonome de Dakar (SN-PAD), détenue à 100% par l'État. Les autres ports sont gérés par l'Agence nationale des affaires maritimes, pour ce qui est du volet technique, et les chambres régionales de commerce, d'industrie et d'agriculture, pour ce qui est du volet commercial. À Dakar, le pilotage et l'arrimage des navires sont assurés par la SN-PAD. Les autres services comme la manutention et la consignation sont assurés par des sociétés privés sous le régime de l'agrément. Le Sénégal dispose d'une flotte de quatre navires gérée par le Consortium sénégalais d'activités maritimes.

Le Conseil sénégalais des chargeurs (COSEC) a pour mission principale la promotion des services de transport maritime de marchandises à l'importation et à l'exportation du Sénégal. Il est financé par un prélèvement effectué sur les importations à un taux porté en 2014 à 0,4% de la valeur en douane des marchandises importées par voie maritime. Ce prélèvement est réparti à égalité entre le COSEC et le Fonds de soutien à l'énergie.[43] Par ailleurs, les importateurs et exportateurs sont assujettis au paiement d'une taxe de 10 000 pour le compte du COSEC. La taxe est payable lors de l'établissement ou du renouvellement (tous les quatre ans) de la carte import-export.

Il n'y a plus de répartition de cargaisons, et l'essentiel du trafic entrant et sortant est assuré par des navires étrangers. Un bordereau électronique de suivi des cargaisons est obligatoire pour toute cargaison maritime en provenance ou à destination du Sénégal.[44] Les frais sont payés directement au COSEC. Les frais du BESC sont de 15 euros par véhicule de moins de 5 tonnes et conteneurs de 20 pieds; 30 euros par véhicule de plus de 5 tonnes et conteneurs de 40 pieds; et 50 euros par fraction de 300 tonnes (ou m^3) pour les marchandises en vrac ou en conventionnel.[45]

Transports terrestres

Le réseau de transports terrestres au Sénégal comprend 18 063 km de routes, et 1 057 km de voie ferrée. Le Sénégal et le Mali exploitent conjointement une ligne de chemin de fer entre Dakar et Bamako qui est l'un des

Tableau 4.11 Évolution du trafic portuaire, 2009-2016

	2009	2010	2011	2012	2013	2014	2015	2016
Nombre d'escales de navires	2 262	2 511	2 931	2 858	2 745	2 643	2 705	2 749
Trafic global (millions de tonnes)	8,7	10,3	11,4	11,9	12,2	13,4	15,2	16,4
- Embarquement	1,7	2,2	2,7	2,8	2,7	3,3	3,9	3,8
- Débarquement	7,1	8,1	8,7	9,1	9,5	10,2	11,3	12,6
- Conteneurs	2,5	2,8	3,5	3,3	3,5	3,9	4,3	4,9

Source: Renseignements en ligne de l'ANSD. Adresse consultée: http://senegal.opendataforafrica.org/lzrqejd/transport-maritime; et informations fournies par les autorités sénégalaises.

principaux corridors de transport de l'Afrique de l'ouest. Les principaux acteurs du sous-secteur sont: la Société d'exploitation des industries chimiques du Sénégal (SEFICS); le Petit train de banlieue (PTB.SA), qui assure le transport Dakar-Thiès; et la société TRANSRAIL SA, Concessionnaire de l'axe Dakar–Bamako.

Le transport routier et ferroviaire relève du Ministère des infrastructures, des transports terrestres et du désenclavement. Le Ministère s'appuie sur l'Agence nationale des chemins de fer (ANCF) qui gère, pour le compte du Sénégal, la portion de la voie ferrée du coté sénégalais, et l'Agence des travaux et de gestion des routes (AGEROUTE Sénégal). Créé en 2007, le Fonds d'entretien routier autonome (FERA) est opérationnel depuis 2009. Il est destiné au financement des études et des travaux d'entretien routier. Ses ressources proviennent de la taxe d'usage de la route, des subventions de l'État, et des redevances tirées de l'exploitation du réseau routier. Les travaux pour un train express régional entre Dakar et l'Aéroport international Blaise Diagne ont commencé.

La libéralisation du transport et de la livraison des conteneurs est effective depuis 2009.[46] L'exercice de la profession de transporteur routier (de personnes ou de marchandises) est réservée aux sénégalais et aux sociétés détenues majoritairement par des sénégalais.[47] Il est soumis à l'obtention d'un agrément délivré gratuitement par le Ministère de tutelle. L'opérateur doit également obtenir l'autorisation de transport routier pour chacun de ses véhicules. Les frais sont de 15 000 FCFA pour une autorisation de transport routier public, et 30 000 FCFA pour une autorisation de transport routier privé. Les ressortissants des autres pays de la CEDEAO doivent justifier d'une licence inter-États pour circuler librement dans l'espace de la Communauté. Le cabotage est interdit aux transporteurs étrangers.

La Direction des transports terrestres est chargée de la mise en œuvre de la politique du gouvernement en la matière. Les tarifs des transports publics routiers de personnes sont fixés par le Ministère de tutelle. La dernière révision des tarifs de transport public routiers de personne date de 2009. Les tarifs de transport par taxi urbain sont fixés par les autorités locales.

Le Sénégal a signé divers accords routiers et des accords de transit avec le Bénin, le Burkina Faso, la Côte d'Ivoire, la Guinée-Bissau, le Mali, et le Niger. En plus de ces accords, le Sénégal a signé un accord portuaire et un accord maritime avec le Mali. Ces accords routiers permettent généralement d'effectuer toute opération de transport de passagers et de marchandises entre les États moyennant le respect des lois et règlements en vigueur dans chacun des pays. Par ailleurs, des négociations seraient en cours entre le Sénégal et la Mauritanie afin de lever l'obligation de rupture de charge imposée par la Mauritanie sur les camions sénégalais en transit. L'assurance responsabilité civile automobile est obligatoire (p. 395).

Transports aériens

Le Sénégal dispose de quatre aéroports (à Dakar, Saint-Louis, Cap-Skiring, et Ziguinchor), et de 11 aérodromes nationaux. L'Aéroport international de Dakar constitue le principal port d'entrée par voie aérienne. Il est desservi par près d'une trentaine de compagnies aériennes. Un cinquième aéroport, l'Aéroport international Blaise Diagne (AIBD), devrait être opérationnel vers la fin de l'année 2017. Les aéroports au Sénégal sont gérés par l'Agence des aéroports du Sénégal (ADS), détenue par l'État. La fourniture de services d'assistance (ou d'auto-assistance) au sol est subordonnée à l'obtention d'un agrément délivré par le ministère en charge de l'aviation civile.[48] L'agrément est délivré pour une durée de dix ans renouvelable (cinq ans en cas d'auto-assistance). À l'Aéroport international de Dakar, deux compagnies fournissent les services d'assistance au sol: la Senegal Handling Services et l'Aviation Handling Services. Air France est agréée pour opérer sa propre assistance au sol.

Suite à la dissolution en 2009 de la compagnie Air Sénégal International (détenue à 75% par l'État sénégalais), une nouvelle compagnie (Senegal Airlines) a été lancée en 2009 et a commencé ses opérations en 2011. Détenue à 31% par l'État, la nouvelle compagnie est perturbée par des problèmes techniques et une dette d'environ 65 milliards de FCFA, et s'est vu retirer sa licence en 2016. Une nouvelle compagnie aérienne (Air Sénégal SA) a été créée en avril 2016. Elle dispose d'un capital de 40 milliards de FCFA détenu entièrement par la Caisse de dépôt et de consignation. La compagnie devrait commencer son vol inaugural en décembre 2017, à partir du nouvel aéroport AIBD.

La régulation du transport aérien civil relève de l'Agence nationale de l'aviation civile et de la météorologie (ANACIM). Les activités de transport aérien sont régies par le Code de l'aviation civile adopté en 2015.[49] Selon le Code, l'exercice d'une activité de transport ou de travail aérien est subordonné à l'obtention d'un agrément. Toute entreprise désireuse de s'engager dans l'activité de transport aérien public doit également obtenir un permis d'exploitation aérienne. En plus de Sénégal Airlines, une douzaine d'autres entreprises bénéficient d'un agrément pour le transport aérien.[50] La présence étrangère et les droits de trafic accordés aux compagnies étrangères desservant le Sénégal sont en principe régis par les dispositions de l'UEMOA pour ce qui est des autres États membres de l'Union, par les dispositions de la décision de Yamoussoukro pour ce qui est des compagnies des autres pays africains, et par des accords bilatéraux signés avec d'autres pays, lesquels portent généralement sur des droits des troisième et quatrième libertés. Une trentaine d'accords de cette nature sont actuellement en vigueur. Le Sénégal a signé un accord open sky avec les Émirats arabes unis en janvier 2013. Le cabotage par une compagnie étrangère n'est pas autorisé. Dans les négociations, le Sénégal privilégie généralement des accords de

mono-désignation. Air Sénégal SA a été désigné par le Sénégal comme étant sa compagnie nationale.

Tourisme

Le tourisme constitue une importante source de devises au Sénégal. Le pays dispose d'un riche patrimoine naturel (parcs nationaux, Lac Rose, etc.) et culturel (dont l'Île de Gorée). Le pays est positionné essentiellement sur le tourisme balnéaire. Du fait de la présence de certaines institutions internationales et de certains grands groupes internationaux, le tourisme d'affaires occupe également une place non négligeable. La France est le principal pourvoyeur de touristes au Sénégal (environ 50% des arrivées par voie aérienne).

La promotion du tourisme relève de l'Agence sénégalaise de promotion touristique (ASPT), placée sous la tutelle du Ministère du tourisme et des transports aériens (MTTA). Pendant la période sous revue, il n'y a pas eu de changements au cadre réglementaire des activités touristiques.[51] En vertu de la législation, toute entreprise commerciale offrant des services d'hébergement, de restauration et/ou de loisirs à une clientèle principalement touristique est tenue d'obtenir un agrément du Ministère du tourisme et des transports aériens.

La législation exige le classement des établissements d'hébergement touristique: le classement attribué doit être affiché sur la façade principale de l'établissement. Tout établissement peut être déclassé si son exploitation ne répond plus aux normes. L'exploitation d'un établissement à des fins d'hébergement touristique (hôtels et résidences meublées) sont classés en cinq catégories, la catégorie de luxe comportant 5 Étoiles; tandis que les auberges, villages de vacances, campements touristiques et motels sont classés en trois catégories. Le classement est effectué par la Commission nationale de classement et d'agrément des établissements d'hébergement touristique.

Dans le but d'améliorer la compétitivité du secteur, les prestations fournies par les établissements d'hébergement touristiques agréés sont soumis à la TVA au taux réduit de 10% (au lieu du taux standard de 18%). Le Sénégal a supprimé le visa d'entrée sur son territoire en 2015. En 2015, le Sénégal a adopté un régime fiscal spécial pour les établissements touristique agréés installées dans la région de la Casamance, avec pour objectif d'en faire un pôle de développement touristique.[52] Le régime prévoit des avantages fiscaux et douaniers pour une durée de dix ans.

Notes de fin

1 Gouvernement du Sénégal (2014), *Plan Sénégal émergent*. Adresse consultée: https://www.gouv.sn/IMG/pdf/PSE.pdf.

2 La Société nationale de commercialisation des oléagineux du Sénégal (SONACOS) avait été privatisée en 2005, et rebaptisée SUNEOR. La nouvelle société a cependant continué à faire face à de nombreuses difficultés, et a ainsi été rachetée par l'État. Elle est redevenue SONACOS.

3 FAO (2011). *Aperçu du développement rizicole - Sénégal*. Adresse consultée: http://www.fao.org/fileadmin/user_upload/spid/docs/Senegal/Riziculture_etatdeslieux_SN.pdf.

4 Arrêté interministériel n° 007717 du 24 novembre 2005 portant interdiction d'importer des produits de l'aviculture et des matériels avicoles usagés.

5 La contribution de la pêche et des activités connexes est estimée à 3,2% du PIB, selon les estimations de l'Agence nationale de la statistique et de la démographie.

6 Loi n° 2015-18 du 13 juillet 2015 portant Code de la pêche maritime.

7 Décret n° 2016-1804 portant application de la Loi n° 2015-18 portant Code de la pêche maritime.

8 Pour les nationaux, les ressortissants de l'UEMOA et de pays liés au Sénégal par un accord de pêche, les redevances sont de 5 000 FCFA/an pour le permis A; 15 000 FCFA/an pour le permis B; et 25 000 FCFA par an pour le permis C.

9 FAO - Accord relatif aux mesures du ressort de l'État du port visant à prévenir, contrecarrer et éliminer la pêche illicite, non déclarée et non réglementée.

10 Décret n°2009-1226 relatif à l'exercice de la profession de mareyeur.

11 Loi n° 2016-32 du 8 novembre 2016 portant Code minier.

12 Auparavant, la production de gaz était également utilisée par la cimenterie SOCOCIM Industries pour la génération de l'électricité.

13 Loi n° 98-31 du 14 avril 1998 relative aux activités d'importation, de raffinage, de stockage, de transport et de distribution des hydrocarbures.

14 SENSTOCK est détenue à 36,9% par DIPROM, 28,7% par le groupe Total, 18% par Puma Energy, et 16,4% par la SAR.

15 La marge de soutien de 10 FCFA/litre prélevé pour le compte de la SAR a été supprimée depuis décembre 2016.

16 Il est prévu notamment la mise en service de: centrales au charbon de Sendou (125 MW en 2018) et de Mboro (300 MW en 2021); centrale éolienne de Taiba Ndiaye (150 MW à partir de 2018); centrale dual fioul de Malicounda (120 MW à partir de 2020); ainsi que de nouvelles capacités solaires (30 MW à Méouane, 20 MW à Kahone, 30 MW à Mérina Dakhar, et 100 MW dans le cadre de l'initiative *Scaling Solar* du Groupe de la Banque mondiale).

17 Le portefeuille des énergies renouvelables est maintenant associé à celui de l'énergie.

18 Loi n° 2010-21 du 20 décembre 2010 portant loi d'orientation sur les énergies renouvelables.

19 Loi n° 2010-22 du 15 décembre 2010 portant loi d'orientation de la filière des biocarburants.

20 Ces installations ont été réalisées dans le cadre de la phase pilote du Programme régional de développement des énergies renouvelables et d'efficacité énergétique de l'UEMOA.

21 Article 8 de la Loi n° 2010-22 du 15 décembre 2010 portant loi d'orientation sur le secteur des biocarburants.

22 Gouvernement du Sénégal (2014), *Plan Sénégal Émergent*. Adresse consultée: https://www.gouv.sn/IMG/pdf/PSE.pdf.

23 Ministère de l'industrie et des mines (2016), *Lettre de politique sectorielle de développement de l'industrie*. Décembre. Adresse consultée: http://www.obs-industrie.sn/LPSDIndustrieFinal1.doc.

24 Pendant la phase pilote du programme, une soixantaine d'entreprises ont été appuyées à travers les primes de mise à niveau, le coaching, la formation des prestataires locaux, et leur mise en relation avec les prestataires locaux.

25 Les investissements immatériels couvrent tous les domaines comme la gestion des ressources humaines, le transfert de technologie, la recherche de partenaires, etc.

26 Document de l'OMC GATS/SC/75 du 15 avril 1994.

27 Gouvernement du Sénégal (2017), *Mémorandum sur les politiques économiques et financières, 2015-2017*. Adresse consultée: http://www.dpee.sn/IMG/pdf/memo_vf2.pdf.

28 Loi n° 2012-02 du 3 janvier 2012 sur le crédit-bail au Sénégal. La loi remplace le Décret n° 71-458 du 22 avril 1971.

29 Loi n° 2014-02 du 6 janvier 2014 portant réglementation des bureaux d'Information sur le Crédit dans les États membres de l'Union monétaire ouest-africaine (UMOA).

30 Avis n° 003-08- 2013 du 29 août 2013 aux établissements de crédit et aux systèmes financiers décentralisés, relatif à la fixation du taux de l'usure dans les États membres de l'UMOA.

31 Loi n° 2012-31 du 31 décembre 2012 portant Code général des impôts.

32 Imam, Patrick; et Christina Korerus (2013), *Senegal: Financial depth and macrostability,* Washington, D.C., Fond monétaire international. Adresse consultée: https://www.imf.org/external/pubs/ft/dp/2013/afr1305.pdf.

33 ARTP (2017), *Rapport trimestriel sur le marché des télécommunications, 2016*. Adresse consultée: http://www.artpsenegal.net/images/documents/Rapport_Observatoire_T4_2016.pdf.

34 Loi n° 2017-13 modifiant la Loi n° 2011-01 du 24 février 2011 portant Code des télécommunications.

35 Décret n° 2016-1998 relatif au partage d'infrastructures de télécommunications.

36 Décret n° 2012-320 du 29 février 2012 portant accès/service universel.

37 Loi n° 2008-46 du 3 septembre 2008 instituant une redevance sur l'accès ou l'utilisation du réseau des télécommunications publiques (RUTEL).

38 Loi n° 2008-46 du 3 septembre 2008 instituant une redevance sur l'accès ou l'utilisation du réseau des télécommunications publiques (RUTEL).

39 Les autres pays sont le Burkina Faso, la Guinée-Bissau, le Mali et le Togo.

40 Autorité de régulation des télécommunications et des postes (ARTP). Adresse consultée: http://artpsenegal.net/images/Lancement20Free20Roaming203120mars202017.pdf.

41 La stratégie Sénégal Numérique vise entre autres à atteindre les objectifs ci-après à l'horizon 2025: attirer 50 milliards de FCFA d'investissements directs étrangers; créer environ 35 000 emplois directs; couvrir 90% du territoire en Internet haut débit mobile (contre 54% en 2015); et passer au 70ème rang selon le classement de l'indice de préparation aux réseaux (*Networked Readiness Index*) du Forum économique mondial (contre le 106ème rang en 2015). Source: République du Sénégal (2016), *Stratégie Sénégal Numérique 2016 – 2025*. Adresse consultée: https://www.sec.gouv.sn/IMG/pdf/sn2025_final_31102016.pdf.

42 ARTP (2016), *Note d'analyse trimestrielle de l'évolution des activités du secteur postal – 2ème trimestre 2015*. ARTP, janvier. Adresse consultée: http://www.artpsenegal.net/images/NOTE_ANALYSE_TRIMESTRIELLE_T2_2015_POSTAL.pdf.

43 Décret n° 2013-13 du 3 janvier 2013.

44 Arrêté interministériel n° 4350 du 26 mai 2008 instituant un bordereau de suivi des cargaisons au Sénégal.

45 Renseignements en ligne du Conseil sénégalais des chargeurs. Adresse consultée: http://www.cosec.sn/?page_id=2130.

46 Arrêté interministériel n° 6365 en date du 10 juin 2009 relatif au transport routier et à la livraison des conteneurs.

47 Renseignements en ligne du Ministère des infrastructures, des transports terrestres et du désenclavement. Adresse consultée: http://www.mittd.gouv.sn/fr/prive.

48 Arrêté n° 3165 du 24 mars 2011 relatif au cahier des charges pour l'exercice de l'activité d'assistance et d'auto-assistance en escale dans les aéroports du Sénégal.

49 Loi n° 2015-10 du 04 mai 2015 portant Code de l'aviation civile.

50 Il s'agit de: Africa Air Assistance; Air Senegal SA; Anta Air; Arc En Ciel; ATS-SARL; Beliel Air Transport SA; Dakar Jet Center; Heliconia; Imperial SN; Sam Airways SAS; et Transair.

51 Celui-ci comprend: le Décret n° 2005-144 du 2 mars 2005 portant réglementation des agences de voyages, de tourisme et de transports touristiques; le Décret n° 2004-1098 portant réglementation de la profession de guides de tourisme; et le Décret n° 2005-145 portant réglementation des établissements d'hébergement touristique.

52 Loi n° 2015-13 du 3 juillet 2015 portant statut fiscal spécial des entreprises touristiques installées dans le pôle touristique de la Casamance.

Appendice - tableaux

Tableau A1. 1 Structure des exportations, 2009-2016

	2009	2010	2011	2012	2013	2014	2015	2016
Monde (millions de $EU)	2 017,4	2 161,1	2 541,7	2 531,7	2 661,0	2 750,2	2 611,7	2 640,3
Monde (millions d'€)	1 452,2	1 631,7	1 828,4	1 970,4	2 004,1	2 072,9	2 354,8	2 386,9
	(Part en pourcentage)							
Produits primaires, total	52,8	54,1	50,4	46,9	57,0	58,4	55,3	51,5
Agriculture	27,9	27,1	32,0	28,6	36,4	37,1	33,3	34,2
Produits alimentaires	26,9	25,9	30,5	26,8	34,0	34,8	31,4	32,2
0342 - Poissons congelés (à l'exception des filets de poisson et du poisson haché)	3,1	3,3	3,9	4,2	6,4	7,7	6,9	8,1
0985 - Préparations pour soupes, potages ou bouillons; soupes, potages ou bouillons préparés	2,0	2,1	2,7	3,4	4,6	4,3	4,1	4,0
1222 - Cigarettes contenant du tabac	2,0	2,1	2,1	1,9	1,9	1,8	1,9	2,3
0363 - Mollusques et invertébrés aquatiques frais, réfrigérés, congelés, séchés, salés ou en saumure	2,5	2,0	3,2	2,6	1,3	1,9	2,0	2,2
2221 - Arachides non grillées ni autrement cuites, même décortiquées ou concassées	0,0	0,2	0,5	0,5	0,8	0,4	0,5	2,1
0423 - Riz semi-blanchi, même poli, glacé, étuvé ou converti (y compris le riz en brisures)	2,5	1,0	2,1	1,7	1,4	1,5	1,5	1,7
0341 - Poissons frais (vivants ou morts) ou réfrigérés (à l'exclusion des filets et du poisson haché)	4,3	3,6	3,2	2,3	2,1	2,5	0,8	1,3
0545 - Autres légumes, à l'état frais ou réfrigéré	0,4	0,4	0,6	0,6	1,4	1,3	0,9	1,3
0989 - Préparations alimentaires, n.d.a.	0,2	0,2	0,8	1,1	1,6	1,6	1,7	1,1
4213 - Huile d'arachide et ses fractions	1,9	2,7	3,1	1,1	1,4	1,5	2,5	1,0
0361 - Crustacés congelés	1,0	1,3	1,0	0,9	1,1	1,1	0,8	0,9
Matières premières agricoles	1,0	1,3	1,4	1,7	2,4	2,3	1,9	1,9
2667 - Fibres synthétiques discontinues, cardées, peignées ou autrement transformées pour la filature	0,0	0,0	0,1	0,2	0,6	0,7	0,9	0,9
Industries extractives	24,9	27,0	18,4	18,4	20,6	21,4	22,0	17,4
Minerais et autres minéraux	2,5	3,1	3,3	3,3	2,4	3,7	7,5	6,2
2878 - Minerais de molybdène, de niobium, de tantale, de titane, de vanadium et de zirconium et leurs concentrés	0,0	0,0	0,0	0,0	0,0	0,7	3,5	3,8
2723 - Phosphates de calcium naturels, phosphates alumino-calciques naturels et craies phosphatées	0,2	0,3	0,4	0,6	0,7	1,3	2,2	1,2
Métaux non ferreux	0,5	0,3	0,5	0,8	1,7	0,9	0,6	0,5
Combustibles	21,8	23,6	14,7	14,3	16,5	16,8	13,9	10,7
334 - Huiles de pétrole, autres que brutes	21,6	23,3	14,4	13,9	16,2	16,2	13,3	9,9
Produits manufacturés	37,6	36,2	39,8	39,1	29,4	28,8	28,7	31,9
Fer et acier	3,7	3,8	5,0	4,8	4,7	3,4	2,3	2,1
Produits chimiques	13,3	15,0	18,7	15,8	11,2	9,7	10,8	13,1
5223 - Acides inorganiques et composés oxygénés inorganiques des éléments non métalliques	7,3	9,2	13,4	10,9	6,2	3,8	6,1	7,5

	2009	2010	2011	2012	2013	2014	2015	2016
5532 - Produits de beauté ou de maquillage préparés et préparations pour l'entretien ou les soins de la peau (autres que les médicaments), y compris les préparations antisolaires et les préparations pour bronzer; préparations pour manucures ou pédicures	1,4	1,2	1,2	1,2	1,1	1,3	1,1	1,1
Autres demi-produits	9,2	10,7	10,7	10,6	7,9	8,5	8,5	9,8
6612 - Ciments hydrauliques (y compris les ciments non pulvérisés dits "clinkers"), même colorés	7,4	9,3	9,4	8,7	6,2	6,8	6,8	7,9
Machines et matériel de transport	8,1	4,5	3,7	5,8	2,9	4,0	4,0	3,4
Machines pour la production d'énergie	0,3	0,2	0,1	0,6	0,3	0,6	0,2	0,1
Autres machines non électriques	0,9	1,1	1,1	1,3	0,6	1,2	1,3	1,1
Tracteurs et machines agricoles	0,0	0,0	0,0	0,0	0,0	0,1	0,0	0,0
Machines de bureau et matériel de télécommunication	0,3	0,4	0,4	0,3	0,2	0,4	1,0	0,5
Autres machines électriques	0,6	0,7	0,7	0,9	0,9	0,9	0,7	0,7
Produits de l'industrie automobile	1,6	1,7	1,2	1,1	0,5	0,7	0,7	0,8
Autres matériel de transport	4,3	0,4	0,2	1,6	0,3	0,3	0,2	0,2
Textiles	0,8	0,4	0,3	0,3	0,3	0,5	0,3	0,2
Vêtements	0,0	0,0	0,0	0,0	0,0	0,1	0,0	0,0
Autres biens de consommation	2,5	1,8	1,3	1,8	2,4	2,6	2,8	3,3
8999 - Ouvrages divers, n.d.a.	0,2	0,2	0,1	0,4	1,1	1,3	1,4	1,6
Autres	9,6	9,6	9,8	13,9	13,5	12,7	16,0	16,5
9710 - Or, à usage non monétaire (à l'exclusion des minerais et concentrés d'or)	9,0	9,5	9,7	13,9	13,4	12,6	9,7	12,5

Source: Calculs du Secrétariat de l'OMC basés sur les données issues de la base de données Comtrade de la DSNU (CTCI Rev.3).

Tableau A1. 2 Structure des importations, 2009-2016

	2009	2010	2011	2012	2013	2014	2015	2016
Monde (millions de $EU)	4 712,9	4 782,2	5 908,9	6 434,2	6 552,2	6 502,7	5 595,4	5 477,9
Monde (millions d'€)	3 392,5	3 610,8	4 250,6	5 007,7	4 934,8	4 901,3	5 045,1	4 952,2
	(Part en pourcentage)							
Produits primaires, total	49,8	55,5	57,0	57,5	56,6	55,4	48,7	46,6
Agriculture	25,7	23,9	24,6	25,7	25,7	24,3	23,4	25,2
Produits alimentaires	24,2	22,4	22,9	24,1	24,2	22,8	21,7	23,4
0423 - Riz semi-blanchi, même poli, glacé, étuvé ou converti (y compris le riz en brisures)	6,9	6,1	6,4	7,0	7,0	6,4	6,8	5,9
0989 - Préparations alimentaires, n.d.a.	1,2	1,3	1,7	1,9	2,4	2,6	2,1	2,5
4222 - Huile de palme et ses fractions	0,8	0,5	1,4	1,8	1,7	1,8	1,3	1,7
0612 - Autres sucres de canne ou de betterave, et saccharose chimiquement pur, à l'état solide	1,1	1,7	1,9	1,4	1,5	0,6	0,7	1,4
0411 - Froments durs non moulus	0,0	0,2	0,0	0,1	0,0	0,8	0,5	1,4
0412 - Autres froments (y compris l'épeautre) et méteil, non moulus	2,4	2,5	2,9	2,9	2,9	1,9	0,9	1,0
0449 - Autres maïs non usinés	0,6	0,5	0,6	0,8	0,6	0,7	0,7	0,8
Matières premières agricoles	1,5	1,5	1,6	1,5	1,5	1,5	1,8	1,8
Industries extractives	24,1	31,6	32,4	31,8	30,9	31,1	25,3	21,5
Minerais et autres minéraux	0,3	1,3	0,3	2,5	0,6	0,8	1,1	1,0
2741 - Soufres de toute espèce (à l'exclusion du soufre sublimé, du soufre précipité et du soufre colloïdal)	0,2	1,1	0,2	2,4	0,5	0,6	0,8	0,8
Métaux non ferreux	0,6	0,4	0,4	0,6	0,6	0,7	0,7	0,7
Combustibles	23,2	29,9	31,8	28,7	29,7	29,7	23,5	19,8
334 - Huiles de pétrole, autres que brutes	11,9	17,3	19,1	14,1	16,4	18,7	12,7	9,5
3330 - Huiles brutes de pétrole ou de minéraux bitumineux	8,3	9,4	9,1	11,7	10,7	8,0	8,1	7,6
3425 - Butanes liquéfiés	1,5	1,9	1,8	1,4	1,6	1,7	1,4	1,3
3212 - Autres houilles, même pulvérisées	1,0	0,9	0,9	0,6	0,5	0,7	0,8	0,8
Produits manufacturés	50,1	44,4	42,9	42,5	43,3	44,3	49,5	53,0
Fer et acier	3,2	4,3	4,4	4,1	3,7	3,5	4,0	3,9
6761 - Fil machine en fer ou en acier	1,5	1,8	2,0	1,7	1,4	1,1	1,2	1,1
Produits chimiques	9,5	8,0	8,5	9,3	9,4	10,2	10,3	10,7
5429 - Médicaments, n.d.a.	2,5	2,6	2,6	2,5	2,6	2,8	3,0	3,0
Autres demi-produits	7,0	5,7	4,9	4,7	5,6	5,6	5,6	6,5
6911 - Constructions (à l'exclusion des constructions préfabriquées du groupe 811) et parties de constructions (ponts et éléments de ponts, portes d'écluses, tours, pylônes, piliers, colonnes, charpentes, toitures, portes et fenêtres et leurs cadres, chambranles et seuils, rideaux de fermeture, balustrades, par exemple), en fonte, fer ou acier; tôle, barres, profilés, tubes et similaires, en fonte, fer ou acier, préparés en vue de leur utilisation dans la construction	1,0	0,7	0,5	0,2	0,7	0,6	0,4	0,8

Partie B
Rapport du Secrétariat de l'OMC

	2009	2010	2011	2012	2013	2014	2015	2016
Machines et matériel de transport	23,9	21,0	20,4	19,9	19,5	19,2	24,2	26,4
Machines pour la production d'énergie	1,0	0,9	1,4	1,6	0,9	1,2	1,3	1,5
Autres machines non électriques	8,7	7,1	6,2	5,9	7,1	6,8	8,0	8,8
7283 - Machines et appareils (autres que les machines-outils) à trier, cribler, séparer, laver, concasser, broyer, mélanger ou malaxer les terres, pierres, minerais ou autres matières minérales solides (y compris les poudres et les pâtes); machines à agglomérer, former ou mouler les combustibles minéraux solides, les pâtes céramiques, le ciment, le plâtre ou autres matières minérales en poudre ou en pâte; machines à former les moules de fonderie en sable; leurs parties et pièces détachées	1,4	0,4	0,9	0,6	0,8	0,5	0,5	0,9
Tracteurs et machines agricoles	0,3	0,4	0,3	0,3	0,4	0,3	0,6	1,1
Machines de bureau et matériel de télécommunication	4,2	3,2	2,5	2,2	2,6	2,7	3,9	4,3
7643 - Appareils d'émission pour la radiotéléphonie, la radiotélégraphie, la radiodiffusion ou la télévision, même comportant un appareil de réception ou un appareil d'enregistrement ou de reproduction du son	0,9	0,6	0,7	0,4	0,4	0,7	1,7	1,7
Autres machines électriques	2,3	1,9	2,2	1,6	2,4	2,1	2,3	2,0
Produits de l'industrie automobile	6,4	6,5	5,6	5,8	4,8	5,3	6,0	7,6
7812 - Véhicules à moteur pour le transport des personnes, n.d.a.	3,0	3,0	2,6	2,4	2,3	2,3	2,3	3,0
7821 - Véhicules automobiles pour le transport de marchandises	1,5	1,8	1,5	1,7	1,3	1,6	2,0	1,9
7831 - Véhicules automobiles pour le transport en commun de personnes	0,2	0,2	0,2	0,5	0,2	0,5	0,4	1,3
Autres matériel de transport	1,3	1,3	2,5	2,8	1,8	1,1	2,7	2,2
Textiles	1,9	1,5	1,1	1,0	1,3	1,3	1,5	1,2
Vêtements	0,5	0,5	0,4	0,3	0,4	0,4	0,4	0,4
Autres biens de consommation	4,0	3,5	3,2	3,1	3,3	4,0	3,5	3,9
Autres	0,1	0,1	0,1	0,1	0,1	0,3	1,8	0,4

Source: Calculs du Secrétariat de l'OMC basés sur les données issues de la base de données Comtrade de la DSNU (CTCI Rev.3).

Tableau A1. 3 Destinations des exportations, 2009-2016

	2009	2010	2011	2012	2013	2014	2015	2016
Monde (millions de $EU)	2 017,4	2 161,1	2 541,7	2 531,7	2 661,0	2 750,2	2 611,7	2 640,3
Monde (millions d'€)	1 452,2	1 631,7	1 828,4	1 970,4	2 004,1	2 072,9	2 354,8	2 386,9
	(Part en pourcentage)							
Amérique	0,4	0,4	0,4	0,5	1,5	1,5	3,0	3,0
États-Unis	0,2	0,2	0,2	0,4	1,1	1,2	2,4	2,4
Autres pays d'Amérique	0,2	0,2	0,2	0,1	0,4	0,3	0,5	0,7
Europe	27,0	21,7	24,3	26,9	25,4	26,8	24,9	26,0
UE-28	19,2	13,8	14,9	13,4	15,1	16,4	15,7	15,1
Espagne	2,2	2,8	2,9	2,3	3,0	2,6	2,8	3,4
France	6,0	4,5	4,4	4,4	4,1	4,6	3,7	2,8
Italie	2,6	2,2	2,7	2,4	2,0	2,8	3,2	2,5
Royaume-Uni	4,0	0,9	1,4	1,2	1,6	1,5	1,6	2,0
Pays-Bas	1,4	1,0	1,0	0,9	1,9	1,8	1,7	1,6
AELE	7,8	7,8	8,8	13,3	10,0	10,1	9,0	10,7
Suisse	7,8	7,7	8,7	13,2	9,9	9,9	8,6	10,2
Autres pays d'Europe	0,1	0,1	0,6	0,3	0,2	0,3	0,3	0,2
Communauté des états indépendants (CEI)	0,0	0,0	0,0	0,1	0,0	0,4	0,1	0,1
Afrique	48,1	53,7	45,5	46,5	47,3	48,3	46,5	46,1
Mali	20,6	25,4	17,3	15,6	16,0	17,1	17,0	17,5
Côte d'Ivoire	2,9	2,4	2,1	2,6	3,5	3,7	4,7	5,1
Gambie	3,9	4,0	3,4	3,6	3,8	3,4	3,4	3,2
Guinée	3,3	4,2	5,3	4,8	4,8	4,1	3,8	3,2
Mauritanie	3,5	3,0	3,4	3,2	2,6	2,6	2,0	2,9
Guinée-Bissau	2,9	2,3	2,5	2,8	3,4	3,3	2,6	2,0
Burkina Faso	1,1	1,2	1,6	2,4	2,2	2,3	1,7	2,0
Congo	0,2	0,4	0,3	0,4	1,2	1,6	1,5	1,6
Cameroun	0,8	1,5	1,9	2,0	1,2	2,4	1,6	1,0
Moyen-Orient	2,4	3,8	3,9	1,9	5,3	6,5	5,0	3,6
Émirats arabes unis	1,4	1,7	1,5	1,5	4,7	6,0	4,1	2,8
Asie	9,6	11,7	17,0	14,9	10,6	7,9	13,9	17,3
Chine	1,2	0,7	0,7	0,6	0,8	1,5	4,6	4,8
Japon	0,2	0,2	0,4	0,4	0,2	0,2	0,3	0,3
Autres pays d'Asie	8,2	10,8	15,8	13,8	9,6	6,2	9,1	12,2
Inde	7,7	9,7	14,0	11,5	6,5	2,2	5,4	7,9
Corée, République de	0,1	0,2	0,4	0,6	1,2	2,4	1,3	1,9
Viet Nam	0,0	0,2	0,4	0,9	1,1	0,6	1,2	1,5
Autres	12,4	8,7	8,9	9,1	9,9	8,7	6,6	3,8
Pour mémoire								
Union économique et monétaire ouest-africaine (UEMOA)	30,0	33,9	26,0	25,5	27,7	29,2	28,6	29,1
Mali	20,6	25,4	17,3	15,6	16,0	17,1	17,0	17,5
Côte d'Ivoire	2,9	2,4	2,1	2,6	3,5	3,7	4,7	5,1
Guinée-Bissau	2,9	2,3	2,5	2,8	3,4	3,3	2,6	2,0
Burkina Faso	1,1	1,2	1,6	2,4	2,2	2,3	1,7	2,0
Togo	1,0	1,0	1,1	1,2	1,2	1,1	1,2	1,0
Niger	0,7	0,6	0,5	0,5	0,7	0,4	0,7	0,9
Bénin	0,8	1,0	0,8	0,7	0,9	1,3	0,8	0,7

Source: Calculs du Secrétariat de l'OMC basés sur les données issues de la base de données Comtrade de la DSNU.

Tableau A1. 4 Origines des importations, 2009-2016

(Millions de dollars EU et pourcentage)

	2009	2010	2011	2012	2013	2014	2015	2016
Monde (millions de $EU)	4 712,9	4 782,2	5 908,9	6 434,2	6 552,2	6 502,7	5 595,4	5 477,9
Monde (millions d'€)	3 392,5	3 610,8	4 250,6	5 007,7	4 934,8	4 901,3	5 045,1	4 952,2
	(Part en pourcentage)							
Amérique	10,1	9,9	11,7	9,0	6,9	7,3	6,2	6,8
États-Unis	2,8	2,7	4,9	2,7	2,3	2,2	2,5	2,2
Autres pays d'Amérique	7,3	7,3	6,8	6,3	4,6	5,1	3,8	4,6
Brésil	3,6	2,7	3,0	2,0	2,1	1,2	1,6	2,2
Argentine	2,1	2,3	1,7	1,8	1,1	1,1	1,0	1,0
Europe	45,7	46,3	46,4	42,0	46,8	49,7	43,4	42,2
UE-28	44,0	43,6	41,4	38,4	43,1	44,6	40,0	38,8
France	20,3	19,7	17,2	14,7	15,4	16,4	16,4	15,9
Pays-Bas	4,0	5,3	6,5	2,8	8,3	8,3	4,1	5,3
Espagne	4,0	4,0	3,4	3,4	4,8	3,6	5,2	4,9
Belgique	2,3	2,0	1,6	2,9	3,5	5,0	3,0	2,9
Italie	3,2	2,0	2,9	2,0	1,9	1,9	2,4	2,4
Allemagne	3,4	2,3	1,8	1,9	2,4	3,1	3,2	2,4
Pologne	0,2	0,3	0,3	0,5	0,5	0,3	0,7	1,0
AELE	0,5	0,8	1,1	0,8	0,8	0,6	0,6	0,7
Autres pays d'Europe	1,3	1,8	3,9	2,8	3,0	4,5	2,7	2,7
Turquie	1,2	1,8	3,8	2,6	2,8	4,3	2,6	2,6
Communauté des États indépendants (CEI)	2,0	3,2	2,0	4,7	2,6	2,8	3,7	3,1
Fédération de Russie	0,6	0,8	0,8	3,3	1,1	1,4	2,3	1,7
Ukraine	1,2	2,4	1,1	1,3	1,5	1,3	1,1	1,3
Afrique	18,4	17,6	18,0	20,7	18,9	15,8	15,8	17,1
Nigéria	8,8	10,2	9,2	11,8	10,7	8,1	8,1	7,8
Côte d'Ivoire	3,9	2,4	3,1	2,8	2,2	2,3	1,8	1,9
Maroc	1,6	1,1	1,0	1,7	1,8	1,3	1,3	1,7
Afrique du Sud	1,9	1,7	1,8	1,6	1,5	1,8	1,8	1,7
Moyen-Orient	1,7	2,1	3,1	2,8	2,9	2,7	4,2	4,2
Émirats arabes unis	0,5	1,3	1,0	1,1	1,3	1,7	2,4	2,9
Asie	21,9	20,6	18,7	20,8	21,8	21,5	26,7	26,4
Chine	8,3	8,3	6,6	5,9	7,3	7,3	9,7	10,3
Japon	1,9	2,4	1,7	2,1	2,1	1,9	2,2	2,3
Autres pays d'Asie	11,7	9,8	10,3	12,8	12,5	12,3	14,7	13,9
Inde	2,0	2,5	2,0	6,6	6,3	5,9	6,3	7,6
Thaïlande	4,8	3,3	3,3	1,7	1,5	1,9	1,9	1,8
Singapour	0,2	0,2	0,2	0,3	0,2	1,2	2,5	1,4
Autres	0,3	0,3	0,1	0,0	0,0	0,2	0,1	0,2
Pour mémoire:								
Union économique et monétaire ouest-africaine (UEMOA)	4,1	2,6	3,8	3,5	2,7	2,9	2,1	2,2
Côte d'Ivoire	3,9	2,4	3,1	2,8	2,2	2,3	1,8	1,9
Togo	0,1	0,1	0,0	0,6	0,5	0,6	0,2	0,1
Mali	0,0	0,0	0,1	0,0	0,0	0,0	0,0	0,1
Burkina Faso	0,0	0,0	0,0	0,0	0,0	0,0	0,0	0,0
Bénin	0,0	0,2	0,6	0,0	0,0	0,0	0,0	0,0
Niger	0,0	0,0	0,0	0,0	0,0	0,0	0,0	0,0
Guinée-Bissau	0,0	0,0	0,0	0,0	0,0	0,0	0,0	0,0

Source: Calculs du Secrétariat de l'OMC basés sur les données issues de la base de données Comtrade de la DSNU.

Togo

Environnement économique

PRINCIPALES CARACTÉRISTIQUES DE L'ÉCONOMIE

Le Togo est un pays moins avancé (PMA) avec une superficie d'environ 56 785 km^2 et une population évaluée à 7 millions d'habitants en 2016 (tableau 1.1). La population togolaise est relativement jeune, avec 75% âgée de moins de 35 ans, et 41% âgée de moins de 15 ans.[1] Le taux de chômage serait passé de 6,5% de la population active en 2011 à 3,4% en 2015, avec une incidence plus élevée au niveau des jeunes (15-24 ans).[2]

Le Togo partage ses frontières avec le Burkina Faso et le Bénin, tous membres de l'UEMOA, et le Ghana (membre de la CEDEAO). Il est organisé administrativement en cinq régions que sont, du sud au nord: la région Maritime, la région des Plateaux, la région Centrale, la région de la Kara, et la région des Savanes.

Le Togo dispose d'un certain nombre d'atouts pour son développement, notamment dans les domaines agricoles, miniers et de transport. Il bénéficie de conditions climatiques favorables au développement du secteur agricole, et d'importants gisements de phosphates et de calcaire. Son port (le seul port en eau profonde naturel sur la côte ouest-africaine) lui confère des atouts pour être une plaque tournante en matière de commerce et de transit dans la sous-région. À cet effet, le Togo constitue un pays de transit aussi bien pour les pays de l'hinterland (Burkina Faso, Mali, Niger) que ses voisins (Bénin et Ghana).

Pendant la période sous revue, l'économie togolaise a connu une croissance vigoureuse qui a contribué à améliorer le niveau de vie de la population. Son produit intérieur brut (PIB) nominal est estimé à 4 milliards d'euros en 2015, ce qui représente un niveau de 568 euros par habitant (contre 404 euros par habitant en 2009). Des progrès ont été réalisés au niveau des objectifs du millénaire pour le développement (OMD), notamment en matière de lutte contre la faim, de scolarisation primaire, de mortalité infantile, et du contrôle du VIH/SIDA.[3] Même si la pauvreté continue d'affecter la majorité de la population, son incidence a reculé, passant de 61,7% en 2006 à 55,1% en 2015.[4] Elle reste cependant encore loin de la cible de 30,9% visée dans le cadre des OMD. Le niveau de développement humain mesuré par l'Indice de développement humain (IDH) du PNUD s'est amélioré, en passant de 0,459 en 2010 à 0,484 en 2015.[5] Le Togo reste cependant dans la catégorie des pays à "développement humain faible", et est classé au 162ème rang (sur 188 pays) selon l'IDH de 2015.[6]

Le Togo a réalisé des progrès en matière de gouvernance, selon le dernier rapport de l'Indice Ibrahim de la gouvernance en Afrique (IIAG).[7] L'indice de mesure de la gouvernance globale a progressé chaque année pour s'établir à 48,5 (sur 100) en 2015, portant le pays au 33ème rang parmi les 54 pays africains classés.

L'économie togolaise continue d'être très dépendante du secteur agricole (y compris l'élevage et la pêche). Le secteur emploie plus de la moitié (54,1%) de la population active.[8] La contribution de la branche "agriculture" à la formation du PIB a baissé entre 2009 et 2013, avant de remonter à 30,8% en 2016. La part de la branche "élevage/chasse" dans le PIB est passée de 2,8% en 2009 à 7,7% en 2016. La contribution des activités extractives au PIB a fluctué autour de 3% tandis que celle des industries manufacturières a décliné, passant de 9,2% du PIB en 2009 à 4,7% en 2016. Le secteur des services a affiché une expansion entre 2009 et 2013, tiré en partie par les services de transports, entrepôts et réparations, et les services aux entreprises. Sa part dans le PIB a ensuite décliné pour s'établir à 45,1% en 2016.

Le Togo est membre de l'Union économique et monétaire ouest-africaine (UEMOA) et de la Communauté économique des États de l'Afrique de l'ouest (CEDEAO). Sa politique monétaire et de change relèvent de la Banque centrale des États de l'Afrique de l'ouest; la monnaie commune aux pays de l'UEMOA est le franc de la Communauté financière africaine (franc CFA), rattaché à l'euro selon la parité fixe de 655,957 FCFA pour 1 euro (rapport commun, p. 35). Dans le cadre de leur surveillance multilatérale, les pays de l'UEMOA ont établi plusieurs critères de convergence présentés dans la p. 35 du rapport commun.

ÉVOLUTION ÉCONOMIQUE RÉCENTE

Après des années de faible croissance dans un contexte de crise socio-politique[9], l'économie togolaise a enregistré une croissance vigoureuse entre 2009 et 2016, soutenue par une amélioration de la productivité agricole (p. 434), la relance de la production de phosphate (p. 437), et des investissements publics notamment dans les transports (p. 441). Ainsi, en dépit d'un contexte international marqué par la crise économique, la croissance du PIB réel était de 5,5% en 2009 portée par une bonne performance du secteur agricole. Elle s'est maintenue au-dessus de 6% en 2010 et 2011, tirée par le secteur des industries extractives (notamment le clinker). Une bonne performance des filières coton et phosphates a permis à la croissance de se maintenir à 6,5% en 2012. En effet, la production du phosphate et du coton ont augmenté respectivement de 28,4% et 49,4%, traduisant l'effet des réformes engagées dans ces filières.[10] Quoique soutenue, la croissance du PIB réel a ensuite décliné graduellement pour atteindre 5% en 2016, tirée par la poursuite des programmes d'investissements publics (réhabilitation des infrastructures routières, extension de l'Aéroport international de Lomé, et travaux portuaires, entre autres).

Tableau 1.1 Principaux indicateurs macroéconomiques, 2009-2016

	2009	2010	2011	2012	2013	2014	2015	2016
PIB en prix courants (millions de $EU)	3 366	3 426	3 867	3 874	4 320	4 483	4 088	4 400
PIB en prix courants (millions d'€)[a]	2 423	2 587	2 782	3 015	3 254	3 379	3 686	3 978
PIB nominal par habitant ($EU)	561,0	561,7	623,8	605,2	664,7	669,1	601,1	628,6
PIB nominal par habitant (€)	403,8	424,1	448,7	471,1	500,6	504,3	542,0	568,3
Population (millions)	6,0	6,1	6,2	6,4	6,5	6,7	6,8	7,0
Population rurale (% de la population totale)	62,9	62,3	62,3	61,7	61,1	60,5	59,9	59,2
Chômage[b] (% de la population active totale)	..	..	6.5	..	..	..	3.4	..
Inflation (IPC - variation %)	3,3	1,8	3,6	2,6	1,8	0,2	1,8	0,9
PIB par type de dépense, aux prix constants (variation %)								
PIB	5,5	6,1	6,4	6,5	6,1	5,9	5,3	5,0
Dépenses de consommation finale	2,8	6,9	8,2	0,8	5,5	3,0	6,0	1,9
Consommation privée	3,2	4,0	2,5	1,5	5,5	4,3	4,4	4,2
Consommation publique	0,2	25,4	39,2	-2,0	5,7	-4,3	-4,6	-9,9
Formation brute de capital fixe (FBCF)	16,5	9,7	35,1	-0,5	13,4	7,5	17,6	-6,4
Exportations de marchandises et services	10,7	9,9	21,3	9,7	7,5	7,2	8,9	-0,7
Importations de marchandises et services	6,5	10,4	26,5	-3,6	18,1	17,3	13,1	-3,0
Répartition du PIB aux prix courants de base (% du PIB)								
Agriculture, élevage, sylviculture et pêche	36,2	34,5	31,8	32,1	30,4	41,9	40,7	41,3
Agriculture	30,0	28,2	25,6	25,6	23,8	32,5	30,8	30,8
Élevage, chasse	2,8	3,1	3,0	3,5	3,6	6,4	7,0	7,7
Pêche, et sylviculture	3,4	3,2	3,2	3,1	3,0	3,0	2,9	2,8
Activités extractives	2,8	2,5	2,5	3,7	3,3	2,9	3,8	3,3
Industries manufacturières	9,2	8,6	8,1	7,2	9,0	5,7	4,9	4,7
Électricité, eau et gaz	1,4	1,7	2,4	2,4	2,7	3,0	2,9	2,8
Construction	3,4	3,6	5,3	4,9	4,3	5,7	6,1	6,2
Services	49,0	51,4	52,9	53,0	53,5	43,5	44,6	45,1
Commerce	10,5	11,1	10,6	9,9	10,1	7,4	7,2	7,2
Activités d'hébergement et de restauration	1,2	0,8	0,7	0,8	1,1	..	..	..
Transports, entrepôts et réparation	4,2	3,9	5,5	5,5	5,7	..	..	..
Poste et télécommunications	7,6	9,2	6,7	6,6	6,6	..	..	..
Activités financières	3,4	3,1	3,9	3,8	3,7	..	..	..
Activités de services immobiliers	6,9	6,6	6,5	6,3	6,0	..	..	..
Activités de services aux entreprises	1,7	1,5	1,9	3,6	3,1	..	..	..
Administrations publiques	6,0	6,7	8,3	8,5	8,8	..	..	..
Éducation	4,4	5,6	5,2	4,5	4,7	..	..	..
Santé et action sociale	1,2	1,1	0,9	0,8	0,8	..	..	..
Activités de services collectifs et personnels	1,9	1,9	2,5	2,7	2,9	..	..	..
SIFIM Service d'intermédiation financière indirectement mesuré	-2,1	-2,3	-2,9	-3,2	-3,3	-2,7	-3,0	-3,4
Secteur extérieur								
Compte courant (% PIB courant)	-5,2	-5,8	-7,8	-7,6	-13,2	-10,2	-11,3	-9,8
Balance des biens (% PIB courant)	-12,2	-13,1	-21,7	-14,4	-20,1	-19,8	-25,3	-23,1
Balance des services (% PIB courant)	-2,4	-2,4	0,9	0,4	0,3	1,4	2,8	2,7
Solde global (% PIB courant)	-0,3	-1,4	13,9	7,7	-4,7	6,8	2,2	2,5
Réserves totales, excluant l'or (millions de $EU)	94,2	101,7	92,6	94,5	96,2	89,6	73,9	47,7
FCFA/$EU (moyenne annuelle)	472,2	495,3	471,9	510,5	494,0	494,4	591,4	593,0
Taux de change effectif nominal (variation %)	0,5	-4,5	1,6	-3,0	3,7	3,9	-6,2	2,9
Taux de change effectif réel (variation %)	1,6	-6,1	0,7	-3,9	2,2	1,2	-7,1	0,9

	2009	2010	2011	2012	2013	2014	2015	2016
Dette extérieure concessionnelle (millions de $EU)	1,280	993	286	381	462	591	700	..
Dette extérieure, total (millions $EU)	1,730	1,278	622	747	896	987	1,056	..
Dette concessionnelle/dette totale (%)	74,0	77,7	46,0	51,0	51,6	59,9	66,3	..
Finances publiques (% PIB courant)								
Recettes totales et dons	20,0	21,2	22,0	21,2	24,5	25,4	26,0	26,6
Recettes courantes *(recettes totales sans dons)*	15,9	17,5	17,3	18,8	21,1	23,3	23,6	23,7
Recettes fiscales	14,4	14,5	16,0	16,6	18,9	20,7	21,3	21,8
Dons	4,1	3,7	4,6	2,4	3,4	2,1	2,4	2,9
Dépenses totales et prêts nets	20,5	20,9	23,1	27,1	29,1	28,7	32,5	36,6
Dépenses courantes	14,7	13,6	15,1	18,2	21,5	19,4	21,0	22,4
Dépenses en capital	5,8	7,3	7,9	8,9	7,6	9,4	11,5	14,2
Prêts nets	0,0	0,0	0,0	0,0	0,0	0,0	0,1	0,0
Solde courant	1,2	3,9	2,2	0,6	-0,4	3,9	2,6	1,3
Solde globale hors dons	-4,7	-3,4	-5,7	-8,3	-8,0	-5,4	-3,2	-7,3
Solde globale	-0,6	0,3	-1,1	-5,8	-4,6	-3,4	-0,8	-4,4
Variation des arriérés	-0,7	-2,7	-0,1	-0,6	-0,7	-1,1	1,2	0,5
Solde global base caisse	-5,4	-2,4	-1,2	-6,4	-8,7	-6,6	-7,8	-12,3
Besoin de financement:								
Financement extérieur	3,9	1,9	1,5	2,1	5,0	4,3	5,2	5,3
Financement intérieur	1,5	0,5	-0,3	4,3	3,7	2,2	2,6	7,0
Dette publique extérieure (début période)	48,5	15,3	13,3	14,1	16,7	21,2	22,1	20,2

.. Non disponible.

a Le franc CFA commun aux pays de l'UEMOA est rattaché à l'euro au cours de 1€ = 655,957 FCFA.

b Estimations à partir des données des enquêtes QUIBB (Questionnaire unifié des indicateurs de base sur le bien-être).

Source: IMF eLibrary-Data information en ligne; INSEED Togo information en ligne; Banque centrale des États de l'Afrique de l'ouest, Annuaire statistique 2016; et autorités du Togo.

L'inflation est restée généralement contenue pendant la période sous revue, à l'exception de 2011 où elle a dépassé le seuil de convergence communautaire établi à 3% traduisant la répercussion des cours internationaux de produits pétroliers sur les prix à la pompe. En plus de la politique monétaire communautaire, cette stabilité des prix est également liée aux bonnes performances du secteur agricole et, au cours des années récentes, à la baisse des cours mondiaux des produits pétroliers. L'inflation s'est établie à 0,9% en 2016.

À la suite de la mise en œuvre des réformes prévues par le premier Document complet de Stratégie de réduction de la pauvreté 2009-2011[11], le Togo a lancé une Stratégie de croissance accélérée et de promotion de l'emploi (SCAPE) en août 2013, avec pour objectif de rejoindre le groupe de pays émergents dans un horizon de 15 à 20 ans. La mise en œuvre de la SCAPE a contribué à la forte croissance enregistrée au cours des récentes années. Elle a également contribué à porter le taux d'investissement global à 25,9% du PIB en 2015 (contre une cible de 20,7%), et à réduire l'incidence de la pauvreté.

Des réformes ont été entreprises dans le domaine de la gestion des finances publiques. Ainsi, dans le but d'améliorer la collecte des recettes fiscales, les deux principales régies financières (impôts et douanes) ont été fusionnées et placées sous l'autorité de l'Office togolais des recettes, une structure dotée d'une autonomie administrative et financière.[12] Cependant, du fait d'un accroissement des dépenses à un rythme beaucoup plus soutenu que celui des recettes, le solde global hors dons (structurellement déficitaire) a affiché un déficit équivalent à 9% du PIB en 2015 (contre 4,7% en 2009). En effet, tirées par les recettes fiscales, les recettes courantes ont crû, passant de 15,9% du PIB en 2009 à 23,6% en 2015. Les dépenses totales et prêts nets ont cependant atteint 32,5% du PIB en 2015 contre un niveau de 20,5% six ans plus tôt. Les dépenses en capital ont doublé (en proportion du PIB) pour atteindre 11,5% en 2015 du fait des investissements dans les infrastructures. Les dons sont passés de 4,1% du PIB en 2009 à 2,4% en 2015.

La balance des paiements du Togo est caractérisée par un déficit structurel du compte des transactions courantes (tableau 1.2). Par contre, après des années consécutives d'excédents (2009 à 2011), le solde global de la balance des paiements affiche des déficits en 2012 et 2014. Ainsi, l'excédent de 115 milliards de FCFA réalisé en 2015 fait suite à un déficit de 76,5 milliards de FCFA l'année précédente. Cet excédent est imputable, entre autres, à un infléchissement du déficit du compte des transactions courantes. Le rythme rapide de l'investissement public explique en partie l'aggravation du déficit structurel de la balance courante.

De 127,1 millions d'euros en 2009, le déficit de la balance des transactions courantes a atteint un pic de

Tableau 1.2 Balance des paiements, 2009-2016

(Millions d'euros)

	2009	2010	2011	2012	2013	2014	2015	2016[a]
Balance des transactions courantes	**-127,1**	**-150,8**	**-216,9**	**-229,0**	**-427,9**	**-345,1**	**-415,5**	**-388,3**
Balance des biens et services	-355,1	-401,7	-579,6	-422,1	-644,6	-620,9	-827,8	-810,4
Balance des biens	-296,7	-338,4	-604,9	-434,3	-655,5	-668,3	-931,2	-918,4
Exportations f.a.b.	650,0	737,1	847,9	1 022,5	1 146,3	999,3	911,2	931,5
Importations f.a.b.	946,7	1 075,5	1 453,0	1 456,7	1 801,9	1 667,6	1 842,3	1 849,8
Balance des services	-58,4	-63,3	25,5	12,2	11,0	47,4	103,4	107,9
Crédit	211,3	241,8	366,0	356,3	366,0	368,5	439,6	445,3
Transports	65,4	98,5	171,2	161,1	174,8	167,6	183,7	..
Voyages	49,2	49,5	70,3	86,6	94,5	94,4	102,4	104,7
Débit	269,7	305,1	340,6	344,1	355,1	321,1	336,2	337,4
Transports	167,9	186,0	203,0	236,9	258,6	224,7	239,6	..
Voyages	33,8	34,7	41,3	26,1	34,0	30,8	33,6	..
Revenu primaire	-13,7	-17,7	168,0	4,7	19,1	34,8	126,8	128,5
Intérêts sur la dette	-10,8	-7,6	-3,0	-8,8	-10,2	-13,4	-21,61	-26,8
Revenu secondaire	241,6	268,6	194,7	188,4	197,6	241,2	285,5	293,8
Administrations publiques	58,4	75,9	62,7	64,9	64,8	63,9	68,1	70,6
Autres secteurs	183,2	192,7	132,0	123,5	132,8	177,3	217,4	223,2
Transferts des fonds des migrants	215,9	227,3	188,6	132,0	148,3	185,2	224,2	230,0
Compte de capital	**97,3**	**1,048,1**	**198,9**	**222,9**	**237,2**	**240,1**	**243,0**	**245,3**
Compte financier	**-33,5**	**849,9**	**-72,1**	**24,7**	**-250,3**	**14,9**	**-343,7**	**-268,8**
Investissement direct	-7,9	-36,7	385,7	232,6	-153,8	229,6	81,8	97,6
Investissement de portefeuille	25,0	5,8	26,2	-0,2	59,9	104,3	-115,1	-117,4
Autres investissements	-50,6	880,7	-483,9	-207,8	-156,4	-318,8	-310,5	-248,9
Erreurs et omissions nettes	**4,0**	**8,2**	**-2,9**	**4,4**	**3,8**	**3,4**	**4,1**	**0,0**
Solde global	**7,6**	**55,6**	**51,1**	**-26,4**	**63,4**	**-116,6**	**175,3**	**125,8**

.. Non disponible.

a Projections.

Source: Banque centrale des États de l'Afrique de l'ouest.

427,9 millions d'euros en 2013, tiré par les importations de biens intermédiaires et de produits pétroliers, liées aux travaux développement des infrastructures de transport (tableau 1.2).[13] En 2014, les transactions courantes se sont soldées par un déficit de 345,1 millions d'euros, une amélioration de près de 83 millions d'euros par rapport au niveau de 2013. Le déficit s'est ensuite aggravé de 70 millions d'euros pour s'établir à 415,5 millions d'euros en 2015. Cette évolution résulte d'une dégradation de la balance commerciale (causée par une hausse des importations), dégradation qui a été atténuée par une amélioration des soldes des services ainsi que des revenus primaires et secondaires.

Le Togo a atteint le point d'achèvement de l'Initiative en faveur des pays pauvres très endettés en décembre 2010, ce qui a contribué à la décision d'allègement de 80% de sa dette extérieure. L'encours de la dette extérieure est ainsi passée de 1,7 milliard de $EU en 2009 à 622 millions de $EU en 2011. Sous la poussée des emprunts massifs pour le financement de la SCAPE, cet encours est remonté depuis lors pour atteindre 1,1 milliard de $EU en 2015. Ceci représente un taux d'endettement de 75,4% du PIB, bien supérieur à la limite de 70% du PIB fixée dans le cadre du dispositif de surveillance multilatérale de l'UEMOA. Le risque de surendettement public extérieur reste cependant modéré, selon le FMI.[14]

Malgré une baisse anticipée des investissements dans les infrastructures, l'économie togolaise devrait enregistrer une croissance de 5% en 2016, tirée par les gains de productivité réalisés avec les investissements dans les secteurs agricoles et les infrastructures. La croissance devrait être soutenue dans le moyen terme, mais cette performance reste conditionnée par le maintien de la dette publique à un niveau soutenable. À moyen terme, un plan national de développement devrait prendre la relève de la SCAPE comme cadre de référence pour les actions de développement sur la période 2018-2022.

RÉSULTATS COMMERCIAUX

Les exportations togolaises (y compris les réexportations) ont connu une évolution en deux phases pendant la période sous revue. Dans un premier temps, elles ont quasiment doublé pour atteindre 863,5 millions d'euros en 2013, tirées dans une bonne mesure par les réexportations de machines et matériel de transport constitués essentiellement de plates-formes de forage utilisées dans les travaux d'exploration de produits pétroliers (tableau A1.1). Les exportations ont ensuite baissé pour s'établir à 646,3 millions d'euros en 2016.

La structure des exportations a marqué une diversification pendant la période sous revue, avec le recul (en termes de part) des produits traditionnels que sont les ciments

Graphique 1.1 Structure du commerce des marchandises, 2009 et 2016

Exportations

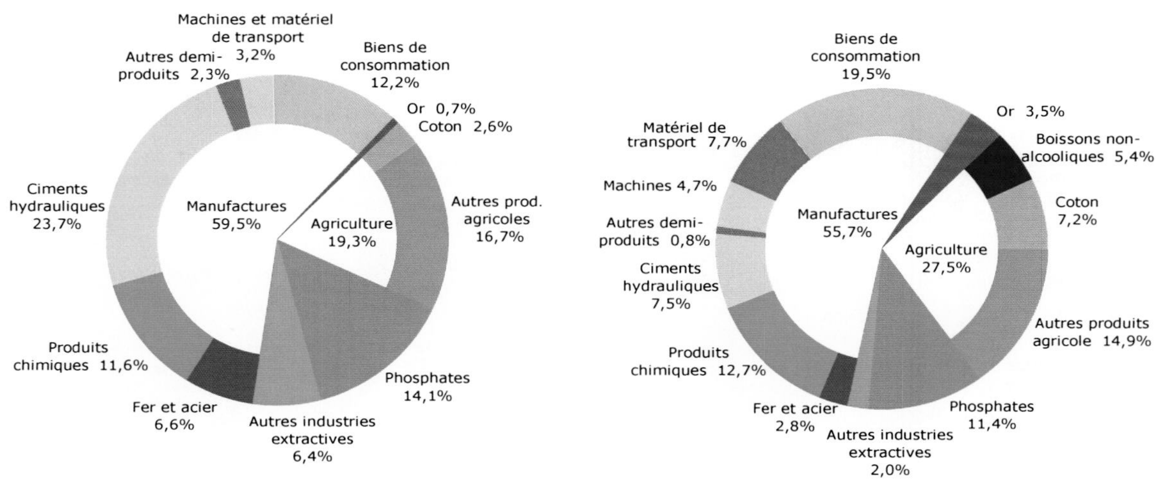

Total: 460,8 millions d'€ **Total: 646,3 millions d'€**

Importations

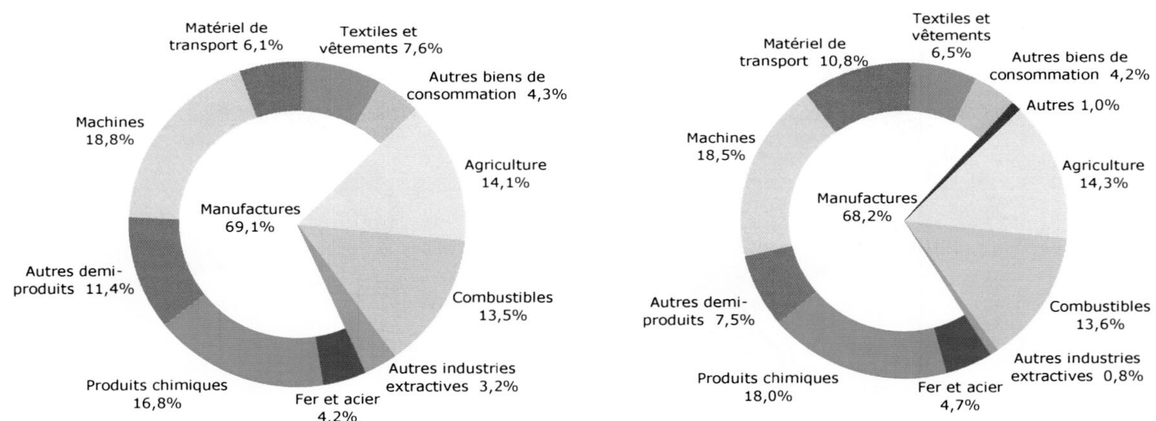

Total: 843,1 millions d'€ **Total: 1 551,0 millions d'€**

Source: Calculs du Secrétariat de l'OMC basés sur les données issues de la base de données Comtrade (CTCI Rev.3) de la DSNU.

Graphique 1.2 Direction du commerce des marchandises, 2009 et 2016

2009 **2016**

Exportations

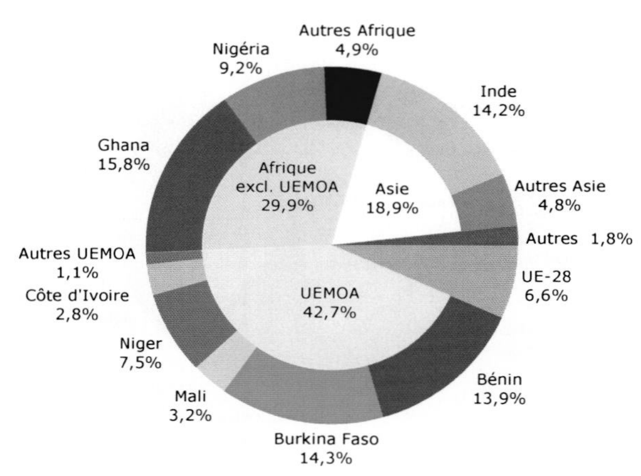

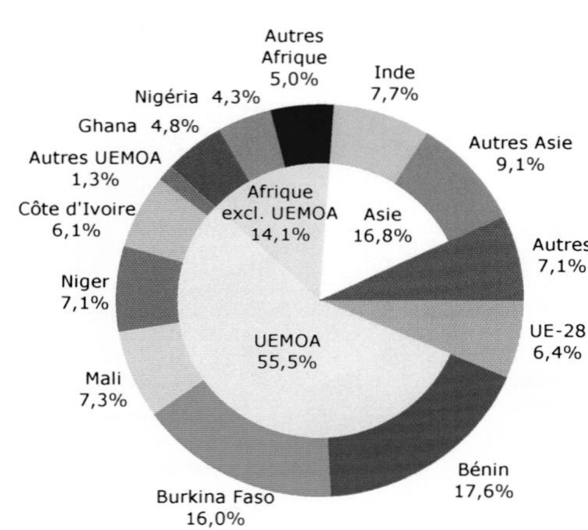

Total: 460,8 millions d'€ **Total: 646,3 millions d'€**

Importations

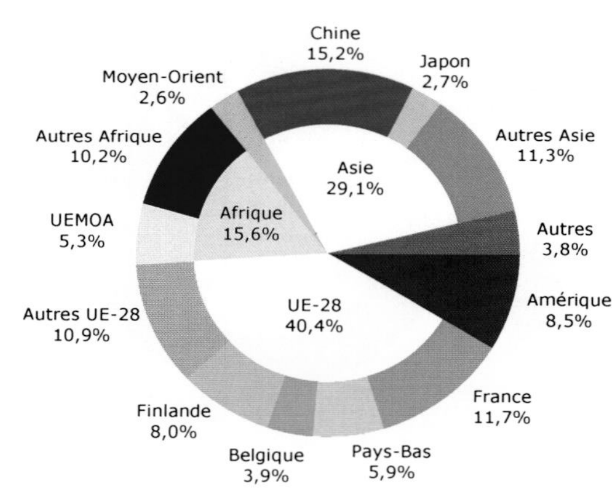

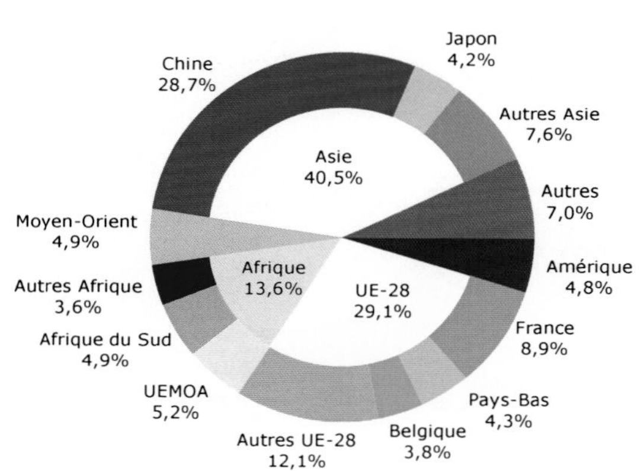

Total: 843,3 millions d'€ **Total: 1 551,0 millions d'€**

Source: Calculs du Secrétariat de l'OMC basés sur les données issues de la base de données Comtrade (CTCI Rev.3) de la DSNU.

Tableau 1.3 Investissements étrangers directs, 2009-2015

(Millions d'euros)

	2009	2010	2011	2012	2013	2014	2015
Flux entrant	34,9	64,8	511,5	94,6	138,2	40,7	47,5
Flux sortant	26,9	28,1	762,4	327,1	-15,6	270,2	178,9
Stock entrant	371,7	427,0	870,0	1 057,0	1 212,7	1 105,6	1 232,6
Stock sortant	68,5	95,0	797,2	1 215,4	1 213,2	1 316,2	1 587,4

Source: UNCTADSTAT information en ligne. Adresse consultée: http://unctadstat.unctad.org/; et informations fournies par les autorités togolaises.

et les phosphates, et un regain d'importance du coton et de l'or (graphique 1.1). On note également une hausse de la part des produits agricoles, et une baisse des parts des produits manufacturés et produits des industries extractives. Cette tendance n'est cependant pas homogène au sein de ces groupes de produits. Ainsi, la part des ciments hydrauliques dans les exportations totales est passée de 23,7% en 2009 à 7,3% en 2016 tandis que celle des biens de consommation a augmenté de 12,8% à 19,5%.

Les pays de l'UEMOA et de la CEDEAO restent le principal débouché pour les exportations togolaises; on observe cependant une diversification vers les autres marchés, notamment ceux de l'Asie. Entre 2009 et 2016, la part des exportations vers les pays de l'UEMOA a progressé (passant de 42,7% à 55,5%) tandis que la part des exportations à destination des autres pays africains (essentiellement le Nigéria et le Ghana, membres de la CEDEAO) a baissé (graphique 1.2). Les exportations vers l'Inde sont passées de 14,2% en 2009 à 7,7% en 2016. La part des exportations vers l'EU-28 dans les exportations totales est passée de 6,6% en 2009 à 19,9% en 2012 avant de retomber à 6,4% en 2016 (tableau A1.3).

Les importations togolaises ont fluctué entre 843 millions et 1,6 milliard d'euros pendant la période sous revue (tableau A1.2). La structure des importations est restée relativement stable: elles sont composées approximativement aux deux-tiers de produits manufacturés et au tiers de produits primaires (graphique 1.1). En 2016, les importations du Togo sont composées de 18,5% de machines, 18% de produits chimiques, et 14,3% de produits agricoles. Pendant la période sous revue, l'Asie est devenue le principal fournisseur du Togo. La part des partenaires asiatiques dans les importations totales est passée de 29,1% en 2009 à 40,5% en 2016 (tableau A1.4). Ce dynamisme est imputable essentiellement à la Chine dont la part dans les importations totales est passée de 15,2% en 2009 à 28,7% en 2016. Par contre, la part de l'Europe dans les importations totales a suivi une tendance inverse, passant de 42,4% en 2009 à 29,1% en 2016. Les importations en provenance de la France, second pays fournisseur, représentaient 8,9% du total en 2016 (contre 11,7% en 2009). Les importations en provenance des pays de l'UEMOA (principalement la Côte d'Ivoire) ont fluctué autour de 5% du total pendant la période sous revue.

Partant d'un niveau déficitaire en 2009, la balance des services s'est améliorée progressivement pour atteindre un excédent de 103,4 millions d'euros en 2015 (tableau 1.2). Cette évolution est imputable essentiellement à une amélioration des exportations de services de transport aérien dans un premier temps, et à un infléchissement des importations de services de transport au cours des récentes années. En effet, en 2011, les exportations de services ont augmenté de près de 74% pour s'établir à 171,2 millions d'euros, reflétant une hausse des services de transport aérien liée aux activités de la compagnie régionale ASKY Airlines.[15] Les exportations de services sont restées relativement stables de 2011 à 2014. En 2015, les exportations se sont établies à 183,7 millions d'euros, en relation avec l'essor des services fournis aux entreprises, notamment les services techniques et autres services liés au commerce international. Les importations de services, dominées par les services de transport, ont progressé graduellement pour atteindre 258,6 millions d'euros en 2013, avant de marquer un léger repli en 2014. Elles ont remonté à 239,6 millions d'euros en 2015, du fait d'un accroissement de la demande en services de fret.

INVESTISSEMENT ÉTRANGER DIRECT

Pendant la période sous revue, les flux d'investissements directs étrangers entrant au Togo ont été caractérisés par des épisodes d'accélération et de ralentissement. Partant d'un niveau modeste en 2009, les flux d'IED entrants ont culminé à 511,5 millions d'euros en 2011, avant de baisser à 47,5 millions d'euros en 2015 (tableau 1.3). Le stock des IED s'est établi à 1,2 milliard d'euros en 2015 (contre 371,7 millions d'euros en 2009).

Les principaux secteurs bénéficiaires des IED sont les industries manufacturières et extractives; le commerce; les télécommunications; et le secteur financier. Les projets d'investissements ont porté notamment sur: la construction d'un troisième quai, d'un terminal à conteneurs et d'une nouvelle darse au Port autonome de Lomé; la construction d'une centrale électrique d'une capacité de 100 MW; l'extension de l'Aéroport international de Lomé; et la rénovation d'établissements hôteliers (Hôtel du 2 Février et Sarakawa Hotel notamment). La France, les États-Unis, et la Chine sont les principaux pourvoyeurs d'IED au Togo.

Notes de fin

1 INSEED (2015), *Perspectives démographiques.* Adresse consultée: http://www.stat-togo.org/contenu/pdf/Perspectives-demographiques-final-2016-05.pdf.

2 INSEED (2015), *Questionnaire unifié des indicateurs de base du bien*-être, 2015, avril 2015. Adresse consultée: http://www.stat-togo.org/contenu/pdf/pb/pb-rap-final-QUIBB-tg-2015.pdf.

3 République du Togo (2014), *Quatrième rapport de suivi des OMD,* février 2014.

4 INSEED (2016), *Togo - Profil de pauvreté 2006-2011-2015.* Institut national de la statistique et des études économiques et démographiques, avril 2016. Adresse consultée: http://www.stat-togo.org/contenu/pdf/pb/pb-rap-profil-pauvrete-tg-2015.pdf.

5 UNDP (2016), *Rapport sur le développement humain en Afrique 2016.* Adresse consultée: http://www.undp.org/content/dam/undp/library/corporate/HDR/Africa%20HDR/AfHDR_2016_French%20web.pdf?download.

6 En 2009, le Togo était classé 159ème sur 182 pays, selon l'Indice de développement humain.

7 L'IIAG est mesuré à partir d'une agrégation d'indicateurs selon les quatre catégories suivantes: sécurité et État de droit; participation et droits de l'homme; développement économique durable; et développement humain.

8 INSEED (2015), *Questionnaire unifié des indicateurs de base du bien*-être, 2015, avril 2015. Adresse consultée: http://www.stat-togo.org/contenu/pdf/pb/pb-rap-final-QUIBB-tg-2015.pdf.

9 OMC (2006), *Examen des politiques commerciales du Togo – Rapport du Secrétariat.* Document de l'OMC WT/TPR/S/166 du 29 mai 2006.

10 AFDB, OECD, UNDP, et UNECA (2013), *African Economic Outlook – Structural transformation and Natural Resources.* Adresse consultée: http://dx.doi.org/10.1787/aeo-2013-en.

11 République togolaise (2009), *DSRP-C Document complet de stratégie de réduction de la pauvreté, 2009-2011,* juin 2009.

12 Loi n° 2012-016 portant création de l'Office togolais des recettes.

13 FMI (2015) *Togo - Consultations de 2015 au titre de l'Article IV.* Rapport du FMI n° 15/309. Adresse consultée: https://www.imf.org/external/French/pubs/ft/scr/.../cr15309f.pdf.

14 FMI (2015), *Togo - Consultations de 2015 au titre de l'Article IV.* Rapport du FMI n° 15/309. Adresse consultée: https://www.imf.org/external/French/pubs/ft/scr/.../cr15309f.pdf.

15 Créée en 2007, la compagnie régionale privée ASKY Airlines a établi son siège au Togo et commencé ses opérations en 2010.

Régimes de commerce et d'investissement

CADRE GÉNÉRAL

La Constitution actuellement en vigueur au Togo a été adoptée par référendum en 1992, et révisée pour la dernière fois en 2007.[1] Selon la Constitution, la République du Togo est organisée en collectivités territoriales décentralisées que sont les communes, les préfectures et les régions, en principe dotées d'une personnalité morale, d'une autonomie financière, et librement administrées.[2] Les collectivités décentralisées ne sont pas encore opérationnelles. Un Fond d'appui aux collectivités locales a été institué en 2011[3], mais n'est pas opérationnel. Les dernières élections locales remontent à 1987, et les prochaines sont prévues pour 2018, selon une feuille de route de la décentralisation et des élections locales, adoptée en 2016.

Le pouvoir exécutif est exercé par le Président de la République. Il est élu au suffrage universel direct et secret au scrutin uninominal majoritaire à un tour pour un mandat de cinq ans, renouvelable[4]; les dernières élections présidentielles ont eu lieu en avril 2015. Le Président de la République nomme le Premier Ministre, et sur proposition de ce dernier, les autres membres du gouvernement.

Selon la Constitution, le pouvoir législatif est en principe exercé par un Parlement composé de deux chambres: l'Assemblée nationale, et le Sénat. Le Sénat n'a cependant pas encore été mis en place. Les députés sont élus au suffrage universel direct pour un mandat de cinq ans. Avec les élections législatives de juillet 2013, 91 députés siègent désormais à l'Assemblée nationale (contre 81 auparavant). L'initiative des propositions et projets de loi appartient aux députés et au gouvernement. Il n'y a pas de recours à des mesures par ordonnance.

Une fois votées par le Parlement, les lois entrent en vigueur après leur promulgation par le Président de la République et publication au Journal officiel. En principe, tous les actes (lois, ordonnances, décrets, arrêtés, décisions, demandes d'immatriculation pour titre foncier) doivent faire l'objet d'une publication au Journal officiel.[5]

La Cour suprême est la plus haute juridiction en matière judiciaire et administrative. Elle est composée de la chambre judiciaire et de la chambre administrative. Le système judiciaire comprend également deux cours d'appel et trente tribunaux de première instance. Le Togo ne dispose pas de tribunaux dédiés aux contentieux commerciaux. Ceux-ci relèvent des chambres commerciales des différentes juridictions. La Cour constitutionnelle est la plus haute juridiction en matière constitutionnelle. Elle est l'organe régulateur du fonctionnement des institutions et de l'activité des pouvoirs publics; ses décisions ne sont susceptibles d'aucun recours.

La Cour d'arbitrage du Togo (CATO) fut mise en place en novembre 2011. Elle est dédiée à l'arbitrage, à la médiation et à la conciliation en matière commerciale. En 2014, le Tribunal de Lomé et l'Ordre des avocats ont signé un protocole visant à encadrer les procédures pour les litiges présentés devant les chambres commerciales du Tribunal, notamment en réduisant les délais et limitant le nombre de renvois possibles. Ainsi, les délais moyens de traitement des litiges sont passés de 300 jours auparavant à 90 jours.

La mise en œuvre d'un projet de renforcement des capacités des chambres commerciales entre 2014 et 2016 a contribué à améliorer les conditions de règlement des litiges commerciaux à Lomé.[6] En effet, le projet a permis d'opérationnaliser les trois chambres qui y traitent exclusivement des contentieux commerciaux, réduisant ainsi significativement les délais d'attente pour leur traitement. Selon les autorités, les délais moyens ont été ramenés de 300 jours à 100 jours environ.

La Constitution a la supériorité sur toutes les normes internes. Elle est suivie des lois; décrets; arrêtés; jurisprudence; circulaires; et coutumes. Les traités et accords internationaux sont négociés et ratifiés par le Président de la République. Les traités de commerce et ceux relatifs notamment aux organisations internationales ne peuvent être ratifiés qu'en vertu d'une loi. Une fois ratifiés ou approuvés et publiés, les accords internationaux et les traités ont une autorité supérieure à celle des lois (sous réserve de leur application par les autres parties). En conséquence, les dispositions de l'Accord de l'OMC peuvent être invoquées directement devant les tribunaux nationaux.

En plus des textes communautaires (rapport commun, p. 45), le Togo a adopté ou amendé, pendant la période sous revue, un certain nombre de ses lois relatives au commerce et/ou à l'investissement notamment le Code de l'eau (2010); le Code des douanes (2014); le Code des investissements (2012); et la législation relative aux marchés publics (2009), au secteur bancaire (2009), au désengagement de l'État des entreprises publiques (2010), aux zones franches industrielles (2011), et aux communications électroniques (2013).

FORMULATION ET OBJECTIFS DE LA POLITIQUE COMMERCIALE

La conception, l'évaluation et la mise en œuvre de la politique commerciale relèvent principalement du Ministère du commerce et de la promotion du secteur privé.[7] Les Ministères en charge, entre autres, de l'économie, des finances, de l'agriculture, des transports jouent également un rôle important à travers leurs domaines respectifs de compétence. Le Ministère en charge du commerce s'appuie également sur un certain nombre de structures, notamment le Centre de formalités des entreprises (CFE); le Centre togolais des expositions et foires (CETEF); la Société d'exploitation du guichet unique pour le commerce extérieur au Togo

(SEGUCE Togo); le Comité de suivi et des fluctuations des prix des produits pétroliers (CSFPPP); et, le Comité de coordination des filières café-cacao (CCFCC). La Chambre de commerce et d'industrie du Togo (CCIT) est la principale structure d'appui aux entreprises.

Un Comité national des négociations commerciales internationales (CNCI) incluant des représentants du secteur privé et de la société civile a été mis en place en 2009.[8] Il a pour mission, entre autres, de contribuer à la définition des objectifs de négociations, de formuler les positions nationales, et d'évaluer périodiquement l'application des accords et leurs impacts sur l'économie. Il est organisé en sous-comités en charge de domaines spécifiques (produits agricoles et ressources animales; produits non agricoles; services; aspects des droits de propriété intellectuelle liés au commerce; APE, AGOA et aide pour le commerce).

La politique commerciale du Togo se place dans le cadre de l'intégration économique régionale au sein de l'UEMOA et de la CEDEAO (rapport commun, p. 44). Elle concourt à la vision du gouvernement qui est de parvenir à faire du Togo un pays émergent à l'horizon 2030. Dans ce contexte, elle vise à positionner le pays comme une plate-forme commerciale et de transit dans la sous-région. Cette politique s'appuie notamment sur les piliers suivants: promouvoir les activités du commerce intérieur et veiller au respect des règles de la concurrence; promouvoir les exportations du Togo; promouvoir les approvisionnements de l'économie togolaise; promouvoir l'entreprenariat dans le secteur commercial; et apporter une valeur ajoutée aux biens et services d'origine togolaise.

Le gouvernement entend mettre en place un dispositif juridique et institutionnel efficace afin de permettre aux activités de distribution, d'importation et d'exportation, de répondre aux besoins des consommateurs et de contribuer à la compétitivité des entreprises.[9] Les objectifs spécifiques sont: a) d'assurer un approvisionnement régulier du marché intérieur en produits de grande consommation, et de veiller à maintenir une concurrence saine; b) de diversifier les exportations à travers une stratégie de couplage produit/marché, et d'optimiser les filières d'exportation existantes; c) d'optimiser l'approvisionnement de l'économie et de contribuer à la compétitivité des entreprises; d) de promouvoir les entrepreneurs du secteur commercial en les dotant d'outils et de techniques modernes du commerce international; e) d'appuyer les autres secteurs de l'économie en leur apportant une valeur ajoutée dans la commercialisation de leurs produits et services; et f) d'offrir un cadre d'échange et d'implication entre le gouvernement et le secteur privé, permettant de prendre en compte les préoccupations du secteur privé et de mener à bien des réformes en vue, notamment, d'améliorer le climat des affaires.

Le Togo dispose d'un certain nombre de cadres de concertation entre le gouvernement et le secteur privé, mais la plupart de ceux-ci rencontrent des difficultés dans leur fonctionnement. Des études sont en cours en vue de la redynamisation de la Cellule de concertation gouvernement – Secteur privé, créée en 2001. Les commissions mixtes douanes-patronat et impôts-patronat ont fonctionné un temps, et devraient être fusionnées avec la mise en place de l'Office togolais des recettes (OTR). D'autres structures incluent le Conseil national du dialogue social et la Commission nationale OHADA.

ACCORDS ET ARRANGEMENTS COMMERCIAUX

Relations avec l'Organisation mondiale du commerce

Ancienne partie contractante du GATT depuis 1964, le Togo est Membre de l'OMC depuis le 31 mai 1995. Au sein de l'OMC, il possède le statut de pays moins avancé (PMA), et à ce titre, est éligible au Cadre intégré renforcé (CIR). Le Togo n'est membre d'aucun des accords plurilatéraux conclus sous l'égide de l'OMC. Il accorde au moins le traitement NPF à tous ses partenaires commerciaux. Le Togo n'a été ni partie prenante, ni tierce partie dans aucun différend commercial.

Le Togo est assez actif en matière de notifications à l'OMC. Près d'une cinquantaine de notifications ont été effectuées pendant la période sous revue (tableau 2.1).

La participation du Togo aux activités d'assistance technique a augmenté considérablement pendant la période sous revue, passant de sept activités en 2009 à plus d'une centaine en 2016.[10] Les activités ont porté aussi bien sur les aspects transversaux du commerce international (32,1% des activités) que sur des domaines spécifiques comme l'accès aux marchés pour les produits non agricoles (9,4% des activités); les aspects des droits de propriété intellectuelle qui touchent au commerce (9,1% des activités); et l'agriculture (4,3% des activités). Un nouveau centre de référence de l'OMC a été établi au sein du Ministère en charge du commerce en mai 2012.

Le Togo a rejoint le Cadre intégré renforcé en 2006. Les résultats de l'Étude diagnostique sur l'intégration du commerce (EDIC) de 2010 ont été intégrés dans le deuxième document de stratégie pour la réduction de la pauvreté (SCAPE). Par ailleurs, un document portant sur le développement national du commerce a été adopté en octobre 2011.

Dans le cadre de la Matrice d'actions issue de l'EDIC, la filière soja a été identifiée comme prioritaire. La mise en œuvre du projet dans le secteur a contribué à augmenter la production et la qualité du soja destiné à l'exportation, et permis d'organiser les producteurs sous le Comité interprofessionnel des céréaliers (CIC). Pour la deuxième phase du CIR, le Togo poursuit sur la même lancée avec le démarrage, en mai 2015, d'un projet de renforcement des capacités productives et commerciales de la filière soja.[11]

Tableau 2.1 Récentes notifications à l'OMC par domaine, 2009-2016

Accord/domaine (nombre de notifications)	Notification la plus récente	Année
Accord sur l'agriculture (8)	Subventions à l'exportation (G/AG/N/TGO/7)	2016
	Soutien interne (G/AG/N/TGO/8)	2016
Accord antidumping (1)	Article 18.5 - Lois et réglementations (G/ADP/N/1/TGO/1)	2012
Accord général sur le commerce des services (17)	Points de contact et d'information (S/ENQ/78/Rev.15)	2015
	Article III:3 (S/C/N/731)	2014
	Article VII:4 (S/C/N/672)	2012
Article XVII du GATT de 1994 – commerce d'État (4)	Article XVII:4 a) et paragraphe 1 du Mémorandum d'accord sur l'interprétation de l'article XVII - Nouvelle notification complète (G/STR/N/1/TGO, G/STR/N/4/TGO, G/STR/N/7/TGO, G/STR/N/10/TGO, G/STR/N/11/TGO, G/STR/N/12/TGO)	2014
Accord sur l'inspection avant expédition (1)	Article 5 (G/PSI/N/1/Add.16)	2012
Accord sur les subventions et les mesures compensatoires (3)	Article 32.6 - Lois et réglementations (G/SCM/N/1/TGO/1)	2011
	Article XVI:1 du GATT et article 25 de l'Accord - Nouvelle notification complète (G/SCM/N/220/TGO, G/SCM/N/253/TGO)	2013
	Article 32.6 de l'Accord - Notification des lois et réglementations (G/SCM/N/1/TGO/1)	2011
Accord sur les mesures concernant les investissements et liées au commerce (1)	Article 6:2 - Publications dans lesquelles les MIC peuvent être trouvées	2013
Accord sur l'application des mesures sanitaires et phytosanitaires (7)	Denrées animales et d'origine animale (G/SPS/N/TGO/6, G/SPS/N/TGO/7)	2016
	Animaux vivants (G/SPS/N/TGO/2)	2015
	Établissements de traitement et de conditionnement des produits de la pêche (G/SPS/N/TGO/3)	2015
	Conditions techniques applicables à bord des navires de pêche à l'exclusion des navires de pêche artisanale (G/SPS/N/TGO/4)	2015
	Additifs alimentaires autres que les colorants et les édulcorants (G/SPS/N/TGO/5)	2015
	Huiles raffinées et la farine de blé (G/SPS/N/TGO/1)	2015
Accord sur les obstacles techniques au commerce (2)	Sachets et emballages plastiques (G/TBT/N/TGO/2)	2012
	Fers à béton (G/TBT/N/TGO/1)	2011
Accord sur les procédures de licences d'importation (3)	Articles 1:4 a) et/ou (:2 b) (G/LIC/N/1/TGO/3)	2013
	Article 7.3 (G/LIC/N/3/TGO/2)	2011
Accord sur les ADPIC (1)	Article 69 de l'Accord sur les ADPIC - Points de contact (IP/N/3/TGO/1)	2012
Accord sur les règles d'origine (1)	Article 5 et paragraphe 4 de l'annexe II de l'Accord sur les règles d'origine (G/RO/N/70)	2011
Accord sur les sauvegardes (1)	Lois, réglementations et procédures administratives (G/SG/N/1/TGO/1)	2012
Listes concernant les marchandises (1)	Liste CXXV– Recours aux dispositions du paragraphe 5 de l'article XXVIII (G/MA/308)	2014

Source: OMC, documents en ligne. Adresse consultée: https://docsonline.wto.org/.

Accords régionaux et préférentiels

Le Togo est membre de plusieurs groupements commerciaux régionaux, dont l'Union économique et monétaire ouest-africaine, l'Union africaine et la Communauté économique des États de l'Afrique de l'ouest (rapport commun, p. 44). Il bénéficie également de traitements préférentiels offerts par l'Union européenne et les États-Unis (rapport commun, p. 44).

RÉGIME D'INVESTISSEMENT

Généralités

Le droit des affaires au Togo est essentiellement régi par les dispositions supranationales, notamment dans le cadre de l'OHADA, de l'UEMOA, de la CEDEAO, ainsi que des conventions internationales dont le Togo est partie[12] (rapport commun, p. 47). Pendant la période sous revue, le Togo a effectué de nombreuses réformes, notamment l'adoption d'un nouveau Code des investissements, et la réforme de la Loi sur les zones franches. Ces mesures ont contribué à améliorer l'environnement des affaires, positionnant le pays au

150ème rang (contre le 166ème rang en 2008) selon le classement de 2015 de l'Indice de la facilité de faire des affaires de la Banque mondiale.[13]

Le Togo est Partie à la Convention des Nations Unies contre la corruption (ratifiée en 2005); à la Convention de l'Union africaine sur la prévention et la lutte contre la corruption (ratifiée en 2009); et au Protocole de la CEDEAO sur la corruption (ratifié en 2009). Une Haute autorité de prévention et de lutte contre la corruption et les infractions assimilées (HALCIA) a été créée en 2015[14], et est fonctionnelle depuis janvier 2017.

Les principales formalités liées à la création d'entreprises et les frais y afférents sont présentés au tableau 2.2. En 2014, les autorités ont pris des mesures afin d'alléger les procédures de création d'entreprises. Ces mesures incluent la reconnaissance du site Internet du Centre de formalités des entreprises (CFE) comme support d'annonce légal; la suppression de la carte d'opérateur économique; et, le transfert de la formalité d'enregistrement des statuts au CFE, qui opère désormais comme un guichet unique où peuvent être effectuées toutes les formalités se rapportant à la création d'entreprises.

À l'issue des formalités, le CFE délivre une Carte unique de création d'entreprise regroupant le numéro d'immatriculation de l'entreprise au Registre du commerce et du crédit mobilier, le numéro d'identification fiscale, et le numéro matricule de la Caisse nationale de sécurité sociale. En plus des frais des différents organismes intervenant dans le processus, les frais du CFE sont de 25 000 FCFA (20 000 FCFA pour les ressortissants de la zone CEDEAO). La carte unique de création d'entreprise est valable pour cinq ans, et renouvelable moyennant le paiement des frais de 15 000 FCFA (10 000 FCFA pour les ressortissants de la CEDEAO).

La fiscalité des entreprises est règlementée par le Code général des impôts et les modifications ou compléments apportés annuellement par les lois de finances. En fonction de leur chiffre d'affaires, taille et forme juridique, les entreprises peuvent être assujetties à l'un des trois régimes fiscaux suivants: le régime de la taxe professionnelle unique (TPU), pour les artisans et entreprises du secteur informel avec un chiffre d'affaires de moins de 10 millions de FCFA (30 millions de FCFA pour les entreprises de livraison ou de production); le régime simplifié d'imposition, pour les entreprises ayant un chiffre d'affaires annuel compris entre 30 et 100 millions de FCFA; et, le régime du réel normal, pour les entreprises ayant un chiffre d'affaires supérieur à 100 millions de FCFA.

Les entreprises du régime du réel sont assujetties à l'impôt sur les sociétés au taux de 37% (tableau 2.3). Pour les entreprises du régime du forfait, la TPU les libère des autres impositions comme l'impôt sur le revenu des personnes physiques (IRPP), la taxe professionnelle, la part patronale de la taxe sur les salaires, et la TVA.

Les entreprises installées au Togo peuvent, sous certaines conditions, être agréées sous le Code des investissements ou le régime de la zone franche. Elles bénéficient dans ces conditions d'avantages fiscaux et douaniers.

Le Togo a des traités bilatéraux d'investissement avec l'Allemagne et la Suisse. Des traités ont été signés avec la Tunisie (en 1987) et l'Union économique belgo-luxembourgeoise (2009), mais ne sont pas en vigueur.[15] Le Togo a des conventions de non-double imposition avec la France et la Tunisie.

Code des investissements

Le Togo a adopté un nouveau Code des investissements en 2012, mais sa mise en œuvre n'est pas encore effective.[16] Le Code vise, entre autres: à favoriser la création d'emplois qualifiés et d'activités à forte valeur ajoutée; à encourager l'utilisation des ressources naturelles et des matières premières locales; à développer l'économie de l'immatériel; à développer les exportations; et à encourager la décentralisation des activités économiques. Avec la révision de 2012, le domaine d'application du Code est élargi aux services fournis dans les secteurs comme la santé, l'éducation et la formation, le montage et la maintenance d'équipements industriels, et les technologies de l'information et de la communication. Les secteurs des transports, bâtiments et travaux publics, ainsi que les entreprises en zone franche sont exclus du champ d'application du Code.

Le Code garantit l'égalité de traitement et la non-discrimination entre les investisseurs nationaux

Tableau 2.2 Formalités et frais nécessaires à la création d'entreprise

Formalité	Administration responsable	Frais
Recherche d'antériorité/protection du nom commercial	Institut national de la propriété industrielle et de la technologie	5 000 FCFA
Immatriculation au Registre du commerce et du crédit mobilier/ insertion au Journal officiel	Greffe du Tribunal de Première Instance de Lomé	8 250 FCFA (5 400 FCFA pour les personnes physiques)
Publication	Centre de formalités des entreprises	5 000 FCFA
Déclaration d'existence	Office togolais des recettes	24 600 FCFA (hors-CEDEAO: 31 400 FCFA)
Immatriculation	Caisse nationale de sécurité sociale/ Inspection du travail et des lois sociales	Gratuite

Source: Informations fournies par les autorités togolaises.

Tableau 2.3 Principaux impôts et taxes applicables aux opérateurs économiques, 2016

Prélèvement	Base et taux d'imposition	Types d'opérateurs économiques ou activité
Fiscalité directe		
Impôt sur le revenu des personnes physiques (IRPP)	Barème à taux progressif, variant de 4% (revenu minimal) à 45% (revenu maximal) Revenu net global des personnes physiques	Personnes physiques
Impôt sur les sociétés (IS)	37% du chiffre d'affaires (30% du CA pour les sociétés industrielles)	Sociétés du régime du réel
Taxe professionnelle unique (TPU)	Professions exercées à demeure: • 2,5% du CA pour les activités de production et/ou du commerce • 8,5% du CA pour les prestations de services Professions exercées en ambulance: taux spécifique en fonction du moyen de déplacement	Entreprises du régime du forfait (libératoire des autres impositions: IRPP, IS, part patronale de la taxe sur les salaires)
Impôt minimum forfaitaire (IMF)	En fonction du chiffre d'affaires, entre 50 000 FCFA et 200 millions de FCFA	Opérateurs passibles de l'IS ou de l'IRPP
Impôt sur le revenu des capitaux mobiliers (IRCM)	Montant brut des revenus distribués: • Personnes physiques: 10% • Personnes morales: 15%	Paiement de dividendes, jetons de présence, et autres revenus des actions, parts sociales et obligations
Taxe sur les salaires	7% de la masse salariale (part patronale)	Tous les opérateurs, à l'exception de ceux soumis à la TPU
Taxe complémentaire sur les salaires (TCS)	25% de l'IRPP (avec un minimum de 6 000 FCFA et un maximum de 200 000 FCFA)	Contribuables assujettis à l'IRPP
Taxe professionnelle (patente)	• 0,2% à 1% du CA (ou de la valeur des produits) selon la branche d'activité • 2% à 6% de la valeur locative des locaux, terrains et dépôts	Personnes physiques ou morales exerçant une activité professionnelle non salariée
Impôt sur le revenu des transporteurs routiers (IRTR)	Perçu à l'immatriculation de tout engin motorisé destiné au transport commercial de personnes ou marchandises	Opérateurs avec un CA inférieur à 30 millions de FCFA et ne tenant pas de comptabilité régulière
Impôts fonciers	• 12,5% de la valeur locative, pour les propriétés bâties • 2% de la valeur vénale pour les propriétés non bâties	Propriétés louées à usage professionnel
Fiscalité indirecte		
Taxe sur la valeur ajoutée (section 3.1.5)	Taux unique de 18% de la valeur hors taxe du bien ou service rendu	Livraison de biens et prestation de services
Droits d'accise (section 3.1.5)	1% à 15% du prix usine hors TVA ou de la valeur c.a.f. (taux spécifiques pour les produits pétroliers)	Livraison ou importation de produits imposables
Taxe sur les activités financières	10% du montant brut des profits réalisés à l'occasion des opérations financières et bancaires	Activités bancaires, financières, commerce des valeurs et de l'argent
Taxe sur les conventions d'assurance	Variable selon la prime et le type d'assurance	Souscription à une convention d'assurance
Autres droits et taxes indirects		
Taxe sur les produits des jeux de hasard	5% du CA ou du montant brut des recettes réalisés sur l'ensemble des jeux	20% affecté aux collectivités locales
Taxe sur les spectacles et les appareils automatique	Spectacles dans la commune de Lomé: 20% du CA (10% pour les autres communes)	Reversée aux collectivités locales
Droits d'enregistrement et de timbre	Fixe, proportionnel ou progressif selon la nature des actes et mutations ou les formalités	Actes, mutations, papiers destinés aux actes civils et judiciaires

Source: Information fournie par les autorités togolaises.

et étrangers. Il garantit également l'accès aux droits en matière de propriété, de concession et d'autorisation administrative, et de participation aux marchés publics. La liberté de transfert des capitaux et des rémunérations est garantie sous réserve des réglementations en vigueur en matière de change.

L'administration du Code des investissements relève de l'Agence nationale de la promotion des investissements et de la zone franche (API-ZF), qui est habilitée à délivrer l'agrément (ou enregistrer la déclaration) nécessaire. Les avantages prévus sous le Code des investissements sont réservés aux investissements d'au moins 50 millions de FCFA. Par ailleurs, l'investisseur doit s'engager à réserver la majorité des emplois permanents en priorité aux nationaux.

Les entreprises agréées sous le Code des investissements peuvent bénéficier de divers avantages fiscaux et douaniers (tableau 2.4). À cet effet, le Code distingue: le régime de déclaration, applicable aux investissements de 600 millions de FCFA ou moins; et le régime d'agrément, pour les investissements supérieurs à 600 millions de FCFA. Tout investisseur éligible doit,

Tableau 2.4 Aperçu des avantages prévus dans le Code des investissements

	Avantage	Quelques conditions et restrictions
Droits de douanes	Exonération totale pour les matériels et équipements neufs, et partiel (taux unique de 5%) pour les matériels usagés	• Seulement pendant la phase d'installation • sujette à un cap de 10% de la valeur c.a.f. des équipements (15% pour le régime de l'agrément)
TVA et acomptes pour l'IS et l'IRPP	Exonération totale pour les importations de matériels et équipements	• Seulement pendant la phase d'installation • sujette à un cap de 10% de la valeur c.a.f. des équipements (15% pour le régime de l'agrément)
Impôt sur les sociétés	Exonération totale	Phase d'installation
	Déduction de 40 à 50% des dépenses d'investissements de la base d'imposition de l'IS	Pendant les 5 premiers exercices de la phase d'exploitation
	Réduction de l'IS de 2% à 5%	Au moins 20 employés
	Réduction de l'IS de 5%	Au moins 25% du chiffre d'affaires est réalisé à l'exportation
Impôt minimum forfaitaire (IMF)	Exonération totale de l'IMF	Phase d'installation
	Réduction de 30% de l'IMF	Phase d'exploitation
Taxe foncière	Exonération totale	Phase d'installation
	Réduction de 30%	Phase d'exploitation
Taxe professionnelle	Exonération totale	Phase d'installation
	Réduction de 30% pendant 3 à 9 ans	En fonction de la zone d'investissement ou de l'utilisation des matières premières locales (min. 80%)
	Réduction de 5% pendant 5 ans	Utilisation de propriétés intellectuelles
Taxe sur les salaires	Taux réduit de 2% sur les salaires des nouveaux emplois	
Titres de séjour	Réduction de 50% des frais d'établissement des titres de séjour des cadres salariés étrangers	Formation/recrutement/promotion d'un nombre équivalent de nationaux dans un délai de 4 ans

Source: Loi n° 2012-001 portant Code des investissements en République togolaise.

Tableau 2.5 Activités des sociétés installées en zone franche, 2009-2015

	2009	2010	2011	2012	2013	2014	2015
				(Nombre)			
Nouveaux agréments	12	8	12	15	12	6	7
Sociétés en activité	57	62	64	62	66	63	63
Emplois locaux créés	9 087	10 516	11 116	12 987	13 511	15 116	14 498
				(Milliards de FCFA)			
Investissements cumulés	126,4	145,9	161,3	187,4	255,1	191,7	210,9
Importations	70,2	102,3	132	160,1	139,3	148,7	168,1
Achats locaux	15,3	14,1	22,0	22,5	18,3	18,9	16,3
Chiffre d'affaires	171,1	191,8	243,6	250,1	235,2	215,1	235,1
Valeur ajoutée	47,9	53,8	65,4	60,4	..	..	23,9
Exportations	158,2	174,0	221,9	223,7	211,9	189,6	210,5
Ventes locales	12,9	17,8	21,8	26,4	23,4	25,5	24,5

.. Non disponible.

Source: Informations fournies par la Société d'administration de la zone franche.

selon les cas, procéder à une déclaration ou déposer une demande d'agrément auprès de l'API-ZF. L'Agence délivre une attestation comportant notamment la liste des avantages consentis et les dates convenues pour le démarrage des périodes d'installation et d'exploitation. Dans tous les cas, la période d'installation ne peut excéder 24 mois pour les entreprises agréées sous le régime de déclaration, et 36 mois pour les entreprises sous le régime d'agrément.

Régime de la zone franche

Au 31 décembre 2015, la zone franche togolaise est composée de 63 entreprises en activité (tableau 2.6). Malgré l'octroi de nouveaux agréments, le chiffre d'affaires des sociétés installées en zone franche n'a pas marqué de tendance haussière particulière pendant la période sous revue. Entre 2009 et 2015, la valeur totale des importations des sociétés installées en zones franche est passée de 70,2 millions de FCFA à 168,1 millions de FCFA. Les achats locaux ont pratiquement stagné et sont restés sous la barre des 23 millions de FCFA. La plupart des entreprises installées en zones franches opèrent dans les secteurs de l'habillement et du textile, du plastique, et de l'agro-industrie. Les zones franches au Togo sont concentrées essentiellement dans la zone portuaire.

La politique togolaise en matière de zone franche vise, entre autres, à: promouvoir le développement économique et industriel; promouvoir les exportations et créer des emplois; encourager l'utilisation des matières premières locales; améliorer l'environnement des affaires; et promouvoir le Togo comme destination d'investissement. En 2011, le Togo a modifié sa législation afin, notamment, de réduire la durée des avantages fiscaux.[17]

Le régime de zone franche est réservé principalement aux entreprises à forte intensité de main-d'œuvre nationale; aux entreprises tournées vers l'utilisation des matières premières locales; aux entreprises à technologie de pointe; aux entreprises pratiquant la sous-traitance internationale; aux entreprises engagées dans la production de services; et aux technopoles axés sur la recherche, l'innovation technologique et tournés vers l'exportation.[18] Pour être éligible, l'entreprise doit notamment garantir l'exportation de la totalité de sa production, et réserver les emplois permanents en priorité aux nationaux. Dans la pratique, elles peuvent écouler jusqu'à 30% de leur production sur le marché national. Une entreprise installée sur le territoire douanier national peut obtenir l'agrément au régime de zone franche si elle a réalisé au moins 65% de ses ventes à l'exportation pendant les deux dernières années qui précèdent l'octroi de l'agrément.

Tout promoteur désirant s'installer dans la zone franche est tenu d'obtenir un agrément auprès de l'API-ZF avant toute démarche en vue de la création de l'entreprise. Un agrément provisoire est délivré dans un délai d'un mois, moyennant des frais de 500 000 FCFA. À l'issue de l'étude du dossier de demande d'agrément, l'API-ZF peut délivrer à l'entreprise un Certificat d'entreprise exportatrice. Les développeurs de zone franche sont soumis au même régime que les entreprises agréées au statut de zone franche.

Les entreprises agréées au régime de zone franche sont assujetties à une redevance annuelle fixée à 0,1% de la valeur des marchandises et services exportés ou vendus sur le marché local. Elles sont également redevables d'une contribution mensuelle de 50 000 FCFA pour le compte de l'administration des douanes.

Les entreprises en zone franche bénéficient d'exonérations ou de taux réduits en matière de droits de douane et de certaines taxes (tableau 2.7). Des avantages incitatifs sont également prévus pour encourager la création de zones franches en dehors de la région maritime. Ainsi, les entreprises situées dans une zone franche implantée dans la région des plateaux bénéficient de 10 ans d'exonération totale de l'impôt sur les sociétés (ou de l'impôt minimum forfaitaire), et paient la taxe sur les salaires au taux réduit de 1% pendant les 7 premières années d'exploitation. Pour les entreprises de zones franches implantées dans les autres régions[19], la durée d'exonération totale de l'IS est de 15 ans, et celle du taux réduit de la taxe sur les salaires est de 10 ans. Au-delà de ces périodes, les avantages généraux s'appliquent.

Les entreprises en zone franche ont la liberté de produire de l'énergie pour leur propre consommation, ou d'acquérir leur propre réseau de télécommunications. Elles bénéficient de tarifs préférentiels sur les prestations portuaires, les services de télécommunications,

Tableau 2.6 Avantages incitatifs pour les entreprises agréées au statut de zone franche

Type de droits et taxes	Nature des avantages
Droits de douane	Exonération totale sur le matériel d'équipement et les produits nécessaires au fonctionnement de l'entreprise, et taux réduit sur les véhicules utilitaires
Impôt sur les sociétés/IMF	Exonération totale pendant les 5 premières années et taux réduit par la suite
IRCM	Exonération totale pendant les 5 premières années et de 50% du montant redevable de la 6ème à la 10ème année
Taxe sur les salaires	Taux réduit à 1% ou 2% de la masse salariale, selon les régions pendant la durée de vie de l'entreprise, en fonction du lieu d'implantation
Taxe professionnelle et taxe foncière	Exonération totale pendant les 5 premières années, et taux réduit par la suite
Taxe sur la valeur ajoutée	Exonération totale sur les travaux et services réalisés pour le compte de l'entreprise

Source: Loi n° 2011-018 du 24 juin 2011 portant statut de zone franche industrielle.

d'électricité et la fourniture d'eau, et peuvent importer les produits pétroliers pour leur propre consommation en franchise de tout droit et taxe. Elles peuvent écouler jusqu'à 30% de leur production sur le marché national, sous réserve de paiement des droits et taxes applicables. Les ventes vers les autres pays de la sous-région sont assujetties au paiement des droits et taxes applicables aux marchandises en provenance de pays tiers à la Communauté.

Notes de fin

1 Loi n° 2007-008 du 7 février 2007 portant modification de l'article 52 alinéa premier de la constitution.

2 Loi n° 2007-011 du 13 mars 2007 relative à la décentralisation et aux libertés locales.

3 Décret n° 2011-179/PR du 14 novembre 2011 fixant les modalités d'organisation et de fonctionnement du Fonds d'appui aux collectivités territoriales.

4 L'élection du Président de la République a lieu au scrutin majoritaire à un tour, à la majorité des suffrages exprimés.

5 Les archives du Journal officiel sont disponibles en ligne. Adresse consultée: http://www.legitogo.gouv.tg.

6 Projet de renforcement des capacités des chambres commerciales du Tribunal de première instance et de la Cour d'appel de Lomé (PRCTPICA).

7 Les portefeuilles de l'industrie et du tourisme ont été rattachés au ministère en 2015 avant d'en être détachés en mars 2017.

8 Décret n° 2009-063/PR portant création du Comité national de négociations commerciales internationales.

9 République du Togo (2013), *Stratégie de croissance accélérée et de promotion de l'emploi, 2013-2017.*

10 Base de données globale sur l'assistance technique liée au commerce (GTAD). Adresse consultée: http://gtad.wto.org/index.aspx?lg=fr.

11 Projet de renforcement des capacités productives et commerciales de la filière soja au Togo.

12 Il s'agit notamment de l'Agence multilatérale de garantie des investissements (AMGI) et de la Convention du Centre international pour le règlement des différends relatifs aux investissements (CIRDI).

13 Banque mondiale, information en ligne. Adresse consultée: http://www.doingbusiness.org/.

14 Loi n° 2015-006 portant création de la Haute autorité de prévention et de lutte contre la corruption et les infractions assimilées.

15 Renseignements en ligne de la CNUCED. Adresse consultée: http://investmentpolicyhub.unctad.org/IIA/CountryBits/209#iiaInnerMenu.

16 Loi n° 2012-001 portant Code des investissements en République togolaise.

17 Loi n° 89-14 du 18 septembre 1989, telle que révisée par la Loi n° 2011-018 du 24 juin 2011 portant statut de zone franche industrielle.

18 Les entreprises d'exploitation minière, d'égrenage de coton, les sociétés de commerce international et de courtage, ainsi que les entreprises de télécommunications ne sont pas admissibles au statut de zone franche.

19 Il s'agit de la région Centrale, de la région de la Kara et de la région des Savanes.

Politique et pratiques commerciales par mesure

MESURES AGISSANT DIRECTEMENT SUR LES IMPORTATIONS

Procédures douanières, évaluation et prescriptions

Depuis 2014, le recouvrement des impôts, taxes et droits de douanes relève de l'Office togolais des recettes (OTR) qui a résulté de la fédération des différentes administrations de régie financière, à savoir l'ex-Direction générale des douanes et affaires domaniales, et l'ex-Direction générale des impôts. Sous la supervision du Commissaire général de l'OTR, le Commissariat des douanes et droits indirects (CDDI) est responsable notamment de la mise en œuvre des lois, règlements et procédures douanières. Les autres principales institutions présentes à la frontière sont: les services phytosanitaires; les services de la protection des végétaux; les services de santé; les services de lutte contre les stupéfiants; la police; la gendarmerie; et l'armée.

En plus des formalités liées à la création d'entreprise (p. 418), l'exercice de l'activité d'importateur ou d'exportateur à des fins commerciales est soumis à l'obtention d'une Carte d'importateur/exportateur et de chargeur. La carte est délivrée par la Direction du commerce extérieur (Ministère chargé du commerce), et est valide pour une année. Les frais de son obtention ou de son renouvellement annuel sont de 38 500 FCFA (avec un taux réduit à 15 000 FCFA pour les nationaux et les ressortissants de la CEDEAO).

Pour le dédouanement des marchandises, les documents exigés incluent la facture; la liste de colisage; le bon de chargement; le bordereau électronique de suivi de cargaison (BESC); et l'attestation de vérification, délivrée par la société en charge de l'inspection à destination des marchandises (p. 424). D'autres documents comme le certificat d'origine et le certificat sanitaire et phytosanitaire peuvent être exigés, si nécessaire.

Les douanes ont achevé la migration de leur système informatique vers SYDONIA World en 2014. À fin décembre 2016, tous les bureaux effectuant des opérations de dédouanement sont informatisés. Le système informatique douanier est également connecté au Guichet unique du commerce extérieur, ainsi qu'aux principaux intervenants dans le processus de dédouanement des marchandises. Ainsi, tout le processus de dédouanement (de la déclaration en douane jusqu'à la mainlevée) est informatisé, et les documents peuvent être transmis de manière dématérialisée.

La gestion des risques est opérée à travers un mécanisme de sélectivité automatique des déclarations comprenant quatre circuits: vert (bon à enlever); bleu (contrôle différé après enlèvement des marchandises); jaune (contrôle documentaire); et rouge (contrôle documentaire et vérification physique des marchandises). Les principaux critères de sélectivité portent sur l'origine des marchandises, le régime douanier, l'espèce tarifaire, l'historique de l'importateur, et le mode de transport utilisé. En moyenne, environ 70% des cargaisons emprunte le circuit rouge. En plus des critères de sélectivité, les cargaisons destinées à la mise à la consommation sont généralement soumis à un passage au scanner. Les frais du scanner sont de 10 000 FCFA pour les véhicules, et 50 000 FCFA pour les conteneurs.

Pendant la période sous revue, le Togo a mené une réforme de l'administration douanière qui a abouti, entre autres, à l'adoption d'un nouveau Code des douanes en 2014.[1] Le nouveau Code consacre, entre autres, l'adoption du tarif extérieur commun de la CEDEAO par le Togo; l'automatisation de la procédure de dédouanement; la possibilité de dédouanement anticipé; l'élévation des infractions liées à la contrefaçon et au piratage au rang de délit douanier; l'institution des voies de recours en cas de litige avec la douane; et l'institution des infractions à la législation des changes. Le Togo a adhéré à la Convention de Kyoto Révisée en juin 2014.

Le Togo a ratifié l'Accord sur la facilitation des échanges (AFE) de l'OMC en 2015, mais il n'a pas encore notifié ses mesures de catégories A. La catégorisation des mesures a été effectuée en 2014, et est en train d'être mise à jour. Un Comité national de la facilitation des échanges (CNFE) a commencé ses opérations en décembre 2016.[2]

Un guichet unique du commerce extérieur (GUCE) est opérationnel depuis juin 2014. Il s'agit d'une plate-forme dématérialisée reliant toutes les institutions intervenant dans les opérations du commerce extérieur, et à travers laquelle les usagers peuvent effectuer les formalités liées à l'importation, à l'exportation, au transit, ou au transbordement de leurs marchandises. La mise en œuvre et l'exploitation du GUCE sont assurées par un consortium (Bureau Veritas BIVAC et SOGET) sur la base d'un contrat de concession pour une durée de dix ans. Avec cette plate-forme, le manifeste des marchandises, une fois déclaré au niveau du GUCE, est transmis automatiquement à toutes les autres structures impliquées dans l'opération de dédouanement. Les frais relatifs aux services fournis par les différentes structures sont consignés dans un Document de frais unique (DFU). Les redevances des prestations relatives à l'exploitation du GUCE sont facturées à la liquidation de toute déclaration en douane (à l'import, à l'export et au transit). Elles sont de 10 000 FCFA hors taxes par conteneur, véhicule, ou déclaration. Le niveau des frais consolidés à travers le DFU varie selon les prestations facturées par les différentes structures.

Quoique prévue de longue date par la législation, l'exigence d'un bordereau électronique de suivi de cargaisons (BESC) est effective pour les exportations depuis décembre 2016.[3] Le BESC reste sous la responsabilité du Conseil national des chargeurs du Togo (CNCT), mais son émission et sa gestion ont été confiées au Groupe Antaser Afrique sur la base d'une convention de mandat qui court jusqu'en 2025, et est renouvelable tacitement.[4] Les frais d'émission du BESC dépendent du conditionnement de la cargaison (à l'exception des véhicules), de son origine ou de sa destination. Pour les marchandises en conteneur complet (FCL), les frais par tranche de cinq conteneurs sont de 25 euros pour les embarquements en provenance ou à destination d'un marché africain ou européen, et 100 euros pour les autres marchés.[5] Les frais du BESC sont partagés par le mandataire (48%) et l'État (52%); ce dernier rétrocède 20% au CNCT pour son fonctionnement.

Le nouveau Code des douanes institue une Commission administrative de règlement des litiges douaniers, comme instance de premier ressort en cas de litiges; et une Commission nationale de conciliation et d'expertise douanière comme organe d'appel en la matière. Cependant, les deux commissions ne sont pas encore fonctionnelles et les litiges sont traités par le service du contentieux de l'OTR. En appel, les opérateurs économiques peuvent recourir à la Cour d'arbitrage du Togo, et en dernier ressort, aux tribunaux.

Le Togo continue d'opérer un programme d'inspection à destination sur les marchandises destinées à la mise à la consommation. Le programme est géré par la société COTECNA, sur la base d'un contrat qui a été reconduit en 2016 pour une année supplémentaire. À cet effet, l'opérateur est tenu de déposer une Intention d'importation auprès de COTECNA, avant l'arrivée des marchandises. L'inspection porte notamment sur la vérification de l'éligibilité à l'importation, la vérification du prix à l'exportation, l'établissement à titre indicatif de la valeur en douane et de la classification douanière, et le suivi électronique des marchandises (pour les marchandises en transit).[6] Les seuils minima de déclenchement sont de 1 million de FCFA pour les importations par voie terrestre, et 1,5 million de FCFA pour les importations par voie aérienne ou maritime. Les marchandises originaires de la CEDEAO et les importations en régime de transit ou d'admission temporaire sont exemptées de l'inspection.[7] Les frais de l'inspection sont payés par le gouvernement à partir des recettes d'une redevance de 0,75% de la valeur CAF des marchandises à la charge des importateurs. Des recettes collectées, le gouvernement paie mensuellement 345 millions de FCFA à la société en charge de l'inspection à destination.

Le Togo applique en principe l'Accord sur l'évaluation en douane de l'OMC (Code des Douanes, section 5, article 19); il continue cependant à rencontrer des difficultés dans sa mise en œuvre. Certains produits de première nécessité font l'objet de valeurs minimales, dans le but de maintenir leurs prix de revient à des niveaux abordables pour les consommateurs. Il s'agit des pâtes alimentaires, des huiles végétales, des tomates en conserve, et des produits détergents. L'évaluation de la valeur des voitures d'occasion importées est cependant basée sur des valeurs mercuriales, établies par la Compagnie togolaise d'évaluation et de contrôle (COTEC), une compagnie privée de droit togolais. Ici, la valeur est établie sur la base des caractéristiques techniques du véhicule, et à partir des bases de données des principaux marchés d'automobiles. L'administration des douanes est liée par la valeur ainsi déterminée par le COTEC. Les véhicules âgés de moins de cinq ans ne font pas l'objet d'une telle évaluation.

Règles d'origine

Le Togo applique les règles d'origine de l'UEMOA (rapport commun, p. 64) qui, pour l'essentiel, sont harmonisées avec celles de la CEDEAO. La gestion des processus d'agrément aux schémas préférentiels des deux communautés relève du Comité national d'agrément. Les certificats d'origine sont délivrés par la Direction de l'industrie, pour les exportations à destination de l'espace CEDEAO, et la Direction du commerce extérieur, pour les exportations hors-CEDEAO. En 2015, respectivement 51 entreprises et 439 produits togolais sont agréés au régime préférentiel des échanges intracommunautaires, comparés à 37 entreprises et 229 produits en 2009 (rapport commun, tableau 3.5).

Droits de douane

Les recettes douanières restent une source importante de revenus pour le gouvernement togolais. Elles sont évaluées à 232,5 milliards de FCFA en 2013 (comparé à 123,3 milliards en 2009)[8], et collectées, pour l'essentiel, au niveau du Port autonome de Lomé et de la raffinerie.

Le Togo applique le tarif extérieur commun (TEC) de la CEDEAO depuis janvier 2015, ainsi que les autres droits et taxes communautaires (rapport commun, pp. 57, 58). Le Togo n'applique ni la taxe d'ajustement à l'importation, ni la taxe complémentaire de protection, ni la taxe conjoncturelle à l'importation. Outre ces prélèvements communautaires, les importations sous le régime commun de mise à la consommation sont soumises à: la redevance pour le financement du programme d'inspection à destination des marchandises (0,75% de la valeur c.a.f. des importations); la taxe de protection et d'entretien des infrastructures (2 000 FCFA par tonne de marchandises); et la redevance informatique douanière (5 000 FCFA par dépôt de déclaration en douane). Pour les importations hors-CEDEAO, ces prélèvements et taxes ajoutent au moins 3,25% de la valeur c.a.f. en termes de charges en sus des droits de douanes.

Les marchandises importées en régime suspensif sont assujetties au droit de timbre douanier au taux est de 4% du montant qui devrait normalement être prélevé au titre de la redevance statistique et de la taxe de protection des infrastructures (TPI).

Le Togo accorde des préférences de droits et taxes d'entrée aux marchandises originaires de l'UEMOA et

de la CEDEAO sous le régime tarifaire préférentiel de chacune de ces communautés (rapport commun, p. 58).

Au cours du Cycle d'Uruguay, le Togo a consolidé les droits de douane sur 845 lignes tarifaires (essentiellement des produits agricoles) au taux uniforme de 80%. Les consolidations couvrent environ 15% des lignes tarifaires et moins de 1% des produits non agricoles. Le Togo a également consolidé les autres droits et taxes sur trois prélèvements spécifiques en vigueur à l'époque: la taxe de statistique (consolidée à 3%); la taxe de péage sur le fret maritime (consolidée à 200 FCFA par tonne indivisible); et le timbre douanier (4%).

Autres impositions

Taxe sur la valeur ajoutée

À l'instar des autres pays de l'UEMOA, le Togo applique la taxe sur la valeur ajoutée (TVA) sur les livraisons de biens et les prestations de services au taux de 18% conformément au régime communautaire (rapport commun, p. 61). Un taux réduit de 10% a été introduit en 2017 pour certains biens et services, notamment[9]: les tissus kaki; les tissus imprimés; les huiles alimentaires; les sucres; les farines de céréales (maïs, blé, fonio, mil, millet, sorgho, riz); les pâtes alimentaires; le lait manufacturé; les aliments pour bétail et volailles; les poussins d'un jour; et les matériels agricoles. Le taux réduit de TVA s'applique également: aux locations et réparations de matériels agricoles; aux services d'hébergement et de restauration fournis par les hôtels, restaurants et organismes assimilés agréés; ainsi qu'aux prestations réalisées par les organisateurs de circuit touristique agréés.

Droit d'accise

Le Togo prélève des droits d'accise sur un certain nombre de produits, conformément aux dispositions communautaires (rapport commun, p. 61). À l'exception du tabac et des boissons alcoolisées, les taux des droits d'accise sont restés inchangés pendant la période sous revue: boissons non alcoolisées à l'exception de l'eau (2%); boissons alcoolisées (45%, 15% pour les bières); tabacs et cigarettes (45%); farine de blé (1%); huiles et corps gras alimentaires (1%); produits de parfumerie et cosmétiques (15%); café (10%); thé (5%); sachets en matière plastique biodégradables (5%); et, véhicules de tourisme d'une puissance supérieure ou égale à 13 chevaux (5%).

Le droit d'accise sur les produits pétroliers (DAPP) frappe les importations (généralement premières livraisons) aux taux de: 57,76 FCFA par litre d'essence sans plomb; 48,06 FCFA par litre de gazole; 59,99 FCFA par litre de pétrole, d'essence d'aviation et de carburéacteur; 15 FCFA par litre de fuel, fuel-oil domestique, fuel-oil léger et fuel-oil lourd; 50 FCFA par litre d'huile lubrifiante; et 60 FCFA par kilogramme de graisse. Le pétrole lampant à usage domestique et le gaz de pétrole liquéfié font l'objet d'un taux zéro. Une partie de la taxe est reversée à un fonds destiné à l'entretien routier.

Autres taxes

Une taxe spéciale sur la fabrication et le commerce des boissons est prélevée à des taux variant entre 5 FCFA et 100 FCFA en fonction du type de boisson, de la contenance, et selon qu'elle soit importée ou de fabrication locale (tableau 3.1).[10] Les boissons traditionnelles et les boissons destinées à l'exportation sont exclues du champ d'application de la taxe. La taxe est payée par l'importateur, ou par le vendeur dans le cas des boissons de fabrication locale. L'application des taux bas sur les boissons de fabrication locale (comparés aux taux applicables aux boissons importées) pose un problème par rapport au respect du principe de traitement national de l'OMC. Au niveau du marché intérieur, cette taxe n'est acquittée que par la Brasserie BB Lomé qui est le seul producteur de boissons du secteur formel local. Le produit de la taxe est reversé pour moitié aux collectivités locales, pour tiers au budget de l'État, et le reste à l'administration en charge de sa collecte.

Conformément aux prescriptions communautaires, un acompte forfaitaire sur le bénéfice industriel et commercial est prélevé au taux de 1% de la valeur c.a.f. des importations.

Depuis 2012, les véhicules usagés importés en vue de la revente (ou en transit) sont assujettis à un impôt minimum forfaitaire perçu comme un acompte au titre de l'IRPP ou de l'IS. Le taux d'imposition dépend de la valeur c.a.f. du véhicule et varie entre 15 000 FCFA (véhicules de 3 millions de FCFA ou moins) à 500 000 FCFA (véhicules de plus de 100 millions de FCFA).[11]

Tableau 3.1 Taux de la taxe spéciale sur la fabrication et le commerce des boissons

Produit	Contenant	Taux de la taxe (FCFA/contenant)	
		Fabrication locale	Importée
Boissons non alcoolisées (à l'exclusion de l'eau)	Inférieur ou égal à 60 centilitres	5	15
	Supérieur à 60 centilitres	10	25
Boissons fermentées non distillées	Inférieur ou égal à 60 centilitres	5	20
	Supérieur à 60 centilitres	10	25
Autres boissons alcoolisées	inférieur ou égal à 100 centilitres	50	50
	Supérieur à 100 centilitres	100	100

Source: Loi des Finances, Gestion 2017.

Prohibitions et restrictions à l'importation, et licences d'importation

En vertu du Code des douanes, le Togo peut maintenir des prohibitions et restrictions à l'importation notamment pour des raisons: de sécurité ou de moralité publique; de protection de la santé ou de la vie des personnes et des animaux; de préservation de l'environnement; de protection des trésors nationaux; de protection de la propriété intellectuelle; et de défense des consommateurs. À cet effet, les autorités ont indiqué maintenir des prohibitions à l'importation de croupions de dinde, pour des raisons de santé publique; et de viande de bœuf congelée, pour protéger la population contre la maladie de la vache folle, étant donné que le pays ne dispose pas de laboratoires pour mener les analyses nécessaires.

Des mesures de prohibition et de restriction peuvent également être prises en vertu de la réglementation communautaire ou des conventions internationales dont le Togo fait partie (rapport commun, p. 61). Dans sa notification à l'OMC, le Togo a indiqué que les licences d'importation étaient supprimées depuis 1995.[12]

L'importation, l'exportation et le transit de sachets et emballages plastiques doivent faire l'objet d'un agrément délivré par le ministère en charge du commerce.[13] Un certificat de biodégradabilité est exigé pour les sachets et emballages destinés à la mise en vente sur le marché national.

Mesures commerciales de circonstance

Selon les autorités, le Togo n'a jamais pris de mesures antidumping, compensatoires ou de sauvegarde. Le Togo a notifié le Comité des pratiques antidumping ne pas disposer de législation nationale en la matière.[14] Les dispositions de l'UEMOA en la matière (rapport commun, p. 63) sont d'application nationale.

Autres mesures

Le Togo applique les sanctions commerciales décidées dans le cadre de l'ONU ou des organisations régionales dont il est membre. Le Togo ne participe pas à des échanges compensés et n'a conclu aucun accord avec des gouvernements ou des entreprises étrangères en vue d'influencer la quantité ou la valeur des marchandises et services exportés vers son marché.

Les autorités ont indiqué l'absence de dispositions en matière de teneur en éléments d'origine nationale; aucun avantage incitatif ne serait soumis au respect de tels critères. Des stocks de sécurité sont en place pour certains produits alimentaires (p. 434) et les produits pétroliers (p. 438).

MESURES AGISSANT DIRECTEMENT SUR LES EXPORTATIONS

Procédures et prescriptions douanières

Les procédures à suivre pour exercer l'activité d'exportateur à des fins commerciales sont identiques à celles de l'importateur (p. 423). Toute exportation doit faire l'objet d'une déclaration en détail à travers le système SYDONIA. Le recours à un commissionnaire en douane agréé n'est pas obligatoire. En fonction de la nature des produits exportés, la documentation requise peut inclure un quitus d'exportation, un certificat phytosanitaire, et un certificat d'origine.

À l'exportation, la pesée avant embarquement des conteneurs est obligatoire depuis le 1er juillet 2016.[15] La mesure vise à éviter la surcharge des navires. Les frais de pesée sont de 7 500 FCFA pour les conteneurs de 20 pieds, et de 9 000 FCFA pour les conteneurs de 40 pieds.

Taxes, impositions et prélèvements

L'exportation de substances minérales précieuses et semi-précieuses est soumise au paiement de "frais d'exportation". Le montant exigible est fixé à 4,5% de la valeur mercuriale correspondante. Cette mesure s'applique présentement à l'or exploité de manière artisanale; la valeur mercuriale est fixée à 45 000 FCFA par kilogramme.

Les exportations de produits de l'agriculture, de l'élevage et de la pêche font l'objet d'un prélèvement au titre de l'acompte de l'impôt sur les sociétés, ou de l'impôt sur le revenu (pour les exploitants dont les résultats entrent dans la catégorie des bénéfices agricoles). Le prélèvement est effectué au cordon douanier au taux de 1% de la valeur f.a.b. des exportations, augmentée des droits et taxes de douane. Avec la Loi des finances de 2016, le prélèvement ne s'applique plus aux ventes en gros de ces produits.

La réexportation de marchandises stockées en entrepôt à destination des pays hors de l'UEMOA demeure soumise à la taxe spéciale de réexportation au taux de 1%; les marchandises en transit en sont exemptées.

Les exportations de biens et services sont soumises au régime zéro de la TVA donnant droit au remboursement de ladite taxe.

Les marchandises en transit ne sont pas assujetties aux droits et taxes de porte. Cependant, conformément aux dispositions de la Convention du transit routier inter-États de la CEDEAO, elles doivent faire l'objet d'une garantie contre toute perte éventuelle de revenu par les autorités togolaises en cas de faux transit. À cet effet, un prélèvement non remboursable correspondant à 0,25% de la valeur c.a.f. des marchandises est perçu pour le financement d'un fonds de garantie. La garantie ne couvre que le segment du transit à l'intérieur du Togo. En cas de de faux transit, la CCIT engage des poursuites contre l'opérateur et/ou le transitaire ayant déclaré l'opération de transit.

Un système de suivi électronique des marchandises en transit est opérationnel depuis janvier 2012. Mis en place et géré par la société Cotecna sur la base d'un contrat de 5 ans, ce système assure le suivi électronique des

marchandises sur les principaux corridors de transit. Le service fait partie du contrat d'inspection à destination, et ne fait pas l'objet de frais additionnels. Le suivi des marchandises se fait à travers les balises apposées sur les cargaisons.

Les marchandises en transit sont également assujetties à la taxe de protection des infrastructures au taux de 200 FCFA par tonne de marchandises; à la redevance informatique douanière au taux de 5 000 FCFA par déclaration en douane; et au droit de timbre douanier au taux de 4% des taxes liquidées.

Dans le cadre du programme de l'UEMOA sur la facilitation du transit routier inter-États, le poste douanier de Cinkassé situé à la frontière avec le Burkina Faso a été retenu comme pilote pour la construction d'un poste de contrôle juxtaposé. La construction et la gestion du poste ont été confiées à Scanning Système, un opérateur privé, sur la base d'un contrat de concession pour une durée de 20 ans. Celui-ci prélève, en principe, une redevance allant de 2 000 FCFA pour un véhicule de moins de 5 places, à 50 000 FCFA pour un camion de marchandises. Les autorités ont indiqué que les douaniers togolais ne sont plus présents au poste de contrôle juxtaposé depuis un an; la redevance continue d'être perçue.

Prohibitions et restrictions à l'exportation, et licences d'exportation

Le Togo maintient des prohibitions et restrictions à l'exportation pour diverses raisons. Les grumes de bois, le bois de chauffe, et le charbon de bois sont prohibés à l'exportation, pour des raisons de protection de l'environnement. Le régime des autorisations et permis à l'exportation s'applique essentiellement aux produits et denrées alimentaires (tableau 3.2).

Toute exportation (ou vente commerciale) de substances minérales précieuses est subordonnée à l'obtention d'une autorisation du Ministère en charge des mines. L'opérateur économique doit justifier d'une caution bancaire de 20 millions de FCFA.[16] L'exportation de diamants bruts est soumise au système de certification sous le Processus de Kimberley.

L'exportation de certains produits alimentaires est réglementée pour des raisons de sécurité alimentaire. Ainsi, l'exportation de céréales est soumise à l'obtention d'un quitus d'exportation délivré par l'Agence nationale de sécurité alimentaire au Togo (ANSAT). L'exportateur est tenu de fournir un échantillon du produit à la Direction de la protection des végétaux pour un contrôle phytosanitaire. Les frais du contrôle dépendent de la nature du produit inspecté et de la quantité destinée à l'exportation. Ils sont de 1 000 FCFA par tonne, pour le maïs.

Soutien et promotion des exportations

Le Togo ne dispose pas de lois ou de réglementations en lien avec l'Accord sur les subventions et les mesures compensatoires.[17] Il a notifié ne pas accorder de subventions (y compris toute forme de soutien des revenus ou des prix) qui auraient directement ou indirectement des effets sur les exportations.[18]

La Direction du commerce extérieur a pour mission de concevoir et mettre en œuvre des mesures de promotion des exportations à travers notamment l'organisation des foires et manifestations commerciales; la collecte, le traitement et la diffusion d'informations relatives au commerce extérieur et aux possibilités d'accès aux marchés. Un guide de l'exportateur a été publié en 2014.[19] Il fournit notamment des informations d'ordre réglementaire et technique aux exportateurs, et identifie des marchés potentiels pour les produits locaux.

La Loi sur la zone franche prévoit des avantages incitatifs pour les entreprises tournées vers l'exportation, c'est-à-dire exportant au moins 70% de leur production (p. 421).

MESURES AGISSANT SUR LA PRODUCTION ET LE COMMERCE

Incitations

Le Togo octroie certains avantages, notamment fiscaux, sous le Code des investissements et le régime de zone franche (p. 417), le Code minier et le Code des hydrocarbures (p. 437), et dans le cadre du désengagement de l'État des entreprises

Tableau 3.2 Liste des marchandises soumises à autorisation ou permis à l'exportation

Produit	Document requis	Autorité compétente
Végétaux, produits végétaux et phytopharmaceutiques	Certificat phytosanitaire	Direction de la protection des végétaux
Animaux sauvages, trophées de chasse, et espèces animales protégées	Certificat d'exportation	Direction de la faune et de la chasse
Céréales	Autorisation d'exportation	Agence nationale de sécurité alimentaire
Animaux et denrées alimentaires d'origine animale	Certificat sanitaire	Direction de l'élevage
Denrées alimentaires d'origine végétale	Certificat de qualité	Direction de la protection des végétaux
Denrées alimentaires d'origine animale	Résultats d'analyses microbiologiques et physico-chimiques	Institut national d'hygiène/Institut togolais de recherche agronomique/Direction de l'élevage

Source: MCIPSPT (2014), Élaboration du manuel de l'exportateur du Togo, version finale. Adresse consultée: http://commerce.gouv.tg/sites/default/files/documents/manuel_de_lexportateur_version_finale.pdf.

publiques (p. 428). Diverses mesures de soutien, y compris la subvention des prix des engrais et des semences, sont également offertes aux producteurs agricoles dans le cadre de la politique de développement rural et de sécurité alimentaire (p. 437).

Normes et autres règlements techniques

Le Togo n'a effectué aucune notification au Comité sur les obstacles techniques au commerce (OTC) à propos de son régime de la normalisation et de ses procédures d'accréditation. La Direction du commerce extérieur est le point d'information au titre de l'Accord sur les OTC.

Les activités de normalisation sont régies par la Loi-cadre n° 2009-016[20], qui est une transposition des dispositions communautaires en la matière. La législation prévoit la création de l'Agence togolaise de normalisation[21]; du Comité togolais d'agrément; de l'Agence togolaise de métrologie; de l'Agence togolaise de la promotion de la qualité; et de la Haute autorité de la qualité et de l'environnement.[22] Ces institutions ne sont pas encore en place. Les activités de normalisation relèvent de la Direction de la normalisation, de la métrologie industrielle et de la promotion de la qualité.

L'initiative des normes peut émaner de toute personne intéressée et résidant au Togo. Les normes sont en principe établies par les comités techniques. Ceux-ci ne sont pas encore fonctionnels. Le Togo ne dispose pas de normes nationales, et se réfère à certaines normes internationales adoptées par l'ISO, et le *Codex Alimentarus*. Les règlements techniques y afférents sont, en général, adoptés par les ministères concernés sans coordination au niveau national. Par conséquent, des informations détaillées sur l'ensemble des règlements techniques en vigueur ne sont pas disponibles. La Direction nationale de normalisation a connaissance de règlements techniques sur le fer à béton, les farines enrichies, les huiles enrichies, et le sel iodé. En principe, les importateurs de fer à béton doivent les faire contrôler à leurs frais par le Laboratoire national des bâtiments et travaux publics. De même, les huiles et farines doivent être enrichies avant l'importation. En pratique, il n'y a pas de mécanisme de contrôle systématique de ces produits.

Le Togo n'a pas conclu d'accords de reconnaissance mutuelle. Le Togo ne dispose pas de normes environnementales en vigueur.

Pendant la période sous revue, le Togo a renforcé ses prescriptions en matière d'étiquetage et d'emballage des produits du tabac et de ses dérivés.[23] Ces produits, lorsqu'ils sont destinés à la vente au Togo, doivent être contenus dans des emballages portant la mention "Vente uniquement autorisée au Togo". Les unités de conditionnement du tabac et de ses produits dérivés doivent porter des avertissements sanitaires en français et en éwé (et si possible en kabyè) sur 65% de chacune des faces principales. Ils doivent également comporter des informations sur les constituants et les émissions toxiques du produit conditionné. La mention d'autres informations quantitatives ou qualitatives est interdite. Pour les produits destinés à la mise à la consommation, les unités de conditionnement doivent contenir 20 cigarettes ou 10 grammes (au minimum) de tabac finement broyé. Leur présentation et étiquetage ne peuvent pas contenir des informations de nature à encourager la consommation du tabac. Par exemple, l'utilisation des termes comme "faible teneur en goudron", "légère", "ultralégère", "douce", est interdite.

Des normes en matière d'emballage et de marquage sont en vigueur pour les exportations du café, du cacao et du coton graine. Le café et le cacao doivent être conditionnés dans des sacs de jute en quantités respectives de 60 et 70 kilogrammes. Les sacs doivent porter des indications en français sur la nature du produit, son origine togolaise, sa qualité ou grade, le numéro d'identification de l'exportateur, et le port d'embarquement. Pour le café, le numéro d'identification de l'Organisation internationale du café est requis. Les certifications sont basées sur les normes de l'Agence française des normes. Les certificats sont délivrés par le service de métrologie.

Les autres prescriptions en matière de marquage concernent le fer à béton (marquage de l'identité de l'usine de fabrication) et le coton.

Mesures sanitaires et phytosanitaires

Les mesures sanitaires et phytosanitaires sont régies par les dispositions nationales, communautaires, et les engagements internationaux pris par le Togo.[24] Il n'y a pas eu de changement majeur au cadre législatif relatif à ces mesures pendant la période sous revue. Les textes adoptés ont trait notamment à l'homologation des pesticides, et à la mise en place d'un Comité de produits phytopharmaceutiques. La plupart des textes législatifs ont été notifiés à l'OMC entre 2015 et 2016.[25]

Le Ministère en charge de l'agriculture, de l'élevage et de l'hydraulique (MAEH) est la principale autorité compétente en matière de santé animale, de protection phytosanitaire, et de la qualité des produits agricoles et d'origine animale. Le Ministère en charge de la santé assure la protection sanitaire, l'hygiène et l'assainissement de base. La Direction du commerce extérieur du Ministère en charge du commerce est le point d'information et l'autorité chargée des notifications au titre de l'Accord SPS.

L'importation et l'exportation des végétaux, des semences, et du matériel végétal sont soumises à l'obtention d'une autorisation préalable (d'un permis) et d'un certificat phytosanitaire du ministère chargé de l'agriculture. Le permis est valable pour six mois. L'importation de produits phytosanitaires et des équipements y afférents est soumise à une autorisation délivrée par le Ministère chargé de l'agriculture. Par ailleurs, un permis est requis pour toute importation de produits alimentaires. Le permis est délivré par le Ministère chargé du commerce, et donne à l'opérateur un délai de six mois pour effectuer l'opération d'importation. Des analyses microbiologiques

et physico-chimiques sont effectuées à l'arrivée des marchandises. La commercialisation n'est autorisée que si les résultats de l'analyse indiquent que les produits répondent aux normes de sécurité alimentaire.

La fabrication, l'importation et le conditionnement des produits phytopharmaceutiques en vue d'une mise en vente sur le marché national sont conditionnés par l'obtention d'un agrément délivré par le Comité des produits phytopharmaceutiques (CPP). Le CPP établit et met à jour la liste des produits phytosanitaires agréés à l'importation. Les importateurs doivent également détenir un agrément professionnel délivré par le CPP.

Toute activité de commercialisation des denrées alimentaires d'origine animale ou halieutique est assujettie à l'obtention d'un agrément délivré par le ministère en charge de l'agriculture. L'agrément est valable pour une année. Une autorisation préalable du ministère est requise avant toute importation d'animaux vivants et de denrées alimentaires d'origine animale.[26] En particulier, une autorisation préalable de l'autorité vétérinaire nationale est requise pour toute importation d'animaux ou de produits animaux destinés à l'élevage.[27] Ces importations doivent être accompagnées d'un certificat vétérinaire délivré par un vétérinaire officiel du pays exportateur.

Le Togo a créé un Comité national SPS en 2012.[28] Il est chargé notamment d'informer le gouvernement sur l'incidence des mesures SPS et de coordonner sa participation aux activités des instances internationales comme l'OIE, le *Codex Alimentarius*, et la Convention internationale pour la protection des végétaux. Le Comité SPS est organisé en sous-comités s'occupant de chacun des domaines ci-après: santé animale; sécurité sanitaire des aliments; et protection des végétaux. Une stratégie nationale de renforcement des capacités sanitaires et phytosanitaires a été validée en octobre 2016.[29]

L'importation des produits contenant des organismes génétiquement modifiés (OGM) est interdite.[30] La manipulation des OGM est également interdite. Un Comité chargé des questions relatives aux OGM a été créé en 2016, mais n'est pas opérationnel. La législation sur la biosécurité est en cours de révision.

Politique de la concurrence et contrôle des prix

La politique de la concurrence au Togo est régie par les dispositions communautaires (rapport commun, p. 69) et la Loi n° 99-011 du 28 décembre 1999 portant organisation de la concurrence. La législation institue une Commission nationale de la concurrence et de la consommation (CNCC), fonctionnelle depuis 2006. La CNCC est un organe consultatif qui peut être saisi sur les questions relatives à la concurrence et aux pratiques anticoncurrentielles. La législation sur la concurrence est en cours de révision afin de prendre en compte les dispositions communautaires relatives aux domaines de compétence.

Les prix sont, en principe, libres sur tout le territoire national. Cependant, l'État intervient dans la détermination des prix de certains produits et services. Cette intervention prend la forme d'une fixation de prix minimum, maximum, ou de marges bénéficiaires. Les produits et services dont le prix fait l'objet d'une réglementation incluent: le ciment, les produits pétroliers[31], les produits issus de la Brasserie du Bénin, le sable, l'eau, l'électricité, et les services de transport urbain. Le prix d'achat du coton graine au producteur est fixé selon un mécanisme fondé sur un seuil de rentabilité (p. 434).

Le Ministre chargé du commerce peut, sur autorisation du Conseil des ministres, prendre des mesures exceptionnelles et temporaires, y compris la fixation des prix, lorsque le marché local subit une crise ou des difficultés d'approvisionnement. Le Togo n'a pas eu recours à cette disposition pendant la période sous revue.

Un contrôle préalable de conformité est requis pour les produits et services faisant l'objet de publicité commerciale.[32] Le contrôle est effectué par le Ministère en charge du commerce, et a pour objectif de certifier la conformité de la qualité du produit avec celle annoncée dans la publicité. Les documents exigés pour le contrôle incluent une fiche signalétique du produit ou service, les documents d'importation (si applicable), un certificat de salubrité attestant de la qualité du produit ou service, et une quittance de 15 000 FCFA par produit ou service.

Commerce d'État, entreprises publiques et privatisation

Le Togo a notifié à l'OMC l'absence d'entreprises commerciales d'État.[33] Cependant, des entreprises d'État jouent des rôles importants dans plusieurs secteurs de l'économie, notamment l'agriculture et l'agroalimentaire, les mines, le transport, et l'hôtellerie.[34] Pendant la période sous revue, les opérations de désengagement de l'État des entreprises publiques ont porté notamment sur la cession d'actifs dans les sociétés suivantes: Togogaz/Air Liquide; Nouvelle société togolaise de marbrerie et de matériaux; Banque togolaise de développement; Banque internationale pour l'Afrique; Banque populaire pour l'épargne et le crédit/Caisse d'épargne du Togo; et, Groupement togolais d'assurance.

L'acquisition des entreprises publiques par l'État reste encadrée par la Loi n° 90-26 du 4 décembre 1990 portant réforme du cadre institutionnel et juridique des entreprises publiques. La Loi n° 2010-012 définit les modalités de désengagement de l'État de ces entreprises publiques.[35] Selon la législation, le désengagement peut prendre la forme de: cession d'actifs et de titres; fusion; augmentation de capital avec renonciation par l'État à son droit préférentiel de souscription; concession; mise en gérance; la mise en location des actifs; ou toute autre technique de désengagement, y compris la liquidation.

En règle générale, le désengagement de l'État d'une entreprise publique doit être effectué par le biais d'un appel d'offres. Il en est de même des contrats de concessions. L'attribution directe peut être autorisée exceptionnellement, après avis de la Commission de privatisation. Les opérations de désengagement sont mises en œuvre et suivies par une Commission de privatisation, placée sous la tutelle du Ministère chargé des finances. La commission est suspendue depuis janvier 2017. Elle serait réactivée sur une base *ad hoc*, en fonction des besoins.

Des avantages fiscaux peuvent être accordés dans le cadre du processus de désengagement de l'État des entreprises publiques. Ainsi, les investissements réalisés pour l'acquisition de titres des sociétés faisant l'objet d'un tel processus sont déductibles de la base d'imposition de l'IS et de l'IRPP. L'impôt sur les revenus de capitaux mobiliers s'applique à un taux libératoire de 10% aux produits de placement générés par les titres de ces sociétés (au lieu du taux standard de 15%). De plus, les plus-values réalisées lors de la cession de ces titres peuvent être exonérées de l'IRPP. Il en est de même de la différence de prix, en cas de cession de ces titres aux employés de l'entreprise à des prix avantageux. Des avantages douaniers peuvent également être accordés pour une durée maximale de deux ans. Les transactions liées aux opérations de désengagement de l'État sont exemptées de droits de timbre ou d'enregistrement.

Les recettes de privatisation sont programmées dans la loi de finance et reversées dans le Budget général de l'État.

Marchés publics

En 2015, le montant total des contrats approuvés dans le cadre des marchés publics au Togo est estimé à 225,9 milliards de FCFA, ce qui représente 9,3% du PIB (tableau 3.3).

Le Togo n'est ni signataire ni observateur de l'Accord plurilatéral sur les marchés publics de l'OMC. Le Togo a notifié à l'OMC sa législation sur les marchés publics.

Le cadre législatif sur les marchés publics au Togo comprend la Loi n° 2009-013 du 30 juin 2009 relative aux marchés publics et délégation du service public, et le Code des marchés publics.[36] Cette législation est établie suivant les directives communautaires en la matière (rapport commun, p. 70). Le Code des marchés publics s'applique aux contrats conclus par l'État, les établissements publics, les collectivités territoriales, les sociétés nationales à participation financière publique majoritaire, et les associations impliquant au moins une personne morale de droit public. Conformément à la législation, les marchés relatifs à la défense et à la sécurité nationale sont gérés par une commission spéciale.

La loi consacre la séparation des fonctions de passation, de contrôle et de régulation des marchés publics. Le contrôle de la procédure de passation des marchés relève de la Direction nationale du contrôle des marchés publics (DNCMP).[37] L'Autorité de régulation des marchés publics (ARMP) a pour charge de réguler le système de passation des marchés publics et les conventions de délégation de service public. Son financement est assuré par un compte spécial alimenté notamment par les subventions de l'État, une taxe parafiscale de 1,5% du montant hors taxe des marchés publics (ou un pourcentage de la redevance versée pour les délégations de service public), et les produits des amendes et pénalités prononcées en cas de violation des règles.[38] Le fonds d'affectation est opérationnel depuis 2012. Les marchés publics passés par l'administration centrale doivent être approuvés par le Ministre chargé des finances à partir d'un seuil donné: 15 millions pour les fournitures et travaux, et 25 millions pour les prestations intellectuelles. En dessous de ces seuils, l'approbation relève du Direction du contrôle financier.

La législation distingue deux principaux modes de passation: l'appel d'offres (ouvert ou en deux étapes) et l'entente directe. L'appel d'offres ouvert est la règle; tout recours à l'appel d'offres en deux étapes ou à l'entente directe doit être motivé par l'autorité contractante, et obtenir une autorisation de la DNCMP. La législation identifie des seuils au-dessus desquels le recours à l'un de ces modes de passation est obligatoire. Ces seuils dépendent de la nature des travaux et du type d'autorité contractante (tableau 3.4). En dessous ce ces seuils, l'autorité contractante peut procéder à une demande de cotation auprès d'un minimum de cinq fournisseurs ou prestataires de services. La demande de renseignement de prix et l'achat sur mémoire ou facture sont autorisés pour des marchés de moins de 3 millions de FCFA; ce seuil est réduit à 1,5 million de FCFA lorsque l'autorité contractante est une commune ou une section communale.

Les marchés publics peuvent faire l'objet d'un contrôle *a posteriori*. Le contrôle *a priori* est obligatoire pour les marchés au-dessus de certains seuils, et selon la nature de l'autorité contractante. Ainsi, tout marché d'un montant supérieur à 50 millions de FCFA doit faire l'objet d'un contrôle *a priori* s'il s'agit d'une entreprise publique. Pour les autres structures, le seuil est de 50 millions de FCFA pour les marchés de travaux, 25 millions pour les

Tableau 3.3 Marchés publics au Togo, 2012-2015

	2012	2013	2014	2015
Nombre de contrats approuvés	828	846	909	841
Montant total (milliards de FCFA)	148,5	363,7	233,7	225,9
Nombre de recours exercés	47	64	53	56
Nombre de décisions rendues	70	101	81	101

Source: Informations fournies par l'Autorité de régulation des marchés publics.

Tableau 3.4 Seuils de passation (appel d'offres) des marchés publics
(Millions de francs CFA)

Autorité contractante	type de marché		
	Travaux	Fournitures et services	prestations intellectuelles
Administration centrale et collectivités départementales	15	15	25
Entreprises publiques	25	50	25
Autres communes et sections communales	15	15	15

Source: Décret n°2011-059/PR portant définition des seuils de passation, de publication, de contrôle et d'approbation des marchés publics.

marchés de fourniture de services, et 30 millions pour les marchés de prestations intellectuelles.

En fonction de leur taille, les marchés publics doivent faire l'objet d'une publication au niveau communautaire en sus de la publication au plan national. Le seuil est établi à 1 milliard de FCFA pour les marchés de travaux; 500 millions de FCFA pour les marchés de fournitures et de services, et 150 millions de FCFA pour les marchés de prestations intellectuelles. Cependant, ces dispositions ne sont pas appliquées.

Des marges de préférence peuvent être accordées aux entreprises communautaires, sous certaines conditions. Les conditions d'éligibilité à ces préférences ont trait notamment à l'utilisation des produits locaux, à l'emploi des nationaux, et à la structure du capital de l'entreprise. Cette marge de préférence est de 7% pour les marchés de travaux, et 10% pour les fournitures et les services. Dans la pratique, ces marges ne sont pas appliquées en raison de difficultés liées à la vérification des critères d'éligibilité.

Régis par la Loi n° 2014-014 portant modernisation de l'action publique de l'État en faveur de l'économie, les contrats de partenariat, les concessions de service public, les nationalisations et les privatisations peuvent être conclus pour une durée maximale de 40 ans et doivent généralement faire l'objet d'un appel d'offres.

Droits de propriété intellectuelle

Le Togo est membre de l'Organisation mondiale de la propriété intellectuelle (OMPI), et a adhéré à de nombreux traités administrés par l'OMPI.[39] Pendant la période sous revue, le Togo a ratifié un certain nombre de traités multilatéraux concernant la propriété intellectuelle.[40] D'autres traités sont en attente de ratification.[41] Le Togo est membre de l'Organisation africaine de la propriété intellectuelle (OAPI) créée par l'Accord de Bangui (rapport commun, p. 69). L'Accord de Bangui a été révisé à nouveau en décembre 2015. Le Togo l'a signé mais ne l'a pas encore ratifié.

Les droits de propriété intellectuelle (DPI) sont administrés par l'Institut national de la propriété industrielle et de la technologie (INPIT), en ce qui concerne la propriété industrielle; et le Bureau togolais du droit d'auteur (BUTODRA), pour les questions de droit d'auteur. L'INPIT a pour missions, entre autres, de centraliser les demandes de protection des droits de propriété industrielle et de les transmettre à l'OAPI. Il assure également la fonction de structure nationale de liaison avec l'OAPI. Le cadre institutionnel comprend également le Conseil national de la propriété intellectuelle, un organe consultatif qui appuie l'INPIT et le BUTODRA dans leurs activités.

Le Togo a accepté le Protocole portant amendement de l'Accord sur les ADPIC en mars 2012. Pour la mise en œuvre dudit accord, ses besoins prioritaires en matière d'assistance technique et financière portent notamment sur l'appui technique des industries et structures en charge de l'administration des DPI; la sensibilisation des opérateurs économiques, chercheurs et artistes; la promotion de l'innovation et la valorisation des inventions; et le renforcement des capacités pour la lutte contre les atteintes aux droits de la propriété intellectuelle.[42] La mise en œuvre de ces actions n'est pas encore effective, faute de financement.

Un Centre d'appui à la technologie et à l'innovation (CATI) a été créé au sein de l'INPIT en 2012 avec pour objectifs de valoriser les savoir-faire locaux, de promouvoir le transfert de technologie, et d'aider les utilisateurs locaux à gérer leurs droits de propriété intellectuelle. Le CATI n'est pas opérationnel. Un Plan de développement du système de propriété intellectuelle a par ailleurs été élaboré en 2011.

Le Code des investissements prévoit des avantages pour l'utilisation en territoire togolais d'inventions nationales reconnues par les conventions de l'OMPI ou de l'OAPI. La mesure vise à encourager les entreprises à innover et à protéger leurs titres de propriété intellectuelle. Ainsi, les entreprises agréées au Code des investissements peuvent bénéficier d'une réduction de 5% sur la taxe professionnelle pendant les cinq premières années d'exploitation desdits droits au Togo.

La gestion du droit d'auteur et des droits voisins relève du Bureau togolais du droit d'auteur (BUTODRA). La Loi n° 91-12 du 10 juin 1991 en constitue le principal cadre réglementaire. La législation togolaise sur le droit d'auteur accorde généralement des durées de protection inférieures à celles de l'Accord de Bangui révisé. Dans la pratique, le Togo applique les dispositions de l'Accord de Bangui révisé.

Les œuvres de l'esprit destinées à la vente sur le marché togolais doivent porter un hologramme d'authentification qui peut être obtenu auprès du BUTODRA au coût de 150 FCFA. Le BUTODRA reçoit une subvention annuelle de 10 millions de FCFA de l'État togolais pour couvrir certains frais de fonctionnement. Pour l'exercice 2015, les recettes collectées par le BUTODRA s'élèvent à près de 114 millions de FCFA. Près de la moitié de ces recettes proviennent des droits radio, TV et multimédia, tandis que les frais liés aux ventes d'hologrammes sont à la baisse.[43] Une partie des redevances est reversée au Fonds de promotion culturelle. Le BUTODRA dispose de 15 sociétés partenaires. Il est également partenaire à la Société des auteurs, compositeurs et éditeurs de musique (SACEM), et donc aux partenaires de cette dernière.

Un Fonds de promotion culturelle est censé être alimenté par 15% des recettes perçues sur les performances dans les salles de spectacle gérées par le Ministère de la culture; 15% des droits de suite; et 3% des recettes du BUTODRA. À ce jour, le fonds n'est alimenté que par les recettes du BUTODRA.

Le délit de contrefaçon est puni d'une peine de 3 mois à 2 ans d'emprisonnement et/ou de 500 000 à 1 millions de FCFA d'amende. Le Code pénal prévoit des sanctions plus lourdes: une peine d'emprisonnement de 1 à 3 ans, et une amende de 1 à 3 millions de FCFA. Dans la pratique, ce sont les dispositions du Code pénal qui sont appliquées. Les interventions contre les violations du droit d'auteur, y compris la saisie des œuvres contrefaisantes, sont soumises à l'obtention préalable d'une ordonnance judiciaire. L'administration des douanes peut intervenir d'office (*ex officio*), en cas de suspicion de marchandises portant atteinte à un droit de propriété intellectuelle. Les autorités ont confirmé que de telles interventions ont eu lieu par le passé.

Les principales infractions au Togo concernent la contrefaçon de produits agroalimentaires, pharmaceutiques, vestimentaires, et le piratage d'œuvres musicales, de films et de livres.

Notes de fin

1 Loi n° 2014-003 du 28 avril 2014 portant Code des douanes. Adresse consultée: https://www.otr.tg/index.php/fr/documentation/sur-la-douane-togolaise/42-nouveau-code-des-douanes-edition-2014/file.html.

2 Décret n° 2016-101 du 20 octobre 2016, portant création, attribution, composition et fonctionnement du Comité national de la facilitation des échanges (CNFE)

3 Auparavant, le BESC était seulement exigible pour les importations de marchandises destinées à la mise à la consommation.

4 Arrêté interministériel n° 001/MEF/MCPSP/MTPT/DC.

5 Conseil national des chargeurs du Togo, information en ligne. Adresse consultée: www.cnct-togo.com/communique-tarifs-besc/.

6 Renseignements en ligne de COTECNA. Adresse consultée: http://www.cotecna.com/COM/Images/Togo-FactSheet-2011.pdf.

7 Pour la liste complète des marchandises exemptées du programme d'inspection à destination, se référer à: http://www.cotecna.com/en/Tools/~/media/Documents/Datasheets%20-%20Factsheets/Togo/Togo-DataSheet-2011.ashx.

8 Renseignements en ligne de l'Office togolais des recettes. Adresse consultée: http://www.otr.tg/images/documents/douanes/Taux_de_realisation_des_recettes_de_2002_a_2013.pdf.

9 Loi n° 2017-002 du 17 janvier 2017 portant Loi de Finances, Gestion 2017.

10 Code général des impôts, Édition 2016. Adresse consultée: http://www.otr.tg/index.php/fr/impots/reglementations-fiscales/code-general-des-impots/55-code-general-des-impots-final-aout-2016/file.html [01.05.2017].

11 Loi n° 2011-035 portant Loi de Finances, gestion 2012.

12 Document de l'OMC G/LIC/N/1/TGO/3 du 20 septembre 2013.

13 Arrêté n° 017/MCPSP/DCIC fixant les conditions d'octroi d'agrément d'importation, de mise sur le marché, d'exportation et de transit des sachets et emballages plastiques biodégradables ou non au Togo.

14 Document de l'OMC D/ADP/N/1/TGO/1 du 16 mars 2012.

15 Arrêté n° 021/MIT/CAB/SG/DGT/DAM relatif à la vérification du poids brut des conteneurs à l'export.

16 Arrêté interministériel no 020/MME/MEF/MCPSP/2010 du 24 novembre 2010.

17 Document de l'OMC G/SCM/N/1/TGO/1 du 26 mai 2011.

18 Documents de l'OMC G/SCM/N/220/TGO, G/SCM/N/253/TGO du 10 octobre 2013.

19 MCPSP (2014), Élaboration du manuel de l'exportateur du Togo., janvier 2014. Adresse consultée: http://commerce.gouv.tg/sites/default/files/documents/manuel_de_lexportateur_version_finale.pdf.

20 Loi-cadre n° 2009-016 portant organisation du schéma national d'harmonisation des activités de normalisation, d'agrément, de certification, d'accréditation, de métrologie, de l'environnement et de la promotion de la qualité.

21 Décret portant attribution, organisation et fonctionnement de l'Agence togolaise de normalisation.

22 Décret n° 2015-125/PR portant attribution, organisation et fonctionnement de la Haute autorité de la qualité de l'environnement.

23 Décret n° 2012-047/PR du 11 juillet 2012 portant modalités d'application des normes relatives au conditionnement et à l'étiquetage des produits du tabac et ses produits dérivés.

24 Le Togo est signataire des conventions suivantes: *Codex Alimentarius*; Organisation internationale des épizooties (OIE); Convention internationale de la protection des végétaux (FAO); la Convention phytosanitaire interafricaine (UA); et Code international de conduite pour la distribution et l'utilisation des pesticides (FAO).

25 OMC, documents en ligne. Adresse consultée: https://docsonline.wto.org/.

26 Arrêté n° 69/MAEP/SG/CAB/DEP du 12 décembre 2006.

27 Loi n° 99-002 du 12 février 1999 relative à la police sanitaire des animaux.

28 Décret n° 2012-031/PR portant création, attributions et fonctionnement du comité national des mesures sanitaires et phytosanitaires.

29 La Stratégie a été élaborée avec l'appui du Fonds pour l'application des normes et le développement du commerce (FANDC).

30 Loi n° 2009-001 portant sur la prévention des risques biotechnologiques.

31 Les prix de vente des produits pétroliers sont révisés régulièrement par le Comité de suivi des fluctuations des prix des produits pétroliers. Dans les provinces, les prix de vente peuvent faire l'objet d'une majoration maximale de 20 FCFA par litre.

32 Arrêté n° 012/MDPRCPSP/DCIC portant contrôle de produits et services objet de publicité commerciale au Togo.

33 Documents de l'OMC G/STR/N/1/TGO, G/STR/N/4/TGO, G/STR/N/7/TGO, G/STR/N/10/TGO, G/STR/N/11/TGO, G/STR/N/12/TGO, 6 octobre 2014.

34 OMC (2012), *Examen de politiques commerciales – Côte d'Ivoire, Guinée-Bissau et Togo, 2012*. Genève, Octobre 2012.

35 Loi n° 2010-012 portant désengagement de l'État et d'autres personnes morales de droit public des entreprises publiques.

36 Décret n° 2009-277 portant Code des marchés publics et délégations de service public.

37 Décret n° 2009-295 /PR portant missions, attributions, organisation et fonctionnement de la Direction nationale du contrôle des marchés publics.

38 Décret n° 2011-054 /PR fixant les modalités de fonctionnement du compte d'affectation spéciale pour la régulation des marchés publics et délégations de service public.

39 Organisation mondiale pour la propriété intellectuelle. Adresse consultée: http://www.wipo.int/wipolex/fr/profile.jsp?code=TG#a6.

40 Il s'agit de (année d'entrée en vigueur entre parenthèses): Protocole de Nagoya sur l'accès aux ressources génétiques et le partage juste et équitable des avantages découlant de leur utilisation relatif à la Convention sur la diversité biologique (2016); Convention sur la protection du patrimoine culturel subaquatique (2013); Convention relative aux droits des personnes handicapées (2011); Protocole facultatif se rapportant à la Convention relative aux droits des personnes handicapées (2011); et, Protocole à l'Accord pour l'importation d'objets de caractère éducatif, scientifique ou culturel (2010).

41 Il s'agit du: Traité de Beijing sur les interprétations et exécutions audiovisuelles (signé en 2012); Traité de Marrakech (2013); Traité de Singapour (2006); Traité sur le droit des brevets (2010); et Traité sur le droit des marques (1994).

42 Document de l'OMC IP/C/W/597 du 9 octobre 2013.

43 BUTODRA (2016), *Rapport d'activités, exercice 2015*. Bureau togolais du droit d'auteur, janvier.

Politique commerciale par secteur

AGRICULTURE

Aperçu

L'économie togolaise est très dépendante du secteur agricole, aussi bien en termes d'emploi que de valeur ajoutée. La contribution du secteur agricole au PIB, quoique sur une tendance baissière, était de 30,4% en 2013 (tableau 1.1). Environ un million de personnes sont engagées dans les activités agricoles. La superficie emblavée est estimé à un demi hectare par habitant (pour une superficie cultivable disponible de près de 4 hectares par habitant).

Les principales cultures vivrières sont les tubercules (manioc, igname), les céréales (maïs, sorgho et riz paddy) et les légumineuses (haricot, légumes frais). En général, les principaux produits agricoles ont vu leur production augmenter pendant la période sous revue (tableau 4.1). Cette performance est liée à la mise en œuvre de la politique du gouvernement en matière de sécurité alimentaire, mais aussi à des conditions climatiques favorables.

Le Ministère de l'agriculture, de l'élevage et de l'hydraulique (MAEH) est responsable, entre autres de la mise en œuvre de la politique du gouvernement dans le domaine agricole. Il s'appuie également sur des institutions et organismes comme l'Institut togolais de recherche agronomique (ITRA), l'Institut de conseil et d'appui technique (ICAT), l'Agence nationale pour la sécurité alimentaire au Togo (ANSAT), et la Centrale d'approvisionnement et de gestion des intrants agricoles (CAGIA).

En application des dispositions communautaires, un Conseil national des semences et plants est fonctionnel depuis 2014.[1] Il a pour mission d'appuyer le MAEH dans la mise en œuvre des réglementations en matière de contrôle de qualité, de certification et de commercialisation des semences végétales et plants. Le Conseil dispose, en son sein, d'un comité technique d'homologation des espèces et variétés; ce dernier est habilité à se prononcer sur les variétés candidates à l'inscription au catalogue officiel des espèces et variétés végétales. Les travaux d'homologation n'ont pas encore démarré.

Le régime foncier est régi par le Décret foncier de 1906. Un nouveau Code foncier est toujours en cours d'adoption. Présentement, seuls les ressortissants de l'UEMOA ainsi que les collectivités propriétaires d'une parcelle de terre sont en droit absolu d'obtenir un titre foncier. L'obtention des terres à des fins d'exploitation commerciale peut se faire par le biais d'un contrat de location ou de prêt. La durée maximale de tels contrats est de 99 ans.

Politique agricole générale

Pendant la période sous revue, la politique agricole a été caractérisée principalement par la mise en œuvre de la Stratégie de relance de la production agricole (SRPA) sur la période 2008-2010, et du Programme national d'investissement agricole et de sécurité alimentaire (PNIASA).

Le PNIASA est la déclinaison nationale de la Politique agricole régionale de l'Afrique de l'ouest (ECOWAP). Il constitue le principal cadre d'intervention du gouvernement dans le secteur agricole pendant la période 2010-2015. Avec un coût global de 569 milliards de FCFA, le PNIASA vise à accroître

Tableau 4.1 Principaux produits agricoles: production et rendement; 2005, et 2009-2014

	2005	2009	2010	2011	2012	2013	2014
Production (milliers de tonnes)							
Manioc	678,2	895,7	908,8	998,5	959,9	902,9	1 153,1
Maïs	509,5	651,7	638,1	650,8	825,7	692,6	833
Ignames	585,4	704,4	710,5	727,7	864,4	661,2	786,4
Sorgho	206	237,7	244,7	243,3	250,9	285,3	307,6
Haricots secs	67,4	72,4	76,2	76,5	132,6	104,9	167,5
Riz, paddy	72,9	121,3	110,1	112,2	160,9	260,4	147,9
Huile, noix de palme	115	138	146,5	146	150	147	144,7
Légumes frais, n.d.a.	135	136,5	137	135	145	141,2	136,3
Graines de coton	65,4	27,9	43	83,6	80,7	77,9	106
Rendement (tonnes par hectare)							
Manioc	6,0	6,2	6,2	6,6	4,1	3,5	4,1
Maïs	1,2	1,3	1,2	1,2	1,2	0,9	1,2
Ignames	10,2	10,2	9,9	10,2	8,1	9,8	7,8
Sorgho	1,0	1,1	1,1	1,1	0,9	0,9	1,0
Haricots secs	0,4	0,4	0,4	0,4	0,5	0,3	0,5
Riz, paddy	2,2	2,7	2,3	2,5	1,7	2,8	1,8
Huile, noix de palme	8,5	8,5	8,5	8,6	8,6	8,6	8,7
Légumes frais, n.d.a.	5,1	5,0	4,9	5,0	5,3	5,1	5,1
Graines de coton	0,5	0,7	0,7	0,8	0,7	0,7	0,8

Source: FAOSTAT. Adresse consultée: http://faostat3.fao.org/download/Q/QC/F.

le revenu des exploitants agricoles et à améliorer la balance commerciale des produits agricoles à travers notamment: le développement des infrastructures rurales; l'intensification de la production vivrière; la diversification et la promotion des cultures d'exportation; l'amélioration de l'élevage traditionnel et la promotion des PME d'élevage; l'intensification de la production piscicole, et l'appui à la pêche continentale et maritime. Selon les autorités, le PNIASA a effectivement contribué à améliorer la sécurité alimentaire comme l'attestent les excédents agricoles réalisés.[2] Les autorités ont indiqué que le programme a effectivement contribué à améliorer le niveau de vie des agriculteurs, à créer des emplois.

La Centrale d'approvisionnement et de gestion des intrants agricoles (CAGIA) est la structure chargée de la gestion des engrais, des semences et des produits phytosanitaires. Elle est chargée de la mise en œuvre du volet du PNIASA ayant trait aux intrants agricoles. À travers ce programme, l'État accorde des subventions aux intrants à des producteurs identifiés comme vulnérables. Les bénéficiaires sont sélectionnés sur la base des critères notamment de résidence et de type de culture pratiquée (maïs, riz, sorgho ou mil). Le requérant doit par ailleurs avoir reçu l'aval du comité villageois ou cantonal de supervision, et disposer d'une superficie emblavée de 0,5 à un hectare. Pour les engrais, les subventions accordées par l'État pour la campagne agricole 2015-2016 étaient estimées à 3,2 milliards de FCFA, ce qui représente 32,4% de leurs coûts de revient (tableau 4.2).

La CAGIA s'occupe également de la fourniture des semences aux producteurs. Elle collecte les semences commerciales certifiées auprès des paysans multiplicateurs de semences, et les stocke en vue de la vente. La CAGIA cède également des cabosses de cacaoyer et des boutures racinées de caféier à des prix généralement inférieurs de moitié aux coûts de production.

Dans le cadre de la composante du PNIASA relative à la mécanisation agricole, le gouvernement a fourni à crédit 357 tracteurs aux agriculteurs à travers une ligne de crédit auprès de la banque Export-Import Bank of India. Les tracteurs sont fournis aux prix coûtants hors taxes. Les conditions de remboursement sont déterminées en tenant compte des conditions financières des agriculteurs, et des cultures pratiquées.

L'Agence nationale de la sécurité alimentaire (ANSAT) a pour objectif de faciliter l'accès des populations aux produits vivriers de base. Elle effectue un suivi des prix sur les marchés, et facilite les échanges entre zones excédentaires et zones déficitaires. Dans le but de maintenir des prix rémunérateurs aux producteurs, l'ANSAT effectue des achats au comptant auprès des paysans, et constitue des stocks de sécurité (principalement en riz et maïs) en période d'abondance. Les achats de l'ANSAT sont répartis par région. Au sein d'une région donnée, les producteurs s'organisent pour se répartir le quota demandé par l'ANSAT. L'ANSAT déclenche la vente de ses stocks lorsqu'elle constate une situation de pénurie sur les marchés, c'est-à-dire, lorsque les prix à la consommation dépassent des seuils bien identifiés. L'ANSAT procède également au préfinancement de la campagne agricole de certains producteurs. Les comptes sont alors soldés lors de la vente des produits.

Les ventes en l'état des produits de l'agriculture, de l'élevage et de la pêche faites par les agriculteurs, éleveurs et pêcheurs, artisans de l'UEMOA sont exemptées de la TVA. Cependant, les autorités ont indiqué qu'en dehors du secteur informel, le secteur de la transformation agroalimentaire est généralement soumis à la TVA, qui s'applique indifféremment à la production nationale et aux importations. Les coopératives et groupements agricoles et les caisses de crédit agricole sont exonérés de l'impôt sur les revenus ou les sociétés.

La part du budget allouée au secteur agricole est d'environ 8% en 2015. Un fond de financement alimenté par le Fond koweitien fournit des financements pour certains projets agricoles. Les dossiers de demande de financement sont étudiés par le Ministère de l'agriculture pour ce qui est du volet technique. Les prêts sont accordés à un taux d'intérêt annuel de 8%, et leur maturité dépend de la nature du projet. Dans le cadre du Projet national de la promotion de l'entreprenariat rural, des financements sont accordés à des techniciens et ingénieurs togolais afin de les encourager à s'installer en milieu rural.

La nouvelle politique agricole à l'horizon 2030 est structurée autour des quatre axes suivants: l'accroissement durable de la production et sa valorisation; l'amélioration de l'accès aux facteurs de production et la modernisation des infrastructures; la promotion de l'innovation technologique et de la formation professionnelle; et l'amélioration de la gouvernance et du cadre institutionnel.[3]

Tableau 4.2 Subventions accordées par l'État pour les engrais, 2009-2015

	2009	2010	2011	2012	2013	2014	2015
Quantité importée (tonnes)	25 000	30 000	35 000	30 000	40 000	45 000	30 000
Prix de revient (FCFA/tonne)	462 634	234 551	324 719	376 070	326 022	270 767	325 440
Subventions							
- Taux (% du prix de revient)	52,4	14,7	32,2	41,5	32,5	18,7	32,4
- Montant (milliards de FCFA)	6,1	1,0	3,7	4,7	4,2	2,3	3,2

Note: L'année correspond à la campagne agricole de l'année n/n+1.

Source: Information fournies par les autorités togolaises.

Politique par filière

Production végétale

Coton

Le coton reste la première culture de rente au Togo. La filière continue de se redresser de la crise qu'elle a traversée au cours des années 2000 et qui a vu la production de coton graine atteindre un niveau historiquement bas de 16 900 tonnes lors de la campagne 2009-2010.[4] Depuis lors, sa contribution aux exportations totales est remontée, passant de 2,6% en 2009 à 8,9% en 2015 (graphique 1.1). Environ 300 000 familles sont engagées dans la production du coton.[5] Pendant la période sous revue, le rendement (à l'hectare) de coton graine a fluctué au gré des aléas climatiques, avec une tendance haussière.

Le gouvernement togolais a poursuivi ses efforts en vue de la relance de la filière avec, pour objectif à terme, de parvenir à une filière constituée d'une société cotonnière privée avec une participation minoritaire de l'État.[6] Ces efforts ont conduit notamment à l'abolition en 2009 du monopole dont disposait la Société togolaise du coton (société d'État) dans l'achat du coton auprès des producteurs, sa liquidation, et la création de la Nouvelle société cotonnière du Togo (NSCT). Cette dernière est une société d'économie mixte détenue à 60% par l'État et 40% par la Fédération nationale des groupements de producteurs de coton (FNGPC). Le gouvernement a également apuré les arriérés des producteurs et mis en place un cadre réglementaire indiquant les rôles et responsabilités de chacun des acteurs de la filière.

La NSCT dispose d'une usine d'égrenage d'une capacité annuelle de 100 000 tonnes. Les producteurs sont regroupés au sein de la Fédération nationale des groupements de producteurs de coton (FNGPC). La NSCT préfinance la commande des intrants, et se fait rembourser lors des ventes de coton graine. Le transport du coton graine vers les usines d'égrenage est effectué par la NSCT et des transporteurs privés. Le coton fibre est entièrement exporté, tandis que l'exportation du coton graine est prohibée.

Un nouveau mécanisme de fixation des prix aux producteurs a été mis en place depuis la campagne 2009-2010.

Café et cacao

Le café et le cacao constituent, avec le coton, les principales cultures de rente du Togo. La filière café-cacao fait face à de nombreuses difficultés liées notamment au vieillissement des vergers et au manque d'approvisionnement en intrants; ces difficultés ont été exacerbées par le déclin des cours mondiaux. Ainsi, la production de fèves de cacao est passée d'un pic de 142 500 tonnes en 2011 à 15 000 tonnes en 2013, avant de remonter à 30 516 tonnes en 2014.[7] La production de café vert a fluctué au gré des aléas climatiques, et s'est établie à 15 500 tonnes en 2014.

Dans le cadre de la SCAPE, l'objectif visé par le gouvernement est de porter la production du café à 21 676 tonnes en 2017, et celle du cacao à 26 725 tonnes (contre 14 220 tonnes en 2012). Pour réaliser cet objectif, le gouvernement distribue annuellement des boutures de caféiers et des cabosses de cacaoyers aux producteurs. En 2015, ce sont 70 000 cabosses de cacao et 445 000 boutures qui ont été ainsi distribuées aux producteurs.[8]

La commercialisation et l'exportation du café ou du cacao sont réservées à des opérateurs agréés. Pour être agréé, l'opérateur doit notamment: être une personne physique de nationalité togolaise ou une personne morale de droit togolais ayant son siège au Togo; justifier d'une caution bancaire d'au moins 20% de la valeur f.a.b. des exportations anticipées; et disposer d'installations de stockage et de conservation des produits. L'agrément est délivré par le Comité de coordination des filières café/cacao Togo (CCFCC), et valable pour une campagne agricole moyennant paiement de 2 millions de FCFA. Parmi les charges perçues à l'exportation figure une taxe de 500 FCFA par sac de 80 kilos perçue au niveau des préfectures. Le CCFCC prélève un émolument de 8 FCFA par kilogramme de produit exporté, destiné à son propre financement. En 2017, 15 opérateurs étaient agréés pour l'exportation du café-cacao.

La plupart des producteurs sont regroupés au sein de la Fédération des unions de groupements de producteurs de café et de cacao du Togo (FUPROCAT). Un Conseil interprofessionnel du café-cacao (CICC) a été mis en place en septembre 2014. Le CICC est rattaché à l'ITRA.

Production halieutique

Le Togo dispose d'un littoral de 56 kilomètres et d'une zone économique exclusive d'environ 15 375 kilomètres carrés. La contribution du secteur de la pêche au PIB togolais a décliné pendant la période sous revue (tableau 1.1). Le secteur emploie environ 22 000 personnes dont plus de la moitié est impliquée dans les activités de transformation et de distribution. La pêche artisanale maritime est l'activité dominante dans le secteur; elle contribue à près de 80% de la production halieutique. La contribution de la pêche industrielle est marginale. Le Togo exporte une grande partie de sa production à l'état brut ou transformé, et dépend largement des importations pour sa consommation intérieure (dont les besoins annuels sont estimés à environ 70 000 tonnes).

Pour l'exploitation halieutique, le PNIASA s'était fixé comme objectif d'atteindre une production annuelle de 35 400 tonnes à partir de 2015, à travers le développement de la pêche continentale et de l'aquaculture d'eau douce.

En 2012, le gouvernement togolais s'est doté d'un document de politique sectorielle sur la pêche et l'aquaculture. La mise en œuvre de cette politique

sectorielle a contribué à la réforme du cadre réglementaire qui a vu notamment l'adoption d'une nouvelle loi sur la pêche et l'aquaculture, et d'un nouveau Code de la marine marchande.[9] La nouvelle loi est également une transposition nationale des directives communautaires relatives au commerce des produits de la pêche (rapport commun, p. 77). Elle prévoit la création d'un Fonds de développement des activités halieutiques. Des travaux sont en cours pour la construction d'un nouveau port de pêche à une trentaine de kilomètres de Lomé.

Les licences de pêche sont octroyées pour une durée d'un an. Dans le but de lutter contre la pêche illicite, non déclarée et non réglementée (IIN), les autorités ont suspendu l'immatriculation des navires de pêche et la délivrance des licences de pêche aux navires étrangers, et radié les navires de pêche suspectés d'activités illicites.

En février 2017, le Togo a déposé ses instruments d'acceptation de la Convention du 10 mars 1988 pour la répression d'actes illicites contre la sécurité de la navigation maritime; ainsi que du Protocole de 2005 pour la répression d'actes illicites contre la sécurité des plates-formes fixes situées sur le plateau continental.[10] Ces deux traités devraient entrer en vigueur en mai 2017 pour le Togo.

Les opérateurs du secteur de la pêche sont exonérés de droits et taxes pour l'achat de matériels et équipements nécessaires à l'exercice de leur activité.[11] Le gouvernement fournit également des filets de pêche à ceux pratiquant la pêche artisanale.

Sylviculture et produits du bois

Le secteur forestier est régi principalement par le Code forestier de 2008[12] et le Décret n° 84-n° 86 du 17 avril 1984 portant réglementation de l'exploitation forestière. La mise en œuvre de la réglementation relève du Ministère de l'environnement et des ressources forestières (MERF). L'activité d'exploitation forestière est réservée aux opérateurs agréés par le MERF. L'agrément est délivré pour une durée d'un an, renouvelable.

En 2011, les autorités ont pris des mesures pour réglementer le commerce des essences forestières.[13] Selon la législation, l'exportation, la réexportation et le transit de ressources forestières est soumise à l'obtention d'une autorisation délivrée par le Ministère de tutelle. L'exportation de grumes d'essence forestières de plus de 20 centimètres de diamètre est interdite sans transformation préalable. Les opérateurs sont assujettis au paiement d'une redevance destinée au reboisement. Pour un container de type 20 pieds, la redevance est de 50 000 FCFA pour le bois de teck transformé; 500 000 FCFA pour les grumes de teck et bois rond; 100 000 FCFA pour les autres essences forestières; et 100 000 FCFA pour les essences en transit.[14]

Un moratoire de dix ans sur la coupe, la commercialisation, l'importation ou la réexportation de madriers de *pterocarpuserinaceus* ("faux teck") a été institué en 2016, dans le but de protéger l'environnement.[15] Ce moratoire fait suite à une mesure de suspension provisoire de la coupe et de la commercialisation du bois prise en mai 2016, et à une mesure de suspension temporaire de la réexportation du bois prise en mai 2015.

INDUSTRIES EXTRACTIVES, ÉNERGIE ET EAU

Au Togo, les substances minérales, hydrocarbures, eaux minérales et gîtes géothermiques sont la propriété de l'État, et sont séparés de la propriété du sol. L'État peut accorder leur exploration ou exploitation au moyen d'autorisations ou de permis attribués généralement par décret. Pour être éligibles, les sociétés de droit étranger doivent justifier d'un établissement sur le territoire togolais à travers la création d'une société de droit togolais ou d'une succursale.

Produits miniers

Le Togo dispose d'importantes réserves de fer, de chromite, de manganèse, de bauxite, de phosphates et de calcaire. En 2013, le secteur des industries extractives a contribué à 3,8% du PIB, 5% des recettes de l'État, et 18,5% des exportations.[16] Le clinker, le phosphate et l'or (produit de manière artisanale) constituent les principaux produits miniers exportés.[17]

Le secteur minier est animé principalement par cinq grandes sociétés: la Société nouvelle des phosphates du Togo (SNPT); la West Africa Cement (WACEM) et SCANTOGO-Mines qui exploitent le calcaire pour la fabrication du clinker; MM Mining qui exploite le fer à des fins d'exportation; et POMAR, qui exploite le marbre destiné au marché intérieur et extérieur. Une trentaine de sociétés sont engagées dans la production du sable et des granulats pour le secteur des bâtiments et travaux publics. La SNPT est entièrement détenue par l'État qui détient également 10% des parts dans chacune des quatre autres grandes sociétés.

Entre 2009 et 2016, le gouvernement togolais a attribué cinq permis de recherche sur le manganèse et métaux connexes; deux permis de recherche et d'exploitation d'hydrocarbures; un permis de recherche sur le diamant et les minéraux associés; un permis d'exploitation à grande échelle d'un gisement de marbre et de pierres ornementales; et un permis d'exploitation de matériaux de construction.[18]

L'objectif de la politique minière au Togo est de faire de l'industrie extractive un instrument de développement et de lutte contre la pauvreté. Le Ministère des mines et de l'énergie est chargé de la formulation et mise en œuvre de la politique minière nationale.

Le secteur minier est régi par le Code minier de 1996[19] et la Loi n° 2011-008 relative à la contribution des entreprises minières au développement local et régional. Les autorités ont indiqué que le Code minier serait révisé pour compléter le Code communautaire, une fois la révision de ce dernier achevé. L'exercice d'une activité

Tableau 4.3 Types de titres miniers au Togo, 2017

Titre minier	Droits conférés	Durée et renouvellement
Autorisation de prospection	Droit non exclusif à la prospection de substances minérales dans un périmètre maximal de 1 000 km²	2 ans, renouvelable 2 fois pour 1 an à chaque fois
Permis de recherche	Droit exclusif de prospection et de recherche de substances minérales dans un périmètre maximal de 200 km²	3 ans, renouvelable 2 fois pour 2 ans à chaque fois
Permis d'exploitation pour les matériaux de construction	Droit d'exploitation des matériaux de construction	5 ans, renouvelable plusieurs fois pour 3 ans à chaque fois
Permis d'exploitation à petite échelle	Réservé aux investissements inférieurs à 300 millions de FCFA	5 ans, renouvelable plusieurs fois pour 3 ans à chaque fois
Permis d'exploitation à grande échelle	Réservé aux investissements de 300 millions de FCFA et plus	20 ans, renouvelable plusieurs fois pour 10 ans à chaque fois
Autorisation artisanale	Droit d'entreprendre des activités artisanales dans un périmètre	1 an, renouvelable plusieurs fois pour 1 an à chaque fois

Source: Code minier, et informations fournies par les autorités togolaises.

minière est soumis à l'obtention d'une autorisation ou d'un permis délivré par le Directeur général des mines et de la géologie. La législation distingue quatre types de titres miniers: l'autorisation de prospection; le permis de recherche; le permis d'exploitation; et l'autorisation artisanale (tableau 4.3).

Le Code minier prévoit des avantages douaniers et fiscaux pour les entreprises opérant dans le secteur. Ceux-ci comprennent notamment l'admission temporaire pour les matériels et équipements, et une exonération des impôts et taxes suivants: TVA, taxe sur les salaires, taxe professionnelle et taxe foncière, et impôt sur les sociétés. Les avantages sont octroyés aux entreprises jusqu'à leur première année de production commerciale.

Le Togo a adhéré à l'Initiative pour la transparence dans les industries extractives (ITIE) en 2009, et a obtenu le statut de "Pays conforme" en mai 2013. Il a publié des rapports couvrant les années 2010 à 2013. À l'exception de 2010, les écarts dégagés sur le rapprochement des paiements des sociétés minières et des revenus déclarés par l'État sont généralement inférieurs à 1%, et sont en dessous du seuil acceptable établi par le Comité ITIE.

Dans le but de mettre en œuvre les recommandations issues des rapports ITIE, le gouvernement togolais a lancé un Projet de développement et gouvernance minière avec pour objectif de renforcer les capacités institutionnelles et les systèmes de gouvernance des principales institutions impliquées dans la gestion du secteur minier au Togo. Le projet a effectivement démarré en 2016.

En vertu de la législation, l'État togolais a droit à une participation non payante de 10% dans les sociétés minières détenant un permis d'exploitation à petite ou grande échelle. L'État peut souscrire à une participation additionnelle de 20%, payante. Les sociétés d'exploitation des matériaux de construction et les activités artisanales ne sont pas concernées par cette participation. La participation de l'État dans les sociétés minières est gérée par le Ministère chargé des finances.

Tout opérateur engagé dans l'exploitation de ressources minières est tenu de contribuer au développement local de la région concernée par l'exploitation.[20] Cette contribution consiste en une participation financière annuelle de 0,75% du chiffre d'affaires. Ces dispositions ne sont cependant pas appliquées, et certaines sociétés paient des montants forfaitaires établis lors de la conclusion des conventions d'exploitation.

Le Togo est l'un des principaux producteurs de phosphates en Afrique subsaharienne. La filière phosphate reste l'un des piliers de l'économie togolaise malgré des difficultés liées notamment à la chute de sa demande mondiale et donc de son prix, au renouvellement de l'équipement d'exploitation et de transport, aux conflits fonciers, et à l'accès à l'énergie. Créée en 2007 en remplacement de l'Office togolais des phosphates, la Société nouvelle des phosphates du Togo (SNPT) continue de faire face aux mêmes difficultés. En 2010, le gouvernement a lancé un plan stratégique de relance en trois phases: la remise à niveau de l'appareil productif, l'expansion de la filière à travers l'exploitation du phosphate carbonaté[21], et la construction d'une usine d'acide phosphorique. En 2015, un consortium formé des compagnies Elenilto et Wenfu a remporté l'appel d'offres international pour la construction de l'usine de production d'acide phosphorique et d'engrais. À terme, l'usine devrait produire annuellement 3 millions de tonnes de phosphate de roche concentré, 1,3 million de tonnes de fertilisants, et 0,5 million de tonnes d'acide phosphorique. Les négociations sont encore en cours.

Les produits miniers sont assujettis à une redevance annuelle perçue au taux de 10% de la valeur marchande pour le clinker; et de 5% du chiffre d'affaires de la SNPT, pour le phosphate.

Hydrocarbures

Le Togo ne dispose pas d'exploitation de gisements de pétrole ou de gaz naturel. En 2010, le gouvernement a signé un contrat avec la société ENI pour l'exploration et la production d'hydrocarbures sur deux blocs offshore

(Oti 1 et Kara 1). Les travaux d'exploration ont confirmé la présence de pétrole, mais le gisement n'a pas été jugé économiquement exploitable. Il n'y a pas de travaux d'exploration en cours.

La législation des hydrocarbures[22] distingue trois types de titres pétroliers: l'autorisation de prospection, accordée pour une durée maximale de 2 ans; le permis d'exploration, accordé pour une durée n'excédant pas 3 ans; et la concession d'exploitation, accordée pour une durée maximale de 30 ans.

Les titulaires des titres pétroliers et leurs sous-traitants sont tenus d'employer en priorité le personnel de nationalité togolaise, et d'accorder la préférence aux entreprises togolaises pour les contrats de construction, de fourniture et de prestation de services (à conditions équivalentes). Les avantages incitatifs spécifiques aux titulaires de titres pétroliers sont négociés avec le gouvernement et consignés dans les contrats pétroliers. La Loi portant Code des hydrocarbures prévoit l'octroi des contrats de partage de production.

Le Togo dépend des importations pour ses besoins en hydrocarbures. Les importations de produits pétroliers sont soumises à une autorisation délivrée par le Ministre chargé du commerce. La Direction des hydrocarbures s'occupe du contrôle de qualité, de la conformité des infrastructures, et des mesures sécuritaires. L'importation, le stockage et la distribution de produits pétroliers sont assurés par deux sociétés: la Société togolaise d'entreposage (STE), qui s'occupe de la distribution locale seulement; et la Société togolaise de stockage de Lomé (STSL), qui stocke aussi bien les produits destinés à la réexportation qu'à la consommation intérieure. L'importation se fait par appels d'offres, organisés par un Comité de gestion des produits pétroliers.

Les prix à la pompe des produits pétroliers et gaziers sont déterminés mensuellement par le gouvernement, à travers un mécanisme d'ajustement automatique des prix à la pompe, basé sur les cours internationaux, tout en absorbant les fortes fluctuations dans le temps. Dans la pratique, les prix sont calculés chaque mois et comparés aux prix du mois précédent. Les fluctuations dans la fourchette de 5% autour du prix courant sont répercutées intégralement sur les prix à la pompe du mois suivant. Lorsque les fluctuations excèdent la marge de 5%, une variation de 5% est répercutée sur les prix, et la différence est répercutée graduellement au cours des ajustements ultérieurs. Dans tous les cas, les prix à la pompe ne peuvent connaître une hausse annuelle de 30%.

En plus des prélèvements au cordon douanier (rapport commun, pp. 57, 78), les produits pétroliers sont assujettis à un prélèvement pour le financement du fonds routier.

Électricité

Le taux d'accès à l'électricité au Togo est passé de 20% en 2010 à 33% en 2015. Cette performance est liée notamment à la mise en œuvre du programme d'électrification rurale, qui a permis d'électrifier près de 300 nouvelles localités. Ce taux reste cependant loin de la cible de 66% à l'horizon 2015 fixée par la CEDEAO.

Le pays dépend des importations pour une grande partie de sa consommation en énergie électrique. En 2013, les importations ont représenté 85,5% des 2,3 GWh d'énergie livrée au réseau électrique.[23] Le Nigéria et le Ghana ont fourni respectivement 60% et 20,9% de cette énergie.

La politique nationale de l'énergie vise à assurer, à l'horizon 2030, à toute la population l'accès à une énergie propre, de qualité, compétitive, et qui préserve l'environnement en mettant tout en œuvre pour développer un système performant et durable d'approvisionnement en énergie basé sur des initiatives publiques et privées, individuelles et collectives, capables de promouvoir le développement économique et social du Togo. La capacité de génération du pays était de 161 MW en 2010. L'objectif du gouvernement est d'atteindre une capacité de production de 300 MW à partir de 2015 et 500 MW en 2020.

Le secteur de l'électricité au Togo compte trois principaux opérateurs: la Communauté électrique du Bénin (CEB) avec une puissance installée totale de 105 MW (dont 85 MW installés au Togo et 25 MW au Bénin); la Compagnie énergie électrique du Togo (CEET) avec une puissance installée totale de 43,7 MW; et, la société ContourGlobal Togo S.A., producteur indépendant nouvellement installé, et disposant d'une puissance installée totale d'environ 100 MW. La CEET assure le service public national de distribution et de vente d'énergie électrique. Elle est essentiellement approvisionnée par la CEB et les importations en provenance de pays voisins. Elle est liée à ContourGlobal Togo S.A. par un contrat d'achat-vente d'une durée de 25 ans. Jusqu'en 2015, la CEB disposait d'un monopole exclusif pour les activités de transport et d'importation, et d'acheteur unique au Togo (et au Bénin). Elle revendait ensuite l'électricité à la CEET qui dispose d'un monopole dans la distribution. Le monopole de la CEB sur l'achat a été aboli en septembre 2015, permettant ainsi à la CEET de s'approvisionner auprès de tout autre fournisseur. La CEB conserve néanmoins le monopole d'importation et de transport de l'énergie électrique.

Le secteur est régi principalement par l'Accord international portant Code bénino-togolais de l'électricité, la Loi n° 2000-012 relative au secteur de l'électricité, et les différentes modifications. En vertu de la législation, les activités de production, de transport, de distribution, d'importation et d'exportation de l'énergie électrique sont considérées comme une mission de service public, et placées sous la responsabilité exclusive de l'État. L'État peut les concéder au moyen d'accords ou de conventions de concession.

La législation distingue deux régimes d'exercice d'activité dans le secteur: le régime d'autorisation et le régime de déclaration. Le régime de déclaration couvre les installations pour les besoins propres d'une collectivité ou unité de production et dont la puissance installée n'excède pas 500 kilovoltampères. Le régime de l'autorisation s'applique aux installations dont la puissance installée excède ce seuil, ainsi qu'à celles livrant une partie de leur production au public. La déclaration et la demande d'autorisation sont à adresser à l'Autorité de réglementation du secteur de l'électricité (ARSE).

Les tarifs de l'électricité sont fixés par l'État, sur proposition de la CEET et après avis technique de l'ARSE. Généralement, la CEET propose une modification lorsqu'elle anticipe que les recettes ne couvriraient pas les charges. La tarification de l'électricité dépend de plusieurs critères notamment la catégorie de tension, le niveau de puissance souscrite, le type de client, la période de la journée, et la tranche de consommation. À cela s'ajoutent les différents types de redevances. Une redevance puissance 2 500 FCFA par kVA par mois est perçue par branchement. Une redevance pour l'éclairage public est prélevée au taux de 1 FCFA/kWh pour les clients basse tension et de 2 FCFA/kWh pour les clients "moyenne tension". En 2015, le prix de vente moyen de l'électricité distribuée par la CEET était estimé à 122 FCFA/kWh pour un coût de revient de 125 FCFA/kWh.[24] Ce prix de vente, quoiqu'inférieur au coût de production, serait supérieur au prix de l'électricité importée. Les prix sont maintenus à un niveau bas grâce aux subventions de l'État.

Eau

Pendant la période sous revue, le gouvernement togolais a poursuivi ses efforts en matière de réforme institutionnelle du secteur de l'eau et de l'assainissement[25], à travers notamment l'adoption en 2010 du Code de l'eau[26], et de la Loi portant organisation des services publics de l'eau et de l'assainissement.[27] Le cadre institutionnel a été renforcé par la désignation de l'Autorité de réglementation du secteur de l'électricité comme régulateur de l'eau.

Les services publics d'eau potable et d'assainissement collectif sont placés sous la responsabilité exclusive de l'État, qui peut les déléguer au moyen de contrats de concession, d'affermage ou de régie.[28] La durée de la délégation de service public ne peut excéder 30 ans pour une concession, 15 ans pour un contrat d'affermage, et 5 ans pour un contrat de régie. Le délégataire peut être une société de droit privé ou public, ou dans le cas des centres ruraux, une organisation communautaire. En 2014, l'État togolais a signé deux contrats de délégation: un contrat d'affermage confiant l'exploitation des services publics d'eau potable et d'assainissement collectif en milieu urbain à la Togolaise des eaux (TdE); et un contrat de concession à la Société de patrimoine eau et assainissement en milieu urbain (SP-Eau), pour la gestion des infrastructures. En milieu rural, le secteur de l'eau est organisé par la Direction de l'hydraulique villageoise. Celle-ci effectue les forages et en confie la gestion aux collectivités territoriales.

En matière de régime fiscal, les délégataires de services publics d'eau potable et d'assainissement relèvent généralement du droit commun (p. 417). Ils bénéficient cependant d'une exemption de la contribution foncière (CFPB) relative aux infrastructures et ouvrages mis à leur disposition par l'État. Les prix de l'eau sont fixés par l'État. Les autorités ont indiqué que les prix pratiqués sont inférieurs aux coûts de production; les opérateurs sont subventionnés par l'État.

Le Code de l'eau définit le domaine public de l'eau comme comprenant, entre autres: les cours d'eau; les lacs naturels ou artificiels; les eaux souterraines; l'eau atmosphérique; et les digues, barrages, chaussées, écluses, et les canaux d'irrigation affectés à un usage public. L'utilisation de l'eau à des fins domestiques est libre. En dehors d'une telle utilisation, elle doit se placer sous l'un des régimes suivants: le régime de la déclaration, applicable à la réalisation des puisards et puits traditionnels à usage domestique, ainsi qu'aux travaux de captage des eaux souterraines; le régime de l'autorisation, applicable aux activités de recherche des eaux souterraines, et à l'implantation d'ouvrages permanents pour leur extraction; et le régime de la concession, applicable entre autres à l'aménagement et à l'exploitation des sources minérales et thermales.

L'exploitation des nappes phréatiques est régie par le Code minier. Les sociétés exploitant les nappes d'eau souterraine sont assujetties à une taxe de prélèvement d'eau dans la nappe. La taxe est prélevée au taux de 100 FCFA par mètre cube d'eau prélevée, et collectée par la Togolaise des eaux.

SECTEUR MANUFACTURIER

La contribution du secteur manufacturier au PIB togolais a fluctué entre 7% et 9% pendant la période sous revue (tableau 1.1). Le secteur est dominé par la branche de l'alimentation, des boissons et tabacs, générant plus de la moitié de la valeur ajoutée du secteur. Les autres principales branches d'activité incluent les industries textiles, les produits minéraux non métalliques, les industries de transformation du bois, et les industries chimiques. Le tissu industriel est concentré dans la région maritime, essentiellement au niveau de la zone portuaire.

Le secteur manufacturier reste confronté à de nombreuses contraintes, notamment un faible niveau de compétitivité dû aux coûts élevés des facteurs de production (eau, électricité, téléphone); un faible niveau d'investissement lié aux difficultés d'accès au crédit et au coût élevé de ce dernier; et une faible intégration du secteur au reste de l'économie liée essentiellement aux lacunes dans la chaîne d'approvisionnement locale.

Le Ministère en charge de l'industrie est responsable de la mise en œuvre de la politique du gouvernement en matière de développement industriel. Le Ministère s'appuie également sur l'Agence nationale de la promotion des investissements et de la zone franche (API-ZF). Les autorités togolaises sont en train de s'orienter vers la création de zones économiques

spéciales dans les cinq régions du pays afin de décentraliser le tissu industriel. Des sites ont été acquis à Kpomé (pour décongestionner la zone portuaire), et à Adétipoké (pour l'établissement d'une zone franche).

Le Code des investissements (p. 418) et la Loi sur la zone franche (p. 421) prévoient, entre autres, le cadre général d'investissement dans le secteur. Les entreprises opérant sous le Code des investissements ou le régime de zone franche bénéficient de nombreux avantages incitatifs, ce qui est censé améliorer leur compétitivité.

Le Togo dépend du marché régional de l'UEMOA et de la CEDEAO pour une grande partie de ses exportations de produits industriels. Sur ces marchés, les exportations des entreprises implantées en zone franche togolaises sont assujetties aux droits de porte. Pour les entreprises implantées sur le territoire douanier, le schéma de libéralisation des échanges leur garantit un accès en franchise de la plupart des droits et taxes d'entrée lorsqu'elles exportent vers le marché régional. Ces entreprises et leurs produits doivent cependant être agréés au schéma communautaire. En 2015, respectivement 51 entreprises et 439 produits togolais sont agréés au régime préférentiel des échanges intracommunautaires (rapport commun, tableau 3.5).

En 2015, le Togo a adopté une politique industrielle avec pour objectif de bâtir une économie "moderne, dynamique, compétitive et fortement intégrée à l'économie régionale".[29] Il s'agit d'une déclinaison de la Politique industrielle commune de l'UEMOA (rapport commun, p. 81). Elle est bâtie autour de trois principaux axes: le renforcement des capacités institutionnelles du secteur industriel; l'assurance de la qualité des produits industriels et leur compétitivité; et, le développement de l'industrie et la promotion de l'agro-business à travers l'établissement de parcs agro-industriels.

Les entreprises industrielles bénéficient d'un certain nombre d'avantages visant à favoriser leur développement, notamment un taux d'imposition de 30% au titre de l'impôt sur les sociétés (contre 37% pour les sociétés commerciales), et un taux bonifié pour la taxe professionnelle (entre 0,5%, 0,75% et 1% selon l'activité).

Le Togo a participé au Programme pilote régional de restructuration et de mise à niveau (PRMN) de l'industrie des États membres de l'UEMOA. Ce Programme est une composante de la politique industrielle commune de l'UEMOA, et vise à promouvoir la compétitivité des entreprises. Au Togo, huit entreprises ont étés sélectionnées dont quatre pour la restructuration et quatre pour la mise à niveau. Veuillez confirmer. La phase pilote du programme a permis de mettre en place le dispositif institutionnel, et de restructurer une quinzaine d'entreprises agro-industrielles.[30] Les investissements matériels prévus dans les différents plans de restructuration et de mise à niveau (RMN) des entreprises sont estimés à 1,1 milliard de FCFA, mais leur taux de réalisation était de 48,5%. Les investissements immatériels sont chiffrés à 230,3 millions de FCFA, pour un taux de réalisation de 41%. L'assistance immatérielle a porté essentiellement sur la formation, l'élaboration des manuels de procédures, la mise en place de système comptable ou de gestion, et la réorganisation des services. Les investissements immatériels sont essentiellement supportés par le PRMN.[31]

Par ailleurs, le Togo bénéficie de l'appui technique de l'ONUDI dans certains domaines notamment l'agrobusiness et l'agro-industrie.

SERVICES

La contribution du secteur des services à la formation du PIB au Togo a continué de progresser depuis le dernier EPC, passant de 49% en 2009 à 53,5% en 2013 (tableau 1.1). Cette progression s'explique surtout par le développement des activités commerciales et des services de transports (y compris maritimes) y afférents, et une progression des services aux entreprises.

Dans le cadre du Cycle d'Uruguay, le Togo a pris des engagements sous l'Accord général sur le commerce des services dans les domaines du tourisme, des services récréatifs, culturels et sportifs, ainsi que dans les services de construction et d'ingénierie connexes.[32] Le Togo a notifié la Direction du commerce extérieur comme étant son point d'information et de contact au titre de l'Accord général sur le commerce des services.

Principaux sous-secteurs

Télécommunications et postes

Services de télécommunications

Le secteur des télécommunications au Togo est animé par quatre principaux opérateurs: Togo Telecom, opérateur du réseau fixe et fournisseur de services Internet; Togo Cellulaire, la filiale mobile de Togo Telecom; Atlantique Telecom Togo (MooV), le second opérateur mobile; et, CAFE Informatique et Télécommunications, fournisseur de services Internet.

Togo Telecom est une entreprise publique, qui détient le monopole de la téléphonie fixe. Elle dispose de cinq accès Internet internationaux via la station d'atterrissement du câble sous-marin WACS, ce qui lui permet de fournir également des services Internet. Au 31 décembre 2015, elle comptait 247 368 abonnés à la téléphonie fixe, et 63 108 abonnés à ses services d'Internet (tableau 4.4). Togo Cellulaire et MooV se partagent le marché de la téléphonie mobile avec des parts de marchés respectifs de 54% et 46%.

Le cadre réglementaire des services de télécommunications a connu de changements majeurs pendant la période couverte par l'examen. Ces changements ont porté notamment sur l'adoption de la Loi n° 2012-018 sur les communications électroniques (LCE), et la prise d'un certain nombre de décrets d'application.[33] La distingue quatre régimes d'activités: le régime de licence individuelle, applicable à l'établissement et à l'exploitation de réseaux de communications électroniques ouverts au

Tableau 4.4 Indicateurs de base des services de télécommunication, 2009-2015

	2009	2010	2011	2012	2013	2014	2015
Téléphonie fixe							
Nombre d'abonnés	200 119	234 250	233 443	263 442	364 223	350 716	247 368
Télé densité (lignes pour 100 habitants)	3,48	3,78	3,68	4,06	5,48	5,15	3,59
Téléphonie mobile							
Nombre d'abonnés (milliers)	1 796,9	2 044,3	2 524,2	3 112,4	3 713,9	4 218,7	4 657,3
- Togo Cellulaire	1 216,2	1 217,8	1 314,7	1 261,3	2 026,8	2 398,4	2 516,6
- Atlantique Telecom Togo (MooV)	580,8	826,6	1 209,5	1 551,1	1 687,1	1 920,3	2 140,8
Télé densité (lignes pour 100 habitants)	31,27	33,02	39,83	47,95	55,87	61,96	66,78
Internet							
Nombre d'abonnés	46 521	107 204	181 350	248 813	348 192	609 095	902 748

Source: Informations fournies par les autorités togolaises.

public, ainsi qu'à la fourniture de service téléphonique au public; le régime d'autorisation, pour l'installation et l'exploitation de réseaux indépendants; le régime de déclaration (pour les services à valeur ajoutée et autres services); et, le régime d'établissement libre (pour les réseaux internes et autres services radioélectriques).

Les conditions d'obtention de licences et d'autorisations sont définies par le Décret n° 2014 088 portant régimes juridiques applicables aux activités de communications électroniques. Les licences individuelles sont attribuées par un processus de demande de licences, ou un appel à la concurrence, si le nombre de licences attribuables est limité.

Le secteur est régulé par l'Autorité de réglementation des secteurs de postes et de télécommunications (ART&P). Le processus d'institution de l'Autorité de régulation des communications électroniques et des postes (ARCEP), en remplacement de L'ART&P est en cours. La régulation de contenus audiovisuels relève de la Haute autorité des communications (HAC).

Tous les opérateurs sont tenus de contribuer au Fonds du service universel (FSU) à travers une redevance annuelle de 2% du chiffre d'affaires assujetti. Depuis 2008, le gouvernement a opté pour une stratégie consistant à définir chaque année un programme de service universel, et à conclure des conventions de réalisation avec des opérateurs intéressés. Les opérateurs peuvent ainsi déduire les coûts des investissements réalisés de leur contribution au FSU.

Les tarifs de la téléphonie fixe et mobile sont fixés librement par les opérateurs, mais sujets à l'approbation du régulateur. La législation fait obligation aux opérateurs de s'interconnecter entre eux. Les tarifs d'interconnexion sont fixés par l'autorité de régulation. Les opérateurs sont libres de conclure des accords à l'international. Les opérateurs jugés disposer d'une position significative sur un marché peuvent être soumis à des obligations additionnelles en termes de tarifs et d'accès.

L'ART&P peut mettre en demeure ou sanctionner un opérateur en cas de défaillance aux obligations. Les sanctions peuvent consister en une amende pouvant atteindre 2% du chiffre d'affaires, la restriction de la portée et/ou de la durée de la licence, sa suspension ou son retrait.

La coordination du spectre de l'État et la gestion des fréquences radioélectriques relèvent de l'Agence nationale du spectre des radiofréquences (ANSR).[34] Elle fixe notamment les modalités d'assignation ou de retrait des fréquences radioélectriques, du contrôle de leur utilisation et les redevances y afférentes. Ses ressources proviennent notamment des redevances perçues, des subventions de l'État et des rémunérations des services rendus. L'ANSR n'est pas encore fonctionnelle.

En avril 2016, le gouvernement a pris des mesures visant à supprimer les droits de douane et la TVA sur l'importation des terminaux et équipements informatiques destinés à la consommation des ménages, l'objectif étant de faciliter davantage l'accès aux services de télécommunications. La mesure est effective avec la Loi de finances de 2017. L'homologation de l'ART&P est requise pour l'importation d'équipements de télécommunications.

Les différends peuvent être portés devant l'autorité de régulation qui doit se prononcer dans un délai de trois à six mois, en fonction de la complexité du cas. La décision de l'ARTP peut faire l'objet d'un recours en annulation devant les tribunaux.

Services postaux

À fin 2015, le marché des services postaux au Togo était animé par la Société des postes du Togo (SPT), opérateur public, et six opérateurs privés: DHL International Togo (DHL), Pako Fedex, Afrique Express Holding Company, SDV Service Express (anciennement

Universal Express), Top Chrono, et GETMA Togo.[35] La SPT et DHL International Togo dominent le marché avec respectivement 91 et 96 points de présence postale; les autres opérateurs disposent d'une trentaine de points de présence postale. En 2015, le secteur a affiché un chiffre d'affaires de 2,7 milliards de FCFA, réalisé à 75% par la SPT. Les services de courrier ordinaire sont fournis presqu'exclusivement par la SPT.

Il n'y a pas eu de changements au cadre réglementaire pour les services postaux pendant la période sous revue. Le secteur est régi par la Loi n° 99-004/PR du 15 mars 1999 sur les services postaux et la Loi n° 2002-023/PR la modifiant. Selon la loi, l'exploitation commerciale du transport de lettres (de 2 kg ou moins), y compris les envois recommandés, de paquets (de 3 kg ou moins) et de colis postaux (de 20 kg ou moins) est soumise à une autorisation du ministère chargé du secteur des postes, après avis de l'autorité de réglementation. La fourniture des services de mandat-poste, des chèques postaux, et des autres services financiers régis par les Actes de l'Union postale universelle, et la fabrication des timbres, la pose des boites à lettres sont les domaines réservés de la SPT. Les autorisations sont délivrées pour cinq ans.

Lors de la délivrance et du renouvellement de l'autorisation, les opérateurs sont assujettis à une redevance d'autorisation dont le taux est établi, en proportion du chiffre d'affaires prévisionnel (ou réalisé) cumulé sur trois ans, comme suit: 3% avec une perception minimale de 4 millions de FCFA pour les opérateurs dont le chiffre d'affaires est inférieur à 500 millions de FCFA; 2% pour les opérateurs dont le chiffre d'affaires est compris entre 500 millions et 2 milliards de FCFA; et 1,5% pour les opérateurs avec un chiffre d'affaires supérieur à 2 milliards de FCFA. Les opérateurs sont également redevables d'une redevance annuelle d'exploitation au taux de 4% du chiffre d'affaires.

La législation prohibe l'exploitation abusive d'une position dominante. L'autorité de réglementation publie annuellement la liste des entreprises qu'elle considère comme occupant une position dominante. Les prix des services postaux sont fixés par la poste après avis de l'ART&P. Les prix des services financiers fournis par la SPT sont soumis à la législation bancaire. Dans le but de diversifier ses activités, la SPT noue des partenariats avec d'autres opérateurs pour la mise en place de points de présence postale, la fourniture des services de paiement de factures et d'ouverture de comptes bancaires, et les services de transfert d'argent.

Transports

Les objectifs du gouvernement dans le secteur des transports portent notamment sur l'amélioration de l'entretien des infrastructures routières, et le renforcement de la compétitivité du corridor togolais pour le transport de marchandises vers les pays sans littoral côtier. Le Ministère en charge des transports est responsable de l'élaboration et de la mise en œuvre de la politique du gouvernement en la matière.

Une stratégie nationale de développement des transports a été validée en 2014, avec pour objectif de porter la contribution du secteur des transports à 14% du PIB à l'horizon 2030 (contre 7% en 2014). Sa mise en œuvre n'a commencé qu'en 2017.

Le partage de fret pour les marchandises en transit vers les pays de l'hinterland est régi par les conventions bilatérales en la matière. En général, le tiers du trafic de transit revient aux opérateurs de droit togolais.

Services portuaires, et transports maritimes et fluvio-lagunaires

Les transports maritimes jouent un rôle clé dans l'économie togolaise. Le Port autonome de Lomé (PAL) assure la majeure partie des services portuaires liés à l'activité maritime internationale du Togo. Pendant la période sous revue, le trafic global au PAL a augmenté graduellement dans un premier temps, passant de 6,5 millions de tonnes en 2009 à 9,3 millions de tonnes en 2014 (tableau 4.5). Il est ensuite passé à 15,4 millions de tonnes en 2015, tiré par un boom au niveau des activités de transbordement. Le volume du trafic conteneur a pratiquement triplé pour atteindre 11,1 millions de tonnes en 2015. Le volume du trafic lié aux importations a augmenté tandis que celui du trafic lié aux exportations a régressé, essentiellement du fait du trafic de transit. Selon les autorités, cette baisse est en partie imputable à l'application par le Togo des mesures relatives à la charge à l'essieu, dont le Togo est un pays pilote. Cette mesure aurait conduit certains opérateurs à se détourner du PAL.

Le développement de l'infrastructure maritime occupe une place centrale dans la stratégie du gouvernement

Tableau 4.5 Trafic au Port autonome de Lomé, 2009-2015

(Millions de tonnes, sauf indication contraire)

	2009	2010	2011	2012	2013	2014	2015
Trafic global	6,5	8,0	8,2	7,8	8,7	9,3	15,4
- Import	4,7	5,5	5,9	6,3	6,6	6,6	6,3
- Export	1,7	1,7	1,7	1,1	1,5	1,0	1,0
- Transbordement	0,9	0,8	0,6	0,3	0,6	1,7	8,1
Trafic conteneur	3,5	3,8	4,3	3,3	3,8	4,7	11,1
Trafic transit	1,8	2,4	2,8	2,9	2,3	2,9	2,6
Desserte maritime (nombre)	1 092	1 166	1 175	1 063	989	1 119	1 399

Source: Informations fournies par les autorités du Port autonome de Lomé.

qui vise à faire du pays une plate-forme pour le trafic de transit dans la sous-région. Le gouvernement a mis en œuvre une série d'actions en vue de positionner le Port autonome de Lomé comme leader dans la manutention portuaire. Celles-ci incluent: la construction d'un troisième quai; la construction d'une darse; la mise en place d'un guichet unique pour le commerce extérieure; et la réalisation d'un parking pour les camions en attente de chargement.

Le Conseil national des chargeurs du Togo (CNCT) a comme missions principales d'assister les importateurs et exportateurs dans les opérations de transport, de gestion de l'Observatoire national du transport, et de mise à jour des statistiques à l'exportation et à l'importation. Il se finance au moyen de prélèvements sur les flux d'importation et d'exportation, notamment des frais pour le bordereau électronique de suivi des cargaisons (BESC) dont la gestion est confiée au groupe Antaser. Depuis 2016, le BESC est obligatoire pour toute cargaison à destination ou quittant le Togo. Les frais du BESC sont de 25 euros pour les cargaisons en provenance de pays africains ou européens, et 100 euros pour les cargaisons en provenance d'autres pays. Les véhicules font l'objet d'un frais unique de 25 euros. Les frais d'émission ont considérablement augmenté en septembre 2015 avant d'être ramenés à leurs prix antérieurs.

La pesée avant embarquement des conteneurs est obligatoire depuis le 1er juillet 2016.[36]

Transports aériens

Le Togo dispose de deux aéroports internationaux (l'Aéroport international Gnassingbé Eyadéma (AIGE) et celui de Niamtougou); de cinq aérodromes nationaux, et de quatre pistes d'atterrissage. L'exploitation et la gestion des aéroports internationaux sont assurées par la Société aéroportuaire de Lomé Tokoin (SALT). L'AIGE est le principal aéroport en matière de trafic passager et de fret. L'assistance au sol est assurée par la Société togolaise de handling SA et Aéro-transport SA-CA (toutes deux de droit privé) en vertu d'un contrat de concession avec la SALT. Les opérations de catering sont assurées par Lomé Catering S.A.

Le Togo est desservi par sept compagnies aériennes internationales: Air France, Royal Air Maroc, Asky Airlines, Ethipioan Airlines, Brussels Airlines, Air Cote d'Ivoire, et SEIBA Intercontinental. Aucune compagnie ne dessert présentement les destinations à l'intérieur du pays. L'AIGE accueille en moyenne 123 vols réguliers par semaine.[37]

La régulation du transport aérien est assurée par l'Autorité nationale de l'aviation civile (ANAC-Togo), placée sous la tutelle du Ministère chargé de l'aviation civile. Les activités de transport aérien sont régies par le Code de l'aviation civile adopté en 2007.[38] Selon le Code, l'exercice d'une activité de transport ou de travail aérien est subordonné à l'obtention d'un agrément. Toute entreprise désireuse de s'engager dans l'activité de transport aérien public doit également obtenir un permis d'exploitation aérienne. Le Togo a désigné les compagnies Asky Airlines et Comfort Jet comme étant ses compagnies nationales.

La présence étrangère et les droits au trafic accordés aux compagnies étrangères desservant le Togo sont en principe régis par les dispositions de l'UEMOA pour ce qui est des autres États membres, par les dispositions de la Décision de Yamoussoukro pour ce qui est des compagnies des autres pays africains, et par des accords bilatéraux signés avec d'autres pays, qui portent généralement sur des droits des troisième et quatrième libertés. Le cabotage par une compagnie étrangère n'est pas autorisé. Le Togo privilégie les troisième, quatrième et cinquième libertés dans les accords bilatéraux sur les services aériens. Le Togo a signé un accord de ciel ouvert avec les États-Unis en avril 2016.

Pendant la période sous revue, le gouvernement a réalisé des travaux d'investissements qui ont permis de doter l'AIGE d'un nouveau terminal. D'un montant d'environ 150 millions de dollars EU, les travaux ont permis de porter la capacité d'accueil annuel à 2 millions de passagers et 50 000 tonnes de fret (contre un niveau initial de 600 000 passagers et 15 000 tonnes de fret). Le nouveau terminal est opérationnel depuis 2016.

Transports terrestres

Avec une densité de 20,6 km pour 100 km^2, le réseau routier togolais comprend 1 724 km de routes nationales revêtues, 1 355 km de routes nationales non revêtues, 1 783 km de voies urbaines, et 6 802 km de pistes rurales. Trois principaux corridors assurent l'essentiel du transit vers les pays frontaliers: la route nationale RN1 (ou route communautaire CU9 de l'UEMOA) à destination du Burkina Faso, la route Lomé-Hillacondji et Lomé Afloa à destination du Bénin et du Ghana (tronçon de la route communautaire CU1), et la route communautaire CU19 à destination du Bénin.

En 2012, le gouvernement togolais a créé la Société autonome de financement de l'entretien routier (SAFER), en remplacement du Fonds d'entretien routier et de la Compagnie autonome des péages et de l'entretien routier.[39] La SAFER a pour objectifs de mobiliser les ressources destinées à l'entretien routier, et de construire et gérer les postes de péages. Elle est financée par les droits d'accise et taxes collectés sur les produits pétroliers, ainsi que les recettes issues des postes à péage.

L'accès à la profession de transporteurs est réservé aux individus et entreprises ressortissants de la CEDEAO. Le cabotage n'est pas permis aux ressortissants de la CEDEAO. Les tarifs de transport routier de passagers sont réglementés. Un accord de partage du fret bilatéral lie le Togo au Burkina Faso, au Mali et au Niger.

Le Togo dispose d'un réseau ferré de près de 500 kilomètres comprenant les lignes Lomé-Blitta (281 km), Togblécopé-Tabligbo (52 km), Lomé-Aného (45 km),

et Lomé-Kpalimé (117 km).[40] Un nouveau tronçon de 8 km reliant Lomé à une cimenterie au Ghana, est opérationnel depuis 2014. Le transport ferroviaire est utilisé pour le ciment, le minerai de fer, et les phosphates. En 2008, l'exploitation de la ligne Lomé-Tabligbo a été concédée à la société Togo-Rail (filiale de West African Cement), tandis que celle des lignes Lomé-Blitta et Lomé-Kpalimé a été confiée à MM Mining. Par ailleurs, la Société nouvelle des phosphates du Togo dispose d'une ligne privée de 37 km qui lui permet d'acheminer sa production de phosphates de Hahotoé vers le port de Kpémé.

Tourisme

Selon le dernier rapport du Conseil mondial du tourisme, la contribution directe du secteur des voyages et du tourisme au PIB togolais est estimée à 4,1% en 2016.[41] Le secteur supporte directement 36 000 emplois, soit 3,3% du niveau total de l'emploi. Le nombre d'arrivées est sur une tendance haussière pendant la période sous revue, même s'il a marqué un recul en 2014 en raison notamment de l'apparition de la fièvre hémorragique à virus Ébola dans la sous-région.

Le Ministère en charge du tourisme est responsable de la mise en œuvre de la politique du gouvernement en la matière. Selon la législation, la construction, la transformation et l'aménagement d'un établissement de tourisme sont soumis à l'obtention d'un agrément du Ministère de tutelle.

Le classement des établissements est effectué par la Commission nationale d'agrément et de classement des établissements de tourisme, fonctionnelle depuis 2012. Les hôtels, auberges et motels, et restaurants sont classés respectivement en 5, 3 et 4 catégories.[42] Le classement est basé sur des critères ayant trait notamment aux équipements proposés; à la qualité du service à la clientèle; à l'accessibilité et aux efforts en matière de développement durable. Le classement se fait à la demande de l'établissement, et est valable pour cinq ans. Tout établissement classé est tenu d'afficher un panneau indiquant le classement attribué.

Adoptée en 2011, la politique nationale du tourisme porte sur trois principaux programmes: le renforcement des capacités institutionnelles et managériales dans le secteur; l'aménagement des sites touristiques et la mise aux normes internationales des établissements hôteliers et touristiques; et la promotion et commercialisation de la destination Togo sur les marchés émetteurs de touristes. La mise en œuvre de cette politique est reflétée à travers l'extension de l'Aéroport international de Lomé, et la rénovation de certains établissements hôteliers détenus par l'État. Ainsi, l'Hôtel du 2 Février a été rénové en un hôtel 5 étoiles en 2016, et est exploité sous le label "Radisson Blu" par le groupe Kalyan Hospitality Development. Si l'hôtel demeure propriété de l'État, l'exploitant, en contrepartie des investissements réalisés, dispose d'une concession d'exploitation de 25 ans. Le partage des profits entre l'État et l'exploitant devrait commencer au terme des deux premières années d'exploitation.

Depuis 2017, les opérations relevant de l'activité touristique sont assujetties à la TVA au taux réduit de 10%.

La profession de guide de tourisme est réglementée par le Décret n° 89-138 du 23 août 1989 portant réglementation de la profession de guide de tourisme.[43] Le secteur est ouvert aux ressortissants communautaires.

Services financiers

Services bancaires

À fin décembre 2015, le système bancaire togolais est constitué de 13 banques et 2 établissements financiers à caractère bancaire (tableau 4.6). Les changements intervenus pendant la période sous revue incluent l'entrée sur le marché d'une succursale de la Société générale Bénin; l'absorption de la Banque togolaise de développement par Orabank Togo; l'expiration de l'agrément de Cauris Investissement, un fonds d'investissement; et le retrait d'agrément de la Banque régionale de solidarité.[44] Le système bancaire est caractérisé par une forte concentration, avec trois banques détenant près des deux tiers des actifs du système.

La poursuite du programme de désengagement de l'État a conduit à la privatisation de la BTD et de la BIAT. Dans le même cadre, la BIAT a été acquise par Attijariwafa Bank qui détient désormais 55% de ses parts. L'État demeure néanmoins l'actionnaire majoritaire dans deux des sept banques dans lesquelles il détient des parts.

Les banques et établissements financiers sont soumis à la réglementation bancaire communautaire et supervisé par la Commission bancaire de l'UEMOA (rapport commun, p. 88). Les demandes d'agrément sont déposées auprès du Ministère chargé des finances qui en vérifie la conformité avec la réglementation bancaire et les transmet à la Commission bancaire pour approbation.

Microfinance

Au 31 décembre 2015, le secteur de la microfinance et du micro-crédit au Togo était animé par 183 institutions (systèmes financiers décentralisés (SFD)). Le secteur a poursuivi son dynamisme, caractérisé par un accroissement de la clientèle, de l'encours des dépôts et des crédits (tableau 4.7). En effet, le nombre de bénéficiaires de services financiers fournis par les SFD a plus que doublé entre 2010 et 2015 pour atteindre 1,8 million. Pendant cette période, les dépôts et les crédits ont augmenté au rythme annuel de 11% pour atteindre 144,5 milliards de FCFA et 118,9 milliards de FCFA respectivement.

Les établissements de microfinance sont supervisés par le Ministère en charge de l'économie, à travers la Cellule d'appui et de suivi des institutions mutualistes ou coopératives d'épargne et de crédit (CAS-IMEC). Cette cellule étudie les demandes d'autorisation d'exercice d'activités, contrôle les activités de ces institutions, et prononce des sanctions en cas d'infraction. La supervision

Tableau 4.6 Situation des établissements de crédit agréés au 31 décembre 2015

Désignation	Agrément (année)	Capital (milliards FCFA)	Part de l'État	Bilan (milliards de FCFA)
Banques				
Société générale Bénin, succursale du Togo	2014	..	..	29,8
Bank of Africa - Togo	2013	10,0	0,0%	86,9
Coris Bank International - Togo	2013	5,5	0,0%	36,7
Diamond Bank, succursale du Togo	2010	..	..	196,6
Banque populaire pour l'épargne et le crédit	2007	6,5	14,9%	54,8
Banque Atlantique - Togo	2005	10,1	0,0%	162,2
Banque sahélo-saharienne pour l'investissement et le commerce - Togo	2005	8,1	0,0%	59,0
Orabank-Togo	2004	10,0	2,0%	479,1
Ecobank-Togo	1998	5,0	5,3%	345,5
Union togolaise de banque (UTB)	1977	10,0	100,0%	236,2
Société interafricaine de banque	1977	6,6	5,9%	10,8
Banque togolaise pour le commerce et l'industrie	1974	7,0	91,5%	132,6
Banque internationale pour l'Afrique au Togo	1965	8,8	22,0%	94,2
Établissements financiers				
Caisse régionale de refinancement hypothécaire de l'UEMOA	2011	5,8	0,0%	103,3
Fonds de garantie des investissements privés en Afrique de l'ouest	1995	13,0	0,0%	31,5

.. Information non disponible.

Source: Commission bancaire de l'UMOA (2016), *Rapport annuel 2015*. Adresse consultée: http://www.bceao.int/IMG/pdf/rapport_annuel_de_la_commission_bancaire_2015.pdf.

Tableau 4.7 Données de base sur les systèmes financiers décentralisés, 2010-2015

	2010	2011	2012	2013	2014	2015
Nombre de SFD	198	196	196	196	181	183
Nombre de bénéficiaires (milliers)	871,8	1 035,2	1 246,6	1 652,3	1 495,2	1 790
- dont personnes morales	63,3	77,3	91,4	46,6	155,6	202,3
Encours des dépôts	84,6	102,6	117	130,2	136,6	144,5
Encours de crédits	70,3	89,5	101,9	109,5	111,5	118,9
Total actifs	106,7	137,7	148,2	165,6	178,3	..

.. Non disponible.

Source: Renseignements en ligne du Ministère des finances. Adresse consultée: http://finances.gouv.tg/sites/default/files/documents/historique_de_la_microfinance1_.pdf.

des institutions considérées comme de grande taille est assurée conjointement avec la BCEAO.[45]

Le secteur de la microfinance est régi par la Loi n° 2011-009 du 12 mai 2011 portant réglementation des systèmes financiers décentralisés. En 2014, le gouvernement s'est doté d'un Fonds national de la finance inclusive (FNFI), avec pour objectif de proposer des prêts aux populations exclues du système financier classique. Entre 2014 et 2016, environ 25 milliards de FCFA ont été prêtés à près de 700 000 personnes. Le Fonds est financé par les dotations de l'État et les contributions des divers bailleurs et partenaires au développement.

Les professionnels du secteur de la microfinance sont regroupés au sein de l'Association des professionnels de microfinance du Togo (APIM-Togo).

Services d'assurance

Le secteur des assurances au Togo est régi par le Code des assurances de la Conférence interafricaine des marchés d'assurances (rapport commun, p. 86).

Le marché togolais des services d'assurance est animé par 12 compagnies d'assurance directe dont 5 fournisseurs de services d'assurance-vie[46], et 7 fournisseurs d'assurance dommages[47]; et par deux sociétés de réassurance.[48] Une demande d'agrément pour la création d'une société additionnelle d'assurance-vie serait à l'étude. Le nombre de courtiers agrées est passé de 19 en 2009 à 22 à fin 2015. Entre 2009 et 2015, les primes émises nettes d'annulations (vie et non-vie) sont passées de 29,2 milliards de FCFA à 48,2 milliards de FCFA, selon les informations fournies par les autorités. La présence de l'État dans le secteur

est marginale: il ne détient que 0,57% du capital de la GTA-C2A-IARDT.

Deux types d'assurance sont en principe obligatoires au Togo: l'assurance de la responsabilité civile automobile et l'assurance des facultés à l'importation.[49] Dans la pratique, l'obligation d'assurer les importations ne serait pas respectée. Le Ministère des finances fixe les minima pour les tarifs d'assurance de la responsabilité civile automobile.

Les opérateurs sont regroupés au sein du Comité des assureurs du Togo (CAT) qui défend leurs intérêts auprès des pouvoirs publics. Un Code de déontologie a été adopté en février 2015. L'Association professionnelle des assureurs-conseil (APAC) défend également les intérêts des assureurs. Un Fonds de garantie automobile est en cours de création.

Les produits d'assurance sont soumis à la taxe sur les conventions d'assurance aux taux suivants:[50] 5% pour les assurances contre les risques de toute nature de navigation maritime, fluviale ou aérienne; 25% pour les assurances contre l'incendie; 3% pour l'assurance-vie; 0,20% pour les assurances en matière de crédit à l'exportation; et, 6% pour tout autre type d'assurance.

Notes de fin

1 Décret n° 2014-121/PR du 28 mai 2014 portant création, attributions, composition et modalités de fonctionnement du Conseil national des semences et plants au Togo.

2 Lors de la campagne agricole 2015-2016, les excédents réalisés pour les céréales, les tubercules et les légumineuses ont représenté respectivement 8,8%, 38,3% et 62,2% de la production nette de ces produits.

3 MAEH (2015), *Document de politique agricole pour la période 2016-2030*, Décembre 2015.

4 FAOSTAT. Adresse consultée: http://faostat3.fao.org/download/Q/QC/F.

5 Renseignements en ligne de la Nouvelle société cotonnière du Togo. Adresse consultée: http://nsct.tg/nsct/service/la-presentation-de-la-nsct/.

6 République du Togo (2013), SCAPE 2013-2017.

7 FAOSTAT. Adresse consultée: http://faostat3.fao.org/download/Q/QC/F.

8 Information en ligne. Adresse consultée: http://news.icilome.com/?idnews=799524.

9 Loi n° 2016-028 du 11 octobre 2016 portant Code de la marine marchande.

10 Renseignements en ligne de l'Organisation maritime internationale. Adresse consultée: http://www.imo.org/fr/About/Conventions/StatusOfConventions/Pages/Default.aspx.

11 Loi n° 64-16 du 11 juillet 1964 sur l'exonération des droits et taxes fiscales pour l'achat de matériels, fournitures, équipements, armements et carburants destinés aux pêcheurs.

12 Loi n° 2008-09 du 19 juin 2008, portant Code forestier.

13 Arrêté n° 011/MERF/CAB portant réglementation de l'exportation et de la réexportation du bois teck et autres ressources forestières.

14 Arrêté n° 011/MERF/CAB portant réglementation de l'exportation et de la réexportation du bois teck et autres ressources forestières.

15 Décret du 22 juin 2016 portant moratoire de dix ans sur le commerce du "faux teck".

16 ITIE Togo (2013), *Rapport de conciliation des paiements et des recettes du secteur extractif au titre de l'année 2013*, juillet 2013. Adresse consultée: http://itietogo.org/index/wp-content/uploads/2015/08/Rapport-Conciliation-ITIE-Togo-2013-Final.pdf.

17 Le Togo n'est pas un grand producteur d'or, et ses exportations d'or consistent essentiellement en une réexportation de produits en provenance de pays limitrophes.

18 Information en ligne. Adresse consultée: http://www.legitogo.gouv.tg/lois/recherche_mot_cle.php.

19 Loi n° 96-004/PR du 26 février 1996 portant Code minier de la République togolaise, telle que modifiée par la Loi n° 2003-012 du 04 octobre 2003.

20 Loi n° 2011-008 relative à la contribution des entreprises minières au développement local et régional.

21 Le Togo exploiterait principalement le phosphate tricalcique, les gisements de phosphate carbonaté n'ayant pas encore été entamés.

22 Loi n° 99-003 du 18 février 1999 portant Code des hydrocarbures de la République togolaise.

23 ARSE (2014), *Rapport d'activités 2013*. Autorité de réglementation du secteur de l'électricité. Adresse consultée: http://www.arse.tg/wp-content/uploads/2015/01/Rapport-annuel-2013.pdf.

24 Ntagungira, Carpophore (2015), *Problématique de l'accès à l'électricité au Togo*. AFDB, Afrique de l'ouest Policy Notes n° 03, septembre. Adresse consultée: https://www.afdb.org/fileadmin/uploads/afdb/Documents/Knowledge/Afrique_de_l_ouest_Policy_Note_03_-_septembre_2015.pdf.

25 La première vague de réformes s'était traduite notamment par la transformation de la Régie nationale des eaux du Togo en Société togolaise des eaux (TdE); la contractualisation des relations entre l'État et la TdE à travers la signature d'un contrat d'exploitation en 2004; et la création d'un Fonds de développement du secteur de l'eau potable et de l'assainissement en milieu urbain au Togo.

26 Loi n° 2010-004 du 14 juin 2010 portant Code de l'eau.

27 Loi n° 2010-006 du 18 juin 2010 portant organisation des services publics de l'eau potable et de l'assainissement collectif des eaux usées domestiques (modifiée par la Loi n° 2011-024 du 4 juillet 2011).

28 Ces services publics comprennent le captage, la production, le transport et la distribution de l'eau potable; ainsi que l'assainissement collectif des eaux usées domestiques correspondantes.

29 République togolaise (2015), *Politique industrielle du Togo*. Ministère chargé de l'industrie, octobre.

30 Renseignements en ligne du Bureau de restructuration et de mise à niveau du Togo. Adresse consultée: http://www.brmntogo.com/les-partenaires/.

31 UEMOA (2014), Étude relative à l'*évaluation de la phase pilote du programme de restructuration et de mise à niveau de l'industrie des États membres de l'UEMOA*. Rapport final, janvier. Adresse consultée: https://www.unido.org/fileadmin/user_media_upgrade/Resources/Evaluation/RAF_TERAF07001-PRMN-UEMOA_2013.pdf.

32 Document de l'OMC GATS/SC/106 du 30 août 1995.

33 Il s'agit notamment des décrets ci-après: Décret n° 2016-161/PR portant organisation et fonctionnement de l'Agence nationale du spectre des radiofréquences (ANSR); Décret n° 2016-103/PR relatif aux modalités de gestion administrative, technique et commerciale du domaine internet national .tg; Décret n° 2015-091/PR portant organisation et fonctionnement de l'Autorité de régulation des communications électroniques et des postes; Décret n° 2014-112/PR portant sur l'interconnexion et l'accès aux réseaux de communications électroniques; Décret n° 2014-088/PR portant sur les régimes juridiques applicables aux activités de communications électroniques; et Décret n° 2011-120/PR portant identification systématique et obligatoire des abonnés aux services de télécommunications.

34 Décret n° 2016-161/PR portant organisation et fonctionnement de l'Agence nationale du spectre des radiofréquences (ANSR).

35 ART&P (2016). Évolution des communications électroniques et du secteur postal, année 2015. Adresse consultée: http://www.artp.tg/News_attach/Rapport_Evolution_2015_des_secteurs_regules.pdf.

36 Arrêté n° 021/MIT/CAB/SG/DGT/DAM relatif à la vérification du poids brut des conteneurs à l'export.

37 Renseignements en ligne de la Société aéroportuaire de Lomé Tokoin. Adresse consultée: http://aeroportdelome.com/la-salt/presentation/.

38 Loi n° 2007-007 du 22 janvier 2007 portant Code de l'aviation civile au Togo.

39 Décret n° 2012-013/PR du 26 mars 2012.

40 Renseignements en ligne du Ministère des infrastructures et des transports du Togo. Adresse consultée: http://infrastructure.gouv.tg/fr/content/presentation-du-secteur-des-transports-au-togomissions-et-impact-socio-economique.

41 WTTC (2013), *Travel & Tourism Economic Impact 2016 – Togo*. World Travel & Tourism Council. Adresse consultée: https://www.wttc.org/-/media/files/reports/economic-impact-research/countries-2016/togo2016.pdf.

42 Décret n° 89-137 du 23 aout 1989 portant réglementation et classement des établissements de tourisme.

43 La législation a été notifiée à l'OMC (document de l'OMC S/C/N/584 du 27 mai 2011).

44 La Banque régionale de solidarité (BRS) Togo a, dans un premier temps, été absorbée par la BRS Cote d'Ivoire pour donner naissance à Orabank Cote d'Ivoire, avant d'être ensuite cédée à Orabank Togo en 2015.

45 Il s'agit des structures ayant réalisé un encours de dépôt ou de crédits d'au moins deux milliards de FCFA au cours de deux exercices consécutifs.

46 Beneficial Life assurance SA; GTA C2A Vie; Mutuelle d'assurance de la faitière des unités coopératives d'épargne et de crédit du Togo (MAFUCECTO); NSIA VIE Togo; et SUNU Assurances Vie Togo.

47 Allianz Togo Assurance; OGAR Togo (anciennement FEDAS Assurance SA); FIDELIA assurances; GTA C2A Incendie, Accidents, Risques Divers et Transport (IARDT); NSIA Togo; Saham Assurance Togo; et Sunu Assurances IARDT Togo.

48 Il s'agit de la Compagnie commune de réassurance des états membres de la CIMA (CICA RE), et de Saham-RE, une filiale du groupe SAHAM.

49 Loi n° 87-07 instituant l'obligation et la domiciliation de l'Assurance des marchandises.

50 Code général des impôts, article 865.

Appendice - tableaux

Tableau A1. 1 Structure des exportations, 2009-2016

	2009	2010	2011	2012	2013	2014	2015	2016
Monde (millions de $EU)	640,2	648,3	852,3	960,9	1,146, 5	803,8	710,0	714,9
Monde (millions d'€)	460,8	489,5	613,1	747,8	863,5	605,9	640,2	646,3
	(Part en pourcentage)							
Produits primaires, total	39,8	33,0	37,8	42,2	39,5	44,4	47,8	40,8
Agriculture	19,3	19,0	20,6	21,4	20,7	25,9	31,9	27,5
Produits alimentaires	16,1	15,8	14,3	14,1	15,1	18,1	22,3	19,7
1110 - Boissons non alcooliques, n.d.a.	1,7	1,9	1,7	1,6	2,8	1,4	2,4	5,4
0222 - Lait et crème de lait, concentrés ou sucrés	0,7	0,8	1,3	1,6	1,6	3,8	3,3	2,4
4222 - Huile de palme et ses fractions	0,3	0,0	0,0	1,7	3,8	2,2	3,8	2,3
0721 - Cacao en fèves ou brisures de fèves, brut ou torréfié	5,3	5,5	4,0	1,0	1,3	3,6	3,5	1,6
1123 - Bières de malt (y compris l'ale, le stout et le porter)	0,5	0,6	0,5	0,4	0,4	0,5	0,8	1,1
Matières premières agricoles	3,2	3,2	6,3	7,3	5,6	7,8	9,6	7,8
2631 - Coton (à l'exclusion des linters), non cardé ni peigné	2,6	2,8	5,9	7,0	5,2	7,2	8,9	7,1
Industries extractives	20,5	14,0	17,2	20,8	18,8	18,5	15,9	13,4
Minerais et autres minéraux	19,8	13,5	13,3	13,8	13,6	17,0	14,5	11,7
2723 - Phosphates de calcium naturels, phosphates alumino-calciques naturels et craies phosphatées	14,1	10,5	11,3	13,2	12,0	16,5	14,1	11,4
Métaux non ferreux	0,5	0,3	0,3	0,2	0,0	0,0	0,0	0,1
Combustibles	0,1	0,1	3,5	6,8	5,2	1,5	1,4	1,6
Produits manufacturés	59,5	63,7	58,3	54,1	56,7	50,4	48,4	55,7
Fer et acier	6,6	7,4	5,1	3,7	6,8	3,6	3,2	2,8
6741 - Produits laminés plats, en fer ou en aciers non alliés, zingués	1,7	2,3	1,2	1,4	0,8	1,3	1,6	1,3
Produits chimiques	11,6	12,2	12,5	8,8	8,3	8,6	11,9	12,7
5532 - Produits de beauté ou de maquillage préparés et préparations pour l'entretien ou les soins de la peau (autres que les médicaments), y compris les préparations antisolaires et les préparations pour bronzer; préparations pour manucures ou pédicures	4,2	4,2	4,0	3,6	3,9	4,9	6,1	6,5
5629 - Engrais, n.d.a.	3,8	4,6	5,4	2,3	0,8	0,5	0,9	1,6
5822 - Autres plaques, feuilles, pellicules, bandes et lames en matières plastiques non alvéolaires, non renforcées ni stratifiées, ni pareillement associées à d'autres matières, sans support	1,0	1,2	1,3	1,3	1,0	1,2	1,4	1,3
Autres demi-produits	26,0	24,8	23,7	18,0	15,9	13,5	7,9	8,2
6612 - Ciments hydrauliques (y compris les ciments non pulvérisés dits "clinkers"), même colorés	23,7	22,8	21,4	16,1	14,4	12,2	6,9	7,5
Machines et matériel de transport	3,2	5,0	3,1	10,8	13,1	5,7	5,9	12,4
Machines pour la production d'énergie	0,1	0,8	0,1	0,0	0,5	0,3	0,5	0,4
Autres machines non électriques	1,3	1,6	1,6	2,3	4,5	3,0	2,3	3,7
Tracteurs et machines agricoles	0,0	0,2	0,0	0,0	0,0	0,1	0,0	0,0

	2009	2010	2011	2012	2013	2014	2015	2016
Machines de bureau et matériel de télécommunication	0,2	0,2	0,1	0,0	0,0	0,4	0,1	0,4
Autres machines électriques	0,0	0,2	0,0	0,1	0,0	0,0	0,1	0,2
Produits de l´industrie automobile	0,7	1,7	0,9	1,2	1,2	1,1	1,5	2,4
7821 - Véhicules automobiles pour le transport de marchandises	0,1	0,8	0,4	0,6	0,7	0,7	0,9	1,4
Autres matériel de transport	0,9	0,5	0,3	7,0	7,0	0,9	1,4	5,3
7851 - Motocycles (y compris les cyclomoteurs) et cycles équipés d'un moteur auxiliaire, avec ou sans side-cars; side-cars	0,3	0,2	0,1	0,3	0,0	0,1	0,5	3,6
Textiles	1,5	2,3	3,1	2,4	2,8	3,4	2,8	2,7
6581 - Sacs et sachets d'emballage en matières textiles	0,0	1,1	1,3	1,3	1,7	2,1	1,2	1,1
Vêtements	1,2	3,2	0,5	0,3	0,1	0,1	0,1	0,1
Autres biens de consommation	9,4	8,8	10,4	10,3	9,7	15,5	16,5	16,6
8931 - Articles de transport ou d'emballage, en matières plastiques; bouchons, couvercles, capsules et autres dispositifs de fermeture, en matières plastiques	5,2	4,7	5,6	5,7	4,6	7,9	9,3	9,9
8999 - Ouvrages divers, n.d.a.	1,7	1,3	1,4	1,9	2,2	3,5	3,2	3,0
8997 - Ouvrages de sparterie et de vannerie, n.d.a.; balais, balayettes, rouleaux à peindre, balais à franges et raclettes	1,8	1,9	2,1	1,8	1,5	2,4	2,2	1,7
Autres	0,7	3,3	3,9	3,7	3,8	5,2	3,8	3,5
9710 - Or, à usage non monétaire (à l'exclusion des minerais et concentrés d'or)	0,7	3,3	3,9	3,7	3,8	5,2	3,7	3,5

Source: Calculs du Secrétariat de l'OMC basés sur les données issues de la base de données Comtrade de la DSNU (CTCI Rev.3).

Tableau A1. 2 Structure des importations, 2009-2016

	2009	2010	2011	2012	2013	2014	2015	2016
Monde (millions de $EU)	1 171,2	1 204,8	1 755,9	1 662,0	1 967,3	1 753,2	1 730,9	1 715,6
Monde (millions d'€)	843,1	909,7	1 263,1	1 293,5	1 481,7	1 321,5	1 560,7	1 551,0
	(Part en pourcentage)							
Produits primaires, total	30,9	34,0	33,3	39,3	38,0	34,4	31,8	28,7
Agriculture	14,1	15,0	14,1	16,3	15,3	15,4	16,4	14,3
Produits alimentaires	12,6	13,4	12,9	15,0	14,2	14,0	15,3	13,1
0412 - Autres froments (y compris l'épeautre) et méteil, non moulus	1,7	1,2	0,2	0,0	0,2	0,0	1,2	1,5
0342 - Poissons congelés (à l'exception des filets de poisson et du poisson haché)	0,6	1,8	1,6	1,7	1,4	1,5	2,0	1,4
4222 - Huile de palme et ses fractions	0,3	0,3	0,5	0,4	1,6	0,6	2,4	1,1
0423 - Riz semi-blanchi, même poli, glacé, étuvé ou converti (y compris le riz en brisures)	0,7	0,4	0,4	0,5	0,6	0,7	0,9	1,0
Matières premières agricoles	1,5	1,6	1,3	1,2	1,1	1,3	1,2	1,2
2690 - Friperie, drilles et chiffons	0,9	0,9	0,8	0,8	0,8	0,9	0,9	1,0
Industries extractives	16,8	19,0	19,1	23,0	22,7	19,0	15,3	14,4
Minerais et autres minéraux	3,0	3,1	2,2	0,9	0,4	0,3	0,3	0,5
Métaux non ferreux	0,2	0,4	0,3	0,4	0,3	0,2	0,9	0,4
Combustibles	13,5	15,5	16,7	21,7	22,1	18,5	14,2	13,6
334 - Huiles de pétrole, autres que brutes	13,1	12,8	12,4	16,1	17,3	15,1	10,9	11,5
Produits manufacturés	69,1	66,0	66,7	60,7	62,0	65,6	68,2	70,3
Fer et acier	4,2	4,3	4,3	4,2	6,7	4,2	4,2	4,7
6761 - Fil machine en fer ou en acier	1,5	1,9	2,2	1,4	1,1	1,3	1,2	1,1
Produits chimiques	16,8	16,7	15,4	16,0	16,7	15,4	18,6	18,0
5429 - Médicaments, n.d.a.	3,5	5,8	2,8	4,0	4,0	3,7	4,9	4,7
5711 - Polyéthylène	2,3	2,4	2,7	3,2	3,2	3,3	3,6	3,1
5629 - Engrais, n.d.a.	2,3	1,0	1,4	1,2	0,6	0,3	0,4	2,9
5751 - Polymères du propylène ou d'autres oléfines	1,1	1,3	1,3	1,5	1,5	1,4	1,6	1,2
Autres demi-produits	11,4	12,9	10,2	9,4	9,7	10,5	10,9	7,5
6612 - Ciments hydrauliques (y compris les ciments non pulvérisés dits "clinkers"), même colorés	7,0	7,3	5,1	5,5	4,4	4,6	2,3	1,4
Machines et matériel de transport	24,9	19,1	26,6	20,6	19,9	24,1	24,0	29,3
Machines pour la production d'énergie	0,6	1,0	0,5	0,3	0,8	1,2	0,8	0,5
Autres machines non électriques	8,5	4,5	6,4	4,9	7,7	9,5	8,5	10,5
7443 - Bigues; grues et blondins; ponts roulants, portiques de déchargement ou de manutention, ponts-grues, chariots-cavaliers et chariots-grues	0,0	0,1	0,1	0,1	0,5	1,4	0,9	5,3
Tracteurs et machines agricoles	0,4	0,2	0,4	0,3	0,3	0,4	0,3	0,1
Machines de bureau et matériel de télécommunication	3,8	4,0	2,9	1,9	1,4	2,0	3,3	3,1
Autres machines électriques	5,8	3,0	1,5	1,2	2,0	3,3	3,5	4,5
7782 - Lampes et tubes électriques à incandescence ou à décharge (y compris les articles dits "phares et projecteurs scellés" et les lampes et tubes à rayons ultraviolets ou infrarouges); lampes à arc, et leurs parties et pièces détachées	0,1	0,0	0,1	0,0	0,0	0,1	0,1	1,7
Produits de l'industrie automobile	4,6	5,0	4,9	4,4	4,6	6,4	5,7	6,5
7812 - Véhicules à moteur pour le transport des personnes, n.d.a.	2,7	2,8	2,6	2,2	1,8	2,8	2,8	3,3
7821 - Véhicules automobiles pour le transport de marchandises	0,9	1,3	1,4	1,1	1,8	2,4	1,4	1,4

	2009	2010	2011	2012	2013	2014	2015	2016
Autres matériel de transport	1,5	1,6	10,6	8,0	3,4	1,7	2,2	4,3
7851 - Motocycles (y compris les cyclomoteurs) et cycles équipés d'un moteur auxiliaire, avec ou sans side-cars; side-cars	1,0	1,1	1,2	1,0	0,8	0,9	1,4	2,1
7937 - Remorqueurs et bateaux-pousseurs	0,0	0,0	0,0	0,0	0,0	0,0	0,0	1,0
Textiles	5,5	5,1	5,3	5,4	4,8	6,2	5,2	5,6
6523 - Autres tissus, contenant au moins 85% en poids de coton, blanchis, teints, imprimés ou autrement traités, d'un poids n'excédant pas 200 g/m2	1,5	1,3	1,4	2,0	2,0	2,4	1,9	2,0
6518 - Fils (autres que les fils à coudre) de fibres discontinues; monofilaments synthétiques n.d.a.; lames et formes similaires en matières textiles synthétiques, dont la largeur apparente n'excède pas 5 mm	1,0	1,2	1,3	1,6	1,5	1,6	1,8	2,0
Vêtements	2,1	1,0	1,1	1,1	1,0	0,9	0,5	0,9
Autres biens de consommation	4,3	6,8	3,7	4,0	3,1	4,2	4,7	4,2
Autres	0,0	0,0	0,0	0,0	0,0	0,0	0,0	1,0

Source: Calculs du Secrétariat de l'OMC basés sur les données issues de la base de données Comtrade de la DSNU (CTCI Rev.3).

Tableau A1. 3 Destinations des exportations, 2009-2016

	2009	2010	2011	2012	2013	2014	2015	2016
Monde (millions de $EU)	1 171,2	1 204,8	1 755,9	1 662,0	1 967,3	1 753,2	1 730,9	1 715,6
Monde (millions d'€)	843,1	909,7	1 263,1	1 293,5	1 481,7	1 321,5	1 560,7	1 551,0
	(Part en pourcentage)							
Amérique	8,5	6,5	7,8	11,8	11,4	5,7	5,1	4,8
États-Unis	1,8	2,7	1,8	8,1	5,2	3,0	2,5	1,8
Autres pays d'Amérique	6,8	3,8	6,0	3,7	6,3	2,7	2,6	3,0
Europe	42,4	37,1	40,1	35,6	35,8	40,4	34,3	31,9
UE-28	40,4	34,7	29,2	33,7	33,3	38,6	32,6	29,1
France	11,7	13,6	9,5	9,4	7,8	9,4	9,4	8,9
Pays-Bas	5,9	3,6	3,4	3,4	7,5	4,8	2,0	4,3
Belgique	3,9	6,1	4,3	6,7	4,0	5,2	3,8	3,8
Allemagne	3,3	2,7	2,9	1,8	2,5	3,8	3,7	2,9
Espagne	1,5	1,1	2,5	2,7	4,5	4,7	3,9	1,8
Pologne	0,1	0,2	0,3	0,8	0,3	0,4	0,6	1,2
Italie	1,4	2,2	1,3	1,6	1,5	1,9	1,5	1,1
AELE	1,1	1,1	9,7	0,3	0,7	0,4	0,4	1,3
Suisse	0,2	0,3	0,2	0,2	0,3	0,4	0,3	1,3
Autres pays d'Europe	0,9	1,3	1,2	1,6	1,8	1,4	1,3	1,5
Turquie	0,9	1,3	1,2	1,6	1,8	1,4	1,3	1,5
Communauté des États indépendants (CEI)	0,4	0,8	3,1	2,2	3,9	4,6	2,6	4,2
Fédération de Russie	0,3	0,0	1,6	1,3	3,0	4,1	2,3	2,8
Ukraine	0,1	0,8	1,4	0,9	0,6	0,2	0,3	1,4
Afrique	15,6	17,1	14,3	14,8	13,7	12,7	17,7	13,6
Ghana	3,3	2,8	2,5	4,3	4,8	3,6	3,4	3,5
Côte d'Ivoire	3,6	4,3	3,4	3,0	2,6	2,4	2,3	3,0
Nigéria	2,4	1,0	1,1	1,0	0,8	0,7	0,8	1,7
Maroc	0,8	1,0	0,6	1,0	1,1	1,0	2,3	1,0
Afrique du Sud	2,5	2,1	2,6	2,1	1,0	1,7	4,9	1,0
Moyen-Orient	2,6	3,5	5,0	4,9	3,9	4,7	5,2	4,9
Arabie saoudite, Royaume d'	0,6	1,0	1,1	1,0	1,5	2,3	2,4	2,4
Émirats arabes unis	0,8	1,4	2,1	0,8	0,8	0,9	1,5	1,6
Asie	29,1	34,2	28,4	29,1	31,3	31,8	35,1	40,5
Chine	15,2	15,1	14,9	13,7	16,0	17,7	20,1	28,7
Japon	2,7	3,0	2,6	3,0	3,6	3,8	4,1	4,2
Autres pays d'Asie	11,3	16,1	10,9	12,3	11,7	10,3	11,0	7,6
Inde	2,2	4,0	2,8	3,2	2,9	3,2	3,8	2,8
Corée, République de	1,0	1,3	1,3	2,2	1,2	1,4	1,1	1,2
Autres	1,4	0,8	1,4	1,6	0,0	0,0	0,0	0,0
Pour mémoire:								
Union économique et monétaire ouest africaine (UEMOA)	5,3	7,3	5,2	4,7	4,7	4,7	4,7	5,2
Côte d'Ivoire	3,6	4,3	3,4	3,0	2,6	2,4	2,3	3,0
Sénégal	0,7	0,9	0,6	0,8	0,6	0,7	0,7	0,8
Bénin	0,4	0,5	0,4	0,4	0,6	0,8	0,5	0,8
Burkina Faso	0,1	0,2	0,1	0,1	0,0	0,1	0,3	0,2
Guinée-Bissau	0,2	1,2	0,5	0,3	0,8	0,8	0,8	0,2
Mali	0,1	0,0	0,0	0,0	0,1	0,0	0,1	0,0
Niger	0,0	0,0	0,0	0,0	0,1	0,0	0,0	0,0
Togo	0,3	0,2	0,1	0,1	0,0	0,0	0,0	0,0

Source: Calculs du Secrétariat de l'OMC basés sur les données issues de la base de données Comtrade de la DSNU.

Tableau A1. 4 Origines des importations, 2009-2016

	2009	2010	2011	2012	2013	2014	2015	2016
Monde (millions de $EU)	640,2	648,3	852,3	960,9	1 146,5	803,8	710,0	714,9
Monde (millions d' €)	460,8	489,5	613,1	747,8	863,5	605,9	640,2	646,3
	(Part en pourcentage)							
Amérique	0,1	3,4	1,8	0,3	3,0	1,0	3,8	3,2
États-Unis	0,1	1,8	0,3	0,3	0,5	0,4	0,6	0,7
Autres pays d'Amérique	0,0	1,6	1,5	0,1	2,5	0,6	3,2	2,6
Canada	0,0	0,0	0,1	0,1	0,1	0,0	2,2	2,6
Europe	7,5	19,1	10,7	23,1	14,2	12,0	9,7	6,7
UE(28)	6,6	18,1	7,2	19,9	11,8	8,7	8,7	6,4
Belgique	1,8	2,2	1,0	2,3	0,6	1,4	3,0	1,4
France	0,7	4,4	1,1	0,5	4,1	1,4	1,4	1,2
Pays-Bas	1,6	3,3	0,5	0,6	0,8	3,5	1,6	1,0
AELE	0,7	0,3	3,5	2,8	2,5	2,0	0,8	0,3
Autres pays d'Europe	0,1	0,6	0,0	0,4	0,0	1,3	0,2	0,0
Communauté des États indépendants (CEI)	0,0	0,7	0,0	0,0	0,0	0,0	0,0	0,0
Afrique	72,6	28,7	70,2	67,4	68,1	60,0	62,3	69,6
Bénin	13,9	4,0	13,0	11,5	10,5	11,3	14,1	17,6
Burkina Faso	14,3	4,9	14,8	16,9	16,6	10,1	15,3	16,0
Mali	3,2	1,1	3,2	2,5	2,1	3,9	5,2	7,3
Niger	7,5	5,7	10,5	9,2	9,4	13,2	9,2	7,1
Côte d'Ivoire	2,8	0,5	4,1	3,3	1,9	2,4	3,7	6,1
Ghana	15,8	5,2	9,2	4,4	10,0	8,5	3,6	4,8
Nigéria	9,2	0,6	9,3	9,7	9,3	6,0	4,9	4,3
Sénégal	1,1	0,5	0,9	0,8	0,9	0,6	0,8	1,2
Congo	0,4	0,1	0,3	0,5	0,3	0,4	0,5	1,2
Moyen-Orient	0,2	0,3	1,0	0,8	0,9	3,2	3,4	3,6
Émirats arabes unis	0,0	0,2	0,2	0,1	0,0	1,3	2,2	2,5
République libanaise	0,1	0,1	0,9	0,7	0,9	1,9	1,1	1,1
Asie	18,9	9,9	14,7	7,9	13,7	23,8	20,8	16,8
Chine	0,5	1,9	0,7	1,9	1,7	2,7	1,1	1,3
Japon	0,0	0,2	0,0	0,0	0,0	0,0	0,0	0,0
Autres pays d'Asie	18,4	7,9	14,0	6,0	12,0	21,1	19,7	15,5
Inde	14,2	4,0	6,4	1,6	7,0	13,5	9,3	7,7
Malaisie	0,3	0,2	2,1	1,1	0,2	1,0	2,4	2,4
Bangladesh	0,0	0,5	0,2	0,0	0,7	1,4	0,7	1,1
Indonésie	0,8	0,8	1,0	1,4	1,2	1,4	2,3	0,9
Australie	0,0	0,0	0,0	0,0	0,0	0,0	1,4	0,9
Autres	0,7	38,0	1,5	0,5	0,0	0,0	0,0	0,0
Pour mémoire:								
Union économique et monétaire ouest Africaine (UEMOA)	42,7	16,8	46,5	44,2	41,3	41,6	48,5	55,5
Bénin	13,9	4,0	13,0	11,5	10,5	11,3	14,1	17,6
Burkina Faso	14,3	4,9	14,8	16,9	16,6	10,1	15,3	16,0
Mali	3,2	1,1	3,2	2,5	2,1	3,9	5,2	7,3
Niger	7,5	5,7	10,5	9,2	9,4	13,2	9,2	7,1
Côte d'Ivoire	2,8	0,5	4,1	3,3	1,9	2,4	3,7	6,1
Sénégal	1,1	0,5	0,9	0,8	0,9	0,6	0,8	1,2
Guinée-Bissau	0,0	0,0	0,0	0,0	0,0	0,0	0,3	0,1

Source: Calculs du Secrétariat de l'OMC basés sur les données issues de la base de données Comtrade de la DSNU.

Partie C

Rapport des pays membres de l'UEMOA

Introduction

L'Union économique et monétaire ouest-africaine (UEMOA) a été créée depuis le 10 janvier 1994 et comprend huit États membres que sont le Bénin, le Burkina Faso, la Côte d'Ivoire, la Guinée-Bissau, le Mali, le Niger, le Sénégal et le Togo. Ces pays, situés en Afrique de l'ouest, sont liés par l'usage d'une monnaie commune, le franc CFA et ont en partage de nombreuses traditions culturelles. Sept des huit états ont comme langue officielle le français. Le portugais est la langue officielle en Guinée-Bissau.

L'UEMOA couvre une superficie de 3 506 126 km^2 et compte 112 millions d'habitants en 2016. Le taux de croissance démographique est de l'ordre 3% par an. Cinq pays sont côtiers et trois autres (Burkina Faso, Mali et Niger) sont de l'hinterland. L'espace UEMOA partage des frontières terrestres avec des pays tels le Nigéria, le Libéria, la Sierra Leone, la Gambie, le Tchad, la Guinée, le Ghana, la Mauritanie, l'Algérie et la Libye.

Les objectifs assignés à la zone UEMOA portent notamment sur:

- le renforcement de la compétitivité des activités économiques et financières des États membres;
- la convergence des performances et des politiques économiques des États membres;
- la création entre États membres d'un marché commun basé sur la libre circulation des personnes, des biens, des services, des capitaux et le droit d'établissement;
- l'institution et la coordination des politiques sectorielles nationales par la mise en œuvre d'actions communes, et éventuellement, de politiques communes;
- l'harmonisation dans la mesure nécessaire au bon fonctionnement du marché commun, les législations des États membres et particulièrement le régime de la fiscalité.

Tous les États membres de l'UEMOA sont membres de l'Organisation mondiale du commerce (OMC). La Côte d'Ivoire est classée dans les pays en développement tandis que tous les sept autres États sont classés dans les Pays les moins avancés (PMA).

Ils partagent la vision selon laquelle l'élimination des obstacles tarifaires et non tarifaires participera, à une exploitation optimale des opportunités commerciales, à un accroissement des échanges commerciaux, notamment les échanges intra-régionaux et à l'amélioration des conditions de vie des populations.

Les États membres de l'UEMOA reconnaissent que le mécanisme d'examen des politiques commerciales est un instrument important de l'OMC qui prône la transparence, la prévisibilité et l'efficacité du système commerciale multilatérale. Bien qu'ayant participé aux précédents examens de la politique commerciale, c'est la première fois que l'ensemble des huit États membres participent à un examen conjoint des politiques commerciales.

D'ailleurs, en s'inspirant de ce mécanisme dont la durée entre deux examens est de six ans pour les PMA et de quatre ans pour les pays en développement, l'UEMOA a mis en place un mécanisme de surveillance commerciale afin de contribuer davantage à réduire des entraves au commerce dans l'espace UEMOA. La périodicité de cet "examen" interne est annuelle.

Les États membres de l'UEMOA sont aussi membres d'organisations internationales et sous régionales telles que la Communauté économique des États de l'Afrique de l'ouest (CEDEAO), l'Union africaine, l'Organisation mondiale du commerce (OMC), l'Organisation mondiale des douanes, l'Organisation mondiale de la santé (OMS), l'Organisation de la conférence islamique, etc.

Si la croissance économique mondiale s'établit autour de 3% ces cinq dernières années, les États membres de l'espace communautaire enregistrent de bonnes performances économiques avec un taux de croissance moyen de 6%, supérieur à la moyenne de la zone Afrique subsaharienne (1,5%). Depuis la fin de la crise postélectorale de 2011, la Côte d'Ivoire se distingue du reste de la zone UEMOA, avec des taux de croissance minima de 8% et des perspectives de 9% pour les prochaines années.

L'inflation est maîtrisée dans tous les États membres à un niveau inférieur à 3% conformément aux critères de convergence dans l'espace UEMOA. Le cadre macroéconomique est globalement stable et la politique monétaire est gérée de façon indépendante par la Banque centrale des États de l'Afrique de l'ouest (BCEAO).

La Zone UEMOA se caractérise de façon globale par une stabilité politique. Les élections se tiennent régulièrement dans un climat apaisé.

Excepté la Guinée-Bissau le Président de la République est le chef de l'État qui exerce le pouvoir exécutif. La Guinée-Bissau a un régime semi présidentiel et le Premier Ministre est le Chef de l'exécutif. Dans tous les États membres, le pouvoir législatif est exercé par des représentants élus du peuple, tandis que des juges assurent le pouvoir judiciaire. Des efforts sont fournis dans tous les États pour renforcer les libertés de la justice, d'entreprendre et d'expression. Au niveau Communautaire, la Cour de justice juge les manquements des États membres à leurs "obligations communautaires". Ses compétences juridictionnelles s'appliquent également à l'arbitrage des conflits entre les États membres et/ou entre l'Union et ses agents.

En dépit de la situation économique relativement satisfaisante, les indicateurs sociaux traduisent la nécessité d'exploiter toutes les opportunités existantes pour améliorer les conditions de vie des populations. On note en 2016 que près de 5 personnes sur 10 vivent en dessous du seuil de pauvreté. Il s'agit d'une moyenne qui recouvre des réalités plus préoccupantes dans certains États. Les États membres de l'UEMOA considèrent que l'Aide au Commerce est un important instrument de réduction de la pauvreté.

Au plan sécuritaire, les États conjuguent leurs efforts avec l'appui de la Communauté internationale en vue d'une maitrise de la situation. Excepté le Nord du Mali, la situation sécuritaire dans l'espace UEMOA est globalement satisfaisante.

En matière de partenariats commerciaux, tous les États membres ont signé l'Accord de Partenariat économique avec l'Union européenne, leur principal partenaire commercial. Ils sont également bénéficiaires de l'AGOA et ont conclu avec les États-Unis d'Amérique, le TIFA (Trade and Investment Framework Agreement).

La situation macroéconomique

PRODUCTION

La bonne tenue de l'activité économique s'est poursuivie en 2016 dans l'Union avec un taux de croissance qui est estimé à 6,8% contre 6,6% en 2015. Ce taux qui demeure le plus élevé de la zone franc est également nettement supérieur à la croissance moyenne de l'Afrique subsaharienne qui était de 3,4% en 2015.

Cette performance économique est générale dans l'espace UEMOA et est la résultante de nombreux facteurs à la fois exogènes et endogènes.

Sur le plan international, il faut souligner la dépréciation de l'euro qui s'est poursuivie et qui a amélioré la compétitivité des exportations de la région. A cela s'ajoute la baisse des cours du pétrole dont la facture pèse dans les importations des États membres.

Sur le plan endogène, l'UEMOA doit la performance économique de ses États membres à plusieurs facteurs.

La bonne tenue du secteur primaire: ce secteur stratégique pour les États membres s'est distingué par un dynamisme réel qui s'explique à la fois par des investissements importants dans le cadre des programmes nationaux de développement agricole qui se sont traduits par la modernisation des outils agricoles. A cela s'ajoute une bonne saison pluviométrique. La valeur ajoutée du secteur primaire a crû entre 2015 et 2016 de près de 5%. Ce secteur contribuerait pour environ 31% du PIB de l'Union en 2016. Il apparaît néanmoins que la performance demeure fortement tributaire du cours des matières premières.

Le dynamisme du secteur secondaire est porté par la poursuite des travaux de construction d'infrastructures de base tous azimuts dans l'Union et l'essor des industries extractives. Ce secteur contribuerait pour 24,2% dans la formation du PIB communautaire en 2016.

L'essor du secteur tertiaire est porté par le commerce, les transports, les services financiers et les télécommunications. La bonne tenue du commerce est à mettre en lien avec la commercialisation des excédents agricoles des campagnes agricoles précédentes dans certains États. Sur le sous-secteur des transports, la modernisation des infrastructures routières et portuaires expliquent les performances enregistrées par le secteur. Les performances des télécommunications sont portées par les différentes innovations des opérateurs de télécommunication et la promotion de nouveaux produits. Globalement, le secteur tertiaire représenterait 45,2% du PIB de l'UEMOA en 2016.

Le dynamisme du secteur privé justifie le dynamisme de la Bourse régionale des valeurs mobilières (BRVM). La BRVM est un succès économique et politique. Il s'agit de la seule bourse au monde partagée par plusieurs pays, totalement électronique et parfaitement intégrée. En fin 2016, 46 entreprises sont cotées à la BRVM.

Plus globalement, par pays, le taux de croissance économique en 2016 se présenterait comme suit: Bénin (5,0%), Burkina Faso (5,4%), Côte d'Ivoire (9,3%), Guinée-Bissau (5,4%), Mali (5,4%), Niger (4,6%), Sénégal (6,1%) et Togo (5,0%).

PRIX ET INFLATION

En 2016, l'activité économique s'est réalisée dans un environnement relativement stable sur le plan monétaire, caractérisé par une inflation modérée à 0,3% en 2016 contre 1% en 2015. Au-delà de la politique de ciblage d'inflation appliquée par la Banque centrale, cette situation serait la conséquence d'une offre de production céréalière abondante dans la plupart des États membres et la baisse des cours du pétrole qui a freiné la hausse du prix à la pompe du carburant.

La maîtrise de l'inflation devrait se poursuivre en 2017 compte tenu de l'évolution attendue des cours des produits alimentaires sur le marché, du niveau des cours du pétrole et des perspectives de bonne production vivrière dans la région.

FINANCES PUBLIQUES ET ENDETTEMENT DES ÉTATS

Dans tous les États membres, la modernisation des administrations des impôts, l'informatisation des procédures et des régies et la lutte contre les fraudes fiscales sous toutes ses formes, ont porté les recettes fiscales qui ont progressé en 2016 de 13,8% pour une pression fiscale de 16,7%. Cette performance a eu pour effet d'augmenter les recettes budgétaires de près de 10%. Ces recettes représentent désormais 18,5% du PIB communautaire.

Au cours des prochaines années, cette tendance devrait se poursuivre grâce aux efforts de modernisation des administrations fiscales (le renforcement des contrôles, l'interconnexion des régies, etc.) et aux mesures visant à l'élargissement de l'assiette fiscale.

Les dépenses totales et prêts nets qui demeurent soutenus dans l'espace UEMOA ont augmenté en moyenne de 11,4% et représentent désormais 25,8% du PIB de l'Union. Cette situation est la conséquence de l'accroissement des dépenses courantes et des dépenses en capital.

L'accroissement des dépenses courantes est à mettre en lien avec la hausse de la masse salariale (7,5%) qui s'est faite dans un contexte de maîtrise des transferts et subvention (-2,0%) et des dépenses de fonctionnement (-1,2%).

Quant aux dépenses en capital, elles progressent en 2016 de 20,7% grâce à la poursuite des travaux de construction des infrastructures socioéconomiques. Le Burkina Faso (+45,5%), le Mali (+36,5%), la Côte d'Ivoire (+28,4%) et le Togo (+16,0%) ont enregistré les hausses les plus importantes.

Le solde budgétaire affiche, en 2016, un déficit global de 4,2% du PIB contre 4,1% en 2015, soit une très légère hausse.

En 2016, l'encours de la dette publique rapporté au PIB nominal représenterait 45,1% contre 42,9% en 2015, soit une hausse de plus de deux points de pourcentage. Par ailleurs, le taux d'endettement le plus faible est de 35% et le plus élevé de 76%. Ce ratio dépasse 50% dans trois États membres. Le niveau relativement faible de l'endettement des États est à mettre au crédit de l'initiative PPTE (pays pauvres très endettés) qui a profité à l'ensemble des pays de l'UEMOA.

ÉVOLUTION DE LA SITUATION COMMERCIALE

Les échanges intracommunautaires

Les échanges commerciaux intracommunautaires sont faibles dans l'espace UEMOA. Selon le dernier rapport sur la Surveillance Commerciale dans la zone UEMOA, les échanges intracommunautaires se situent en dessous de 15% du total des échanges commerciaux de la zone. Ce chiffre est l'un des plus bas pour une zone monétaire. Sur la période 2000-2015, si en valeur les échanges intracommunautaires ont augmenté (passant de 988 milliards à 2 870 milliards de Francs), leur part relative dans le total des échanges commerciaux de la zone a faibli, perdant près de 3 points de pourcentage.

Grâce aux efforts de l'Union dans la mise en place d'instruments de promotion des échanges entre les États membres, l'on peut raisonnablement s'attendre dans les prochaines années à une augmentation des échanges intracommunautaires. Parmi ces efforts, on peut citer l'élaboration et la mise en œuvre du programme régional de facilitation des échanges (PRFE), la facilitation des transports, l'entrée en vigueur du TEC-CEDEAO, le projet d'interconnexion des systèmes informatiques douaniers entre les États membres, le développement de l'outil statistique. On note par ailleurs que les dispositions sont en cours en vue de la mise en place du régime de la libre pratique dans l'espace UEMOA.

Les échanges extracommunautaires

Dans le même temps, les échanges extracommunautaires ont fortement augmenté. Entre 2000 et 2015, les échanges extracommunautaires ont fortement augmenté et ont été multipliés par 3 et représentent un peu moins de 90% du total des échanges commerciaux des pays de l'UEMOA.

L'importance actuelle de la part échanges extracommunautaires dans les échanges commerciaux de l'UEMOA montre que si la mise en place de l'Union douanière en 2000 a constitué une avancée décisive pour l'intégration régionale, celle-ci a aussi profité au commerce avec le reste du monde.

En ce qui concerne les importations, les fournisseurs des États de l'Union sont multiples et diffèrent selon les pays. Les principaux pays d'importations sont ceux de l'Union européenne (30%), les autres États de la CEDEAO (12%), la Chine (10%) et les États-Unis d'Amérique (6%). Les exportations sont principalement orientées vers l'Union européenne (25%), la Suisse (10%), le Nigéria (7%) et les États-Unis (5%).

Le déficit de la balance commerciale se creuse sous l'effet de la hausse des importations (+1,0%), conjuguée à une baisse des exportations (-2,3%).

INVESTISSEMENTS ET MARCHÉ FINANCIER

La hausse des importations se justifie par les besoins des économies de l'Union en achats de biens d'équipement et intermédiaires (+3,4%), indispensables aux investissements massifs prévus dans les programmes nationaux de développement.

La hausse des achats de produits alimentaires et de biens de consommation courante (+4,6%) due à la vigueur de la demande intérieure des pays de l'UEMOA a également impacté positivement les importations.

L'évolution des exportations s'explique par le repli des ventes de caoutchouc (-13,2%), de cacao (-8,0%) et de coton (-3,6%), en raison de la prévision à la baisse de leurs cours sur les marchés internationaux.

Le déficit de la balance des services se contracterait de 4,1%, en raison du recul des importations des autres services spécialisés. Cette évolution a été modérée par l'augmentation du fret qu'induirait la progression des importations de marchandises.

Cette évolution est la conséquence de la hausse des versements de dividendes aux actionnaires étrangers des principales entreprises exportatrices de l'Union et des paiements d'intérêts sur la dette extérieure.

C'est la conséquence également de la baisse des appuis extérieurs en faveur des États qui a été parallèlement et partiellement compensée par la hausse des transferts de fonds privés. Cette dernière a été portée par la progression des flux d'envois de la diaspora.

Le compte de capital affiche désormais un excédent de 1 281,6 milliards de FCFA, contre 1 084,3 milliards de FCFA relevés un an plus tôt, soit un accroissement de 18,2%, en liaison avec la hausse attendue des

dons-projets au titre des investissements publics dans les pays de l'UEMOA.

Au niveau des investissements directs étrangers (IDE) et des investissements de portefeuille, il est à noter une baisse de 18,9% des entrées de capitaux essentiellement due à la baisse des cours mondiaux de pétrole qui incite à reporter les investissements dans le secteur pétrolier. Quant aux investissements de portefeuille, leur baisse s'explique par une absence de prévision d'émission d'eurobonds par les États membres en 2016.

Selon la BCEAO, le réseau bancaire de la zone UEMOA poursuit son développement. Ainsi, le nombre d'établissements de crédits agréés était de 137 unités à la fin de l'année 2015 contre 132 unités une année plus tôt.

Ce renforcement du paysage bancaire a contribué à l'accroissement du crédit intérieur et des avoirs extérieurs nets. L'encours du crédit intérieur qui est de 21 798,9 milliards de francs a connu une progression de 12,4% entre décembre 2015 et décembre 2016. Cette évolution est le résultat de l'accroissement des concours bancaires au secteur privé. Les crédits bancaires ont crû sur une année de 14%.

La liquidité du système bancaire est assurée grâce à l'accroissement de la masse monétaire et le tout dans un contexte de stabilité monétaire.

L'Union dispose également d'un marché régional financier, la bourse régionale des valeurs mobilières (BRVM) qui permet aux entreprises et aux États de se financer plus facilement.

L'orientation des politiques nationales de développement

POLITIQUES ÉCONOMIQUES NATIONALES

Le contexte économique est favorable dans la zone UEMOA grâce à l'existence d'un marché régional des biens et services, d'un marché régional financier, le tout soutenu par une monnaie unique qui doit faciliter les échanges entre les États membres en effaçant notamment les risques de change.

Quant aux ressortissants de l'espace UEMOA, ils peuvent circuler librement et ont la possibilité de s'établir et de faire des affaires sur l'ensemble de l'étendue du territoire communautaire. Le visa est gratuit au Sénégal. Au Bénin, il est gratuit pour les africains dont le séjour n'excède pas trois mois.

La croissance y demeure élevée. Pour 2017, l'on table sur une croissance moyenne supérieure à 6%. Cette forte croissance est rendue possible grâce aux dépenses d'investissement dans les infrastructures grâce aux différents programmes nationaux de développement à moyen terme et aux travaux infrastructurels initiés et réalisés par les États membres.

La consistance de cette croissance fait l'objet de débats. En effet, elle se réalise dans un environnement sociopolitique confronté à un certain nombre de défis sécuritaires et à la faible progression des recettes fiscales. Cette évolution qui conduit à la dégradation des soldes budgétaires rend également les investissements publics moins rentables.

C'est dans ce contexte que l'UEMOA juge nécessaire de créer un espace budgétaire, en réalisant des dépenses productives et en améliorant le niveau des recettes fiscales par l'exploitation de certaines niches. Dans ces conditions, il est proposé aux États de réduire les dépenses fiscales pour améliorer le taux de pression fiscale.

Les États membres ambitionnent de procéder à une diversification de leurs économies. En effet, les pays de l'UEMOA demeurent hyperspécialisés dans la monoculture de rente (coton, café, cacao, etc.) et des richesses du sous-sol (or, pétrole, uranium, phosphate, etc.), ce qui les rend fragile et les expose davantage aux turbulences de l'économie mondiale.

PLANS NATIONAUX DE DÉVELOPPEMENT

Les programmes ambitieux de développement qui sont actuellement en train d'être mis en œuvre dans les États membres sonnent aussi comme la réponse aux préoccupations exprimées ci-dessus. Á titre d'exemples, on peut citer entre autres le Bénin Révélé du Bénin, le Plan National de Développement Économique et Social (PNDES) 2016-2020 du Burkina Faso, le Plan National de Développement 2016-2020 de la Côte d'Ivoire, le Cadre Stratégique pour la Relance Économique et le Développement Durable (CREDD, 2016-2018) du Mali, le Plan de Développement Économique et Social (PDES) au Niger et le Plan Sénégal Émergent.

Le **"Bénin révélé"** du Bénin est un programme ambitieux de neuf trillions de FCFA sur cinq ans et dont les interventions gravitent autour des trois principaux piliers que sont:

- Consolider la démocratie, l'État de de droit et la bonne gouvernance;
- Engager la transformation structurelle de l'économie;
- Améliorer les conditions de vie des populations.

"Bénin Révélé" repose sur un panel de 45 projets phares, complétés par 95 projets sectoriels. Les différents projets visent à améliorer durablement le contexte économique et social du Bénin. Le gouvernement a fait le choix d'agir simultanément sur les leviers politiques, administratifs, économiques et sociaux pour assurer une relance rapide de l'économie. Il s'agit concrètement de mettre en place un cadre plus propice à l'investissement et d'améliorer la vie quotidienne des Béninois.

Le Plan national de développement économique et social (PNDES) du Burkina Faso, est le référentiel national des interventions de l'État et des partenaires sur la période 2016-2020. D'un coût estimé à 15 395,4 milliards, il vise une croissance cumulative du revenu par habitant à même de réduire la pauvreté, de renforcer les capacités humaines et de satisfaire les besoins fondamentaux, dans un cadre social équitable et durable. L'objectif global du PNDES est de transformer structurellement l'économie burkinabè, pour une croissance forte, durable, résiliente, inclusive, créatrice d'emplois décents pour tous et induisant l'amélioration du bien-être social.

Le PNDES se décline en trois axes stratégiques qui sont:

- axe 1: réformer les institutions et moderniser l'administration;
- axe 2: développer le capital humain;
- axe 3: dynamiser les secteurs porteurs pour l'économie et les emplois.

Les orientations du PNDES seront concrétisées par le biais des politiques sectorielles qui sont en cours de relecture suivant les secteurs de planification institués. Des stratégies, programmes et projets découleront de chaque politique sectorielle, en phase avec les orientations d'implantation du budget-programme de l'État.

Le Plan de National de Développement (PND) de la Côte d'Ivoire vise à faire de ce pays une économie émergente, dynamique, libérale et ouverte sur le reste du monde. Cette évolution vers l'émergence devrait être tirée par une croissance forte, soutenue, inclusive, respectueuse du genre et de l'environnement et riche en emplois. Avec une telle croissance, le gouvernement ivoirien table sur un doublement du PIB par tête au début des années 2020.

Dans le cadre du PND, l'investissement global devrait atteindre 30 000 milliards de Francs CFA dont 60% pour le privé y compris les Partenariats Public-Privé.

Dans ce plan stratégique, le gouvernement ivoirien cible prioritairement l'école en la rendant obligatoire, l'autosuffisance alimentaire, l'accès à l'eau potable, l'électricité dans tous les villages de plus de 500 habitants, "un citoyen, un ordinateur, une connexion internet" et un système de santé performant de proximité. La Côte d'Ivoire compte aussi améliorer son classement dans le "Doing Business" et rejoindre ainsi les 50 premiers pays dans le monde en ce qui concerne le climat des affaires "Doing Business", le groupe de tête des pays africains en ce qui concerne la bonne gouvernance et la transparence dans la gestion des ressources publiques (Indice de la Banque Mondiale), et les pays africains les mieux placés dans l'Indice du Développement Humain du PNUD.

La Guinée-Bissau a adopté le **Plan Stratégique Guinée-Bissau 2025 "Terra Ranka"** dont la mise œuvre sur la période 2015-2025 repose sur six axes principaux que sont: la gouvernance, les infrastructures, le développement urbain, le développement humain, l'agro-industrie et la biodiversité. Ces axes ont été traduit comme aspect visant appuyer dans une côté la compétitivité et dans l'autre coté la croissance économique.

Au plan économique, le pays envisage de devenir en 2025, une économie diversifiée, basée sur les quatre moteurs de la croissance en Guinée-Bissau: l'agriculture et agro-industrie, la pêche, le tourisme et mines. Le développement de ces moteurs sera accéléré par les deux autres piliers: les secteurs catalyseurs (énergie et l'informatique) et les secteurs domestiques (habitation, construction, commerce et distribution). À titre illustratif, la Guinée-Bissau entend atteindre l'autosuffisance en riz dès 2020, avec une production de 450 000 tonnes, contre 200 000 environ tonnes en 2016, et devenir exportateur net en 2025 avec une production excédant les 500 000 tonnes. Cet objectif sera atteint par l'aménagement de 54 000 hectares de bas-fond pluviaux, amélioration de pratiques rizicoles, reconstitution du capital semencier du pays, réorganisations des systèmes de stockages et de distribution

Le Mali, compte sur **le Cadre Stratégique pour la Relance et le Développement Durable (CREDD)** pour relancer son économie.

L'objectif global du CREDD est de promouvoir un développement inclusif et durable favorisant la réduction de la pauvreté et des inégalités en se fondant notamment sur les potentialités et les capacités de résilience en vue d'atteindre les Objectifs de Développement Durable (ODD) à l'horizon 2030.

La stratégie se décline en deux (02) axes préalables, trois (03) axes stratégiques, treize (13) domaines prioritaires et trente-huit (38) objectifs spécifiques. Chaque objectif spécifique s'articule autour de trois (03) volets:

- performance budgétaire avec les budgets-programmes;
- mesures de modernisation institutionnelle;
- activités à impact rapide.

Cette stratégie est accompagnée d'un Plan d'actions opérationnel et comporte des lignes directrices transversales parmi lesquelles l'intégration de certaines thématiques comme le genre, l'emploi des jeunes et le changement climatique dans l'élaboration, la mise en œuvre et le suivi des politiques publiques. Au total, sur la période, un montant de 3 440 milliards de francs de crédits budgétaires est prévu pour contribuer à l'atteinte des objectifs fixés.

Le Plan de Développement Économique et Social (PDES) est mis en œuvre au Niger et vise à promouvoir le bien-être économique, social et culturel de la population. Pour atteindre, cet objectif, cinq axes stratégiques ont été retenus. Il s'agit de la consolidation

de la crédibilité et de l'efficacité des institutions publiques, la mise en place des conditions de durabilité d'un développement équilibré et inclusif; la promotion d'une sécurité alimentaire et un développement agricole durable; la promotion d'une économie compétitive et diversifiée pour une croissance accélérée et inclusive; la promotion du développement social.

Outre **le PDES**, le Niger, à travers l'initiative 3N (les Nigériens nourrissent les Nigériens) entend réduire sa dépendance *vis-à-vis* de l'extérieur en matière de sécurité alimentaire.

Le Plan Sénégal Émergent (PSE) est le cadre référentiel de la politique économique et sociale du Sénégal à moyen et long termes. Le PSE est réalisé à travers un Plan d'Actions Prioritaires (PAP) quinquennal adossé aux axes stratégiques, aux objectifs sectoriels et aux lignes d'actions de la Stratégie. Le PAP se décline à travers des projets et programmes de développement inscrits dans un cadre budgétaire sur la période 2014-2018.

Le PAP est construit sur la base du scénario optimiste du PSE qui est évalué à 9 685,7 milliards de FCFA. Son financement est acquis pour 5 737,6 milliards de FCFA, soit 59,2% tandis que le gap de financement à rechercher est de 2 964 milliards de FCFA, soit 30,6% et celui à couvrir par des recettes additionnelles et des économies sur les dépenses est de 984 milliards de FCFA, correspondant à 10,2%.

La mise en œuvre diligente des réformes clés et des projets du PAP permettront d'atteindre un taux de croissance annuel moyen de 7,1% sur la période 2014-2018, de réduire le déficit budgétaire de 5,4% en 2013 à 3,9% en 2018. Le déficit du compte courant serait ramené sous la barre des 6% en 2018 et le taux de l'inflation, mesuré par le déflateur du PIB resterait en dessous du seuil communautaire fixé à 3%.

Au Togo, la **Stratégie de croissance accélérée et de promotion de l'emploi (SCAPE 2013-2017)** arrivant à terme, le pays est actuellement dans le processus d'élaboration de son Plan national de développement (PND 2018-2022).

Le PND 2018-2022 du Togo en cours d'élaboration visera à l'horizon 2022, à poser les bases de l'émergence pour faire du Togo une nation démocratiquement solide et stable, solidaire, ouverte sur le monde et structurellement transformée où toutes les collectivités territoriales participent substantiellement à une croissance forte, durable et inclusive favorisant l'accès à toutes les populations d'une manière équitable aux services sociaux de qualité dans le respect de l'environnement et des droits humains.

La stratégie se déclinera en cinq (05) axes stratégiques: l'amélioration du bien-être et épanouissement de la population; l'amélioration de la productivité et de la compétitivité des secteurs de croissance; le renforcement des infrastructures de soutien à la croissance; la gestion durable du territoire, de l'environnement et du cadre de vie; et le renforcement de la gouvernance et consolidation de la paix.

Les atouts et potentialites des états membres de l'UEMOA

La zone UEMOA dispose d'un environnement des affaires en pleine amélioration et des potentialités importantes reconnues dans divers secteurs comme l'agriculture, les mines, l'industrie, la pêche, le tourisme, les télécommunications, les transports.

ENVIRONNEMENT DES AFFAIRES

L'environnement des affaires connait une évolution positive d'ensemble des États membres de l'UEMOA depuis 2013 dans le classement du rapport Doing Business. Cinq États sur huit ont gagné plus de 10 places sur la période 2013-2016 avec un record pour la Côte d'Ivoire qui gagne 35 places, suivie du Bénin 17 places et du Niger avec 16 places. Le dernier rapport Doing Business place le Mali (141ème mondial) en tête des pays de l'UEMOA, suivi de la Côte d'Ivoire (142ème mondial).

Les réformes ont porté notamment sur:

- la mise en place de guichets uniques interconnectés en vue de réduire les délais d'import ou d'export;
- la réduction du nombre de documents requis pour l'import ou l'export;
- l'amélioration du management des ports;
- le développement des infrastructures autour des ports;
- l'allègement des règles de transit pour les camions;
- la simplification des procédures pour le rapport d'inspection;
- la réduction des frais du port et des terminaux de manutention;
- l'introduction de l'échange électronique de données entre les services;
- la réduction du nombre de points de contrôles;
- l'ouverture du marché du transport de marchandises.

Afin de contribuer davantage à la mise en place d'un environnement favorable à l'initiative privée et la compétitivité des entreprises, un programme régional de développement de l'industrie et de la promotion du secteur privé a été mis en place.

Une initiative régionale d'amélioration du climat des affaires a également été élaborée pour encourager les États membres à entreprendre des réformes par rapport à chaque indicateur, en vue de tendre vers les normes communautaires arrêtées et d'améliorer ainsi les places occupées par les pays de l'Union. L'objectif est de porter le classement des États membres de l'UEMOA entre la 87ème et la 114ème position au niveau mondial, ou entre la 8ème et la 12ème place au niveau de l'Afrique subsaharienne.

Dans ce cadre, un atelier régional d'échanges d'expériences est organisé chaque année par la Commission de l'UEMOA.

Par ailleurs, il faut noter:

- l'existence d'un droit des affaires commun aux États (OHADA), qui complète les autres dispositions permettant de sécuriser les investissements;
- la revue de certaines réglementations pour les rendre plus protectrices des investissements et plus favorables à la productivité et à la compétitivité des entreprises.

En outre, la zone UEMOA se caractérise également par l'existence d'un environnement libéral garantissant la liberté d'investir et le libre transfert des revenus marqué par:

- une monnaie unique convertible, commune à tous les États de l'Union (1 euro = 655,957 FCFA) avec un système bancaire assaini;
- une position stratégique en Afrique de l'ouest qui en fait un carrefour pour le développement du commerce;
- un marché émergent en termes de population et d'emplois matérialisé par:
- une population estimée à 112 millions d'habitants, avec un taux de croissance démographique de 3%;
- une main d'œuvre jeune, qualifiante et disponible;
- une autonomisation croissante des femmes pour accroitre la production et la productivité agricole.

Dans le domaine des finances, il existe un dispositif financier et d'assurances performantes comprenant:

- un système bancaire assainit et régit par une seule Banque centrale pour l'ensemble des 8 États membres: la BCEAO;
- un marché financier bien organisé avec une bourse régionale des valeurs mobilières (BRVM) ainsi qu'une société de capital – risque (SOAGA);
- plusieurs banques commerciales et de compagnies d'assurance d'envergure internationale.

Le dispositif fiscal et le système comptable sont harmonisés et incluent en particulier:

- un système comptable unique (le SYSCOA);
- une non double imposition entre les États membres;
- des taux d'imposition du capital et du revenu du capital réduits;
- un tarif extérieur commun appliqué aux produits importés des États tiers;
- une exemption des droits de douane sur les produits originaires de l'Union.

Une approche régionale complémentaire face aux risques sécuritaires basée sur:

- la diplomatie préventive menée par les représentants des Parlements nationaux regroupés au sein du Comité Interparlementaire de l'UEMOA;
- l'institution du principe de "tolérance zéro" pour les changements anticonstitutionnels de régime;
- l'adoption d'un programme régional de paix et sécurité au sein de l'Union;
- le développement croissant de la coopération internationale en matière de paix et sécurité.

AGRICULTURE ET PÊCHE

Agriculture

Dans tous les États membres, l'agriculture est la première source de revenu et la principale activité pour la majorité des ménages ruraux. L'UEMOA est:

- 1er producteur mondial de cacao;
- 1er producteur mondial de l'anacarde;
- 1er producteur africain de coton;
- 3ème exportateur africain de café.

Les États membres de l'UEMOA sont également producteurs de produits agricoles tels le riz, le maïs, la banane, l'huile de palme, l'ananas, le caoutchouc, le beurre de karité, l'arachide, le sésame, les fruits et légumes dont la mangue, etc.

La part de l'agriculture dans le PIB en 2016 est comprise entre 15% observé au Sénégal et 45% observé en Guinée-Bissau.

Au regard de cette importance, les États membres ont adopté la Politique Agricole de l'Union (PAU) le 10 décembre 2001 par l'Acte additionnel n° 03/2001. Elle vise à apporter des solutions aux défis majeurs auxquels l'agriculture de la zone UEMOA est confrontée, à savoir accroître la production agricole de façon durable par l'intensification et la gestion concertée des ressources naturelles qui constituent désormais des biens publics régionaux menacés par une compétition croissante.

Outre l'agriculture, les États membres de l'UEMOA sont d'importants producteurs de bétail, de viande et de produits de la pêche.

Élevage et pêche

En matière d'élevage, les pays sahéliens (Burkina Faso, Mali et Niger) totalisent à eux seuls les trois quart du cheptel bovin et 70% du cheptel ovin/caprin de l'UEMOA, assurant une grande partie des besoins en protéines animales de la sous-région.

La pêche a une place stratégique au plan social et contribue énormément à l'économie des huit (8) États membres de l'UEMOA. La contribution de la pêche au PIB de certains pays est relativement importante (4,2% au

Mali; 3,4% au Togo; 4% en Guinée-Bissau; 2,6% au Niger et 1,7% au Sénégal). La pêche contribue aux recettes budgétaires des pays de l'UEMOA à travers les redevances de licences des pêches et les contreparties financières aux accords de pêche avec les pays tiers. Le Sénégal, la Côte d'Ivoire et la Guinée-Bissau disposent de côtes poissonneuses et d'un important potentiel de développement des produits de la mer.

Afin de lutter contre l'exploitation abusive des produits de la pêche, une série de mesures a été adoptée dont la Directive instituant un régime commun de suivi, de contrôle et de surveillance des pêches au sein de l'UEMOA et de celle portant régime commun de gestion durable des ressources halieutiques dans les Etats-membres de l'Union.

LES MINES ET HYDROCARBURES

En matière de ressources minérales, les pays de l'UEMOA disposent de gisements de pétrole (Niger, Côte d'Ivoire, Sénégal), de gaz (Côte d'Ivoire, Sénégal), d'uranium (Niger), d'or (Côte d'Ivoire, Sénégal, Mali, Burkina Faso, Niger), de phosphate (Burkina Faso, Togo, Sénégal, Mali), de Zinc (Burkina Faso), de diamant (Côte d'Ivoire), de manganèse (Burkina Faso, Côte d'Ivoire), de substances variées de carrière dans tous les États membres, etc.

Le développement du secteur des ressources minérales ces dernières années a considérablement renforcé la part de ce secteur dans les économies de la plupart des États membres. D'après les rapports ITIE 2013, la contribution du secteur extractif dans les exportations est de 67% au Mali et de 63,1% au Burkina Faso. Toutefois, l'industrie extractive reste peu intégrée aux économies nationales et a très peu d'effet d'entrainement sur celles-ci, limitant ainsi son impact réel sur la croissance économique et la réduction de la pauvreté.

Le Programme régional d'appui au développement des mines et des hydrocarbures est l'instrument de la mise en œuvre de la Politique minière commune de l'UEMOA.

LE SECTEUR MANUFACTURIER

Dans l'espace UEMOA, l'industrie qui devrait être la principale source de création de valeur ajoutée ne contribue que faiblement à la formation du PIB, de l'ordre de 20%.

L'UEMOA dispose d'un vaste potentiel industriel qui ne demande qu'à être renforcé. Depuis trois ans, l'on assiste au développement des pôles de croissance afin de renforcer les capacités de transformations des biens notamment agricoles.

La mise en œuvre de la Politique industrielle commune (PIC) articulée autour de six programmes interdépendants que sont: la restructuration et la mise à niveau de l'industrie, la promotion de la qualité, la promotion des réseaux d'information, la promotion des investissements et des exportations, le développement des petites et moyennes entreprises et petites et moyennes industries et le renforcement de la concertation au niveau sous-régional, sera un levier important de la croissance dans le domaine.

L'ÉNERGIE

La situation énergétique globale des États de l'UEMOA se caractérise par: a) un faible taux d'accès aux services énergétiques modernes surtout celui de l'électricité; b) une prépondérance de la production d'électricité par des centrales thermiques utilisant des produits pétroliers importés; c) un coût de production de l'électricité qui reste élevé; d) une faible contribution des énergies renouvelables dans la satisfaction des besoins énergétiques des populations, ce, malgré un potentiel important en sources d'énergies renouvelables. Face à cette tendance déficitaire de l'offre par rapport à la demande, il était urgent que de nouvelles orientations soient prises dans le cadre de la Politique énergétique commune (la PEC) et particulièrement au niveau de l'Initiative régionale pour l'Énergie durable (IRED). L'IRED est conçue autour de quatre axes stratégiques à savoir:

- Développer une offre d'électricité diversifiée, compétitive et durable;
- Élaborer un plan régional de maitrise de l'énergie;
- Accélérer l'émergence d'un marché régional d'électricité et les reformes;
- Mettre en place un mécanisme de financement et d'accompagnement du secteur.

La mise en œuvre de la PEC à travers le programme phare que constitue l'IRED permettra a) de garantir la sécurité des approvisionnements énergétiques de l'Union; b) de mettre en valeur et d'assurer la gestion optimale des ressources énergétiques de l'Union en systématisant l'interconnexion des réseaux électriques; c) de promouvoir les énergies renouvelables; d) de promouvoir l'efficacité énergétique; e) de développer et d'améliorer l'accès des populations rurales de l'Union aux services énergétiques; f) de contribuer à la préservation de l'environnement et à la lutte contre le réchauffement climatique.

LES TRANSPORTS

L'espace communautaire est composé d'axes routiers qui constituent des corridors de circulation dont la fluidité est un atout pour la libre circulation des personnes et des biens. Dans son Programme d'actions communautaires des infrastructures et du transport routiers (PACITR), l'UEMOA s'est engagée à consolider ces axes. La vision communautaire est celle d'un maillage global qui comprend la route, le chemin de fer, les voies aériennes, maritimes et fluviales. C'est en exploitant toutes ces possibilités que l'UEMOA pourra offrir plus d'alternatives de circulation et de mobilité à ses ressortissants. D'où la nécessité de consolider l'existant et de construire de nouvelles infrastructures.

En ce qui concerne les infrastructures routières, neuf (09) projets routiers sont mis en œuvre avec l'appui des partenaires techniques et financiers et concernent 4 348,5 km de routes communautaires pour un montant total de 974,596 milliards de FCFA. Ces projets ont permis d'interconnecter toutes les capitales de l'espace UEMOA par des voies bitumées. Les infrastructures de transports sont en constante amélioration.

Les États ont engagé des efforts pour la réduction du nombre de postes de contrôles routiers et les pertes de temps induits pour assurer la fluidité du trafic le long des corridors de l'UEMOA malgré les défis sécuritaires dont ils sont confrontés.

En 2016, le rail ne relie que quelques capitales: Bamako-Dakar (1 287 km), Abidjan-Ouagadougou (1 150 km). Deux grands projets ferroviaires constituent les perspectives de renforcement de la mobilité dans l'espace UEMOA: le premier est de relier par les rails la Côte d'Ivoire, le Burkina Faso, le Niger, le Bénin et le Togo et le second devra permettre de desservir, par les rails, le Sénégal, le Mali et le Burkina Faso.

Les capitales de l'espace UEMOA sont desservies par des compagnies aériennes dont les plus importantes sont Air Côte d'Ivoire, Asky et Air Burkina. Par ailleurs, l'Union dispose de cinq (5) ports maritimes pour le transport des marchandises et travaille au développement des infrastructures routières et ferroviaires, aux plans national et régional, pour établir des liens entre les pays côtiers et ceux de l'hinterland.

De même, les États à façade maritime ont engagé des actions de modernisation des ports notamment par l'acquisition de nouveaux équipements de manutention, la dématérialisation des opérations de passage portuaire et la réduction des délais de transit.

LE TOURISME ET L'ARTISANAT

Le potentiel touristique de l'Union est riche, au plan des ressources propices à l'exercice d'un tourisme diversifié: désert, mer, fleuves, réserves et parcs animaliers, paysages naturels, religions et ethnies à identités culturelles fortes, niches lucratives (chasse et pêche), etc. Ce secteur, malgré son fort potentiel, souffre de la faiblesse des textes législatifs et réglementaires au niveau communautaires. Cette faiblesse est relative aux modalités des orientations de développement touristique, aux définitions et classifications du secteur, et aux conditions d'obtention des permis d'exploitation des établissements touristiques. Pour pallier cette insuffisance, l'Union s'attelle à harmoniser le cadre réglementaire du secteur touristique.

Le produit touristique de l'Union est en phase avec les attentes actuelles de la demande du tourisme international même si les défis sécuritaires ont tendance à réduire l'apport du secteur du tourisme dans les économies des pays de l'UEMOA malgré le fort potentiel existant.

Pour booster le secteur, le Sénégal a rendu le visa gratuit pour les touristes et le Benin l'a supprimé pour tous les africains désirant s'y rendre et dont la durée du séjour ne dépasse pas trois mois.

Quant à l'artisanat, c'est un secteur qui est au cœur de l'activité économique des pays de l'UEMOA. Selon les États, il représente entre 10 et 20% du PIB et emploie une part non négligeable de la population active. Pour accompagner le développement de ce secteur, l'Union a adopté un code communautaire de l'artisanat dont l'objectif visé à terme est de faciliter les conditions d'exercice de l'activité artisanale et d'améliorer le niveau de qualification des artisans.

LES TÉLÉCOMMUNICATIONS

Dans le domaine des télécommunications, il existe une concurrence sur tous les segments de marché, fixe mobile et Internet. La concurrence est particulièrement accrue sur le segment mobile où 25 Opérateurs exercent leurs activités dans les huit États.

Il est noté également une évolution technologique importante avec l'usage de la 3G, de la 4G et du WiMax pour les connexions sans fil. Il en va de même pour les connexions filaires avec l'ADSL, le câble et la fibre optique.

Le marché est en plein essor et dispose d'un potentiel important de croissance. Le nombre de ligne filaire reste très faible. Il est passé de 926 533 lignes en 2006 à 1 178 904 lignes en 2015, soit une croissance moyenne annule de 2,7%.

Les mobiles ont connu une croissance rapide sur les dix dernières années, passant de 11 981 654 abonnés à 101 883 553 abonnés en 2015, ce qui correspond à une augmentation moyenne sur la décennie de 75%.

Enfin, le taux d'utilisation d'Internet connait une progression remarquée sur les dix dernières années. Il est actuellement de 28%; ce taux est faible comparé à celui des pays développés et celui des pays émergents. Cependant, il est en nette progression et a connu une croissance moyenne de 4% sur les dix dernières années.

Depuis l'année 2006, l'UEMOA travaille à la mise en place d'un marché commun des télécommunications et des TIC dynamique et compétitif. Ainsi, elle a adopté une série de Directives qui ont été transposées dans les lois nationales des États membres.

Une nouvelle série de Directives est en cours de préparation pour corriger les insuffisances de la première réforme et donner un second souffle au secteur des Technologies de l'information et de la communication.

Une politique commerciale dynamique

CADRE GÉNÉRAL

La Politique Commerciale commune de l'union (PCCU) s'entend comme les différentes mesures et actions mises en œuvre individuellement ou de manière

conjointe par les organes de l'UEMOA en vue d'assurer un fonctionnement efficace du marché de l'Union ainsi que son approvisionnement régulier et suffisant en tous produits, biens et services de qualité et au meilleur prix pour les consommateurs. Elle a également pour objectif de développer et de promouvoir les produits originaires de l'Union sur les marchés extérieurs.

La Politique Commerciale Commune de l'UEMOA, instituée en 1994, vise à créer un environnement de croissance économique dynamique par la construction d'un marché commun compétitif, ouvert, et attractif pour les investisseurs, avec pour objectif général, de contribuer à développer le commerce intra-communautaire et international des États membres de l'Union. A cet effet, la politique commerciale de l'Union concoure à créer les conditions de compétitivité nécessaires en vue d'une intensification et d'une diversification des échanges commerciaux au sein de l'UEMOA ainsi que d'une participation accrue au système commercial multilatéral.

Les fondements de la politique commerciale de l'UEMOA ont été clairement définis par le Traité de l'Union. En effet, le transfert des compétences en matière de politique commerciale est juridiquement consacré au sein de l'UEMOA par plusieurs dispositions du Traité, notamment les articles 76 à 90. Ces différentes dispositions constituent le fondement des principales réformes entreprises par l'Union relativement à la libéralisation progressive des échanges intra-communautaires, au Tarif Extérieur Commun et aux règles communes de la concurrence.

Au niveau national, la responsabilité de la conception, de la mise en œuvre et du suivi-*évaluation de ces politiques incombe aux ministères en charge du commerce. En outre, d'*autres ministères exercent une compétence partagée et relativement limitée dans ce champ. C'est notamment le cas des ministères en charge de l'*économie et des finances, du développement rural, des affaires étrangères et de l'*intégration africaine et du transport.

Pour ce qui est des instruments courants de la Politique Commerciale de l'Union, ils concernent aussi bien les questions directement "commerciales" que celles relatives à d'autres secteurs d'activité à champ plus large dont on peut citer:

- le Tarif extérieur commun (TEC) UEMOA qui existait depuis 2000 dont une nouvelle version est en vigueur depuis le 1er janvier 2015. Ce tarif se distingue par une cinquième catégorie définie comme "Biens spécifiques pour le développement économique" avec un taux de 35%. Ce TEC est étendu à l'ensemble des États membres de la CEDEAO. A ce jour, tous les États membres de l'UEMOA appliquent la nouvelle version du TEC;
- le Schéma préférentiel de libéralisation définit dans l'Acte additionnel n° 04/96 du 10 mai 1996 qui traite des droits et taxes applicables aux produits du cru et artisanaux, de même qu'aux produits industriels originaires ou non;
- les Règles d'origine: Plus de 6000 produits bénéficient en 2016 de l'origine communautaire dans l'espace UEMOA;
- les mesures commerciales de circonstance telles que le Code anti-dumping de l'UEMOA, la Taxe conjoncturelle à l'importation (TCI);
- les règles applicables en matière d'évaluation en douane;
- les prohibitions, restrictions quantitatives et licences;
- les normes, réglementations techniques et procédures d'accréditation et de certification;
- les mesures sanitaires et phytosanitaires;
- la protection des droits de propriété intellectuelle.

Il convient de rappeler que dans le cadre des engagements spécifiques des États membres de l'UEMOA au titre de l'Accord général sur le commerce des services (AGCS) à l'OMC, les États ont souscrit à 27 engagements dont 8 dans le secteur du tourisme, 4 au niveau des transports et 3 respectivement dans les secteurs des services professionnels aux entreprises, des services culturels et des services financiers. Au niveau de l'UEMOA, les domaines concernés sont les suivants:

- tourisme et séjour temporaire;
- services postaux, de télécommunications et de radiodiffusion;
- services de transports (les transports aériens, les services maritimes et portuaires, les transports terrestres);
- services financiers (les assurances, autres services financiers);
- services professionnels qui ont fait l'objet de plusieurs règlementations dans l'Union;
- services de l'éducation;
- services culturels.

RÉFORMES RÉALISÉES OU EN COURS

Pour atteindre les objectifs assignés à la Politique commerciale de l'Union, d'importantes réformes ont été réalisées ou sont en cours de réalisation sur les cinq prochaines années. Ce sont:

Le programme de facilitation des échanges commerciaux

Les échanges commerciaux dans la zone UEMOA sont entravés par de nombreuses barrières qui constituent des freins au processus d'intégration. Au nombre de ces barrières, on peut citer la multiplicité des barrages routiers et des contrôles sur les corridors du territoire communautaire, les paiements informels et illicites sur les axes routiers, la lenteur des formalités à l'importation et à l'exportation des marchandises, la multiplicité et la complexité des procédures et des documents imposés aux opérateurs économiques.

Les réflexions engagées par les États membres de l'UEMOA ont mis en lumière la nécessité d'améliorer l'environnement commercial en réduisant les coûts et les délais des transactions. C'est l'objet de la facilitation des échanges qui repose sur des règles telles que la transparence, la simplification, l'harmonisation des procédures, des formalités, des documents et données relatifs à la circulation des biens.

L'UEMOA a conçu et met en œuvre sur la période 2016-2020 un Programme régional de facilitation des échanges (PRFE), sur la base de ces constats et conformément à l'esprit du Paquet de Bali. La mise en œuvre du programme permettra d'atteindre quatre résultats à savoir:

- améliorer les pratiques en matière de facilitation des échanges au sein de l'Union;
- accroitre le niveau de modernisation des administrations douanières nationales;
- améliorer la transparence et la prévisibilité des opérations commerciales et de transports transfrontaliers;
- coordonner plus efficacement la gestion des structures et procédure du commerce extérieur.

Le programme régional de facilitation des transports et du transit routier inter-états

Le programme adopté en 2003 a été principalement axé par les Chefs d'États et gouvernement à la promotion du commerce transfrontaliers.

Ainsi, pour améliorer le commerce intra-communautaire dans l'Union, les comités nationaux de facilitation du transport et du transit routier ont été mis en place dans chaque pays, des corridors prioritaires de l'Union ont été identifié, l'Observatoire des pratiques anormales (OPA) a été créé, les projets de construction des postes de contrôles juxtaposés aux frontières des États membre de l'Union ont été lancés et le mécanisme de garantie du transit routier inter-états (TRIE) a été relancé.

Ces initiatives ont permis de réduire le nombre de postes de contrôles routiers sur les axes communautaires, d'améliorer le temps de traversée des corridors et de réduire considérablement les montants des perceptions illicites. Malheureusement, avec la réapparition des questions sécuritaires, le nombre de postes de contrôle tant à se renforcer notamment au Burkina Faso, au Mali et au Niger.

L'approche de l'Union depuis la prise de la décision[1] relative à la réduction des points de contrôle sur les axes routiers inter-états est la réduction du nombre de points de contrôles pour une marchandises en transit à trois sur les corridors de l'Union à savoir au point départ de la marchandise, à la traversée des frontières et au point de déchargement.

Les actions sont en cours en vue de la mise en œuvre effective de ce règlement qui va booster très certainement le niveau des échanges intracommunautaires dans l'espace UEMOA

Le programme de développement des échanges

Le niveau des échanges commerciaux de l'Union économique et monétaire ouest-africaine (UEMOA) reste faible, en dépit des efforts des États membres et de la Commission. Selon le rapport 2014 sur la surveillance commerciale de l'Union, la part du commerce intracommunautaire de biens dans le commerce total des États membres est estimée à 11,3% en 2013. Quant aux échanges extracommunautaires, malgré une tendance à la hausse constatée depuis la mise en place de l'union douanière, la zone UEMOA continue de représenter une part infime du commerce mondial de l'ordre de 0,16% en 2013.

Enfin, on constate une faible capacité de l'Union à peser sur les négociations commerciales multilatérales et à conduire des négociations pertinentes pour améliorer l'accès aux marchés de ses produits.

Le Programme régional de développement des échanges commerciaux (PRDEC) conçu et mis en œuvre sur la période 2016-2020 se fixe pour objectif d'intensifier et diversifier les échanges commerciaux des biens et des services de l'Union. En particulier, il vise à:

- promouvoir les échanges commerciaux des États membres;
- mettre en œuvre des instruments de la politique commerciale;
- assurer la négociation d'accords commerciaux et d'investissement avec les pays tiers.

L'interconnexion des systèmes informatiques douaniers

L'UEMOA ambitionne d'interconnecter les systèmes informatiques douaniers des États membres dans les années à venir. L'interconnexion des systèmes informatiques douaniers contribuera entre autres, à la diminution du temps requis pour les procédures de transit sur les différents corridors de l'espace, aux échanges d'informations et de données entre les États membres en matière de lutte contre la fraude, de gestion des risques et de sécurisation de la chaine logistique. Ce projet rendra plus fluide les échanges commerciaux entre les États membres. La phase pilote qui concerne le Burkina Faso et le Togo est en cours de réalisation.

De portée générale, l'interconnexion est une condition sine qua non à la mise en place du régime de la libre pratique dans l'espace UEMOA. Elle participera fortement de la modernisation des administrations des douanes des États membres.

De manière spécifique, elle permettra aux administrations douanières d'*échanger des données propres à améliorer la libre circulation des marchandises,* l'application du Tarif extérieur commun et contribuera à la mise en

œuvre des autres réformes allant dans le sens de l'approfondissement de l'Union douanière.

L'instauration du régime de libre pratique

L'un des projets importants porté par l'UEMOA est la mise en place d'un régime de libre pratique. En effet, sans un régime de mise en libre pratique, l'Union douanière de l'UEMOA demeurerait imparfaite, avec pour conséquences le maintien de contrôles multiples aux frontières intérieures de l'Union, l'obligation d'utiliser le régime du transit qui est moins avantageux, avec à la clé le cloisonnement des marchés nationaux et l'impossibilité pour le secteur privé de bénéficier des économies d'*échelle qu*'il est en droit d'attendre du fait du processus d'intégration économique régionale de l'UEMOA. Cette initiative vise à:

- consolider la solidarité des États membres par la mutualisation des moyens, faciliter la libre circulation des marchandises originaires de l'Union et des marchandises d'origine tierce;
- supprimer les taxations multiples pour une même marchandise;
- réduire les temps d'attente liés aux contrôles des marchandises aux frontières intérieures de l'Union;
- consacrer de façon concrète la notion de "frontière communautaire".

La libre circulation des services

En matière de libre circulation des services, l'Union envisage de rendre la circulation des services libre et effective dans l'espace UEMOA. Le chantier en cours vise à créer les conditions pour la libre circulation des services envisagée dans le cadre de la mise en place du marché commun de l'UEMOA.

S'agissant des chantiers nouveaux ouverts au niveau de l'Union et pour lesquels des informations devront être prises en compte par la politique commerciale de l'Union, il y a lieu de mentionner le cadre juridique des partenariats publics et privés. Ce dispositif qui complète celui relatif à la passation des marchés publics est d'actualité. Il est appelé à règlementer les contrats par lesquels l'État et ses démembrements s'engagent dans une relation d'affaires contractuelle avec un promoteur ou un bailleur de fonds privé, pour la réalisation d'infrastructures ou des prestations de services.

Une politique de concurrence active

Le Traité de l'UEMOA prévoit en son article 76, l'institution des règles communes de concurrence applicables aux entreprises publiques et privées, ainsi qu'aux aides publiques. Elles sont fondées sur des objectifs de développement et des instruments juridiques épousant des normes internationales et s'appuient pour leur application sur des institutions communautaires et nationales.

La politique de concurrence telle qu'instituée par le Traité poursuit trois objectifs majeurs, à savoir:

- servir d'instrument de politique économique en promouvant la compétitivité et en favorisant la répartition optimale des ressources ainsi des économies d'échelle dans l'intérêt des consommateurs;
- consolider l'Union douanière en luttant contre toutes les pratiques qui ont pour objet ou pour effet de cloisonner le marché de l'Union selon les frontières nationales;
- soutenir les politiques sectorielles, en libéralisant les industries de réseaux, en promouvant l'émergence des entreprises compétitives, ainsi qu'en veillant à la compatibilité des objectifs et des orientations de la politique industrielle avec ceux relatifs à la construction du marché commun.

Les règles communautaires de concurrence réglementent la compétition entre les agents économiques de l'Union. Cette compétition est régie par les dispositions des articles 88 à 90 du Traité qui en fixent le cadre et le champ d'application. Ces dispositions couvrent quatre domaines d'interdiction:

- les accords, associations et pratiques concertées entre entreprises, ayant pour objet ou pour effet de restreindre ou de fausser le jeu de la concurrence à l'intérieur de l'Union;
- les pratiques anticoncurrentielles imputables aux États membres;
- toutes pratiques d'une ou plusieurs entreprises, assimilables à un abus de position dominante sur le marché commun ou dans une partie significative de celui-ci;
- les aides publiques susceptibles de fausser la concurrence en favorisant certaines entreprises ou certaines productions.

Pour la mise en œuvre de la politique de concurrence de l'UEMOA, trois règlements et deux directives ont été adoptés depuis 2002. Ils visent à arrêter les dispositions d'application des règles matérielles, des procédures, de la transparence des rapports entre les entreprises publiques et les États. En outre, l'une des directives définit la répartition des compétences entre la Commission et les structures nationales de concurrence.

En application de ces règles, la Commission de l'UEMOA, suite aux avis et recommandations du Comité consultatif de la concurrence, organe composé des représentants des États membres, a rendu plusieurs décisions qui portent aussi bien sur les incidents de procédure, les sanctions des pratiques anticoncurrentielles ainsi que des décisions d'attestation négative et d'exemption individuelle.

Toutefois, en vue de faire face à aux difficultés rencontrées dans l'exécution de cette politique et de mieux coordonner les actions de surveillance du marché Régional, l'UEMOA a élaboré et met en œuvre un Programme de régulation des marchés des biens et services (PRMBS) dont l'objectif est de rendre plus efficace les interventions de l'Union dans ce domaine.

Le PRMBS cible les consommateurs et les entreprises, ainsi que les praticiens du droit (avocats, juges, conseillers juridiques), les administrations nationales des États membres de l'UEMOA, la Commission de l'UEMOA, les institutions d'enseignement supérieur et leurs membres.

La mise en œuvre du Programme va contribuer à développer la culture de la concurrence dans l'Union en favorisant la saine et loyale compétition entre les entreprises, dans l'intérêt des consommateurs et en permettant l'ouverture de certains secteurs à la concurrence.

Par ailleurs l'UEMOA mène en coopération avec la CEDEAO, des actions en vue d'une meilleure articulation de l'application des droits communautaires CEDEAO et UEMOA en matière de concurrence. Il s'agit de mettre en place un mécanisme de coopération susceptible: a) d'assurer l'efficacité de la lutte contre les pratiques anticoncurrentielles par les deux organisations; b) d'éviter les contrariétés de décision; c) d'assurer la sécurité juridique des entreprises et des États.

Une coopération commerciale dynamique au sein de l'UEMOA

Consciente du rôle majeur que doit jouer le commerce international dans la réduction du retard de développement économique accusé par la région, les États membres de l'UEMOA mènent une coopération commerciale active aux plans bilatéral et multilatéral en vue de lever les contraintes qui pèsent en aval sur la capacité de l'Union à prendre une plus grande part aux échanges commerciaux à l'échelle mondiale.

C'est pourquoi, dans le cadre du développement de leurs relations commerciales avec les parties tierces, les États membres ont doté la Commission, qui est l'organe de suivi et de mise en œuvre des décisions du Conseil des Ministres de l'UEMOA, la compétence exclusive en matière de politique commerciale commune *vis-à-vis* des États tiers.

En effet, les articles 84 et 85 du Traité de l'Union définissent respectivement, le cadre général de la gestion des négociations commerciales et les modalités de conduites les négociations commerciales au sein des organisations internationales dans lesquelles l'UEMOA ne dispose pas d'une représentation propre. Dans ce contexte, les accords commerciaux bilatéraux préalablement conclus par des membres de l'UEMOA doivent être remplacés progressivement par des accords entre l'UEMOA et les pays tiers.

Conformément à ces articles (84 et 85) du Traité, le Conseil des ministres, organe décisionnel de l'Union a adopté plusieurs Directives qui donnent mandat à la Commission de l'UEMOA:

- d'ouvrir et conduire des négociations d'Accords commerciaux et d'investissement avec des pays tiers;
- de coordonner la participation des États au cours des négociations commerciales multilatérales.

Ces Directives traduisent la volonté des États membres de l'Union de promouvoir et de développer leurs relations commerciales avec différents partenaires extérieurs aux niveaux bilatéral, régional, multilatéral et continental.

ACCORDS COMMERCIAUX MULTILATÉRAUX

Le Conseil des Ministres a adopté des Directives qui ont permis de coordonner les positions de négociations des États membres de l'UEMOA sur toutes les questions en discussion en vue d'une participation efficiente aux différentes conférences ministérielles de l'OMC dont celles tenues en 2013 à Bali en Indonésie et en 2015 à Nairobi au Kenya.

Les pays de l'UEMOA se félicitent des progrès importants réalisés au cours des dernières conférences ministérielles de l'OMC à Bali et à Nairobi et qui ont permis d'obtenir des résultats importants notamment sur l'agriculture, le coton et des questions en rapport avec les pays les moins avancés (PMA), malgré leur portée limitée.

Les pays de l'UEMOA s'attachent à la mise en œuvre des autres résultats de Bali, notamment l'Accord de l'OMC sur la Facilitation des échanges (AFE) et se félicite de l'entrée en vigueur de cet accord depuis le 22 février 2017. A ce titre, cinq pays membres de l'UEMOA sur huit ont ratifié. Le Benin, le Burkina Faso et la Guinée-Bissau sont les trois pays de l'UEMOA qui n'ont pas encore ratifié l'AFE. Des efforts importants sont en train d'être fournis pour la mise en œuvre des mesures de l'accord.

Les pays de l'UEMOA reconnaissent l'importance des négociations qui se déroulent au sein de l'Organisation mondiale du commerce, en vue de la conclusion du cycle de Doha pour le développement.

Cependant, ils invitent les membres de l'OMC en particulier les pays développés à faire preuve de plus d'ouverture en vue d'une recherche de compromis indispensable pour la construction d'un système commercial multilatéral juste, équilibré et équitable, qui prenne en compte les intérêts de tous les pays, notamment ceux des PMA. Ils invitent également les membres de l'OMC à adopter des mesures ambitieuses pour la suppression de toutes les subventions agricoles et de certains soutiens internes ayant des effets de distorsion sur les échanges, notamment pour le secteur du coton.

À cet égard, ils insistent sur la nécessité que la dimension développement reste le noyau central des travaux post-Nairobi et qu'à cette fin, des solutions appropriées soient

trouvées aux préoccupations des pays en développement (PED) et des pays les moins avancés (PMA).

ACCORDS COMMERCIAUX BILATÉRAUX ET RÉGIONAUX

Le Conseil des ministres a adopté plusieurs directives donnant mandat à la Commission de l'UEMOA d'ouvrir et conduire des négociations, en vue de la conclusion d'accords commerciaux et d'investissement. Ce sont avec:

- les États-Unis d'Amérique (Directive n° 07/98/CM/UEMOA du 22 décembre 1998);
- le Maroc (Directive n° 01/99/CM/UEMOA du 6 août 1999);
- la Tunisie (Directive n° 07/99/CM/UEMOA du 21 décembre 1999);
- l'Algérie (Directive n° 03/2003/CM/UEMOA du 26 juin 2003);
- l'Égypte (Directive n° 04/2003/CM/UEMOA du 26 juin 2003);
- le Liban (Directive n° 05/2003/CM/UEMOA du 26 juin 2003).

En outre, la Conférence des Chefs d'État et de gouvernement de la CEDEAO a, par Décision n° A/DEC.11/12/01 du 21 décembre 2001, instruit le Secrétariat exécutif de la CEDEAO d'alors en collaboration avec la Commission de l'UEMOA et les autorités compétentes de chaque État membre, d'ouvrir et conduire les négociations d'un accord de partenariat économique entre l'Afrique de l'ouest et l'Union européenne (UE).

Les négociations avec les États-Unis d'Amérique ont permis d'aboutir à la conclusion d'un accord, à savoir le TIFA (Trade and Investment Framework Agreement), signé en avril 2002. Il s'agit d'un accord cadre global destiné à promouvoir et à développer les relations commerciales et d'investissement entre les États membres de l'UEMOA et les États-Unis. Cet accord s'appuie sur la clause de la nation la plus favorisée issue des principes du GATT et ne prévoit pas de préférence tarifaire particulière.

Les négociations sont toujours en cours avec d'autres pays à savoir, le Maroc, la Tunisie, l'Algérie et l'Égypte.

S'agissant des négociations avec l'Union européenne, elles ont été conclues le 30 juin 2014 à Ouagadougou, sur la base d'un texte conjoint paraphé par les négociateurs en chef de l'Afrique de l'ouest et de l'Union européenne. Le texte paraphé porte sur trois questions majeures, à savoir: l'offre d'accès au marché, l'accompagnement de l'APE et le texte de l'accord axé essentiellement sur le commerce des marchandises et les autres dispositions nécessaires à la mise en œuvre de l'APE. Le commerce des services et les autres questions liées au commerce feront l'objet de négociations ultérieures.

Le processus de signature du texte de l'Accord a démarré en Afrique de l'ouest lors de la 46ème session ordinaire de la Conférence des Chefs d'État et de Gouvernement de la CEDEAO tenue le 15 décembre 2014 à Abuja au Nigéria. À ce jour, 13 États sur 16 ont procédé à la signature du texte de l'Accord. Les trois (3) pays restant dont les signatures devraient intervenir prochainement sont le Nigéria, la Gambie et la Mauritanie.

La Côte d'ivoire et le Ghana ont ratifié en 2016 leur APE intérimaire du fait de la non signature par ces trois pays, de l'APE régional AO. Cependant, l'APE régional, une fois entré en vigueur, rendra caducs les deux APE intérimaires.

Les huit pays de l'UEMOA sont engagés au niveau de l'Union africaine dans les négociations en vue de la mise en place de la **Zone de libre-**échange c**ontinentale (ZLEC)**.

La ZLEC est une initiative de l'Union africaine qui ambitionne de mettre en place un vaste marché commun pour les 54 pays du continent. Elle va à terme fusionner les espaces économiques communautaires existants.

En effet, à la dix-huitième session ordinaire de la Conférence des Chefs d'États et de gouvernement de l'Union Africaine qui s'est déroulée à Addis-Abeba (Éthiopie) en janvier 2012, la décision a été prise de créer une zone de libre-échange continentale (ZLEC).

Au niveau d'autres partenaires, les États membres de l'UEMOA sont engagés dans des négociations dans le cadre de l'Organisation de la conférence islamique (OCI) en vue de la mise en place d'un système de préférences commerciales entre les États membres de l'OCI. A ce jour, les huit États de l'UEMOA ont signé l'Accord cadre sur le système de préférence commerciale.

COOPÉRATION AVEC LA CEDEAO

Les huit États de l'UEMOA sont tous membres de la CEDEAO. Ces deux organisations d'intégration régionale de l'Afrique de l'ouest visent le développement économique de leurs États membres à travers notamment la création d'un marché commun qui devra aboutir à une union économique.

Le processus de convergence entre l'UEMOA et la CEDEAO a connu une impulsion très forte ces dernières années dans le sens de la convergence et l'harmonisation des programmes et politiques. Dans ce contexte de nombreuses avancées ont été réalisées. Entre autres:

- l'adoption et la mise en œuvre depuis le 1er janvier 2015 d'un TEC CEDEAO à l'échelle de quinze États de l'Afrique de l'ouest, qui a capitalisé les acquis du TEC UEMOA;
- l'approfondissement du schéma de libéralisation interne en Afrique de l'ouest;
- la coordination des États de l'Afrique de l'ouest, dans les renégociations prochaines des taux consolidés à l'Organisation mondiale du commerce suite à la mise en place du TEC CEDEAO;

- la mise en place de la plateforme de collaboration programme économique régional (PER) UEMOA-Programme communautaire de développement (PCD) CEDEAO;
- la mise en place du cadre de coopération juridique pour corriger ou prévenir les disparités de normes communautaires;
- la construction des postes de contrôle juxtaposés pour faciliter le commerce au niveau des postes frontaliers.

La coopération avec la CEDEAO s'étend également à la conduite conjointe du processus l'Accord de partenariat économique (APE) UE-Afrique de l'ouest et à la coordination dans la mise en œuvre et la formulation des programmes régionaux des Programmes indicatifs régionaux (PIR) 10ème et 11ème du Fond européen de développement (FED).

Au total, pour les pays de l'UEMOA, le développement de la coopération commerciale est une priorité car il favorise l'extension et l'approfondissement des débouchés des produits originaires de l'Union et permet de tirer parti de la dynamique des réseaux de production internationaux.

Cette démarche participe également du souci permanent des États, de contribuer à l'amélioration de la compétitivité des entreprises et du bien-être des populations de l'UEMOA en capitalisant les avantages offerts par la libéralisation du commerce international.

Le développement de cette coopération commerciale contribuera enfin à l'instauration d'un environnement des affaires plus prévisibles aussi bien pour les entreprises exportatrices de la région que pour les investisseurs étrangers désireux de s'établir dans l'espace communautaire.

Conclusion

Les réformes entamées dans la zone UEMOA au cours de ces dernières années visent la libéralisation économique et l'émergence d'un secteur privé dynamique. De façon spécifique, elles vont contribuer à croitre le niveau de diversification d'intensification de l'offre exportable dans les domaines des biens et services à travers notamment:

- l'amélioration de la transparence et de la prévisibilité des opérations commerciales et de transports transfrontaliers;
- l'efficacité de la gestion des structures et procédures liées au commerce;
- l'amélioration des pratiques en matière de facilitation des échanges;
- l'accroissement du niveau de modernisation des administrations douanières nationales;
- l'amélioration de l'état de concurrence dans le marché de l'Union et de l'administration des règles de la concurrence;
- le développement de la coopération commerciale à travers la conclusion d'accords commerciaux et d'investissements pertinents et opérationnels.

Les États de l'UEMOA entendent maintenir, poursuivre et consolider ce processus à travers l'adaptation des textes réglementaires, conformes aux contextes économiques régional et international.

Aussi les pays ont instauré un processus démocratique, l'État de droit et la bonne gouvernance en vue de la poursuite et du renforcement des réformes structurelles pour une croissance et un développement économiques durables.

Les États de l'UEMOA sont très actifs et continueront de l'être, pour la consolidation de l'intégration régionale en Afrique de l'ouest et entendent assumer leurs obligations dans le cadre du système commercial multilatéral.

Cependant, le niveau de développement des pays, ses besoins économiques et sociaux spécifiques limitent l'expression de cette volonté d'ouverture.

La poursuite et le renforcement de la prise en charge des besoins d'assistance technique des pays par la Communauté internationale, permettront de lever certaines contraintes de production et de promotion et du coup faciliteront leur insertion dans l'économie mondiale dont la tendance est à la globalisation.

Les États de l'UEMOA restent attachés au système commercial multilatéral et considèrent le commerce comme un facteur de croissance durable. Leur volonté est d'améliorer davantage leur participation au commerce international. Pour atteindre ces objectifs, les pays de l'UEMOA, dans le cadre de leur coopération avec ses partenaires commerciaux multilatéraux et avec l'OMC, souhaitent:

- le renforcement de la coopération technique à travers des ateliers et des séminaires nationaux et régionaux pour une meilleure compréhension des accords commerciaux multilatéraux;
- le renforcement des appuis du cadre intégré et leur extension aux projets régionaux pour augmenter et diversifier les offres de biens et de services;
- la mise en œuvre des accords de l'OMC notamment l'Accord sur la facilitation des échanges, entrée en vigueur depuis le 22 février 2017;
- une plus grande justice dans les échanges commerciaux internationaux par l'élimination des mauvaises pratiques commerciales notamment l'utilisation des subventions et les obstacles techniques au commerce non justifiés.
- le renforcement de la capacité des ressources humaines par la formation des acteurs du commerce.

Au total les besoins spécifiques en assistance technique se déclinent par pays et au niveau régional dans le tableau joint en annexe.

Tableau 7.1 Besoins spécifiques en assistance technique par pays

Pays	Besoin spécifiques
Bénin	Renforcement des capacités dans le domaine SPS, OTC, système de règlement des différends de l'OMC, les mesures commerciales correctives, les notifications à présenter à l'OMC au profit des administrations publiques Renforcement de capacités en vue de la réalisation de l'opération de dématérialisation des activités de production des titres du commerce extérieur et du processus de dédouanement
Burkina Faso	Renforcement des capacités dans le domaine SPS, OTC, système de règlement des différends de l'OMC, les mesures commerciales correctives, les notifications à présenter à l'OMC au profit des administrations publiques Assistance technique pour la mise en oeuvre de l'AFE Assistance technique fournies aux opérateurs économique en vue de le permettre de mieux maîtriser les questions SPS, OTC, mesures tarifaires et non tarifaires
Côte d'Ivoire	La Douane: Assistance technique pour l'interconnexion des systèmes informatiques entre le Burkina-Faso et le Mali ainsi que le paiement électronique Les services environnementaux: Assistance technique en commerce électronique; ouverture aux services environnementaux et touristiques L'Office ivoirien de la propriété intellectuelle (OIPI): Assistance technique pour la lutte contre la piraterie et la contrefaçon dans l'espace communautaire Le transport: Demander à l'UEMOA d'accompagner la Côte d'Ivoire en créant un programme de facilitation du secteur du transport Ministère du commerce: - Assistance technique pour la mise en œuvre des mesures de la catégorie C de l'Accord de l'OMC sur la facilitation des échanges. - Assistance technique pour la renégociation des tarifs consolidés suite au passage au TEC CEDEAO. - Assistance technique pour la réhabilitation du Centre de référence sur le système commercial multilatéral et régional. Ministère de la production animale et halieutique Aide au financement du Programme régional d'investissement en faveur de l'élevage dans les pays côtiers (PRIDEC)
Guinée-Bissau	Renforcement des capacités dans le domaine SPS, OTC, système de règlement des différends de l'OMC, les mesures commerciales correctives, les notifications à présenter à l'OMC au profit des administrations publiques Renforcement de capacités en vue de la réalisation de l'opération de dématérialisation des activités de production des titres du commerce extérieur et du processus de dédouanement
Mali	Renforcement de capacités en vue de la réalisation de l'opération de dématérialisation des activités de production des titres du commerce extérieur et du processus de dédouanement Accréditation des Laboratoires : LNS, LCV et certification de nos processus de production nationale Appui à l'utilisation du code à barre de nos industries nationales Renforcement de capacités des membres de la Commission nationale de négociations commerciales sur les Accords multilatéraux de l'OMC et autres questions en négociation au sein de l'OMC Mobilisation des ressources pour la mise en œuvre des projets de la Catégorie C retenu dans le cadre de l'AFE et pour renforcer les capacités institutionnelles de la Direction du commerce extérieur en vue de la mise en œuvre des accords de l'OMC Elimination des mesures non tarifaires notamment celles relatives aux mesures SPS, aux tracasseries, et toutes autres formes en vue de rendre compétitifs nos produits tout en respectant les normes internationales
Niger	Renforcement du Programme de formation de Master en arbitrage et commerce international par la formation des enseignants de l'USJPB, la mise en place d'une bibliothèque et de la chaire OMC, renforcement des capacités du centre de recherche "marchés et organisations" Renforcement de capacités en vue de la réalisation de l'opération de dématérialisation des activités de production des titres du commerce extérieur et du processus de dédouanement
Sénégal	Appui à la mise en œuvre des Accords commerciaux Assistance pour une maitrise des règles du Système commercial multilatéral Appui à la mise en œuvre et à l'évaluation des Accords de l'OMC Statistiques du commerce des services Renforcement des capacités des cadres de l'administration du commerce Appui pour une meilleure participation aux négociations commerciales
Togo	Appui à la mise en œuvre des Accords commerciaux Renforcement des financements de l'aide pour le commerce
UEMOA	Maitrise des mécanismes et règles du système commercial multilatéral

Pays	Besoin spécifiques
	Appuis à la mise en œuvre des mesures de l'AFE Statistiques du commerce des services Renforcement des capacités phytosanitaires, zoosanitaires et de sécurité sanitaire des aliments

Notes de fin

1 Adresse consultée: http://www.uemoa.int/sites/default/files/bibliotheque/decision_15_2005_cm_uemoa.pdf.